기본 이론에서 실무 예제까지, HANA 기반
Easy ABAP 3.0

기본 이론에서 실무 예제까지, HANA 기반

Easy ABAP 3.0

초판 1쇄   2025년 9월 22일

지은이   김성준, 박재형, 임재원, 한익환, 장성일
발행인   최홍석

발행처 ㈜프리렉
출판신고 2000년 3월 7일 제 13-634호
주소 경기도 부천시 길주로 77번길 19 세진프라자 201호
전화 032-326-7282(代)   **팩스** 032-326-5866
URL www.freelec.co.kr

편 집 서선영
표지디자인 황인옥
본문디자인 김미선

ISBN 978-89-6540-422-4

이 책은 저작권법에 따라 보호받는 저작물이므로 무단 전재와 무단 복제를
금지하며, 이 책 내용의 전부 또는 일부를 이용하려면 반드시 저작권자와
㈜프리렉의 서면 동의를 받아야 합니다.

책값은 표지 뒷면에 있습니다.

잘못된 책은 구입하신 곳에서 바꾸어 드립니다.

이 책에 대한 의견이나 오탈자, 잘못된 내용의 수정 정보 등은 프리렉 홈페이지(freelec.co.kr)
또는 이메일(webmaster@freelec.co.kr)로 연락 바랍니다.

Easy ABAP 3.0

기본 이론에서 실무 예제까지, HANA 기반

EASY ABAP 3.0

김성준, 박재형, 임재원, 한익환, 장성일 지음

상권 · 전면 개정판

프리렉

목 차

상권

들어가기 전에 … 12

- 01 SAP와 ABAP는 무엇인가 … 12
- 02 SAP 화면 소개 … 16
- 03 패키지 … 18
- 04 패키지 생성하기 … 24
- 05 CTS … 27

CHAPTER 01 무작정 따라하기 … 35

- 01 Overview … 36
- 02 테이블 생성하기 … 37
- 03 테이블 데이터 생성하기 … 46
- 04 리포트 프로그램 만들어보기 … 48

CHAPTER 02 데이터 타입 … 57

- 01 Overview … 58
- 02 기본 데이터 타입 … 83
- 03 프로그램 내의 로컬 타입 … 110
- 04 ABAP Dictionary 타입 … 115
- 05 변수에 값 할당 … 119
- 06 변수 초기화 … 121
- 07 VALUE 명령어 … 124
- 08 기타 변수 선언 … 125

CHAPTER 03 OPEN SQL — 130

- 01 Overview — 131
- 02 모델링 — 139
- 03 데이터 읽기 — 144
- 04 데이터 변경하기 — 184

CHAPTER 04 모듈화(Subroutine & Function) — 196

- 01 Overview – Subroutine 구문 — 197
- 02 Subroutine 정의 — 198
- 03 Subroutine 파라미터 — 200
- 04 Subroutine 호출 — 209
- 05 Subroutine 종료 — 211
- 06 Temporary Subroutine — 213
- 07 Overview – Function Module — 217
- 08 Function Group 생성 — 219
- 09 Function Module — 221
- 10 RFC — 232

CHAPTER 05 인터널 테이블 — 235

- 01 Overview — 236
- 02 인터널 테이블과 헤더 라인 — 242
- 03 인터널 테이블의 타입 — 248
- 04 인터널 테이블의 속도 비교 — 260
- 05 인터널 테이블 명령어 — 266
- 06 인터널 테이블에 데이터 추가 — 274
- 07 인터널 테이블의 데이터 변경 — 286
- 08 인터널 테이블의 데이터 삭제 — 291
- 09 인터널 테이블 읽기 — 296

CHAPTER 06 디버깅 303

- 01 Overview 304
- 02 중단점 308
- 03 New Debugger와 Classic Debugger 322
- 04 Watchpoint in New Debugger 328
- 05 Session Breakpoint Save & Load 333

CHAPTER 07 ABAP Dictionary 336

- 01 Overview 337
- 02 테이블 339
- 03 구조체 378
- 04 뷰 380
- 05 테이블 타입 391
- 06 도메인 399
- 07 데이터 엘리먼트 405
- 08 CDS 뷰 411

CHAPTER 08 Lock Object 417

- 01 Overview 418
- 02 Lock Object 생성 422
- 03 Lock 프로그램 예제 429
- 04 Lock 확인 433
- 05 테이블 전체 Lock 434
- 06 T-CODE Lock 설정 435
- 07 기타 437

CHAPTER 09　Search Help　442

01　Overview　443
02　Search Help 생성　447
03　Search Help 활용　457
04　Search Help Exit　461
05　Collective Search Help　465
06　Dialog 모듈에서의 Input Help 구성　468

CHAPTER 10　필드 심볼과 데이터 참조　475

01　Overview　476
02　필드 심볼 선언과 할당　479
03　필드 심볼과 인터널 테이블　488
04　필드 심볼과 구조체　491
05　필드 심볼 활용　492
06　데이터 참조　496

CHAPTER 11　SAP Memory와 ABAP Memory　509

01　Overview　510
02　SAP Memory　513
03　ABAP Memory　522

하권

CHAPTER 12 리포트 프로그램　530

- 01　Overview　531
- 02　프로그램 생성　532
- 03　프로그램 구조 - 선언부　536
- 04　프로그램 구조 - 이벤트　554
- 05　프로그램 구조 - List Process 이벤트　566
- 06　프로그램 호출　576

CHAPTER 13 모듈 풀 프로그램　583

- 01　Overview　584
- 02　스크린　585
- 03　TYPE-M 프로그램 구현　603
- 04　테이블 컨트롤　637
- 05　Subscreen　657
- 06　Tabstrip 컨트롤　663
- 07　드롭다운 리스트 박스　672
- 08　BDC 프로그램　681

CHAPTER 14 ABAP Object　696

- 01　Overview　697
- 02　클래스　705
- 03　객체　717
- 04　메소드　723
- 05　상속　729
- 06　인터페이스　743
- 07　이벤트　749
- 08　클래스 빌더(SE24)　759

CHAPTER 15 Grid ALV 767

- 01 Overview — 768
- 02 SAP 컨테이너 — 773
- 03 ALV 생성 — 779
- 04 ALV 메소드 — 787
- 05 ALV 이벤트 — 805
- 06 필드 카탈로그 — 812
- 07 ALV Grid 요소 — 826
- 08 ALV Grid EDIT — 836
- 09 드롭다운 리스트 박스 생성 — 842
- 10 Context 메뉴 정의 — 846

CHAPTER 16 Function ALV 858

- 01 Overview — 859
- 02 Function ALV 함수 알아보기 — 861
- 03 Function ALV 실습 — 884

CHAPTER 17 SALV 894

- 01 Overview — 895
- 02 SALV의 종류와 구현 — 895
- 03 SALV의 아웃풋 포맷 설정 — 905
- 04 SALV의 기본 기능 구현 — 918
- 05 SALV 이벤트 — 922
- 06 SALV Grid 요소 — 933

CHAPTER 18 SAP Tree 941

- 01 Overview — 942

02 Simple Tree	946
03 Column Tree	954
04 List Tree	964
05 ALV Tree	968

CHAPTER 19 SAP Text Object(Long Text Object) — 973

01 Overview	974
02 Text Object 함수	979
03 Text Object 생성	980
04 Text Edit 컨트롤 추가	982
05 Text Edit 컨트롤과 Long Text 연결	987
06 Text Edit 메소드	996

CHAPTER 20 Authority Check — 1001

01 Overview	1002
02 Area Menu	1008
03 Authorization Object 생성	1013
04 Single Role 생성	1015
05 Composite Role 생성	1018
06 프로그램 작성	1019
07 권한 관련 용어	1021

CHAPTER 21 SAP Fiori 환경 설정 — 1022

01 Fiori, UI5에 대한 이해	1023
02 JAVA 설치(오라클 로그인) / 시스템 환경변수 설정	1026
03 Cloud Connector 설치	1029
04 SAP Business Technology Platform 트라이얼 설정	1035
05 Cloud Connector 연결	1038
06 SAP Business Application Studio 권한 설정	1049

CHAPTER 22 SAP Gateway OData 설정   1051

01 SAP Gateway 설정   1052
02 SAP Gateway GET(Read) 정의   1060
03 SAP Gateway POST(Insert) 정의   1065
04 SAP Gateway PUT, PATCH(Update) 정의   1069
05 SAP Gateway DELETE 정의   1073
06 SAP URI 옵션   1075

CHAPTER 23 SAP Business Applications Studio를 활용한 Fiori 앱 개발   1080

01 List Report 앱 만들기   1081
02 Free Style 앱 만들기   1100
03 Create Deep Entity 구현하기   1157
04 Fiori 앱 관리하기   1168

CHAPTER 24 실무에서 사용하는 팁   1189

01 OData Service Include   1190
02 Pagination 구현하기   1192
03 다른 UI5 프로젝트 참조하기   1195
04 Model Provider Class   1196
05 UI5 Custom   1198

부록 ABAP New Syntax   1202

01 Overview   1203
02 변수 선언   1204
03 기본 구문   1237
04 인터널 테이블   1278
05 OPEN SQL   1291
06 FILTER 구문   1313

들·어·가·기·전·에

SAP와 ABAP는 무엇인가

1-1 SAP란?

SAP는 ERP 시스템이다.

SAP: Systems, Applications and Products in Data Processing

SAP는 독일의 IBM 출신 엔지니어 5명이 개발한 시스템이다. 그 중심에는 디트마르 홉이 있었으며, COBOL 전문가를 영입하여 1972년 SAP라는 회사를 창업하게 된다. 1973년 재무회계 중심의 RF 시스템을 발표하는데, 이것을 R/1 시스템이라고 한다.

SAP가 중요하게 생각하는 'R'이라는 단어는 'Real-time'에서 첫 문자를 따온 것이다. 당시에는 고가의 메인프레임의 하드웨어만 중요시되고 소프트웨어는 부가상품이라는 인식이 팽배했다. 이러한 분위기를 몹시 못마땅하게 생각한 선구자들은 실시간으로 데이터를 처리하는 소프트웨어를 개발한다. 메인프레임 환경에서는 데이터를 자기 테이프 장치에 저장하는 방식을 사용했기 때문에 야간에 배치(Batch) 작업으로 일괄해 처리하는 경우가 많았다. 이러한 배경에서 실시간 기업 솔루션을 개발한 것은 시대를 앞서가는 혁명적인 사건이었으며, R/1시스템은 폭발적인 인기를 얻게 된다.

그리고 3년 후, 재무회계에 생산영역을 추가하여 1979년 R/2 시스템 패키지를 출시하게 된다. SAP라는 용어는 서버에서 모든 동작을 처리하는 메인프레임 R/2 환경에서 유래되었으며, 1992년 클라이언트/서버의 R/3 구조로 변화하여 메인프레임의 단순한 화면에서 C/S 환경으로 사용자에게 편리한 그래픽 인터페이스(GUI)를 제공한다.

2010년 이후 SAP는 메모리 기반의 HANA 데이터베이스를 채택하면서 SAP 시스템을 'HANA'라고 부르게 되었다. HANA 데이터베이스는 우리나라에서 개발한 데이터베이스며, 우리말 '하나'에서 유래했다. 공식 영문명은 HANA(High-performance Analytic Appliance)이다.

1-2 ABAP란?

ABAP은 SAP를 개발하는 프로그램 언어이다.
ABAP: Advanced Business Application Programming

R/2 시스템 패키지가 처음 소개될 때에는 ABAP이라는 언어가 사용되지 않았으며, 1982년 기업 솔루션에 저장된 많은 데이터를 리포트 형식으로 출력하는 방법으로 ABAP 프로그램이 소개된다. 처음 ABAP의 약자는 독일어 **A**llgemeiner **B**erichts**a**ufbereitungs**p**rozessor에서 유래했으며, 그 의미(generic report preparation processor)에서 알 수 있듯이 리포트 출력을 주목적으로 하는 프로그램이다. 후에는 현재 사용되고 있는 'Advanced Business Application Programming'이라는 용어로 변경된다.

이 책에서 학습할 내용은 SAP 패키지 개발 언어인 ABAP이다. 이 언어를 이용하여 프로젝트 및 운영 사이트 담당자의 요구사항에 적합한 CBO 프로그램을 개발하는 것을 주목적으로 한다.

ERP 특성 중 커스터마이징(Customizing)이라는 개념이 있다. 이것은 패키지를 적용할 사이트의 특성에 맞게 표준 프로그램을 수정하는 것을 의미한다. 그러나 SAP는 기본적으로 Non-customizing 제품으로 패키지 이외의 프로그램들은 개별 사이트마다 ABAP 언어를 통해 개발해야 한다. 고객이 직접 추가적으로 개발해야 한다는 의미에서 CBO(Customer Bolt On) 프로그램이라고 한다. 물론, SAP사에서도 패키지 과정의 본질은 훼손하지 않고 패치 업데이트 등에 문제가 발생하지 않는 범위 내에서 커스터마이징을 제공한다.

R/2는 2-tier 구조라고 설명하고 있는데, 이것은 터미널과 '애플리케이션 서버+데이터베이스 서버'를 의미한다. 추측컨대, R/1 다음 버전을 의미하는 R/2라고 표현하려다 의미가 덧붙여진 게 아닐까 싶다. R/3는 3-tier 구조(Presentation, Application, Database Server)를 의미한다. 공교롭게도 R/2와 R/3는 순차적인 버전 업그레이드와 함께 아키텍처 또한 2-tier에서 3-tier로 변형되었다는 의미를 내포하고 있다.

1992년 ABAP 언어를 기반으로 하여 메인프레임에서 클라이언트/서버 환경의 R/3 플랫폼이 배포된다. R/3를 사용하는 고객사에서도 ABAP 언어를 사용해 프로그램을 개발하고 USER-EXIT과 같은 확장(Enhancement) 솔루션을 이용해 표준 프로그램에 기능을 추가할 수 있게 되었다.

1998년에는 고객사와 파트너 사를 대상으로 'EnjoySap'라는 행사를 열고, 이때부터 사용자가 더 쉽게 SAP를 사용할 수 있도록 'N'으로 끝나는 enjoy 트랜잭션들이 소개되었다. 예를 들어, CV01 트랜잭션을 대체하는 트랜잭션은 'CV01N'이라는 이름의 트랜잭션인 것과 같다.

ABAP 언어는 해를 거듭할수록 진보하여 신기술들이 추가된다. 1999년 C++, JAVA와 같은 객체 지향 언어의 장점에서 ABAP 오브젝트 개념을 도입한다. 이러한 개념들은 웹 개발환경의 Fiori 등으로 발전해 나가는 기반 지식이 된다.

SAP를 사용하는 고객들은 SAP GUI의 제약에서 벗어나 웹에서 SAP를 호출하여 접근성 및 편의성을 중시하게 되고, 2002년 BSP가 개발된다. 그리고 2003년 통합 플랫폼이라고 하는 넷위버가 자리잡게 된다. 이전 버전의 SAP ERP에서는 ERP와 Extended ERP(PLM, SCM, CRM 등)가 개별 패키지로 배포되었고, 개별 패키지를 패치할 경우에 다른 영역에 영향을 미친다는 문제점을 갖고 있었다. 통합 플랫폼으로의 변화는 시스템을 운영하는 담당자들에게 직접적인 영향을 미치게 되었는데, 담당자들이 패치할 때마다 통합 테스트(모듈별 시나리오를 설정하여 테스트를 수행함)를 수행하는 수고를 줄일 수 있었다.

2005년 넷위버 플랫폼을 기반으로 하여 Web Dynpro for ABAP과 JAVA가 출시되었다. Web Dynpro for ABAP(WD4A)과 Web Dynpro for JAVA(WD4J)는 다른 언어로 SAP 어플리케이션 프로그램을 개발하지만, SAP ERP에서 구현할 수 있는 기능에는 큰 차이가 없으며 사용자에게 제공되는 UI도 유사하다. 이미 SAP R/3를 접한 적이 있고 ABAP 프로그래밍에 익숙한 개발자라면 for ABAP을 활용할 수 있고, 기존 경험이 JAVA 위주였다면 for JAVA를 활용할 수 있다. 물론, 웹 환경에서 ABAP이 구현할 수 있는 기능에는 JAVA에 비하여 제약이 훨씬 크다.

2010년 이후 SAP에서는 SAP HANA를 전략적인 아키텍처로 선정하였으며, 이에 따라 데이터를 In Memory에서 처리함으로써 속도가 혁신적으로 개선되었다. In Memory 기술은 디스크가 아닌 메인 메모리에 모든 데이터를 저장하는 것이다. 그래서 데이터 검색 및 접근이 일반 데이터베이스보다 훨씬 빠르다. Real-time이 SAP의 첫 번째 혁신이었다면, In Memory 기술은 이를 잇는 또 다른 전환점이었다.

2013년에는 SAP GUI를 대체할 목적으로 웹 기반의 Fiori를 출시하였다. SAP 사용자는 SAP GUI와 Fiori 모두를 사용하는 환경에서 일하고 있다. Fiori는 웹 환경에서 구동되기 때문에 SAP GUI를 설치할 필요가 없으며, 태블릿과 같은 모바일 장치에서 실행되는 장점이 있다. 이는 모바일 장치의 카메라를 이용한 사진 촬영, QR 코드 인식 등의 유용한 기능도 활용할 수 있음을 의미한다.

SAP는 오랫동안 기업용 소프트웨어 시장에서 강력한 입지를 다져왔다. 그러나 클라우드 컴퓨팅과 디지털 전환의 중요성이 대두되면서 SAP는 새로운 기술 요구사항을 충족하기 위해 혁신적인 플랫폼을 개발하기 시작했다. 2013년 SAP는 SAP HANA Cloud Platform(SAP HCP)을 발표하여 클라우드 기반 데이터베이스 및 어플리케이션 서비스를 제공하기 시작했다. 이는 SAP BTP의 전신으로, 기업이 SAP HANA의 고성능 분석 기능을 클라우드에서 사용할 수 있도록 지원한다.

2017년에 SAP는 SAP HCP를 SAP Cloud Platform(SCP)으로 리브랜딩하고, 다양한 클라우드 서비스와 확장 기능을 추가하여 기업의 디지털 전환을 지원했다. 2020년 SAP는 SCP를 포함한 다양한 기술 플랫폼을 하나로 통합한 SAP Business Technology Platform(BTP)을 발표했다. 이 플랫폼은 데이터베이스, 데이터 관리, 분석, 어플리케이션 개발, 통합 등을 하나의 통합 플랫폼에서 제공해 기업이 디지털 혁신을 더 쉽게 달성하도록 지원한다.

SAP는 끊임없이 발전하고 있으며, 앞으로도 지속적으로 신기술들이 개발될 것이다. 실무에서는 초기 비전의 ABAP 언어와 새로운 ABAP 문법이 혼용되어 사용되고 있다. 옛것과 새것의 조화로움을 바탕으로, SAP 업계에서 일하는 우리는 배움에 대한 문을 항상 열어두고 새로운 기술을 습득하는 데 적극적으로 임해야 하겠다.

02 SAP 화면 소개

ABAP 프로그램을 학습하기 전에 SAP 화면에 대해서 간략하게 설명해보자. SAP GUI를 통해 SAP 서버에 접속하게 되면, 제일 먼저 SAP Easy Access 화면이 조회된다. SAP는 사용자가 원하는 프로그램에 접근할 수 있는 다양한 방법(Navigation)을 제공한다.

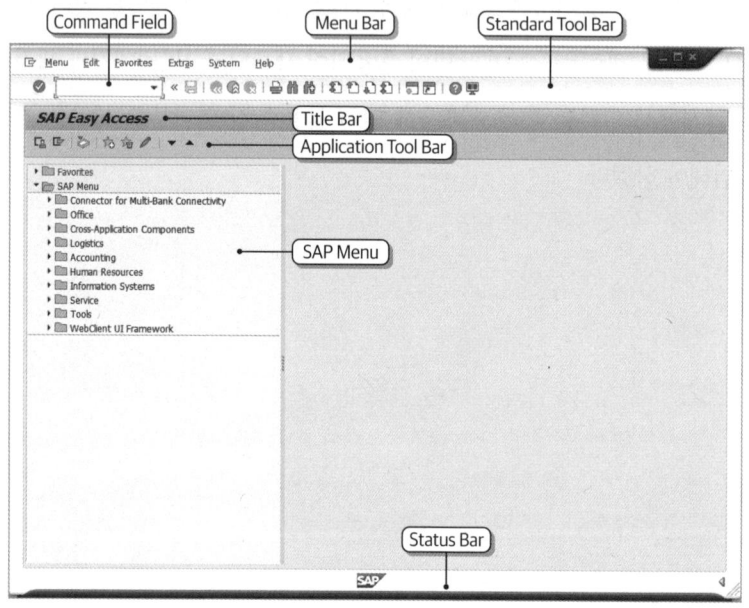

그림 0-1 SAP Easy Access화면

표 0-1은 SAP Easy Access 화면의 구성요소를 설명하고 있다.

항목	기능
Command Field	Transaction Code(T-CODE)를 직접 입력하여 프로그램을 실행한다.
Menu Bar	T-CODE를 입력하지 않고, 메뉴를 선택하면 프로그램이 실행된다. 화면과 연계된 메뉴를 카테고리 형식으로 구성한다.
Standard Tool Bar	모든 프로그램에서 기본적으로 조회되는 툴 바이다.
Application Tool Bar	개발자가 ABAP 프로그램 내에서 조정할 수 있는 툴 바이다.
SAP Menu	Area Menu라고도 하며 업무 영역 그룹별로 메뉴를 계층(Hierarchy) 구조로 구성하여, 사용자가 쉽게 프로그램에 접근할 수 있도록 한다.

Status Bar	사용자가 로그인한 SAP 시스템 정보나 프로그램의 실행 결과(에러, 성공 메시지 등)를 제공한다.

표 0-1 SAP Easy Access 화면 설명

명령어 입력필드(Command Field)에 트랜잭션 코드(T-CODE)를 입력할 때 다음과 같은 옵션을 사용할 수 있다. [Ctrl]+[/] 단축키를 입력하면, 명령어 입력필드로 커서를 바로 이동시킬 수 있다.

항목	기능
/n + tcode	T-CODE를 동일한 세션에서 연다. (예: /nva03)
/o + tcode	추가 세션을 열어서 T-CODE를 실행한다. (예: /ova03)
/* + tcode	T-CODE를 동일한 세션에서 열지만, 첫 번째 화면은 생략한다. (예: /*va03)
/i	현재 세션을 삭제(닫기)한다.
/nex	모든 세션을 닫고 로그오프한다.
/h	프로그램을 디버깅 모드로 실행한다.

표 0-2 트랜잭션 코드(T-CODE) 실행 옵션

개발자들이 ABAP 프로그램을 구현하기 위해서, SAP Menu의 ABAP Workbench 아래에 있는 메뉴들을 사용하게 된다. ABAP 프로그램, 함수, 테이블 등을 생성할 수 있는 ABAP Workbench라는 개발 도구들이 많이 있다.

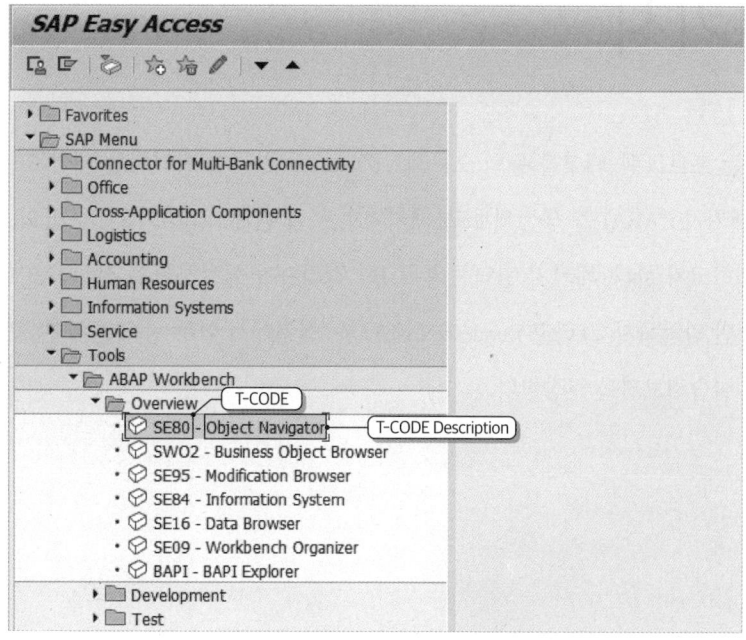

그림 0-2 ABAP Workbench 하위 메뉴들

표 0-3은 개발자가 알아야 할 기본적인 ABAP Workbench 하위의 개발도구를 보여준다.

T-CODE	개발도구 이름	설명
SE80	Object Navigator	ABAP 개발과 관련된 Workbench가 통합되어 있다.
SE38	ABAP Editor	ABAP 프로그램을 생성·변경·조회하는 개발도구다.
SE37	Function Builder	Function Module을 생성·변경·조회하는 개발도구다.
SE11	ABAP Dictionary	Table, View, Structure와 같은 오브젝트(Object)를 생성하는 개발도구다.
SE16	Data Browser	Table 데이터를 생성·변경·조회하는 개발도구다.
SE93	Maintain Transaction	Transaction Code를 생성·변경·조회하는 개발도구다.
SE43	Area Menu Maintenance	SAP Menu를 생성·변경·조회하는 개발도구다.
SE21	Package Builder	Package를 생성·변경·조회하는 개발도구다.
SE24	Class Builder	Class를 생성·변경·조회하는 개발도구다.
SE09	Transport Organizer	CTS(Change Request)를 릴리즈·생성·변경하는 개발도구다.

표 0-3 ABAP Workbench의 주요 T-CODE

03 패키지

우리가 개발하는 프로그램, 테이블 등의 오브젝트(Object)들을 통합 관리하는 패키지(Package)에 대해서 알아보자. 패키지 ZABAP를 생성해보고, 패키지의 포함 관계 그리고 패키지 간의 오브젝트 복사에 대해서 소개하고자 한다. 패키지 영역은 주로 BC 관리자가 설정하므로 전체적인 흐름과 전송 경로는 기본 개념만 파악하자. 그리고 Request No(CTS)는 실무에서 아주 중요한 부분이므로 예제를 참고하여 반드시 실습해보기를 권장한다.

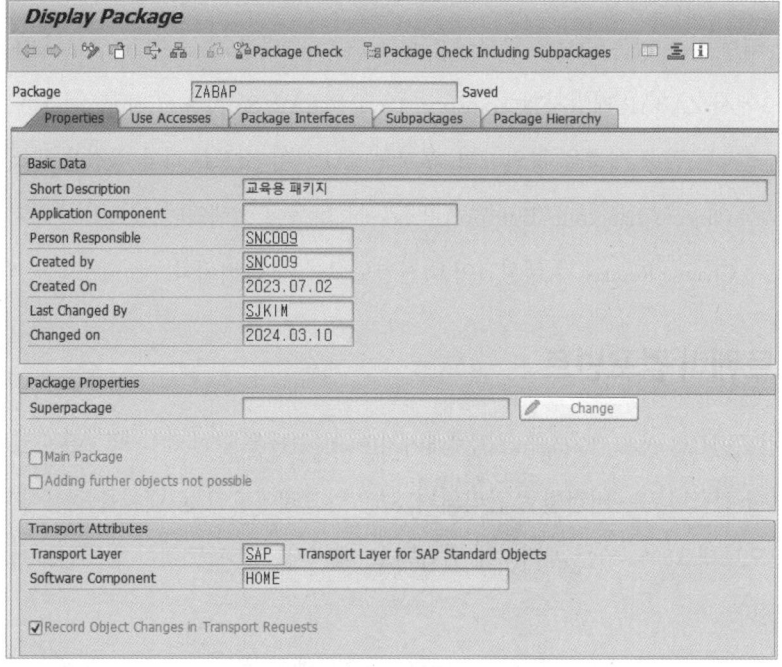

그림 0-3 패키지 조회 화면

3-1 패키지란?

패키지(Package)는 'Development Class'라고도 하며, 프로그램과 같은 오브젝트를 기능별로 관리하고자 도입된 개념이다. ABAP Dictionary와 같은 Repository Object를 생성하면 반드시 패키지에 포함되어야 한다.

패키지는 다음과 같은 기능을 한다.

- 오브젝트(프로그램 등)의 구조화(Structure)
- 오브젝트 기능의 모듈화(Encapsulate, Modularize)
- 오브젝트를 기능별로 구별(Classify)

실제 업무에서는 모듈별로 프로그램을 구분하기 위하여 영업 모듈은 ZSD, 생산 모듈은 ZPP, 회계 모듈은 ZFI와 같이 개발 클래스 그룹으로 묶어서 관리한다. 그리고 모듈 내에서 업무 영역별로 더 세부적으로 패키지를 관리할 경우, 예를 들어 영업모듈의 경우 고객관리 업무와 관련된 영역은 ZSD1, 판매주문과 관련된 영역은 ZSD2와 같이 순차적으로 이름을 지정할 수도 있다.

이 책에서 작성하는 모든 프로그램은 그림 0-3과 같이 ZABAP이라는 패키지로 관리된다. 패키지(Package)에서 빼놓을 수 없는 중요한 항목이 Transport Layer와 Software Component를 할당하는 것이다. 그림 0-3에서 ZABAP 패키지의 Transport Layer는 SAP, Software Component는 HOME이 지정되어 있다. 전자는 전송 계층을 정의하며, 후자는 SAP사가 소프트웨어 버전을 관리한다는 의미다. 또한 'Record Object Changes in Transport Requests' 항목이 선택되어 있으면 패키지 내에서 CTS NO라고 부르는 Change Request가 생성되어 버전별로 소스가 관리된다.

3-2 소프트웨어 컴포넌트

소프트웨어 컴포넌트(Software Component)는 패키지(Package)들을 모아 하나의 그룹으로 관리하는 상위 그룹이다. 이 컴포넌트는 버전별로 관리되며, SAP 업그레이드 또는 패치를 적용할 수 있도록 설계되어 있다. 오브젝트(Object)는 패키지에 귀속되고, 패키지는 소프트웨어 컴포넌트에 할당되어 고객에게 배포된다.

Support Package를 적용한다는 것은 SAP 사에서 소프트웨어 컴포넌트 버전을 생성하여 고객에게 전달한다는 의미이다. 우리가 개발하는 패키지들은 HOME(고객전송계층) 소프트웨어 컴포넌트를 이용하며, SAP사에서 제공하는 Support Package와는 상관이 없지만 영향을 받을 수는 있다(이러한 현상을 Side Effect라고 한다.). 또한 Local Component는 자동 전송 기능을 사용하지 않으므로 CTS를 생성하지 않는다.

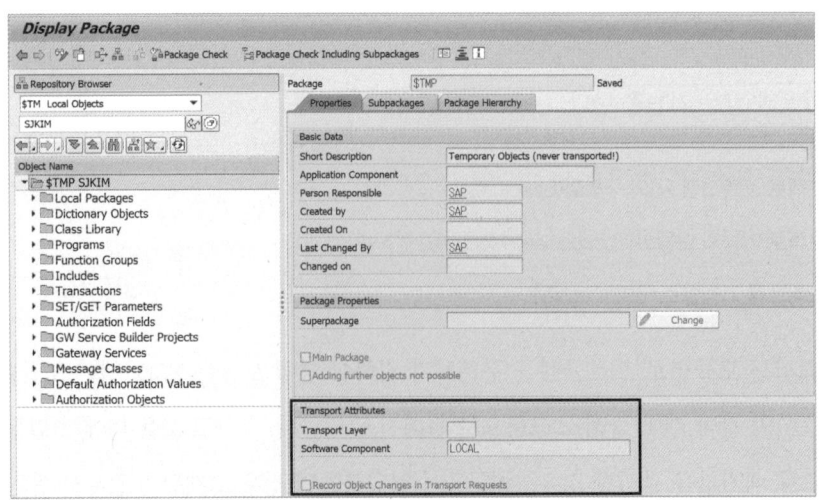

그림 0-4 소프트웨어 컴포넌트 예

그림 0-4는 로컬 오브젝트(Local Object)로 프로그램 개발 테스트용으로 만들어지는 패키지이며, 사용자 ID마다 하나의 패키지가 자동으로 할당된다. 이 패키지는 소프트웨어 컴포넌트가 LOCAL이며, 'Record Object Changes in Transport Requests' 항목이 선택되어 있지 않았으므로 CTS가 생성되지 않는다.

표 0-4는 주요 소프트웨어 컴포넌트에 대해 설명하고 있다.

소프트웨어 컴포넌트	정의
SAP_BASIS	SAP Basis Component
SAP_ABA	Cross-application Components
SAP_HR	Human Resources
SAP_APPL	Logistics and Accounting
HOME	이 패키지의 오브젝트들은 LOCAL은 아니지만, 고객이 직접 개발한 프로그램을 다른 서버로 전송할 수 있다.
LOCAL	로컬 오브젝트만을 포함하고 있다.

표 0-4 소프트웨어 컴포넌트의 종류

조금 더 알아보기 — T로 시작하는 패키지

T로 시작하는 패키지를 생성하면, 다른 서버로 전송할 수 없다. 즉, 개발 서버에서 테스트용 프로그램을 그룹별로 관리하고 싶을 때 사용할 수 있는 패키지 타입이다. 전송이 불가능하기 때문에, 소프트웨어 컴포넌트는 LOCAL로 지정되어야 하며 어떠한 전송 계층(Transport Layer)에도 속할 수 없다.

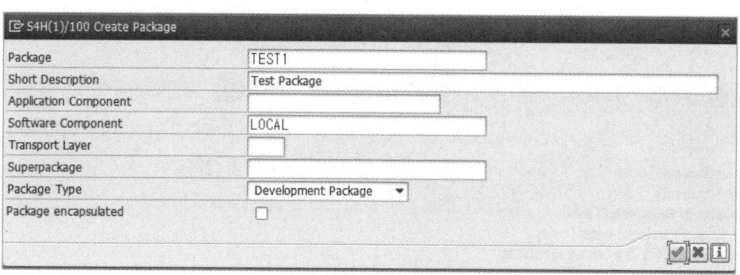

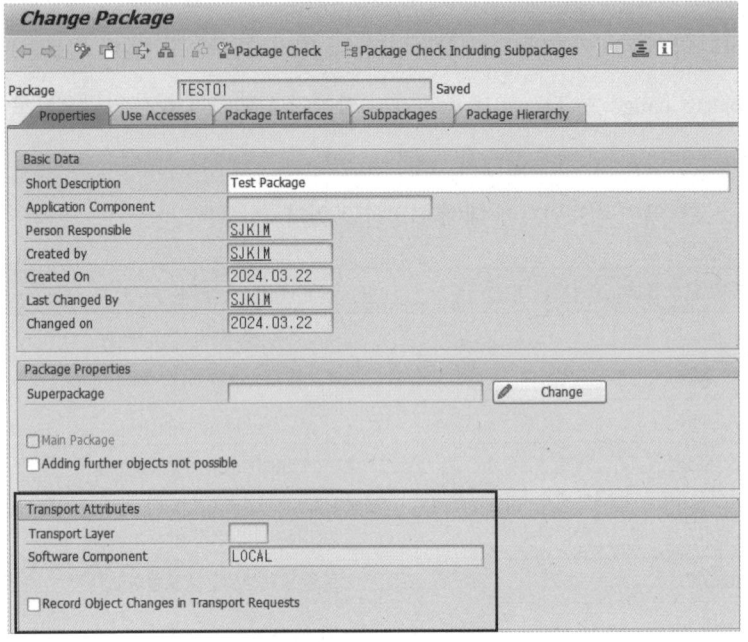

그림 0-5 테스트용 패키지 생성

조금 더 알아보기 — 패키지에 포함된 오브젝트 전체를 옮기기

패키지에 포함된 전체 오브젝트를 다른 패키지로 옮기는 방법에 대해서 알아보자.

먼저 Transport Organizer Tools(T-CODE:SE03)을 실행한다.

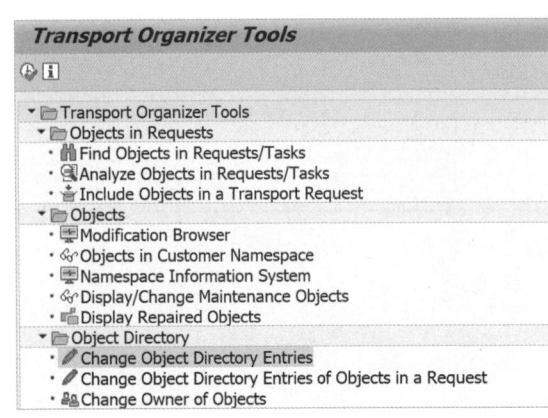

01 프로그램이 실행되면, [Change Object Directory Entries] 메뉴를 선택한다.

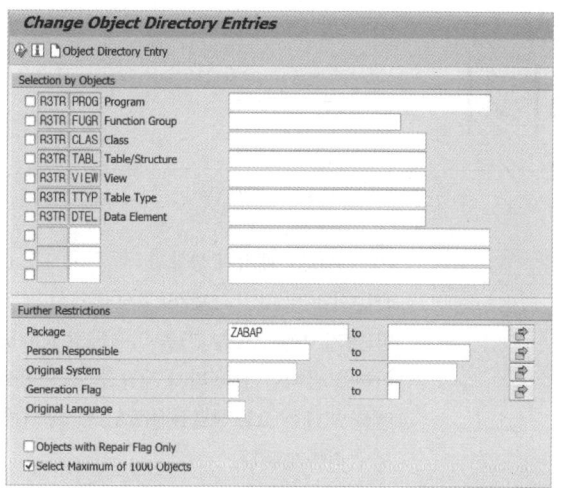

02 Package 필드에 해당 패키지명을 쓰고 실행한다. 여기선 'ZABAP'를 입력했다.

03 지정 아이콘( )을 이용하여 해당하는 모든 오브젝트를 선택한다. 한 번에 모든 오브젝트를 선택하려면 패키지를 선택한 후, 지정 아이콘을 클릭하면 된다. 선택된 오브젝트들은 노란색으로 블록이 설정된다.

04 메뉴: [Objects] → [Reassign]을 차례로 선택한다.

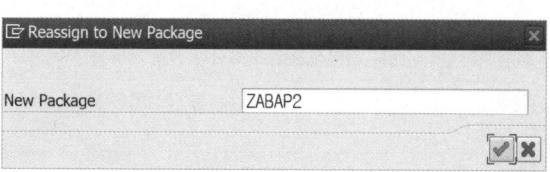

05 오브젝트를 옮길 패키지 이름을 입력한 후 실행하면, 전체 오브젝트가 한 번에 다른 패키지로 전송된다. 단 패키지 내의 CTS는 모두 릴리즈(Release) 되어야 한다.

04 패키지 생성하기

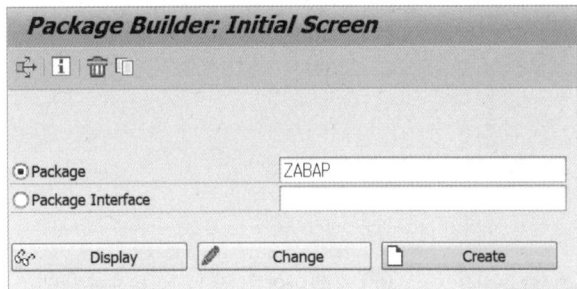

01 ZABAP 패키지 생성
T-CODE:SE21 또는 SPACKAGE에서 패키지 명(여기서는 'ZABAP')을 입력하고 [Create] 버튼을 클릭한다. 우리가 개발할 모든 프로그램을 포함한 오브젝트들을 ZABAP 패키지에서 관리하게 된다.

📕 패키지명은 30자 이내로 구성하되, Y 또는 Z로 시작하도록 한다.
- A~S, X~U는 SAP 시스템 예약
- T: Private Test Class
- $: Local Class

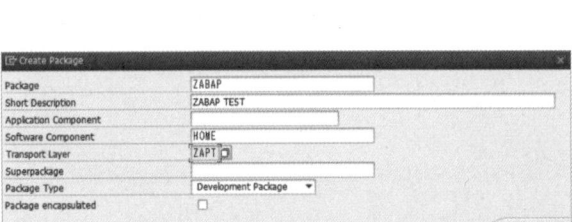

02 패키지 속성 지정
패키지의 속성은 표 0-5와 같다.

키워드	설명
Short Description	패키지의 내역을 입력한다.
Application Component	Application Hierarchy에서의 위치를 정의한다. 필수사항이 아니므로 입력하지 않아도 된다.
Software Component	커스터마이징(Customizing)으로 제공된 'HOME' 고객 개발을 선택한다. 이외 컴포넌트는 SAP에서 사용한다.
Transport Layer	전송 계층을 선택한다. 이 계층은 오브젝트의 수정사항 버전별로 관리한다. 만약 로컬(Local) 요청에서만 기록되도록 설정되면, 현재 시스템에서만 반영된다. 반면, 다른 시스템으로 전송되도록 설정하려면 전송 경로를 설정해야 한다. 보통 기본적으로 조회되는 전송 계층을 선택한다.
Package Type	'Not a Main Package'를 선택한다. Main Package와 Sub Package를 생성하여 Main Package에 Sub Package를 추가할 수 있다.

표 0-5 패키지 속성

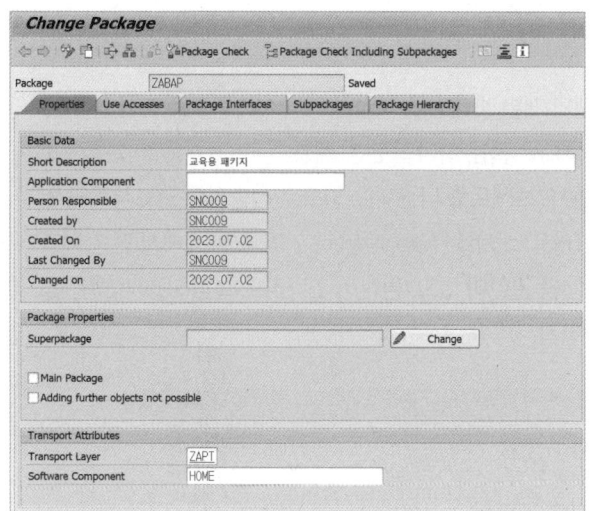

03 패키지 세부 속성

패키지의 세부 속성을 설정한다. 'Adding further objects to package not possible' 항목이 선택되면, 패키지 내에 신규 오브젝트를 생성할 수 없다. Main Package는 Sub Package(User Package)만 추가할 수 있으며, 개발 오브젝트들은 Sub Package에 할당된다. Sub Packages는 다른 Sub Package를 포함할 수 있다.

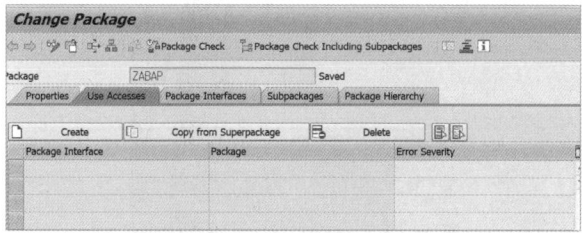

04 [Use Accesseses] 탭

다른 패키지의 Element를 사용하기 위해서는 Use Access를 설정해야 한다. 패키지에서 패키지 인터페이스를 생성하고 이곳에 오브젝트들을 포함하면, 다른 패키지에서 해당 패키지를 Use Access를 통해서 포함할 수 있다.

05 [Package Interfaces] 탭

패키지의 오브젝트들(프로그램, 테이블 등)을 패키지 인터페이스에 포함하여 그룹으로 오브젝트들을 관리할 수 있다.

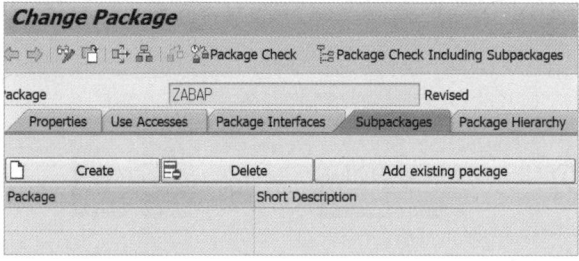

06 [Subpackages] 탭

Sub Package를 추가한다. [Create] 버튼은 패키지를 생성하여 추가하고, [Add existing package] 버튼은 이미 존재하는 패키지를 하위 단계(Level)로 추가하는 작업을 수행한다.

조금 더 알아보기 — 전송 계층(Transport Layer)

Transport Management System은 프로그램의 개발과 테스트 작업을 여러 시스템으로 분산할 수 있는 환경을 제공한다. 개발 시스템의 패키지(Package)들은 하나의 전송 계층(Transport Layer) 그룹으로 묶을 수 있다. 한마디로 정의하면, 전송 계층은 오브젝트를 다른 시스템으로 전송하고 오브젝트의 변화 관리를 기록하는 역할을 한다. T-CODE:STMS(Transport Management System)을 통해서 전송 계층과 전송 경로를 정의하게 된다. BC 관리자에게만 권한이 있고, 권한이 있더라도 설정(Setting)하는 경우는 없으므로 전체 구조에 대한 개념만 이해하자.

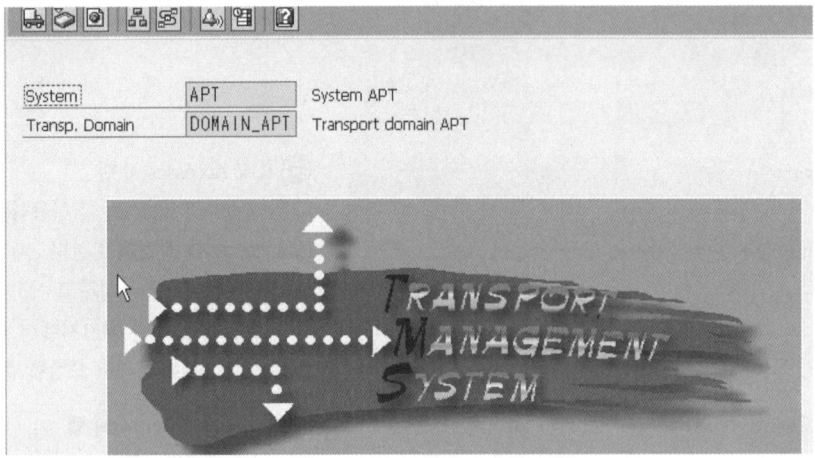

그림 0-6 Transport Management System

STMS 시스템을 실행하여 아이콘을 클릭한다. 그림 0-7에서 전체 서버는 APT(개발), APQ(테스트), APP(운영)의 3개 영역으로 구성되어 있다. APT 개발 서버에는 ZAPT, SAP라는 2개의 전송 경로(Transport Route)가 존재한다. SAP 전송 경로는 SAP 사에서 Support Package를 반영할 때 사용하며, ZAPT는 고객사에서 프로그램 개발 및 IMG 설정 사항을 다른 서버(또는 클라이언트)로 전송할 때 사용한다.

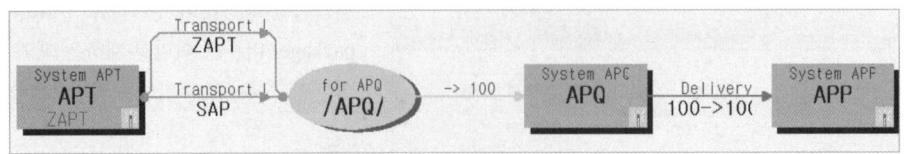

그림 0-7 전송 경로 표시

CTS

5-1 CTS(Change and Transport System)

CTS는 개발 서버에서 변경된 사항을 운영 서버에 반영하거나 고객 환경에 적합하도록 커스터마이징(Customizing)하는 데 사용하는 도구다. 앞에서도 설명하였지만, SAP 서버 환경은 그림 0-8과 같이 3개의 독립 서버로 구성하는 것이 일반적이다(하나의 서버에서 클라이언트로 구분하는 경우도 있다).

그림 0-8 CTS 이관 절차

DEV 개발 서버는 ABAP Workbench를 통해 프로그램을 생성·수정하고 단위 테스트를 하는 개발·Customizing·Sandbox 시스템 역할을 수행하고, QAS 테스트 서버는 운영 서버에 반영하기 위해 최종 통합 테스트를 하는 테스트 시스템 역할을 수행한다. 그리고 테스트가 완료된 변경 사항을 PRD 운영 서버에 반영하여 변경된 프로그램이 안정적으로 동작하도록 지원한다.

> **TIP**
> Sandbox는 Practice 또는 Playground Client라고도 불리며, 클라이언트 특화된(Client-specific) 부분의 변경을 마음껏 테스트하기 위한 시스템을 의미한다. 개발 서버 외에 추가 서버를 샌드박스(Sandbox)로 구성할 수도 있으며, 하나의 서버에서 클라이언트로 구분할 수도 있다. SAP에서는 210번 클라이언트를 샌드박스로 사용하는 것이 표준이지만 개별 고객사의 상황에 맞게 구성하면 된다.

CTS는 Repository(프로그램, 테이블 등)의 버전을 관리하여, 구성관리 도구로서의 역할도 수행한다 (Change Request 번호 = 프로그램 소스 버전).

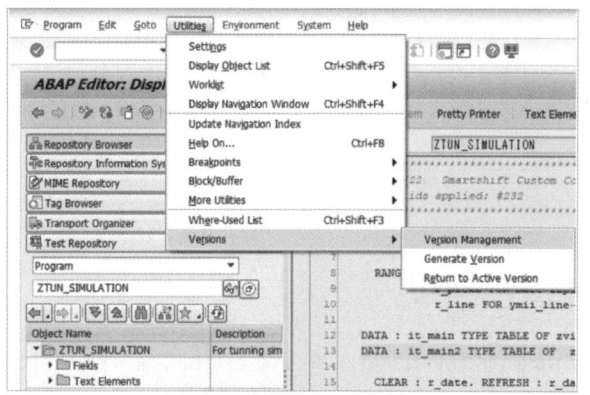

01 ABAP Editor에서 상단의 메뉴: [Utilities] → [Versions] → [Version Management]를 차례로 선택한다.

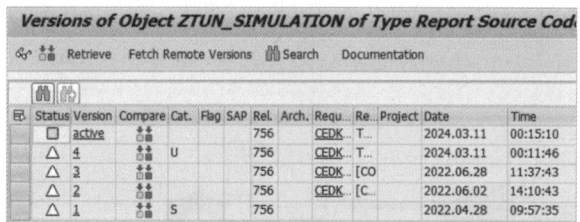

02 과거 프로그램의 소스 버전이 Request No를 기준으로 조회된다. 원하는 일자 또는 [Request No]를 선택하여 [Retrieve] 버튼을 클릭하면 해당 버전으로 소스가 복구된다.

5-2 Transport Organizer(T-CODE:SE09)

Transport Organizer는 ABAP Workbench와 Customizing Request을 통합하여 CTS를 관리하는 프로그램이다.

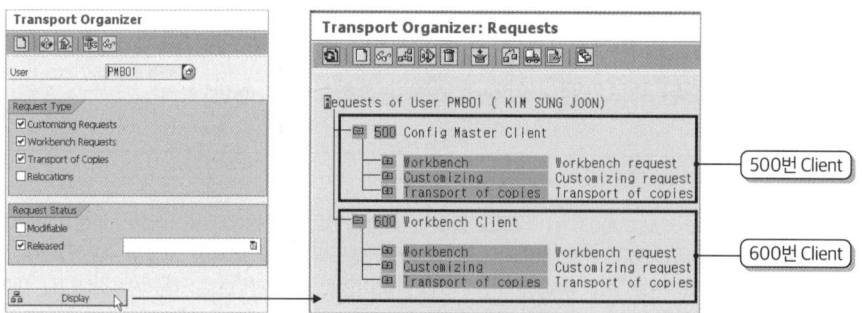

그림 0-9 Transport Organizer 화면

그림 0-9는 SAP 개발 서버에 500번 Config Master 클라이언트, 600번 Workbench 클라이언트가 있음을 보여주고 있다. 각 클라이언트에는 Workbench, Customizing Request가 존재하며 하위에는 전송 계층(Transport Layer) 정보가 조회된다. 그림 0-9의 왼쪽 그림에서 Request Status 상태는 CTS를 릴리즈한 대상과 릴리즈하기 이전의 수정이 가능한 대상을 선택할 수 있도록 한다. T-CODE:SCC4를 이

용하여 클라이언트를 설정하며, S_CTS_ADMIN 권한이 있는 BC 담당자만이 수정할 수 있다. (이외 담당자는 절대로 수정하면 안 된다)

Workbench Request

- Client-independent 속성의 오브젝트
- ABAP Repository가 대상이다(프로그램, 테이블, 함수 등).
- Cross-client 테이블의 시스템 변경 사항

Customizing Request

- Client-dependent 속성의 오브젝트
- Client-specific 테이블의 시스템 변경 사항
- 어플리케이션(모듈)의 테이블 데이터(IMG도 결국에는 테이블 데이터를 변경하는 것이다.)

> **TIP**
> IMG(Implementation Guide)는 커스터마이징에 사용되는 가장 일반적인 도구로서 SAP 표준 프로그램을 고객 환경에 맞게 변경하여 적용할 수 있다. 예를 들어, Company Code, Plant, Sales Organization 등의 마스터 데이터와 프로그램에 사용되는 시스템 변수 등을 변경할 수 있다. T-CODE는 SPRO이다.

5-3 Request No 생성

CTS는 SAP의 변경 사항을 다른 클라이언트 또는 시스템에 반영하는 메커니즘을 제공한다. Request No는 실무에서 CR(Change Request), CTS NO와 동일한 의미로 사용된다.

- CR은 클라이언트에서 다른 클라이언트로 전송할 수 있다.
- CR은 시스템에서 다른 시스템의 클라이언트로 전송할 수 있다.

운영 시스템에 Change Request를 반영할 때는 점심 시간과 같이 사용자가 시스템을 사용하지 않는 시간대를 이용하는 것이 바람직하다. Change Request가 반영되면 오브젝트들은 덮어쓰게 된다. 전송된 Change Request의 Import가 완료되었을 때 오브젝트가 사용 중이라면 불일치 되는 결과가 발생하거나 예기치 않은 트랜잭션 종료 현상이 발생할 수 있다. 최악의 경우에는 CTS가 운영 시스템을 정지시킬 수 있으므로 각별히 주의해야 한다.

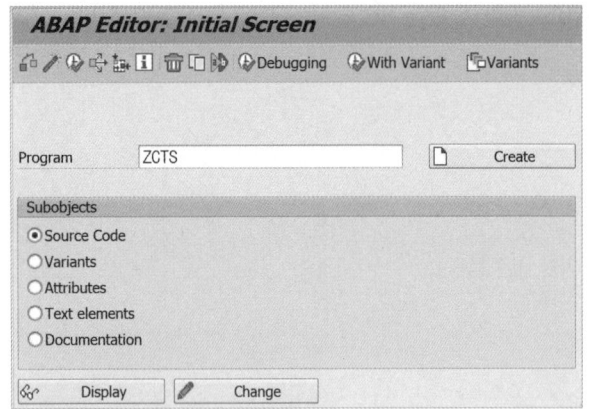

01 먼저 Change Request를 생성하는 실습을 해보자. T-CODE:SE38에서 프로그램명을 입력(여기서는 'ZCTS')하고 [Create] 버튼을 클릭한다.
또는 T-CODE:SE80(Object Navigator)에서 ZABAP 클래스를 선택하고 마우스 우클릭하자. [Create] → [Program] 메뉴를 선택하여 Change Request를 생성하기 위한 임시 프로그램을 생성한다.

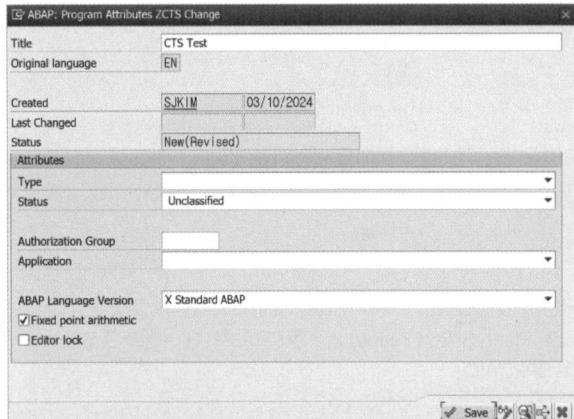

02 생성하려는 프로그램의 속성을 선택하는 창이 열린다. Type 필드에서 '1 Executable program'을 선택하자. 프로그램을 생성하는 방법에 대해서는 하권의 "12장 리포트 프로그램"에서 자세하게 설명한다.
Title 필드에 그림처럼 입력하고 [Save] 버튼을 클릭한다.

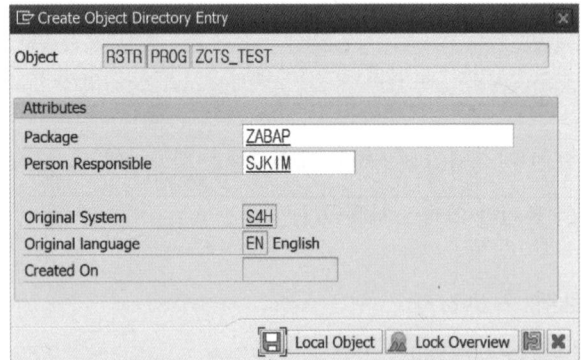

03 Package 필드에 앞에서 생성한 'ZABAP'를 입력하고 저장 버튼을 클릭한다.
[Local Object] 버튼을 클릭하면 $TMP 패키지에 프로그램이 생성되며 Change Request가 생성되지 않고 다른 시스템에 전송할 수 없다.

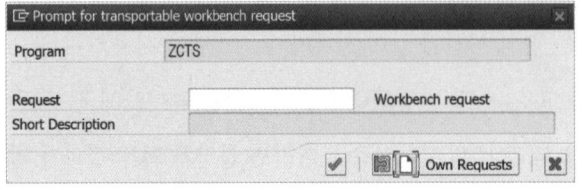

04 🗋 버튼을 클릭하여 새로운 Request를 생성한다. [Own Requests] 버튼을 클릭하면 이전에 생성한 자신의 Request No를 조회하고 선택할 수 있다.

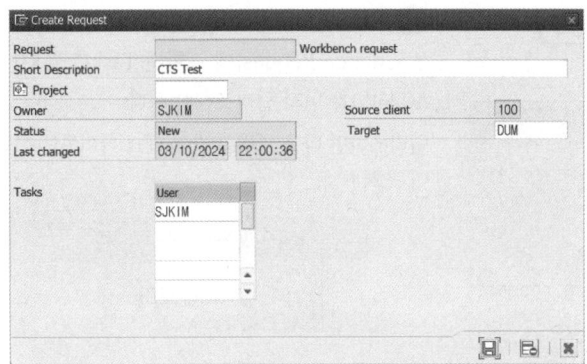

05 내역을 입력하고 저장 버튼을 클릭한다. 입력된 내역은 차후에 쉽게 구분할 수 있도록 사이트마다 네이밍 룰(Naming Rule)을 정하는 것이 좋다.
예를 들어, [HR][ZHR0010][인사근태정보변경]과 같이 [모듈명][프로그램명][내역]을 입력하여 관리하면 유지보수가 편리하다.

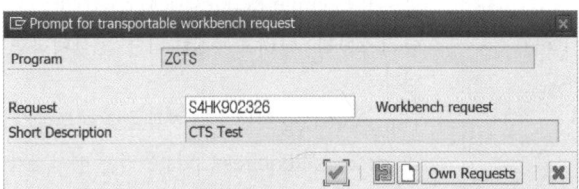

06 확인 버튼(✓)을 클릭하면 CTS 생성 작업이 완료된다.

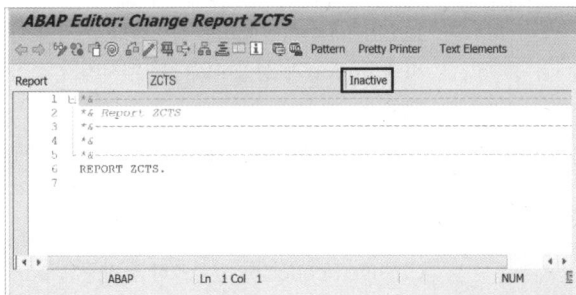

07 ZCTS라는 프로그램이 생성되었다. 그림을 보면 현재 Inactive 상태(컴파일 되지 않은 상태)다. 이 상태에서는 Change Request를 릴리즈할 수 없으므로 활성화 버튼(✏️)을 클릭하여 Active 상태로 변경한다.

5-4 Change Request 릴리즈

이제 앞에서 생성한 Change Request를 Transport Organizer(T-CODE:SE09, SE10)를 통해 릴리즈해 보자.

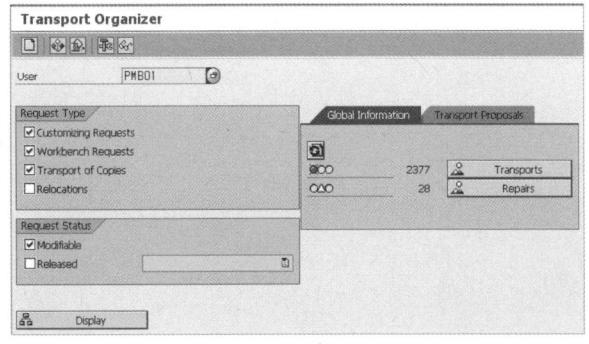

01 명령어 입력필드(Command Field)에 'T-CODE:SE10'을 입력한다.
CTS 소유자의 User ID를 입력하고 릴리즈하지 않은 CTS를 조회하기 위해 'Modifiable'을 선택하고 [Display] 버튼을 클릭한다.

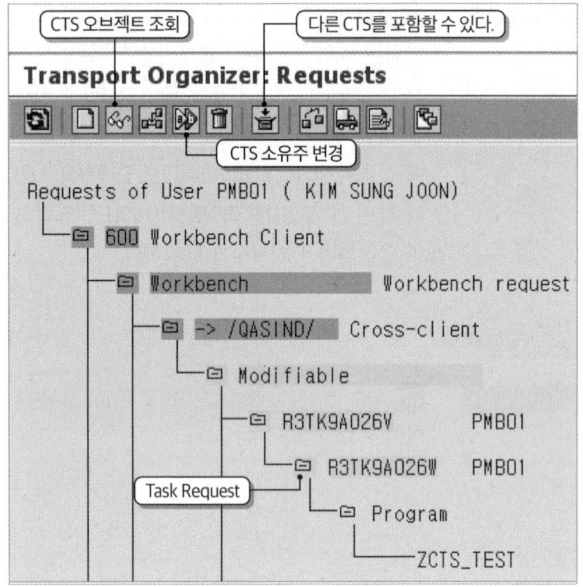

02 Change Request를 릴리즈하기 위해서는 Change Request에 포함된 Task(R3TK9A026W)를 먼저 릴리즈해야 한다.

릴리즈하면 다음 그림과 같이 체크 아이콘(✓)이 조회된다.

그리고 Change Request(R3TK9A026V)를 릴리즈한다. 릴리즈는 🚚 버튼을 선택하면 된다.

Transport Log 화면으로 자동으로 이동한다. "In process Requires Update"라는 메시지가 보이면 'Export가 진행 중'이라는 의미이다. REFRESH 아이콘(🔄)을 클릭한다. 목적지 서버에 Import가 성공하였다는 메시지가 조회된다.

이외 에러 또는 경고가 발생하면 반환된 메시지를 통해 확인할 수 있다. 이미 전송 경로(Transport Route)가 설정되어 있어서 Change Request를 릴리즈하면 자동으로 다른 서버 또는 클라이언트로 Change Request가 이관된다(TMS 설정에 따른 수동 또는 자동 이관).

> **TIP**
> Change Request가 일정한 업무 규칙 없이 운영 시스템에 Import되면 큰 문제가 발생할 수 있다. 개발 DEV → 테스트 QAS 서버로의 전송은 5분 간격으로 Real Time 수준으로 설정해도 되나, 테스트 QAS → 운영 서버 PRD로 반영할 때는 Quiet Time(점심시간 등)을 준수해야 한다.

5-5 Change Request 속성

Change Request의 속성은 그림 0-10과 같다.

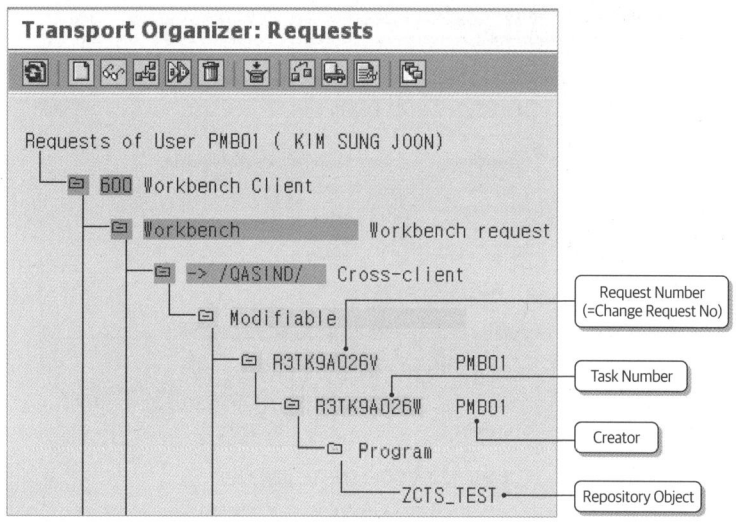

그림 0-10 Change Request 속성

Change Request No.에서 실제 작업 정보가 저장된 TASK를 더블 클릭하면 그림 0-11과 같은 세부 목록이 조회된다. 원하지 않는 Repository 오브젝트(프로그램 등)는 삭제 버튼을 이용하여 제거할 수 있다. 삭제를 하려면 먼저 조회/변경 버튼(🖉)을 선택하여 변경 모드로 설정한 후, 해당 라인을 선택하고 삭제 버튼(🗑)을 클릭하면 된다.

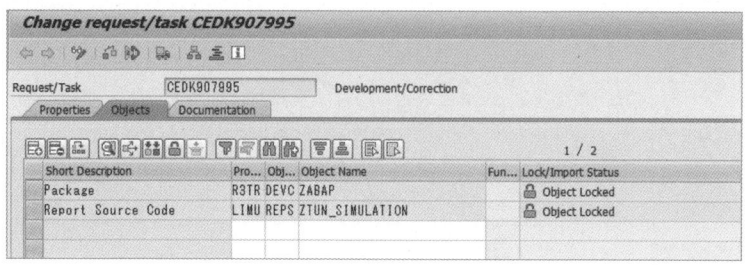

그림 0-11 Change request/task 화면

조금 더 알아보기 — 노츠(NOTES)란 무엇인가

SAP 표준 프로그램도 SAP 사의 개발자가 작성하는 것이기 때문에 버그가 존재할 수밖에 없다. 이러한 버그는 SAP에서 배포하는 노츠(NOTES)를 반영하여 해결한다. 노츠는 버그에 대한 해결책뿐만 아니라 프로그램 속도 개선, 기능 추가와 같은 솔루션도 제공한다. 이러한 측면에서 노츠를 소규모 단위의 SAP 업그레이드라고 정의할 수 있다.

그림 0-12와 같이 노츠 반영은 T-CODE: SNOTE를 이용한다.

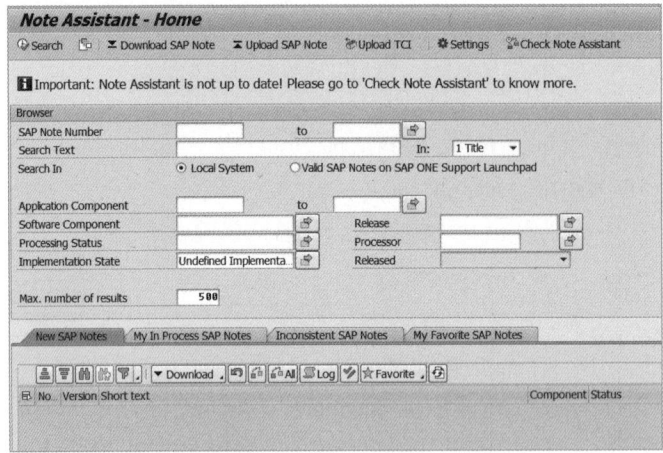

그림 0-12 T-CODE: SNOTE 실행 화면

노츠 중에서도 T-CODE: SNOTE 프로그램에서 자동으로 반영되지 않고, 고객사에 상주하는 개발자가 직접 표준 프로그램의 소스를 수정해야 하는 경우가 있다. 이러한 경우, Access Key를 받아서 노츠(NOTES)에서 설명하는 대로 표준 프로그램의 소스를 수정하면 된다.

노츠를 적용하려면 문제에 대한 노츠가 배포되었는지 먼저 검색해야 한다. SAP Support 포털(https://support.sap.com)에서 노츠를 검색할 수 있다. 이 사이트에 접근하려면 아이디와 패스워드가 필요하다. 이러한 계정은 SAP 라이선스를 가진 고객사 또는 SAP 인증을 획득한 사람에게 제공된다.

CHAPTER 01

무작정 따라하기

In this chapter >>>

이번 장에서는 프로그램과 테이블 등 다양한 오브젝트를 직접 생성해보며, ABAP 개발 과정의 전반적인 흐름을 이해하고자 한다. 프로그램과 테이블을 생성하여 입문자가 ABAP 언어에 쉽게 적응하는 것이 목표다. 실무에서도 동일한 흐름으로 개발을 진행하니, 예제를 참고하여 반드시 실습해보기를 추천한다.

Chapter list >>>

1. Overview
2. 테이블 생성하기
3. 테이블 데이터 생성하기
4. 리포트 프로그램 만들어보기

Overview

ABAP 언어의 기본 문법과 실무 프로그램의 구조를 학습하기 전에, 테이블을 직접 생성하고 데이터를 입력하여 프로그램에서 데이터 흐름이 구조적으로 어떻게 되는지 쉽게 이해할 수 있게 돕고자 한다. 이 책은 ABAP 언어를 처음 접하는 독자도 쉽게 이해하도록, 따라하기 형식을 취해 정보를 체계적으로 정리하는 것을 목표로 한다.

먼저, 인사 정보를 관리하는 기본적인 3개의 테이블을 생성하면서 ABAP 프로그램이 어떠한 원리로 실행되는지 알아보자. 실습 과정에서 이해가 부족하더라도, 이후 장들에서 상세하게 설명하기에 이번 장에서는 무작정 따라하기로 진행하겠다.

SAP에서 ERD(Entity Relationship Diagram)는 데이터베이스의 구조를 시각적으로 표현하는 데이터 모델로, 여러 엔티티(데이터의 유형 또는 오브젝트) 간의 관계를 시각적으로 나타낸다. 이 다이어그램은 데이터 모델링에서 중요한 역할을 하며, 데이터베이스 설계 및 개발 단계에서 사용한다.

ERD에는 주로 엔티티, 속성, 관계, 기본키 등이 포함된다. 엔티티는 현실에 존재하는 데이터 오브젝트(Object)를 나타내며, 속성(Attribute)은 각 엔티티의 특성을 정의한다. 관계는 엔티티 간의 연결을 나타내며, 기본키는 각 엔티티의 고유 식별자를 나타낸다. ERD를 통해 시스템의 데이터 구조나 흐름을 시각적으로 파악할 수 있으며, 데이터베이스 설계 및 유지보수에 유용하다.

이번 장의 예제에서 사용하는 인사 관련 테이블들의 ERD는 다음과 같다.

(1) 부서 테이블

ZTEAMLIST

Field	Data Type	Length	Decimal
부서코드	CHAR	4	0
부서명	CHAR	30	0

1:CN

(2) 인사직원 테이블

ZEMPLIST

Field	Data Type	Length	Decimal
직원코드	CHAR	5	0
부서코드	CHAR	4	0
직위	CHAR	20	0
직원 명	CHAR	40	0
이메일 주소	CHAR	50	0
전화번호	CHAR	30	0

1:CN

(3) 가족관계 테이블

ZFAMILY

Field	Data Type	Length	Decimal
직원코드	CHAR	5	0
순번	NUMC	2	0
관계	CHAR	1	0
가족 이름	CHAR	40	0
생년월일	DATS	8	0

그림 1-1 인사 관련 테이블들의 ERD

02 테이블 생성하기

ABAP Dictionary는 SAP 시스템에서 데이터를 정의하고 관리하는 도구이다. 테이블과 같은 데이터베이스 오브젝트를 정의하고 관리하는 데 사용한다.

트랜잭션 코드(T-CODE)는 'SE11'이며, 테이블, 뷰, 데이터 엘리먼트, 도메인, 데이터 타입 등과 같은 여러 데이터 관련 오브젝트를 정의할 수 있다. 주로 사용하는 기능은 다음과 같다.

- **테이블(Table) 정의**: 데이터를 저장하기 위한 테이블을 정의하고 유지할 수 있다. 필드, 키 등을 정의하여 테이블 구조를 설계한다.
- **데이터 엘리먼트(Data Element) 및 도메인(Domain) 정의**: 데이터베이스 테이블의 필드에 사용될 데이터 엘리먼트와 도메인을 정의한다. 이로써 일관성 있는 데이터 타입 및 값 범위를 설정할 수 있다.

이외에 ABAP Dictionary에 대한 자세한 설명은 "7장 ABAP Dictionary"에서 계속 이어진다.

2-1 부서 테이블: ZTEAMLIST

직원이 소속된 부서 정보를 저장하는 부서 테이블 'ZTEAMLIST'를 생성해보자.

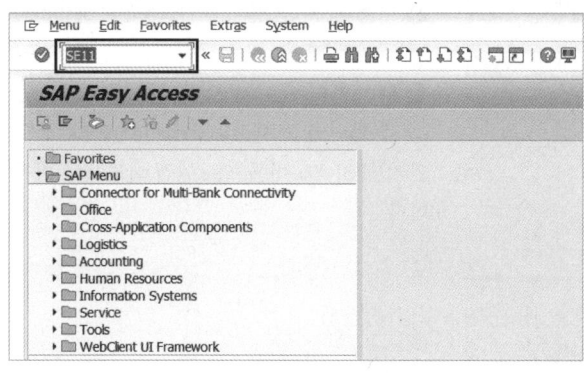

01 ABAP Dictionary T-Code 이동
먼저, 테이블을 생성하기 위해 명령어 입력필드에 'T-CODE:SE11'을 입력하고 실행한다.

📕 로그온 언어는 영어(EN)를 기본으로 한다.

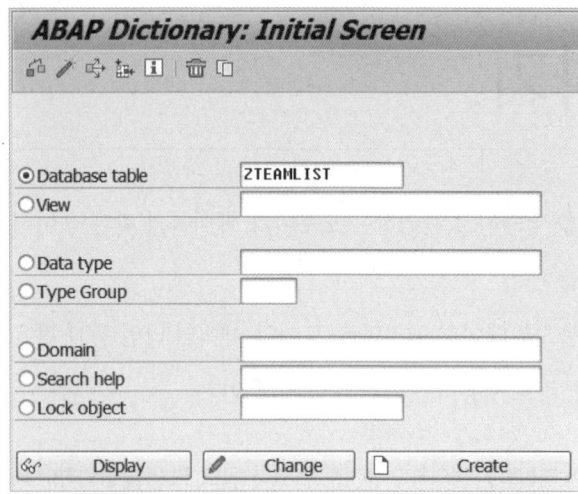

02 부서 테이블 생성

여러 가지 Dictionary 타입의 라디오 버튼 중에서 'Database Table'을 선택하고, 테이블명으로 'ZTEAMLIST'를 입력한 뒤에 [Create] 버튼을 클릭한다.

📑 테이블 네이밍 룰: ZTEAMLIST[CBO 오브젝트(Z) + 오브젝트 내용(TEAMLIST)]

=TIP=
SAP에서 표준으로 제공하는 오브젝트 외에 고객사가 신규로 개발하는 프로그램 또는 Dictionary 등은 'Z' 또는 'Y'로 시작해야 한다.

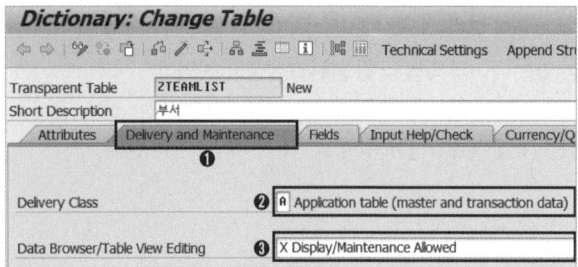

03 테이블 설명 및 CBO 기본 설정

[Delivery and Maintenance] 탭에서 ❶ Short Description 은 '부서', ❷ Delivery Class는 'A(Application Table)', ❸ Data Browser/Table View Editing은 'X Display/Maintenance Allowed'를 선택한다. 해당 설정은 T-CODE:SE16에서 데이터를 변경할 수 있다.

04 기술적 설정

❶ 어플리케이션 툴바의 [Technical Settings] 버튼을 클릭한다.

❷ Data Class는 'APPL0', Size Category는 '0'을 입력하고 저장([Ctrl]+[S])한다. 뒤로 가기([F3] 키) 버튼으로 이전 화면으로 이동하자.

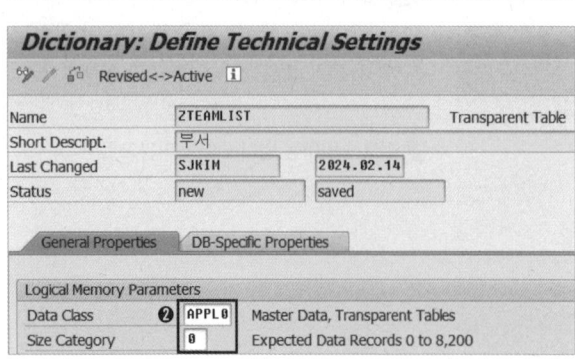

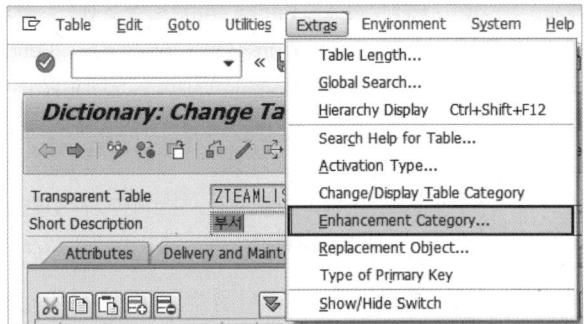

05 Enhancement Category 설정
메뉴바에서 [Extras] → [Enhancement Category]를 클릭한다.
다음으로 'Can be enhanced (character-like or numeric)'를 선택한다. Character, Numeric Type 필드에 Append, Include 사용이 가능하게 하는 옵션이다. 자세한 사항은 "7장 ABAP Dictionary"를 참고하자.

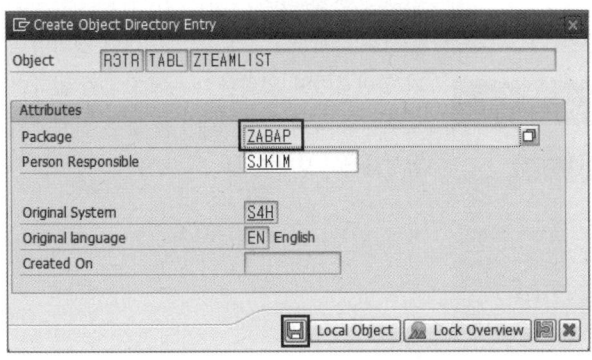

06 필드명 및 데이터 엘리먼트 입력
[Fields] 탭에서 그림과 같이 Field/Data Element를 입력하고, Key/Initial Values 체크박스를 선택한다.

▌데이터 엘리먼트(Data Element) 네이밍 룰:
[CBO 오브젝트(Z)+데이터 엘리먼트(DE)+내용(DEPCD)]

07 부서코드 데이터 엘리먼트 생성 01
데이터 엘리먼트를 생성하기 위해, 6단계의 ZDEDEPCD 데이터 엘리먼트를 더블 클릭한다. 팝업창이 열리면, Package 필드에 'ZABAP' 또는 '$TMP'를 입력한 후 저장한다.

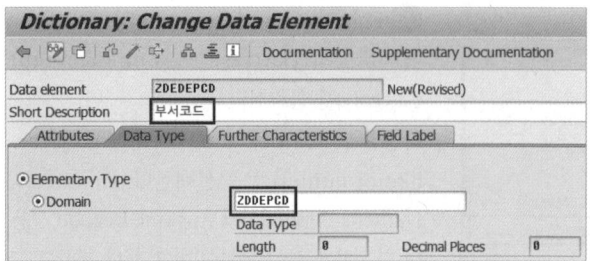

08 부서코드 데이터 엘리먼트 생성 02
Short Description필드에는 '부서코드', [Data Type] 탭에서 Domain 필드에는 'ZDDEPCD'를 입력한다.

📌 도메인 네이밍 룰: [CBO 오브젝트(Z)+도메인(D)+내용(DEPCD)]

09 부서코드 데이터 엘리먼트 생성 03
[Field Label] 탭에서 Short~Heading까지의 Field Label 필드에 '부서코드'를 입력한다. 이때 입력한 텍스트들이 출력 시 필드 길이에 따라 다르게 표시된다.

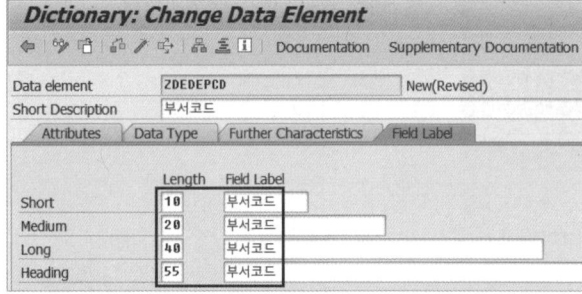

10 부서코드 도메인 생성 01
8단계에서 [Data Type] 탭에 입력한 ZDDEPCD 도메인을 더블 클릭한다. 이후 [Definition] 탭에서 Data Type 필드는 CHAR, No. Characters 필드는 4자리로 지정한다.

11 부서코드 도메인 생성 02
[Value Range] 탭에서 부서코드의 값이 들어 있는 테이블(부서 테이블)에 'ZTEAMLIST'을 입력한 후 활성화([Ctrl]+[F3])한다.
활성화 순서는 1. 도메인, 2. 데이터 엘리먼트가 일반적이며, 입력한 내용에 오류가 없다면 도메인과 데이터 엘리먼트를 모두 선택해서 활성화해도 무방하다.

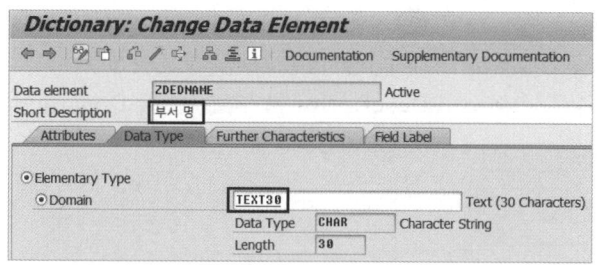

12 부서명 데이터 엘리먼트 생성
부서명을 저장할 필드의 ZDEDNAME 데이터 엘리먼트에는 Standard 도메인인 'TEXT30'을 입력하고 활성화한다.

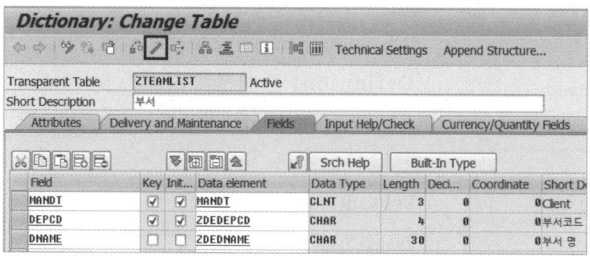

13 테이블 활성화
🖋 아이콘을 눌러서 ZTEAMLIST 테이블을 활성화한다. 활성화된 ABAP Dictionary 오브젝트들은 데이터베이스 수준에서 활성화되었으므로 이후 Dictionary 오브젝트 및 ABAP프로그램에서 참조할 수 있다.

2-2 인사직원 테이블: ZEMPLIST

직원 코드, 직원 이름과 같은 정보를 저장하는 인사직원 테이블 'ZEMPLIST'를 생성해보자. "2-1. 부서 테이블:ZTEAMLIST"절의 1~5 단계를 참고하도록 한다.

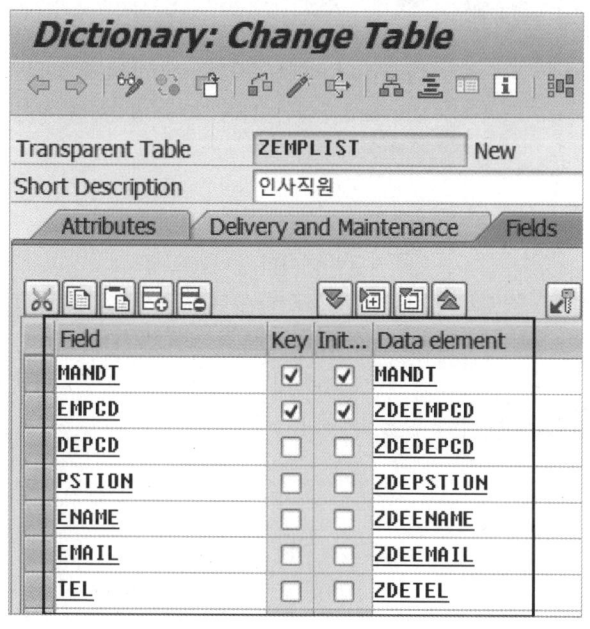

01 인사직원 테이블 생성 및 필드 구성
'T-CODE: SE11'을 입력해 실행하고, 테이블 ZEMPLIST를 생성한다.
[Fields] 탭에서 다음과 같이 Field/Data Element를 입력하고, Key/Initial Values 체크박스를 선택한다.

02 직원코드 데이터 엘리먼트 생성
데이터 엘리먼트 ZDEEMPCD는 Short Description에 '직원코드', Domain에 'ZDEEMPCD'를 입력한다.

03 직원코드 도메인 생성
ZDEEMPCD 도메인을 더블 클릭한 후에, [Definition] 탭에서 Data Type 필드는 CHAR, No. Characters 필드는 5자리로 지정한다.
[Value Range] 탭에서 Value Table 필드에 'ZEMPLIST'을 입력한 후 도메인(ZDEEMPCD), 데이터 엘리먼트(ZDEEMPCD)를 모두 활성화한다.

04 직위 데이터 엘리먼트 생성
ZDEPSTION 데이터 엘리먼트의 Short Description에는 '직위', Domain 필드에는 Standard 도메인 'TEXT20'을 입력한 후 활성화한다.

05 직원명 데이터 엘리먼트 생성
ZDEENAME 데이터 엘리먼트의 Short Description 필드에는 '직원 명', Domain 필드에는 Standard 도메인 'TEXT40'을 입력한 후 활성화한다.

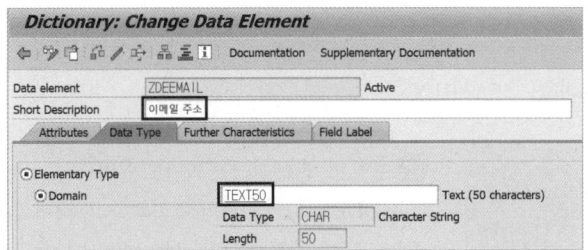

06 이메일 주소 데이터 엘리먼트 생성
ZDEEMAIL 데이터 엘리먼트의 Short Description 필드에는 '이메일 주소', Domain 필드에는 Standard 도메인 'TEXT50'을 입력한 후 활성화한다.

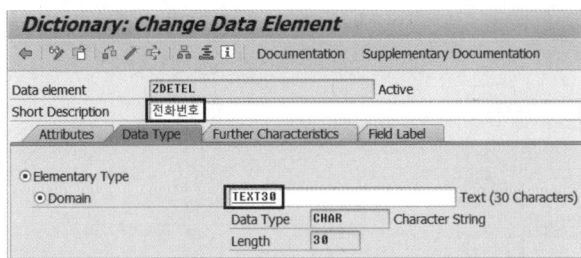

07 전화번호 데이터 엘리먼트 생성
ZDETEL 데이터 엘리먼트의 Short Description 필드에는 '전화번호', Domain 필드에는 Standard 도메인 'TEXT30'을 입력한 후 활성화한다.

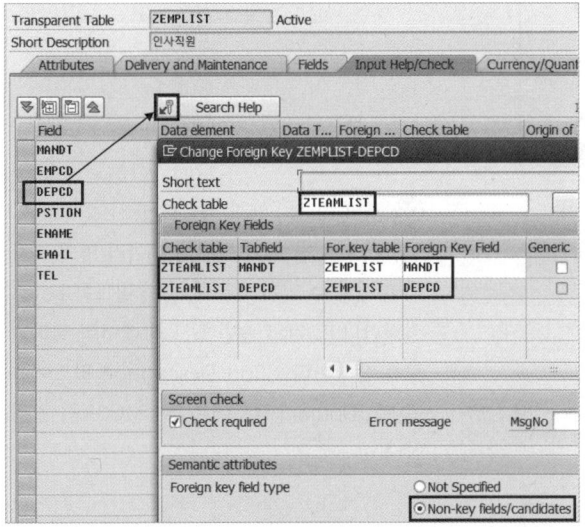

08 외래키(Foreign Key) 설정
테이블 변경 화면에서 DEPCD 필드를 선택하고, 버튼을 클릭하면 외래키 지정 팝업창이 뜬다. DEPCD 필드는 부서 테이블(ZTEAMLIST)의 부서코드 컬럼의 ZDDEPCD 도메인과 동일한 도메인을 사용하기 때문에, 외래키 지정이 가능하다.

▌외래키(Foreign Key)는 관계형 데이터베이스에서 테이블 간의 관계를 나타내는 데 사용하는 키이다. 외래키에 대한 추가 설명은 "7장 ABAP Dictionary"를 참고하자.

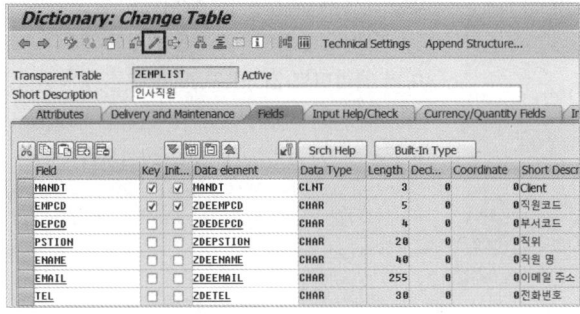

09 테이블 활성화
ZEMPLIST 테이블을 활성화([Ctrl]+[F3])한다.

2-3 가족관계 테이블: ZFAMILY

직원의 가족관계 정보를 저장할 가족관계 테이블 'ZFAMILY'를 생성해보자.

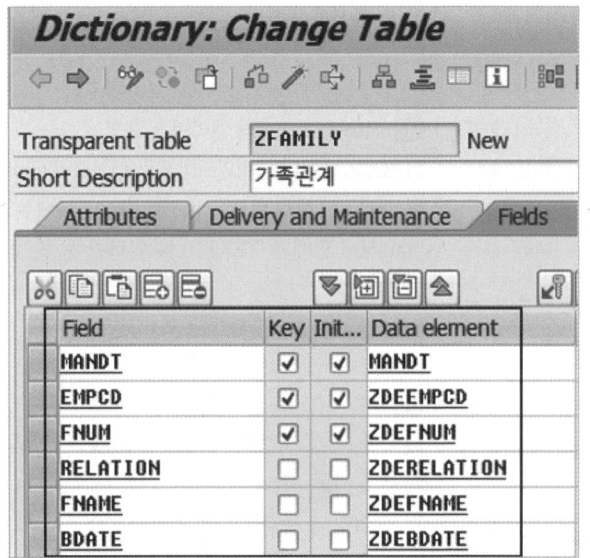

01 필드명 및 데이터 엘리먼트 입력
'T-CODE: SE11'을 입력해 실행하고, 테이블 ZFAMILY를 생성한다. [Fields] 탭에서 다음과 같이 Field/Data element를 입력하고, Key/Initial Values 체크박스를 선택한다.

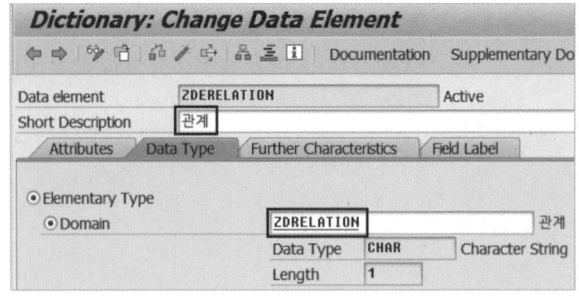

02 순번 데이터 엘리먼트 생성
일반적으로 한 명의 직원에게 여러 명의 가족이 존재할 수 있기 때문에, 순번 필드를 Key로 설정한다. 그리고 순번 필드의 데이터 엘리먼트를 생성한다. Short Description 필드에는 '순번', Domain 필드에는 'NUMC02'를 입력한다.

03 관계 필드의 데이터 엘리먼트 생성
'부', '모'와 같은 가족관계를 저장할 필드의 데이터 엘리먼트 ZDERELATION를 생성한다. Short Description 필드에는 '관계', Domain 필드에는 'ZDRELATION'를 입력한다.

04 관계 필드의 도메인 생성
ZDRELATION 도메인을 더블 클릭하여, 도메인을 생성한다. [Definition] 탭에서 Data Type 필드는 CHAR, No. Characters 필드는 1자리로 지정한다.

05 관계 필드의 도메인 고정 값 설정
[Value Range] 탭에서 다음과 같이 고정 값(Fixed Value)을 입력한다.
1: 부
2: 모
3: 아들(또는 자)
4: 딸(또는 녀)

📕 고정 값은 해당 도메인에 입력할 수 있는 값을 제한하는 역할을 한다.

06 가족 이름 필드의 데이터 엘리먼트 생성
가족 이름을 저장할 필드의 데이터 엘리먼트 ZDEFNAME를 생성한다. Short Description 필드에는 '가족 이름', Domain 필드에는 'TEXT40'을 입력한다.

07 생년월일 데이터 엘리먼트 생성
생년월일을 저장할 필드의 데이터 엘리먼트 ZDEBDATE를 생성한다. Short Description 필드에는 '생년월일', Domain 필드에는 날짜 타입 'DATUM'을 입력한다.

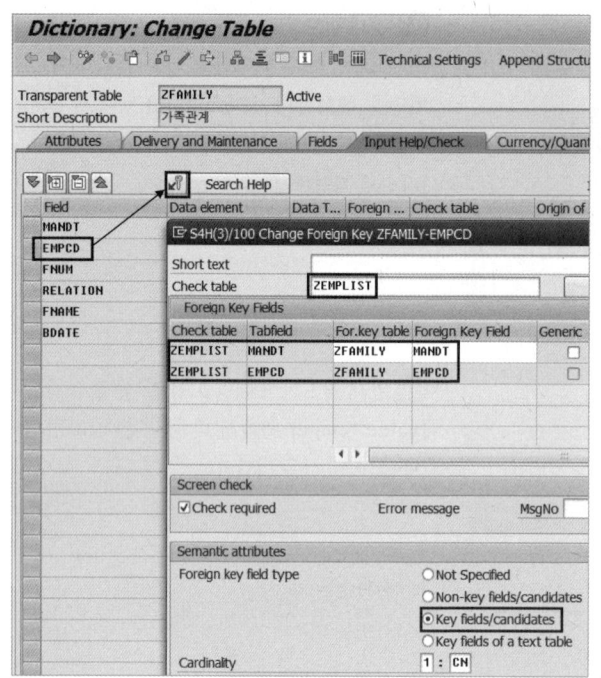

08 외래키 설정

 버튼을 눌러서 외래키를 설정한다. EMPCD 필드는 직원 목록 테이블(ZEMPLIST)의 사번과 동일한 ZDEMPCD 도메인을 사용하기 때문에, 외래키 지정이 가능하다. 그리고 ZFAMILY 테이블을 활성화([Ctrl]+[F3])한다.

03 테이블 데이터 생성하기

앞절에서 생성한 부서 테이블(ZTEAMLIST)에 부서 데이터를 생성해보자.

01 General Table Display 실행

'T-CODE:SE16N'을 입력해 실행한다. ❶ Table 필드에 'ZTEAMLIST'를 입력한다. ❷ 데이터를 수정하려면, Maintain entries 체크박스를 선택해야 한다. [F8] 키 또는 실행 버튼( )을 눌러 실행한다. 만약, Maintain entries 옵션이 활성화가 되어 있지 않으면, T-CODE:SE16을 이용해서 데이터를 생성한다.

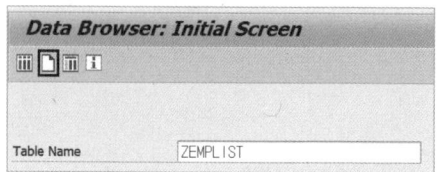

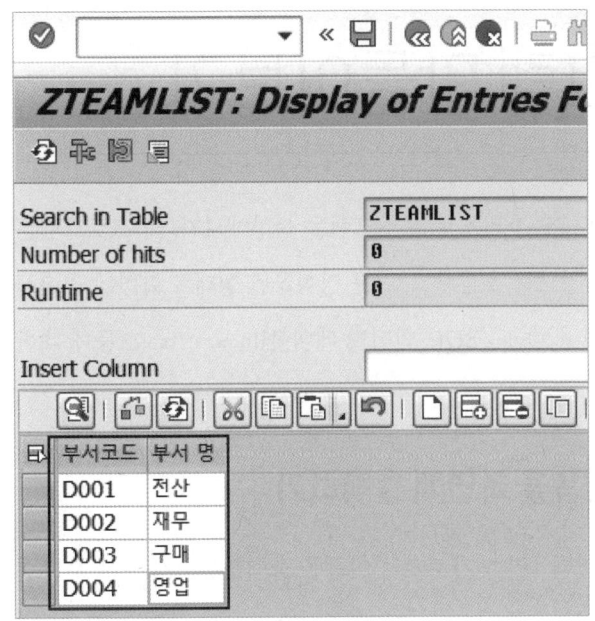

02 데이터 생성

테이블 데이터를 유지보수할 수 있는 화면이 조회된다. 부서 데이터를 신규 생성하기 위해, ALV 툴바 버튼 중 생성 버튼(□)을 누른다. 생성 버튼을 4번 눌러 행 4개를 추가한다. 부서 데이터를 그림과 같이 입력하고 저장([Ctrl]+[S] 또는 □ 버튼을 클릭)한다. 또한, 생성 버튼을 한 번만 클릭한 후 엑셀에서 부서 데이터를 복사하여 붙여넣기 하면, 한 번에 4개의 데이터를 동시에 입력할 수 있다.

동일한 방법으로, 인사직원 테이블(ZEMPLIST)과 가족관계 테이블(ZFAMILY)에 데이터를 각각 생성한다.

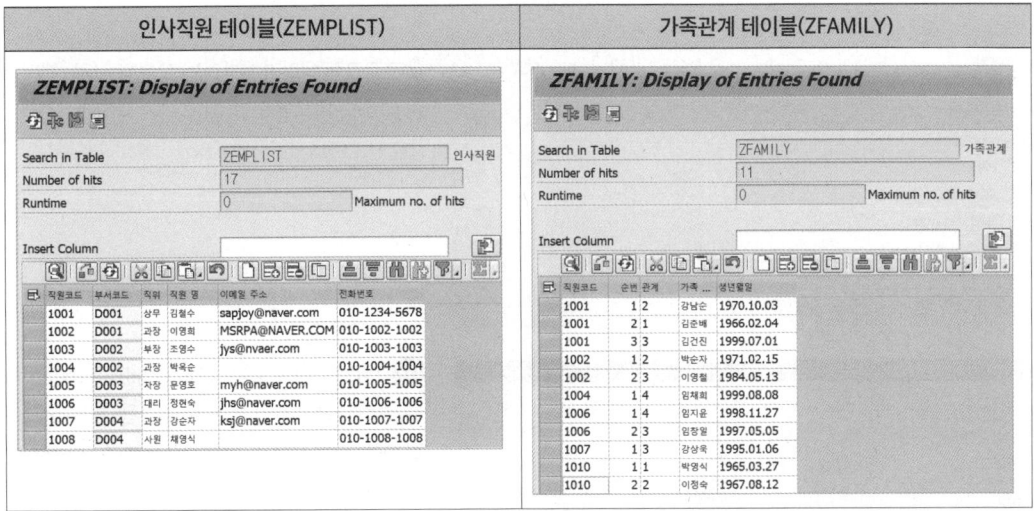

04 리포트 프로그램 만들어보기

앞서 생성한 테이블과 데이터를 이용해서 TYPE-1 리포트 프로그램을 생성해보자. 이 프로그램은 사용자가 입력한 조건의 데이터를 기반으로 정보를 추출하고, 이를 정형화된 형태로 화면에 출력해 준다. 해당 예제에서 활용하는 데이터 타입(Data Type), SQL, 인터널 테이블(Internal Table) 등에 대한 자세한 사항은 이후 장에서 설명한다.

4-1 직원 목록에서 직원 1명의 이름을 화면에 출력하기

직원 목록 테이블에서 직원코드(1001)의 데이터 1건을 가져와서 이름을 출력하는 리포트 프로그램을 생성해보자.

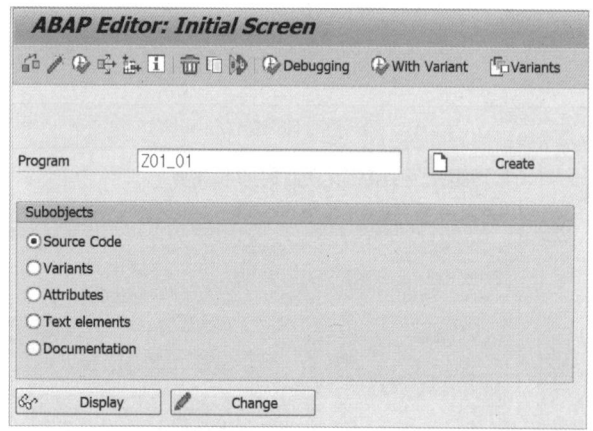

01 'T-CODE:SE38'을 입력해 실행하고, 프로그램명을 입력한 후에 [Create] 버튼을 클릭한다.

■ 프로그램 네이밍 룰: [CBO 오브젝트(Z)+챕터(01)+프로그램 순번(01)]

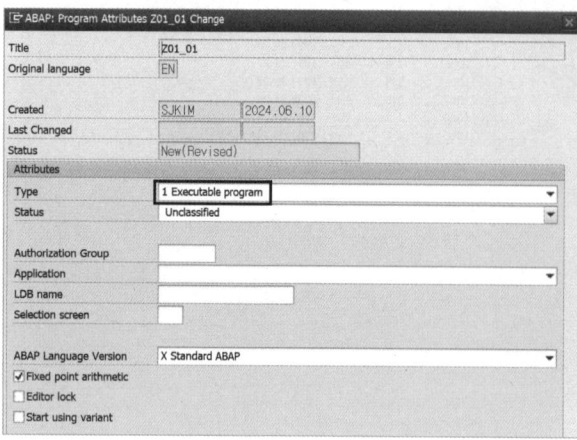

02 Type 항목으로는 '1 Executable Program'을 선택하고 [Save] 버튼을 클릭한다. Package 필드에는 'ZABAP' 또는 '$TMP'를 입력하고 저장한다.

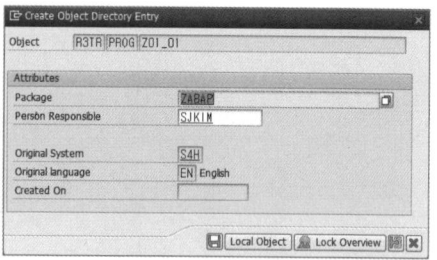

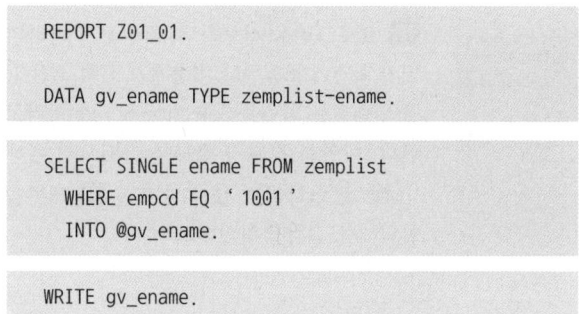

03 직원정보가 저장되어 있는 테이블에서 이름 컬럼을 참고해서 gv_ename이라는 변수를 선언한다.

04 직원코드가 '1001'인 직원의 이름을 가져오는 SQL을 작성한다.

05 테이블에서 가져온 데이터를 화면에 출력하는 구문을 작성한다.

06 [Ctrl]+[F3] 또는 🖉 아이콘을 클릭해 프로그램을 활성화한다. 그리고, [F8] 키 또는 🖳 버튼을 클릭하여 프로그램을 실행하여 결과를 확인해보자.

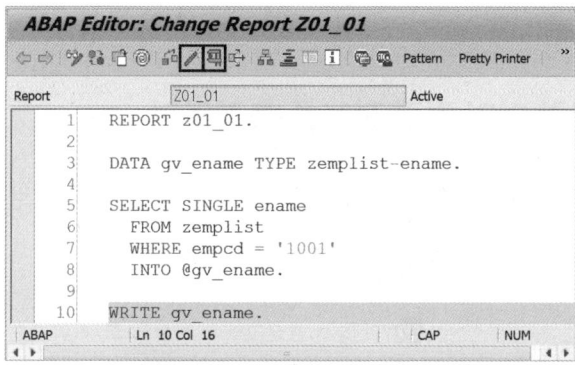

07 이번에는 SQL에서 직원코드를 하드코딩하는 것을 사용자에게서 입력받는 방법으로 변경해보자. PARAMETERS 명령어로 사용자에게 사번을 입력받을 수 있다.

08 직원코드 파라미터 'p_empcd'의 필드라벨을 Dictionary에서 참조하기 위해 메뉴: [Goto]→[Text Elements]를 차례로 선택한다. [Selection Texts] 탭에서 P_EMPCD에 대한 Dictionary 참조 체크박스를 선택하고 [Enter]를 입력하고 활성화한다.

09 테이블에서 데이터를 추출하는 SQL 구문의 WHERE 조건을 파라미터로 변경한다.

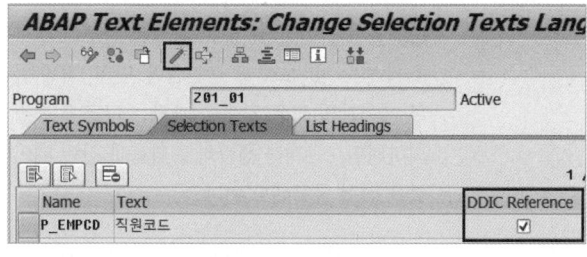

10 프로그램을 실행하면, 직원코드 파라미터가 화면에 조회된다. 사용자가 선택 조건 값을 입력하는 화면을 Selection Screen이라고 한다. 이영희 직원의 정보를 가져오기 위해 '1002'를 입력하고, [F8] 키 또는 ⊕ 버튼을 클릭해서, 결과를 확인해보자.

Z01_01
이영희

4-2 직원 목록에서 직원 1명에 대한 여러 컬럼 정보를 출력하기

직원 목록 테이블에서 1건의 데이터를 가져와서 직원코드, 이름, 부서를 출력하는 리포트 프로그램을 생성해보자.

```
REPORT Z01_02.

TYPES: BEGIN OF ts_test,
        empcd TYPE zemplist-empcd,
        ename TYPE zemplist-ename,
        depcd TYPE zemplist-depcd,
       END OF ts_test.

DATA gs_test TYPE ts_test.
```

01 TYPE-1 프로그램을 생성한 후, 직원코드(empcd), 이름(ename), 부서(depcd) 3개의 컬럼을 가지는 'ts_test' 타입을 선언한다.

02 앞서 선언한 'ts_test' 타입을 참고하여 구조체 변수 'gs_test'를 선언한다. 만약, 직원 목록 테이블의 모든 컬럼을 가지는 구조체를 정의하려면, 1단계를 생략하고 다음과 같이 테이블을 직접 참고해도 된다.

```
DATA gs_test TYPE zemplist.
```

```
SELECT SINGLE empcd, ename, depcd
  FROM zemplist
  WHERE empcd = ' 1001 '
  INTO @gs_test.
```

03 직원코드가 '1001'인 데이터 1건을 가져오는 SQL을 작성한다. 구조체 gs_test는 한 개의 레코드만 저장할 수 있는 변수이다.

```
cl_demo_output=>display( gs_test ).
```

04 직원 목록 테이블에서 가져온 데이터를 화면에 출력하는 구문을 작성한다. 또는 다음과 같이 WRITE 구문을 이용해도 된다.

```
WRITE gs_test.
```

05 프로그램을 활성화하고, 프로그램을 실행하여 결과를 확인해보자.

GS_TEST

EMPCD	ENAME	DEPCD
1001	김철수	D001

4-3 직원 목록에서 여러 직원을 출력하기

이번에는 직원 목록 테이블에서 여러 명의 데이터를 가져와서 출력하는 프로그램을 생성해보자.

```
REPORT Z01_03.

TYPES: BEGIN OF ts_test,
        empcd TYPE zemplist-empcd,
        ename TYPE zemplist-ename,
        depcd TYPE zemplist-depcd,
       END OF ts_test.
```

01 프로그램 'Z01_03'을 생성하고, 'ts_test' 타입을 참고하는 인터널 테이블 gt_test를 정의한다.

```
DATA gt_test TYPE TABLE OF ts_test.
```

02 앞서 선언한 'ts_test' 타입을 참고하여 인터널 테이블 gt_test를 선언한다.

```
TABLES: zemplist.
SELECT-OPTIONS s_empcd
  FOR zemplist-empcd.
```

03 사용자에게서 여러 개(다양한 조건)의 사번을 입력받기 위해서, SELECT-OPTIONS를 선언한다. SELECT-OPTIONS의 타입을 정의하려면, TABLES 또는 DATA 구문으로 변수를 사전에 정의해야 한다.

```
SELECT empcd, ename, depcd
  FROM zemplist
  WHERE empcd IN @s_empcd
  INTO TABLE @gt_test.

cl_demo_output=>display( gt_test ).
```

04 직원 목록 테이블에서 여러 건의 데이터를 가져오기 위해서, SQL 구문을 작성한다. 이때 SELECT-OPTIONS 조건은 IN 옵션을 사용해야 한다. 사용자가 SELECT-OPTIONS에 값을 입력하지 않으면, 모든 데이터를 가져온다.

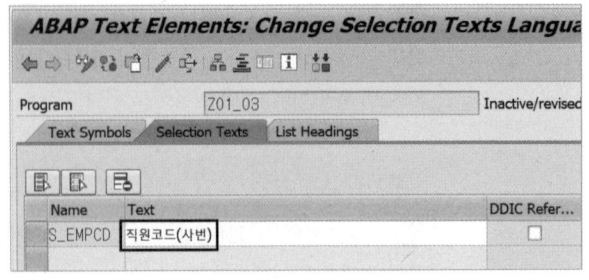

05 직원코드 Select-Options s_empcd의 필드 라벨을 만들기 위해서, 메뉴: [Goto]→[Text Elements]를 차례로 선택한다. 이번에는 Dictionary 참조 체크박스를 선택하지 않고, 직접 텍스트를 입력하고 활성화하자.

06 프로그램을 실행하면 직원코드 Select-Options가 화면에 조회된다.
여러 명의 직원 정보를 가져오기 위해서, 1001~1003 사번을 입력하고 실행해보자.

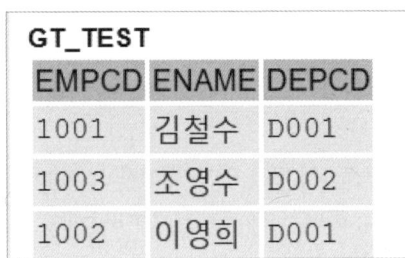

07 조회 조건에 해당하는 여러 명의 직원 정보가 화면에 출력된다. 이와 같이 여러 건의 데이터를 저장하는 변수를 ABAP에서는 인터널 테이블이라고 한다.

4-4 직원이 소속된 부서 정보를 가져오기

4-3절에서는 'D001'과 같은 부서 코드만 가져왔기 때문에 사용자는 해당 코드가 어떤 부서를 나타내는지 알 수 없다. 이제 부서 코드의 상세 내역이 저장된 테이블에서 부서 정보를 가져오는 방법을 알아보자. 예제 테이블 3개를 연결(JOIN)하여 데이터를 가져오는 세 번째 예제 프로그램을 생성해보자.

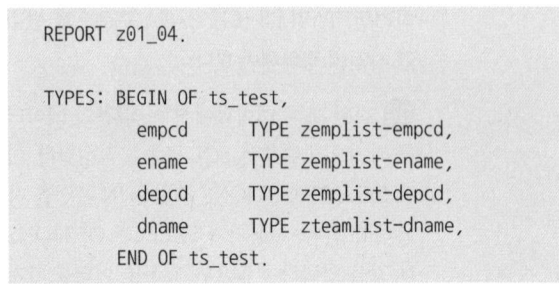

01 프로그램 'Z01_04'를 생성하고, 'ts_test' 타입을 참고하는 인터널 테이블 gt_test를 정의한다.

```abap
DATA: gt_test TYPE TABLE OF ts_test.
```

02 앞서 선언한 'ts_test' 타입을 참고하여 인터널 테이블 gt_test를 선언한다.

```abap
TABLES zemplist.
SELECT-OPTIONS s_empcd FOR zemplist-empcd.
```

03 사용자에게서 여러 개(다양한 조건)의 사번을 입력받기 위해서, SELECT-OPTIONS를 선언한다.

```abap
SELECT a~empcd, a~ename, a~depcd, b~dname
  FROM zemplist AS a
  INNER JOIN zteamlist AS b
    ON b~depcd EQ a~depcd
  WHERE empcd IN @s_empcd
  INTO TABLE @gt_test.
```

04 부서 내역이 저장되어 있는 zteamlist 테이블을 직원 목록 테이블과 연결하여 데이터를 가져오도록 JOIN 구문을 사용한다.

```abap
cl_demo_output=>display( gt_test ).
```

05 프로그램을 활성화하고, 실행하면 부서코드 내역이 저장되어 있는 목록이 출력된다.

📄 Output

GT_TEST

EMPCD	ENAME	DEPCD	DNAME
1001	김철수	D001	전산
1003	조영수	D002	재무
1002	이영희	D001	전산

4-5 직원의 가족 정보를 가져오기

이번에는 한 명의 직원이 여러 명의 가족과 연결되는 구조를 실습해보자.

```abap
REPORT z01_05.

TYPES: BEGIN OF ts_test,
         empcd      TYPE zemplist-empcd,
         ename      TYPE zemplist-ename,
         depcd      TYPE zemplist-depcd,
         dname      TYPE zteamlist-dname,
         relation   TYPE zfamily-relation,
         fname      TYPE zfamily-fname,
         bdate      TYPE zfamily-bdate,
       END OF ts_test.
```

01 프로그램 'Z01_05'를 생성하고, 사번(empcd), 사원 명(ename), 부서(depcd), 부서 명(dname), 관계(relation), 가족 명(fname), 생년월일(bdate)의 구성을 가진 'ts_test' 타입을 선언한다.

```
DATA: gt_test TYPE TABLE OF ts_test.

TABLES zemplist.
SELECT-OPTIONS s_empcd FOR zemplist-empcd.

SELECT a~empcd,    a~ename, a~depcd, b~dname,
       c~relation, c~fname, c~bdate
  FROM zemplist AS a
  INNER JOIN zteamlist AS b
    ON b~depcd EQ a~depcd
  LEFT OUTER JOIN zfamily AS c
    ON c~empcd EQ a~empcd
  WHERE a~empcd IN @s_empcd
  INTO TABLE @gt_test.

cl_demo_output=>display( gt_test ).
```

02 앞서 선언한 'ts_test' 타입을 참고하여 인터널 테이블 gt_test를 선언한다. 그리고, SELECT-OPTIONS를 선언한다.

03 가족 정보를 저장하고 있는 zfamily 테이블을 직원 목록 테이블과 연결하여 데이터를 가져오는 JOIN 구문을 완성해보자. 이때 OUTER JOIN을 사용하는 이유는 가족이 없는 직원도 포함하기 위해서다. 해당 내용은 "3장 OPEN SQL"에서 자세하게 설명한다.

04 프로그램을 활성화하고, 실행하면 가족 정보가 포함된 목록이 출력된다. 조영수 직원은 가족 정보가 없기 때문에 가족 정보 컬럼이 빈 값으로 조회된다.

GT_TEST						
EMPCD	ENAME	DEPCD	DNAME	RELATION	FNAME	BDATE
1001	김철수	D001	전산	1	김춘배	1966-02-04
1001	김철수	D001	전산	2	강남순	1970-10-03
1001	김철수	D001	전산	3	김건진	1999-07-01
1002	이영희	D001	전산	2	박순자	1971-02-15
1002	이영희	D001	전산	3	이영철	1984-05-13
1003	조영수	D002	재무			0000-00-00

```
LOOP AT gt_test INTO gs_test.

  WRITE :/ gs_test-empcd, gs_test-ename,
gs_test-relation, gs_test-fname, gs_test-bdate.
  ULINE.

ENDLOOP.
```

05 이번에는 다른 방식으로 인터널 테이블을 화면에 조회하는 방법을 알아보자. ABAP 언어에서 인터널 테이블은 LOOP AT 반복문으로 한 레코드씩 추출해서 구조체 변수에 저장해서 사용한다. 프로그램을 실행하면, WRITE 구문으로 정보를 화면에 출력한다.

Program Z01_03				
Program Z01_03				
1001	김철수	2	강남순	1970.10.03
1001	김철수	1	김춘배	1966.02.04
1001	김철수	3	김건진	1999.07.01
1003	조영수			0000.00.00

조금 더 알아보기 — 도메인 텍스트 가져오기

리포트 프로그램 z01_05의 SQL 쿼리를 수정하여 가족관계 내역을 추가로 가져올 수 있다. 가족관계 코드에 해당하는 내역은 도메인의 Value Range에 저장되어 있다.

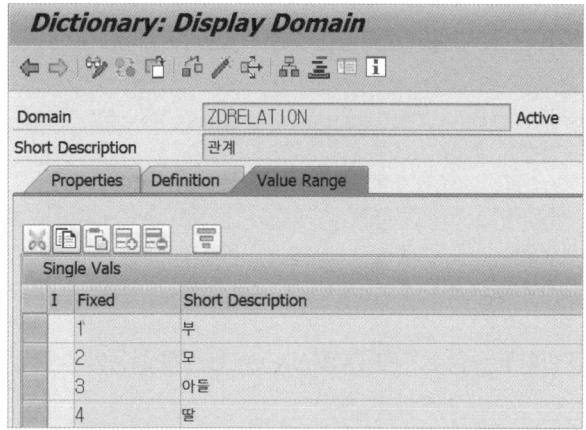

도메인 정보를 저장하고 있는 테이블 DD07T를 JOIN 구문으로 연결하면 된다.

먼저, 인터널 테이블 타입에 가족관계 내역을 저장할 컬럼을 추가한다.

```
TYPES: BEGIN OF ts_test,
         empcd    TYPE zemplist-empcd,
         ename    TYPE zemplist-ename,
         depcd    TYPE zemplist-depcd,
         dname    TYPE zteamlist-dname,
         relation TYPE zfamily-relation,
         fname    TYPE zfamily-fname,
         bdate    TYPE zfamily-bdate,
      rel_desc TYPE dd07t-ddtext,
    END OF ts_test.
```

SQL 구문에 DD07T 테이블을 추가해서 완성한다.

```
SELECT a~empcd, a~ename, a~depcd, b~dname,
       c~relation, c~fname, c~bdate, d~ddtext AS rel_desc
  FROM zemplist AS a
  INNER JOIN zteamlist AS b
    ON b~depcd EQ a~depcd
  LEFT OUTER JOIN zfamily AS c
    ON c~empcd EQ a~empcd
  LEFT OUTER JOIN dd07t AS d
ON c~relation EQ d~domvalue_l
   AND d~domname EQ ' ZDRELATION '
```

```
          AND d~ddlanguage EQ @sy-langu
          AND d~as4local EQ ' A '
          AND d~as4vers EQ ' 0000 '
        WHERE a~empcd IN @s_empcd
        INTO TABLE @gt_test.
```

프로그램을 실행하면, 가족관계 내역이 출력되는 것을 확인할 수 있다.

GT_TEST

EMPCD	ENAME	DEPCD	DNAME	RELATION	FNAME	BDATE	REL_DESC
1001	김철수	D001	전산	2	강남순	1970-10-03	모
1001	김철수	D001	전산	1	김춘배	1966-02-04	부
1001	김철수	D001	전산	3	김건진	1999-07-01	아들
1002	이영희	D001	전산	2	박순자	1971-02-15	모
1002	이영희	D001	전산	3	이영철	1984-05-13	아들

참고로, 도메인의 값을 반환하는 함수 'GET_DOMAIN_VALUES'를 활용할 수도 있다.

CHAPTER 02

데이터 타입

In this chapter >>>

이번 장에서는 ABAP 프로그램에 사용되는 데이터 타입을 크게 3가지로 나누어 살펴본다. ABAP 프로그램에는 ABAP Dictionary를 이용해 동일한 데이터 타입을 선언할 수 있는 특징이 있다.
ABAP 프로그램에 사용되는 데이터 타입을 정의하고 데이터 타입을 이용해 변수를 선언하는 방법을 학습해보자.

Chapter list >>>

1. Overview
2. 기본 데이터 타입
3. 프로그램 내의 로컬 타입
4. ABAP Dictionary 타입
5. 변수에 값 할당
6. 변수 초기화
7. VALUE 명령어
8. 기타 변수 선언

Overview

프로그램의 기본은 변수 개념을 이해하는 것에서 시작한다. 변수는 영어로 Variable이고, 이는 고정된 것이 아니라 경우에 따라 변할 수 있다는 뜻이다. 변수를 쉽게 설명해보자. 변수는 상황에 따라서 다양한 물건을 담을 수 있는 빈 상자에 비유할 수 있다. 이 상자에 책을 담으면 책 상자가 되고 옷을 보관하면 옷 상자가 된다.

그런데 상자에 물건을 담고 밀봉하면 어느 상자에 어떤 물건이 담겨 있는지 알 수 없으므로 상자 겉에 고유 번호 또는 이름을 적는 것이 일반적이다.

상자 이름은 사용자의 성향에 따라서 BOX1과 같이 번호를 붙일 수도 있고, 내용물의 정보를 담아 옷 상자라고 적을 수도 있다.

책을 넣었다고 해서 계속 책만 담을 수 있는 전용 상자는 아니다. 책을 비우고 다시 옷을 넣을 수도 있다.

프로그램 언어에서 변수는 빈 상자와 같이 어떤 값을 저장하는 메모리 공간의 역할을 한다. 변수에는 숫자를 저장할 수도 있고 문자를 저장할 수도 있다. 즉, 다음 그림과 같이 컴퓨터의 메모리 공간에 '1234'와 같은 숫자나 '한국'과 같은 문자를 저장할 수 있다.

상자가 많을 때는 어느 상자에 어떤 물건이 들었는지 표기하는 것이 효율적이었다. 컴퓨터 메모리에도 아주 많은 공간이 있다. 각 메모리 공간이 어떤 값을 저장하고 있는지 기억하기 위해서 메모리 공간의 이름에 변수 이름을 연결한다. 숫자 '1234'의 메모리 공간(변수 이름)은 VAR1 또는 숫자 변수라고 설정할 수 있다.

VAR1 또는 숫자 변수   VAR2 또는 문자 변수

그리고 상자를 비우고 새로운 물건을 넣을 수 있듯이 '1234'라는 숫자를 저장한 메모리 공간(변수)을 비우고 나서 다른 숫자 '5678'을 다시 넣을 수 있다.

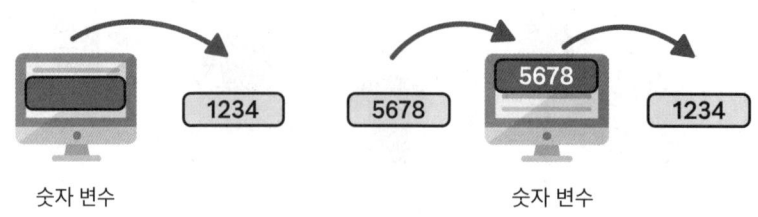

숫자 변수   숫자 변수

일반적으로 프로그램 언어의 변수에는 여러 가지 숫자형과 문자형이 있다. ABAP 프로그램에도 여러 가지 숫자형과 문자형을 사용할 수 있다.

숫자 변수와 같이 변수 타입을 정의하는 것을 데이터 타입(Data Type)이라고 한다. 데이터 타입을 이용해 변수(Data Variable, Data Object)를 정의한다. 이 두 가지에 대해서 간단하게 정리하자면 다음과 같다.

- **Data Type**: 프로그램에서 사용할 수 있는 데이터의 타입을 정의한다.
- **Data Variable**: 데이터 타입을 참고하여 값을 저장할 수 있는 변수이다.

ABAP 언어에서 데이터 타입(Data Type)과 데이터 변수(Data Variable)는 다음 구문을 이용하여 정의한다.

Data Type	Data Variable
TYPES t_type TYPE type. TYPES t_type LIKE variable	DATA gv_var TYPE type DATA gv_var LIKE variable

이 구문에서 TYPE은 데이터 타입을 이용해서 변수 또는 타입을 정의하는 것이고, LIKE는 이미 생성된 변수를 이용해서 데이터 타입 또는 변수를 선언한다. 프로그램 내에서 특정한 타입이 필요하지 않은 경우는 TYPES를 이용해 데이터 타입을 별도로 선언할 필요는 없다.

ABAP 7.40 이후부터는 값을 할당하면서 동시에 변수를 선언하는 문법(Inline Declaration)이 새롭게 도입되었다. 실무에서도 많이 사용하고 있으므로 두 문법에 대한 이해가 필요하다.

표준 방식: 변수 선언 및 값 할당(2단계)	New Syntax: 변수 선언 및 값 할당(1단계)
DATA : gv_var TYPE c LENGTH 4. gv_var = 'abap'.	DATA(gv_var) = 'abap'.

조금 더 알아보기 — ABAP New Syntax

ABAP New Syntax는 효율적이고 간편하게 ABAP 프로그램을 개발하는 문법이다. S/4 HANA에서 S는 SAP Business Suite를 의미한다. 또한, S는 Simple을 내포하고 있다. 그래서 S/4에서 쓰이는 New Syntax도 Simple이라는 맥락으로 이해하는 것이 좋다. 기존 표준 방식과 새로운 문법을 상황에 맞게 잘 활용하는 것이 바람직하다. ABAP New Syntax는 하권의 [부록]에서 자세하게 설명한다.

인터널 테이블에서 데이터를 읽는 READ TABLE 명령어의 [F1] 도움말을 보면, 두 가지 문법이 조회된다. ❶ 현재 사용 가능한 문법은 ABAP 개발 표준 명령어이다. 여기에 추가해서 New Syntax도 함께 소개되어 있다. 그리고, ❷ 폐기된(Obsolete) 문법은 인터널 테이블의 헤더 라인(Header Line)을 이용하는 방식과 같이 지양해야 하는 문법을 의미한다. 그렇다고 해도, 폐기된 문법은 여전히 실무에서 많이 사용하고 있다. 1990년대 중반에 SAP가 한국에 처음 소개되고, 독일 개발자에게 ABAP을 배운 한국 개발자들로부터 시작된 문법들이 아직도 실무에서 사용되고 있다. 신구의 조화가 필요해 보인다.

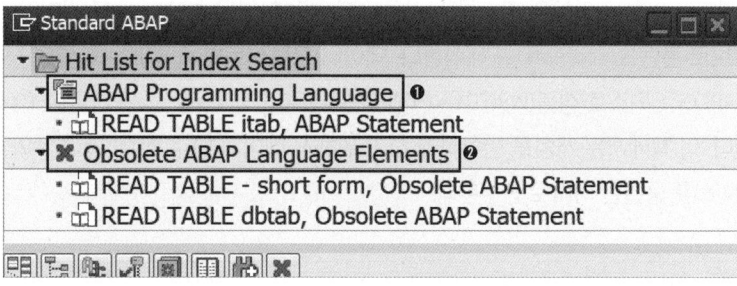

1-1 데이터 타입

데이터 타입(Data Type)은 ABAP 프로그램에서 사용하는 변수의 타입을 정의하기 위해서 사용한다. 데이터 타입은 데이터 변수(Data Variable)와 독립적으로 선언하며, 데이터 변수는 데이터 타입을 참고하여 선언한다. 프로그램에서 TYPES 구문을 사용하여 데이터 타입을 선언하면 해당 프로그램에서만 사용할 수 있기 때문에 Local Data Type(지역 변수, 로컬 변수)이라고 부른다. 이 타입은 이미 정의되어 있는 ABAP 데이터 타입을 참고하여 선언한다(예, TYPES t_type TYPE C).

데이터 타입 측면에서 ABAP 프로그램이 갖는 주요 특징은 ABAP Dictionary 타입(테이블, 구조체 등)을 프로그램에서 참고하여 사용할 수 있다는 것이며, 테이블 구조까지도 그대로 변수로 사용할 수 있다는 것을 의미한다. 이로 인해 개발자는 편리하게 프로그래밍할 수 있다.

1-2 데이터 변수

데이터 변수(Data Variable)는 데이터 타입을 참고하여 프로그램에서 사용할 수 있는 변수이다. 기술적으로 표현하자면, 데이터 변수는 프로그램의 실행 시점에 메모리를 차지하는 데이터 오브젝트(변수)를 의미한다. ABAP 프로그램에서는 데이터 변수의 이름을 통해서 값에 접근할 수 있다(데이터 타입을 해석하는 작업이 선행된다).

> **조금 더 알아보기 — 데이터 오브젝트란?**
>
> 앞에서 설명한 데이터 변수(Data Variable)는 실제 데이터 오브젝트(Data Object)를 의미한다. 데이터 오브젝트는 ABAP 프로그램이 실행되는 동안 메모리를 점유하게 되는 물리적인 단위이다. ABAP 구문은 데이터 오브젝트의 이름을 이용해 주소를 확인하고 데이터 타입을 참고해 필드 길이와 소수 자리 수 등과 같은 정보로 콘텐츠(Contents)를 해석한다. 데이터 오브젝트의 종류에는 이름이 정해지지 않은 문자(WRITE 'ABCDE'), 텍스트 심볼(WRITE text-001), 변수(DATA, STATICS, CLASS-DATA, PARAMETERS..), 상수 등이 있다. 이 책에서는 개념을 명확하게 하기 위해서 데이터 변수(Data Variable)와 데이터 오브젝트(Data Object)를 동일한 의미로 간주한다.

1-3 데이터 타입의 종류

ABAP 프로그램은 그림 2-1과 같이 크게 3가지 그룹의 데이터 타입(Data Type)을 사용할 수 있다.

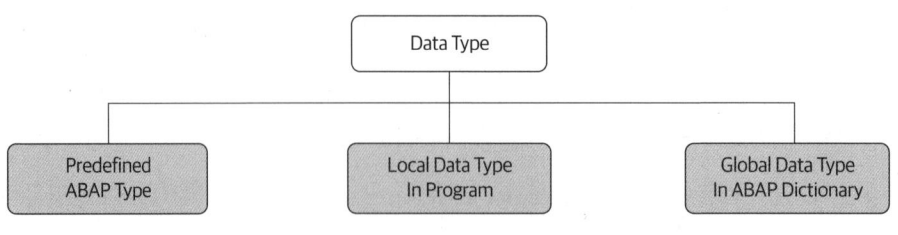

그림 2-1 데이터 타입의 계층 구조

1-3-1 기본 데이터 타입(Predefined ABAP Type)

- 커널 수준에서 정의되어 있는 기본 데이터 타입이다.

- C, JAVA의 (c, f, I) 타입과 같이 이미 정의되어 있는 데이터 타입이다.
- ABAP은 추가로 p, d, t와 같은 데이터 타입이 있다.

1-3-2 프로그램 내의 로컬 타입(Local Data Type in Program)

ABAP 프로그램 내에서 Predefined ABAP Type 또는 Global Data Type을 이용하여 로컬 타입(Local Type)을 생성한다. 한 개의 컬럼을 가지는 데이터 타입과 여러 컬럼이 존재하는 구조체(Structure) 타입 등을 정의하여 사용할 수 있다. 동일한 타입을 하나의 프로그램에서 여러 번 사용하는 경우 로컬 타입으로 정의한다. 참고로, 이 책에서는 구조체(Structure)와 Work Area를 동일한 의미로 사용한다.

변수 타입(10자리 길이)	구조체 타입(2개의 컬럼으로 구성)

TYPES t_type TYPE C LENGTH 10.	TYPES: BEGIN OF t_str,
	      emp_no TYPE c LENGTH 10,
	      emp_name TYPE c LENGTH 20,
	     END OF t_str.

1-3-3 글로벌 타입(Global Data Type in ABAP Dictionary)

- 모든 ABAP 프로그램에서 사용할 수 있는 글로벌 타입(Global Data Type)이다.
- ABAP Dictionary 데이터 타입은 ABAP 프로그램 내에서 TYPE 구문을 이용할 수 있다.

즉, T-CODE:SE11에서 생성하는 다음과 같은 ABAP Dictionary 오브젝트들은 모든 ABAP 프로그램에서 변수를 선언할 때 데이터 타입으로 사용할 수 있다. 자세한 사항은 "7장 ABAP Dictionary"에서 학습한다.

Table(Table Field), **Data Type, Data Element, Structure, Table Type**

이러한 ABAP Dictionary 오브젝트를 이용해 프로그램 내에 데이터 타입 또는 데이터 변수를 선언하게 된다.

```
TYPES : t_type     TYPE Table.
DATA  : gv_data    LIKE Table-Field.
DATA  : gv_data2   LIKE Data Element.
...
```

조금 더 알아보기 — IF 조건문과 COND 분기문, CASE 분기문, SWICH 분기문

1. IF 조건문

조건문은 주어진 조건에 따라 프로그램의 순서를 제어하거나 다른 로직으로 분기할 수 있게 해준다. IF 조건문은 프로그래밍의 논리 구조를 형성하는 기본 골격으로 볼 수 있다. 간단히 말해서, IF 조건문은 주어진 조건을 평가하여 참(Ture)과 거짓(False)을 구별하거나, 여러 조건에 따라서 로직을 분기하는 구문이다.

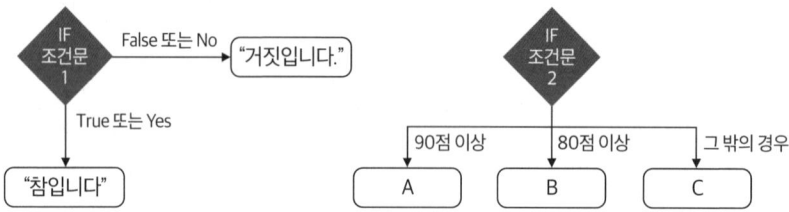

기본적인 프로그램 언어로 역할을 수행하게 하려면 적절히 변수를 사용하고 조건문을 구현할 수 있어야 한다. 요컨대 사용자와 상호작용을 하려면 변수에 다양한 값을 저장하고 분기문을 이용하여 조건별로 다양한 로직을 구현할 수 있어야 한다.

ABAP 프로그래밍에서는 조건문에 IF 구문을, '그렇지 않다면'에는 ELSEIF 구문을 사용한다. 이외 모든 조건은 ELSE 구문을 기술한다. 사용자에게서 점수를 파라미터로 입력받아서, 해당 조건에 해당하는 학점을 변수에 저장하는 프로그램을 간단히 만들어보자.

점수	학점
100점	A+
90점 이상	A
80점 이상	B
이외 점수	C

```
PARAMETERS p_val TYPE i.

DATA gv_grade TYPE c.

IF p_val = 100.
   gv_grade = 'A+'.
ELSEIF p_val >= 90.
   gv_grade = 'A'.
ELSEIF p_val >= 80.
   gv_grade = 'B'.
ELSE.
   gv_grade = 'C'.
```

```
    ENDIF.

    WRITE : '학점은 ', gv_grade, ' 입니다 '.
```

2. COND 분기문
COND 분기문은 IF 조건문보다 효율적으로 분기문을 작성할 수 있다.

```
PARAMETERS p_val TYPE I.

DATA(gv_grade) = COND string( WHEN p_val = 100 THEN 'A+'
                  WHEN p_val >= 90 THEN 'A'
                  WHEN p_val >= '80' THEN 'B'
                  ELSE 'C'
                          ).

WRITE : '학점은 ', gv_grade, ' 입니다 '.
```

3. CASE 분기문
CASE 분기문도 로직을 제어하는 용도로 많이 사용한다. 이 분기문은 IF 조건문과 비슷한 기능을 수행하기 때문에 혼용해서 활용한다. 일반적으로 3개 이상의 명확히 정해진 값 중에서 분기해야 하는 로직 구조에는 이 분기문을 많이 사용한다. 예를 들어 A, B, C와 같이 정해진 학점마다 다른 로직을 적용해야 할 때 CASE 구문이 효율적이다. 이 분기문을 이용해서 학점을 입력하면 학점에 해당하는 메시지를 출력하는 프로그램을 구현해보자.

학점	메시지 출력
A+ 또는 A	최고 점수입니다.
B	조금 더 노력이 필요합니다.
C	분발이 필요합니다.
이외 학점	올바르지 않은 학점입니다.

```
PARAMETERS p_val TYPE c LENGTH 2.

CASE p_val.
   WHEN 'A+' OR 'A'.
     WRITE: '최고 점수입니다.'.
   WHEN 'B'.
     WRITE: '조금 더 노력이 필요합니다.'.
   WHEN 'C'.
     WRITE: '분발이 필요합니다.'.
   WHEN OTHERS.
     WRITE: '올바르지 않은 학점입니다.'.
ENDCASE.
```

4. SWITCH 분기문

SWITCH 분기문은 CASE 분기문보다 효율적인 New Syntax이다.

```
PARAMETERS p_val TYPE c LENGTH 2.

DATA(gv_text) = SWITCH string( p_val
            WHEN 'A+' OR 'A' THEN '최고 점수입니다.'
            WHEN 'B' THEN '조금 더 노력이 필요합니다.'
            WHEN 'C' THEN '분발이 필요합니다.'
            ELSE '올바르지 않은 학점입니다.'
               ).

WRITE gv_text.
```

1-4 변수 선언

데이터 타입을 이용하여 변수를 선언하는 방법 3가지를 간략히 설명한 후에, 다음 절부터 각 방법에 대하여 세부적으로 살펴보자.

1-4-1 기본 데이터 타입을 이용하여 변수 선언

ABAP에서 제공하는 기본 데이터 타입을 이용하여 데이터 변수를 선언하는 방식이다. 일반적으로 가장 많이 활용한다.

```
DATA : gv_num     TYPE i,
       gv_dec     TYPE f,
       gv_date    TYPE d,      ◄······ 기본 데이터 타입
       gv_time    TYPE t,
       gv_text1   TYPE c,
       gv_text2   TYPE c.
```

1-4-2 프로그램 내의 로컬 타입을 이용하여 변수 선언

개별 로컬 프로그램에서 자주 사용하는 데이터 및 구조를 TYPE으로 선언하여, 프로그램 내에서만 ABAP 기본 데이터 타입처럼 사용할 수 있다. 실무에서는 주로 구조체 변수나 인터널 테이블에 사용하기 위해서 로컬 타입을 정의한다.

```
TYPES: BEGIN OF t_emp,
        emp_no TYPE c LENGTH 10,            ◄---- 1. 로컬 타입 선언
        emp_name TYPE c LENGTH 20,
       END OF t_emp.

DATA : gs_emp         TYPE t_emp,           ◄---- 2. 변수 선언
       gv_emp_name LIKE gs_emp-emp_name.
```

조금 더 알아보기 — 열거형 타입(Enumerated Type)

열거형 타입을 정의하면, 데이터 타입 내에 정의된 값만 변수에서 사용할 수 있다.

```
TYPES : BEGIN OF ENUM t_area,
         seoul, sejong, pusan, jeju,
        END OF ENUM t_area.

DATA gv_area TYPE t_area.
gv_area = sejong.
gv_area = jeju
```

1-4-3 ABAP Dictionary의 타입을 이용하여 변수 선언

ABAP Dictionary(Table, Structure, Data Element 등)는 글로벌 타입이기 때문에 모든 프로그램에서 참고해서 사용한다. 예를 들어, 1장에서 생성한 테이블(ZEMPLIST), 테이블 컬럼(ZEMPLIST-EMPCD), 데이터 엘리먼트(ZDEENAME) 등을 이용해서 변수를 정의할 수 있다.

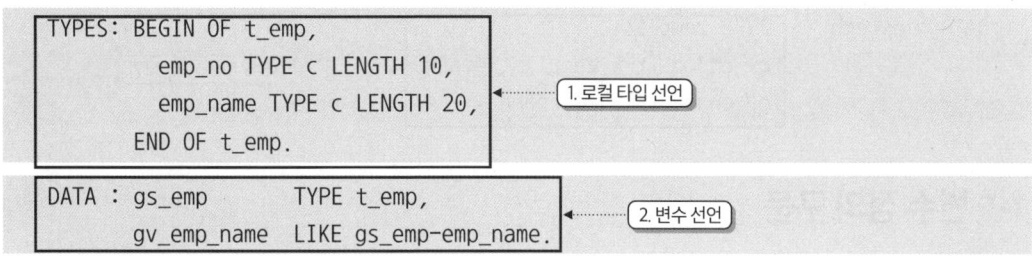

그림 2-2 ZEMPLIST 테이블 구조

```
DATA : gs_emp    TYPE zemplist,
                 gv_empcd TYPE zemplist-empcd,  ◀······ ABAP Dictionary 타입
                 gv_ename TYPE zdeename.
```

1-5 변수 정의 구문

데이터 변수(Data Variable)를 선언할 때 사용하는 구문에 대해서 알아보자. 변수명은 언더라인(_)을 포함하여 30자까지 가능하다(하이픈(-)도 가능하지만 사용하지 않는 것을 권장한다). 가독성과 유지보수를 고려해 명확하고 설명적인 이름을 사용하는 것이 좋다. 변수명에 대한 제약이나 관례를 따름으로써 ABAP 코드의 품질을 높일 수 있다. 뒤에서 좀더 자세하게 설명한다.

1-5-1 DATA

변수를 정의하는 명령어이다. 앞서 설명했듯이, 인라인 선언에서도 사용한다. 다음과 같이 사용하면, 1자리 문자를 가지는 변수를 생성한다.

변수 선언 및 값 할당	인라인 선언(Inline Declaration)
`DATA : gv_char.` `gv_char = 'A'.`	`DATA(gv_var) = 'A'.`

1-5-2 TYPE

데이터 변수(Data Variable)의 데이터 타입을 정의한다. 그림 2-1의 3가지 타입이 TYPE 구문 다음에 올 수 있다.

```
DATA : gv_num    TYPE  i.
```

> **조금 더 알아보기 — 기호 콜론(:)**
>
> 기호 콜론(:)은 동일한 명령어를 쉼표(,)로 구분하여 마침표(.)를 만날 때까지 실행하도록 한다. 명령어를 수행하고 동일한 기능을 여러 번 실행할 수 있도록 해준다. 예를 들어, 다음과 같이 콜론(:) 기호를 이용하여 변수 2개를 한 번에 선언할 수 있다.

```
DATA  gv_num1   TYPE I,              DATA : gv_num1   TYPE I,
DATA  gv_num2   TYPE I.                     gv_num2   TYPE I.
```

1-5-3 LIKE

앞에서 생성한 변수 gv_num과 같은 데이터 타입의 변수를 선언할 때 사용한다. 타입이 있는 모든 데이터 변수(Field, Parameter, Structure, 시스템 변수)를 사용할 수 있다.

```
DATA : gv_num2     LIKE gv_num.
```

1-5-4 VALUE

모든 데이터 타입은 초기 값(Initial Value)이 존재한다. DATA 구문을 사용할 때 VALUE 옵션을 사용하면 기본 초기 값 대신에 변수 값을 설정한다. 'VALUE IS INITIAL' 구문을 사용하면 데이터 타입의 초기 값으로 지정된다(생략해도 된다). Constants 변수를 선언할 때에는 VALUE 옵션은 필수 사항이다.

```
DATA :  gv_num       TYPE i           VALUE 123,
        gv_char      TYPE c           VALUE 'X',
        gv_val       LIKE gv_char     VALUE IS INITIAL.
```

1-5-5 LENGTH n

필드의 길이를 설정한다. C, N, P, X 타입에만 사용할 수 있다.

```
DATA : gv_num   TYPE n   LENGTH  2.
```

1-5-6 DECIMALS n

고정 소수점인 데이터 타입 P에서만 사용 가능하며 1~14 사이의 소수 자리 수를 설정한다.

```
DATA : gv_num TYPE p DECIMALS 3.
```

이제, ABAP 프로그램을 생성해서 변수에 값을 할당한 후 목록으로 출력하는 기본적인 프로그램을 만들어보자.

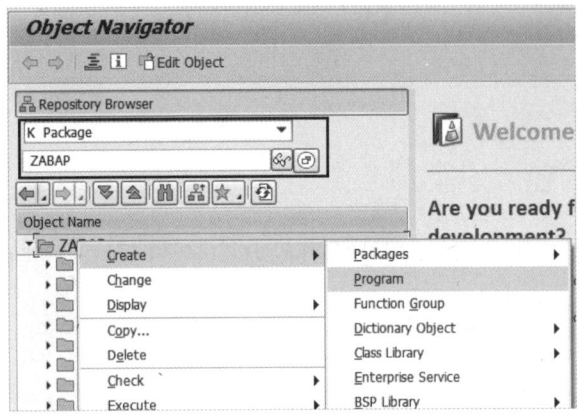

01 T-CODE:SE80(Object Navigator)으로 이동하여, 앞서 생성한 ZABAP 패키지 또는 '$TMP'를 입력한 후 마우스 오른쪽 버튼을 클릭한다. 마우스 오른쪽 클릭 메뉴(Context Menu)에서 [Create] → [Program]을 차례로 선택한다. 또는 T-CODE:SE38에서 프로그램명을 입력하고 생성해도 된다.

02 프로그램명을 입력하고 ✓버튼 또는 [Enter] 키를 입력한다.

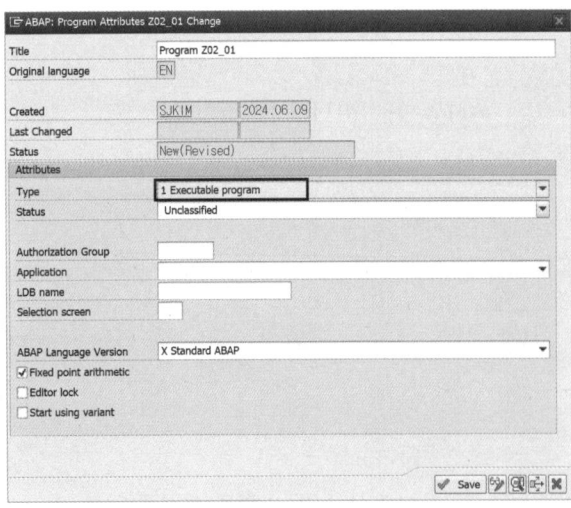

03 프로그램명을 입력하고, Type 필드에서는 '1 Executable Program'을 선택한다. 그리고, [Save] 버튼을 누른다. CTS를 입력하는 다음 화면은 1장을 참고하도록 하고, 설명은 생략한다.

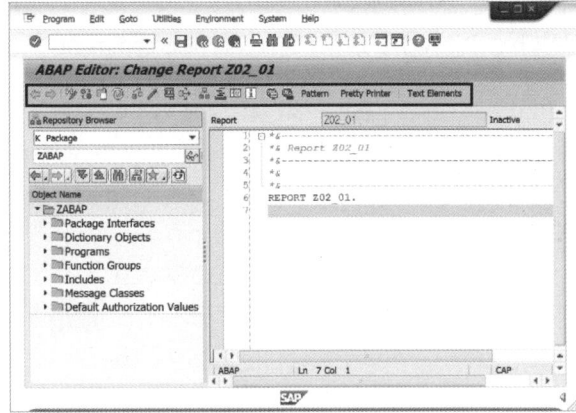

04 ABAP Editor 화면이 열린다. 이 편집기는 T-CODE:SE38과 동일하다. 어플리케이션 툴 바에서 자주 사용하는 버튼은 다음과 같다.

버튼	기능
	Display ↔ Change - 조회 ↔ 변경 모드로 변경한다. - 단축키: Ctrl + F1
	Check - ABAP Source 에러 점검 - 단축키: Ctrl + F2
	Activate - ABAP 프로그램 활성화 - 단축키: Ctrl + F3
	Direct Processing - ABAP 프로그램 실행 - 단축키: F8
	Where Used List - 해당 ABAP 프로그램이 사용되고 있는 Object 검색 - 단축키: Ctrl + Shift + F3
	Display Object List - 프로그램 List(SE80)로 이동 - 단축키: Ctrl + Shift + F5
	Set/Delete Session Breakpoint - Breakpoint 설정 디버깅 호출 - 단축키: Ctrl + Shift + F12
Pattern	Pattern - Function등을 호출하는 소스를 자동으로 생성 - 단축키: Ctrl + F6
Pretty Printer	Pretty Printer - ABAP Source Code정렬 Keyword 대문자 변경 등 - 단축키: Shift + F1

조금 더 알아보기 — ABAP 기본 문법

1. ABAP 프로그램의 한 문장은 마침표(.)로 마무리한다.
예) WRITE gv_val.
2. 프로그램 기능을 설명하는 주석(설명)에는 다음 2가지 방식이 있다.

2-1. * 기호는 한 라인 전체를 주석 처리한다.   예) * This line is comment
2-2. " 기호는 뒷부분의 문자열을 주석 처리한다.   예) WRITE gv_val. "Part of line is comment.
3. 문자열은 ' ' 기호로 처리한다.
예) gv_val = 'Easy ABAP'.
4. 명령어는 공백(Space)을 두고 처리한다.
예) gv_val='Easy ABAP'. => X   gv_val = 'Easy ABAP'. => O

로컬 타입을 선언하고, 이 데이터 타입을 참고로 선언한 변수에 문자열을 할당한 후 WRITE 구문으로 출력하는 프로그램을 실습해보자.

예제 | 2-1
```
REPORT   z02_01.

TYPES t_var TYPE c LENGTH 20.

DATA   gv_var TYPE t_var.

gv_var = ' Hellow ABAP '.

WRITE gv_var.
```

예제 2-1에서 먼저, ABAP 프로그램 내에서 사용하는 t_var라는 로컬 타입을 선언한 후에 이 데이터 타입을 참고하여 gv_var라는 변수를 선언하였다. ABAP 프로그램 내에 자주 사용하는 TYPE이라면 로컬 타입을 정의하는 것이 효율적이다. 로컬 타입을 항상 먼저 선언할 필요는 없다. 즉, 다음 구문과 같이 변수를 선언할 때 바로 TYPE을 지정하는 것이 효율적이다.

```
DATA   gv_var TYPE c LENGTH 20.
```

더 나아가, gv_var 변수가 Form 구문과 같은 Subroutine(4장에서 학습) 내에서 사용되거나 임시로 데이터를 저장하는 목적이라면 인라인 선언을 사용하는 것이 클린 코드(Clean Code)에 부합한다.

```
DATA(gv_var) = ' Hello ABAP '.
```

조금 더 알아보기 — 클린 코드

클린 코드(Clean Code)는 가독성이 높고 이해하기 쉬우며 유지보수가 용이한 코드를 작성하는 원칙과 관행을 의미한다. 한마디로 읽기 쉬운 코드를 작성하는 것이 클린 코드이다. 클린 코드는 소프트웨어 개발자들 간에 코드 품질을 높이고 유지보수를 간편하게 만들기 위한 공통된 가치와 원칙이다. 특히, 클린 코드는 개발자 간의 의사소통을 증진시키고 프로젝트의 성공 확률을 높일 수 있으며, 기업의 핵심 프로세스를 관리하는 ERP의 안정성을 보장하는 주요 가치이다. 코드의 효율성을 높이는 ABAP New Syntax는 클린 코드와 일맥상통한다. 다음은 클린 코드를 작성하기 위한 주요 원칙이다.

1. 의미 있는 이름 사용
변수, 테이블, 컬럼, 함수, 클래스 등의 이름은 코드를 읽는 사람이 의도를 이해할 수 있도록 명확하게 지어야 한다.

2. 모듈화의 최적화
개별 서브루틴, 함수, 메소드는 하나의 작은 역할만 수행하도록 작성해야 한다. 함수가 한 가지 일만 하면 코드를 이해하기 쉽다. 여러 번 사용하는 중복 코드는 모듈화를 통해 재사용성을 높인다. 중복 코드는 버그를 발생시키기 쉽고 유지보수를 어렵게 만든다. 중복을 최소화하고 재사용성을 높이는 것이 중요하다.

3. 주석 최적화
코드 자체가 명확하게 의미를 전달하도록 노력해야 하며, 주석은 장황하게 설명할 것이 아니라 적재적소에 핵심적인 의미를 전달하도록 한다.

4. 테스트 용이성
코드는 테스트하기 쉬워야 한다. 모듈이나 함수가 간단하고 독립적으로 테스트가 가능하면 버그를 더 쉽게 찾을 수 있다. 필드 심볼과 같은 동적 할당 구문의 사용과 테스트 용이성이라는 가치는 서로 충돌하지만, 프로그램이 사람의 일을 더 빠르고 효율적으로 관리한다는 본질적 관점에서 동적 프로그래밍 방식이 더 높은 가치가 있다고 할 수 있다.

5. 코드 형식 통일
코드 형식을 일관되게 유지하여 가독성을 향상시키고 협업을 수월하게 한다.

6. 예외 처리
예외 처리는 명확하고 간결하게 작성해야 하며, 예외는 예상 가능하고 처리 가능한 상황에서 사용해야 한다. 예를 들어, ABAP 개발에는 덤프(Dump)를 방지하기 위한 Try~Catch 구문을 사용하는 습관이 필요하다.

7. 불필요한 복잡성 피하기
코드가 필요 이상으로 복잡하게 작성되는 것을 피하고, 간결하면서도 명확한 로직을 유지해야 한다. ERP 프로젝트 이후 안정적인 유지보수를 고려하고 배려해야 한다.

1-6 ABAP 네이밍 룰

프로그램 개발 방법론 중에 기본이 되는 것은 데이터를 저장하는 변수의 이름을 정하는 규칙이라 할 수 있다. 변수 또는 오브젝트의 이름을 정하는 규칙을 네이밍 룰(Naming Rule)이라고 한다. 모든 프로그램 언어에서는 가독성을 높이고, 변수 간의 충돌을 피하며 프로그램의 구조적 통일성을 위하여 네이밍 룰을 정할 것을 권고하고 있다.

SAP에서는 고객사에서 사용할 수 있는 ABAP Dictionary의 네이밍 룰은 'Z' 또는 'Y'로 시작하는 것을 기본으로 하고 있으며, INSERT/APPEND와 같은 키워드(Keyword)는 사용할 수 없도록 하는 필수 사항이 있다. 이외에는 고객사마다 네이밍 룰을 정하여 프로그램에 통일성을 갖추면 된다.

대규모 SAP 구축 프로젝트에는 프로그램 구축 및 일정을 관리하는 개발 리더가 있다. 이 리더가 먼저 해야 할 일이 프로그램 개발 방법론과 네이밍 룰을 정하는 것이다. 이 문서를 접하게 되는 모든 개발자는 자신만의 독특한 스타일을 고집할 것이 아니라 보편성을 갖는 네이밍 룰을 인지하고 이에 부합하게 개발할 수 있도록 힘써야 한다. 이렇게 함으로써 SI와 SM에서 일을 하고 있는 우리 모두가 프로그램 내에서 편하게 의사소통할 수 있는 채널을 갖추는 효과가 생긴다. SI를 하는 사람은 SM 담당자의 입장에서 가독성이 편하도록 네이밍 룰에 적합한 변수를 사용해야 한다. 화려한 기술과 실험적인 코딩보다 우선해야 할 것은 연속성이 보장되도록(쉽게 유지보수할 수 있는) 프로그램을 만들어내는 것이다.

이제 ABAP 프로그램 내에서 사용하는 네이밍 룰에 대해서 확인해보자(Table, Structure, Lock Object 등과 같은 ABAP Dictionary에 대한 사항은 언급하지 않는다.).

조금 더 알아보기 — 네이밍 룰

변수의 이름을 정하는 네이밍 룰에는 여러 가지가 있다. 파스칼 표기법과 카멜 표기법이 대표적이다. 반드시 정해진 네이밍 기법을 준수할 필요는 없다. 고객사의 개발방법론에 적합한 변수 체계를 따르면 된다.

네이밍 기법	설명	예
파스칼 표기법	단어와 단어의 첫 자리를 대문자로 지정한다.	FirstName
카멜 표기법	첫 자리만 소문자로 시작하고 나머지는 파스칼 표기법과 동일하다.	firstName

ABAP 프로그램에서 사용할 수 있는 변수명은 언더라인(_)을 포함하여 30자까지 가능하다. 그림 2-3

은 실무에서 사용하고 있는 전형적인 네이밍 룰을 잘 설명하고 있다. 변수의 앞 2자리는 범위와 데이터 타입을 한눈에 알아볼 수 있도록 정의하고, '_' 구분자와 마지막 단어는 어떠한 역할을 하는지 의미를 요약하게 된다.

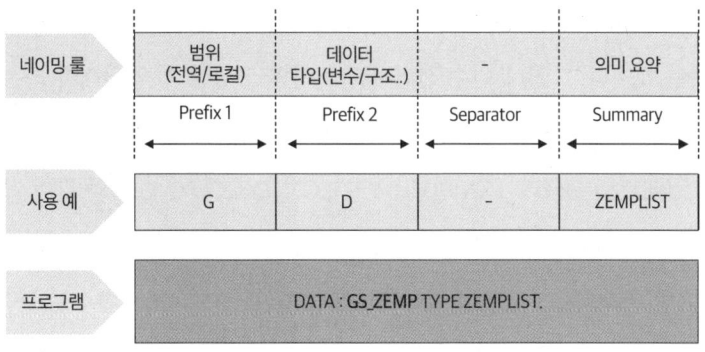

그림 2-3 일반적인 변수 네이밍 룰과 사용 예

1-6-1 전역 변수 정의

전역 변수라 함은 하나의 프로그램 또는 함수 그룹 내에서 접근할 수 있는 변수를 의미한다. 프로그램 내 모든 영역에서 참조하고 변경할 수 있기 때문에 지역성이 없다. 프로그램이 활성화되어 있는 상태에서는 전역 변수는 항상 메모리를 점유하고 있다.

전역 변수 정의는 G로 시작하며, 데이터 타입에 따라 표 2-1과 같이 정의하여 사용한다.

데이터 타입	접두어	사용 예	프로그램
필드	V 또는 D	GV_EMPCD 또는 GD_EMPCD	DATA GV_EMPCD TYPE ZDEEMPCD. 또는 DATA GD_EMPCD TYPE ZDEEMPCD.
구조체	S	GS_ZEMP	DATA GS_ZEMP TYPE ZEMPLIST
상수	C	GC_RATE	CONSTANTS GC_RATE TYPE I VALUE '3.14'.
인터널 테이블	T	GT_EMP	DATA GT_EMP TYPE TABLE OF ZEMPLIST.
클래스	O	GO_ALVGRID	DATA GO_ALVGIRD TYPE REF TO CL_SALV_TABLE.
RANGE	R	GR_EMPCD	DATA GR_EMPCD TYPE RANGE OF ZDEEMPCD.
데이터 참조 변수 (데이터 오브젝트)	F	GF_OBJ	DATA GF_OBJ TYPE REF TO OBJECT.

표 2-1 전역 변수 정의

전역 변수에 대한 네이밍 룰을 좀더 세부적으로 구분하여, 접두어(Prefix)를 3자리로 사용할 수도 있다.

접두어 1 → 범위, 접두어 2 → 데이터 타입, 접두어 3 → 데이터 성격

예를 들어, GVF_CARRID라는 변수에서 접두어의 의미는 'G:전역- V:필드- F:플래그' 성격의 데이터라고 약속을 하는 것이다. 그러나 변수 선언이 길어지면 코딩할 때 입력해야 하는 문자 수가 늘어나기 때문에, 개발효율성 및 생산성에 도움이 되지 않는다. 데이터 성격까지 변수명에서 파악하고자 한다면 GV_FXX(플래그 변수), GV_IXX(인덱스 변수), GV_DXX(날짜 변수)와 같이 '_' 문자 다음 첫째 자리에서 구분하는 것도 좋은 방법이다.

ABAP 프로그램에만 존재하는 PARAMETERS와 SELECT-OPTIONS 변수는 각각 'P', 'S'와 같이 한 자리 접두어만 사용하기도 한다.

```
PARAMETERS : P_CARRID TYPE S_CARR_ID.
SELECT-OPTIONS : S_CARRID FOR SFLIGHT-CARRID.
```

1-6-2 지역 변수 정의

지역 변수는 프로그램의 모듈 내에서만 유효한 변수를 의미한다. 모듈이란 말은 함수, 서브루틴(PERFORM)과 같이 단위 기능을 구현하기 위해 스크립트를 그룹화한 것이다.

지역 변수는 표 2-2와 같이 정의하는 것이 일반적이다.

데이터 타입	접두어	사용 예	프로그램
필드	V 또는 D	LV_EMPCD 또는 LD_EMPCD	DATA LV_EMPCD TYPE ZDEEMPCD. 또는 DATA LD_EMPCD TYPE ZDEEMPCD.
구조체	S	LS_ZEMP	DATA LS_ZEMP TYPE ZEMPLIST
상수	C	LC_RATE	CONSTANTS LC_RATE TYPE I VALUE '3.14'.
인터널 테이블	T	LT_EMP	DATA LT_EMP TYPE TABLE OF ZEMPLIST.
클래스	O	LO_ALVGRID	DATA LO_ALVGIRD TYPE REF TO CL_SALV_TABLE.
RANGE	R	LR_EMPCD	DATA LR_EMPCD TYPE RANGE OF ZDEEMPCD.
데이터 참조 변수 (데이터 오브젝트)	F	LF_OBJ	DATA LF_OBJ TYPE REF TO OBJECT.

표 2-2 지역 변수 정의

1-6-3 네이밍 룰 점검(Code Inspector)

Code Inspector는 ABAP 프로그램이 네이밍 룰에 적합한지 점검하는 기능을 제공하는 도구이다. T-CODE:SCI를 실행해보자.

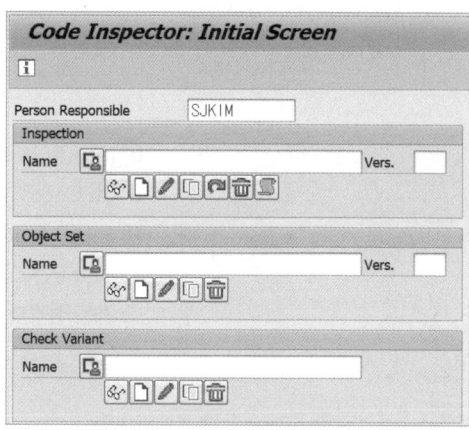

그림 2-4 Code Inspector 실행 화면

그림 2-4의 Check Variant 영역에서 [아이콘] 버튼을 클릭하면, [아이콘] 아이콘으로 변경된다. 전자는 사용자 별로 설정할 수 있는 Local Check Variant이고, 후자는 모든 사용자가 사용할 수 있는 Global Check Variant이다.

Check Variant(변수 이름 점검)가 어떠한 기능을 수행하는지 알아보기 위해 프로그램을 하나 생성해 보자. 다음과 같이 변수 하나를 선언한 후 프로그램을 활성화한다.

예제 | 2-2
```
REPORT  Z02_02.

DATA : VAL TYPE C.
```

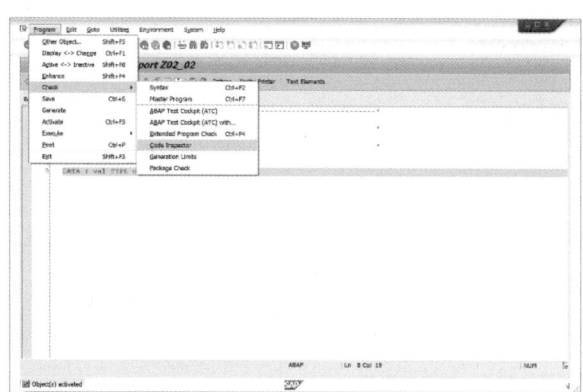

01 ABAP Editor 상단의 메뉴: [Program] → [Check] → [Code Inspector]를 차례로 선택한다.

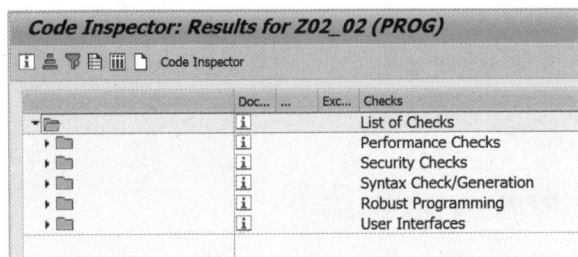

02 Code Inspector 결과 화면으로 이동한다. Code Inspector를 설정하지 않은 경우는 📄 버튼이 조회된다. 버튼을 클릭한 후, 경고 팝업창이 열리면 다음 화면으로 이동한다.

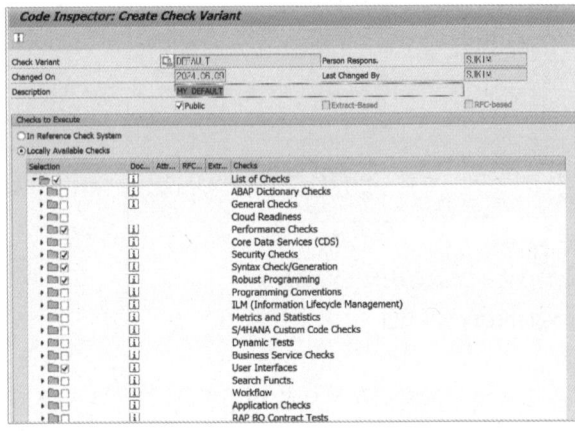

03 Code Inspector 트랜잭션을 호출하여, Local Check Variant를 생성하도록 한다. 이 때 ABAP Editor에서 호출하는 기본 Check Variant라는 의미에서 DEFAULT라는 이름으로 자동 설정되고 사용자가 변경할 수 없다.

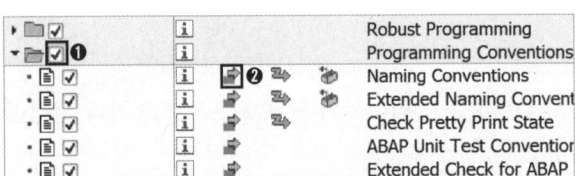

04 ABAP 네이밍 룰을 점검하기 위해 ❶ Programming Conventions 폴더를 점검한다. 'Naming Conventions' 라인의 ❷ 📑 아이콘을 선택해보자.

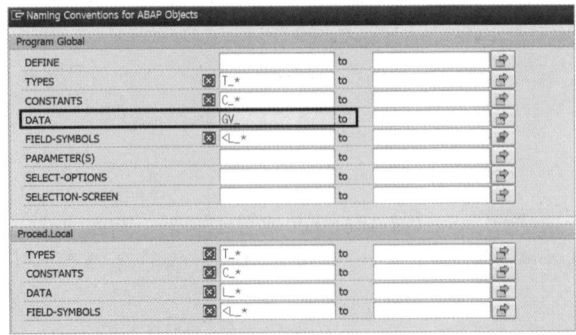

05 프로그램 내에서 사용하는 Global, Local 데이터 영역의 네이밍 룰을 설정할 수 있다. 간단한 테스트를 위해 Global 영역의 데이터는 GV_ 문자로 시작하도록 설정해보자.

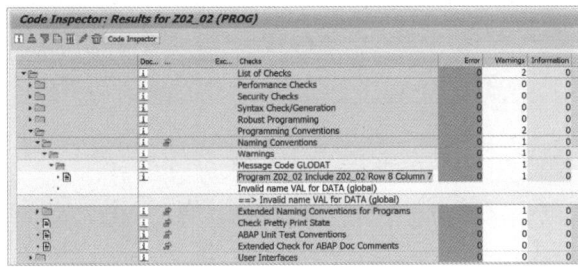

06 T-CODE:SE38 ABAP Editor로 돌아온 후, 다시 1단계의 Code Inspector를 실행한다. 그 결과 Programming Conventions 영역에서 경고가 발생한 것을 확인할 수 있다. 발생한 라인을 더블 클릭하면, 소스 코드로 이동한다.

```
==> Invalid Name VAL for DATA
(Global)
```

라는 구문에서 Global 영역의 데이터 변수 선언에서 이름에 문제가 있음을 알 수 있다.

조금 더 알아보기 — ABAP Editor 소개

ABAP 프로그램을 생성하거나, 수정하려면 ABAP Editor라는 도구를 이용하게 된다. 이 편집기에서 SAP 프로그램들(Function Module, 클래스 메소드 기능 구현, Screen Flow Logic 등)의 소스를 유지보수할 수 있다.

ABAP Editor는 다음 2가지 모두를 지원한다.

1. Source Code-Based Editor(New ABAP Editor)
2. Text-Based Editor(Classical ABAP Editor)

ABAP Editor 유형을 변경하려면 T-CODE:SE38에서 메뉴: [Utilities] → [Settings]을 선택한다.

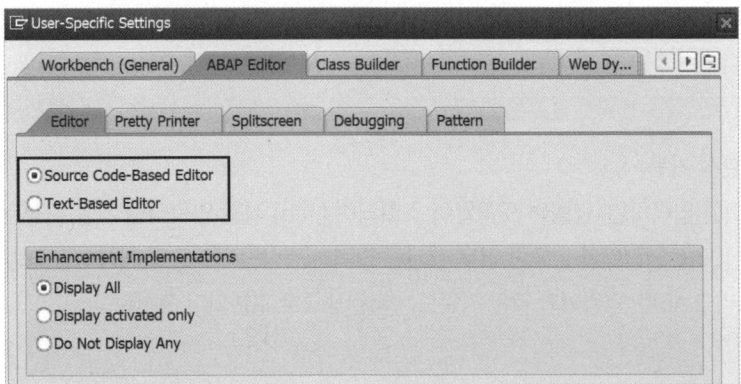

1. Source Code-Based Editor(New ABAP Editor)
개발자들이 가장 많이 사용하는 ABAP Editor이다. 이 편집기는 구문 색상 강조, 코드 힌트, 소스코드 자동완성 등과 같은 최신 ABAP 기술들을 제공한다.

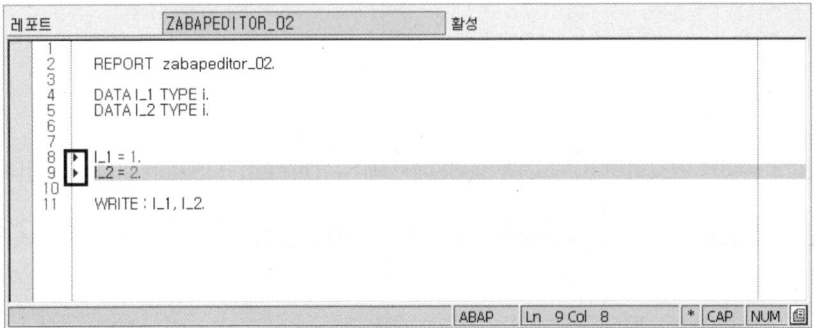

New ABAP Editor의 새로운 기능 몇 가지를 살펴보자.

1-1. 라인 번호 및 수정한 라인 표시

소스 라인에 번호가 표시되고, 수정한 소스 라인에 ▶ 기호로 표시된다.

1-2. 명령어 완성 기능

ABAP 명령어를 입력하면, 명령어 도움말이 조회되며 [Tab] 키를 입력하면 자동 완성된다. MOVE-CORRESPONDING 명령어가 필요한 경우, M자만 입력하면 상단에 M으로 시작하는 명령어 도움말이 조회된다. 그리고 ABAP 명령어와 같은 키워드는 파란색으로 구분되어 표현된다.

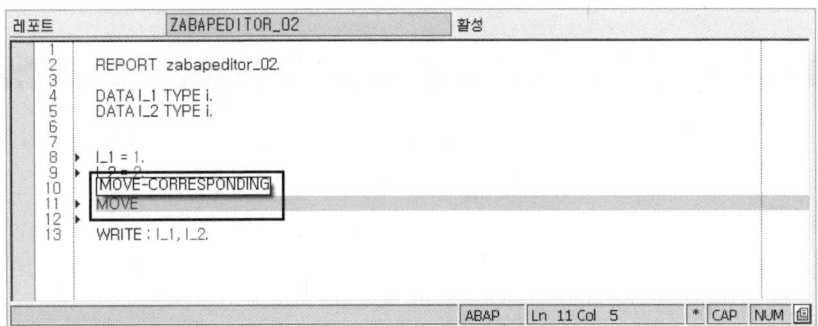

1-3. 소스 Collapse 기능

IF 구문과 같이 시작과 끝이 있는 구간 명령어는 접기(□)/펼치기(■) 기능이 제공되어, 소스의 가독성을 높인다. 또한 적절하지 않은 명령어 사용은 빨간색으로 표시하여 개발자가 쉽게 인식하도록 한다.

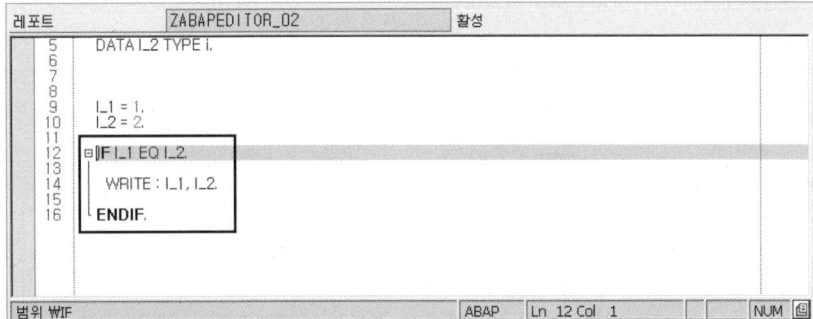

1-4. 블록 선택

UltraEdit와 같은 편집기는 가로 블록 선택이 가능하다. New ABAP Editor는 이와 같은 구간 블록 기능을 제공한다. [Alt] 키를 누르고 마우스로 드래그하면 블록이 설정된다.

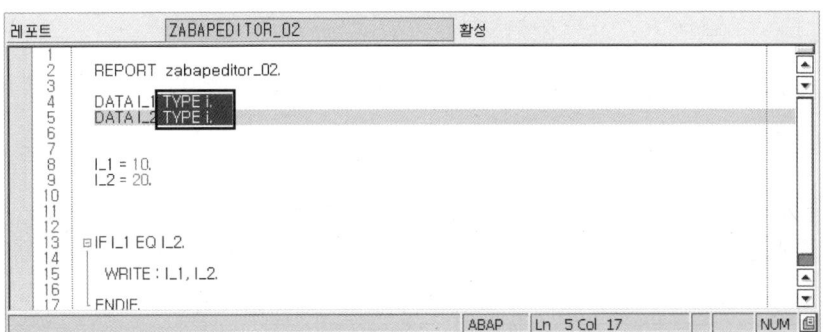

1-5. 폰트 설정 기능

ABAP Editor 오른쪽 하단의 ▦ 아이콘을 선택하면, 편집기에서 사용할 수 있는 폰트 등의 여러 가지 옵션을 설정할 수 있다. 메뉴 이름만으로 기능을 짐작할 수 있기에 자세한 설명은 생략한다.

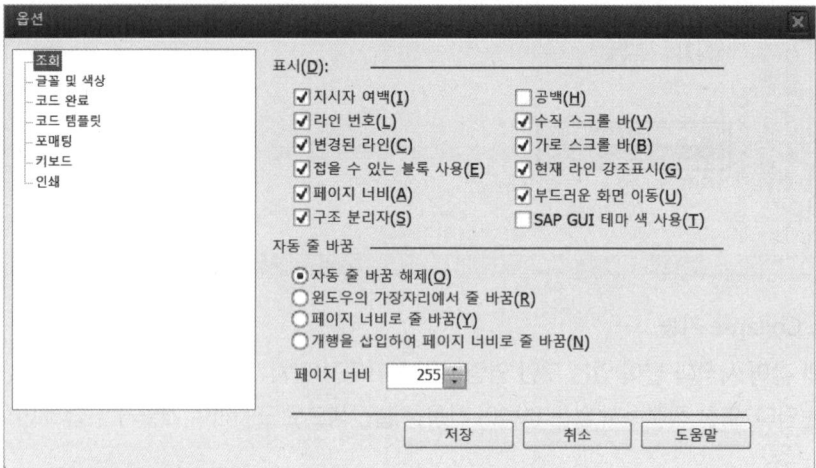

2. Text-Based Editor(Classical ABAP Editor)

New ABAP Editor가 소개되기 이전에 주로 사용하던 편집기이다. 이 편집기는 ABAP 소스 코드를 로컬(Local)로 로드하여 소스 편집을 훨씬 빠르게 한다.

기본 데이터 타입

ABAP 커널 수준에서 정의되어 있는 데이터 타입이며, 모든 ABAP 프로그램에서 사용할 수 있다. 프로그램에서 필요한 로컬 타입을 정의하기 위해 기본 데이터 타입을 사용할 수 있다.

2-1 고정 길이를 가지는 기본 데이터 타입

ABAP은 고정 길이를 가지는 기본 데이터 타입을 제공하고 있다. 모든 필드 길이는 byte 단위로 구분된다. 데이터 타입 D, F, I는 이미 기술적 속성이 정의되어 있어서 프로그램에서 필드 길이를 정의하지 않고 바로 사용할 수 있다. 반면에 일반적인 데이터 타입인 C, N, X를 사용할 때는 필드 길이를 정의해야 한다. 그리고 TYPE P는 DECIMALS를 명시하지 않으면 소수 자리를 인식하지 못한다.

```
DATA  gv_num   TYPE  I.            DATA  gv_num TYPE  p DECIMALS  2.
```

구분	타입	의미	사용 예
숫자	I	4byte 정수	-2,147,483,648 to ~ +2,147,483,647
	INT8	8byte 정수	-9,223,372,036,854,775,808~ +9,223,372,036,854,775,807
	P	고정 소수점 수	12.123, -2.31, 1.23456
	decfloat16	8byte 부동소수점 수	1.12345, -1.12345
	decfloat34	16byte 부동소수점 수	1.123456, -1.123456
	F	이진 부동소수점 수	1.3333333333333333E+00
문자	C	문자 타입	'가', 'A', '1' '_'
	D	날짜 타입(포맷: YYYYMMDD)	'20240101', '20301231'
	N	숫자형 문자 타입	'01', '001', '1001'
	T	시간 타입(포맷: HHMMSS)	'123754'
16진수	X	Hexadecimal Field	00, 0A

표 2-3 고정 길이를 가지는 기본 데이터 타입

2-2 Numeric Data Type

2-2-1 Numeric Data Type 살펴보기

ABAP 프로그램에서 숫자 타입은 표 2-3에서 설명하는 것과 같이 6가지 타입이 존재한다. 이외에 숫자를 표현할 수 있는 TYPE N(Numeric Text Field)이 있는데, 이것은 숫자를 표현하는 문자 타입이다. 데이터 타입 I, F는 이미 기술적 속성이 정의되어 있어서 프로그램에서 필드 길이를 정의하지 않고 바로 사용할 수 있다. TYPE P는 DECIMALS를 명시하지 않으면 소수 자리 수를 인식하지 못한다.

1) TYPE I: 정수(Integer)

- 4byte 정수로 값의 범위는 -2^{31}(-2147483648) ~ $2^{31}-1$(2147483647)
- 정수 타입만 지원
- Counter, Item 수, Index 등에 쓰임
- INT8은 New Data Type으로 8byte의 큰 정수 범위 표현: -2^{63}(-9,223,372,036,854,775,808) ~ $2^{63}-1$(+9,223,372,036,854,775,807)

TYPE I는 정수를 나타내는 데 사용한다. 컴퓨터는 비트(Bit) 신호를 이용해 수를 계산하게 된다. 이것은 1과 0을 기억하는 하나의 비트로 두 가지 상태를 표현할 수 있으며, 이런 비트를 여러 개 모으면 1과 0의 조합으로 더 큰 바이트(1byte = 8bit)를 나타낼 수 있다. 비트 n개가 모일 때 2^n가지의 수를 표현할 수 있으며, 시작 수가 0이므로 최대 표현 가능한 수는 2^n-1이 된다. TYPE I는 4byte = 32bit이므로 2^{32}까지 표현 가능하다. 여기에 음수를 포함하면 -2^{31} ~ $2^{31}-1$의 수 표현이 가능한 것이다. 더 큰 정수는 INT8 타입을 사용한다.

2) TYPE P: 고정소수점 수(Packed Number)

- 소수 자리를 허용
- 가용 크기는 1~16byte이며, 기본은 8byte이다.
- 소수는 최대 14자리 설정 가능
- DECIMALS 옵션을 사용해서 미리 소수 자리 수를 정의, DECIMALS을 사용하지 않으면 정수
- 프로그램 속성을 설정할 때 그림 2-5와 같이 'Fixed point arithmetic' 체크박스에 선택해야 함. 그렇지 않을 경우, Type P는 정수(Integer)로 표현됨
- 정확한 계산이 필요한 비즈니스 계산에 사용

TYPE P는 'Two decimal digits are **packed** into one byte.'라는 영어 표현에서 유래되었다. 이것은 두 자리 수가 1byte로 구성되고 마지막 자리 수는 부호(Sign)을 포함하여 1byte로 표현된다. 즉, 16byte까지 사용할 수 있다는 것은 2*16=32자리 수까지 표현할 수 있다는 것이다. TYPE P는 연산 시 소프트웨어 개입이 필요하기 때문에 TYPE I, F보다 속도가 느리다는 단점이 있다.

가용 크기는 변수명 다음에 변수 길이를 1~16byte 사이에 선언할 수 있다는 것이다.

```
DATA gv_p(16) TYPE P.
```

다음과 같이 변수 선언 시 자리 수를 선언하지 않으면 기본 8byte로 선언된다.

```
DATA gv_p TYPE P.
```

소수는 최대 14자리까지 사용할 수 있으며, 소수점을 표현할 때에는 DECIMALS 옵션을 추가한다. 다음은 소수점 2자리 변수를 선언하게 된다.

```
DATA gv_p TYPE P DECIMALS 2.
```

ABAP 데이터 타입에서 몇 가지 새로운 타입이 소개되었다.

TYPE P가 고정소수점인 반면에, 부동소수점 표현은 decfloat16, decfloat34 타입을 사용한다.

```
DATA gv_p TYPE decfloat16.
DATA gv_p TYPE decfloat34.
```

예제 2-3을 활용해 TYPE P의 속성에 대해서 실습해보자.

예제 | 2-3

```
REPORT  z02_3

DATA gv_1      TYPE p.
DATA gv_2      TYPE p DECIMALS 14.
DATA gv_3      TYPE p LENGTH 16.

gv_1 = ' 123456789012345 '.
gv_2 = ' 0.12345678901234 '.
gv_3 = ' 12345678901234567890123456789901 '.

WRITE : / gv_1, gv_2, gv_3.
```

gv_1 변수는 길이를 선언하지 않았기 때문에 기본 8byte = 15자리(부호 한 자리) 수의 표현이 가능하다. 만약 gv_1 = '1234567890123456'.과 같이 TYPE p가 표현할 수 있는 길이를 넘어서게 되면 다음과 같이 오버플로우 덤프(Overflow Dump) 에러가 발생하게 된다.

"Overflow when converting from 1234567890123456"

참고로, WRITE 명령어 다음에 사용한 슬래시(/)는 New Line을 의미한다.

프로그램을 생성할 때 'Fixed point arithmetic' 체크박스에 선택하지 않고, Packed Numbers(Type P, Dictionary types CURR, DEC or QUAN)를 연산에 사용하면 소수점 자리를 무시한다.

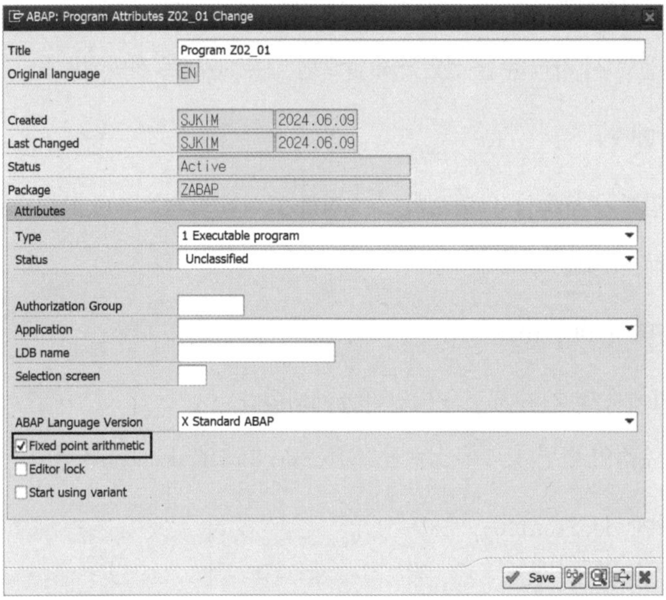

그림 2-5 프로그램 속성 - Fixed point arithmetic 체크박스 선택

예를 들어, 'Fixed point arithmetic' 체크박스에 선택하는 설정을 하지 않고 다음과 같은 예제를 수행하면 잘못된 연산 결과인 '231'이 조회된다.

```
DATA gv_val1 TYPE p DECIMALS 1 VALUE '1.1'.
DATA gv_val2 TYPE p DECIMALS 1 VALUE '2.1'.
DATA gv_val3 TYPE p DECIMALS 1.

gv_val3 = gv_val1 * gv_val2.

WRITE gv_val3.
```

3) decfloat16, decfloat34: 부동소수점 수(Floating Point Number)

- 고정소수점은 소수 자리를 미리 정해서 사용하는 반면에 부동소수점은 소수 자리를 정하지 않고 사용함

- decfloat16는 소수점을 포함해서 16자리 표현 가능, decfloat34는 34자리 표현 가능

부동소수점 수는 ABAP에서 정밀한 소수 계산에 사용하는 데이터 타입이다. 예를 들어, decfloat34 타입을 이용하면 다음 예제와 같이 34자리 소수 자리 수를 정밀하게 표현할 수 있다.

```
DATA val TYPE decfloat34 VALUE ' 0.1234567891234567891234567891234567 '.
WRITE: / val.
```

4) TYPE F: 이진수 부동소수점 수(Binary Floating Point Number)

- 값의 범위는 $1\times10^{-307} \sim 1\times10^{308}$
- 지수 형태로 표현되므로 FLTP_CHAR_CONVERSION과 같은 Function Module을 이용해 다른 데이터 타입으로 변환하여 출력함
- Type F는 내부적으로 이진 체계(Binary System)로 전환될 때 반올림 에러가 발생할 수 있음(Rough Calculation)
- 높은 정확도를 요구한다면 Type P 또는 decfloat16,34를 사용해야 하며, 매우 작거나 큰 수라면 Type F를 사용할 것을 권장함
- Value 범위가 넓은 경우나, 반올림 오류가 중요한 사항이 아닐 경우 Type F를 사용함(실수 값에 대한 근삿값을 가지는 타입이기 때문에 주의)

> **TIP**
> Type F, I는 기계 코드에 더 근접하기 때문에 연산을 수행할 때 Type F, I가 P보다 속도가 빠르다(사람이 인식할 정도는 아니다).

부동소수점 수(Floating Point Number)는 소수점의 위치를 움직일 수 있게 함으로써 한정된 비트의 수로 정밀도를 보다 높게 표시할 수 있다. 가수(Mantissa)와 지수(Exponent)로 분리하여 표현한다.

부동소수점(Floating Point Number)에서 12345라는 수는 12345×100과 같으며, 다음과 같이 표현할 수도 있다.

- 1234500×10^{-2}
- 0.001234×10^{6}
- 0.12345×10^{5}

이들 수는 부동소수점을 구성하는 4개의 부분으로 이루어져 있다.

+	0.12345	X 10^{+e}
1. 부호	2. 가수	3. e: 지수 4. +: 지수 부호

부동소수점 5자리를 기호로 표현하면 다음과 같이 해석할 수 있다.

S	MMMM
부호	가수
사용 예	+12345 -12345

이 5자리 수 중에서 2자리를 지수 부분으로 변환하면 다음과 같다.

S	EE	MM
부호	지수	가수
사용 예	+12345 x 10^{0} +123450 x 10^{+1} +00.123 x 10^{+2}	

즉, 12345라는 수를 표현할 때 두 자리의 지수를 사용할 수 있다는 것이다.

앞의 세 번째 예에서 지수 2자리를 이용하게 되면 00.12345×10^{+2}에서 마지막 2자리 45는 지수를 위한 자리 수로 양보하게 된다. 그래서 부동소수점은 정밀도가 낮아져서 값의 유실이 발생할 수 있다는 것이다.

2-2-2 Numeric Operation

1) 기본 산술 연산자

표 2-4는 숫자 타입의 데이터 산술식에 사용하는 기본적인 기호와 키워드이다.

기호	의미	사용 예	기호와 동일한 키워드
+	더하기	<p> = <n> + <m>.	ADD <n> TO <m>.
-	빼기	<p> = <m> - <n>.	SUBTRACT <n> FROM <m>.
*	곱하기	<p> = <m> * <n>.	MULTIPLY <m> BY <n>.
/	나누기	<p> = <m> / <n>.	DIVIDE <m> BY <n>.
DIV	Integer 나누기	<p> = <m> DIV <n>.	

MOD	Integer 나누기의 나머지	\<p\> = \<m\> MOD \<n\>.	
**	제곱	\<p\> = \<m\> ** \<n\>.	

표 2-4 기본 산술 연산자

예제 2-4를 이용해 숫자 타입의 데이터를 연산하는 방법에 대해서 알아보자. 참고로, 자기 자신의 값을 활용하여 연산할 때는 다음과 같이 2가지 수식을 사용할 수 있다.

표준 방식	효율적인 방식
GV_VAL = GV_VAL + 1.	GV_VAL += 1.

예제 | 2-4

```
REPORT  z02_04.

DATA: gv_int1     TYPE i VALUE 2.
DATA: gv_int2     TYPE i VALUE 3.
DATA: gv_iresult  TYPE i.

gv_iresult = gv_int1 + gv_int2.
WRITE : / '1 : ', gv_iresult.

ADD 1 TO gv_iresult.
WRITE : / '2 : ', gv_iresult.

DATA: gv_pack1    TYPE p DECIMALS 2 VALUE '2.17'.
DATA: gv_pack2    TYPE p DECIMALS 2 VALUE '5.43'.
DATA: gv_presult  TYPE p DECIMALS 2.

gv_presult = gv_pack2 / gv_pack2.
WRITE : / '3 : ', gv_presult.

MULTIPLY gv_presult by gv_pack2.
WRITE : / '4 : ', gv_presult.

DATA: gv_float1   TYPE f VALUE '1.337'.
DATA: gv_float2   TYPE f VALUE '2.7'.
DATA: gv_fresult  TYPE f .
DATA: gv_cresult  TYPE c LENGTH 16.

gv_fresult = gv_float2 * gv_float1.
WRITE : / '5 : ', gv_fresult.

CALL FUNCTION 'FLTP_CHAR_CONVERSION'
```

```
    EXPORTING
      DECIM         = 2
      INPUT         = gv_fresult
    IMPORTING
      FLSTR         = gv_cresult.

  WRITE : / '6 : ', gv_cresult.
```

TYPE F를 사용할 때는 FLTP_CHAR_CONVERSION 함수를 호출하여 문자형으로 변환한 후에 출력(WRITE)해야 한다. 함수를 호출할 때 DECIM 파라미터에 숫자 값을 선언하면 해당 소수점 자리의 결과(반올림)를 보여준다.

2) Numeric Data Type 함수

함수	내역	사용 예
ABS	절댓값을 반환한다.	ABS(-100)은 100을 반환
SIGN	부호에 대한 결과를 반환한다.	마이너스 → -1, 0 → 0, 플러스 → + 반환
CEIL	해당 값보다 작지 않은 가장 큰 정수를 반환한다.	ceil(1.3), ceil(1.7)은 모두 2를 반환
FLOOR	CEIL 함수의 반대이다.	floor(1.3), floor(1.7)은 모두 1을 반환
TRUNC	소수점을 버리고 정수만 남긴다.	trunc(1.3), trunc(1.7)은 모두 1을 반환
FRAC	소수점 자리만 남긴다.	frac('2.9')는 0.9를 반환한다.

표 2-5 Numeric Data Type 함수

3) Floating Point 함수

함수	내역
ACOS, ASIN, ATAN; COS, SIN, TAN	삼각함수
COSH, SINH, TANH	쌍곡선 함수(Hyperbolic Function)
EXP	지수함수(e=2.7182818285)
LOG	자연로그 함수, 밑이 e
LOG10	상용로그 함수, 밑이 10
SQRT	제곱근 함수

표 2-6 Floating Point 함수

조금 더 알아보기 — Try~Catch 구문으로 덤프 에러 방지하기

프로그램은 예기치 못한 상황으로 발생하는 덤프 에러를 방지하도록 구현해야 한다. 다양한 프로그래밍 언어에서는 Try~Catch 구문을 사용하여 예외가 발생했을 때 적절하게 대응한다. 다음은 일반적인 사용법에 대한 설명이다.

- **Try**: 예외가 발생할 수 있는 코드를 감싸는 블록이다. 프로그램이 이 블록을 실행할 때, 예외가 발생하면 예외가 감지되고 프로그램의 실행이 중단되지 않고 계속 진행된다.
- **Catch**: 이 블록은 Try 블록에서 발생한 예외를 처리한다. 예외가 발생하면 해당 Catch 블록이 실행되어 예외에 대한 처리를 수행한다.

예를 들어, ABAP언어에서 숫자를 0으로 나누면 덤프 에러가 발생한다. 이런 예외 사항이 발생할 때 덤프 에러를 방지하기 위해 Try~Catch 구문을 사용한다.
예제 2-5를 통해, 덤프 에러를 만들어보자.

예제 2-5
```
REPORT z02_05.
DATA(gv_res) = 5 / 0.
```

ABAP 런타임 에러 화면으로 이동하면, Except. 항목의 CX_SY_ZERODIVIDE를 복사한다. 참고로, 이전에 발생한 덤프 에러를 조회하려면 T-CODE:ST22를 이용한다.

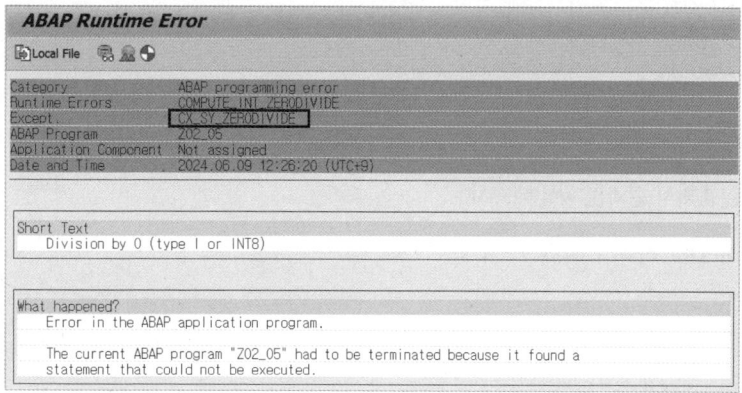

덤프 에러를 방지하기 위해서 다음과 같이 Try~Catch 구문을 추가한다.

```
REPORT z02_05.
TRY.
    DATA(gv_res) = 5 / 0.
  CATCH cx_sy_zerodivide INTO DATA(go_ref).
    DATA(gv_msg) = go_ref->get_text( ).
```

```
ENDTRY.
WRITE gv_msg.
```

프로그램을 실행하면, 이번에는 덤프 에러가 발생하지 않고 예외 사항에 대한 메시지가 화면에 출력된다.

```
Division by zero
```

덤프명을 구체적으로 모를 때는 cx_root를 사용한다.

```
TRY.
    DATA(gv_res) = 5 / 0.
  CATCH cx_root INTO DATA(go_ref).
    DATA(gv_msg) = go_ref->get_text( ).
ENDTRY.
```

이외에, TYPE I가 표현할 수 있는 크기를 넘어서는 오버플로우 에러인 경우는 다음과 같이 예외 사항을 Catch해서 덤프 에러를 방지할 수 있다.

```
DATA  go_ref TYPE REF TO cx_root.
DATA  gv_msg TYPE string.
TRY.
    DATA(gv_res) = 100000 * 100000.

  CATCH cx_sy_zerodivide INTO go_ref.
    gv_msg = go_ref->get_text( ).
  CATCH cx_sy_arithmetic_overflow INTO go_ref.
    gv_msg = go_ref->get_text( ).
ENDTRY.

WRITE gv_msg.
```

프로그램을 실행해서 결과를 확인해보자.

```
Overflow in the operation *
```

조금 더 알아보기 — 덤프 에러

ABAP 프로그램에서 예기치 않은 에러로 인해 프로그램이 종료되는 것을 덤프 에러 또는 런타임 에러라고 한다. 백그라운드에서 실행된 것을 포함하여 ABAP 프로그램에서 발생한 모든 런타임 에러는

T-CODE:ST22(ABAP Runtime Error)에서 조회할 수 있다. 런타임 에러는 다양한 원인(정리할 수 없을 정도로)에서 발생하므로 에러 처리 후의 덤프 화면에 대해서 분석할 수 있는 안목을 길러야 한다.

앞선 ST22 덤프 화면에서, 🔺 버튼을 선택하면 ABAP 런타임 에러에 대한 상세 정보가 제공된다. 특히, '13. Chosen Variables' 항목을 선택하면 덤프 에러가 발생한 당시의 데이터를 확인할 수 있다.

```
ABAP Runtime Error Sections
         1 Short Text
         2 What happened?
         3 What can you do?
         4 Error analysis
         5 How to correct the error
         6 System environment
         7 User and Transaction
         8 Chain of Exception Objects
         9 Information on where terminated
        10 Source Code Extract
        11 Contents of system fields
        12 Active Calls/Events
        13 Chosen Variables
        14 Internal notes
        15 Active Calls in SAP Kernel
        16 List of ABAP programs affected
        17 Directory of Application Tables
        18 ABAP Control Blocks (CONT)
```

2-3 Character Data Type

문자 타입(Character Data Type)은 크게 4가지가 있으며, Character Field라고 부른다.

- C: 문자, 숫자, 특수문자에 사용
- N: 숫자를 문자 타입으로 표현하며, 정수(Integer) 형태를 문자 타입으로 보여줌
- D: 날짜 타입을 표현
- T: 시간 타입을 표현

C 타입은 데이터 선언 시에 문자 길이를 명시적으로 선언해야 한다. 문자 길이를 지정하지 않거나 데이터 타입을 선언하지 않으면 기본적으로 문자 1자리로 정의된다. TYPE C의 문자 길이를 지정할 경우에는 변수 뒤에 길이를 입력하거나, LENGTH 옵션을 이용하여 선언할 수 있다. LENGTH 키워드는 C, N, X, P 타입에서 사용할 수 있으며 변수 길이를 정의한다.

다음 구문은 모두 1자리 문자로 동일한 기능을 수행한다. 다음 5가지 표현 방법 중에 마지막 두가지가 ABAP 표준 문법이다.

- DATA gv_fd.

- DATA gv_fd(1).

- DATA gv_fd(1) TYPE c.

- DATA gv_fd TYPE c.

- DATA gv_fd TYPE c LENGTH 1.

예제 2-6을 통해, 문자 타입 중 C 타입에 대해 실습해보자.

예제	2-6

```
REPORT   z02_06.

DATA gv_f0.
DATA gv_f1       TYPE c.
DATA gv_f2(1)    TYPE c.
DATA gv_f3(2)    TYPE c.
DATA gv_f4       TYPE c LENGTH 2.
DATA gv_f5(5).

gv_f0 = 'KOREA'.
gv_f1 = 'KOREA'.
gv_f2 = 'KOREA'.
gv_f3 = 'KOREA'.
gv_f4 = 'KOREA'.
gv_f5 = 'KOREA'.

WRITE : / gv_f0,
        / gv_f1,
        / gv_f2,
        / gv_f3,
        / gv_f4,
        / gv_f5.

DATA(gv_len) = STRLEN( gv_f5 ).
WRITE / gv_len.
```

결과	2-6

```
K
K
K
KO
KO
KOREA
5
```

Strlen 문자열 함수는 문자의 길이를 반환하는 기능을 수행한다. WRITE 구문은 데이터를 LIST에 쓰는 역할을 수행한다.

여러 개의 문자열을 연결할 때는 CONCATENATE 구문을 주로 사용한다.

```
CONCATENATE 'Hello' 'ABAP' INTO gv_val.
```

또는 && 기호로 문자열을 연결할 수도 있다.

```
gv_val = 'Hello' && 'ABAP'.
```

다음과 같이 공백으로 연결된 ABAP 텍스트 문자열은 2가지 방식으로 구현할 수 있다. 오른쪽의 템플릿 문자열 방식을 사용하는 것이 문자열을 표현하는 데 더 효율적이다. 템플릿 문자열은 파이프 기호(|) 사이에 문자열을 넣고, 중괄호 { } 안에 변수를 넣을 수 있다.

```
Hello ABAP
```

명령어 사용	템플릿 문자열 방식 사용

`DATA gv_val TYPE c LENGTH 20.`
 	
`DATA(gv_val1) = 'ABAP'.`
 	
`CONCATENATE 'Hello' gv_val1 INTO gv_val SEPARATED BY space.`
 	
`WRITE: / gv_val.`
	`DATA gv_val TYPE c LENGTH 20.`
	
	`DATA(gv_val1) = 'ABAP'.`
	
	`gv_val = | Hello { gv_val1 } |.`
	
	`WRITE: / gv_val.`

그리고, 파이프 기호(|)로 구성된 여러 개의 템플릿 문자열을 연결하려면 & 기호를 기술한다. 다음 2개 구문은 동일한 결과를 가진다.

```
gv_val = | Hello { gv_val1 }|.
gv_val = | Hello | & |{ gv_val1 }|.
```

& 기호는 주로 문자가 길어졌을 때 연결하기 위해 사용한다.

```
gv_val = | Hello { gv_val1 } |     &
        | { gv_val2 } easy |.
```

파이프 기호(|)와 같은 특수문자를 순수 기호로 인식하기 위해서는 Escape 기호 \(백슬래쉬)를 사용해야 한다.

사용 예	결과 화면

`DATA gv_val TYPE c.`
`gv_val = | \\\| |.`
`WRITE: / gv_val .`
	`|`

조금 더 알아보기 — ALPHA Conversion Routine과 Embeded Format Option

ABAP 프로그램에서 ALPHA Conversion Routine을 이용해서 긴 문자열을 화면에 보일 때는 간략하게 변환하는 함수가 종종 사용된다.

예를 들어, SAP 자재 코드를 저장하는 MARA 테이블의 MATNR 컬럼에 사용된 도메인(Domain)에는 Routine이 설정되어 있다. 예를 들어, '1'이라는 자재 코드가 있다고 하면 자재코드 값은 앞자리0을 '0000…A' 포함하여 40자리까지 저장하지만, 화면에 보일때는 0을 제외한 '1' 값만 화면에 보이도록 하는 기술이다. 다음 화면에서 Routine을 더블 클릭하면, 사용 가능한 Routine 함수 2개가 쌍으로 조회된다.

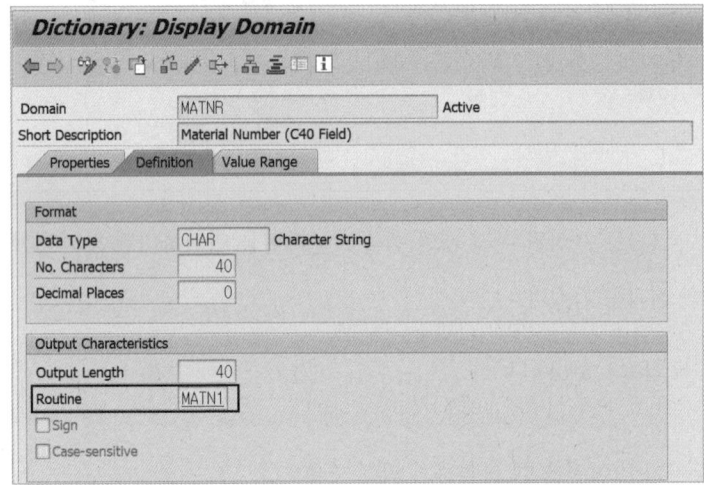

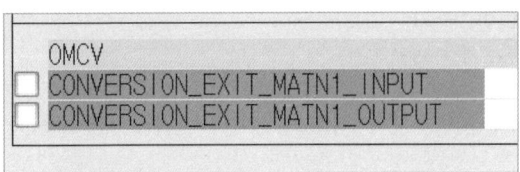

ABAP 프로그램에서 Routine 함수를 다음과 같이 사용한다.

```
DATA : gv_matnr TYPE mara-matnr.

SELECT SINGLE matnr INTO @gv_matnr
  FROM mara.

cl_demo_output=>display( gv_matnr ).

CALL FUNCTION ' CONVERSION_EXIT_MATN1_OUTPUT '
  EXPORTING
    input = gv_matnr
```

```
    IMPORTING
       output = gv_matnr.

  cl_demo_output=>display( gv_matnr ).
```

첫 번째 'cl_demo_output=>display(gv_matnr).' 구문의 결과는 다음과 같이 0을 포함한 결과가 출력된다. 참고로, 40자가 아닌 18자리가 조회되는 것은 자재 코드를 18자리만 사용하겠다고 IMG에서 설정했기 때문이다. HANA 이전의 ECC 버전에서는 자재 코드가 18자리만 지원하였다.

000000000000000001

두 번째 display 메소드의 결과는 0을 제외한 1만 화면에 출력되는 것을 알 수 있다.

1

또한 Routine이 없는 도메인이 사용된 컬럼의 값에서 0을 제외한 값을 화면에 출력하려면, CONVERSION_EXIT_ALPHA_OUTPUT 화면을 사용한다. 반대로 테이블에 값을 저장할 때는 CONVERSION_EXIT_ALPHA_INPUT 함수를 이용한다. 1장에서 생성했던, 직원 목록 테이블에서 00001 이라는 사번을 저장해서 1이라는 값을 화면에 출력해보자.

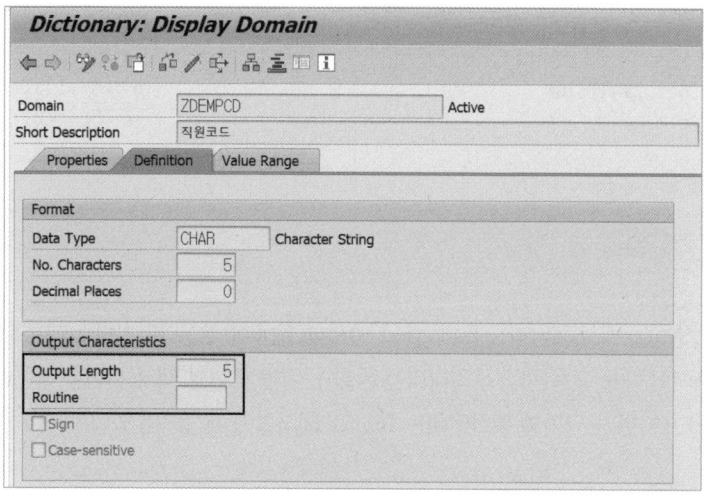

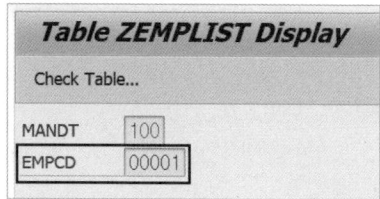

다음과 같이 예제 2-7 프로그램을 작성한다. 실행하면 첫 번째는 00001이 조회되고, 두 번째는 0을 제외한 값 1만 화면에 출력된다.

예제 | 2-7

```
REPORT   z02_07.
DATA : gv_empcd TYPE zemplist-empcd.

SELECT SINGLE empcd INTO @gv_EMPCD
  FROM zemplist
  WHERE empcd = '00001'.

cl_demo_output=>display( gv_empcd ).

CALL FUNCTION 'CONVERSION_EXIT_ALPHA_OUTPUT'
  EXPORTING
    input  = gv_empcd
  IMPORTING
    output = gv_empcd.

cl_demo_output=>display( gv_empcd ).
```

그리고, ALPAH 함수와 같이 자주 사용하는 함수는 다음과 같이 효율적인 ABAP 구문으로 작성할 수 있다.

표준 방식	효율적인 방식

`CALL FUNCTION 'CONVERSION_EXIT_ALPHA_OUTPUT'`
`  EXPORTING`
`    input  = gv_empcd`
`  IMPORTING`
`    output = gv_empcd.`
	`gv_empcd = |{ gv_empcd ALPHA = OUT }|.`

ALPHA는 Nex Syntax에서 제공하는 Embeded Format Option 중의 하나이다. 예를 들어, 국가별 통화를 화면에 출력할 때도 활용된다. 우리나라는 통화 단위를 표현할 때 소수점을 사용하지만, 미국은 2자리 소수점을 표현한다. 국가별 통화단위는 TCURX 테이블에 저장되어 있다.

```
DATA gv_text TYPE c LENGTH 10.

gv_text = |{ 12345678 CURRENCY = 'KRW' }|.
WRITE gv_text.

gv_text = |{ 12345678 CURRENCY = 'USD' }|.
WRITE gv_text.
```

프로그램을 실행하면, 다음과 같이 통화 단위에 따라서 다른 결괏값이 출력되는 것을 확인할 수 있다.

```
12345678    KRW
```

```
123456.78  USD
```

CONV 옵션을 사용하면, 원하는 타입으로 변수 타입을 변경할 수 있다. 다음 예제는 문자형 변수이지만, 1자리 소수점을 표현해서 자동 타입 변환을 수행한다.

```
DATA gv_text TYPE c LENGTH 10.

gv_text = |{ 2 / 3   DECIMALS = 1 } |.
WRITE gv_text.
```

즉, 이 예제의 결과는 다음과 같다.

```
1.0
```

정확한 소수점을 표현하기 위해서는 CONV 구문을 이용해 타입 변환을 실행해야 한다.

```
DATA gv_text TYPE c LENGTH 10.

gv_text = | { CONV decfloat34( 2 / 3 )   DECIMALS = 1 } |.
WRITE gv_text.
```

이 예제의 결과는 다음과 같다.

```
0.7
```

이와 같이 Embeded Format Option은 다양한 기능을 제공한다. 이 책으로 ABAP의 모든 것을 학습할 수는 없다. 기본 원리, 개념 정의 그리고 실습을 통하여 ABAP 언어가 어렵지 않다는 것을 경험한 후 스스로 매뉴얼을 통하여 프로그래밍 실력을 키워야 한다.

이 책에서는 ABAP 명령어를 나열식으로 설명하지 않으므로, ABAP 명령어에 익숙하지 않다면 SAP에서 제공하는 HELP 기능을 사용하자. ABAP Editor의 키워드에 커서를 올려 두고 [F1] 키를 누르면 된다. 다음 그림은 ALPHA 구문에 대한 HELP 도움말을 조회한 것이다.

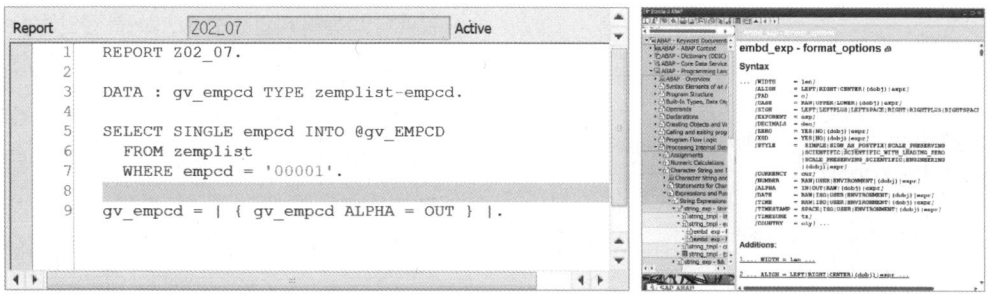

그리고, T-CODE:ABAPDOCU를 실행해서 원하는 키워드를 입력하여 도움말을 검색할 수 있다.

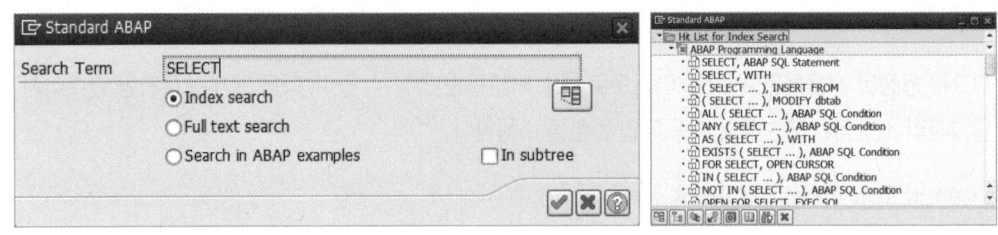

TYPE N은 숫자를 문자로 표현한다고 학습하였다. 예제 2-8을 통해 확인해보자.

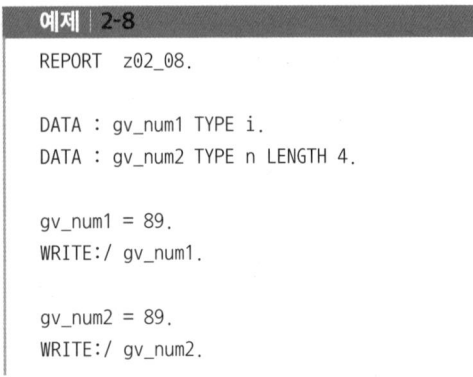

예제 2-8
```
REPORT  z02_08.

DATA : gv_num1 TYPE i.
DATA : gv_num2 TYPE n LENGTH 4.

gv_num1 = 89.
WRITE:/ gv_num1.

gv_num2 = 89.
WRITE:/ gv_num2.
```

결과 2-8
```
89
0089
```

TYPE I를 선언하면 LIST에 출력할 때 변수 자리 수만큼만 출력되나, TYPE N 타입의 변수에서 공백은 0으로 표현되어 문자 길이만큼 LIST에 조회된다.

날짜 타입 D와 시간 타입 T에 대해서 실습해보자.

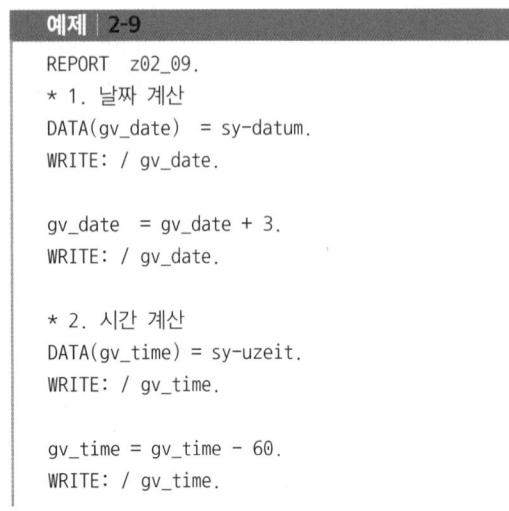

예제 2-9
```
REPORT  z02_09.
* 1. 날짜 계산
DATA(gv_date) = sy-datum.
WRITE: / gv_date.

gv_date = gv_date + 3.
WRITE: / gv_date.

* 2. 시간 계산
DATA(gv_time) = sy-uzeit.
WRITE: / gv_time.

gv_time = gv_time - 60.
WRITE: / gv_time.
```

결과 2-9
```
2025.03.01
2025.03.04
21:29:27
21:28:27
```

- **날짜 타입**: 날짜 타입 변수 gv_date를 선언하여 sy-datum 값을 할당한다. sy-datum은 시스템 변수로 시스템의 오늘 날짜를 저장하고 있다. 날짜 타입 변수에 숫자를 연산자와 함께 사용하면 일(Day) 단위로 계산된다.

- **시간 타입**: sy-uzeit 시스템 변수는 현재 시간이 포함되어 있다. 시간 타입 변수에 연산을 수행하면 초(Second) 단위로 계산된다.

조금 더 알아보기 — 시스템 변수 sy-datum과 sy-datlo의 차이점

ABAP 프로그램에서 시스템 일자를 출력할 때 sy-datum을 자주 사용한다. 이러한 시스템 변수는 구조체 syst의 개별 필드로 구성되어 있으며, sy-datum과 syst-datum은 서로 별명(Alias)으로 연결되어 동일한 값을 가진다. sy-datum과 sy-datlo 시스템 변수는 둘 다 시스템 일자를 저장하고 있다. 이 두 변수의 차이점은 무엇일까? (물론, 시스템 시간을 저장하고 있는 sy-uzeit와 sy-timlo 변수도 동일한 경우이다)

사용자가 SAP 시스템에 로그인을 하게 되면, 기본적인 시스템 정보가 SYST 변수에 설정된다. 이때는 사용자의 로컬 타임존과 같은 사용자 프로파일 정보가 SY-ZONLO 시스템 변수에 저장된다. 시스템 변수 SYST 구조는 T-CODE:SE11에서 조회하면 된다. 그리고, 디버깅 화면에서 SYST 구조체의 개별 컬럼에 저장되어 있는 시스템 변수의 값을 확인할 수 있다.

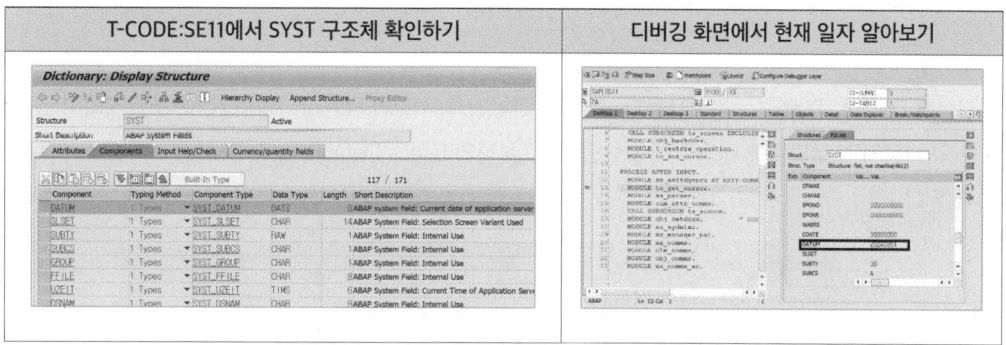

| T-CODE:SE11에서 SYST 구조체 확인하기 | 디버깅 화면에서 현재 일자 알아보기 |

SAP 시스템의 표준시간대 시스템 설정은 SPRO(IMG)에서 타임존을 설정하게 된다(TTZZ Table).
T-CODE:SPRO에서 [General Settings] → [Time Zones] → [Maintain System Settings]을 선택한다.

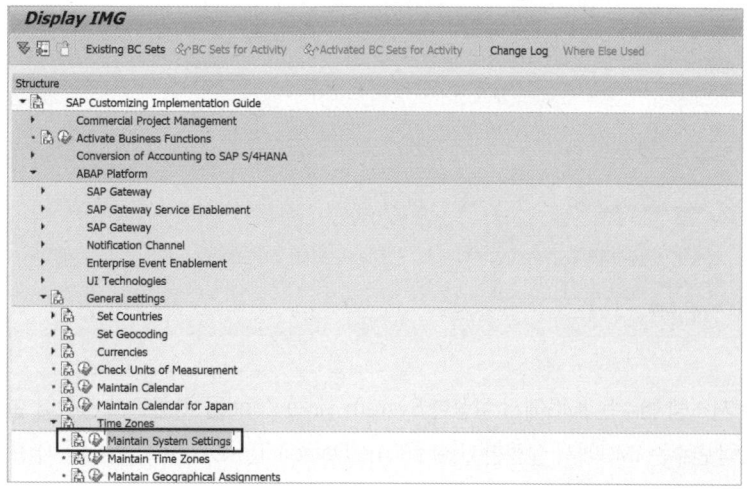

그리고 타임존을 설정하는 화면이 열리는데 두 가지 타임존이 있다. 첫 번째, System Time Zone은 어플리케이션 서버의 타임존을 의미하고, 두 번째, User's Default Time Zone은 개별 사용자의 타임존을 설정하게 된다. 한국은 그리니치(Greenwich) 표준시간보다 9시간 빠른 시간대를 이용하므로 'UTC+9'를 사용한다.

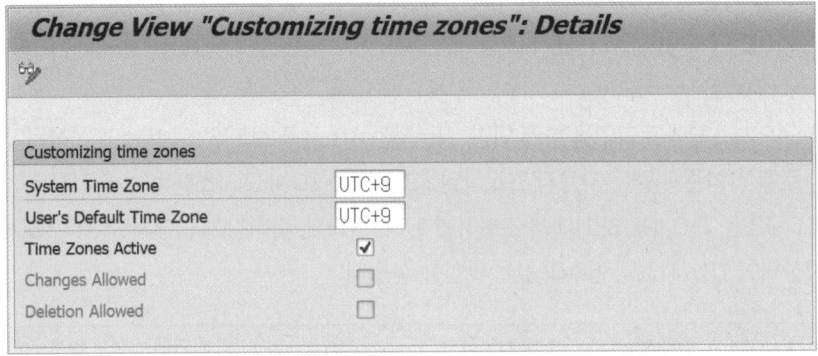

User's Default Time Zone은 사용자 프로파일(T-CODE:SU3)의 Person Time Zone과 연계되어 있다. 만약 사용자 프로파일에 타임존이 없으면, IMG 설정의 User's Default Time Zone을 기본으로 사용하게 된다.

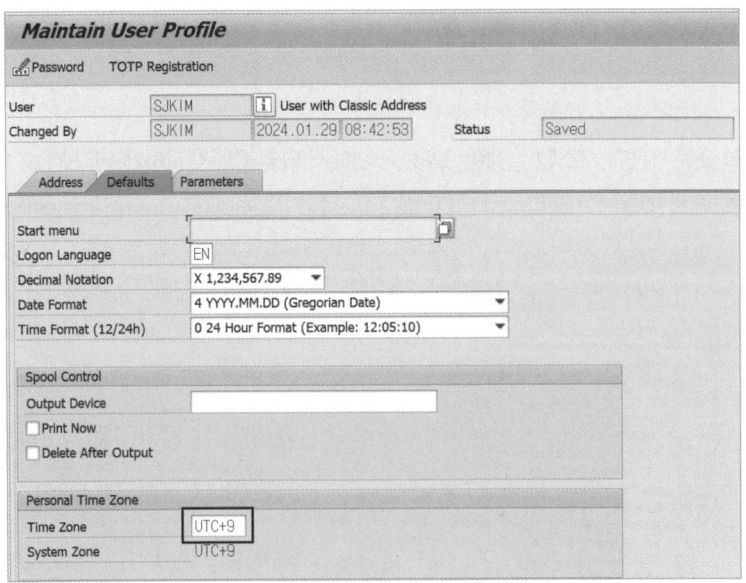

SY-DATUM 시스템 변수는 IMG에서 설정한 System Time Zone을 기준으로 시간이 설정되고, SY-DATLO시스템 변수는 IMG에서 설정한 User's Time Default Time Zone 또는 사용자 프로파일에 설정된 Personal Time Zone을 기준으로 시간이 설정된다.

만약 중국과 한국에 공장이 있는 글로벌 업체의 경우, 중국(UTC+8 Time Zone)에 공장이 있는 회사가 한국(본사)에 있는 SAP를 사용하면, 중국 사용자들은 User Time Zone을 이용해서 현재 시간을 인식해야 한다. sy-datum 시스템 변수를 프로그램에서 사용하면 1시간 빠른 한국 시간이 반환된다. 이때는 SY-DATLO 시스템 변수가 사용자 현지 시간에 맞게 설정된 것이다

그리고, 국가별 시간 포맷은 T005X 테이블에 저장되어 있다.

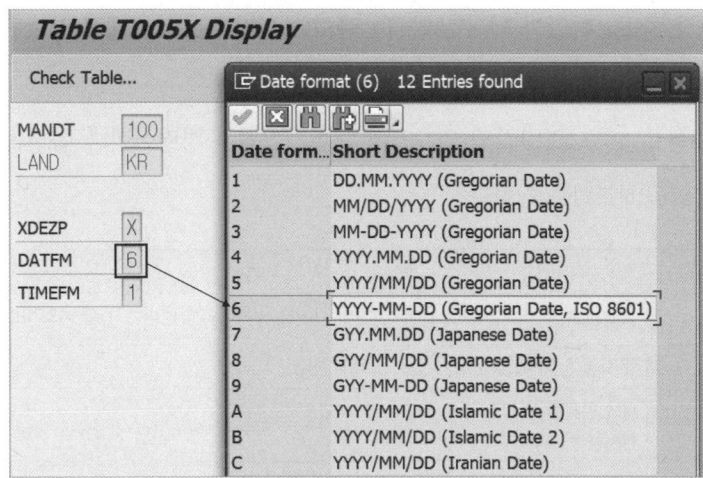

다음과 같이 날짜 타입의 변수를 출력하면, 사용자 프로파일에 설정된 날짜 형식(Date Format)으로 출력된다.

현재 일자 출력	결과
WRITE sy-datlo.	2025.03.02

T005X에 설정되어 있는 우리나라의 날짜 타입인 ISO 8601 형태로 출력하려면 다음과 같이 프로그램을 구현해야 한다.

```
SELECT SINGLE land
       FROM t005x
       WHERE land = 'KR'
       INTO @DATA(gv_land).

SET COUNTRY gv_land.
WRITE |{ sy-datlo DATE = ENVIRONMENT }|.
```

프로그램을 실행해서 결과를 확인해보자.

2025-03-02

2-4 가변 길이를 가지는 기본 데이터 타입

실행 시점까지 고정 길이를 알 수 없는 가변 길이의 데이터 타입으로, 대표적인 예로는 String이 있다. String은 가변 길이를 가지는 데이터 타입 C와 유사하며, 아주 긴 문자열을 표현할 경우 String을 사용하면 유용하다. String 타입과 데이터 타입 C와의 차이점은 프로그램이 실행된 환경에서 동적 메모리가 할당된다는 점이다.

표 2-7은 String 또는 TYPE C로 구성된 문자열에 자주 사용하는 명령어이다. 옵션들은 [F1] 키를 누른 후 HELP 도움말을 참고하도록 한다.

명령어	의미
FIND	HANA라는 문자열 안에 N이 있으면, 시스템 변수 SY-SUBRC = 0을 반환한다.
REPLACE	문자열 안에 대상 문자가 있으면 대체한다.
TRANSLATE	대소문자를 변경한다. HANA → hana / hana → HANA
SHIFT	문자열을 왼쪽 또는 오른쪽으로 한 칸씩 옮긴다.
CONDENSE	공백을 제거하여 왼쪽으로 정렬, NO-GAPS 옵션을 주로 사용하여 공백(Space)을 제거한다
OVERLAY	문자(Character)의 빈 곳을 채우고, 채워져 있는 곳을 덮어쓰지 않는다.
CONCATENATE	두 개의 문자열을 연결하여 하나로 합친다.
SPLIT	기준 문자를 중심으로 대상 문자열을 자른다.
STRLEN	문자열의 길이를 반환한다

표 2-7 String 관련 명령어

표 2-7의 String 관련 명령어의 기능을 실습을 통해 확인해보자.

예제 | 2-10
```
REPORT Z02_10.

DATA : GV_STR TYPE STRING,
       GV_CHR TYPE C LENGTH 10.

GV_STR = ' HANA '.
GV_CHR = ' N '.
FIND GV_CHR IN GV_STR.
IF SY-SUBRC EQ 0.
   WRITE ' N이 발견됨 '.
ENDIF.
GV_STR = ' HANA '.
GV_CHR = ' 하나 '.
```

결과 | 2-10
```
N이 발견됨
하나NA
hana
ANA
안녕하세요
H1A2N3A
HANA
HA NA
4
```

```abap
REPLACE 'HA' IN GV_STR WITH GV_CHR.
WRITE / GV_STR.

GV_STR = 'HANA'.
TRANSLATE GV_STR TO LOWER CASE.
WRITE / GV_STR.

GV_STR = 'HANA'.
SHIFT GV_STR. "RIGHT
WRITE / GV_STR.

GV_STR = ' 안 녕 하 세 요 '.
CONDENSE GV_STR NO-GAPS.
WRITE / GV_STR.

GV_STR = ' H A N A '.
GV_CHR = ' 1 2 3 '.
OVERLAY GV_STR WITH GV_CHR.
WRITE / GV_STR.

GV_SIR = 'HA'.
GV_CHR = 'NA'.
CONCATENATE GV_STR GV_CHR INTO GV_STR.
WRITE / GV_STR.

GV_STR = 'HA,NA'.
SPLIT GV_STR AT ',' INTO GV_STR GV_CHR.
WRITE :/ GV_STR, GV_CHR.

DATA GV_LEN TYPE I.
GV_STR = 'HANA'.
GV_LEN = STRLEN( GV_STR ).
WRITE :/ GV_LEN.
```

> **TIP 작은따옴표(')와 그레이브 기호(`)의 차이점**
> 그레이브 기호(`)를 사용하면 문자열 내에 포함되어 있는 공백(Space)을 모두 인식한다.

```abap
DATA gv_char(32) TYPE c.

gv_char = 'ABAP'.
WRITE :/ gv_char.

gv_char = `    ABAP`.
WRITE :/ gv_char.
```

결과

조금 더 알아보기 — 정규식

정규식(Regular Expression)은 일정한 규칙으로 문자열을 검색해 치환할 목적으로 사용하는 공통 표현식이다. 미국의 수학자 스티븐 클리니(Stephen Kleene)가 개발하였으며, 많은 프로그램 언어에서 문자에서 규칙을 찾을 때 사용하는 공통 코딩 기법이다.

사용자가 입력한 비밀번호가 특정한 패턴(문자+숫자+특수 문자 조합)에 들어맞는지 유효성을 검사할 때도 사용한다. 전화번호나 이메일 주소 같은 패턴을 찾을 때 정규식을 사용하는 것이 대표적인 예라고 할 수 있다. 일정한 규칙이 있는 문자열을 검색하려면 정규식을 사용하는 것이 가장 효율적이다. 그리고 정규식을 사용해야 정확한 결과를 얻을 수 있다. 몇 가지 예를 통해서 정규식에 대한 이해를 높여 보자.

다음 문자열에서 첫 번째 EASY를 찾기 위해서는 FIND 명령어에 REGEX 옵션을 사용한다.

```
DATA(text) = 'EASY ABAP is not easy'.
FIND REGEX 'EASY' IN text IGNORING CASE
     MATCH OFFSET DATA(moff)
     MATCH LENGTH DATA(mlen).
WRITE :/ text+moff(mlen).
```

또는 결과를 구조체에 담아서 출력할 수 있다.

```
DATA(text) = 'EASY ABAP is not easy'.

FIND REGEX 'EASY' IN text IGNORING CASE RESULTS DATA(result_tab).

cl_demo_output=>write(
substring( val = text off = <result>-offset len = <result>-length ) ).
cl_demo_output=>display( ).
```

결과는 다음과 같다.

EASY

이번에는 대상 문자열에서 EASY를 모두 찾아서 출력하는 구문을 실습해보자. FIND 명령어에 ALL OCCURRENCES OF 옵션을 추가하면, 해당되는 모든 문자열을 찾아서 인터널 테이블에 담는다.

```
DATA(text) = 'EASY ABAP is not easy'.
FIND ALL OCCURRENCES OF REGEX 'EASY' IN text IGNORING CASE
    RESULTS DATA(result_tab).
IF sy-subrc = 0.
  LOOP AT result_tab ASSIGNING FIELD-SYMBOL(<result>).
    cl_demo_output=>write(
substring( val = text off = <result>-offset len = <result>-length ) ).
  ENDLOOP.
ENDIF.
cl_demo_output=>display( ).
```

결과는 다음과 같다.

EASY

대상 문자열에서 검색 대상을 찾아서 바로 변경할 때는 REPLACE 명령어를 사용한다. 소문자 easy를 찾아서 'HARD'로 변경해보자.

```
DATA(text) = 'EASY ABAP is not easy'.
REPLACE ALL OCCURRENCES OF REGEX 'easy' IN text WITH 'HARD'.
WRITE : text.
```

결과는 다음과 같다.

EASY ABAP is not HARD.

IGNORING CASE 옵션을 사용하면, 대소문자를 무시하고 치환하기 때문에 다음과 같은 결과가 출력된다.

HARD ABAP is not HARD

이번에는 연속되는 문자 4자리를 모두 뽑아서 출력하는 정규식을 만들어보자. \w는 알파벳, 숫자와 '_' 기호를 포함하는 메타 문자이다.

```
DATA(text) = 'EASY ABAP is not easy'.
FIND ALL OCCURRENCES OF REGEX '\w{4}' IN text IGNORING CASE
    RESULTS DATA(result_tab).
IF sy-subrc = 0.
  LOOP AT result_tab ASSIGNING FIELD-SYMBOL(<result>).
    cl_demo_output=>write(
substring( val = text off = <result>-offset len = <result>-length ) ).
  ENDLOOP.
ENDIF.
```

```
cl_demo_output=>display( ).
```

결과는 다음과 같다.

EASY

ABAP

Easy

이번에는 문자와 숫자가 조합된 문자열에서 숫자 4자리만 뽑아서 출력해보자. \d는 숫자를 의미한다.

```
DATA(text) = ' EASY ABAP 2030 '.

FIND ALL OCCURRENCES OF REGEX ' \d{4} ' IN text IGNORING CASE
    RESULTS DATA(result_tab).

IF sy-subrc = 0.
  LOOP AT result_tab ASSIGNING FIELD-SYMBOL(<result>).
    cl_demo_output=>write(
substring( val = text off = <result>-offset len = <result>-length ) ).
  ENDLOOP.
ENDIF.
cl_demo_output=>display( ).
```

결과는 다음과 같다.

2030

마지막으로, 문자열에서 전화번호 패턴이 맞는지 확인하는 정규식을 구현해보자.

```
DATA(text) = ' MY number is 010-1234-5678 '.
FIND REGEX ' \d{3}-?\d{3,4}-?\d{4} ' IN text IGNORING CASE
    MATCH OFFSET DATA(moff)
    MATCH LENGTH DATA(mlen).
WRITE :/ text+moff(mlen).
```

결과는 다음과 같다.

010-1234-5678

전화번호 패턴을 찾는 정규식을 해석하면 다음과 같다.

```
\d{3}-?\d{3,4}-?\d{4}
```

- \d: 숫자라는 의미
- {3}: 3자리
- -: 기호
- ?: 앞자리의 - 기호가 0개 또는 1개
- {3,4}: 3자리 또는 4자리(3자리부터 4자리까지)
- {4}: 4자리

※ 주의사항: \ 기호와 ₩는 동일하다.

정규식 문법에 대한 추가 정보는 위키백과나 ChatGPT를 통해 확인할 수 있다.

2-5 Hexadecimal(16진수) Type

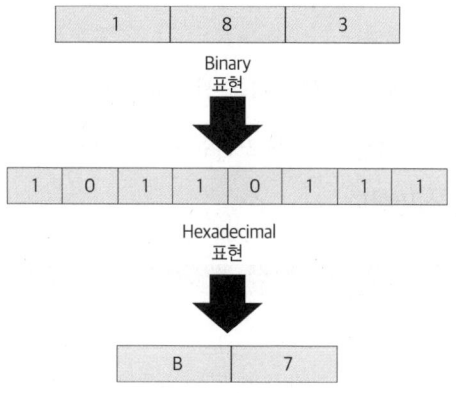

그림 2-6 Hexadecimal 표현

Hexdecmial 타입은 1byte가 2개의 digits로 표현되는 데이터 타입이다. ABAP에서는 X와 XSTRING 두 가지 타입이 있으며, 각각 고정 길이와 가변 길이의 16진수 데이터를 저장한다.

그림 2-6은 숫자 183이 Hexdecmial 타입으로 B7로 표현되는 것을 보여준다. 8비트가 1byte이기 때문에 16진수(hex)는 0~9, 10~15까지 표현되며, 10부터 15까지는 문자 A, B, C, D, E, F로 표현된다. 16진법은 '0101111'과 같이 이진(Binary) 코드로 프로그래밍하는 것이 어려워 쉽게 표현할 수 있는 방법으로 사용하게 되었으며, 저급 언어인 PC 어셈블리어의 표현법이다. C 언어를 포함하여 대부분의 언어에서 동일하게 사용하고 있다.

ABAP에서 16진수는 프린터 언어와 그래픽 관련 영역에서 많이 사용한다. Hexadecimal 타입은 컴퓨터 내부에서 데이터를 효율적으로 처리할 수 있도록 설계된 형식으로, 주로 바이너리 데이터를 다루는 데 사용한다. 실무에서는 특수한 경우에만 활용하며, 일반적인 업무 로직에서는 사용 빈도가 낮다.

프로그램 내의 로컬 타입

3-1 TYPE 선언

앞서 설명하였듯이, 프로그램 내에서 로컬 타입을 선언하여 로컬 프로그램에서만 특별한 타입으로 사용하기 위해 TYPES 구문을 이용한다. 예제 2-11은 문자 10자리 타입 T_CHAR10을 정의하여 프로그램에서 사용하는 경우를 설명한다.

예제 | 2-11

```
REPORT   z02_11.

TYPES t_char10(10) TYPE c.     " CHAR10이라는 새로운 타입 선언
DATA   gv_val1     TYPE t_char10.  " type을 이용하여 VAL1 Object(변수) 선언
DATA   gv_val2     LIKE gv_val1.   " Data Object를 이용해 VAL2 Object(변수) 선언

gv_val1 = '1234567890'.
WRITE / gv_val1.

gv_val2 = '1234567890'.
WRITE / gv_val2.
```

결과 | 2-11

```
1234567890
1234567890
```

3-2 Structured TYPE 선언

다음 구문을 이용하여 여러 개의 필드로 이루어진 구조체 타입을 선언할 수 있다.

```
TYPES BEGIN OF struc_type.
  col1 TYPE c LENGTH 5,
  col2 TYPE c LENGTH 10,
TYPES END OF struc_type.
```

복합적인 구조체 타입을 선언하여, 구조체 변수를 정의하는 실습을 해보자. 예제 2-12에서 사용할 구조체 타입은 직원 정보를 가지고 있는 구조체로서 직원 이름, 국적, 도시 정보 3개의 필드를 포함하고 있다.

예제 | 2-12

```
REPORT  z02_12.

* 구조체 타입 신인
TYPES: BEGIN OF t_ren,
    name      TYPE c LENGTH 20,
    country   TYPE c LENGTH 15,
    city      TYPE c LENGTH 10,
END OF t_ren.

* 구조체 변수 선언
DATA gs_people TYPE t_ren.

gs_people-name = 'HONG GILDONG'.
gs_people-country = 'KOREA'.
gs_people-city = 'SEOUL'.

WRITE :/ gs_people-name, gs_people-country, gs_people-city.
```

결과 | 2-12

```
HONG GILDONG     KOREA      SEOUL
```

INCLUDE TYPE 구문을 이용해 Nested Structure 타입을 선언할 수 있다. 예제 2-12에서 선언한 구조체 타입 t_ren을 포함하는 구조체 타입을 선언해보자.

예제 | 2-13

```
REPORT  z02_13.
```

```abap
* 구조체 타입 선언
TYPES: BEGIN OF t_ren,
  name    TYPE c LENGTH 20,
  country TYPE c LENGTH 15,
  city    TYPE c LENGTH 10,
END OF t_ren.

* nested 구조체 타입 선언
TYPES: BEGIN OF t_info.
  INCLUDE TYPE t_ren as ren.
  TYPES : phone TYPE c LENGTH 10,
END OF t_info.

* 구조체 오브젝트 선언
DATA gs_people TYPE t_info.

gs_people-ren-name = 'HONG GILDONG'.
gs_people-ren-country = 'KOREA'.
gs_people-ren-city = 'SEOUL'.
gs_people-phone = '123456789'.

WRITE :/ gs_people-ren-name, gs_people-ren-country,
         gs_people-ren-city, gs_people-phone.
```

결과 | 2-13

HONG GILDONG   KOREA   SEOUL   123456789

t_info 구조체 타입은 t_ren 구조체를 포함하고 있는 Nested Structure이다. Nested Structure의 변수 값을 할당할 때, 구조체-구조체-필드명을 사용한다.

구조체 타입을 사용하지 않고, **'DATA BEGIN OF~END OF'** 구문을 이용하여 바로 구조체 변수를 선언할 수도 있다. 예제 2-12와 동일한 구성 항목을 가지는 구조체 변수를 선언해보자.

예제 | 2-14

```abap
REPORT z02_14.

DATA: BEGIN OF gs_people,
      name    TYPE c LENGTH 20,
      country TYPE c LENGTH 15,
      city    TYPE c LENGTH 10,
END OF gs_people.

gs_people-name = 'HONG GILDONG'.
gs_people-country = 'KOREA'.
```

```
        gs_people-city = 'SEOUL'.

        WRITE :/ gs_people-name, gs_people-country, gs_people-city.
```

결과	2-14

```
HONG GILDONG    KOREA        SEOUL
```

INCLUDE STRUCTURE 구문을 이용하면, DATA로 선언된 구조체나 ABAP Dictionary 구조체를 Nested Structure로 포함할 수 있다.

예제	2-15

```
REPORT  z02_15.

DATA: BEGIN OF gs_ren,
        name        TYPE c LENGTH 20,
        country     TYPE c LENGTH 15,
        city        TYPE c LENGTH 10,
END OF gs_ren.

DATA : BEGIN OF gs_people.
          INCLUDE STRUCTURE gs_ren AS ren.
DATA : phone TYPE c LENGTH 10,
END OF gs_people.

gs_people-ren-name = 'HONG GILDONG'.
gs_people-ren-country = 'KOREA'.
gs_people-ren-city = 'SEOUL'.
gs_people-phone = '123456789'.

WRITE :/ gs_people-ren-name, gs_people-ren-country,
         gs_people-ren-city, gs_people-phone.
```

결과	2-15

```
HONG GILDONG    KOREA        SEOUL    123456789
```

만약 예제 2-15에서 **INCLUDE STRUCTURE**에서 AS 구문을 사용하지 않고 예제 2-14와 같이 바로 INCLUDE하게 되면, INCLUDE된 항목들은 1단계의 구성 항목으로 바로 정의해야 한다.

```
INCLUDE STRUCTURE gs_ren AS ren.
```

```
INCLUDE STRUCTURE gs_ren.
```

gs_people-ren-name과 같이 Nested Structure로 사용하던 것을 gs_people-name으로 요약해서 사용할 수 있다. 예제를 통해서 확인해보자

예제 | 2-16

```
REPORT  z02_16.

DATA: BEGIN OF gs_ren,
        name      TYPE c LENGTH 20,
        country   TYPE c LENGTH 15,
        city      TYPE c LENGTH 10,
      END OF gs_ren.

DATA : BEGIN OF gs_people.
         INCLUDE STRUCTURE gs_ren.
DATA : phone TYPE c LENGTH 10,
      END OF gs_people.

gs_people-name = ' HONG GILDONG '.
gs_people-country = ' KOREA '.
gs_people-city = ' SEOUL '.
gs_people-phone = ' 123456789 '.

WRITE :/ gs_people-name, gs_people-country,
         gs_people-city, gs_people-phone.
```

결과 | 2-16

```
HONG GILDONG      KOREA      SEOUL    123456789
```

ABAP Dictionary 타입

ABAP Dictionary는 글로벌 타입(Global Data Type)이다. ABAP Dictionary(Table, Structure, Data Element)는 모든 프로그램에서 데이터 타입으로 선언하여 사용할 수 있다.

ABAP Dictionary 타입은 크게 2가지 유형으로 나뉜다. ABAP Dictionary는 T-CODE:SE11을 이용해 생성, 변경, 조회할 수 있다.

- **Table and View:** ..TYPE dbtab, ..TYPE dbtab-comp
- **Data Types:** Data Elements, Structures, Table Types

4-1 테이블, 구조체, 뷰를 이용한 TYPE 선언

ABAP Dictionary 테이블, 구조체, 뷰 전체를 참고하여 구조체 및 인터널 테이블을 선언할 수 있다. 물론, 테이블(구조체, 뷰)의 특정 필드만을 참조하여 변수를 개별적으로 선언하는 것도 가능하다. 예제 2-17은 ZEMPLIST 테이블에서 사번(EMPCD)이 '1001'인 데이터 한 건을 가져와서 3개의 열만 화면에 출력하는 프로그램이다. SELECT 구문은 3장에서 상세하게 학습한다.

예제 | 2-17
```
REPORT   z02_17.

SELECT SINGLE * FROM zemplist INTO @DATA(gs_list)
WHERE empcd = ' 1001 '.
WRITE : gs_list-empcd, gs_list-ename, gs_list-email.
```

결과 | 2-17
```
1001 김철수 sapjoy@naver.com
```

예제 2-17에서 정의된 구조체 변수 gs_glist는 ABAP Dictionary 테이블의 모든 필드를 구성 항목으로 가지게 된다. T-CODE:SE11에서 'ZEMPLIST'를 입력하고 [Display] 버튼을 선택한다. 테이블 ZEMPLIST는 그림 2-2와 같은 필드들을 항목으로 가지고 있다. 즉, 예제 2-17에서 선언된 gs_list는 이 모든 필드를 가지는 구조체로 정의되는 것이다.

테이블과 뷰의 전체 구조를 참고할 수도 있지만, 테이블의 개별 필드를 참고하여 변수를 선언할 수도 있다.

예제 | 2-18

```
REPORT  Z02_18.

DATA : gv_empcd TYPE zemplist-empcd,
       gv_ename TYPE zemplist-ename,
       gv_email TYPE zemplist-email.

gv_empcd = '1001'.
gv_ename = '김철수'.
gv_email = 'sapjoy@naver.com'.

WRITE : gv_empcd, gv_ename, gv_email.
```

결과 | 2-18

1001 김철수 sapjoy@naver.com

4-2 데이터 타입을 이용한 TYPE 선언

4-2-1 데이터 엘리먼트

ABAP Dictionary에서 데이터 엘리먼트(Data Element)는 개별 필드를 정의한다. "7장 ABAP Dictionary"에서 상세하게 설명하겠지만, 데이터 엘리먼트(Data Element)의 타입은 도메인(Domain)을 참고하게 된다(데이터 엘리먼트 수준에서 타입을 정의할 수도 있다). 동일한 도메인을 여러 데이터 엘리먼트에서 사용할 수 있고, 동일한 데이터 엘리먼트를 여러 개의 테이블 필드에서 사용할 수도 있다.

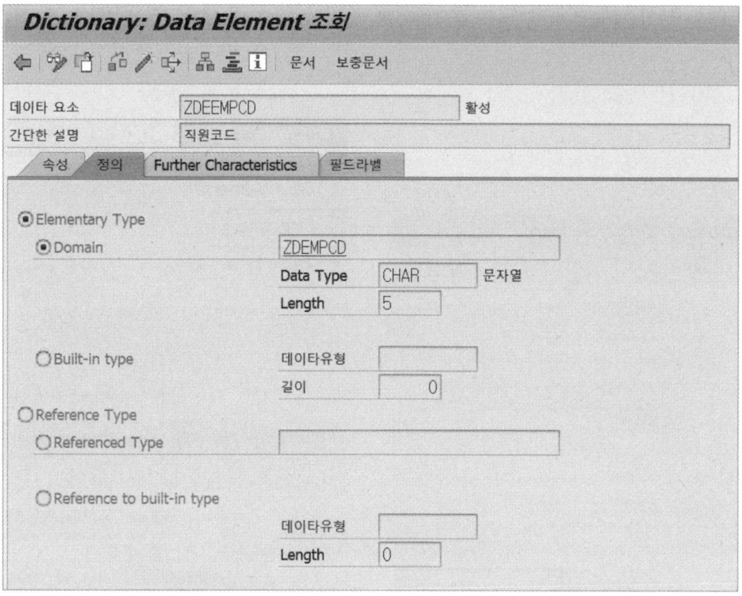

그림 2-7 데이터 엘리먼트와 도메인

그림 2-7에서 조회한 데이터 엘리먼트의 타입을 참고하는 타입과 변수를 선언하여 실습해보자.

예제 | 2-19

```
REPORT  Z02_19.

* Data Element를 이용하여 변수 선언
DATA gs_empcd TYPE zdeempcd.

gs_empcd = '1001'.
WRITE: '사번 :', gs_empcd .
```

결과 | 2-19

사번 :1001

4-2-2 구조체를 이용한 TYPE 선언

구조체(Structure)는 여러 테이블에 존재하는 필드들을 조합할 필요성이 있을 경우에 자주 사용한다. 그림 2-8과 같이 ABAP Dictionary 구조체를 생성한 후, 프로그램 내에서 TYPES 구문을 사용하여 구조체를 선언할 수 있다.

```
TYPES t_type TYPE structure .
```

EMPCD, ENAME, EMAIL 3개의 필드를 가지는 ZSEMP 구조체를 생성하여 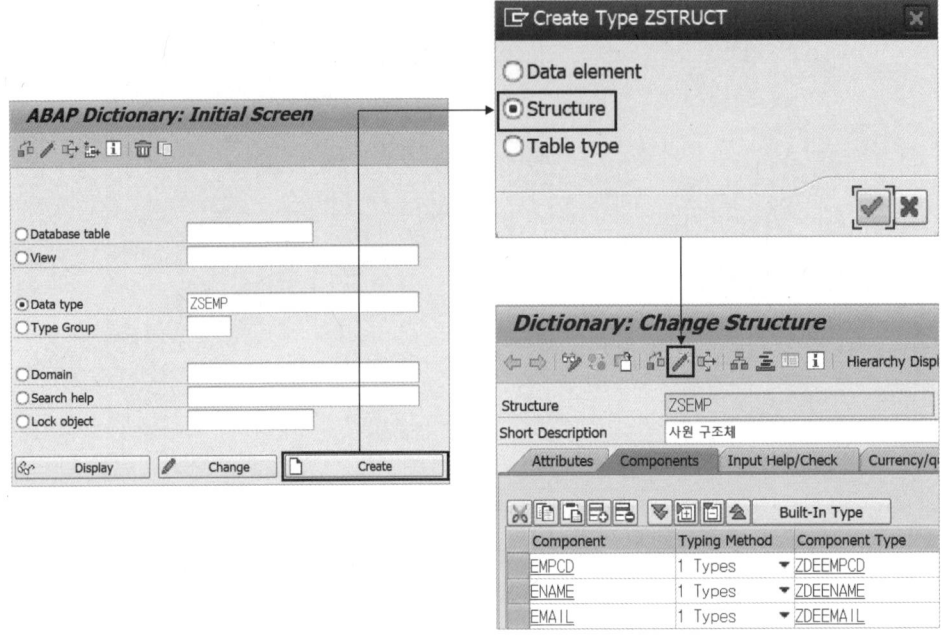 버튼으로 활성화한다.

그림 2-8 구조체 생성

앞에서 생성한 ABAP Dictionary 구조체를 참고하는 인터널 테이블을 선언하고 ALV 리스트로 출력하는 프로그램을 실습해보자. 인터널 테이블과 ALV는 뒤에서 각각 상세하게 소개한다.

예제 | 2-20

```
REPORT z02_20.

DATA gt_list TYPE TABLE OF zsemp.
DATA : go_alv     TYPE REF TO cl_salv_table,
       go_alv_exc TYPE REF TO cx_salv_msg.

SELECT *
       FROM zemplist
       INTO CORRESPONDING FIELDS OF TABLE @gt_list
       WHERE empcd >= '1001'.
TRY.
    cl_salv_table=>factory(
           IMPORTING r_salv_table = go_alv
           CHANGING  t_table = gt_list ).

    go_alv->display( ).
```

```
    CATCH cx_salv_msg INTO go_alv_exc.
      MESSAGE go_alv_exc TYPE 'I' DISPLAY LIKE 'E'.
  ENDTRY.
```

결과 | 2-20

직원코드	직원 명	이메일 주소
1003	조영수	jys@nvaer.com
1004	박옥순	pos@naver.com
1005	문영호	myh@naver.com
1006	정현숙	jhs@naver.com
1007	강순자	ksj@naver.com
1008	채영식	cys@naver.com
1001	김철수	sapjoy@naver.com
1002	이영희	msrpa@naver.com

4-2-3 테이블 타입을 이용한 TYPE 선언

테이블 타입(Table Type)은 동일한 구조를 갖는 여러 행의 데이터(인터널 테이블)를 정의할 때 사용한다. 그림 2-8에서 테이블 타입을 선택해서 생성한다. 테이블 타입은 "7장 ABAP Dictionary"에서 상세하게 소개한다.

05 변수에 값 할당

ABAP에서는 변수를 선언하거나 데이터를 처리하는 구문에서 변수에 값을 할당할 수 있다. 변수를 선언할 때는 VALUE 구문을 통해 초기 값을 정의할 수 있으며, 프로그램 내에서 데이터를 처리할 때는 '=' 또는 'WRITE TO' 구문을 사용해 변수에 값을 할당할 수 있다.

```
gv_var2 = gv_var1.
gv_var3 = gv_var2 = gv_var1.
WRITE gv_var1 TO gv_var2.
WRITE gv_var1 TO:  gv_var2, gv_var3, gv_var4.
MOVE-CORRESPONDING gs_str1 TO gs_str2.
```

구조체를 복사할 때는 MOVE-CORRESPONDING 구문을 사용할 수 있다. 이때 gs_str1과 gs_str2의 필드명이 반드시 같지 않아도 된다. 각 구조체의 동일한 이름의 필드에 값이 복사된다.

WRITE 구문은 리스트 출력(Output to a list), 변수 할당(Output to a field) 두 가지 용도로 사용한다. WRITE TO 구문은 변수 할당 용도로 사용한다. 변수 gv_var1의 내용을 데이터 타입 C 로 변경하여 변수 gv_var2에 할당한다. 따라서 gv_var1은 Character Field로 변경할 수 있어야 한다. 그렇지 않을 경우 구문 또는 런타임 에러가 발생한다. <option>에는 'UNDER'와 'NO-GAP'을 제외한 모든 포맷팅 옵션을 사용할 수 있다. <option>에 대한 자세한 내용은 WRITE 구문에서 확인할 수 있도록 한다.

예제 2-21은 MOVE-CORRESPONDING 사용에 대한 스크립트이다. 구조체 GS_EMP와 GS_EMPINFO는 필드 구조가 서로 다르다. GS_EMP 구조체에서 GS_EMPINFO 구조체로 데이터를 할당하려면 'GS_EMPINFO-ENAME = GS_EMP-ENAME'과 같이 컬럼별로 동일한 구문을 여러 번 사용해야 하지만, MOVE-CORESPONDING 구문은 한 번에 해결해준다.

예제 | 2-21

```
REPORT   z02_21.

TYPES : BEGIN OF t_emp,
          empcd TYPE zemplist-empcd,
          ename TYPE zemplist-ename,
        END OF t_emp.

DATA : gs_emp TYPE t_emp.

DATA : BEGIN OF gs_empinfo.
         INCLUDE STRUCTURE gs_emp.
DATA email TYPE zemplist-email   VALUE ' sapjoy@naver '.
DATA : END OF gs_empinfo.

SELECT SINGLE empcd, ename INTO (@gs_emp-empcd, @gs_emp-ename)
  FROM zemplist
  WHERE ename = ' 김철수 '.

MOVE-CORRESPONDING gs_emp TO gs_empinfo.
WRITE : / gs_empinfo-empcd, gs_empinfo-ename, gs_empinfo-email.
```

결과 | 2-21

1001 김철수 sapjoy@naver.com

조금 더 알아보기 — MOVE 명령어

MOVE 명령어는 폐기된 문법이지만, 여전히 실무에서 많이 사용하고 있다.
MOVE TO 구문은 'gv_var2 = gv_var1.'의 Equal(=) 구문과 동일한 의미이다.

```
MOVE gv_var1 TO gv_var2.
```

---

06 변수 초기화

ABAP 프로그래밍에서 변수 초기화 및 메모리 해제를 담당하는 CLEAR 구문은 변수나 데이터 오브젝트에 할당된 값을 제거하여 해당 메모리 영역을 비우는 데 사용한다. 이로써 프로그램은 새로운 데이터를 저장하거나 더 이상 필요하지 않은 값을 해제하여 자원을 효율적으로 관리할 수 있다. 특히, 동일한 변수를 프로그램 내의 여러 부분에서 사용할 때는 값을 초기화해야 하는지, 기존의 값을 유지해야 하는지 주의 깊게 확인해야 한다.

```
CLEAR gv_val.
```

CLEAR 구문으로 변수를 초기화하거나 DATA 구문으로 변수를 생성하면, 다음과 같이 각 변수에 해당하는 초기 값(Initial Value)으로 설정된다.

데이터 타입	초기 값	데이터 타입	초기 값
I	0	C, STRING	공백(Space)

P	0.00(소수점 자리만큼)	N	00(LENGH 길이만큼)
decfloat16, 34	0	D	00000000
F	0.0000000000E+00	T	000000

표 2-8 주요 변수의 초기 값

만약 변수가 초기 값을 가지고 있는지 확인하려면, 데이터 타입 D의 경우에는 다음과 같이 기술할 수 있다.

초기 값으로 확인	IS INITIAL 구문으로 확인

IF gv_val = '00000000'.
  WRITE '변수가 초기 값입니다.'.
ENDIF.
	IF gv_val IS INITIAL.
	  WRITE '변수가 초기 값입니다.'.
	ENDIF.

조금 더 알아보기 — ABAP 반복문

ABAP에서 반복(순환)문은 주로 세 가지 방식을 사용한다. DO~ENDDO 반복, WHILE 반복 그리고 인터널 테이블을 반복하는 LOOP AT 구문이다. 반복문 내에서 EXIT 명령을 만나면 반복을 빠져나온다. CONTINUE 명령을 만나면 이후 스크립트를 실행하지 않고 다음 반복을 실행한다. CHECK 명령은 값을 비교하여 참일 경우에만 이후 구문을 수행하고 거짓이면 다음 반복을 실행한다.

1. DO~ENDDO 반복

DO와 ENDDO 사이에 작성된 코드 블록이 지정된 횟수만큼 반복된다. 반복 횟수는 고정 값일 수도 있고, 변수에 의해 제어할 수도 있다. 예를 들어, 10번 반복하는 경우는 다음과 같이 작성한다. 현재 반복되는 횟수는 시스템 변수 sy-index에 저장한다.

```
DO 10 TIMES.
" 여기에 반복 실행할 코드 작성
  WRITE sy-index.
```

ENDDO. 또는 특정 조건을 만족할 때까지 반복하는 경우는 다음과 같이 사용한다.

```
DATA: lv_count TYPE i VALUE 0.

DO.
  ADD 1 TO lv_count.
" 여기에 반복 실행할 코드 작성

  WRITE :/ sy-index, lv_count.
  IF lv_count >= 10.
```

```
      EXIT.  " lv_count가 10 이상이면 반복 종료
    ENDIF.
ENDDO.
```

2. WHILE 반복

WHILE 반복은 주어진 조건이 참인 동안 코드를 반복한다. 예를 들어, 특정 변수가 특정 값을 넘을 때까지 반복하는 경우이다.

```
DATA: lv_count TYPE i VALUE 0.
WHILE lv_count < 10.
   " 여기에 반복 실행할 코드 작성
   ADD 1 TO lv_count.
   WRITE :/ sy-index, lv_count.

ENDWHILE.
```

3. LOOP AT 반복

LOOP AT 반복문은 인터널 테이블의 각 행을 반복하여 처리하는 데 사용한다. 인터널 테이블의 라인을 차례대로 Work Area로 이동한다. 현재 반복 횟수는 시스템 변수 SY-TABIX에 저장된다. SY-TABIX는 인터널 테이블의 라인 번호이다.

간단한 예제를 통해 LOOP AT 반복문을 설명해보자. 다음 예제는 인터널 테이블에 있는 숫자들을 모두 더하는 프로그램이다.

```
DATA: lt_numbers TYPE TABLE OF i,  " 인터널 테이블 선언
      lv_sum     TYPE i.

" 인터널 테이블에 데이터 추가
lt_numbers = VALUE #( ( 1 ) ( 2 ) ( 3 ) ( 4 ) ( 5 ) ).

" 내부 테이블의 각 요소를 더함
LOOP AT lt_numbers INTO DATA(lv_number).
  lv_sum = lv_sum + lv_number.
ENDLOOP.

WRITE: / ' 숫자들의 합: ', lv_sum.
```

인터널에 1~5의 숫자 값을 추가하는 구문은 다음과 같이 DO 반복문을 사용해도 된다.

```
DO 5 TIMES.
  INSERT sy-index INTO TABLE lt_numbers.
ENDDO.
```

이외에도 "3장 OPEN SQL"에서 학습하는 ENDSELECT 구문도 반복문의 한 유형이다.

VALUE 명령어

VALUE 명령어를 사용하면, 지정한 타입의 변수를 만들거나 값을 할당할 수 있다.

7-1 VALUE 구문으로 데이터 변수 초기화

VALUE 구문으로 **모든 데이터 타입의 변수 값을 초기화**한다.

```
DATA LV_VAL TYPE C LENGTH 4.

LV_VAL = 'ABAP'.

LV_VAL = VALUE #( ).

WRITE : LV_VAL.
```

7-2 VALUE 구문으로 구조체 변수에 값 할당하기

VALUE구문을 이용해 구조체의 기본값을 설정한다. VALUE 구문을 이용하면 간결하고 가독성이 높은 코드를 작성할 수 있다.

```
DATA  gs_emp TYPE zemplist.

gs_emp = VALUE #( empcd = '1010' ename = '박옥순' ).

cl_demo_output=>display( gs_emp ).
```

GS_EMP						
MANDT	EMPCD	DEPCD	PSTION	ENAME	EMAIL	TEL
	1010			박옥순		

구조체의 변수를 명시적으로 정의하려면, 타입을 정의해준다.

```
DATA(GS_EMP) = VALUE ZEMPLIST( EMPCD = '1010' ENAME = '박옥순' ).
```

7-3 VALUE 구문으로 인터널 테이블에 레코드 생성하기

VALUE 구문으로 인터널 테이블에 새로운 레코드를 추가할 수 있다. 더 자세한 사항은 "5장 인터널 테이블"에서 소개한다.

```
DATA gt_emp TYPE TABLE OF zemplist.

gt_emp = VALUE #( ( empcd = '1010' ename = '박옥순' )
                  ( empcd = '1011' ename = '김광수' ) ).

cl_demo_output=>display( gt_emp ).
```

GT_EMP

MANDT	EMPCD	DEPCD	PSTION	ENAME	EMAIL	TEL
	1010			박옥순		
	1011			김광수		

08 기타 변수 선언

8-1 CONSTANTS

프로그램에서 자주 사용하는 값을 상수(Constant)로 선언하여 사용한다. 상수는 프로그램 내에서 값을 변경할 수 없으며, CLEAR 구문으로 초기화할 수도 없다. 동일한 값을 여러 번 사용해야 하는 경우 상수를 사용하면 효율적이다. 또한, 원주율과 같이 의미 있는 값을 상수로 지정하면 프로그램의 가독성을 높이는 데도 도움이 된다.

Constants 구문은 일반 상수와 구조체 상수 2가지 타입을 사용할 수 있다.

```
CONSTANTS c_var VALUE 'HANA'.
```

```
CONSTANTS: BEGIN OF c_str,
             col1 VALUE 'EASY',
             col2 VALUE 'ABAP',
           END  OF c_str.
```

예제 | 2-22

```
REPORT  z02_22.

CONSTANTS: c_company(10)   VALUE 'HANA'.

CONSTANTS : BEGIN OF c_str,
              name1(20)   VALUE 'EASY',
              name2(10) VALUE 'ABAP',
            END OF c_str.

WRITE : c_company, c_str-name1, c_str-name2.
```

결과 | 2-22

```
HANA      EASY        ABAP
```

8-2 STATICS

프로그램 서브루틴(FORM, FUNCTION)에 사용되는 로컬 변수의 값을 지속적으로 저장해야 할 경우 사용한다. 즉, FORM 구문 내의 STATICS로 선언된 로컬 변수는 프로그램이 종료될 때까지 값을 유지하게 된다. 서브루틴(Subroutine)은 4장에서 학습하게 된다.

```
STATICS s_var.
```

```
STATICS: BEGIN OF struc,
           ...
         END  OF struc.
```

예제 | 2-23

```
REPORT  z02_23.

PERFORM call_subr.
PERFORM call_subr.

FORM call_subr.
  STATICS lv_val TYPE i.

  lv_val = lv_val + 1.
```

```
    WRITE : / 'STATIC Variable : ', lv_val.

  ENDFORM.                    " RANDOM
```

결과	2-23
STATIC Variable :	1
STATIC Variable :	2

예제 2-23 Subroutine(FORM 구문) 내에 선언된 변수 lv_val은 PERFORM 구문으로 호출될 때마다 초기화되지 않고, 이전의 값을 지속적으로 저장하고 있다. 반면에, 예제 2-24와 같이 FORM 내부에 DATA 구문으로 변수를 선언하면, 로컬 변수는 서브루틴(Subroutine)이 호출될 때마다 초기화된다.

예제 | 2-24
```
REPORT  z02_24.

DATA : gv_result TYPE i.

PERFORM call_subr.
PERFORM call_subr.

FORM call_subr.
  DATA lv_val TYPE i.

  lv_val = lv_val + 1.

  WRITE : / 'Local Variable : ', lv_val.

ENDFORM.                    " RANDOM
```

결과	2-24
Local Variable :	1
Local Variable :	1

8-3 TABLES

TABLES 구문을 사용하여 ABAP Dictionary 테이블, 뷰, 구조체를 선언하면 ABAP Dictionary 타입과 동일한 데이터 오브젝트(Data Object)를 생성하게 된다. 이것을 Table Work Area라고 부르며, 프로그램 내에서 구조체처럼 사용할 수 있다. 클래스 내에서는 사용할 수 없으며, 글로벌 변수로만 선언할 수 있다. TABLES 구문의 주요 목적은 TYPE-M 프로그램의 화면과 Work Area 간의 데이터를 주고받는 용도이다.

```
TABLES zemplist.
```

이 구문은 다음 구문과 동일한 효과를 가진다.

```
DATA zemplist TYPE zemplist.
```

> **TIP**
> 다음 구문은 zemplist 테이블과 동일한 구조를 한 번 더 사용하기 위해 활용된다. 그러나 이 구문은 현재는 폐기된 것으로, 참고만 하도록 하자.

```
TABLES *zemplist.
```

예제 2-25

```
REPORT  z02_25
TABLES: zemplist.

SELECT * FROM zemplist INTO @zemplist.
  WRITE: / zemplist-empcd, zemplist-ename.
ENDSELECT.
```

결과 2-25

```
1001김철수
1002이영희
1003조영수
```

예제 2-25에서 SELECT 구문은 'SELECT * FROM zemplist INTO @zemplist.' 구문에서 테이블과 구조체 이름이 동일하기 때문에 'INTO @zemplist' 구문을 생략할 수 있다.

조금 더 알아보기 — LET 명령어

LET 구문을 사용하면 코드 내에서 임시 변수를 선언하고, 이 변수를 특정 블록 내에서 사용할 수 있다. 다음 예제에서 LET 구문 다음에 기술된 z 임시 변수는 x * 1000이라는 값을 가지며, IN 구문 다음에 z 변수의 값을 사용하여 col1과 col2에 값을 저장한다.

예제 | 2-26

```abap
REPORT   z02_26.

TYPES:
  BEGIN OF struc,
    col1 TYPE i,
    col2 TYPE i,
  END OF struc.

DATA: struc TYPE struc.

DO 5 TIMES.
  DATA(x) = sy-index.
  DATA(y) = x * x.

  struc = VALUE struc(
    LET z = x * 1000 IN col1 = x + z
                        col2 = y + z ).
  WRITE: / 'col1 =', struc-col1, 'col2 =', struc-col2.
ENDDO.
```

결과 | 2-26

```
col1 =    1,001 col2 =    1,001
col1 =    2,002 col2 =    2,004
col1 =    3,003 col2 =    3,009
col1 =    4,004 col2 =    4,016
col1 =    5,005 col2 =    5,025
```

이 예제의 전체적인 흐름은 다음과 같다.

1. DO 5 TIMES 반복을 통해 5번 반복한다.

2. 각 반복마다 sy-index 값을 x 변수에 저장한다.

3. x 값을 제곱하여 y 변수에 저장한다.

4. LET 구문을 사용하여 z 변수를 x * 1000으로 초기화한다.

5. col1 필드는 x + z 값을, col2 필드는 y + z 값을 할당한다.

6. 구조체 struc의 값을 출력한다.

이와 같이 LET 구문을 통해 코드 가독성을 높이고, 임시 변수 z를 활용하여 중간 계산 값을 저장함으로써 코드의 효율성을 향상시킬 수 있다.

CHAPTER
03

OPEN SQL

In this chapter >>>

SQL은 데이터베이스에서 데이터를 관리하고 조회하는 데 사용하는 언어이다. SQL을 사용하면 복잡한 쿼리를 통해 원하는 정보를 빠르고 정확하게 추출할 수 있다. SAP 트랜잭션 성능에 가장 큰 영향을 미치는 요소 중 하나는 데이터베이스와 관련된 부분이다. 이번 장에서는 테이블의 데이터를 처리하는 OPEN SQL을 살펴보며, 성능을 고려하여 SQL을 작성하는 방법을 학습하게 된다.

Chapter list >>>

1. Overview
2. 모델링
3. 데이터 읽기
4. 데이터 변경하기

Overview

1-1 SAP 아키텍처

먼저, SAP 아키텍처에 대해서 알아보자.

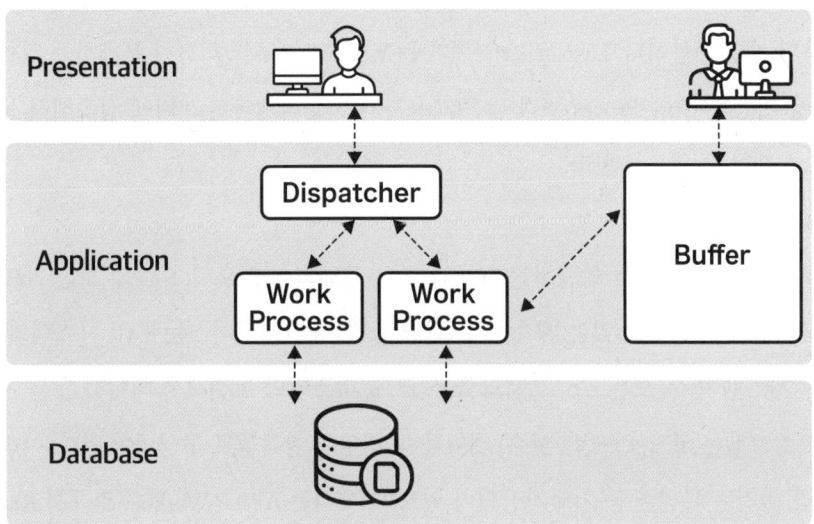

그림 3-1 SAP 아키텍처

그림 3-1에서 설명하듯이 SAP는 기본적으로 Presentation, Application, Database 세 개의 계층(Layer)으로 분류된다. Application 서버와 Database 서버는 물리적인 개별 서버로 구성된다.

1) Presentation Layer

Presentation Layer는 쉽게 말해 개인 컴퓨터를 의미하며, SAP GUI(Graphical User Interface)를 구성하고 있는 소프트웨어 컴포넌트들의 정보를 가지고 있다. 이 계층은 SAP 시스템과 사용자 간의 인터페이스를 제공한다. SAP GUI는 개인 컴퓨터에 설치되는 터미널 화면이고, 사용자는 이 GUI를 통해서 데이터를 입력하거나 조회할 수 있다.

2) Application Layer

ABAP 프로그램은 어플리케이션 서버(Application Server)에서 구동된다. SAP GUI는 단지 터미널의 역할만 한다. 일반적으로 운영 서버의 Application Layer는 하나 또는 여러 개의 어플리케이션 서버와 하나의 메시지 서버(Message Server)로 구성된다. 메시지 서버는 어플리케이션 서버와 통신하며 부하가 적은 서버에 사용자가 로그온되도록 한다. 여러 개의 어플리케이션 서버를 구동하는 것은 시스템의 부하를 분산하기 위한 목적이다. SAP에는 어플리케이션 서버 레벨에서 로컬 버퍼(Local Buffer)가 존재하며, ABAP Dictionary 테이블 레벨에서 버퍼 설정을 하면 데이터베이스까지 접근하지 않고, 로컬 버퍼에서 데이터를 읽어온다. 이것은 SAP의 성능을 향상시키는 데 기여하며, OPEN SQL을 사용할 때만 가능하다. Dispatcher(분배기)는 Work Process를 적절히 분배하는 역할을 담당하게 된다. 사용 가능한 Work Process보다 많은 사용자가 어플리케이션 서버에 접속해서 동시에 여러 프로그램을 실행할 수 있도록 한다.

3) Database Layer

Database Layer는 이번 장에서 학습하는 SQL과 주로 관련되어 있으며, SAP의 모든 데이터를 데이터베이스 테이블에 저장하고 있는 계층이다. 예를 들면, 데이터베이스는 SAP 시스템의 실행 환경을 정의하는 시스템 변수, 모든 프로그램의 소스 코드, 마스터와 트랜잭션 데이터 등을 저장하고 있다. ABAP 프로그램은 코드, 스크린, 함수, 테이블 등 다양한 항목들로 구성되어 있다. 이러한 것들은 Repository라 불리는 특별한 공간에 저장되어 있으며, 우리는 ABAP Workbench에서 Repository 오브젝트들을 관리(생성/변경/조회)하게 된다.

JAVA, ASP, JSP와 같은 대부분의 프로그램 언어는 그림 3-2와 같이 어플리케이션 계층과 데이터베이스 계층이 분리되어 있다. 어플리케이션 계층에서는 사용자와 화면을 통해 상호작용(Dialog)을 하는 GUI를 구성하고, 데이터베이스 계층에서는 데이터를 조회하고 유지 보수하는 역할을 주로 담당하게 된다. 데이터베이스 계층에서는 DBMS를 통해 테이블/뷰/구조 등과 같은 데이터베이스 오브젝트를 생성하고, 데이터를 관리할 수 있다. 이러한 환경의 개발자는 어플리케이션의 GUI 화면을 통해 데이터를 수정하거나, 데이터베이스에 직접 접속하여 SQL을 수행할 수 있다.

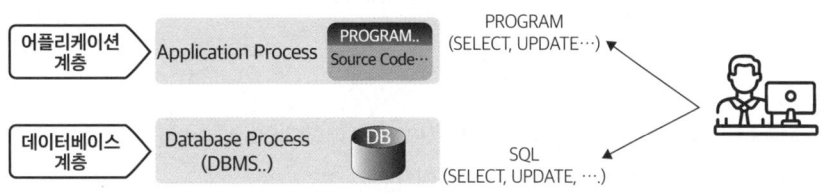

그림 3-2 일반적인 프로그램의 아키텍처

SAP는 일반 개발자에게 데이터베이스에 직접 접속하여 데이터를 수정하는 행위를 금지하고 있으며, 심지어는 데이터베이스에 접속하여 데이터를 조회하는 권한도 부여하지 않는다. 이것은 Data Integrity(무결성), Data Consistency(일관성), Data Security(안정성), Data Transparency(투명성)를 보장하게 한다. 물론, 데이터베이스의 서버 정보, ID와 패스워드가 공개된다면 물리적으로 접근하는 것을 차단할 수는 없다.

그림 3-3에서 설명하고 있듯이 ABAP 개발자는 ABAP Dictionary를 통해 데이터베이스 구조(스키마)를 관리한다.

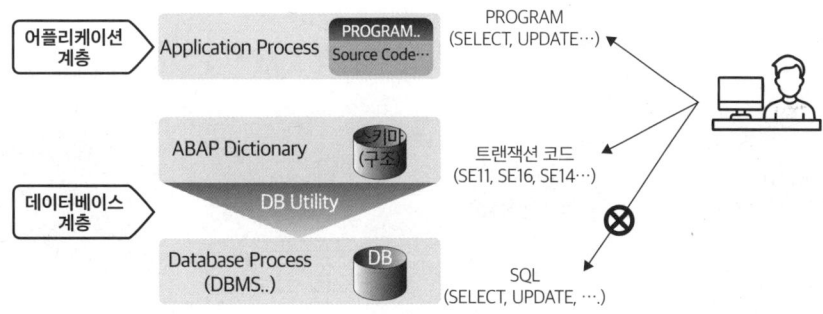

그림 3-3 ABAP 프로그램의 아키텍처

ABAP 프로그램에 사용되는 오브젝트들(Table, View, Structure, Types...)을 ABAP Dictionary라고 부른다. 이러한 오브젝트들의 정보를 Metadata, Data Definition 또는 Schema라고 정의하며, 데이터 구조를 정의하고 관리하는 역할을 ABAP Dictionary가 하게 된다.

1-2 SQL의 정의

SQL 이란 Structured Query Language의 약자이다. SQL은 관계형 데이터베이스에 사용되는 표준화된 언어이다. 다음과 같이 크게 3가지로 구분되며, ABAP프로그램의 OPEN SQL에서는 DML 언어만 사용할 수 있다.

- **Data Manipulation Language(DML)**: 데이터 처리 언어 데이터베이스(테이블)에 저장된 데이터를 검색, 삽입, 삭제, 갱신, 재구성하기 위해 사용하는 언어이다.
- **Data Definition Language(DDL)**: 데이터 정의 언어 응용 프로그램과 데이터베이스 관리 시스템(DBMS) 간의 데이터 요구를 표현할 수 있는 인터페이스를 기술하기 위한 언어로, 데이터베이스를 생성, 변경, 삭제 등 데이터 구조와 관련된 작업을 수행하는 데 사용한다.
- **Data Control Language(DCL)**: 데이터 제어 언어 무결성, 보안 및 권한 제어, 회복 등을 하기 위한 언어로서 데이터를 보호하고 데이터를 관리하는 목적으로 사용한다.

1-3 SQL의 종류

SQL에는 OPEN SQL과 NATIVE SQL 두 가지가 있다. OPEN SQL은 ABAP 언어에서만 사용하며 데이터베이스 인터페이스를 통해 데이터베이스에서 사용되는 NATIVE SQL로 번역된다. NATIVE SQL은 데이터베이스에 종속적인 SQL 언어이다.

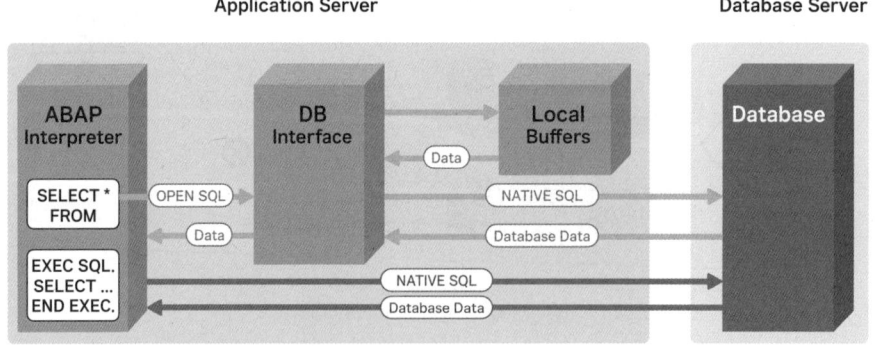

그림 3-4 어플리케이션 서버와 데이터베이스 서버 간의 SQL 흐름

1-3-1 OPEN SQL

OPEN SQL은 데이터베이스 데이터를 조작할 수 있는 ABAP 명령어로 구성되어 있고, 서로 다른 DBMS(Database Management System) 환경(HANA, 오라클, MS SQL과 같은 DB)에서도 동일한 명령어를 사용한다. OPEN SQL은 DDL, DCL을 사용할 수 없고, SELECT 문과 같은 DML만 사용할 수 있다.

로컬 버퍼(Local Buffer)를 사용할 수 있다는 장점이 있으며, ABAP 프로그램을 활성화할 때 자동으로 구문 점검(Syntax Check)이 수행된다는 특징이 있다.

1-3-2 NATIVE SQL

데이터베이스에 직접 접속하여 DML, DDL 언어를 사용할 수 있다. DDL은 테이블을 생성하고 (CREATE), 변경(MODIFY)할 수 있다. OPEN SQL의 Command Set(SELECT, UPDATE, DELETE 등) 을 사용할 수 있다. OPEN SQL로 해결이 되지 않는 복잡한 SQL은 NATIVE SQL을 이용할 수 있다.

1-4 SQL 로컬 버퍼

SAP 로컬 버퍼(Local Buffer)는 SAP 아키텍처에서 지원하는 기술로서 데이터베이스의 부하를 줄이는 역할을 담당한다. 단, 테이블의 기술적 설정(Technical Setting)에서 버퍼를 사용한다고 설정해야 한다. 이러한 설정은 "7장 ABAP Dictionary"를 참고하자.

```
SELECT * FROM marc WHERE  werks = ' 1101 '
 IF SY-SUBRC EQ 0.
            WRITE marc.
EXIT.
 ENDIF.
ENDSELECT.
```

이 SQL 구문은 그림 3-5와 같은 순서로 실행하게 된다.

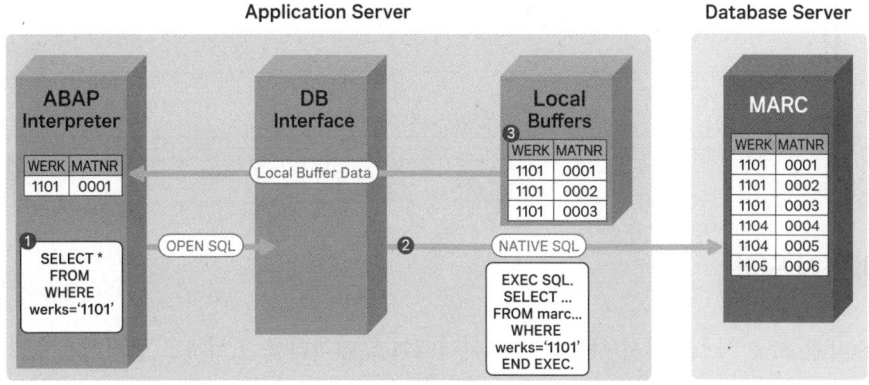

그림 3-5 SQL 실행 순서

그림 3-5의 SQL 실행 순서를 분석해보자.

1. MARC 테이블에서 WERKS = '1101'인 데이터를 조회하는 SQL을 실행한다.
2. DB 인터페이스에서 NATIVE SQL로 해석하여 테이블 MARC에서 WERKS 필드가 '1101'인 값을 가져온다.
3. MARC 테이블에는 WERKS = '1101'인 행(Row)는 3건이며 해당 데이터는 로컬 버퍼에 저장된다.
4. SQL의 'IF SY-SUBRC EQ '0'.' 구문에서, 데이터베이스에서 값을 성공적으로 가져오면 EXIT 구문이 실행되고, 프로그램이 출력하는 값은 WERKS 필드가 '1101'인 첫 번째 값이 된다.
5. 다시 해당 SQL을 실행하면, 로컬 버퍼에 WERKS = '1101'인 데이터가 존재하기 때문에 데이터베이스에 접근하지 않고, 바로 로컬 버퍼의 데이터를 반환하게 된다.

조금 더 알아보기 — 버퍼와 테이블에서 데이터 읽기 속도 비교

T100 테이블은 버퍼가 설정되어 있다. 그래서 버퍼를 이용하게 되고 테이블에서 직접 데이터를 읽는 속도와는 확연한 차이가 있다. 당연히 버퍼에서 데이터를 읽는 것이 속도가 빠르다. T-CODE: SAT 또는 SE30에서 확인해보자.

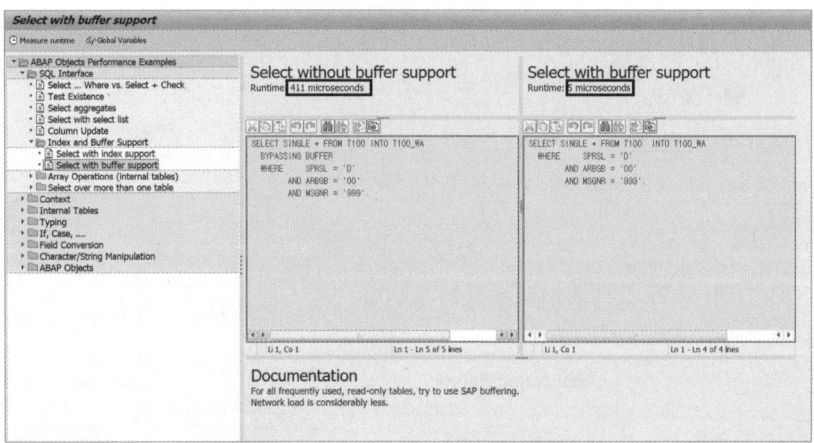

1-5 OPEN SQL

OPEN SQL은 SAP 시스템에서 사용하며 데이터베이스 데이터를 조회하고 변경하는 등의 기능을 수행한다. 데이터베이스 시스템(HANA, Oracle, MS SQL, Max DB 등)에 관계없이 SQL 결과와 에러 메시지를 반환한다. ABAP Dictionary에서 생성된 테이블, 뷰에만 적용된다. OPEN SQL은 기본적으로 클라이언트에 종속적이다.

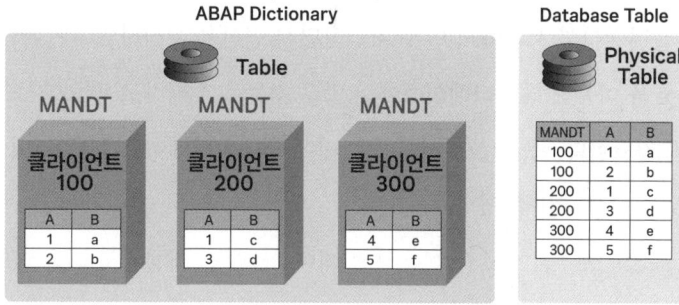

그림 3-6 ABAP Dictionary 테이블 vs 데이터베이스 테이블

그림 3-6에서 보듯이 SAP는 독립적인 여러 개의 클라이언트(예를 들어, 그룹사 소속의 개별 법인회사 등으로)로 구성할 수 있다. 테이블은 클라이언트 독립(Client-independent) 오브젝트로 100번 클라이언트에서 생성된 테이블은 200과 300번 클라이언트에 반영되지만, 100번 클라이언트의 테이블에 생성된 데이터는 100번 클라이언트에만 존재한다. ABAP 테이블에 MANDT 필드가 존재하지 않으면 테이블 데이터도 클라이언트 독립(Client-independent) 속성을 가지게 된다. 그림 3-6에서 실제 물리적인 테이블은 MANDT 필드에 클라이언트 정보를 포함하여 데이터가 저장된다.

OPEN SQL에서 사용하는 명령어는 표 3-1과 같다. 모든 OPEN SQL의 수행 결과가 성공하면 시스템 변수 SY-SUBRC = 0을(성공하지 못하면 0 이외의 값을 반환), SY-DBCNT는 데이터 라인 수를 반환한다. OPEN SQL에는 ABAP 7.40 버전을 기점으로 Classical OPEN SQL과 New OPEN SQL이 존재한다. 두 가지 모두 실무에서 사용하고 있으므로, Classical과 New 문법을 모두 알고 있어야 한다. 기본 원리는 동일하다. 이 책은 New OPEN SQL 기준으로 설명하고 있다.

키워드	기능
SELECT	데이터베이스 테이블에서 데이터를 읽음
INSERT	데이터베이스 테이블에 데이터를 추가함
UPDATE	데이터베이스 테이블에서 데이터를 갱신함
MODIFY	INSERT + UPDATE의 기능을 수행함 UPDATE: 동일한 키 값이 있는 경우 INSERT: 동일한 키 값이 존재하지 않는 경우
DELETE	데이터베이스 테이블에서 데이터를 삭제함

표 3-1 OPEN SQL 명령어

New OPEN SQL은 'Code Push Down'이라는 철학을 기본으로 한다. 이것은 데이터베이스에서 연산과 데이터 추출을 최대한 처리하겠다는 것이다. 기존의 ABAP은 대량의 데이터를 인터널 테이블에 저장한 후에 어플리케이션 서버에서 반복 처리하면서 연산을 처리하였다면, 이제는 기능이 개선된 New OPEN SQL을 이용해 데이터베이스에서 많은 기능을 수행하고 필요한 소량의 데이터를 어플리케이션 서버에 전달한다. 즉, 어플리케이션 서버에서 데이터베이스 서버로 데이터 연산 처리를 위임하여 SAP 성능을 향상시킬 수 있다.

특히, CDS(Core Data Service) 뷰(View)를 이용하면 데이터베이스 레벨에서 더욱 다양한 기능을 수행할 수 있다. HANA 데이터베이스는 메모리 기반에서 병렬 처리를 지원하기 때문에 속도 측면에서 큰 강점을 가지고 있다. HANA는 다중 코어를 활용하여 정보를 병렬로 처리한다. 이를 통해 실시간 분석을 수행하고 대용량 데이터를 실시간으로 처리할 수 있다.

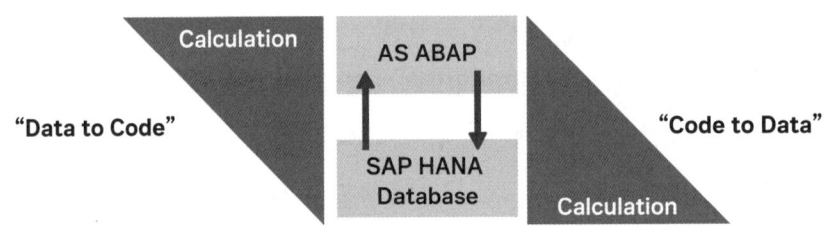

그림 3-7 Code Push Down 개념

조금 더 알아보기 — New OPEN SQL의 특징

1. 변수 앞에 @ 기호 사용
2. 컬럼 구분을 위해서 쉼표(,) 사용
3. 다양한 컬럼 표현
   - 계산식 표현 사용 가능(+, -, *, /, DIV, MOD, ABS, FLOOR, CEIL)
   - **형변환**: CAST 구문으로 형변환
   - 문자열 연결 가능
   - 테이블을 조인할 때 한 테이블의 일부 컬럼과 다른 테이블의 모든 컬럼을 읽는 것이 가능
   - SQL CASE 구문 사용 가능
   - COALESCE 옵션을 사용하여 NULL 대체
   - 상수 값 사용

4. RIGHT OUTER JOIN 지원

5. JOIN 테이블 및 서브쿼리 최대 개수 50개로 확장

6. JOIN에 사용되는 ON 조건 기능의 확장(BETWEEN, <, >, 기능 사용 가능)

7. 인터널 테이블과 ABAP Dictionary 테이블의 조인 가능

그리고, New OPEN SQL은 다음의 기능을 여전히 지원한다.

- SAP 버퍼를 사용할 수 있다.
- **Automatic Client Handling:** 클라이언트를 기술하지 않아도 자동으로 WHERE 조건에 포함된다.
- FOR ALL ENTRIES 사용 가능
- SELECT ~ ENDSELECT 구문 사용 가능
- AVG, MAX, MIN, SUM과 같은 집계 함수 사용 가능 등

02 모델링

2-1 데이터 모델링 개요

SQL을 자세하게 설명하기 전에, 먼저 모델링에 대해서 알아보자. 데이터 모델링은 데이터베이스 또는 데이터 시스템의 구조를 정의하고 설계하는 과정이다. 이 과정의 주요 목표는 데이터를 효율적으로 저장하고, 쿼리 성능을 최적화하는 데에 있다.

데이터 모델링에서 테이블, 행(레코드), 열(컬럼)은 데이터 구조의 기본적인 구성 요소로, 데이터를 저장하고 관리하는 데 필수적인 개념이다. 각각의 요소에 대해 자세히 알아보자.

2-1-1 테이블

테이블(Table)은 데이터베이스 또는 데이터 모델링에서 데이터를 구조화하여 저장하는 기본 단위이다. 각 테이블은 관련된 데이터(레코드)를 하나의 집합으로 모아서 저장한다. 테이블을 엑셀 파일에 비유하면, 더 쉽게 이해할 수 있다. 엑셀 파일의 각 워크시트는 하나의 테이블로서 관련된 데이터를 저장한다. 예를 들어, 과일 판매 정보를 저장하는 엑셀 워크시트는 데이터베이스의 판매 테이블과 동일한 구조를 가지게 된다.

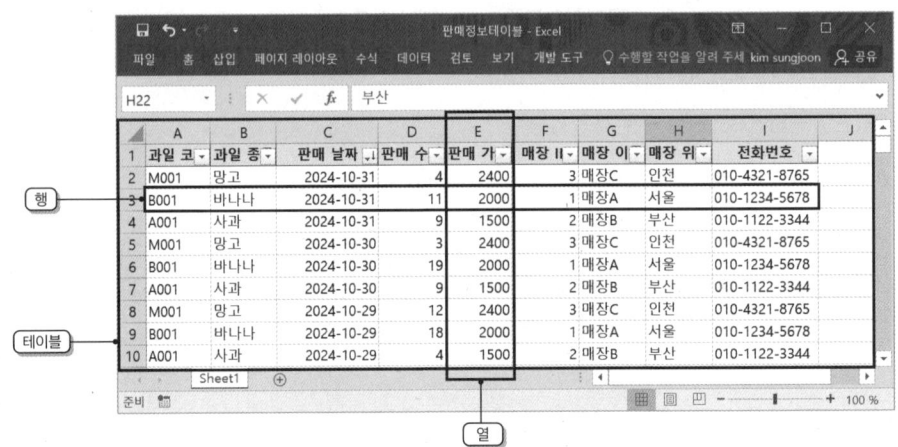

그림 3-8 엑셀의 판매 정보 워크시트

2-1-2 데이터 행(레코드)

각각의 데이터 행(레코드)은 하나의 판매 데이터를 구성하며, 여러 컬럼 정보를 통해 판매에 대한 상세 정보를 제공한다. 즉, 데이터 행은 테이블이 집합을 구성하는 개별 데이터 행이다.

2-1-3 열(컬럼)

컬럼은 테이블의 데이터 속성을 정의하며, 테이블에서 개별 행의 정보를 구성하는 요소이다. 엑셀의 워크시트에서 과일 종류, 판매 날짜, 판매 수량 등이 컬럼이다. 각 컬럼은 데이터 타입에 따라 정의되며, 다양한 데이터 타입(Data Type)이 있다. 각 컬럼은 어떤 타입의 데이터를 저장하는지를 결정해야 한다. 예를 들어, 문자열 형식, 숫자 형식, 날짜 형식 등이다.

2-2 테이블 관계의 이해

관계형 데이터베이스는 여러 테이블 간의 관계를 정의함으로써 데이터를 보다 효율적으로 관리하고 분석할 수 있다. 관계형 데이터베이스 모델에서는 각 테이블이 고유한 정보를 저장하고, 이들 테이블 사이의 관계를 통해 데이터를 연결한다. 판매 정보 테이블에는 과일 종류, 판매 가격, 매장 이름, 매장 위치와 같은 데이터가 모두 함께 있다.

과일 코드	과일 이름	판매 날짜	판매 수량	판매 가격	매장 ID	매장 이름	매장 위치	전화번호
M001	망고	2024-10-31	4	2400	3	매장C	인천	010-4321-8765
B001	바나나	2024-10-31	11	2000	1	매장A	서울	010-1234-5678
A001	사과	2024-10-31	9	1500	2	매장B	부산	010-1122-3344
M001	망고	2024-10-30	3	2400	3	매장C	인천	010-4321-8765
B001	바나나	2024-10-30	19	2000	1	매장A	서울	010-1234-5678
A001	사과	2024-10-30	9	1500	2	매장B	부산	010-1122-3344

이 판매 정보 테이블은 다음과 같이 3개의 테이블로 분리할 수 있다.

첫 번째 테이블: 과일 판매 테이블

과일 코드	판매 날짜	판매 수량	매장 ID
M001	2024-10-31	4	3
B001	2024-10-31	11	1
A001	2024-10-31	9	2
M001	2024-10-30	3	3
B001	2024-10-30	19	1
A001	2024-10-30	9	2

두 번째 테이블: 과일 정보 테이블

과일 코드	과일 이름	판매가격
B001	바나나	2,000
A001	사과	1,500
M001	망고	2,400

세 번째 테이블: 매장 정보 테이블

매장 ID	매장 이름	매장 지역	전화번호
1	매장A	서울	010-1234-5678
2	매장B	부산	010-1122-3344
3	매장C	인천	010-4321-8765

이렇게 개별 테이블로 나눌 때는 3가지 원칙이 필요하다.

1. 개별 테이블은 동일한 성격을 가져야 함
2. 반복되는 데이터를 줄여야 함
3. 테이블을 서로 연결할 수 있는 키가 존재해야 함

이렇게 테이블을 나누고 중복된 데이터를 제거하는 과정을 '정규화'라고 한다. 정규화는 데이터베이스의 구조를 체계적으로 정리하여 데이터의 일관성과 무결성을 유지하는 데 중요한 역할을 한다. 정규화를 통해 데이터 중복을 최소화하고 저장 공간을 효율적으로 사용할 수 있다. 기본적으로 정규화는 여러 단계로 이루어지며, 각 단계는 특정한 규칙을 만족하도록 데이터 구조를 개선한다. 판매 정보 테이블이 과일 코드, 매장 코드와 같은 키만 저장하는 경우 완전히 정규화된 것으로 간주한다.

이렇게 분리된 테이블은 서로 연결할 수 있어야 한다. 과일 판매 테이블에는 과일 코드만 있기 때문에 과일 이름과 판매 가격을 알기 위해서는, 과일 정보 테이블에서 가져와야 한다. 이때 과일 정보 테이블에는 1개의 코드만 존재하고, 과일 판매 테이블에는 여러 개의 코드가 존재하기 때문에 1:N의 관계로 연결된다. 매장 테이블도 동일한 원리로 관계가 적용된다.

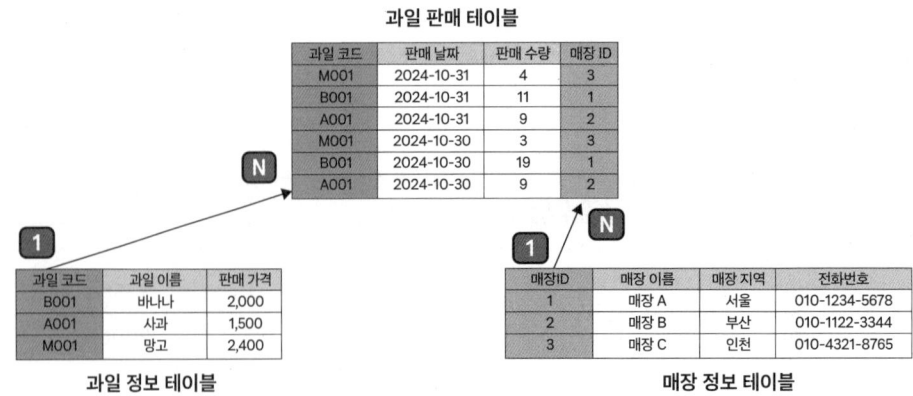

그림 3-9 테이블 분리 및 연결하기

ABAP에서 트랜잭션(이벤트)이 발생할 때마다 데이터가 생성되는 테이블을 트랜잭션 테이블이라고 한다. 예를 들어, 과일 판매 테이블이 이에 해당한다. 한편, 과일 정보 테이블처럼 기준이 되는 데이터를 저장하는 테이블은 마스터 테이블이라고 한다.

- **트랜잭션 테이블**: 주문, 판매, 입고 등 이벤트 중심 데이터 저장
- **마스터 테이블**: 고객, 제품, 과일 등의 기본 정보 저장

트랜잭션 테이블에는 고유 식별자 역할을 하는 Primary Key(기본키) 열과 설명 열이 포함되어 있다. 예를 들어, 과일 정보 테이블의 과일 코드를 Primary Key라고 한다. 그리고, 과일 판매 테이블의 과일 코드는 과일 정보 테이블의 Primary Key에 항상 존재해야 하기 때문에 Foreign Key(외래키)로 연결된다.

마스터 테이블과 트랜잭션 테이블의 관계는 1:N(일대다)의 관계가 가장 이상적이다. ABAP 언어에서는 1:CN이 기본으로 설정된다. 이 때 'C'는 트랜잭션 테이블에 외래키로 연결된 데이터가 존재하지 않을 수 있다는 것을 의미한다. 모델 관계는 두 테이블 간의 테이블 관계를 결정하는 것을 카디널리티 속성이라고 한다. 앞서도 언급했듯이, 일반적인 관계의 카디널리티는 1:N 이다. '1' 쪽은 항상 마스터 유형의 테이블인 반면, 'N' 쪽은 항상 트랜잭션 유형의 테이블이다. 카디널리티는 다음 두 가지 유형이 주로 사용된다.

유형	설명	예시	특징
1:1 (일대일)	한 테이블의 한 레코드가 다른 테이블의 한 레코드와만 연결됨	사용자-프로필	데이터 중복이 없고, 두 테이블 간의 연결이 간단함
1:N (일대다)	한 테이블의 한 레코드가 다른 테이블의 여러 레코드와 연결됨	사용자-주문	주로 외래키를 사용하여 관계를 설정, 하나의 기본키가 여러 개의 외래키와 연결됨

표 3-2 자주 사용되는 카디널리티 유형

판매 정보 테이블을 세 개의 개별 성격의 테이블(워크시트)로 분리하면, 원래 하나의 워크시트로 관리하던 테이블에 비해 파일 용량이 거의 절반으로 줄어든다. 따라서, 분리된 테이블을 ABAP SQL로 접근할 때도 데이터 양이 훨씬 줄어들어 리소스가 적게 들어간다.

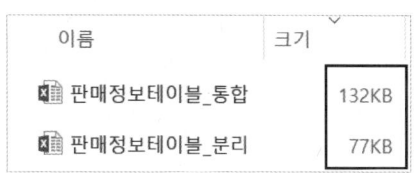

그림 3-10 테이블 분리 전후의 파일 크기 비교

이렇게 테이블을 나누고 관계를 설정함으로써 데이터의 무결성과 일관성을 유지할 수 있다. 이는 데이터를 효율적으로 관리하고 분석할 수 있게 해준다.

03 데이터 읽기

테이블에서 데이터를 읽어오는 SQL 구문에 사용하는 주요 명령어는 표 3-3과 같다. 각 구문의 기능에 대해서 살펴보자.

구문	기능
SELECT	SELECT 구문은 조회하고자 하는 테이블의 필드명을 나열할 수 있으며, 한 건 또는 여러 건을 조회할 수 있다.
FROM	FROM 구문은 조회할 테이블을 지정해준다. 위치는 INTO 이전/이후 모두에 둘 수 있다.
WHERE	조회하고자 하는 데이터의 조건을 추가할 수 있다.
INTO	SELECT 구문으로 읽어온 데이터를 변수에 저장하며, 이 변수를 ABAP 프로그램에서 사용한다.

표 3-3 데이터 읽기 명령어

다음 SQL 구문은 SELECT 명령어로 empcd, ename 2개의 컬럼을 가져와서 INTO TABLE 명령어로 gt_emp라는 인터널 테이블에 값을 저장한다. 대상 테이블인 zemplist 테이블은 FROM 구문으로 지정해주고, D001이라는 부서에 소속된 직원을 가져오기 위한 조건은 WHERE 구문을 사용한다.

```
SELECT empcd, ename
FROM ZEMPLIST
WHERE depcd = 'D001'
INTO TABLE @gt_emp.
```

MAN..	EMPCD	DEPCD	PSTION	ENAME	EMAIL	TEL
100	1001	D001	상무	김철수	sapjoy@naver.com	010-1001-1001
100	1002	D001	과장	이영희	msrpa@naver.com	010-1002-1002
100	1003	D002	부장	조영석	jys@nvaer.com	010-1003-1003
100	1004	D002	과장	박옥순	pos@naver.com	010-1004-1004
100	1005	D003	차장	문영호	myh@naver.com	010-1005-1005
100	1006	D003	대리	정현숙	jhs@naver.com	010-1006-1006
100	1007	D004	과장	강순자	ksj@naver.com	010-1007-1007
100	1008	D004	사원	채영식	cys@naver.com	010-1008-1008

SQL 예제를 실행한 결과는 다음과 같다.

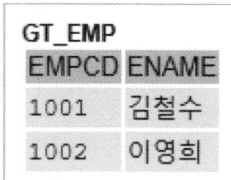

> **TIP 테이블의 데이터 확인하기**
>
> 테이블의 데이터를 확인하는 방법에는 크게 2가지가 있다.
>
> - **T-CODE:SE11(ABAP Dictionary)**: 테이블과 같은 오브젝트를 조회/수정/생성하는 용도로 사용됨
> - **T-CODE:SE16(Data Browser) 또는 SE16N**: 데이터를 조회하는 용도로 사용됨
>
> T-CODE:SE11에서 데이터 조회 버튼을 클릭하면 T-CODE:SE16이 호출된다. 즉, 데이터를 확인할 때에는 익숙한 트랜잭션을 사용하면 된다. 테이블에 데이터가 추가되었는지 확인하기 위해 T-CODE:SE16을 실행한다.

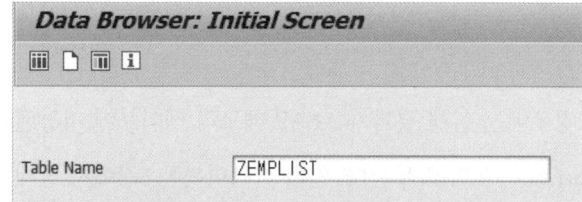

01 테이블 이름을 입력하고 어플리케이션 툴바에서 🔳 아이콘을 선택한다.

02 테이블 데이터의 조회 조건을 입력하는 화면이 표시된다. DEPCD 필드에 'D001'을 입력한 후, 🕒 버튼 또는 [F8] 키를 눌러 실행해보자.

[Number of Entries] 버튼을 클릭하면, 테이블에 있는 데이터의 수를 확인할 수 있다.

03 테이블에서 2개의 데이터가 조회되는 것을 확인할 수 있다.

어플리케이션 툴바의 📄 버튼을 이용해 데이터를 생성하거나, ✏️ 버튼을 이용해 변경할 수 있다. 데이터를 삭제할 경우에는 메뉴에서 [Table Entry] → [Delete] 또는 [Delete All]을 선택하면 된다.

3-1 SELECT 구문으로 테이블에서 데이터 가져오기

SELECT 구문은 데이터베이스 테이블에서 필요한 데이터를 읽어온다. 이 구문은 두 가지 방식으로 나누어진다. 한 건만 가져오는 경우는 SINGLE 구문을 사용한다. 그리고 필요한 테이블 컬럼을 기술한다.

3-1-1 단일 레코드 읽기

데이터베이스 테이블에서 하나의 행(레코드)을 읽어올 경우 SINGLE 구문을 사용한다. 이 구문을 사용하면 데이터를 한 행만 가져오기 때문에 원하는 데이터의 조건을 정확하게 알고 있어야 한다. 즉, WHERE 조건에 유일한 키 값이 추가되어야 하는데, 만약에 WHERE 구문이 잘못되어 여러 건을 읽어올 경우 임의의 건을 반환하게 된다. 테이블의 모든 칼럼을 읽어올 경우에는 애스터리스크 기호(*)를 사용한다.

```
SELECT SINGLE col1, col2
```

3-1-2 다중 레코드 읽기

데이터베이스 테이블에서 여러 건을 조회할 경우에는 실행 결과가 ABAP 메모리 테이블에 저장된다. 이것을 ABAP에서는 인터널 테이블(Internal Table)이라고 부른다. 인터널 테이블은 5장에서 상세히 다룬다(인터널 테이블은 ABAP 메모리에 생성되는, 데이터를 저장할 수 있는 가상 테이블이다.).

```
SELECT col1, col2
```

DISTINCT 키워드를 사용하여 중복된 행(레코드)을 제외한다. DISTINCT 다음에 지정된 컬럼들의 조합이 동일한 값을 가지는 행이 여러 개 있을 경우, 중복된 행은 제거되고 하나만 조회된다.

```
SELECT DISTINCT col1, col2
```

여러 행의 데이터를 가져오는 경우 INTO 구문의 결과가 저장되는 곳이 인터널 테이블이 아니라 필드 또는 Work Area(구조체)일 때는 마지막에 ENDSELECT 구문을 사용해야 한다. 이 구문은 하나의 값을 읽어서 구조체에 삽입하고, 조건에 해당하는 값을 모두 읽어올 때까지 반복을 수행한다. 즉, SELECT ~ ENDSELECT를 SELECT 루프라고 한다.

```
SELECT col1 INTO @gv_var1 WHERE
```

```
ENDSELECT.
```

SELECT ~ ENDSELECT. 구문을 사용해서 데이터 1건만 가져올 경우는 다음과 같이 EXIT 구문을 추가할 수 있다. 해당 구문은 SELECT SINGLE 구문의 효과와 동일하다. 예제에 사용된 @DATA(gv_var1) 구문은 New ABAP 문법이며 변수를 바로 선언하면서 값을 할당한다. 자세한 내용은 뒤에서 다시 소개한다.

SELECT ~ ENDSELECT 구문	SELECT SINGLE 구문
``SELECT ename INTO @DATA(gv_ename)
FROM zemplist
WHERE depcd = 'D001'.
  EXIT.
ENDSELECT.

WRITE gv_ename.``` | ```SELECT SINGLE ename
FROM zemplist
WHERE depcd = 'D001'
INTO @DATA(gv_ename).

WRITE gv_ename.``` |

결과

김철수

T-CODE:SE16에서 zemplist테이블에서 부서 코드 depcd가 'D001'인 데이터를 조회해서 값을 비교해보자. 조회 결과 데이터 2건 중에서 첫 번째 직원인 '김철수' 데이터가 출력된다.

	MAN...	EMP...	DEPCD	PSTI...	ENA...
	100	1001	D001	상무	김철수
	100	1002	D001	과장	이영희

조금 더 알아보기 — 시스템 변수 SY-SUBRC

SELECT 구문과 같은 OPEN SQL이 성공하면, 시스템 변수 SY-SUBRC에 0이 저장된다. 즉, 조회 결과 데이터가 있을 경우에만 화면에 데이터를 출력하려면 다음과 같이 사용해야 한다.

```
SELECT SINGLE ename
FROM zemplist
WHERE depcd = 'D001'
INTO @DATA(gv_ename).
```

```
IF sy-subrc = 0.
  WRITE gv_ename.
ENDIF.
```

SELECT 구문을 실행한 결과가 여러 건인 경우를 알아보자. 예제 3-1의 왼쪽은 구조체를 이용하여 SELECT ~ ENDSELECT 구문을 사용하였고, 오른쪽은 인터널 테이블에 값을 한 번에 저장하기 때문에 ENDSELECT 구문이 존재하지 않는다.

예제 | 3-1

```
REPORT  Z03_01.

DATA: gt_itab
TYPE STANDARD TABLE OF zemplist,
    gs_wa   TYPE zemplist.

SELECT * FROM zemplist
WHERE   depcd EQ 'D001'
INTO @gs_wa.
WRITE :/ gs_wa-empcd, gs_wa-ename.
ENDSELECT.
```

```
REPORT  z03_01.

SELECT * FROM zemplist
WHERE   depcd EQ 'D001'
INTO TABLE @gt_itab.

LOOP AT gt_itab INTO gs_wa.
  WRITE :/ gs_wa-empcd, gs_wa-ename.
ENDLOOP.
```

결과 | 3-1

1001 김철수
1002 이영희

zemplist 테이블에서 부서 코드(depcd)가 'D001'인 데이터가 2건이기 때문에 2개 라인이 화면에 출력된다.

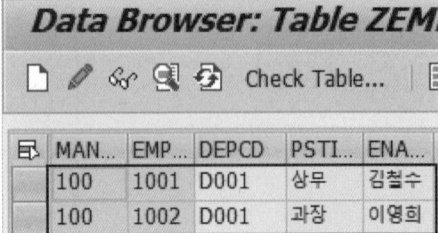

3-1-3 계산식 사용하기

Classical OPEN SQL에서 컬럼을 조회할 때 값 변형이 지원되지 않았다. 그러나 New OPEN SQL에서는 다음과 같은 계산식을 이용해서 다양하게 값을 변형할 수 있다.

+, -, *, /, DIV, MOD, ABS, FLOOR, CEIL 등

예를 들어, 비행기 좌석 중 이코노미석은 20개, 비즈니스석은 10% 증가시키는 경우에 해당하는 SQL 구문을 작성해보자. SFLIGHT 테이블은 SAP에서 ABAP 학습용으로 자주 사용하는 예제 테이블로, 항공편 정보를 저장하고 있다.

예제 | 3-2

```
REPORT   Z03_02.

TYPES : BEGIN OF t_sflight,
          carrid     TYPE sflight-carrid,
          connid     TYPE sflight-connid,
          fldate     TYPE sflight-fldate,
          econ_seat  TYPE sflight-seatsmax,
          buss_seat  TYPE sflight-seatsmax_b,
        END OF t_sflight.

DATA : gt_itab TYPE TABLE OF t_sflight.

DATA : gv_sale TYPE p VALUE '0.1' DECIMALS 1.

DATA(gv_add) = 20.

SELECT DISTINCT carrid, connid, fldate, seatsmax + @gv_add AS econ_seat,
   ( seatsmax_b + ( seatsmax_b * @gv_sale ) ) AS buss_seat
  FROM sflight
  INTO CORRESPONDING FIELDS OF TABLE @gt_itab
  WHERE carrid = 'AA' AND  connid = '0017'.

cl_demo_output=>display( gt_itab ).
```

결과 | 3-2

GT_ITAB

CARRID	CONNID	FLDATE	ECON_SEAT	BUSS_SEAT
AA	0017	2023-08-31	405	34
AA	0017	2023-10-02	405	34
AA	0017	2023-11-03	405	34
AA	0017	2023-12-05	405	34
AA	0017	2024-01-06	405	34
AA	0017	2024-02-07	405	34

조금 더 알아보기 — 날짜 관련 SQL 함수 사용하기

생일을 기준으로 나이를 구하는 SQL을 작성해보자. 직원의 가족 정보를 저장하고 있는 zfamily 테이블의 강남순의 나이를 구하는 SQL은 dats_days_between 함수를 사용하면 된다. 그리고 나누기 함수 div를 이용해 일자를 365로 나누면 나이가 구해진다. 마지막으로, AS 구문을 사용하여, 컬럼명 또는 계산된 결과에 별명을 지정한다.

MAN...	EMPCD	FNUM	RELATI...	FNAME	BDATE
100	1001	01	2	강남순	1970.10.03
100	1001	02	1	김춘배	1966.02.04

예제 3-3

```
REPORT z03_03.

SELECT SINGLE dats_days_between( bdate, @sy-datum ) AS days,
   div( dats_days_between( bdate, @sy-datum ), 365 ) AS age
  FROM zfamily
  WHERE fname = '강남순'
  INTO (@DATA(gv_days), @DATA(gv_age)).

WRITE : gv_days, gv_age.
```

결과 3-3

일 :   19,523   나이 :   53

날짜 관련 SQL 함수는 ABAP 7.51 버전부터 사용할 수 있다.

함수	설명
DATS_IS_VALID(date)	날짜 타입인지 확인
DATS_DAYS_BETWEEN(date1,date2)	두 날짜의 간격을 구함
DATS_ADD_DAYS(date,days)	날짜를 더함
DATS_ADD_MONTHS(date,months)	월을 더함

3-1-4 문자열 연결하기

New OPEN SQL에서 문자열은 && 기호를 사용하여 연결할 수 있다. 이때 연결된 문자열의 길이는 255자를 넘길 수 없다. 다음과 같은 타입을 지원한다.

- **ABAP Dictionary Types:** CHAR, CLNT,CUKY, LANG, UNIT
- **ABAP Type:** C

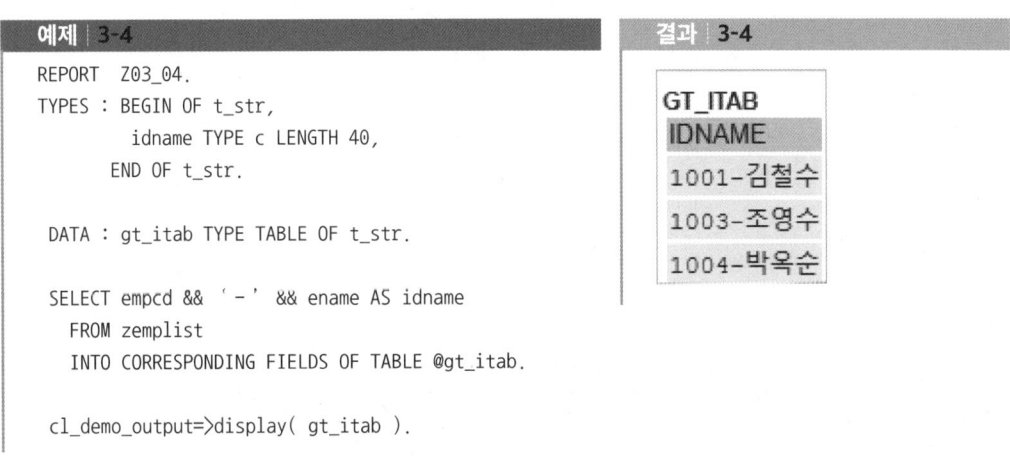

3-1-5 SUBSTRING과 같은 유용한 문자열 함수 사용

SUBSTRING 함수를 사용해서 문자열의 일부를 잘라낼 수 있다. 문자열의 왼쪽 또는 오른쪽을 잘라낼 경우에는 LEFT 또는 RIGHT 함수를 사용한다. 이외에도 다양한 문자열 SQL 함수가 있기 때문에 [F1] 도움말을 활용하자.

CONCAT LOWER UPPER LPAD LTRIM REPLACE LIKE_REGEXPR 등

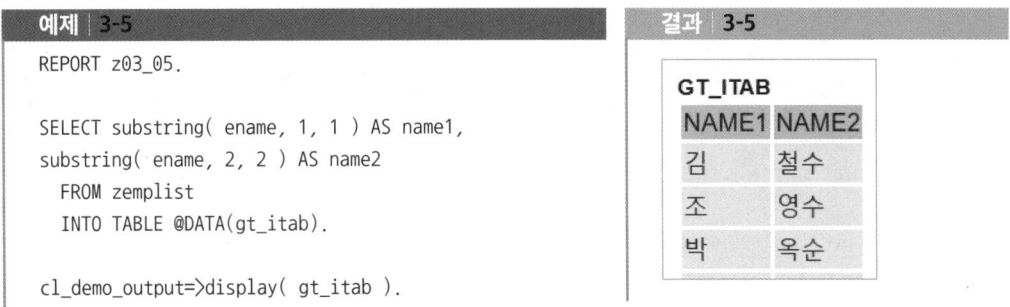

3-1-6 CASE 구문 사용 가능

CASE 구문을 이용하여 컬럼 값에 따라서 분기문을 처리할 수 있다.

```
CASE operand
      WHEN operand1 THEN result1
      [WHEN operand2 THEN result2]
      ...
      [ELSE resultn]
   END ...
```

직급에 따라서 보너스 비율을 계산하는 SQL을 작성해보자.

직급	보너스 비율
상무	30
부장	25
이외 직원	20

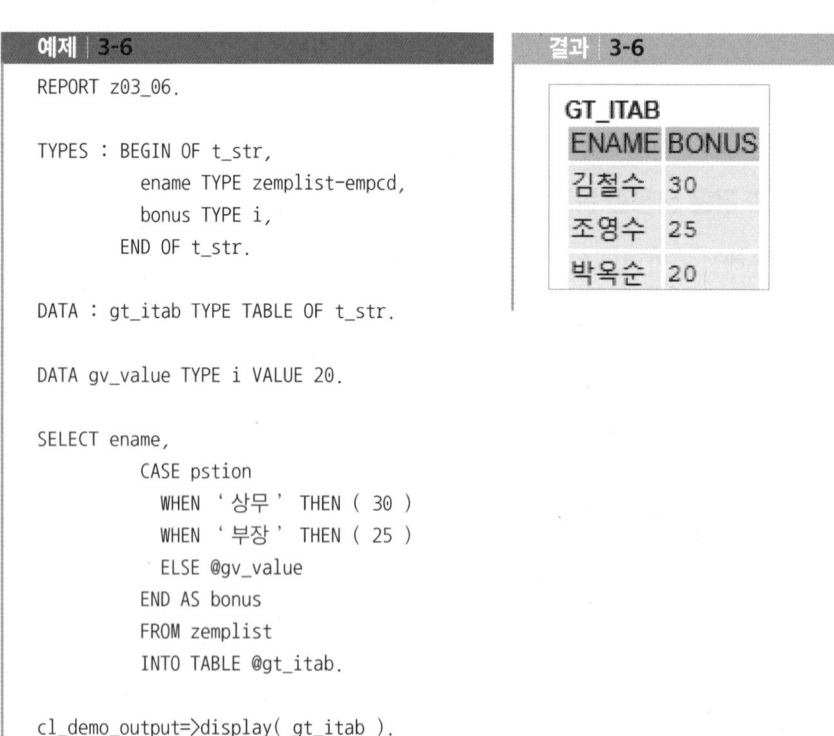

예제 | 3-6
```
REPORT z03_06.

TYPES : BEGIN OF t_str,
         ename TYPE zemplist-empcd,
         bonus TYPE i,
        END OF t_str.

DATA : gt_itab TYPE TABLE OF t_str.

DATA gv_value TYPE i VALUE 20.

SELECT ename,
       CASE pstion
         WHEN '상무' THEN ( 30 )
         WHEN '부장' THEN ( 25 )
         ELSE @gv_value
       END AS bonus
       FROM zemplist
       INTO TABLE @gt_itab.

cl_demo_output=>display( gt_itab ).
```

CASE 구문에서 AND 또는 OR 조건을 사용하려면, WHEN 다음에 컬럼명을 기술한다. 항공편 정보 sflight 테이블에서 Price의 가격 범위에 따라서 문자열을 출력하는 프로그램을 구현해보자.

예제 | 3-7

```abap
REPORT z03_07.

TYPES : BEGIN OF t_str,
        carrid TYPE sflight-carrid,
        connid type sflight-connid,
        level TYPE c LENGTH 40,
       END OF t_str.

DATA : gt_itab TYPE TABLE OF t_str.

DATA : gv_high type c LENGTH 20 VALUE '고가',
       gv_low  type c LENGTH 20 VALUE '저가',
       gv_medium  type c LENGTH 20 VALUE '중가',
       else TYPE c LENGTH 20 VALUE '해당되지 않음'.

SELECT DISTINCT carrid, connid,
       CASE
         WHEN price < 500 THEN @gv_low
         WHEN price >= 500 AND PRICE < 1000 THEN @gv_medium
         WHEN price >= 1000 THEN @gv_high
         ELSE @else
       END AS level
       FROM sflight
       INTO TABLE @gt_itab.

cl_demo_output=>display( gt_itab ).
```

결과 | 3-7

GT_ITAB

CARRID	CONNID	LEVEL
AA	0017	저가
AA	0064	저가
AZ	0555	저가
AZ	0788	고가
AZ	0789	고가
AZ	0790	고가
DL	0106	중가

3-1-7 COALESCE 옵션을 사용하여 NULL 대체

COALESCE 옵션을 사용하여 컬럼 값이 NULL일 경우, 다른 값으로 대체하여 출력할 수 있다.

```
coalesce( arg1, arg2 )
```

ABAP에서 데이터를 선언하면 기본으로 초기 값(Initial Value)이 지정된다. 데이터 타입 C는 공백 (SPACE, "), 데이터 타입 I는 0으로 초기화된다. 앞서 설명했듯이 초기 값은 NULL과 완전히 다른 값이다.

COALESCE 옵션은 OUTER JOIN으로 두 개의 테이블을 연결할 때, 연결할 값이 없는 경우에 활용할 수 있다. 예를 들어, 조영수 사원은 가족관계 테이블에 가족 데이터가 없다. 해당 데이터는 zfamily 테이블에는 존재하지 않으므로, zemplist 테이블과 조인할 때 OUTER JOIN을 이용한다. 가족 정보가 존재하지 않아 NULL일 경우는 '해당사항 없음'으로 표현해보자. 참고로, ABAP에서 NULL 값은 사용되지 않는다고 간주해도 무방하지만, 데이터베이스 테이블에는 NULL 값이 존재하는 경우가 있다. 이때는 SQL에서 IS NULL 같은 구문으로 확인해야 한다.

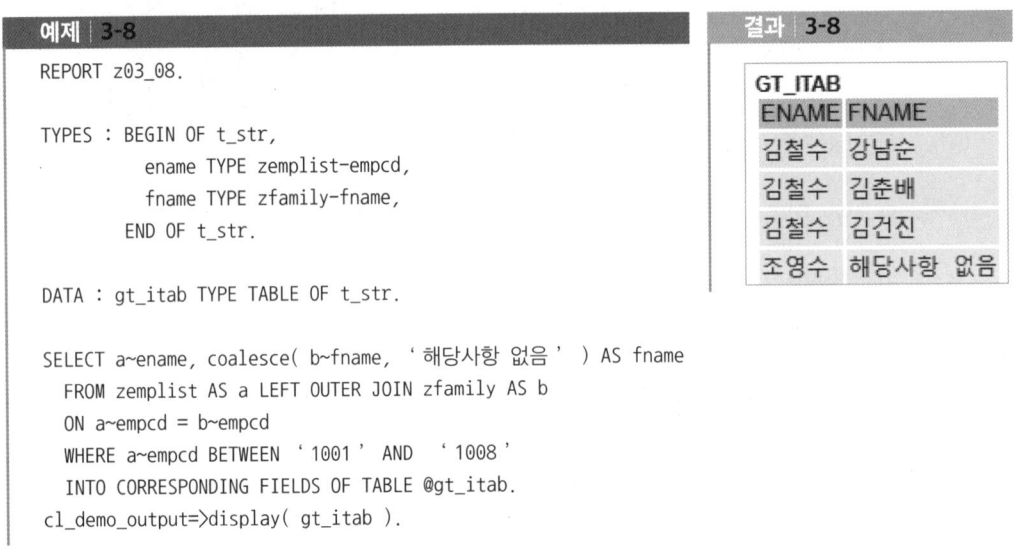

```
예제 | 3-8
REPORT z03_08.

TYPES : BEGIN OF t_str,
          ename TYPE zemplist-empcd,
          fname TYPE zfamily-fname,
        END OF t_str.

DATA : gt_itab TYPE TABLE OF t_str.

SELECT a~ename, coalesce( b~fname, ' 해당사항 없음 ' ) AS fname
  FROM zemplist AS a LEFT OUTER JOIN zfamily AS b
  ON a~empcd = b~empcd
  WHERE a~empcd BETWEEN ' 1001 ' AND ' 1008 '
  INTO CORRESPONDING FIELDS OF TABLE @gt_itab.
cl_demo_output=>display( gt_itab ).
```

이 예제에서 COALESCE 옵션을 사용하지 않으면, 조영수 직원의 가족 이름은 당연히 빈 값으로 출력된다.

3-1-8 상수 값 사용

OPEN SQL의 SELECT 구문에 상수 값(Constant Value)를 사용할 수 있다. 다음 예제에서 사용된 @abap_true는 ABAP에서 사전 정의된 상수이다. 조건에 맞는 데이터가 존재하는지 확인할 경우 유용하다.

```
예제 | 3-9
REPORT z03_09.

SELECT SINGLE @abap_true
       FROM zemplist
       WHERE ename = ' 김철수 '
       INTO @DATA(gv_exist).

IF gv_exist = abap_true.
  cl_demo_output=>display( |데이터가 존재합니다.| ).
ELSE.
  cl_demo_output=>display( |데이터가 존재하지 않습니다.| ).
ENDIF.
```

이 예제에서, SELECT SINGLE @abap_true 구문은, SELECT SINGLE 'X' 구문으로 변경해도 동일한 결과가 반환된다.

3-1-9 CAST 옵션으로 형변환

CAST 옵션을 사용하여 컬럼 타입을 변환할 수 있다.

예제 | 3-10

```
REPORT z03_10.

TYPES : BEGIN OF t_str,
        carrid TYPE sflight-carrid,
        connid TYPE sflight-connid,
        fldate type sflight-fldate,
        ratio TYPE decfloat34,
      END OF t_str.

DATA : gt_itab TYPE TABLE OF t_str.

SELECT carrid, connid, fldate, CAST( seatsocc  AS D34N  ) / CAST( seatsmax AS D34N  ) AS ratio
  FROM sflight
  WHERE seatsocc > 0
  INTO CORRESPONDING FIELDS OF TABLE @gt_itab.

cl_demo_output=>display( gt_itab ).
```

결과 | 3-10

GT_ITAB

CARRID	CONNID	FLDATE	RATIO
AA	0017	2023-08-31	0.9506493506493506493506493506493506
AA	0017	2023-10-02	0.9662337662337662337662337662337662
AA	0017	2023-11-03	0.9714285714285714285714285714285714
AA	0017	2023-12-05	0.9636363636363636363636363636363636
AA	0017	2024-01-06	0.9688311688311688311688311688311688

3-1-10 동적인 SELECT 구문

SELECT 구문의 컬럼을 동적으로 선언할 수 있다. 예제 3-11에서 동적 구문을 저장하는 변수 GV_LINE는 String 타입으로 정의한다. GV_LINE에 값이 없으면 '*'와 동일한 구문이 된다.

예제	3-11

```
REPORT  z03_11.

TYPES : BEGIN OF t_str,
          empcd TYPE zemplist-empcd,
          ename TYPE zemplist-ename,
        END OF t_str.

DATA : gt_itab TYPE TABLE OF t_str.

DATA: gv_line TYPE string.

gv_line = ' EMPCD, ENAME '.

SELECT (gv_line) FROM zemplist INTO  TABLE @gt_itab.

cl_demo_output=>display( gt_itab ).
```

결과	3-11

GT_ITAB

EMPCD	ENAME
1001	김철수
1002	이영희
1003	조영수

3-2 FROM 구문으로 테이블 지정하기

FROM 구문은 데이터를 조회할 대상 테이블(또는 뷰)을 지정한다. 이 구문 다음에는 하나의 테이블을 지정하거나 여러 개의 테이블을 조인할 수 있다. ALIAS 구문을 사용하여 테이블명에 별명을 붙일 수 있으며, 테이블명을 동적으로 선언할 수 있다. FROM 구문은 테이블을 정의하는 부분과 데이터베이스 접근을 통제하는 부분(Option)으로 나뉘어진다.

```
SELECT * FROM table option
```

3-2-1 FROM 구문의 옵션 알아보기

FROM 구문에서 사용할 수 있는 옵션은 다음과 같다.

구문	설명
CLIENT SPECIFIED	자동 클라이언트 설정을 해제한다. 실무에서는 자주 사용하지 않는다.
BYPASSING BUFFER	SAP 로컬 버퍼에서 값을 읽지 않는다. 테이블에 버퍼가 설정되어 있더라도 바로 데이터베이스 테이블에서 SELECT를 수행한다. 실무에서는 자주 사용하지 않는다.
UP TO n ROWS	SELECT의 행 개수를 제한한다. 조회 조건에 날짜를 입력하지 않는 것과 같은 사용자 실수로 대량 데이터를 요청할 때 데이터베이스의 성능 저하를 예방한다.
PACKAGE SIZE	PACKAGE SIZE는 인터널 테이블에 몇 개의 라인을 추가할 것인가를 설정한다. 'PACKAGE SIZE 5'라 설정하면 5개의 값을 여러 번 읽어와 인터널 테이블에 추가하게 된다. 이 경우에는 ENDSELECT 구문을 반드시 사용해야 한다.

표 3-4 FROM 구문의 옵션

'UP TO n ROWS' 구문을 이용하여 테이블에서 읽어오는 라인 수를 제한한다. 다음 예제는 zemplist 테이블에서 조건에 해당하는 데이터 중에서 2건의 결과만 가져온다.

```
SELECT *
FROM zemplist
WHERE PSTION = '과장'
INTO TABLE @DATA(gt_itab)
UP TO 2 ROWS.
```

'UP TO n ROWS' 구문은 그림 3-11과 같이 리포트 프로그램의 조회 조건 화면(Selection Screen)의 최대 적중 수를 제한하는 목적으로 많이 사용한다. 사용자가 조회 조건 값을 입력하지 않고 실행할 경우, 테이블의 모든 데이터를 읽기 때문에 서버에 부하를 주게 된다. 이럴 경우 최대 적중 수 조건을 기본으로 추가하여 라인 수를 제한하게 된다.

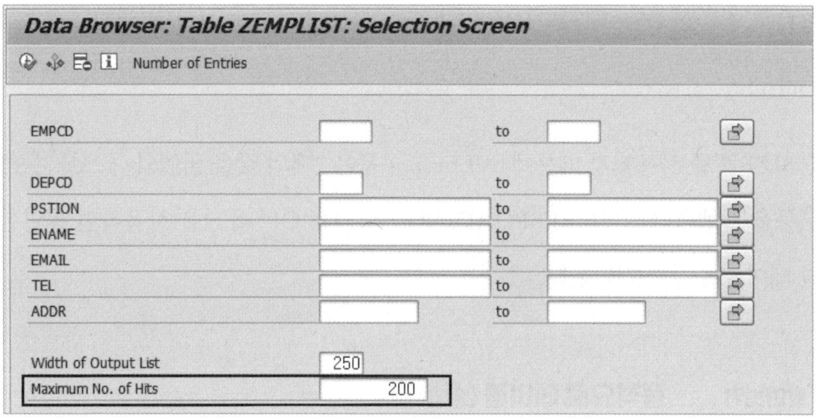

그림 3-11 최대 적중 수

PACKAGE SIZE 구문은 조건에 해당하는 데이터 중에서 해당 개수만큼만 가져오면서 반복 처리한다.

예제 | 3-12

```
REPORT  z03_12.

DATA: gs_wa    TYPE zemplist,
      gt_itab TYPE TABLE OF zemplist.

DATA(go_out) = cl_demo_output=>new( ).

DATA gv_idx TYPE i.
SELECT empcd, ename
 FROM zemplist
INTO CORRESPONDING FIELDS OF TABLE @gt_itab
 PACKAGE SIZE 2.
  LOOP AT gt_itab INTO  gs_wa.
    gv_idx = gv_idx + 1.
    go_out->next_section( |결
과 : { gv_idx }| )->write( gt_itab ) .
  ENDLOOP.
ENDSELECT.

go_out->display( ).
```

결과 | 3-12

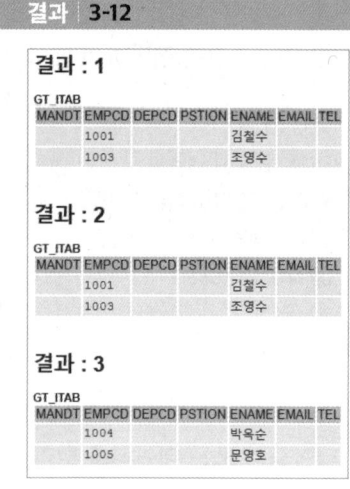

'PACKAGE SIZE 2'를 사용했기 때문에 SELECT 구문은 2개의 값을 읽어와 루프를 수행한 후 다시 SELECT 구문을 실행한다. 'CORRESPONDING FIELDS OF' 옵션을 사용하면 동일한 필드명을 가진 인터널 테이블에 값이 전달된다.

조금 더 알아보기 — 동적으로 테이블 선택

테이블명을 동적으로 선언하여 사용할 수 있으며, 이는 ABAP Dictionary에 존재하는 테이블명이어야 한다. 사용자에게 출력할 테이블의 이름을 직접 입력받아 데이터를 출력하는 경우, 예제 3-13과 같은 방식으로 활용할 수 있다.

예제 | 3-13

```
REPORT  Z03_13.

PARAMETERS  p_tname TYPE char10.
DATA GS_WA TYPE zemplist.

SELECT  SINGLE *  INTO  gs_wa
  FROM  (p_tname)
  WHERE empcd = '1001'.

  WRITE gs_wa.
```

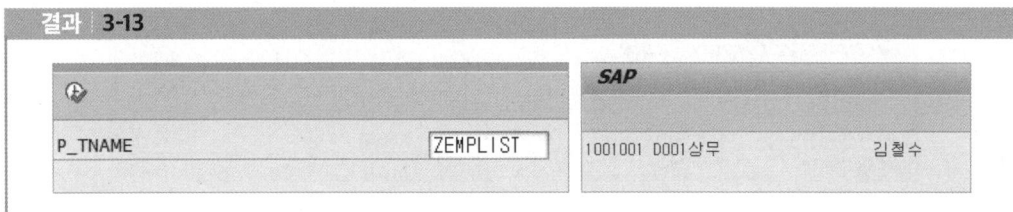

결과 | 3-13

예제 3-13을 실행하면 결과 3-13과 같이 사용자가 값을 입력하는 화면이 조회된다. 이 화면은 PARAMETERS 명령어를 이용하면 자동으로 생성된다. 즉, PARAMETERS 명령어는 화면을 생성하는 역할과 변수를 선언하는 2가지 기능을 수행한다. 입력 필드에 테이블명 'ZEMPLIST'를 입력하고 실행 버튼을 선택해보자. 'FROM (p_tname)' 구문에서 p_tname 변수에 사용자가 입력한 테이블명을 동적으로 지정한다.

3-2-2 JOIN 구문으로 여러 개의 테이블 연결하기

관계형 데이터베이스에서 여러 개의 테이블에서 데이터를 동시에 읽어올 때는 JOIN 구문을 사용한다. 테이블 간의 논리적인 연관성을 기반으로 서로 연결하며, 두 테이블 간의 연결 조건은 ON 구문을 통해 정의한다. 또한 JOIN 구문에서는 ALIAS를 사용하여 테이블에 별명을 지정할 수 있다.

```
SELECT a~empcd, a~ename, b~fname
  FROM zemplist AS a INNER JOIN zfamily AS b
  ON a~empcd = b~empcd
  INTO TABLE @DATA(gt_itab).
```

테이블의 관계를 표현한 것이 ERD이다. ERD는 Entity-Relationship Diagram의 약자로, 엔티티(Entity: 테이블)와 엔티티 간의 관계(Relationship)를 시각적으로 나타내는 다이어그램이다. 데이터베이스 설계 및 모델링에서 매우 중요한 도구이다. ERD는 데이터베이스의 구조를 이해하고 설명하는 데 도움이 된다. ABAP Dictionary 테이블의 외래키로 연결된 ERD는 SE11에서 아이콘을 눌러서 확인할 수 있다.

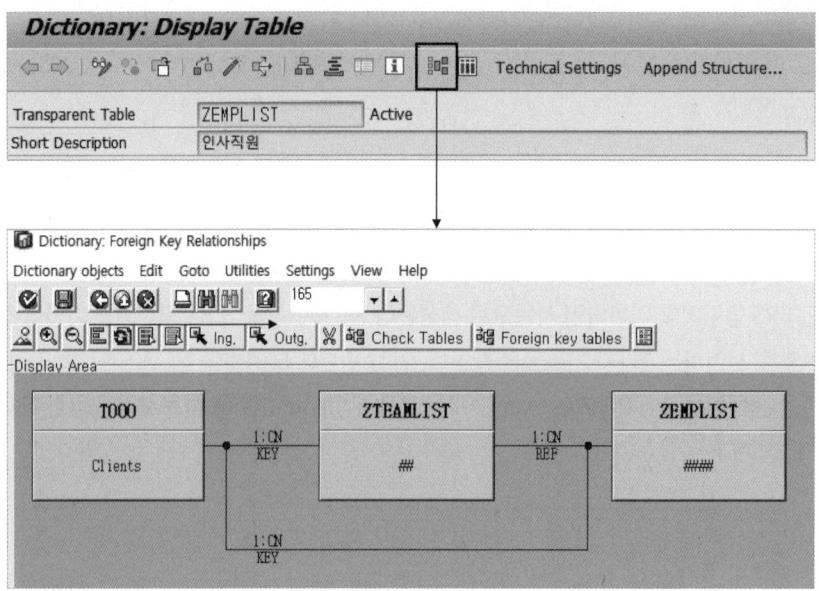

그림 3-12 ABAP Dictioniary 테이블의 ERD

ABAP 프로그램은 다른 프로그램에는 존재하지 않은 메모리 기반의 인터널 테이블이 존재하기 때문에 인터널 테이블에 데이터를 저장한 후에 LOOP 구문을 이용하여, 추가 정보를 조회(SELECT)하여 인터널 테이블의 내용을 변경(MODIFY)하는 경우가 흔하다.

```
SELECT field1 INTO gt_itab FROM table1.
LOOP AT gt_itab INTO wa.
   SELECT field2 into wa-field2 FROM table2 WERE field1 = gt_itab-field1.
   MODIFY gt_itab FROM wa.
ENDLOOP.
```

이것은 데이터베이스 입장에서 보면 아주 좋지 않은 습관이다. 프로그램을 느리게 만드는 주요 원인 중의 하나는 테이블에 저장된 데이터에 빈번하게 접근하는 것이다. 이 경우는 LOOP 구문을 수행하면서 데이터베이스에 반복적으로 접근하게 된다. 테이블 간 조인이 가능한 경우라면, 가급적 조인을 이용하는 것이 바람직하다.

```
SELECT a~field1 b~field2 INTO gt_itab
FROM table1 as a, table2 as b
 ON a~field1 = b~field1.
```

다음 구문과 같이 WHERE 조건과 ON 구문이 기술되어 있으면, 먼저 WHERE 조건이 먼저 수행되고, 이 데이터를 기준으로 다시 ON 조건에서 두 테이블을 조인하게 된다.

```
SELECT a~field2 b~field3 INTO (gt_itab-field1, gt_itab-field2)
FROM table1 as a, table2 as b
 ON a~field1 = b~field1
 WHERE a~field2 = ' SEOUL '
```

예제 3-14에서 INNER JOIN을 설명하고 있다. 가족 관계 정보를 저장하고 있는 zfamily 테이블에는 직원의 이름이 존재하지 않지만, zemplist 테이블에는 직원 코드에 해당하는 이름이 저장되어 있다. 이 2개의 테이블을 조인으로 연결하면 직원 이름을 가져올 수 있다. JOIN 구문을 사용할 때 INNER 구문을 명시적으로 언급하지 않으면 기본적으로 INNER JOIN으로 설정된다.

예제 | 3-14

```
REPORT   z03_14.

SELECT a~empcd, a~fname, b~ename
  FROM zfamily AS a INNER JOIN ZEMPLIST AS b
  ON a~empcd = b~empcd
  INTO TABLE @DATA(gt_itab).

cl_demo_output=>display( gt_itab ).
```

결과 | 3-14

GT_ITAB

EMPCD	FNAME	ENAME
1001	강남순	김철수
1001	김춘배	김철수
1001	김건진	김철수
1002	박순자	이영희
1002	이영철	이영희

예제 3-14의 JOIN 구문에서 AS 구문은 테이블의 별명을 지정하며, 'zfamily AS a' 구문에서 테이블 zfamily는 SELECT 구문 내에서 a라는 별명으로 사용된다. 별명을 사용하지 않으면 a~empcd 구문은 zfamily~empcd와 같이 테이블명 전체를 기술해야 한다.

조금 더 알아보기 — 자리 수가 다른 필드 조인하기

New OPEN SQL에서 필드 자리 수가 다른 경우, LEFT 또는 RIGHT 함수 등을 이용하여 조인할 수 있다. 다음 예제는 자리 수가 다른 사번을 가지는 인터널 테이블 2개를 조인한다. 물론, ABAP Dictionary 테이블을 조인할 때도 동일하게 적용할 수 있다.

```
TYPES: BEGIN OF ty_table1,
       emp_id_4 TYPE c LENGTH 4,
       name     TYPE C LENGTH 20,
```

```abap
           END OF ty_table1.

    TYPES: BEGIN OF ty_table2,
             emp_id_6 TYPE c LENGTH 6,
             dept     TYPE C LENGTH 20,
           END OF ty_table2.

    DATA: lt_table1 TYPE TABLE OF ty_table1,
          lt_table2 TYPE TABLE OF ty_table2.

    lt_table1 = VALUE #( ( emp_id_4 = '1001' name = '김철수' )
                         ( emp_id_4 = '1002' name = '이영희' ) ).

    lt_table2 = VALUE #( ( emp_id_6 = '001001' dept = 'HR' )
                         ( emp_id_6 = '001002' dept = 'IT' ) ).

    SELECT a~emp_id_4, a~name, b~dept
      FROM @lt_table1 AS a
      INNER JOIN @lt_table2 AS b
      ON a~emp_id_4 = RIGHT( b~emp_id_6, 4 )
      INTO TABLE @DATA(lt_result).


    LOOP AT lt_result INTO DATA(ls_result).
      WRITE: / '사번:', ls_result-emp_id_4, '이름:', ls_result-name, '부서:', ls_result-dept.
    ENDLOOP.
```

앞서 소개했듯이, 중간 값을 이용하려면 SUBSTRING 함수를 사용하면 된다. 다음 구문은 b~emp_id_6 필드에서 3번째 위치부터 시작하여 4자리를 추출한다.

```abap
    ON a~emp_id_4 = SUBSTRING( b~emp_id_6, 3, 4 )
```

3-2-3 INNER JOIN과 OUTER JOIN

JOIN의 종류에는 크게 INNER JOIN과 OUTER JOIN 두 가지가 있으며, OUTER JOIN은 다음 구문과 같이 사용한다.

```abap
    SELECT scarr~carrid  spfli~cityfrom FROM scarr LEFT OUTER JOIN spfli
      ON scarr~carrid = spfli~carrid
```

그림 3-13과 같이 인사 정보 테이블이 2개가 있다고 하자. INSA 테이블은 사원의 기본 정보를 저장하고 있고, CERT 테이블은 사원이 취득한 자격증 정보를 저장하고 있다. 사원 LEE와 KIM은 자격

증을 가지고 있지만, 사원 CHO는 자격증이 없다. 사원번호 필드를 기준으로 INNER JOIN을 수행하게 되면, 사원 CHO는 자격증이 없기 때문에 결과에서 제외된다.

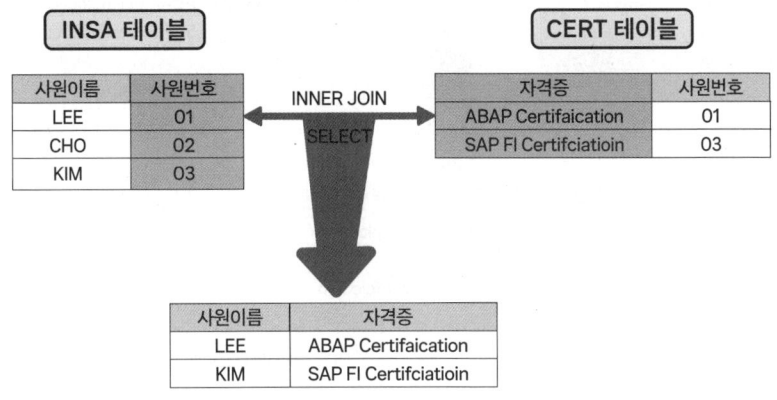

그림 3-13 INSA테이블과 CERT 테이블 간의 INNER JOIN

즉, INNER JOIN은 두 테이블의 교집합을 의미한다.

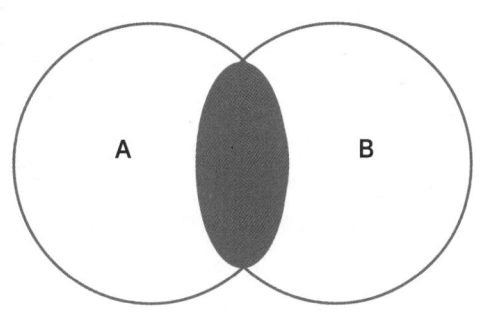

그림 3-14 INNER JOIN 교집합 벤다이어그램

기본적으로 모든 사원 목록을 추출하고, 자격증이 있는 경우에는 추가로 보여주고자 할 경우에는 OUTER JOIN을 사용해야 한다. OUTER JOIN에는 LEFT와 RIGHT의 2가지가 있다. LEFT OUTER JOIN은 JOIN 연결의 왼쪽에 있는 데이터를 기준으로 조회 결과가 도출된다.

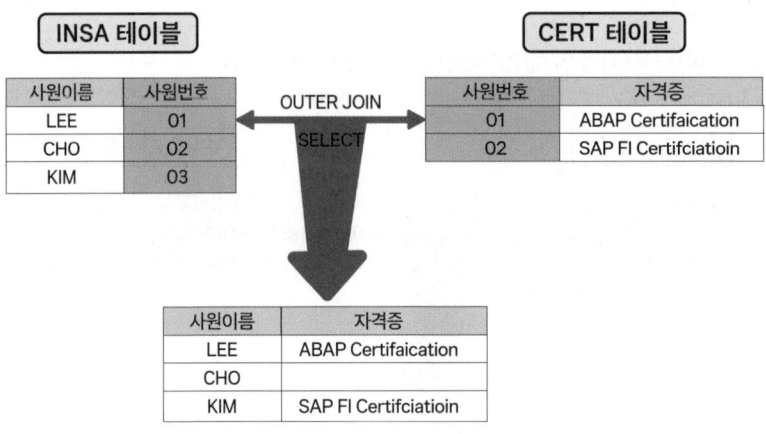

그림 3-15 INSA 테이블과 CERT 테이블 간의 OUTER JOIN

그림 3-16은 OUTER JOIN을 벤다이어그램으로 표현한 것이다. New OPEN SQL은 LEFT와 RIGHT OUTER JOIN을 지원한다.

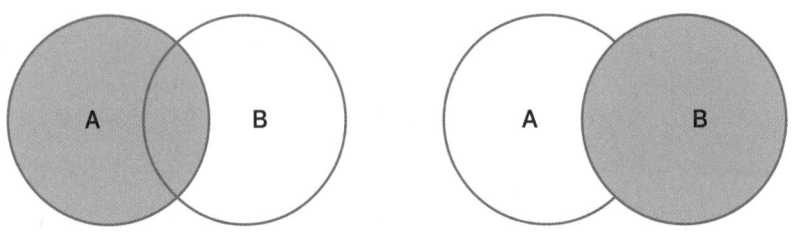

그림 3-16 LEFT OUTER JOIN과 RIGHT OUTER JOIN 벤다이어그램

예제 3-15는 OUTER JOIN을 설명하고 있다. 가족이 없는 직원도 있을 수 있기 때문에 인사 테이블과 가족 관계 테이블은 OUTER JOIN으로 연결해야 한다.

예제 3-15

```
REPORT Z03_15.

SELECT a~empcd, a~ename, b~fname
  FROM ZEMPLIST AS A LEFT OUTER JOIN ZFAMILY AS b
  ON a~empcd = b~empcd
  INTO TABLE @DATA(gt_itab).

cl_demo_output=>display( gt_itab ).
```

결과 3-15

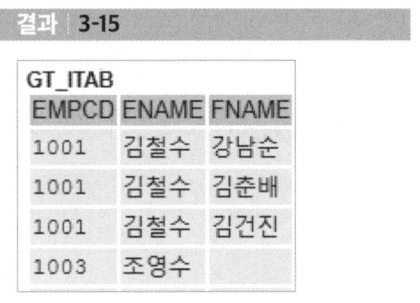

3-3 WHERE 구문

WHERE 조건은 조회 적중 수를 줄여주고 사용자가 원하는 데이터를 정확하게 선택할 수 있도록 한다. 데이터를 갱신하는 UPDATE, 데이터를 삭제하는 DELETE와 같은 명령어에도 사용된다.

3-3-1 WHERE 조건

```
SELECT * FROM zemplist WHERE ename = '김철수'
```

표 3-5는 WHERE 구문에 사용하는 연산자의 종류를 설명한다.

연산자	의미
EQ, =	같음
NE, <>	같지 않음
LT, <	보다 작음
LE, <=	작거나 같음
GT, >	보다 큼
GE, >=	크거나 같음

표 3-5 WHERE 구문에 사용하는 연산자

3-3-2 논리 연산자를 이용한 여러 가지 조건

논리 연산자 AND와 OR를 사용해서 여러 조건을 결합해 복잡한 조건을 지정할 수 있다.

AND 연산자는 여러 조건을 모두 만족해야 결괏값을 가져온다. 다음 SQL은 직급이 '과장'이고, 부서 코드가 'D002'인 레코드를 가져온다.

```
SELECT * FROM zemplist WHERE pstion = '과장' AND depcd = 'D002'
```

OR 연산자는 여러 조건 중 하나 이상의 조건을 만족하는 레코드를 선택하는 데 사용한다. 즉, 둘 중 하나 이상의 조건이 참일 경우 해당 레코드가 선택된다. 다음 SQL은 직급이 '과장' 또는 '대리'인 직원 목록을 가져온다.

```
SELECT * FROM zemplist WHERE pstion = '과장' OR pstion = '대리'
```

3-3-3 BETWEEN 구문을 이용한 범위 값 조건

BETWEEN 구문은 조건에 범위 값을 사용해야 하는 경우에 사용한다.

```
SELECT * FROM zemplist WHERE empcd BETWEEN ' 1001 ' and ' 1003 '
SELECT * FROM zemplist WHERE empcd NOT BETWEEN ' 1001 ' and ' 1003 '
```

3-3-4 WHERE 조건과 IN 구문

IN 구문을 사용하여 여러 조건에 속한 경우의 값을 가져온다. 예를 들면, 직급이 '과장', '대리'인 직원을 구할 경우 "WHERE 직급 IN ('과장', '대리')"와 같이 사용한다.

```
SELECT * FROM zemplist WHERE pstion IN ( ' 과장 ' , ' 대리 ' )
SELECT * FROM zemplist WHERE pstion NOT IN ( ' 과장 ' , ' 대리 ' )
```

그리고, IN 구문을 사용하여 Selection Table과 RANGE 변수에 존재하는 값들을 조회할 수 있다. Selection Table과 RANGE 변수는 인터널 테이블과 유사하게 여러 행(Row)을 저장할 수 있는 변수이다.

1) SELECT-OPTIONS

Selection Table은 SELECT-OPTIONS 구문을 사용해 정의한다. 다음 오른쪽 그림처럼 사용자가 여러 개의 값을 입력하게 하는 ABAP에 특화된 아주 유용한 기술이다.

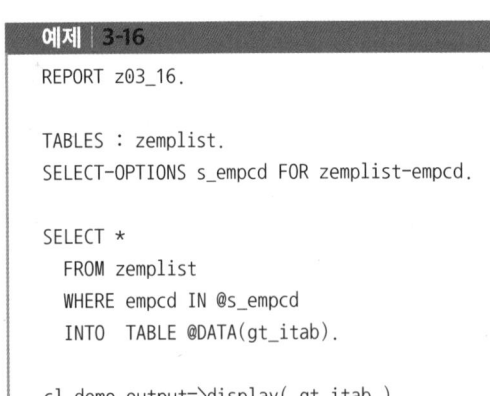
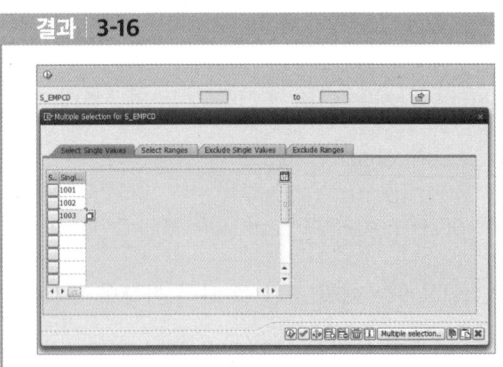

2) RANGE 변수

ABAP에서 RANGE 변수는 여러 개의 값을 포함하고 범위를 나타내는 테이블 데이터 타입이다. 이 변수는 일련의 연속적인 값 또는 비연속적인 값들의 집합을 포함할 수 있다. 주로 SELECT 문이나

LOOP 문에서 WHERE 절과 함께 사용하여 특정 조건을 만족하는 데이터를 필터링하는 데 사용한다. RANGE 변수와 SELECT-OPTIONS 변수는 여러 가지 값을 포함할 수 있는 점에서는 동일하다. 단, SELECT-OPTIONS 변수는 선택 화면(Selection Screen)을 생성하는 기능을 포함한다는 차이점이 있다.

예제 | 3-17

```
REPORT z03_17.

DATA : r_empcd TYPE RANGE OF zemplist-empcd.

r_empcd = VALUE #( ( sign = 'I' option = 'BT' low = '1001' high = '1003' ) ).

SELECT *
  FROM zemplist
  WHERE empcd IN @r_empcd
  INTO  TABLE @DATA(gt_itab).

cl_demo_output=>display( gt_itab ).
```

결과 | 3-17

GT_ITAB

MANDT	EMPCD	DEPCD	PSTION	ENAME	EMAIL	TEL
100	1001	D001	상무	김철수	sapjoy@naver.com	010-1001-1001
100	1003	D002	부장	조영수	jys@nvaer.com	010-1003-1003
100	1002	D001	과장	이영희	MSRPA@NAVER.COM	010-1002-1002

VALUE 연산자를 사용한 생성자 표현식은 지정된 타입을 사용하여 결과를 생성한다. 즉, 예제에서 사용된 VALUE 구문은 Work Area에 값을 할당하고, 인터널 테이블에 값을 추가(APPEND)하는 구문과 같다.

VALUE 연산자	Work Area 사용하기
r_empcd = VALUE #((sign = 'I' option = 'BT' low = '1001' high = '1003')).	DATA: gs_empcd LIKE LINE OF r_empcd. gs_empcd-sign = 'I'. gs_empcd-option = 'BT'. gs_empcd-low = '1001'. gs_empcd-high = '1003'. APPEND gs_empcd TO r_empcd.

조금 더 알아보기 — RANGES 명령어

New ABAP 구문이 소개되기 이전에는 RANGES 명령어를 사용했다. 실무에서 여전히 많이 사용하는 구문이다. 하지만, ABAP 7.40 이후는 폐기된 구문이기 때문에 사용을 지양해야 한다.

```
TABLES : zemplist.
RANGES : r_empcd FOR zemplist-empcd.

r_empcd-sign = 'I'.
r_empcd-option = 'EQ'.
r_empcd-low = '1001'.
APPEND r_empcd.

SELECT *
  FROM zemplist
  WHERE empcd IN @r_empcd
  INTO TABLE @DATA(gt_itab).

cl_demo_output=>display( gt_itab ).
```

3-3-5 패턴 일치 검색

문자열을 비교할 경우에는 LIKE 구문을 사용한다. 예를 들어, COL 변수에 다음과 같은 문자열이 있을 때, ABC로 시작하는 조건을 추가할 경우 다음과 같이 사용한다.

```
COL = 'ABCDEFGHIGJ'.
SELECT ~ WHERE COL LIKE 'ABC%'.
```

ABC로 시작하는 4자리 문자를 구할 경우, 예를 들어 ABCD, ABCE, AFCF, ABCG와 같이 한 자리만 비교할 경우에는 '_' 문자를 사용한다.

```
WHERE COL2 LIKE 'ABC_'
```

조금 더 알아보기 — 정규식 패턴 사용하기

앞서 소개하였듯이, 정규식 패턴은 텍스트에서 특정한 문자열 패턴을 찾거나 매칭하는 데 사용한다. WHERE 조건에서 like_regexpr 옵션을 사용하면 정규식을 이용해서 문자 패턴을 찾을 수 있다. 다음 예제는 이메일 주소 패턴을 가지는 문자열을 찾는 SQL 구문이다.

```
SELECT *
  FROM zemplist
  WHERE like_regexpr( pcre = ' [a-zA-Z0-9._%+-]+@
[a-zA-Z0-9.-]+\.[a-zA-Z]{2,}$ ', value = email ) = ' 1 '
  INTO  TABLE @DATA(gt_itab).

cl_demo_output=>display( gt_itab ).
```

이 정규식을 해석하면, ❶ pcre는 Perl Compatible Regular Expression의 약자이며, ❷ value 다음에 검색할 테이블의 열 이름을 입력한다. ❸ 정규식 패턴 결과가 참이면('1') 데이터를 가져온다.

```
              ❶            ❷
like_regexpr (pcre='패턴' value = email) = '1'
```

3-3-6 동적인 WHERE 조건

SELECT 구문의 조건을 설정하는 WHERE 구문을 동적으로 구성할 수 있다. 예제 3-18과 예제 3-19를 참고하여 동적 조건이 사용되는 프로그램을 실습해보자.

예제 | 3-18

```
REPORT z03_18.

DATA gs_where    TYPE string.
DATA gv_ename    TYPE zemplist-ename VALUE ' 김철수 '.

CONCATENATE ' ENAME = ' ' ' gv_ename ' ' ' INTO gs_where.

SELECT SINGLE empcd
FROM   zemplist
WHERE  (gs_where)
INTO   @DATA(gv_empcd).

WRITE / gv_empcd.
```

결과 | 3-18

```
1001
```

예제 3-18은 zemplist 테이블의 ename 필드 값이 '김철수'인 데이터를 조회하는 구문이며, WHERE 조건을 동적으로 구성하였다. 2개 이상의 조건이 필요할 경우에는 예제 3-19와 같이 인터널 테이블에 라인으로 추가되어야 한다.

예제 | 3-19

```
REPORT  z03_19.

DATA gs_where     TYPE string.
DATA gt_where     LIKE TABLE OF gs_where.
DATA gv_empcd1    TYPE zemplist-empcd VALUE '1001'.
DATA gv_empcd2    TYPE zemplist-empcd VALUE '1002'.

CONCATENATE 'EMPCD = ' '' gv_empcd1 '''' INTO gs_where.
APPEND gs_where TO gt_where.

gs_where = 'OR'.
APPEND gs_where TO gt_where.

CONCATENATE 'EMPCD = ' '' gv_empcd2 '''' INTO gs_where.
APPEND gs_where TO gt_where.

SELECT ename
  INTO  @DATA(gv_ename)
  FROM  zemplist
  WHERE (gt_where).

  WRITE / gv_ename.
ENDSELECT.
```

결과 | 3-19

김철수
이영희

3-3-7 FOR ALL ENTRIES 구문

'FOR ALL ENTRIES' 구문은 인터널 테이블과 데이터베이스의 테이블을 조인하는 개념과 유사하며, 이것도 루프를 수행하면서 SQL을 수행한다.

```
SELECT * FOR ALL ENTRIES IN gt_itab
```

데이터베이스를 반복적으로 접근하기 때문에 데이터베이스 테이블 간의 조인보다는 비효율적일 수 있지만 ABAP 언어에서 유용하게 자주 활용한다. 예를 들어, 다음 왼쪽의 SQL 구문은 오른쪽 구문처럼 'FOR ALL ENTRIES' 구문에 사용된 인터널 테이블의 데이터가 5개씩 그룹으로 나뉘어 SQL이 반복해서 수행된다. 이 5개의 제한은 SAP 파라미터를 이용해서 변경할 수 있다.

OPEN SQL In Application	SQL in Database(Execution Plan)

SELECT * FROM sflight
  INTO TABLE @gt_sflight
  FOR ALL ENTRIES IN @gt_spfli
  WHERE carrid = @gt_spfli-carrid.
	SELECT * FROM sflight
	WHERE (carrid = 'AA' OR carrid = 'AB' OR carrid = 'AC' OR OR carrid = 'AD' OR OR carrid = 'AE').'
	
	SELECT * FROM sflight
	WHERE (carrid = 'BA' OR carrid = 'BB' OR carrid = 'BC' OR OR carrid = 'BD' OR OR carrid = 'BE').'

'FOR ALL ENTRIES' 구문을 사용할 때, WHERE 구문에 사용하는 조건은 반드시 인터널 테이블(itab)에 존재하는 필드만 가능하다.

> **TIP 주의 사항**
> - itab의 컬럼과 비교 대상 테이블의 컬럼 타입은 동일해야 한다.
> - LIKE, BETWEEN, IN과 같은 비교 구문은 사용할 수 없다.
> - itab의 중복된 값은 하나만 남는다(Unique Key 기준).
> - itab이 NULL이면 모든 데이터를 읽는다. 이를 방지하기 위해 'FOR ALL ENTRIES' 구문 사용 전 인터널 테이블에 데이터가 있는지 확인하는 로직을 넣어주는 것이 바람직하다.
> - itab의 수가 많으면 루프 수가 증가하게 되므로 조회 속도가 줄어들게 된다. 예를 들어, itab의 수가 3개라면 'SELECT ~ ENDSELECT.'가 3번 수행된다.

직원 가족 정보를 저장하고 있는 zfamily 테이블의 모든 데이터를 가져와서, 'FOR ALL ENTRIES' 구문으로 직원 이름을 가져오는 프로그램을 만들어보자. READ TABLE 구문은 인터널 테이블에서 컬럼 기준으로 값을 읽는 구문이며 "5장 인터널 테이블"에서 상세하게 설명한다.

예제 | 3-20
```
REPORT z03_20.

SELECT empcd, ename FROM zemplist
INTO TABLE @DATA(gt_emplist).

SELECT empcd, fname FROM zfamily
```

```
    FOR ALL ENTRIES IN @gt_emplist
    WHERE empcd = @gt_emplist-empcd
    INTO TABLE @DATA(gt_family).

SORT gt_family BY empcd.

LOOP AT gt_family INTO DATA(gs_family).
  READ TABLE gt_emplist WITH KEY empcd = gs_family-empcd INTO DATA(gs_emp).
  WRITE : / gs_family-empcd, gs_family-fname, gs_emp-ename.
ENDLOOP.
```

결과 3-20

1001 강남순 김철수
1001 김건진 김철수
1002 박순자 이영희
1002 이영철 이영희

예제 3-20에서 사용된 'FOR ALL ENTRIES' 구문을 사용하지 않는다면, 다음과 같이 LOOP 구문 안에서 SELECT 구문을 이용해야 한다. 앞서 설명했듯이, 이것은 데이터베이스를 반복해서 조회하기 때문에 성능 측면에서 아주 비효율적이다. 성능 개선 프로젝트에서 이와 같이 LOOP 구문 안에 있는 SELECT 구문을 LOOP 밖으로 빼내는 사례를 빈번하게 접한다.

```
SELECT empcd, fname FROM zfamily
  INTO TABLE @DATA(gt_family).

SORT gt_family BY empcd.

LOOP AT gt_family INTO DATA(gs_family).

  SELECT SINGLE ename FROM zemplist
WHERE empcd = gs_family-empcd
  INTO @DATA(gv_ename).

  WRITE : / gs_family-empcd, gs_family-fname, gv_ename.
ENDLOOP.
```

조금 더 알아보기 ─ 인터널 테이블과 ABAP Dictionary 테이블 조인하기

ABAP 7.40 이후부터는 인터널 테이블에 데이터를 저장한 후 ABAP Dictionary에서 정의한 테이블과 조인하여 필요한 정보를 검색할 수 있다.

예제 | 3-21

```
REPORT z03_021.

SELECT empcd, ename FROM zemplist
  INTO TABLE @DATA(gt_emplist).

SELECT a~empcd, a~fname, b~ename
  FROM zfamily AS a INNER JOIN @gt_emplist AS b
    ON a~empcd = b~empcd
    INTO TABLE @DATA(gt_family).

cl_demo_output=>display( gt_family ).
```

결과 | 3-21

GT_FAMILY

EMPCD	FNAME	ENAME
1001	강남순	김철수
1001	김춘배	김철수
1001	김건진	김철수
1002	박순자	이영희
1002	이영철	이영희

3-3-8 WHERE 조건에 변수를 이용해서 효율적으로 SQL 작성하기

OPEN SQL에서 변수를 활용하여 WHERE 조건을 설정하면 데이터 필터링을 동적으로 제어할 수 있어 효율적인 쿼리 작성이 가능하다.

예를 들어, 예제 3-22에서는 사용자가 체크박스를 선택하면 항공기별 예약 현황의 최대 좌석수에서 현재 예약된 좌석수를 차감하여 남아 있는 좌석수가 50개 이하인 데이터를 추출한다. 이때, 일반적으로 IF 구문을 사용하여 SQL 구문을 나눌 것이다. 하지만, New OPEN SQL에서는 WHERE 조건에 변수를 직접 사용할 수 있어 보다 효율적인 코드를 작성할 수 있다.

예제 | 3-22

```
REPORT z03_022.

TABLES: sflight.
```

```abap
SELECT-OPTIONS: s_carrid FOR sflight-carrid,
                s_connid FOR sflight-connid,
                s_fldate FOR sflight-fldate.

PARAMETERS: p_flg AS CHECKBOX.

TYPES: BEGIN OF ty_data,
         carrid     TYPE sflight-carrid,
         connid     TYPE sflight-connid,
         fldate     TYPE sflight-fldate,
         price      TYPE sflight-price,
         currency   TYPE sflight-currency,
         planetype  TYPE sflight-planetype,
         seatsmax   TYPE sflight-seatsmax,
         seatsocc   TYPE sflight-seatsocc,
         paymentsum TYPE sflight-paymentsum,
         seatleft   TYPE int8,
       END OF ty_data.

DATA: gt_flight TYPE TABLE OF ty_data,
      gs_flight TYPE ty_data,
      alv       TYPE REF TO cl_salv_table.

IF p_flg = 'X'.

SELECT carrid,
       connid,
       fldate,
       price,
       currency,
       planetype,
       seatsmax,
       seatsocc,
       paymentsum,
       ( seatsmax - seatsocc ) AS seatleft
  FROM sflight
  WHERE carrid IN @s_carrid
    AND connid IN @s_connid
    AND fldate IN @s_fldate
    AND seatsmax - seatsocc < 50
  INTO CORRESPONDING FIELDS OF TABLE @gt_flight.
ELSE.
SELECT carrid,
       connid,
       fldate,
       price,
       currency,
```

```
            planetype,
            seatsmax,
            seatsocc,
            paymentsum,
            ( seatsmax - seatsocc ) AS seatleft
      FROM sflight
     WHERE carrid IN @s_carrid
       AND connid IN @s_connid
       AND fldate IN @s_fldate
      INTO CORRESPONDING FIELDS OF TABLE @gt_flight.
ENDIF.

TRY.
    cl_salv_table=>factory(
      IMPORTING r_salv_table = alv
      CHANGING  t_table      = gt_flight ).
    alv->display( ).
  CATCH cx_salv_msg INTO DATA(alv_exc).
    MESSAGE alv_exc TYPE 'I' DISPLAY LIKE 'E'.
ENDTRY.
```

결과 3-22

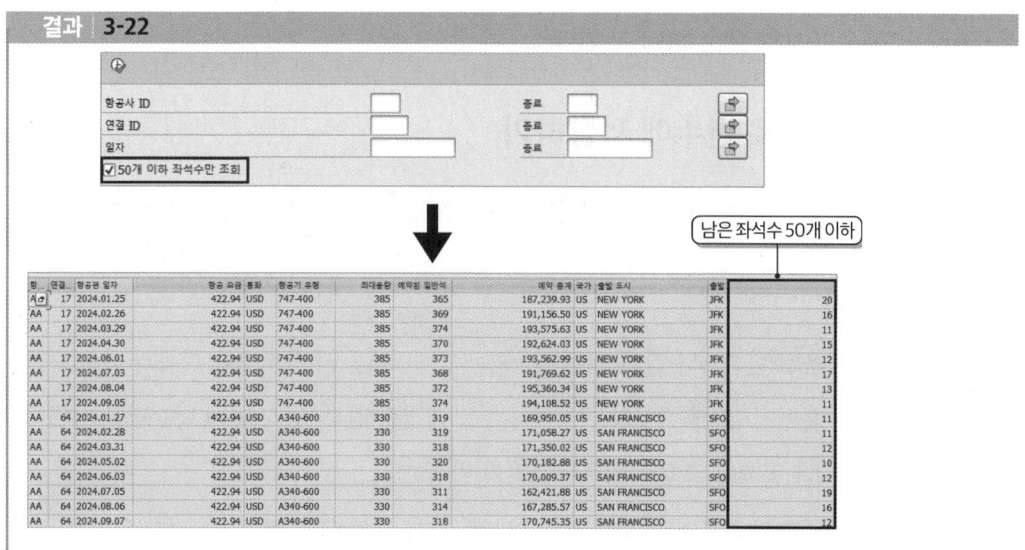

예제 3-22의 IF 구문을 다음과 같이 하나로 통합하여 코드를 효율적으로 작성할 수 있다.

```
SELECT carrid,
       connid,
       fldate,
       price,
```

```
            currency,
            planetype,
            seatsmax,
            seatsocc,
            paymentsum,
          ( seatsmax - seatsocc ) AS seatleft
      FROM sflight
      WHERE carrid IN @s_carrid
        AND connid IN @s_connid
        AND fldate IN @s_fldate
        AND ( @p_flg = ' ' OR ( seatsmax - seatsocc ) < 50 )
      INTO CORRESPONDING FIELDS OF TABLE @gt_flight.
```

예제에서 사용된 '(@p_flg <> 'X' OR (sf~seatsmax - sf~seatsocc) < 50)' 구문을 분석해보자.

OR 연산자는 두 조건 중 하나만 참(TRUE)이면 전체 결과를 TRUE로 반환한다. 사용자가 체크박스를 선택하지 않은 경우 @p_flg <> 'X' 조건이 참이 되므로, 뒤의 조건 (sf~seatsmax - sf~seatsocc) < 50이 참인지 여부와 관계없이 전체 조건은 TRUE가 된다. 반대로, 사용자가 체크박스를 선택한 경우에는 @p_flg <> 'X' 조건이 거짓(FALSE)이 되어, OR 연산자의 전체 결과는 뒤의 조건 (sf~seatsmax - sf~seatsocc) < 50이 참일 때만 TRUE가 된다.

3-4 INTO 구문으로 변수에 저장하기

INTO 구문은 SELECT 구문에서 조회한 결괏값을 변수(Target Area)에 저장하는 기능을 수행한다.

3-4-1 한 라인 조회

테이블의 개별 컬럼을 조회하거나 집계 함수(Aggregate Function)를 사용할 때는 다음과 같은 구문을 사용한다. INTO 구문에서 두 개 이상의 대상(Target)을 지정할 경우, 괄호 안에 변수명을 나열해야 하며, 이때 변수 사이에 공백이 존재하면 구문 오류가 발생한다.

SELECT 구문에서 두 개의 필드가 필요한 경우, 다음과 같이 작성한다.

```
    SELECT SINGLE empcd, ename FROM zemplist
      INTO (@gv_empcd, @gv_ename).
```

인라인 선언을 하려면, 변수 앞에 @DATA 구문을 기술한다.

```
    SELECT SINGLE empcd, ename FROM zemplist
      INTO (@DATA(gv_empcd), @DATA(gv_ename)).
```

SELECT ~ ENDSELECT 구문을 이용하면, EXIT 구문을 이용해서 1건을 가져온 후에 반복 구문을 빠져나온다.

```
SELECT empcd, ename FROM zemplist
 INTO (@DATA(gv_empcd), @DATA(gv_ename)).
   EXIT.
ENDSELECT.
```

3-4-2 여러 라인 조회

여러 라인을 조회할 경우에는 인터널 테이블을 사용한다. APPENDING 구문은 인터널 테이블에 새로운 행으로 추가(INSERT)하고, INTO 구문은 인터널 테이블의 데이터를 삭제(CLEAR)한 후 추가(INSERT)한다. INTO 구문을 사용했을 경우에는 조회 결과가 존재할 때만 변수에 결과를 저장한다. INTO 구문이 삭제 기능도 포함되어 있다고 하더라도, 항상 변수는 삭제한 후에 사용하는 습관을 가지는 것이 좋다.

```
SELECT * INTO TABLE @gt_itab
SELECT * INTO TABLE @DATA(gt_itab)
SELECT col1 col2 INTO TABLE @gt_itab
SELECT col1 col2 INTO CORRESPONDING FIELDS OF TABLE @gt_itab
SELECT * APPENDING TABLE @DATA(gt_itab)
SELECT col1 col2 APPENDING TABLE @DATA(gt_itab)
SELECT col1 col2 APPENDING CORRESPONDING FIELDS OF TABLE @DATA(gt_itab)
```

조금 더 알아보기 — *기호로 모든 컬럼 가져오기

애스터리스크(*)를 사용하면 전체 컬럼의 값을 읽어오며, 'CORRESPONDING FIELDS OF' 구문을 사용하면 한 번에 Work Area의 동일 필드명에 값을 할당한다. * 기호를 사용하면, 개별 필드를 조회하는 것보다 비효율적이다. 특히, SAP 주요 테이블은 많은 필드가 존재하므로, 이 경우에는 SELECT * 구문은 성능에 나쁜 영향을 미칠 수 있다. 간단하게 설명해서 이것은 테이블의 한 라인 전체 데이터를 데이터베이스에서 읽어오는 것이 아니라, 일정한 크기만큼 잘라서 SELECT 구문 수행 결과를 반환하기 때문이다.

또한 ABAP 프로그램이 실행되는 어플리케이션 서버와 데이터가 저장되어 있는 데이터베이스 서버는 네트워크로 연결되어 있기 때문에 데이터가 많을수록 네트워크를 많이 거쳐야 한다. 즉, 다음 그림처럼 트럭이 데이터를 싣고 서버 간에 왕복해야 하기 때문에 데이터 양이 많을수록 그 횟수가 증가한다. 그러므로 SELECT * 구문의 사용은 삼가야 한다.

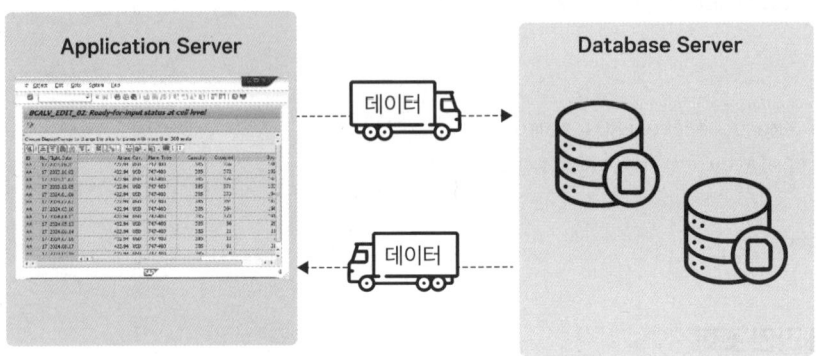

그림 3-17 어플리케이션 서버와 데이터베이스 서버 간의 데이터 이동

3-5 GROUP BY 구문으로 데이터 그룹화

집계 함수(Aggregate Function)를 사용하기 위해서는 SELECT 구문에 GROUP BY 구문을 기술해야 한다. 이 구문은 테이블의 특정 칼럼에 동일한 값들이 존재할 때, 이 값들의 정보를 요약하여 하나의 행으로 조회되게 한다. 또한, GROUP BY 구문도 동적으로 지정할 수 있다.

```
SELECT col1 col2 SUM(col3)
  GROUP BY col1 col2
```

GROUP BY 절에 명시된 컬럼은 SELECT 구문에서도 명시되어 있어야 한다. 또한, SELECT 절에 나열된 필드 중 집계 함수를 사용하지 않는 필드도 GROUP BY 절에 반드시 명시되어야 한다. SELECT 절에서 사용하는 집계 함수는 표 3-6에 나열되어 있다.

함수	기능
AVG	평균
COUNT	개수
MAX	최댓값
MIN	최솟값
STDDEV	표준편차
SUM	합계
VARIANCE	분산

표 3-6 집계 함수의 종류

항공편 정보를 저장하고 있는 SFLIGHT 테이블에서 항공사 코드(CARRID)와 항공편 번호(CONNID)별 평균 가격을 추출하는 SELECT 구문을 작성해보자.

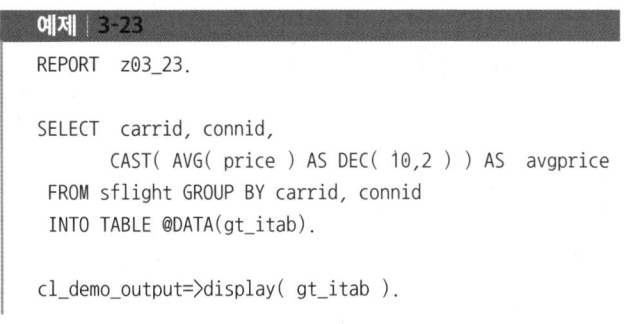

예제 | 3-23
```
REPORT  z03_23.

SELECT  carrid, connid,
        CAST( AVG( price ) AS DEC( 10,2 ) ) AS  avgprice
  FROM sflight GROUP BY carrid, connid
  INTO TABLE @DATA(gt_itab).

cl_demo_output=>display( gt_itab ).
```

결과 | 3-23

GT_ITAB		
CARRID	CONNID	AVGPRICE
AA	0064	422.94
AA	0017	441.33
AZ	0555	185.0
AZ	0788	1030.0
AZ	0789	1030.0

HAVING 구문으로 GROUP BY로 조회한 SELECT 구문에 그룹의 조건을 추가한다. WHERE 조건에서처럼 동적 선언이 가능하다. 예제 3-23에서 평균 가격이 500 이상인 경우 SELECT 구문은 다음과 같이 구성하면 된다.

```
SELECT  carrid, connid,
   ROUND( CAST( AVG( price ) AS D16N ), 1 ) AS  avgprice
  FROM sflight GROUP
    BY carrid, connid
    HAVING AVG( price ) > 500
    INTO TABLE @DATA(gt_itab).
```

GT_ITAB		
CARRID	CONNID	AVGPRICE
AZ	0788	1030.0
AZ	0789	1030.0
AZ	0790	1014.0
DL	0106	611.01
JL	0407	1061.36

또한 이 예제에서는, ROUND 함수를 이용해 평균을 계산할 때 소수점 두 자리에서 반올림하여 소수점 한 자리로 표현한다.

```
ROUND( CAST( AVG( price ) AS D16N ), 1 )
```

3-6 ORDER BY 구문으로 데이터 정렬하기

SELECT 구문 수행 결과로 조회된 데이터는 ORDER BY 구문에 기술된 컬럼 기준으로 정렬된다. ORDER BY 구문을 사용하지 않으면 조회된 결과는 임의로 정렬된다.

```
SELECT ~ ORDER BY PRIMARY KEY.
```

- 테이블의 키에 의해 정렬된다.
- SELECT 컬럼에 키 열이 모두 기술되어야 한다.
- JOIN 구문 및 뷰(VIEW)에는 사용할 수 없다.

ORDER BY 절에서는 조회하는 모든 컬럼을 사용할 수 있으며, ASCENDING 또는 DESCENDING 구문을 통해 오름차순 또는 내림차순 정렬을 지정할 수 있다. 컬럼별로 정렬 순서를 다르게 설정하려면, 해당 컬럼 뒤에 'ASCENDING' 또는 'DESCENDING'을 명시해야 한다. 또한, ORDER BY 구문도 동적으로 선언할 수 있다.

```
SELECT ~ ORDER BY col1 ASCENDING, col2 DESCENDING
```

> **TIP 정렬**
>
> ORDER BY 구문은 기본 오름차순으로 설정되어 있다. 다음 구문과 같이 기술하면 col1은 오름차순, col2는 내림차순으로 정렬되는 점에 주의해야 한다.
>
> ```
> SELECT ~ ORDER BY col1, col2 DESCENDING
>   ( = SELECT ~ ORDER BY col1 ASCENDING, col2 DESCENDING )
> ```
>
> 2개 컬럼 모두 내림차순으로 정렬하려면 다음과 같이 컬럼별로 모두 내림차순으로 기술해야 한다.
>
> ```
> SELECT ~ ORDER BY col1 DESCENDING, col2 DESCENDING
> ```

예제 3-24에서 날짜(FLDATE)를 기준으로 내림차순, 항공사 코드(CARRID)를 기준으로 오름차순 정렬하는 프로그램을 만들어보자.

예제 | 3-24

```
REPORT  Z03_24.

SELECT carrid, connid, fldate
  FROM sflight
  ORDER BY fldate DESCENDING,carrid
  INTO TABLE @DATA(gt_itab).

cl_demo_output=>display( gt_itab ).
```

앞서 설명했듯이, ORDER BY 절에서 'ASCENDING' 또는 'DESCENDING'을 명시하지 않으면 기본 오름차순(ASCENDING)으로 정렬된다. 따라서 이 예제의 CARRID 필드는 오름차순으로 정렬된다.

결과 3-24

GT_ITAB		
CARRID	CONNID	FLDATE
AA	0017	2027-01-08
AA	0017	2027-01-07
AA	0017	2027-01-06
AA	0017	2027-01-04
AA	0017	2027-01-02
AA	0017	2027-01-01
AA	0017	2026-11-05
AA	0017	2026-11-04
AA	0017	2026-11-03
AA	0017	2026-11-01
AA	0017	2025-05-25
JL	0408	2025-02-15
LH	0400	2025-02-15
LH	2402	2025-02-15

3-7 서브쿼리

서브쿼리(Subquery)는 SELECT 구문의 WHERE 조건에 또 다른 SELECT 구문을 추가하여 값을 제한하는 목적으로 사용한다.

3-7-1 스칼라 서브쿼리

스칼라 서브쿼리(Scalar Subquery)를 이용해 특별한 조건을 WHERE 구문에 추가할 수 있다. 이 서브쿼리의 SELECT 구문에는 컬럼 하나만 선언할 수 있다.

조금 더 알아보기 — 스칼라 서브쿼리의 정의

스칼라 서브쿼리는 SELECT 절 안에 기술된 SELECT 절로 정의된다. 즉, 하나의 행으로부터 하나의 컬럼 값(또는 Aggregate 함수)만을 반환하는 서브쿼리로서, JOIN 구문과 유사한 역할을 수행한다.

1. 스칼라 서브쿼리는 반드시 한 컬럼만을 반환해야 한다.
2. 스칼라 서브쿼리는 Nested Loop 방식으로 처리된다.
3. 스칼라 서브쿼리가 실행되는 횟수는 행(Row) 수이다.
4. 반복되는 코드나 마스터 유형의 테이블을 조회하는 경우 사용하면 효율적이다.

예제 3-25를 통해 스칼라 서브쿼리의 사용법을 이해해보자.

예제 | 3-25
```
REPORT  z03_25.

DATA: gv_carrid       TYPE sflight-carrid,
      gv_connid       TYPE sflight-connid,
      gv_paymentsum TYPE sflight-paymentsum.

SELECT SINGLE carrid connid paymentsum
  INTO (gv_carrid , gv_connid, gv_paymentsum)
  FROM  sflight AS a
  WHERE carrid IN ( SELECT  carrid
                    FROM  spfli
                    WHERE carrid  = a~carrid
                    AND    connid = a~connid  )
  AND a~carrid = ' AA '.

WRITE: gv_carrid, gv_connid, gv_paymentsum.
```

결과 | 3-25
```
AA  0017         188,639.88
```

예제 3-25에서 사용된 서브쿼리는 sflight 테이블의 레코드가 spfli 테이블에 존재하는지 확인하는 역할을 한다.

3-7-2 비스칼라 서브쿼리

비스칼라 서브쿼리(Non-scalar Subquery)는 서브쿼리의 결과가 존재하면 TRUE를 반환하고, 존재하지 않으면 FALSE를 반환한다. 이를 구현하기 위해 EXISTS 또는 NOT EXISTS 구문을 사용한다.

예제 | 3-26
```
REPORT  Z03_26.

DATA: gv_carrid       TYPE sflight-carrid,
      gv_connid       TYPE sflight-connid,
      gv_paymentsum TYPE sflight-paymentsum.

SELECT SINGLE carrid connid paymentsum
  INTO (gv_carrid , gv_connid, gv_paymentsum)
  FROM  sflight AS a
  WHERE EXISTS ( SELECT *
```

```
        FROM   spfli
        WHERE carrid = a~carrid
        AND    connid = a~connid   )
   AND a~carrid = 'AA'.

WRITE: gv_carrid, gv_connid, gv_paymentsum.
```

결과 | 3-26

```
AA  0017        188,639.88
```

3-7-3 WITH 구문으로 공통 테이블 표현식 사용하기

WITH 구문은 서브쿼리에서 결과 집합을 생성하며, 이 결과 집합은 WITH 구문의 후속 쿼리에서 데이터 소스로 사용된다. WITH 구문을 사용하면 복잡한 쿼리를 간결하게 작성하고 가독성을 높일 수 있다. WITH 구문은 서브쿼리와 유사한 역할을 하며, 이를 공통 테이블 표현식(Common Table Expressions, CTE)이라고 한다. CTE를 정의할 때는 이름을 '+' 기호로 시작하며, 이름은 최대 30자까지 사용할 수 있으며, 문자, 숫자, 밑줄을 포함할 수 있다. 참고로 CTE의 이름은 반드시 문자 또는 밑줄로 시작해야 한다.

예제 | 3-27

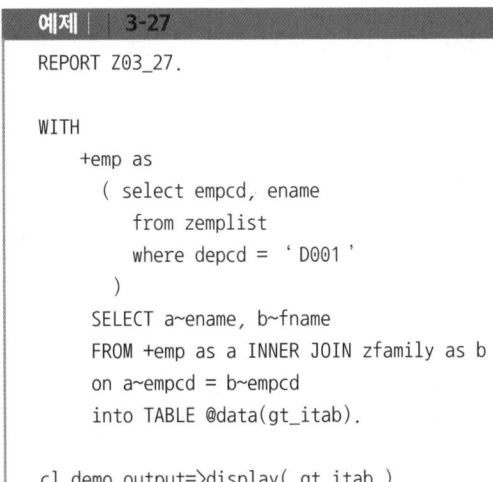

결과 | 3-27

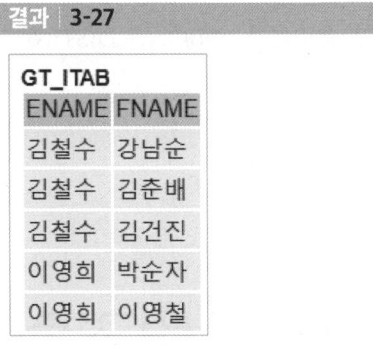

3-8 UNION ALL 구문

UNION ALL 구문은 두 개 이상의 SELECT 문의 결과를 결합하는 데 사용한다. 이 구문을 사용하면 결과 집합에 중복된 행이 포함될 수 있다. UNION ALL은 UNION과 유사하지만, UNION은 중복된 행을 제거하는 반면, UNION ALL은 중복된 행을 포함하여 모든 결과를 연결한다.

UNION ALL을 사용해서 부서 코드가 'D001' 이고 직급이 '과장'인 직원 목록을 조회해보자. 2개 조건에 모두 해당되는 '이영희' 직원이 결과 목록에 2번 조회된다.

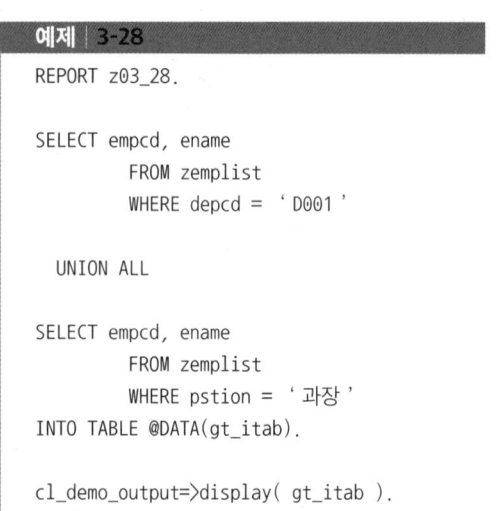

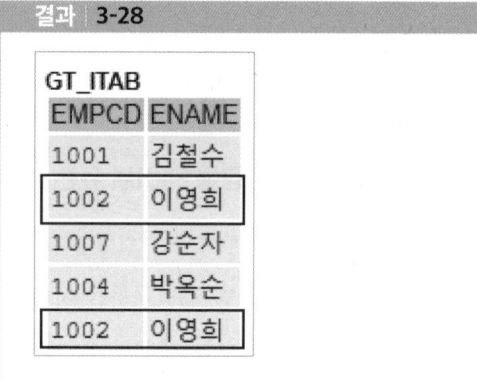

예제 3-28에서 UNION ALL을 UNION으로 변경하면, 중복된 데이터는 제거하고 직원 '이영희' 정보가 한 번만 출력된다. UNION은 DISTINCT가 생략된 구문이다.

04 데이터 변경하기

CRUD는 데이터베이스 레코드를 관리하는 기본적인 작업을 나타내는 용어이다. CRUD는 Create(생성), Read(읽기), Update(갱신), Delete(삭제)의 네 가지 작업을 의미한다. CRUD는 거의 모든 데이터베이스 및 응용 프로그램에서 사용되며, 데이터를 관리하고 조작하는 데 필수적이다. 간단한 웹 애플리케이션, 대규모 기업용 솔루션, SAP ERP 시스템까지, 모든 종류의 소프트웨어에서 CRUD 작업은 핵심 기능이다.

1. **Create(생성)**: INSERT 문을 사용하여 새로운 데이터를 데이터베이스 테이블에 추가
2. **Read(읽기)**: SELECT 문을 사용하여 데이터베이스 테이블에서 원하는 데이터를 읽음
3. **Update(갱신)**: UPDATE 문을 사용하여 데이터베이스 테이블에서 특정한 레코드를 찾아서 값을 변경
4. **Delete(삭제)**: DELETE 문을 사용하여 데이터베이스 테이블에서 특정한 레코드를 삭제

CRUD는 데이터베이스 시스템에서 가장 중요한 작업이다. CRUD에서 Read역할을 수행하는 SELECT 구문은 앞서 설명하였기 때문에, 지금부터 테이블 데이터 변경 명령문에 대해서 소개한다.

> **TIP 표준 테이블 데이터 변경**
> INSERT, UPDATE와 같은 데이터 변경 SQL 구문으로 SAP에서 제공하는 표준 테이블의 데이터를 직접 변경하는 것은 삼가해야 한다. 표준 테이블의 데이터는 BAPI, BDC, LSMW 등과 같은 표준 SAP 방식을 통해 변경해야 한다.

4-1 CREATE(데이터 생성하기)

INSERT 구문을 통해 테이블에 하나 또는 여러 개의 데이터를 삽입한다. 대상 테이블 이름은 정적/동적으로 선언할 수 있다.

4-1-1 단일 레코드 생성하기

다음은 테이블에 하나의 레코드를 생성하기 위한 구문이다. 구조체 gs_str은 테이블 ztable과 동일한 구조로 선언되어야 한다.

Classical OPEN SQL	New OPEN SQL
INSERT INTO ztable VALUES gs_str. INSERT ztable FROM gs_str.	INSERT INTO ztable VALUES @gs_str. INSERT ztable FROM @gs_str.

직원 정보를 저장하고 있는 zemplist 테이블에 신규 사원 정보를 삽입해보자.

예제 | 3-29

```
REPORT z03_29.

DATA : gs_zemp TYPE zemplist.

gs_zemp-empcd = '1010'.
gs_zemp-depcd = 'D001'.
```

```
gs_zemp-pstion = '사원'.
gs_zemp-ename = '박옥순'.

INSERT INTO zemplist VALUES @gs_zemp.
*INSERT zemplist FROM gs_zemp.
```

결과 | 3-29

실행 결과 zemplist 테이블에 '박옥순' 직원 데이터가 생성된다.

MAN...	EMP...	DEPCD	PSTI...	ENA...	EMAIL	TEL
100	1001	D001	상무	김철수	sapjoy@naver.com	010-1001-1001
100	1002	D001	과장	이영희	MSRPA@NAVER.COM	010-1002-1002
100	1003	D002	부장	조영수	jys@nvaer.com	010-1003-1003
100	1004	D002	과장	박옥순		010-1004-1004
100	1005	D003	차장	문영호	myh@naver.com	010-1005-1005
100	1006	D003	대리	정현숙	jhs@naver.com	010-1006-1006
100	1007	D004	과장	강순자	ksj@naver.com	010-1007-1007
100	1008	D004	사원	채영식		010-1008-1008
100	1010	D001	사원	박옥순		

예제 3-29는 다음과 같이 VALUE 구문으로 구조체에 값을 넣어서 간단하게 대체할 수 있다.

```
DATA : gs_zemp TYPE zemplist.

gs_zemp = VALUE #( empcd = '1010' depcd = 'D001' pstion = '사원' ename = '박옥순' ).
INSERT INTO zemplist VALUES @gs_zemp.
```

더 효율적인 방법은 구조체를 사용하지 않고, INSERT 구문에서 VALUE 구문을 직접 사용하는 것이다.

```
INSERT INTO zemplist VALUES @( VALUE #( empcd = '1010' depcd = 'D001' pstion = '사원' ename = '박옥순' ) ).
```

> **TIP 구문 비교**
>
> Classical OPEN SQL에서는 INSERT구문 다음에 테이블 구문만 사용하는 짧은 형식(Shortform)이 자주 사용되었다. 이 때는 'TABLES : zemplist' 구문이 먼저 선언되어야 한다. 다음 2개 구문은 동일하다.
>
> ```
> TABLES : zemplist.
>
> zemplist-empcd = '1010'.
> zemplist-ename = '박옥순'.
>
> INSERT zemplist.
> ```
>
> 이 구문은 다음과 같다.
>
> ```
> INSERT zemplist FROM zemplist.
> ```
>
> TABLES 명령어는 테이블 구조와 동일한 Work Area를 생성하는데, 주로 TYPE-M 프로그램의 화면 속성이나 TYPE-1 프로그램의 SELECT-OPTIONS의 속성을 정의하는 데 많이 사용한다.

4-1-2 다중 레코드 생성하기

다중 레코드 생성은 인터널 테이블의 모든 값을 한 번에 테이블에 삽입한다. 동일한 KEY값을 삽입하면 덤프 에러(Dump Error)가 발생하는데, 이 경우를 방지하기 위해, 'ACCEPTING DUPLICATE KEYS' 구문을 사용한다. INSERT 구문이 실패하면 시스템 변수 SY-SUBRC의 값은 4를 반환한다.

Classical OPEN SQL	New OPEN SQL

INSERT ztable FROM TABLE gt_itab.
또는
INSERT ztable FROM TABLE gt_itab
     ACCEPTING DUPLICATE KEYS.
	INSERT ztable FROM TABLE @gt_itab.
	또는
	INSERT ztable FROM TABLE @gt_itab
	     ACCEPTING DUPLICATE KEYS.

직원의 가족 정보를 저장하고 있는 zfamily 테이블에 새로 입사한 '박옥순' 직원의 가족 데이터를 추가해보자.

예제 3-30

```
REPORT z03_30.

DATA: gt_zfamily TYPE TABLE OF zfamily,
      gs_zfamily TYPE zfamily.

gs_zfamily-empcd = '1010'.
gs_zfamily-fnum = '01'.
```

```
    gs_zfamily-relation = '1'.
    gs_zfamily-fname = '박영식'.
    gs_zfamily-bdate = '19650327'.
    APPEND gs_zfamily TO gt_zfamily.

    gs_zfamily-empcd = '1010'.
    gs_zfamily-fnum = '02'.
    gs_zfamily-relation = '2'.
    gs_zfamily-fname = '이정숙'.
    gs_zfamily-bdate = '19670812'.
    APPEND gs_zfamily TO gt_zfamily.

    INSERT zfamily FROM TABLE @gt_zfamily ACCEPTING DUPLICATE KEYS.
    IF sy-subrc EQ 0.
      MESSAGE '성공' TYPE 'I' DISPLAY LIKE 'S'.
    ELSE.
      MESSAGE '실패' TYPE 'I' DISPLAY LIKE 'E'.
    ENDIF.
```

결과 | 3-30

TIP: MESSAGE 명령어

MESSAGE 명령어를 사용할 때는, TYPE에 지정된 메시지 유형을 기본으로 LIKE 다음에 해당하는 아이콘이 표시된다. TYPE은 대문자로 A, E, W, S, I 중 하나의 값을 기술한다.

조금 더 알아보기 — Text Elements와 Translation

메뉴의 [Goto] → [Text Elements]에서 텍스트 심볼을 생성할 수 있다.

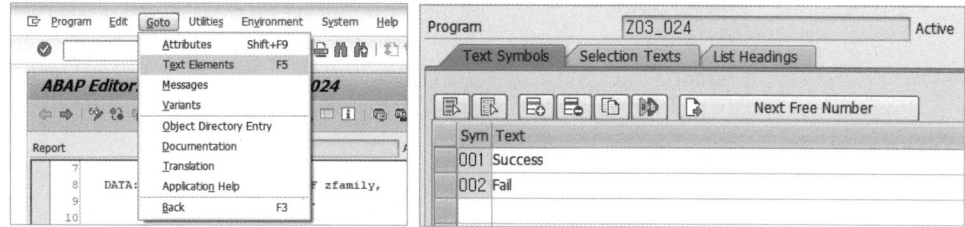

그리고 예제 3-30 MESSAGE 구문의 텍스트를 다음과 같이 변경하고 실행한다.

```
IF sy-subrc EQ 0.
  MESSAGE text-001 TYPE 'I' DISPLAY LIKE 'S'.
ELSE.
  MESSAGE text-002 TYPE 'I' DISPLAY LIKE 'E'.
ENDIF.
```

이 책은 로그온 언어를 'EN'으로 설정하였기 때문에, 한국어 'KO'로 로그인한 사용자를 위해서 번역을 해야 한다. 다양한 국가에 글로벌하게 사용되는 SAP시스템은 다국어를 지원한다. 해외 법인이 있는 회사가 사용하는 SAP 프로그램은 각국 언어에 대해 텍스트 번역 생성이 필요하다. 번역 편집기는 ABAP 편집기에서 [GoTo] → [Translation] 메뉴 경로를 이용한다.

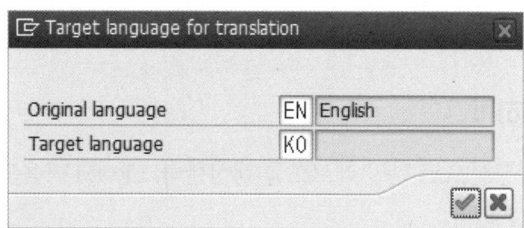

텍스트 심볼의 'KO' 번역 부분에 한글 텍스트를 입력하고 저장한다.

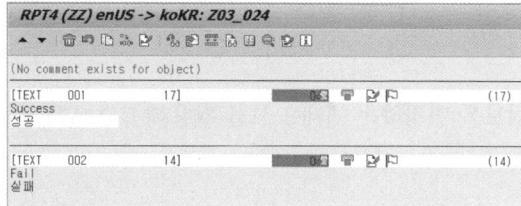

SAP GUI 로그온 패드를 열어서 이번에는 'KO' 언어로 로그인한다.

그런 후에 프로그램을 실행하면, 메시지가 한글로 출력되는 것을 확인할 수 있다.

4-2 UPDATE(데이터 갱신하기)

테이블에서 단일 또는 다중 레코드를 갱신한다. 테이블명은 변수를 이용해서 동적으로 선언할 수 있다.

4-2-1 단일 레코드 갱신하기

UPDATE 구문과 FROM 구문으로 단일 레코드를 갱신한다. FROM 다음의 Work Area는 테이블과 동일한 구조로 선언되어야 한다.

Classical OPEN SQL	New OPEN SQL
UPDATE ztable FROM gs_str.	UPDATE ztable FROM @gs_str.

'박옥순' 사원의 이메일 정보를 변경하는 예제 3-31을 활용해 UPDATE 구문의 사용법을 실습해보

자. UPDATE 구문은 테이블의 KEY 기준으로 이외 컬럼의 정보를 갱신한다.

예제 | 3-31

```
REPORT z03_31.

DATA gs_zemplist TYPE zemplist.

gs_zemplist-empcd = '1010'.
gs_zemplist-depcd = 'D001'.
gs_zemplist-ename = '박옥순'.
gs_zemplist-pstion = '사원'.
gs_zemplist-email = 'POS@KOREA.COM'.

UPDATE zemplist FROM @gs_zemplist.

IF sy-subrc EQ 0.
  MESSAGE '성공' TYPE 'S'.
ELSE.
  MESSAGE '실패' TYPE 'E'.
ENDIF.
```

4-2-2 다중 레코드 갱신하기

인터널 테이블에 존재하는 여러 데이터를 이용해 테이블의 데이터를 한 번에 갱신한다.

Classical OPEN SQL	New OPEN SQL
UPDATE ztable FROM TABLE gt_itab.	UPDATE ztable FROM TABLE @gt_itab.

UPDATE 구문을 사용하여 일부 컬럼의 데이터만 갱신할 경우, SET 구문을 통해 '필드1 = 값1, 필드2 = 값2'와 같이 변경할 컬럼과 값을 명시해야 한다. WHERE 조건을 사용하여 특정 레코드만 갱신할 수 있으며, 키 값을 모두 명시하면 일치하는 값 한 건만 갱신하고, 여러 조건에 해당하는 경우, 다수의 레코드 값을 갱신할 수 있다.

```
UPDATE ztable SET col1 = 'A' col2 = 'B' WHERE col3 = 'C'
```

예제 3-32는 zemplist 테이블의 키 컬럼인 empcd를 WHERE 조건에 사용했기 때문에 단일 레코드를 갱신한다. 만약, WHERE pstion = '사원'이라는 조건을 사용하면 모든 사원의 데이터를 일괄 갱신한다.

예제 | 3-32

```
REPORT z03_32.

DATA gs_zemplist TYPE zemplist.

PARAMETERS : p_empcd TYPE zemplist-empcd.

UPDATE zemplist
SET email = 'POS@KOREA.COM', tel = '010-1234-5678'  WHERE empcd = @p_empcd.

IF sy-subrc EQ 0.
  MESSAGE '성공' TYPE 'S'.
ELSE.
  MESSAGE '실패' TYPE 'E'.
ENDIF.
```

4-3 DELETE(데이터 삭제하기)

DELETE 구문은 테이블에서 주어진 조건에 해당하는 레코드를 삭제한다.

4-3-1 단일 레코드 삭제하기

구조체 gs_str은 테이블 ztable과 동일한 구조로 선언되어야 한다.

Classical OPEN SQL	New OPEN SQL
DELETE ztable FROM gs_str.	DELETE ztable FROM @gs_str.

4-3-2 다중 레코드 삭제하기

인터널 테이블을 활용해서 한 번에 테이블의 여러 레코드를 삭제할 수 있다.

Classical OPEN SQL	New OPEN SQL
DELETE ztable FROM TABLE gt_itab.	DELETE ztable FROM TABLE @gt_itab.

그리고 UPDATE 구문에서 설명하였듯이 WHERE 구문을 사용하면 조건에 해당하는 모든 값을 한 번에 삭제한다.

```
DELETE FROM ztable WHERE col1 = 'A' and col2 = 'B'.
```

예제 3-33을 활용해 DELETE 구문의 사용법을 실습해보자.

예제 | 3-33

```
REPORT Z03_33.

DATA gs_zemplist TYPE zemplist.

PARAMETERS : p_empcd TYPE zemplist-empcd.

DELETE FROM zemplist WHERE empcd = @p_empcd.

IF sy-subrc EQ 0.
  MESSAGE '성공' TYPE 'S'.
ELSE.
  MESSAGE '실패' TYPE 'E'.
ENDIF.
```

4-4 MODIFY(Inserting or Changing Lines) 구문

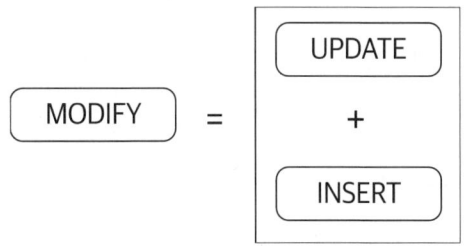

그림 3-18 MODIFY 구문

그림 3-18과 같이 ABAP 에만 존재하는 MODIFY 구문은 UPDATE 구문과 INSERT 구문을 합한 기능을 수행한다. 키 값을 가지는 데이터가 테이블에 존재하면 UPDATE 하고, 존재하지 않을 경우에는 INSERT를 수행한다. 테이블에 하나 또는 여러 레코드를 UPDATE 또는 INSERT 할 수 있다. 테이블 이름은 동적으로 선언할 수 있다.

4-4-1 한 레코드 MODIFY

구조체 gs_str은 테이블 ztable과 동일한 구조로 선언되어야 한다.

Classical OPEN SQL	New OPEN SQL
MODIFY ztable FROM gs_str.	MODIFY ztable FROM @gs_str.

4-4-2 여러 레코드 MODIFY

인터널 테이블의 모든 값을 한 번에 UPDATE하거나 INSERT한다.

Classical OPEN SQL	New OPEN SQL
MODIFY ztable FROM TABLE gt_itab.	MODIFY ztable FROM TABLE @gt_itab.

예제를 통해서 MODIFY 구문에 대한 이해를 돕자.

예제 | 3-34

```
REPORT z03_34

DATA gs_zemplist TYPE zemplist.

gs_zemplist-empcd = '1010'.
gs_zemplist-email = 'UPDATE@KOREA.COM'.
MODIFY zemplist FROM @gs_zemplist.

gs_zemplist-empcd = '1011'.
gs_zemplist-email = 'NEW@KOREA.COM'.
MODIFY zemplist FROM @gs_zemplist.
```

zemplist 테이블의 키 컬럼은 empcd이다. 예제 3-34의 첫 번째 MODIFY 구문은 이미 존재하는 데이터이기 때문에, 테이블의 이메일 주소만 갱신하며, 두 번째 MODIFY 구문은 인터널 테이블의 키 데이터가 데이터베이스 테이블에 존재하지 않기 때문에 INSERT 구문을 사용하여 데이터를 생성한다.

이 예제를 한 번에 수행하려면, 다음 예제 3-35와 같이 인터널 테이블에 레코드를 추가한 후 MODIFY 구문을 실행하면 된다.

예제 | 3-35

```
REPORT z03_35

DATA gs_zemplist TYPE zemplist.
DATA gt_zemplist TYPE TABLE OF zemplist.
```

```
gs_zemplist-empcd = '1010'.
gs_zemplist-email = 'UPDATE@KOREA.COM'.
APPEND gs_zemplist TO gt_zemplist.

gs_zemplist-empcd = '1011'.
gs_zemplist-email = 'NEW@KOREA.COM'.
APPEND gs_zemplist TO gt_zemplist.

MODIFY zemplist FROM TABLE @gt_zemplist.
```

조금 더 알아보기 — NATIVE SQL

OPEN SQL은 데이터베이스의 종류(HANA, ORACLE, INFORMIX, DB2등)에 상관없이 ABAP Dictionary에서 선언한 모든 오브젝트를 조회할 수 있다. NATIVE SQL은 데이터베이스 종류에 따라 사용할 수 있는 SQL 구문이 다르다. ABAP 프로그램에서 NATIVE SQL은 OPEN SQL에 비해 자주 사용하지는 않지만, OPEN SQL에서 지원되지 않는 다양하고 복잡한 SQL을 사용할 수 있다.

1) 장점
ABAP Dictionary에 생성되지 않은 테이블에 접근할 수 있다.(HANA, ORACLE의 시스템 테이블 등) 데이터베이스에 의존적인 SQL 구문이므로 OPEN SQL에서는 구현할 수 없는 정밀한 SQL이 가능하다.

2) 단점
EXEC ~ ENDEXEC 사이의 구문 점검(Syntax Check)이 수행되지 않으므로 덤프 에러(Dump Error)가 발생할 수 있다. NATIVE SQL이 포함된 ABAP 프로그램은 다른 데이터베이스를 사용하는 환경에는 적용할 수 없다. 클라이언트를 구분하는 MANDT 필드를 SQL 구문 내에 반드시 포함해야 한다.

NATIVE SQL은 데이터베이스 종류에 따라 사용할 수 있는 SQL 구문이 다르다. 기본 구문은 EXEC SQL.로 시작하여 ENDEXEC.로 종료한다. 그리고 변수명 앞에는 콜론(:)을 추가해야 한다. 그리고 NATIVE SQL에는 클라이언트 구분자인 MANDT 필드를 반드시 기술해야 한다.

```
EXEC SQL .
 <NATIVE SQL statement>
ENDEXEC.
```

CHAPTER 04

모듈화
(Subroutine & Function)

In this chapter >>>

이번 장에서는 ABAP 프로그램을 보다 체계적으로 구성하고 모듈화하기 위해 Subroutine 구문과 Function Module에 대해 학습한다. 모듈화를 통해 코드의 재사용성을 높이고 유지보수를 용이하게 하는 방법을 배우게 된다.

Chapter list >>>

1. Overview - Subroutine 구문
2. Subroutine 정의
3. Subroutine 파라미터
4. Subroutine 호출
5. Subroutine 종료
6. Temporary Subroutine
7. Overview - Function Module
8. Function Group 생성
9. Function Module
10. RFC

Subroutine은 FORM으로 시작하여 ENDFORM으로 종료되는 구문의 코드 블록이며, 프로그램의 모듈화, 재사용, 구조화가 주요 목적이다. ABAP 프로그램에서는 PERFORM 구문을 사용하여 Subroutine을 호출함으로써 모듈화 기능을 제공한다. 그리고, 파라미터(변수, 구조체, 인터널 테이블, 예외 처리 등) 값을 주고받을 수 있는 Function Module이 있다. 1~6절에서는 PERFORM 구문(Internal, External Subroutine)에 대해서 학습하고, 7~10절에서는 Function Module에 대해서 살펴본다. 이외에도 TYPE-1 프로그램의 Event Block, TYPE-M 프로그램의 MODULE, 클래스의 METHOD 등을 이용해서 ABAP 프로그램의 모듈화를 구현한다. 해당 부분은 각 장에서 자세히 소개한다.

01 Overview - Subroutine 구문

C 언어에서는 함수, JAVA에서는 메소드를 사용해 모듈화 및 재사용을 지원한다. C와 JAVA 에서의 프로그램 시작점인 MAIN( ) 함수를 C 언어에서는 함수라 부르고, JAVA에서는 메소드라 부른다(14장에서 학습하겠지만 ABAP도 클래스 기반의 메소드를 지원한다). 모듈화는 의미 있는 기능들을 모아놓은 코드 블록을 의미하며, 재사용이 가능한 특성이 있어야 한다. 스크립트가 너무 길어지면 유지보수가 어려우므로, 재사용의 목적이 아니더라도 기능별로 블록화하여 프로그램을 구조화하는 것이 바람직하다.

이 책을 학습하는 독자가 프로젝트 인수인계 후 유지보수를 하게 된다면, IF 구문들로 이루어진 복잡하고 나열된 스크립트를 접하게 될 수도 있다. 프로그램 개발은 인계자의 유지보수 업무도 고려해야 한다. 복잡하고 해석하기 어려운 소스 코드보다는 기능별 또는 의미 있는 구문들이 모듈화되어 전체적인 흐름을 쉽게 파악하여 수정할 수 있도록 하는 것이 중요한 기술이다. PERFORM 구문이 너무 많으면 속도가 저하되지 않을까 하는 등의 걱정은 필요 없다. 속도와 관련된 대부분의 문제는 적절하지 못한 SQL 문이나 적합하지 않은 인터널 테이블을 사용하기 때문에 발생한다.

02 Subroutine 정의

Subroutine은 FORM으로 시작하여 ENDFORM으로 종료되는 구문을 의미한다.

이 구문과 같이 PERFORM 구문으로 Subroutine을 호출하면, FORM 구문이 실행된다. Subroutine을 FORM 구문과 동일한 것으로 간주하면 된다. FORM 구문은 프로그램 내부/외부에서 호출할 수 있다.

> **TIP PERFORM 구문**
> ABAP 7.5 버전에서는 PERFORM 구문이 폐기되었으며, 대신 ABAP 오브젝트 기반의 메소드를 활용할 것을 권장하고 있다. 그러나 Subroutine은 실무에서 상당히 많이 사용하기 때문에 여전히 ABAP 프로그램에서 중요한 부분을 차지하고 있다.

예제 4-1
```
REPORT  z04_01.

PERFORM write_data.

FORM write_data .
  WRITE ' 서브루틴 테스트 '.
ENDFORM.                    " WRITE_DATA
```

결과 4-1
Subroutine Test

예제 4-1에서 Subroutine을 생성하는 방법에 대해서 알아보자.

CHAPTER 04 | 모듈화(Subroutine & Function)

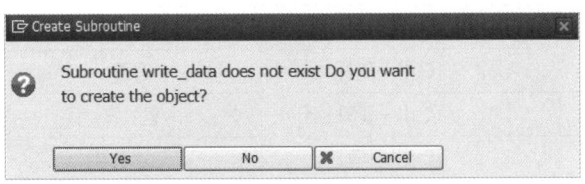

01 프로그램을 생성한 후 그림과 같이 스크립트를 입력한다. FORM 구문을 생성하기 위해 write_data 구문을 더블 클릭한다. Subroutine 이름에서 기능을 유추할 수 있도록 하기 위해 '동사+목적어' 형태로 네이밍 룰을 정하는 것이 효율적이다.

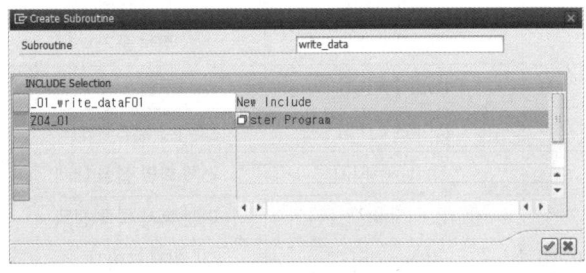

02 'Subroutine이 존재하지 않으니, 생성하겠는가?'라는 팝업창이 열린다. [Yes] 버튼을 선택하자.

03 INCLUDE 프로그램을 선택하는 팝업창이 열린다. Subroutine이 소속된 메인 프로그램을 선택한다.

04 FROM ~ ENDFORM. 구문 사이에 스크립트를 추가하면 Subroutine이 완성된다. 1단계에서 더블 클릭해서 FORM 구문을 생성할 필요 없이, FORM ~ ENDFORM 구문을 바로 입력하여 스크립트를 추가할 수 있다.

05 프로그램을 활성화한 후 실행하면, Subroutine이 실행되어 화면에 문자열이 출력된다.

조금 더 알아보기 — SAP 단축키 정리

SAP를 사용하면서 자주 사용하는 SAP 단축키를 알아보자. 기본적으로 [Ctrl] + [C], [Ctrl] + [V]와 같이 운영체제에서 지원되는 단축키도 SAP에서 사용할 수 있다. 단축키는 프로그램을 구현하거나 SAP을 사용할 때 빠른 속도로 작업할 수 있도록 도와준다. 사용 빈도가 높은 단축키는 [Ctrl] + [/], [Ctrl] + [F3], [F8] 키이다.

단축키	기능	단축키	기능
[F1]	도움말(Help)	[Ctrl] + [L]	소문자 변환
[F3]	뒤로(Back)	[Ctrl] + [Page Up]	이전 페이지로 이동
[Shift] + [F3]	프로그램 종료	[Ctrl] + [Page Down]	마지막 페이지로 이동
[F4]	Possible Entry	[Ctrl] + [/]	명령어 입력필드로 이동
[F8]	실행	[Ctrl] + [Shift] + [+]	새 창 열기
[F11]	저장	[Ctrl] + [F1]	조회 ↔ 변경
[F12]	취소	[Ctrl] + [F2]	점검
[Ctrl] + [A]	전체 선택	[Ctrl] + [F3]	활성화
[Ctrl] + [D]	라인 복사	[Ctrl] + [F7]	구문 점검
[Ctrl] + [P]	인쇄	[Ctrl] + [<]	주석 처리
[Ctrl] + [F]	찾기/교체	[Ctrl] + [>]	주석 풀기
[Ctrl] + [G]	다음 찾기	[Shift] + [F1]	꾸민 인쇄
[Ctrl] + [J]	블록 내 첫글자 대문자 변환	[Shift] + [F5]	기타 오브젝트
[Ctrl] + [K]	대문자 변환	[Shift] + [F12]	전체 화면 설정 해제
[Ctrl] + [I]	라인 위치 기억() (해당 위치에서 단축키를 입력하면, [Ctrl] + [I] 입력 시 다시 해당 라인으로 이동)	[Ctrl] + [Shift] + [V]	이전 복사 목록 선택
		[Page Up]	이전 페이지
		[Page Down]	다음 페이지

03 Subroutine 파라미터

파라미터(Parameter)는 Subroutine을 호출하는 구문과 호출받는 구문 사이에 주고받는 값을 의미한다. Subroutine 내에서 파라미터는 DATA 구문으로 정의하는 일반적인 로컬 변수와 같다. Subroutine을 호출할 때 사용하는 파라미터를 Actual Parameter라 하고 Subroutine에서 사용하는 파라미터를 Formal Parameter라 한다.

PERFORM의 USING과 CHANGING 구문을 사용하여 파라미터를 선언하며 Subroutine과 순서를 동일하게 지정해야 한다. 파라미터로는 ABAP의 모든 기본 데이터 타입, 필드 심볼(Field Symbol), 인터널 테이블(Internal Table) 등을 사용할 수 있다.

다음 구문은 Subroutine에 사용하는 다양한 옵션들을 보여준다. 파라미터를 사용할 때 사용하는 VALUE 구문은 뒤에서 소개한다.

```
FORM subr    USING p1.
       VALUE(p2)
    CHANGING     p3
       VALUE(p4).
```

3-1 파라미터 전달 방법

Subroutine은 USING과 CHANGING 구문으로 파라미터를 주고받으며, 세 가지 유형으로 분류된다.

1. **Call by Value(값 호출)**: 넘겨주는 변수(Actual Parameter)와 받는 변수(Formal Parameter)가 물리적으로 다른 메모리 영역을 가지고 있다.
2. **Call by Reference(참조 호출)**: 물리적으로 같은 메모리 영역을 공유하여 넘겨주기 때문에 변수 값을 복사하는 과정이 생략된다. 대용량 인터널 테이블을 전달할 때 효과적이다.
3. **Call by Value and Result(값 호출 및 결과)**: 변수 값을 넘겨주고 받는 구문에서 작업을 성공적으로 수행하였을 경우 변경된 값을 되돌려준다. 물리적으로는 다른 영역을 사용한다.

3-1-1 Call by Value

Call by Value는 USING 키워드 다음에 파라미터를 사용하고, VALUE 구문으로 완성한다.

```
FORM subr USING VALUE(p_val)
```

VALUE 구문에서 Formal Parameter는 자신의 메모리를 가진다. Subroutine을 호출할 때, Actual Parameter의 값은 Formal Parameter에 복사된다. Formal Parameter의 값이 변경되더라도 Actual Parameter에는 영향을 미치지 않는다. 예제로 Call by Value 방법을 실습해보자.

예제 | 4-2

```
REPORT  z04_02.

DATA : gv_val TYPE c LENGTH 20 VALUE 'Call by value test'.

PERFORM call_byvalue USING gv_val.

FORM call_byvalue USING VALUE(p_val).

  WRITE p_val.

ENDFORM.                    "call_value
```

결과 | 4-2

```
Call by value test
```

FORM 구문에서 USING과 VALUE 키워드를 같이 사용하면 새로운 메모리에 값을 복사하여 값을 전달받는다. 이때 FORM 구문 내에 사용된 p_val 변수는 로컬 변수이다.

3-1-2 Call by Reference

CHANGING 키워드 다음에 파라미터를 사용하면, Subroutine에 전달된 파라미터 값이 변경된다.

```
FORM  subr  CHANGING p_val
```

Subroutine의 Formal Parameter는 자신의 메모리를 가지지 않는다. Subroutine이 호출되는 동안 Actual Parameter의 주솟값을 가지고 있을 뿐이다. 즉, Subroutine을 호출한 프로그램의 메모리(동일한 변수명)에서 작업하게 된다. 예제로 Call by Reference 방법을 실습해보자.

예제 | 4-3

```
REPORT  z04_03.

DATA : gv_val TYPE c LENGTH 30 VALUE 'Call by reference Test'.

WRITE / gv_val.

PERFORM call_byref CHANGING gv_val.

WRITE / gv_val.

FORM call_byref CHANGING p_val.
```

```
    p_val = 'Value is changed'.

  ENDFORM.                    " call_value
```

> **결과 | 4-3**
> Call by reference Test
> Value is changed

예제 4-3의 첫 번째 WRITE 구문은 gv_val 변수를 선언할 때 지정한 VALUE 값이 출력되고, 두 번째 WRITE 구문은 FORM 구문에서 변경한 문자열이 출력된다.

VALUE 구문을 사용하지 않으면 USING과 CHANGING 구문은 모두 Call by Reference로 동작한다. 예제 4-3에서 CHANGING을 USING으로 변경해도 동일한 결과가 출력된다.

```
PERFORM call_byref USING gv_val.

FORM call_byref USING p_val.
  p_val = 'Value is changed'.
ENDFORM.                    " call_value
```

그리고 PERFORM 구문에서는 USING을 사용하고, FORM에서는 CHANGING을 사용해도 에러가 발생하지 않는다.

```
PERFORM call_byvref USING gv_val.

FORM call_byvref CHANGING p_val.
  p_val = 'Value is changed'.
ENDFORM.                    " call_value
```

즉, FORM 구문 내에서 VALUE 구문을 사용하지 않으면 USING과 CHANGING 구문의 기능은 유사하다. 단지 가독성 차원에서 '사용', '변경'한다는 것을 명시적으로 표현하기 위해 구분한 것이라고 쉽게 이해하자. USING은 데이터를 전달하고, CHANGING은 데이터를 전달한 후 변경한다는 의미를 가진다. Actual Parameter의 값이 Subroutine 내에서 자동으로 변경되는 것을 피하려면 USING과 VALUE 구문을 함께 사용해야 한다.

3-1-3 Call by Value and Result

CHANGING 키워드 다음에 파라미터를 사용하고, VALUE 구문으로 완성한다.

```
FORM subr CHANGING..VALUE(pi)
```

USING 구문과 VALUE 구문이 함께 사용되면 Subroutine 내에서 Actual Parameter 값을 변경할 수 없으나(Call by Value), CHANGING 구문과 VALUE 구문이 함께 사용되면 Subroutine이 정상적으로 종료될 경우 Actual Parameter값이 변경된다.

정수 타입 변수 3개를 선언한 후, FORM 구문 내에서 더하기를 수행하고 출력하는 프로그램을 실습해보자.

예제 | 4-4

```
REPORT  z04_04.

DATA : gv_val1   TYPE i VALUE 2.
DATA : gv_val2   TYPE i VALUE 3.
DATA : gv_sum    TYPE i.

PERFORM sum_data USING gv_val1 gv_val2
                 CHANGING gv_sum.

WRITE : / 'Result is :', GV_SUM.

FORM sum_data  USING     value(p_val1)
                         value(p_val2)
               CHANGING value(p_sum).

  p_sum = p_val1 + p_val2.

ENDFORM.                 " SUM_DATA
```

결과 | 4-4

Result is :   5

3-2 파라미터 타입 정의

FORM 구문 내의 Formal Parameter는 TYPE과 LIKE 구문을 이용해 모든 ABAP 데이터 타입을 사용할 수 있다. 파라미터 타입을 명시적으로 지정하지 않으면, 제네릭 타입(Generic Type)으로 정의되어 Actual Parameter의 기술적 속성을 상속받게 된다. 이때는 타입 변환(Type Conversion)이 가능한 타입을 사용해야 한다.

3-3 파라미터와 구조체

Formal Parameter는 모든 ABAP 데이터 타입이 허용되기 때문에 구조체도 당연히 사용할 수 있다. 구조체를 파라미터로 사용할 때는 TYPE, LIKE 구문뿐만 아니라 STRUCTURE 구문을 이용해 구조체 타입을 정의할 수 있다.

```
FORM subr USING p_str.
FORM subr USING p_str STRUCTURE gs_str.
FORM subr USING p_str TYPE t_str.
FORM subr USING p_str LIKE gs_str.
```

예제 4-5

```
REPORT z04_05.

DATA: BEGIN OF gs_str,
        empcd TYPE ZEMPLIST-EMPCD VALUE '1001',
        ename TYPE ZEMPLIST-ENAME VALUE '김철수',
      END OF gs_str.

PERFORM write_data USING gs_str.

FORM write_data USING ps_str STRUCTURE gs_str.
  WRITE: ps_str-empcd, ps_str-ename.
ENDFORM.                  " WRITE_DATA
```

결과 4-5

```
1001 김철수
```

예제 4-5에서 구조체를 파라미터로 전달할 때 타입을 명시적으로 지정하지 않으면 어떻게 될까?

```
FORM write_data USING ps_str. " STRUCTURE gs_str.
  WRITE: ps_str-empcd, ps_str-ename.
ENDFORM.                  " WRITE_DATA
```

구문 점검( ) 버튼을 선택하면, 구조체에 col1 컬럼이 없다는 에러가 발생한다.

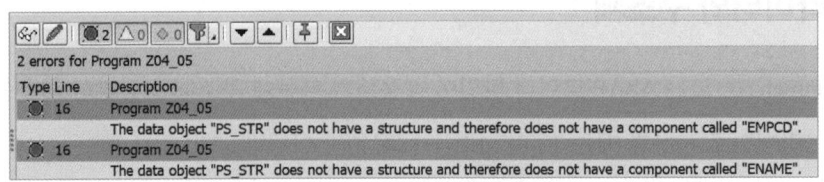

그림 4-1 구조체의 컬럼을 인식하지 못하는 에러

이와 같이 Subroutine의 파라미터로 구조체 변수를 사용할 때, 구조체의 타입을 명시적으로 지정하지 않으면 Subroutine 내에서 구조체의 개별 필드가 인식되지 않는다. 따라서 파라미터로 전달되는 구조체는 TYPE, LIKE 또는 STRUCTURE 구문을 사용하여 그 타입을 명확히 지정하거나 필드 심볼을 사용해야 한다. 필드 심볼은 10장에서 자세히 학습한다.

```
FIELD-SYMBOLS <fs>.

FORM write_data USING ps_str.
  ASSIGN COMPONENT 1 OF STRUCTURE ps_str TO <fs>.
  WRITE <fs>.

  ASSIGN COMPONENT 2 OF STRUCTURE ps_str TO <fs>.
  WRITE <fs>.

ENDFORM.
```

3-4 파라미터와 인터널 테이블

3-4-1 USING, CHANGING 구문

인터널 테이블을 Subroutine의 파라미터로 사용할 때도 USING과 CHANGING 키워드를 사용할 수 있다. 대용량의 인터널 테이블을 전달할 때는 VALUE 구문을 사용하지 않는 Call by Reference 방법이 더 효율적이다.

```
FORM subr USING gt_itab.

FORM subr CHAGING gt_itab.
```

예제 | 4-6

```abap
REPORT z04_06.


TYPES: BEGIN OF t_str,
         empcd TYPE zemplist-empcd,
         ename TYPE zemplist-ename,
       END OF t_str.

TYPES : t_itab TYPE TABLE OF t_str.

DATA: gs_str  TYPE t_str,
      gt_itab TYPE t_itab.

gs_str-empcd = '1001'.
gs_str-ename = '김철수'.
INSERT gs_str INTO TABLE gt_itab.

gs_str-empcd = '1002'.
gs_str-ename = '이영희'.
INSERT gs_str INTO TABLE gt_itab.

PERFORM test_itab USING gt_itab .

FORM test_itab  USING pt_itab TYPE t_itab.

  READ TABLE pt_itab WITH KEY empcd = '1002' INTO DATA(ls_str).
  IF sy-subrc EQ 0.
    WRITE : ls_str-empcd, ls_str-ename.
  ENDIF.
ENDFORM.
```

결과 | 4-6

002 이영희

조금 더 알아보기 — TABLES 구문

TABLES 구문은 Rel 3.0 이전 버전에서 사용하던 것으로 USING과 CHANGING 구문 대신에 사용할 수 있다. 예전에 개발된 프로그램은 TABLES 구문을 사용했기 때문에 호환성 문제로 현재도 많이 사용되고 있다. TABLES 구문에는 Standard 타입의 인터널 테이블만 사용할 수 있다.

```abap
FORM subr TABLES  gt_tab TYPE t_type.
```

TABLES 구문을 이용하여 Formal Parameter를 정의하면 Call by Value 방식이 지원되지 않는다.

예제 4-7은 TABLES 구문을 이용해 인터널 테이블을 Subroutine으로 전달하는 과정을 보여준다.

예제 | 4-7

```abap
REPORT Z04_07.

TYPES: BEGIN OF t_str,
         empcd TYPE zemplist-empcd,
         ename TYPE zemplist-ename,
       END OF t_str.

TYPES : t_itab TYPE TABLE OF t_str.

DATA: gs_str  TYPE t_str,
      gt_itab TYPE t_itab.

PERFORM insert_itab TABLES gt_itab .
PERFORM write_data TABLES gt_itab.

FORM insert_itab  TABLES pt_itab TYPE t_itab.
  DATA ls_str TYPE t_str.

ls_str-empcd = '1001'.
ls_str-ename = '김철수'.
INSERT ls_str INTO TABLE pt_itab.

ls_str-empcd = '1002'.
ls_str-ename = '이영희'.
INSERT ls_str INTO TABLE pt_itab.

ENDFORM.                    " insert_itab

FORM write_data TABLES pt_itab LIKE gt_itab.
  DATA ls_str TYPE t_str.

  LOOP AT pt_itab INTO  ls_str.
    WRITE : / ls_str-empcd, ls_str-ename.
  ENDLOOP.
ENDFORM.                    " write_data
```

결과 | 4-7

```
1001 김철수
1002 이영희
```

예제 4-7에서 첫 번째 Subroutine test_itab은 인터널 테이블을 TYPE으로 전달하였고, 두 번째 write_data에서는 LIKE 구문을 이용하였다.

Subroutine 호출

Subroutine을 호출하는 방법에는 내부(Internal)와 외부(External) 두 가지가 존재한다. PERFORM 구문을 이용하여 ABAP 프로그램 내에서 Subroutine을 호출할 수 있으며, 다른 ABAP 프로그램 내의 Subroutine도 호출하여 사용할 수 있다. 다음의 두 번째 구문처럼 외부 Subroutine을 호출하는 경우를 외부 호출(External Call)이라 하며, Subroutine 이름 다음에 괄호를 사용하여 외부 프로그램의 이름을 입력한다. Subroutine 이름은 조건에 따라서 동적으로 사용할 수 있다.

Internal Call	External Call
PERFORM subr .	PERFORM subr(prog_name)

4-1 내부 호출

앞에서 학습하였듯이 같은 ABAP 프로그램 내에서 선언한 Subroutine을 호출하려면 단순히 PERFORM 구문으로 이름만 지정하면 된다. 문자열 2개를 Subroutine에 전달하여, 하나의 변수에 연결하는 프로그램을 실습해보자.

예제 | 4-8
```
REPORT  z04_08.

DATA: gv_val1(10)   TYPE c VALUE 'Enjoy',
      gv_val2(10)   TYPE c VALUE 'ABAP',
      gv_val3(20)   TYPE c.

PERFORM concate_string USING gv_val1 gv_val2
                       CHANGING gv_val3.
WRITE gv_val3.

FORM concate_string USING value(p_val1) value(p_val2)
                    CHANGING  value(p_val3).

  CONCATENATE p_val1 p_val2 INTO p_val3 SEPARATED BY space.

ENDFORM.
```

> **결과 | 4-8**
> Enjoy ABAP

4-2 외부 호출

ABAP 프로그램은 다른 프로그램의 Subroutine을 호출하여 사용할 수 있도록 지원한다. 외부 프로그램을 호출할 경우에는 IF FOUND 구문을 사용하여, 해당 Subroutine이 있는지 확인하는 것이 바람직하다. 확인하지 않았을 때 Subroutine이 없으면 덤프 에러가 발생한다.

> **TIP 외부 Subroutine 호출**
> SAP는 외부 Subroutine 호출을 더 이상 사용하지 않을 것을 권고하고 있다. 실무에서 사용되는 사례들이 있기에 이 책에서는 소개하지만, 외부 Subroutine 대신에 함수 또는 클래스 메소드를 호출하는 방식을 이용하자.

예제 4-9는 예제 4-8에서 구현한 Subroutine인 CONCATE_STRING을 외부 호출을 사용해 호출하고 있다.

> **예제 | 4-9**
> ```
> REPORT   z04_9.
>
> DATA: gv_first(10)      TYPE c VALUE 'External',
>       gv_second(10)     TYPE c VALUE 'CALL',
>       gv_result(20)     TYPE c.
>
>
> PERFORM concate_string(z04_08) IF FOUND
>                                USING gv_first gv_second
>                                CHANGING gv_result.
> ```

> **결과 | 4-9**
> External CALL

4-3 동적 호출 및 이름 동적 지정

외부 프로그램의 Subroutine을 호출할 경우 이름을 동적으로 지정할 수 있다(내부 프로그램도 동일한 형태로 사용할 수 있다). 예제 4-10을 통해 Subroutine이 동적으로 호출되는 경우를 실습해보자.

예제 | 4-10

```
REPORT   z04_10.

DATA: gv_first(10)     TYPE c VALUE 'Dynamic',
      gv_second(10)    TYPE c VALUE 'CALL',
      gv_result(20)    TYPE c.

DATA: gv_pname(8)      TYPE c VALUE 'Z04_08',
      gv_subname(20)   TYPE c VALUE 'CONCATE_STRING'.

TRANSLATE GV_PNAME TO UPPER CASE.

PERFORM (gv_subname) IN PROGRAM (gv_pname) IF FOUND
                        USING gv_first gv_second
                        CHANGING gv_result.

WRITE : gv_result.
```

결과 | 4-10

Dynamic CALL

예제 4-10은 예제 4-8 프로그램의 Subroutine을 동적으로 호출하고 있다. 동적 구문을 사용할 경우에는 프로그램 이름과 Subroutine 이름을 반드시 대문자로 지정해야 하며, 예제에서는 TRANSLATE 명령을 사용해 대문자로 변환하였다.

05 Subroutine 종료

Subroutine은 FORM과 ENDFORM 구문 사이의 블록에 로직을 작성하여 정의된다. 이 로직들은 ENDFORM 구문을 만나게 되면 정상적으로 종료된다. 그러나 Subroutine의 실행을 도중에 종료해야 하는 경우, EXIT이나 CHECK 구문을 활용할 수 있다. EXIT 구문을 만나면 Subroutine이 즉시 종료되며, CHECK나 IF와 같은 논리 구문을 사용하면 조건이 참인 경우에만 이후 로직이 실행된다.

예제 | 4-11

```
REPORT z04_11.

PARAMETERS : p_val TYPE char10.

PERFORM end_subr USING p_val.

FORM end_subr USING VALUE(p_val).

  CASE p_val.
    WHEN 'EXIT'.
      WRITE '서브루틴 도중에 종료'.
      EXIT.
    WHEN 'CHECK'.
      WRITE '값 체크 후 서브루틴 제어'.
    WHEN OTHERS.

  ENDCASE.

  CHECK p_val NE 'CHECK'.

  WRITE '정상 종료'.

ENDFORM.
```

결과 | 4-11

서브루틴 도중에 종료

예제 4-11에서는 PARAMETERS를 통해 사용자로부터 값을 입력받고, 이를 CASE 조건문을 활용해 Subroutine의 흐름을 제어하고 있다. 사용자가 'EXIT'을 입력하면, WRITE 구문이 실행된 후, EXIT 구문을 만나 Subroutine이 즉시 종료된다. 만약, 사용자가 CASE 조건문에 설정된 'EXIT'이나 'CHECK' 이외의 값을 입력하는 경우, CHECK p_val NE 'CHECK' 구문이 실행된다. 이 조건이 참인 경우, 즉 입력된 파라미터 값이 'CHECK'가 아닌 경우에만 이후의 로직이 실행되며, ENDFORM 구문을 만난 후 Subroutine이 종료된다.

Temporary Subroutine

메인 메모리에서 동작하는 동적 Subroutine을 정의할 수 있다.

```
GENERATE SUBROUTINE POOL gt_itab NAME gv_prog.
```

이 구문은 실행 중인 프로그램의 메인 메모리에 Subroutine Pool을 생성한다. Subroutine Pool의 소스 코드를 인터널 테이블에 삽입하여, Subroutine 프로그램을 생성하게 된다. 즉, 동적으로 Subroutine을 사용하고자 할 경우 Subroutine Pool(프로그램)을 생성하여 사용할 수 있다. 이것은 인터널 테이블을 동적으로 선언해야 하는 경우 등에 아주 유용하다.

예를 들어, 사용자가 매출 금액을 기간을 설정해서 조회하는 프로그램이 있다고 가정하자. 사용자는 동적으로 해당 일자를 선택할 수 있기 때문에 인터널 테이블의 컬럼 수를 미리 정의하기가 곤란하다. 이럴 때는 GENERATE 구문을 이용하면 입력된 일수만큼 인터널 테이블을 동적으로 선언할 수 있게 한다. 이외에도 동적 인터널 테이블을 생성하는 방법은 여러 가지가 있다. Subroutine Pool은 생성된 프로그램이 실행된 상태에서만 존재하게 된다.

예제 | 4-12

```
REPORT  Z04_12.

DATA gt_tab TYPE STANDARD TABLE OF string.

gt_tab = VALUE #(
   ( `PROGRAM subpool.`                         )
   ( `DATA gt_emplist TYPE TABLE OF zemplist.`  )
   ( `FORM get_data.`                           )
   ( `  SELECT *` &
     `         FROM ZEMPLIST` &
     `         INTO TABLE @gt_emplist.`         )
   ( `ENDFORM.`                                 )

   ( `FORM display_data.`                       )
   ( `  cl_demo_output=>display( gt_emplist ).` )
   ( `ENDFORM.`                                 )
 ).

GENERATE SUBROUTINE POOL gt_tab NAME DATA(gv_prog)
```

```
        MESSAGE              DATA(gv_msg)
        SHORTDUMP-ID         DATA(gv_id).

IF sy-subrc = 0.
  PERFORM get_data IN PROGRAM (gv_prog) IF FOUND.
  PERFORM display_data IN PROGRAM (gv_prog) IF FOUND.
ELSEIF sy-subrc = 4.
  MESSAGE gv_msg TYPE 'I'.
ELSEIF sy-subrc = 8.
  MESSAGE gv_id TYPE 'I'.
ENDIF.
```

결과 | 4-12

GT_EMPLIST						
MANDT	EMPCD	DEPCD	PSTION	ENAME	EMAIL	TEL
100	1001	D001	상무	김철수	sapjoy@naver.com	010-1001-1001
100	1003	D002	부장	조영수	jys@nvaer.com	010-1003-1003
100	1002	D001	과장	이영희	MSRPA@NAVER.COM	010-1002-1002
100	1005	D003	차장	문영호	myh@naver.com	010-1005-1005

조금 더 알아보기 — 매크로

1. 로컬 매크로

프로그램에서 동일한 구문을 여러 번 반복해서 사용해야 할 경우, 매크로를 활용하는 것이 효율적이다. 매크로는 프로그램의 선언부에서 DEFINE과 END-OF-DEFINITION 구문으로 정의한 후, 매크로 이름과 파라미터를 통해 호출할 수 있다. PERFORM 구문이 로직을 포함한 재사용 가능한 모듈이라면, 매크로는 단순히 반복되는 코드를 줄이기 위한 방법이라고 할 수 있다.

매크로는 단순한 코딩 반복을 줄이기 위한 것으로 이해할 수 있으나 프로그램을 디버깅할 때 매크로 내부에 어떤 로직이 있는지 확인할 수 없기 때문에 복잡한 로직을 넣거나, 무분별하게 사용하면 오히려 유지보수가 힘들어질 수 있다. 또한 SAP는 객체 지향(OOP) 프로그래밍을 강화하고 있기 때문에, 매크로의 사용을 지양해야 한다.

예제 프로그램을 실행해보면 매크로를 쉽게 이해할 수 있을 것이다.

```
DEFINE macro.
  ~~~
END-OF-DEFINITION.
```

예제 4-13에서 con 매크로는 3개의 파라미터를 전달받아 CONCATENATE 명령 처리를 하게 된다. 이

때 &1 &2 &3 는 매크로에서 변수 값을 받는 파라미터이며, 총 9개의 파라미터를 설정할 수 있다. 매크로는 자기 자신을 호출할 수 없다. 매크로 con 내부에는 또 다른 매크로 dis를 호출하여 결괏값을 화면에 출력한다.

예제 | 4-13

```
REPORT  z04_13.

DATA: gv_val1 TYPE c VALUE 'A',
      gv_val2 TYPE c VALUE 'B',
      gv_val3 TYPE char3.

DEFINE con.
  CONCATENATE &1 &2 INTO &3 SEPARATED BY space.
  dis &3.
END-OF-DEFINITION.

DEFINE dis.
  WRITE &1.
END-OF-DEFINITION.

con gv_val1 gv_val2 gv_val3.
```

2. 글로벌 매크로

일반적으로 매크로는 프로그램 내에서 DEFINE과 END-OF-DEFINITION 구문을 사용하여 정의한다. 이러한 방식으로 정의된 로컬 매크로는 다른 프로그램에서 호출할 수 없다는 단점이 있다. 그러나 글로벌 매크로를 생성하면 모든 프로그램에서 이를 사용할 수 있다. 글로벌 매크로를 사용하려면 TRMAC 테이블을 유지보수해야 한다.

우리가 자주 사용하는 글로벌 매크로 중 하나는 중단점을 지정하는 BREAK 구문이다. 그림 4-2에서 볼 수 있듯이, TRMAC 테이블에 정의된 매크로 BREAK는 프로그램에서 BREAK를 입력하면 호출하게 된다.

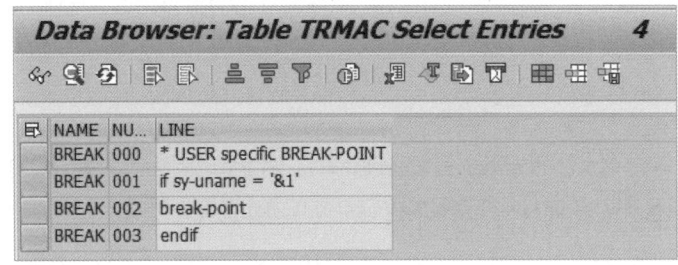

그림 4-2 TRMAC 테이블 조회

사용하는 문자열 변수 2개를 하나로 연결하는 CONCATENATE 구문을 매크로를 이용해 생성해보자.

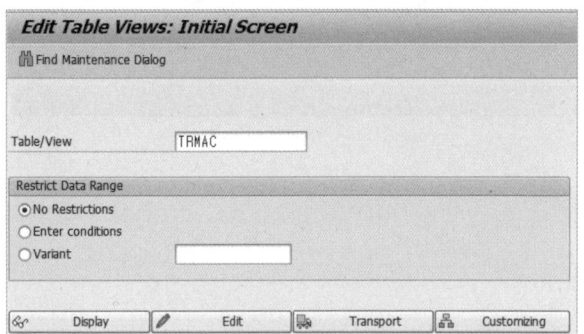

01 T-CODE:SM30에서 TRMAC 테이블을 입력하고 [Edit] 버튼을 선택한다.

02 현재 지정되어 있는 글로벌 매크로를 조회 및 유지보수할 수 있고, [New Entries] 버튼을 선택해서 글로벌 매크로를 신규로 생성할 수 있다.

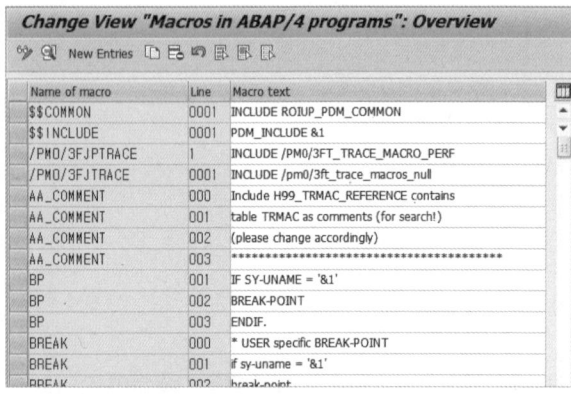

03 매크로 이름과 라인 순번을 입력하고, 실행할 명령어를 지정한다. 이렇게 생성된 매크로는 모든 프로그램에서 사용할 수 있다.

```
DATA : gv_val1 TYPE c VALUE 'A',
       gv_val2 TYPE c VALUE 'B',
       gv_val3 TYPE char3.

CONC gv_val1 gv_val2 gv_val3.
```

04 ABAP 프로그램에서 글로벌 매크로를 호출하면 gv_val3 변수에 'AB' 값이 저장된다.

ABAP 명령어가 아닌 생소한 명령어는 글로벌 매크로일 것이라고 추측해볼 수 있으며, 해당 명령어를 더블 클릭하여 다음과 같은 메시지가 출력되면 글로벌 매크로를 의미한다.

"BREAK is a predefined macro from table TRMAC"

Function Module은 Subroutine 구문과 유사하게 기능별로 모듈화하고 재사용이 가능하도록 지원한다. Subroutine 구문이 로컬 모듈화(Local Modularization)라 하면, Function Module은 글로벌 모듈화(Global Modularization)라고 한다. Subroutine과 Function은 다음과 같은 차이점이 있다.

- Function Module은 Function Group이라고 불리는 풀(POOL)에 소속되어야 한다.
- Function Module은 예외처리 기능을 제공하여 에러가 발생하면 예외 사항을 호출한 프로그램에 전달할 수 있다.
- Function Module은 호출 프로그램에 상관없이 독립 실행형(Stand-alone) 모드에서 테스트할 수 있다.

Overview – Function Module

Function Module을 호출할 때 입력(Input) 파라미터를 입력하고, Function Module의 실행 결과를 출력(Output) 파라미터로 받게 된다. Function Module은 Function Group(TYPE F 프로그램)에 소속되어 동작한다. Function Group은 개발 패키지처럼 유사한 기능의 Function Module 등을 모아놓은 컨테이너(Container)를 의미한다.
이번 절부터 Function Group을 생성하고, Function Module을 추가하여 ABAP 프로그램에서 Function Module을 호출하는 방법에 대해서 알아본다.

7-1 Function Module

Function Module은 중앙 라이브러리(Repository)에 저장되는 특별한 Global Subroutine이다. 이러한 의미에서 Function Module을 글로벌 모듈화(Global Modularization)라 부르기도 한다. 하나의 프로그램에서 동일한 기능의 구문을 여러 번 사용하면 스크립트가 길어지고, 변경 사항이 발생할 경우 구문마다 수정해야 하는 비효율적인 문제가 발생한다. 이때 Function을 이용한 모듈화를 구현하여 재사용성을 제공하고 스크립트 수를 줄일 수 있다.

SAP에는 이미 수많은 Function Module이 만들어져 있다. 당연히 추가로 필요한 기능은 Function Module을 생성하여 사용할 수 있다. Function Module의 인터페이스는 Import Parameter, Export Parameter, Changing Parameter, Tables Parameter, Exceptions Parameter 등을 포함한다.

- **Import Parameter**: Function Module에 전달하는 값이며 선택 사항이다.
- **Export Parameter**: Function Module로부터 ABAP 프로그램으로 전달하는 값이며 선택 사항이다.
- **Changing Parameter**: Function Module에 값을 넘기고, 그 값을 바꿀 수 있다.
- **Tables Parameter**: 인터널 테이블을 Function Module에 전달하고 받을 수 있다.
- **Exceptions Parameter**: 에러에 대한 정보를 제공한다

7-2 Function Group

Function Group은 여러 Function Module을 논리적으로 모아놓은 컨테이너이다. Function Group은 직접 실행할 수 없다. Function을 호출하였을 때, 시스템은 호출한 프로그램의 인터널(Internal) 세션 안으로 Function Group 전체를 로딩한다. 이것은 Function Group 내에서 데이터를 공유하고, 스크린을 생성해서 호출하고, PERFORM 구문 등을 공유할 수 있도록 한다.

그리고 주의해야 할 점은 Function 이 실행될 때 이 Function이 소속된 Group내의 모든 Function이 영향을 받는다는 것이다. 이것은 Function Group에 포함되어 있는 Function 중에서 하나가 에러가 발생하면, 동일 Group내의 모든 Function이 에러가 발생한다는 것을 의미한다. 그렇기 때문에 Function Group 내에 중요한 Function을 많이 생성하는 것은 지양해야 한다. 특히 인터페이스에 사용되는 RFC인 경우는 더욱 신중해야 한다. 필자의 실무 경험을 바탕으로, 가급적이면 하나의 Function Group에는 10개 이내의 Function Module을 생성할 것을 권장한다.

Function Group의 이름은 26자까지 가능하다. Function Builder를 통해 Function과 Group을 생성하게 되면 시스템은 자동으로 Main Program과 Include Program을 생성한다. 이때 Main Program의 이름은 'SAPL'이 Function Group 앞에 붙어 구성된다. 예를 들어, fgrp라는 Function Group의 Main Program 이름은 'SAPLFGRP'가 된다. 프로그램 SAPL<fgrp>는 다음의 Include 프로그램을 포함한다.

- L<fgrp>TOP.
  FUNCTION-POOL 구문을 포함하고 있다. Function Group 전체에 사용할 수 있는 글로벌 변수를 선언한다.

- L〈fgrp〉UXX.

    Include 프로그램 L〈frgrp〉U01, L〈frgrp〉U02와 같이 기술한다. 이것은 실제 Function Module의 프로그램을 포함하고 있다.

Function Group 생성

Function Group은 T-CODE:SE37 Function Builder 또는 T-CODE:SE80에서 생성할 수 있다.

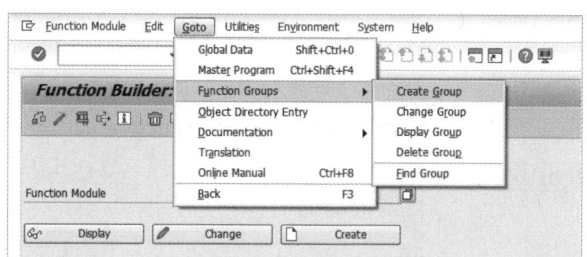

01 T-CODE:SE37에서 메뉴: [Goto] → [Function] → [Group] → [Create Group]을 선택한다. 또는 다음과 같이 T-CODE:SE80에서 마우스 오른쪽 버튼을 이용하여 생성할 수 있다.

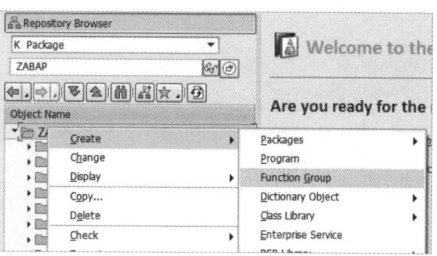

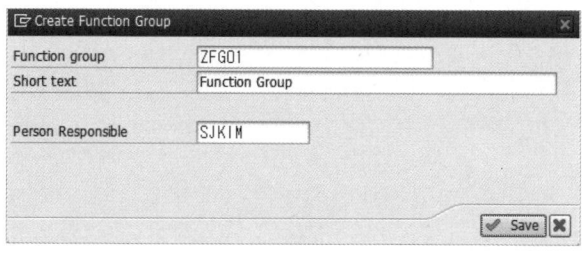

02 'Z'로 시작하는 Function Group 이름을 입력한다. 영문과 숫자를 포함하여 26자까지 가능하다.

> 일반적으로 Function Group 이름은 모듈명을 사용하며 뒤에 '01'과 같이 차례로 번호를 붙인다.
> · Z HR 01
> · Z+모듈명 + 순번

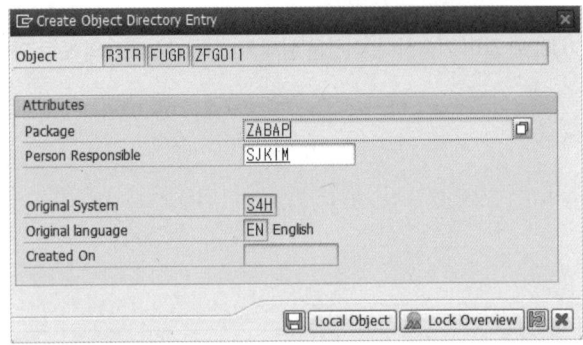

03 Package 필드에 'ZABAP'을 입력하고 저장 아이콘을 클릭한다. 다음 화면에서 Request Number는 기존 것을 사용하거나, 신규로 생성해도 된다.

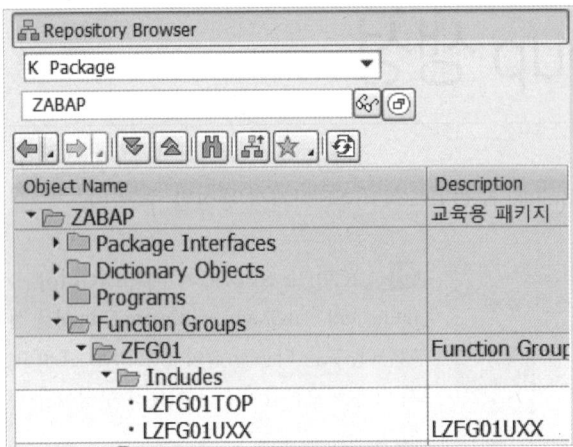

04 T-CODE:SE80에서 ZABAP 패키지를 조회하면, Function Group 'ZFG01'이 조회된다. 여기서 주목할 점은 Function Group을 생성하면 L<>TOP, L<>UXX 2개의 Include를 포함하는 Main Program이 자동으로 생성된다는 것이다.

앞에서 설명하였듯이 LZF01TOP Include는 ZFG01 Group 내의 모든 Function Module이 사용할 수 있는 글로벌 변수를 선언하게 된다. LZF01UXX Include는 Function Group에 Function Module을 생성하게 되면 스크립트가 자동으로 추가된다.

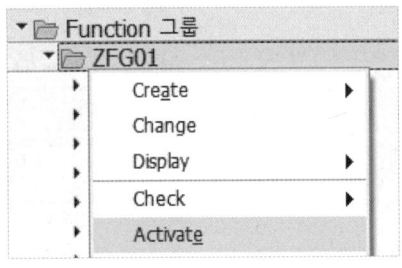

05 Function Group 'ZFG01'을 선택하고 마우스 오른쪽 버튼을 눌러서 [Activate] 메뉴로 활성화한다.

Function Module

9-1 Function Module 목록 검색

Function Module을 생성하기 전에, 구현하고자 하는 기능이 이미 존재하는지 확인하는 과정이 필요하다. T-CODE:SE37(Function Builder)에서 월의 마지막 일자를 반환하는 Function Module을 검색해 보자.

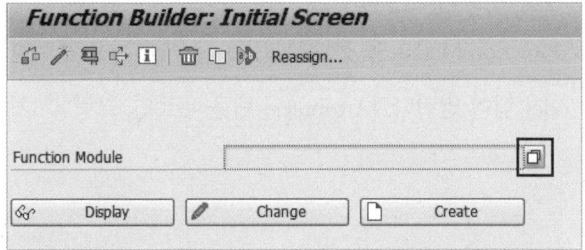

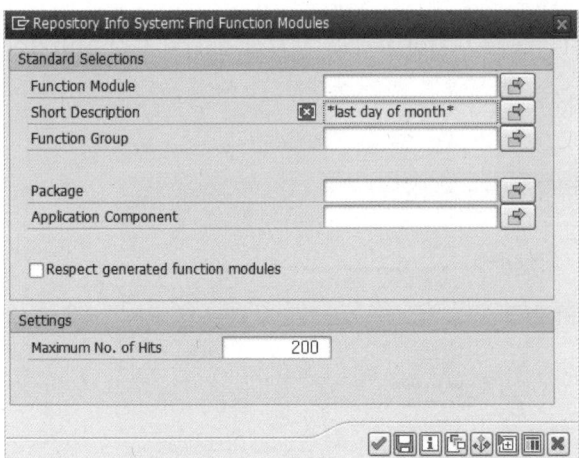

01 월의 마지막 일자를 반환하는 Function Module을 검색하려면, [F4] 키 또는 Possible Entry 아이콘을 누른다. Function을 검색하는 팝업창에서 Short Description 항목에 찾고자 하는 Function 기능을 입력하고 검색한다. 와일드 카드에는 다음의 두 가지가 있다.
*: 임의의 문자열
+: 임의의 한 문자

이전에 검색한 목록이 조회되면, 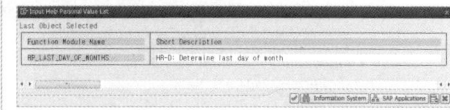 버튼을 누르면 된다.

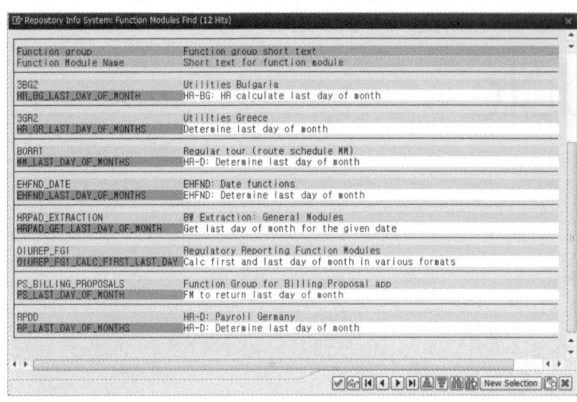

02 그림과 같이 해당 내역의 Function Module 목록을 검색할 수 있다.

📌 목록에서 (Obsolete)라는 내용이 포함되어 있으면, 해당 Function은 폐기된 것이다. 즉, SAP 사에서 해당 Function을 더 이상 유지보수하지 않는다는 것이다. 이러한 Function은 사용하지 않는 것이 바람직하다.

9-2 Function Module의 세부 내용

앞 화면에서 'RP_LAST_DAY_OF_MONTHS' Function Module을 선택하고 [Display] 버튼을 클릭한다. 기본으로 소스 코드를 작성하는 [Source Code] 탭이 열린다. [Attributes] 탭을 누르면, 그림 4-3처럼 Function Module의 속성이 조회된다.

9-2-1 Attributes

[Attributes] 탭에는 Function Module이 소속된 Group, 생성인(작성자), 생성일, 패키지 등의 일반적인 관리 정보와 Processing Type 정보가 조회된다.

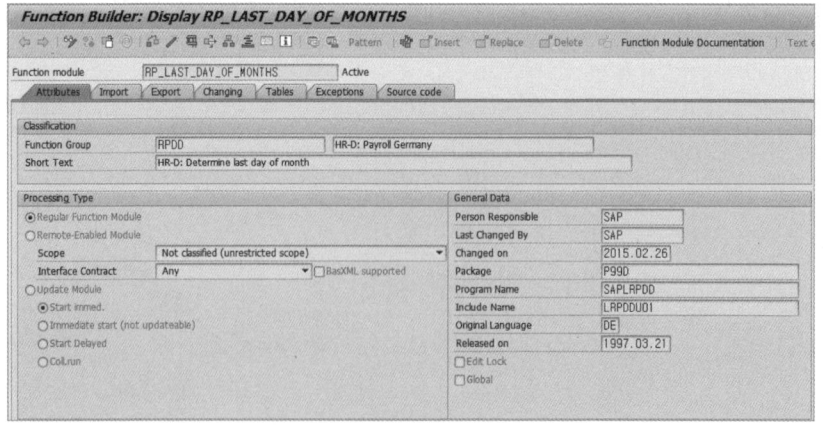

그림 4-3 Function Module의 속성

[Processing Type]

- **Normal Function Module:** 일반적으로 사용하는 Function Module 형태이다.
- **Remote-enabled Module:** 동일 시스템에서 비동기적으로 호출되거나(병렬처리 등), 다른 시스템에서 호출될 때 사용된다. 이 항목이 설정된 함수를 RFC(Remote Function Call)라고 부른다.
- **Update Module:** 일괄적으로 데이터베이스를 변경하기 위하여 추가적인 Function을 포함하는 형태이다. SAP Bundling 기술의 하나이다.

[General Data]

- **Edit Lock:** Edit Lock 플래그는 다른 개발자에 의해서 변경이 일어나는 것을 막기 위함이다. Edit Lock을 설정한 개발자만이 Function을 수정할 수 있다.
- **Global:** Global 플래그를 선택하면, Function Module 내의 변수를 Function Group의 Global 데이터로 선언하게 된다.

9-2-2 Import Parameter

Function Module을 호출한 ABAP 프로그램에서 변수 값을 전달받는 목적으로 사용한다.

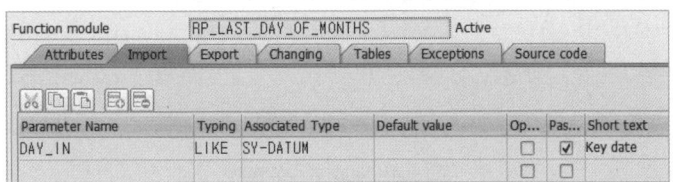

그림 4-4 Import Parameter

Import Parameter에 입력할 항목은 다음과 같다.

필드	설명
Type	파라미터의 타입 유형을 지정한다. 예) 'TYPE', 'LIKE', 'TYPE REF TO'
Associated Type	데이터 타입이나, 참조할 특정 테이블의 필드를 지정한다.
Default Value	파라미터의 초기 값을 설정한다.
Optional	파라미터를 선택 사항으로 설정한다. Optional이 선택되지 않은 파라미터는 필수 입력 값이다.
Passing Value	파라미터를 전달받을 때 새로운 메모리에 값을 복사하여 작업한다.

표 4-1 Import Parameter에 사용되는 항목

9-2-3 Export Parameter

Function Module에서 ABAP 프로그램으로 값을 전달하는 목적으로 사용하는 파라미터이다.

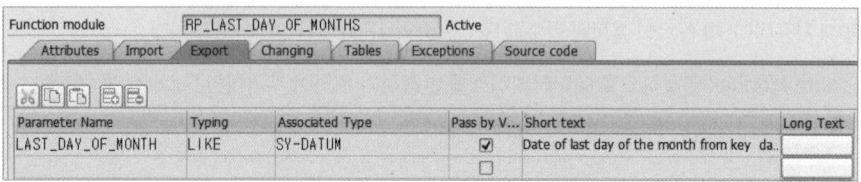

그림 4-5 Export Parameter

9-2-4 Changing Parameter

Function Module을 호출한 ABAP 프로그램과 값을 주고받을 수 있다. Import/Export 파라미터는 값을 입력받거나, 반환하는 역할만 수행하는 반면, Changing 파라미터는 값을 입력받고, Function Module의 실행이 완료된 후 결과를 ABAP 프로그램으로 전달할 수 있다.

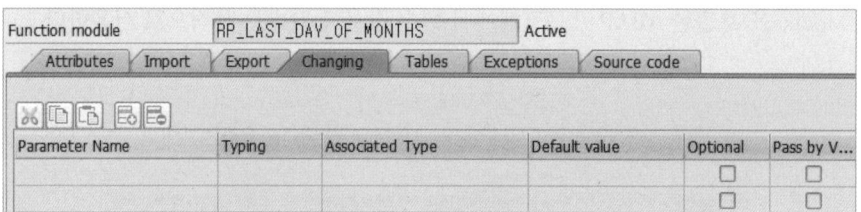

그림 4-6 Changing Parameter

9-2-5 Tables Parameter

Tables Parameter는 하나의 값이 아닌 여러 값, 즉 인터널 테이블의 내용을 주고받을 수 있다.

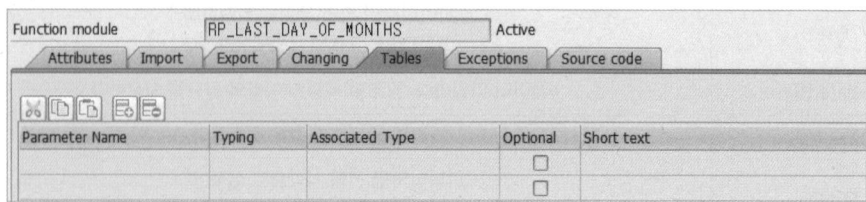

그림 4-7 Tables Parameter

9-2-6 Exceptions Parameter

Exceptions Parameter를 사용하면 Function Module이 실행되는 동안 발생하는 예외 사항을 처리할 수 있다. Function 내에서 RAISE 구문으로 Exception을 호출한다. 좀더 자세한 내용은 뒤에서 Function Module을 생성하면서 알아보자.

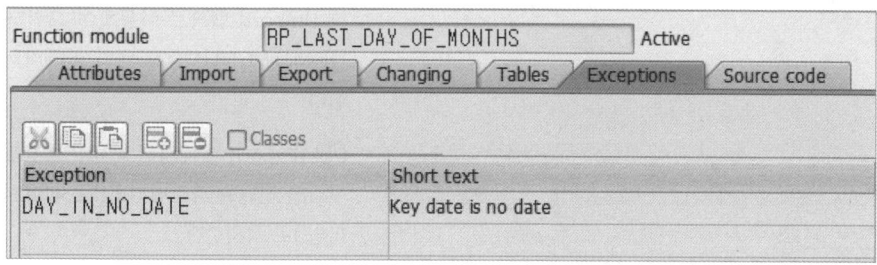

그림 4-8 Exceptions Parameter

9-3 Function Module 생성

이제 Function Module을 생성해보자. 이 함수는 두 개의 파라미터에서 값을 가져와서(Import) 나누기(Divide)를 수행하고 결과를 내보내게(Export) 된다.

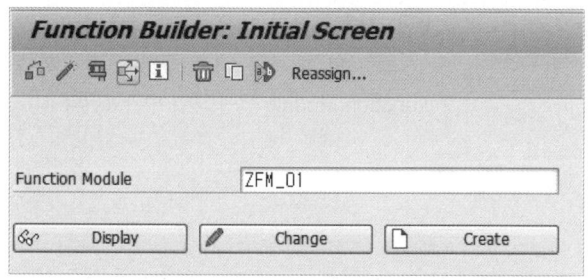

01 T-CODE:SE37을 실행한 후, Function Module 이름을 입력하고 [Create] 버튼을 선택한다.
T-CODE: SE80에서 Function Group 이름을 입력한 후, 마우스 오른쪽 버튼을 이용하여 Function Module을 생성할 수도 있다.

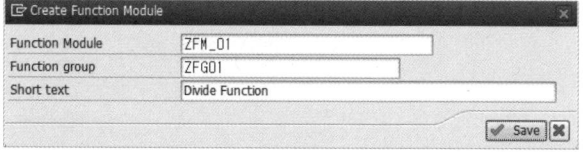

02 Function Module 필드에 'ZFM_01'을 입력하고 Function Group 필드에는 앞에서 생성한 'ZFG01'을 입력한다. 패키지를 지정하는 다음 팝업창은 생략한다.

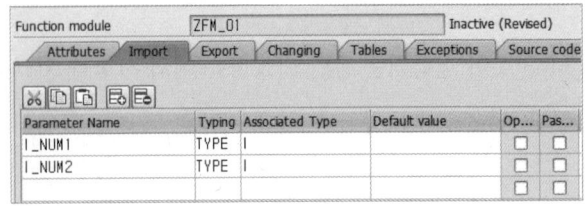

03 [Attributes] 탭에서는 Default Value 그대로 사용하고, [Import] 탭에서 입력받을 2개의 파라미터를 정의한다.

[Attributes] 탭에서 간단히 Short Text를 입력한 후, Function Module에서 값을 입력받기 위한 Import Parameter를 정의하기 위해 [Import] 탭으로 이동하여 그림과 같이 I_NUM1과 I_NUM2 두 개의 파라미터를 정의한다.

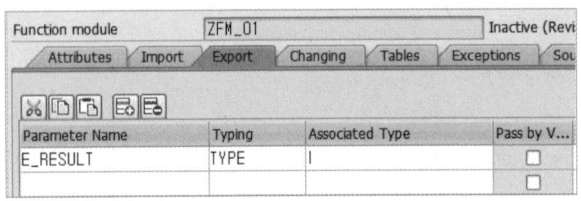

04 [Export] 탭에서는 ABAP 프로그램에 결괏값을 전달할 파라미터 E_RESULT를 정수형 타입 I로 정의한다.

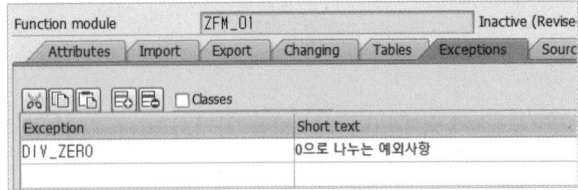

05 [Exception] 탭에서는 0으로 나누는 경우 프로그램 덤프 에러를 방지하기 위해 Exception DIV_ZERO를 정의한다.

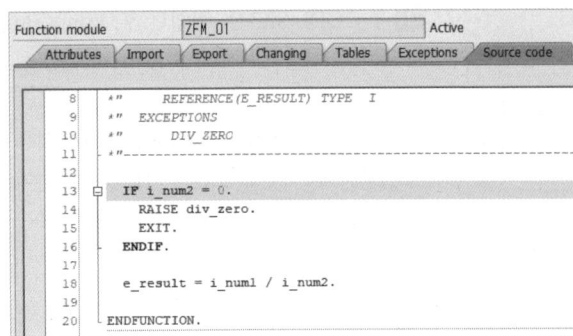

06 그림과 같이 스크립트를 완료한다. 점검(🔒) 및 활성화 버튼(✏️)을 클릭하면 Function Module 생성 작업이 완료된다.

9-4 Function Module 테스트

앞에서 생성한 Function Module을 테스트해 보자.

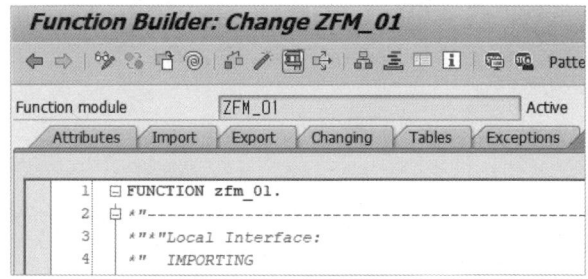

01 실행 아이콘(🖳)을 클릭하거나 [F8] 키를 입력한다.

02 Import Parameter에 '10', '2'를 입력하고 실행 버튼을 누른다. 이 상태에서 상단의 저장 버튼(💾)을 클릭하면 입력한 테스트 데이터를 저장할 수 있다. 입력 값이 많은 Function인 경우는 테스트할 때마다 데이터를 입력해야 하므로 테스트 데이터를 미리 저장한 후 호출하면 시간을 절약할 수 있다. [Test data directory] 버튼을 클릭하여 테스트 데이터를 불러온다.

03 🕒 버튼을 누르면, Function Module을 실행한 결과 화면이 조회되고 결괏값이 출력된다.

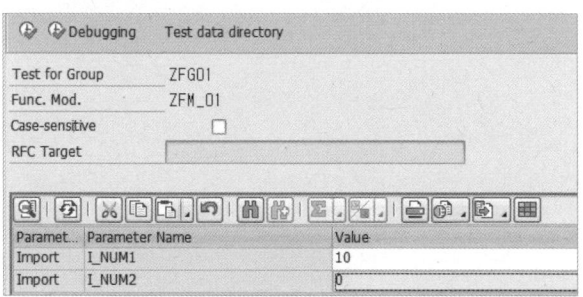

04 2단계로 돌아와 I_NUM2 파라미터에 '0'을 입력하면 Exception이 호출된다. 나누기 값이 0일 경우 예외 처리를 하지 않으면 덤프 에러가 발생한다.

조금 더 알아보기 — Function Module 테스트 환경을 ALV로 보기

앞서 나온 9-4절과 같이 Function Module의 테스트 환경을 ALV로 하기 위한 설정은 다음과 같다.

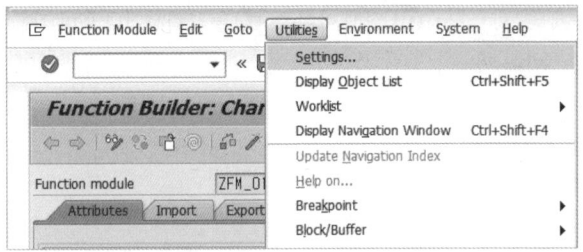

01 T-Code: SE37로 이동하여 메뉴: [Utilities] → [Settings] 경로로 들어간다.

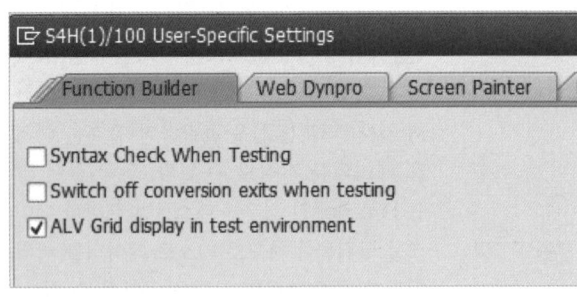

02 [Function Builder] 탭에서 'ALV Grid display in test environment' 항목에 선택한다.

9-5 Function Module 호출

앞에서 만든 Function Module을 호출하는 간단한 ABAP 프로그램을 만들어보자.

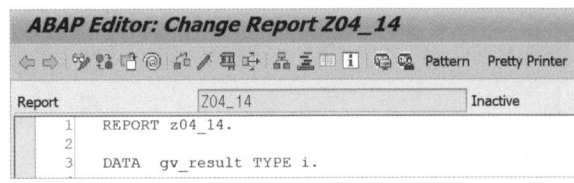

01 TYPE-1 프로그램을 생성하고, 어플리케이션 툴바의 [Pattern] 버튼을 클릭하자.

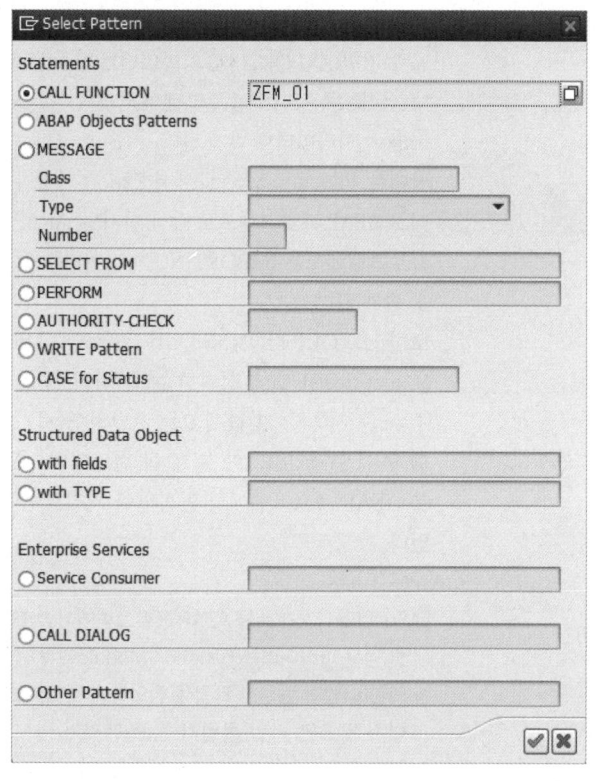

02 함수 'ZFM_01'를 CALL FUNCTION 필드에 입력하고 ✓ 버튼을 누른다.

Pattern 기능은 Function 이외에도 ABAP Object, SELECT 구문, Authority Check 등의 구문을 정해진 포맷에 맞게 스크립트를 자동으로 생성해준다.

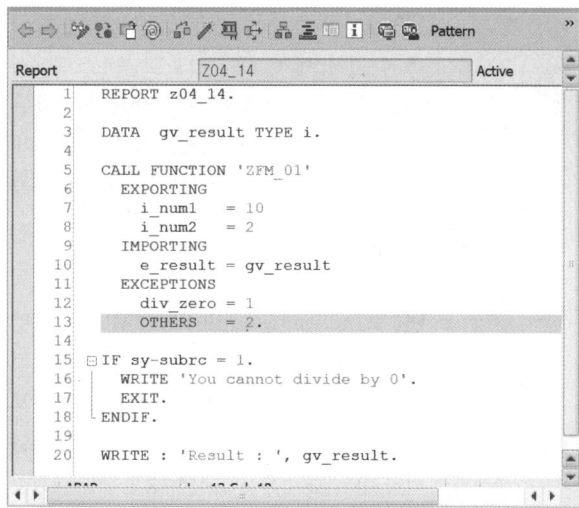

03 그림과 같이 해당 Function Module의 스크립트가 자동으로 생성된다. Function Module을 만들 때 Import로 선언한 파라미터는 ABAP 프로그램 내에는 EXPORTING 위치에 존재하고, Export로 선언한 파라미터는 IMPORTING 위치에 존재한다.

'IF sy-subrc = 1.' 구문은 Function Module을 호출할 때 나누기 값을 0으로 전달하면, Exception 처리가 되어 시스템 변수에 '1' 이라는 값이 전달된다.

그림과 같이 해당 Function Module의 스크립트가 자동으로 생성된다.

Function Module을 생성할 때, [Import] 탭에 정의한 파라미터는 ABAP 프로그램에서 EXPORTING에 위치하고, [Export] 탭에 정의한 파라미터는 IMPORTING에 위치한다.

이는 ABAP 프로그램과 Function Module 사이의 값을 주고받는다는 관점에서 생각해보면 이해가 쉬울 것이다.

ABAP 프로그램에서 Function Module로 값을 넘기면(EXPORTING 파라미터), Function Module은 ABAP 프로그램에서 넘긴 값을 Import 파라미터로 받게 된다.

반대로, Function Module에서 Export 파라미터로 ABAP 프로그램으로 값을 넘기면, ABAP 프로그램에서는 IMPORTING 파라미터로 값을 받게 된다.

또한, EXCEPTIONS의 'div_zero = 1'은 [Exceptions] 탭에 정의한 예외 처리로, 함수 호출 시 나누기 값에 0을 전달하면 시스템 변수 SY-SUBRC에 '1' 값이 전달되며, 이를 ABAP 프로그램에서 인식하여 처리할 수 있다.

▌Function Module을 ABAP 프로그램에서 호출할 경우 파라미터는 Function Module에서 정의한 타입과 동일한 타입을 정의해야 한다. 그렇지 않으면 타입 불일치 덤프 에러가 발생한다.

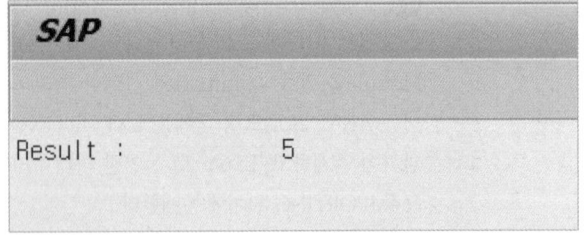

04 그림과 같이 'Result : 5'인 결괏값을 얻을 수 있다. 만약, 해당 리포트 프로그램에서 i_num2 파라미터에 '0'을 입력했을 경우에는 Function Module의 Exception이 호출되어, SY-SUBRC = 1 에러가 발생한다. 0으로 나눌 수 없다는 에러 메시지가 출력되는 것이다.

05 Function Module을 ABAP 프로그램에서 호출할 때의 값을 바로 테스트 데이터로 저장하는 방법에 대해서 추가로 알아보자. Function Module을 호출하는 라인을 클릭하거나, 🔲버튼을 눌러서 중단점을 설정한다. 표준 Function Module은 많은 파라미터를 가진 경우가 흔하다. 이 방법을 이용하면 Function Module을 테스트할 때 상당히 효율적이다.

CHAPTER 04 | 모듈화(Subroutine & Function)

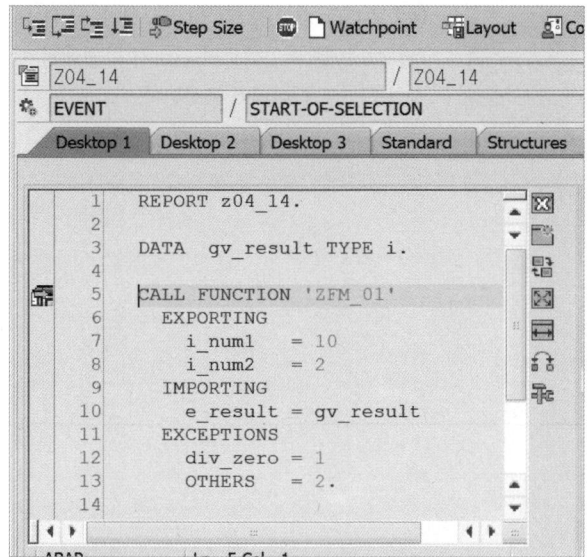

06 ABAP 프로그램에서 Function Module을 호출하는 지점에서 중단점이 활성화되면, **[F5]** 키 또는 다음 단계(Single Step) 버튼으로 함수의 소스로 이동한다.

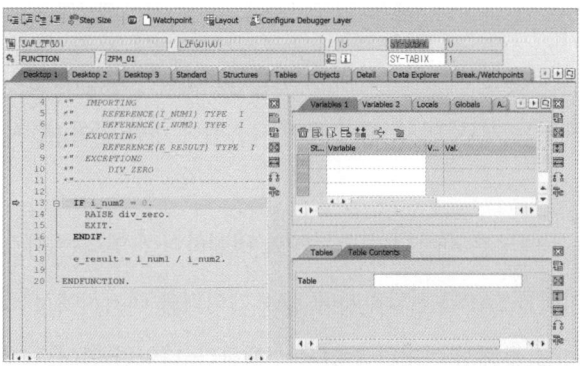

07 Tool 버튼을 클릭하면, Function Module에서 전달받은 파라미터 값을 테스트 데이터로 저장할 수 있는 팝업창이 열린다.

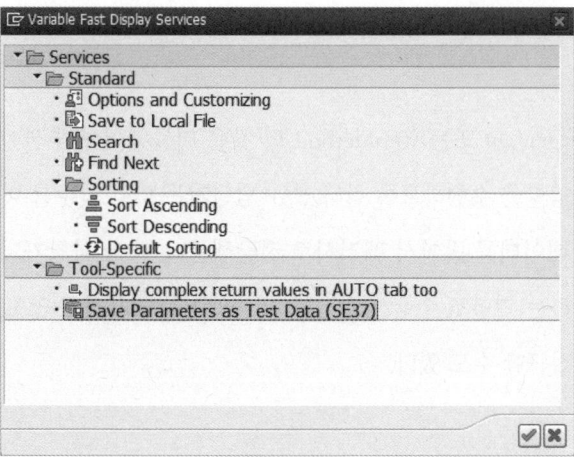

08 [Save Parameters as Test Data(SE37)] 버튼을 선택해서 내역을 입력하고 저장하자.

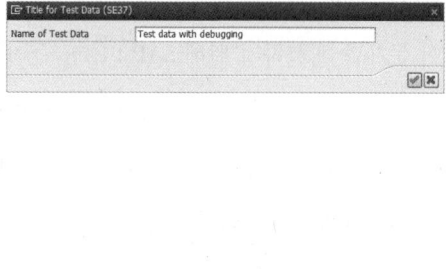

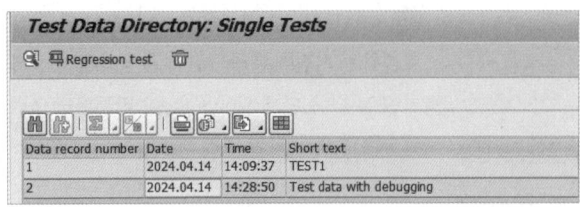 **09** T-CODE:SE37로 이동해서 Test Data Directory를 확인해보면 디버깅 화면에서 저장한 테스트 데이터가 조회된다.

RFC

SAP와 레거시(SAP 이외 시스템) 시스템의 데이터를 인터페이스하려면 SAP Function이 RFC로 정의되어야 한다. SAP ERP를 도입하기 전 기업에서는 재무, 인사, 생산 등의 시스템이 개별 언어 JAVA, 파워빌더 등으로 구축되어 있는 것이 일반적이다.

이러한 레거시 시스템들은 ERP를 도입하면서 대부분 사장되지만, SAP와 병행하여 운영되는 시스템들도 존재하게 된다. 이 경우 레거시의 데이터를 SAP에 전달하거나, SAP 데이터를 레거시에서 조회해야 하는데, SAP RFC(Remote Function Call)를 통해서 이러한 작업을 수행한다. 다양한 언어로 개발된 레거시 시스템과 SAP를 인터페이스하려면 RFC만으로는 구현하기가 복잡하고 어려운 경우가 있다.

이 문제를 해결하기 위해 SAP PI(Process Integration) 또는 WebMethods와 같은 미들웨어 솔루션이 EAI(Enterprise Application Integration) 교환원 역할을 수행하도록 한다. SAP 담당자는 RFC 함수를 이용해 데이터를 내보내기(Export) 하고 XI가 데이터를 받아서 레거시로 전달해준다. 이와 마찬가지로 레거시에서 데이터를 받아서 SAP로 전달하는 역할도 수행하게 된다. 미들웨어를 사용하지 않고, ODATA 방식으로 Fiori 등에서 직접 SAP에 접근할 수도 있다.

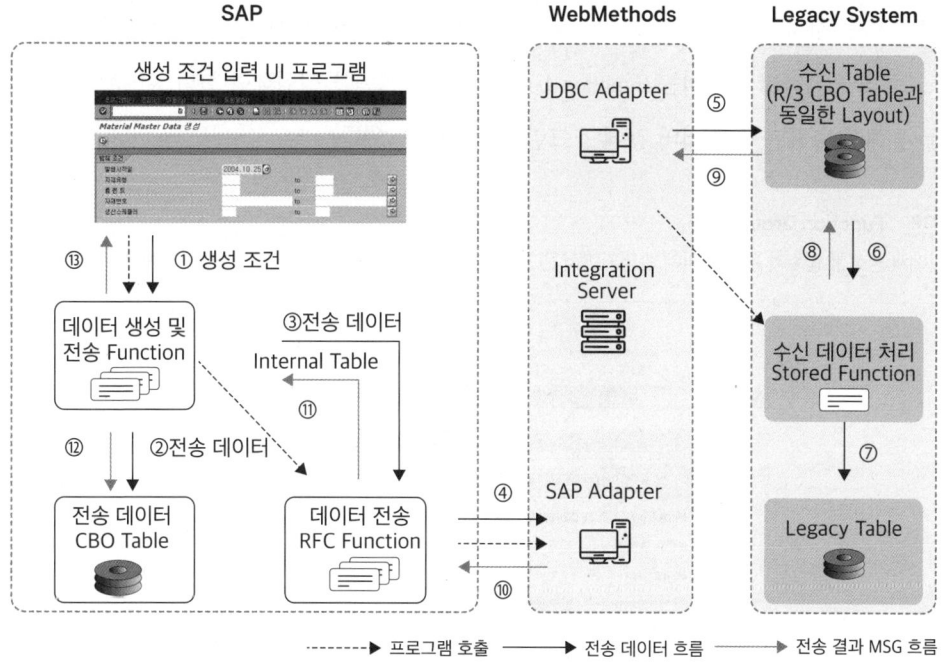

그림 4-9 레거시 시스템과 SAP

앞서 언급한 것처럼, Function Module의 속성 중 Remote-enabled Module을 선택하면, 다른 시스템 또는 다른 어플리케이션에서 SAP의 Function Module을 호출할 수 있다. RFC(Remote Function Call)의 정확한 의미는 CPI-C를 기반으로 한 시스템 간의 통신 프로세스를 담당하는 SAP 인터페이스 프로토콜이다.

SAP 시스템 내에서 CALL FUNCTION 구문은 동일 시스템 내의 Function Module을 호출하는 데 사용한다. 그러나 RFC는 분산 환경에서 다른 시스템의 Function Module을 실행할 수 있게 한다. 분산 환경이란 운영 서버가 CO/FI/PP/HR/MM 모듈 서버, APO 서버, CRM 서버, 그리고 레거시 시스템 등 독립적인 서버들이 통합되어 운영되는 환경을 의미한다.

이러한 환경에서는 서버 간에 데이터를 주고받기 위해서는 RFC를 사용해야 한다. 먼저, 서버 간에는 RFC Destination을 설정하고, 다른 서버의 RFC를 호출하기 위해서는 CALL FUNCTION 구문에 DESTINATION 파라미터를 추가해야 한다. 이 파라미터는 T-CODE: SM59에서 이미 생성되어 RFCDES 테이블에 존재해야 한다.

```
CALL FUNCTION 'ABC' DESTINATION 'dest'
```

RFC를 사용하면 APO와 CRM 같은 Extended ERP 시스템 간에 스크린을 공유할 수 있다. Extended ERP 시스템은 각각 별도의 서버로 구성되어 있으므로, 단순히 데이터를 전달하는 것에 그치지 않고, 스크린을 공유하기 위해서는 Function Group 내에 스크린을 생성해야 한다. 이 생성된 스크린을 RFC를 통해 호출하면 원격 서버 간에 스크린을 조회할 수 있다.

> **TIP Function Group 수리**
> 개발에서 생성한 함수가 운영 서버에 반영되면서 원인을 알 수 없는(개발자 실수가 아닌) 에러가 발생하는 경우가 있다.

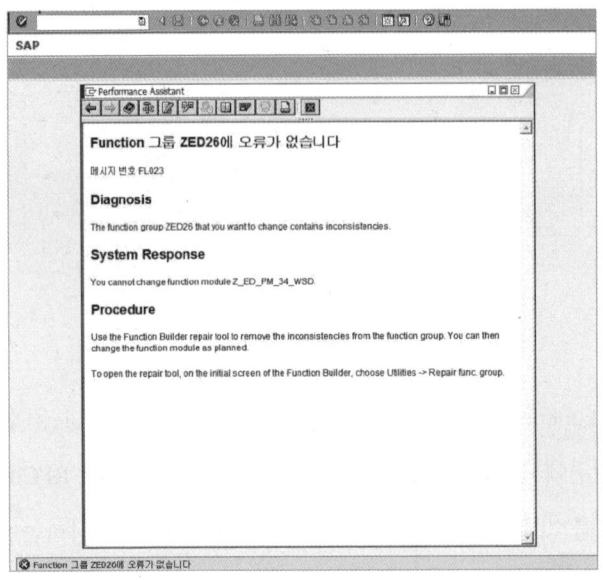

그림 4-10 Function Group 에러

이 경우에는 Function Group을 수리해보는 것도 해결책이 될 수 있다. 권한이 없으면, BC 담당자에게 요청하면 된다.

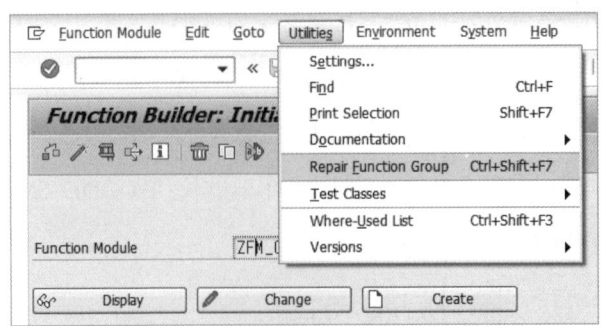

그림 4-11 Function Group 수리

CHAPTER 05

인터널 테이블

In this chapter >>>

이번 장에서는 ABAP 프로그램만의 장점과 특징 중 하나인 인터널 테이블에 대해서 학습한다. 인터널 테이블은 ABAP 프로그램에서만 사용 가능한 핵심 기술이다. 인터널 테이블은 단일 프로그램에서 사용되는 내부 테이블이다. 인터널 테이블이 있기 때문에 프로그램 개발 및 유지보수를 좀 더 쉽고 편리하게 할 수 있다.

Chapter list >>>

1. Overview
2. 인터널 테이블과 헤더 라인
3. 인터널 테이블의 타입
4. 인터널 테이블의 속도 비교
5. 인터널 테이블 명령어
6. 인터널 테이블에 데이터 추가
7. 인터널 테이블의 데이터 변경
8. 인터널 테이블의 데이터 삭제
9. 인터널 테이블 읽기

Overview

프로그래밍 기술은 끊임없이 발전하는 생명주기를 가진다. 오랜 역사를 가진 ABAP 프로그램도 COBOL 언어에서 파생되어 계속해서 새로운 기술들이 도입되고 있다. 절차적인 프로그래밍 → 객체지향 프로그래밍 → BSP 활용(JAVA 스크립트와 ABAP의 조합) → Web Dynpro → BSP → Fiori … 등이다. 앞으로 또 어떤 새로운 기술이 도입될지는 아무도 모른다. 이러한 발전에 대비하여 신기술에 대한 지식을 습득하고 적용하는 데 있어 열린 자세가 필요하겠다.

이 책에서는 실무에서 사용하는 고급 기술을 학습하는 데 목적을 두지 않는다. 그러한 것은 SAP사에서 제공하는 예제 템플릿 프로그램을 활용하는 것만으로 충분하다. 물론 사용자 입장에서 ALV와 같은 기술을 적용하는 것은 아주 중요하다. 그러나 이보다 ABAP 프로그래밍이 무엇인지에 대한 기본 원리와 기초 개념을 단단하게 다지는 것이 중요하다. 반석 위에 지은 집이야말로 거친 비바람이 몰아쳐도 변함없이 자리를 지킬 수 있다.

프론트엔드에서 화면에 뿌려주는 화려한 겉모습보다는, 백엔드에서 사용자가 요구하는 데이터 모델을 정확하게 설계하는 것이 더 중요하다. 또한 데이터 모델 특성에 맞는 인터널 테이블 타입을 정의하고, 테이블에서 정확하고 빠르게 데이터를 가져올 수 있는 SQL 문을 구사할 수 있어야 한다.

1-1 인터널 테이블

인터널 테이블(Internal Table)은 메모리에 저장된 데이터 세트(Set)로, 일종의 가상 테이블이다. 여기서는 여러 가지 형식의 데이터를 저장하고 처리할 수 있다. 인터널 테이블은 고유한 구조를 가질 수 있으며, 필요에 따라 여러 가지 열(Column)로 구성된다. 인터널 테이블은 데이터를 행(Row) 단위로 저장한다. 인터널 테이블은 ABAP 프로그램에서 데이터를 처리하는 데 매우 유용하다.

예를 들어, 데이터베이스에서 검색한 결과를 저장하거나, 프로그램 내에서 계산된 데이터를 보관하고, 사용자에게 표시할 목록을 구성하는 등의 작업에 활용된다. ABAP은 인터널 테이블을 통해 프로그램의 효율성을 높이고, 데이터 처리를 보다 효과적으로 수행할 수 있다.

그림 5-1은 프로그램 내에서 사용되고 있는 인터널 테이블의 구조를 보여주고 있다.

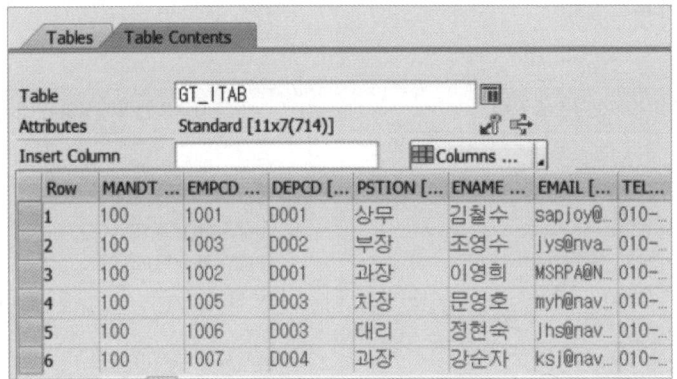

그림 5-1 인터널 테이블 디버깅 화면

인터널 테이블을 한마디로 정의하면 다음과 같다.

인터널 테이블은 프로그램 내에서 정의하여 사용할 수 있는 로컬 테이블(Local Table)이다.

ABAP 프로그램에서 가장 강력한 기능과 편의성을 제공하는 것 두 가지를 뽑으라면 인터널 테이블과 디버깅(6장)이라고 주저하지 않고 대답할 수 있다. 특히 인터널 테이블의 기능과 역할은 ABAP 프로그래밍의 꽃이라고 해도 과언이 아니다. 두 가지 기능만 알고 있어도, Copy & Paste로 ABAP 프로그램을 만들어낼 수 있다(다른 언어로 프로그래밍을 해본 사람이라면).

그러나 체계적으로 습득된 지식을 토대로 개발한 프로그램과 단순히 복사한 프로그램 사이의 품질 수준 차이는 말을 하지 않아도 짐작할 수 있으리라 생각한다. 시간을 들여 체계적으로 ABAP을 학습한 후 프로그래밍하자. 8시간 걸리던 작업을 1시간으로 줄일 수 있으며, 성능이 향상된 프로그램을 제공하고, 프로그램 에러를 줄이며, 품질이 높은 프로그램을 개발할 수 있을 것이다. 더 나아가, 최근에는 챗GPT와 같은 도구를 활용해 ABAP 코드 작성을 보조받을 수도 있다. 단, 이러한 도구를 효과적으로 사용하기 위해서도 기본기를 갖춘 개발자의 판단력과 이해력이 반드시 필요하다.

이제 본론으로 들어가서 인터널 테이블에 대해서 학습한다. 먼저, ABAP 프로그램과 C 언어의 구조체 개념부터 이해해보자. 인사 정보에는 사원번호, 이름, 소속부서 등이 있을 것이다. 다음과 같이 C 언어와 ABAP 언어에서 직원 정보를 가지는 구조를 선언해보도록 하자. C 언어에서는 STRUCT 구문을 이용하여 구조체(Structure)를 선언한다는 점 외에는 ABAP 언어와 큰 차이가 없고 사용법도 유사하다. 표 5-1을 참고하자.

1-2 구조체 비교

C 언어에서의 구조체 선언	ABAP 언어에서의 구조체 선언
| ```
STRUCT s_type
  {
    CHAR no[6];
    CHAR name[10]
    CHAR part[16];
  };
  STRUCT s_type sawon.
``` | ```
TYPES: BEGIN OF s_type,
  NO(6)     TYPE C,
  NAME(10)  TYPE C,
  PART(16)  TYPE C,
END OF s_type.

DATA sawon TYPE s_type.
``` |

구문	C 언어	ABAP 언어
선언	STRUCT 구조체 { };	1. DATA 구조체 TYPE 구조체 타입. 2. DATA 구조체 LIKE 오브젝트. 3. DATA BEGIN OF 구조체 ~ END OF.
값 할당	sawon.name = '김철수';	sawon-name = '김철수'.
값 사용	PRINTF('%s', sawon.name)	WRITE sawon-name.

표 5-1 C 언어와 ABAP 언어 간 비교

앞서 선언과 표에서 알 수 있듯이 모든 프로그램의 구조체 선언법은 유사하다. 우선 구조체 타입을 선언한 후 구조체 변수를 선언하게 된다. 단지, 기계어 코드를 개발자가 쉽게 알아볼 수 있도록 번역하는 과정에서 언어마다 다른 구문을 사용하기 때문이다. 구조체는 직원 1명의 값만 할당하여 사용할 수 있다. 대부분의 회사가 여러 명의 직원이 존재하듯이, 구조체 배열을 사용하여 여러 명의 직원을 관리할 수 있다. 그렇다면, 여러 명의 직원 정보를 관리할 수 있는 ABAP의 인터널 테이블(C 언어에서의 구조체 배열) 구조는 어떠한지 살펴보자.

1-3 구조체 배열과 인터널 테이블

C 언어에서의 구조체 배열 선언	ABAP 언어에서의 인터널 테이블 선언
| ```
STRUCT sawon
{
  char NO[6];
  char NAME[10]
  char part[16];
};
STRUCT s_type sawon[100].
``` | ```
TYPES : BEGIN OF t_sawon,
          name TYPE c LENGTH 20,
        END OF t_sawon.

DATA itab  TYPE TABLE OF t_sawon
INITIAL SIZE 100.
DATA sawon TYPE t_sawon.
``` |

구문	C 언어	ABAP 언어
선언	STRUCT 구조체[건수] { };	DATA itab TYPE TABLE OF 타입. INITIAL SIZE 건수.
값 할당	sawon[1].name = '김철수'; sawon[2].name = '이영희';	sawon-name = '김철수'. APPEND sawon TO itab. sawon-name = '이영희'. APPEND sawon TO itab.
값 사용	PRINTF(sawon[1].name) PRINTF(sawon[2].name)	LOOP AT itab INTO sawon. WRITE sawon-name. ENDLOOP.

표 5-2 C 언어와 ABAP 언어 간 비교

구조체 선언과 유사하게 인터널 테이블(구조체 배열)도 두 언어 사이에 큰 차이가 없다. 다만, 값을 할당하고 사용하는 구문에서 차이가 있을 뿐이다. C 언어에서는 구조체 배열에 값을 할당할 때, 배열 순번을 지정하여 사용한다. 반면, ABAP언어의 인터널 테이블은 구조체 배열(ARRAY)의 개념을 모두 지원하며, 추가로 실제 데이터베이스 테이블의 모습과 유사하게 사용할 수 있도록 구현되었다. C 언어에서 구조체 배열을 사용하여 프로그램을 실행하면 Array 구조가 이미 메모리에 로드되어 100건의 직원 정보 방이 생성된다. sawon-name[1]번 방, [2]번 방, [3]번 방과 같이 이미 메모리가 생성되어 있기 때문에 각 메모리의 위치에 값만 할당하면 되는 것이다. ABAP 언어에서도 C 언어와 유사하게 배열 순번을 지정하여 값을 디버깅 모드에서 확인할 수 있다. 다음 그림은 인터널 테이블 [1]번 방에 존재하는 NAME의 값을 디버깅 화면에서 보여주고 있다.

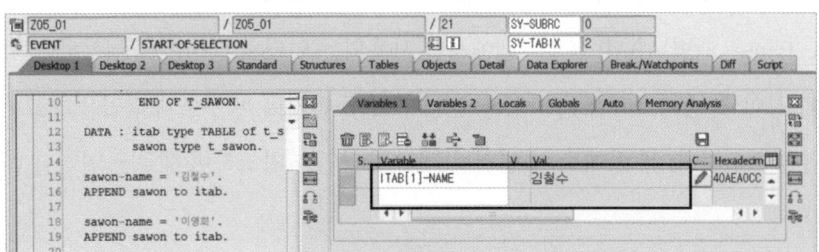

그림 5-2 인터널 테이블의 배열식 호출

참고로, ABAP New Syntax 구문을 이용하면 인터널 테이블의 값을 순번을 이용해서 추출할 수 있다.

```
DATA(name) = VALUE #( itab[ 1 ]-name ).
```

C 언어가 배열을 선언할 때 미리 크기를 지정하는 반면, 인터널 테이블은 INITIAL SIZE 구문으로

테이블 크기만 선언할 뿐 미리 메모리에 로드하지 않는다. 따라서 INSERT 또는 APPEND 구문을 사용하여 라인을 추가할 때마다 메모리에 로드한다. 이러한 측면에서 인터널 테이블을 동적인 구조체 배열(Dynamic Data Object)이라고도 정의한다.

- 인터널 테이블은 동적인 구조체 배열(Dynamic Data Object)이다.
- INITIAL SIZE 구문은 실제로 메모리 공간을 할당하는 것이 아니라 예약(Reserve)한다.

처음 ABAP을 접하면 'sawon-name = '김철수'.'만 선언하고 인터널 테이블에 값이 없다고 불평을 털어놓는 경험을 한번쯤 하게 된다. ABAP 언어에서 인터널 테이블은 항상 할당과 추가(APPEND 또는 INSERT) 구문이 쌍으로 움직여야 한다는 것을 명심해야 한다. '할당하고 추가하고, 할당하고 추가하고' 습관이 붙도록 되새겨보자.

1-4 인터널 테이블 생성

인터널 테이블은 구조체 타입을 정의한 후 해당 타입을 참고하여 생성하는 것이 일반적이다. 다음 두 가지 방법을 이용하여 인터널 테이블을 생성할 수 있다.

1. Local Table Type을 이용한 인터널 테이블 생성
2. Global ABAP Dictionary Type을 이용한 인터널 테이블 생성

1-4-1 Local Table Type을 이용한 인터널 테이블 생성

Local Table Type은 개별 ABAP 프로그램에서만 사용되는 인터널 테이블을 생성하는 경우에 사용한다. 다음과 같이 첫 번째로 구조체 타입을 선언하고, 두 번째로 이 구조체 타입을 참고하는 인터널 테이블 타입을 선언하고, 세 번째로 이 인터널 테이블 타입을 참고하여 새로운 인터널 테이블을 생성하게 된다.

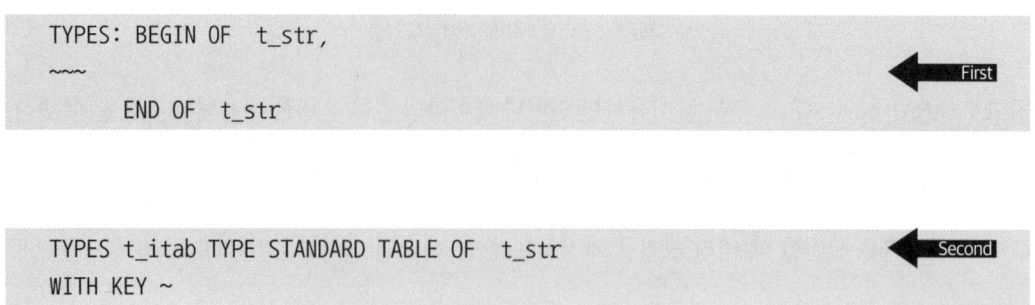

```
    DATA gt_itab TYPE t_itab.
```

예제 5-1과 같이 실무에서는 구조체 타입을 선언하고, 이 구조체 타입을 참고하는 인터널 테이블을 선언하는 2단계 방법을 많이 사용한다. 즉, 3단계를 통해 인터널 테이블을 생성하는 방법에서 인터널 테이블 타입을 선언하는 두 번째 단계를 생략하고, 구조체 타입을 참고하여 바로 인터널 테이블을 생성한다.

예제 | 5-1

```
REPORT   z05_01.

TYPES: BEGIN OF t_type,
         no      TYPE c LENGTH 6,
         name    TYPE c LENGTH 10,
         part    TYPE c LENGTH 16,
       END OF t_type.

DATA gt_itab TYPE STANDARD TABLE OF t_type WITH NON-UNIQUE KEY no.
DATA gs_str TYPE t_type.

gs_str-no = '0001'.
gs_str-name = '김철수'.
gs_str-part = 'SAP Team'.
APPEND gs_str TO gt_itab.

LOOP AT gt_itab INTO gs_str.
  WRITE : gs_str-no, gs_str-name, gs_str-part.
ENDLOOP.
```

결과 | 5-1

0001 김철수 SAP Team

예제 5-1을 다음과 같이 구조체 변수를 선언한 후에, 이 구조체 변수를 참고하여 인터널 테이블을 선언할 수도 있다. 이 경우에는 TYPE 대신에 LIKE를 사용한다.

```
DATA: BEGIN OF gs_type,
        no      TYPE c LENGTH 6,
        name    TYPE c LENGTH 10,
        part    TYPE c LENGTH 16,
      END OF gs_type.

DATA gt_itab LIKE STANDARD TABLE OF gs_type WITH NON-UNIQUE KEY no.
```

1-4-2 Global ABAP Dictionary Type을 이용한 인터널 테이블 생성

다음은 ABAP Dictionary 테이블이나 구조체를 참고하여 인터널 테이블을 생성하는 방법이다.

```
DATA: gt_itab TYPE TABLE OF ztype WITH KEY col1 col2.
```

예제 5-2는 zemplist 테이블과 동일한 구조를 가지는 인터널 테이블을 선언하였다.

예제 | 5-2
```
REPORT  Z05_02.

DATA gt_itab TYPE TABLE OF zemplist.
DATA gs_str LIKE LINE OF gt_itab.

SELECT * INTO TABLE @gt_itab
   FROM zemplist.

LOOP AT gt_itab INTO gs_str.
  WRITE : / gs_str-empcd, gs_str-ename.
ENDLOOP.
```

결과 | 5-2
```
1001 김철수
1002 이영희
1003 조영수
```

이들 두 가지 방법 외에도 ABAP Dictionary 테이블 타입을 이용하여 인터널 테이블을 생성할 수 있다. "7장 ABAP Dictionary"에서 학습한다.

02 인터널 테이블과 헤더 라인

인터널 테이블의 헤더 라인은 폐기되어 더 이상 권장되지 않는 구문이지만, 실무에서는 여전히 많이 사용하고 있기 때문에 이해하고 있어야 한다.

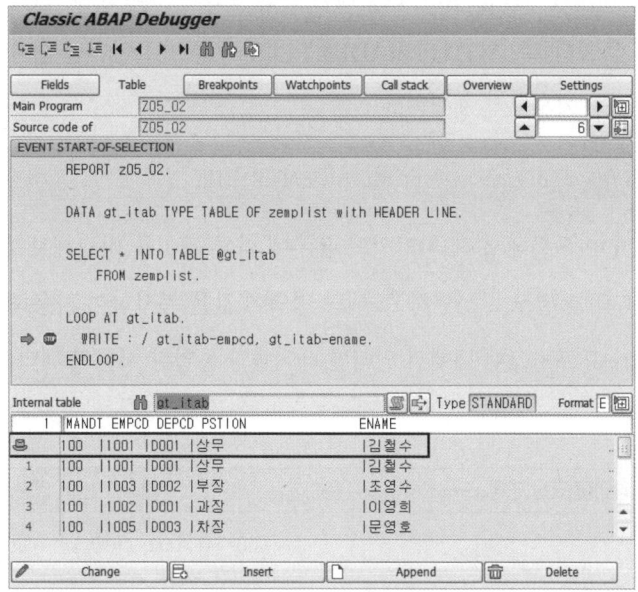

그림 5-3 인터널 테이블의 디버깅 화면

인터널 테이블과 헤더 라인을 이해하는 데 도움이 되기 때문에 Classical Debugging 화면을 이용해서 설명하고자 한다. 그림 5-3의 모자 아이콘이 보이는 라인이 헤더 라인이다. 다른 말로 Work Area라고도 한다. 인터널 테이블 선언 시 'WITH HEADER LINE' 구문을 추가하면 생성된다.

헤더 라인이 있는 인터널 테이블을 사용할 때는 어떠한 정보가 헤더 라인에 있는지 주의해서 사용해야 한다. 그림 5-4는 인터널 테이블을 반복 처리하면서 개별 라인이 헤더 라인으로 옮겨가는 과정을 잘 설명하고 있다. 헤더 라인이 존재하는 인터널 테이블은 인터널 테이블과 헤더의 이름이 모두 itab으로 동일하다.

그림 5-4 인터널 테이블의 헤더 라인

다음 구문과 같이 인터널 테이블을 정의하면, 헤더 라인이 있는 인터널 테이블은 헤더 라인에 담긴 정보를 바로 사용할 수 있다. 즉, 'WITH HEADER LINE' 구문으로 인터널 테이블과 동일한 이름의 구조체 변수(헤더 라인)가 자동으로 생성된다.

```
DATA gt_itab TYPE TABLE OF t_str WITH HEADER LINE.
```

인터널 테이블의 LOOP 구문에서 헤더 라인의 유무에 따른 차이를 비교해보자. 헤더 라인이 없는 경우, Work Area(구조체)를 별도로 선언하고, 해당 영역에 값을 복사하여 사용해야 한다. 반면, 헤더 라인이 있는 경우, ABAP 프로그램 내에서 인터널 테이블과 동일한 이름의 헤더 라인이 있음을 의미한다.

헤더 라인이 있는 경우	헤더 라인이 없는 경우

`LOOP AT itab.`
`  WRITE itab-ename.`
`ENDLOOP.`
	`LOOP AT itab INTO work_area.`
	`  WRITE work_area-ename.`
	`ENDLOOP.`

인터널 테이블의 MODIFY 구문 사용 시 헤더 라인의 존재 여부에 따른 구문을 비교해보자.

헤더 라인이 있는 경우	헤더 라인이 없는 경우
`MODIFY TABLE itab.`	`MODIFY TABLE itab FROM wa`

헤더 라인이 없는 경우의 MODIFY 구문은 FROM 이하가 생략되어 있다.

```
MODIFY TABLE gt_itab.
```

이 구문을 다시 분석하면 다음과 같이 적용되며,

```
MODIFY TABLE gt_itab FROM 헤더라인
```

실질적으로 다음 문장이 실행되는 것이며, FROM 이하 구문을 생략한 것이다.

```
MODIFY TABLE gt_itab FROM gt_itab.
```

READ 구문도 같다. 예를 들어, 'READ TABLE ITAB INDEX 2'를 실행하면 인터널 테이블의 두 번째 라인이 헤더 라인으로 올라와 바로 사용할 수 있다. 그러나 헤더 라인을 선언하지 않으면, 'READ TABLE itab INDEX 2 INTO work_area' 구문을 사용하여 해당 데이터를 Work Area로 옮긴

후 사용해야 한다.

다음은 인터널 테이블에 헤더 라인이 있는 경우와 없는 경우의 READ 명령어 사용법을 비교한 것이다.

헤더 라인이 있는 경우	헤더 라인이 없는 경우
READ TABLE itab.	READ TABLE itab... INTO wa.

표 5-3은 헤더 라인이 있는 경우와 없는 경우에 대해서 인터널 테이블 관련된 명령어들을 정리하고 있다. 헤더 라인이 있는 경우의 줄임 명령어(Short Form)는 폐기된 구문이다. 여러 번 언급하는 내용이지만, 폐기된 구문이라도 실무에서 여전히 사용하는 경우가 많기 때문에 문법을 이해하고 있어야 한다. 프로그램을 새로 개발할 때는 신규 문법을 사용하고, 기존에 운영 중인 프로그램에 사용된 폐기된 구문은 적절하게 활용해야 한다.

헤더 라인이 없는 경우 명령어	헤더 라인이 있는 경우 명령어
INSERT wa INTO TABLE gt_itab.	INSERT TABLE gt_ itab.
COLLECT wa INTO gt_itab.	COLLECT gt_itab.
MODIFY TABLE gt_itab FROM wa.	MODIFY TABLE gt_itab.
DELETE TABLE gt_itab FROM wa.	DELETE TABLE gt_itab.
APPEND wa TO gt_itab.	APPEND gt_itab.
MODIFY gt_itab FROM wa.	MODIFY gt_itab.

표 5-3 헤더 라인 사용에 따른 명령어 비교

앞서 설명한 것처럼 헤더 라인이 있는 경우의 명령어들은 헤더 라인이 없는 경우의 명령어에서 Work Area 부분이 생략된 형태라고 할 수 있다. 이는 헤더 라인과 인터널 테이블의 이름이 동일하기 때문에, 이를 간소화하여 표현한 것이다. 헤더 라인이 있는 인터널 테이블에 엔트리를 추가하는 다음 두 가지 INSERT 구문은 동일한 기능을 수행한다.

헤더 라인이 있는 경우	헤더 라인이 없는 경우
INSERT TABLE gt_itab.	INSERT gt_itab INTO TABLE gt_itab.

헤더 라인이 있는 경우와 없는 경우의 인터널 테이블을 예제 5-3과 예제 5-4를 통해 학습해보자.

예제 5-3

```
REPORT  z05_03.

TYPES: BEGIN OF t_str,
    col1 TYPE i,
    col2 TYPE i,
  END OF t_str.

DATA gt_itab TYPE TABLE OF t_str WITH HEADER LINE.

DO 3 TIMES.
  gt_itab-col1 = sy-index.
  gt_itab-col2 = sy-index ** 2.
  APPEND gt_itab.
ENDDO.

LOOP AT gt_itab.
  WRITE: / gt_itab-col1, gt_itab-col2.
ENDLOOP.
```

결과 5-3

```
1    1
2    4
3    9
```

예제 5-3은 헤더 라인이 있는 인터널 테이블을 사용할 경우 Work Area 대신 헤더 라인을 이용하는 것을 설명한다. 헤더 라인이 있는 인터널 테이블에서 APPEND 구문은 다음과 같이 헤더 라인 정보를 생략한 것과 같다.

           인터널 테이블   헤더 라인
       APPEND gt_itab.   =   APPEND gt_itab TO gt_itab.

즉, 예제 5-3의 APPEND 구문을 다음과 같이 변경해도 에러가 발생하지 않는다.

```
DO 3 TIMES.
  gt_itab-col1 = sy-index.
  gt_itab -col2 = sy-index * 2.
  APPEND gt_itab TO gt_itab.
ENDDO.
```

예제 5-4는 예제 5-3과 같은 기능을 수행하지만, Work Area를 선언하여 구현한 경우이다. 인터널 테이블에 헤더 라인이 없는 경우, Work Area를 선언하여 데이터를 읽거나 수정할 수 있다.

예제 | 5-4

```abap
REPORT  z05_04.

TYPES: BEGIN OF t_str,
    col1 TYPE i,
    col2 TYPE i,
  END OF t_str.

DATA gt_itab TYPE TABLE OF t_str .
DATA gs_str  LIKE LINE OF gt_itab.

DO 3 TIMES.
  gs_str-col1 = sy-index.
  gs_str-col2 = sy-index * 2.
  APPEND gs_str TO gt_itab.
ENDDO.

LOOP AT gt_itab INTO gs_str.
  WRITE: / gs_str-col1, gs_str-col2.
ENDLOOP.
```

결과 | 5-4

```
1    2
2    4
3    6
```

ABAP 언어에 객체지향(Object-oriented) 개념이 도입되면서 클래스 내부에서는 헤더 라인이 지원되지 않으며, OCCURS 구문을 포함하여 헤더 라인이 있는 인터널 테이블을 사용하지 말 것을 권하고 있다. 하지만 기존 프로그램에서 많이 사용되었고, 헤더 라인의 편리성 때문에 실무에서는 여전히 많이 활용하고 있다.

조금 더 알아보기 — LOOP AT…WHERE 조건과 FILTER 명령어 알아보기

LOOP AT 구문에서 WHERE 옵션은 특정 조건을 만족하는 레코드만을 처리하기 위해 사용한다. 이 옵션을 사용하면 테이블의 모든 레코드를 반복하지 않고, 지정된 조건에 맞는 레코드들만 필터링하여 처리할 수 있다. 예를 들어, 특정 필드의 값이 특정 조건을 충족하는 경우에만 해당 레코드를 선택하여 작업할 수 있다. 이를 통해 성능을 최적화하고, 불필요한 데이터 처리를 줄일 수 있다. 다음 LOOP AT 구문은 인터널 테이블의 데이터 중에서 부서코드 'D001'인 대상만 반복 처리한다.

```
DATA: lt_employees TYPE TABLE OF zemplist,
      ls_employee  TYPE zemplist.

SELECT * FROM zemplist
  INTO TABLE lt_employees.

LOOP AT lt_employees INTO ls_employee WHERE depcd = 'D001'.

  WRITE: / ls_employee-empcd, ls_employee-ename.

ENDLOOP.
```

FILTER 명령어는 인터널 테이블의 데이터를 특정 조건에 따라 필터링하여 새로운 인터널 테이블을 생성한다. 자세한 내용은 하권의 [부록]을 참고하자.

```
DATA: lt_employees TYPE TABLE OF zemplist
        WITH NON-UNIQUE SORTED KEY filter_key COMPONENTS depcd,
      ls_employee  TYPE zemplist.

SELECT * FROM zemplist
  INTO TABLE lt_employees.

DATA(lt_filtered_employees) =
FILTER #( lt_employees USING KEY filter_key WHERE depcd = 'D001' ).

LOOP AT lt_filtered_employees INTO ls_employee.

  WRITE: / ls_employee-empcd, ls_employee-ename.

ENDLOOP.
```

03 인터널 테이블의 타입

인터널 테이블의 타입은 개별 엔트리(Entry)에 접근하는 방법을 결정하며, 세 가지 타입으로 구분된다.

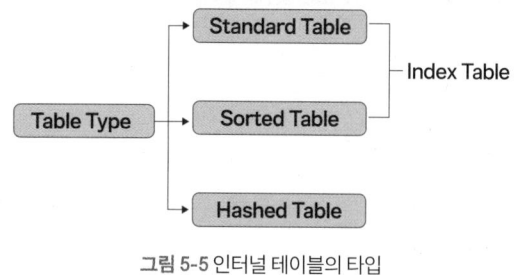

그림 5-5 인터널 테이블의 타입

3-1 Standard Table

순차적인 인덱스(Index)를 가지는 테이블이며, 트리(Tree) 구조를 이루고 있다. 인덱스를 이용하여 테이블 엔트리(Entry)를 찾을 때 바람직한 테이블 구조이다. READ, MODIFY 그리고 DELETE 구문을 사용할 때도 인덱스를 사용한다. 인터널 테이블에서의 인덱스는 단순히 인터널 테이블에서 데이터가 위치하는 라인 순번을 의미한다. Standard Table의 키는 항상 Non-unique로 선언해야 한다. 즉, WITH UNIQUE 구문을 사용할 수 없다.

WITH NON-UNIQUE KEY는 인터널 테이블에 동일한 키 값을 가진 여러 행이 존재할 수 있음을 의미한다. 즉, 중복된 키 값을 허용한다. 반면, WITH UNIQUE KEY는 인터널 테이블의 각 행이 고유한 키 값을 가져야 하며, 중복된 키 값을 허용하지 않는다. WITH UNIQUE KEY를 사용하면 테이블에 중복된 데이터가 삽입되는 것을 방지할 수 있어 데이터의 일관성을 유지할 수 있다. 반면, WITH NON-UNIQUE KEY는 동일한 키 값을 가진 여러 데이터가 필요할 때 유용하다. Standard Table은 'WITH EMPTY KEY' 옵션으로 키를 정의하지 않을 수 있다.

```
DATA: gt_itab TYPE STANDARD TABLE OF t_str WITH NON-UNIQUE KEY col1.
```

인터널 테이블을 생성할 때 별도로 테이블 타입을 명시하지 않으면, 기본적으로 Standard 타입의 인터널 테이블이 생성된다.

```
DATA: gt_itab TYPE TABLE OF t_str WITH NON-UNIQUE KEY col1.
```

Standard 타입의 인터널 테이블을 선언하고, READ TABLE 구문을 사용하여 데이터를 읽고, 출력하는 프로그램을 작성해보자.

예제 | 5-5

```abap
REPORT  z05_05.
*1. STRUCTURE Type 선언
TYPES: BEGIN OF  t_line,
         id    TYPE i,
         name TYPE c LENGTH 10,
       END OF t_line.

*2. Standard Table 타입 선언
TYPES t_tab TYPE STANDARD TABLE OF t_line WITH DEFAULT KEY.

*3. 인터널 테이블 선언
DATA gt_itab TYPE t_tab.

DATA gs_str TYPE t_line.

gs_str-id = 1.
gs_str-name = '김철수'.
APPEND gs_str TO gt_itab.

gs_str-id = 2.
gs_str-name = '이영희'.
APPEND gs_str TO gt_itab.

CLEAR gs_str.
READ TABLE gt_itab INDEX 1 INTO gs_str.

WRITE : / gs_str-id, gs_str-name.
```

결과 | 5-5

```
1    김철수
```

예제 5-5에서 세 단계를 이용해 인터널 테이블을 생성하였다. 두 번째 단계에서 'TYPE STANDARD TABLE OF' 구문으로 Standard 타입의 인터널 테이블을 선언한다.

READ TABLE 구문은 인터널 테이블의 개별 라인에 접근하는 문장으로, ABAP Dictionary 테이블에서 데이터를 추출하는 SELECT 문을 사용하는 것과 유사한 역할을 한다. 'READ TABLE ~ INDEX 1' 구문은 인터널 테이블의 첫 번째 라인 데이터를 읽는다. 두 번째 라인에 접근할 때는 다음과 같이 사용하면 된다. ABAP 7.40 이후의 New Syntax와 비교하면서 정리해보자.

헤더 라인 없는 경우

READ TABLE	READ 기능을 하는 추가한 New Syntax
READ TABLE gt_itab INDEX 2 into gs_str.	gs_str = gt_itab[2].

헤더 라인이 있는 경우

READ TABLE	READ 기능을 하는 추가한 New Syntax
READ TABLE gt_itab INDEX 2.	헤더 라인 사용 불가

예제 5-5에서 인터널 테이블의 타입을 정의할 때 사용된 'DEFAULT KEY.' 구문은 인터널 테이블의 모든 CHAR 타입 컬럼들을 키 컬럼으로 지정하는 역할을 한다. 인터널 테이블을 선언할 때 'WITH DEFAULT KEY' 구문을 명시하지 않아도, 이 구문은 기본적으로 포함된 것으로 간주되며, 이러한 키를 Standard Key라고 한다. 따라서, 다음 두 개의 문장은 동일하다.

```
DATA gt_itab TYPE STANDARD TABLE OF t_line WITH DEFAULT KEY.
DATA gt_itab TYPE STANDARD TABLE OF t_line .
```

인터널 테이블의 키를 선언할 때는 개발자가 직접 컬럼을 정의할 수 있는데, 이러한 키를 User Define Key라고 한다. 다음 구문은 인터널 테이블의 field1만 키 컬럼으로 선언한다.

```
DATA gt_itab TYPE STANDARD TABLE OF t_line WITH KEY field1.
```

TYPES 구문을 사용하여 Standard 타입으로 테이블 타입을 선언할 때, id를 키 값으로 지정하려면, 다음과 같이 기술한다.

```
TYPES t_tab TYPE STANDARD TABLE OF t_line WITH NON-UNIQUE KEY id
```

DATA 구문을 사용하여 바로 인터널 테이블을 정의할 때는, 다음과 같이 기술한다.

```
DATA gt_tab TYPE STANDARD TABLE OF t_line WITH NON-UNIQUE KEY id.
```

Standard Table은 인덱스(Index)를 이용하여 검색하기 때문에 테이블의 라인 수에 비례하여 탐색 속도가 증가한다. 인터널 테이블의 인덱스가 아닌 특정 컬럼 값을 기준으로 데이터를 읽으려면 다음과 같이 WITH TABLE KEY 또는 WITH KEY 구문을 사용한다. ABAP 프로그램에서 로직을 구현할 때는, 인덱스를 사용하는 것보다 주로 두 구문을 활용하여 인터널 테이블의 데이터를 검색한다.

```
READ TABLE gt_itab WITH TABLE KEY field1 = 'A' field2 = 'B'.
```

키 컬럼 이외의 값을 읽을 경우에는 WITH KEY 구문만 사용한다.

READ TABLE	READ 기능을 하는 New Syntax
READ TABLE gt_itab WITH KEY field1 = 'A' field2 = 'B' into gs_str.	gs_str = gt_itab[field1 = 'A' field1 = 'B'].

> **TIP**
>
> READ TABLE의 New Syntax를 사용할 때, GT_ITAB에서 조건에 맞는 데이터가 없으면 덤프 에러가 발생한다. 이를 방지하기 위해 다음과 같이 OPTIONAL 구문을 추가해야 한다.
>
> ```
> gs_str = VALUE #( gt_itab[ field1 = 'A' field1 = 'B' ] OPTIONAL ).
> ```
>
> 또한, READ TABLE의 New Syntax를 사용하여 특정 컬럼 하나만 가져오는 경우, 다음과 같이 컬럼명을 명시할 수 있다.
>
> ```
> gs_str-field3 = VALUE #( gt_itab[ field1 = 'A' field1 = 'B' ]-field3 OPTIONAL ).
> ```
>
> New Syntax에 대한 자세한 내용은 부록에서 상세히 다룬다.

정리하면, Standard Table의 데이터를 읽는 방법은 두 가지가 있다는 것이다. 그것은 인덱스(Index)와 키(Key)를 이용하는 방법이다. READ 구문은 뒤에서 더 자세하게 학습하도록 하자.

조금 더 알아보기 — Primary Key vs Secondary Key vs Free Key

ABAP 7.40 버전 이후에는 인터널 테이블을 정의할 때 Primary Key(기본키) 1개와 15개의 Secondary Key(보조키)를 정의할 수 있다. 보조키를 많이 사용하면 READ 속도는 향상되는 반면에 인터널 테이블의 데이터를 변경하는 데 메모리를 많이 소모하는 단점이 있다.

보조키는 다음 2개 옵션을 사용한다.

- Sorted Keys(Non-unique 또는 Unique)
- Hash Keys(Only Unique Key)

보조키를 선언할 때 이름을 정의해야 하며, 모든 인터널 테이블 타입에서 사용할 수 있다.

```
DATA gt_spfli TYPE STANDARD TABLE OF spfli
     WITH NON-UNIQUE KEY primary_key           COMPONENTS carrid connid
```

```
            WITH NON-UNIQUE SORTED KEY country_key    COMPONENTS countryfr
            WITH UNIQUE HASHED KEY city_key           COMPONENTS connid cityfrom.
```

명시적으로 Primary_Key를 기재하지 않으면, 기본으로 포함된 것으로 간주한다. 즉, 다음 구문도 기본 키(Primary Key)를 정의하고 있다.

```
DATA gt_spfli TYPE STANDARD TABLE OF spfli WITH NON-UNIQUE KEY carrid connid.
```

READ TABLE 구문에서 기본키를 조건으로 사용할 때는, 'WITH TABLE KEY' 옵션과 함께 인터널 테이블의 COMPONENTS에 명시된 모든 키 컬럼을 나열해야 한다.

```
READ TABLE gt_spfli WITH TABLE KEY primary_key
   COMPONENTS carrid = 'AA' connid = '0017' INTO gs_spfli.
```

READ TABLE 구문의 New Syntax에서는 WITH TABLE KEY 대신 KEY 구문을 사용하며, 인터널 테이블의 COMPONENTS에 명시된 모든 키 컬럼을 나열한다.

```
gs_spfli = gt_spfli[ KEY primary_key carrid = 'AA' connid = '0017' ].
```

WITH TABLE KEY 절에 primary_key를 명시하지 않더라도 기본적으로 포함된 것으로 간주되므로 다음 구문과 동일한 의미를 갖는다.

```
READ TABLE gt_spfli WITH TABLE KEY carrid = 'AA' connid = '0017' INTO gs_
   spfli.
```

보조키(Secondary Key)를 이용할 때도 WITH TABLE KEY 옵션과 함께 다음과 같이 사용한다. 당연히 키에 정의된 모든 컬럼을 기술해야 한다.

```
READ TABLE gt_spfli WITH TABLE KEY country_key
COMPONENTS countryfr = 'US' INTO gs_spfli.

READ TABLE gt_spfli WITH TABLE KEY city_key
```

```
COMPONENTS connid = '0017' cityfrom = 'NEW YORK' INTO gs_spfli.
```

그리고, 다음과 같이 FROM 구문 다음에 구조체를 사용할때는 USING KEY 옵션으로 키 이름을 정의한다.

```
gs_spfli = VALUE #( connid = '0017' cityfrom = 'NEW YORK' ).
READ TABLE gt_spfli FROM gs_spfli USING KEY city_key
         ASSIGNING FIELD-SYMBOL(<fs>).
```

Standard Table에서 Sorted 타입의 보조키의 역할을 예제 5-6을 통해 이해해보자.

예제 | 5-6

```abap
REPORT z05_06.

TYPES : BEGIN OF t_str,
          col1 TYPE i,
          col2 TYPE i,
        END OF t_str.

DATA gt_itab TYPE STANDARD TABLE OF t_str WITH EMPTY KEY
          WITH NON-UNIQUE SORTED KEY sort_key COMPONENTS col1.

DATA : gs_str TYPE t_str.

DO 5 TIMES.
  gs_str-col1 = 6 - sy-index.
  gs_str-col2 = sy-index.
  APPEND gs_str TO gt_itab.
ENDDO.

READ TABLE gt_itab INDEX 1 USING KEY sort_key ASSIGNING FIELD-SYMBOL(<fs>).

WRITE <fs>-col1.
```

프로그램을 실행하면, 화면에 1이 출력된다. READ TABLE 구문에서 INDEX 1로 첫 번째 라인을 읽었지만, 다음 디버깅 화면에서 확인할 수 있듯이, COL1에 저장된 값이 5임에도 불구하고, Sorted Secondary Key는 COL1 값으로 정렬된 데이터를 기준으로 하여 값을 반환하므로 화면에 1이 출력된다.

Primary Key 또는 Secondary Key 이외의 컬럼으로 읽을 때는 WITH KEY 옵션을 사용해서 Free Key로 읽는다.

```abap
READ TABLE gt_spfli WITH KEY carrid = 'AA' cityto = 'NEW YORK' INTO gs_spfli.
```

WITH TABLE KEY와 WITH KEY 옵션은 특히 Sorted 타입의 인터널 테이블에서 극명한 성능 차이를 보인다. Sorted Table에서 WITH TABLE KEY를 사용하면 정렬된 데이터 기준으로 이진 탐색(Binary Search)를 실행하기 때문에 속도가 빠르다. 반면에, 정렬되어 있지 않거나 키가 아닌 컬럼을 기준으로 WITH KEY를 사용하면 이진 탐색을 하지 못하고 선형 탐색(Linear Search)를 하기 때문에 속도가 저하된다.

3-2 Sorted Table

Standard Table과 Sorted Table은 인덱스 테이블이다. 그중 Sorted Table은 키 값으로 항상 정렬된 인터널 테이블 타입이다. 즉, 프로그래머가 원하는 키 값으로 항상 정렬된 결과로 인터널 테이블에 저장해야 하는 경우에 사용한다. Standard Table과 마찬가지로 인덱스를 가지고 있으며, 인덱스(Index) 또는 키(Key)로 해당 행(Row)을 찾아갈 수 있다.

Sorted Table과 Standard Table의 또 다른 차이점은 유일성(Uniqueness)이다. Sorted Table은 키 값을 선언할 때 WITH UNIQUE를 사용할 수 있지만, Standard Table은 WITH NON-UNIQUE만 사용할 수 있다. Sorted Table은 내부적으로 이진 탐색을 이용하기 때문에 테이블 엔트리(Table Entry)의 수와 탐색 속도는 정적인 상관관계를 갖는다. Sorted Table로 선언할 때는 Unique/Non-unique를 반드시 명시해야 한다. Sorted Table은 이미 정렬되어 있기 때문에 SORT 명령어를 사용하면 오류가 발생한다.

예제 | 5-7

```
REPORT  z05_07.
*1. STRUCTURE Type 선언
TYPES: BEGIN OF  t_line,
         id    TYPE i,
          name TYPE c LENGTH 10,
       END OF t_line.

*2. Standard Table 타입 선언
TYPES t_tab TYPE SORTED TABLE OF t_line WITH UNIQUE KEY id.

*3. Internal Table 선언
DATA gt_itab TYPE t_tab.

DATA gs_str TYPE t_line.

gs_str-id = 2.
gs_str-name = ' 이영희 '.
INSERT gs_str INTO TABLE gt_itab.

gs_str-id = 1.
gs_str-name = ' 김철수 '.
INSERT gs_str INTO TABLE gt_itab.

CLEAR gs_str.
READ TABLE gt_itab INDEX 2 INTO gs_str.

WRITE : / gs_str-id, gs_str-name.
```

결과	5-7
2 이영희	

예제 5-7은 Sorted 타입의 인터널 테이블을 선언하고, 2개의 엔트리(Entry)를 추가하였다. 그림 5-6에서 확인해보면, ID = 2가 먼저 추가된 후에 ID = 1이 추가되었는데, 1이 2보다 앞에 존재한다. 이것은 인터널 테이블이 Sorted 타입이고, ID 컬럼이 키로 정의되었기 때문에 ID 컬럼 기준으로 정렬된 상태로 값이 추가(INSERT)되기 때문이다.

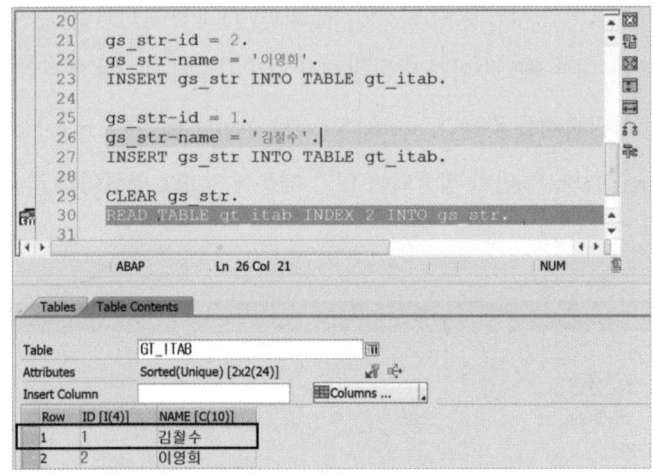

그림 5-6 Sorted Table의 디버깅 화면

예제 5-7에서 INSERT 대신에 APPEND 구문을 사용하면 다음과 같이 정렬에 문제가 발생했다는 덤프 에러가 발생한다.

"the sorting sequence - determined by the table key - was destroyed."

Sorted 타입의 인터널 테이블은 내부적으로 항상 정렬된 상태를 유지하기 때문에, APPEND를 사용할 경우 정렬 순서가 맞지 않아 덤프 에러가 발생할 수 있다. 따라서 별도의 로직으로 정렬 순서를 제어하지 않는 한, Sorted 타입의 인터널 테이블에서는 INSERT 구문이 권장된다. 또한, 예제에서 'WITH NON-UNIQUE KEY' 구문을 사용하여 키 값이 중복될 수 있도록 설정하면, 그림 5-7과 같이 ID 컬럼에 사번 1이 중복되어도 문제없이 추가(INSERT)된다.

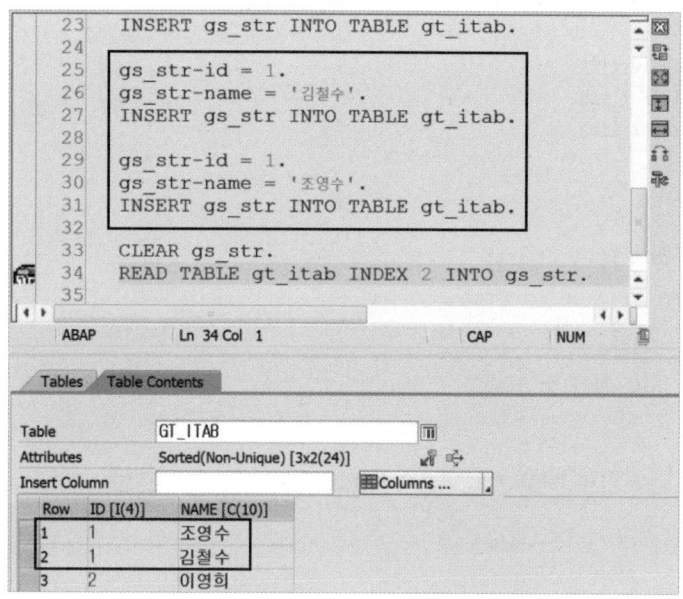

그림 5-7 Sorted Table의 NON-UNIQUE 설정 후 디버깅 화면

3-3 Hashed Table

Hashed Table은 순차적인 인덱스(Index)를 가지고 있지 않으며, 해시 값으로 계산된 키 값으로만 탐색할 수 있다. 이로 인해, 응답 속도는 인터널 테이블의 엔트리 수와 상관없이 항상 동일하다. 해시 값은 해시 알고리즘에 의해 계산되며, 메모리에 저장된 주솟값으로 데이터를 바로 읽을 수 있도록 도와준다.

그러나 데이터가 많을수록 해시 키를 계산하는 작업이 늘어나기 때문에, 데이터 수정이 빈번한 인터널 테이블을 Hashed Table로 정의하는 것은 문제가 될 수 있다. 또한, Hashed Table의 키는 반드시 Unique하게 선언되어야 한다.

예제 5-8

```
REPORT  z05_08.
*1. STRUCTURE Type 선언
TYPES: BEGIN OF  t_line,
         id    TYPE i,
         name TYPE c LENGTH 10,
       END OF t_line.

*2. Standard Table 타입 선언
```

```
        TYPES t_tab TYPE HASHED TABLE OF t_line WITH UNIQUE KEY id.

        *3. Internal Table 선언
        DATA gt_itab TYPE t_tab.
        DATA gs_str TYPE t_line.

        gs_str-id = 2.
        gs_str-name = '이영희'.
        INSERT gs_str INTO TABLE gt_itab.

        gs_str-id = 1.
        gs_str-name = '김철수'.
        INSERT gs_str INTO TABLE gt_itab.

        CLEAR gs_str.
        READ TABLE gt_itab WITH TABLE KEY ID = 2 INTO gs_str.

        WRITE : / gs_str-id, gs_str-name.
```

결과 5-8

2 이영희

Hashed 타입의 인터널 테이블은 인덱스가 없기 때문에 'READ TABLE ~ INDEX' 구문을 사용할 수 없다. 즉, 예제 5-8과 같이 'READ TABLE ~ WITH TABLE KEY' 구문 또는 WITH KEY 구문을 이용해서 인터널 테이블의 데이터에 접근할 수 있다.

조금 더 알아보기 — 인터널 테이블의 구식 선언법

Rel 3.x 버전 이전에는 모든 인터널 테이블은 헤더 라인을 가지는 다음 구문만이 사용할 수 있었고 이후 버전에도 호환성 문제로 계속 사용하고 있다.

```
DATA: BEGIN OF <itab> OCCURS <n>,
  f1,
  f2...
END OF <itab>.
```

이 책에서 'OUCCURS 0' 구문을 소개하는 이유는 기존 프로그램에서 많이 사용하고 있기 때문이다. OCCURS 구문은 INITIAL SIZE와 같은 효과를 가진다. INITIAL SIZE 구문은 Rel 4.0 버전부터 사용 가능하다. 이 두 가지 구문의 차이점은 인터널 테이블을 선언하는 방법에 따라 형식이 달라지며, 클래스 기반의 프로그램에서는 OCCURS는 지원되지 않는다는 것이다. OCCURS는 시스템 실행 환경에서 인터널 테이블의 메모리 할당(Memory Allocation, 또는 라인 수)을 의미하며, 0은 제한을 두지 않아 메모리 할당을 최소화한다. 0 이외의 숫자를 사용할 수 있으나, 메모리 할당이 부족하면 시스템이 자동으로 메모리를 확보하므로 의미가 없다.

Rel 3.0 버전부터 테이블 오브젝트(Table Object)를 이용한 인터널 테이블의 생성이 가능해졌다. OCCURS 구문을 사용한 인터널 테이블은 Standard Table의 형태이며, 이외 앞에서 언급한 Sorted, Hashed Table은 사용할 수 없다. 다음 구문의 라인 타입(Line Type)에는 모든 데이터 타입(Data Type)을 사용할 수 있다.

```
DATA gt_itab TYPE t_type OCCURS n [WITH HEADER LINE].
```

다음 구문은 앞서 구문과 같은 기능을 수행한다. 즉, 구식 방법으로 선언된 인터널 테이블은 Standard 타입만 지원이 된다. 헤더 라인의 사용 여부는 옵션이다.

```
DATA gt_itab TYPE STANDARD TABLE OF t_type [WITH HEADER LINE].
```

예제 | 5-9

```
REPORT Z05_09.

TYPES: BEGIN OF  t_line,
  col   TYPE c,
  seq   TYPE i,
END OF t_line.

DATA gt_itab TYPE t_line OCCURS 0 WITH HEADER LINE.

gt_itab-col = 'A'.
gt_itab-seq = '1'.
INSERT TABLE gt_itab.

CLEAR gt_itab.
READ TABLE gt_itab INDEX 1.

WRITE : / gt_itab-col, gt_itab-seq.
```

결과 | 5-9

```
A    1
```

예제 5-9에서는 TYPES 구문으로 선언한 t_line 타입의 인터널 테이블을 OCCURS 0 구문을 사용하여 선언하였다. 이와 동일한 타입의 인터널 테이블을 TYPE 구문을 사용하지 않고, 다음과 같이 'DATA BEGIN OF ~ END OF' 구문을 사용하여 선언할 수도 있다. 예제 5-9에서 TYPE 구문을 사용하여 선언한 것과 달리, DATA 구문에서 OCCURS 0 구문을 사용해 인터널 테이블을 선언하는 경우, WITH

HEADER LINE 구문을 명시하지 않아도 기본적으로 헤더 라인이 있는 인터널 테이블이 선언된다.

```
DATA : BEGIN OF gt_itab OCCURS 0,
         col TYPE c,
         seq TYPE i,
       END OF gt_itab.
```

04 인터널 테이블의 속도 비교

ABAP 프로그램에서 인터널 테이블을 잘 활용하는 것은 성능에 영향을 미치는 중요한 요소이다.

4-1 Standard vs Sorted Table

Standard Table과 Sorted Table은 모두 인덱스 테이블이다. 프로그램에서 자주 사용하는(탐색 속도를 개선해주는) BINARY SEARCH 구문의 측면에서 두 가지 테이블을 비교해보자.

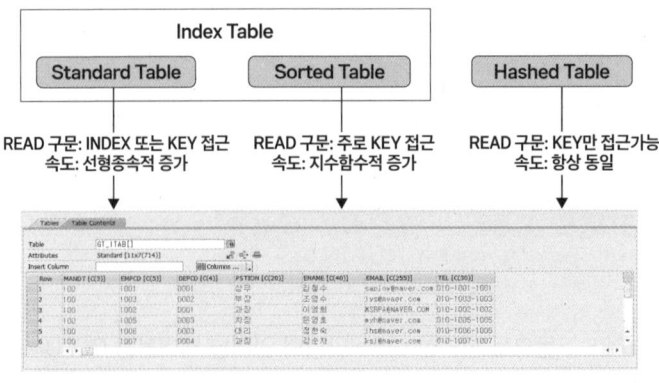

그림 5-8 인터널 테이블 타입 간 비교

그림 5-8에서 알 수 있듯이 Standard Table의 키 접근(Key Access) 속도는 인터널 테이블의 라인 수에

따라 선형종속적으로(Linearly) 증가하게 되고, Sorted Table은 로그함수적으로(Logarithmically) 증가한다. 즉, 테이블의 건수가 증가할수록 Sorted Table의 탐색 속도가 월등히 빠르다는 것을 보여준다. 예제 5-10을 이용해 Standard Table과 Sorted Table의 성능을 비교해보자.

예제 | 5-10

```
REPORT   z05_10.

TYPES : BEGIN OF t_line,
         col1 TYPE i,
         col2 TYPE i,
        END OF t_line.

DATA : gt_itab TYPE STANDARD TABLE OF t_line WITH NON-UNIQUE KEY col1 col2,
       gs_str TYPE t_line.

DATA: lv_start_time TYPE timestampl,
      lv_end_time TYPE timestampl,
      lv_duration  TYPE decfloat34.


GET TIME STAMP FIELD lv_start_time.

DO 10000000 TIMES.
  gs_str-col1 = 10000000 - sy-index.
  gs_str-col2 = sy-index.
  INSERT gs_str INTO TABLE gt_itab.
ENDDO.

READ TABLE gt_itab WITH TABLE KEY col1 = 5555555 col2 = 7777777 INTO gs_str.

GET TIME STAMP FIELD lv_end_time.
lv_duration = lv_end_time - lv_start_time.

WRITE: 'Execution time: ', lv_duration, ' milliseconds'.
```

예제 5-10의 인터널 테이블 선언 부분을 SORTED 타입으로 변경한 후에 각각 속도를 측정한다.

```
DATA gt_itab TYPE SORTED TABLE OF t_line WITH NON-UNIQUE KEY col1 col2.
```

표 5-4는 IDES(교육용 서버)에서 두 가지 타입의 인터널 테이블에 천만 건의 라인을 생성하여 테스트한 결과이다. 다른 프로그램의 영향이 전혀 없는 상태에서 프로그램을 3회씩 테스트하였다.

구문	Standard Table	Sorted Table
APPEND 속도	3.247624ms	9.277417ms
READ 속도	0.216404ms	0.000019ms
결론	APPEND 속도 빠름 READ 속도 느림	APPEND 속도 느림 READ 속도 아주 빠름

표 5-4 인터널 테이블 타입 간 속도 테스트 결과

테스트 결과에서 알 수 있듯이 Sorted Table은 READ 속도가 아주 빠르지만 라인을 추가하면서 정렬하기 때문에 APPEND 구문에서 속도가 느려진다. 대용량 데이터를 다룰 때에는 두 가지 타입을 잘 구분하여 사용해야 한다. 성능 측면에서 큰 차이를 가져올 수 있기 때문이다.

예를 들어, 고객 정보 백만 건을 처리하는 프로그램에서 고객번호, 주민번호, 이름 등의 컬럼으로 반복 구문 내에서 탐색(READ)하는 횟수가 많다면 Sorted Table을 사용하는 것이 효율적이라 판단할 수 있다.

4-2 BINARY SEARCH(Standard Table)

BINARY SEARCH 옵션은 이진 트리를 이용하여 값을 찾는 방법으로 먼저 데이터를 키 값(컬럼) 기준으로 정렬해야 한다. New Syntax 구문에서는 BINARY SEARCH 옵션을 명시할 수 없기 때문에 Sorted Table을 사용해야 한다.

```
READ TABLE gt_itab WITH KEY col1 BINARY SEARCH INTO gs_str.
```

예를 들어 (2, 1, 5, 6, 3, 7, 9, 4, 8)처럼 무작위(Random)로 있는 데이터에서 이진 탐색이 어떻게 이루어지는지 알아보자. 먼저, SORT 명령어로 데이터를 (1, 2, 3 ~ 9)로 정렬한다. 이렇게 정렬된 상태에서 '8'의 값을 찾는 BINARY SEARCH 옵션을 수행해보자.

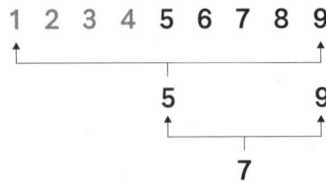

제일 먼저 이진 트리에서 중간 값(5)과 '8'을 비교한다. 8은 중간 값 5보다 크므로 (5~9)의 구간에서 중간 값과 다시 비교하게 되고 7보다 크므로 8의 값을 찾게 된다. 이진 탐색(Bianry Search)를 이용하여 3번의 시도로 값을 찾게 되었다. 그러나 풀 스캔(Full Scan)을 하게 되면 8번째 시도에서 값을 찾게 될 것이다. 이와 같은 탐색하는 방법을 ABAP에서 BINARY SEARCH 옵션으로 제공해준다. Sorted Table은 기본적으로 키 값으로 정렬되어 있기 때문에 SORT 명령어를 사용할 수 없으며, BINARY SEARCH 옵션이 기본으로 포함되어 있다. Standard Table은 반드시 SORT 명령어로 정렬한 후 수행해야 하며, 그렇지 않으면 적절한 데이터를 찾을 수 없다.

예제 5-10의 인터널 테이블에서 데이터를 읽는 라인을 다음과 같이 변경하자.

```
* BINARY SEARCH
SORT gt_itab BY col1 col2.

GET TIME STAMP FIELD lv_start_time.

READ TABLE gt_itab WITH KEY col1 = 5555555 col2 = 7777777
INTO gs_str BINARY SEARCH.


GET TIME STAMP FIELD lv_end_time.
lv_duration = lv_end_time - lv_start_time.

WRITE:/ 'Execution time: ', lv_duration, ' milliseconds'.
```

표 5-5는 BINARY SEARCH가 일반 SEARCH 구문보다 성능이 상당히 개선된다는 결과를 보여준다.

구문	일반 SEARCH	BINARY SEARCH
READ 속도	0.216404ms	0.000021ms
결론	READ 속도 느림	READ 속도 빠름

표 5-5 Standard Table에서 테스트 결과

Standard Table로 선언하였을 경우에는 데이터 건수가 많을수록 정렬 시간이 지연되므로 정렬하는 데 들어간 시간이 BINARY SEARCH로 얻을 수 있는 시간 감소량보다 더 많이 소요될 수 있다. 그러므로 무조건 정렬을 해서 BINARY SEARCH를 하는 것은 바람직하지 않을 수 있다. 테이블 타입, 테이블 건수와 같은 조건에 따라 정반대의 결과를 가져올 수 있으므로 주의해서 사용해야 한다.

만약, 10,000건의 Standard Table을 LOOP 처리하는 경우라면 LOOP 이전에 정렬을 하고 BINARY SEARCH를 해주는 것이 훨씬 더 빠른 성능을 제공해준다(테이블 건수에 따라 다를 수 있음). ABAP 튜닝(성능 개선) 프로젝트에서 BINARY SEARCH 옵션을 사용하라는 권고를 자주 받는 이유이다.

```
LOOP AT itab INTO wa.
  READ TABLE itab2 WITH KEY ~
ENDLOOP.
```

```
SORT ITAB BY F1.
LOOP AT itab into wa.
  READ TABLE itab2 WITH KEY ~
                BINARY SEARCH.
ENDLOOP.
```

4-3 BINARY SEARCH vs Sorted Table

Standard Table의 BINARY SEARCH와 Sorted Table의 성능을 비교해보자. Sorted Table은 이미 데이터가 정렬되어 있으므로 SORT 명령어가 필요 없고, BINARY SEARCH 옵션도 사용할 필요가 없다 (사용하게 되면 에러가 발생한다). 표 5-6의 결과를 보면 READ 구문에서 Sorted Table을 사용하는 것과 Standard Table에서 BINARY SEARCH 옵션을 사용하는 것에는 큰 차이가 없다.

구문	BINARY SEARCH (Standard Table)	READ (Sorted Table)
Read 속도	0.000021ms	0.000019ms
결론	READ 속도 빠름	READ 속도 빠름

표 5-6 BINARY SEARCH vs Sorted Table의 테스트 결과

4-4 Hashed Table의 속도 측정

Hashed Table은 테이블을 읽을 경우에 해시(Hash) 알고리즘을 사용하기 때문에 항상 같은 속도로 테이블 접근이 가능하다. 그러나 INSERT 시 속도가 지연된다. 그리고 키 값을 항상 Unique하게 선언해야 한다.

예제 | 5-11

```
REPORT   z05_11.

TYPES: BEGIN OF t_line,
         col1 TYPE i,
         col2 TYPE i,
         col3 TYPE i,
       END OF t_line.

*DATA gt_itab TYPE STANDARD TABLE OF t_line WITH NON-UNIQUE KEY col1.
*DATA gt_itab TYPE SORTED TABLE OF t_line WITH UNIQUE KEY col1.
DATA gt_itab TYPE HASHED TABLE OF t_line WITH UNIQUE KEY col1.
```

```
    DATA gs_str TYPE t_line.

    DO 1500000 TIMES.
      gs_str-col1 = sy-index.
      gs_str-col2 = sy-index.
      gs_str-col3 = sy-index.
      INSERT  gs_str INTO TABLE gt_itab.
    ENDDO.

    READ TABLE gt_itab WITH KEY col1 = 999999 INTO gs_str.
```

예제 5-11에서 주석 처리된 부분을 차례대로 해제하면서, 세 가지 타입의 인터널 테이블 속도를 비교해보자.

구문	Standard Table	Sorted Table	Hashed Table
APPEND 속도	3.247624ms	9.277417ms	4.357912ms
READ 속도	0.216404ms	0.000019ms	0.000008ms
결론	APPEND 속도 빠름 READ 속도 느림	APPEND 속도 가장 느림 READ 속도 빠름	APPEND 속도 느림 READ 속도 가장 빠름

표 5-7 인터널 테이블들의 테스트 결과

키 값을 Unique하게 구분할 수 있으며 대용량 데이터이고 READ 구문이 자주 사용된다면 Hashed Table을 사용하는 것이 바람직하다. 성능을 고려해야 하는 프로그램은 처음 설계부터 Unique한 키 값을 인터널 테이블로 선언하여 프로그래밍하는 습관을 가지자. 표 5-8은 인터널 테이블의 타입에 따른 접근 방법을 정리한 것이다.

	Standard Table	Sorted Table	Hash Table
Index Access	Yes	Yes	No
Key Access	Yes	Yes	Yes
Key Values	Not Unique	Unique 또는 Not Unique	Unique
권장 접근 방법	Index 권장	Key 권장	Key만 사용

표 5-8 인터널 테이블 타입 간 접근 방법 비교

그림 5-9는 SAP사에서 인터널 테이블 타입에 따른 키 접근(Key Access) 속도를 측정한 자료이다. 그림에서 알 수 있듯이 Sorted, Hashed Table은 데이터 건수가 증가하더라도 READ 속도는 큰 차이가 발생하지 않지만 Standard Table은 데이터 건수가 증가할수록 READ 속도가 현저하게 증가하는 것

을 확인할 수 있다.

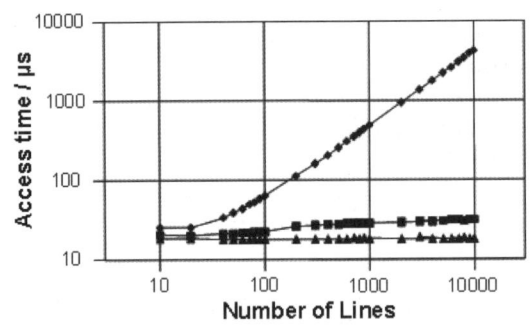

그림 5-9 인터널 테이블 타입 간 READ 속도 비교

05 인터널 테이블 명령어

5-1 인터널 테이블에 값 할당

인터널 테이블도 다른 변수와 동일하게 등호(=)를 사용하여 값을 할당할 수 있다. 그러나 헤더 라인이 있는 인터널 테이블의 경우, 'ITAB2 = ITAB1'과 같이 명시하면 인터널 테이블의 바디(Body, 데이터를 담고 있는 행들의 집합) 값이 아닌 헤더 라인의 값만 복사된다.

```
itab2 = itab1.
```

헤더 라인이 있는 인터널 테이블의 경우, 다음과 같이 인터널 테이블의 이름 뒤에 대괄호([ ])를 명시해야 인터널 테이블의 바디(Body) 값이 복사된다.

```
itab2[] = itab1[].
```

등호를 사용하여 인터널 테이블의 값을 복사할 때는, 두 인터널 테이블의 구조가 같아야 한다. 만약 구조가 다른 경우, 컬럼의 순서대로 값을 할당하게 되어 원하는 결과가 나오지 않을 수 있고, 데이터가 밀려서 복사될 수 있다.

라인 타입(Line Type)이 다른 경우에는, 다음 구문을 사용해 두 오브젝트 간 순서와 관계없이 서로 같은 컬럼명에 값을 할당할 수 있다.

```
MOVE-CORRESPONDING itab1 TO itab2.
```

앞서 설명했듯이, 헤더 라인이 있는 인터널 테이블에서 대괄호를 명시하지 않은 경우 헤더 라인의 값만 복사된다. MOVE-CORRESPONDING 구문을 사용해 인터널 테이블의 값을 옮길 때도, 바디(Body)를 복사하기 위해서는 다음과 같이 대괄호를 명시해야 한다.

```
MOVE-CORRESPONDING itab1[] TO itab2[].
```

헤더 라인은 폐기된 구문이지만 이전 프로그램에서 많이 사용되었기 때문에 헤더 라인이 있는 인터널 테이블과 헤더 라인이 없는 인터널 테이블의 예제를 실습해보자.

예제 | 5-12

```
REPORT  z05_12.

TYPES: BEGIN OF t_line,
         col1 TYPE i,
         col2 TYPE i,
       END OF t_line.

DATA: gt_itab1 TYPE STANDARD TABLE OF t_line WITH HEADER LINE,
      gt_itab2 TYPE STANDARD TABLE OF t_line,
      gs_wa    LIKE LINE OF gt_itab2.

DO 5 TIMES.
  gt_itab1-col1 = sy-index.
  gt_itab1-col2 = sy-index * 2.
  INSERT TABLE gt_itab1.
ENDDO.

gt_itab2 = gt_itab1[].
```

```
LOOP AT gt_itab2 INTO gs_wa.
  WRITE: / gs_wa-col1, gs_wa-col2.
ENDLOOP.
```

결과	5-12
1	2
2	4
3	6
4	8
5	10

헤더 라인이 있는 경우 헤더 라인과 인터널 테이블의 이름은 같다. 이것을 구분하기 위해 인터널 테이블의 바디(Body)를 대괄호를 이용해 구분한다. 예제 5-12에서 대괄호는 헤더 라인이 있는 인터널 테이블의 바디(Body) 내용을 가리킨다. 즉, 헤더 라인이 있는 인터널 테이블의 이름은 헤더 라인을 의미하고, 헤더 라인이 없는 경우 인터널 테이블의 이름은 자기 자신이 된다. 이러한 이유 때문에 예제에서는 헤더 라인의 존재 여부에 따라 'gt_itab2 = gt_itab1[].' 구문을 사용한 것이다.

5-2 인터널 테이블 초기화

다른 변수와 동일하게 인터널 테이블도 CLEAR 구문을 사용하여 초기화할 수 있다. 인터널 테이블을 초기화하는 구문에는 CLEAR, REFRESH, FREE가 있다. 그림 5-10은 헤더 라인이 있을 경우 CLEAR, REFRESH 그리고 FREE 구문의 차이점을 잘 설명하고 있다. 그림 5-11과 같이 헤더 라인이 없으면 3개의 명령어는 동일하게 인터널 테이블의 바디(Body)를 삭제한다. 참고로, REFRESH 명령어는 폐기된 구문으로 사용하지 않는 것이 좋다.

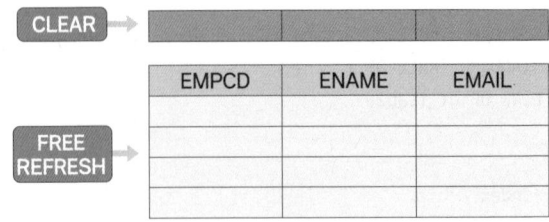

그림 5-10 헤더 라인이 있는 인터널 테이블의 CLEAR, FREE, REFRESH 구문

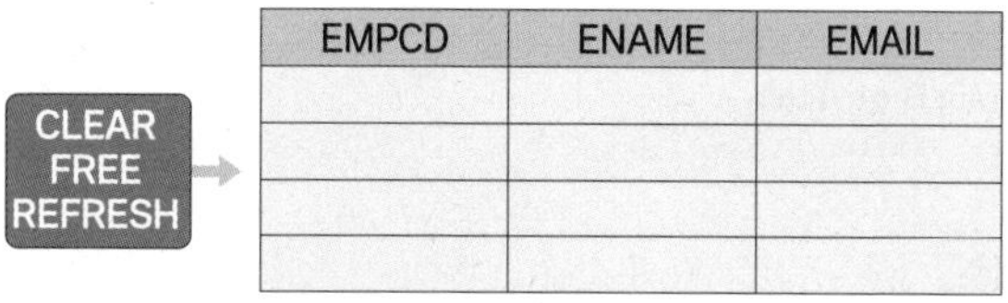

	EMPCD	ENAME	EMAIL
CLEAR FREE REFRESH →			

그림 5-11 헤더 라인이 없는 인터널 테이블의 CLEAR, FREE, REFRESH 구문

이제 세 가지 구문에 대해 좀더 자세히 살펴보자. CLEAR 구문은 인터널 테이블의 초기 메모리 요청을 해제하지 않기 때문에, 이후 인터널 테이블에 새로운 행을 삽입할 때 성능에 긍정적인 영향을 미칠 수 있다. 헤더 라인이 있는 인터널 테이블의 경우, 다음 CLEAR 구문은 인터널 테이블의 헤더 라인만 삭제한다. 반면, 헤더 라인이 없는 인터널 테이블에서는 CLEAR itab 구문만으로도 인터널 테이블의 바디(Body)를 초기화한다.

```
CLEAR itab.
```

헤더 라인이 있는 인터널 테이블의 바디 부분을 삭제하기 위해서는 대괄호를 추가해야 한다.

```
CLEAR ITAB[].
```

REFRESH 구문은 인터널 테이블에만 사용할 수 있다. 이 구문은 인터널 테이블의 데이터만 지우고, 메모리 공간은 그대로 가지고 있다.

```
REFRESH itab.
```

인터널 테이블의 데이터를 지우고 메모리 공간도 반환하려면 FREE 구문을 이용한다.

```
FREE itab.
```

예제 5-13을 통해 인터널 테이블의 초기화 및 메모리 반환에 대해서 이해하도록 하자.

예제 | 5-13
```
REPORT Z05_13.

DATA: BEGIN OF gs_str,
        id   TYPE i,
        name TYPE c LENGTH 10,
      END OF gs_str.

DATA gt_itab LIKE TABLE OF gs_str.
```

```
    gs_str-id = 2.
    gs_str-name = '이영희'.
    INSERT gs_str INTO TABLE gt_itab.

    gs_str-id = 1.
    gs_str-name = '김철수'.
    INSERT gs_str INTO TABLE gt_itab.

     CLEAR gt_itab.
*   FREE gt_itab.
*   REFRESH gt_itab.

    IF gt_itab IS INITIAL.
       WRITE : '인터널 테이블에 데이터가 없습니다'.
*   FREE gt_itab.
    ENDIF.
```

결과 | 5-13

인터널 테이블에 데이터가 없습니다

예제 5-13에서는 세 가지 명령어를 사용하여 인터널 테이블을 초기화한다. 인터널 테이블이 초기화 되었기 때문에, IF 구문 조건이 충족되어 WRITE 구문이 실행된다. REFRESH 구문을 사용한 경우, 프로그램이 종료되기 전에 FREE gt_itab 구문을 사용하여 메모리를 반환한다.

인터널 테이블의 선언 부분을 다음과 같이 변경하여 헤더 라인이 있는 경우도 각각 실습해보자.

```
DATA gt_itab LIKE TABLE OF gs_line WITH HEADER LINE.
```

5-3 인터널 테이블 정렬

5-3-1 SORT 구문

Standard 또는 Hashed 타입의 인터널 테이블을 정렬할 수 있다. 인터널 테이블 자체가 가지는 키 값으로 정렬하려면 다음 구문을 활용한다.

```
SORT   gt_itab ASCENDING
SORT   gt_itab DESCENDING
```

인터널 테이블에서 키가 선언되지 않은 경우, 문자 타입의 컬럼들을 구성하여 키 값으로 만든다. 인터널 테이블에서 SORT 구문을 사용할 때 정렬 순서를 명시하지 않으면, 기본적으로 오름차순 정렬한다. Sorted Table은 이미 자체적으로 정렬된 데이터를 가지고 있기 때문에, SORT 명령어를 사용하면 구문 에러가 발생한다.

5-3-2 정렬 컬럼 지정

정렬이 필요한 컬럼을 임의로 지정하고 싶을 때는 다음 구문을 사용한다.

```
SORT gt_itab BY f1 ASCENDING f2 DESCENDING.
```

이 구문을 이용하면 테이블 키(Table Key)를 이용하지 않고 f1, ~, fn 컬럼(250개 한정)을 기준으로 정렬한다.

SORT 명령어를 사용할 때 주의할 점이 있다.

```
SORT gt_itab BY col1 col2 DESCENDING.
```

이와 같이 SORT 구문을 사용하면, COL1은 오름차순(ASCENDING)으로, COL2는 내림차순(DESCENDING)으로 정렬된다. 5-3-1 절에서 설명한 것처럼, SORT 구문에 정렬 순서를 지정하지 않으면 기본적으로 오름차순으로 정렬된다. 만약 두 컬럼 모두 내림차순 정렬을 하고 싶다면, COL1 컬럼에도 'DESCENDING'을 명시해야 한다. 즉, 앞의 SORT 구문은 다음 구문과 동일하다.

```
SORT gt_itab BY col1 ASCENDING col2 DESCENDING.
```

인터널 테이블에 명시한 모든 컬럼에 대해 정렬 순서를 지정하고 싶다면, 다음 구문과 같이 먼저 오름차순 또는 내림차순을 명시한 후, BY 절 뒤에 정렬할 컬럼을 나열해야 한다.

```
SORT gt_itab DESCENDING BY f1 f2.
```

5-3-3 STABLE SORT

SORT 명령어를 사용할 때마다 정렬 순서는 계속 변한다. STABLE SORT 구문을 활용하면 정렬 순서가 보존된다. 하지만 정렬 시간이 더 소요되는 단점이 있다.

```
SORT gt_Itab STABLE.
```

STABLE 옵션은 같은 데이터라도 처음 위치한 순서가 SORT 명령어에 의해서 순번이 변경되지 않도록 하는 것이다. 예를 들어, 다음과 같이 5개의 숫자가 있다고 가정하자. 숫자 5는 1번째와 4번째, 2개가 존재한다.

```
5 4 3 5 2
```

설명을 쉽게 하기 위해서 이 문자열들이 위치한 순번을 숫자 뒤에 표시하였다.

```
5(1)  4(2)  3(3)  5(4)  2(5)
```

그리고 이 숫자들을 정렬하게 되면, 처음에 존재했던 5라는 숫자는 위치가 변동되지 않고 정렬이 된다. 이것이 STABLE SORT 구문의 효과다.

```
2(5)  3(3)  4(2)  5(1)  5(4)
```

예제 5-14를 이용해 SORT 구문의 기능에 대해서 실습해보자.

예제 | 5-14

```abap
REPORT  z05_14.

TYPES : BEGIN OF t_data,
          col1 type i,
          col2 type i,
          col3 type i,
        END OF t_data.

DATA: gt_itab TYPE TABLE OF t_data WITH DEFAULT KEY,
      ls_data TYPE t_data.

gt_itab = VALUE #( ( col1 = 3 col2 = 2 col3 = 1 )
                   ( col1 = 1 col2 = 3 col3 = 2 )
                   ( col1 = 2 col2 = 1 col3 = 3 )
                   ( col1 = 3 col2 = 1 col3 = 2 ) ).

SORT gt_itab BY col1 ASCENDING.
PERFORM display_data.

SORT gt_itab BY col2 DESCENDING.
PERFORM display_data.

SORT gt_itab BY col3 ASCENDING col2 ASCENDING.
PERFORM display_data.

FORM display_data.
  WRITE: / '정렬 결과: '.
  LOOP AT gt_itab INTO ls_data.
    WRITE: / ls_data-col1, ls_data-col2, ls_data-col3.
  ENDLOOP.
ENDFORM.
```

> **결과 | 5-14**
> ```
> 정렬 결과:
>         1       3       2
>         2       1       3
>         3       2       1
>         3       1       2
> 정렬 결과:
>         1       3       2
>         3       2       1
>         2       1       3
>         3       1       2
> 정렬 결과:
>         3       2       1
>         3       1       2
>         1       3       2
>         2       1       3
> ```

5-4 인터널 테이블의 속성 알아내기

인터널 테이블의 속성을 알고자 할 경우에는 DESCRIBE 구문을 사용한다.

```
DESCRIBE TABLE gt_itab [LINES gv_ line] [OCCURS gv_init] [KIND gv_kind].
```

LINES는 인터널 테이블에 있는 현재 라인 수를 반환하고, OCCURS는 INITIAL SIZE로 선언한 인터널 테이블의 초기 라인 수를 반환한다. KIND는 인터널 테이블의 타입을 반환하며, 'T'는 Standard Table, 'S'는 Sorted Table, 그리고 'H'는 Hashed Table을 각각 의미한다. 인터널 테이블의 속성을 반환하는 이들 3가지 옵션 중에서 LINES가 주로 사용된다. 그리고, LINES 구문으로 인터널 테이블의 라인 수를 알아낼 수 있다.

```
DATA(gv_line) = LINES( gt_itab ).
```

> **예제 | 5-15**
> ```
> REPORT z05_15.
>
> DATA: BEGIN OF  gs_str,
>         id    TYPE i,
>         name TYPE c LENGTH 10,
>       END OF gs_str.
>
> DATA gt_itab  LIKE STANDARD TABLE OF gs_str.
> ```

```
    gs_str-id = 2.
    gs_str-name = '이영희'.
    INSERT gs_str INTO TABLE gt_itab.

    gs_str-id = 1.
    gs_str-name = '김철수'.
    INSERT gs_str INTO TABLE gt_itab.

    DESCRIBE TABLE gt_itab LINES DATA(gv_line).
   *DATA(gv_line) = LINES( gt_itab ).
    WRITE: / '라인수 : ', gv_line.
```

결과 | 5-15

라인수 :   2

06 인터널 테이블에 데이터 추가

인터널 테이블에 라인(Line)을 삽입하는 명령어에는 INSERT, APPEND, COLLECT가 있다. INSERT와 APPEND는 인터널 테이블의 마지막 라인에 데이터를 삽입하는 기능으로 동일하지만 INSERT 구문은 테이블 타입에 따라 다른 기능을 수행한다. COLLECT 구문은 동일한 키가 있으면 숫자 타입은 SUM을 수행하고, 없으면 데이터를 추가한다.

인터널 테이블도 ABAP Dictionary 테이블과 유사한 구조로 되어 있기 때문에 INSERT, DELETE, MODIFY와 같은 구문이 SQL과 동일하게 존재한다. 단, 사용법이 다르기 때문에 두 경우에 혼란을 가져오는 일이 자주 발생한다. 이때는 [F1] 키를 이용해 메뉴얼을 참고하자. 예를 들어, OPEN SQL 에서 MODIFY 구문은 INSERT와 UPDATE 기능을 모두 포함하지만, 인터널 테이블에서 MODIFY 구문은 UPDATE만 수행한다.

6-1 INSERT 구문

6-1-1 테이블 키를 이용해 한 라인을 추가

인터널 테이블에 한 라인을 추가하려면 INSERT구문을 사용하며, 키 값을 이용해서 인터널 테이블에 라인을 추가한다.

```
INSERT line INTO TABLE itab.
```

추가(INSERT)가 성공하면, 시스템 변수 SY-SUBRC에 0이 저장된다. 인터널 테이블이 UNIQUE 키 값을 가지는 경우라면, INSERT 구문 수행 시 같은 키 값이 존재할 경우 SY-SUBRC에 4를 반환하고 덤프 에러는 발생하지 않는다.

> **TIP**
> New Syntax인 VALUE 구문을 사용하는 경우, 다음과 같이 INSERT 명령어에 VALUE 구문을 사용하여 별도의 Work Area나 헤더 라인 없이 인터널 테이블에 라인 한 줄을 추가할 수 있다.
>
> ```
> INSERT VALUE #( col1 = 'A' col2 = 1 ) INTO TABLE itab.
> ```
>
> 또는 다음 구문과 같이 인터널 테이블에 한 라인의 데이터를 추가할 수 있다. 이때 주의할 점은 기존의 인터널 테이블의 데이터가 모두 삭제되고 괄호 안에 명시한 한 라인만 추가된다.
>
> ```
> itab = VALUE #( ( col1 = 'A' col2 = 1 ) ).
> ```
>
> 기존의 인터널 테이블의 데이터에 추가해서 레코드를 삽입하려면, BASE 옵션을 사용한다.
>
> ```
> itab2 = VALUE #( BASE itab ( col1 = 'C' col2 = 3 ) ).
> ```

6-1-2 테이블 키를 이용해 여러 라인을 추가

INSERT 구문을 이용하여 인터널 테이블에 여러 라인을 추가할 수 있다. 단, itab1과 itab2 테이블은 같은 라인 타입(Line Type)이어야 한다. 예제 5-16을 이용해 여러 라인을 추가하는 구문을 실습해 보자.

```
INSERT LINES OF itab1 INTO TABLE itab2.
INSERT LINES OF itab1 FROM n1 TO n2 INTO TABLE itab2.
```

> **TIP**
>
> New Syntax를 이용해서 인터널 테이블에 여러 라인을 추가할 수 있다. 다음 구문 사용 시 기존에 인터널 테이블 데이터는 삭제되고, 괄호 안에 명시된 라인만 새롭게 추가된다.
>
> ```
>     itab = VALUE #( ( col1 = 'A' col2 = 1 )
>                     ( col1 = 'B' col2 = 2 ) ).
> ```
>
> 기존의 인터널 테이블 데이터를 유지하면서 여러 라인을 추가하려면, 다음과 같이 BASE 옵션을 사용한 뒤 새로 추가하는 라인을 명시한다.
>
> ```
>     itab = VALUE #( BASE itab ( col1 = 'C' col2 = 3 )
>                                ( col1 = 'D' col2 = 4 ) ).
> ```
>
> 여기서 소개한 New Syntax에 대한 자세한 내용은 부록에서 상세히 다룬다.

예제 | 5-16

```
REPORT  z05_16.

DATA: BEGIN OF  gs_str,
        id    TYPE i,
        name TYPE c LENGTH 10,
      END OF gs_str.

DATA gt_itab1   LIKE STANDARD TABLE OF gs_str WITH NON-UNIQUE KEY id.
DATA gt_itab2   LIKE SORTED TABLE OF gs_str WITH NON-UNIQUE KEY id.

gs_str-id = 2.
gs_str-name = '이영희'.
INSERT gs_str INTO TABLE gt_itab1.

gt_itab1 = VALUE #( BASE gt_itab1 ( id = 3 name = '조영수' ) ).

gs_str-id = 1.
gs_str-name = '김철수'.
INSERT VALUE #( id = 1 name = '김철수' )  INTO TABLE gt_itab1.

INSERT LINES OF gt_itab1 INTO TABLE gt_itab2.

LOOP AT gt_itab2 INTO gs_str.
  WRITE: / gs_str-id, gs_str-name.
ENDLOOP.
```

결과 | 5-16

```
1 김철수
```

```
2 이영희
3 조영수
```

결과 5-16에서 키 컬럼 col1 기준으로 정렬되어 출력되는 것은, 인터널 테이블 gt_itab2이 Sorted 타입이기 때문에 'INSERT LINES OF' 구문에서 정렬된 값으로 추가되기 때문이다.

6-1-3 인터널 테이블 타입에 따른 INSERT 효과

- Standard Table
- 레코드는 인터널 테이블의 마지막 위치에 추가된다.
- APPEND 구문과 동일한 효과를 가진다.

- Sorted Table
- 레코드는 인터널 테이블의 키 순서에 따라 추가된다.
- Non-unique 키 타입이라면, 중복 라인(Duplicate Line)은 동일한 키 위에 추가된다.

- Hashed Table
- 레코드는 테이블 키의 해시 값(Hash Value) 순서에 따라 추가된다.

예제 5-17의 인터널 테이블 선언부에서 3가지 타입을 주석 처리/해제하면서 인터널 테이블 타입에 따른 INSERT 효과를 확인해보자.

예제 | 5-17

```
REPORT  z05_17.

DATA: BEGIN OF gs_line,
    col1 TYPE c,
    col2 TYPE n,
  END OF gs_line.

DATA gt_itab LIKE STANDARD TABLE OF gs_line WITH NON-UNIQUE KEY col1.
*DATA gt_itab LIKE SORTED TABLE OF gs_line WITH UNIQUE KEY col1.
*DATA gt_itab LIKE HASHED TABLE OF gs_line WITH UNIQUE KEY col1.

gs_line-col1 = 'B'.
gs_line-col2 = 1.
INSERT gs_line INTO TABLE gt_itab.

gs_line-col1 = 'A'.
gs_line-col2 = 2.
INSERT gs_line INTO TABLE gt_itab.
```

```
gs_line-col1 = 'A'.
gs_line-col2 = 3.
INSERT gs_line INTO TABLE gt_itab.

gs_line-col1 = 'C'.
gs_line-col2 = 4.
INSERT gs_line INTO TABLE gt_itab.
```

예제 5-17의 인터널 테이블의 타입에 따라 디버깅 화면에서 인터널 테이블에 있는 데이터를 확인해보자. Standard Table은 Unique한 속성으로 선언할 수 없으므로 중복된 키 값이 존재할 수 있다. Sorted Table은 키 값을 기준으로 정렬되어 추가(INSERT)되며, UNIQUE 설정에 따라 키 값이 중복될 수도 있고, 유일한 값이 될 수도 있다. Hashed Table은 추가(INSERT) 순서대로 해시 값을 계산하여 데이터가 추가(INSERT)되며, 이때 키 값은 중복될 수 없다.

[Standard Table]

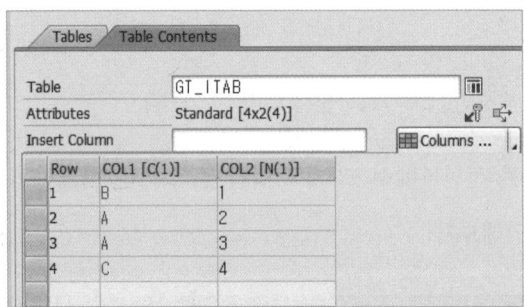

[Sorted Table]

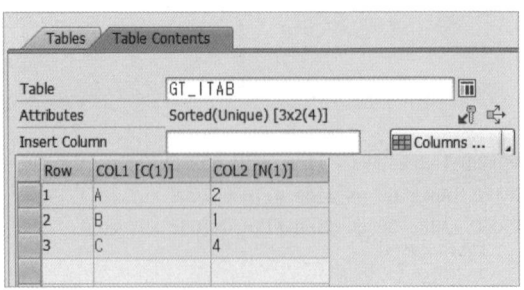

[Hashed Table]

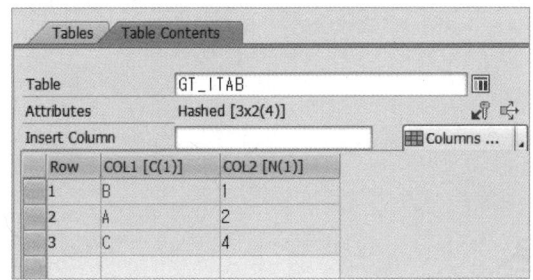

6-1-4 INDEX를 이용해 한 라인을 추가

INDEX 구문을 이용하면 인덱스 위치에 라인을 추가할 수 있다. 키 값으로 정렬되어 있는 Sorted Table에 잘못된 인덱스 위치에 추가하면 덤프 에러가 발생한다. INDEX 구문은 Hashed 타입의 인터널 테이블에는 사용할 수 없다. 성공하면, SY-SUBRC 변수는 0을 그리고 SY-TABIX 변수는 인덱스 값을 반환한다.

```
INSERT line INTO itab INDEX idx.
```

인덱스 위치를 이용하여 여러 라인도 추가할 수 있다.

```
INSERT LINES OF itab1 INTO itab2 INDEX idx.
```

예제 | 5-18

```
REPORT z05_18.

DATA: itab     TYPE STANDARD TABLE OF char10,
      idx      TYPE sy-index,
      new_line TYPE char10.

itab = VALUE #( ( 'Apple' ) ( 'Banana' ) ( 'Orange' ) ).

new_line = 'Mango'.
idx = 2.  " Mango를 2번째 인덱스에 추가

* 특정 인덱스에 새로운 라인 추가
INSERT new_line INTO itab INDEX idx.

LOOP AT itab INTO DATA(line).
  WRITE: / line.
ENDLOOP.
```

결과	5-18

```
Apple
Mango
Banana
Orange
```

6-2 APPEND 구문

INSRET 구문은 키(Key)와 인덱스(Index)를 이용해 인터널 테이블에 데이터를 추가할 수 있지만, APPEND 구문은 인덱스만 이용할 수 있다. 즉, Hashed 타입의 인터널 테이블에서는 사용할 수 없다.

6-2-1 한 라인 추가

한 라인을 추가하려면 다음 구문을 사용한다.

```
APPEND line TO itab
```

APPEND 구문 수행 시, 시스템 변수 SY-TABIX에 인터널 테이블에 추가된 라인의 인덱스 번호를 저장한다.

6-2-2 여러 라인 추가

INSERT 구문과 동일하게 인터널 테이블을 한 번에 다른 인터널 테이블로 추가할 수 있다.

```
APPEND lines OF itab1 TO itab2.
```

다음 구문을 활용하여 인터널 테이블의 itab1의 인덱스 n1 ~ n2 사이의 값을 itab2에 추가할 수 있다.

```
APPEND lines OF itab1 FROM n1 TO n2 TO itab2.
```

예제 5-19를 이용해 인터널 테이블과 APPEND 구문에 대해서 실습해보자.

예제	5-19

```
REPORT  z05_19.

DATA: BEGIN OF  GS_STR,
        id    TYPE i,
        name TYPE c LENGTH 10,
      END OF GS_STR.
```

```
DATA gt_itab  LIKE STANDARD TABLE OF GS_STR WITH NON-UNIQUE KEY ID.
*DATA gt_itab  LIKE SORTED TABLE OF GS_STR  WITH UNIQUE KEY ID.
*DATA gt_itab  LIKE HASHED TABLE OF GS_STR  WITH UNIQUE KEY ID.

gs_str-id = 2.
gs_str-name = '이영희'.
APPEND gs_str TO gt_itab.

gs_str-id = 1.
gs_str-name = '김철수'.
APPEND gs_str TO gt_itab.
```

예제 5-19의 인터널 테이블 선언부에서 Sorted 타입 주석을 해제하고 프로그램을 실행하면, 정렬 순서(Sort Sequence)가 위배되기 때문에 덤프 에러가 발생한다. 그리고 Hashed 타입을 주석 해제하고 실행하면, 그림 5-12와 같이 인덱스 관련 명령어를 사용할 수 없다는 에러 메시지가 출력된다.

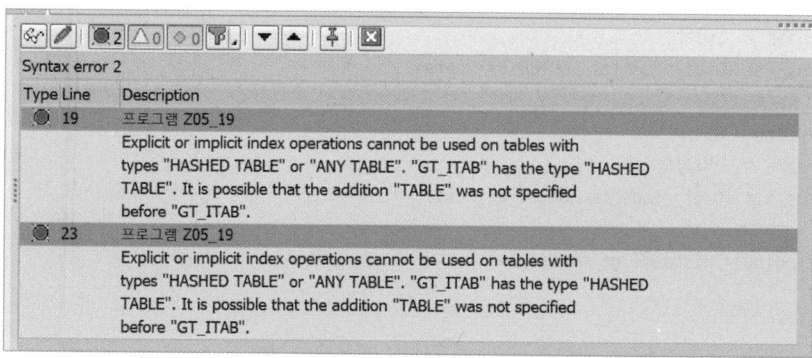

그림 5-12 Hashed 타입의 인터널 테이블에서 APPEND구문 사용 불가 메시지

SORTED BY 구문을 사용하면, 컬럼 f를 기준으로 DESCENDING 정렬을 수행하여 추가한다. 이때는 Standard 타입의 인터널 테이블만 효력이 있으며, INITIAL SIZE로 크기를 지정해야 한다. 특히, SORTED BY는 1~3등과 같이 랭킹을 구할 때 유용하다.

```
APPEND wa TO itab SORTED BY f.
```

5명의 학생 중에서 성적순으로 1~3등만 인터널 테이블에 추가(APPEND)하는 예제를 구현해보자.

예제 | 5-20

```
REPORT  z05_20.

TYPES: BEGIN OF ty_student,
```

```abap
        score TYPE i,
        name  TYPE string,
      END OF ty_student.

DATA: gt_students TYPE TABLE OF ty_student INITIAL SIZE 3.
DATA : gs_str TYPE ty_student.

gs_str-score = 75.
gs_str-name = ' 김철수 '.
APPEND gs_str TO gt_students SORTED BY score.

gs_str-score = 90.
gs_str-name = ' 이영희 '.
APPEND gs_str TO gt_students SORTED BY score.

gs_str-score = 95.
gs_str-name = ' 조영수 '.
APPEND gs_str TO gt_students SORTED BY score.

gs_str-score = 93.
gs_str-name = ' 이옥순 '.
APPEND gs_str TO gt_students SORTED BY score.

gs_str-score = 97.
gs_str-name = ' 박정숙 '.
APPEND gs_str TO gt_students SORTED BY score.

cl_demo_output=>display( gt_students ).
```

결과 | 5-20

GT_STUDENTS

SCORE	NAME
97	박정숙
95	조영수
93	이옥순

6-2-3 인터널 테이블 타입에 따른 APPEND 효과

- Standard Table

- 추가되는 데이터는 인터널 테이블의 마지막 위치에 추가된다.

- SORTED BY 옵션을 이용하여 키 기준으로 내림차순 정렬하면서 추가할 수 있다.

- Sorted Table
  - 데이터가 정렬된 상태로 인터널 테이블에 추가되도록 로직을 구성해야 한다. 그렇지 않으면 덤프 에러가 발생한다.

- Hashed Table
  - APPEND구문을 사용할 수 없다.

6-3 COLLECT 구문

COLLECT 구문은 기존의 데이터와 중복된 행이 있는지를 확인하고, 중복된 경우 중복된 행을 그룹화하여 집계한다. 주로, COLLECT 구문은 인터널 테이블의 숫자 타입 컬럼을 합산하는 기능을 수행한다.

```
COLLECT wa INTO itab.
```

키 값을 제외한 합산(누적)하는 대상의 컬럼들은 숫자 타입 I, P, F로 선언되어야 한다. COLLECT 구문을 수행하면, 같은 키 값이 있을 때는 숫자 타입의 컬럼 값을 합산하며, 키 값이 없을 때는 추가(APPEND)를 수행한다. 키 값이 없는 인터널 테이블에서는 문자 타입의 컬럼들이 디폴트 키(Default Key)로 선언되기 때문에 문자 타입의 컬럼을 기준으로 숫자 타입의 컬럼 값이 합산된다. 그림 5-13은 인터널 테이블에 COLLECT 구문을 수행한 전후, 인터널 테이블의 데이터 변화를 보여준다. 여기서, 문자 타입의 '이름' 컬럼을 기준으로 같은 값이 있으면, 숫자 타입의 '점수' 컬럼 값이 합산되었다.

COLLECT 이전

이름	과목	점수
김철수	국어	85
김철수	수학	90
이영희	국어	90
이영희	수학	75

COLLECT 이후

이름	점수
김철수	175
이영희	165

그림 5-13 COLLECT 구문 수행 전후 인터널 테이블의 데이터 변화

그림 5-13에서 설명하고 있는 것을 예제 5-21에서 실제 프로그램으로 구현해서 테스트해보자.

예제 | 5-21

```abap
REPORT  z05_21.

TYPES: BEGIN OF ty_student,
         name    TYPE string,
         subject TYPE string,
         score   TYPE i,
       END OF ty_student.

TYPES: BEGIN OF ty_score,
         name  TYPE string,
         score TYPE i,
       END OF ty_score.


DATA: gt_students TYPE TABLE OF ty_student,
      gt_scores   TYPE TABLE OF ty_score,
      ls_score    TYPE ty_score.

gt_students = VALUE #( ( name = '김철수' subject = '국어' score = 85 )
                       ( name = '김철수' subject = '수학' score = 90 )
                       ( name = '김철수' subject = '영어' score = 80 )
                       ( name = '이영희' subject = '국어' score = 90 )
                       ( name = '이영희' subject = '수학' score = 75 )
                       ( name = '이영희' subject = '영어' score = 85 )
                       ( name = '조영수' subject = '국어' score = 80 )
                       ( name = '조영수' subject = '수학' score = 85 )
                       ( name = '조영수' subject = '영어' score = 95 ) ).

CLEAR gt_scores.
LOOP AT gt_students INTO DATA(ls_student).
  MOVE-CORRESPONDING ls_student TO ls_score.
  COLLECT ls_score INTO gt_scores.
ENDLOOP.

cl_demo_output=>display( gt_scores ).
```

결과 | 5-21

GT_SCORES

NAME	SCORE
김철수	255
이영희	250
조영수	260

이번에는 데이터베이스 테이블에서 데이터를 가져와 COLLECT 구문을 수행하는 프로그램을 실습해보자.

예제 5-22는 SFLIGHT 테이블에서 현재 항공기 운항연결 ID별로 예약 총비용을 추출한다. 물론, GROUP BY 구문을 이용할 수도 있지만 COLLECT 구문을 활용하자.

예제 | 5-22
```
REPORT  z05_22.

DATA: BEGIN OF gs_line,
    carrid     TYPE sflight-carrid,
    connid     TYPE sflight-connid,
    paymentsum TYPE sflight-paymentsum,
  END OF gs_line.

DATA gt_itab LIKE TABLE OF gs_line WITH NON-UNIQUE KEY carrid connid.

DATA gt_sum LIKE TABLE OF gs_line WITH NON-UNIQUE KEY carrid connid.

SELECT carrid connid paymentsum
INTO CORRESPONDING FIELDS OF TABLE gt_itab FROM sflight
UP TO 1000 ROWS.

LOOP AT gt_itab INTO gs_line.
  COLLECT gs_line INTO gt_sum.
ENDLOOP.

LOOP AT gt_sum INTO gs_line.
  WRITE : / gs_line-carrid, gs_line-connid, gs_line-paymentsum.
ENDLOOP.
```

결과 | 5-22
```
AA  0017      2,053,578.82
AA  0064      1,352,089.93
AZ  0555        506,124.85
AZ  0788      4,809,574.70
```

예제 5-22는 인터널 테이블을 두 개 선언한 후에 첫 번째 인터널 테이블 gt_itab에 데이터를 저장한다. 그리고 두 번째 인터널 테이블 gt_sum에 항공사와 운항연결 ID 컬럼을 기준으로 paymentsum을 합산하면서 추가하게 된다.

인터널 테이블의 데이터 변경

인터널 테이블에서 한 라인을 변경하려면 MODIFY 구문을 사용한다. 해당 라인을 키, 인덱스 조건으로 찾아서 변경할 수 있다.

7-1 테이블 키를 이용해 한 라인을 변경

MODIFY 구문을 사용하여 키 값 기준으로 인터널 테이블의 라인을 변경한다. 인터널 테이블이 Non-unique 키이고 중복된 값이 존재할 때 MODIFY 구문을 수행할 때는 첫 번째 라인이 변경된다. 헤더 라인이 있는 경우는 FROM wa 구문을 생략할 수 있지만, 축약형(Short Form)을 사용하는 것은 지양해야 한다.

```
MODIFY TABLE itab FROM wa [TRANSPORTING f1 f2 ..].
```

인터널 테이블의 키를 사용해서 데이터를 변경할 때는 USING KEY 옵션을 추가한다. 키를 정의하지 않으면 기본키(Prirmay Key)를 이용한다.

```
MODIFY TABLE itab FROM wa USING KEY keyname.
```

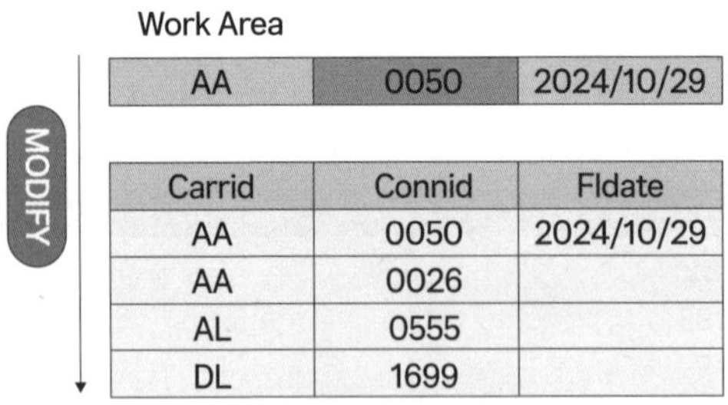

그림 5-14 MODIFY 구조

그림 5-14에서 설명하고 있는 것을 예제 5-23에서 프로그램으로 구현해 테스트해보자.

예제 5-23
```
REPORT  z05_23.

DATA: BEGIN OF gs_line,
```

```
        carrid TYPE c LENGTH 2,
        connid TYPE i,
        fldate TYPE sy-datum,
      END OF gs_line.

DATA gt_itab LIKE STANDARD TABLE OF gs_line WITH NON-UNIQUE KEY carrid connid.

gs_line-carrid = 'AA'.
gs_line-connid = 50.
INSERT gs_line INTO TABLE gt_itab.

gs_line-carrid = 'AA'.
gs_line-connid = 26.
INSERT gs_line INTO TABLE gt_itab.

gs_line-carrid = 'AA'.
gs_line-connid = 50.
gs_line-fldate = '20241029'.

MODIFY TABLE gt_itab FROM gs_line.

LOOP AT gt_itab INTO gs_line.
  WRITE: / gs_line-carrid , gs_line-connid, gs_line-fldate.
ENDLOOP.
```

결과 5-23

```
AA    50  2024.10.29
AA    26  0000.00.00
```

예제 5-23은 키 컬럼 기준으로 Carrid = 'AA', Connid = '50'이라는 값을 먼저 추가한 후에, MODIFY 구문을 이용해 컬럼 Fldate의 날짜를 변경한다.

New Syntax를 이용하면 다음 구문과 같이 직접 키와 변경할 값을 설정해서 한 번에 실행할 수 있다. 예제 5-23의 MODIFY 구문을 다음과 같이 변경해서 확인해보자.

```
MODIFY TABLE gt_itab
  FROM VALUE #(
                BASE gt_itab[ carrid = 'AA' conni = 50 ]
                col3 = '20241029'
              )
  TRANSPORTING col3.
```

7-2 WHERE 조건을 이용해 여러 라인을 변경

하나 이상의 라인을 변경하고자 할 경우에는 WHERE 구문을 사용한다.

```
MODIFY itab FROM wa TRANSPORTING f1 f2 ... WHERE cond.
```

예제 5-24는 가족관계 테이블에서 데이터를 가져온 후, zemplist 테이블에서 직원 이름을 가져와 인터널 테이블을 변경(Modify)한다. 또한 TRANSPORTING 구문을 사용하면 인터널 테이블을 변경(Modify)할 때, TRANSPORTING 절에 명시한 컬럼만 수정된다.

예제 | 5-24

```abap
REPORT z05_24.


TYPES : BEGIN OF t_line,
          empcd TYPE zfamily-empcd,
          ename TYPE zemplist-ename,
          fname TYPE zfamily-fname,
        END OF t_line.

DATA gt_itab TYPE TABLE OF t_line.

SELECT empcd, fname INTO CORRESPONDING FIELDS OF TABLE @gt_itab
FROM zfamily.

LOOP AT gt_itab INTO DATA(gs_line).

  AT NEW empcd.

    SELECT SINGLE ename
      FROM zemplist WHERE empcd = @gs_line-empcd
      INTO @gs_line-ename.

    MODIFY gt_itab FROM gs_line TRANSPORTING ename
        WHERE empcd = gs_line-empcd.
  ENDAT.

  WRITE : / gs_line-empcd, gs_line-ename, gs_line-fname.

ENDLOOP.
```

결과 | 5-24

001 김철수 강남순

```
001  김철수 김춘배
001  김철수 김건진
002  이영희 박순자
002  이영희 이영철
```

예제 5-24에서 AT NEW 구문은 인터널 테이블을 반복 처리하면서 해당 컬럼에 새로운 값이 들어온 경우 실행되는 명령어이다. '김철수', '이영희'와 같이 새로운 직원 이름으로 변경될 때마다 실행되고, MODIFY 구문에서 WHERE 조건을 이용해 직원 이름을 변경한다.

인터널 테이블을 반복 처리할 때 다음 4가지 구문을 사용할 수 있다.

1. **AT FIRST.**: 인터널 테이블의 첫 번째 값이 실행될 때 수행된다.
2. **AT NEW f1.**: 컬럼 f1에 새로운 값이 들어올 때 수행된다.
3. **AT END OF f1**: 컬럼 f1의 값이 마지막일 때 수행된다.
4. **AT LAST.**: 인터널 테이블의 마지막 값이 실행될 때 수행된다.

7-3 INDEX를 이용해 한 라인을 변경

INDEX 구문을 이용하여 해당 라인의 값을 변경할 수 있다. 인덱스를 이용해 값을 변경하기 때문에 당연히 Standard, Sorted 타입의 인터널 테이블에서만 사용할 수 있다. LOOP 구문 내에서는 INDEX 옵션은 생략할 수 있으며, 이 경우 현재 인터널 테이블의 라인 인덱스(Line Index) 값을 변경하게 된다.

```
MODIFY itab INDEX idx FROM wa.
MODIFY itab FROM wa INDEX idx.
MODIFY itab FROM wa INDEX idx TRANSPORTING f1 f2.
```

예제 | 5-25

```
REPORT  z05_25.

TYPES : BEGIN OF t_line,
          empcd TYPE zfamily-empcd,
          ename TYPE zemplist-ename,
          fname TYPE zfamily-fname,
        END OF t_line.

DATA gt_itab TYPE TABLE OF t_line.
```

```
SELECT empcd, fname INTO CORRESPONDING FIELDS OF TABLE @gt_itab
  FROM zfamily.

LOOP AT gt_itab INTO DATA(gs_line).

  SELECT SINGLE ename INTO gs_line-ename
    FROM zemplist WHERE empcd = gs_line-empcd.

  MODIFY gt_itab FROM gs_line.

  WRITE : / gs_line-empcd, gs_line-ename, gs_line-fname.

ENDLOOP.
```

결과 5-25

001 김철수 강남순
001 김철수 김춘배
001 김철수 김건진
002 이영희 박순자
002 이영희 이영철

예제 5-25에서 LOOP 구문 내에서의 MODIFY 구문은 'USING KEY loop_key'가 생략되어 있다.

```
MODIFY gt_itab FROM gs_line.
```

즉, 다음과 같이 사용할 수 있다. LOOP 구문 내에서 내부적으로 Primary Table Index(행이 삽입된 순서대로 시스템이 내부적으로 관리하는 인덱스) 값을 가지게 된다.

```
MODIFY gt_itab FROM gs_line USING KEY loop_key
```

그리고 헤더 라인이 있는 인터널 테이블이라면, 다음 구문이 앞서 구문과 동일한 역할을 수행한다.

```
MODIFY gt_itab.   " Short Form, 생략된 구문 (FROM gt_itab.)
```

> **TIP: MODIFY와 MODIFY TABLE 구분**
>
> 테이블의 키를 사용한 수정 구문은 MODIFY TABLE이고, 인덱스를 사용한 수정 구문은 MODIFY이다. 다음 두 개의 구문은 혼동하기 쉬우니 명확하게 구분해야 한다.
>
> | 인덱스 기준 | 키 값 기준 |
> |---|---|
> | MODIFY itab FROM wa | MODIFY TABLE itab FROM wa |

다음과 같이 반복문 내에서 인덱스 값을 저장할 변수를 생성하고, 각 반복마다 1씩 증가시킨 후,

MODIFY 구문 내에 명시적으로 사용하는 것이 가독성을 높일 수 있다.

```
DATA : gv_idx TYPE i.

LOOP AT gt_itab INTO DATA(gs_line).
gv_idx = gv_idx + 1.

SELECT SINGLE ename INTO gs_line-ename
  FROM zemplist WHERE empcd = gs_line-empcd.

MODIFY gt_itab FROM gs_line INDEX gv_idx.

WRITE : / gs_line-empcd, gs_line-ename, gs_line-fname.
ENDLOOP.
```

New Syntax에는 다음과 같이 변경할 값을 설정해서 바로 실행할 수 있다.

```
MODIFY gt_itab
       INDEX idx
       FROM VALUE #( ename = '홍길동' )
       TRANSPORTING ename.
```

08 인터널 테이블의 데이터 삭제

인터널 테이블에서 라인을 삭제하려면 DELETE 구문을 사용한다. 해당 라인을 키와 인덱스 조건으로 찾아서 삭제할 수 있다.

8-1 테이블 키를 이용해 한 라인을 삭제

DELETE 구문을 사용하여 키 값 기준으로 인터널 테이블의 라인을 삭제한다. Non-unique 키로 설정된 Standard 타입의 경우 'WITH TABLE KEY' 구문은 중복된 키 데이터 중에서 한 건만 삭제한다.

```
DELETE TABLE itab FROM wa.
```

```
DELETE TABLE itab WITH TABLE KEY k1 = f1 ... kn = fn.
```

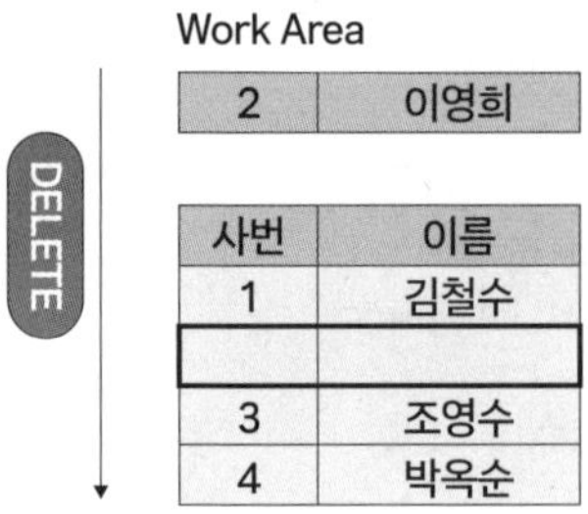

그림 5-15 DELETE 구조

New Syntax에서는 VALUE 구문으로 바로 데이터를 삭제할 수 있다.

```
DELETE TABLE gt_itab FROM VALUE #( ID = 2
                                   NAME = '이영희' ).
```

예제 5-26

```
REPORT z05_26.

TYPES: BEGIN OF ty_student,
         id   TYPE i,
         name TYPE string,
       END OF ty_student.

DATA: gt_students TYPE TABLE OF ty_student with NON-UNIQUE KEY id.

gt_students = VALUE #( ( id = 1 name = '김철수' )
                       ( id = 2 name = '이영희' )
                       ( id = 3 name = '조영수' ) ).

DELETE TABLE gt_students WITH TABLE KEY id = 2.

LOOP AT gt_students INTO DATA(student).
  WRITE: / student-id, student-name.
ENDLOOP.
```

결과 5-26

```
1 김철수
3 조영수
```

8-2 WHERE 조건을 이용해 여러 라인을 삭제

하나 이상의 라인을 삭제하고자 할 경우에는 WHERE 구문을 사용한다.

```
DELETE itab WHERE cond.
```

WHERE 조건은 논리 연산으로 구성된 여러 컬럼의 조건들을 사용할 수 있다.

예제 5-27을 이용해 인터널 테이블에서 데이터를 삭제하는 DELETE 구문의 WHERE 조건에 대해서 실습해보자.

예제 | 5-27

```
REPORT  z05_27.

SELECT empcd, ename, pstion INTO TABLE @DATA(gt_itab) FROM zemplist.

DELETE  gt_itab WHERE empcd = '1001' AND pstion = '상무'.

LOOP AT gt_itab INTO DATA(gs_line).
  WRITE : / gs_line-empcd, gs_line-ename, gs_line-pstion.
ENDLOOP.
```

결과 | 5-27

```
1003 조영수            부장
1002 이영희            과장
1005 문영호            차장
```

8-3 INDEX를 이용해 한 라인을 삭제

INDEX 구문을 이용하여 해당 라인의 값을 삭제할 수 있다.

```
DELETE itab INDEX idx.
```

INDEX 구문을 이용해 여러 라인을 한 번에 삭제할 수도 있다. 당연히 Hashed 타입의 인터널 테이블에서는 사용할 수 없다. 다음 구문은 Index n1~n2 사이의 라인을 삭제한다. FROM n1 구문만 사용하면, n1번째 인덱스 이후의 모든 데이터를 삭제한다. 이와 반대로 TO n2 구문만 사용하면, 처음부터 n2번째에 있는 데이터가 삭제된다.

```
DELETE itab FROM n1 TO n2.
DELETE itab FROM n1.
DELETE itab TO n2.
```

예제 5-27에서 다음 구문을 넣어서 인덱스 순번의 데이터가 삭제되는지 각자 확인해보자.

```
DELETE gt_itab INDEX 2.
```

New Syntax에서는 다음과 같이 INDEX를 이용해 인터널 테이블의 데이터를 삭제할 수 있다.

```
DELETE gt_itab INDEX  line_index( gt_itab[ carrid = 'AA' connid = '0017' ] ).
```

인덱스 변수를 활용해서 2단계로 DELETE 구문을 기술할 수 있다.

```
DATA(gv_idx) = line_index( gt_itab[ carrid = 'AA' connid = '0064' ] ).
DELETE gt_itab INDEX gv_idx.
```

8-4 ADJACENT DUPLICATE 구문을 이용하여 중복 라인을 삭제

ADJACENT DUPLICATE 구문을 이용하여 중복 라인을 삭제할 수 있다. 이 구문을 수행하기 이전에 SORT 구문으로 인터널 테이블을 정렬해야 원하는 결과를 얻을 수 있다.

```
SORT itab BY f1 f2.
DELETE ADJACENT DUPLICATE ENTRIES FROM itab COMPARING f1 f2.
```

COMPARING 구문을 사용하지 않으면, 테이블 키 값이 중복된 데이터를 삭제한다. 이미 학습하였듯이 키 값을 선언하지 않은 경우는 문자 타입의 컬럼들이 디폴트 키(Default Key)로 구성된다. 모든 컬럼을 비교하려면 'COMPARING ALL FIELDS.' 구문을 사용한다.

```
DELETE ADJACENT DUPLICATE ENTRIES FROM itab COMPARING ALL FIELDS.
```

인터널 테이블의 키를 기준으로 중복된 값을 삭제할 때는 다음과 같이 사용한다.

```
DATA: lt_data TYPE TABLE OF ty_data
WITH NON-UNIQUE SORTED KEY skey COMPONENTS field1.

DELETE ADJACENT DUPLICATES FROM itab USING KEY skey.
```

예제 5-28은 field1, field2 값이 중복된 값을 하나만 남기고 삭제한다.

예제 | 5-28

```
REPORT  z05_28.

TYPES: BEGIN OF ty_data,
         field1 TYPE string,
         field2 TYPE string,
       END OF ty_data.

DATA: lt_data TYPE TABLE OF ty_data
WITH NON-UNIQUE SORTED KEY skey COMPONENTS field1,
      ls_data TYPE ty_data.

APPEND VALUE #( field1 = 'A' field2 = '1' ) TO lt_data.
APPEND VALUE #( field1 = 'A' field2 = '1' ) TO lt_data.
APPEND VALUE #( field1 = 'A' field2 = '2' ) TO lt_data.
APPEND VALUE #( field1 = 'B' field2 = '3' ) TO lt_data.
APPEND VALUE #( field1 = 'B' field2 = '3' ) TO lt_data.
APPEND VALUE #( field1 = 'C' field2 = '4' ) TO lt_data.

DELETE ADJACENT DUPLICATES FROM lt_data COMPARING field1 field2.
*DELETE ADJACENT DUPLICATES FROM lt_data USING KEY skey.

LOOP AT lt_data INTO ls_data.
  WRITE: / ls_data-field1, ls_data-field2.
ENDLOOP.
```

결과 | 5-28

COMPARING field1 field2. 결과	USING KEY skey. 결과
A 1 A 2 B 3 C 4	A 2 B 3 C 4

인터널 테이블 읽기

인터널 테이블에서 원하는 데이터를 읽으려면 READ 구문을 사용한다. 헤더 라인이 있으면 해당 데이터가 그림 5-16과 같이 헤더 라인으로 복사되고, 그렇지 않으면 Work Area(구조체)에 복사해야 한다.

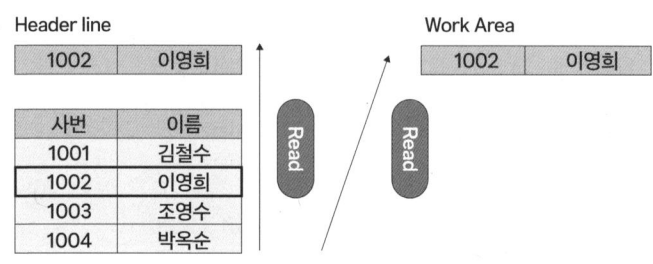

그림 5-16 READ 구조

9-1 테이블 키를 이용

키 값을 이용하여 인터널 테이블에서 데이터를 검색할 수 있다. 다음 예제에서 검색 결과는 'result' 라는 Work Area에 저장된다. 검색이 성공하면 SY-SUBRC 변수에 0을 반환하고, 실패하면 4를 반환한다. 시스템 변수 SY-TABIX에는 검색한 라인의 인덱스를 반환한다. 단, Hashed Table은 인덱스가 없기 때문에 SY-TABIX에 값을 반환하지 않는다.

```
READ TABLE itab FROM wa INTO result.
READ TABLE itab WITH KEY col1 = 'A' col2 = 'B' INTO result
READ TABLE itab WITH TABLE KEY k1 = 'A' k2 = 'B' INTO result
```

WITH KEY 구문을 사용할 경우, 같은 컬럼을 여러 번 명시할 수 없다. 또한 WITH TABLE KEY 구문 사용 시 인터널 테이블에 키를 정의할 때 COMPONENTS에 명시한 모든 컬럼을 나열해야 한다. 그림 5-17은 인터널 테이블을 읽을 때 키와 인덱스를 이용하는 방법을 설명하고 있다. 인덱스를 이용하는 방법은 9-3절에서 학습한다.

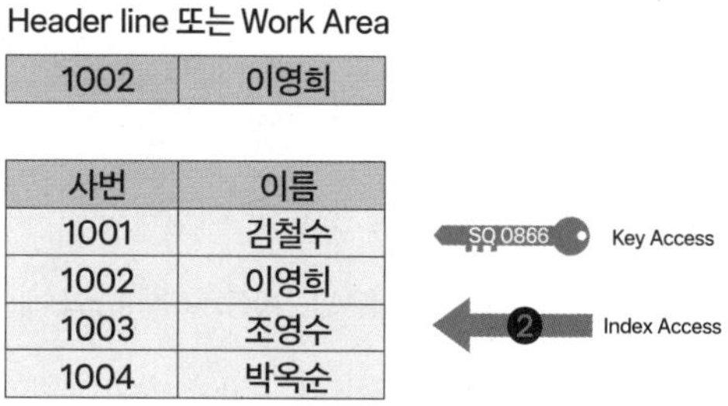

그림 5-17 키 접근 vs 인덱스 접근

키 값을 이용해 인터널 테이블을 읽는 예제를 실습해보자.

예제 5-29

```
REPORT    z05_29.

DATA : BEGIN OF gs_line,
  empcd     TYPE zemplist-empcd,
  ename     TYPE zemplist-ename,
END OF gs_line.

DATA gt_itab LIKE TABLE OF gs_line WITH NON-UNIQUE KEY empcd.

SELECT empcd, ename
INTO CORRESPONDING FIELDS OF TABLE @gt_itab
FROM zemplist.

gs_line-empcd = ' 1002 '.
READ TABLE gt_itab FROM gs_line INTO gs_line.
WRITE : / gs_line-empcd, gs_line-ename.

CLEAR : gs_line.

READ TABLE gt_itab WITH TABLE KEY empcd = ' 1003 ' INTO gs_line.
WRITE : / gs_line-empcd, gs_line-ename.
```

결과 5-29

```
1002 이영희
1003 조영수
```

9-2 Work Area로 할당

READ 구문을 수행한 결과를 Work Area로 할당하는 구문에 대해서 알아보자.

9-2-1 READ 구문의 COMPARING 옵션

```
READ TABLE itab ... INTO wa COMPARING f1 f2.
```

COMPARING 구문으로는 READ 구문을 실행하기 전의 대상(Taget) 구조체 값과 실행한 후의 대상 구조체 값을 비교하는 조건을 추가한다. 즉, COMPARING 구문 다음에 기술된 필드들이 Work Area 의 값과 인터널 테이블에 있는 값이 같으면 SY-SUBRC = 0을 반환하고, 같지 않으면 SY-SUBRC = 2 를 반환한다. 인터널 테이블의 모든 컬럼을 비교하려면 'COMPARING ALL FIELDS'를 기술한다.

예제 | 5-30

```
REPORT Z05_30.
DATA : BEGIN OF gs_line,
    empcd    TYPE zemplist-empcd,
    ename    TYPE zemplist-ename,
END OF gs_line.

DATA gt_itab LIKE TABLE OF gs_line WITH NON-UNIQUE KEY empcd.

SELECT empcd, ename
INTO CORRESPONDING FIELDS OF TABLE @gt_itab
FROM zemplist.

CLEAR : gs_line.

gs_line-empcd = '1002'.
READ TABLE gt_itab WITH TABLE KEY empcd = '1003' INTO gs_line COMPARING empcd.
WRITE : / 'sy-subrc : ', sy-subrc, gs_line-empcd, gs_line-ename.
```

결과 | 5-30

```
sy-subrc :      2 1003 조영수
```

예제 5-30에서 s_line-empcd = '1002'를 할당하였다. 그리고, READ TABLE 구문이 실행되면, 인터 널 테이블에 empcd = '1003' 값이 있기 때문에 gs_line에 값을 복사한다.

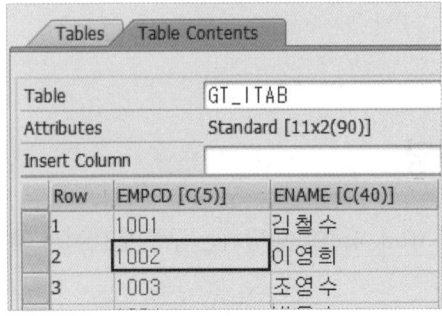

COMPARING 구문에 empcd 컬럼이 기술되어 있고, gs_line-empcd의 값이 실행 전후가 다르기 때문에 SY-SUBRC의 값은 2를 반환한다. COMPARING 옵션에 관계없이 EMPCD = '1003' 값이 있기 때문에 인터널 테이블 읽기는 성공한다.

READ TABLE 이전의 GS_LINE-EMPCD 값	READ TABLE 이후의 GS_LINE-EMPCD 값
1002	1003

만약 'gs_line-empcd = '1003'.'으로 변경하면, READ TABLE 실행 전후 값이 같기 때문에 SY-SUBRC 변수에 0을 반환한다.

9-2-2 READ 구문의 TRANSPORTING 옵션

READ TABLE 구문에서 TRANSPORTING 옵션을 사용하면, 인터널 테이블에서 읽은 데이터를 대상(Target) Work Area로 옮길 때, TRANSPORTING 절에 명시한 컬럼만 저장할 수 있다. 예제 5-31을 이용해 TRANSPORTING 옵션을 이해해보자.

예제 | 5-31

```
REPORT Z05_31.


DATA : BEGIN OF gs_line,
  empcd    TYPE zemplist-empcd,
  ename    TYPE zemplist-ename,
END OF gs_line.

DATA gt_itab LIKE TABLE OF gs_line WITH NON-UNIQUE KEY empcd.

SELECT empcd, ename
INTO CORRESPONDING FIELDS OF TABLE @gt_itab
FROM zemplist.

CLEAR : gs_line.

gs_line-empcd = '1002'.
READ TABLE gt_itab WITH TABLE KEY empcd = '1003' INTO gs_line TRANSPORTING ename.

WRITE : gs_line-empcd, gs_line-ename.
```

결과	5-31
1002 조영수	

예제 5-31은 READ 구문으로 조건에 맞는 데이터를 읽었지만 TRANSPORTING 옵션으로 ename 데이터만 대상(Target)에(gs_line-ename에만) 값을 복사하고, gs_line-empcd 컬럼은 '1002' 값을 그대로 유지한다.

예제 5-31에서 READ 구문을 사용하여 인터널 테이블에서 조건에 맞는 데이터를 읽었지만, TRANSPORTING 절에 ename 컬럼만 명시했기 때문에 대상(Target) Work Area에 ename 값만 복사된다. gs_line-empcd 컬럼의 값은 '1002'로 그대로 유지된다.

9-3 INDEX를 이용해 READ 구문 수행

INDEX 구문을 이용하여 해당 레코드의 값을 읽을 수 있다. 인덱스를 이용하기 때문에 Hashed 타입의 인터널 테이블에서는 사용할 수 없다. 성공 시에는 SY-SUBRC 변수에 0을 반환하고, 실패 시에는 4를 반환한다. 그리고 SY-TABIX 변수에는 인터널 테이블의 인덱스 순번이 저장된다.

```
READ TABLE itab INDEX idx INTO result.
```

9-4 READ BINARY SEARCH

Standard 타입의 인터널 테이블을 읽을 때 BINARY SEARCH 옵션을 이용할 수 있다. BINARY SEARCH 대상 컬럼을 기준으로 정렬한 후 사용하며, READ 속도가 일반 READ 속도보다 훨씬 빠르다. 앞서 이진 탐색 원리에 대해서 설명하였다.

```
READ TABLE itab WITH KEY k1 = f1 k2 = f2 INTO result BINARY SEARCH.
```

예제 5-25를 복사해 생성한 후 이진 탐색의 효율성에 대해서 비교해보자.

예제	5-32

```
REPORT z05_32.

TYPES : BEGIN OF t_line,
        empcd TYPE zfamily-empcd,
        ename TYPE zemplist-ename,
        fname TYPE zfamily-fname,
        END OF t_line.
```

```abap
DATA gt_itab TYPE TABLE OF t_line.

SELECT empcd, fname INTO CORRESPONDING FIELDS OF TABLE @gt_itab
FROM zfamily.

SELECT empcd, ename INTO TABLE @DATA(gt_zemplist)
 FROM zemplist
  FOR ALL ENTRIES IN @gt_itab
  WHERE empcd = @gt_itab-empcd.

LOOP AT gt_itab INTO DATA(gs_line).

  READ TABLE gt_zemplist WITH KEY empcd = gs_line-empcd BINARY SEARCH
  INTO DATA(gs_emp) TRANSPORTING ename.

  gs_line-ename = gs_emp-ename.

  MODIFY gt_itab FROM gs_line.

  WRITE : / gs_line-empcd, gs_line-ename, gs_line-fname.

ENDLOOP.
```

결과 | 5-32

1001 김철수 강남순
1001 김철수 김춘배
1001 김철수 김건진
1002 이영희 박순자
1002 이영희 이영철

예제 5-25는 LOOP 구문 내에서 zemplist 테이블에 매번 접근을 하여 직원의 이름을 가져오며, 실행 시간은 0.006132 milliseconds이다. 예제 5-32는 zemplist 테이블의 모든 데이터를 한 번에 인터널 테이블에 저장한 후에 'READ~BINARY SEARCH'를 이용해 사번 이름을 할당하며, 실행 시간은 0.000083 milliseconds이다. 실행 시간을 비교해보면, 후자가 전자보다 훨씬 효율적이다. 이는 후자가 데이터베이스가 아닌 어플리케이션 서버(Application Server)에 직접 접근하기 때문이다. 특히 대용량 데이터의 경우 성능 차이가 상당히 크다.

조금 더 알아보기 — 인터널 테이블과 FOR 반복문

FOR 구문은 인터널 테이블 데이터를 반복 처리하면서, 새로운 인터널 테이블을 구성하는 데 사용된다. 예제를 실습하면서, FOR 반복문에 대해서 이해해보자.

예제 5-33

```abap
REPORT z05_33.

TYPES: BEGIN OF ty_data,
        col1 TYPE i,
        col2 TYPE i,
       END OF ty_data.

DATA: lt_source TYPE TABLE OF ty_data,
      lt_target TYPE TABLE OF ty_data,
      ls_data   TYPE ty_data.

lt_source = VALUE #( ( col1 = 1 col2 = 10 )
                     ( col1 = 2 col2 = 20 )
                     ( col1 = 3 col2 = 30 ) ).

lt_target = VALUE #( FOR ls_temp IN lt_source
                     ( col1 = ls_temp-col1
                       col2 = ls_temp-col2 * 2 ) ).

LOOP AT lt_target INTO ls_data.
  WRITE: / 'col1:', ls_data-col1, 'col2:', ls_data-col2.
ENDLOOP.
```

결과 5-33

```
col1:      1     col2:       20
col1:      2     col2:       40
col1:      3     col2:       60
```

예제 5-33에서 사용된 FOR 구문은 lt_source라는 원본 테이블의 각 행을 반복하면서 ls_temp라는 임시 변수에 값을 담는다. 반복되는 각 행에 대해, col1의 값은 그대로 유지하고, col2의 값은 2배로 곱해서 새로운 인터널 테이블 lt_target의 해당 컬럼에 할당한다. 결과적으로, 이 FOR 구문은 원본 테이블을 반복하며 각 행을 변환한 뒤, 그 결과를 lt_target이라는 새로운 인터널 테이블을 구성한다.

FOR 구문은 LOOP AT 반복 구문을 한 줄로 표현할 수 있으며, WHERE 구문으로 필터 조건을 사용할 수 있는 등의 장점이 있다. FOR 구문에 대한 자세한 내용은 부록을 참고하자.

```abap
lt_target = VALUE #( FOR ls_temp IN lt_source WHERE ( COL1 >= 2 )
                     ( col1 = ls_temp-col1
                       col2 = ls_temp-col2 * 2 ) ).
```

CHAPTER 06

디버깅

In this chapter >>>

이번 장에서는 프로그램 오류를 쉬운 방법으로 찾아낼 수 있도록 뛰어난 GUI 환경을 제공하는 ABAP 디버깅에 대해서 학습한다. 디버깅에 사용되는 중단점(Breakpoint)과 관찰점(Watchpoint)에 대해서는 100% 이해하고 활용할 수 있도록 하자. 실력이 뛰어난 ABAP 전문가에게서보다 더 많은 도움을 받을 수 있다.

Chapter list >>>

1. Overview
2. 중단점
3. New Debugger와 Classic Debugger
4. Watchpoint in New Debugger
5. Session Breakpoint Save & Load

Overview

1-1 디버깅

디버깅(Debugging)이라는 용어는 버그(Bug)라는 단어에서 유래했으며, 버그는 '벌레'를 뜻한다. 디버그(Debug)는 '해충을 잡다.'라는 의미로, 프로그램의 오류를 벌레에 비유하여 오류를 찾아 수정하는 과정을 나타낸다. '디버그'는 주로 오류 수정 프로그램과 해당 작업을 통칭하는 용어로 사용하며, 작업 자체에 중점을 두는 경우에는 '디버깅(Debugging)'이라는 용어를 사용한다. 오류 수정 소프트웨어를 지칭할 때는 '디버거(Debugger)'라는 표현을 쓴다.

ABAP 디버거는 ABAP Workbench에 통합된 도구이다.

ABAP은 COBOL 언어에서 파생된 언어이며, 절차적인 구조를 기본으로 하기 때문에 디버깅 측면에서 더 강력한 기능을 수행한다. 물론, 클래스 기반의 객체지향 프로그래밍에서도 ABAP 디버거(Debugger)를 사용한다. 또한, 대부분의 다른 프로그래밍 언어에서는 디버깅을 실행하기 위해 독립 프로그램을 실행해야 하지만, ABAP은 통합 개발 환경에서 ABAP 편집기와 디버깅 화면을 자유롭게 전환할 수 있다는 장점이 있다.

ABAP 디버깅 능력은 개발자의 생산성에 상당한 영향을 미친다. 디버깅 기술의 숙련도는 코드 오류를 신속하게 발견하고 해결하는 데 중요한 역할을 하기 때문이다. 효과적인 디버깅은 개발 프로세스를 원활하게 만들고, 시간과 자원을 효율적으로 활용할 수 있게 한다. 개발자가 ABAP 디버깅을 능숙하게 활용할수록 코드 작성 및 유지보수 과정에서 생산성이 크게 향상된다.

1-2 디버거 실행하기

ABAP 디버거는 Rel 6.40 버전 이전의 Classic Debugger와 Rel 7.0 이후의 New Debugger로 나뉜다. New Debugger는 자체 디버깅 모드가 존재하는 등 Classic Debugger보다 많은 기능을 제공한다. Classic Debugger는 실무에서 많이 활용되지 않으므로 이 책에서는 New Debugger만 설명한다.

- Classic Debugger
- ABAP 프로그램 실행 시 동일 세션에서 열린다.
- Conversion Exit과 같은 일부 ABAP 프로그램은 디버깅할 수 없는 제약이 있다.

- New Debugger
- ABAP 프로그램과 별개의 외부 세션에서 열린다.
- ABAP 프로그램 종류에 관계없이 디버깅을 수행할 수 있다.

디버깅 모드로 전환하는 방법에는 크게 4가지가 있다.

키워드	내역
모든 화면에서	명령어(Command) 입력필드에서 '/h'를 입력한 후에 다음 단계로 진행하면 된다. 가장 많이 사용하는 방법이다.
모든 화면에서	화면에서 메뉴를 선택한다. [System] → [Utilities] → [Debug ABAP]
Object Navigator(SE80)	프로그램 또는 트랜잭션을 열고서 메뉴를 활용한다. [Program] → [Test] → [Debugging]
ABAP Editor(SE38)	프로그램 이름을 입력하고 디버깅 버튼을 클릭한다. 소스 코드를 조회한 후에는 메뉴를 활용한다. [Program] → [Test] → [Debugging]

표 6-1 디버깅 모드 전환 방법

이들 방법은 프로그램 시작점에서부터 디버깅을 지정하기 때문에, 표준 프로그램을 분석할 때를 제외하고 실제로 사용할 일은 별로 없다. 프로그램 소스 코드의 원하는 위치에 중단점(Breakpoint)을 설정하여 디버깅을 수행하는 것이 일반적이다.

ABAP Editor에서 원하는 라인에 커서를 두고 ❶ 세션 중단점 아이콘(🖫)을 누르거나, ❷ 라인 번호 앞의 중단점 컨트롤을 클릭하면 된다. 중단점을 해제하려면, 설정한 중단점을 다시 클릭하면 된다. [F8] 키 또는 실행 아이콘(🖳)을 눌러 프로그램을 실행하면 디버거가 실행되고 중단점이 설정된 라인에서 프로그램이 중지된다.

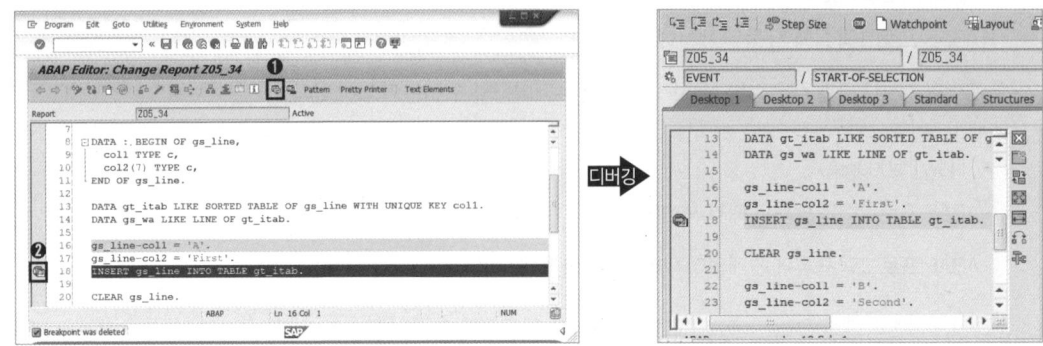

그림 6-1 프로그램 편집기에서 중단점 설정하기

그림 6-2는 디버깅 모드에서 프로그램을 실행한 화면을 보여준다. 프로그램에서 사용 중인 변수 값을 확인하려면, 오른쪽 변수 영역에서 변수명을 입력하면 해당 변수에 저장된 현재 값이 조회된다.

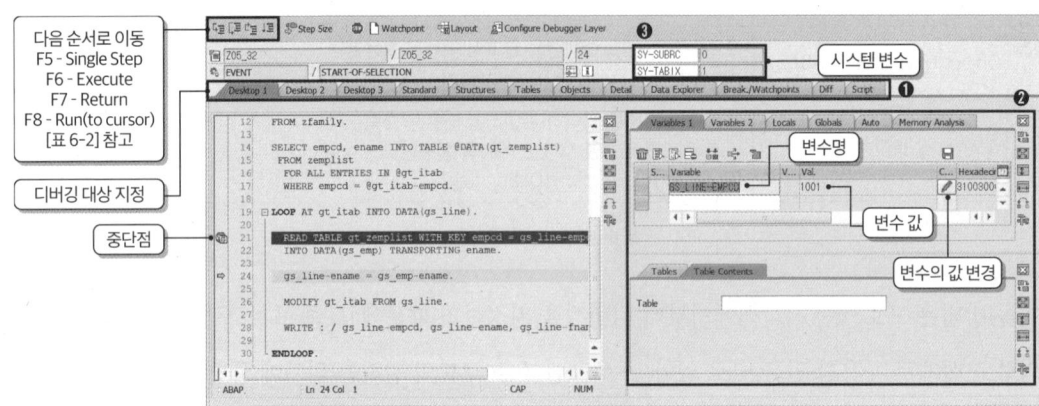

그림 6-2 디버깅 화면

실무에서 디버거를 사용할 때 가장 많이 사용하는 기능키는 [F5], [F6], [F7], [F8] 키이다. 이들은 그림 6-2의 왼쪽 상단 4개의 아이콘이며, 표 6-2에서 설명하고 있다.

키워드		내역
[F5]		한 단계씩 다음 단계로 이동한다.
[F6]		한 단계씩 다음 단계로 이동하나, Subroutine을 만나면 실행 후 다음 단계로 이동한다. 즉, PERFROM 구문에서 [F6] 키를 입력하면 FORM 구문의 디버깅을 건너뛰고, 다음 라인으로 이동한다. [F6] 대신에 [F5] 키를 입력하면, FORM 구문 안으로 이동한다.
[F7]		현재 실행 중인 Subroutine(FORM 구문)을 빠져나오고 다음 단계로 진행한다.
[F8]		프로그램을 실행한다. 다음 중단점(또는 관찰점)을 만날 때까지 프로그램이 실행된다.

표 6-2 디버거에서의 기능키 역할

디버깅은 필드, 테이블, 중단점(Breakpoint), 관찰점(Watchpoint) 등을 조회할 수 있도록 편리한 GUI 환경을 제공해준다. 그림 6-2의 ❶번 영역에서 [Tables]와 같은 탭 버튼을 클릭하면 변수 유형별 상세 정보가 조회된다. ❷번 영역에서는 개별 변수의 값을 조회하거나 변경할 수 있다. ❸번 영역은 시스템 변수가 조회된다. ❷번 영역에서 인터널 테이블의 데이터를 확인하기 위해서 변수를 더블 클릭하면, [Tables] 탭으로 이동한다. 개별 상세 화면으로 이동하는 것이 불편하면, 한 화면에서 인터널 테이블의 값도 조회하도록 다음과 같이 설정한다.

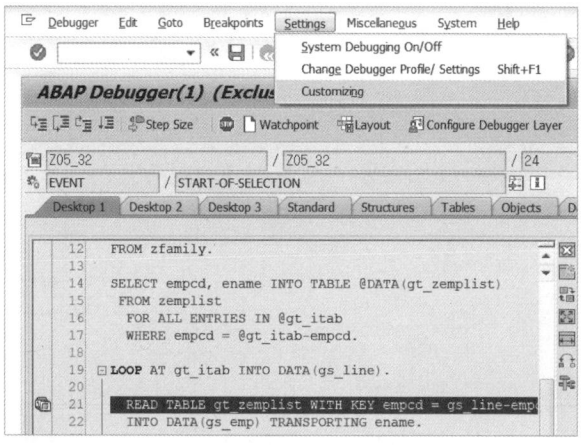

01 메뉴: [Settings] → [Customizing]을 선택한다.

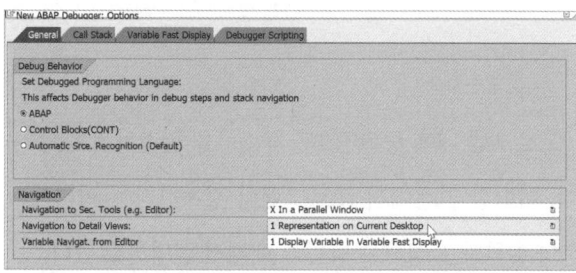

02 [General] 탭의 Navigation to Detail View 필드에서 '1 Representation on Current Desktop'으로 설정하면 된다.

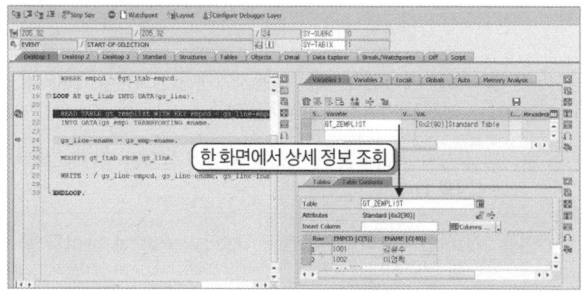

03 디버깅 화면에서 인터널 테이블의 변수를 더블 클릭하면, 같은 화면의 아래에서 데이터를 확인할 수 있다. Detail View 화면을 수직 또는 수평으로 조정하고 싶으면, 수직 최대화(▣) 또는 수평 최대화(▤) 아이콘을 눌러서 설정할 수 있다.
현재 설정한 디버깅 화면을 계속 사용하길 원하면 Layout 버튼을 눌러서 저장한다.

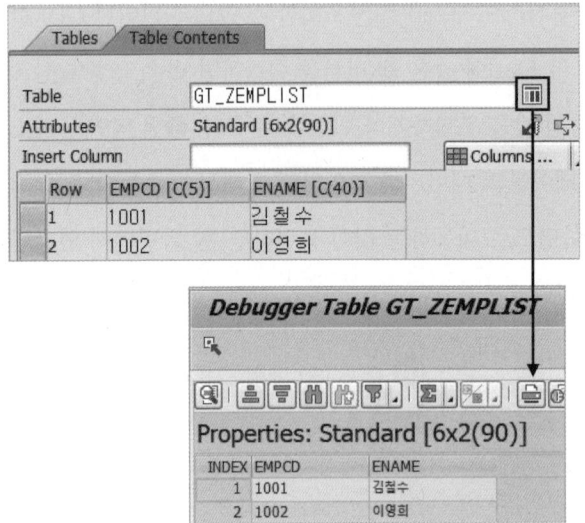

04 디버깅 화면에서 인터널 테이블 옆의 [표] 버튼을 누르면, 데이터를 ALV로 조회할 수 있다.

02 중단점

2-1 중단점의 정의와 종류

프로그램을 디버깅 모드에서 실행하지 않고, 프로그램 내에 중단점(Breakpoint)을 설정하여 해당 구문에 도달했을 때 디버깅을 활성화할 수 있다. 어떠한 지점에서 프로그램이 정지한다는 의미에서 중단점이라고 명명한 것이다. 표 6-3은 중단점의 종류와 설정하는 방법에 대해서 설명하고 있다.

키워드	내역
Static Breakpoint	ABAP 소스 코드에 직접 중단점을 입력하는 방식이다. 모든 사용자에게 활성화된다. 'BREAK username' 구문을 입력하면 해당 사용자에게만 디버깅이 활성화된다.
Session Breakpoint	ABAP Editor에서 [아이콘] 버튼을 클릭해서 설정한 중단점이다. 외부 세션에 설정된 중단점으로, SAP에 로그인한 사용자가 열 수 있는 6개의 창에 모두 적용된다.
Dynamic Breakpoint	New Debugger 화면에서 중단점을 설정하면 [아이콘] 아이콘과 함께 Debugger Breakpoint가 활성화되며, 저장하면 Session Breakpoint로 변경된다.
External Breakpoint	ABAP Editor에서 [아이콘] 버튼을 클릭해서 설정한 중단점이다. 중단점을 설정한 사용자에게 2시간 동안 활성화되고, SAP에 다시 로그인해도 유지되는 중단점이다. 또한 다른 시스템과 RFC, ODATA를 통해 통신할 때 활용할 수 있다.

표 6-3 중단점의 종류와 설정 방법

디버거 화면에서 메뉴: [Breakpionts] → [Breakpoint at]을 선택하면, 다양한 방법으로 중단점을 설정할 수 있다.

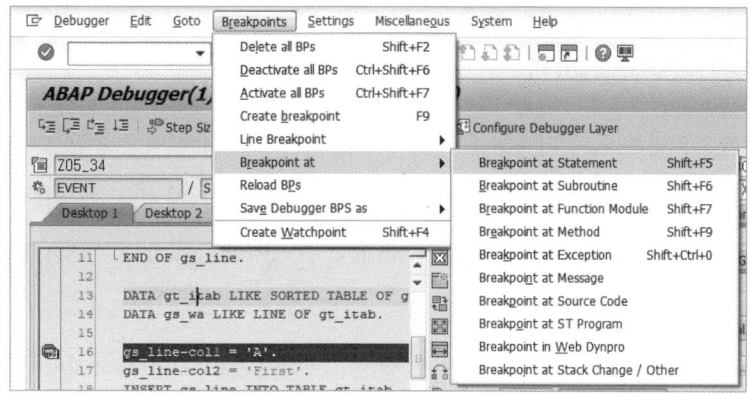

그림 6-3 디버거에서 다양한 종류의 중단점 설정하기

키워드	내역
Breakpoint at Statement	특정한 명령어가 실행되었을 때 디버거가 프로그램을 정지시킨다.
Breakpoint at Subroutine	특정 서브루틴이 호출되었을 때 디버거가 프로그램을 정지시킨다.
Breakpoint at Function Module	특정 함수가 호출되었을 때 디버거가 프로그램을 정지시킨다.
Breakpoint at Method	특정 메소드가 호출되었을 때 디버거가 프로그램을 정지시킨다.
Breakpoint at Exception and System Exception	SYSTEM 예외 사항이 발생할 경우에 디버거가 프로그램을 정지시킨다.
Breakpoint at Message	특정 메시지 타입과 번호 도달 시에 프로그램을 정지시킨다.

표 6-4 디버거에서 설정 가능한 중단점의 종류

2-2 Static Breakpoint

소스 코드에 직접 중단점 코드를 입력하는 방식이다. ABAP 소스에서 원하는 위치에 BREAK-POINT 스크립트를 추가해준다. 모든 사용자에게 디버깅이 적용되므로 사용에 주의해야 한다. BREAK-POINT 1, BREAK-POINT 2, BREAK-POINT 3과 같이 중단점 번호를 주어 인식하기 쉽도록 한다. 'BREAK username' 구문을 사용하면 명시한 ID에만 중단점이 활성화된다. 디버깅 소스가 운영 서버에 반영되면, 큰 문제가 발생할 수 있으므로 테스트 완료 후 반드시 중단점 코드를 삭제해야 한다.

```
BREAK-POINT.
BREAK-POINT 1. BREAK-POINT 2.
BREAK user01.
```

2-3 Session Breakpoint

프로그램의 소스 코드를 이용한 디버깅을 이용하지 않고 ABAP Editor에서 중단점 버튼을 사용하여 디버깅을 설정하는 방법이다. ABAP Editor와 디버깅 화면에서 설정하거나, 버튼을 클릭하여 원하는 위치에 중단점을 설정한다. 또는 **메뉴: [Utilities] → [Breakpoints] → [Set/Delete Session Breakpoint]를 선택해도 된다.**

프로그램 내에 설정된 중단점을 모두 조회하여 삭제할 수 있다. ABAP Editor에서 중단점을 설정하면, 동일 로그온 세션에는 항상 중단점이 작용한다. 동일 ID로 추가 로그인한 경우, 신규 세션에서는 적용되지 않는다. 5장의 예제 5-32 프로그램의 READ 구문에 중단점을 설정해 보자. 중단점을 설정하려면 프로그램이 먼저 활성화되어 있어야 한다.

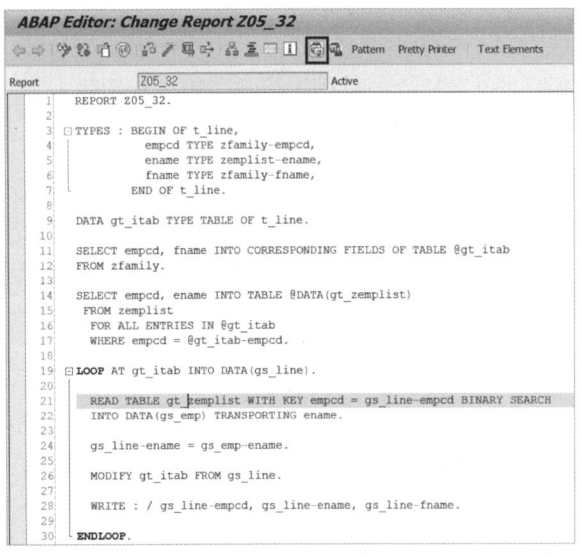

01 중단점을 설정하려는 스크립트에 커서를 두고, 어플리케이션 툴바의 버튼을 클릭한다. 두 개의 중단점 버튼이 존재한다.

- Session Breakpoint: 버튼을 클릭하면 설정되는 중단점으로, 현재 로그인 세션 내에서 활성화된다. 새 창을 6개까지 열 수 있으며, 이 창 내에서 중단점이 모두 효력이 있다.

- External Breakpoint: 버튼을 클릭하면 설정되는 중단점으로 2시간 동안 유효하며, 신규로 로그인해도 활성화된다. 주로, JAVA와 같은 외부 프로그램에서 SAP 함수 등을 호출할 때 사용한다.

이때는 메뉴: [Utilities] → [Settings] → [ABAP Editor] → [Debugging]에서 외부에서 SAP로 접근하는 ID를 입력해야 한다.

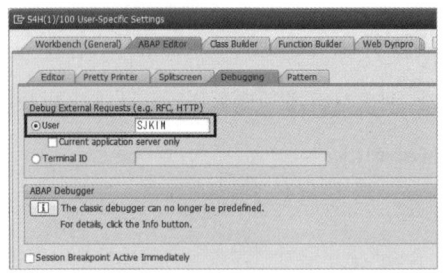

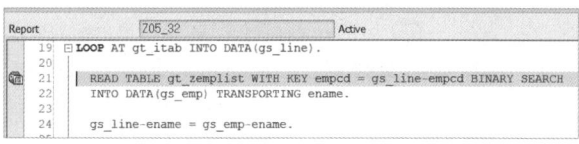

02 해당 라인이 파란색으로 블록 처리되고, 중단점이 설정되었다.

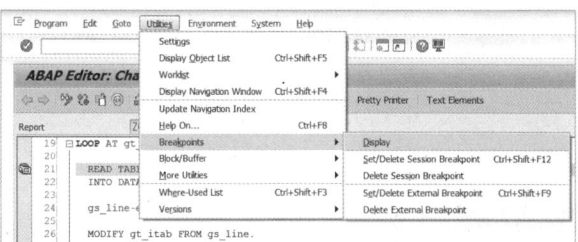

03 메뉴: [Utilities] → [Breakpoints] → [Display]를 선택하여, 현재 프로그램에 설정된 중단점을 조회할 수 있다.

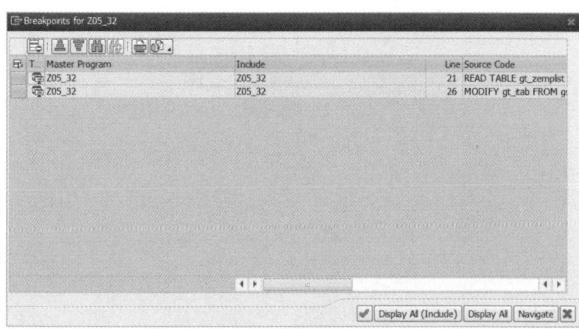

04 [Display All(Include)] 버튼을 클릭하면 현재 작업 중인 프로그램(Include를 포함하여)의 모든 중단점이 조회된다. 선택한 후 버튼을 클릭하면 한 번에 모든 중단점을 삭제할 수 있다.

2-4 Dynamic Breakpiont: 디버거에서 중단점 설정

ABAP 디버거가 실행된 화면에서 라인을 더블 클릭하면, 해당 라인의 첫 칸에 아이콘과 함께 중단점이 생성된다. 디버거 화면에서 저장 버튼(　)을 눌러 저장하면 Session Breakpoint로 변경된다. 변수를 더블 클릭하면 필드명(변수명)과 값이 조회된다. 인터널 테이블을 더블 클릭하면 Detail View에서 값을 확인할 수 있다.

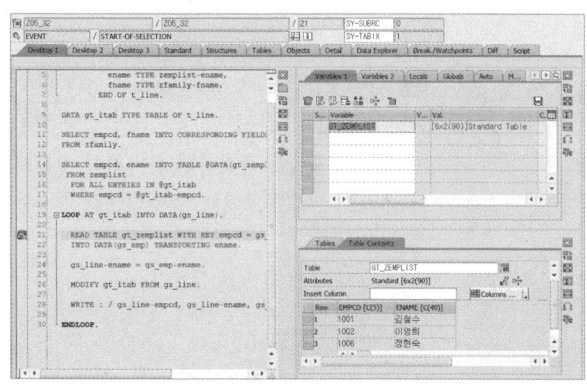

01 중단점을 설정한 프로그램을 실행하면, 디버거 화면이 열린다. 스크립트에서 필드 및 인터널 테이블을 더블 클릭하면, 화면 오른쪽 영역에 Name과 Content가 조회된다.
일반 필드는 변경 버튼이 활성화되면, 디버깅 모드에서 값을 변경하여 프로그램을 실행할 수 있다.

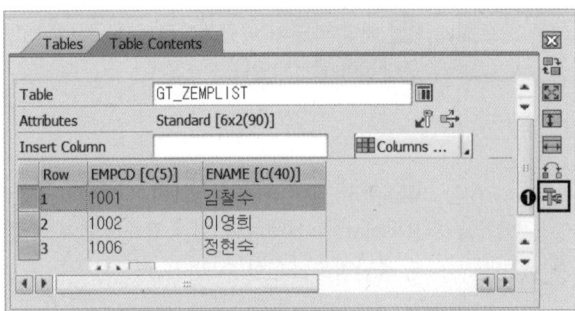

02 인터널 테이블은 툴 아이콘( )을 누른 후에 레코드를 Change, Insert, Append, Delete 할 수 있다. ❶ 변경할 라인을 선택한 후에 툴 아이콘을 누른 후에, ❷ [Change Selected Rows] 메뉴를 선택한다. ❸ 디버깅 화면에서 인터널 테이블의 데이터를 변경할 수 있다.

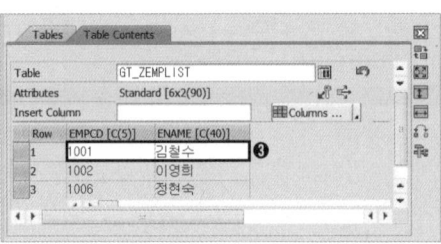

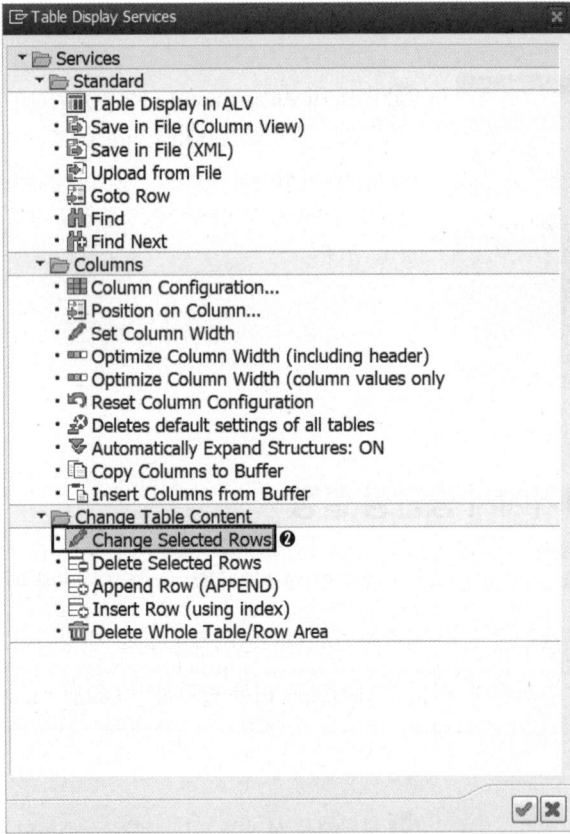

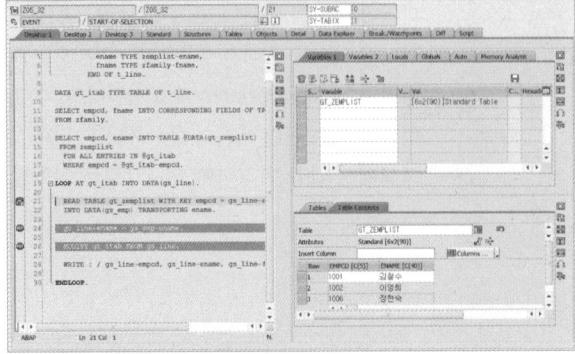

03 디버깅 모드에서 스크립트 라인의 왼쪽 중단점 컬럼을 클릭하면 중단점이 생성된다. 저장 버튼( )을 클릭하면 중단점이 저장되어 동일 세션의 프로그램 내에서 중단점이 활성화된다.

2-5 External BreakPoint

여러 중단점 중에서 External Breakpoint는 특별한 기능을 제공한다. SAP와 다른 시스템(JAVA로 개발한 웹 시스템 등) 간의 인터페이스 환경에서는 일반적으로 인터페이스용 SAP ID를 생성한다. 다른 시스템에서 Odata 또는 SAP RFC를 호출할 때 어떠한 데이터가 전달되는지 디버깅을 해야 할 때 External Breakpoint를 사용한다. 단, ABAP Editor에서 메뉴: [Utilities] → [Settings]을 선택하고, [Debugging] 탭의 User 필드에 본인 ID가 아니라 인터페이스할 때 로그인하는 SAP ID를 입력해야 한다.

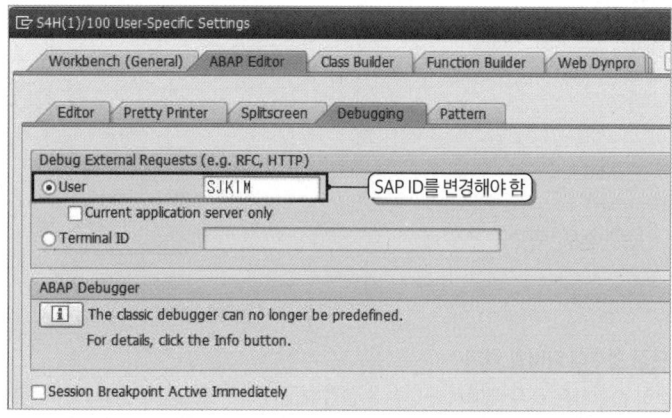

그림 6-4 External Debgging User ID 설정

> **TIP** 디버깅 모드에서 인터널 테이블 다운로드
>
> New Debugger 모드에서는 툴 버튼( )을 클릭하여 인터널 테이블을 엑셀로 다운로드할 수 있다.
>
>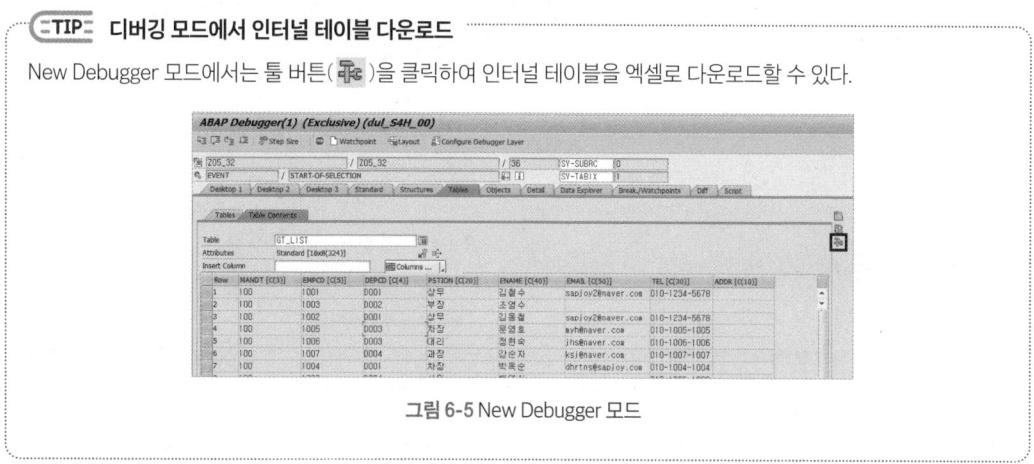
>
> 그림 6-5 New Debugger 모드

서비스 팝업창이 열리면 [Save to Local File] 메뉴를 선택한다. 이후 데이터 포맷과 라인 수를 지정하여 엑셀로 다운로드한다.

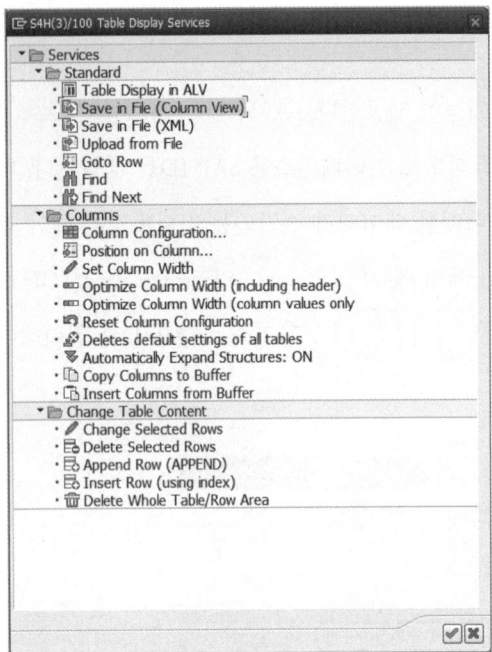

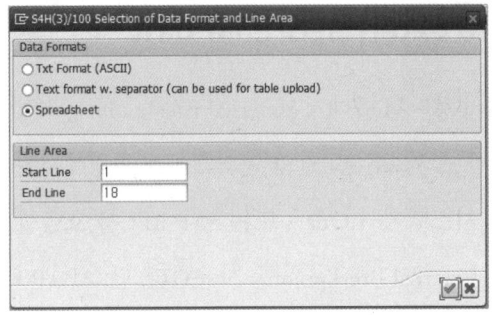

그림 6-7 포맷 및 라인 수 지정

그림 6-6 New Debugger Table Services

> **TIP** 원하는 중단점 횟수에 디버깅 걸기
>
> DO, LOOP 구문과 같이 순환하는 로직 내에서 중단점을 설정하면 매번 프로그램이 정지되어 불편할 때가 있다. 이러한 경우 원하는 횟수 n번째에 중단점을 설정할 수 있다. 물론, 관찰점을 이용해서 sy-index 또는 sy-tabix 값이 원하는 횟수가 되었을 때 디버깅이 설정되도록 할 수도 있다. 5장에서 실습한 예제 5-32의 LOOP 구문에서 100번째 중단점을 활성화하는 방법을 알아보자. 프로그램을 실행하여 New Debugger 화면이 조회되면 [Break/Watchpoints] 탭으로 이동한다. 그리고 SKIP 필드에 '99'를 입력하게 되면 99번 중단점을 스킵(Skip)하고 100번째에 중단점이 활성화된다. 이외에도 다양한 아이콘(   )을 이용해서 중단점을 생성, 삭제, 활성화, 비활성화 하는 등의 작업을 수행할 수 있다.
>
>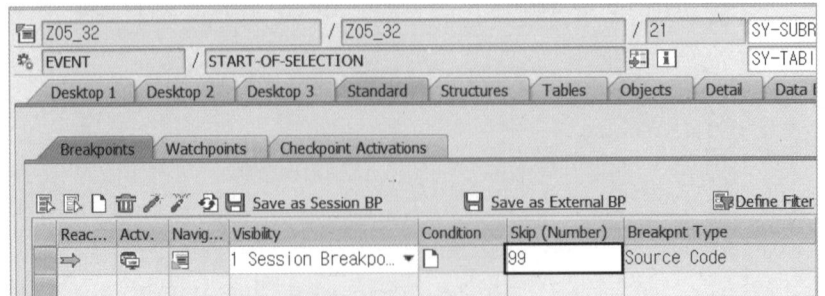
>
> [Desktop1] 탭으로 이동한 후 ↓≡ 버튼을 선택하면, 중단점을 99번 스킵(Skip)하고 100번째 중단점을 활성화하는 것을 확인할 수 있다. 시스템 변수 sy-tabix는 인터널 테이블의 현재 순번을 저장하고 있다.

2-6 구문에 중단점을 설정

ABAP 디버거에서 ABAP 명령어가 사용된 모든 스크립트에 중단점을 생성할 수 있다. 즉 'SELECT' 라고 입력하면 해당 프로그램의 모든 SELECT 구문에 중단점이 지정된다.

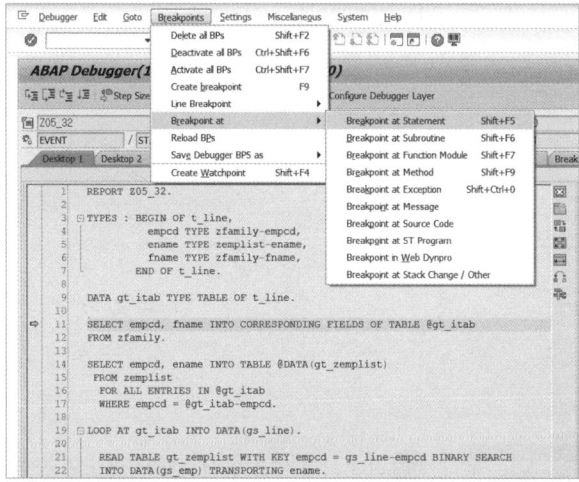

01 메뉴: [Breakpoints] → [Breakpoint at] → [Statement...]를 선택한다.

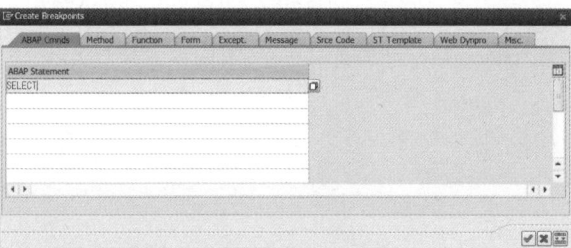

02 'SELECT'를 입력한다. ABAP 프로그램의 기본 명령어만 가능하다.

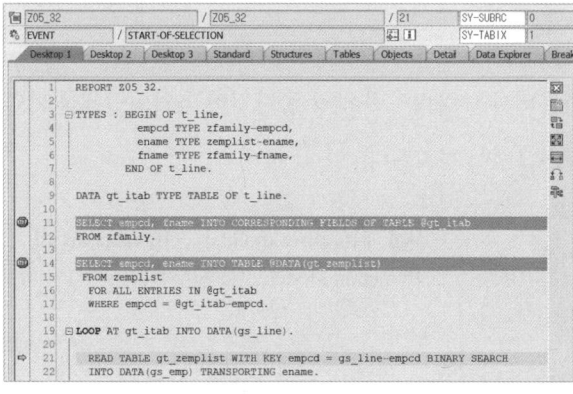

03 ABAP 프로그램 내의 모든 SELECT 명령어에 중단점이 설정되었음을 확인할 수 있다.

2-7 서브루틴에 중단점을 설정

서브루틴 이름을 입력하면 중단점이 지정된다.

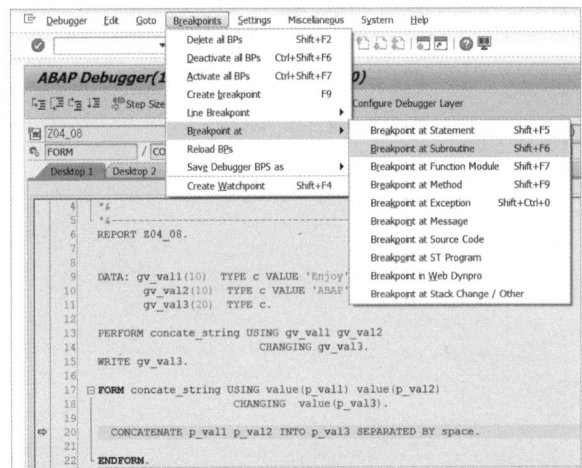

01 메뉴: [Breakpoints] → [Breakpoint at] → [Subroutine...]을 선택한다.

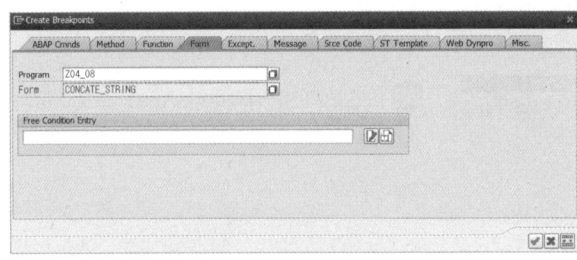

02 프로그램 이름과 서브루틴/메소드/모듈 이름을 입력한다. 4장의 Subroutine 예제 프로그램에 직접 중단점을 설정해보자.

2-8 함수에 중단점을 설정

함수에 중단점을 설정할 수 있다. [Breakpoints] 버튼을 클릭하면 해당 중단점이 추가되었음을 확인할 수 있다. 프로그램을 실행하면 함수에서 프로그램이 정지된다.

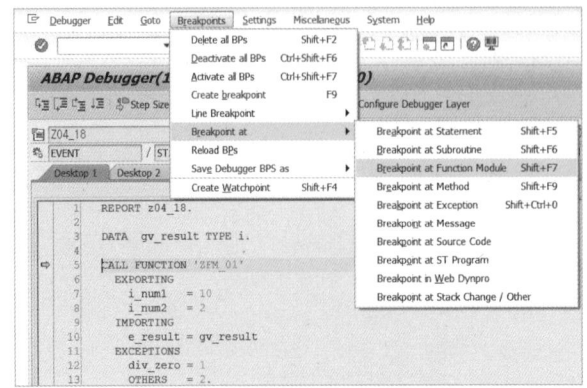

01 메뉴: [Breakpoints] → [Breakpoint at] → [Function Module...]을 선택한다.

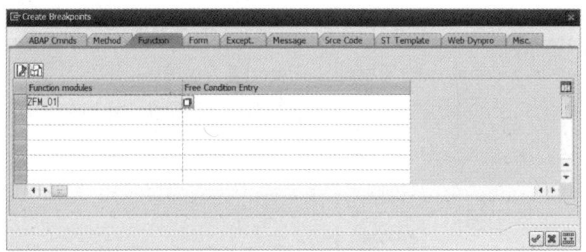

02 Function Module 이름을 입력한다. 4장에서 생성한 Function Module에 중단점을 설정해보자.

2-9 메시지 유형으로 표준 프로그램을 디버깅하기

SAP 표준 프로그램은 소스 코드가 매우 길고 복잡하기 때문에, 디버깅을 통한 분석은 상당히 어려운 작업이다. 표준 프로그램에서 에러 메시지가 발생한 경우에는 'Breakpoint at Message' 기능을 이용해서 중단점을 설정하면 쉽게 에러가 발생한 지점을 찾을 수 있다.

01 존재하지 않는 자재 코드를 입력하고 T-CODE:MM03에서 조회하면, 에러 메시지가 출력된다. 상태표시줄의 메시지를 더블 클릭해서 메시지 타입과 번호를 확인한다.

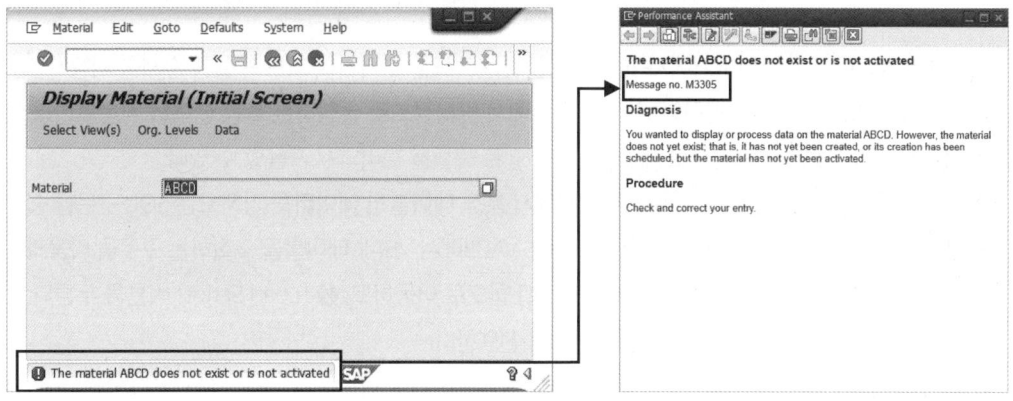

02 명령어 입력필드에 '/h'를 입력하고 프로그램을 실행하면 디버거 모드로 실행한다.

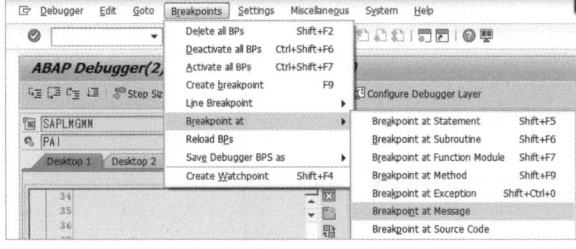

03 메뉴: [Breakpoints] → [Breakpoint at Message]를 선택한다.

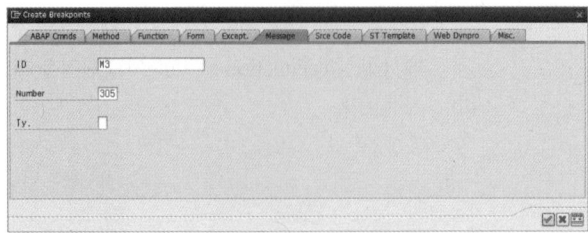

04 1단계에서 확인된 메시지 ID와 Number를 입력하고 [Enter]를 입력한다. [F8] 키를 눌러서 끝까지 실행하면 해당 메시지 타입을 만나는 지점에서 프로그램이 중지된다.

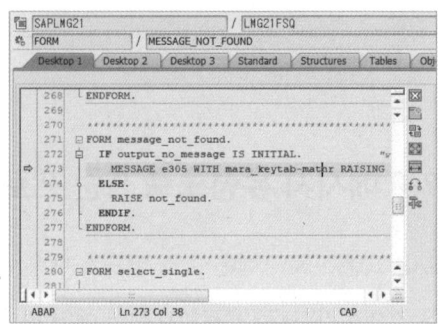

조금 더 알아보기 ─ 디버거 스크립트(Script) 기능 활용해보기

디버거 스크립트 도구는 디버거에서 개발자가 원하는 코드를 추가하여 코드의 실행 순서를 저장하는 등의 고급 디버깅 기능을 제공한다. 디버깅 작업에서 반복적으로 수행하는 수동 입력을 자동화한다. 코드를 추가하지 않아도, 기본으로 제공하는 스크립트 모듈을 불러와서 사용할 수 있다.

예를 들어, 로직이 복잡한 SAP 표준 프로그램에서 특정 테이블의 데이터를 가져오는 SQL 구문을 쉽게 검색할 수 있다. 판매주문을 조회하는 T-CODE:VA03에서 VBAK 테이블을 조회하는 구문을 다음과 같이 검색할 수 있다. 디버거 화면에서 ❶ [Script] 탭으로 이동하고, ❷ [Load Script] 버튼을 누른다. ❸ [Overview of Debugger Scripts] 아이콘(▨)을 선택한다.

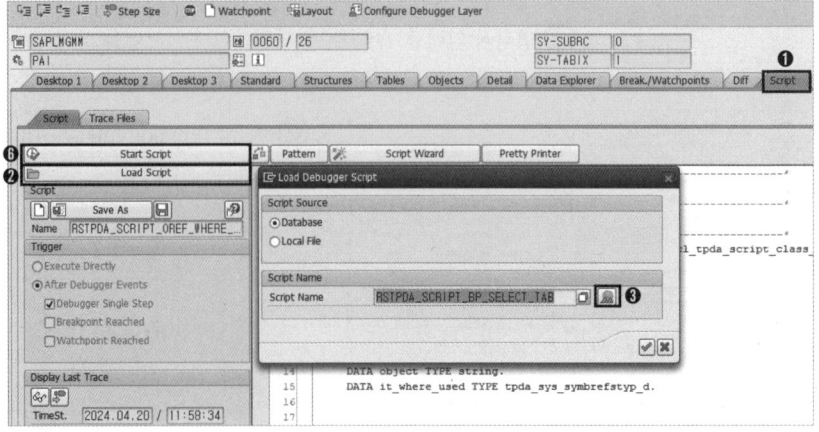

❹ [Generic Breakpoints] → ❺ [RSTPDA_SCRIPT_BP_SELECT_TAB] 항목을 선택한다.

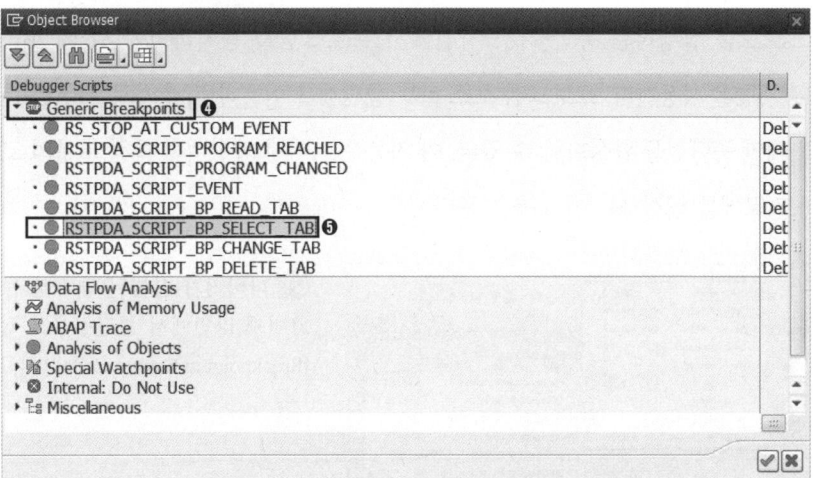

❻ [Start Script] 버튼을 누르고, 테이블을 입력한 후에 실행한다.

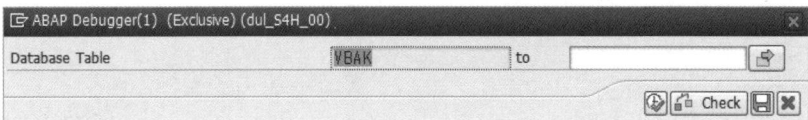

VA03 프로그램에서 VBAK 테이블을 조회하는 소스에서 중단점이 활성화된다.

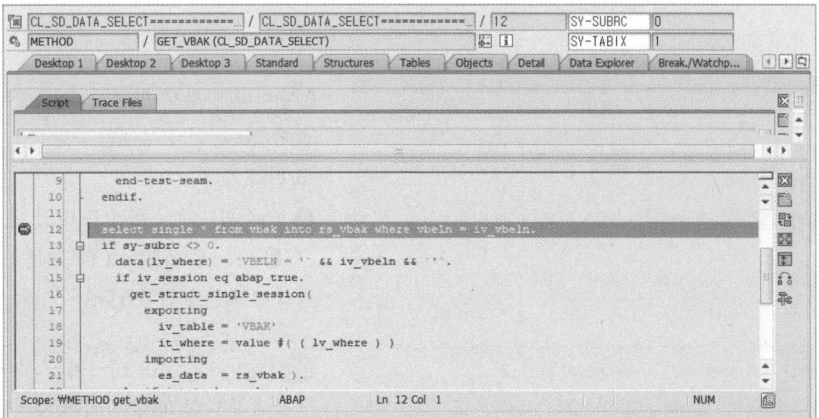

2-10 소스 코드에서 중단점을 설정하기

ABAP 소스 코드를 실행하는 동안 특정 지점에서 프로그램을 중지하고자 할 때 'Breakpoint at Source Code' 기능을 사용한다. 프로그램 소스 코드 중단점을 이용하면, 추가로 ABAP구문을 이용해 특정 조건일 때만 중단점을 활성화할 수 있다. 이 기능은 디버깅 과정에서 특정 부분의 코드 실행 상태를 분석하고 문제를 해결하는 데 도움을 준다.

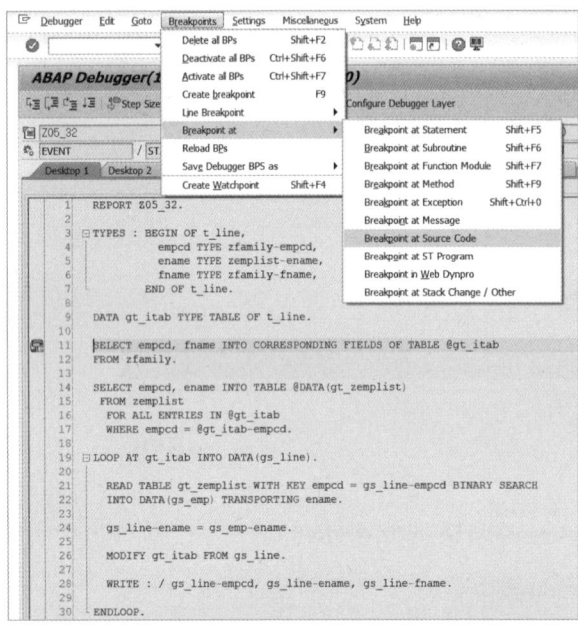

01 디버거가 실행된 상태에서 프로그램의 21번째 라인에서 중단점을 설정하기 위해, [Breakpoint at Source Code] 메뉴를 선택한다.

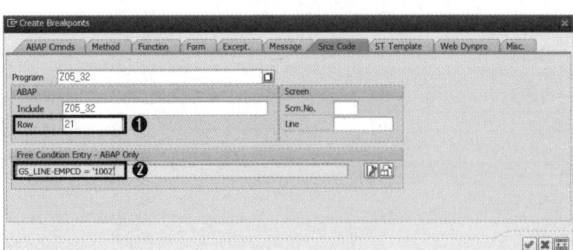

02 이때 반복문 안에서 GS_LINE-EMPCD 값이 '1002'인 경우에만 중단점을 활성화하려고 한다.
❶ Row 필드에 소소 코드 라인 번호를 입력하고, ❷ Free Condition 필드에는 중단점을 활성화할 조건을 입력한다.

03 [F8] 키를 눌러 디버거를 실행하면, 해당 조건에 도달할 때 중단점이 활성화되고 중지된다.
조건에 해당하는 중단점은 다음 아이콘 모양으로 조회된다.

> **TIP** 중단점에 조건을 추가하기
>
> 2-10절과 같이 조건에 해당하는 중단점은 다음과 같은 방법으로도 설정할 수 있다. 디버깅 화면이 실행된 상태에서 중단점에 커서를 두고 마우스 오른쪽 버튼을 눌러서 [Create Breakpoint Condition] 메뉴를 선택한다.
>
>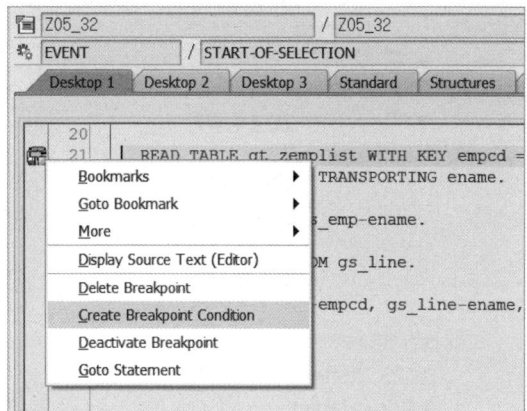
>
> gs_line-empcd 값이 '1002'라고 변경될 때만 중단점을 활성화하려면 다음과 같이 중단점 조건을 입력하면 된다.
>
>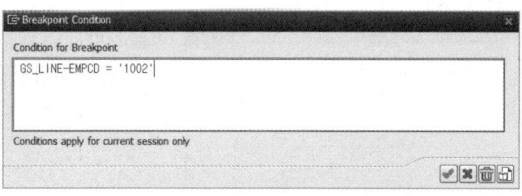

이외에도 14장에서 학습하는 클래스의 메소드에 중단점 등을 설정할 수 있으며 여기서 설명은 생략한다.

> **TIP** 실행 중인 프로그램에서 디버깅 설정하기
>
> 이미 실행되고 있거나 백그라운드(Background)에서 실행 중인 프로그램은 해당 프로세스를 조회하여 디버깅을 설정할 수 있다.

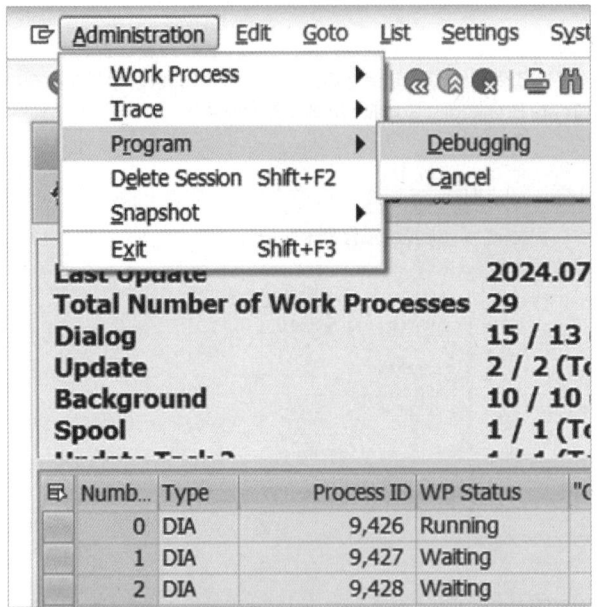

01 T-CODE:SM50을 실행한다. LIST에서 실행되고 있는 프로그램을 선택하여, 메뉴: [Administration] → [Program/Mode] → [Program] → [Debugging]을 선택한다.

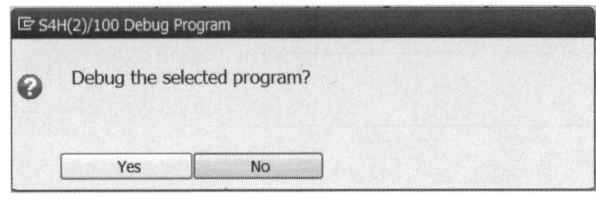

02 [Yes] 버튼을 클릭하면, 현재 실행 중인 프로그램이 디버깅 화면으로 이동한다.

03 New Debugger와 Classic Debugger

ABAP Rel 7.0 버전 이후에는 기본으로 New Debugger가 설정되어 있다. Classic Debugger에 비해 완전히 새롭게 디자인된 GUI와 메뉴들로 구성되어 있다. 그림 6-8과 같이 Classic Debugger는 New Debugger가 실행된 상태에서 메뉴: [Goto] → [Navigate to] → [Switch to Classic Debugger]를 선택하면 실행된다. 기본적인 기능은 New Debugger와 비슷하므로 설명은 생략한다.

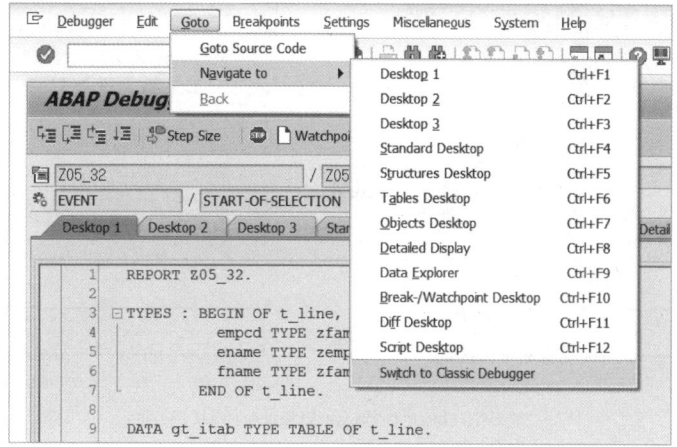

그림 6-8 Classic Debugger 실행하기

그림 6-9에서 ABAP 프로그램에서 New Debugger를 호출하면 두 개의 외부 세션이 생성된다. 디버거가 활성화되면 ABAP 프로그램은 비입력 상태로 있다가, 디버거가 종료 지점에 도달하면 ABAP 프로그램이 다시 입력 상태가 되고 디버거는 비입력 상태가 된다. 여기서 비입력 상태는 사용자가 값을 입력하거나 버튼을 클릭하는 행위가 불가한 것을 의미한다.

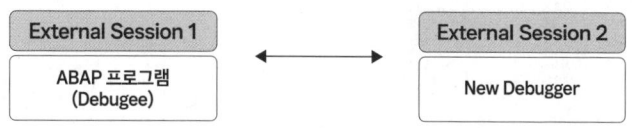

그림 6-9 ABAP 프로그램과 디버거의 관계

Classic Debugger는 프로그램마다 하나의 Roll Area를 사용하기 때문에 Roll Area를 벗어나면(SUBMIT 구문이나 CALL TRANSACTION 구문을 만나면), 디버거에서 설정했던 변수 조회 설정들이 모두 지워진다. 예를 들어, 시스템 변수 SY-UCOMM의 값을 확인하고 싶어서 그림 6-10과 같이 'SY-UCOMM'을 입력했는데, CALL TRANSACTION 구문에서 다른 프로그램을 호출하면 해당 설정이 사라지게 된다.

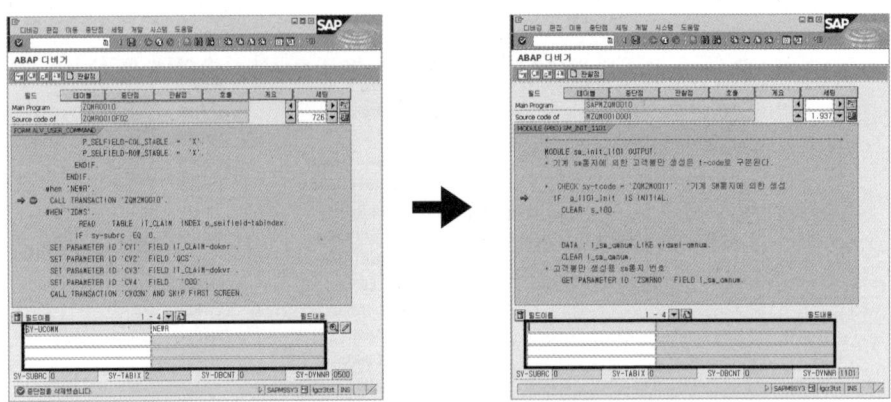

그림 6-10 Classic Debugger와 Roll Area 사이 관계

그러나 New Debugger는 외부 세션에서 실행되기 때문에 그림 6-11과 같이 입력된 변수가 계속 남아 있다.

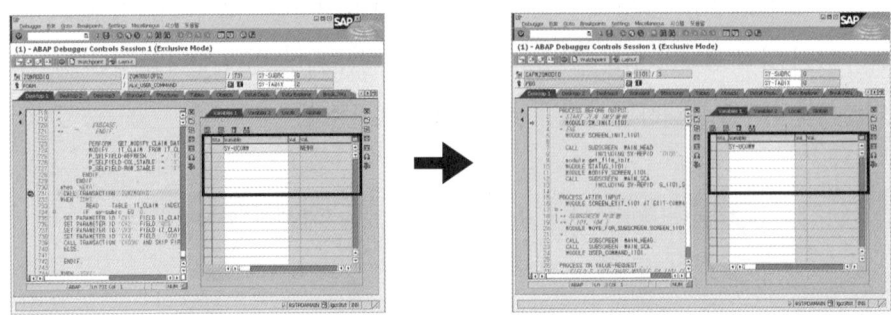

그림 6-11 New Debugger와 Roll Area 사이 관계

New Debugger는 외부 세션을 하나 더 사용하기 때문에 SAP에 로그인한 사용자가 이미 6개의 세션을 모두 사용하고 있는 경우 다음과 같은 에러 메시지가 조회되고, 그림 6-12와 같이 Classic Debugger가 실행된다(SAP HANA 버전의 경우 설정에 따라 최대 16개의 세션을 사용할 수 있다.).

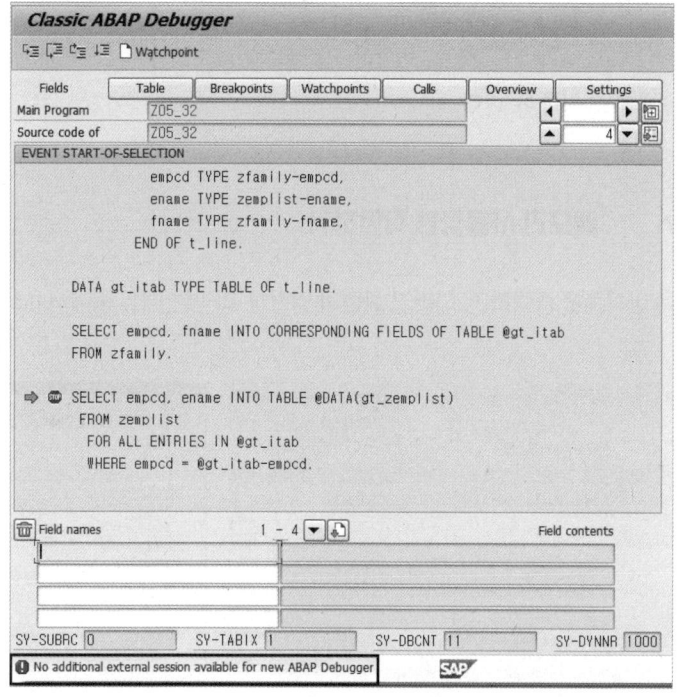

그림 6-12 최대 세션 수 도달로 인한 Classic Debugger

이런 경우, 불필요한 화면을 하나 닫고 다시 디버깅을 호출하거나, 그림 6-13과 같이 메뉴: [Debugging] → [Switch to Standard ABAP Debugger]을 선택하면 New Debugger가 실행된다.

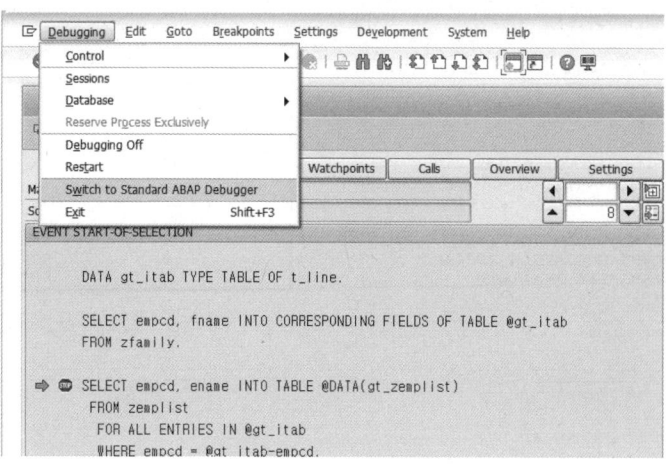

그림 6-13 New Debugger로 전환

디버거 화면은 600초 동안 활성화되어 있다가 그 이상이 되면 자동으로 종료하게 되는데, 이것은 프로파일 파라미터 rdisp/max_debug_lazy_time 에 설정하게 된다. T-CODE: RZ11을 실행하면 SAP 파라미터 값을 조회하거나 새로운 값을 입력할 수 있으며, 일반 개발자에게는 권한이 없으므로 BC(Basis Consultant)에게 요청해야 한다.

조금 더 알아보기 — 메모리 사용량을 확인하기

디버거 화면의 아이콘을 클릭하면, 디버거 화면이 열린다. 다양한 메뉴 중에서 [Memory Analysis]를 선택해보자.

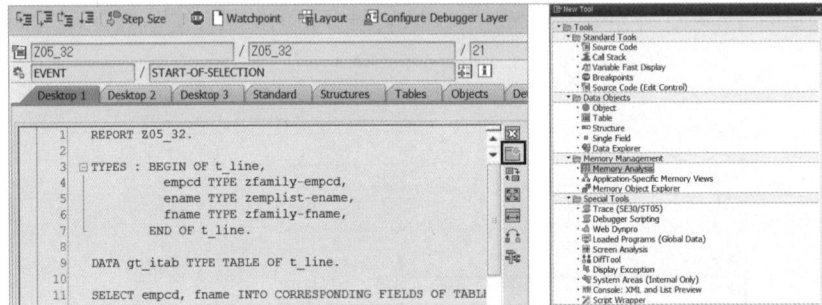

[Memory Objects] 탭으로 이동하면, 현재 프로그램에서 사용 중인 인터널 테이블의 메모리 사용량과 점유율을 확인할 수 있다.

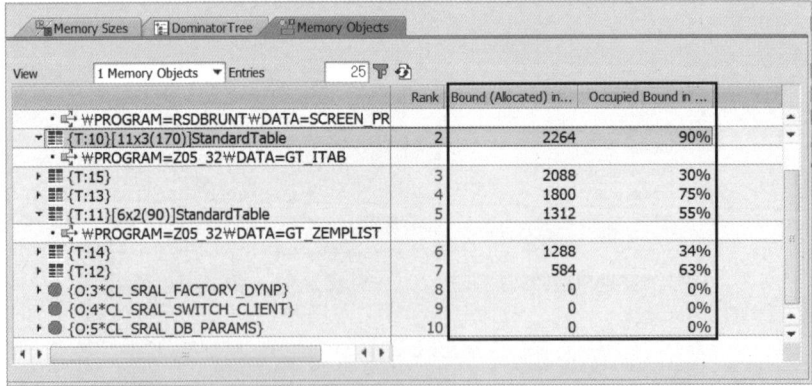

조금 더 알아보기 — 팝업 화면 디버깅

프로그램을 디버깅하다 보면, 팝업 화면을 디버깅해야 할 경우가 있을 것이다. 이때 팝업 화면에는 명령어 입력 필드(Command Field)에 '/h'를 입력하지 못하기 때문에 프로그램에 직접 BREAK-POINT를 사용하거나 텍스트 파일을 사용한다.

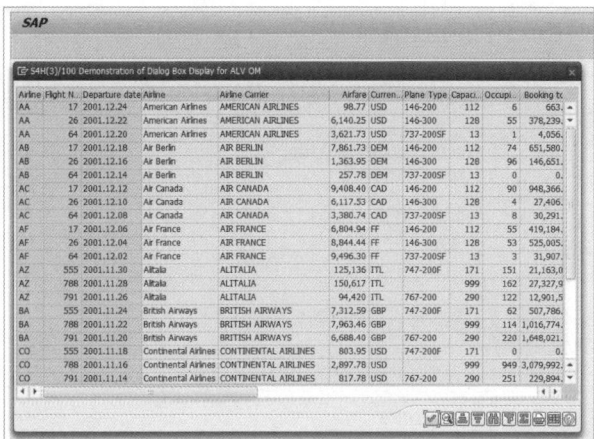

1. 먼저 팝업 화면을 확인하기 위해 SAP Demo 프로그램 SALV_DEMO_TABLE_POPUP을 실행한 뒤 팝업 화면을 띄워보자.

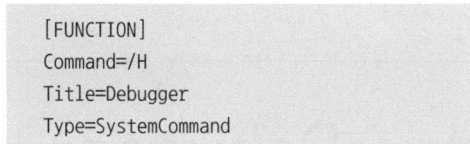

2. 앞의 팝업 화면에 디버깅을 활성화하기 위해 메모장을 열고 왼쪽의 코드를 입력한다. 그 후 .TXT 파일로 저장한다.

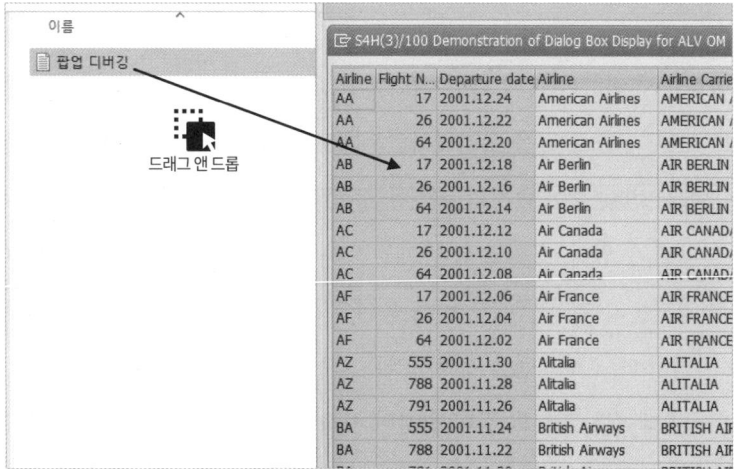

3. .TXT 파일을 팝업 화면으로 드래그 & 드롭하면 다음과 같이 메시지가 출력되며 디버깅이 활성화된 것을 볼 수 있다.

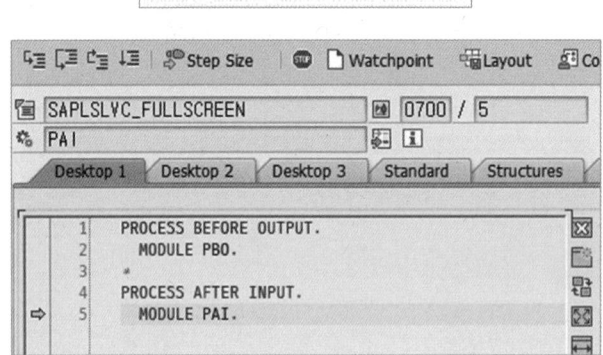

4. 팝업 화면의 디버깅을 실행한다.

Watchpoint in New Debugger

프로그램을 개발하면서 원하는 값이 아닌 예외적인 값으로 변수가 조회되는 경우를 자주 접한다. 또는 분명히 CLEAR 구문으로 값을 초기화하였는데도 값이 지워지지 않는 경험도 종종 하게 된다. 도대체 어느 부분에서 변수 값이 변경되는지 알 수 없을 때 관찰점(Watchpoint)을 사용하면 아주 유용하게 원인을 찾아낼 수 있다. 그리고 다른 개발자가 개발하였거나 표준 프로그램에서 변수 값이 어떠한 절차로 변경되는지 추적할 때도 큰 도움이 된다. 즉, 관찰점은 프로그램 실행 도중 해당되는 조건 값으로 변경될 때 프로그램을 정지시키는 기능을 제공한다. 다만, 관찰점은 프로그램 내의 변수, 구조체, 인터널 테이블, 필드의 값이 변경된 시점에 활성화된다는 점에서 중단점과 큰 차이가 있다.

관찰점 생성 버튼을 선택하거나 메뉴 : [Breakpoints] → [Create Watchpoint]에서 생성할 수 있다. 관계연산자를 지정하면 조건 값이 만족할 때 관찰점이 작동하며, 해당 지점에서 프로그램이 정지한다. 프로그램 Z05_32에서 구조체 gs_line의 필드 사번 EMPCD가 '1002'라는 값으로 변경되는 시점에 중단점을 활성화해보자.

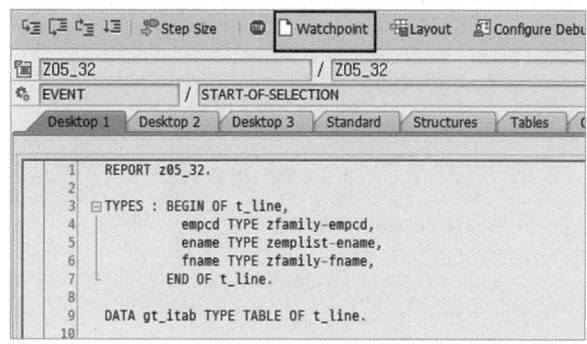

01 New Debugger 화면의 툴바에서 [Watch point] 버튼을 눌러 관찰점(Watchpoint)을 생성한다.

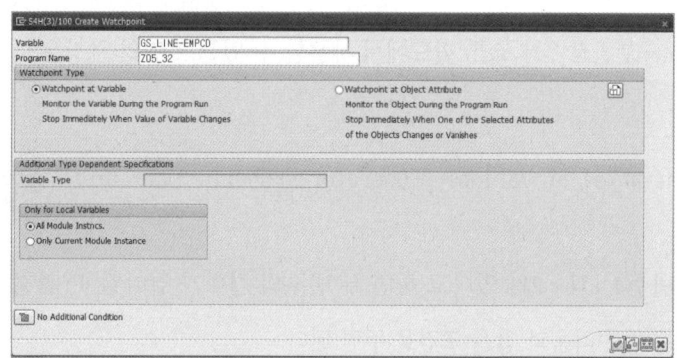

02 Variable 필드에 관찰점을 설정할 변수를 입력하고 확인 버튼(☑)을 클릭하면 관찰점이 생성된다. 관찰점이 생성되면 "Watchpoint created" 메시지가 출력되고, [F8] 키를 눌러 실행해보면 관찰점에 도달했을 때 "Watchpoint reached" 메시지와 함께 정지되고 디버거가 활성화된다.

New Debugger에서는 관계연산자뿐만 아니라 명령어를 추가하여 조건에 추가할 수 있다. 🗐 버튼을 클릭하면 관찰점의 조건을 입력하는 필드가 조회된다. 그림 6-14와 같이 변수의 값이 변경되는 조건의 관찰점을 설정해 보자.

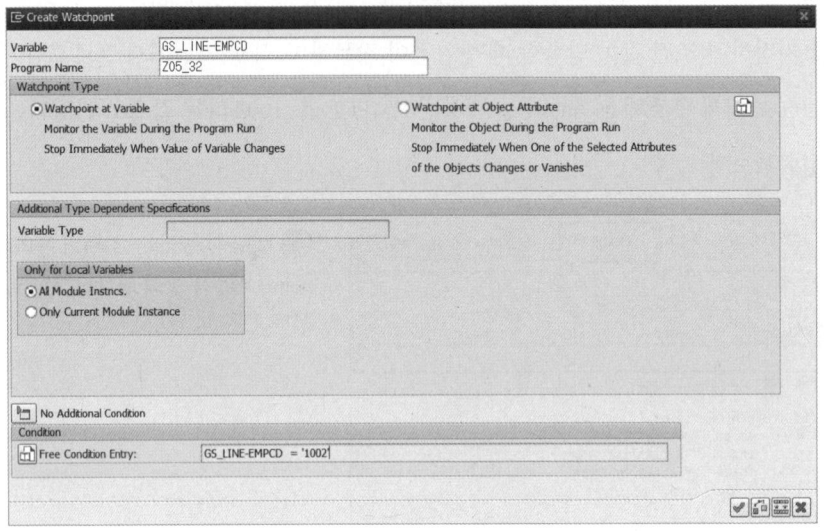

그림 6-14 New Debugger에서의 조건 추가

Free Condition Entry(관찰점 추가 조건) 필드에서 사용할 수 있는 조건의 문장은 다음의 규칙을 따라야 한다.

> <Function(Variable) or Variable> Operator <Function(Variable) or Variable or Constant>

예를 들면, string 변수 l_1과 l_2가 있다고 하면 두 변수의 길이가 같아질 때 관찰점을 설정할 경우 strlen 명령어를 이용해서 다음과 같은 조건을 주면 된다.

> strlen(l_1) = strlen(l_2)

또 다른 예를 들면, 인터널 테이블 itab의 5번째 라인이 생성될 때 관찰점을 활성화하고 싶은 경우는 다음과 같이 추가할 수 있다.

> Lines(itab) = 5

관찰점이 추가되어 프로그램이 실행되는 도중 관찰점에 도착하면, New Debugger 화면에서 [Break/Watchpoint] 탭 → [Watchpoint] 탭에서 ￼ 버튼을 선택하여 변수의 변경 이전/이후의 값을 비교할 수 있다.

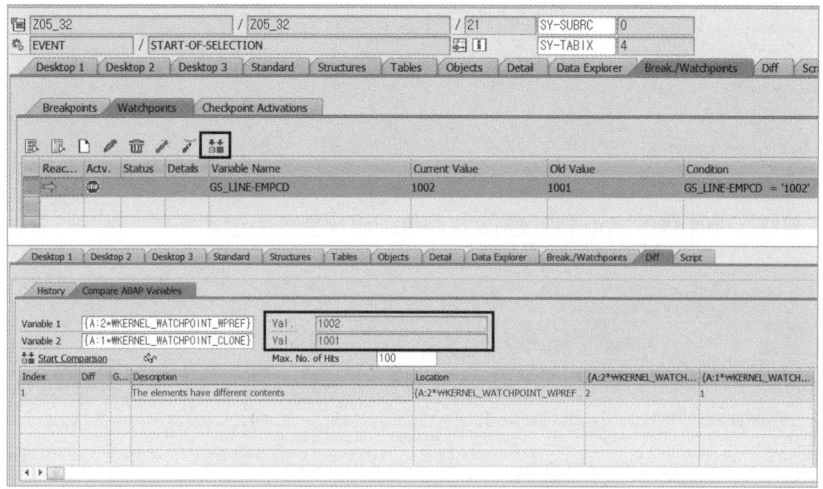

그림 6-15 변수의 변경 이전/이후의 값 비교

그리고 그림 6-15의 [Watchpoint] 탭의 상단 버튼들을 이용해 관찰점 및 중단점을 생성, 변경, 삭제, 활성화, 비활성화를 할 수 있다.

조금 더 알아보기 — ABAP 디버거 스크립트를 관찰점처럼 사용하기

인터널 테이블 GT_ITAB에 값을 추가할 때 WA-COL1의 값이 '2'와 같은 특정 조건을 만족할 때 디버깅을 활성화하도록 스크립트로 구현할 수 있다.

```abap
REPORT zscript_demo.

TYPES: BEGIN OF t_line,
         key  TYPE c LENGTH 1,
         col1 TYPE i,
       END OF t_line.

DATA : gt_itab TYPE TABLE OF t_line.
DATA : wa TYPE t_line.

wa-key = 'A'.
wa-col1 = 1.
APPEND wa TO gt_itab.

wa-key = 'B'.
wa-col1 = 2.
APPEND wa TO gt_itab.
```

```
wa-key = 'C'.
wa-col1 = 3.
APPEND wa TO gt_itab.

WA-COL1 = 3.
APPEND WA TO GT_ITAB.
```

디버거를 실행한 후에 ❶ [Script] 탭의 ❷ [Script Wizard] 버튼을 누른다.

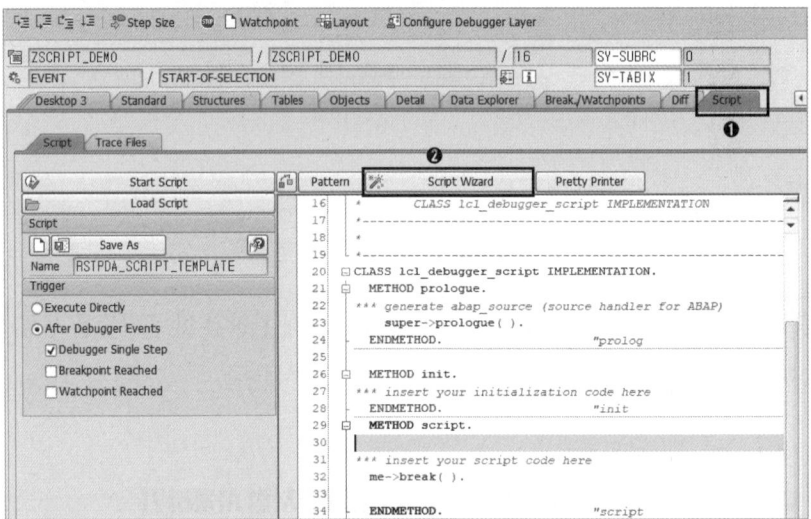

프로그램의 변수 값을 가져오기 위해서 'Variable Value (for Simple Variables)' 항목을 선택한다.

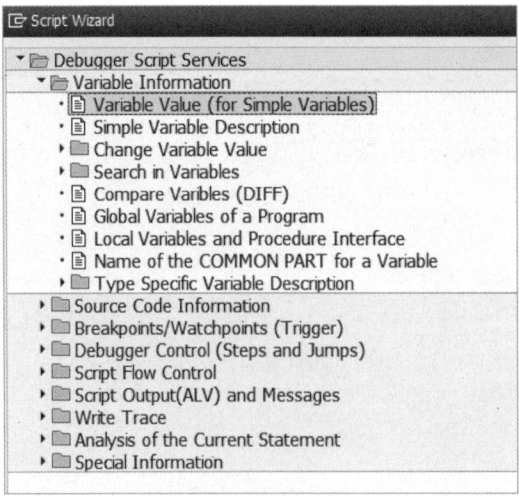

메소드 스크립트 구현 부분에 다음과 같이 WA-COL1 값을 가져와서 '2'와 동일하면 중단점을 실행하는 구문을 완성한다. 'ME->BREAK( ).' 구문이 디버깅을 중단하는 기능을 한다.

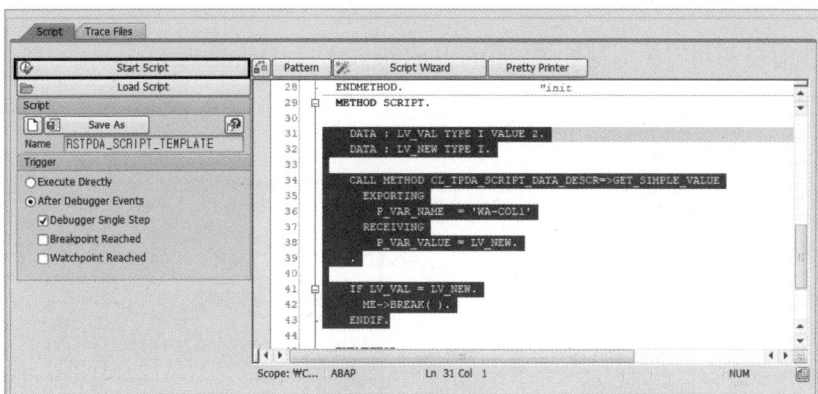

[Start Script] 버튼을 누르면, 해당 조건에 도달했을때 프로그램이 중지한다. 이와 같이 더 복잡한 경우를 스크립트 기능을 이용하여 관찰점처럼 구현할 수 있다.

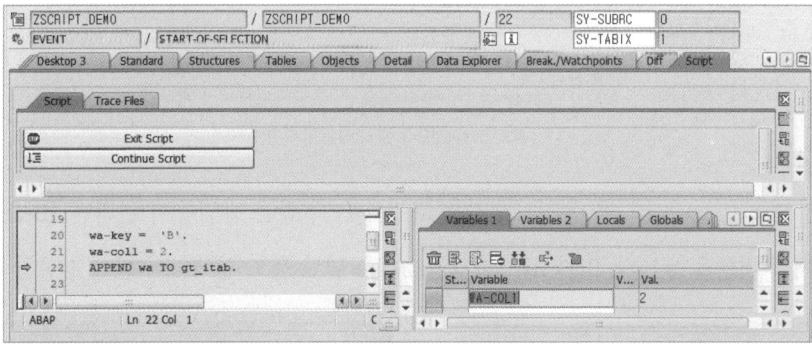

05 Session Breakpoint Save & Load

표준 프로그램이나 복잡한 개발 프로그램을 분석하면서 프로세스의 중요한 지점에 중단점을 설정하는 것은 공수가 많이 투입되는 작업이다. 이러한 경우 Session Breakpoint의 저장 기능을 이용하면,

타임아웃 후에 SAP에 다시 로그인해도 중단점이 초기화되지 않는다.

그림 6-16과 같이 디버거를 실행한 후, 메뉴: [Debugger] → [Debugger Session] → [Save]를 선택한다.

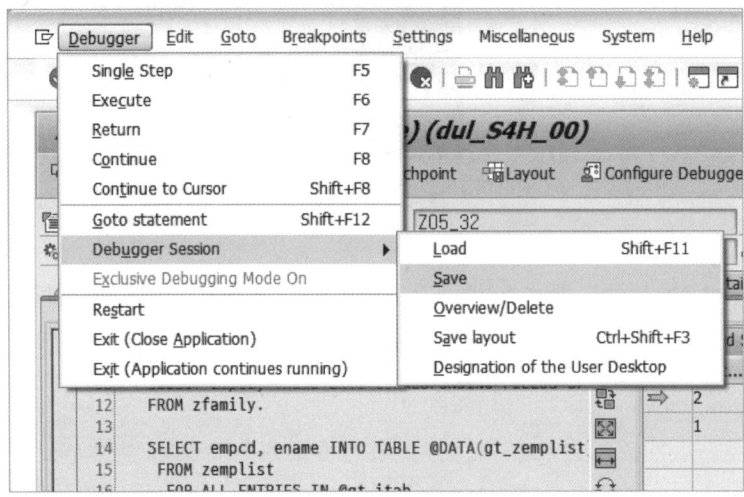

그림 6-16 디버거 세션 저장하기

디버거 세션(Debugger Session)을 유지보수하는 그림 6-17과 같은 팝업창이 열리면, [Breakpoints]를 선택한 후 저장 버튼을 누른다. 또한 Layout, Watchpoint 필드 등도 선택하여 함께 저장할 수 있다.

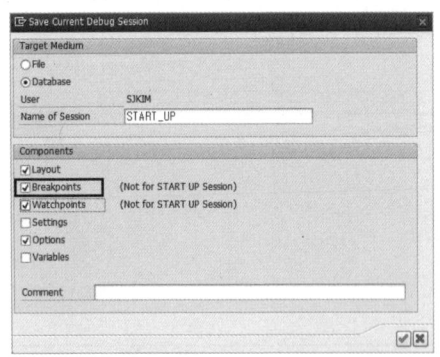

그림 6-17 New Debugger 중단점 저장 화면

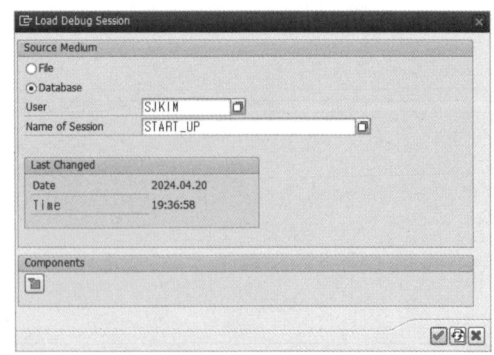

그림 6-18 New Debugger 중단점 로드 화면

명령어 입력 필드에 '/nex'를 입력하여 SAP에 로그인된 SAP GUI를 모두 종료한다. 그리고 다시 SAP에 로그온하여 프로그램을 디버깅 모드에서 실행한 후 메뉴: [Debugger] → [Debugger Session] → [Load]를 선택하면, 이전에 설정한 중단점들이 조회된다.

조금 더 알아보기 — Step Size 기능

Step Size 기능을 사용하면, FOR 구문을 사용하여 작성된 반복문을 하나씩 순차적으로 디버깅할 수 있다. FOR 구문에서 다음 라인 이동 [F5] 키를 누르면, FOR 구문 전체가 실행되지만 [Step Size] 버튼을 누르면 FOR 반복 구문이 단계별로 수행된다. 즉, 다음 디버깅 화면에서 GT_ITAB2 인터널 테이블에 레코드가 하나씩 생성되는 반복 과정을 차례대로 확인할 수 있다.

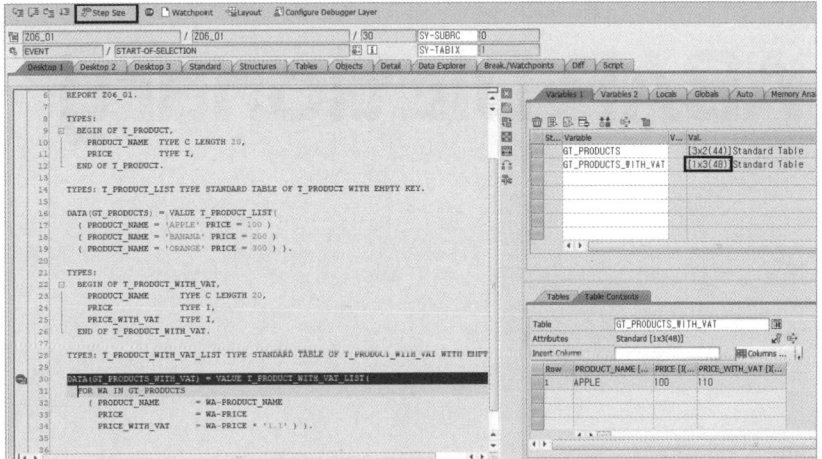

CHAPTER 07

ABAP Dictionary

In this chapter >>>

ABAP Dictionary는 SAP 시스템에서 데이터를 정의하고 관리하는 도구다. 이번 장을 통해서 테이블, 구조체, 뷰, 도메인, 데이터 엘리먼트 등 다양한 데이터 구조를 설계하고 구현하는 방법을 학습한다.

Chapter list >>>

1. Overview
2. 테이블
3. 구조체
4. 뷰
5. 테이블 타입
6. 도메인
7. 데이터 엘리먼트
8. CDS 뷰

Overview

1-1 ABAP Dictionary

ABAP 프로그램에 사용되는 오브젝트들(Table, View, Structure, Types...)을 ABAP Dictionary라고 부른다. 이들 오브젝트의 정보를 메타데이터(Metadata) 또는 데이터 정의(Data Definition)라 하며, 데이터 구조를 정의하고 관리하는 역할을 ABAP Dictionary가 하게 된다.

ABAP Dictionary는 시스템에 사용되는 오브젝트들을 중앙집중식으로 관리한다. 신규 또는 변경된 메타데이터의 정보는 모든 시스템 오브젝트에게 알려진다. 다시 말해서, ABAP Dictionary는 동적으로 ABAP Workbench와 연결되어 있기 때문에 오브젝트를 수정한 후에 활성화하면 ABAP 프로그램과 화면에 바로 영향을 미친다. 또한, 시스템에서 사용되는 모든 데이터를 중앙집중적으로 관리한다. 이로 인해 Data Integrity(무결성), Data Consistency(일관성), Data Security(안정성)를 보장하게 된다.

ABAP Dictionary는 통상적으로 우리가 아는 데이터베이스 오브젝트(Database Object)인 테이블만을 의미하는 것이 아니라, 그림 7-1과 같이 데이터베이스 오브젝트, 타입 정의(Type Definition), ABAP Tool의 세 가지 영역으로 분류된다.

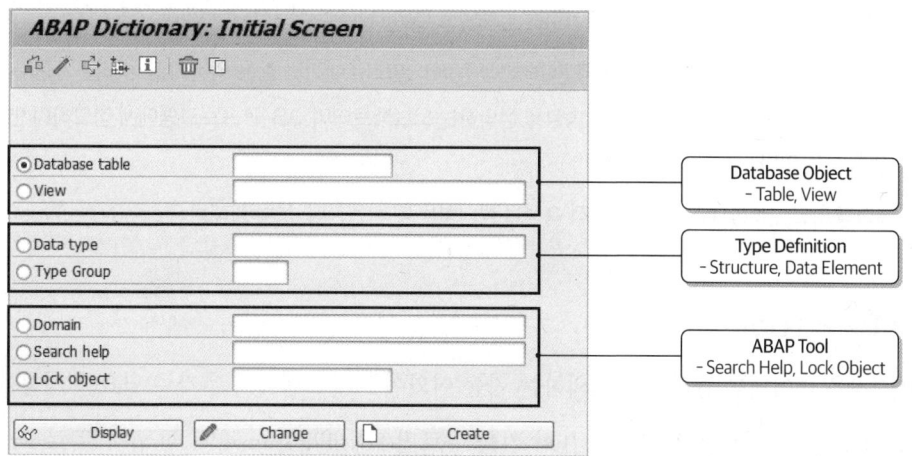

그림 7-1 ABAP Dictionary의 세 가지 영역

1-2 ABAP Dictionary의 종류

테이블과 같은 개별 오브젝트를 살펴보기 이전에 ABAP Dictionary의 3가지 영역에 대해서 간략히 정의해보자.

1-2-1 데이터베이스 오브젝트

데이터베이스 오브젝트에 대해서는 뒤에서 자세히 다룬다. 먼저, 많이 사용하는 2가지 오브젝트에 대해서 간략히 설명한다.

1. **테이블**은 시스템에서 생성된 데이터를 저장하는 실제 물리적인 공간으로 데이터베이스의 근간을 이룬다.
2. **뷰**는 하나 이상의 테이블이 논리적으로 결합된 구조로서, 실제 데이터를 가지는 것이 아니라 테이블의 데이터를 조합하여 조건에 맞게 조회하는 기능을 주로 담당한다.

1-2-2 타입 정의 Type Definition

ABAP Dictionary는 사용자 정의 타입(Data Elements, Structures, Table Types)을 지원한다. 개별 프로그램에서 사용되는 타입은 TYPES 구문으로 생성하지만, 모든 ABAP 프로그램에서 사용할 수 있는 타입 오브젝트(Type Object)는 ABAP Dictionary에서 정의한다. 중앙집중식으로 관리하기 때문에 타입 오브젝트를 변경하면 모든 프로그램에 영향을 미친다. 다음 3가지 타입 범주로 분류된다.

1. **구조체**: 구조체(Structure)는 타입을 가지는 컴포넌트(Component)로 구성되어 있다.
2. **데이터 엘리먼트**(Elementary Type과 Reference Type): 필드의 내역과 같은 의미적인 정보를 가진다. 도메인(Domain)은 테이블 필드의 기술적 속성을 정의하는 오브젝트이며, ABAP 프로그램에서 참고하여 변수를 선언할 수는 없다.
3. **테이블 타입**: 인터널 테이블의 기능적 속성을 정의하는 데 사용한다. 특별 형태로 Range Table Type이 있다.

1-2-3 ABAP Tool

ABAP Tool은 데이터를 관리하고 정의하는 기능 이외에 프로그램에서 추가로 필요한 기능들을 통칭한다. 예를 들어, 화면의 필드에서 [F4] 키를 누르면 Possible Entry(가능한 입력 값)로 조회되는 Search Help(9장) 등을 의미한다. 또한, 8장에서 학습할 Lock Object도 이에 속한다.

02 테이블

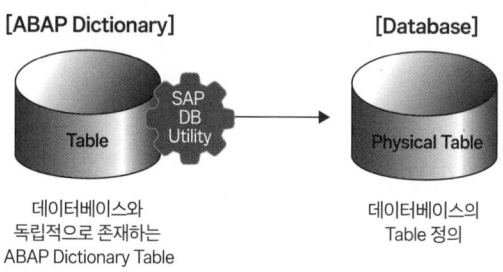

그림 7-2 ABAP Dictionary 테이블과 데이터베이스 테이블

테이블에는 실제 데이터베이스의 물리적인 테이블과 ABAP Dictionary의 테이블이 존재한다. T-CODE:SE11에서 테이블을 생성하여 활성화하면, 데이터베이스에서 물리적인 테이블이 생성된다(데이터베이스의 종류는 여러 가지가 있으나 SAP는 메모리 기반의 HANA 데이터베이스가 표준이다. HANA 이전의 ECC 환경에서는 많은 회사에서 오라클을 SAP 데이터베이스로 채택했다.).

ABAP Dictionary에서 생성한 테이블은 SAP DB 유틸리티에서 번역하여 데이터베이스 테이블로 생성한다. 이번 장에서 설명하는 테이블은 실제 데이터베이스에 존재하는 테이블이 아니라 ABAP Dictionary 테이블이므로 두 개념에 대해서 구분해야 한다. 예를 들어, ABAP Dictionary 테이블의 필드 순서와 데이터베이스 테이블의 필드 순서는 서로 다를 수 있다.

SAP는 일반 개발자에게 DBMS에 직접 로그인해서 테이블을 변경하고 데이터를 삭제하고, 심지어는 데이터를 조회하는 권한도 부여하지 않는다. 그 이유 중 하나는 ABAP Dictionary에 있는 외래키(Foreign Key)가 실제 데이터베이스에는 생성되지 않으므로 Data Integrity(무결성)가 훼손될 수 있기 때문이다. 데이터베이스의 물리적인 영역을 알지 못해도 ABAP 프로그램을 개발하는 것에는 큰 문제가 되지 않는다. ABAP Dictionary를 활성화하다가 원인을 알 수 없는 에러가 발생하면 전문가인 BC 담당자들의 도움을 받아서 처리하는 것이 바람직하다.

그림 7-3과 같이, 테이블은 2차원의 행렬로 이루어져 있다. 이 행렬의 열은 각각 고유한 이름과 속성을 가지고 있으며, 이것을 필드(Field) 또는 컬럼(Column)이라고 한다. 필드는 중복되지 않는 고유한 이름과 속성을 가지며, 테이블의 구조는 마치 행과 열을 가지는 액셀 시트와 아주 유사하다.

엑셀의 표(테이블)	SAP 테이블

테이블은 하나 혹은 그 이상으로 구성된 필드들을 키(Key)로 설정할 수 있으며, 이 키 필드를 통해서 테이블에 있는 다른 레코드들과 중복되지 않고 구분할 수 있게 된다. 키 필드 이외는 일반 필드(General Field) 또는 기능 필드(Functional Field)라고 한다. 그리고 테이블의 행은 라인(Line), 튜플(Tuple), 레코드(Record), 데이터(Data)라는 용어들로 표현된다.

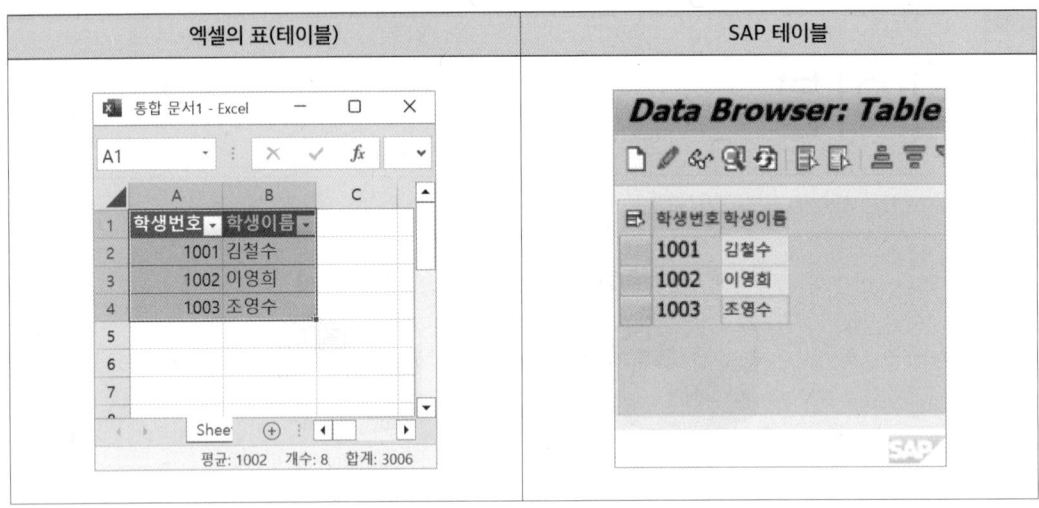

그림 7-3 테이블의 구성요소

ECC 버전에서 ABAP 테이블은 3가지 종류(Transparent Table, Pooled Table, Cluster Table)로 구분된다. Pooled/Cluster Table은 여러 개의 테이블을 하나의 그룹으로 묶은 ABAP Dictionary 오브젝트이다. HANA에는 Transparent Table만 존재한다. 이 책에서 테이블은 Transparent Table을 의미한다. 테이블의 기본 속성은 DD02L 테이블에 저장되며, 테이블 필드에 대한 정보는 DD03L에 저장된다. 테이블은 다음 4가지 속성을 가지고 있다.

1. **테이블 필드(Table Field)**: 필드 이름과 필드 속성을 가진다. 키 필드가 존재한다.
2. **외래키(Foreign Key)**: 하나의 테이블과 다른 테이블의 관계를 정의한다.
3. **기술적 설정(Technical Setting)**: 테이블 데이터의 총 건수, 버퍼링 설정과 같은 테이블 속성을 설정한다.
4. **인덱스(Index)**: 데이터 질의 속도를 높여준다. 인덱스는 테이블에 추가되어 생성된다. 인덱스가 생성되어 있으면 테이블에 데이터가 추가될 때마다 인덱스에도 데이터를 생성해야 하므로 쓰기 속도는 줄고 읽기 속도는 높아지게 된다.

2-1 테이블 필드

테이블 필드(Table Field)는 테이블 속성을 표현하는 개별 구성요소이다. 직원정보라는 테이블에는 사원번호/출신지역/전화번호 등과 같은 직원정보의 속성들을 정의해서 사용할 수 있다. 이러한 개별 속성을 테이블 필드라고 한다. T-CODE:SE11에서 항공사 정보를 저장하고 있는 SCARR 테이블을 조회해 보자.

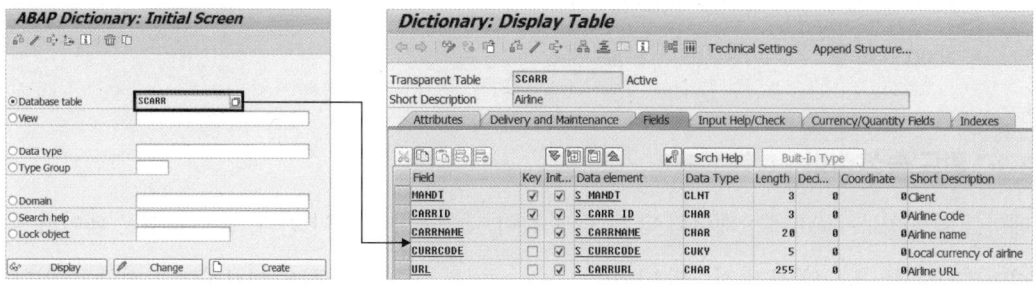

그림 7-4 테이블의 구조 조회

T-CODE:SE11은 모든 ABAP Dictionary 오브젝트를 생성/변경/조회/삭제할 수 있는 유틸리티이다. 어플리케이션 툴바의 버튼들은 다음과 같은 기능을 수행한다.

버튼	기능
	에러가 존재하는지 확인
	활성화
	오브젝트가 사용한 리스트 검색(Where Used List)
	오브젝트 내에 사용된 리스트 검색
	오브젝트 삭제
	오브젝트 복사 생성

표 7-1 ABAP Dictionary 버튼의 기능

그림 7-4 테이블의 구성요소인 필드는 다음의 속성을 정의해야 한다.

- **Field Name**: 최대 16자리 문자를 가질 수 있다. 시작은 문자로 해야 하며, 언더라인(_)을 허용한다.
- **Key Flag**: 테이블의 키(Key)를 정의하는 특성이다.
- **Initial**: 필드의 초기 값(Initial Value)을 설정한다.
- **Field Type**: 문자 타입, 숫자 타입과 같은 필드의 데이터 타입을 지정한다.
- **Field Length**: 필드가 허용할 수 있는 길이를 지정한다.
- **Decimal Places**: 소수점 이하 자리를 지정한다.
- **Short Text**: 필드의 의미를 기술하는 내역이다.

2-1-1 필드 속성 정의

테이블 필드(Table Field)에는 데이터 타입, 필드 길이, 내역을 설정해야 한다. 필드 속성은 데이터 엘리먼트(Data Element)와 사전 정의된 타입(Predefined Type), 두 가지 방식을 이용하여 지정할 수 있다. 데이터 엘리먼트는 사용자가 직접 생성할 수 있는 오브젝트이며, 이미 존재하는 데이터 엘리먼트를 입력하면 데이터 타입, 필드 길이, 내역이 자동으로 지정된다. 데이터 엘리먼트를 생성할 때 이미 필요한 정보가 모두 입력되어 있기 때문이다. 사전 정의된 타입(Predefined Type)을 이용하려면 데이터 타입, 필드 길이, 내역을 직접 입력해야 한다.

T-CODE:SE11에서 SCARR 테이블을 조회한 후 메뉴: [Utilities] → [Database Object] → [Display]를 선택하면 개별 필드의 초기 값(Initial Value)을 확인할 수 있다.

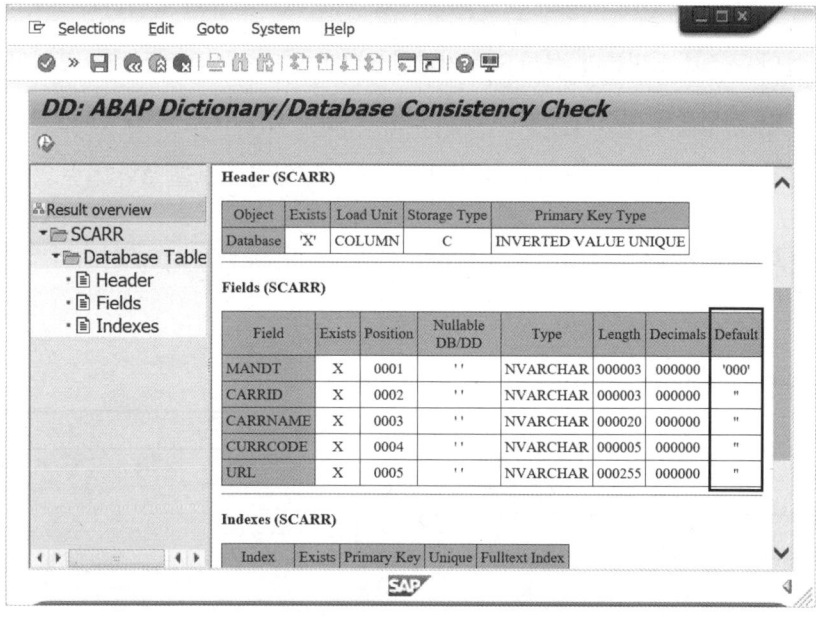

그림 7-5 테이블 필드의 초기 값을 조회

2-1-2 참조 필드와 참조 테이블

수량을 표현하는 데이터 타입 QUAN과 화폐량을 표현하는 데이터 타입 CURR은 단위를 정의하는 참조 필드(Reference Field)를 지정해야 한다. 예를 들어, 자재량은 1,000개와 같이 수량을 명시적으로 표현한다. 하지만 단위 kg, g, ton 등에 따라서 그 값이 전혀 다른 데이터가 될 수 있다. 통화도 KRW, USD, JPY 등 단위가 다양하기 때문에, QUAN과 CURR 두 가지 데이터 타입은 단위를 반드시 참고해야 한다. 전자는 Unit of Measure(데이터 타입 UNIT), 후자는 Currency Key(데이터 타입 CUKY)를 지정해야 한다.

QUAN 또는 CURR 타입을 사용하는 표준 프로그램을 BDC로 수행할 때 단위를 참조하지 않으면 에러가 발생한다. 이 문제를 해결하려면 수량을 표현하는 필드에 값과 함께 단위 정보를 추가해야 한다.

```
WRITE 수량 TO 변환 수량 UNIT 'KG'.
```

CURR 타입도 동일하다.

```
WRITE 원천 비용 TO 변환 비용 CURRENCY 'KRW'.
```

통화 단위에 대해서 좀 더 자세하게 알아보자. SAP는 세계 전역에서 활용되는 시스템으로 각국의 통화가 테이블에 저장되어 비용이 관리된다. 그림 7-6은 SD 모듈의 영업문서 품목이 저장되는 VBAP 테이블의 구조를 설명한다. 블록으로 처리된 NETWR 필드는 영업품목에 포함된 자재의 단가 필드로 CURR 타입으로 지정되어 있다. 그리고 바로 아래 WAERK는 NETWR 필드의 통화 유형을 지정하게 된다. NETWR 필드를 더블 클릭하면 필드 간의 연결 정보를 조회할 수 있다.

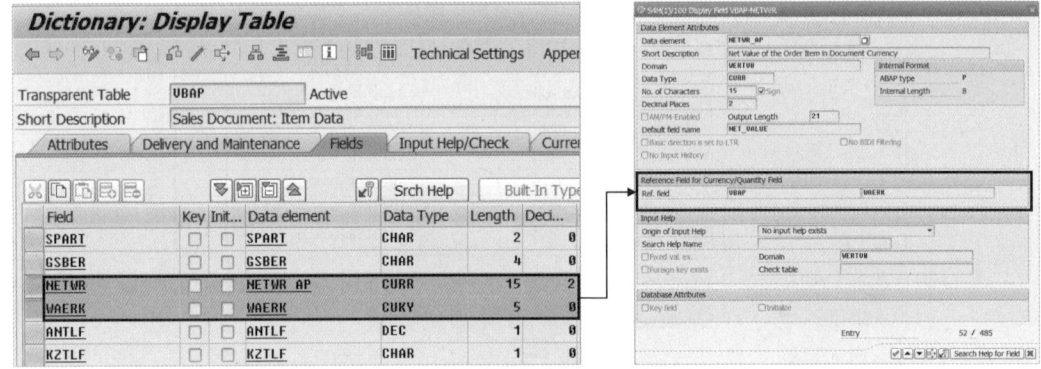

그림 7-6 VBAP 테이블의 통화 필드

SAP 시스템을 운영하다 보면 화면에 조회되는 비용이 예상치 못한 값으로 산출되는 당황스러운 경험을 한두 번은 하게 된다. 이것은 테이블에 저장된 비용이 통화 유형에 따라 소수 자리 수가 달라지기 때문에 발생하는 문제이다. 그림 7-7에서 비용 테이블에는 '10.00'이 저장되어 있고, 각각 KRW, USD, KWD라는 세 개의 통화 필드로 지정된 데이터가 있다고 가정하자. 이 비용을 ABAP 프로그램의 스크린(ALV를 포함)에서 조회하게 되면 각국의 통화에 지정된 소수 자리 수로 변환되어 보인다. 통화 단위의 소수 자리 수 정보는 TCURX 테이블(T-CODE:OY04에서 설정)에 저장되어 있다.

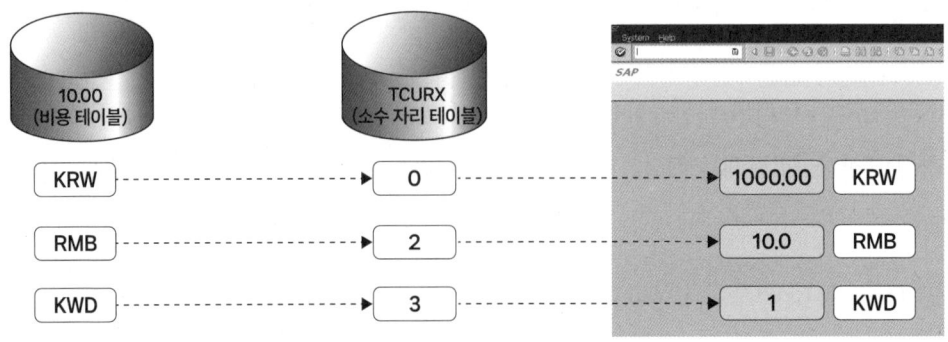

그림 7-7 통화 단위별 소수점 자리 구조

그림 7-7에서 우리나라에서 사용하는 통화 단위 KRW는 TCURX 테이블에 소수 자리 수 '0'이 저장되어 있다. 이것은 비용 테이블에 저장된 '10.00'에서 소수 자리를 사용하지 않겠다는 의미이다. 즉, 소수 두 자리까지 모두 정수로 인식하여 '1000'이라는 값을 반환하게 된다. 중국에서 사용하는 RMB 단위는 2자리 소수 자리를 사용하기 때문에, 비용 테이블의 '10.00'을 변환 없이 그대로 사용하게 된다.

RMB, USD와 같이 2자리 소수점을 사용하는 국가의 통화는 TCURX 테이블에 데이터가 존재하지 않는다. 즉, 데이터가 존재하지 않는 것은 소수점 2자리를 사용한다는 것과 동일한 의미이다. 그리고 쿠웨이트에서 사용하는 KWD 통화는 3자리 소수점을 사용하기 때문에 '10.00'에서 '1.000'으로 변환되어 화면에 조회된다. 테이블에 설정된 통화 비용과 단위를 직접 조회해보자.

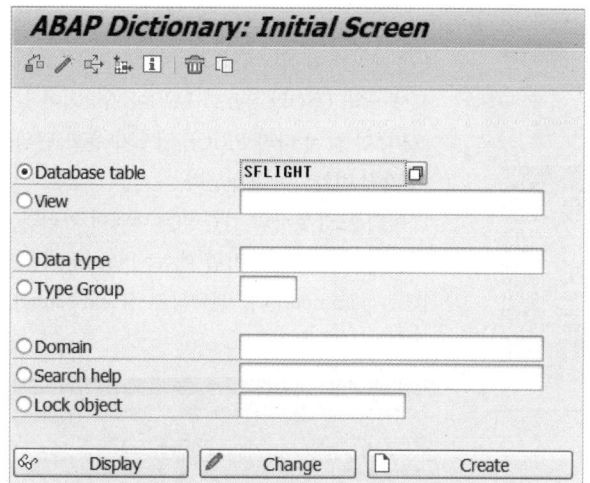

01 T-CODE:SE11을 실행하여, 데이터베이스 테이블에 'SFLIGHT'을 입력하고 조회 버튼을 클릭한다.

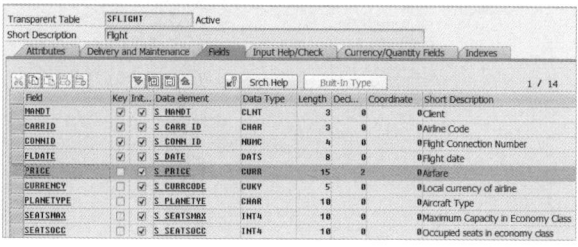

02 SFLIGHT 테이블의 항공기 좌석 비용 필드 PRICE를 더블 클릭한다.

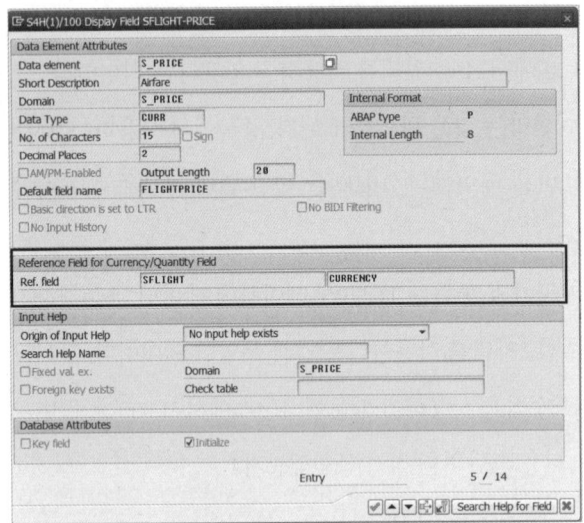

03 필드 속성 창이 열리며, 통화/금액 필드에 각국의 통화 단위 필드인 SFLIGHT-CURRERCY 필드가 설정되어 있음을 확인할 수 있다.

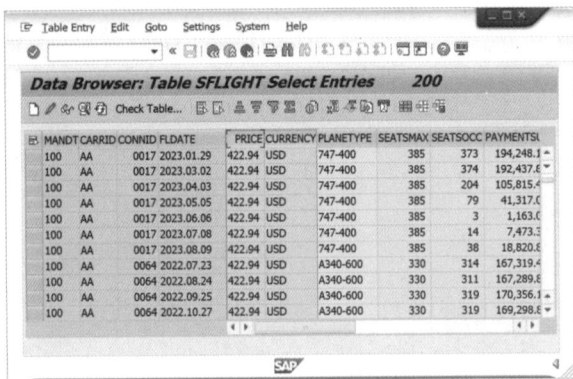

04 테이블 데이터를 조회하면 CURRECY 필드에 달러 USD와 유로화 EUR이 저장되어 있으며, 이 값에 따라 PRICE 필드가 통화 단위에 맞게 변환되어 표현된다.

데이터 브라우저의 컬럼명을 내역이 아니라, 필드명으로 변경하려면 메뉴: [Settings] → [User parameters]를 선택하고, [Field Name] 옵션을 선택한다.

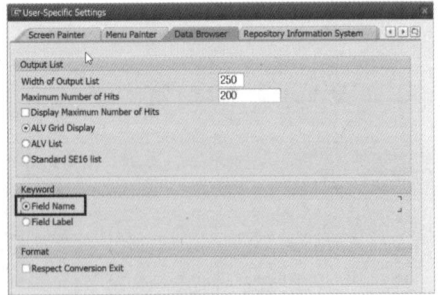

WRITE 구문에서 CURRENCY 옵션을 사용할 수 없는 경우라면, 통화 단위에 따른 비용 변환 로직을 프로그램으로 구현해야 한다.

예제 7-1

```
REPORT  z07_01.
```

```
    PARAMETERS p_cost TYPE p DECIMALS 2.
    PARAMETERS p_cuky TYPE c LENGTH 3.

    DATA lv_dec TYPE tcurx-currdec.

    SELECT SINGLE currdec
      FROM tcurx
      WHERE currkey EQ @p_cuky
      INTO @lv_dec.

    IF sy-subrc EQ 0.
      IF lv_dec > 0.
        p_cost =   p_cost * ( 100 / 10 ** lv_dec ).
      ELSE.
        p_cost =  p_cost * 100.
      ENDIF.
    ELSE.
      p_cost =  p_cost.
    ENDIF.

    WRITE p_cost.
```

결과 | 7-1

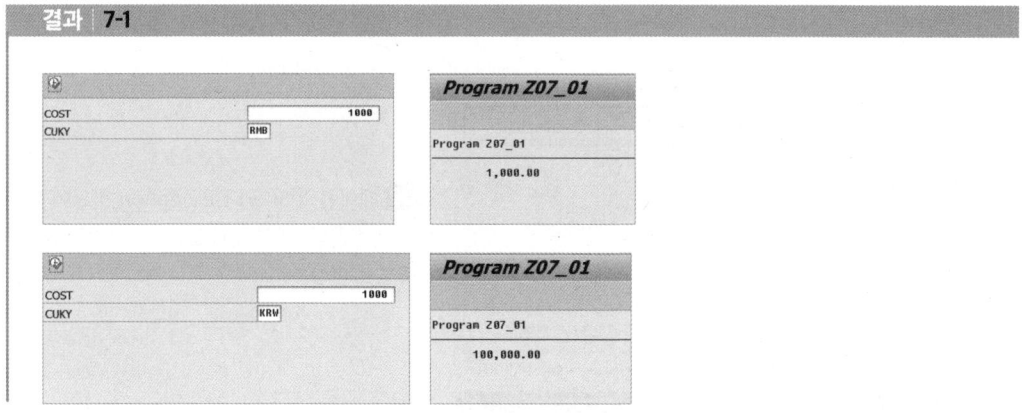

결과 7-1에서 비용 필드는 '1000', 통화 단위는 RMB와 KRW를 각각 입력한 후 실행하였다. 같은 비용이지만 통화 단위에 따라 그 비용은 '1,000'과 '100,000'으로 출력된다.

2-2 테이블 생성

ABAP Dictionary 테이블을 생성하고, 그 과정에서 필드와 데이터 타입을 정의하는 방법에 대해서 알아보자. 그림 7-8에서 직원 테이블은 1장에서 생성하였고, 추가로 직원이 취득한 자격증 그리고 자격증 정보를 저장하고 있는 2개의 테이블을 생성한다.

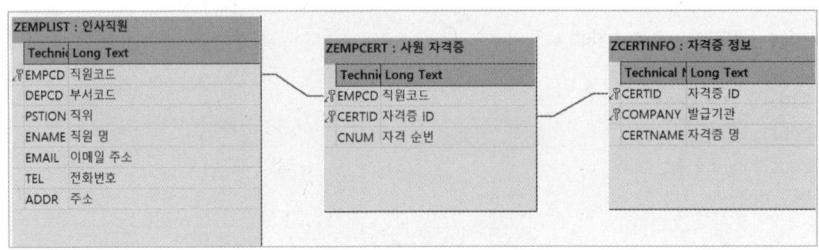

그림 7-8 인사 정보를 저장하는 세 테이블의 ERD

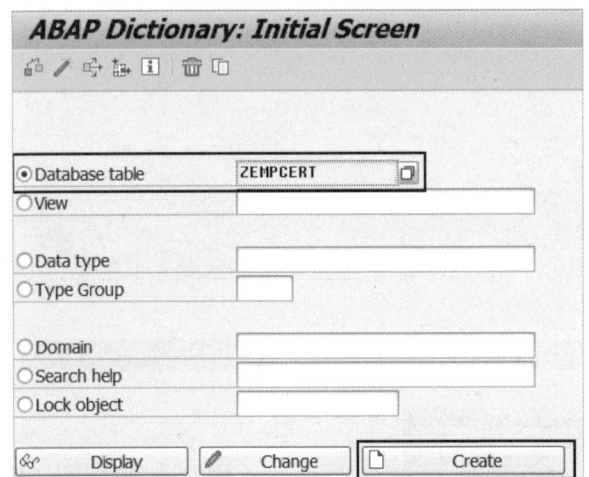

01 ABAP Dictionary: Initial Screen에서 Database Table 필드에 이름을 입력하고 하단의 [Create] 버튼을 클릭한다. 테이블 이름은 'Y' 또는 'Z'로 시작해야 하며, '_' 기호를 포함하여 16자리까지 가능하다.

📗 일반적인 네이밍 룰은 다음과 같다.
CBO 구분자 Z + 모듈 구분명 + 오브젝트 구분자(T: Table) + 순번으로 지정한다. 네이밍 룰은 사이트마다 조금씩 차이가 있다.
예) HR T 0001

02 테이블의 Short Description 필드에 내역을 입력한다. 내역은 테이블을 검색할 때 유용하도록 한다.

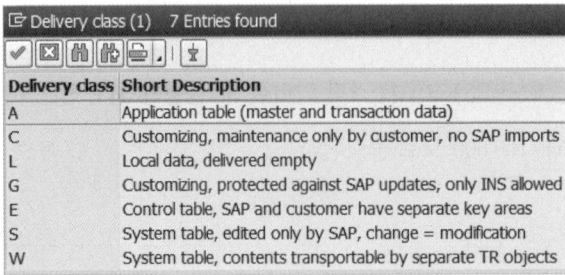

03 Delivery Class를 입력한다. Delivery Class는 표 7-2를 참고한다.

Delivery Class	내역
A	일반적으로 사용되는 타입 마스터(Master) 또는 트랜잭션 데이터
C	사용자가 유지 관리
L	임시
G	기존 데이터는 수정이 안 되고, 추가만 가능
E	SAP와 고객이 각자 키(Key) 영역을 가지는 테이블
S	시스템 테이블, 상태 정보
W	시스템 테이블, 전송 시 자신의 전송 오브젝트를 가지고 전송

표 7-2 Delivery Class

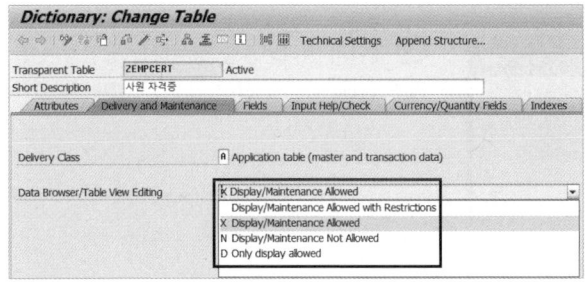

04 Data Browser/Table View Editing 필드에서 'X Display/Maintenance Allowed'를 선택한다. T-CODE:SE16 테이블 브라우저 권한이 있는 사용자라면 테이블 엔트리를 생성/변경할 수 있다. 그리고 T-CODE:SM30에서 데이터를 유지보수할 수 있다. SM30 트랜잭션은 Table Maintenance View를 통하여 데이터를 관리할 수 있도록 한다. 관련 내용은 뒤에서 학습한다.

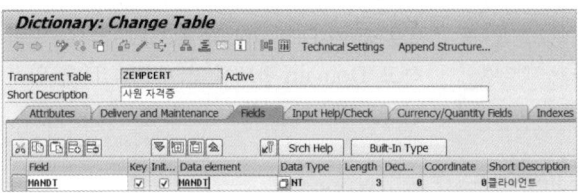

05 [Fields] 탭으로 이동해서 클라이언트 정보를 의미하는 MANDT 필드를 그림과 같이 입력한다. Key와 Initial 옵션을 선택한다. MANDT는 클라이언트를 구분하는 컬럼이며, 특별한 이유가 없으면 기본으로 생성한다.

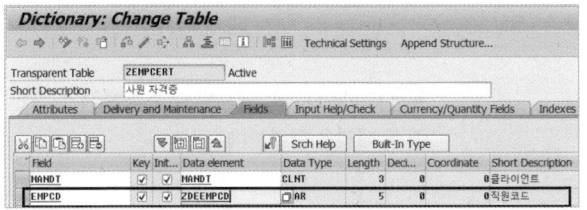

06 직원코드를 저장하는 EMPCD 컬럼도 Key 컬럼으로 입력한다. 필드명은 문자(Letter), 숫자(Digit), 언더라인(_)만 가능하며, 첫째 자리는 반드시 문자로 시작해야 한다. 총 16자리까지만 입력할 수 있다. Data Element에는 'ZDEEMPCD'를 입력한다. 직원코드 데이터 엘리먼트 'ZDEEMPCD'와 직원코드 도메인 'ZDEMPCD'의 생성 및 패키지 및 CTS를 입력하는 부분에 대한 설명은 1장을 참고한다.

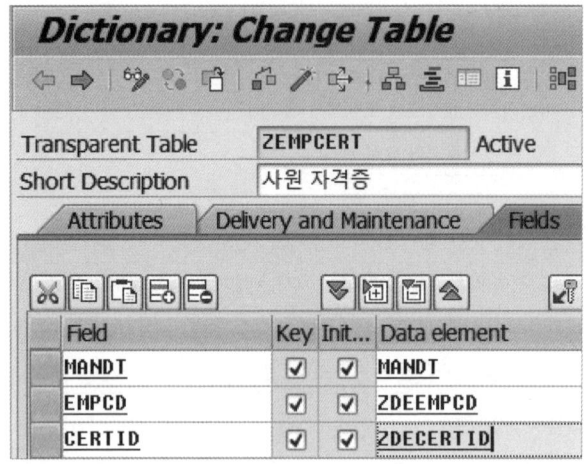

07 자격증 코드를 저장할 필드를 'CERTID'로 입력하고 Key로 설정한다. Data Element에는 'ZDECERTID'를 입력하고 더블 클릭한다.

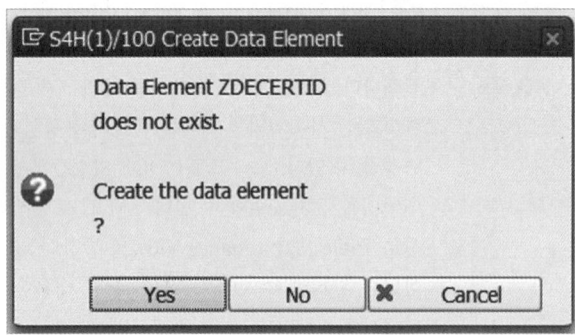

08 데이터 엘리먼트를 생성하는 팝업창이 열리면, [Yes] 버튼을 선택한다.

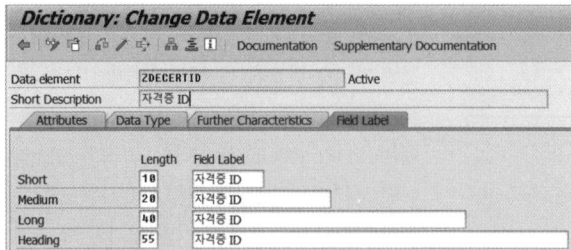

09 Short Description 필드에 내역을 입력하고, Domain 필드에 'ZDCERTID'를 입력한다.

10 [Field Label] 탭으로 이동하여, 4개의 필드에 내역을 입력한다.

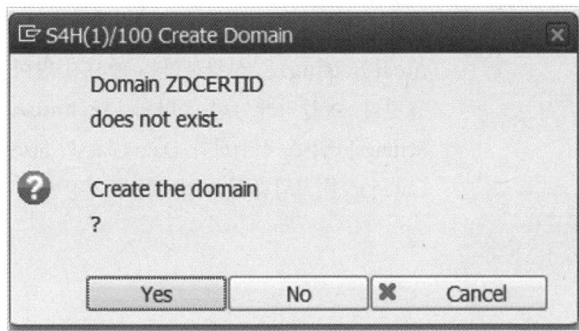

⑪ [Data Type] 탭으로 이동하여, 입력한 도메인 'ZDCERTID'를 더블 클릭한다. 도메인을 생성하는 팝업창이 열리면, [Yes] 버튼을 선택한다.

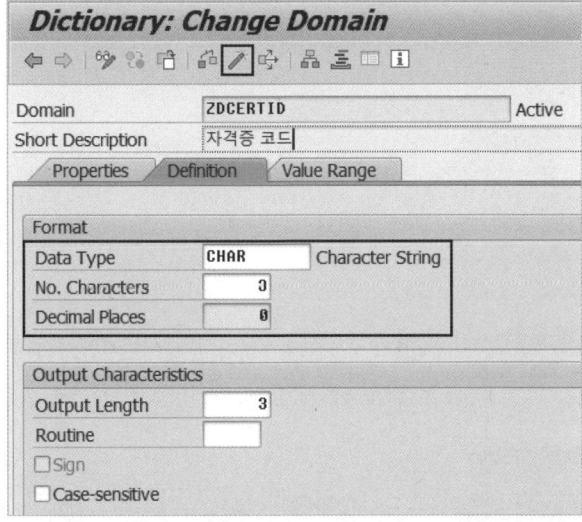

⑫ [Definition] 탭에서 Data Type과 No.Characters(데이터 길이)를 다음과 같이 입력하고, 활성화 버튼( )을 누른다.

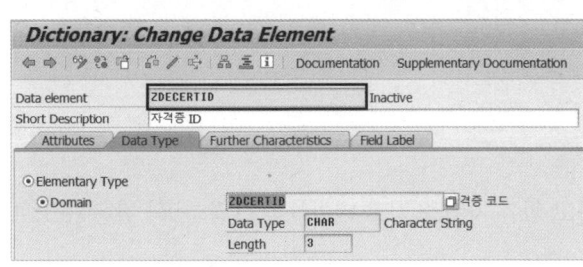

⑬ Data Element 필드에 'ZDECERTID'를 입력한다.

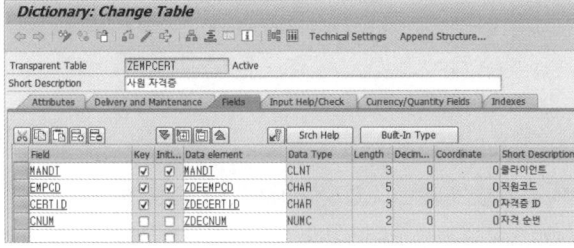

⑭ 그림과 같이 4개의 필드를 입력한다. Data Element는 앞에서 학습한 대로 생성한다.

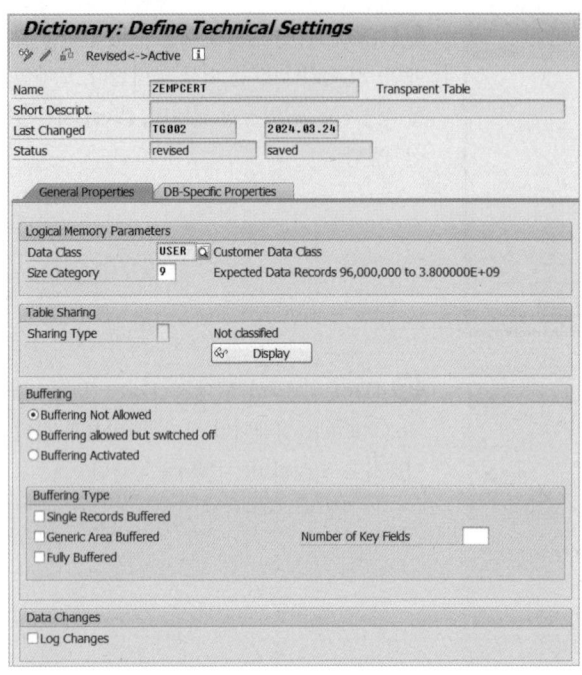

⓯ 테이블을 활성화하면 기술적 속성(Technical Setting)을 설정하라는 메시지 창이 열린다. 어플리케이션 툴바의 [Technical Settings] 버튼을 선택하자. Data Class와 Size Category를 그림과 같이 입력한 후 저장한다.

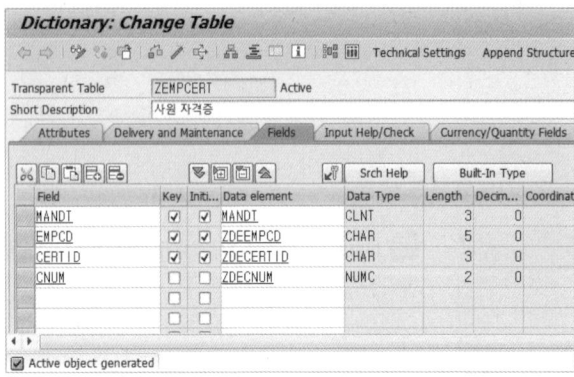

⓰ 테이블을 활성화하고, 상태표시줄에 테이블이 활성화되었다는 메시지를 확인한다.

이번에는 자격증 ID와 자격증 이름을 저장하고 있는 자격증 정보 테이블을 그림 7-9와 같은 구조로 생성해 보자.

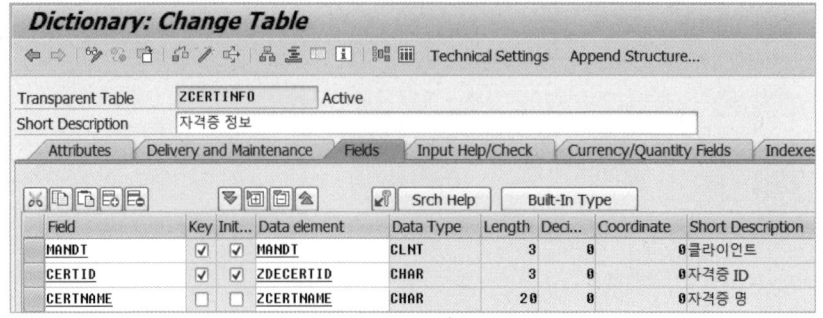

그림 7-9 자격증 정보 테이블

2-3 테이블 변경

프로그램을 개발하거나 유지·보수하는 과정에서는 테이블을 빈번히 수정하게 된다. T-CODE:SE11에서 [Change] 버튼을 이용해 테이블을 변경한다. 데이터가 있는 테이블의 키(Key) 필드를 삭제하는 경우는 SE11에서 활성화가 되지 않는다. 이 경우에는 T-CODE:SE14에서 [Persist data] 옵션을 선택하고 [Activate and adjust database] 버튼을 클릭하면 된다. 권한이 없으면 BC에게 요청할 수 있다.

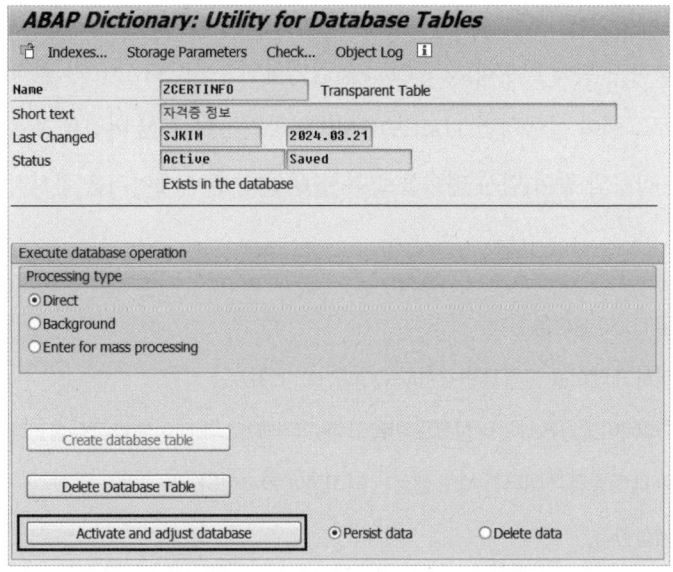

그림 7-10 ABAP Dictionary의 데이터베이스 테이블 유틸리티

다음 구문에서 gs_str은 ABAP Dictionary 테이블 타입을 참조하여 선언된 구조체(Structure)이다. 구조체의 데이터 타입과 필드 길이는 테이블 'ZCERTINFO'를 참조하여 복사되었다. 이러한 정보는 프로그램이 활성화되는 순간에 테이블 ZCERTINFO에서 정보를 가져와 구조체의 형태를 결정하게 된다.

이것은 테이블 ZCERTINFO가 변경되어도 프로그램의 소스 코드를 수정하지 않고 변경된 사항이 자동으로 반영된다는 의미를 갖는다. 소스 코드 변경에 들어가는 시간이 획기적으로 절감된다.

```
DATA: gs_str TYPE zcertinfo.
```

```
SELECT * INTO gs_str FROM zcertinfo.
```

```
    WRITE: / gs_str-certid, gs_str-certname.
    ENDSELECT.
```

테이블에 데이터가 있을 경우 필드 속성을 변경하면 데이터베이스 내에서 ALTER TABLE이 수행된다. 이때 변경된 오브젝트는 Active, Inactive 버전으로 두 가지가 동시에 존재한다. Active 버전의 ABAP Dictionary 오브젝트들은 실행 환경의 프로그램에서 사용된다. Inactive 버전은 Active 버전이 변경되었을 때 생성되며, 구문 검사(Syntax Check)가 수행되지 않는다. 그리고 현재 실행 중인 프로그램에 영향을 미치지 않는다.

변경된 내용을 적용하기 위해 활성화(Activation)를 실행하면 TIMESTAMP가 변경되며, 변경된 오브젝트와 관련된 프로그램이 실행되면 TIMESTAMP를 확인하여 최신 버전을 호출한다. 실질적으로 변환(Conversion)은 다음과 같이 임시 테이블로 복사 생성한 후에 데이터를 복사하는 과정을 거치게 된다.

1. 테이블에 잠금(Lock) 설정을 한다.
2. 인덱스를 삭제하고 테이블 이름을 변경한다(QCM<tab_name>).
3. Inactive 버전의 테이블을 Active 버전으로 만들고 데이터베이스에 테이블을 재생성한다.
4. 이름을 변경한 테이블의 데이터를 새로 생성한 테이블에 복사한다.
5. 인덱스를 재생성한다.
6. 이름을 변경한 테이블을 삭제한다.
7. 테이블 잠금을 해제한다.

2-4 테이블 필드 속성

테이블은 데이터를 고유하게 식별할 수 있는 키(Key) 필드와, 그 외의 정보를 저장하는 일반 필드로 구성된다. 테이블에 255 문자 이상의 장문의 내용을 저장해야 할 경우 STRING타입을 이용할 수 있다.

테이블의 Key와 Initial Value 속성에 대해서 알아보자.

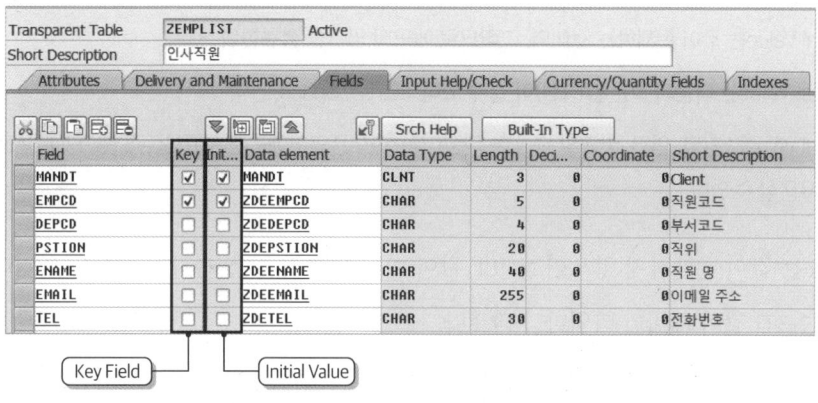

그림 7-11 테이블의 Key와 Initial Value 속성 조회

2-4-1 Key 속성

필드를 테이블의 키(Key) 값으로 사용할 경우에는 Key 체크박스를 선택한다. 키 필드는 테이블의 데이터를 유일하게 구분할 수 있는 필드들로 구성해야 한다. 즉, 직원 테이블에서 중복된 사원번호가 존재하지 않는다면, 사원번호 필드 하나만을 키 필드로 설정하면 된다. 그럴 경우는 없겠지만, 만약에 사원번호가 중복될 수도 있다면 이름도 포함하여 2개의 필드를 키 필드로 설정할 수 있다.

- 테이블의 총 키 필드 수는 16개까지 가능하다.
- 키 필드의 길이는 모두 합해서 최대 120자까지 가능하다.
- 키 필드는 Initial Value가 기본으로 선택된다.
- 키 필드는 Primary Index가 자동 생성된다.

2-4-2 Initial Value 속성

먼저, NULL 과 Initial Value란 무엇인가에 대해서 간략히 정의해보자.

NULL은 無이다.

- NULL은 값이 존재하지 않는 것이다. 메모리 공간을 점유하지 않는다.
- **NULL은 다음과 같은 값(표현)이 될 수 없다.** : 0, ", ' ', Space, 공백
- NULL은 할당, 연산, 비교할 수 없는 대상이다.
- ABAP 언어에는 IS NULL, IS NOT NULL 비교연산자를 SQL 구문에서 사용할 수 있다.

- Initial Value는 有이다.
- Initial Value는 값이 존재하는 것이다. 그러므로 메모리 공간을 점유한다.
- **Initial Value는 다음과 같은 값(표현)이 될 수 있다.** : 0, ", ' ', Space, 공백
- Initial Value는 할당, 연산, 비교할 수 있는 대상이다. ABAP 언어에는 IS INITIAL, IS NOT INITIAL 비교연산자를 사용할 수 있다.

Initial Value는 값이 존재하지 않으면 NULL 값이 아니라 초기 값을 가지게 한다는 의미이다. Initial Value는 표 7-3과 같이 데이터 타입마다 다르다.

데이터 타입	초기 값
I	0
INT8	0
P	0
DECFLOAT16	0
DECFLOAT34	0
F	0
C	' ', Space
N	'0 … 0'
STRING	길이가 0인 빈 문자열
X	X'0 … 0', 16진수 00
XSTRING	길이가 0인 빈 문자열
D	'00000000'
T	'000000'

표 7-3 데이터 타입에 따른 초기 값

Key 값은 NULL을 허용하지 않으므로, Key로 지정된 필드는 사용자가 'Initial Value' 옵션을 선택하지 않아도 자동으로 적용된다. 여기서 중요한 점은 추가 필드가 생성될 때에만 Initial Value를 설정하는 것이 의미가 있다는 것이다. 즉, 컬럼을 추가하기 이전(기존)의 데이터들을 Initial Value 속성으로 값을 저장할 것인지, NULL 값으로 저장할 것인지를 설정하는 것이다.

그림 7-11에서 전화번호 TEL이라는 문자 타입의 필드를 Initial Value 속성을 선택하지 않고 추가하면, 이전에 존재하는 데이터들의 TEL 필드에는 NULL 값이 저장된다. 그리고 TEL 필드가 추가된 이후에 입사한 사원들의 TEL 필드는 데이터가 없더라도 Initial Value(Space)가 저장된다. 따라서 이 필드에는 NULL과 Initial Value가 동시에 존재하게 된다. 이 경우, TEL 필드에 데이터가 존재하는

레코드만 조회하고자 할 때, 다음과 같은 SQL 구문을 사용하면 된다. 이 구문을 통해 TEL 필드가 NULL로 저장된 직원 데이터는 조회되지 않는다.

```
SELECT * FROM zemplist WHERE TEL <> @SPACE
```

SQL 구문을 다음과 같이 기술해야 NULL 값을 포함하는 데이터까지 정확하게 가져올 수 있다.

```
SELECT * FROM zemplist WHERE TEL IS NOT NULL
```

NULL 값을 확인하는 구문은 오직 'IS NULL' 또는 'IS NOT NULL'뿐임을 알고 있어야 한다. 이미 사용하고 있는 CBO 테이블에 필드를 추가하는 경우가 빈번하게 생긴다. 실제 현업에서 Initial Value 속성을 설정하지 않아 이와 같은 오류에 접하는 경우가 발생할 수 있으므로 개념을 정확히 이해하고 있어야 한다. 이미 설명하였듯이 Initial Value 속성을 선택하지 않더라도 신규 추가된 테이블에 데이터를 추가하면 기본적으로 Initial Value가 저장된다. 테이블에 신규 필드가 추가되면 데이터베이스에서 다음 구문이 수행된다.

```
ALTER TABLE table name ADD FIELD field name.
```

그리고 신규 필드에 Initial Value 속성을 선택하고 테이블을 활성화하면 신규 필드의 전체 레코드에 다음과 같은 구문이 수행된다.

```
UPDATE table name SET 필드 = Initial value.
```

신규 필드에 Initial Value 속성을 선택하지 않으면 UPDATE 구문이 수행되지 않는다. 그렇기 때문에, 신규 필드를 추가하는 시점 이전의 데이터들은 NULL 값으로 존재하고, 신규 필드를 추가한 시점 이후의 데이터는 초기 값(Initial Value)이 저장된다. 단, HANA 버전에서는 컬럼 추가 시 기존의 데이터도 Initial Value로 UPDATE 한다.

2-5 테이블 데이터 생성 방법

T-CODE:SE16N에서 대량 데이터 작업을 하는 방법에 대해서 알아보자.

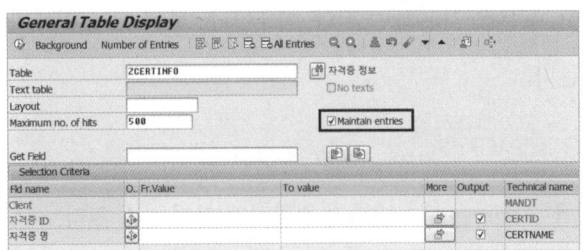

01 T-CODE:SE16N을 실행하자. Table 필드에 테이블 이름을 넣고 [Enter]를 입력한다. 그리고 실행 버튼( )을 선택하자.

[Maintain entries] 체크박스가 선택되어 있으면, 테이블 유지보수를 할 수 있는 권한이 있는 것이다. 권한이 없는 경우에는 명령어 입력 필드에 '&SAP_EDIT'를 입력하면 데이터를 수정할 수 있다. 데이터를 유지보수하는 데 아주 편리한 도구지만, 운영 서버에서 이 트랜잭션을 사용하는 것은 주의해야 한다.

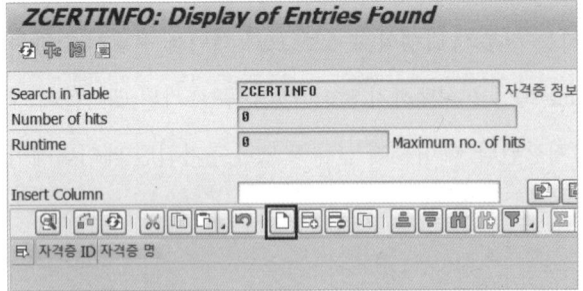

02 데이터가 존재하지 않으므로, 생성 버튼( )을 선택하자. 데이터를 변경하고 삭제하는 기능도 포함되어 있다.

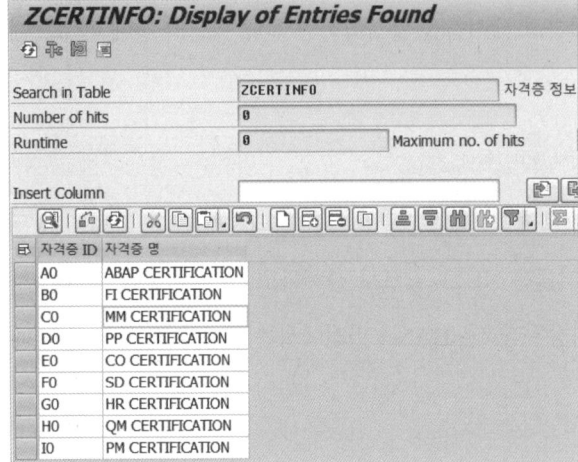

03 데이터를 입력하고 저장 버튼을 선택하면 된다. SE16N을 사용하여 데이터를 수정한 경우, 변경 이력은 SE16N_CD_KEY 및 SE16N_CD_DATA 테이블에 자동으로 기록된다.

2-6 외래키

2-6-1 외래키

외래키(Foreign Key)는 관계형 데이터베이스에서 테이블 간의 관계를 정의하며, Data Integrity(무결성)와 Data Consistency(일관성)을 보장한다. 예를 들어, 사용자가 서울 = '02', 부산 = '051'과 같은 지역 번호 코드를 입력할 때 존재하지 않는 번호를 배제하고 정확한 코드를 입력할 수 있도록 도와준다. 도입부에서 언급하였듯이 ABAP 프로그램에서 사용하는 외래키는 ABAP Dictionary에만 정의되어 있으며, 실제 데이터베이스에는 존재하지 않는다. 이러한 이유 때문이라도 DBMS에서 직접 테이블에 데이터를 추가하는 작업은 금지해야 한다.

앞에서 생성한 직원이 취득한 자격증 정보 테이블과 자격증 목록을 저장하고 있는 테이블을 이용하여 외래키 관계를 설명해보자.

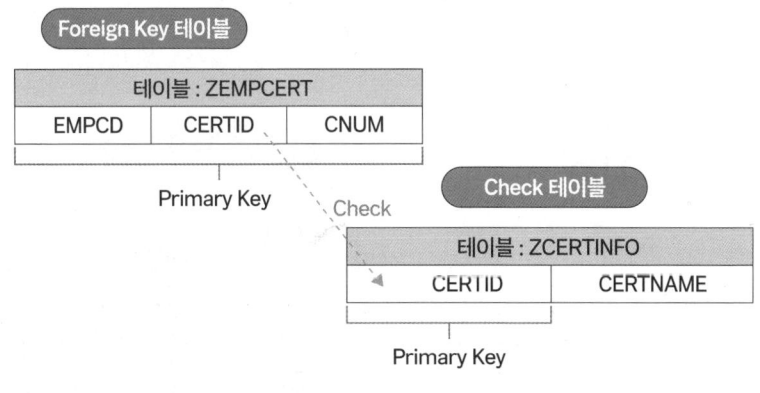

그림 7-12 두 테이블 사이의 외래키 관계

그림 7-12의 테이블 ZEMPCERT의 필드 CERTID는 테이블 ZCERINFO의 기본키와 연결되어 있다. 이때 테이블 ZEMPCERT는 외래키 테이블(Dependent 테이블)이라 하고, 테이블 ZCERINFO는 Check 테이블(Referenced 테이블)이라 한다. 외래키로 지정된 테이블의 필드는 Check 테이블의 기본키를 참조한다. 외래키로 연결된 필드들은 두 테이블 간에 필드명이 달라도 같은 데이터 타입(Data Type)과 길이를 가져야 한다. 또한, 같은 도메인을 사용한 필드도 가능하다.

2-6-2 Check Field와 Value Check

외래키(Foreign Key)가 Check 필드와 연결되어 있다는 것은, 외래키 필드에 입력되는 값이 Check 테이블에 존재하는지 확인하는 과정을 거친다는 것을 의미한다. Check 테이블에 값이 존재하지 않으면 외래키 필드에 값이 입력되지 않는다.

그림 7-13과 같이 외래키 테이블에 데이터가 생성될 경우에는 Check 테이블에 값이 있는지 확인한 다음 값을 저장한다. 만약 존재하지 않으면 에러가 발생한다. 예를 들어, CERTID = '7' 값을 ZEMPCERT 테이블에 추가하려고 하면, ZCERTINFO 테이블에 값이 없기 때문에 저장되지 않는

다. 외래키를 정의할 때 내부적으로 SELECT문이 자동 생성된다. 조건문에 적합한 레코드가 Check 테이블에 존재하면 해당 데이터는 유효한 데이터이고, 존재하지 않으면 부적절한 데이터로 판명된다.

그림 7-13에서 외래키 테이블을 위해 생성되는 SELECT 문은 다음과 같다.

```
SELECT b~certid, b~certname
  FROM zempcert AS a
  INNER JOIN zcertinfo AS b ON b~certid EQ a~certid
  INTO TABLE @DATA(lt_check).
```

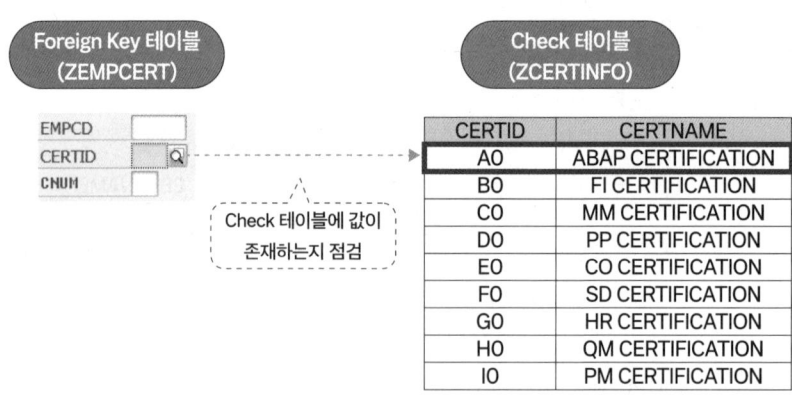

그림 7-13 Check 필드와 Value Check 사이의 관계

2-6-3 Generic과 Constant Foreign Key

Check 테이블의 모든 키 필드를 외래키(Foreign Key)로 점검할 필요는 없다. 이 경우에는 외래키로 연결할 필요 없이 Generic Foreign Key 또는 Constant Foreign Key로 정의하게 된다.

1) Generic Foreign Key

Check 테이블에 여러 개의 키 필드가 존재할 때 그중 점검할 필요가 없는 필드에 Generic Key를 설정하면 Check 테이블에서 Generic 필드의 값을 무시하고 점검하게 된다. 그림 7-15를 참고하자. 즉, SELECT 문이 수행될 때 조건절에서 Generic 필드의 조건이 삭제된다.

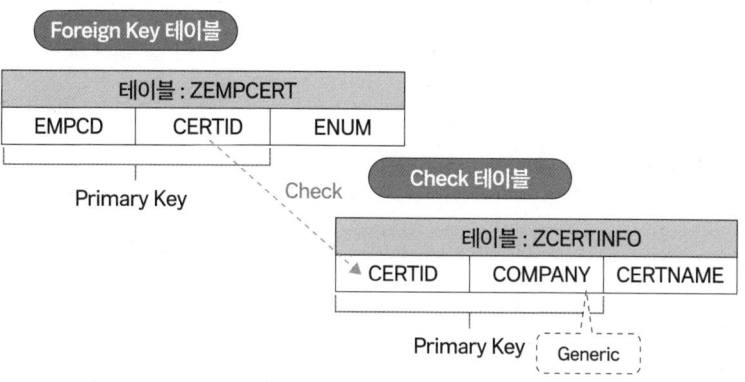

그림 7-14 Generic Foreign Key 관계

자격증 정보를 저장하고 있는 ZCERTINFO 테이블에 자격증 발행기관을 저장하는 필드 'COMPANY'를 추가 키 값으로 정의했다고 가정해보자. 그림 7-14에서 Check 테이블의 기본키 중 일부만을 외래키로 정의하였다. 이 경우에 외래키 테이블에 값을 추가하면, Check 필드의 외래키로 선언된 필드에만 값이 존재하는지 점검하게 된다. 이렇게 선언된 경우를 Generic Foreign Key라 정의한다. 실제 T-CODE:SE11에서 외래키를 설정해보면, 그림 7-15과 같이 COMPANY 필드에는 Generic 속성이 선택되어 있는 것을 확인할 수 있다.

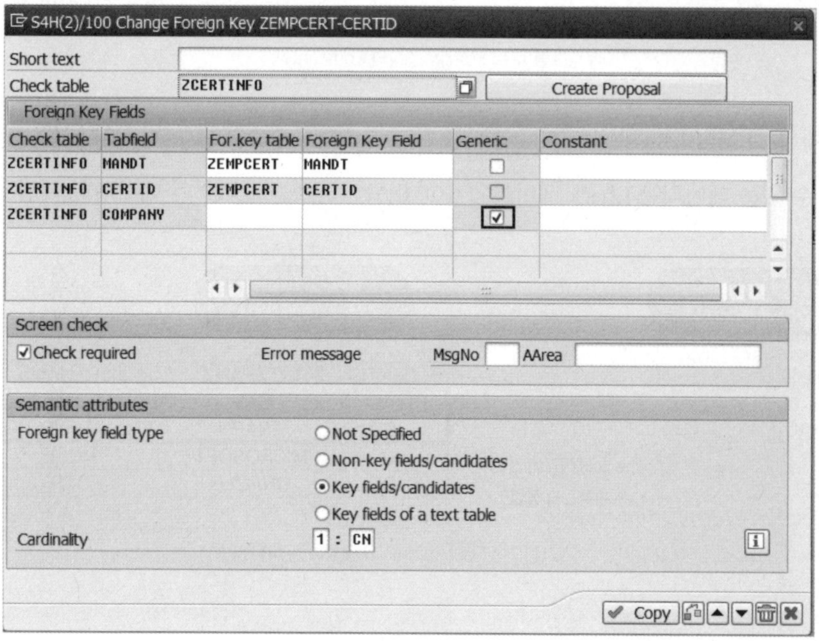

그림 7-15 Foreign Key의 Generic 속성

2) Constant Foreign Key

외래키(Foreign Key)를 위해서 상수 값을 지정해서 사용할 수 있다. 이 필드의 값이 상수 값과 일치하면 외래키에 값이 입력되고, 불일치하면 입력되지 않는다. 그림 7-16에서 ZCERTINFO 테이블의 COMPANY 필드에는 Constant 속성에 'SAP' 값으로 설정하였다.

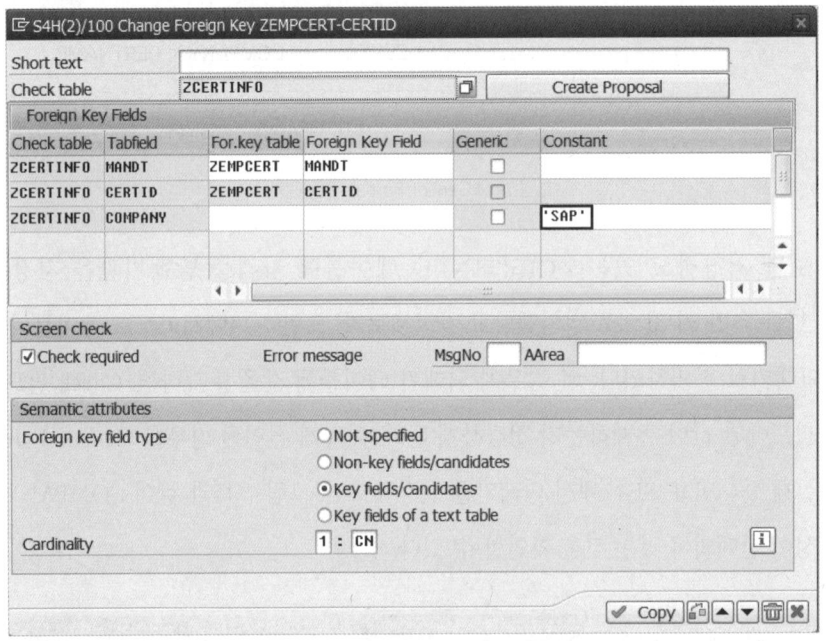

그림 7-16 Foreign Key의 Constant 속성

그림 7-17에서 ZEMPCERT와 ZCERTINFO는 Constant Foreign Key로 연결되어 있고, ZEMPCERT에 추가할 수 있는 데이터는 Check 테이블의 COMPANY 필드가 'SAP'인 데이터만 해당된다.

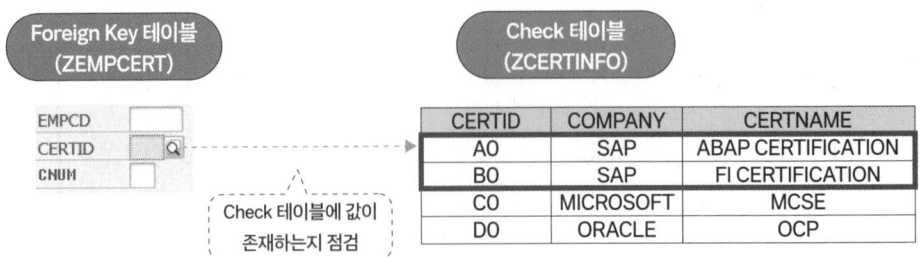

그림 7-17 Constant Foreign Key 관계

2-6-4 외래키 생성

직원이 취득한 자격증 테이블(ZEMPCERT)과 자격증 정보를 저장하고 있는 테이블(ZCERTINFO) 간에 외래키를 생성하는 실습을 통해 이해를 돕도록 하자.

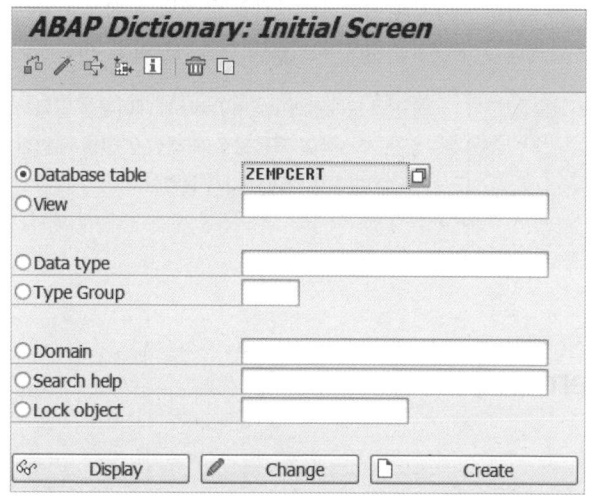

01 T-CODE:SE11에서 직원 자격증 테이블을 입력하고 [Change] 버튼을 선택한다.

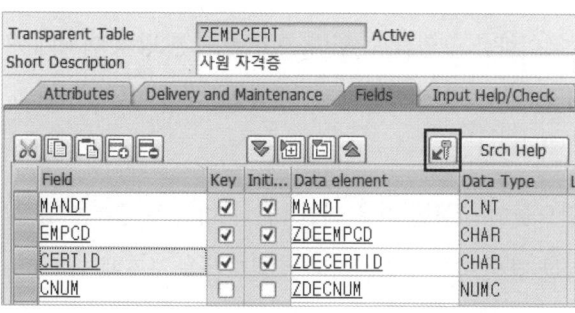

02 직원이 취득한 자격증 테이블의 데이터는 기본적으로 자격증 정보가 존재하는 데이터만 추가되어야 한다. CERTID 필드에 커서를 두고 외래키 버튼(🔑)을 선택한다.

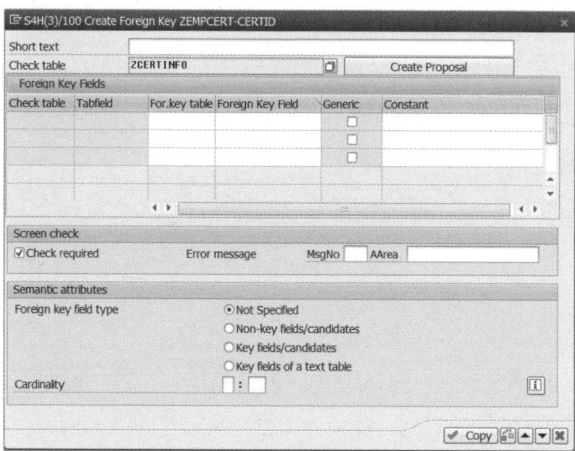

03 ZCERTINFO 테이블을 입력하고, [Create Proposal] 버튼을 선택하자.

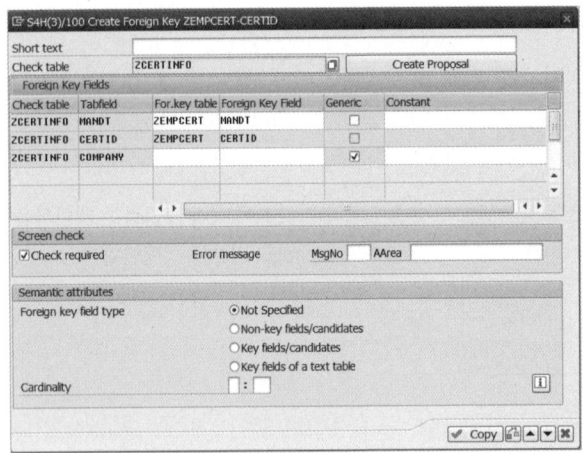

04 시스템이 자동으로 제안한 외래키가 문제 없다면 [Copy] 버튼을 선택하자. 이러한 과정으로 테이블의 외래키를 생성하게 된다. 그리고 키 필드 이외의 일반 필드에도 동일한 방법으로 외래키를 추가할 수 있다. 외래키가 필요 없을 경우에는 🗑 버튼을 선택하면 된다.

> 만약 도메인의 Value Table에 테이블을 입력하면, 시스템이 자동으로 외래키 연결을 제안한다. 6절 도메인에서 다시 설명한다.

2-7 테이블 확장(Table Enhancement)

2-7-1 Include Structure

앞서 학습하였듯이 개별 필드의 조합으로만 테이블을 구성할 수 있다. 이러한 기본 방식 이외에 구조체(Structure) 전체를 테이블(또는 Structure)의 컴포넌트로 추가할 수 있다. 또한, 개별 필드와 Include 구문을 조합하여 테이블을 생성할 수 있다.

여러 개의 테이블에 같은 구조체를 가지는 필드들이 사용될 경우 개별 테이블마다 필드들을 생성/변경하는 작업은 시간이 많이 소요된다. 이러한 경우 공통으로 사용되는 필드들을 구조체(Structure)로 생성하고 테이블에서 인클루드(Include)하여 사용한다. 구조체 간 인클루드는 최대 9단계 중첩까지 허용한다.

그림 7-18은 ZEMPCERT 테이블에 자격증 정보 테이블 ZCERTINFO를 추가하는 경우를 보여준다. Structure 필드에는 테이블 및 구조체를 입력할 수 있다.

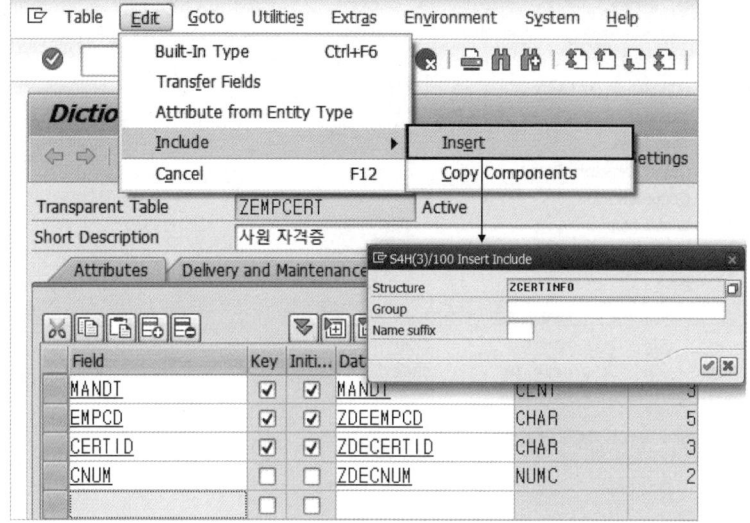

그림 7-18 테이블에 구조체를 인클루드하기

2-7-2 Append Structure

실무에서 자주 활용하는 Append Structure 기능은 하나의 테이블(또는 Structure)에만 할당 가능한 구조체(Structure)로, 테이블 자체를 수정하지 않고도 새로운 필드를 추가할 수 있게 해준다. SAP에서는 이러한 필드들을 Customer Field라고 한다(표준 테이블에 원하는 필드가 없을 때 유용하며, SAP 업그레이드 시 문제가 발생하지 않는다). 하나의 Append Structure는 하나의 테이블에서만 사용할 수 있고, 반대로 하나의 테이블은 여러 개의 Append Structure를 사용할 수 있다. LCHR와 LRAW와 같이 Long 타입의 필드가 포함된 테이블에는 사용할 수 없다.

Append Structure는 다음과 같은 역할을 수행한다.

- Standard 또는 CBO 테이블에 신규 필드를 추가한다.
- 이미 존재하는 테이블에 외래키(Foreign Key)를 추가 및 정의한다.
- 이미 존재하는 테이블에 필드의 탐색 도움말을 추가한다.

Append Structure를 테이블에 추가하여 활성화하면, 데이터베이스에 Append Structure의 모든 필드가 포함된 테이블이 생성된다. SCARR 표준 테이블에 Append Structure 기능을 이용해 추가 필드(Customer Field)를 생성해 보자. Y 또는 Z로 시작하지 않는 테이블은 전부 표준 테이블(Standard Table)이다.

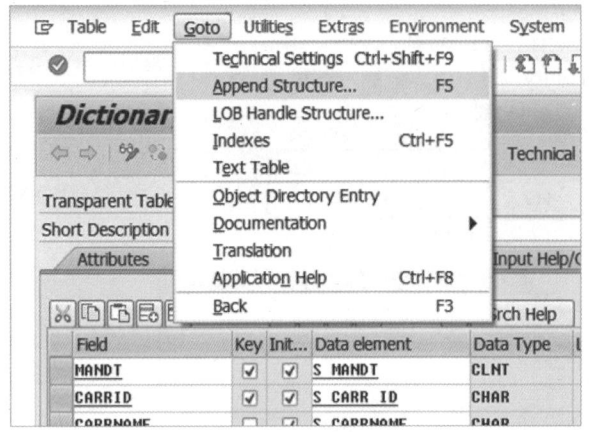

01 T-CODE:SE11을 실행하여, 'SCARR'을 입력하고 조회한다. 표준 테이블은 변경할 수 없기 때문에 조회 모드를 선택한 것이다. 메뉴: [Goto] → [Append Structure]를 선택한다.

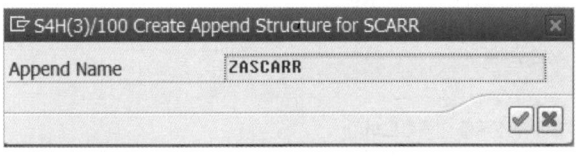

02 처음 Append Structure를 수행할 경우에는 자동으로 'ZA + TABLE'이라는 이름이 생성된다. 변경하고자 할 경우에는 각 사이트의 네이밍 룰에 맞게 지정한 후 [Enter]를 누른다.

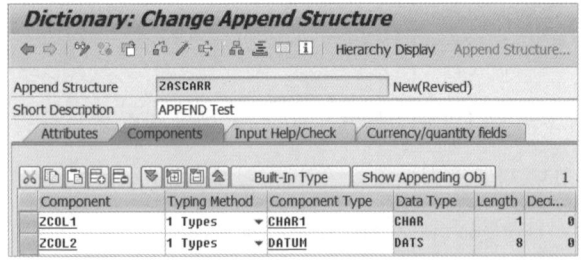

03 추가된 구조에 원하는 필드와 타입을 입력한 후 활성화 버튼(🖉)을 이용하여 활성화한다.
테이블 데이터를 생성하거나 수정한 사람의 ID, 수정일자, 수정시간 등의 로그 정보 컬럼을 추가하는 것도 좋다.

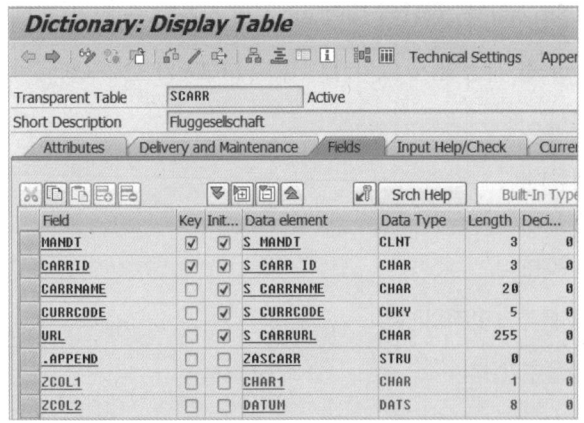

04 SCARR 테이블을 조회하면 구조가 변경되었음에도 불구하고 활성화된 상태임을 확인할 수 있다. Append Structure 기능은 표준 테이블에는 영향을 주지 않는다. 즉, 표준 테이블에 Customer Field를 추가할 경우 Append Structure를 이용하면 향후 패치 업그레이드(Patch Upgrade) 등에도 문제없이 적용할 수 있다는 장점이 있다.

2-7-3 테이블의 Enhancement Category

T-CODE: SE11에서 테이블을 생성한 후 활성화하면, 다음과 같은 경고 창이 표시된다. 이 창은 활

성화할 때마다 반복적으로 나타나므로 작업에 불편함을 줄 수 있다. 이전 버전에서는 이러한 창이 조회되지 않았는데, 이건 무엇을 의미하는 것일까?

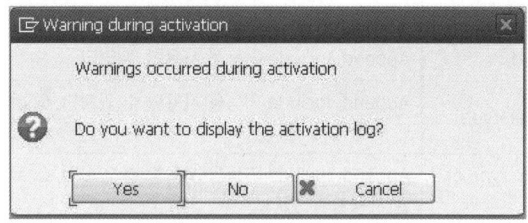

그림 7-19 테이블 활성화 시 경고창

경고 창에서 [Yes] 버튼을 눌러 메시지를 확인해 보면, "Enhancement category for table missing"이라는 내역이 조회된다. 이것은 테이블의 APPEND, INCLUDE 기능을 사용하기 위한 유형을 지정하라는 것이다.

이 문제를 해결하려면 테이블을 생성하고 나서 다음 작업을 진행해야 한다. 메뉴: [Extras] → [Enhancement Category]를 선택한다.

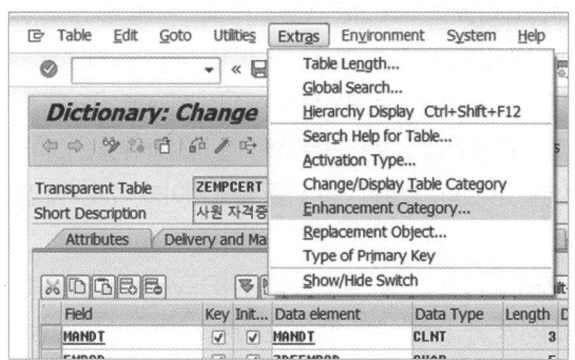

그림 7-20 테이블의 Enhancement Category 설정

테이블의 Enhancement Category를 설정하는 팝업창이 열린다. 총 4개 유형이 조회된다.

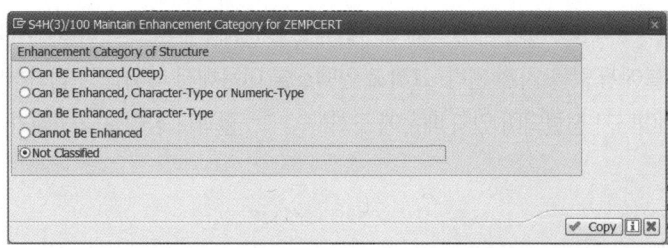

그림 7-21 Enhancement Category 유지보수 화면

테이블 활성화 시 경고 창이 조회되지 않으려면 표 7-4에서 설명하는 4가지 유형 중 한 가지를 선택해야 한다.

유형	내용
Cannot Be Enhanced	Append, Include 기능을 사용할 수 없다.
Can Be Enhanced(Character-type)	Append, Include 기능을 사용할 수 있지만, Character Type을 가진 필드들로만 확장될 수 있다.
Can Be Enhanced(Character-type or Numeric-Type)	Append, Include 기능을 사용할 수 있으며, Character Type과 Numeric Type을 사용할 수 있다.
Can Be Enhanced(Deep) 또는 Can Be Enhanced(Any Type)	Append, Include 기능을 사용할 수 있으며, 모든 데이터 타입을 사용할 수 있다. 예를 들어, SSTRING Type은 'Can be enhanced(Character-type or numeric)' 유형에서는 지원되지 않는다.

표 7-4 테이블의 Enhancement Category 유형

조금 더 알아보기 — 인덱스

인덱스(Index)를 이용하면 테이블 데이터 접근 속도를 더 빠르게 할 수 있다. 우리는 프로그램을 개발할 때 이들 데이터에 접근하기 위해 SQL을 사용한다. 이때 인덱스는 해당 SQL의 성능을 향상시키는 역할을 한다. SQL에서 인덱스가 사용되는 구문은 SELECT, UPDATE, DELETE 구문이다. 인덱스는 테이블과 별개의 물리적인 저장 공간에 정렬된 목록(Index)을 작성하여 놓은 것이다. 한마디로 정렬된 복사본 테이블이라고 정의할 수 있다. 정렬된 데이터를 통해 테이블 데이터에 접근하는 시간을 단축할 수 있다.

ABAP Dictionary 테이블에 추가한 인덱스 정보는 물리적으로 HANA나 Oracle 같은 데이터베이스에 인덱스 오브젝트를 생성하게 된다. 즉, SAP 내부에는 인덱스라는 오브젝트는 존재하지 않고, 단순히 ABAP Dictionary라는 통로를 통해 데이터베이스 인덱스를 대변한다. T-CODE:SE11(ABAP Dictionary) 에서 ZEMPLIST 테이블을 활성화하는 순간 기본키(Primary Key) 필드 기준으로 0이라는 인덱스가 자동으로 생성되고, 데이터베이스에도 인덱스 테이블이 생성된다.

인덱스 테이블과 ZEMPLIST 테이블에는 각각 테이블 데이터의 위치 번호를 가지고 있는 ROWID 정보가 있으며(테이블의 ROWID는 가상(Pseudo) 컬럼으로 존재), 인덱스 테이블에서 ROWID를 통해 ZEMPLIST 테이블에서 값을 읽게 된다. 그리고 인덱스를 이용해서 테이블에 접근하면, 인덱스 필드 기준으로 이미 데이터가 정렬되어 있기 때문에 조회(SELECT) 결과로 정렬된 데이터가 출력된다.

그림 7-22 인덱스 테이블의 구조

그림 7-22에서 ROWID는 이해를 돕기 위해 1, 2와 같은 정수로 표현했지만, 실제는 64진수(a~z, A~Z, +, /, 0~0) 코드로 되어 있으며, 데이터베이스 블록 내의 위치를 저장하고 있다.

인덱스를 사용하는 것이 항상 효율적일까? 이 물음에 대한 해답은 그림 7-22에서 힌트를 얻을 수 있다. 테이블에서 추출해야 할 데이터 비율이 높아진다면 인덱스 테이블에 접근한 후 테이블에서 데이터를 가져오는 데 중복 시간이 들어가게 된다. 이러한 경우는 인덱스 테이블을 이용하지 않고, 바로 직원 테이블에 접근하여 처음부터 데이터를 순차적으로 읽는 것이 더 효율적일 수 있다.

ABAP Dictionary에는 Primary 인덱스와 Secondary 인덱스 두 가지가 존재한다. 전자는 테이블의 키 필드로 구성되며 테이블 활성화 시 자동으로 생성된다. Primary 인덱스 이외에 Secondary 인덱스를 추가로 생성할 수 있다. Secondary 인덱스를 생성할 경우에는 테이블을 읽는 속도는 증가하나 데이터를 추가할 때에는 속도가 감소하게 되므로 신중해야 한다.

특히 SAP는 통합 시스템으로 기존 레거시 시스템에 비해 대용량인 테이블들이 많이 존재한다. 추가되는 Secondary 인덱스는 SELECT 구문의 WHERE 조건에 자주 사용하며, 다른 테이블과 연관성이 많은 필드를 선택하는 것이 바람직하다. 단순히 개별 프로그램의 속도 문제로 인덱스를 생성하는 것은 지양해야 한다. 인덱스 이외에도 인터널 테이블을 정확하게 사용하는 것과 JOIN과 같은 프로그램 튜닝만으로도 충분한 성능을 발휘할 수 있다.

참고로 ECC 환경과 HANA 기반의 인덱스 사용에 대해서 좀 더 알아보자. ECC 환경에서는 Oracle, MSSQL, DB2와 같은 디스크 기반 행 저장 방식의 데이터베이스를 사용하므로 특정 조건의 데이터를 빠르게 검색하기 위해 보조(Secondary) 인덱스를 자주 생성하여 속도를 개선한다. 예를 들어 고객 번호(KUNNR) 같은 필드로 자주 조회할 경우 해당 필드에 인덱스를 생성하고 ABAP 개발 시 성능 개선을 위해 인덱스 추가를 고려하는 일이 많다.

반면, SAP HANA는 인메모리 기반의 열(Column) 저장 방식 데이터베이스로, 데이터를 메모리에 상주 시킨 상태에서 열 단위로 저장하고 처리하므로 필요한 열만 빠르게 조회할 수 있어 인덱스를 사용하지 않아도 대부분의 경우 뛰어난 조회 성능을 제공한다. 내부적으로는 기본 인덱스, 압축, 병렬 처리 등의 최적화 기법이 적용되므로 ABAP에서 사용하는 일반적인 SELECT 문은 인덱스 없이도 충분히 빠르게 동작한다.

HANA에서도 인덱스를 전혀 사용하지 않는 것은 아니며, 매우 큰 테이블에서 복잡한 조건으로 자주 조회하거나 커스터마이징 프로그램에서 특정 필드만 반복적으로 조회하는 경우, 또는 ST05(SQL

Trace) 분석 결과 인덱스 부재로 성능 저하가 발생한 경우 등에는 신중하게 분석하여 최소한으로 보조 인덱스를 추가할 수 있다.

정리하면, ECC 환경에서는 디스크 기반과 행 저장 방식의 한계로 인해 인덱스 사용이 일반적이고 필수적인 반면, HANA 환경에서는 인메모리와 열 저장 방식으로 인해 인덱스 없이도 고성능이 가능하므로 인덱스 생성은 특별한 경우에만 제한적으로 고려한다.

2-8 기술적 설정(Technical Setting)

데이터베이스에 테이블이 생성될 때(SE11에서 활성화될 때) 기술적 속성이 정의되어야 한다. 테이블 크기는 얼마로 할 것인가, 버퍼링을 사용할 것인가, 로그 데이터를 기록할 것인가 등의 사항들을 기술적 설정(Technical Setting)에서 선택할 수 있다. 설정 도구는 ABAP Workbench에 통합되어 있지만 개별 트랜잭션(T-CODE:SE13)으로도 실행할 수 있다.

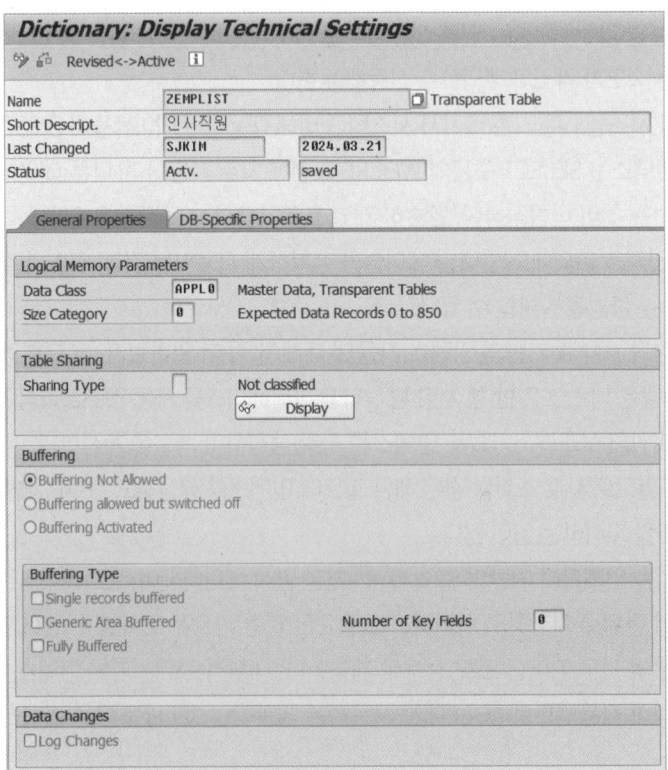

그림 7-23 기술적 설정 도구

2-8-1 Logical Memory Parameters

1) Data Class

테이블이 존재하는 영역, 즉 실제 데이터가 저장되는 데이터베이스 테이블의 물리적 영역을 지정한다(ORACLE은 TABLESPACE, INFORMIX는 DBSPACE라고 한다). 단, HANA 데이터베이스에서는 Data Class의 의미가 크게 줄어든다. HANA는 주로 메모리 기반 데이터베이스로 설계되어 있으며, 물리적 저장 위치와 Data Class의 관계가 거의 없기 때문이다.

그림 7-24는 ABAP Dictionary의 테이블과 데이터베이스의 테이블 구조를 보여주고 있다. 데이터베이스에 테이블이 생성될 때는 물리적인 공간인 TABLESPACE에 생성된다.

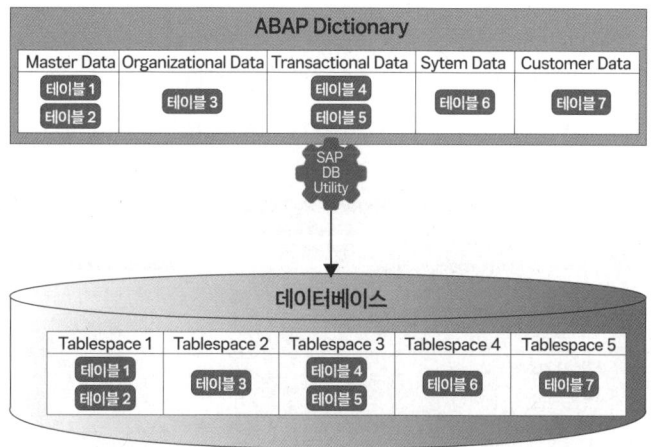

그림 7-24 ABAP Dictionary에 정의된 테이블과 데이터베이스에 저장된 테이블

Data Class의 종류로는 Master Data, Transaction Data, Organizational Data, System Data와 Customer Data가 있다. Master Data는 변경이 자주 일어나지 않는 데이터로, 조직 코드와 같은 기준 정보가 이에 해당한다. Transaction Data는 변경이 자주 일어나는 데이터이며, 전표 발행과 같이 트랜잭션이 일어날 때마다 데이터가 생성되는 경우이다. Organizational Data란 시스템이 설치될 때 설정된 후 거의 변경되지 않는 데이터를 의미하며, 국가 키 값을 가지는 테이블이 한 예이다. System Data란 시스템 자체가 필요로 하는 데이터로 프로그램 소스를 담고 있는 테이블이 대표적인 예이다. Customer Data는 고객사에서 필요한 경우 추가로 생성할 수 있다.

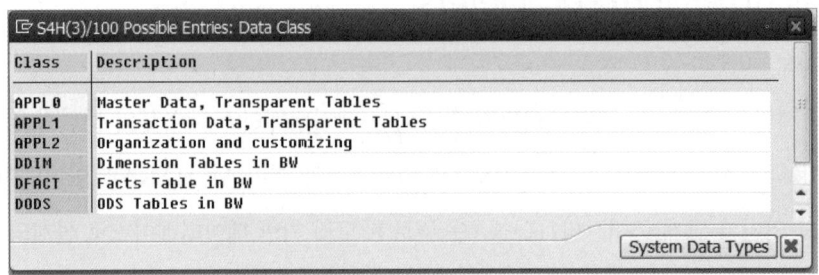

그림 7-25 Data Class의 종류

2) Size Category

Size Category 테이블에 생성될 수 있는 레코드 수를 정의하고 있으며, 고객사마다 다르게 설정할 수 있다.

2-8-2 버퍼링

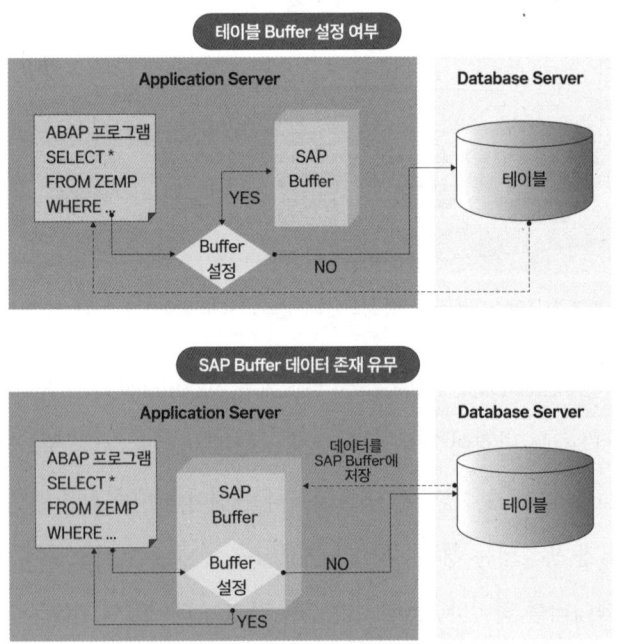

그림 7-26 버퍼링

버퍼링을 설정하면 그림 7-26과 같이 데이터베이스에서 직접 값을 읽어오는 것이 아니라 어플리케이션 서버(Application Server) 영역의 버퍼에서 데이터를 조회한다. 버퍼링 설정은 특히 Client/Server

모델에서 큰 효과를 발휘하며 접근 시간을 효과적으로 절감할 수 있다.

그러나 버퍼에 원하는 값이 존재하지 않으면 데이터베이스에 접근하여 조회한다. 버퍼에서 한 번 읽고 데이터가 존재하지 않아서 데이터베이스에 다시 접근해 조회하고, 조회한 데이터를 버퍼에 저장한 후에 반환하기 때문에 바로 데이터베이스에서 조회하는 것보다 더 많은 자원을 사용한다. 이러한 이유로 버퍼링 설정은 마스터 데이터(Master Data) 성격의 테이블에만 적용하고, 트랜잭션이 자주 발생하는 테이블에는 설정하지 않는 것이 바람직하다.

1) 버퍼링 옵션

버퍼링에는 3가지 옵션이 있는데 이에 대해서 알아보자.

* Buffering Not Allowed

버퍼를 사용하지 않는 경우이며 트랜잭션이 자주 일어나는 테이블은 버퍼를 사용하면 비효율적이다. 어플리케이션 서버와 데이터베이스 서버 간에 동기화가 진행될 때까지 기다릴 수 없는 최신의 데이터가 필요한 테이블에 선택한다.

* Buffering allowed but switched off

고객사에서 버퍼링 사용 여부를 결정하는 버퍼링 타입이다. 이것은 버퍼링 타입을 설정하지 않아도 된다는 것을 의미한다. 테이블 크기와 엑세스 프로파일(Access Profile)을 고려할 때 버퍼링을 사용하는 것이 효율적이라면 활성화할 수 있다. 이러한 타입을 만든 이유는 SAP사에서 개별 고객사의 특성을 모두 고려할 수 없기 때문에, 고객사마다 상황에 맞게 설정할 수 있도록 하기 위해서이다.

그림 7-27은 코스트 센터(Cost Center)라는 마스터 데이터를 관리하는 테이블의 기술적 설정을 조회한 것이다. 고객사의 판단에 따라 코스트 센터를 자주 변경하지 않는다면 버퍼링을 활성화할 수 있다. 표준 테이블인 CSKS도 기술적 설정(Technical Setting)은 변경할 수 있으며, 버퍼링 타입(Buffering Type)도 변경할 수 있다.

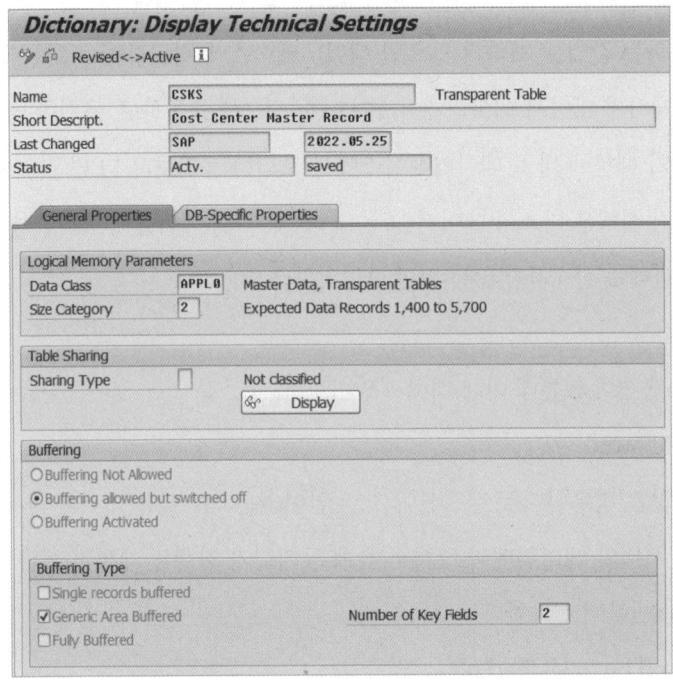

그림 7-27 버퍼링이 설정된 코스트 센터의 마스터 테이블

* **Buffering Activated**

데이터 변경이 자주 발생하지 않고 SELECT 접근이 많은 테이블에 설정한다. 예를 들어, 클라이언트 테이블 T000은 시스템을 처음 설치한 후 변경할 일이 거의 없으며, 클라이언트가 추가되더라도 데이터 크기가 적기 때문에 버퍼링 타입(Buffering Type)이 Fully Buffered로 설정되어 있다.

2) 버퍼링 타입(Buffering Type)

버퍼링 설정(Buffering Activated)을 하면 버퍼링 타입을 지정해야 한다. 3가지 버퍼링 타입에 대해서 알아보자.

* **Single Records Buffered**

테이블 레코드에 접근한 정보만 버퍼에 저장한다. 이 타입은 Generic과 Fully 버퍼링보다 저장 공간이 적게 필요하다는 장점이 있지만, 상대적으로 데이터베이스에 접근하는 횟수가 증가하게 된다. 그림 7-28의 예제에서 SPFLI 테이블의 1개 행(Row)만이 테이블 버퍼에 저장되는 것을 설명한다.

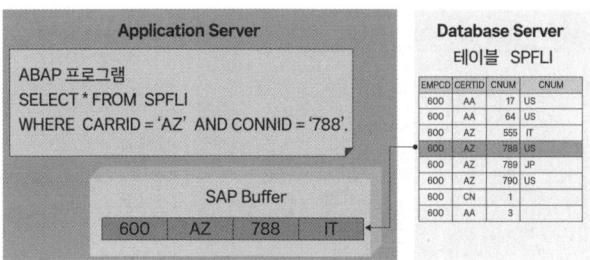

그림 7-28 Single Records Buffered 타입

* Generic Area Buffered

선택된 키 값에 해당하는 테이블의 모든 엔트리(Entry)가 버퍼에 저장된다. Generic Key는 기본키(Primary Key)의 일부분이다. 그림 7-29는 SPFLI 테이블의 기본키 3개 필드 중 Generic Key로 설정할 수 있는 필드의 개수를 보여준다. 만약, 키 필드가 4개라면 Generic Key는 3개까지 설정할 수 있다.

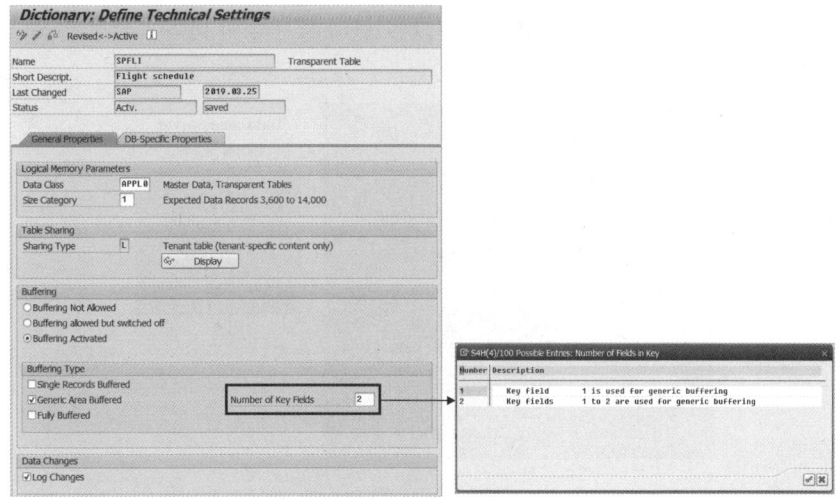

그림 7-29 Generic Key 설정

Generic Key 를 설정하는 것은 아주 중요한 문제이다. 기본키가 여러 개인 필드 중에서 하나만 Generic Key 로 설정한다면, 그림 7-30의 예제에서 SELECT 구문의 WHERE 조건에 3개의 기본키 (MANDT는 자동 포함)를 이용하여 한 개의 행이 조회되지만, Generic Key 설정이 2개로 되어 있어서 MANDT CARRID 두 개의 필드에 해당하는 데이터들이 버퍼에 저장된다.

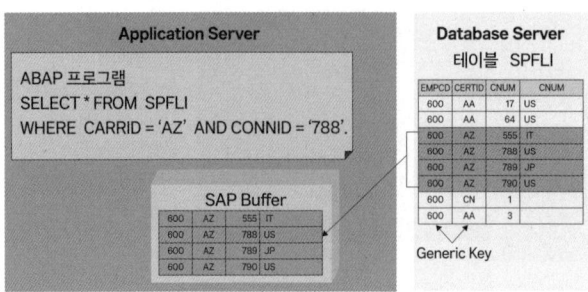

그림 7-30 Generic Area Buffered 타입

* **Fully Buffered**

테이블의 모든 행이 버퍼에 저장된다. 데이터가 적고, 자주 읽히며 데이터가 추가되는 횟수가 적은 테이블에 설정하여 사용한다. 그림 7-31의 예에서 SELECT 구문이 수행되면 먼저 어플리케이션 서버의 버퍼에서 데이터를 읽어오며, 해당 값이 존재하지 않으면 데이터베이스 테이블에 접근한다. SELECT 구문의 결과로 하나의 행이 조회되지만, 테이블의 모든 행이 버퍼에 저장된다.

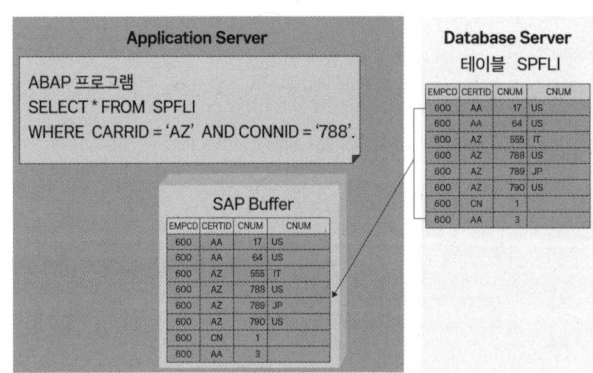

그림 7-31 Fully Buffered 타입

> **TIP**
> Transparent Table과 Pooled Table만 버퍼 설정이 가능하며, Cluster Table은 지원되지 않는다. 버퍼링 테이블의 모든 키 필드는 Character Data Type으로 선언되어야 한다. 부연 설명을 하자면, ABAP Type C, N, D, T 타입으로 키 필드들이 선언된 테이블만이 버퍼링 설정이 가능하다. 그림 7-31의 CSKS 테이블도 키 필드가 CHAR, DATS 타입으로 구성되었음을 확인할 수 있다.

2-8-3 버퍼 동기화

대부분의 SAP 운영 환경에서는 여러 대의 어플리케이션 서버가 동작하고 있으며, 메시지 서버를 통해 각 서버에 접속하게 된다(개별 어플리케이션 서버는 자신의 SAP 테이블 버퍼를 가지고 있다). 즉, 우리가 운영 서버에 로그인할 때마다 동일한 서버가 아니라 여러 대의 서버 중 하나에 접속하게 되는 것이다(메시지 서버의 교통정리에 의해).

그림 7-32는 서버 두 대가 있는 운영 환경이며, 각 서버에 로컬 버퍼가 존재한다. 만약 SERVER1에 접속한 사용자가 DELETE 구문을 실행하여 데이터베이스의 테이블 레코드 한 건을 삭제하였다면, SERVER2의 작업자는 동기화가 이루어지기 전까지는 해당 데이터가 삭제되었음을 인지할 수 없다. 즉, SERVER2의 로컬 버퍼에 Field = 'X'인 레코드가 저장되어 있다면, 데이터가 데이터베이스에서 삭제된 이후에도 데이터를 읽어오게 되는 문제가 발생한다(물론 그 반대의 경우 INSERT 구문도 동일하다).

그림 7-32의 동기화 테이블(Synchronization Table)은 로컬 버퍼에서 UPDATE, INSERT, DELETE 구문이 발생하면 해당 정보를 저장하는 테이블이다. 매 1~2분마다 서버의 로컬 버퍼는 동기화 테이블의 데이터를 참고하여 동기화를 수행하게 된다. 만약 이 동기화 시간 이내에 데이터가 변경되면, 서버 간에 다른 데이터가 존재하게 된다. 그러므로 트랜잭션이 자주 발생하는 테이블은 버퍼링 설정을 하면 데이터 왜곡이 발생한다.

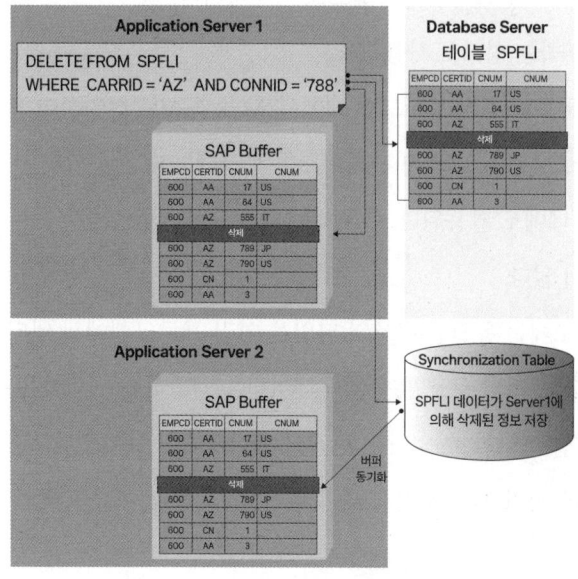

그림 7-32 버퍼 동기화

"3장 OPEN SQL"에서 학습하였듯이, 버퍼링 설정이 되어 있는 테이블에서 로컬 버퍼를 이용하지 않고 바로 데이터베이스 테이블에서 데이터를 읽어오려면 BYPASSING BUFFER 옵션을 사용하면 된다.

```
SELECT * FROM SPFLI INTO GS_STR BYPASSING BUFFER
  WHERE CARRID = 'AZ'.
```

03 구조체

3-1 구조체란?

구조체(Structure)는 테이블처럼 필드로 구성되지만, 데이터를 저장하지 않고 데이터의 구조만 정의한다. 구조체는 실제 데이터베이스에 생성되지 않으며, ABAP Dictionary에만 존재하는 데이터 타입이다. 구조체는 주로 ABAP 프로그램에서 참조로 사용하거나, 테이블 또는 다른 구조체의 구조를 포함(INCLUDE, APPEND)하는 형태로 사용된다.

구조체는 TABLES 구문으로 개별 프로그램 내에서 Work Area로 선언하여 활용할 수 있다. 또한, 구조체는 Module Pool 스크린(Screen)의 인터페이스를 정의하는 데 사용되며, Function Module의 파라미터 타입을 정의하는 데에도 활용된다. 구조체는 다른 구조체를 인클루드(Include)할 수 있으며, 그 깊이(Depth)에는 제한이 없다.

개발 프로그램에서 구조체는 동일한 구조의 타입을 여러 프로그램에서 인터널 테이블로 사용하고자 할 때 자주 활용된다. 그러나 구조체는 실제 데이터를 저장하는 테이블은 아니기 때문에, 구조체만으로는 데이터를 직접 조회할 수 없다는 단점이 있다. 많은 표준 프로그램에서는 구조체를 이용해 인터널 테이블을 선언하기 때문에 실제 데이터가 저장되는 테이블을 찾기가 어려워진다.

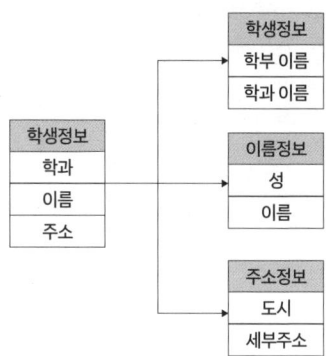

그림 7-33 Nested 구조체

그림 7-33에서 학생정보 구조체는 Nested 구조체다. 이 구조체의 구성 항목인 학과는 학부 및 학과 이름으로 구성된 구조체이고, 이름은 성과 이름으로 구성된 구조체를 가진다. 그리고, 주소는 도시와 세부 주소로 구성된 구조체이다. 또한 학과정보와 같은 레벨의 구조체들도 하위 구조체를 인클루드(Include)할 수 있다.

3-2 구조체 생성

01 SE11 트랜잭션을 실행하여, Data Type 필드에 'Z' 또는 'Y'로 시작하는 구조체 이름을 입력하고 생성한다.

> 일반적인 네이밍 룰은 다음과 같다.
> CBO 구분자 Z + 모듈 구분명 + 오브젝트 구분자(S: Structure) + 순번으로 지정한다. 네이밍 룰은 사이트마다 조금씩 차이가 있다.
> 예) HR S 0001

02 'Structure'를 선택하고 [Enter]를 누른다.

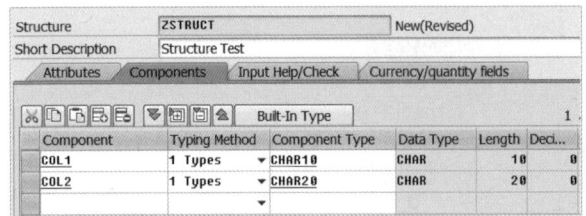

03 구조체 내역을 기술하고, 구성 항목인 Component를 입력한다(Component는 테이블의 필드와 동일한 의미이다). Component Type 필드에 데이터 타입과 길이를 지정할 수 있다.

또한, Reference Type도 지원한다. Class, Interface 또는 Generic Reference를 사용할 수 있다. Reference Type을 사용하게 되면 RType 필드는 자동으로 선택된다.

Component 필드를 더블 클릭하면 외래키를 생성할 수 있다. 이는 테이블에서의 외래키와 같다. 구조체에서의 Append Structure 기능도 테이블의 기능과 같다.

04 뷰

4-1 뷰란?

관계형 데이터베이스에서는 여러 개의 테이블이 존재하고, 이들 테이블에 데이터들이 분산된 경우가 많다. 이러한 데이터를 한 번에 조회하고자 할 경우에 뷰(View)를 사용한다.

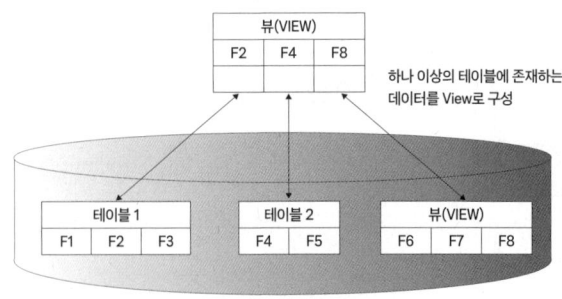

그림 7-34 뷰의 구조

뷰는 하나 또는 여러 테이블에 존재하는 데이터를 통합하여 조회할 수 있도록 지원한다. ABAP Dictionary에서 뷰를 활성화하면 데이터베이스에 생성되고, 데이터베이스 뷰(Database View)에 접근하려면 데이터베이스 인터페이스를 통해 접근한다. 뷰는 필요한 테이블과 필드만을 조합하여 구성되므로, 불필요한 필드를 조회하지 않아 인터페이스를 최소화시킨다. 뷰는 ABAP 프로그램에서 테이블과 같이 SELECT 구문에 사용할 수 있다. 데이터베이스 뷰는 ABAP Dictionary에 정의되면 활성화될 때 자동으로 데이터베이스에 생성된다.

ABAP Dictionary에서 데이터베이스 뷰의 구조가 변경되면, 이 변경 사항은 바로 데이터베이스 뷰에 영향을 주지 않는다. 뷰(View)는 데이터를 가진 것이 아니므로 기존의 뷰를 삭제한 후에 ABAP Dictionary에 정의된 새로운 뷰를 생성시켜야 한다. 뷰를 이용해 데이터베이스의 데이터에 접근하는 방법은 OPEN SQL과 NATIVE SQL 두 가지가 있다. OPEN SQL은 데이터베이스 인터페이스(Database Interface)를 거쳐 데이터베이스에 의존적인 NATIVE SQL로 번역된다.

Maintenance Status 설정은 뷰(View)를 통해서 읽기 속성만 부여할 것인지 아니면 쓰기도 가능하게 할 것인지를 정의한다. 일반적으로 데이터베이스 뷰(Database View)가 두 개 이상의 테이블로 구성되어 있다면 이 뷰를 통해서는 읽기 작업만 할 수 있다.

4-2 뷰의 종류

뷰(View)에는 4가지 종류가 있다. 이번 장에서는, Database View와 Maintenance View만 학습한다.

1. Database View
2. Projection View
3. Help View
4. Maintenance View

4-2-1 Database View

뷰는 여러 개의 테이블에서 필요한 데이터들을 추출해 결합한 결과이다. 뷰는 ABAP Dictionary에서 정의되고 사용되므로, 일반 ABAP Dictionary 테이블과 마찬가지로 OPEN SQL과 NATIVE SQL을 사용하여 데이터를 조회할 수 있다. 만약 하나의 테이블만 사용하여 뷰를 정의하면, Maintenance Status 설정을 통해 읽기/쓰기를 정할 수도 있다. 데이터베이스 뷰는 Transparent 테이블만을 이용하여 구성할 수 있다.

그림 7-35에서 ABAP 프로그램은 데이터베이스 인터페이스(Database Interface)를 이용해 여러 테이블로 구성된 뷰의 데이터에 접근하고 있다.

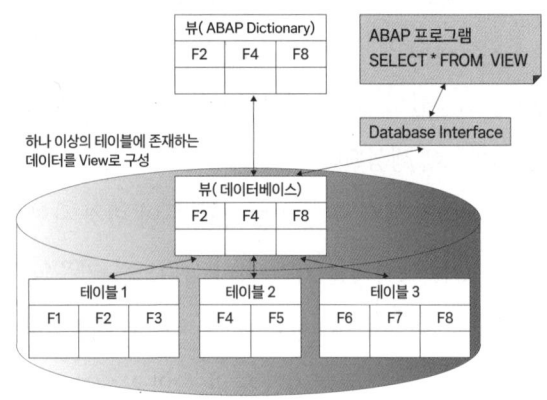

그림 7-35 데이터베이스 뷰의 구조

4-2-2 Maintenance View

Maintenance View는 복수 개의 테이블을 동시에 유지보수 할 수 있는 뷰다. 이때 테이블들은 반드시 외래키(Foreign Key)로 연결되어 있어야 한다. SAP는 논리적인 단위로 여러 테이블에 데이터가 분산되어 저장되어 있는 경우가 많다. 이렇게 테이블이 서로 연계되어 있는 구조를 관계형 데이터베이스라고 한다. 이 경우 Maintenance View를 이용해 한 번에 데이터를 조회하고, 변경하고, 생성할 수 있다. 즉, 외래키로 연결되어 있는 테이블들의 원하는 필드들을 하나로 모아 Maintenance View로 생성하고, 뷰에서 데이터를 입력, 삭제, 변경하면 실제 테이블의 데이터도 수정된다. 또한, Maintenance View에 포함된 모든 테이블은 외래키 관계로 연결되어 있어야 한다. ABAP 프로그램 내의 SELECT 문 등에서는 사용할 수 없다.

4-3 뷰 생성

4-3-1 Database View 생성

4가지 뷰 모두 T-CODE:SE11을 이용하여 생성한다. 먼저, 자재 마스터 테이블인 MARA와 MARC를 이용하여 데이터베이스 뷰(Database View)를 생성해 보자.

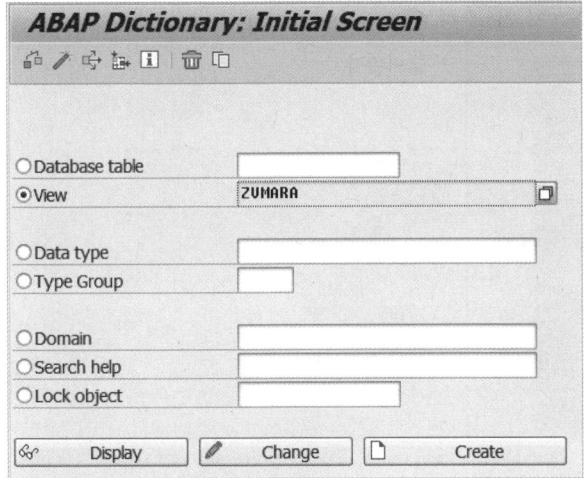

01 SE11 트랜잭션을 실행하여, View 필드에 'Z' 또는 'Y'로 시작하는 뷰 이름을 입력하고 생성한다. 이름은 16자 이하로 지정해야 한다.

> 일반적인 네이밍 룰은 다음과 같다.
> CBO 구분자 Z + 모듈 구분명 + 오브젝트 구분자(V: View) + 순번으로 지정한다. 네이밍 룰은 사이트마다 조금씩 차이가 있다.
> 예) HR V 0001

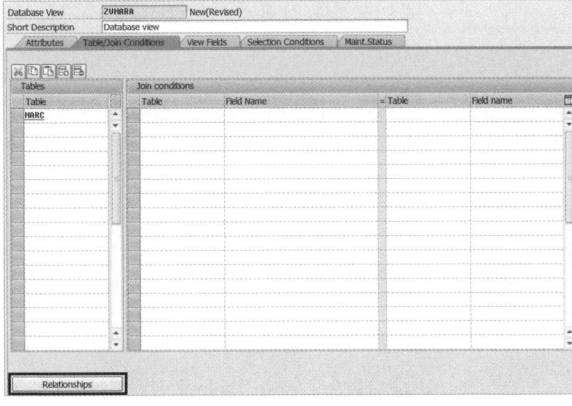

02 'Database view'를 선택하고 [Enter]를 누른다.

03 Tables에 'MARC'를 입력한다. [Relationships] 버튼을 클릭하여 MARC 테이블과 외래키(Foreign Key)로 연결된 테이블을 조회한다.

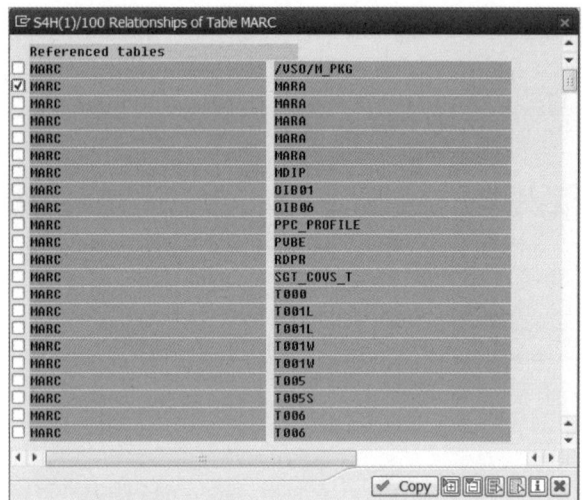

04 MARA 테이블을 선택하고 [Copy] 버튼을 클릭한다.

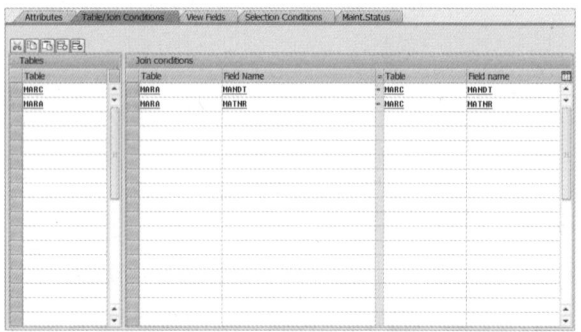

05 Relationships 버튼 기능을 이용하여 테이블을 선택 복사하면 자동으로 외래키로 연결된 필드가 조인(Join) 조건에 복사된다. 테이블 필드와 조인 조건을 직접 입력해도 동일하다. 두 테이블의 조인 관계를 설정하였으므로 조회하고자 하는 필드를 선택하는 [View Fields] 탭으로 이동한다. [Selection Conditions] 탭으로 이동하여 각 필드에 조건 값을 추가할 수 있다.

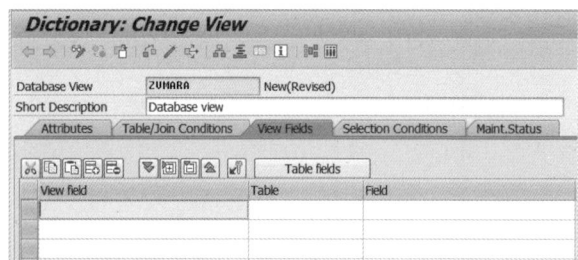

06 [View Fields] 탭으로 이동하여, 뷰에 추가하고자 하는 필드를 선택한다. [Table fields] 버튼을 클릭하여 필드를 선택해도 되고, 필드 이름을 직접 입력할 수도 있다.

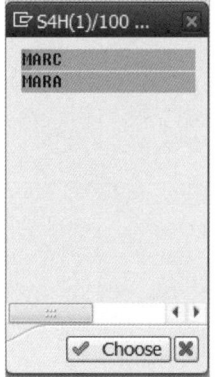

07 다음으로 Base Table을 선택해야 한다. 추가하고자 하는 필드가 존재하는 원본 테이블을 의미한다.

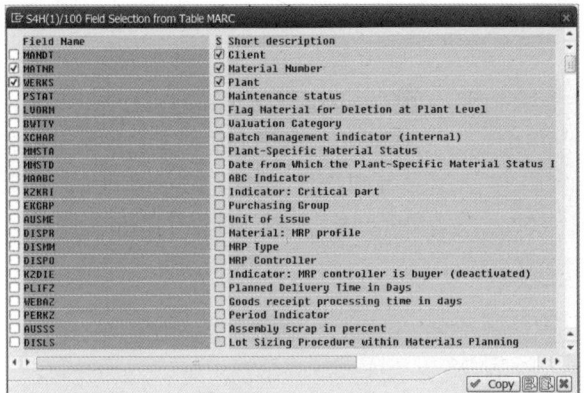

⑧ 해당 필드들을 선택하여 [Copy] 버튼을 클릭한다.

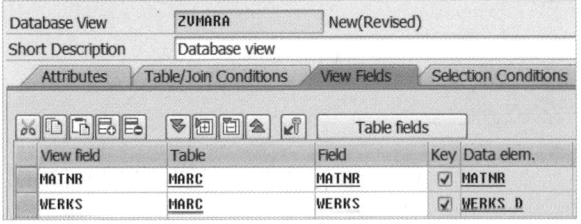

⑨ 앞에서 선택한 필드들이 화면에 복사된다. 이제 활성화 버튼(🖉)을 클릭하면 데이터베이스 뷰(Database View) 생성 작업이 완료된다. 🏛 버튼을 선택하면 테이블과 같이 데이터를 조회할 수 있다. [Maint. Status] 탭의 기능은 Maintenance View에서 설명한다.

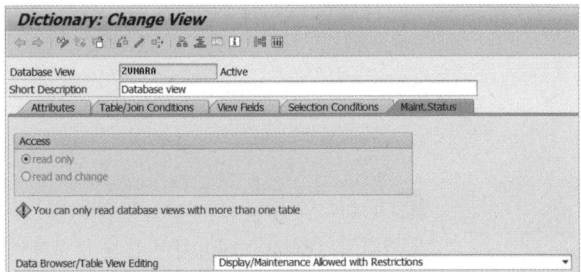

⑩ 여러 개의 테이블을 연결한 뷰는 읽기 속성만 부여된다. 뷰에 하나의 테이블만 추가하면, 데이터베이스 뷰에서 데이터 생성/변경/삭제가 가능해진다.

그림 7-36에서는 MARC 테이블 하나만 포함하는 뷰를 생성한 후, 'read and change' 속성 설정을 활성화하였다. 이때는 테이블의 키 필드는 모두 포함되어야 한다.

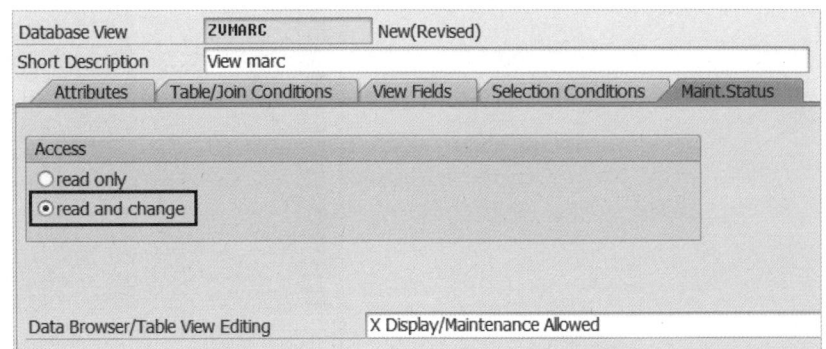

그림 7-36 데이터베이스 뷰의 생성/변경/삭제 옵션

4-3-2 Maintenance View 생성

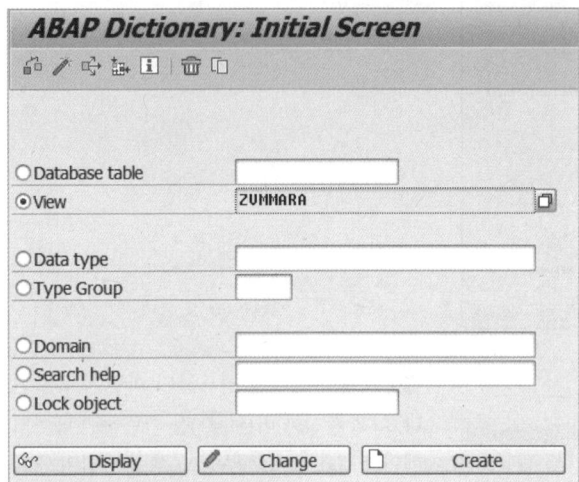

01 Maintenance View는 SE11 트랜잭션을 실행하여, View 필드에 'Z' 또는 'Y'로 시작하는 뷰 이름을 입력하고 [Create] 버튼을 클릭한다. 이름은 16자 이하로 지정해야 한다.

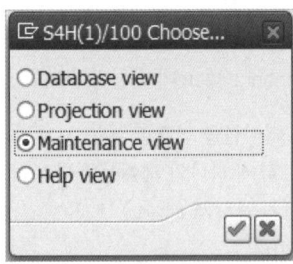

02 'Maintenance view'를 선택하고 [Enter]를 누른다.

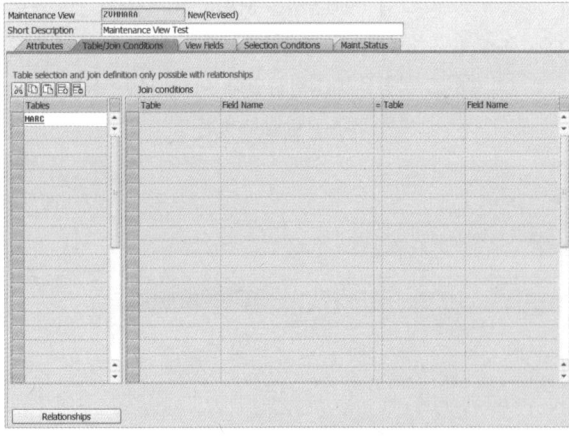

03 Tables에 Primary Table인 'MARC'를 입력하고, [Relationships] 버튼을 클릭하여 Primary Table과 외래키로 연결되어 있는 Secondary Table을 선택한다.

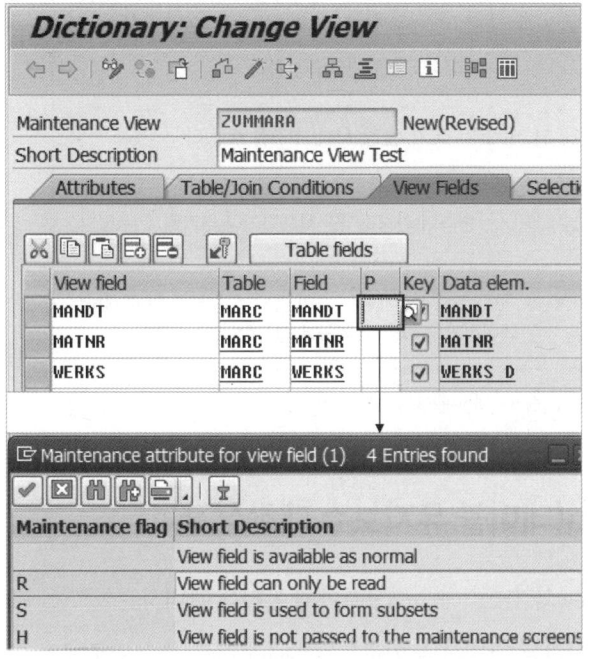

04 [View Fields] 탭으로 이동하면, 기본적으로 Primary Table의 키 필드들이 선택되어 있다. 이미 지정되어 있는 필드를 삭제하려면 행(Row)을 선택한 후 [휴지통] 아이콘을 클릭하면 된다. 추가로 원하는 필드는 [Table fields] 버튼을 클릭하여 복사하거나 직접 입력한다. MTART 필드를 하나 더 추가해보자.
P 필드 옵션의 기능은 표 7-5와 같다.

키워드	기능
R	View Field는 오직 읽기만 가능하다.
S	View Field들을 서브셋(Subset)으로 설정한다.
H	View Field는 숨김 속성이 지정되어 화면에 조회되지 않는다.

표 7-5 View Field 옵션

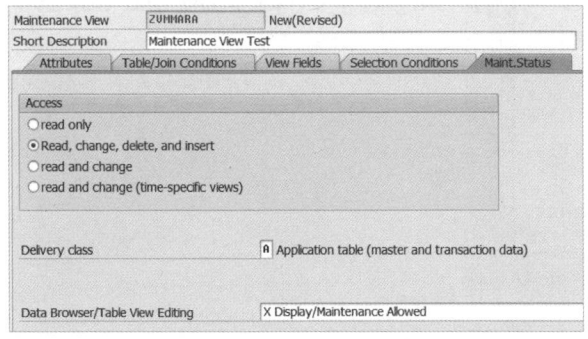

06 [Maint. Status] 탭으로 이동하여, 표 7-6과 같이 뷰 접근에 대한 옵션을 지정할 수 있다. 표 7-6의 상위 2가지 조건은 데이터베이스 뷰에서도 설정이 가능하다. Delivery Class와 Data Browser/Table View 필드의 기능은 테이블에서의 기능과 같다.

조건	기능
Read only	뷰 데이터는 읽기만 가능하다.
Read, change, delete and insert	뷰 데이터는 읽기, 변경, 삭제, 추가할 수 있다.
Read and change	존재하는 뷰 데이터는 변경이 가능하지만 삭제되거나 추가될 수는 없다.
Read and change (time-specific views)	Non-time-dependent Key가 존재하는 뷰의 경우, 동일한 값이 존재하는 데이터만 추가될 수 있도록 설정한다.

표 7-6 뷰 접근에 대한 옵션

4-4 Table Maintenance Dialog(테이블 유지보수 대화상자)

Table Maintenance Dialog는 Maintenance View와 Transparent Table의 데이터를 관리하는 화면을 제공한다. 테이블과 뷰의 유지보수 화면을 생성하는 방법은 동일하므로 Maintenance View의 생성 과정을 테이블에도 동일하게 적용할 수 있다.

4-4-1 Table Maintenance Dialog 생성

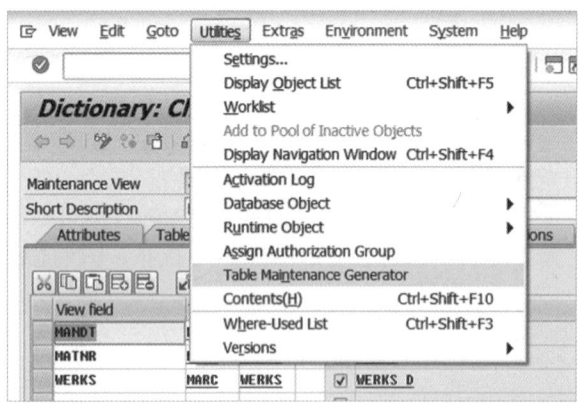

01 앞에서 생성한 Maintenance View 'ZVMMARA'를 수정 모드로 조회한 후, 메뉴: [Utilities] → [Table Maintenance Generator]를 선택한다.

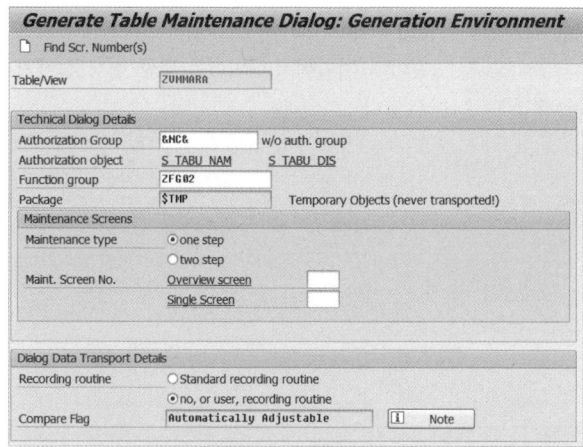

02 Authorization Group, Function Group 필드에 입력하고 Maintenance Type은 'one step'을 선택한다. 자세한 사항은 표 7-7을 참고한다.

03 앞 화면에서 [Find Scr. Number(s)] 버튼을 클릭하면 열리는 팝업창이다. 시스템이 제안하는 스크린 번호를 선택하자.

04 🗎 버튼을 클릭하여 에러가 존재하지 않으면 Table Maintenance Dialog가 생성된다.

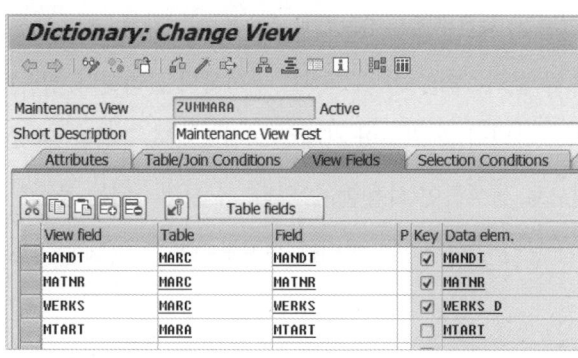

05 Contents 아이콘(▦)을 클릭하면 Maintenance Dialog에 연결된다. T-CODE :SM30(Maintain Table View)에서 'View'를 입력해도 데이터를 유지보수할 수 있다. 조회하는 데 시간이 많이 걸리는 것은 테이블에 대량의 데이터가 존재하기 때문이다.

06 Maintenance Dialog의 Overview 스크린이며, 여기에서 데이터를 생성/변경/삭제할 수 있다.

옵션	내역
Authorization Group	Group: Table/View 데이터를 관리할 수 있는 권한 그룹, 권한 확인이 필요 없을 경우에는 '&NC&'를 선택한다.
Function Group	Maintenance Dialog가 소속되는 Function Group을 선택한다.
Maintenance Type	1단계 또는 2단계의 스크린을 선택한다. 1단계는 모든 필드를 포함하는 Overview 스크린을 바로 보여준다. 2단계는 키 필드와 Character Type의 필드가 Overview 스크린에 조회되고, 모든 필드는 상세 스크린에서 제공된다.
Maintenance Screens	Maintenance 스크린의 내부 번호이다. 일반적으로 [Find Scr. Number(s)] 버튼을 이용하여 시스템이 제안하는 번호를 선택한다.
Recording Routine	Maintenance View에서 변경된 데이터를 Request에 포함해 전송할 것인지 선택한다.

표 7-7 Table Maintenance Dialog 옵션

4-4-2 뷰 클러스터 View Cluster

대부분의 비즈니스 프로세스에서는 단위 업무와 관련된 여러 가지 마스터 데이터가 서로 연계되어 있다. 이러한 상황에서 뷰 클러스터(View Cluster)는 사용자가 관련 데이터를 일목요연하게 관리할 수 있도록 지원하는 유용한 도구이다. 주로 SAP 환경 설정 시 사용하는 IMG(Implementation Guide)에서 데이터 유지보수를 위해 활용된다.

그림 7-37은 QM 모듈에서 사용하는 카탈로그를 유지보수하는 IMG 예제이며, 여기서는 코드 그룹과 코드라는 종속적인 마스터 데이터 관계를 뷰 클러스터(View Cluster)로 구성하여 관리한다. 뷰 클러스터는 여러 테이블 간의 종속적인 관계뿐만 아니라, 독립적인 관계를 기반으로도 구성할 수 있으며, 이러한 관계 유형에 따라 두 가지 방식으로 생성하여 사용할 수 있다. 뷰 클러스터는 복잡한 데이터 관계를 효과적으로 관리하고, 사용자가 보다 편리하게 데이터를 유지보수할 수 있도록 지원한다.

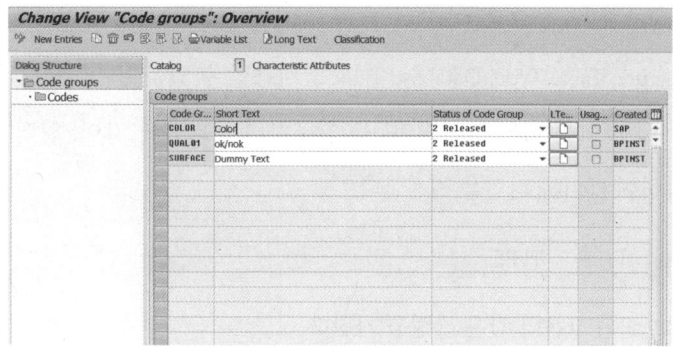

그림 7-37 SAP 환경 설정 IMG의 데이터 유지보수 스크린

뷰 클러스터는 T-CODE:SE54에서 [Edit View Cluster] 버튼을 선택해서 생성할 수 있으며, 뷰 클러스터에 포함되는 테이블들은 각각의 Maintenance View가 생성되어 있어야 한다. 뷰 클러스터에 대한 상세 내용은 한국 SAP 커뮤니티 사이트의 교재 보강 자료실을 참고하자.

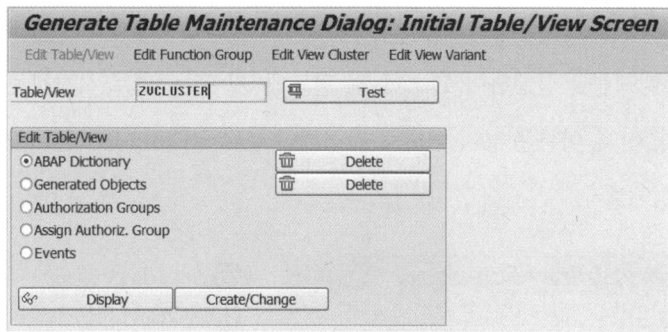

그림 7-38 Maintenance Dialog와 뷰 클러스터 생성

05 테이블 타입

테이블 타입(Table Type)은 ABAP Dictionary에 존재하며, 인터널 테이블의 속성을 정의하는 목적으로 사용한다. ABAP Dictionary에서 테이블 타입을 생성하려면 Line Type, Access Type, Key를 정의

해야 한다. 라인 타입(Line Type)으로는 ABAP Dictionary의 모든 데이터 타입을 사용할 수 있다. 즉, Data Element, Structure, Table Type, Database Table를 사용할 수 있다.

ABAP 프로그램에서 테이블 타입 'T_TYPE'을 참조하려면 다음과 같이, 인터널 테이블명 뒤에 TYPE 구문을 사용하여 테이블 타입을 명시한다.

```
DATA  gt_itab  TYPE T_TYPE
```

테이블 타입(Table Type)은 다음과 같은 특성을 가진다.

- 인터널 테이블 각 라인의 데이터 타입 속성과 구조체를 정의하기 위한 라인 타입(Line Type)
- 인터널 테이블의 데이터에 접근하고 관리하기 위한 옵션(Access Mode)
- 인터널 테이블의 키(Key Definition과 Key Category)

5-1 테이블 타입 생성

T-CODE:SE11 트랜잭션을 실행하여, Data Type 필드에 'Z' 또는 'Y'로 시작하는 테이블 타입명을 입력하고 생성한다. 이때, 이름은 30자 이하로 지정해야 한다. ZEMPLIST 테이블 구조를 참고하는 테이블 타입을 생성해보자.

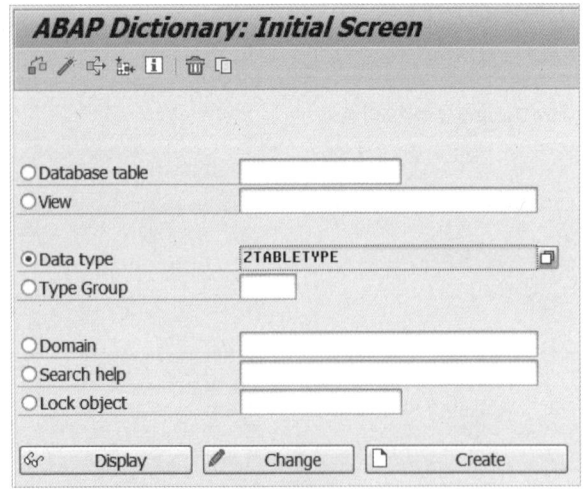

01 Data Type 필드에 테이블 타입명을 입력하고 [Create] 버튼을 클릭한다.

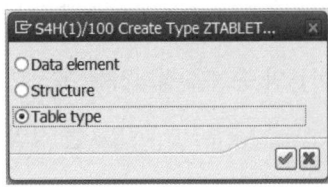

02 'Table type'을 선택하고 ✓ 버튼을 클릭한다.

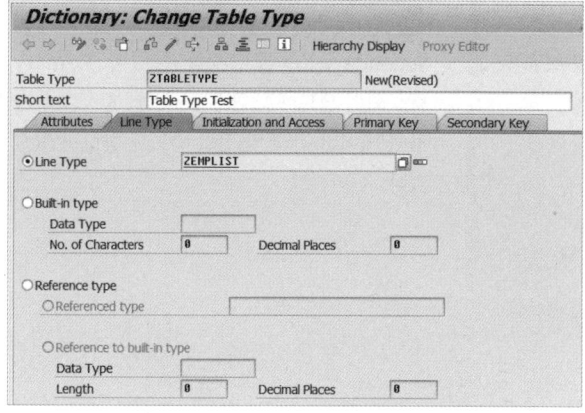

03 테이블 타입의 내역을 검색하기 쉽게 입력한다. 이미 존재하는 타입을 참조하고자 할 경우에는 'Line Type' 라디오 버튼을 클릭한다. Line Type은 테이블 타입으로서, ABAP Dictionary에 생성되어 있는 Data Element, Structures, Table, Table Types, View를 선택할 수 있다. 필드 길이와 타입을 직접 지정하고자 할 경우에는 'Predefined Type' 라디오 버튼을 클릭하여 입력한다. 'Reference Type' 항목을 선택하여 사용할 경우에는 클래스와 인터페이스에서만 사용할 수 있다.

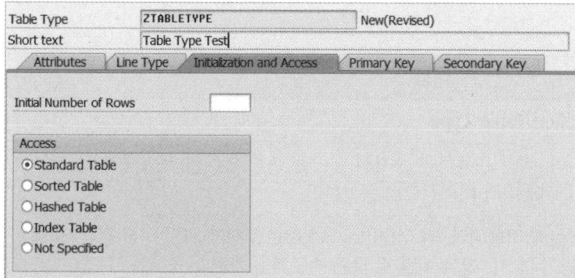

04 [Initialization and Access] 탭으로 이동하여 테이블 타입의 Access Mode를 설정하자. 이것은 ABAP 프로그램에서 테이블 타입에 의해 정의된 데이터 접근 방법을 정의하게 된다. Initial Number of Rows는 인터널 테이블의 엔트리 수를 정의한다.

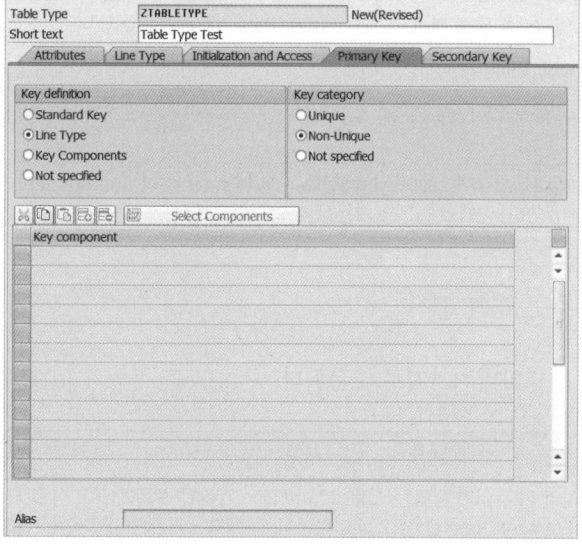

05 [Primary Key] 탭으로 이동하여 테이블 타입의 키(Key)를 정의하자. 키는 Key Definition과 Key Category로 구성된다.

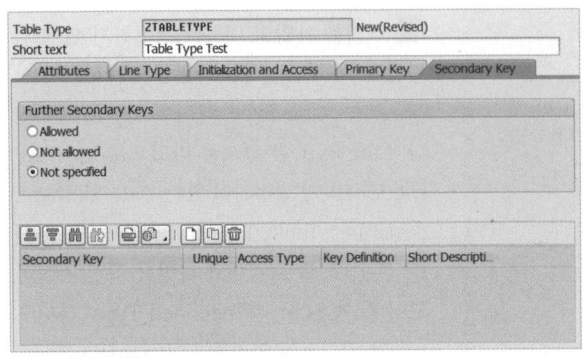

06 [Secondary Key] 탭에서는 테이블 타입의 Secondary Key를 설정할 수 있다. Primary Key 외의 필드에 대한 Secondary Key를 추가하여 데이터 검색 및 정렬 속도를 향상시킬 수 있다.

4단계의 접근 모드(Access Mode)는 크게 두 분류로 나누어지고, 표 7-8과 같이 다섯 가지가 존재한다.

접근 모드	내용
Specified Table Type	
Standard Table	일반적으로 인덱스 접근이 사용되며, 키를 이용하면 순차적 접근을 통해 인터널 테이블에 접근한다. 접근 속도는 인터널 테이블의 라인 수에 따라 비례적으로 증가한다.
Sorted Table	키 값으로 내부적으로 정렬되어 있는 테이블이다. 키 접근(Key Access)을 하게 되면 이진 검색(Binary Search)을 사용한다. 인터널 테이블 수에 지수함수 비율로 접근 속도가 증가한다.
Hashed Table	해시(Hash) 알고리즘에 의해 관리되는 테이블이다. 모든 인터널 테이블의 엔트리는 Unique Key를 가진다. 접근 속도는 모두 동일하다. 인덱스를 통해 해시 테이블(Hashed Table)에 접근할 수 없다.
Generic Table Type	
Index Table	Standard Table 또는 Sorted Table일 수 있다. 즉, 인덱스 접근(Index Access)이 가능한 인터널 테이블의 타입을 의미한다.
Not Specified	Standard Table, Sorted Table 또는 Hashed Table이 될 수 있다. Filed Symbol이나 Subroutine의 Formal Parameter에서만 사용할 수 있다. 인덱스 접근은 사용할 수 없으며 각 테이블 타입에 맞는 명령어를 사용해야 한다.

표 7-8 접근 모드(Access Mode)

5단계의 키 정의(Key Definition)는 표 7-9에서 설명하며, 4가지로 구분된다.

키 정의	내용
Standard Key	라인 타입(Line Type)의 종류에 따라 키 타입이 정의된다. Structure Line Type은 모든 CHAR 필드가 Standard Key이다. 라인 타입이 Element, Reference Type이라면 라인 전체가 키가 된다. 라인 타입이 테이블 타입이라면 키는 존재하지 않는다.
Line Type	라인 타입의 전체 필드가 키 필드로 구성된다.
Key Components	라인 타입의 필드를 명시적으로 키 필드로 지정하여 사용할 수 있으며, 이 기능은 구조체, 테이블, 뷰에서만 지원된다. 해당 기능을 선택하면, 하단의 [Select Components] 버튼이 활성화되며, 이를 통해 원하는 필드를 키로 지정할 수 있다.
Key Not Specified	키를 구체적으로 정의할 수 없는 Generic Table Type에서 사용된다.

표 7-9 키 정의(Key Definition)

예제 7-2는 앞에서 생성한 테이블 타입인 'ZTABLETYPE'을 ABAP 프로그램에서 사용하는 스크립트이다.

예제 | 7-2

```
REPORT  z07_02.

DATA: gt_itab  TYPE ZTABLETYPE,
      gs_wa    LIKE LINE OF gt_itab.

SELECT *
  FROM zemplist
  INTO CORRESPONDING FIELDS OF TABLE @gt_itab.

LOOP AT gt_itab INTO gs_wa.
  WRITE: / gs_wa-empcd, gs_wa-ename.
ENDLOOP.
```

결과 | 7-2

```
1001 김철수
1003 조영수
1002 이영희
1005 문영호
```

5-2 RANGE Table Type

RANGE Table Type은 특별한 테이블 타입으로 ABAP 프로그램에서 RANGE 변수로 사용된다. 이 변수는 SELECT 구문에서 IN 명령어를 사용할 수 있다(IN 구문은 "3장 OPEN SQL"을 참고한다). 그림 7-39의 RANGE Table Type은 12장에서 학습하는 SELECT-OPTION과 마찬가지로 4개(SIGN, OPTION, LOW, HIGH)의 고정된 필드를 가진다.

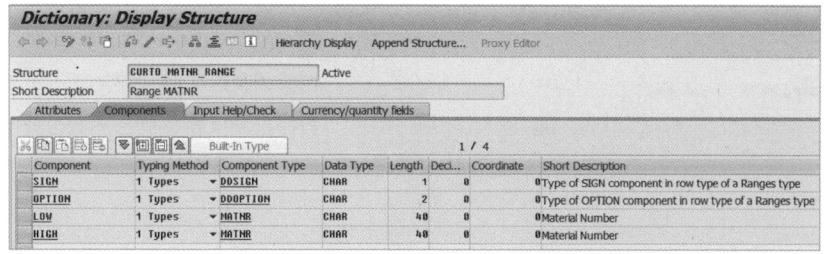

그림 7-39 RANGE Table Type의 구조

5-2-1 RANGE Table Type 생성

직원 코드 ZEMPNO 필드를 포함하는 RANGE Table Type을 생성해보자.

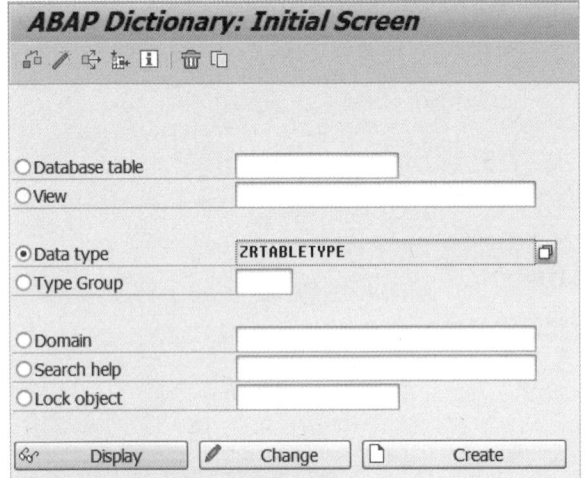

01 RANGE Table Type 이름을 입력하고 [Create] 버튼을 클릭한다. 'Z', 'Y'로 시작하는 문자, 최대 30자까지 지원된다.

02 'Table Type'을 선택하고 ✓ 버튼을 클릭한다.

03 메뉴: [EDIT] → [Define as ranges Table Type]을 선택한다.
Data Element 필드에 'ZDEEMPCD'를 입력하고 저장하자. 그리고 하단의 Structured Row Type 필드에는 구조체 이름을 입력한 후 [Create] 버튼을 선택한다. 이미 CURTO_MATNR_RANGE와 같이 이미 존재하는 Range Table Type을 사용해도 된다.

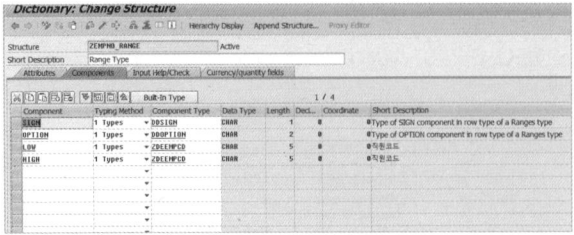

04 Range Table Type을 구성하는 4개의 필드를 기본으로 하는 구조체 생성 화면으로 이동한다. 내역을 입력한 후 활성화하자.

예제 7-3은 앞에서 생성한 RANGE Table Type 'ZRTABLETYPE'을 ABAP 프로그램에서 사용하는 스크립트이다.

예제 | 7-3

```abap
REPORT z07_03.

DATA: gr_rdata TYPE zrtabletype,
      gs_rdata LIKE LINE OF gr_rdata.

DATA: gt_emp TYPE TABLE OF zemplist,
      gs_emp LIKE LINE OF gt_emp.

gs_rdata-sign = 'I'.
gs_rdata-option = 'EQ'.
gs_rdata-low = '1001'.
APPEND gs_rdata TO gr_rdata.

gs_rdata-sign = 'I'.
gs_rdata-option = 'EQ'.
gs_rdata-low = '1002'.
APPEND gs_rdata TO gr_rdata.

SELECT empcd, ename
  FROM zemplist
  WHERE empcd IN @gr_rdata
  INTO CORRESPONDING FIELDS OF TABLE @gt_emp.

LOOP AT gt_emp INTO gs_emp.
  WRITE: / gs_emp-empcd, gs_emp-ename.
ENDLOOP.
```

결과 | 7-3

```
1001 김철수
1002 이영희
```

5-2-2 RANGES 변수

RANGE Table Type은 ABAP Dictionary 오브젝트로 모든 프로그램에서 사용할 수 있다. 반면에, RANGES 변수는 개별 프로그램 내에서 RANGES 구문으로 변수를 선언하여 사용할 수 있다. RANGES 변수는 다음 4가지 구조로 이루어진다.

- **SIGN:** I(Inclusive), E(Exclusive)
- **OPTION:** EQ(같다), BT(사잇값), GE(이상), LE(이하), GT(초과), LT(미만), NE(같지 않다), CP(패턴 포함)
- **LOW:** FROM 값
- **HIGH:** TO 값

이들 구문은 예를 들어, OPTION이 'BT'이면 LOW 값과 HIGH 값이 모두 설정되어야 하며, 범위 값을 가지게 된다. 'EQ'는 LOW 값만 존재하면 된다. 3장에서 소개하였듯이 RANGES 명령어는 폐기되었지만, 실무에서 여전히 많이 사용되고 있다.

Old Syntax	New Syntax
RANGES: gr_emp FOR zemplist-empcd.	DATA : gr_emp TYPE RANGE OF zemplist-empcd.

예제 7-4는 로컬 RANGES 변수가 프로그램에서 사용되는 방법을 설명하고 있다.

예제 | 7-4

```
REPORT z07_04.

TABLES: zemplist.
RANGES: gr_emp FOR zemplist-empcd.

* 사번이 1001인 사람만 포함
gr_emp-sign   = 'I'.
gr_emp-option = 'EQ'.
gr_emp-low    = '1001'.
gr_emp-high   = ' '.
APPEND gr_emp. CLEAR gr_emp.

* 사번이 1002인 사람 제외
gr_emp-sign   = 'E'.
gr_emp-option = 'EQ'.
gr_emp-low    = '1002'.
gr_emp-high   = ' '.
APPEND gr_emp. CLEAR gr_emp.

* 사번이 1001 ~ 1005번까지 포함
gr_emp-sign   = 'I'.
gr_emp-option = 'BT'.
gr_emp-low    = '1001'.
gr_emp-high   = '1005'.
APPEND gr_emp. CLEAR gr_emp.
```

```
*사번이 000으로 시작하는 대상 포함
gr_emp-sign   = 'I'.
gr_emp-option = 'CP'.
gr_emp-low    = '000*'.
gr_emp-high   = ' '.
APPEND gr_emp.
```

06 도메인

6-1 도메인이란?

도메인(Domain)은 필드의 기술적인 속성을 정의하며, 데이터 엘리먼트(Data Element)에 할당되어 사용된다. 그리고 테이블 필드는 데이터 엘리먼트를 지정함으로써 필드의 속성을 정의하게 된다. 이를 그림 7-40에서 설명하는 Two-level Domain Concept이라고 한다. 즉, 도메인으로 테이블 필드의 타입, 길이와 같은 기술적인 속성을 정의하고, 데이터 엘리먼트로 필드의 의미와 같은 내역을 기술하게 된다(의미적인 정의를 가지고 있는 오브젝트이다).

모든 테이블과 구조체(Structure)의 필드는 도메인(Domain)이 할당된 데이터 엘리먼트(Data Element)를 사용할 수 있다. 또한, 도메인은 여러 데이터 엘리먼트에 사용할 수 있다. 이는 테이블 필드의 기술적 속성은 동일하지만, 의미가 다른 필드를 정의할 때 효과적이다. 즉, 도메인의 재사용은 유지보수를 쉽게 하며, 개발 시간을 단축시킨다.

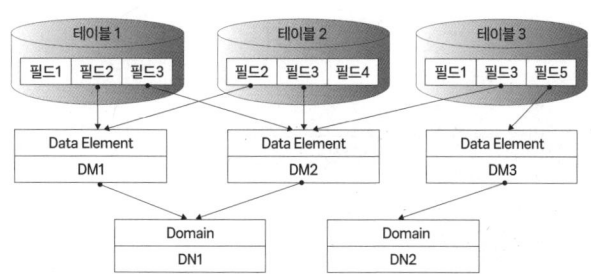

그림 7-40 테이블, 데이터 엘리먼트, 도메인 사이의 관계

테이블 필드와 도메인의 관계는 그림 7-41에서 데이터 엘리먼트에 의해 정해진다. 동일한 도메인을 참고하고 있는 테이블 필드는 도메인이 변경될 경우 테이블 필드에도 자동으로 반영된다. 도메인의 값 범위는 데이터 타입과 길이(Length)에 의해 정의되지만, 추가로 도메인의 고정 값으로 제한할 수 있다. 고정 값은 개별 또는 범위 값으로 도메인에 직접 입력할 수 있다. 도메인(Domain)은 ABAP Dictionary에서 다른 오브젝트를 참조하지 않는 가장 기본적인 단위이다.

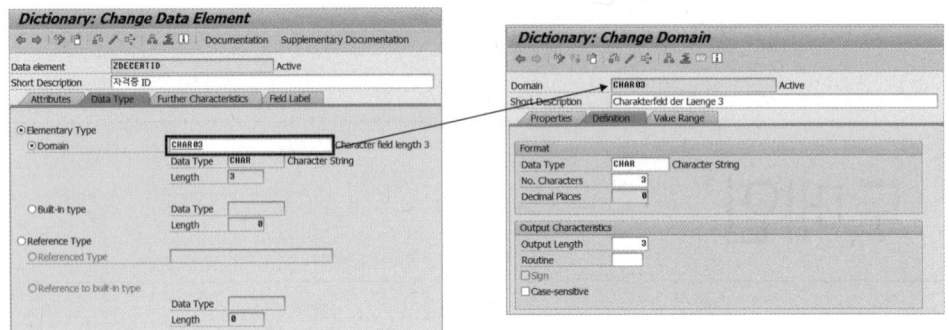

그림 7-41 데이터 엘리먼트와 도메인

6-2 도메인 생성

도메인을 생성하는 실습을 통해 이해를 돕자. 도메인을 생성하기 이전에 Possible Entry(가능한 입력값)를 이용하여, 이미 생성되어 있는지 확인하는 습관이 필요하다.

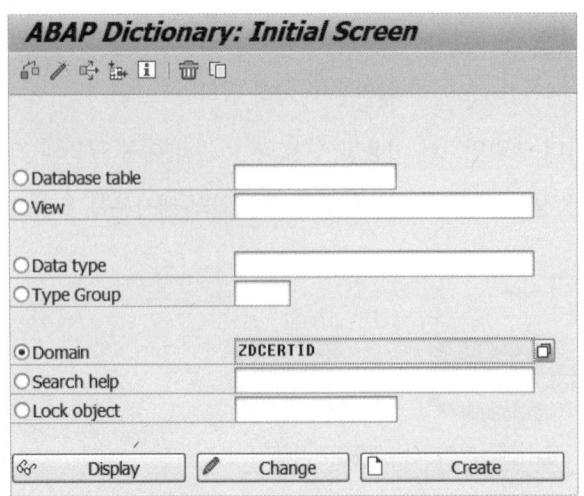

01 'Z' 또는 'Y'로 시작하는 최대 30자 이내의 도메인 이름을 입력하고 [Create] 버튼을 클릭한다.

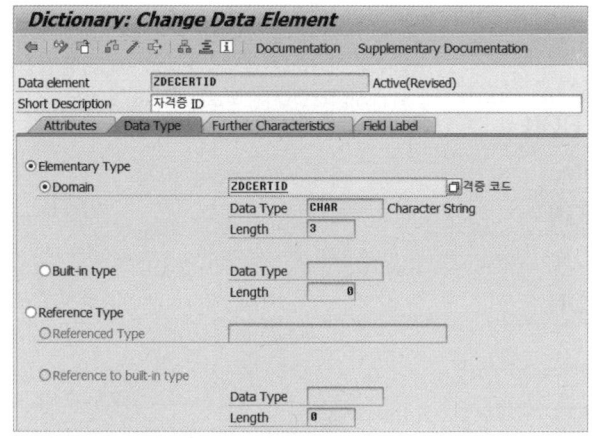

02 1단계 방법보다는 데이터 엘리먼트에서 바로 생성하는 경우가 많다. T-CODE:SE11에서 테이블을 변경 모드로 조회한 후, [Data Element]를 더블 클릭하자. 그리고 Domain 필드에 이름을 입력하고 다시 더블 클릭한다.

03 도메인을 생성하는지 묻는 팝업창이 열린다. [Yes] 버튼을 선택하자.

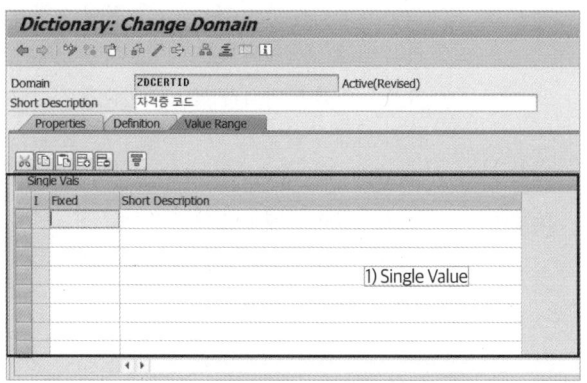

04 도메인의 내용을 한눈에 파악할 수 있는 간단한 내역을 입력한다. 데이터 타입과 길이를 지정한다. 다음의 숫자 타입(DEC, FLTP, QUAN, CURR)은 소수 자리 수(Decimal Places)를 지정한다. Sign 옵션은 +/- 값을 구분하여 저장할 수 있다. 문자 타입일 경우에는 Case-sensitive 체크박스가 활성화되며, 선택하면 대/소문자를 구분한다. Routine을 사용하면 데이터가 테이블에 저장되어 있는 값과 조회되는 값을 변경할 수 있다.

05 [Value Range] 탭으로 이동하여 도메인에서 사용 가능한 값(Fixed value)을 설정한다.

1) Single Value
사용자가 입력할 수 있는 값을 고정하여 해당 값 이외에는 입력하지 못하도록 하여 Automatic Input Check가 수행된다. 모든 스크린 필드에 자동으로 Possible Entry가 설정되고, 고정 값 이외를 선택하게 되면 에러가 발생한다.

Single Vals		
I	Fixed	Short Description
	001	ABAP CERTIFICATION
	002	FI CERTIFICATION
	003	MM CERTIFICATION
	004	PP CERTIFICATION
	005	CO CERTIFICATION

▎ABAP 프로그램에서 GET_DOMAIN_VALUES 함수를 이용하여 고정 값(Fixed Value)에 설정된 데이터를 Range 변수에 저장할 수 있다.

Intervals		
Lower limit	Uppr Limit	Short Description

Value Table [   ]

2) Intervals

2) Intervals
정해진 범위 값 내에 존재하는 값만 입력할 수 있다. CHAR, NUMC, DEC, INT와 같은 데이터 타입만 사용할 수 있다.

3) Value Table

Intervals		
Lower limit	Uppr Limit	Short Description
001	199	
900	999	

Value Table [ZCERTINFO]

3) Value Table
Value Table이 존재하는 도메인을 사용하는 필드는 외래키(Foreign Key)를 정의할 때 시스템이 Check 테이블을 자동으로 제안하는 용도로 사용된다. 앞에서 학습한 Check 테이블과 Value Table은 다른 것이므로 구분해서 이해해야 한다. Value Table은 도메인 차원(Domain Level)에서 정의된다.

Value Table이 설정된 필드는 외래키가 설정되어야 테이블에서 Check 테이블의 역할을 하게 된다. 도메인에 Value Table이 존재하면, 표준 테이블 데이터가 어느 테이블에 저장되는지 쉽게 알아낼 수 있다. 표준 테이블의 키 필드는 대부분 Value Table이 설정되어 있다. 다음 그림은 구매오더 헤더 정보를 저장하고 있는 EKKO 테이블의 키 필드 EBELN의 도메인을 조회한 것이다.

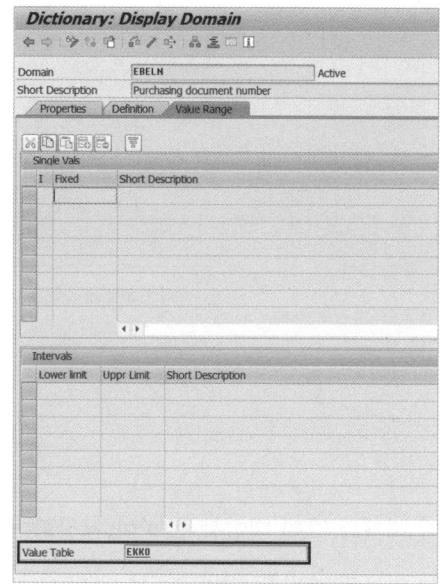

6-3 도메인과 변환 루틴(Conversion Routine)

필드의 데이터 타입에 따라 SAP 내부 표현 방식과 스크린에 조회되는 값을 변경할 수 있다. 이것은 스크린 필드에 조회되는 데이터 표시 형식과 실제 테이블에 저장되는 형식이 다를 수 있음을 의미한다. 변환 루틴(Conversion Routine)은 다음 구문의 두 개의 Function Module과 5자리 이름(xxxxx)으로 정의된다. 다음 구문의 변환 루틴은 'XXXXX'라고 부른다. Input 함수는 조회용 표시 형식을 내부 형식으로 변경하고, Output 함수는 내부 형식을 조회용 표시 형식으로 변경한다. 변환 루틴이 지정된 도메인을 참조하는 스크린 필드를 사용하면 자동으로 변환 루틴이 수행된다.

```
CONVERSION_EXIT_xxxxx_INPUT
CONVERSION_EXIT_xxxxx_OUTPUT
```

예를 들어, 사번 필드 길이는 5자리인데 실제로는 3자리만 사용하고 있다면, '00100'이라는 사번을 화면에 조회될 때는 '100'으로만 간소하게 보여준다. 이와 같이 실제 화면에서 보이는 데이터 표시 형식과 테이블에 저장된 형식이 다를 경우 변환 루틴(Conversion Routine)을 사용하게 된다.

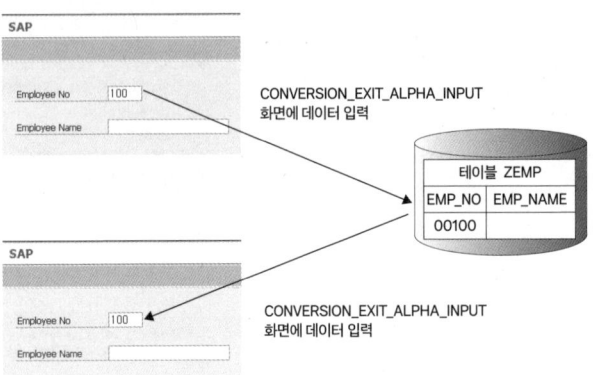

그림 7-42 변환 루틴의 작동 원리

이 예제와 같이 테이블에 '0'이 저장되어 있지만, 조회될 때는 '0'이 표현되지 않도록 하기 위해 ALPHA라는 변환 루틴(Conversion Routine)을 많이 사용한다. 그림 7-43은 판매오더 정보를 저장하고 있는 VBAK 표준 테이블의 VBELN 필드이며, 이 필드가 참조하고 있는 도메인은 변환 루틴이 설정되어 있다.

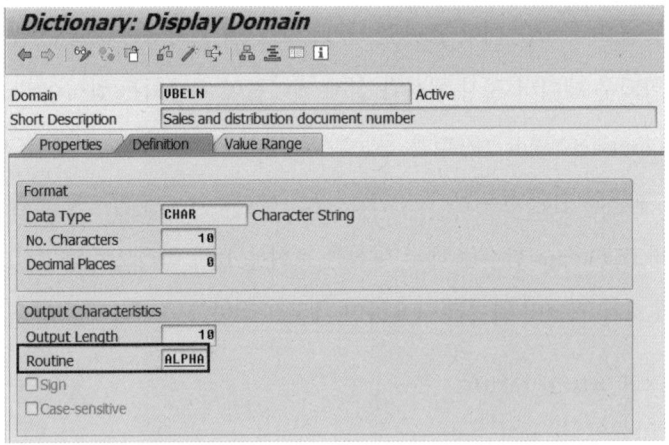

그림 7-43 판매오더 번호 필드의 도메인과 변환 루틴

0의 값을 처리하는 변환 루틴은 다음 2개의 함수가 기본으로 포함되어 있다.

```
CONVERSION_EXIT_ALPHA_INPUT
CONVERSION_EXIT_ALPHA_OUTPUT
```

07 데이터 엘리먼트

7-1 데이터 엘리먼트란?

데이터 엘리먼트(Data Element)는 '도메인' 절에서 간단히 소개하였다. 한마디로 정의하면 데이터 엘리먼트는 테이블 필드의 모든 정보를 가지고 있는 ABAP Dictionary 오브젝트이다. 그림 7-44는 데이터 엘리먼트인 'ZDEEMPCD'가 여러 테이블의 필드에 사용되었으며, ZDEMPCD라는 도메인에 연결되었음을 보여주고 있다.

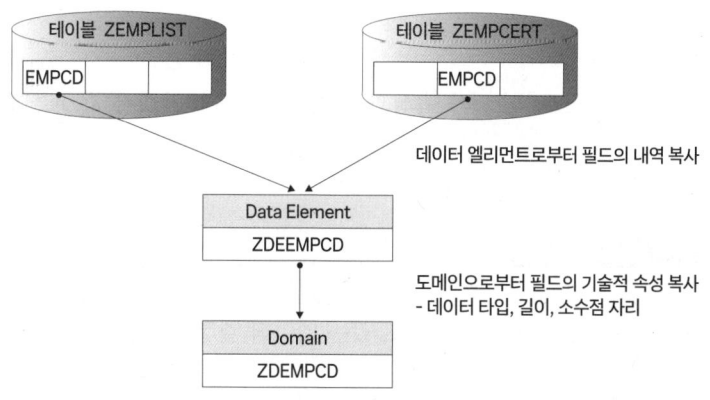

그림 7-44 데이터 엘리먼트의 사용

데이터 엘리먼트(Data Element)를 생성하면, 모든 테이블의 필드 속성을 정의하는 데 사용할 수 있다. 그리고 ABAP 프로그램에서 변수를 선언할 때 TYPE 구문으로 참조할 수 있다.

```
DATA L_CONNID TYPE S_CONN_ID.
```

또한 그림 7-45와 같이 Screen 속성에서도 데이터 엘리먼트의 속성을 사용할 수 있다.

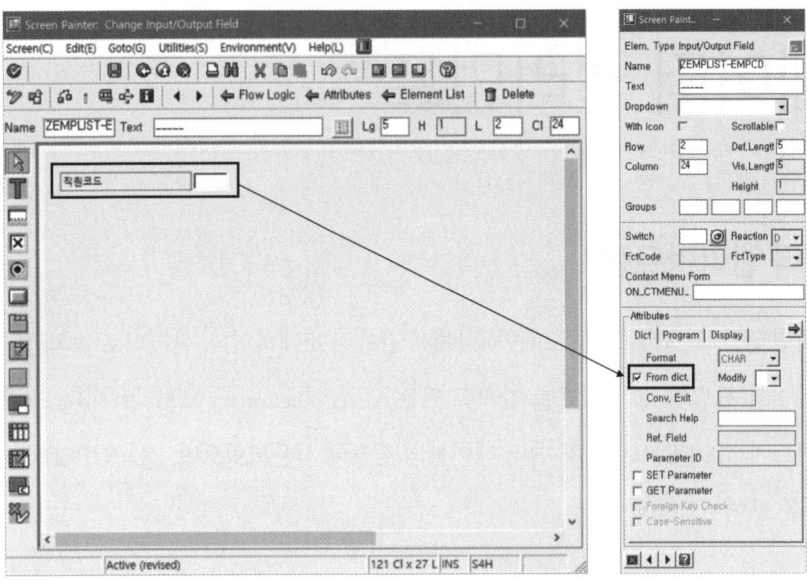

그림 7-45 스크린 필드와 데이터 엘리먼트의 사용

데이터 엘리먼트는 ABAP 스크린의 필드 속성과도 연결되며, 'From dict.' 옵션을 선택하면 해당 스크린 필드는 데이터 엘리먼트의 속성을 그대로 상속받게 된다.

7-2 데이터 엘리먼트 생성

테이블 필드의 기술적 속성 및 내역을 저장하고 있는 데이터 엘리먼트를 생성해보자.

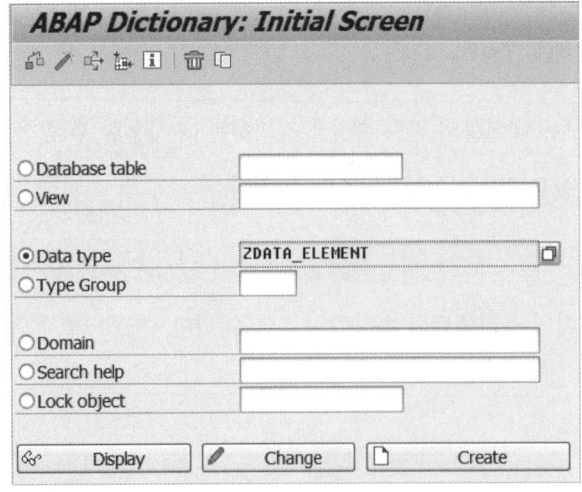

01 T-CODE:SE11을 실행한다. Data Type 필드에 'Z' 또는 'Y'로 시작하는 최대 30자 이내의 데이터 엘리먼트명을 입력하고 [Create] 버튼을 클릭한다.

02 'Data element'를 선택한다.

03 내역을 입력한다. [Data Type] 탭에서 도메인을 입력하여 기술적 속성을 정의할 수 있다. 그리고 Predefined Type(또는 Built-in Type)을 선택하면 'Data Type', 'Length'를 직접 지정할 수도 있다.

04 Search Help, Parameter ID를 입력할 수 있다. 각각 9장, 11장에서 학습하게 된다.

05 필드 라벨(Field Label)을 입력한다. Short, Medium, Long 필드 라벨은 스크린 필드에 표시될 텍스트를 지정할 때 사용한다. Heading은 목록 형태의 프로그램 실행 시 헤더 행(Row)에 조회된다.

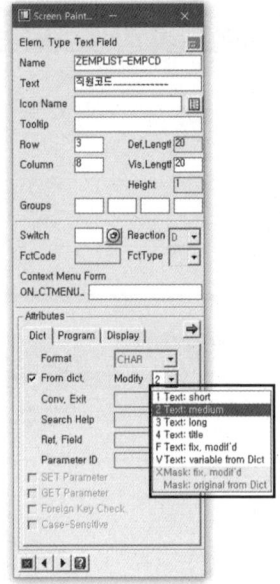

7-3 데이터 엘리먼트와 Elementary Type

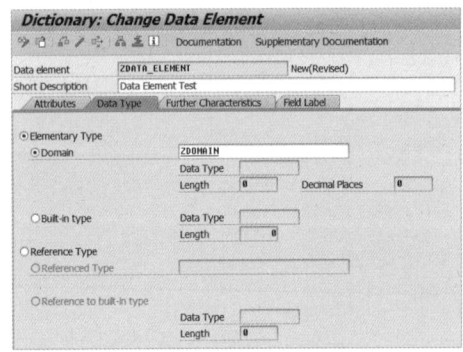

그림 7-46 도메인 사용

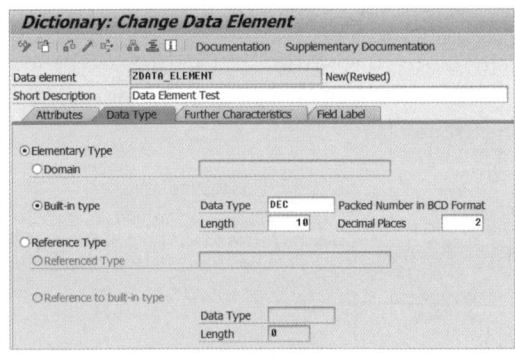

그림 7-47 Predefined Type 사용

그림 7-46, 그림 7-47의 Elementary Type은 ABAP Dictionary에서 필드 속성을 정의하는 데 사용한다. 데이터 엘리먼트의 기술적 속성 중 Elementary Type을 정의하는 방법에는 두 가지가 있다.

첫째, 도메인을 사용한다.

앞에서 학습하였듯이, 도메인은 ABAP Dictionary에 독립적으로 존재하는 Repository 오브젝트이며,

데이터 엘리먼트의 기술적 속성을 정의한다. 하나의 도메인은 여러 데이터 엘리먼트에서 사용할 수 있다.

둘째, 데이터 타입을 직접 사용한다.

Predefined Type은 자주 사용하는 데이터 타입을 ABAP Dictionary에서 미리 선언한 데이터 타입이다. 기본 데이터 타입과 동일하게 프로그램 내에서 선언하여 사용할 수 있다. 데이터 타입을 Elementary Type이라고도 부르는 것은 데이터 엘리먼트의 사용에 주목적이 있기 때문이다.

2장에서 학습한 기본 데이터 타입들은 Predefined ABAP Type이라고 부르며, 글로벌 데이터 타입은 ABAP Dictionary Type이라고 부른다. 표 7-10에서 이 두 가지가 어떻게 매핑되어 있는지 주요 ABAP Dictionary Type에 대해서 설명하고 있다.

ABAP Dictionary Type	ABAP Type
NUMC n	N(n)
DATS	D(8)
CHAR n	C(n)

표 7-10 ABAP Dictionary Type의 ABAP Type 매핑 정보

1) Where Used List 기능

Where Used List 기능은 테이블과 같은 ABAP 오브젝트들이 사용되고 있는 오브젝트 목록을 찾는 유용한 기능을 제공한다.

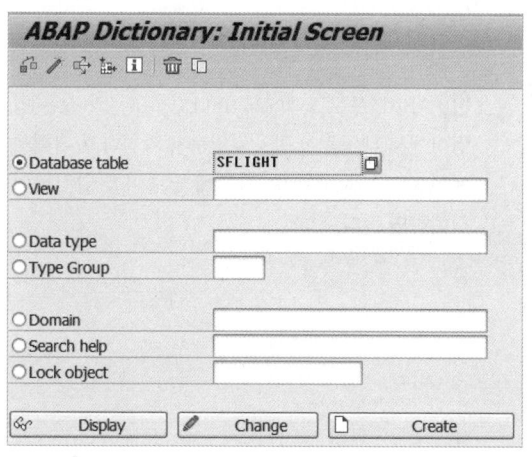

01 ABAP 개발 환경에서 아이콘은 Where Used List의 기능을 수행한다.

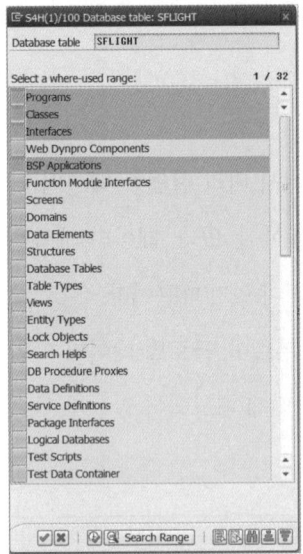

02 테이블이 사용되고 있는 영역을 지정할 수 있다. 그림에서는 Program, Class, Interface, BSP Applications를 선택하였다. [Search Range] 버튼을 선택하면, 추가 검색 옵션 팝업창이 열린다.

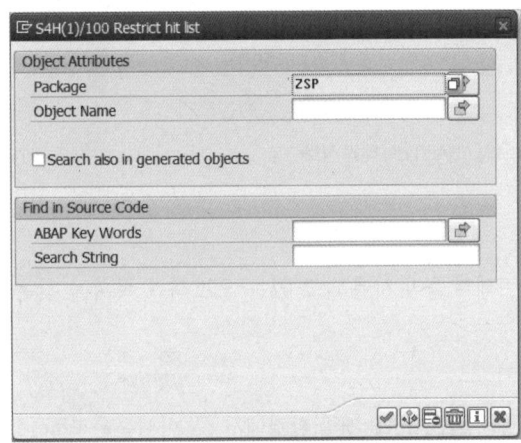

03 Package 영역을 지정할 수 있다. 여기까지 입력하고 검색하면, ABAP 프로그램에서 SFLIGHT가 사용된 모든 프로그램이 검색된다.

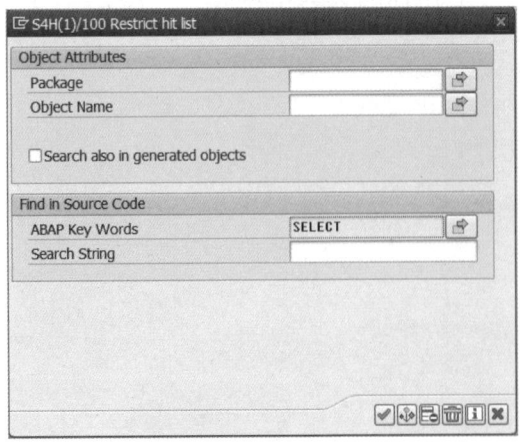

04 ABAP 프로그램에서 SELECT 구문과 같은 명령어에서 테이블이 사용되었는지 확인하기 위해서는 ABAP Key Words 필드에 명령어를 입력하여 검색하면 된다.

CDS 뷰

ABAP 7.40 버전 이후에서는 CDS(Core Data Services)가 새롭게 도입되었다. 이는 이클립스 기반의 개발 환경에서 HANA SQL을 사용하여 CDS를 생성하고, ABAP 프로그램에서 마치 일반 뷰처럼 호출하여 활용할 수 있는 기능이다. 이러한 CDS 뷰는 전통적인 SAP 트랜잭션 코드인 SE11에서도 조회가 가능하지만, 수정은 이클립스 기반의 ABAP 개발 도구(ADT)에서만 수행할 수 있다.

특히 주목할 점은 SAP가 기존의 테이블을 비롯한 ABAP Dictionary 오브젝트들을 '전통적인(Classic) 오브젝트'로 재정의하고 있다는 것이다. 이는 SAP가 ABAP Dictionary보다 ABAP CDS를 더 핵심적인 기술로 보고 있음을 보여준다. CDS를 사용함으로써 ABAP 프로그램 내에서 기존의 OPEN SQL을 넘어서는 다양한 HANA SQL 기능, 특히 다양한 내장 함수(Built-in Function)를 활용할 수 있으며, 이로 인해 프로그램의 성능을 한층 더 향상시킬 수 있다. CDS 뷰는 HANA 데이터베이스에서 직접 실행되기 때문에, ABAP 프로그램의 성능 최적화 도구로도 유용하다.

조금 더 알아보기 — 이클립스 개발 환경

이클립스(Eclipse)는 주로 자바 개발에 사용되는 오픈 소스 통합 개발 환경(IDE)으로, 다양한 프로그래밍 언어와 플랫폼을 지원한다. ABAP 개발자들이 이클립스를 사용하면 SAP의 최신 개발 환경인 ABAP 개발 도구(ADT, ABAP Development Tools)를 활용할 수 있다. 이는 기존 SAP GUI 기반의 ABAP 개발 환경보다 더 현대적이고 직관적인 개발 환경을 제공한다.

이 장에서 이클립스 설치와 ADT 설정 방법을 다루기에는 범위가 넓기 때문에, 자세한 설치 및 설정 과정에 대해서는 SAP JOY(sapjoy.co.kr)의 [교재 자료실]을 참고하자. 다음 내용은 이클립스와 ADT 설정이 완료된 후, 실습을 진행할 수 있다.

이클립스는 다음 링크를 통해 내려받을 수 있다.

https://www.eclipse.org/downloads/

CDS 뷰는 도메인별 언어로 다음과 같이 크게 세 가지의 하위 언어로 구성되어 있다.

DDL (Data Definition Language)	데이터베이스 오브젝트를 정의하는 언어. 주로 데이터 모델을 정의하고 관리하는 데 사용하며, CDS 뷰를 통해 테이블, 뷰, 어노테이션 등을 정의할 수 있다.
DCL (Data Control Language)	CDS 뷰의 접근 제어를 담당하는 언어. 주로 권한 관리에 사용하며, CDS 엔티티에서 반환되는 데이터를 추가적으로 제한한다. 이를 사용해 권한을 정의하면, ABAP 런타임이 CDS 엔티티에 접근할 때 자동으로 권한 점검을 수행한다(DEFINE ROLE, GRANT 등).
QL (Query Language)	데이터 조회를 위한 언어. CDS 뷰에서 데이터를 SELECT하고 필터링하는 데 사용한다. 이를 통해 ABAP 어플리케이션 서버에서 CDS 엔티티를 사용할 수 있다.

8-1 CDS 뷰 생성

이번 장에서는 CDS 뷰를 생성하고, ADT와 SAP GUI에서 조회하는 방법을 알아보자. CDS 뷰의 생성은 앞에서 언급했듯이, 이클립스 기반의 ADT에서만 생성/변경할 수 있다. ABAP CDS 뷰는 DDL에서 'DEFINE VIEW' 구문을 사용하여 정의하며, 기존 데이터베이스 테이블과 ABAP Dictionary에 있는 다른 뷰나 다른 CDS 뷰를 사용해 정의할 수 있다. ADT에서 CDS 뷰의 데이터 정의를 활성화하면 다음과 같이 두 개의 ABAP Dictionary 오브젝트가 생성된다.

CDS Entity	ADT에서 'DEFINE VIEW' 구문을 사용해 정의하며, 이는 ABAP에서 사용되는 논리적 데이터 모델의 이름이다. 이를 통해 CDS 뷰를 정의하고, 다른 CDS 뷰에서 참조하거나 OPEN SQL을 통해 데이터를 조회할 때 사용한다. 또한, ABAP 프로그램 내에서 데이터 타입으로 사용할 수 있다.
CDS Database View	ADT에서 '@AbapCatalog.sqlViewName' 어노테이션에 지정하는 이름으로 ABAP Dictionary에 생성되는 데이터베이스 뷰의 이름을 지정한다. 이는 실제 데이터베이스에 생성되는 SQL 뷰의 이름이 되며, 이를 통해 SAP GUI의 트랜잭션 SE11에서 CDS 뷰의 데이터를 조회할 수 있다.

이제 간단하게 ABAP CDS 뷰를 생성해보자.

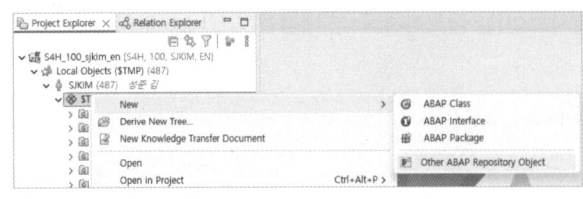

01 [Package] → [New] → [Other ABAP Repository Object] 경로로 접속한다.

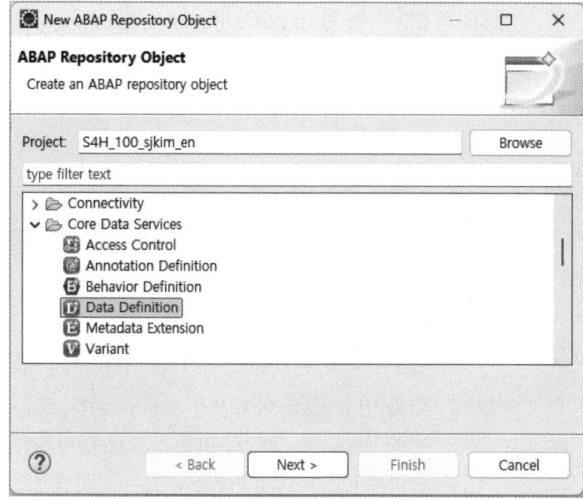

02 [Core Data Services] → [Data Definition] 경로를 선택한 후 [Next] 버튼을 클릭한다.
또는 다음 이미지와 같이 패키지 내에서 바로 [Data Definition]에서 마우스 오른쪽 클릭한 후 [New Data Definition] 메뉴를 선택하여 생성할 수 있다.

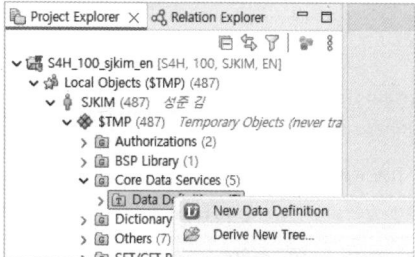

03 CDS Entity의 Data Definition의 이름과 Description의 이름을 입력한 뒤 [Finish] 버튼을 클릭한다.
Data Definition의 이름은 'Z' 또는 'Y'로 시작해야 하며, 대소문자를 구분하지 않고, 최대 30자리의 문자, 숫자, 밑줄, 슬래시(/)를 사용할 수 있다.

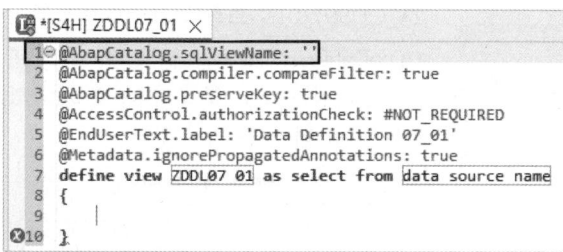

04 왼쪽 그림과 같이 기본적인 템플릿이 제공된다. 여기서 @AbapCatalog.sqlViewName에 CDS Database View의 이름을 입력한다. 이름은 'Z' 또는 'Y'로 시작하며, 최대 16자리의 문자, 숫자, 밑줄, 슬래시(/)를 사용할 수 있다.
여기서 @로 시작하는 구문들을 어노테이션(Annotation)이라고 하며, 이는 CDS Entity의 기술적 속성, 의미 등을 정의한다.
DEFINE VIEW 구문 뒤의 ZDDL07_01은 CDS Entity의 이름을 의미하며, AS SELECT FROM 뒤에 소스 데이터 테이블을 입력한다.

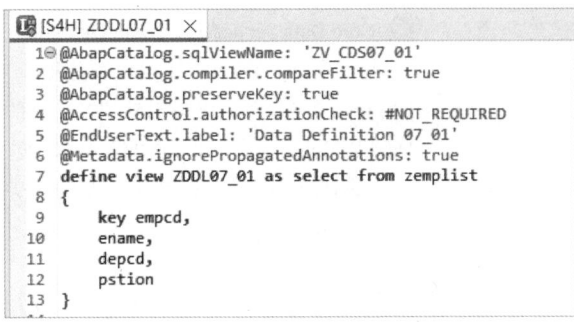

05 CDS 뷰 이름을 'ZV_CDS07_01'로 지정한 후, ZEMPLIST 테이블에서 필요한 컬럼을 { } 사이에 기술한다. 이때 키 필드로 지정되야 하는 필드에는 'KEY' 키워드를 명시해야 한다. 다음과 같이 코드를 입력하고, 활성화 아이콘 ( )을 클릭해서 CDS를 활성화한다.

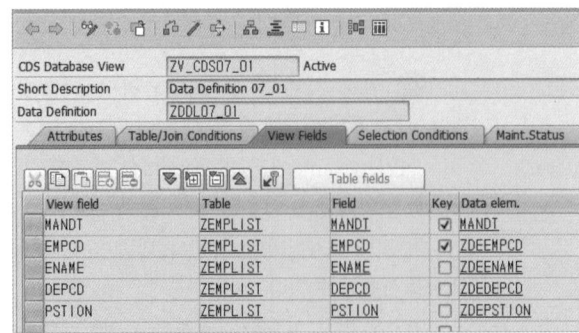

06 CDS의 결과를 조회하려면 [F8] 키를 입력하거나, 아이콘을 누르면 된다. 또는 왼쪽 Explorer 창에서 마우스 오른쪽 버튼을 클릭해 [Open Data Preview] 메뉴를 선택해도 결과를 조회할 수 있다.
데이터를 조회하면 다음과 같은 결과 화면을 확인할 수 있다.

07 SAP GUI의 T-CODE: SE11로 접속하여 ZV_CDS07_01을 조회해보자. 다음과 같이 CDS Database View를 확인할 수 있고, 버튼을 클릭해 데이터를 조회해보면 6단계와 동일한 데이터를 확인할 수 있다.

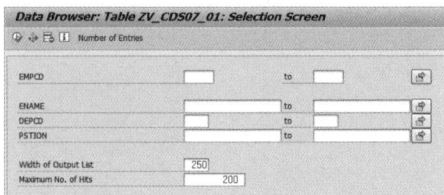

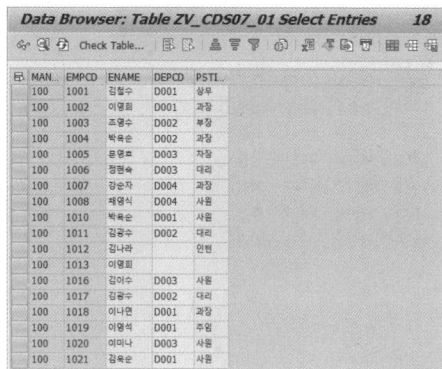

08 일반 Transparent Table과의 차이점은 하단에 'Data Definition' 항목이 표시된다는 점이다. 더블 클릭해서 확인해보면, ADT에서 'DEFINE VIEW' 구문을 사용해 정의한 DDL 소스를 조회할 수 있다. SAP GUI에서는 조회만 가능하며, 수정은 ADT에서만 가능하다.

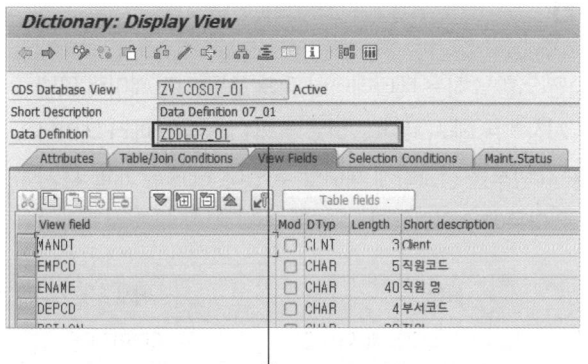

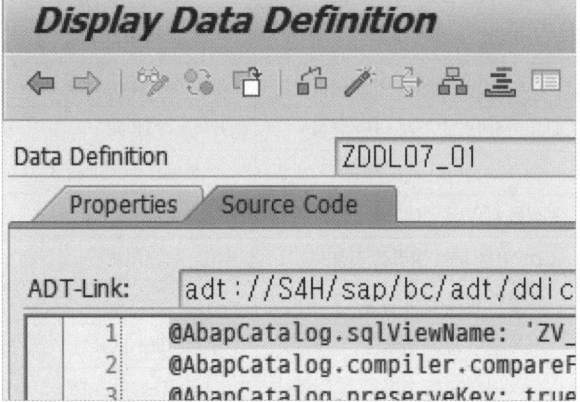

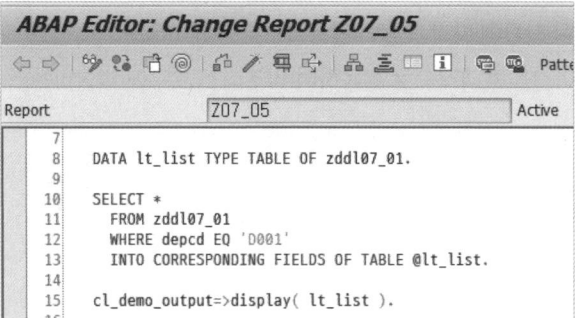

09 이제 ABAP 프로그램을 통해 CDS 뷰의 데이터를 추출하는 프로그램을 개발해보자. CDS 뷰와 Data Definition 둘 다 프로그램 내에서 데이터 타입으로 사용할 수 있다.

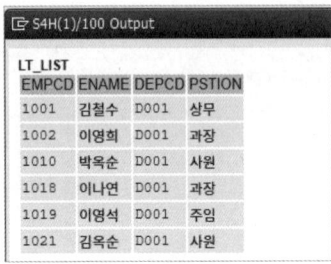

조금 더 알아보기 — CDS 뷰 - 어노테이션

어노테이션(Annotation)은 CDS 뷰에서 핵심적인 역할을 하는 메타데이터 정의 구문으로, 데이터 모델의 속성, 동작 방식, 인터페이스를 선언적으로 지정하는 데 사용한다. 이를 통해 CDS 뷰의 메타 데이터를 세밀하게 설정하고, 데이터의 저장, 접근, 표시 방식을 정교하게 제어할 수 있다. CDS 뷰 개발 시 사용하는 주요 어노테이션 속성의 설명 및 예시를 다음에 정리하였다.

어노테이션	속성	설명	예시
@AbapCatalog	sqlViewName	CDS 뷰와 연결되는 DB SQL 뷰 이름 정의	'ZV_CDS07_01'
	clientHandling	클라이언트 처리 방식 지정	#MANDATORY
	preserveKey	키 필드 유지 여부 설정	TRUE
@EndUserText	label	사용자 화면에 표시될 이름 설정	'Customer Sales Overview'
@OData	publish	OData 서비스로 게시 여부 설정	TRUE
	entitySet	OData 엔티티 세트 이름	'CustomerSales'
@Analytics	dataCategory	분석용 데이터 카테고리 설정	#MEASURE
	query	CDS 뷰를 분석 쿼리로 지정	TRUE
	aggregation	필드 집계 방식 설정	#SUM
@AccessControl	authorizationCheck	권한 제어 여부	#CHECK
	authorization	권한 필드 지정	'Z_AUTHORIZATION'

이외에도 다양한 어노테이션이 있으며, 필요한 상황에 따라 적절히 활용함으로써 데이터의 가독성과 관리성을 한층 높일 수 있다. 이러한 어노테이션을 효과적으로 활용하여 비즈니스 요구에 부합하는 강력한 데이터 모델을 구축해 보자.

CHAPTER 08

Lock Object

In this chapter >>>

Lock Object는 시스템이 데이터를 변경하는 동안 데이터의 불일치성이 발생하지 않도록 한다.
이번 장에서는 Lock Object의 개념과 생성 그리고 프로그램에서 Lock을 사용하는 실습을 통해 SAP 시스템의 Lock 메커니즘을 이해한다.

Chapter list >>>

1. Overview
2. Lock Object 생성
3. Lock 프로그램 예제
4. Lock 확인
5. 테이블 전체 Lock
6. T-CODE Lock 설정
7. 기타

Overview

테이블 데이터를 수정할 때는 무결성과 일관성을 반드시 보장해야 한다. 이를 위해 DBMS(Database Management System)는 데이터 변경 요청 시 물리적으로 테이블 데이터에 Lock(잠금)을 설정해 여러 사용자가 동시에 데이터에 접근할 수 없도록 한다. 일반적으로 DBMS는 데이터베이스 수준에서 Lock을 설정하고 관리하며, 데이터에 접근하려는 다른 사용자는 Lock 해제를 기다려야 한다. 그리고 데이터가 정상적으로 처리된 후 데이터베이스의 논리적 작업 단위인 DB LUW(Database Logical Unit of Work)의 마지막에 DB 커밋(Commit)이 수행되어 DBMS가 Lock 설정을 해제한다.

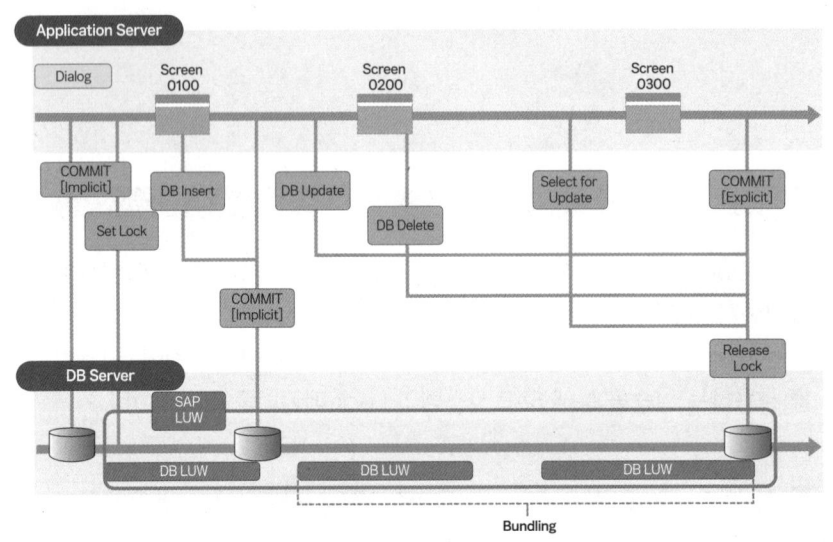

그림 8-1 데이터베이스 Lock

그러나 SAP 시스템에서는 각 스크린이 종료될 때마다 내부적으로 DB 커밋이 수행된다. 이를 암시적 커밋(Implicit Commit)이라고 부른다. 그러나 DBMS 수준의 Lock은 여러 스크린에 걸쳐 데이터 변경 작업을 수행해야 하는 SAP 트랜잭션에는 충분한 메커니즘을 제공하지 못한다. 이러한 이유로 SAP Lock Object가 도입되었다.

데이터 변경 시 데이터베이스 수준에서 Lock을 설정하는 DBMS와 달리, SAP Lock Object는 별도의 Lock Object를 생성하여 각 프로그램마다 Lock을 설정하고 해제하는 구문을 추가해야 한다. 또한 사용자가 프로그램을 실행하여 데이터에 접근할 때 Lock이 설정되어 있는지 확인하는 스크립트를 추가해야 한다. Lock Object를 사용하면, 여러 스크린에서 데이터 변경 작업을 진행해도 프로그램을 종료하거나 명시적으로 Lock을 해제하기 전까지 데이터는 잠긴 상태를 유지한다.

또한 여러 데이터베이스의 변경 작업을 수행할 때 데이터 일관성 및 무결성을 보장하기 위해 Bundling 기술을 사용해 여러 DB LUW의 작업을 하나의 SAP LUW에 묶어서 처리할 수 있다. 이때 SAP LUW에 Bundling된 모든 데이터베이스의 변경 사항은 모두 성공했을 때 명시적 커밋을 수행하거나 마지막 DB LUW 종료 후 커밋될 때 데이터베이스에 반영되며, 하나라도 실패한 변경이 있을 경우 전체 변경 사항이 취소된다.

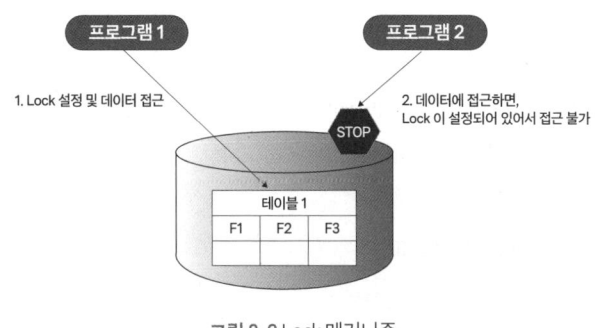

그림 8-2 Lock 메커니즘

Lock Object는 T-CODE: SE11(ABAP Dictionary)에서 유지보수할 수 있는 오브젝트로, 여러 프로그램이 동일한 데이터에 접근할 수 있도록 동기화하는 역할을 담당한다. 그림 8-2와 같이 '프로그램 1'이 데이터를 수정할 때, '프로그램 2'가 변경 중인 데이터에 접근하지 못하도록 한다. 이때 '프로그램 1'은 해당 데이터에 Lock을 설정하게 된다.

Lock 메커니즘은 다음 두 가지 기능을 제공한다.

1. 프로그램이 데이터를 읽고 변경한 후에 다른 프로그램에게 완료하였다고 전한다.
2. 프로그램이 다른 프로그램에 의해 변경 중인 상태의 데이터를 읽는 것을 방지한다.

Lock을 설정하려면 ABAP Dictionary에 Lock Object가 생성되어 있어야 한다. Lock Object가 활성화될 때 Lock을 설정하고 해제하는 다음 두 개의 Function Module이 시스템에 의해 자동으로 생성된다.

```
ENQUEUE_<Lock Object name>
DEQUEUE_<Lock Object name>
```

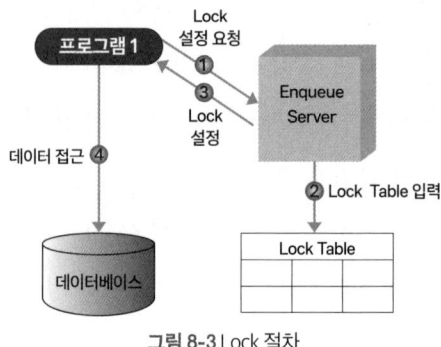

그림 8-3 Lock 절차

그림 8-3에서 설명하고 있듯이, 다음과 같은 순서로 Lock이 설정된다.

- ❶ Requests Lock

  프로그램에서 특정 데이터에 대한 Lock을 요청한다. 잠긴(Locked) 상태의 테이블 데이터 레코드는 논리적인 조건(Logical Condition)에 따라 관리된다.

- ❷ Enter Lock Lock

  데이터의 조건이 Lock Table에 기록된다.

- ❸ Set Lock

  프로그램 요청에 의해 Lock이 설정된다. Lock 상태는 프로그램이 Unlock을 수행하거나 프로그램이 종료될 때까지 유지된다. 모든 Lock은 해당 프로그램에서 설정하고 해제해야 한다. 데이터가 잠긴 상태에서 다른 프로그램에서 데이터에 접근하려고 하면, 이 요청은 Lock Table에 저장된다. 작업 대상 데이터를 정확하게 잠그기 위해서는 Lock Object를 테이블의 키 필드를 기준으로 설정하는 것이 바람직하다. 그림 8-4는 Lock 함수를 호출할 때, 조건 값에 해당하는 모든 데이터에 Lock이 설정되어 있음을 보여준다.

- ❹ Access Data

  Lock을 설정한 프로그램에서만 해당 데이터에 접근하여 작업할 수 있다.

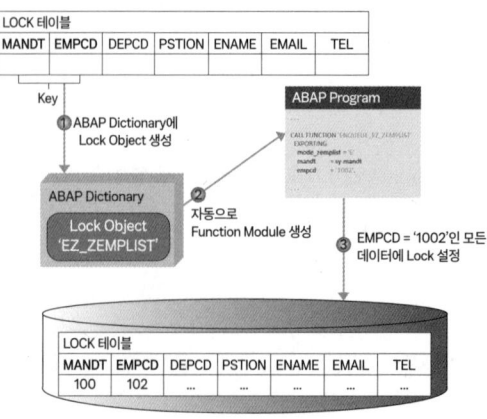

그림 8-4 논리적 데이터베이스 구조

그림 8-4에서 ZEMPLIST 테이블에 Lock Object를 생성하면, 자동으로 Lock Module 함수가 생성된다. 프로그램에서 이 함수를 호출하면, ZEMPLIST 테이블에서 Lock Parameter에 입력된 값에 해당되는 데이터가 잠기게 된다. 위 예시에서는 현재 클라이언트 값과 EMPCD가 '1002'인 데이터를 Lock Parameter에 전달했고, 그 데이터에 Lock이 설정된다.

이렇게 설정된 Lock 데이터를 관리하기 위한 Lock 프로세스는 모든 프로그램의 협조가 필요하다. Lock을 설정하지 않은 상태에서 데이터를 변경하면 불일치(Inconsistency)가 발생할 수 있다. 또한 Lock이 설정되었을 때, 다른 프로그램에서 데이터에 접근하여 작업하기 위해서는 Lock을 중지시켜 달라는 요청을 할 수 있다. 이것은 Lock Mode에 따라서 다른 프로그램의 요청을 수락하거나 거절할 수 있게 한다.

조금 더 알아보기 — Lock Mode

E: Exclusive Lock(배타적 누적 잠금)
가장 일반적인 Lock Mode로 한 명의 사용자만 테이블에 접근할 수 있다. 다른 사용자에 의한 Exclusive Lock이나 Shared Lock은 허용되지 않는다. 동일한 Lock 소유자만 Lock을 다시 설정할 수 있다.

S: Shared Lock(공유 잠금)
여러 명의 사용자가 동시에 같은 데이터를 읽을 수 있다. 하지만, 한 사용자가 데이터를 변경하기 시작하면 다른 사용자는 더 이상 해당 데이터에 더 이상 접근할 수 없다. 또한, 다른 사용자가 설정한 Shared Lock은 허용하지만 Exclusive Lock은 허용하지 않는다.

X: Exclusive but not cumulative Lock(배타적 비누적 잠금)
Exclusive Lock은 하나 이상의 동일한 트랜잭션 내에서 Lock을 요청할 수 있다. 그러나 해당 트랜잭션 내에서 오직 한 번만 Lock을 요청할 수 있으며 이외 모든 Lock 요청은 무시된다.

Lock Object 생성

2-1 Lock Object 생성

ZEMPLIST 테이블의 기본키(Primary Key)로 구성된 Lock Object를 생성해보자.

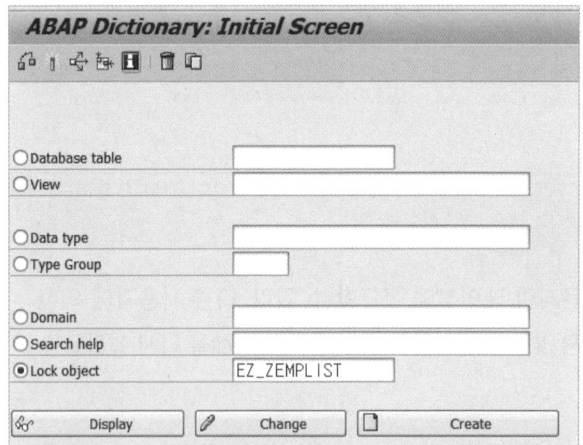

01 T-CODE: SE11 ABAP Dictionary에서 Lock Object의 이름을 입력하고 [Create] 버튼을 클릭한다.

Lock Object의 이름은 반드시 'E'로 시작해야 한다. 그리고 'Z' 및 'Y'를 추가하여 'EZ' 또는 'EY'로 시작하는 16자리 문자 이내의 이름을 지정한다.

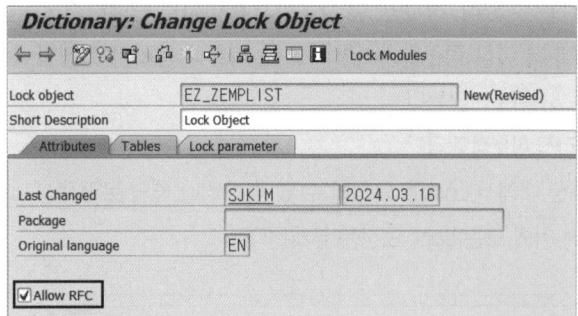

02 그런 다음 Lock Object를 검색하기 쉽도록 Short Description을 입력한다.

'Allow RFC' 체크박스를 선택하면 다른 서버의 프로그램에서도 호출하여 사용할 수 있다. 다음 그림과 같이 Lock Object를 활성화하면 생성되는 Function Module의 속성이 RFC로 설정되기 때문에 원격지에서 호출할 수 있다.

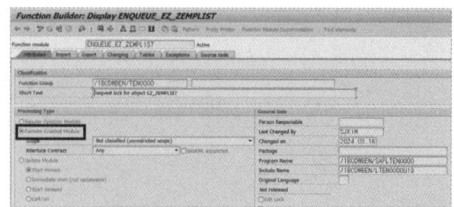

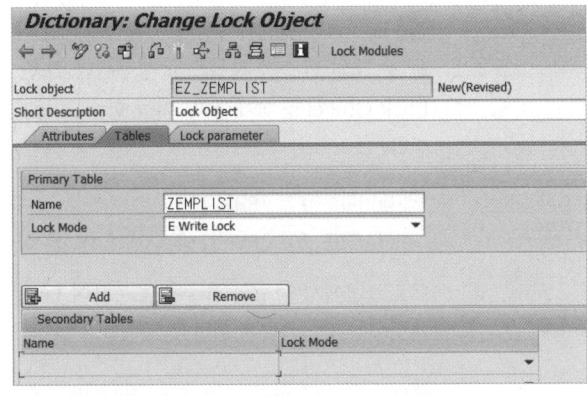

03 [Tables] 탭으로 이동하여 Primary Table에 테이블 이름을 입력한다. 이외 추가되는 모든 테이블은 Primary Table과 외래키(Foreign Key)로 연결되어 있어야 한다.

이후 아래의 Lock Mode를 선택한다. Lock Object에 필요한 테이블을 [Add] 버튼을 클릭하여 추가한다.

[Add] 버튼을 클릭하면 외래키로 연결된 테이블 목록 창이 열린다. 실습 예제에서의 Lock Object는 Primary Table만으로 구성한다.

04 ZEMPLIST 테이블의 필드를 외래키로 참조하는 테이블 목록이 조회된다. 선택은 하지 않고 다음 단계로 넘어간다. 외래키에 대한 내용은 "7장 ABAP Dictionary"를 참고한다.

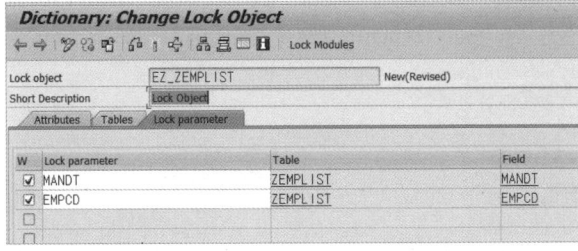

05 [Lock Parameter] 탭을 선택하면, 테이블의 기본키(Primary Key) 필드가 기본적으로 선택되어 있다. 이 파라미터는 Function Module의 파라미터로 사용된다. 해당 파라미터의 조합은 유일성(Unique)을 확보하도록 설정하는 것이 좋다.

따라서 일반적인 Lock Object 파라미터는 해당 테이블의 키를 사용한다. 하지만, 관리 방법에 의해 파라미터의 추가 및 변경은 얼마든지 가능하다. Lock Object 파라미터까지 작업이 완료되었다면, 구문을 점검해보고 에러가 없다면 저장한 후 활성화한다.

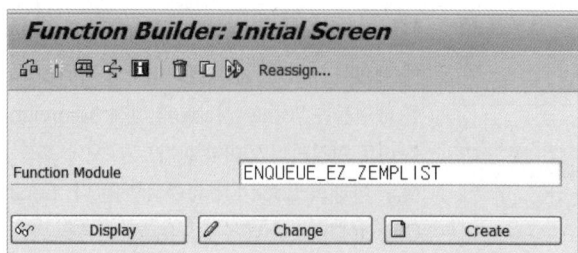

06 Lock Object를 생성하여 활성화하면 다음 두 개의 함수가 자동으로 생성된다. 또한, Lock Object를 삭제할 때 이들 함수도 삭제된다.

ENQUEUE_EZ_ZEMPLIST
DEQUEUE_EZ_ZEMPLIST

프로그램에서 생성된 함수를 호출하여 Lock 프로세스를 추가하게 된다.

> 메뉴: [UTILITIES] → [Activation Log]를 선택하면 두 개 함수의 생성 정보와 함께 활성화 로그를 확인할 수 있다.

07 Lock Object 활성화 시 상단의 [Lock Module] 버튼을 선택하면 생성된 두 개의 함수를 보여준다.

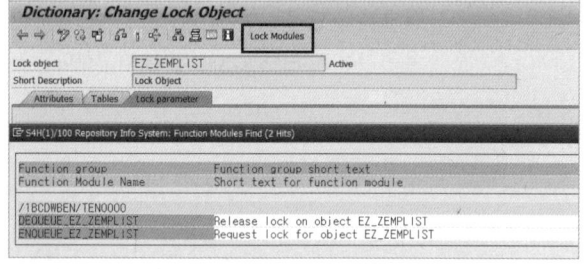

08 이번에는 Lock Object를 생성하는 4단계에서 외래키로 연결된 ZEMPCERT 테이블을 추가하자. Secondary Tables 영역에 테이블을 입력하게 되면 해당 테이블의 기본키가 [Lock Parameter] 탭에 추가된다.

09 Secondary Table 등록 후 [Lock Parameter] 탭을 선택하면 CERTID 필드가 추가된 것을 볼 수 있다.

이는 Secondary Table 등록 시 테이블의 기본 키들이 자동으로 Lock 파라미터로 들어오기 때문이다.

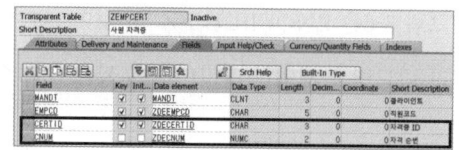

그림 8-5에서 테이블 ZEMPLIST, ZEMPCERT은 외래키(Foreign Key)로 연결되어 있으며, Lock이 설정되어 있다. 이때 Lock 함수를 EMPCD = '1002'로 설정하여 호출하게 되면, 외래키로 연결된 데이터들에 Lock이 설정된다.

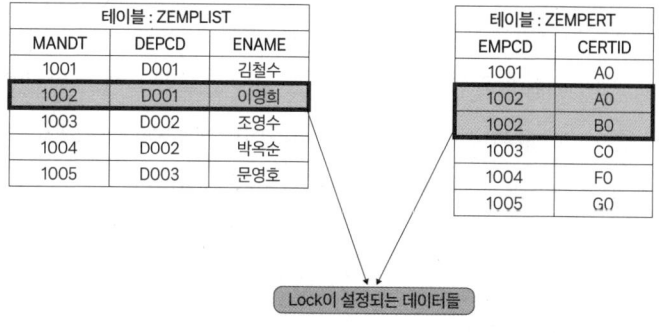

그림 8-5 잠긴 데이터

2-2 Function Module의 파라미터 속성

앞에서도 설명하였듯이, Lock Object를 활성화하면 자동으로 Function Module이 생성된다. 생성된 함수는 수정할 수 없으며, 해당 함수가 소속된 Function Group도 변경할 수가 없다. Lock Object가 변경된 후 활성화될 때마다 함수도 재활성화되기 때문에 개발자가 직접 소스를 변경할 필요가 없다.

그림 8-6 ENQUEUE_EZ_ZEMPLIST 함수의 IMPORT 파라미터

그림 8-6은 ENQUEUE_EZ_ZEMPLIST 함수의 IMPORT 파라미터를 보여준다. 여기서 테이블명과 필드명을 제외한 파라미터 속성에 대해 알아보자.

2-2-1 Initial Value 파라미터

'X_<Lock Parameter>'로 시작하는 파라미터는 Lock 파라미터에 대한 초기 값(Initial Value)을 설정하는 역할을 한다. 이 파라미터들은 일반적으로 Lock 파라미터에 값을 입력하지 않았을 경우에 사용된다. 예를 들어, 그림 8-6에서 X_EMPCD 파라미터는 EMPCD에 값이 입력되지 않았을 때 어떤 값으로 Lock을 설정할지 지정한다.

기본 설정에서는 Lock 파라미터에 값이 입력되지 않을 경우 공백(Space)으로 설정되어 Lock이 걸리도록 되어 있다. 이는 테이블 전체 행에 Lock이 설정된 것과 동일한 효과를 나타낸다.

X_EMPCD = 'X'와 같이 'X' 값이 전달되면, Lock 파라미터에 값이 전달되지 않았을 때 테이블 필드에 설정된 초기 값과 정확히 동일한 값이 들어와 Lock이 설정된다. Initial Value에 대해서는 "7장 ABAP Dictionary"을 참고하자.

2-2-2 Passing Lock 파라미터

사용자가 화면에서 이벤트를 호출하여 Dialog 트랜잭션이 시작되면, 두 개의 Lock 소유주가 생성된다. 하나는 Dialog 소유주_1이고, 다른 하나는 Update 소유주_2이다. 트랜잭션이 수행되는 동안에는 소유주_1이 Lock을 요청한다. 그리고 프로그램 내에서 COMMIT WORK 구문으로 Update 작업이 호출되면, 소유주_2가 Update에 의해 수반되는 Lock을 상속받는다. 이때 _SCOPE 파라미터가 Passing Lock 역할을 담당한다. _SCOPE 옵션은 'CALL FUNCTION "함수명" IN UPDATE TASK' 구문이 수행될 때에만 효력이 발생한다.

효력이 발생하는 Lock은 DEQUEUE 함수가 호출되거나 프로그램이 종료되어야(LEAVE PROGRAM 또는 LEAVE TO TRANSACTION) 해제된다. 또는 메시지 타입 'A'와 'X'를 만나거나, 사용자가 명령어 입력필드에서 '/n'을 입력하였을 때도 Lock은 해제된다.

그러나 트랜잭션이 UPDATE 루틴을 수행 중이라면 이야기가 달라진다. 이 경우에는 Lock이 해제되어도 되는지 _SCOPE 옵션을 확인할 필요가 있다.

- _SCOPE = 1: Lock은 UPDATE 프로그램에서 연결되지 않는다. 트랜잭션이 종료되면 Lock도 종료된다. 즉, V1 Update 작업 프로세스가 실행되면 Lock 엔트리들은 삭제된다.

- **_SCOPE = 2**: Lock은 UPDATE 프로그램에서 연결된다. ENQUEUE 함수의 표준 설정이다. V1 Update 작업 프로세스에 Lock 정보를 전달하고, V2 작업 프로세스가 종료되면 Lock은 삭제된다. 즉, UPDATE 프로그램에서 Lock의 해제를 책임진다. Update 작업이 완료될 때까지 Lock이 유지되며, Update 작업이 완료되면 Lock이 자동으로 해제된다.

- **_SCOPE = 3**: Lock은 UPDATE 프로그램과 연결될 수 있다. 호출 프로그램과 UPDATE 프로그램은 상호 커뮤니케이션을 통해 Lock을 해제한다. DEQUEUE 함수의 표준 설정이다. V1 Update 작업 프로세스가 실행될 때만 Lock이 설정된다. 그리고 V2 작업 프로세스가 종료되면 Lock은 삭제된다.

_SCOPE 옵션을 이해하려면 비동기 업데이트(Asynchronous Update) 절차를 알고 있어야 한다.

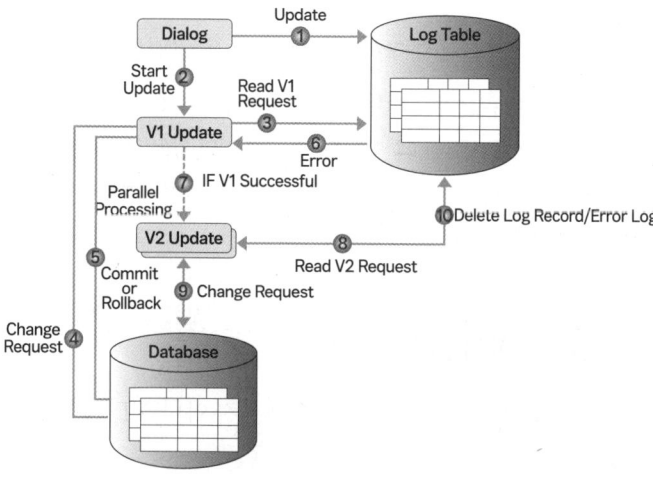

그림 8-7 비동기 업데이트 절차

SAP 시스템에서 비동기 업데이트 작업은 우선순위에 따라 V1과 V2로 나누어진다. V1과 V2가 수행되는 절차는 그림 8-7과 같으며 단계별로 어떠한 작업이 이루어지는지 살펴보자.

❶ **1단계**: 먼저 Dialog 프로그램에서 Update Request가 요청되어 Log 테이블에 Update 정보가 저장되었다.

❷ **2단계**: 프로그램 내에서 COMMIT WORK 구문을 만나게 되면 Update 프로세스를 시작하게 된다.

❸ **3단계**: Log 테이블에서 V1 Update 정보를 읽어온다.

❹ **4단계**: 데이터베이스에 Update Request를 하고, Update 수행 결괏값을 분석한다.

❺ **5단계**: V1 작업이 성공하면 데이터베이스에 커밋을 요청하고 Log 테이블의 정보를 삭제한다. 후속 작업으로 V2가 진행되면 Log 테이블의 정보는 V2가 성공한 후에 일괄 삭제한다.

❻ **6단계**: 에러가 발생하면, 롤백을 수행하고 Log 테이블의 정보를 그대로 두고 에러 정보를 표시한다.

❼ **7단계**: V1 Update가 성공적으로 종료된 후에 우선순위가 낮은 V2 Update 프로세스가 진행된다.

❽ **8단계**: V1 Update 정보를 기반으로 하여 V2 Update 정보를 Log 테이블에서 읽어온다.

❾ **9단계**: 데이터베이스에 V2 Update 작업을 요청하게 된다. 그리고 결과를 받아서 분석한다.

❿ **10단계**: 에러가 발생하면 롤백이 수행되고 Log 테이블에 저장한다. V2 Update가 성공하면 데이터베이스에 커밋 요청을 하게 되고, Log 테이블의 모든 정보를 삭제한다.

추가로 T-CODE:SM13에서 Update Request 정보를 확인할 수 있다.

2-2-3 _WAIT 파라미터

_WAIT 파라미터는 첫 번째 Lock 설정에 실패했을 때, 다시 Lock을 요청할지 지정한다

- **Initial Value**: 첫 번째 Lock 설정 실패 시, 다시 Lock 설정 요청을 보내지 않는다.
- **X**: 첫 번째 Lock 설정 실패 시, 일정 시간 후 두 번째 Lock 설정을 시도한다. 동일한 데이터에 이미 Lock이 설정된 상태에서 또 다시 Lock을 시도할 때 _WAIT = 'X' 파라미터 값을 사용하면 프로그램의 실행 시간이 조금 길어질 수 있다. 이 시간 동안 다른 사용자가 먼저 설정한 Lock이 해제되면, 두 번째 Lock 설정 시도에서 Lock을 성공적으로 설정할 수 있다.

2-2-4 Controlling Lock 파라미터

_COLLECT 파라미터는 Lock 요청과 해지를 바로 수행할지 아니면 Lock Container를 통해 수행할지 결정한다.

- **Initial Value**: Lock 요청과 해제가 Lock 서버로 바로 보내진다.
- **X**: Lock 요청과 해제가 로컬 Lock Container에 저장된다. Lock 요청과 해제 엔트리는 Lock Container에 쌓이게 되고, FLUSH_ENQUEUE 함수를 호출해 Lock Container에 쌓여 있는 Lock 요청과 해제를 Lock 서버로 전송한다.

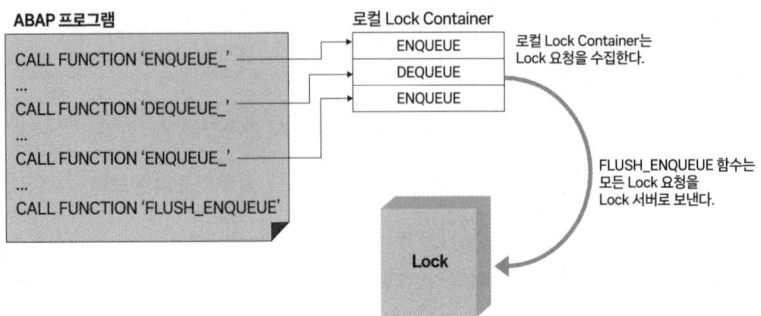

그림 8-8 Lock Container 개념

그림 8-8과 같이 ABAP 프로그램에서의 Lock 요청과 해제는 로컬 Lock Container에 쌓이게 되고, FLUSH_ENQUEUE 함수를 호출해 Lock Container의 Lock 요청과 해제를 Lock 서버로 전송한다. 로컬 Lock Container 사용 시 다음과 같이 두 가지 장점이 있다.

1. **통신 부하 감소**: Lock 요청이 그룹으로 전송되는 경우 Lock 서버의 통신 부하가 줄어든다.
2. **Lock의 효율적 관리**: Lock 요청이 그룹으로 관리되기 때문에 Lock Container에 각 요청이 한 번에 Lock 테이블에 저장된다. 즉, Lock Container의 개별 Lock 요청 또는 해제가 모두 가능한 경우에만 Lock 테이블로 저장된다.

인터널 세션(Internal Session)이 종료되면 로컬 Lock Container의 데이터는 자동으로 삭제된다. 또는 프로그램 내에서 RESET_ENQUEUE 함수를 호출하면, Lock Container의 요청 및 해제 정보가 삭제된다.

03 Lock 프로그램 예제

앞에서 생성한 Lock 함수 ENQUEUE_EZ_ZEMPLIST를 프로그램에서 호출해보자.

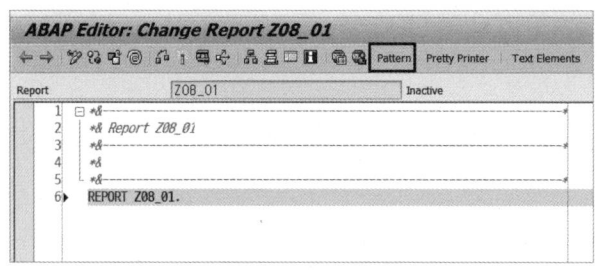

01 프로그램을 생성한 후 [Pattern] 버튼을 클릭한다. 이것은 오브젝트 유형에 따라 스크립트를 자동으로 생성하는 기능을 제공한다.

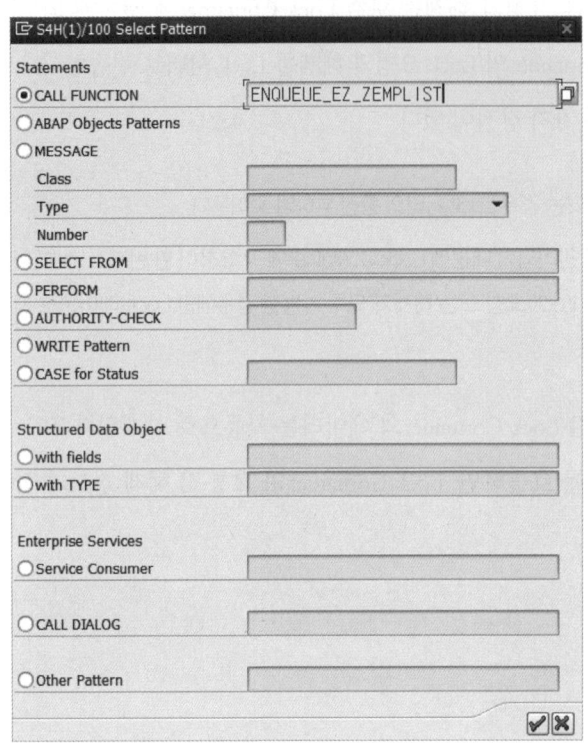

02 CALL FUNCTION 필드에 Lock 설정 함수를 입력하고, [Enter]를 누른다.

그러면 예제 8-1과 같이 함수의 파라미터들과 EXCEPTIONS 등이 자동으로 생성된다. 자동으로 입력된 파라미터에 Lock을 설정할 키 값을 입력해보자.

예제 | 8-1

```
REPORT Z08_01.

CALL FUNCTION 'ENQUEUE_EZ_ZEMPLIST'
  EXPORTING
    mode_zemplist = 'E'
    mandt         = sy-mandt
    empcd         = '1002'
    x_empcd       = ' '
    _scope        = '2'
    _wait         = ' '
    _collect      = ' '
  EXCEPTIONS
    foreign_lock   = 1
    system_failure = 2
    OTHERS         = 3.

IF sy-subrc <> 0.
  WRITE : 'Data lock success'.
ENDIF.
```

결과 | 8-1

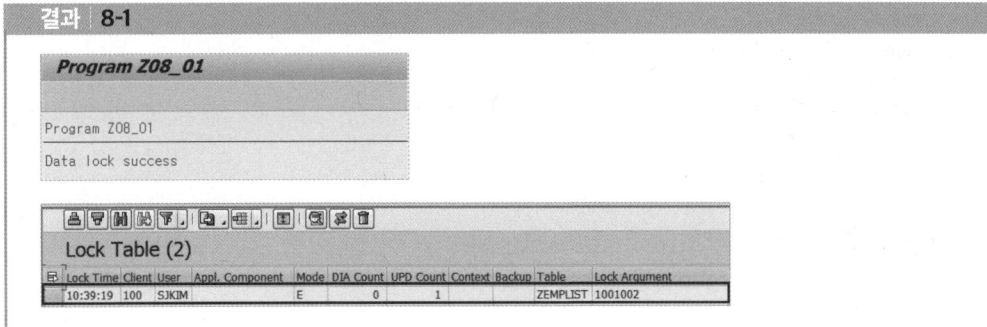

예제 8-1을 실행하면 결과 8-1 화면과 같이 "Data lock success"라는 메시지가 출력되며 데이터가 잠긴 것을 확인할 수 있다. 또한 결과 8-1 화면의 아래 Lock Table을 보면 ZEMPLIST 테이블의 '1001002' 데이터가 Lock Argument로 들어온 것을 볼 수 있다. 이는 ZEMPLIST 테이블의 기본키이며, Lock 파라미터로 지정된 필드들이다.

데이터에 Lock은 설정됐지만, 만약 새로운 프로그램에서 ENQUEUE_EZ_ZEMPLIST 함수를 사용하지 않고 바로 UPDATE zemplist 구문을 수행하면 테이블의 데이터가 업데이트된다. SAP Lock 메커니즘을 활용하려면 반드시 모든 프로그램에 Lock 함수를 추가해야 한다.

이제, Lock이 설정된 상태에서 다른 프로그램에서 같은 데이터에 Lock을 요청해보자. Lock이 제대로 설정되었는지 확인하기 위해 다시 Lock을 수행하는 프로그램인 예제 8-2를 생성하였다.

예제 | 8-2

```
REPORT z08_02.

CALL FUNCTION 'DEQUEUE_EZ_ZEMPLIST'
  EXPORTING
    mode_zemplist = 'E'
    mandt         = sy-mandt
    empcd         = '1002'
    x_empcd       = ' '
    _scope        = '3'
    _synchron     = ' '
    _collect      = ' '.


CALL FUNCTION 'ENQUEUE_EZ_ZEMPLIST'
  EXPORTING
    mode_zemplist = 'E'
    mandt         = sy-mandt
    empcd         = '1002'
```

```
        x_empcd      = ' '
        _scope       = '2'
        _wait        = ' '
        _collect     = ' '
     EXCEPTIONS
        foreign_lock   = 1
        system_failure = 2
        OTHERS         = 3.

IF sy-subrc IS NOT INITIAL.
  WRITE : 'Data lock failure'.
ENDIF.
```

결과 | 8-2

```
Program Z08_02

Program Z08_02
Data lock failure
```

예제 8-1 프로그램이 실행 중일 때 해당 프로그램에서 특정 데이터에 Lock을 설정했다면, 예제 8-2 프로그램에서 동일한 데이터에 대해 Lock을 다시 설정하려고 하면 실패한다. 또한, ZEMPLIST 테이블의 Lock을 해제하는 DEQUEUE_EZ_ZEMPLIST 함수를 호출해도 다른 프로그램에서 설정한 Lock은 해제할 수 없다. 예제 8-1에서 설정한 Lock은 해당 프로그램이 종료되거나, 해당 프로그램 내에서 Lock을 해제하는 함수를 호출해야 한다. 그러므로 항상 ENQUEUE와 DEQUEUE 함수가 같은 프로그램 내에서 함께 사용되도록 프로그래밍해야 한다. 참고로, DEQUEUE 함수는 실행 후 SY-SUBRC 변수를 반환하지 않기 때문에 ENQUEUE 함수처럼 시스템 변수로 성공 여부를 확인할 수 없다.

ENQUEUE 함수를 호출한 후에는 DEQUEUE_ALL 함수를 호출해주는 것도 좋은 방법이다. DEQUEUE_ALL 함수는 여러 개의 Lock Object를 한 번에 해제한다. 예제 8-3은 ZEMPLIST 테이블에 EMPCD = '1002', EMPCD = '1003' 데이터에 Lock을 설정한 후 프로그램 종료 전 DEQUEUE_ALL 함수를 호출해 모든 Lock을 해제하는 기능을 수행한다.

다음 예제 코드의 각 단계에 중단점을 걸고 SM12에서 Lock이 설정되고, 해제되는 과정을 직접 확인해보면 이해가 훨씬 쉬워질 것이다.

예제 | 8-3

```
REPORT Z08_03.

CALL FUNCTION 'ENQUEUE_EZ_ZEMPLIST'
  EXPORTING
    EMPCD = '1002'.

CALL FUNCTION 'ENQUEUE_EZ_ZEMPLIST'
  EXPORTING
    EMPCD = '1003'.

CALL FUNCTION 'DEQUEUE_ALL'
  EXPORTING
    _SYNCHRON = ' '.
```

04 Lock 확인

앞서 간략히 언급한 바와 같이 T-Code: SM12 또는 [Tools] → [Administration] → [Monitor] → [Lock Entries] 경로로 접속해 Lock Table을 조회할 수 있다. 이 테이블에서 현재 설정된 Lock을 조회하고, 오류 발생 시 설정된 Lock을 해제(삭제)할 수도 있다. SM12에서 Lock을 삭제하기 전에는 T-CODE:SM04에서 해당 Lock의 소유주가 로그인되어 있는지 확인하는 절차가 필요하다.

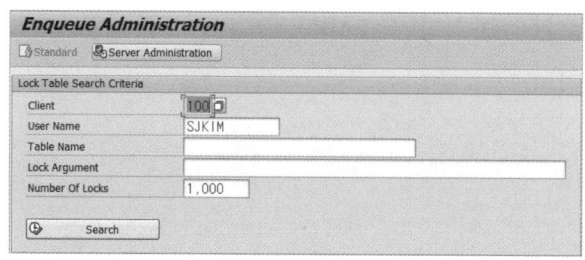

01 SM12 트랜잭션을 이용하여 시스템에 Lock이 설정되어 있는 데이터 목록을 조회해 보자. 테이블명을 알고 있다면 이를 입력하고 조회하자.

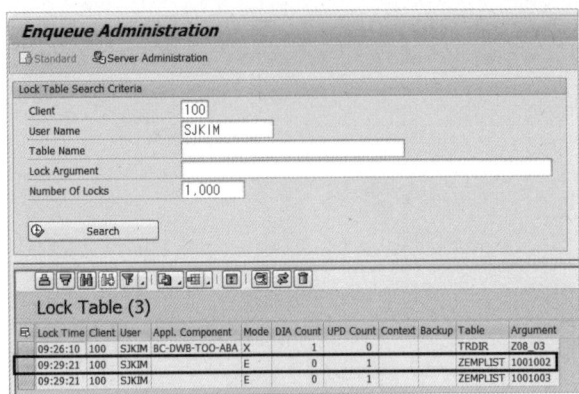

02 조회 목록을 통해 3건의 Lock이 수행 중임을 확인할 수 있다. Lock Argument는 ENQUEUE 함수를 호출할 때 사용된 파라미터 값이며, 테이블의 키 값이 문자열(String)로 표시된다.

두 번째 행의 '1001002'는 앞의 예제 8-3에서 설정한 ZEMPLIST 테이블의 기본키로 MANDT = '100' EMPCD = '1002'에 Lock이 설정된 것을 볼 수 있다. Lock을 삭제하려면 행을 선택한 후, 어플리케이션 툴바의 휴지통 아이콘()을 클릭하면 된다.

> **TIP**
> Lock 메커니즘은 데이터를 동기화하기 위해 다른 Lock 설정을 금지하는 목적으로 사용된다. Lock이 설정되어 있더라도 INSERT, UPDATE, DELETE, MODIFY 구문은 실행된다. 직접 SQL 문을 통해 데이터를 변경할 수 있다는 점에 유의해야 한다.

05 테이블 전체 Lock

데이터 이전(Migration) 작업이나 테이블 변경과 같은 중요한 작업을 수행할 때는 전체 테이블 단위로 Lock을 설정해야 할 때가 있다. 다음과 같이 ENQUEUE_E_TABLE과 DEQUEUE_E_TABLE 함수를 활용하여 Lock을 설정하고 해제할 수 있다.

```
CALL FUNCTION 'ENQUEUE_E_TABLE'
  EXPORTING
    mode_rstable  = 'E'
    tabname       = 'ZEMPLIST'
  EXCEPTIONS
    foreign_lock   = 1
    system_failure = 2
    OTHERS         = 3.
```

```
CALL FUNCTION 'DEQUEUE_E_TABLE'
  EXPORTING
    mode_rstable = 'E'
    tabname      = 'ZEMPLIST'.
```

이 함수를 사용하였다고 해서 프로그램 소스에서 UPDATE, MODIFY와 같은 구문으로 데이터를 변경하는 것을 막을 수는 없다. 또한 프로그램에서 해당 테이블의 레코드에 Lock을 설정하는 것도 가능하다. 다만, 그림 8-9와 같이 데이터 브라우저(Data Browser), T-Code: SE16N 등의 기능을 통한 테이블 데이터의 변경은 금지된다.

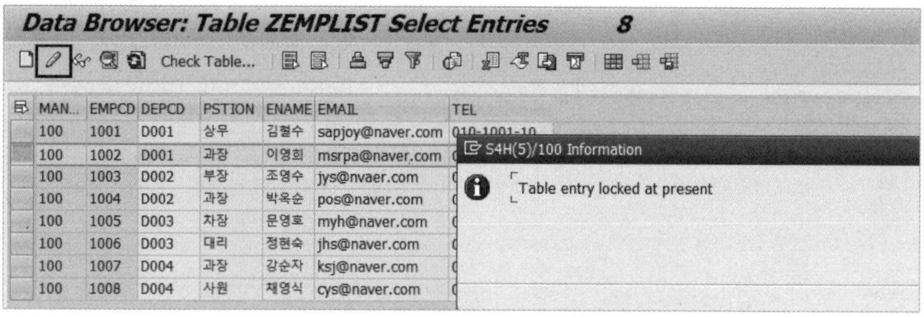

그림 8-9 데이터 브라우저를 이용한 잠긴 데이터 수정

06 T-CODE Lock 설정

특정 트랜잭션에 대해 사용자 접근을 제한해야 하는 경우, T-CODE에 Lock을 설정할 수 있다. 이는 T-CODE: SM01 트랜잭션에서 특정 T-CODE에 Lock을 설정하는 방식이다(HANA 버전에서는 T-CODE:SM01_CUS 트랜잭션을 실행한다.).

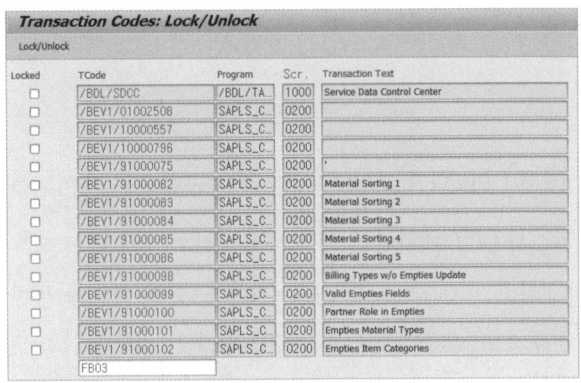

01 T-CODE: SM01을 실행한다. 맨 아래 필드에 Lock을 설정하고자 하는 T-CODE를 입력한다.

▌SM01 트랜잭션은 BC 담당자 이외에는 권한이 주어지지 않는 것이 일반적이다. 권한이 없을 경우에는 BC 담당자에게 요청하자.

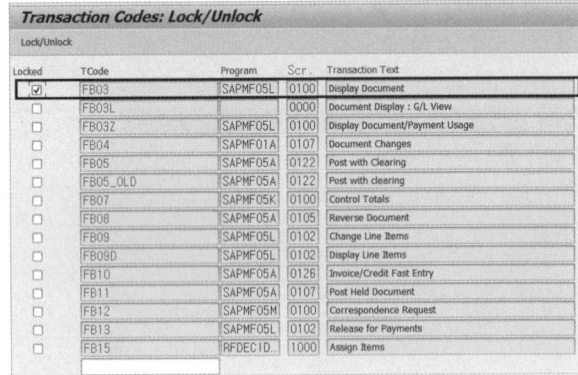

02 조회된 T-CODE를 더블 클릭하거나, [Lock/Unlock] 버튼을 클릭하면 Lock이 설정된다

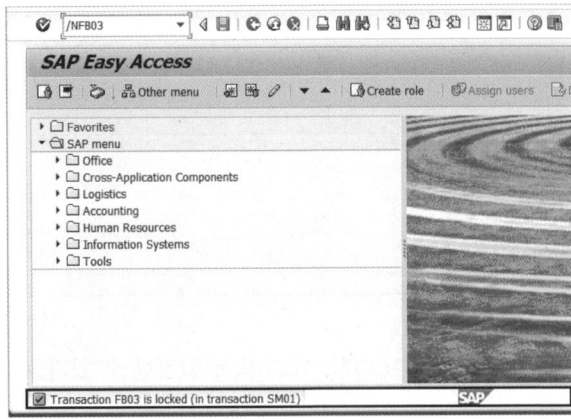

03 전표 조회 T-CODE인 FB03을 실행하면, 그림과 같은 메시지가 출력되면서 T-CODE가 잠긴다.

조금 더 알아보기 — HANA에서 트랜잭션 잠금

SAP_BASIS 750 SP03 이상, SAP BASIS 릴리스에서는 기존 T-CODE: SM01대신 SM01_DEV, SM01_CUS에서 트랜잭션 잠금을 설정할 수 있다.

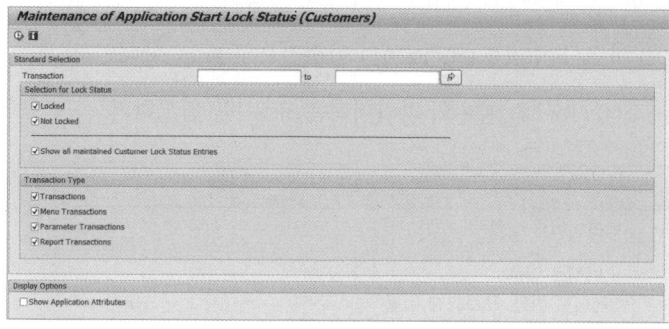

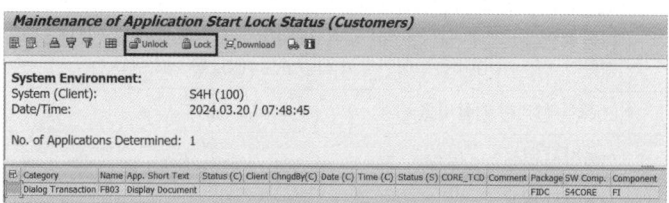

07 기타

7-1 ENQUEUE_READ 함수

SAP 시스템에서는 동시에 여러 사용자가 같은 데이터에 접근하고 변경하는 상황이 자주 발생한다. 예를 들어, 하나의 생산 오더를 여러 명이 동시에 변경하려고 하는 경우가 있다. 개발 프로그램에서는 ENQUEUE_READ 함수를 사용해 해당 데이터가 현재 잠겨 있는지를 확인할 수 있다. 이 함수를 사용하면 현재 작업하려는 데이터에 대해 Lock을 설정한 사용자도 확인할 수 있다. SAP의 표준 프로그램은 데이터를 변경할 때 항상 Lock을 설정하므로, CBO 프로그램을 개발할 때 ENQUEUE_READ 함수를 사용해 Lock의 설정 여부를 확인하는 습관이 필요하다.

ENQUEUE_READ 함수는 현재 Lock Table에 Lock이 설정되어 있는 목록을 반환한다. 별도의 Lock Object를 활용하지 않아도, ENQUEUE_READ 함수만으로 Lock 상태인 전체 오브젝트 목록을 조회할 수 있다. ENQUEUE_READ 함수의 파라미터는 표 8-1을 참고하자.

파라미터	내역
GCLINET	클라이언트 이름
GNAME	오브젝트 이름 * 테이블 이름, 프로그램 이름
GARG	Lock이 설정된 테이블의 키 값을 반환 (클라이언트(3) + 키 값) 예를 들면, 앞 예제에서 설정한 직원코드 1002에 대해 Lock Table을 읽어오려면 1001002를 입력한다. 이는 100번 클라이언트의 직원코드 1002를 의미한다.
GUNAME	Lock을 설정한 사용자를 반환
LOCAL	사용하지 않음
FAST	사용하지 않음
GARGNOWC	사용하지 않음
NUMBER	ENQ 파라미터에 반환한 Lock 엔트리 수
SUBRC	시스템 변수 SY-SUBRC 반환
ENQ	읽어온 Lock 엔트리의 상세 정보 반환

표 8-1 ENQUEUE_READ 함수의 파라미터

ENQUEUE_READ 함수를 T-CODE: SE37에서 실행하면 현재 활성화되어 있는 Lock(잠금) 목록이 조회된다.

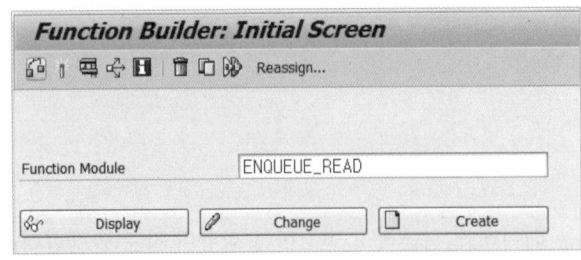

01 T-Code: SE37 함수 작성기에서 ENQUEUE_READ 함수를 입력한 후 실행한다.

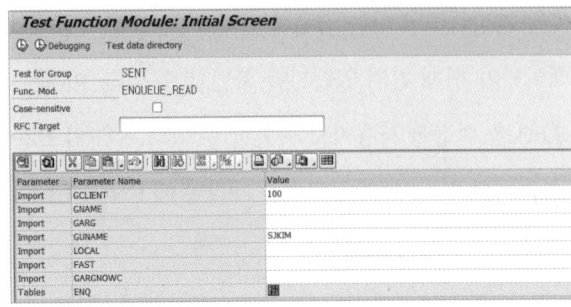

02 특정 사용자가 설정한 Lock 엔트리를 조회하기 위해, SAP 사용자 ID를 입력한다.

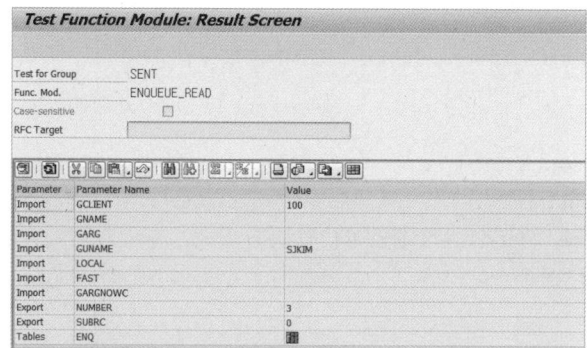

03 실행 결과 3건의 Lock이 설정된 데이터가 조회되었다. 테이블 아이콘(▦)을 클릭하여, 상세 정보를 조회한다.

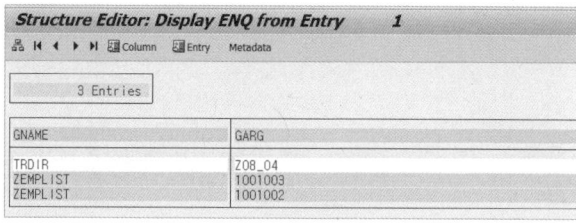

04 현재 Lock Table에 Lock이 설정되어 있는 목록들이 조회된다.

> 해당 함수는 테이블의 데이터에 Lock을 설정하는 기능이 아니라, 단지 Lock이 설정된 데이터를 조회하는 것임에 유의한다.

예제 8-4는 앞서 생성한 ZEMPLIST 테이블에서 직원코드가 '1002'인 데이터에 Lock이 설정된 경우, Lock을 설정한 사용자와 작업 내용에 대한 메시지를 반환한다.

예제 | 8-4

```
REPORT z08_04.

DATA: lv_msg TYPE string,
      ls_enq TYPE seqg3,
      lt_enq TYPE TABLE OF seqg3.

CALL FUNCTION ' ENQUEUE_READ '
  EXPORTING
    gclient              = sy-mandt
    gname                = ' ZEMPLIST '
    garg                 = ' 1001002 '
    guname               = ' '
    local                = ' '
  TABLES
    enq                  = lt_enq
  EXCEPTIONS
    communication_failure = 1
    system_failure       = 2
    OTHERS               = 3.
```

```
  IF lt_enq IS NOT INITIAL.
    READ TABLE lt_enq INTO ls_enq
      WITH KEY
        gtarg = '1001002'.

    IF sy-subrc EQ 0.
      CONCATENATE '직원코드: ' ls_enq-gtarg+3(4)
                  '는 사용자' ls_enq-guname '이(가) 수정 중입니다.'
              INTO lv_msg SEPARATED BY space.

      WRITE lv_msg.
    ENDIF.

  ENDIF.
```

결과 | 8-4

```
Program Z08_04

Program Z08_04
직원코드: 1002 는 사용자 SJKIM 이(가) 수정 중입니다.
```

7-2 Editor Lock 기능

Editor Lock 기능은 ABAP Editor에서 프로그램을 수정할 때 다른 개발자가 동시에 해당 프로그램을 수정하지 못하도록 방지한다. 이는 이번 장에서 다룬 Lock Object와는 다른 개념이므로, 참고로 알아두면 좋다.

기본적으로 다른 개발자가 프로그램을 수정 중일 경우 해당 프로그램은 Lock이 설정된다. 이는 프로그램을 수정 상태로 변경한 후 T-CODE: SM12에서 조회하면 Lock이 설정된 것을 확인할 수 있다. 이와 별개로 Editor Lock 기능은 Editor Lock을 설정한 사용자 이외에 다른 사용자는 프로그램을 수정할 수 없게 한다.

만약 긴급하게 프로그램을 수정해야 하는 경우에는 강제로 Editor Lock을 해지한 후 작업을 진행해야 한다. 이를 위해 다음 예제 프로그램을 실행하여 Editor Lock을 강제로 해제할 수 있다. TRDIR 테이블은 프로그램 이름, 생성 일자, 변경 일자, Editor Lock 상태 등의 정보가 포함된 뷰(View)이다. Editor Lock은 프로그램 생성 시 Attribute를 설정할 때 확인하거나 [Goto] → [Attribute] 경로에서 설정할 수 있다.

CHAPTER 08 | Lock Object

그림 8-10 Editor Lock 설정

예제 | 8-5

```
REPORT z08_05.

DATA ls_trdir TYPE trdir.
PARAMETERS: p_prog TYPE trdir-name OBLIGATORY.

START-OF-SELECTION.

  SELECT SINGLE *
    FROM trdir
    WHERE name EQ @p_prog
    INTO CORRESPONDING FIELDS OF @ls_trdir.

  IF sy-subrc EQ 0.
    IF ls_trdir-edtx EQ 'X'.
      CLEAR ls_trdir-edtx.
      MODIFY trdir FROM ls_trdir.

      WRITE: / 'Editor Lock was removed from ', p_prog.
    ELSE.
      WRITE: / 'Program ', p_prog, ' does not have an Editor Lock'.
    ENDIF.
  ELSE.
    WRITE: / 'No match found for program ', p_prog.
  ENDIF.
```

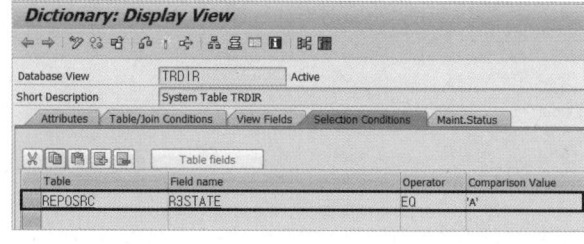

TRDIR은 REPOSRC 테이블에서 R3STATE = 'A' 값만 조회되도록 만든 뷰이다. 즉, 활성화된 상태의 프로그램만 조회되도록 뷰를 생성한 것이다.

CHAPTER 09

Search Help

In this chapter >>>

Search Help(탐색 도움말)는 사용자가 스크린 필드에 값을 입력할 때 입력 가능한 리스트(Hit List)를 제공한다. 이번 장에서 설명하는 Search Help 전체를 이해하기 위해서는 "13장 모듈 풀 프로그램"에 대한 사전 지식이 필요하다.

Chapter list >>>

1. Overview
2. Search Help 생성
3. Search Help 활용
4. Search Help Exit
5. Collective Search Help
6. Dialog 모듈에서의 Input Help 구성

Overview

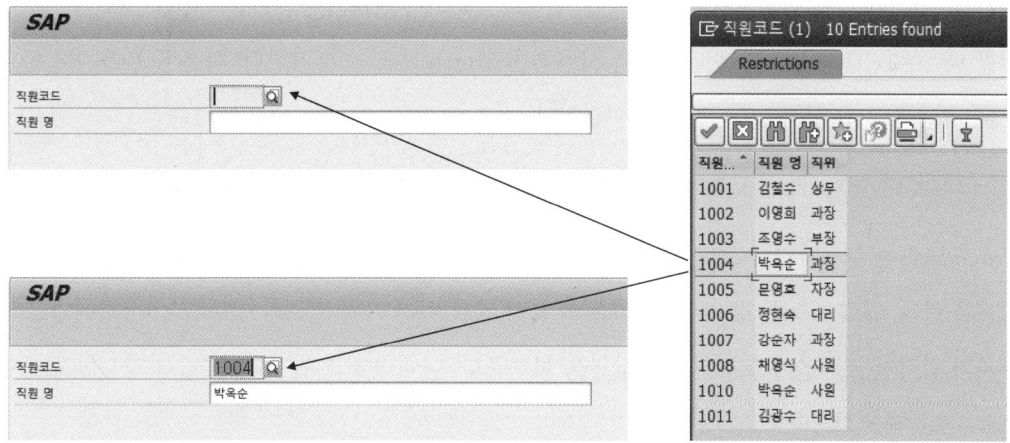

그림 9-1 Search Help

Input Help([F4] Help 또는 입력 도움말)는 사용자가 스크린 필드에 입력 가능한 값(Possible Value)을 조회하는 SAP의 표준 기능이다. 예를 들어, 사용자가 사번을 입력해야 하지만 직원의 이름만 알고 있는 경우, 사번을 바로 입력하기 어려울 수 있다. 이때 Input Help를 사용하여 직원의 이름을 검색해 사번을 찾아 입력할 수 있다. Input Help를 생성하거나 조회하는 방법은 다음 두 가지로 나뉜다.

1) ABAP Dictionary Search Help를 이용한 Input Help

ABAP Dictionary(T-CODE: SE11)에서 Search Help를 생성한 후, 데이터 엘리먼트, 구조체, 테이블 타입 등의 ABAP Dictionary 오브젝트에 Search Help를 할당할 수 있다. 이렇게 할당된 Search Help는 해당 오브젝트를 참조하는 스크린 필드에 자동으로 적용된다. 만약 직접 할당된 Search Help가 없다면, Check 테이블의 데이터나 도메인의 고정 값(Fixed Value)이 스크린 필드의 Input Help에 연결된다. 특히 DATS와 TIMS 타입은 각각 날짜와 시간 유형으로, SAP에서 사전 정의된 Input Help가 존재한다. 이러한 경우, 별도의 Search Help를 등록하지 않아도 해당 타입에는 자동으로 달력과 시간 Input Help가 표시되며, 이를 Static Input Help라고 부른다.

2) Dialog 모듈에서의 Input Help

사용자가 스크린 필드에서 [F4] 키를 눌렀을 때, POV(PROCESS ON VALUE-REQUEST) 이벤트에서

Dialog 모듈을 호출함으로써 Input Help를 화면에 표시할 수 있다.

이미 눈치를 챈 독자들도 있겠지만 Input Help와 Search Help는 동일한 개념이 아니다. Input Help에 주로 사용되는 것이 이번 장에서 중점적으로 살펴보게 되는 Search Help 오브젝트이다. Search Help 는 탐색 도움말로서 ABAP Dictionary 오브젝트이다. Release 4.0 이후 버전부터 사용되었으며, 이전에는 Matchcode라는 이름으로 사용되었다. 현재도 TYPE-1 프로그램의 PARAMETERS 변수를 선언할 때 MATCHCODE 라는 명령어를 사용하여 Search Help를 추가한다. 다음 구문을 이용하여 Search Help를 PARAMETERS 변수에 연결한다.

```
PARAMETERS <param> MATCHCODE OBJECT <search help>
```

Search Help는 사용자가 스크린 필드에 값을 입력하고자 할 때 입력 가능한 값의 목록을 보여주는 기능을 한다. 입력 가능한 값(Possible Value)을 찾기 위한 여러 가지 필드의 선택 조건이 주어지고 사용자가 입력한 조건을 참고하여 결괏값만을 보여준다. 이때 [F4] 키를 누르면 입력 가능한 값들이 Dialog Box에 조회된다.

Search Help는 다음 두 가지 타입으로 구분된다.

Elementary Search Help	Collective Search Help
■ 기본 탐색 도움말 ■ 하나의 탭으로 구성됨 ■ Selection Method의 데이터를 활용	■ 일괄 탐색 도움말 ■ 여러 개의 탭으로 구성됨 ■ Elementary Search Help의 조합으로 구성됨

Search Help를 스크린 필드에 추가하는 방법은 크게 세 가지로 구분할 수 있다. 이들 방법은 뒤에서 자세히 살펴본다.

1. 데이터 엘리먼트(Data Element)에 Search Help 추가
2. 테이블 필드(Table Field)에 Search Help 추가
3. 스크린 필드(Screen Field)에 Search Help 추가

일반 사용자는 다음과 같은 순서로 Search Help(탐색 도움말)를 호출하게 된다.

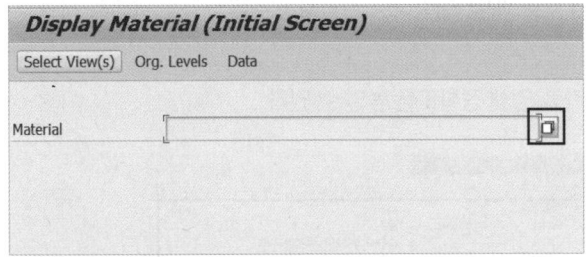

01 사용자는 스크린 필드에서 입력 가능한 값이나 입력하고자 하는 값을 찾기 위해 **[F4]** 키를 누르거나 Possible Entry 버튼(🔍)을 클릭한다.
예를 들어, 자재코드를 조회하는 화면인 T-CODE: MM03을 실행해 보자.

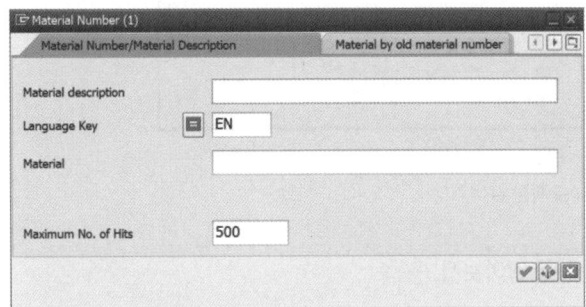

02 시스템은 목록의 적중률을 높이고 목록 수를 제한하기 위해 조건 값의 입력을 요구한다. 사용자는 조건 값을 입력하고 탐색을 수행한다.

> 2단계는 Search Help의 유형에 따라 생략될 수 있다.

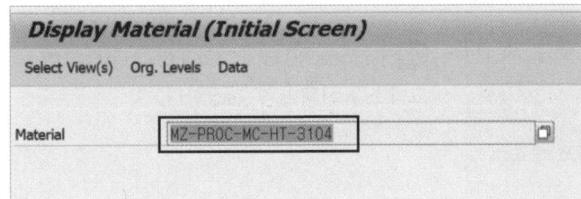

03 시스템은 조건에 해당하는 값을 목록으로 보여준다.

04 사용자는 원하는 라인을 더블 클릭하거나 **[Enter]**를 입력하고, 선택된 값은 스크린 필드에 적용된다.

조금 더 알아보기 ─ 확장 검색

SAP HANA(NetWeaver for ABAP 7.40 SP06, SAP GUI 7.30 Patch 6, HANA DB 이상의 버전)에서는 그림 9-2와 같은 확장 검색 기능을 사용할 수 있다. 확장 검색은 Type-Ahead, Fuzzy Search와 같은 기능을 제공한다.

Type-Ahead 기능은 사용자가 문자를 입력하는 속도가 컴퓨터가 처리해 화면에 표시하는 속도보다 빠를 때, 사용자가 아직 입력하지 않은 문자를 내부적으로 저장해 제안하는 기능이다.

Fuzzy Search 기능은 사용자가 입력한 문자열 또는 패턴, 대략적으로 일치하는 문자열을 검색해 제안하는 기능이다.
이러한 기능들을 통해 사용자 경험을 향상시키고, 검색 정확도를 높일 수 있다.

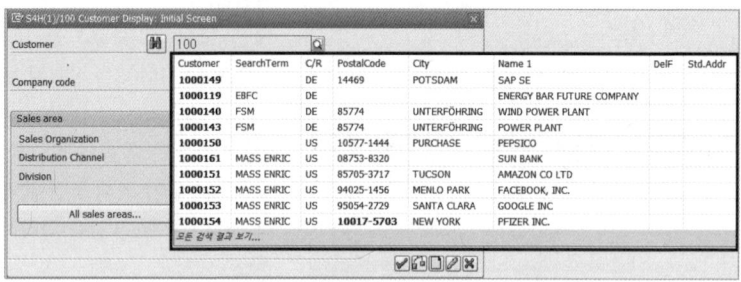

그림 9-2 확장 검색 기능

이제, 이러한 기능들을 사용하기 위한 설정 순서를 알아보자.

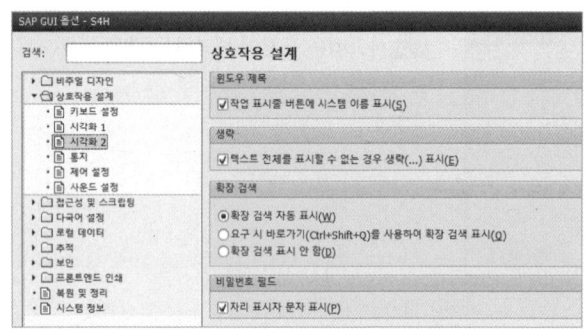

01 로컬 레이아웃 커스터마이즈 버튼(■)을 클릭한 후 [옵션] → [상호작용 설계] → [시각화 2]에서 확장 검색에 '확장 검색 자동 표시'를 선택한다.

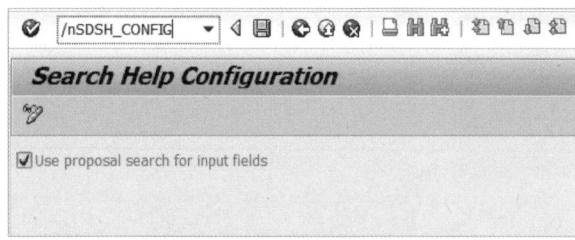

02 T-Code: SDSH_CONFIG를 실행하여 체크박스를 선택한 후 저장한다.

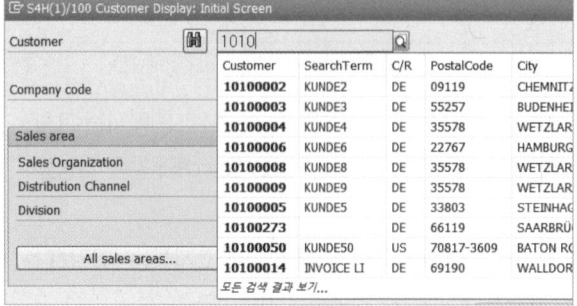

03 설정 완료 후, T-CODE: XD03와 같은 트랜잭션을 실행시켜 제대로 동작하는지 확인한다.

이와 같은 설정이 완료되었더라도, 모든 Search Help에서 해당 기능을 사용할 수 있는 것은 아니다. CBO로 개발되는 Search Help의 경우 별도로 설정해야 한다. 이에 대한 내용은 이후 Search Help를 생성할 때 자세히 알아보자.

02 Search Help 생성

Search Help를 정의하는 전체 속성은 그림 9-3과 같다.

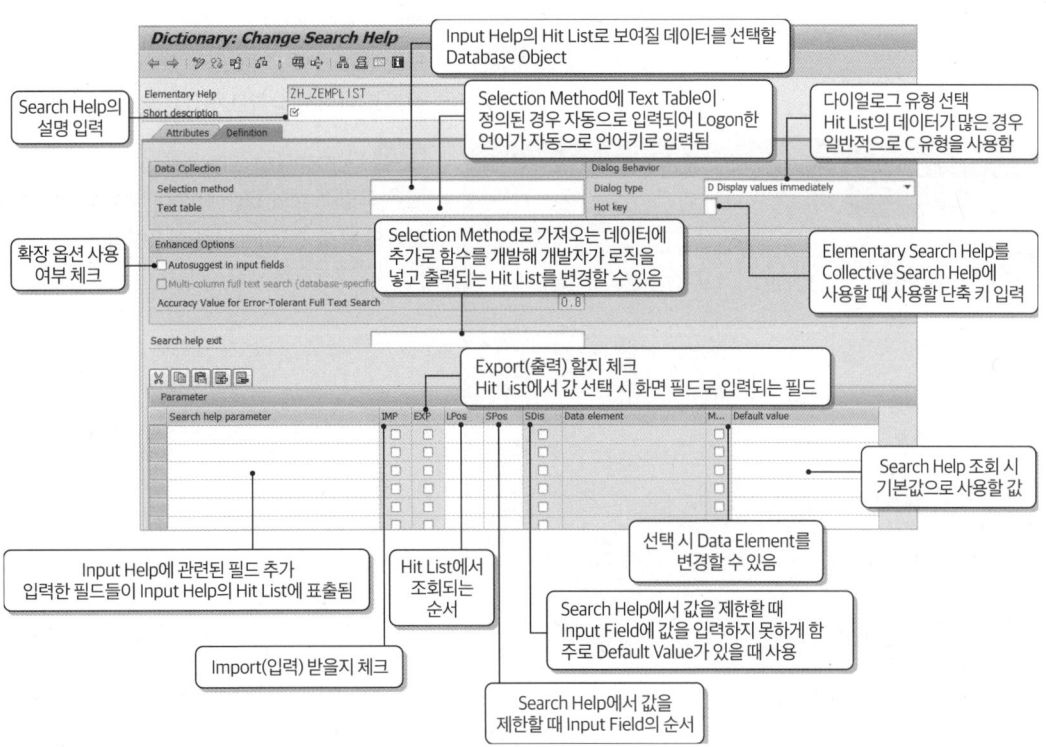

그림 9-3 Elementary Search Help 속성

테이블 ZEMPLIST의 3개 필드(EMPCD, ENAME, PSTION)를 파라미터로 갖는 Elementary Search Help를 생성해보자.

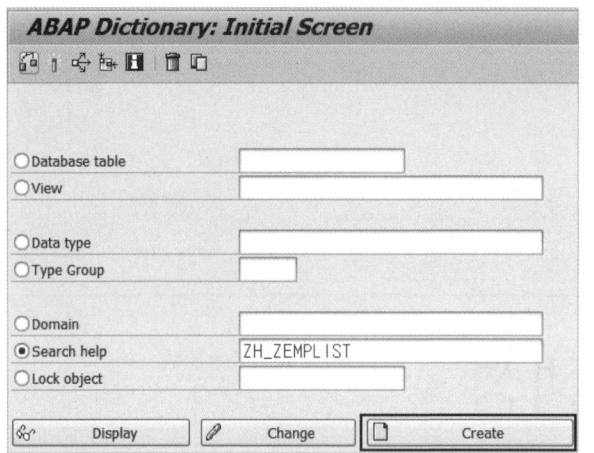

01 Search Help 생성
T-CODE:SE11 ABAP Dictionary에서 Search Help 이름을 입력하고 [Create] 버튼을 클릭한다.
'Z' 또는 'Y'로 시작하는 30자리 문자 이내의 이름을 지정해야 한다.
실무에서는 일반적으로 'CBO 구분자 ZH + 모듈 구분자 + 설명 구분자'와 같은 네이밍 룰을 사용한다. 네이밍 룰은 사이트마다 조금씩 차이가 있을 수 있다.
예) ZH_HR_DEPART

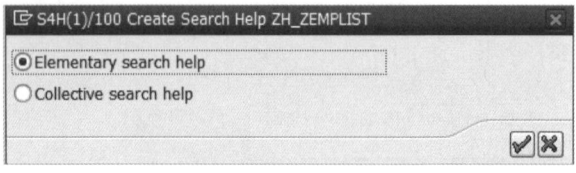

02 Search Help 타입 선택
생성 버튼을 클릭하면 Search Help 타입을 선택하는 창이 열린다.
Elementary와 Collective Search Help의 차이점을 이어서 살펴보자.

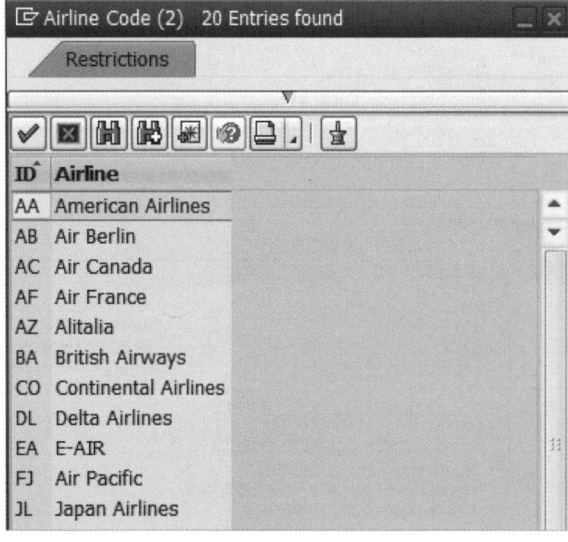

02-1 Elementary Search Help
왼쪽 그림과 같이 Elementary Search Help는 하나의 탐색 경로(Path)를 이용한다.

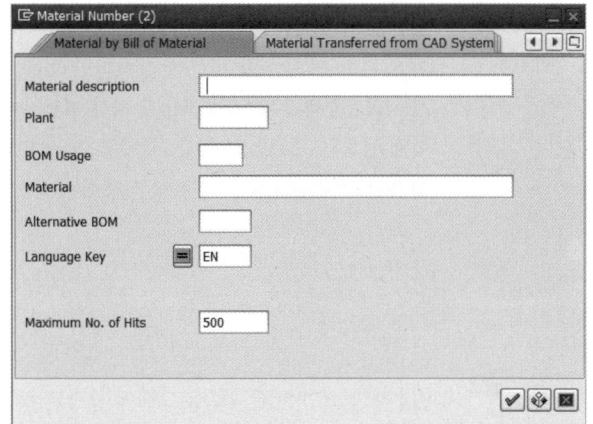

02-2 Collective Search Help
여러 개의 경로(Path)를 가지는 Search Help
이다. 사용자가 Input Help를 누르면 여러
Search Help 중 사용자가 원하는 경로(Path)
를 선택할 수 있도록 화면을 제공한다.

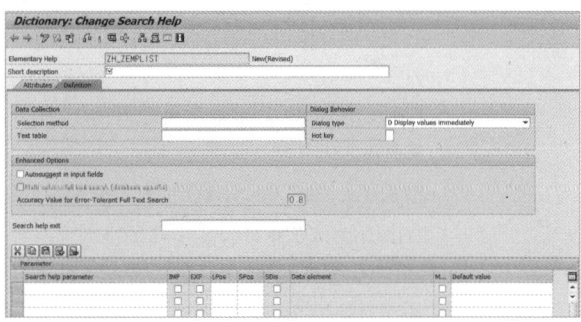

03 이후에 Search Help 검색을 쉽게 하기 위
해 Short Description를 정의하여 입력한다.
그리고 [Definition] 탭에서 Selection Method
를 정의한다. Selection Method는 Hit List에
조회될 데이터를 가져오는 데이터베이스 오브
젝트를 말하며, 다음과 같이 데이터베이스 테
이블, 뷰, CDS를 사용할 수 있다. 여기서는 직
원 목록을 가져올 ZEMPLIST 테이블을 입력
한다.

04 앞의 [조금 더 알아보기]에서 설명한 확
장 검색 기능을 사용하기 위해서 'Enhanced
Options'에 선택해야 한다.
'Accuracy Value for Error-Tolerant Full
Text Search'는 자동 완성 기능에서 정확도 값
을 설정하는 부분으로 0.1 ~ 1 사이를 입력할
수 있다.

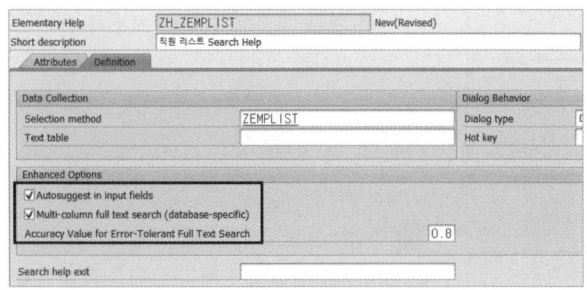

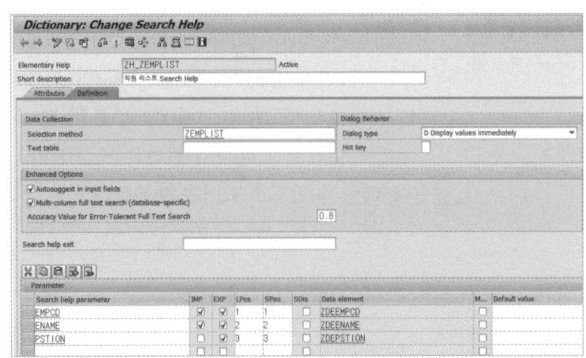

05 Search Help 파라미터를 그림과 같이 입력한 후 활성화 버튼을 클릭하면 'ZH_ZEMPLIST'라는 Search Help가 생성된다.
이제 생성된 Search Help를 테스트해보기 위해 [F8] 키나 아이콘을 눌러 실행해보자.

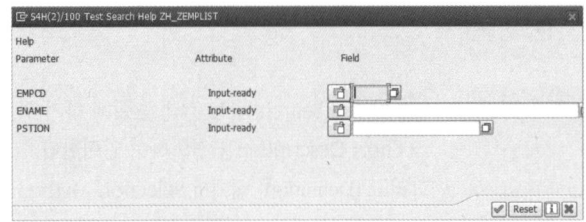

06 해당 화면은 실제 프로그램에 할당된 것이 아니라, ABAP Dictionary에서 생성한 Search Help 오브젝트를 테스트하는 화면이다.
EMPCD에 '1001' 값을 입력한 후 Hit List를 조회해보자.
EMPCD 필드는 Search Help 생성 시 IMP(Import)에 선택했기 때문에 사용자가 Hit List(결과 목록)가 나오기 전에 조회 조건을 설정할 수 있다.

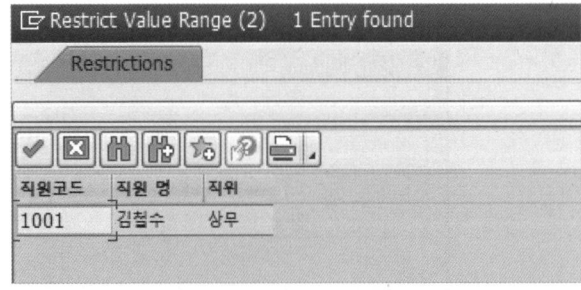

07 6번 단계에서 EMPCD 필드에 '1001'을 입력했기 때문에 직원코드가 '1001'인 값만 Hit List에 출력된다.

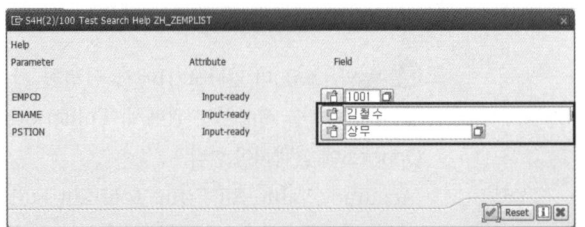

08 Hit List의 라인을 더블 클릭하면, Search Help의 입력 필드에 선택한 정보가 들어오는 것을 확인할 수 있다. Search Help 생성 시 Export를 선택한 필드는 이렇게 스크린 필드에 값을 반환한다.

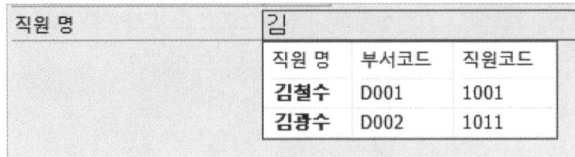

09 또한 Search Help 생성 시 'Enhanced Options'을 설정했기 때문에 왼쪽의 화면과 같이 '김'을 입력하면 [F4] 키를 눌러 Hit List를 조회하지 않아도 입력한 문자열과 유사한 값을 하단에 출력해준다.

조금 더 알아보기 — F4 Help 사용자 설정

[F4] 키를 통해 Input Help의 Hit List를 조회해보면, 다음 그림처럼 구식 형태의 목록으로 나오는 경우도 있다.

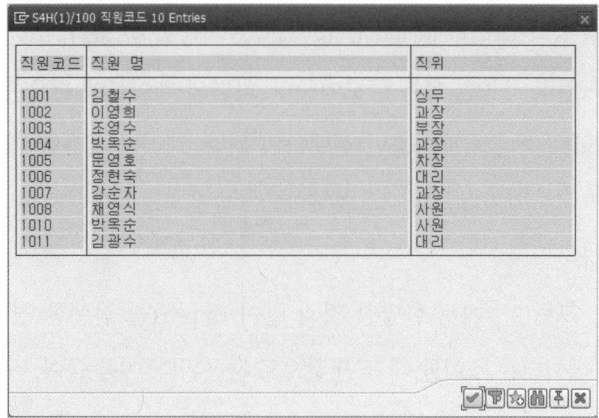

불편함 없이 조회가 가능하다면 그대로 사용해도 되지만, ALV를 통해 보다 깔끔한 화면으로 조회할 수 있다. 설정 경로는 다음과 같다. 메뉴: [Help] → [Settings] → [F4 Help] 탭

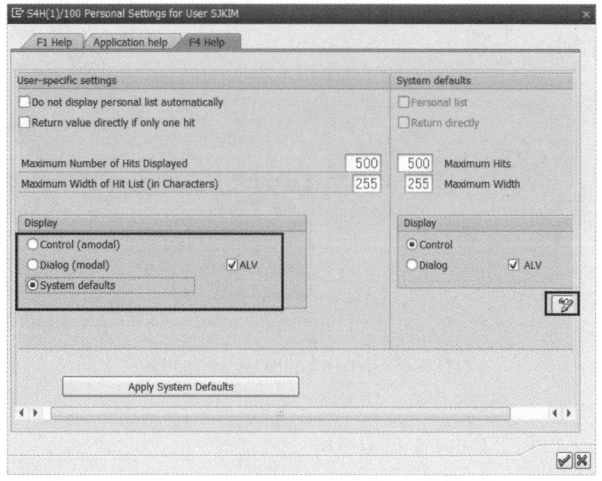

이 화면에서 Input Help에 대한 사용자 설정 또는 시스템 디폴트 설정을 할 수 있다. 오른쪽의 System defaults 영역의 수정 버튼( )을 누르는 경우 시스템 전역에 대한 설정이 변경된다. ALV로 Input Help를 조회하기 위해 Display 영역의 'Control(amodal)'과 'ALV'를 선택해보자.

2-1 Selection Method

Search Help는 실행 시점에 테이블에서 데이터를 가져와 Hit List를 구성한다. 이때 사용하는 데이터베이스 대상을 Selection Method라고 한다. Selection Method에는 ABAP Dictionary Table, View 또는 CDS View를 사용할 수 있다. 그러나 Maintenance View는 사용할 수 없다.

Hit List는 사용자에게 입력 가능한 목록을 보여준다. 하나의 테이블에 필요한 값이 모두 존재하는 경우, Selection Method로 하나의 테이블만 선택하면 된다. 그러나 필요한 데이터가 두 개 이상의 테이블에 존재하면(예: 코드 값과 코드의 텍스트 테이블을 함께 보여주고자 할 때), 외래키로 연결된 뷰(View)를 이용해야 한다.

Search Help 생성 시, 그림 9-4에서 설명한 것과 같이 Import를 선택한 경우 사용자 입력 값이 Selection Method에서 데이터를 조회할 때 조건 값으로 사용된다. 예를 들어, 직원코드 '1002'를 입력한 후 직원명 필드에서 [Input Help] 버튼을 누르면, Selection Method로 등록된 테이블 ZEMPLIST에서 직원코드가 '1002'인 직원의 이름을 Hit List에서 조회할 수 있다.

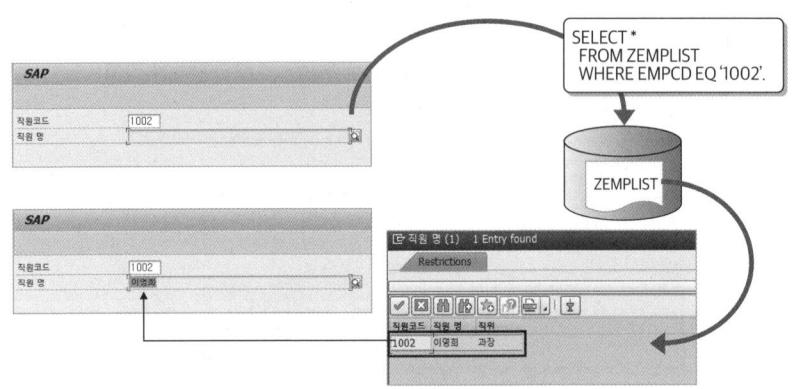

그림 9-4 Search Help의 Selection Method

다이얼로그 유형은 표 9-1과 그림 9-5를 참고한다.

TYPE	내역	설명
A	값 세트에 따른 다이얼로그	Hit List 기준 100개 - 이상이면 C 유형으로 조회 - 이하면 D 유형으로 조회
C	값 제한 다이얼로그	값을 입력받아야만 목록 조회
D	값 즉시 조회	즉시 목록 조회

표 9-1 다이얼로그 유형

CHAPTER 09 | Search Help

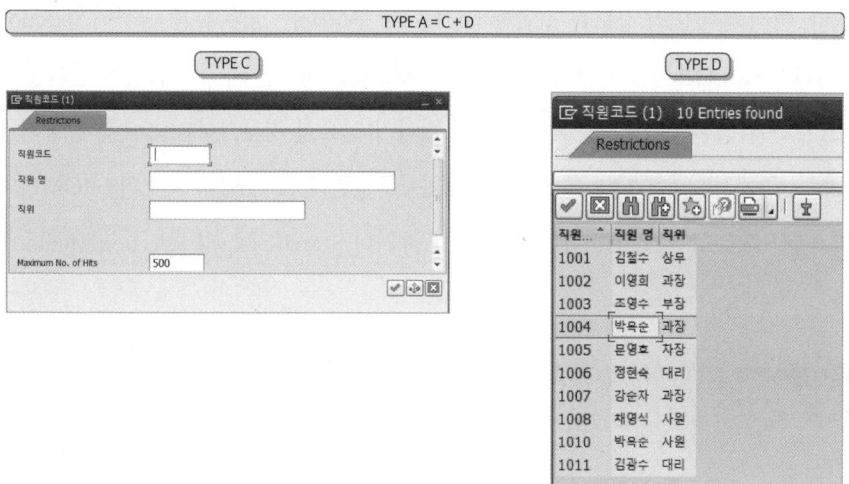

그림 9-5 다이얼로그 유형

Search Help에서 위치를 결정하는 SPOS(Position in dialog box)와 LPOS(Position of Hit List) 속성은 그림 9-6에서 보여주는 것처럼 Input 필드와 Hit List의 위치를 결정하게 된다. 이 속성들은 숫자를 이용해 숫자를 지정하며, 0이나 값을 입력하지 않은 항목은 화면에 표시되지 않는다.

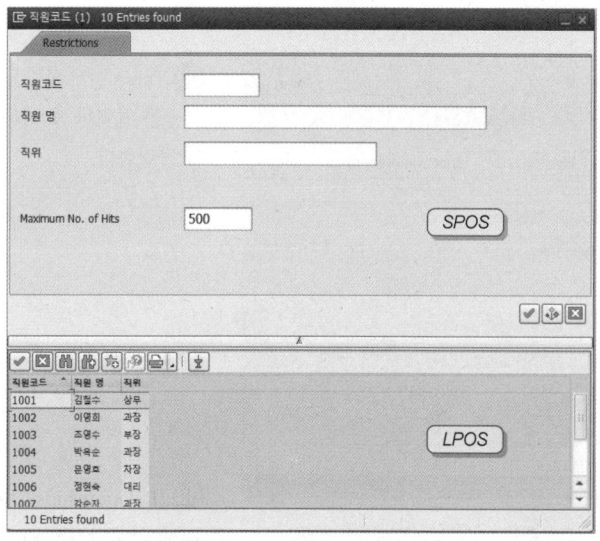

그림 9-6 Search Help의 SPOS, LPOS 속성

2-1-1 Help View를 사용한 Selection Method

앞서 설명한 것처럼 Search Help의 Selection Method에는 하나의 테이블 또는 하나의 뷰(View)만 입

력할 수 있다. 여러 테이블의 정보를 조합해 Hit List를 구성하는 경우 뷰를 생성해 Selection Method로 사용하거나 Search Help Exit을 사용해야 한다. Database View는 여러 테이블을 결합할 수 있지만, Inner Join으로만 결합된다. 따라서 Outer Join의 결과가 필요한 경우, Help View를 생성해야 한다. Help View는 SAP에서 Search Help를 위해 제공하는 특수한 뷰로 OPEN SQL의 FROM 절에는 사용할 수 없다. 대신 프로그램 생성 시 Type으로 참조하거나 Search Help의 Selection Method로만 사용할 수 있다.

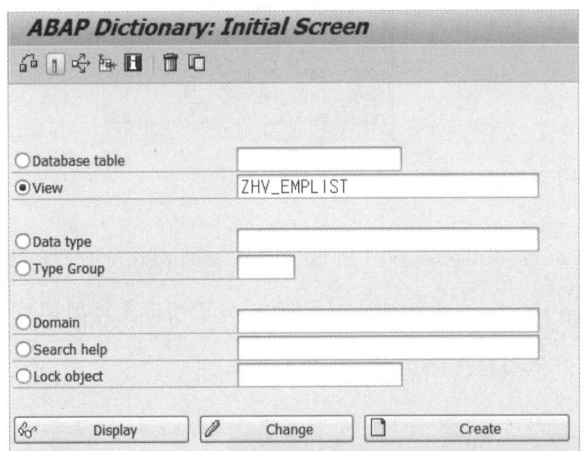

01 T-CODE: SE11 ABAP Dictionary에서 뷰 이름을 입력한 후 [Create] 버튼을 클릭한다. 그러면 다음과 같은 팝업창이 나오는데, 'Help view'를 선택한다.

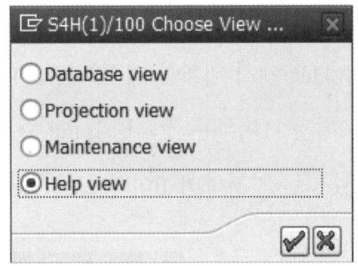

02 Table 항목에 Primary Table로 사용할 테이블을 입력한 후 아래의 [Relationships] 버튼을 클릭한다.

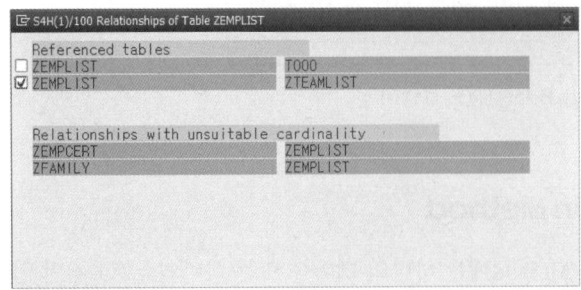

03 [Relationships] 버튼을 클릭하면 Primary Table인 ZEMPLIST와 외래키로 연결된 테이블들이 표시된다. 여기선 부서정보를 가지고 있는 ZTEAMLIST 테이블을 선택한 후 [Copy] 버튼을 클릭한다.

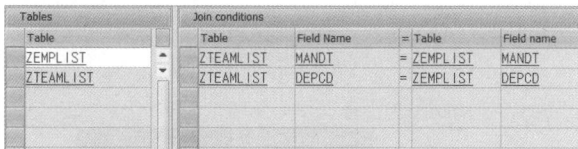

04 외래키로 연결된 테이블을 입력하면 Join Conditions에 테이블의 결합 조건이 자동으로 입력된다.

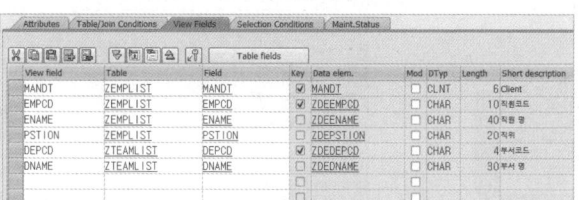

05 [View Fields] 탭에서 Help View에 사용할 필드를 입력한다. [Table fields] 버튼을 클릭하면 뷰(View)에 사용할 수 있는 필드를 보여준다.

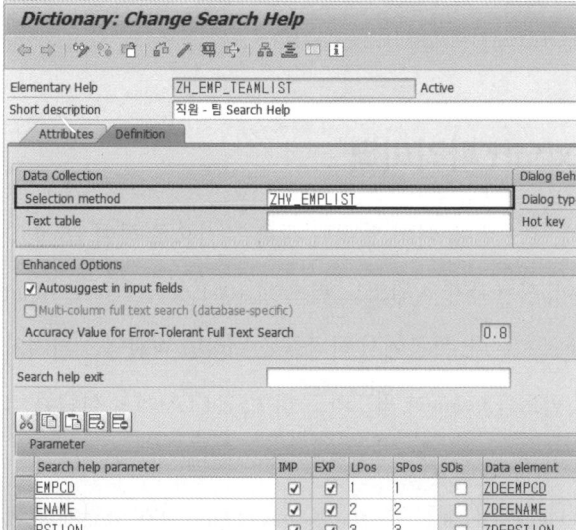

06 생성한 Help View를 Search Help의 Selection Method에 입력한다.

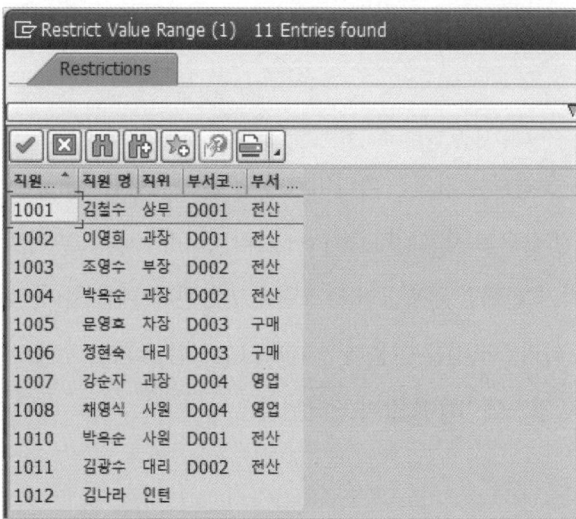

07 Search Help를 실행해 확인해보면 직원 정보와 부서정보가 조합되어 Hit List에 출력된다. Help View는 Outer Join으로 테이블을 결합하기 때문에 Secondary Table에 값이 없어도 Primary Table의 데이터를 기준으로 가져온다.

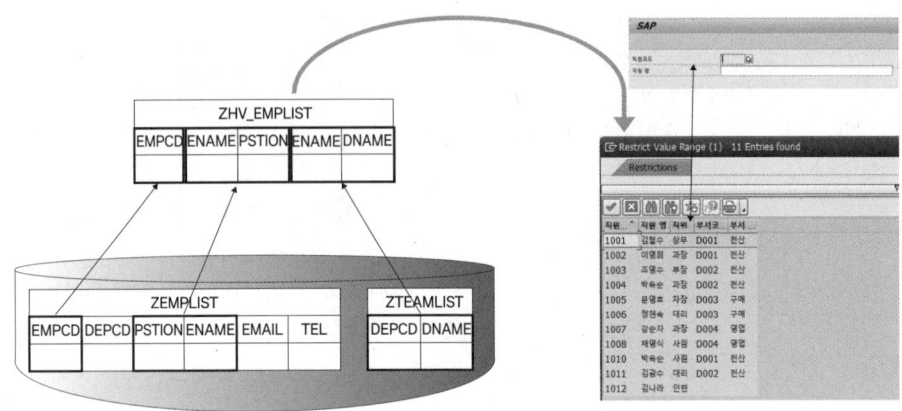

그림 9-7 Search Help의 Selection Method로 Help View 사용

2-2 Search Help의 Import와 Export 파라미터

앞서 설명한 것처럼 Input Help가 호출될 때, 스크린에 이미 입력된 값을 조건으로 하여 Hit List를 제한할 수 있다. 그림 9-8에서 볼 수 있듯이, 사용자가 직원코드 필드에 '1001'을 입력하고 Input Help를 호출하면 해당 코드에 대한 Hit List가 조회된다. 목록에서 하나를 선택하면 직원명을 가져와 스크린 필드에 입력된다. 여기에서 직원코드 필드를 Context 필드라고 하며, Hit List에서 선택된 라인(Line)을 Input Template이라고 한다.

Search Help의 인터페이스(Interface)는 Input Help에 사용될 수 있는 Context 데이터와 화면에 반환되는 Input Template으로 정의할 수 있다. Search Help의 파라미터는 두 가지로 정의된다.

1) Import 파라미터

Input Template의 프로세스에 사용되는 Context 정보를 가지는 파라미터이다. 쉽게 설명해서 Import 파라미터로 설정되면 데이터를 제한하는 조건 값으로 사용된다. Import 파라미터가 Export 파라미터로도 설정될 수 있으며, 이 경우에는 사용자가 선택한 결괏값이 스크린에 반환된다. 예를 들어, 사용자가 직원코드 필드에서 '10*'와 같이 애스터리스크(*)를 이용해 Possible Entry를 조회한 후에 직원코드가 '1001' 값인 엔트리를 선택하면 입력 필드에 '1001' 값이 전달된다.

2) Export 파라미터

Hit List에 보이는 Input Template 파라미터이며, 결과가 스크린에 반환된다.

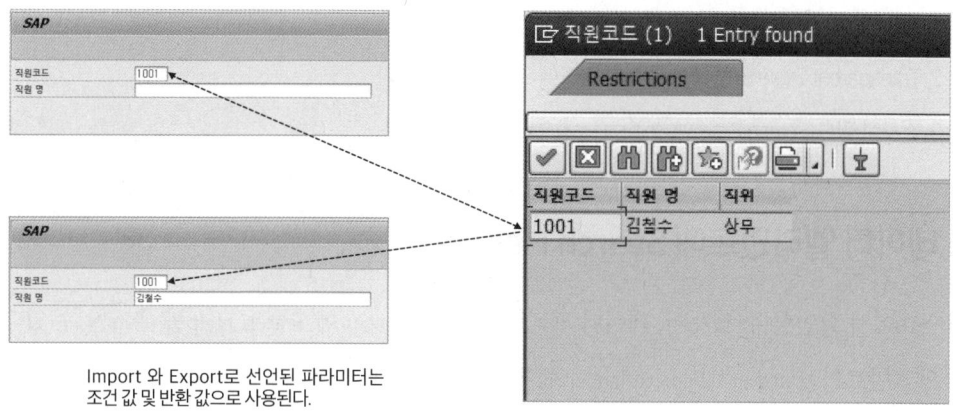

Import 와 Export로 선언된 파라미터는
조건 값 및 반환 값으로 사용된다.

그림 9-8 Search Help의 Import와 Export 파라미터

03 Search Help 활용

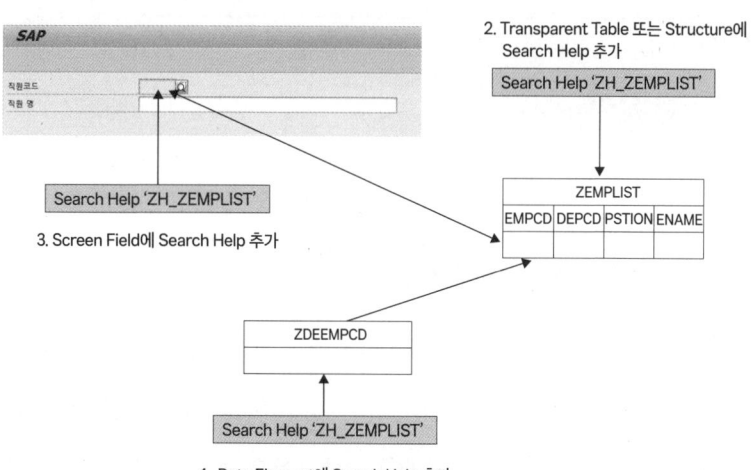

그림 9-9 스크린 필드(Screen Field)에 Search Help 연결하기

그림 9-9와 같이 Search Help는 세 가지 방법으로 필드에 추가될 수 있다. 이미 앞에서 언급하였지만 다시 한번 정리한 후에 세부적으로 학습해보자.

1. 데이터 엘리먼트에 Search Help 추가
2. Transparent Table 또는 Structure의 필드에 Search Help 추가
3. 스크린 필드(Screen Field)에 Search Help 추가

3-1 데이터 엘리먼트에 Search Help 추가

그림 9-10에서 확인할 수 있듯이, 데이터 엘리먼트(Data Element)에 Search Help를 추가할 수 있다. 데이터 엘리먼트의 [Further Characteristics] 탭에서 Search Help를 등록하고, 해당 Search Help의 어떤 파라미터를 데이터 엘리먼트와 연결할지를 지정한다. 이렇게 하면 데이터 엘리먼트의 속성을 상속받는 모든 스크린 필드에 자동으로 Search Help가 연결된다.

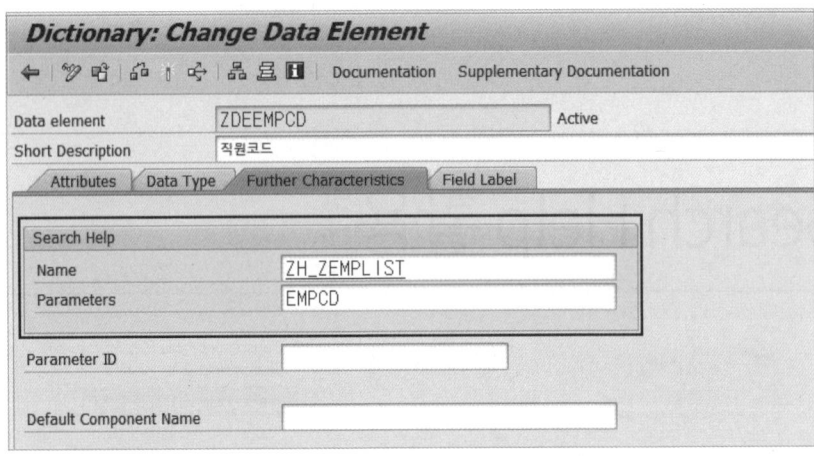

그림 9-10 데이터 엘리먼트에 Search Help 추가

3-2 테이블 필드에 Search Help 추가

Transparent Table 또는 Structure의 필드에 Search Help를 추가하면 해당 필드를 참조하는 모든 스크린 필드에 Search Help가 연결된다. Search Help의 Export 파라미터가 테이블 필드에 할당되면, 사용자가 목록에서 항목을 선택할 때 파라미터와 동일한 이름의 스크린 필드에 값이 반환된다. 또한, Import 파라미터가 테이블 필드에 할당되면, 스크린 필드에 입력된 값이 Hit List의 값을 제한하게 된다.

이제, 테이블 필드에 Search Help를 추가하는 실습을 해보자.

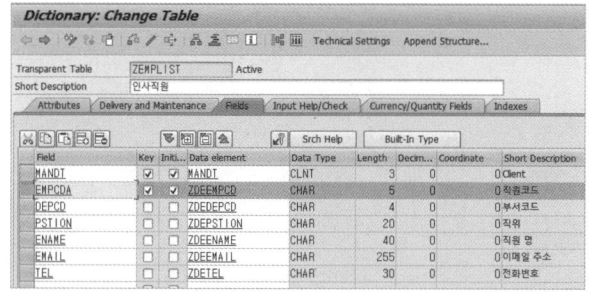

01 T-CODE: SE11을 실행한 뒤, 앞서 7장에서 생성한 테이블을 변경 모드로 연다. 그리고 EMPCD 필드를 선택한 뒤 [Srch Help] 버튼을 클릭한다.

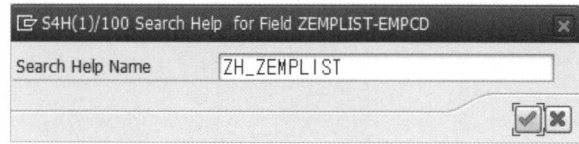

02 Search Help Name 필드에 앞에서 생성한 Search Help 'ZH_ZEMPLIST'를 입력한다.

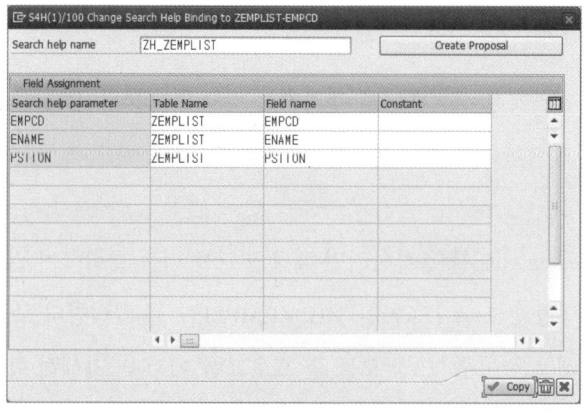

03 [Copy] 버튼을 클릭하면 EMPCD 필드에 Search Help가 추가된다. 이외 ENAME, PSTION 필드는 Value Transport의 역할을 한다.

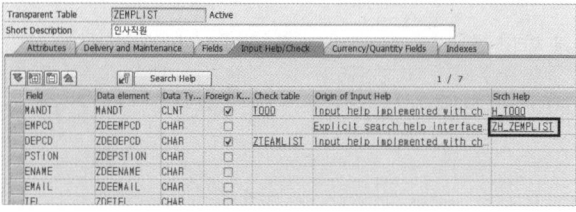

04 ABAP Dictionary 스크린으로 돌아와서 [Input Help/Check] 탭을 선택하면 Search Help가 지정되었음을 확인할 수 있다.

3-3 스크린 필드에 Search Help 추가

Screen Painter를 이용하여 스크린 필드에 직접 Search Help를 할당할 수 있다. 이 경우, 해당 스크린 필드에만 Search Help가 작동한다. 만약 이와 유사한 여러 개의 스크린에서 동일한 Search Help를 사용하는 경우, 각 스크린 필드에 개별적으로 Search Help를 등록해야 한다. 이런 방법은 비효율적이다. 여러 필드에서 동일한 Search Help를 사용하는 경우 ABAP Dictionary의 테이블 필드에 Search Help를 추가한 뒤, 해당 필드를 참조하여 스크린 필드를 생성하는 것이 더 효율적이다.

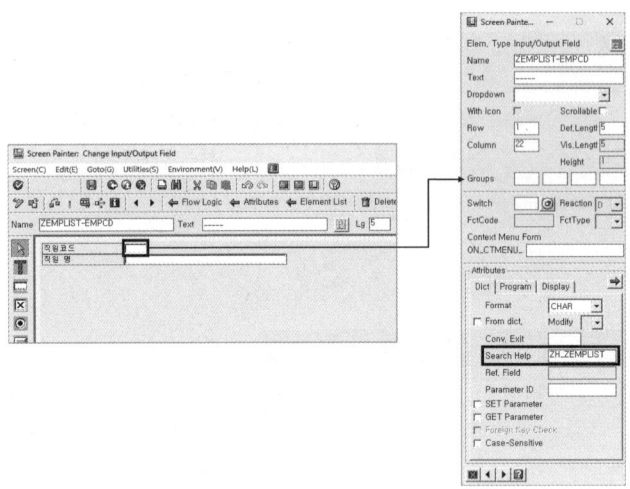

그림 9-11 스크린 필드에 Search Help 추가

Screen Painter를 사용해 스크린 필드(Screen Field)에 Search Help를 추가하는 방법은 다음과 같다. 먼저, Screen Painter를 실행하고 Search Help를 등록하고자 하는 필드를 선택한다. 그 후, 필드 속성 팝업창에서 직접 Search Help를 등록한다.

예를 들어, 그림 9-11에서 직원코드 필드에 Search Help를 추가하려면 해당 필드를 더블 클릭하여 필드 속성창을 열고, Search Help 필드에 앞서 생성한 Search Help인 'ZH_ZEMPLIST'를 입력한다. 스크린(Screen)과 Screen Painter에 대한 자세한 내용은 이후 "13장 모듈 풀 프로그램"에서 더 자세히 학습한다.

이번 절에서는 Search Help를 스크린 필드에 할당하는 세 가지 방법에 대해서 학습하였다. 만약 Search Help가 여러 방법으로 중복 할당된 경우 어떤 Search Help를 호출하게 될까? 다음 우선순위에 따라 Search Help를 호출하게 된다.

1. 스크린 필드에 추가된 Search Help
2. 테이블 필드에 추가된 Search Help
3. Check 테이블의 Input Help 기능
4. 데이터 엘리먼트에 추가된 Search Help
5. 도메인의 고정 값(Fixed Value)
6. Time 또는 Calendar Help(예, 날짜 타입-DAT 필드)

Search Help Exit

Search Help Exit을 사용하면, Search Help로 Input Help를 구성할 때 동적으로 기능을 조정할 수 있다. 이를 통해 Selection Method에서 가져오는 데이터를 기반으로 Hit List를 제한하거나, 다양한 상황에 맞는 로직을 추가할 수 있다. 특히, 다음과 같은 시점에서 Function Module을 호출하여 추가적인 기능을 개발할 수 있다.

- Collective Search Help에서 경로 선택 전
- [F4] 키 프로세스 실행 전
- Search Help 검색 조건 Dialog Box 실행 전
- 데이터 조회 전
- Hit List 조회 전
- Input Template에 사용자 입력 값을 반환하기 전

다음 Function Module을 생성해보며 Search Help Exit을 실습해보자.

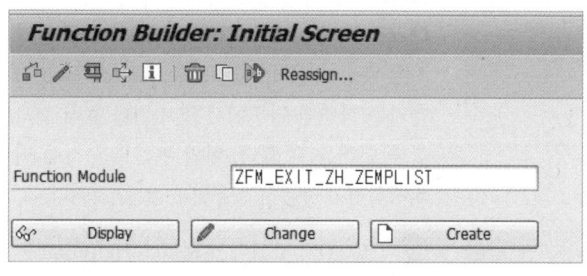

01 T-CODE: SE37 Function Builder에서 ZFM_EXIT_ZH_ZEMPLIST 함수를 입력한 뒤 [Create] 버튼을 클릭한다.

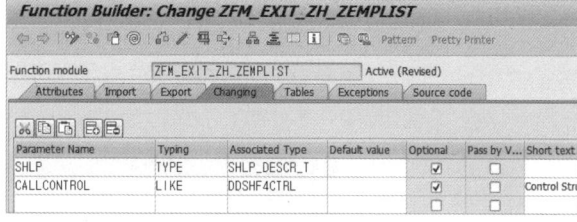

02 [Changing] 탭에서 파라미터를 그림과 같이 동일하게 입력한다.

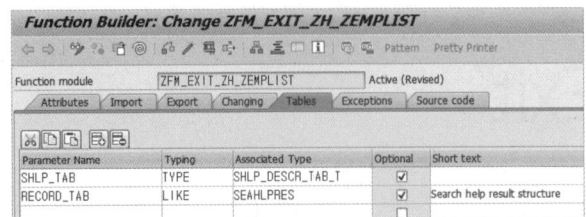

03 [Tables] 탭에서도 그림과 같이 동일하게 파라미터를 입력한다.

04 Search Help Exit에 사용할 함수를 생성할 때는 파라미터의 이름과 타입을 반드시 정확히 맞춰야 한다. 이 파라미터 이름과 타입은 SAP에서 미리 정의한 규칙에 따라 지정되므로, 이를 준수해야 한다. 만약 이름이나 타입이 다르면 Search Help에 추가할 때 다음과 같은 오류가 발생한다.

05 [Source code] 탭으로 이동하여 예제와 같이 스크립트를 추가하자. RECORD_TAB은 Search Help의 조회 결과가 STRING 형태로 저장된 인터널 테이블이다. 이 테이블의 값을 변경하면 Search Help의 결과를 수정할 수 있다.

예제는 RECORD_TAB-STRING의 값을 변경하는 Search Help 함수이다. Search Help가 추가된 화면의 필드에서 [F4] 키를 눌러 결과를 확인해볼 수 있다. 이외 부분들은 직접 디버깅하면서 충분히 응용할 수 있을 것이다.

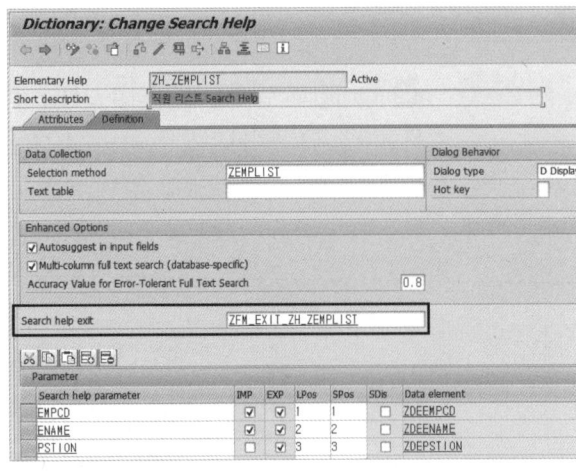

06 T-CODE: SE11에서 Search Help Exit 필드에 생성한 함수를 입력한다.

이렇게 하면 다음과 같이 Selection Method에서 가져온 값이 아닌 Search Help Exit에서 설정한 값이 출력된다.

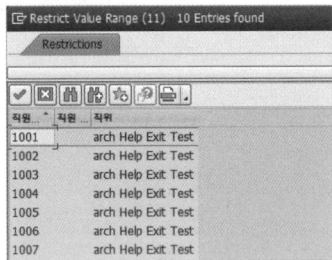

앞서 예제처럼 Search Help Exit에 사용할 함수를 생성할 수 있지만, SAP에서 제공하는 샘플을 복사해서 생성하는 방법도 있다.

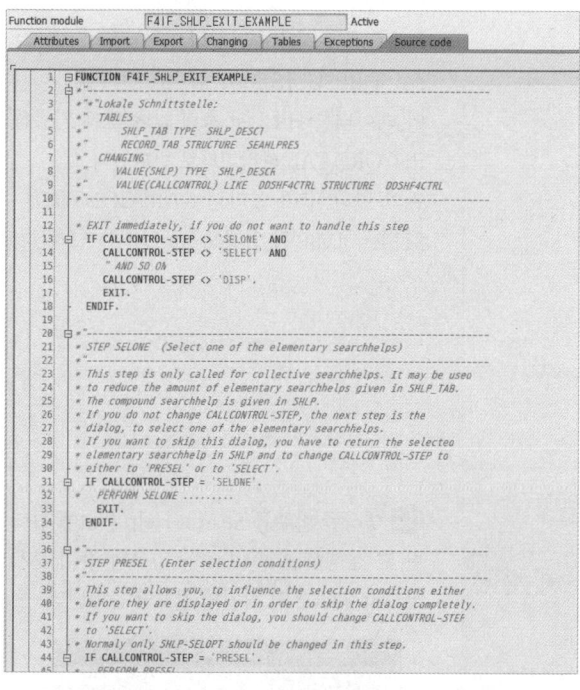

01 Search Help Exit을 구현하기 위해서, SAP에서 제공하는 샘플 함수 F4IF_SHLP_EXIT_EXAMPLE을 조회해보자.

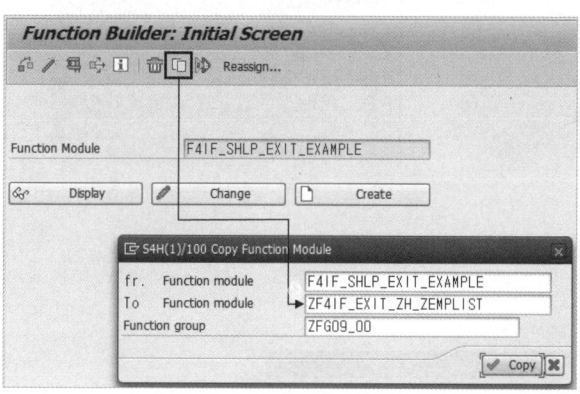

02 F4IF_SHLP_EXIT_EXAMPLE 함수를 복사하여 ZF4IF_EXIT_ZH_ZEMPLIST 함수를 생성한다.

```
*"----------------------------------
* STEP SELECT   (Select values)
*"----------------------------------
  IF callcontrol-step = 'SELECT'.
    SELECT *
      FROM zemplist
      WHERE depcd EQ 'D002'
      INTO TABLE @DATA(lt_zemplist).

    CALL FUNCTION 'F4UT_RESULTS_MAP'
      EXPORTING
        source_structure   = 'ZEMPLIST'
        apply_restrictions = ' '
      TABLES
        shlp_tab           = shlp_tab
        record_tab         = record_tab
        source_tab         = lt_zemplist
      CHANGING
        shlp               = shlp
        callcontrol        = callcontrol
      EXCEPTIONS
        illegal_structure  = 1
        OTHERS             = 2.

    IF record_tab[] IS NOT INITIAL.
      callcontrol-step = 'DISP'.
    ENDIF.

  ENDIF.
```

03 Hit List에 보여줄 데이터를 가져오는 시점은 CALLCONTROL-STEP 파라미터에 'SELECT' 값이 들어오는 시점이다.

이 시점에 부서 코드가 'D002'인 데이터만 가져오도록 로직을 추가한다.

F4UT_RESULTS_MAP 함수는 인터널 테이블의 데이터를 Hit List 출력 값에 맞게 가공해 RECORD_TAB 파라미터로 반환한다.

만약 반환 값이 있다면 CALLCONTROL-STEP = 'DISP'를 입력해 Hit List를 조회한다.

04 생성한 함수를 Search Help Exit에 입력한 후 실행하면 Hit List에 다음과 같이 부서 코드가 'D002'인 직원의 정보만 출력된다.

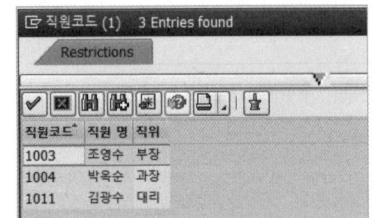

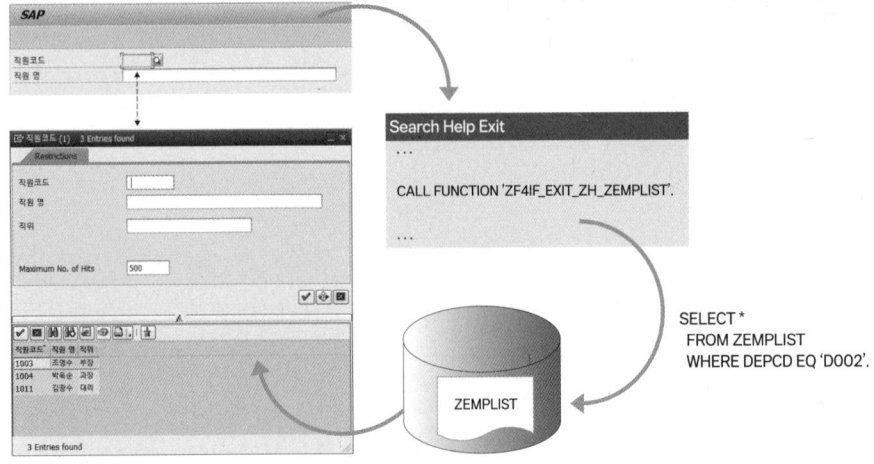

그림 9-12 Search Help Exit

Search Help Exit을 활용하면 Hit List를 출력할 때 값 제한 필드에 포함되지 않은 값도 추가 로직으로 제한할 수 있다. 그림 9-12에서는 Hit List 출력 시 Selection Method로 지정된 ZEMPLIST 테이블에서 부서 코드가 'D002'인 직원의 데이터만 Hit List로 출력한다.

05 Collective Search Help

Collective Search Help(일괄 탐색 도움말)는 여러 개의 Elementary Search Help 또는 다른 Collective Search Help로 구성되어 있으며, 사용자는 Collective Search Help의 여러 경로(Path)를 통해 원하는 Search Help의 결과를 선택할 수 있다. 사용자가 Collective Search Help를 선택하면 Elementary Search Help의 인터페이스(Import, Export 파라미터)를 통해 값을 반환받는다. Elementary Search Help와 Collective Search Help는 파라미터(Import, Export)가 서로 연결되어야 한다. 그러나 Elementary Search Help의 모든 필드가 연결될 필요는 없다. 그림 9-13에서 복잡하게 연결된 화살표들은 실제 적용해보면 아주 간단한 작업임을 알 수 있다.

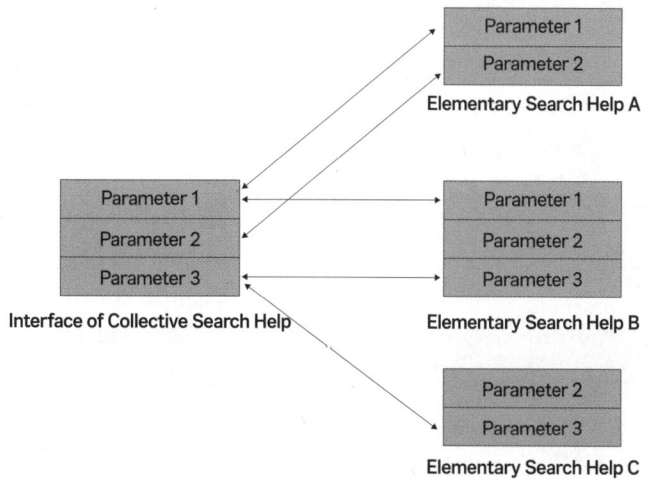

그림 9-13 Collective Search Help와 Elementary Search Help의 파라미터 연결

앞서 생성한 'ZH_ZEMPLIST' 직원 Search Help와 'ZH_EMP_TEAMLIST' 직원-팀 Search Help를 조합해 다음 그림 9-14와 같이 Collective Search Help를 생성해보자.

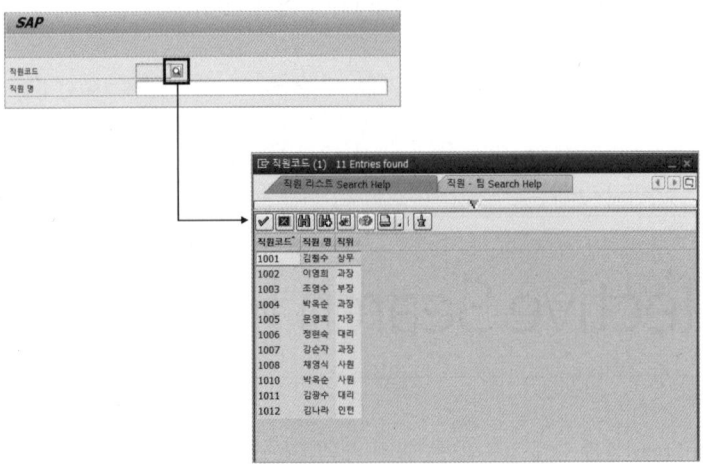

그림 9-14 Collective Search Help

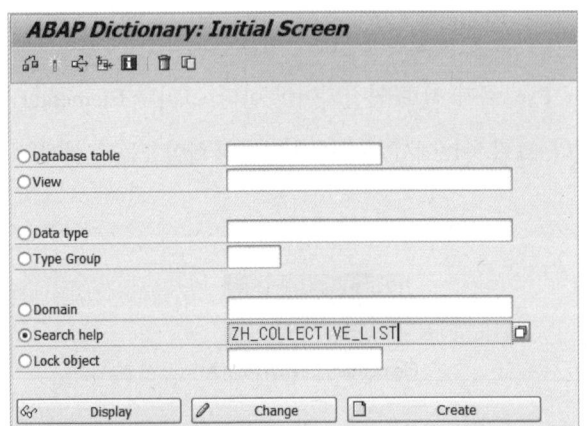

01 'ZH_COLLECTIVE_LIST'라는 Collective Search Help를 생성해보자. 생성 시 다음과 같이 'Collective Search Help'를 선택한다.

02 [Definition] 탭의 Collective Search Help에서는 사용할 파라미터의 Import와 Export를 정의한다. Collective Search Help에 포함된 Elementary Search Help나 다른 Collective Search Help의 파라미터를 사용할 수 있다.

03 [Included search helps] 탭에서 Collective Search Help에서 사용할 Search Help를 지정한 뒤 [Param. assignment] 버튼을 클릭한다.

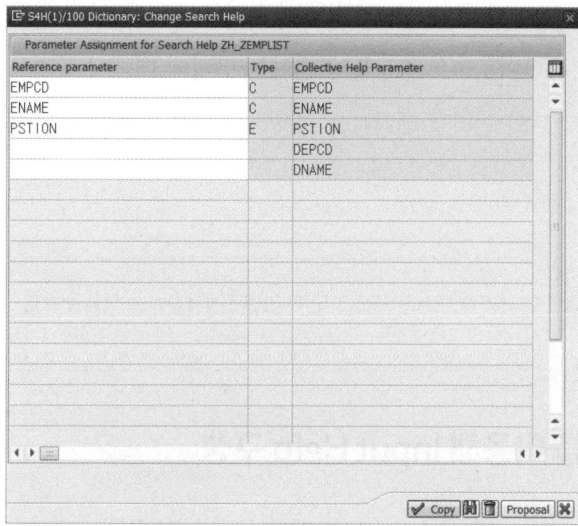

04 팝업창에서 Collective Search Help와 연결시킬 파라미터를 정의한다. [Definition] 탭에서 정의한 파라미터가 자동으로 제안되어 표시된다.

Type은 Elementary Search Help에 파라미터를 정의할 때 Import, Export 중 어떤 체크박스를 선택했는지 나타낸다.

- I: Import 파라미터 선택
- E: Export 파라미터 선택
- C: Import, Export 파라미터 둘 다 선택

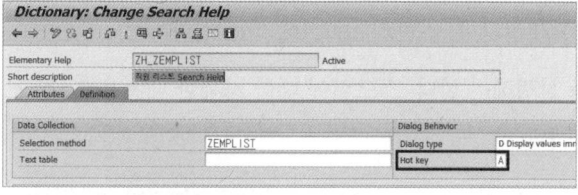

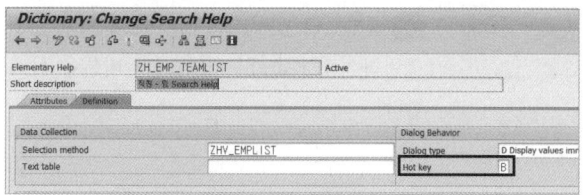

05 Collective Search Help를 사용하면 Elementary Search Help에 등록한 Hot Key 기능을 사용할 수 있다.

다음과 같이 '=A' 또는 '=B'를 입력하면 해당 Hot Key가 설정된 [Elementary Search Help] 탭으로 바로 이동한다.

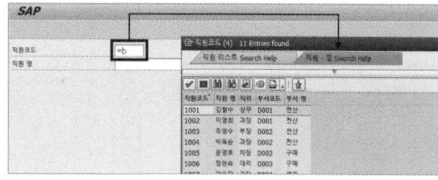

06 Collective Search Help를 활성화한 후 Search Help를 확인해보면, 두 개의 탭이 있는 Collective Search Help가 생성된 것을 알 수 있다.

06 Dialog 모듈에서의 Input Help 구성

1절 Overview에서 Input Help를 구성하는 방법은 3가지가 있다고 설명하였다. 2절부터 5절까지는 주로 Search Help 오브젝트를 이용하여 Input Help로 구성하는 방법을 중점적으로 다뤘다. 이번 절에서는 스크린의 Dialog 모듈에서 함수를 이용하여 Input Help를 구성하는 방법에 대해서 살펴보자. Input Help 함수에 ABAP Dictionary 오브젝트와 인터널 테이블을 활용하는 두 가지 방법을 알아본다.

> **TIP Dialog 모듈에서의 Input Help**
> 사용자가 스크린 필드에서 [F4] 키를 눌렀을 때, POV(PROCESS ON VALUE-REQUEST) 이벤트에서 Dialog 모듈을 호출함으로써 Input Help를 화면에 보여줄 수 있다.

6-1 ABAP Dictionary 오브젝트를 이용해 Input Help 구성

ABAP Dictionary 오브젝트를 활용한 Input Help 구성은 F4IF_FIELD_VALUE_REQUEST 함수를 사용하는 방법이다. 이를 위해 프로그램을 생성하고, 스크린 100번에 'PROCESS ON VALUE-REQUEST' 이벤트를 추가하여 Input Help를 설정해야 한다. 스크린에 대한 자세한 내용은 "13장 모듈 풀 프로그램"에서 학습해보자.

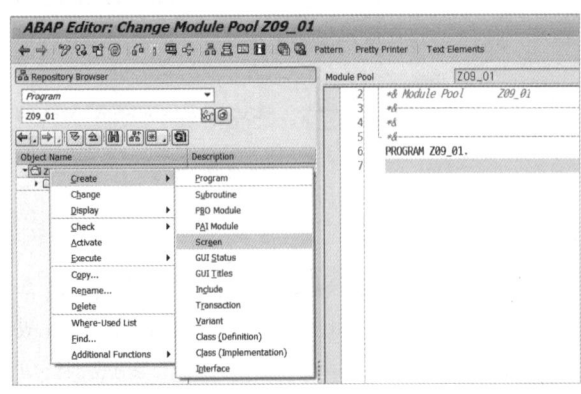

01 프로그램 Z09_01을 생성한 후, 마우스 우클릭하여 [Create] → [Screen] 버튼을 선택한다.

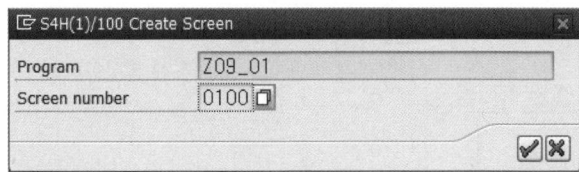

02 Screen number 필드에 '0100'을 입력하고 ✓ 버튼을 클릭한다.

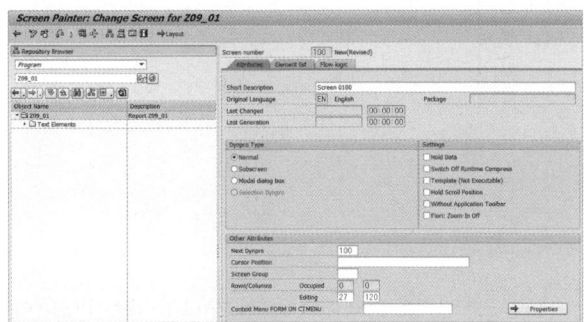

03 0100 스크린의 내역을 입력하고 저장하면 스크린이 생성된다. [Layout] 버튼을 클릭해 Screen Painter를 실행하자.

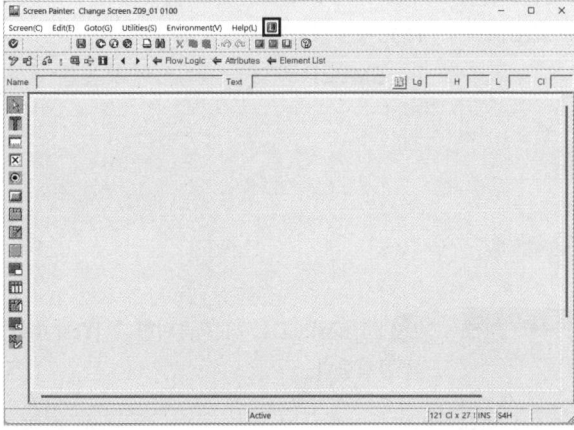

04 스크린에 필드를 추가하기 위해 🔳 아이콘을 누르자.

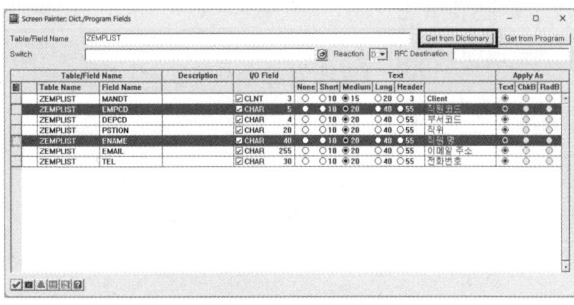

05 ZEMPLIST 테이블을 입력한 뒤, [Get from Dictionary] 버튼을 누르면 테이블의 필드 목록이 조회된다.

EMPCD, ENAME 필드를 선택한 뒤 ✓ 버튼을 클릭한다.

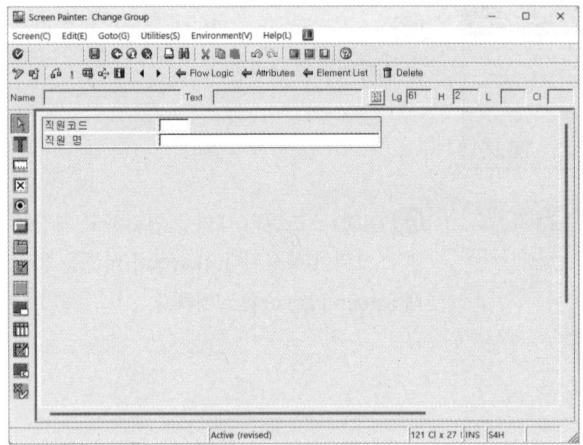

06 스크린의 적당한 위치에 필드를 설정한다. 그리고 상단 메뉴를 이용해 활성화하자.

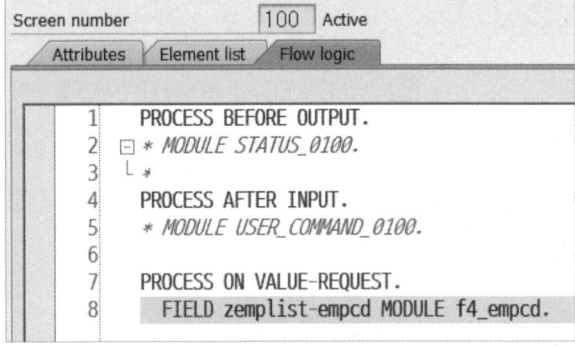

07 'PROCESS ON VALUE-REQUEST' 이벤트에 사번 필드를 선택하였을 경우 Input Help를 호출하는 코드를 삽입해보자.
F4_EMPCD를 더블 클릭하여 모듈을 생성한다.

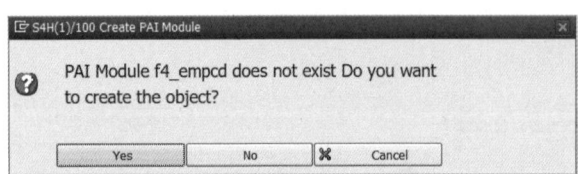

08 F4_EMPCD를 더블 클릭한 후 [Yes] 버튼을 클릭한다.

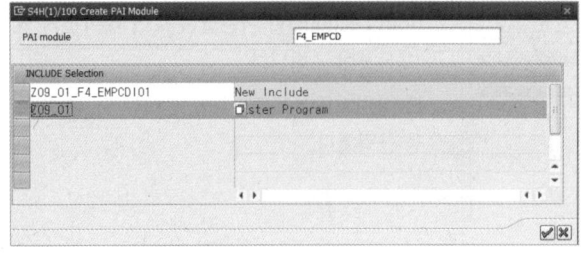

09 그림과 같이 선택하고 ✓ 버튼을 클릭한다.

```
DATA LT_RETURN_TAB TYPE TABLE OF DDSHRETVAL.

CALL FUNCTION 'F4IF_FIELD_VALUE_REQUEST'
  EXPORTING
    TABNAME            = 'ZEMPLIST'
    FIELDNAME          = 'EMPCD'
    SEARCHHELP         = 'ZH_ZEMPLIST'
    SHLPPARAM          = 'EMPCD'
    DYNPPROG           = SY-REPID
    DYNPNR             = SY-DYNNR
    DYNPROFIELD        = 'ZEMPLIST-EMPCD'
  TABLES
    RETURN_TAB         = LT_RETURN_TAB
  EXCEPTIONS
    FIELD_NOT_FOUND    = 1
    NO_HELP_FOR_FIELD  = 2
    INCONSISTENT_HELP  = 3
    NO_VALUES_FOUND    = 4
    OTHERS             = 5.
```

❿ F4IF_FIELD_VALUE_REQUEST 함수는 ABAP Dictionary에 등록된 Search Help를 스크린 필드에 설정하는 역할을 한다.
기본적으로 필수 파라미터인 'tabname'과 'fieldname'를 입력하면 ZEMPLIST 테이블의 EMPCD 필드에 설정된 Search Help를 가져온다.
만약 테이블에 Search Help가 없거나, 다른 Search Help를 사용하려는 경우 'searchhelp' 파라미터에 Search Help 이름을 입력한다.
'dynprog', 'dynpnr' 파라미터에는 각각 현재 스크린 번호와 현재 프로그램명을 입력한다.

이 함수를 실행하면 Hit List가 화면에 출력되고, 사용자가 Hit List에서 선택한 값이 'return_tab' 파라미터를 통해 반환된다.

⓫ 프로그램을 실행하면 Possible Entry가 조회되는 것을 확인할 수 있다.
Z09_01의 전체 소스 코드는 Sapjoy 홈페이지의 소스 자료실에서 확인할 수 있다.

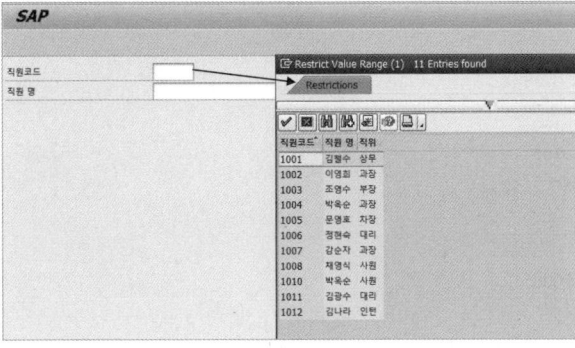

6-2 인터널 테이블을 이용해 Input Help 구성

F4IF_INT_TABLE_VALUE_REQUEST 함수를 활용하여 인터널 테이블의 데이터로 Hit List를 구성할 수 있다. 예제 9-1에서 GT_LIST는 Input Help의 Hit List에 출력되는 인터널 테이블을 의미하며, GT_RETURN_TAB은 Hit List에서 사용자가 선택한 값을 반환받는 인터널 테이블이다. 다음 예제 9-1과 같이 프로그램을 생성하고 테스트해보자.

예제 | 9-1
```
REPORT z09_02.

DATA: gt_list        TYPE TABLE OF zemplist,
```

```abap
            gt_dynpfields TYPE TABLE OF dynpread,
            gt_return_tab TYPE TABLE OF ddshretval.

PARAMETERS: p_depcd TYPE zteamlist-depcd,
            p_empcd TYPE zemplist-empcd,
            p_ename TYPE zemplist-ename.

INITIALIZATION.

AT SELECTION-SCREEN ON VALUE-REQUEST FOR p_empcd.

  CALL FUNCTION 'DYNP_VALUES_READ'
    EXPORTING
      dyname             = sy-repid
      dynumb             = sy-dynnr
      translate_to_upper = 'X'
      request            = 'A'
    TABLES
      dynpfields         = gt_dynpfields.
  READ TABLE gt_dynpfields INTO DATA(gs_dynpfields)
    WITH KEY
      fieldname = 'P_DEPCD'.

  SELECT *
    FROM zemplist
    WHERE depcd EQ @gs_dynpfields-fieldvalue
    INTO CORRESPONDING FIELDS OF TABLE @gt_list.


  CALL FUNCTION 'F4IF_INT_TABLE_VALUE_REQUEST'
    EXPORTING
      ddic_structure = 'ZEMPLIST'
      retfield       = 'EMPCD'
      dynpprog       = sy-repid
      dynpnr         = sy-dynnr
      dynprofield    = 'P_EMPCD'
      window_title   = 'Chapter 09 Search Help'
      value_org      = 'S'
    TABLES
      value_tab      = gt_list
*     FIELD_TAB      =
      return_tab     = gt_return_tab
    EXCEPTIONS
      parameter_error = 1
      no_values_found = 2
      OTHERS          = 3.

  CHECK gt_return_tab IS NOT INITIAL.
```

```
    READ TABLE gt_list INTO DATA(gs_list)
      WITH KEY
         empcd = VALUE #( gt_return_tab[ 1 ]-fieldval OPTIONAL ).

    DATA(lt_dynpread) = VALUE dynpread_t(
      ( fieldname = 'P_EMPCD' fieldvalue = gs_list-empcd )
      ( fieldname = 'P_ENAME' fieldvalue = gs_list-ename ) ).

    CALL FUNCTION 'DYNP_VALUES_UPDATE'
      EXPORTING
        dyname     = sy-repid
        dynumb     = sy-dynnr
      TABLES
        dynpfields = lt_dynpread.
```

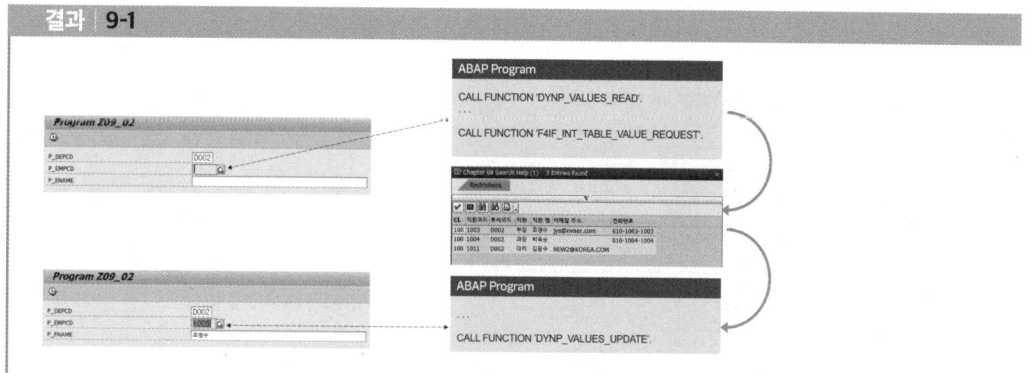

결과 | 9-1

결과 9-1과 같이 P_DEPCD(부서코드) 값에 해당하는 데이터만 테이블에서 조회하여 Possible Entry로 사용자에게 보여준다. DYNP_VALUES_READ 함수는 사용자가 스크린에 값을 입력하고 PAI 이벤트를 발생시키지 않아도 프로그램에서 사용자가 입력한 값을 인식할 수 있도록 한다.

예를 들어, P_EMPCD(직원코드) 필드에서 [F4] 키를 눌렀을 때 사용자가 [Enter]를 누르지 않은 경우 P_DEPCD 부서코드에 입력된 값 'D002'가 프로그램 내부에 할당되지 않는다. 이런 상황에서 DYNP_VALUES_READ 함수를 사용해야 한다.

예제 9-1에서는 사용자가 입력한 부서코드를 받아 해당 부서코드의 직원 정보만을 인터널 테이블에 저장한 후, F4IF_INT_TABLE_VALUE_REQUEST 함수를 사용하여 인터널 테이블의 값을 Hit List로 출력한다. Hit List의 구조를 구성할 때는 ddic_structure 파라미터의 구조를 사용하거나 field_tab 파라미터에 Hit List의 구조를 정의할 수 있다.

ddic_structure의 구조를 사용하는 경우 입력된 Dictionary 구조를 Hit List의 구조로 사용하며, 이때는 value_org 파라미터에 'S'(Structured)가 입력되어야 한다. field_tab의 구조를 사용하는 경우 필드 속성을 직접 정의해야 하며, value_org 파라미터에 'C'(Cell by Cell)가 입력되어야 한다.

사용자가 Hit List에서 값을 선택하면 선택한 값이 return_tab 파라미터를 통해 반환된다. POV 이벤트는 화면의 PAI 이벤트를 호출하지 않고 Presentation 스크린으로 직접 이동하므로, Hit List에서 선택한 P_EMPCD 필드 이외의 P_ENAME(사원명) 필드는 스크린에 업데이트되지 않는다. 다른 필드까지 함께 스크린에 업데이트하려면 DYNP_VALUES_UPDATE 함수를 사용하여 스크린의 값을 업데이트할 수 있다.

조금 더 알아보기 — ALV에 Search Help 등록

아직 리포트(Report) 프로그램과 ALV에 대해 학습하지 않았기 때문에 간단히 ALV에 Search Help를 등록하는 방법만 알아보자. ALV에 대해서는 15장 이후로 자세히 설명한다.

01 ALV에 Search Help를 등록하기 위해서 CL_GUI_ALV_GRID 클래스의 ONF4 이벤트를 사용해야 한다.
해당 이벤트를 프로그램에 선언한 후 Search Help를 등록하기 위한 구현부를 작성한다. 이후 EVENT HANDLER 메소드를 등록한다.

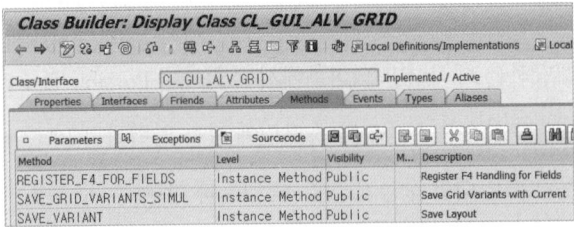

02 PBO에서 REGISTER_F4_FOR_FIELDS 메소드를 호출해 Search Help를 사용할 필드를 등록한다.

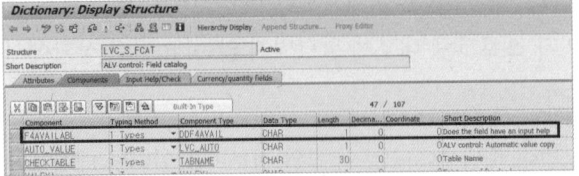

03 ALV의 필드 카탈로그의 속성 중 F4AVAILABL에 'X' 값을 할당한다.

CHAPTER 10

필드 심볼과 데이터 참조

In this chapter >>>

필드 심볼(Field Symbol)과 데이터 참조(Data Reference)는 고급 기술에 속하며 ABAP 프로그램에서 데이터 오브젝트에 동적으로 접근할 수 있게 한다. 이것은 데이터 이름과 타입을 프로그램 실행 시점까지 알 수 없을 경우에 사용된다. 이러한 동적 할당을 통해 중복되는 스크립트를 간소화하는 역할도 수행하게 된다. 개념 이해와 실습으로 필드 심볼과 데이터 참조를 활용할 수 있게 된다면 수준 높은 ABAP 프로그램을 작성할 수 있다.

Chapter list >>>

1. Overview
2. 필드 심볼 선언과 할당
3. 필드 심볼과 인터널 테이블
4. 필드 심볼과 구조체
5. 필드 심볼 활용
6. 데이터 참조

Overview

1-1 필드 심볼이란?

필드 심볼(Field Symbol)은 ABAP에서 동적으로 필드를 참조할 때 사용하는 기능으로, 일반 필드의 위임자(Placeholder) 또는 상징적인 이름(Symbolic Name)으로 정의된다. 필드 심볼을 활용하면 런타임 동안 다양한 데이터 오브젝트에 동적으로 할당할 수 있어 유연한 프로그래밍이 가능하다. 즉, 반복적인 코드 작성 없이도 다양한 상황에 맞게 코드를 효율적이고 간결하게 작성할 수 있다.

필드 심볼은 ABAP 프로그래밍에서 다음과 같은 특성들을 가지고 있다.

- 필드 심볼은 ABAP 프로그램 내에서 변수에 동적으로 접근할 수 있게 한다.
- 필드 심볼 자체는 별도의 메모리 공간을 점유하지 않는다.
- 특히 대용량 데이터를 다룰 때, 필드 심볼을 사용하면 불필요한 데이터 복사를 줄여 프로그램 성능을 향상시킬 수 있다.
- 필드 심볼의 데이터 이름과 속성은 프로그램 실행 시점(Runtime)에 결정된다.
- 필드 심볼은 모든 데이터 오브젝트에 지정될 수 있다.
- 일단 필드 심볼이 할당되면 해당 데이터 오브젝트와 필드 심볼 간에는 차이가 없다.
- ABAP 명령어들을 필드 심볼에도 동일하게 사용할 수 있다.
- 필드 심볼은 타입을 명시하여 선언하거나, 타입 없이 생성할 수 있다. 타입이 명시되지 않으면 할당되는 필드(오브젝트)의 타입을 그대로 상속받는다.
- 필드 심볼은 데이터 오브젝트를 동적으로 참조할 수 있어, 다양한 상황에서 유연하게 사용할 수 있다.

조선시대의 의적 임꺽정은 임거정이라는 별명으로도 불린다. 그림 10-1에서는 이것을 응용하여 일반 변수와 필드 심볼의 관계를 설명하고 있다. 프로그램을 실행하면 메모리 주소 100번지에 '의적'이라는 문자 값을 가지는 '임꺽정'이라는 변수가 생성된다. 그리고 필드 심볼에 할당(Assign)하면 필드 심볼은 데이터 오브젝트의 또 다른 이름의 껍데기만 있는 오브젝트가 생성된다. '임꺽정'이라는 변수는 일명 '임거정'이라고도 한다. 즉, 프로그램 내에서 '임꺽정'과 '임거정'은 이름만 다를 뿐 메모리에 공간을 차지하고 있는 같은 데이터 오브젝트를 의미한다. 따라서 필드 심볼의 값을 변경하면 메모리 주소 100번지에 저장되어 있는 값에 직접 접근하여 변경한다.

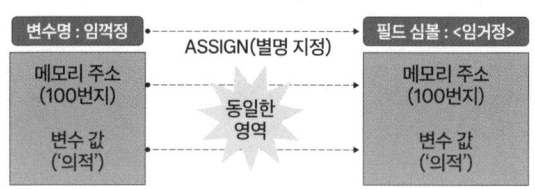

그림 10-1 필드 심볼 메커니즘

1-2 필드 심볼 할당

필드 심볼 선언과 사용법에 대해서 2절에서부터 상세히 설명하겠지만, 먼저 데이터와 필드 심볼이 사용되는 예를 살펴보자. 그림 10-2와 같이 필드 심볼은 FIELD-SYMBOLS 구문으로 선언한다. 선언만 된 상태에서는 필드 심볼은 다른 데이터 오브젝트를 가리킬 수 있는 포인터만 생성된다. 프로그램이 실행되고 ASSIGN 구문을 만나면 포인터가 데이터 오브젝트에 연결된다. 그리고 필드 심볼의 값을 변경하면 그림과 같이 gv_var 변수 값이 A에서 B로 변경된다.

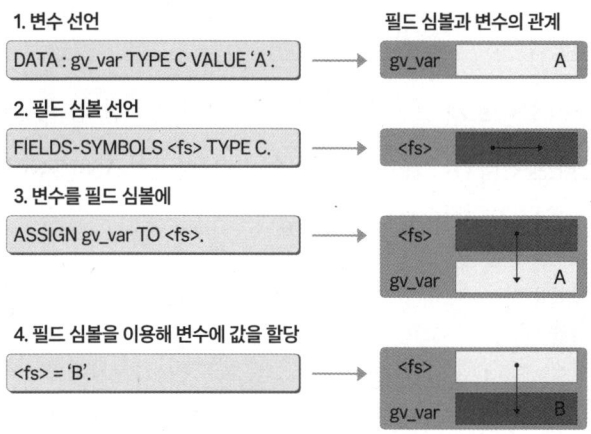

그림 10-2 필드 심볼과 변수

그림 10-2에서 설명하고 있는 것을 프로그램에서 구현하면 예제 10-1과 같다.

예제 | 10-1

```
REPORT  z10_01.

DATA : gv_var TYPE c VALUE 'A'.
FIELD-SYMBOLS : <fs> TYPE c.

ASSIGN gv_var TO <fs>.

<fs> = 'B'.

WRITE : 'gv_var is : ', gv_var.
```

결과 | 10-1

```
gv_var is : B
```

gv_var 변수의 값은 'A' 였지만, WIRTE 결과 'B'로 변경된 것을 확인할 수 있다. 이것은 gv_var 변수를 필드 심볼에 할당했고, 필드 심볼의 값을 'B'로 변경했기 때문에 변수의 값이 변경된 것이다.

New Syntax에서는 필드 심볼을 선언하고 할당하는 2개 구문을 한 번에 작성할 수 있다.

표준 방식	New Syntax
`FIELD-SYMBOLS : <fs> TYPE c.` `ASSIGN gv_var TO <fs>.`	`ASSIGN gv_var TO FIELD-SYMBOL(<fs>).`

필드 심볼을 사용할 때는 올바르게 할당되었는지 먼저 확인해야 한다. 잘못된 참조나 초기화되지 않은 필드 심볼에 접근하면 런타임 오류가 발생할 수 있다. 따라서 ASSIGNED 구문을 사용하여 필드 심볼이 올바르게 할당되었는지 확인하는 것이 좋다.

```
IF <fs> IS ASSIGNED.
  " 필드 심볼 사용 가능
ELSE.
  " 필드 심볼 할당 실패 처리
ENDIF.
```

02 필드 심볼 선언과 할당

2-1 필드 심볼 선언

```
FIELD-SYMBOLS <fs>.
FIELD-SYMBOLS <fs> TYPE c.
```

필드 심볼을 선언하는 구문이다. 필드 심볼 변수는 화살 괄호(< >)를 사용하여 정의한다. TYPE 구문은 필드 심볼의 타입을 선언하며 선택적으로 사용할 수 있다. 필드 심볼 타입은 Generic Type과 Fully Type 두 가지로 분류된다.

2-1-1 Generic Type 필드 심볼

Generic Type은 필드 심볼을 선언할 때 특정 타입을 지정하지 않는 방식이다. 대신 할당(Assign)되는 데이터 오브젝트의 타입에 따라 기술적인 속성을 상속받게 된다.

```
FIELD-SYMBOLS <fs1>.
FIELD-SYMBOLS <fs2> TYPE ANY [TABLE].
```

'FIELD-SYMBOLS <fs2> TYPE ANY TABLE.' 구문을 사용하려면 ASSIGN 구문에서 할당할 오브젝트가 인터널 테이블 타입으로 선언되어야 한다. 이렇게 선언된 필드 심볼은 그 자체가 인터널 테이블이 되어 READ와 같은 구문을 사용할 수 있다. TABLE 키워드를 삭제하고 TYPE ANY만 사용한다면 해당 필드 심볼은 라인 타입(Line Type)의 구조체로 활용할 수 있다.

예제 10-2는 예제 10-1의 필드 심볼을 선언하는 부분만 TYPE ANY로 변경하였으며, 그 결과는 모두 같다.

예제 | 10-2
```
REPORT  z10_02.

DATA : gv_var TYPE c VALUE 'A'.
FIELD-SYMBOLS : <fs> TYPE ANY.

ASSIGN gv_var TO <fs>.
```

```abap
    <fs> = 'B'.

    WRITE : 'gv_var is : ', gv_var.
```

> **결과 | 10-2**
> gv_var is : B

TYPE ANY를 이용하여 필드 심볼을 선언하는 것과 같은 Generic Type은 ABAP 프로그램에서 정적으로 주소를 호출하여 사용할 수 없다. "3절 필드 심볼과 인터널 테이블"에서 자세하게 다룬다.

2-1-2 Fully Type 필드 심볼

Fully Type은 필드 심볼을 선언할 때부터 타입이 완전히 정해진 형태로 선언하는 방식이다. 이때 필드 심볼의 기술적인 속성은 할당되는 데이터 오브젝트와 같아야 한다. 다음 구문을 이용하여 필드 심볼을 선언할 수 있다.

```abap
    FIELD-SYMBOLS <fs3> TYPE zemplist.
    FIELD-SYMBOLS <fs4> LIKE LINE OF gt_tab.
```

필드 심볼 <fs3>은 zemplist 테이블과 같은 구조를 가지는 구조체 타입으로 선언된다. <fs4>는 인터널 테이블 gt_tab과 같은 구조를 가지는 라인 타입(Line Type)의 필드 심볼로 선언하게 된다.

변수 이름은 메모리의 정적인 주소를 가리키고 있다('변수이름 = 메모리주소').

Fully Type을 이용하면 다음 구문과 같이 명시적으로 구조체의 필드명을 호출하여 사용할 수 있다. "4절 필드 심볼과 구조체"에서 다시 학습한다.

```abap
    <fs4>-empcd = <fs3>-empcd.
```

2-2 필드 심볼 할당

필드 심볼을 선언하여 프로그램 내에서 사용하려면 반드시 ASSIGN 구문을 이용하여 오브젝트를 할당해야 한다.

```abap
    TYPES: BEGIN OF t_line,
       col1 TYPE c,
```

```
    col2 TYPE c,
  END OF t_line.
```

```
DATA: gs_wa TYPE t_line,
  gt_itab TYPE HASHED TABLE OF line WITH UNIQUE KEY col1,
                    key(4) TYPE c VALUE 'COL1'.
```

```
FIELD-SYMBOLS <fs> TYPE ANY TABLE.
  ASSIGN gt_itab TO <fs>.
```

필드 심볼 연결을 해제하려면, UNASSIGN 명령어를 사용한다. CLEAR 구문으로 필드 심볼을 초기화하면, 연결을 해제하는 것이 아니라 필드 심볼의 값을 지운다.

```
UNASSIGN <fs>.
```

2-3 ASSIGN 구문의 기본 구조

필드 심볼에 오브젝트를 할당하는 ASSIGN 구문에 대해서 자세하게 살펴보자.

2-3-1 정적 할당

필드명을 이미 알고 있는 경우라면 다음 구문을 이용하면 된다.

```
ASSIGN gv_var TO <fs>.
```

할당이 성공하면 시스템 변수 SY-SUBRC는 0을, 실패하면 4를 반환한다.

2-3-2 오프셋을 이용한 정적 할당

필드 중 일부분만을 필드 심볼에 할당해야 할 경우가 있다.

```
ASSIGN dobj[+off][(len)] TO <fs>.
```

ABAP 프로그램에서 예문의 off를 오프셋(Offset)이라 하고, Len을 Length라고 부른다. Len을 명시적으로 선언하지 않으면 ABAP은 데이터 오브젝트(dobj)의 길이와 동일하게 간주한다.

```
DATA: gv_str TYPE c VALUE '0123456789' LENGTH 10.
WRITE gv_str+5.
```

이 구문은 실제 gv_str+5(10)와 동일한 의미로 gv_str이 할당된 메모리 영역을 벗어난다. 이렇게 사용해도 문제는 없지만 필드 심볼은 데이터 영역(Data Area)을 넘어가면 에러가 발생한다. 필드 심볼은 길이를 명시적으로 정확하게 기술해야 한다.

```
ASSIGN gv_str+5(5) TO <FS>.
```

예제 10-3에서 오프셋을 이용한 ASSIGN 구문을 실습해보자.

예제 10-3

```
REPORT  z10_03.

DATA : gv_str TYPE c VALUE 'ABCDEFGHIJ' LENGTH 10.

FIELD-SYMBOLS : <fs>.

ASSIGN gv_str+4(*) TO <fs>.
WRITE: / <fs>.

ASSIGN gv_str+4(6) TO <fs>.
WRITE: / <fs>.

*ASSIGN gv_str+4 TO <fs>.
*WRITE: / <fs>.

*ASSIGN gv_str+4(10) TO <fs>.
*WRITE: / <fs>.
```

결과 10-3

```
EFGHIJ
EFGHIJ
```

'ASSIGN gv_str+4(*) TO <fs>.' 구문과 같이 오프셋이 0보다 큰 값을 가진 필드 심볼에 ASSIGN 구문을 사용할 경우, 애스터리스크(*) 문자를 사용해야 한다. 이것은 필드 심볼이 할당될 오브젝트의 길이를 넘어서는 것을 방지한다.

2-3-3 ASSIGN 구문의 동적인 사용

필드 심볼에 할당하는 필드명을 알 수 없을 경우(프로그램 내에서 동적으로 할당되는 경우)에는 동적

ASSIGN 구문을 이용한다.

```
ASSIGN (gv_var) TO <fs>.
```

동적 ASSIGN 구문은 예제 10-4에서 변수 GV_1, GV_2, GV_3과 같이 동일한 패턴으로 이루어진 변수들을 한 번에 출력할 때 유용하다. 예제 10-4에서는 5개의 변수를 필드 심볼에 동적으로 할당하지만, 실무에서는 이보다 훨씬 많은 변수를 동적으로 구성하는 경우를 만나게 된다. 그리고 뒤에서 학습하게 되는 구조체를 동적으로 출력할 때도 자주 활용된다.

예제 | 10-4

```
REPORT  z10_04.

DATA : gv_1 TYPE c VALUE 'A',
       gv_2 TYPE c VALUE 'B',
       gv_3 TYPE c VALUE 'C',
       gv_4 TYPE c VALUE 'D',
       gv_5 TYPE c VALUE 'E'.

DATA : gv_fname TYPE c LENGTH 10.
DATA : gv_idx TYPE n.

FIELD-SYMBOLS : <fs>.

DO 5 TIMES.
  CLEAR : gv_fname.
  gv_fname = 'GV_'.
  gv_idx = sy-index.
  CONCATENATE gv_fname gv_idx INTO gv_fname.

  ASSIGN (gv_fname) TO <fs>.
  WRITE :/ gv_fname, ' : ', <fs>.
ENDDO.
```

결과 | 10-4

```
GV_1    : A
GV_2    : B
GV_3    : C
GV_4    : D
GV_5    : E
```

예제 10-4에서 변수명이 다음과 같이 2자리 숫자를 가진다면, gv_idx 변수의 길이를 2로 설정해야 한다.

```
DATA : gv_01 TYPE c VALUE 'A',
       gv_02 TYPE c VALUE 'B',
       gv_03 TYPE c VALUE 'C'.

DATA : gv_fname TYPE c LENGTH 10.
DATA : gv_idx TYPE n LENGTH 2.
```

2-4 구조체의 필드를 필드 심볼에 할당

구조체의 개별 필드를 필드 심볼에 할당할 수 있다. 다음 구문은 구조체 struc의 comp(필드)를 필드 심볼 <fs>에 할당하는 것을 보여준다.

```
ASSIGN COMPONENT comp OF STRUCTURE struc TO <fs>.
```

필드 심볼을 구조체 타입으로 선언한 경우나 TYPE ANY로 선언한 경우에는 해당 필드 심볼을 구조체의 특정 필드에 할당할 수 있다. comp 항목에는 라인의 순번이나 컬럼명이 올 수 있다.

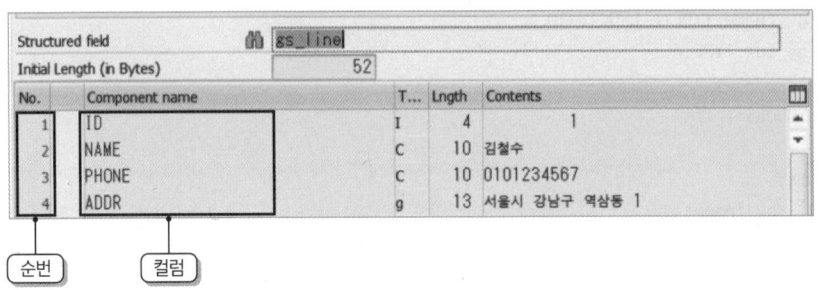

그림 10-3 필드 심볼 구조체

예제를 활용해 구조체를 필드 심볼에 할당해서 출력하는 과정을 이해해보자.

예제 10-5
```
REPORT  z10_05.
DATA: BEGIN OF gs_line,
        id    TYPE i,
        name  TYPE c LENGTH 10,
        phone TYPE c LENGTH 10,
        addr  TYPE string,
      END OF gs_line.

FIELD-SYMBOLS: <fs> TYPE ANY.

gs_line-id = 1.
```

```
    gs_line-name = '김철수'.
    gs_line-phone = '01012345678'.
    gs_line-addr = '서울시 강남구 역삼동 1'.

    DO 4 TIMES.
      ASSIGN COMPONENT sy-index OF STRUCTURE gs_line TO <fs>.
      WRITE <fs>.
    ENDDO.
```

결과 | 10-5

1 김철수   0101234567 서울시 강남구 역삼동 1

예제 10-5의 DO 4 TIMES를 사용한 이유는 gs_line 구조체의 필드가 4개이기 때문이다. DO 반복 횟수를 가지고 있는 시스템 변수 SY-INDEX를 통해 구조체 필드를 차례대로 필드 심볼에 할당하고 있다. 구조체의 필드 길이를 모를 경우, 다음과 같이 WHILE 반복문을 사용하여 할당이 실패할 때까지 반복을 실행할 수 있다.

```
DATA : gv_flg TYPE c.
WHILE gv_flg NE 'X'.
  ASSIGN COMPONENT sy-index OF STRUCTURE gs_line TO <fs>.
  IF sy-subrc EQ 0.
    WRITE <fs>.
  ELSE.
    gv_flg = 'X'.
  ENDIF.
ENDWHILE.
```

예제 10-5를 구조체의 순번이 아니라 필드명으로 필드 심볼에 할당하려면 예제 10-6과 같이 적용하면 된다. 단, 구조체 이름에 일정한 규칙이 있어야 한다.

예제 | 10-6

```
REPORT   z10_06.

DATA: BEGIN OF gs_line,
        fld01 TYPE i,
        fld02 TYPE c LENGTH 10,
        fld03 TYPE c LENGTH 10,
      END OF gs_line.

FIELD-SYMBOLS: <fs>.
```

```abap
DATA : gv_fname TYPE c LENGTH 10,
       gv_idx   TYPE n LENGTH 2.

gs_line-fld01 = 1.
gs_line-fld02 = '김철수'.
gs_line-fld03 = '01012345678'.

DO 3 TIMES.
  CLEAR : gv_fname.
  gv_idx = sy-index.
  gv_fname = 'FLD'.
  CONCATENATE gv_fname gv_idx INTO gv_fname.

  ASSIGN COMPONENT gv_fname OF STRUCTURE gs_line TO <fs>.

  WRITE <fs>.
ENDDO.
```

2-5 필드 심볼과 Casting

데이터 오브젝트를 필드 심볼에 할당할 경우에, CASTING을 이용해 모든 데이터 타입을 필드 심볼에 할당할 수 있다. 'CAST'라는 단어를 사전에서 찾아보면 '버리다', '주조하다', '상을 뜨다'라는 의미들이 있다. 이러한 의미를 조합해보면 '나 자신을 버리고 새로운 틀에 맞게 변형한다.'라고 해석할 수 있다. 프로그램 용어로 CASTING은 암묵적 형변환과 명시적 형변환 2가지로 분류되어 사용된다. 필드 심볼에서 캐스팅(Casting)이 어떠한 역할을 하게 되는지 살펴보자.

2-5-1 암묵적 형변환 Implicit Casting

필드 심볼의 데이터 타입이 Fully Type이거나 기본 데이터 타입 -c, n, p, x- 을 사용한 경우에 암묵적 형변환을 사용한다. 즉, 타입이 정해진 필드 심볼과 데이터 오브젝트 타입이 다른 경우에는 CASTING 구문을 이용하여 할당해야 한다.

```abap
ASSIGN <var> TO <fs> CASTING.
```

다음 예제는 구조체 타입의 필드 심볼과 CHAR 타입의 변수가 CASTING 구문을 이용해 할당을 수행하는 경우이다.

예제 | 10-7

```
REPORT   z10_07.

TYPES: BEGIN OF t_line,
   col1 TYPE char5 ,
   col2 TYPE char10 ,
      col3 TYPE char15 ,
 END OF t_line.

DATA : gv_addr(30) TYPE c VALUE ' KOREA SEOUL TWIN BUILDING '.

FIELD-SYMBOLS: <fs> TYPE t_line.

ASSIGN gv_addr TO <fs> CASTING.

WRITE : <fs>-col1, <fs>-col2, <fs>-col3.
```

결과 | 10-7

```
KOREA SEOUL    TWIN BUILDING
```

'ASSIGN gs_str TO <fs> CASTING' 구문에서 CASTING을 제거할 경우, 데이터 타입이 일치하지 않는다는 오류가 발생한다. 이것은 필드 심볼 <fs>는 구조체 타입이지만, 변수 gv_addr은 30자리 문자 타입으로 정의되어 있기 때문에 형변환(Type Conversion)이 불가능하기 때문이다.

2-5-2 명시적 형변환 Explicit Casting

만약 예제 10-7에서 필드 심볼을 다음과 같이 Generic Type으로 선언한다면, 프로그램이 정상적으로 활성화될까?

```
FIELD-SYMBOLS: <fs> TYPE ANY.
```

이 경우에는 다음과 같이 명시적으로 타입을 지정하여 ASSIGN 구문을 사용해야 한다.

```
ASSIGN gv_addr TO <FS> CASTING TYPE t_line.
```

이와 같이 CASTING TYPE 구문을 이용해 정해진 타입으로 형변환을 수행하는 것을 명시적 형변환이라고 한다.

그리고, 필드 심볼의 타입이 명시적으로 정의되지 않았기 때문에 다음 구문에서 에러가 발생한다.

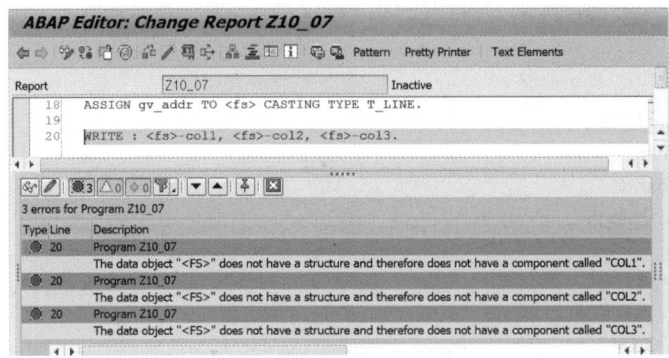

그림 10-4 필드 심볼 에러

이런 경우에는 다음과 같이 필드 심볼을 2개 활용해서 ASSIGN COMPONENT 구문으로 개별 필드를 추출해야 한다.

```
FIELD-SYMBOLS: <fs1> TYPE any,
               <fs2> TYPE any.


ASSIGN gv_addr TO <fs1> CASTING TYPE t_line.

DO 3 TIMES.
  ASSIGN COMPONENT sy-index OF STRUCTURE <fs1> TO <fs2>.
  WRITE <fs2>.
ENDDO.
```

03 필드 심볼과 인터널 테이블

변수와 마찬가지로 인터널 테이블도 같은 방식으로 필드 심볼에 할당하여 사용할 수 있다. 특히, 필드 심볼을 이용하여 인터널 테이블을 변경하면 Work Area로 복사하는 과정이 생략되기 때문에 성능이 향상된다.

필드 심볼을 인터널 테이블에 할당하여 사용하려면 다음 구문과 같이 사용한다.

```
TYPES: BEGIN OF t_line,
  col1 TYPE c,
  col2 TYPE c,
  END OF t_line.
```

```
DATA: gs_wa TYPE t_line,
      gt_itab TYPE HASHED TABLE OF t_line WITH UNIQUE KEY col1,
      gv_key(4) TYPE c VALUE 'COL1'.
```

```
FIELD-SYMBOLS <fs> TYPE ANY TABLE.
ASSIGN gt_itab TO <fs>.
READ TABLE <fs> WITH TABLE KEY (gv_key) = 'X' INTO wa.
```

이번 절의 제목은 "필드 심볼과 인터널 테이블"이지만 실제로는 필드 심볼의 동적 타입 선언과 Generic Type 필드 심볼을 설명하려고 한다. 이것은 Generic Type의 필드 심볼로 정의되며, 프로그램 실행 시점에 필드 심볼의 타입을 동적으로 할당하는 기술을 의미한다. 이 구문에서 필드 심볼 <fs>는 타입이 정해지지 않은 인터널 테이블로 선언되었다. 그리고 ASSIGN 구문을 통해 인터널 테이블 itab이 필드 심볼에 할당된다. 이후 필드 심볼 <fs>는 col1을 키 필드로 하는 인터널 테이블의 메모리 주소에 동적으로 연결된다.

앞의 2절, "필드 심볼 선언과 할당"에서 정의한 부분이 기억나는가? 앞에서 언급하였듯이 타입이 정해지지 않은 라인 타입은 FIELD-SYMBOLS <fs> TYPE ANY. 구문을 활용할 수 있다.

예제 10-8을 통해 필드 심볼과 인터널 테이블의 실행 스크립트를 확인해보자.

예제 | 10-8

```
REPORT z10_08.

TYPES: BEGIN OF t_line,
 col1 TYPE c,
 col2 TYPE c,
 END OF t_line.

DATA : gs_str TYPE t_line.

DATA : gv_fname(4) TYPE c VALUE 'COL1'.

DATA : gt_itab1 TYPE SORTED TABLE OF t_line WITH UNIQUE KEY col1.    ← ❶

DATA : gt_itab2 TYPE HASHED TABLE OF t_line WITH UNIQUE KEY col1.    ← ❷

DATA : gt_itab3 TYPE STANDARD TABLE OF t_line.                       ← ❸

DATA : gt_itab4 TYPE t_line OCCURS 0 WITH HEADER LINE.                ← ❹

FIELD-SYMBOLS <fs> TYPE ANY TABLE.                                    ← ❺
```

```
ASSIGN gt_itab1 TO <fs>.                                             ❻

READ TABLE <fs> WITH TABLE KEY (gv_fname) = 'X' INTO gs_str.          ❼
```

예제 10-8을 라인별로 해석해보자.

❶ 인터널 테이블을 Sorted Table 타입으로 선언

❷ 인터널 테이블을 Hashed Table 타입으로 선언

❸ 인터널 테이블을 Standard Table 타입으로 선언

❹ 인터널 테이블을 구식 방법으로 선언(타입은 Standard Table이다.)

❺ 필드 심볼 선언 : ❶, ❷, ❸번과 같이 선언하여 ❺번 구문에서 필드 심볼을 선언하면 ❻, ❼번 구문의 ASSIGN 과 READ 구문이 실행되나, ❹번과 같이 헤더 라인(Header Line)이 있는 인터널 테이블을 사용하면 ❻번 ASSIGN 구문에서 그림 10-5와 같은 형변환 에러가 발생한다. 헤더 라인이 있는 인터널 테이블을 할당하기 위해서는 다음과 같이 사용해야 한다.

```
ASSIGN gt_itab4[] TO <fs>.
```

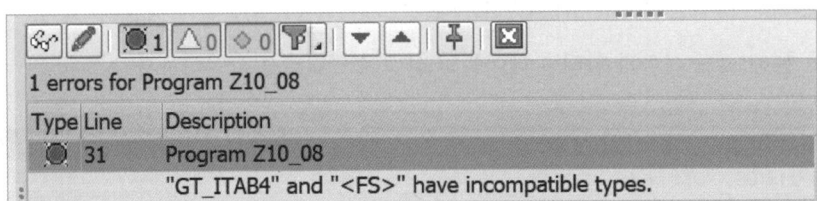

그림 10-5 필드 심볼의 형변환 에러

❻ ASSIGN 수행

❼ READ 구문 : ❺번 구문에서 TYPE ANY TABLE.로 선언해야 필드 심볼이 인터널 테이블 역할을 수행하고, 필드 심볼에서 READ구문을 사용할 수 있다. 필드 심볼을 Generic Type으로 선언하였기 때문에 (gv_fname)을 사용하여 동적 구문을 사용해야 한다. 'READ TABLE <fs> WITH TABLE KEY col1 = 'X'.'와 같이 필드명을 명시적으로 사용하면 에러가 발생한다.

그리고 앞에서도 언급하였듯이 인터널 테이블을 필드 심볼에 할당할 때, 동적 할당이 가능하다.

```
DATA : gv_tname(10) TYPE c.
DATA : gt_itab TYPE STANDARD TABLE OF t_line.
FIELD-SYMBOLS <fs> TYPE STANDARD TABLE.
```

```
gv_tname = 'GT_ITAB'.
ASSIGN (GV_TNAME) TO <fs>.
```

필드 심볼과 구조체

필드 심볼을 구조체에 할당하여 사용하려면 다음 구문을 활용한다.

```
DATA: BEGIN OF gs_line,
 col1(1) TYPE c,
 col2(1) TYPE c VALUE 'X',
 END OF gs_line.
FIELD-SYMBOLS <fs> LIKE gs_line.
ASSIGN gs_line TO <fs>.
MOVE <fs>-col2 TO <fs>-col1.
```

필드 심볼을 구조체처럼 사용하려면, 필드 심볼을 선언할 때 LIKE 또는 TYPE 구문을 사용하여 명확히 데이터 타입을 지정해야 한다. 4절의 제목은 "필드 심볼과 구조체"이지만, 실제로는 필드 심볼의 정적 타입과 Fully Type 필드 심볼 선언을 학습하고자 한다. 필드 심볼의 타입이 이미 완전히 정의되어 있다면(Specifying the Type Fully), 해당 필드 심볼에는 동일한 기술적 속성을 가진 데이터 오브젝트만 할당될 수 있다.

앞서 설명한 것처럼, 필드 심볼의 타입을 동적으로 구현할 경우, 예를 들어 'MOVE <fs>-col2 TO <fs>-col1.' 구문에서 명시적으로 구조체의 컬럼을 사용하는 경우 오류가 발생할 수 있다. 이는 필드 심볼이 참조하는 데이터 구조와의 불일치로 인해 발생한다.

```
DATA: BEGIN OF gs_line,
 col1(1) TYPE c,
 col2(1) TYPE c VALUE 'X',
 END OF gs_line.
FIELD-SYMBOLS <fs> TYPE ANY.
ASSIGN gs_line TO <fs>.
```

```
MOVE <fs>-col2 TO <fs>-col1.
```

필드 심볼의 타입을 선언하지 않은 경우, 프로그램이 실행된 후 데이터 오브젝트가 할당될 때 필드 심볼이 내부 구조를 가지게 된다. 따라서, 프로그램 소스 코드에서 <fs>-col1과 같이 구조체의 필드를 명시적으로 참조하여 사용하려면, 필드 심볼의 타입을 사전에 완전하게 정의해야 한다는 것이다.

필드 심볼 활용

5-1 비용 구조 테이블에 적용한 실무 예제

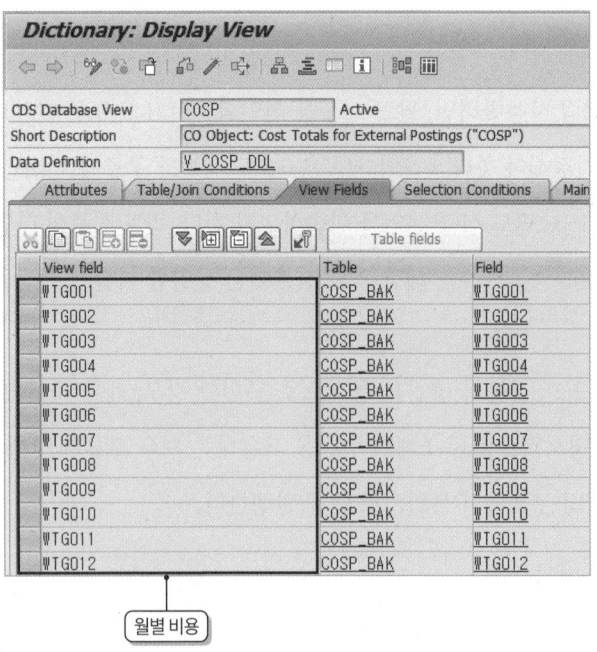

그림 10-6 월별 비용을 관리하는 테이블의 구조

SAP CO 모듈에서는 월별 비용을 필드명 + 월(MON01)과 같은 구조를 많이 취한다. 만약 1년(12개월)의 금액을 합산해야 하는 로직이 필요하다면, 'WTG001 + WTG002 ~ + WTG012' 구문과 같이 SUM을 12번 반복해야 한다. 이때는 필드 심볼을 사용하여 SUM 구문을 12번 코딩하는 수고를 줄일 수 있다. 다음 구문은 실제 업무에 응용하여 적용할 수 있는 소스 코드이다.

```
FIELD-SYMBOLS <fs>.
DATA : fname(10),
       sum LIKE COSP-WTG001.

DO 12 TIMES.
 CC = SY-INDEX.
 CONCATENATE ' COSP-WGT0 ' CC INTO fname.

 ASSIGN (fname) TO <fs>.
 sum = sum + <fs>.
 CLEAR : fname, <fs>.
ENDDO.
```

이 구문에서는 12개월의 SUM을 구하기 위해 필드 심볼을 활용하였다. DO 반복문을 수행하면 'CONCATENATE 'COSP-WGT0' CC INTO fname.'에서 fname의 필드 값은 'COSP-WTG001'로 변경된다. 그리고 'ASSIGN (FNAME) TO <fs>' 구문은 프로그램이 실행되면 'ASSIGN COSP-WTG001 TO <fs>' 구문으로 해석되어, 필드 심볼 <fs>는 COSP-WTG001 변수의 메모리 주소에 저장되어 있는 값에 접근할 수 있게 된다.

5-2 인터널 테이블 LOOP 처리에 적용한 예

필드 심볼은 인터널 테이블을 LOOP 처리할 때도 아주 편리하다. 다음 예제는 가족 관계 테이블(ZFAMILY)에서 데이터를 가져온 뒤 LOOP를 돌며 ZEMPLIST 테이블에서 직원의 이름 정보를 가져와 인터널 테이블을 수정한다. 이때 필드 심볼을 사용하는 예제 10-9와 Work Area를 사용하는 예제 10-10을 비교해보자. 물론, 두 테이블을 조인하는 것이 훨씬 효율적이다.

예제 | 10-9

```
REPORT  z10_09.

DATA: BEGIN OF gs_line,
        empcd       TYPE zemplist-empcd,
        ename       TYPE zemplist-ename,
        fname       TYPE zfamily-fname,
```

```abap
      END OF gs_line.

DATA gt_itab LIKE TABLE OF gs_line.
FIELD-SYMBOLS <fs> like gs_line.

SELECT empcd, fname
FROM zfamily
INTO CORRESPONDING FIELDS OF TABLE @gt_itab.

LOOP AT gt_itab ASSIGNING <fs>.

  SELECT SINGLE ename INTO <fs>-ename
  FROM zemplist WHERE empcd = <fs>-empcd.

ENDLOOP.

cl_demo_output=>display( gt_itab ).
```

결과 | 10-9

GT_ITAB

EMPCD	ENAME	FNAME
1001	김철수	강남순
1001	김철수	김춘배
1001	김철수	김건진
1002	이영희	박순자
1002	이영희	이영철

예제 | 10-10

```abap
REPORT z10_10.

DATA: BEGIN OF gs_line,
        empcd   TYPE zemplist-empcd,
        ename   TYPE zemplist-ename,
        fname   TYPE zfamily-fname,
      END OF gs_line.

DATA gt_itab LIKE TABLE OF gs_line.
FIELD-SYMBOLS <fs> LIKE gs_line.

SELECT empcd, fname
FROM zfamily
```

```
    INTO CORRESPONDING FIELDS OF TABLE @gt_itab.

    LOOP AT gt_itab INTO gs_line.

      SELECT SINGLE ename INTO gs_line-ename
      FROM zemplist WHERE empcd = gs_line-empcd.

      MODIFY gt_itab FROM gs_line.

    ENDLOOP.

    cl_demo_output=>display( gt_itab ).
```

결과 | 10-10

GT_ITAB

EMPCD	ENAME	FNAME
1001	김철수	강남순
1001	김철수	김춘배
1001	김철수	김건진
1002	이영희	박순자
1002	이영희	이영철

예제 10-9는 필드 심볼을 이용하여 인터널 테이블을 변경하는 스크립트이다. 필드 심볼을 사용하면 예제 10-10과 같이 MODIFY 구문으로 인터널 테이블을 변경해줄 필요가 없다. 이미 학습하였듯이, 필드 심볼은 메모리에 저장되어 있는 값을 바로 변경하기 때문이다. LOOP 구문을 이용하여 필드 심볼로 데이터를 옮길 때는 ASSIGNING 구문을 사용한다. 그림 10-7에서 설명하고 있듯이 필드 심볼을 활용하면 인터널 테이블을 Work Area로 복사하고 다시 수정(Modify)하는 과정이 생략되므로 빠른 성능을 제공한다.

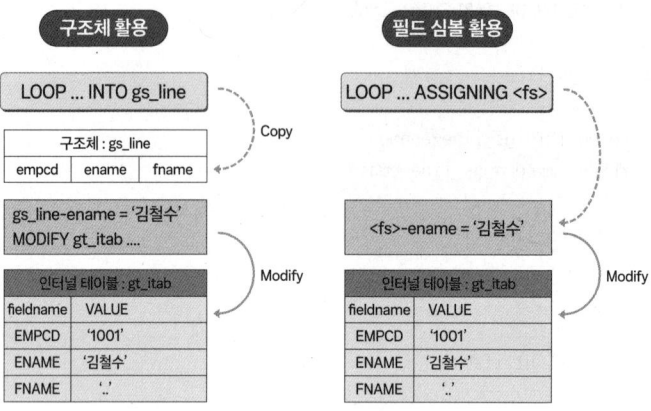

그림 10-7 Work Area vs. 필드 심볼

06 데이터 참조

데이터 참조(Data Reference)를 사용하면 동적으로 생성된 데이터 오브젝트를 참조하고 조작할 수 있어서, 복잡한 데이터 구조나 동적 데이터 처리가 필요한 경우 유용하다. 데이터 참조를 한마디로 정의하면 다음과 같다.

데이터 참조는 데이터 오브젝트에 대한 포인터다.

포인터(Pointer)는 C 프로그래밍의 대표적인 특징으로, 컴퓨터 메모리에 직접 접근하여 간결하고 효율적으로 로직을 제어할 수 있게 한다. 포인터의 데이터형은 다른 변수의 메모리 주소를 저장하는 형식으로, 포인터를 통해 특정 대상에 직접 접근할 수 있다. 이러한 개념을 ABAP 프로그램에 유사하게 적용한 것이 바로 데이터 참조(Data Reference)이다.

앞서 필드 심볼을 포인터에 비유하였지만, 데이터 참조와는 몇 가지 차이점이 있다. 필드 심볼은 단순히 메모리의 주소를 참조하여, 할당된 데이터 오브젝트의 메모리 내에서 작업을 수행한다. 반면, 데이터 참조는 메모리 주소를 값으로 가지는 참조 변수로, 자신의 메모리 영역을 보유한다. 이러한 차이점이 실제로 무엇을 의미하는지 차근차근 살펴보자.

예제 10-11

```
REPORT  z10_11.

DATA dref TYPE REF TO data.

CREATE DATA dref TYPE c.

dref->* = 'A'.

WRITE dref->*.
```

결과 10-11

```
A
```

예제 10-11에서 CREATE DATA 구문으로 dref라는 참조 변수를 생성하였고, 역참조 기호(->*)를 이용해 값 'A'를 할당하고, 화면에 출력하였다. 이 과정을 그림 10-8에서 설명하고 있다.

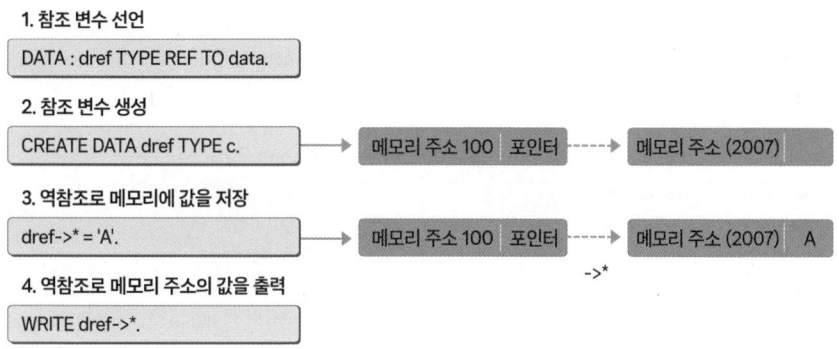

그림 10-8 데이터 참조 변수의 원리

이번에는 데이터 참조 변수와 구조체에 대해서 알아보자. 데이터 참조 변수를 명시적(Fully Type)으로 정의하면, 참조 기호(->)를 이용해 개별 항목에 접근할 수 있다.

예제 10-12

```
REPORT  z10_12.

TYPES: BEGIN OF t_str,
         col1 TYPE c,
         col2 TYPE c,
       END OF t_str.

DATA dref TYPE REF TO t_str.
```

```
CREATE DATA dref.
dref->col1 = 'A'.
dref->col2 = 'B'.


WRITE :/ dref->*.
WRITE :/ dref->col1.
WRITE :/ dref->col2.
```

결과 | 10-12
```
AB
A
B
```

CREATE DATA 구문 대신에 효율적인 New Syntax를 사용할 수 있다.

표준 문법	New Syntax

`DATA dref TYPE REF TO t_str.`
`CREATE DATA dref .`
`dref->col1 = 'A'.`
`dref->col2 = 'B'.`
	`DATA dref TYPE REF TO t_str.`
	`dref = NEW #( col1 = 'A' col2 = 'B' ).`

`DATA dref TYPE REF TO zemplist.`
`CREATE DATA dref .`
 	
`SELECT SINGLE *`
`       FROM zemplist`
`       WHERE  empcd = '1001'`
`       INTO @dref->*.`
 	
`WRITE : dref->*.`
	`DATA(dref) = NEW zemplist( ).`
	
	`SELECT SINGLE *`
	`       FROM zemplist`
	`       WHERE  empcd = '1001'`
	`       INTO @dref->*.`
	
	`WRITE : dref->*.`

그런데, 다음과 같이 데이터 참조 변수를 동적으로 Generic Type으로 생성하면 구조체의 개별 항목에 접근할 수 없어서 다음과 같은 에러 메시지가 출력된다.

"This generic reference cannot be dereferenced (->) at the current statement position."

```
DATA : gv_name TYPE c LENGTH 10 VALUE 'ZEMPLIST'.
```

```
DATA dref TYPE REF TO data.

CREATE DATA dref TYPE (gv_name).
dref->empcd = '1001'.
```

이렇게 타입이 정해지지 않은 데이터 참조 변수는 필드 심볼을 활용하여 값을 할당하고 출력해야 한다.

예제 | 10-13

```
REPORT  z10_13.

DATA : gv_name TYPE c LENGTH 10 VALUE 'ZEMPLIST'.

DATA dref TYPE REF TO data.

CREATE DATA dref TYPE (gv_name).
ASSIGN dref->* TO FIELD-SYMBOL(<fs1>).

SELECT SINGLE *
  FROM zemplist
  INTO CORRESPONDING FIELDS OF @<fs1>.

DO.
  ASSIGN COMPONENT sy-index OF STRUCTURE <fs1> TO FIELD-SYMBOL(<fs2>).
  IF sy-subrc NE 0.
    SKIP.
    EXIT.
  ENDIF.
  WRITE: <fs2>.
ENDDO.
```

결과 | 10-13

100 1001 D001 상무   김철수 sapjoy@naver.com 010-1234-5678

즉, 필드 심볼과 데이터 참조는 ABAP 프로그램에서 데이터 오브젝트를 동적으로 생성하고 접근할 수 있는 유연성을 제공한다. 이는 프로그램 실행 시점에 데이터의 속성과 이름을 정의함으로써, 다양한 방식으로 데이터 오브젝트를 활용할 수 있게 한다는 의미이다.

예를 들어, 사용자가 특정 테이블 이름을 직접 입력하여 원하는 데이터를 조회하고자 하는 상황을 가정해보자. 이 경우, 해당 테이블의 구조에 따라 화면에 데이터를 출력해야 하는데, SAP에는 3만 개 이상의 테이블이 존재하기 때문에, 각 테이블에 맞는 스크립트를 일일이 구현하는 것은 현실적으로 불가능하다.

이러한 문제를 해결하기 위해, 다음 예제와 같이 데이터 참조를 활용하여 데이터 오브젝트를 동적으로 생성하면 간단하고 효율적으로 요구 사항을 충족할 수 있다.

예제 | 10-14

```
REPORT   z10_14.

PARAMETERS : p_tname(30)  DEFAULT 'ZEMPLIST'.

DATA: dref TYPE REF TO data.

FIELD-SYMBOLS: <fs1> TYPE ANY , <fs2> TYPE ANY.

CREATE DATA dref TYPE (p_tname).
ASSIGN dref->* TO <fs1>.

SELECT * FROM (p_tname) INTO <fs1> UP TO 3 ROWS.

  DO.
    ASSIGN COMPONENT sy-index OF STRUCTURE <fs1> TO <fs2>.
    IF sy-subrc NE 0.
      SKIP.
      EXIT.
    ENDIF.
    WRITE: <fs2>.
  ENDDO.
ENDSELECT.
```

결과 | 10-14

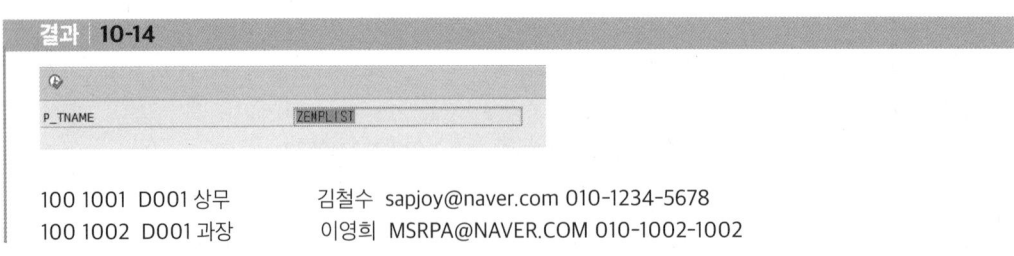

예제 10-14에서는 데이터 참조 없이 필드 심볼만을 사용해 테이블 이름을 동적으로 지정하는 것이 불가능하다. 그 이유는 필드 심볼은 데이터 오브젝트가 이미 생성된 이후에만 할당할 수 있기 때문이다. 즉, 필드 심볼만을 활용하려면 'DATA gt_zemplist TYPE zmplist.' 또는 'TABLES zemplist'와 같은 구문을 사용하여 프로그램이 실행됨과 동시에 데이터 오브젝트가 정적으로 생성되어 있어야 한다. 그러나 데이터 참조를 사용하면, 'CREATE DATA dref TYPE (p_tname).'과 같은 구문을 통해 프로그램 실행 도중에도 데이터 오브젝트를 동적으로 생성할 수 있다.

이 경우를 프로그램 용어로 해석해보면 다음과 같다.

필드 심볼은 이미 생성된 데이터 오브젝트의 메모리 공간을 참조하여 작업을 수행한다. 즉, 필드 심볼은 해당 데이터 오브젝트의 또 다른 상징적인 이름에 불과하다. 반면에, 데이터 참조는 자체 메모리 공간을 가지는 독립적인 오브젝트로, 데이터 참조를 변수 값으로 저장하고 있다.

그림 10-9에서 알 수 있듯이 데이터 참조는 데이터 오브젝트를 가리키는 포인터 역할을 하며, 필드 심볼을 통해 해당 오브젝트의 값에 접근할 수 있다. 데이터 오브젝트는 프로그램 실행 시점에서 동적으로 생성되므로, 해당 메모리 주소 또한 동적으로 할당된다. 이러한 이유 때문에 필드 심볼을 이용해 데이터 오브젝트에 접근하는 것이 가능하다.

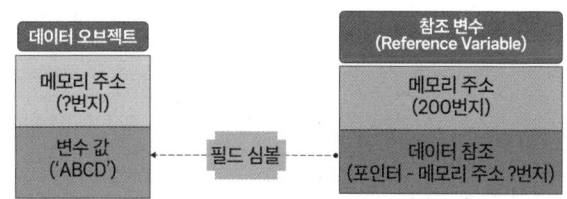

그림 10-9 데이터 참조 메커니즘

1절의 그림 10-1 필드 심볼과 데이터 참조 사이의 메커니즘을 비교하면서 차이점을 각자 정리해보자.

6-1 참조 변수

참조 변수(Reference Variable)에는 두 가지 종류가 있다. 이번 장에서 소개하는 데이터 참조 변수(Data Reference Variable, 이하 참조 변수)와 14장에서 다룰 객체 참조 변수(Object Reference Variable)이다. 앞서 설명한 바와 같이, 일반 변수(Data Variable)가 변수 값을 저장하는 메모리 공간이라면, 참조 변수는 해당 메모리 공간의 주솟값을 저장하는 변수라고 할 수 있다.

참조 변수는 다음 세 가지 방식으로 정의할 수 있다. 첫 번째로, 타입을 명시하여 데이터 참조 변수를 정의하는 방법이다. 두 번째로, 'LIKE REF TO' 구문을 사용하여 구조체, 인터널 테이블, 변수와 같은 데이터 오브젝트를 참조하는 방법이다. 세 번째로 'TYPE REF TO DATA' 구문을 사용하면 타입을 지정하지 않기 때문에 Generic Type으로 정의된다. 반면에, 첫 번째와 두 번째 방법은 명시적인 타입을 가지므로, 이를 Fully Typed 참조 변수라고 한다.

```
DATA dref  TYPE REF TO t_type.
DATA dref  LIKE REF TO gv_var.
DATA dref  TYPE REF TO DATA.
```

이 구문까지 선언된 dref는 아직 오브젝트에 연결(Point)되지 않은 상태이므로 사용할 수가 없다. 'CREATE DATA dref' 구문을 선언하여, 참조 변수가 데이터 오브젝트에 연결되도록 해야 한다.

```
CREATE DATA dref {TYPE type}|{LIKE dobj}}.
```

데이터 오브젝트를 이용한 참조 변수는 'GET REFERENCE OF' 구문을 사용한다. 'CREAET DATA' 구문은 타입을 참고하여 참조 변수를 생성하는 반면에 'GET REFERENCE' 구문은 이미 생성된 데이터 오브젝트를 참고하여 참조 변수를 생성한다는 차이점이 있다. 즉, 'GET REFERENCE' 구문을 이용하여 이미 존재하는 데이터 오브젝트를 참고하여 또 다른 데이터 오브젝트를 생성할 수 있다.

```
GET REFERENCE OF variable INTO dref.
```

'GET REFERENCE OF' 구문은 변수, 필드 심볼, 인터널 테이블 등과 같은 데이터 오브젝트를 참고한다.

```
DATA dref TYPE REF TO data.
DATA gv_var TYPE c VALUE 'A'.

GET REFERENCE OF gv_var INTO dref.

WRITE dref->*.
```

'GET REFERENCE OF' 구문의 New Syntax는 다음과 같이 사용한다.

```
dref = REF #( varaible ).
```

6-2 역참조

역참조(Dereference)는 프로그래밍 언어에서 프로그램 포인터가 가리키는 번지에 저장된 데이터에 접근하는 것으로 정의된다. 즉, 데이터 참조가 가리키고 있는 데이터 오브젝트의 변수 값에 접근하기 위해서는 역참조 과정을 거쳐야 한다. 역참조를 하면 참조에 연결된 데이터 오브젝트에서 사용하는 기능과 명령어를 모두 동일하게 사용할 수 있다.

```
dref->*
```

앞서 설명하였듯이, 동적으로 데이터를 생성하고 효율적인 프로그래밍을 구현하기 위해 일반적으로 데이터 참조 변수의 역참조는 필드 심볼과 함께 사용된다. 이 과정에서 필드 심볼에서 제공하는 CASTING 기능 또한 동일하게 활용할 수 있다.

```
ASSIGN dref->* TO <fs> [CASTING ...].
```

CASTING을 사용하여 참조 변수를 필드 심볼에 할당한다는 것은, 동적으로 생성된 데이터 오브젝트의 값에 접근할 때 필드 심볼의 데이터 타입을 참고하게 된다는 의미이다.

역참조(Dereference=Assign)가 성공하게 되면 SY-SUBRC 변수는 0을, 실패하면 4를 반환한다. 역참조 기호(->*)는 Dereferencing Operator라고 한다.

데이터 참조에 대한 예제를 가지고 디버깅 화면을 이용해서 프로그램이 진행되는 절차를 분석해 보자.

예제 | 10-15

```
REPORT  z10_15.

TYPES: BEGIN OF t_struct,
    col1 TYPE char15,
    col2 TYPE char15,
  END OF t_struct.

DATA: dref1 TYPE REF TO data,
      dref2 TYPE REF TO data,
      dref3 TYPE REF TO data.

FIELD-SYMBOLS: <fs1> TYPE t_struct,
               <fs2> TYPE char15.

CREATE DATA dref1 TYPE t_struct.

ASSIGN dref1->* TO <fs1>.

<fs1>-col1 = 'Enjoy ABAP'.
<fs1>-col2 = 'PROGRAMMING'.

dref2 = dref1.
```

```
ASSIGN dref2->* TO <fs2> CASTING.
WRITE / <fs2>.

GET REFERENCE OF <fs1>-col2 INTO dref3.

IF dref3 IS BOUND.
ASSIGN dref3->* TO <fs2>.
WRITE / <fs2>.
ENDIF.
```

결과 | 10-15

Enjoy ABAP
PROGRAMMING

예제 10-15의 프로그램을 디버깅하면서 이해를 돕자.

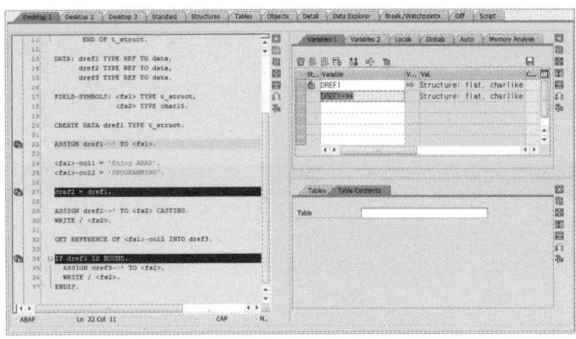

01 'CREATE DATA dref TYPE t_struct' 구문이 수행되면, t_struct 타입의 참조 변수가 생성된다. 이 시점에서 dref1 변수에는 프로그램명과 타입 정보를 가지고, 실제 구조와 데이터는 dref->*를 사용하여 할당(Assign)한다.

▌'ASSIGN dref->* TO <fs> CASTING.' 구문은 dref에 연결된 데이터 오브젝트의 값(데이터 참조)을 필드 심볼 <fs>에 할당하는 역할을 수행한다.

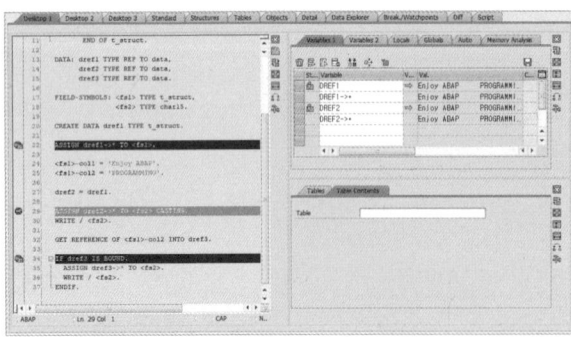

02 'dref2 = dref1.' 구문을 수행하게 되면 참조 변수인 dref2에 dref1과 같은 데이터 오브젝트에 연결되도록 한다.

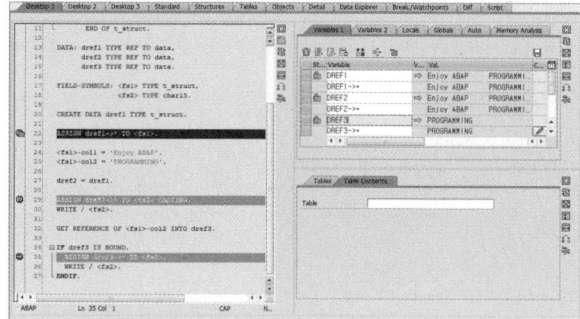

03 'GET REFERENCE OF <fs1>-col2 INTO dref3.' 구문이 실행되면, <fs1>-col2 타입에 연결된 참조 변수가 dref3에 생성된다. 즉, 'GET REFERENCE' 구문을 사용하면, 이미 존재하는 데이터 오브젝트를 참조하여 새로운 참조 변수를 생성할 수 있다.

'CREATE DATA' 구문은 특정 타입을 참조하여 참조 변수를 생성하는 반면, 'GET REFERENCE' 구문은 이미 생성된 데이터 오브젝트를 참조하여 참조 변수를 생성하는 데 차이가 있다.

'GET REFERENCE' 구문의 New Syntax는 다음과 같이 사용한다.

dref3 = REF #(<fs1>-col2).

그리고, 'IF dref3 IS BOUND.' 구문을 사용하여 데이터 참조 변수가 유효한지 확인할 수 있다.

그림 10-10에서 참조 변수와 데이터 오브젝트의 관계를 설명하고 있다.

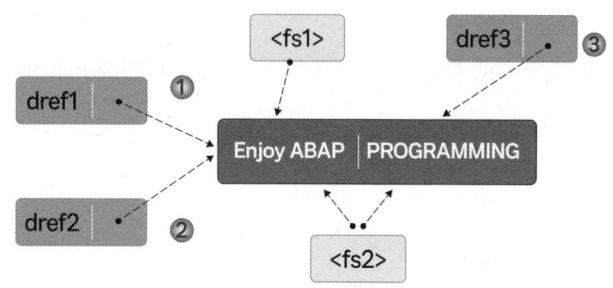

그림 10-10 참조 변수와 데이터 오브젝트

이번에는 인터널 테이블을 동적으로 생성해서 데이터를 출력하는 프로그램을 실습해 보자.

예제 | 10-16

```
REPORT   z10_16.

PARAMETERS : p_tname TYPE string DEFAULT 'ZEMPLIST'.

DATA: dref TYPE REF TO data.
FIELD-SYMBOLS: <fs1> TYPE STANDARD TABLE, <fs2> TYPE any, <fs3> TYPE any.
```

```
    CREATE DATA dref TYPE TABLE OF (p_tname).
    ASSIGN dref->* TO <fs1>.

    SELECT * FROM (p_tname) INTO TABLE @<fs1> UP TO 3 ROWS.


    LOOP AT <fs1> ASSIGNING <fs2>.
      DO.
        ASSIGN COMPONENT sy-index OF STRUCTURE <fs2> TO <fs3>.
        IF sy-subrc NE 0.
          EXIT.
        ENDIF.
        WRITE: <fs3>.
      ENDDO.
    ENDLOOP.
```

결과 | 10-16

```
100 1001  D001 상무 김철수 sapjoy2@naver.com 010-1234-5678
100 1003  D002 부장 조영수 jys@nvaer.com     010-1003-1003
100 1005  D003 차장 문영호 myh@naver.com    010-1005-1005
```

예제 10-16에서 주의할 점은 데이터 참조 변수를 생성할 때 'TYPE TABLE OF' 구문을 사용한다는 점이다. 즉, p_tname을 이용해서 동적으로 인터널 테이블 참조 변수를 생성한다. 그리고 dref 참조 변수를 필드 심볼 <fs1>에 동적으로 할당한 뒤, 사용자가 입력한 테이블 p_name에서 데이터를 가져와 필드 심볼 <fs1>에 데이터를 저장한다.

```
    CREATE DATA dref TYPE TABLE OF (p_tname).
    ASSIGN dref->* TO <fs1>.
```

6-3 데이터 참조 변수의 UPCAST와 DOWNCAST

데이터 참조 변수 간에 할당할 때는 UPCAST와 DONWCAST가 지원된다.

6-3-1 UPCAST

데이터 참조 변수를 할당할 대상 참조 변수의 타입과 같거나 더 구체적이면 UPCAST가 수행된다. UPCAST를 예제를 통해 이해해보자.

예제 | 10-17

```
REPORT Z10_17.

TYPES: BEGIN OF t_str,
         col1 TYPE c,
         col2 TYPE c,
       END OF t_str.

DATA dref1 TYPE REF TO DATA.
DATA dref2 TYPE REF TO t_str.

CREATE DATA dref2.

dref2->col1 = 'A'.
dref2->col2 = 'B'.

dref1 = dref2.

WRITE :/ dref1->*.
```

결과 | 10-17

```
AB
```

데이터 참조 변수 dref1은 Generic Type이고, dref2는 구체적으로 타입을 지정한 Fully Type으로 선언되었다. 두 타입이 다르지만 'dref1 = dref2' 구문에서 UPCAST가 실행된다.

6-3-2 DOWNCAST

데이터 참조 변수를 할당할 대상 참조 변수의 타입이 더 일반적이면 DOWNCAST를 수행해야 한다.

예제 | 10-18

```
REPORT Z10_18.

TYPES: BEGIN OF t_str1,
         col1 TYPE n,
         col2 TYPE n,
       END OF t_str1.

DATA dref1 TYPE REF TO t_str1.
DATA dref2 TYPE REF TO DATA.

CREATE DATA dref1.
CREATE DATA dref2 TYPE t_str1.
```

```
ASSIGN dref2->* TO FIELD-SYMBOL(<fs1>).

DO 2 TIMES.
  ASSIGN COMPONENT sy-index OF STRUCTURE <fs1> TO FIELD-SYMBOL(<fs2>).
  <fs2> = sy-index..
ENDDO.

dref1 ?= dref2.
WRITE dref1->*.
```

결과 | 10-18

12

DOWNCAST 에러를 방지하기 위해서는 TRY~CATCH 구문을 사용한다.

```
TRY.
    dref1 ?= dref2.
  CATCH cx_sy_move_cast_error INTO DATA(lx_cast_error).
    DATA(lv_message) = lx_cast_error->get_text( ).
    WRITE: / 'Error: ', lv_message.
ENDTRY
```

CHAPTER 11

SAP Memory와 ABAP Memory

In this chapter >>>

메모리는 프로그램 간에 데이터를 주고받기 위해 메모리 영역을 공유하는 용도로 사용된다.
SAP Memory와 ABAP Memory 영역으로 구분되며, 전자는 메인 세션 간에 데이터가 공유되는 반면, 후자는 내부 세션 사이에서만 메모리가 공유된다.

Chapter list >>>

1. Overview
2. SAP Memory
3. ABAP Memory

01 Overview

1-1 ABAP 프로그램의 메모리 구조

사용자가 SAP GUI에 로그인하면 사용자 터미널 세션(User Terminal Session)이 하나 생성된다. 이 터미널 세션에서는 최대 6개의 SAP GUI 윈도우를 실행할 수 있다(SAP 시스템 설정에 따라 다를 수 있다). 각각의 윈도우는 메모리 영역을 공유하고 있다. 이 6개의 윈도우를 외부 세션(External Session)이라고 하며, 새 창 아이콘()을 클릭하거나 '/O[T-CODE]'를 실행하여 최대 6개의 추가 윈도우를 열 수 있다(외부 세션을 메인 세션이라고도 한다.). 그리고 하나의 외부 세션은 최대 20개의 내부 세션을 가질 수 있다. 내부 세션(Internal Session)은 하나의 외부 세션 내에서 실행 중인 프로그램이 다른 프로그램을 호출할 때 생성되는 세션이다. 참고로, SAP S/4 HANA 버전의 경우 설정에 따라 최대 16개의 외부 세션을 실행할 수 있다.

그림 11-1에서 외부 세션 1의 내부 세션에서 ABAP 프로그램이 실행되고 있다. 각 프로그램에서 사용하는 메모리는 ABAP Memory와 SAP Memory이다. 내부 세션에서 CALL TRANSACTION과 같은 명령어를 이용하여 다른 프로그램을 호출하면, 내부 세션끼리 ABAP Memory를 공유한다. ABAP Memory는 내부 세션에서만 할당되는 메모리이므로 동일한 윈도우에서 수행되는 프로그램에서만 메모리가 공유된다. 그림에서 ABAP Memory는 자기 자신의 외부 세션에서만 공유되며, 반면에 SAP Memory는 SET/GET PRAMETER를 통해 서로 다른 ABAP Memory 영역, 즉 서로 다른 외부 세션 간에도 메모리 공유가 가능하다.

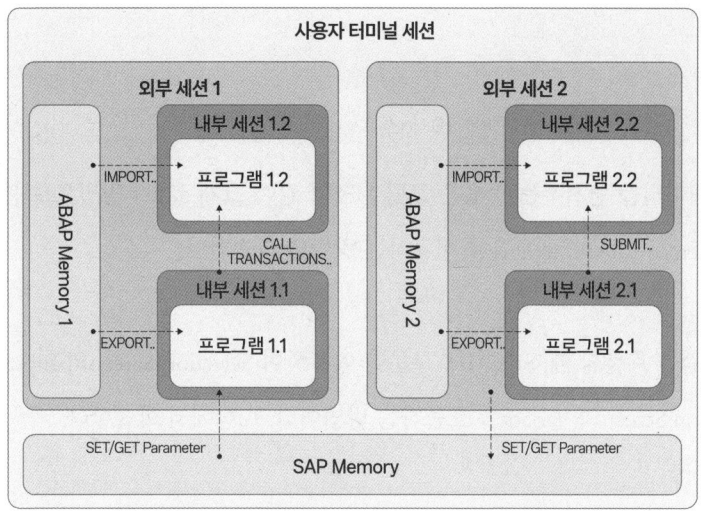

그림 11-1 사용자 터미널 세션, 외부 세션, 내부 세션

1-2 SAP Memory와 ABAP Memory의 차이점

SAP Memory와 ABAP Memory 개념을 이해하였다는 전제 하에, 프로그램 내에서 각각의 메모리가 사용되는 경우를 비교해보자.

1-2-1 SAP Memory

SAP Memory는 사용자 터미널 세션 내의 모든 외부 세션에서 접근할 수 있는 Global Memory이다. 즉, 사용자가 SAP GUI 로그인 화면을 이용해 한번 로그인한 상태에서 실행된 모든 프로그램에서 공유되는 메모리 영역이다.

SAP Memory의 데이터를 주고받기 위해서는 SET/GET 구문을 이용하여 메모리 파라미터를 전달한다.

```
SET PARAMETER / GET PARAMETER
```

1-2-2 ABAP Memory

ABAP Memory는 같은 외부 세션 내에서 수행되고 있는 모든 프로그램에서 공유되는 메모리다. 즉, ABAP Memory는 개별 외부 세션에 하나만 존재한다. 개별 프로그램은 자신의 내부 세션을 가지며, 내부 세션은 스택(Stack)에 쌓이게 된다. EXPORT/IMPORT 구문을 이용해 프로그램 간에 데이터를 주고받는다.

```
EXPORT obj1 ... objn TO MEMORY ID key.
```

```
IMPORT obj...objn FROM MEMORY ID key.
```

프로그램 간에 데이터를 넘겨주는 방법은 그림 11-2와 같이 크게 5가지 방법으로 분류된다. 이번 장에서는 ABAP Memory, SAP Memory를 이용하는 방법만 학습한다.

1) Interface
TYPE-1 프로그램을 호출할 때, SUBMIT 구문을 이용하여 Selection Screen의 Input 필드에 값을 입력하거나, Selection Screen의 Variant를 호출하는 방법이다. 12장에서 학습한다.

2) ABAP Memory
ABAP Memory를 이용하여 데이터를 넘겨주기 위해서는 EXPORT/IMPORT 구문을 사용하며, 동일한 파라미터 ID명을 사용해야 한다.

3) SAP Memory
SAP Memory 영역의 파라미터 ID를 이용해 데이터를 넘겨준다.

4) Database Table
가장 일반적인 방법으로 프로그램 A가 데이터를 테이블에 저장하고, 프로그램 B가 테이블에서 데이터를 조회한다.

5) Presentation Server
SAP GUI가 실행 중인 로컬 PC에 데이터를 파일로 다운로드했다가 업로드하는 방법을 의미한다 (GUI_DOWNLOAD, GUI_UPLOAD와 같은 함수 이용).

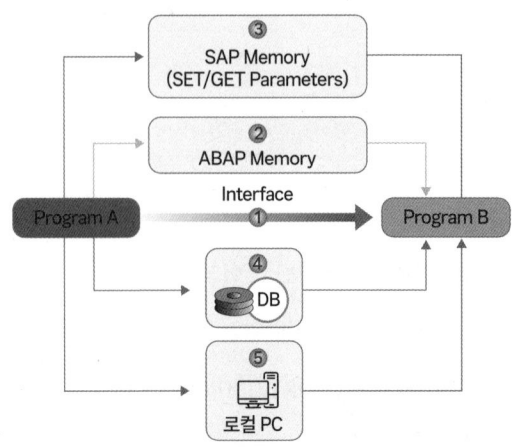

그림 11-2 프로그램 간 데이터 전달 방법

SAP Memory

프로그램 간에 데이터를 넘겨주기 위해서는 SPA/GPA 기술이 필요하다. 이는 메모리 파라미터를 이용해 다른 프로그램의 Input 필드에 값을 채워 넣는 기술을 말한다. SPA/GPA 파라미터는 SAP Memory를 이용하는 파라미터를 의미한다. 단 동일한 사용자에 한해서만 메모리가 공유된다는 특징 때문에 SPA/GPA 파라미터는 'User Specific Parameter'라고도 한다.

SAP Memory는 프로그램들이 서로 데이터를 주고받을 수 있도록 지원한다. 한 번 로그인하면 해당 사용자의 모든 병렬 세션에서 SAP Memory가 공유된다. SPA/GPA 파라미터 정보는 테이블 TPARA 에서 확인할 수 있다.

ABAP 프로그램은 다음 구문을 통하여 파라미터에 접근할 수 있다.

`SET PARAMETER / GET PARAMETER`

그림 11-3은 SAP Memory를 이용해 프로그램 간에 데이터를 넘겨주는 과정을 잘 설명하고 있다. 스크린 필드 속성에 파라미터를 설정하거나, 스크립트에서 SET/GET 구문으로 SAP Memory의 값을 할당하거나 읽어올 수 있다.

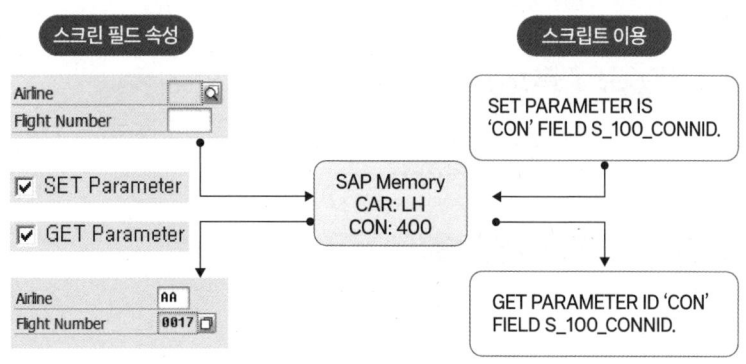

그림 11-3 SET/GET 파라미터

2-1 SAP Memory 파라미터 생성

SAP Memory 파라미터 ID를 생성하는 방법은 크게 두 가지로 요약할 수 있다.

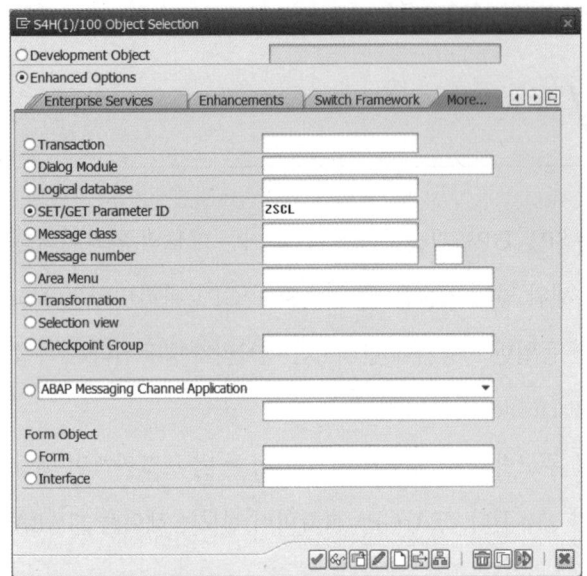

01 SE80 트랜잭션에서 메뉴: [Workbench] → [Edit Object] → [Enhanced Options] → [More...] 탭에서 SET/GET Parameter ID를 이용해 파라미터 ID를 생성할 수 있다.

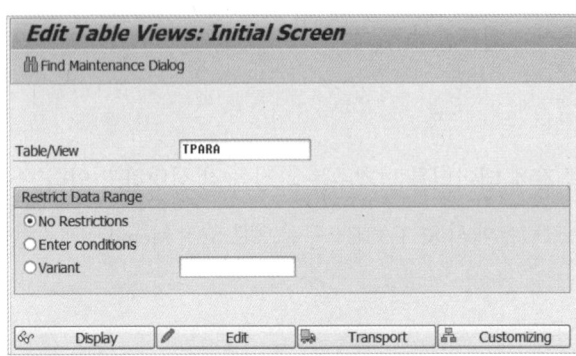

02 T-CODE: SM30 트랜잭션을 이용해 Table 필드에 'TPARA'를 입력하고 [Edit] 버튼을 클릭하여 생성할 수 있다. 예제와 같이 ZSCL이라는 SAP Memory 파라미터를 생성해보자.

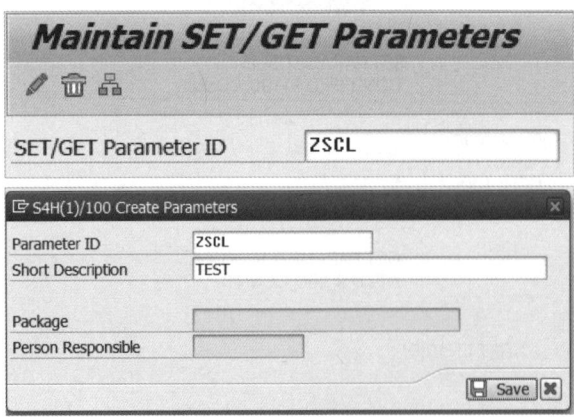

2-2 SAP Memory 할당

필드 <f>를 SPA/GPA 파라미터 <pid>에 저장하려면 다음 구문을 사용한다. <pid>는 최대 20자의 길이를 허용한다. <pid>에 이미 값이 지정되어 있다면 기존 값을 덮어쓴다. 파라미터 <pid>가 생성되지 않았다면, ABAP Editor에서 더블 클릭하여 생성할 수 있다.

```
SET PARAMETER ID <pid> FIELD <f>.
```

2-3 SAP Memory 읽기

SPA/GPA 파라미터를 읽어오려면 다음 구문을 이용한다. SAP Memory의 <pid> 파라미터에 저장되어 있는 값을 필드 <f>에 저장한다. 만약 <pid> 메모리 ID가 존재하지 않는다면, 시스템 변수 SY-SUBRC에 4가 할당되고 존재한다면 0이 할당된다.

```
GET PARAMETER ID <pid> FIELD <f>.
```

2-4 TYPE-1 프로그램의 메모리 ID 관리

TYPE-1 리포트 프로그램의 Selection Screen에서는 파라미터 또는 Select-option 변수에 'Memory ID'를 사용하여 필드와 파라미터를 연결(Link)시킨다.

```
PARAMETERS p_1 TYPE c MEMORY ID 'PID'.
```

예제 | 11-1

```
REPORT z11_01.

PARAMETERS : p_a TYPE c MEMORY ID zscl.

WRITE p_a.
```

결과 | 11-1

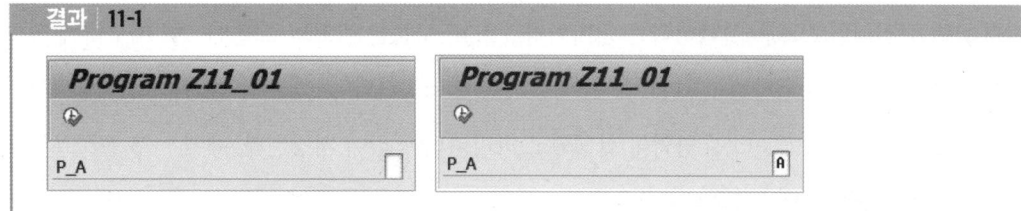

예제 11-1에서 TYPE-1 프로그램의 PARAMETERS 변수에 MEMORY ID 구문을 추가하여 선언하였다. 'PARAMETERS: p_a TYPE c MEMORY ID ZSCL.' 구문은 스크립트에서 'SET/GET PARAMETER ID 'ZSCL' FIELD p_a.' 구문과 같은 기능을 수행한다.

즉, 해당 스크립트가 MEMORY ID 기능에 자동으로 포함되는 것이다. 처음 프로그램을 실행하면 메모리 파라미터에 값이 할당되지 않았기 때문에 아무런 값이 조회되지 않는다. 파라미터 필드에 'A'를 입력하고 실행하면 메모리 파라미터 ZSCL에 'A' 값이 저장된다(SET PARAMETER). 그리고 새 창 아이콘(🗔)을 클릭하여 새로운 세션에서 프로그램을 실행하면, 파라미터에 'A' 값이 조회됨을 확인할 수 있다.

구매 오더 생성과 같은 표준 프로그램에서는 사용자가 작업하고 있는 값을 SAP Memory(메모리 파라미터)에 저장하여 편리하게 호출할 수 있도록 도와준다. 예를 들어, 사용자가 구매 오더를 생성한 후에 공급업체 코드를 잘못 입력한 것을 기억해냈다. 그런데, 방금 생성한 구매 오더 번호가 너무 길어 기억하기 어렵고, 메모를 하지 않은 상태에서는 구매 오더 번호를 찾는 일이 쉽지 않다. 물론 구매 오더 목록을 조회하여 해당 오더를 찾을 수 있지만 트랜잭션을 실행하여 조건을 입력한 후 결과가 조회되기까지 추가 작업이 동반되어야 한다.

이러한 경우를 대비하기 위해 SAP에는 구매 오더를 생성할 경우 구매 오더 메모리 파라미터에 해당 값을 저장하여, 사용자가 구매 오더 변경 트랜잭션을 실행하면 해당 번호를 화면에 바로 보여주도록 하고 있다.

또한, 메모리 파라미터가 유용하게 사용되는 예는 프로그램에서 다른 프로그램을 호출할 때 Selection Screen을 건너뛰고 데이터를 조회하는 경우에 사용된다. 이 경우에는 예제 11-2와 같이 호출받는 프로그램의 Parameters 및 Select-options는 메모리 파라미터로 설정되어 있어야 한다. 물론 SUBMIT 구문을 이용하여도 Selection Screen을 건너뛸(Skip) 수 있다.

예제 11-2에서 사용자가 프로그램을 실행하면 결과가 목록에 조회된다. 그리고 화면에 조회된 값을 사용자가 더블 클릭하면 ZEMPLIST 테이블에서 데이터를 읽은 후 SPA/GPA 파라미터에 값을 설정하여 Z11_03이라는 트랜잭션을 호출하는 프로그램이다. 'AND SKIP FIRST SCREEN' 구문은 첫 번째 화면을 건너뛰고(Skip) 실행하라는 의미이다. HIDE 구문은 필드의 값을 HIDE 메모리 영역으로 저장하는 역할을 수행하며 WRITE 구문 바로 다음에 기술한다. 조회 목록 라인을 더블 클릭하게 되면, 'AT LINE-SELECTION' 영역이 실행되고 파라미터에 값이 저장된다. 예제 11-3 프로그램도 생성한 후에 실행하여 테스트해보자.

CHAPTER 11 | SAP Memory와 ABAP Memory

예제 | 11-2

```
REPORT z11_02.

DATA: gt_emplist TYPE TABLE OF zemplist,
      gs_emplist TYPE zemplist.

START-OF-SELECTION.
  WRITE: 'Double-click the list of employees',
       / '-----------------------------------'.
  SKIP.
  SELECT *
    FROM zemplist
    UP TO 5 ROWS
    INTO TABLE @gt_emplist.

  LOOP AT gt_emplist INTO gs_emplist.
    WRITE:/ gs_emplist-empcd, gs_emplist-depcd,
            gs_emplist-pstion, gs_emplist-ename.
    HIDE:   gs_emplist-empcd, gs_emplist-depcd,
            gs_emplist-pstion, gs_emplist-ename.

    CLEAR gs_emplist.
  ENDLOOP.

AT LINE-SELECTION.
  SET PARAMETER ID: 'EMP' FIELD gs_emplist-empcd,
                    'DEP' FIELD gs_emplist-depcd.

  CALL TRANSACTION 'Z11_03' AND SKIP FIRST SCREEN.
```

예제 11-2에서 호출하는 트랜잭션 Z11_03은 예제 11-3과 같이 메모리 ID가 설정된 2개의 파라미터로 구성되어 있다. 이때, 'EMP'와 'DEP' 메모리 ID를 더블 클릭해서 생성해준다.

그리고 프로그램을 실행하면 파라미터의 값을 화면에 보여준다.

예제 | 11-3

```
REPORT z11_03.

PARAMETERS : p_emp TYPE zemplist-empcd MEMORY ID zemp,
```

```
                p_dep TYPE zemplist-depcd MEMORY ID zdep.

    WRITE : p_emp, p_dep.
```

Z11_03 프로그램을 생성한 후에 다음과 같이 트랜잭션 코드를 생성하자.

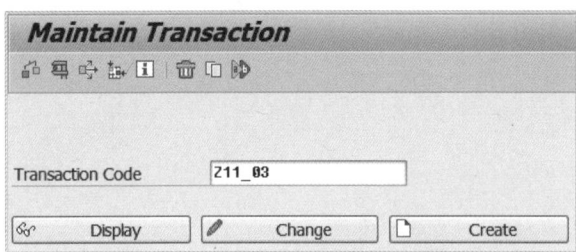

01 T-CODE: SE93에서 Transaction Code 필드에 입력하고, [Create] 버튼을 클릭한다.

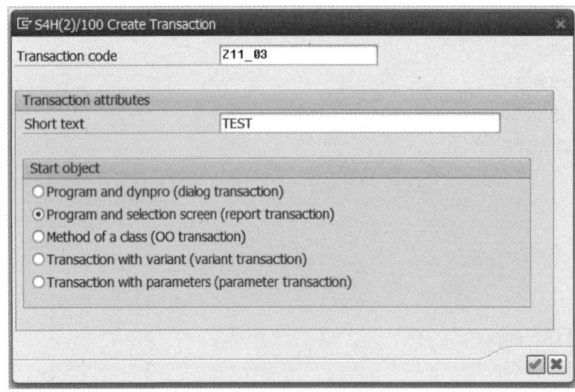

02 Short Text 필드에 입력하고, Start Object 유형을 그림과 같이 선택하고 다음 화면으로 이동한다.

03 Program 필드에 프로그램 이름을 입력하고 🖫 아이콘을 누르면 트랜잭션 코드가 생성된다. 유형별 트랜잭션 생성 방법은 "13장 모듈 풀 프로그램"에서 상세하게 학습한다.

이제 예제 11-2를 실행해서 조회 목록을 더블 클릭하면 트랜잭션 Z11_03을 호출하고 결과 11-2와 같은 화면이 조회된다.

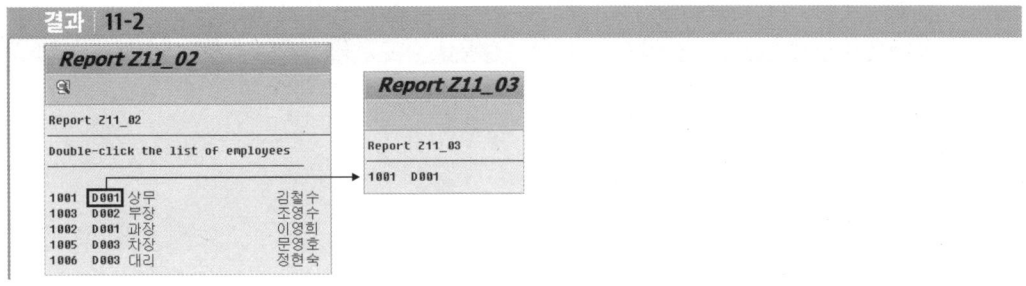

2-5 모듈 풀 프로그램에서의 메모리 ID 관리

TYPE-M 모듈 풀 프로그램의 스크린 필드에 메모리 ID를 연결(Link)시키기 위해, 필드에 파라미터를 추가해야 한다. Screen Painter의 필드 속성창에서 Parameter ID 필드에 메모리 ID를 입력한다. 스크린 필드에 SAP Memory 파라미터 값을 표시하려면 GET PARAMETER 체크박스를 선택한다. 값을 입력하여 SAP Memory 파라미터의 값을 변경하려면 SET PARAMETER 체크박스를 선택한다. 만약 필드 속성이 From dict.(ABAP Dictionary 속성을 상속받음) 속성이 설정되어 있고, 데이터 엘리먼트(Data Element)에 파라미터가 설정되어 있다면 자동으로 파라미터가 추가된다.

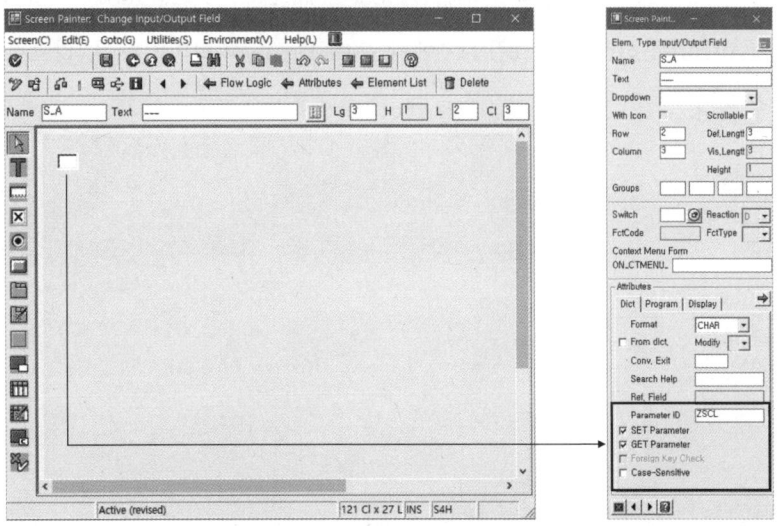

그림 11-4 Screen Painter를 이용한 파라미터 설정

그림 11-4와 같이 프로그램 Z11_04에 스크린 100번을 추가하여, S_A 필드의 Parameter ID 속성에 'ZSCL'을 지정하자. 그리고 예제 11-4와 같이 스크립트를 추가한 후 프로그램을 실행하면, 예제 11-4를 실행했을 때 파라미터 ID에 'A'를 입력했던 값이 스크린에 조회된다.

예제 | 11-4

```
REPORT  Z11_04  .

DATA s_a TYPE c.

CALL SCREEN ' 0100 '.
```

결과 | 11-4

2-6 SAP Memory의 값을 확인하기

SAP Memory에 저장되어 있는 값을 확인하려면 디버깅 모드에서 SAP Memory를 조회하면 된다. 소스 코드에서 마우스 오른쪽 버튼을 클릭해, [Layout Changes] → [New Tool] → [System Areas] → [SAP Memory(SMEM)]를 선택하자. 그림 11-5에서 SAP Memory 파라미터가 'A' 값으로 설정되어 있음을 확인할 수 있다.

CHAPTER 11 | SAP Memory와 ABAP Memory

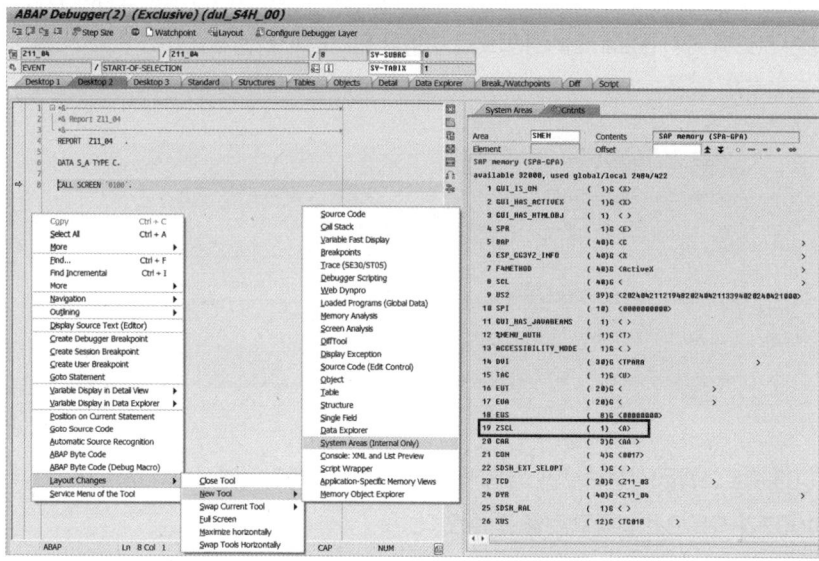

그림 11-5 SAP Memory의 값을 확인

조금 더 알아보기 — User Profile Parameter 설정

앞서 SAP Memory를 생성하고, SET/GET PARAMETER 구문을 사용하여 SAP Memory의 값을 설정하고 읽는 방법에 대해 학습했다. SAP Memory는 사용자가 로그인할 때 시스템의 초기 설정에 사용할 수 있다.

예를 들어, A라는 사용자가 회사 코드 '1000'과 플랜트 '1010'에 대한 조회 권한만 가지고 있다면, T-CODE SU3 또는 SU01에서 User Profile의 [Parameters] 탭을 통해 해당 값을 미리 설정할 수 있다. 회사 코드에 해당하는 SAP Memory ID 'BUK'에는 '1000'을, 플랜트에 해당하는 SAP Memory ID 'WRK'에는 '1010'을 설정할 수 있다. 이렇게 설정하면, 사용자가 로그인하여 트랜잭션을 조회할 때, 회사 코드 필드에는 자동으로 '1000'이, 플랜트 필드에는 '1010'이 입력되어 보다 효율적으로 작업할 수 있다.

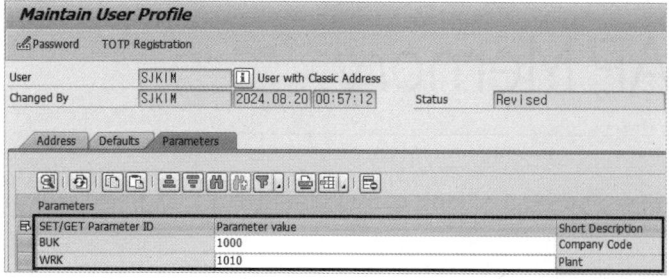

조금 더 이해를 돕기 위해, 조금 전 생성한 SAP Memory 'ZEMP'와 Z11_03 프로그램을 실행해보자. 먼저 T-CODE: SU3에 가서 [Parameters] 탭으로 이동한 뒤 'ZEMP'라는 SET/GET Parameter ID 필드에 '1002'를 입력하자.

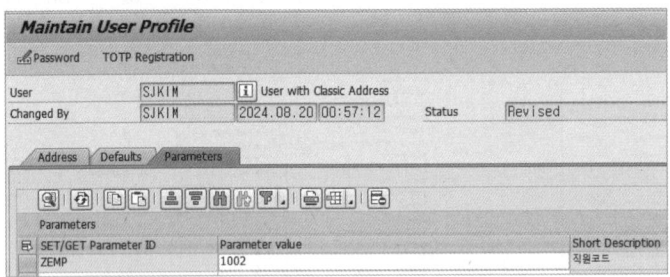

이후, Z11_03 프로그램을 실행해보면, 다음과 같이 P_EMP 파라미터에 User Profile에 설정한 파라미터 값인 '1002'가 자동으로 입력된 것을 볼 수 있다.

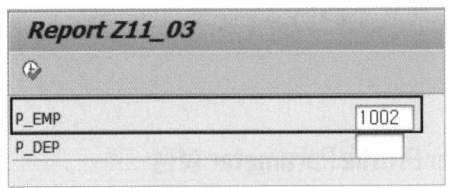

이외에도 다양한 사용자 설정이 User Profile의 파라미터에 저장된다. 이를 기억하고 실무의 다양한 영역에 활용해보자.

03 ABAP Memory

SPA/GPA 파라미터는 SAP Memory 영역을 할당하는 반면, EXPORT를 수행하면 ABAP Memory 영역을 할당한다.

EXPORT 구문을 이용하여 데이터 오브젝트(Field, Structure, Internal Table)를 ABAP Memory에 로드(Load)할 수 있다. SAP Memory를 이용하려면 파라미터 ID를 생성해야 하는 반면에 ABAP Memory를 사용하는 경우는 메모리 ID 이름을 프로그램 수준에서 임의로 지정할 수 있다.

ABAP Memory를 이용하여 데이터를 넘겨주기 위해서는 EXPORT/IMPORT 구문을 사용하며, 동일한 파라미터 ID 이름을 사용해야 한다. EXPORT/IMPORT구문은 다른 프로그램을 호출할 경우 데이터 오브젝트(인터널 테이블 등)를 넘겨주기 위해 자주 사용한다. 다른 프로그램을 호출할 때 다음과 같은 명령어(CALL TRANSACTION, SUBMIT, CALL DIALOG)를 사용하면 내부 세션이 생성되고 ABAP Memory에 있는 데이터가 공유된다.

ABAP Memory 영역은 내부 세션에서만 데이터가 공유되므로, 다른 외부 세션의 프로그램에 데이터를 넘겨줄 수 없다(Shared Buffer를 사용하면 가능하다). 즉, EXPORT/IMPORT는 같은 윈도우에서만 메모리 영역을 공유하므로 새 창을 띄워서 작업할 경우에는 메모리 영역이 사라지게 되는 것에 주의해야 한다. 당연한 이야기지만 IMPORT/EXPORT 프로그램의 오브젝트 이름은 같아야 한다.

```
EXPORT obj1 ... objn TO MEMORY ID key.
```

```
IMPORT obj...bojn FROM MEMORY ID key.
```

New Syntax는 ABAP Memory를 전달할 때 파라미터 이름을 정의할 수 있다.

```
EXPORT p1 = obj1  p2 = obj2 TO MEMORY ID key.
```

```
IMPORT p1 = obj1  p2 = obj2 FROM MEMORY ID key.
```

ABAP Memory에 저장된 내용을 삭제하려면 다음 구문을 사용한다. 이때 ID Key를 생략하면 전체 메모리를 삭제하므로 주의가 필요하다.

```
FREE MEMORY [ID key].
```

예제 11-5, 11-6을 이용하여 내부 세션 내에서 프로그램 간에 인터널 테이블의 데이터를 넘겨주는 과정을 실습해보자.

예제 | 11-5

```abap
REPORT z11_05.

DATA: gt_emplist TYPE TABLE OF zemplist.

SELECT depcd, ename
  FROM zemplist
  WHERE depcd EQ 'D001'
  INTO CORRESPONDING FIELDS OF TABLE @gt_emplist.

EXPORT gt_emplist TO MEMORY ID 'TEST_ID'.

CALL TRANSACTION 'Z11_06' AND SKIP FIRST SCREEN.
```

EXPORT 구문에서 'TEST_ID'라는 ID 이름으로 'GT_EMPLIST' 인터널 테이블을 ABAP Memory 영역에 저장하였다. 그리고 Z11_06 트랜잭션을 호출한다.

예제 | 11-6

```abap
REPORT z11_06.

DATA: gt_emplist TYPE TABLE OF zemplist,
      gs_emplist TYPE zemplist.

IMPORT gt_emplist FROM MEMORY ID 'TEST_ID'.

LOOP AT gt_emplist INTO gs_emplist.
  WRITE:/ gs_emplist-depcd, gs_emplist-ename.
  CLEAR gs_emplist.
ENDLOOP.
```

IMPORT 구문으로 SAP Memory의 데이터를 GT_EMPLIST 인터널 테이블에 저장한다.

결과 | 11-6

```
D001 김철수
D001 이영희
D001 박옥순
```

트랜잭션 또는 실행 가능한 프로그램을 호출할 때 발생하는 두 가지 상황을 나누어 정리해보자.

첫째, 호출받은 프로그램이 종료되고 호출한 프로그램으로 되돌아오는 때에는 호출받은 프로그램은 삭제되지 않고 비활성화된 상태가 된다. 그리고 메모리에 저장된 값들은 스택(Stack)으로 옮겨진다. 이러한 작업은 최대 9개까지 가능하다.

예제 11-5에서 'CALL TRANSACTION 'Z11_06'.' 대신에 TYPE-1 프로그램을 호출하는 SUBMIT Z11_06 구문을 이용해도 같은 결과를 가져온다. 이는 새로운 내부 세션을 생성하고, 호출한 프로그램은 비활성화된 상태로 스택에 계속 저장되어 있기 때문이다. 새로운 프로그램에서 'LEAVE PROGRAM' 구문을 만나면 호출한 프로그램으로 돌아온다.

둘째, 호출받은 프로그램이 실행을 종료하고 호출한 프로그램으로 복귀하지 않으면 호출받은 프로그램은 내부 세션에서 자신이 호출한 프로그램을 대체해 버리고 호출한 프로그램의 메모리 값은 삭제된다. 예제 11-5에서 'CALL TRANSACTION 'Z11_06'.' 구문을 사용하지 않고, 'LEAVE TO TRANSACTION' 구문을 사용하면 프로그램 간에 데이터를 넘겨주지 못한다. 이유는 이 구문이 이전의 모든 내부 세션을 스택에서 삭제하고 새로운 내부 세션을 생성하여 트랜잭션을 호출하기 때문이다.

'LEAVE TO TARNSACTION' 구문을 사용하더라도 SAP Memory를 이용하면 데이터는 전달된다. 그러나 트랜잭션을 종료하면 호출받은 프로그램으로 복귀하지 않고 Area Menu로 돌아간다.

조금 더 알아보기 — EXPORT/IMPORT 추가 기능

Export/Import 구문을 사용하면 ABAP Memory 영역, Shared Buffer 영역, 데이터베이스 테이블 영역 등에서 데이터를 다른 프로그램으로 전달할 수 있다. ABAP Memory 영역은 이미 앞에서 학습하였으므로, 이외 2가지에 대해서 알아보자.

1. Shared Buffer 영역 활용

다음 구문을 이용하여 데이터 오브젝트(Field, Structure, Internal Table..)를 Cross-transaction Application Buffer에 저장할 수 있다. Key ID를 지정하여 Shared Buffer 영역으로 데이터 오브젝트를 EXPORT 한다. SAP Buffer는 SAP Memory 영역을 사용하기 때문에 모든 메인 세션과 내부 세션에 데이터를 공유할 수 있다(SPA/GPA 파라미터와 다르게 다른 사용자와도 데이터를 공유할 수 있다.).

```
EXPORT obj1 ... objn TO SHARED BUFFER indx(st) ID key.
```

```
IMPORT obj1 ... objn FROM SHARED BUFFER indx(st) ID key.
```

예제를 실습해보면서 Shared Buffer가 어떻게 작동하는지 이해해보자.

예제 | 11-7

```
REPORT z11_07.

TABLES indx.

DATA: indxkey LIKE indx-srtfd VALUE 'KEYVALUE'.
DATA: gs_emplist TYPE zemplist.

SELECT SINGLE empcd, pstion, ename
  FROM zemplist
  INTO CORRESPONDING FIELDS OF @gs_emplist.

indx-aedat = sy-datum.
indx-usera = sy-uname.
EXPORT gs_emplist TO SHARED BUFFER indx(st) ID indxkey.

CLEAR gs_emplist.
IMPORT gs_emplist FROM SHARED BUFFER indx(st) ID indxkey.
WRITE : gs_emplist-empcd, gs_emplist-pstion, gs_emplist-ename.
```

결과 | 11-7

1001 상무 김철수

2. 데이터베이스 테이블 영역 활용

이 방법은 실제 INDX 테이블에 값을 저장한 후에 값을 읽어오는 방식이며, 일반적으로 우리가 테이블에 저장하는 방식과 유사하다. 인터널 테이블 GT_ITAB의 값을 INDX 테이블에 저장하여 값을 전달하는 구문이다. INDX 구문 다음의 2자리는 값은 IMPORT/EXPORT 데이터 테이블 영역을 의미하고 임의로 지정할 수 있으며, ID 구문은 사용자가 정의할 수 있는 키 값을 기술하면 된다.

1) 데이터 Export

```
EXPORT GT_ITAB TO DATABASE INDX(ZK) ID 'EABAP'.
```

2) 데이터 Import

INDX 테이블에 저장된 데이터는 다음 IMPORT 구문을 사용하여 인터널 테이블에 저장한다.

```
IMPORT gt_itab FROM DATABASE INDX(ZK) ID 'EABAP'
```

3) 데이터 삭제

다른 프로그램에 데이터가 전달되어 더 이상 불필요한 경우에는 DELETE 구문을 이용해 테이블에서 데이터를 삭제해야 한다.

```
DELETE FROM DATABASE INDX(ZK) ID 'EABAP'.
```

2개의 프로그램을 생성해서 인터널 테이블이 어떻게 프로그램 간에 전달되는지 확인해보자.

예제 | 11-8
```
REPORT z11_08.

TABLES indx.

DATA gt_emplist TYPE TABLE OF zemplist.
DATA g_report TYPE sy-repid.

SELECT empcd
  FROM zemplist
  UP TO 5 ROWS
  INTO CORRESPONDING FIELDS OF TABLE @gt_emplist.

CHECK gt_emplist IS NOT INITIAL.
SORT gt_emplist BY empcd.

EXPORT gt_emplist TO DATABASE indx(zk) ID 'EABAP'.

g_report = 'Z11_09'.

SUBMIT (g_report) AND RETURN.
```

예제 11-8을 실행하게 되면, INDX 테이블에 다음과 같은 데이터가 생성된다. 16진수 타입의 필드에 값이 저장되며, 필드 용량을 초과하게 되면 SRTF2 키 필드의 순번이 증가하게 된다.

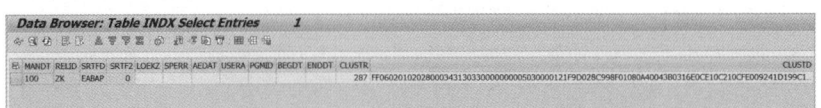

그림 11-6 INDX 테이블의 데이터 확인

예제 11-9를 통해 INDX 테이블에 저장된 값을 읽어와 화면에 표시한다. 이 방법은 테이블에 저장되기 때문에, SAP에 접속된 모든 사용자가 데이터를 활용할 수 있다.

예제 | 11-9
```
REPORT z11_09.

TABLES indx.

DATA gt_emplist TYPE TABLE OF zemplist.
DATA gs_emplist LIKE LINE OF gt_emplist.
```

```
IMPORT gt_emplist FROM DATABASE indx(zk) ID 'EABAP'.

DELETE FROM DATABASE indx(zk) ID 'EABAP'.

LOOP AT gt_emplist INTO gs_emplist.
  WRITE gs_emplist-empcd.
  CLEAR gs_emplist.
ENDLOOP.
```

Overview

리포트 프로그램(Report Program)은 ABAP 프로그래밍의 기본이 되는 Type-1 프로그램으로, ABAP에서 생성하는 프로그램 중 직접 실행 가능한 유일한 유형이다. 이 때문에 Executable Program이라고도 부른다. 또한 다른 프로그램에서 SUBMIT 구문을 사용해 호출할 수 있다.

리포트 프로그램을 생성한 후 실행하면 그림 12-1과 같은 처리 흐름에 따라 실행된다. 가장 먼저 LOAD-OF-PROGRAM 이벤트에서 프로그램을 메모리에 로드하고, INITIALZATION 이벤트에서 초기 값을 설정한다. 이어서 SELECTION SCREEN에서 사용자가 입력한 조건에 따라 데이터를 조회하고, 이를 가공하여 화면에 결과 데이터를 출력한다.

이러한 프로세스는 데이터 읽기와 조회에 적합하므로 일반적으로 이를 리포트 프로그램이라고 부른다. 프로그램의 실행은 각 이벤트 블록(프로세싱 블록)에 의해 제어되며, SELECTION SCREEN이나 리스트 등에서 사용자의 액션이 발생할 때 해당 이벤트 블록이 호출된다.

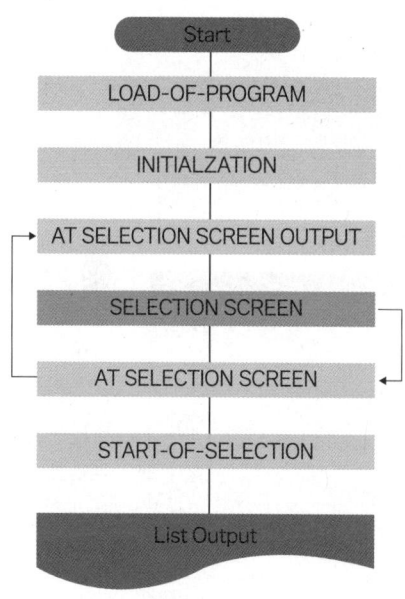

그림 12-1 리포트 프로그램 실행 흐름

프로그램 생성

T-CODE:SE38 또는 SE80에서 TYPE-1 프로그램(Executable Program)을 생성해보자. 앞서 언급했듯이 Executable Program은 리포트 프로그램이라고도 부르며, 주로 데이터 조회를 목적으로 데이터베이스에서 데이터를 읽고 분석하는 데 사용한다. 이전에는 WRITE 구문을 이용한 클래식 리스트 (Classic List) 형식으로 데이터를 조회하는 것이 주 목적이었지만, 최근에는 ALV(SAP List Viewer)를 이용해 조회뿐만 아니라 데이터의 생성, 수정, 삭제 등 다양한 작업을 수행한다. ALV는 실무에서 가장 널리 사용하는 프로그램 유형이다.

다음 예제를 따라 직접 프로그램을 생성해보자.

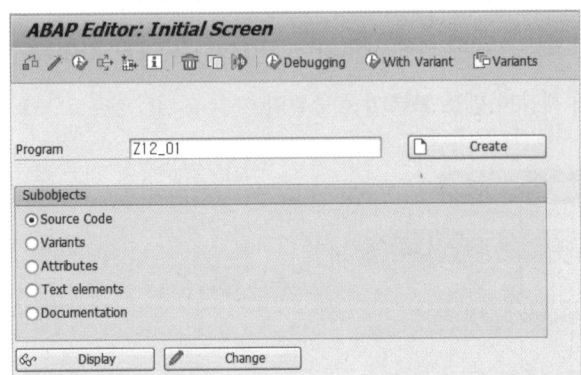

01 T-CODE:SE38을 실행하여 ABAP Editor에서 프로그램을 생성해보자.
또는 T-CODE:SE80을 통해 Object Navigator에서도 프로그램을 생성할 수 있다.

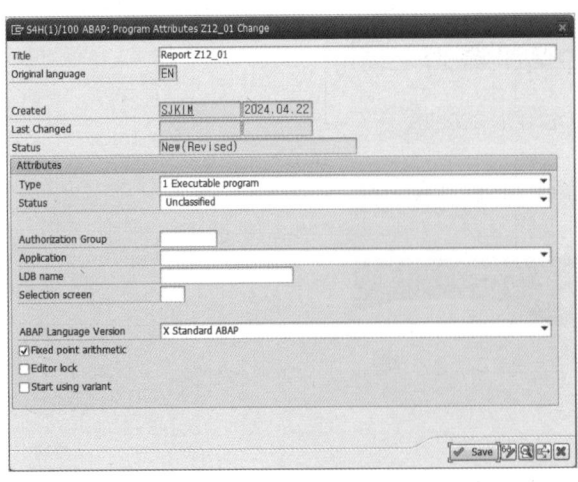

02 Create 버튼을 눌러 프로그램을 생성하면 속성(Attributes) 입력 화면이 나타난다. Type 필드에 그림과 같이 '1 Executable program'을 선택한 후 Save 버튼을 누른다.
프로그램의 자세한 속성은 다음 내용을 참고하자.

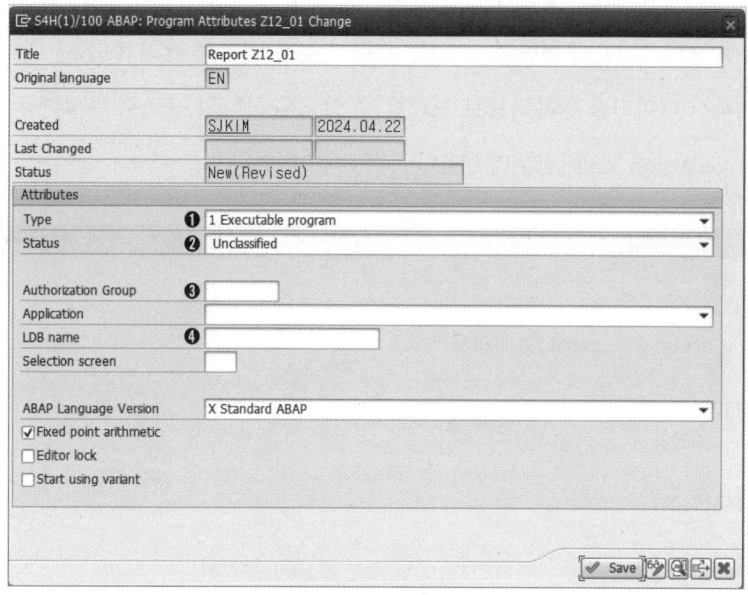

그림 12-2 Program Attributes 화면

① Type(유형)

Executive Program (1)	- T-CODE 없이 SE38에서 직접 실행 가능 - Selection Screen과 Output List로 구성
Module Pool (M)	- 스크린 페인터(Screen Painter)에서 직접 버튼, 입력창, 테이블 같은 UI 요소 디자인 - 화면 동작은 Screen Module Processing을 통해 처리되며, PBO(화면 표시 전)와 PAI(사용자 입력 후) 이벤트로 구성 - T-CODE나 메뉴 기능을 통해서만 실행 가능
Include (I)	- 긴 프로그램을 나누거나 공통 코드를 재사용하기 위해 사용 - 단독 실행이 불가능하며, 다른 프로그램에서 Include로 호출되는 내장형 프로그램
Subroutine (S)	- External PERFORM 구문에서 호출해서 사용할 수 있는 FORM 구문을 구성
기타 유형	- 기타 이외의 유형들은 Program Attribute에서 변경할 수 없으며, 각 빌더(Builder)에서 관리한다. 예를 들어 유형 K(Class pool)는 T-CODE: SE24 Class Builder에서 생성할 수 있다.

② Status(상태)

해당 프로그램이 테스트 프로그램, 시스템 프로그램, 또는 운영(프로덕션) 프로그램인지 여부를 지정한다. 옵션 사항으로 선택하지 않아도 된다.

③ Authorization Group(권한 그룹)

프로그램 실행 및 수정과 관련된 권한 그룹을 할당한다. 보안 관련 프로그램이면 권한 그룹을 지정해야 한다.

④ LDB name: TYPE-1 프로그램인 경우만 선택

LDB를 사용하여 프로그램을 구현한다. LDB는 관련성 높은 테이블 간의 JOIN을 미리 정의해 두어, 조회 조건이 유사한 데이터를 반복적으로 처리할 수 있도록 하나의 구조로 구성한 논리적 데이터베이스이다. SAP NetWeaver 7.5 버전부터 LDB 기능은 폐기되었다.

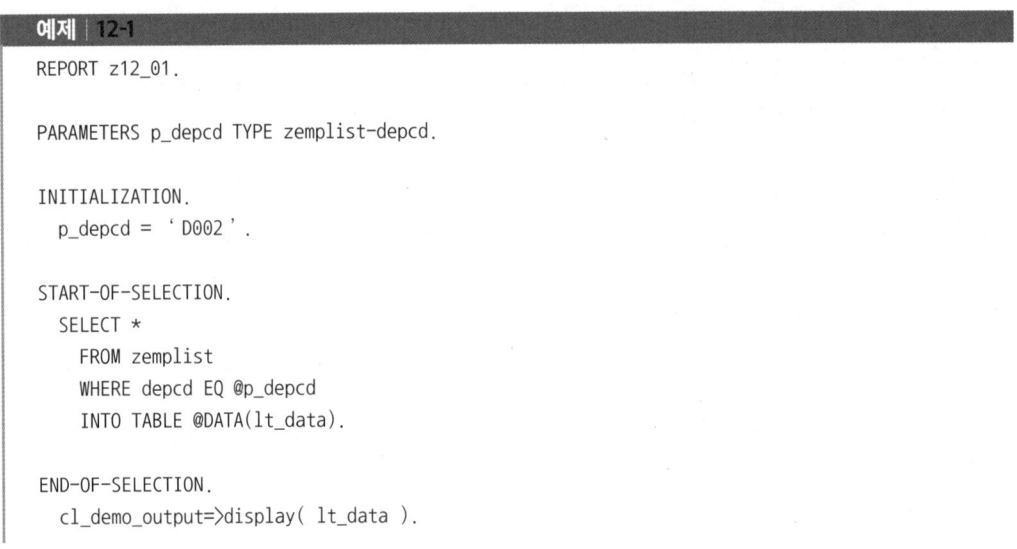

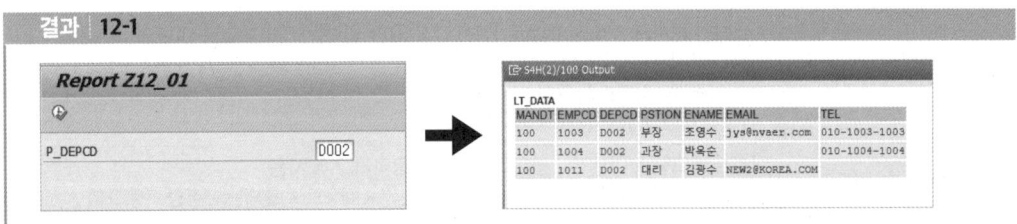

리포트 프로그램을 실행할 때 SELECT-OPTIONS 또는 PARAMETERS 구문으로 데이터를 선언하면 자동으로 사용자에게 값을 입력받을 수 있는 화면이 생성된다. 이 화면은 사용자로부터 조회 조건을 입력받는 Selection Screen으로 정의되며, SAP에서 제공하는 표준 UI이다. Selection Screen과 각 프로세싱 이벤트에 대해서는 뒤에서 자세히 학습한다.

조금 더 알아보기 — Background(백그라운드) 작업

백그라운드 작업이란 사용자가 직접 프로그램을 실행하는 것이 아니라, 비활성 상태에서 SAP 서버가 자동으로 실행하는 작업을 의미한다. 실무에서 매우 빈번하게 활용되며, 대량의 데이터를 처리하거나 시간이 많이 소요되는 작업을 시스템 부하 없이 효율적으로 수행하기 위해 필수적인 기능이다. 백그라운드 작업은 T-CODE:SM36을 통해 스케줄링하여 예약된 시간에 반복적으로 프로그램을 실행할 수 있다. 또한, 작업의 정상 실행 여부는 T-CODE:SM37에서 모니터링할 수 있다.

01 T-CODE:SM36을 실행하고, ❶ Job Name을 입력한다. ❷ [Start condition] 버튼을 눌러서 Batch Job의 시작 조건을 정의한다.

02 ❶ [Immediate] 버튼을 누르면 프로그램이 즉시 백그라운드 작업으로 실행된다. ❷ [Date/Time] 버튼을 누르면 백그라운드 작업의 예약 시간과 반복 주기를 설정할 수 있다.

03 1단계 화면에서 Step 버튼을 클릭해서 ❶ Name 필드에 백그라운드로 실행할 프로그램을 입력한다. 여러 개의 프로그램을 입력하면 순서대로 실행할 수 있다. ❷ 프로그램에서 생성한 Variant를 입력하여 실행 조건을 설정한다.

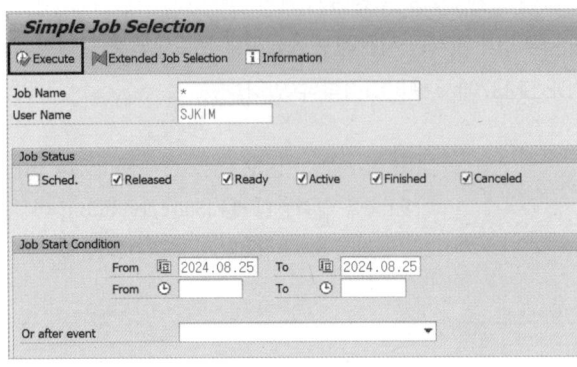

04 T-CODE:SM37을 실행해서 [Execute] 버튼을 누르면, 백그라운드에서 실행된 프로그램의 상태를 모니터링할 수 있다.

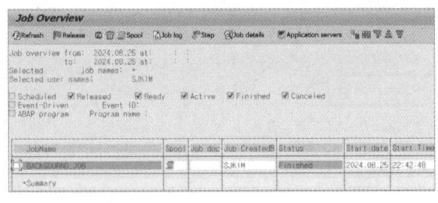

03 프로그램 구조 - 선언부

리포트 프로그램은 다음과 같이 세 가지 주요 구조로 구성된다.

1. 데이터 선언부와 조회 선택 화면(Selection Screen)
2. 실행 시점까지의 이벤트(Event)
3. 데이터를 뿌려주는 List Process 이벤트

이번 절에서는 데이터 선언부와 Selection Screen에 대해서 알아본다.

[1. 프로그램 및 데이터 선언]

```
REPORT program_id.

* Data 선언
TABLES: zemplist.
DATA: lv_empcd TYPE zemplist-empcd,
      ls_list  TYPE zemplist,
      lt_list  TYPE TABLE OF zemplist.
```

```
* Selection Screen
SELECT-OPTIONS: s_empcd FOR ls_list-empcd.

PARAMETERS: p_depcd TYPE zemplist-depcd.
```

[2. 리포트 프로그램 이벤트]
```
INITIALIZATION.
AT SELECTION-SCREEN.
AT SELECTION-SCREEN OUTPUT.
AT SELECTION-SCREEN ON VALUE-REQUEST FOR field_name.
AT SELECTION-SCREEN ON HELP-REQUEST FOR field_name.
START-OF-SELECTION.
* Data Processing ~
END-OF-SELECTION.
```

[3. List Process 이벤트]
```
TOP-OF-PAGE.
END-OF-PAGE.
AT LINE-SELECTION.
AT USER-COMMAND.
```

3-1 프로그램 선언문

프로그램은 'REPORT <프로그램 이름>' 구문으로 선언하며, 이러한 기본 구조에 다양한 옵션을 추가로 지정할 수 있다.

3-1-1 프로그램 리스트 Heading 지정

프로그램을 실행한 리스트 화면에 프로그램 이름을 기본 Heading으로 사용할지 여부를 지정할 수 있다. 다음과 같이 'NO STANDARD PAGE HEADING' 옵션을 사용하면 기본 Heading을 제거한다.

예제 | 12-2
```
REPORT z12_02 NO STANDARD PAGE HEADING.

WRITE ' Chapter 12 : List Heading Test '.
```

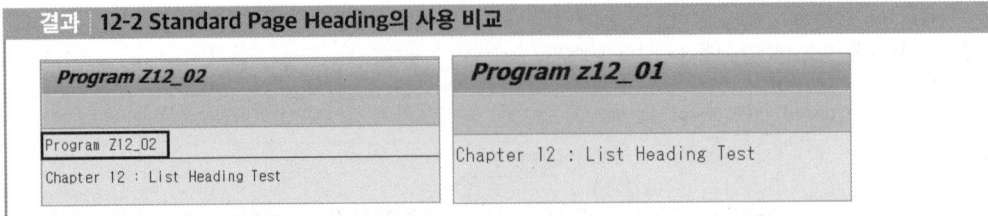

결과 12-2는 프로그램 이름을 기본 Heading으로 사용한 경우와 그렇지 않은 경우를 비교하여 나타낸 것이다. 사용자가 원하는 Heading을 지정하는 방법은 다음과 같으며, TOP-OF-PAGE에 대한 자세한 내용은 뒤에서 다룬다.

- Main Program의 [Goto] → [Attributes] 탭에서 Title 변경
- Text Elements의 [List Headings] 탭에서 List header 변경
- List Process 이벤트의 TOP-OF-PAGE에서 스크립트 추가

3-1-2 LINE-SIZE

Output List의 너비를 지정한다. 너비를 0으로 설정하거나 LINE-SIZE를 지정하지 않으면 현재 Dynpro의 창 너비를 기준으로 표준 너비가 설정된다. 참고로 LINE-SIZE는 1023을 초과할 수 없다.

예제 12-3

```
REPORT z12_03 LINE-SIZE 50.

WRITE 'Chapter 12 : Line Size Test'.
```

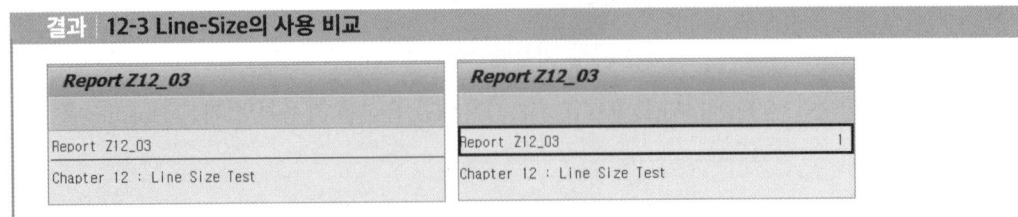

3-1-3 LINE-COUNT

리스트의 한 페이지에 들어갈 수 있는 라인 수를 지정한다. 지정한 라인 수를 넘어가면 자동으로 새 페이지가 시작된다.

예제 12-4

```
REPORT Z12_04 LINE-COUNT 10.

SELECT *
  FROM ZEMPLIST
  ORDER BY EMPCD
  INTO TABLE @DATA(LT_ZEMPLIST).

LOOP AT LT_ZEMPLIST INTO DATA(LS_ZEMPLIST).

  WRITE: / '직원 코드 : ' , LS_ZEMPLIST-EMPCD,
           '직원 이름 : ' , LS_ZEMPLIST-ENAME.

ENDLOOP.
```

결과 12-4 LINE-COUNT의 사용 비교

3-1-4 MESSAGE-ID

ABAP 프로그램에서 사용할 MESSAGE ID를 선언한다. 여기에 사용되는 MESSAGE ID는 T-CODE: SE91(Message Maintenance)에서 유지 보수한다. 자세한 내용은 이어지는 3-4절에서 살펴본다.

예제 12-5

```
REPORT Z12_05 MESSAGE-ID zmsgid.
```

3-2 DATA 선언

리포트 프로그램에서는 인터널 테이블, 구조체 등 다양한 데이터 변수를 선언한다. 실무에서는 프로그램의 모듈화와 구조적 관리를 위해, 전역 변수를 별도의 TOP INCLUDE 프로그램에 선언하는 경우가 많다. 이러한 방식은 코드의 재사용성과 유지보수성을 높이는 데 효과적이다.

```
REPORT program_id.
INCLUDE program_id_top.
```

INCLUDE 프로그램은 SAP Repository에 저장되는 오브젝트로, 단독으로 실행할 수 없으며 반드시 Main Program을 통해 실행되어야 한다. 주로 Report, Module-Pool, Function Group 등에서 프로그램을 모듈화할 때 사용한다. 이에 대한 자세한 내용은 13장에서 다룬다.

DATA 구문을 사용해 데이터를 선언하는 방법은 이미 2장에서 자세히 다뤘으므로 여기서는 생략한다. 이 중 TABLES 구문은 ABAP Dictionary에 정의한 Structure, Transparent Table 등과 동일한 이름과 구조를 가진 데이터 변수를 프로그램에 생성한다. 이렇게 선언된 변수는 프로그램 내에서 하나의 구조체 변수로 사용할 수 있다.

```
TABLES zemplist.
SELECT SINGLE *
  FROM zemplist
  WHERE empcd EQ '1001'.

cl_demo_output=>display( zemplist ).
```

예제에서 TABLES 구문을 사용해 ABAP Dictionary에 정의된 Transparent Table과 동일한 구조체 변수를 선언했기 때문에, INTO 절을 생략해도 1건의 데이터가 ZEMPLIST 구조체 변수에 담긴다.

3-3 Selection Screen

스크린 페인터(Screen Painter)에서 개발자가 직접 화면을 구성하는 것과는 달리, Selection Screen은 사용자가 데이터 선택 조건을 입력할 수 있는 표준화된 UI를 제공한다.

리포트 프로그램에서는 PARAMETERS 또는 SELECT-OPTIONS 구문을 사용하여 사용자와 상호 작용하는 입력필드(Input Field)를 정의할 수 있으며, 이에 따라 자동으로 Selection Screen이 생성된다. 기본적으로 생성되는 화면은 1000번 스크린이며, 사용자는 단일 값 또는 복잡한 선택 조건을 입력할 수 있다.

가독성과 모듈화를 고려할 때 리포트 프로그램에서 Selection Screen과 관련된 선언은 별도의 INCLUDE 프로그램으로 포함하는 것이 좋다. 일반적으로 'INCLUDE <prg_name>_sel' 또는 'INCLUDE <prg_name>_top'과 같은 방식으로 Selection Screen을 별도의 INCLUDE 프로그램으로 분리해 관리한다. 이렇게 하면 프로그램을 유지보수하기 편리하다.

CHAPTER 12 | 리포트 프로그램

예제 | 12-6

```
REPORT z12_06.

TABLES zemplist.

SELECTION-SCREEN BEGIN OF BLOCK b1 WITH FRAME.
  PARAMETERS p_empcd TYPE zemplist-empcd.
  SELECT-OPTIONS s_depcd FOR zemplist-depcd.
SELECTION-SCREEN END OF BLOCK b1.
```

결과 | 12-6 Selection Screen

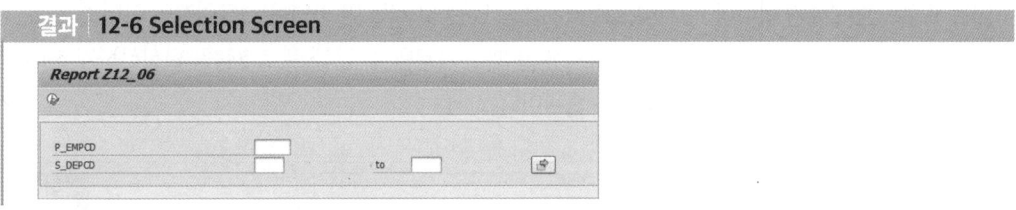

조금 더 알아보기 — Selection Screen이 조회되지 않을 때

리포트 프로그램에서 Selection Screen을 정의하면 기본적으로 1000번 스크린이 생성된다. 만약 프로그램의 트리 구조에 1000번 스크린이 보이지 않는다면 다음과 같은 방법으로 해결할 수 있다.

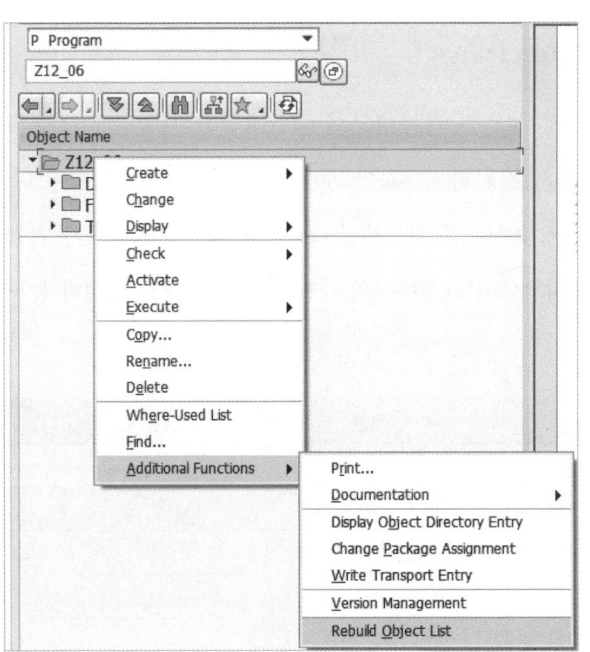

01 메인(Main) 프로그램을 마우스 오른쪽 버튼으로 클릭한 후, [Additional Functions] → [Rebuild Object List]를 차례로 선택한다.

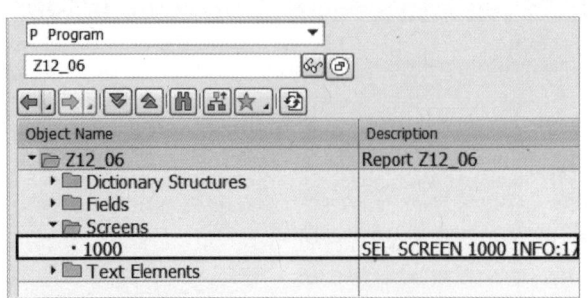

02 [Rebuild Object List]를 실행하면 보이지 않던 1000번 스크린이 트리 구조에 조회된다.

이는 프로그램 오류가 아니라, 일시적으로 표시되지 않는 것이다. 이 방법은 스크린뿐만 아니라, 프로그램의 다른 오브젝트가 트리 구조에 보이지 않을 때도 사용할 수 있다. 프로그램을 활성화하기 전에 Rebuild Object List를 수행하는 것도 좋은 습관이다.

3-3-1 PARAMETERS

PARAMETERS 구문은 사용자가 단일 값을 입력할 수 있는 입력필드를 정의한다. 보통 PARAMETERS에 입력된 값은 데이터를 조회하는 SELECT 구문의 조건 등에 사용된다. 구문의 기본 형식은 다음과 같다.

```
PARAMETERS <p>[(<length>)] <type> [<decimals>].
```

PARAMETERS 구문에서 TYPE을 명시하지 않으면 기본적으로 CHAR 1자리 타입으로 정의된다. 참고로 TYPE F는 Selection Screen에서 지원하지 않으므로 파라미터로 선언할 수 없다. PARAMETERS는 단일 값 입력만 가능하지만, 옵션으로 체크박스나 리스트 박스 등의 추가 기능을 설정할 수 있다. 표 12-1과 예제 12-7을 통해 PARAMETERS의 다양한 옵션에 대해 자세히 살펴보자.

구문	기능
DEFAULT 'A',	기본값을 설정한다.
TYPE CHAR10.	데이터 타입을 정의한다.
LENGTH n,	TYPE C, N, X or P에만 적용되며 길이를 정의한다.
DECIMALS dec	소수점 자리를 지정한다.
LIKE g	기존에 선언된 변수와 동일한 데이터 타입을 선언한다.

MEMORY ID pid	SAP 메모리 파라미터를 할당한다.
MATCHCODE OBJECT mobj	4.0 이후 버전은 Search Help를 사용하며 mobj에 Search Help명을 입력하면 Possible Entry가 할당된다.
MODIF ID modid	screen-group을 지정하여 그룹별로 화면 속성을 제어한다.
NO-DISPLAY	화면에 표시하지 않는다.
LOWER CASE	프로그램에서 파라미터를 사용할 때 입력된 값을 대소문자 구분(case-sensitive) 상태 그대로 프로그램에 전달한다. 이 옵션이 없으면 사용자가 입력한 값은 자동으로 대문자로 변환되어 처리된다.
OBLIGATORY	필수 입력필드로 지정하며 화면 필드에는 물음표(?)가 표시된다.
AS CHECKBOX	체크박스로 표시한다.
RADIOBUTTON GROUP radi	라디오 버튼으로 표시하며 두 개 이상의 필드를 Radio Group으로 선언해야 한다.
VISIBLE LENGTH vlen	필드의 일부 길이까지만 화면에 보이게 설정한다.
VALUE CHECK	테이블의 필드 속성을 상속받아 Check Table 값을 검사할 수 있다(외래키).
LIKE (g)	파라미터를 동적으로 선언할 수 있으며, 실행 시에 g에는 ABAP Dictionary에 존재하는 오브젝트가 할당되어야 한다.
AS LISTBOX	ABAP Dictionary 필드의 INPUT HELP와 연결시키거나 별도의 로직을 구성해 입력할 수 있는 값을 리스트 박스의 형태로 표시한다.
USER-COMMAND ucom	체크박스와 라디오 버튼에만 작용하며 라디오 버튼을 클릭할 경우 USER COMMAND를 수행한다.
VALUE-REQUEST	F4 VALUE HELP를 추가할 수 있도록 한다.
HELP-REQUEST	VALUE-REQUEST와 유사하며 필드 HELP를 생성한다.

표 12-1 PARAMETERS 옵션

예제 | 12-7

```
REPORT Z12_07.

DATA LV_DEPCD TYPE ZEMPLIST-DEPCD.

PARAMETERS:
  P_01    DEFAULT 'A',
  P_02    TYPE CHAR10,
  P_03    TYPE N LENGTH 5 DEFAULT '12345',
  P_04    TYPE P DECIMALS 2 DEFAULT '123.12345',
  P_05    LIKE ZEMPLIST-EMPCD,
  P_06    TYPE ZEMPLIST-DEPCD MEMORY ID ZDEPCD,
  P_07    TYPE ZEMPLIST-EMPCD MATCHCODE OBJECT ZH_ZEMPLIST,
  P_08    MODIF ID M01,
  P_09    NO-DISPLAY,
  P_10    TYPE CHAR4 DEFAULT 'AbAp' LOWER CASE,
  P_11    OBLIGATORY,
  P_12    AS CHECKBOX,
```

```
P_13_1   RADIOBUTTON GROUP RA01,
P_13_2   RADIOBUTTON GROUP RA01,
P_14     TYPE CHAR10 DEFAULT '1234567890' VISIBLE LENGTH 3,
P_15     LIKE ZEMPLIST-DEPCD VALUE CHECK,
P_16     LIKE LV_DEPCD,
P_17     TYPE ZEMPLIST-DEPCD AS LISTBOX VISIBLE LENGTH 10,
P_18     AS CHECKBOX USER-COMMAND U01.
```

예제 12-7은 파라미터로 설정 가능한 다양한 속성을 한눈에 확인할 수 있도록 구성한 스크립트이다. 예제 코드를 입력하여 프로그램을 실행한 결과를 살펴보면 쉽게 이해할 수 있다. 참고로 파라미터 P_06은 SAP Memory에 저장된 값을 자동으로 불러와 입력필드에 표시하는 것으로, 자세한 내용은 11장을 참고하자.

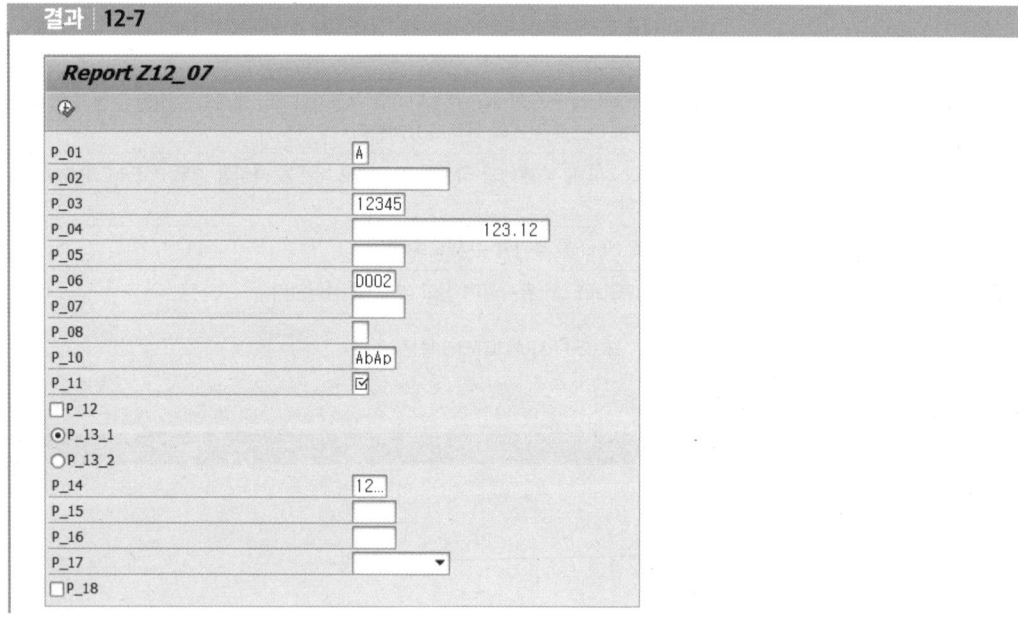

앞의 화면은 예제 12-7을 실행한 Selection Screen이다. 리포트 프로그램은 PARAMETERS 구문만 선언해도 결과 12-7과 같은 1000번 화면이 자동으로 생성된다.

3-3-2 SELECT-OPTIONS

PARAMETERS가 하나의 값만 입력받을 수 있는 입력필드를 생성하는 반면, SELECT-OPTIONS는 두 개의 입력필드를 통해 다양한 조건 값(Selection Criteria)을 입력받을 수 있다. SELECT-OPTIONS는 내부적으로 RANGES 변수와 동일한 구조(인터널 테이블)를 가지고 있다. RANGES 변수는 "7장

ABAP Dictionary"에서 다룬 바 있다.

SELECT-OPTIONS는 반드시 FOR 구문과 함께 사용해야 하며, 이때 FOR 구문 다음에는 프로그램 내에서 선언된 변수만 지정될 수 있다.(DATA, TABLES 등)

```
TABLES zemplist.
SELECT-OPTIONS s_empcd FOR zemplist-empcd.

DATA lv_depcd TYPE zemplist-depcd.
SELECT-OPTIONS s_depcd FOR lv_depcd.
```

그림 12-3 SELECT-OPTIONS 사용 예

SELECT-OPTIONS의 형태는 그림 12-3과 같다. SELECT-OPTIONS는 헤더 라인이 있는 인터널 테이블을 정의하고, Selection Screen의 LOW, HIGH 두 개의 입력필드를 생성한다. SELECT-OPTIONS를 사용해 사용자는 범위를 지정하거나, [Multiple Selection] 버튼을 선택해 복잡한 선택 기준을 입력할 수 있다.

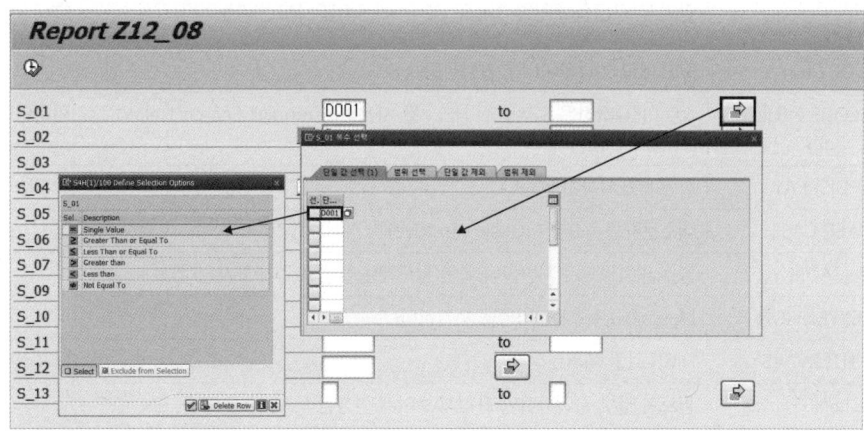

그림 12-4 SELECT-OPTIONS의 Multiple Selection 입력 화면

그림 12-4는 SELECT-OPTIONS에서 Multiple Selection을 입력하는 화면이다. 각각의 탭을 통해 단일 값 선택, 범위 지정, 제외할 단일 값, 제외할 범위 지정을 구분하여 입력할 수 있다. 각 탭에 값을 지정하면 다음 표 12-2와 같이 Selection Table에 값이 저장된다.

SIGN	OPTION	LOW	HIGH
I	EQ	D001	
I	BT	D002	D003

표 12-2 Selection Table 예

```
SELECT *
  FROM ZEMPLIST
  WHERE EMPCD IN @S_EMPCD
  INTO TABLE @DATA(LT_DATA).
```

Selection Table에 저장된 값은 IN 구문을 사용해 OPEN SQL의 WHERE 절이나 다른 조건절에서 조건문으로 사용할 수 있다. 다음은 SELECT-OPTIONS에서 사용할 수 있는 주요 옵션이다.

구문	기능
DEFAULT g	기본값을 설정한다.
DEFAULT g ... OPTION op ... SIGN s	OPTION과 SIGN을 지정한다. OPTION: EQ(같다), BT(사이 값), NB(사이 값 제외), GE(이상), LE(이하), GT(초과), LT(미만), NE(같지 않다) SIGN: Inclusive(I), Exclusive(E)
DEFAULT g TO h	SELECT-OPTIONS의 LOW 값에서 HIGH 값을 지정한다. 즉, 구간 값(between)을 지정한다.
DEFAULT g TO h .. OPTION op .. SIGN s	앞의 두 구문을 조합한 것으로 OPTION은 BT와 NB만 가능하다.
MEMORY ID pid	SAP 메모리 파라미터를 할당한다.
MATCHCODE OBJECT mobj	4.0 이후 버전은 SEARCH HELP를 사용하며 mobj에 Search Help명을 입력하면 Possible Entry가 할당된다.
NO-DISPLAY	화면에 표시하지 않는다.
LOWER CASE	대소문자를 구별한다(case-sensitive).
OBLIGATORY	필수 입력필드로 지정하며 화면 필드에는 물음표(?)가 표시된다.
NO-EXTENSION	Multiple Selection 버튼을 제거한다.
NO INTERVALS	HIGH 값을 제거한다.
VISIBLE LENGTH vlen	필드의 일부 길이까지만 화면에 보이게 설정한다.
VALUE-REQUEST	F4 VALUE HELP를 추가할 수 있도록 한다.
HELP-REQUEST	VALUE-REQUEST와 유사하며 필드 HELP를 생성한다.

표 12-3 SELECT-OPTIONS 옵션

예제 12-8은 SELECT-OPTIONS 구문에서 사용 가능한 주요 속성들을 정리한 예제이며, 코드를 직접 실행해보면 결과 12-8과 같이 다양한 입력필드가 생성된다.

예제 | 12-8

```
REPORT Z12_08.

TABLES : ZEMPLIST.
DATA : GS_ZEMPLIST TYPE ZEMPLIST,
       GV_VAL      TYPE CHAR20.

SELECT-OPTIONS :
  S_01  FOR ZEMPLIST-DEPCD    DEFAULT 'D001',
  S_02  FOR GS_ZEMPLIST-DEPCD DEFAULT 'D*'                OPTION EQ SIGN I,
  S_03  FOR GV_VAL            DEFAULT '1111' TO '9999',
  S_04  FOR GV_VAL            DEFAULT 'AAAA' TO 'ZZZZ'    OPTION BT SIGN E,
  S_05  FOR ZEMPLIST-DEPCD    MEMORY  ID ZDEPCD,
  S_06  FOR GV_VAL            MATCHCODE OBJECT ZH_ZEMPLIST,
  S_07  FOR ZEMPLIST-EMPCD    MODIF ID M01,
  S_08  FOR ZEMPLIST-EMPCD    NO-DISPLAY,
  S_09  FOR ZEMPLIST-EMPCD    LOWER CASE,
  S_10  FOR ZEMPLIST-EMPCD    OBLIGATORY,
  S_11  FOR ZEMPLIST-EMPCD    NO-EXTENSION,
  S_12  FOR ZEMPLIST-EMPCD    NO INTERVALS,
  S_13  FOR ZEMPLIST-EMPCD    VISIBLE LENGTH 1.
```

결과 12-8

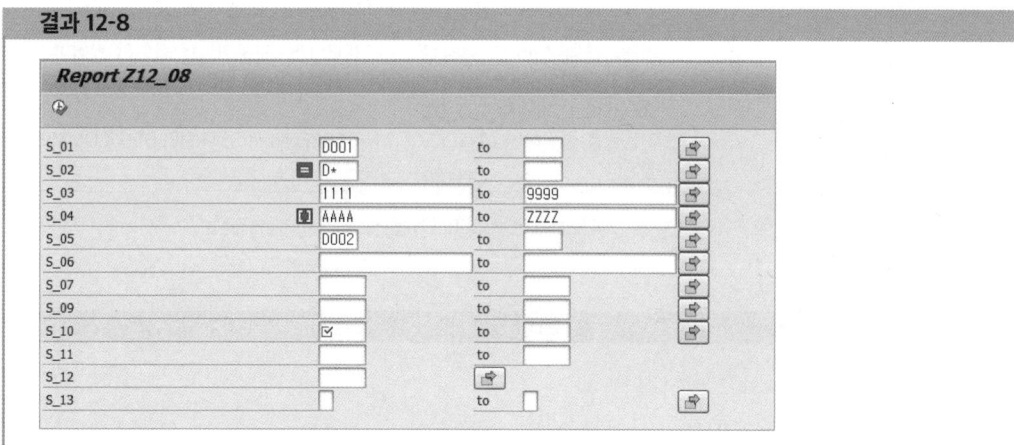

3-3-3 SELECTION-SCREEN

PARAMETERS와 SELECTION-OPTIONS를 사용하면 ABAP 프로그램이 자동으로 필드 내역과 길이를 조절하여 화면(Selection Screen)을 생성한다. 시스템이 생성하는 화면에서 사용자 입맛에 맞게 화면 구성요소들을 배치하고 싶다면 SELECTION-SCREEN 구문을 이용한다.

구문	기능
SELECTION-SCREEN BEGIN OF LINE. SELECTION-SCREEN END OF LINE.	파라미터를 여러 개 묶어서 한 라인으로 생성한다. 이 블록 안에서는 'SELECTION-SCREEN SKIP n' 구문을 사용할 수 없다.
SELECTION-SCREEN SKIP n.	빈 라인을 n개 삽입한다.
SELECTION-SCREEN ULINE.	밑줄(Under line)을 추가한다. • SELECTION-SCREEN ULINE /1(10): 위치와 길이를 지정할 수 있다. /는 새로운(New) 라인, 1은 첫 번째 칸에서 시작하며 10칸 길이의 밑줄을 추가한다. • SELECTION-SCREEN ULINE POS_LOW (10): pos_low는 바로 앞 파라미터 시작 위치에 맞춰 10칸 길이의 밑줄을 추가한다. • SELECTION-SCREEN ULINE POS_HIGH (10): pos_high는 바로 앞 파라미터 끝 위치에서 시작한다.
SELECTION-SCREEN POSITION pos.	'SELECTION-SCREEN BEGIN OF LINE.' 블록 안에서 파라미터의 시작 위치를 지정한다.
SELECTION-SCREEN COMMENT fmt name.	파라미터에 대한 내역을 지정하며 fmt는 /pos(len) 또는 pos(len), (len)을 의미한다. 예) SELECTION-SCREEN COMMENT 1(10) text-1 FOR FIELD p_1.
SELECTION-SCREEN PUSHBUTTON fmt name USER-COMMAND ucom.	화면에 클릭 가능한 버튼을 추가한다. 클릭할 경우 AT SELECTION-SCREEN에서 SSCRFIELDS-UCOMM에 저장된다.
SELECTION-SCREEN BEGIN OF BLOCK block. SELECTION-SCREEN END OF BLOCK block.	관련된 PARAMETERS와 SELECT-OPTIONS 등을 묶어 블록을 형성한다. • WITH FRAME: 프레임을 추가한다. • TITLE title: 프레임의 TITLE을 추가한다. • NO INTERVALS: 블록 안의 SELECT-OPTIONS를 LOW값만 표시한다.
SELECTION-SCREEN FUNCTION KEY n.	기능키를 추가한다. 'TABLES: SSCRFIELDS.' 구문이 선언되어 있어야 하며 기능키 내역은 INITIALIZATION에서 설정한다. 예) MOVE 'Function key 1' TO SSCRFIELDS-FUNCTXT_01. 기능키를 클릭하면 AT SELECTION-SCREEN에서 SSCRFIELDS-UCOMM에 저장된다.

표 12-4 SELECTION-SCREEN 옵션

예제 | 12-9

```
REPORT Z12_09.

TABLES : ZEMPLIST, SSCRFIELDS.

SELECTION-SCREEN BEGIN OF LINE.
   SELECTION-SCREEN COMMENT  1(10) TEXT-001 FOR FIELD P_01.
   PARAMETERS : P_01 TYPE  ZEMPLIST-EMPCD.

   SELECTION-SCREEN POSITION POS_LOW.
   SELECTION-SCREEN COMMENT  40(20) TEXT-002 FOR FIELD P_02.
   PARAMETERS : P_02 TYPE ZEMPLIST-ENAME.

SELECTION-SCREEN END OF LINE.
```

```
SELECTION-SCREEN SKIP 2.
SELECTION-SCREEN ULINE.
SELECTION-SCREEN ULINE /1(10).
SELECTION-SCREEN ULINE POS_LOW(10).
SELECTION-SCREEN ULINE POS_HIGH(10).

SELECTION-SCREEN PUSHBUTTON /POS_LOW(10) TEXT-003 USER-COMMAND BTN01.

SELECTION-SCREEN BEGIN OF BLOCK BLOCK WITH FRAME TITLE TEXT-004.
  PARAMETERS : P_03 TYPE C LENGTH 4.
  SELECT-OPTIONS : S_01 FOR ZEMPLIST-DEPCD.
SELECTION-SCREEN END OF BLOCK BLOCK.

SELECTION-SCREEN BEGIN OF BLOCK BLOCK2 WITH FRAME TITLE TEXT-005
  NO INTERVALS.
  PARAMETERS : P_04 TYPE N LENGTH 4.
  SELECT-OPTIONS : S_02 FOR ZEMPLIST-ENAME.
SELECTION-SCREEN END OF BLOCK BLOCK2.
SELECTION-SCREEN FUNCTION KEY 1.

INITIALIZATION.
  MOVE 'Function key 1' TO SSCRFIELDS-FUNCTXT_01.

AT SELECTION-SCREEN.
  IF SSCRFIELDS-UCOMM = 'FC01'.
    MESSAGE 'You clicked Function Key 1' TYPE 'I'.
  ENDIF.

  IF SSCRFIELDS-UCOMM = 'BTN01'.
    MESSAGE 'You clicked Fuction Key button' TYPE 'I'.
  ENDIF.
```

결과 | 12-9

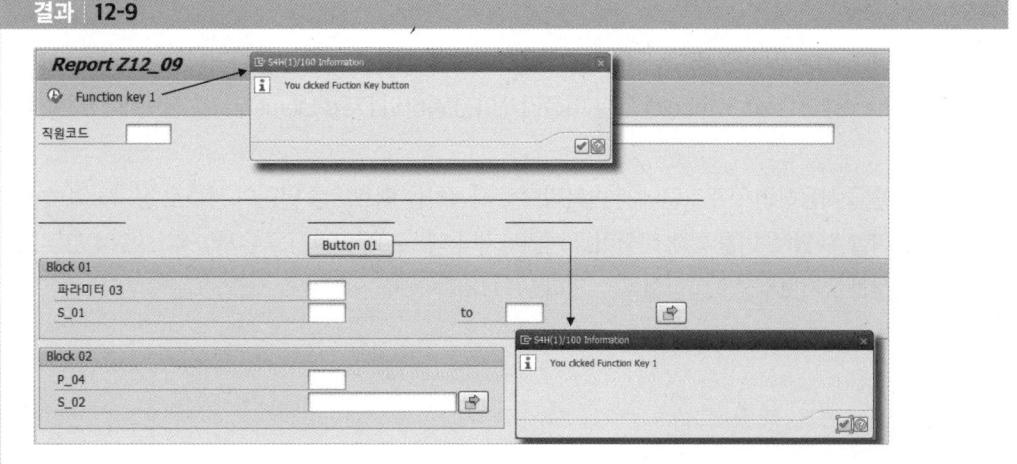

다음 그림 12-5는 결과 12-9에서 Button 01 버튼을 클릭할 때 실행되는 스크립트의 디버깅 화면이다. AT SELECTION-SCREEN에서 SSCRFIELDS-UCOMM 필드에 명령어가 할당되었음을 확인할 수 있다. Function key 1 을 클릭해도 동일한 결과를 보여준다.

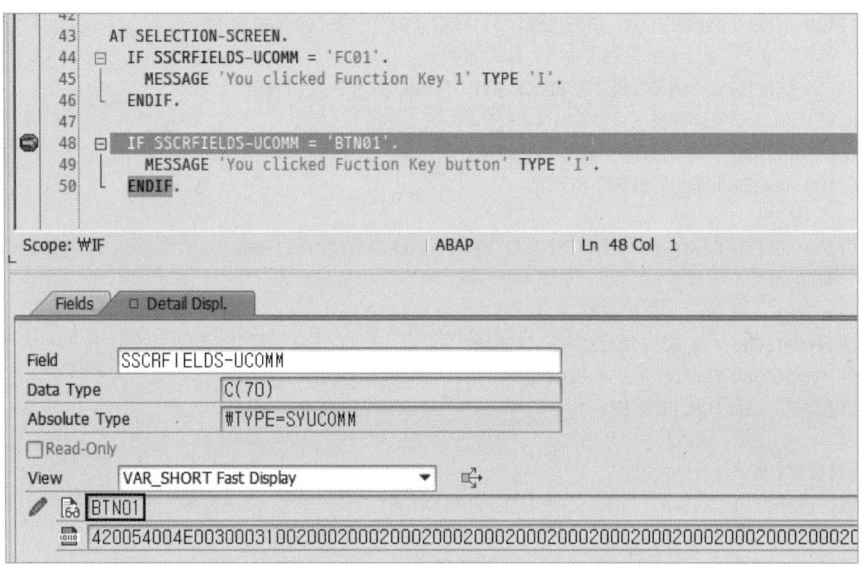

그림 12-5 SELECTION-SCREEN의 버튼 클릭 시 디버깅 화면

조금 더 알아보기 — 텍스트 심볼(Text Symbol) 선언

결과 12-9에서 각 파라미터에 텍스트가 조회된 것을 확인할 수 있다. 기본적으로 PARAMETERS 또는 SELECT-OPTIONS에 정의된 변수명이 텍스트로 표시되지만, 사용자가 이를 프로그램 내에서 변경할 수 있다.

텍스트 심볼(Text Symbol)은 ABAP Editor에서 텍스트 심볼 영역을 더블 클릭하거나 메뉴의 [Goto] → [Text Elements] → [Text Symbols] 또는 어플리케이션 툴바의 [Text Elements]를 선택해 생성할 수 있다.

텍스트 심볼을 사용하면 프로그램에서 반복적으로 사용하는 텍스트를 일종의 상수로 정의하여 효율적으로 관리할 수 있다. 이를 통해 다국어를 지원하거나 텍스트의 일관성을 유지할 수 있으며, 프로그램의 가독성과 유지보수성을 향상시킬 수 있다.

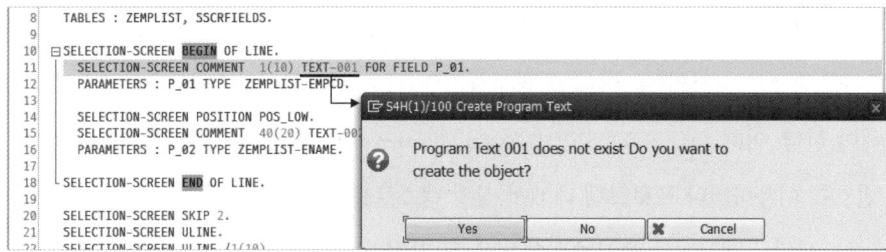

그림 12-6 텍스트 심볼 생성

그림 12-6과 같이 텍스트 심볼을 더블 클릭하면 오브젝트 생성 팝업창이 열린다.

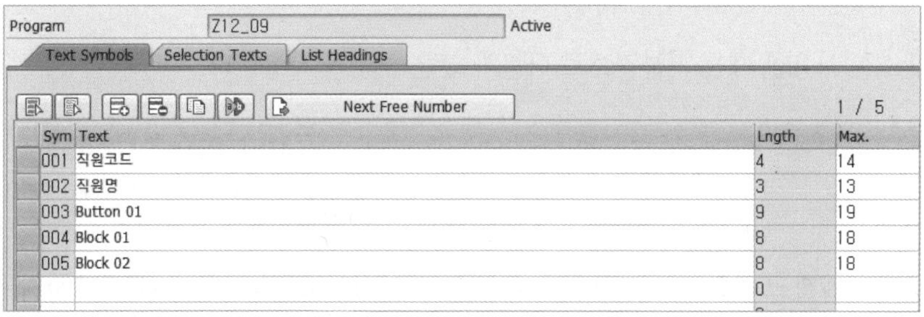

그림 12-7 ABAP Text Elements 화면의 Text Symbols

그림 12-7과 같이 텍스트 심볼에 대해 텍스트를 입력할 수 있다. 텍스트를 입력한 후 활성화하면 프로그램에 적용된다.

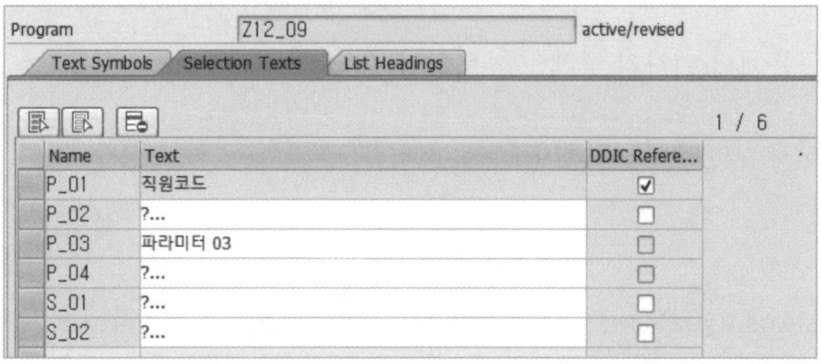

그림 12-8. ABAP Text Elements 화면의 Selection Texts

PARAMETERS와 SELECT-OPTIONS의 텍스트도 [Selection Texts] 탭에서 같은 과정으로 생성할 수 있다. ABAP Dictionary를 참조하는 경우, DDIC Reference 체크박스를 선택하면 Dictionary에 정의된 데이터 엘리먼트(Data Element)의 필드 라벨(Field Label) 중 Medium Text를 불러온다.

3-4 Message ID

ABAP 프로그램에서 메시지(Message)를 표시하려면 프로그램 선언부의 첫 문장에 MESSAGE-ID를 작성해야 한다. 이때 T-CODE: SE91(Message Maintenance)에서 관리하는 메시지 클래스(Message Class)의 번호를 이용하거나 프로그램 내에서 직접 텍스트를 입력하여 생성할 수 있다.

ABAP 프로그램에서 메시지를 표시하는 방법은 두 가지가 있다.

1. 메시지 클래스에 정의된 메시지와 파라미터를 전달해 메시지를 생성한다.
2. 프로그램 내에서 텍스트와 메시지 타입(Message Type)을 직접 지정해 메시지를 생성한다.

메시지 클래스를 사용할 때는 기본적으로 다음과 같은 구문을 사용한다.

```
MESSAGE <message type><message number> (message class) WITH <field1> ~
<field4>.
```

화면에서 사용자에게 표시할 메시지의 타입과 번호를 지정하고, 괄호 안에 해당 메시지를 포함하는 메시지 클래스를 지정한다. 또한 메시지에 전달할 필드 값이 있다면 최대 4개의 파라미터를 사용해 메시지에 값을 추가할 수 있다.

프로그램 전체에서 특정 메시지 클래스를 공통으로 사용하려면 프로그램 상단에 MESSAGE-ID 키워드를 사용해 메시지 클래스를 지정할 수 있다. 이렇게 프로그램 선언 시 메시지 ID를 지정하면, 이후 MESSAGE 구문에서 메시지 클래스를 생략할 수 있다.

```
REPORT <program id> MESSAGE-ID <message id>.
```

```
MESSAGE <message type><message number> WITH <field1> ~ <field4>.
```

또한 메시지 클래스 없이 프로그램 내에서만 사용하는 간단한 메시지의 경우 다음과 같은 방법으로 직접 생성할 수 있다.

```
MESSAGE <message text> TYPE '<message type>'.
```

다음 표 12-5는 메시지 타입에 대해 정리한 것이다.

TYPE	설명
E	상태표시줄(Status Bar)에 표시. 사용자 입력 값에 대한 검증 오류 등의 이유로 프로세스를 더 이상 진행할 수 없을 때 사용하는 에러 메시지이다. Exit Command를 사용하지 않으면 에러를 수정하기 전까지 다른 화면으로 넘어갈 수 없다.
W	상태표시줄(Status Bar)에 표시. 현재 화면의 로직을 멈추고 경고 메시지 형태로 출력한다. [Enter]를 누르면 다음 프로세스로 넘어간다.
I	팝업 윈도우에 표시. 특정 작업 완료 또는 상태 변경 등의 정보를 제공한다. [Enter]를 누르면 다음 프로세스로 넘어간다.
S	상태표시줄(Status Bar)에 표시. 작업이 성공적으로 완료되었음을 알릴 때 사용한다.
A	팝업 윈도우에 표시. 윈도우 창 안에 있는 [STOP] 버튼을 누르면 프로그램(세션)이 종료된다.
X	Short Dump라고도 한다. Dump 화면과 함께 프로그램을 종료한다.

표 12-5 메시지 타입의 종류

이제 메시지 ID를 직접 생성해보자.

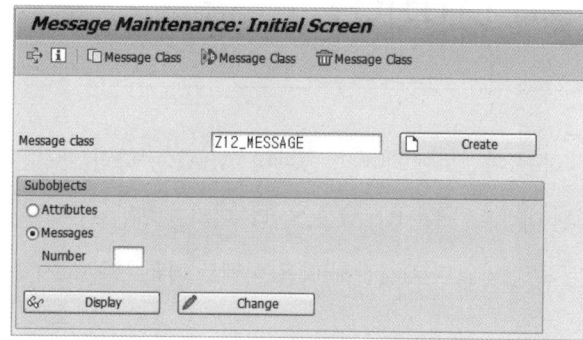

01 T-CODE: SE91(Message Maintenance)에서 Message class를 입력한 후 Create 버튼을 눌러 생성한다.

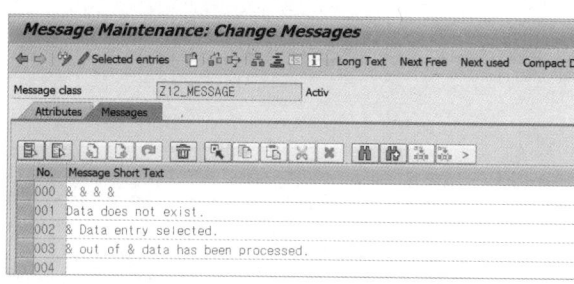

02 각 번호에 메시지를 지정할 수 있다. 여기서 앰퍼샌드 기호(&)는 MESSAGE ~ WITH 구문에서 사용하는 파라미터로 & 기호 한 개 당 하나의 파라미터 값을 입력받을 수 있다.
이를 ABAP 프로그램에서는 다음과 같이 호출한다.

`MESSAGE S002 WITH '1'.`

예제 12-10과 같이 프로그램을 생성하여 다양한 메시지 타입을 실습해보자.

예제 | 12-10

```
REPORT z12_10 MESSAGE-ID z12_message.

MESSAGE e000 WITH 'ERROR'.
MESSAGE w000 WITH 'WARNING'.
MESSAGE i000 WITH 'INFORMATION'.
MESSAGE s000 WITH 'SUCCESS'.
MESSAGE e001.
MESSAGE s003 WITH '3' '1'.
MESSAGE a000 WITH 'Program Exit'.
MESSAGE x000(z12_message) WITH 'Short Dump'.
```

04 프로그램 구조 - 이벤트

이번 절에서는 ABAP 프로그램 실행 중 발생하는 이벤트에 대해 학습한다. ABAP 런타임 환경은 Executable Program이 실행될 때 사전에 정의된 이벤트를 순서대로 호출한다. 이러한 이벤트는 다음과 같은 순서로 구성되어 있으며, 각 이벤트는 특정 키워드로 시작해 다음 이벤트 처리 블록이 시작될 때 종료된다.

```
[Reporting Events]
LOAD-OF-PROGRAM
INITIALZATION
AT SELECTION SCREEN
START-OF-SELECTION
```

각 이벤트의 기능을 살펴보면 표 12-6과 같다.

이벤트	
블록	설명
LOAD-OF-PROGRAM	프로그램이 내부 세션에 로드될 때 단 한 번 실행되는 이벤트이다. 해당 이벤트에서 RETURN, EXIT 등 프로그램 종료 구문을 사용하면 DUMP가 발생한다.
INITIALIZATION	프로그램 실행 중 한 번 실행되는 이벤트로 Selection Screen 처리 직전에 실행된다. 주로 화면의 초기 값, GUI Status, TITLEBAR 등 초기 화면 상태를 정의하는 데 사용한다.

AT SELECTION-SCREEN	Selection Screen을 표시하기 직전과 Selection Screen에서 사용자의 특정 작업 이후에 발생하는 이벤트로 ABAP 프로그램에서 Selection Screen을 처리하는 데 사용한다. AT SELECTION-SCREEN에는 다음과 같은 옵션이 있다. 1. AT SELECTION-SCREEN OUTPUT 2. AT SELECTION-SCREEN ON field 3. AT SELECTION-SCREEN ON END OF field 4. AT SELECTION-SCREEN ON BLOCK block 5. AT SELECTION-SCREEN ON RADIOBUTTON GROUP group 6. AT SELECTION-SCREEN ON HELP REQUEST FOR field 7. AT SELECTION-SCREEN ON VALUE REQUEST FOR field 8. AT SELECTION-SCREEN ON EXIT-COMMAND fcode
START-OF-SELECTION	Selection Screen 처리가 끝난 후 Executable Program을 처리하는 동안 발생하는 이벤트로, 사용자가 [F8] 버튼(실행)을 눌렀을 때 실행된다. 일반적으로 데이터베이스에서 데이터를 조회하거나 가공하는 등의 로직을 입력한다. 데이터 추출 및 가공 완료 후 WRITE 구문이나 ALV를 사용해 화면에 결과를 출력한다.
END-OF-SELECTION	LDB와 연결된 Executable Program에서 사용하기 위한 이벤트로 일반 Executable Program에서는 명시할 필요가 없다. 현재는 SAP 공식 문서 기준으로 폐기된 구문이다.

표 12-6 이벤트 기능 설명

4-1 LOAD-OF-PROGRAM

LOAD-OF-PROGRAM은 Executable Program, Function Pool, Module Pool, Subroutine Pool과 같은 ABAP 프로그램이 내부 세션에 처음 로드될 때 한 번만 실행되는 이벤트 블록이다. 이 이벤트는 프로그램 실행 이전 단계에서 공통으로 사용하는 전역 변수를 초기화하거나 권한 체크 등의 작업을 수행하는 데 사용한다.

예제 | 12-11

```
REPORT Z12_11.

DATA: GV_DEPCD TYPE ZEMPLIST-DEPCD.

LOAD-OF-PROGRAM.
  GET PARAMETER ID 'ZDEPCD' FIELD GV_DEPCD.
```

4-2 INITIALIZATION

INITIALIZATION 이벤트는 LOAD-OF-PROGRAM 이벤트 이후 실행되는 이벤트로, Selection Screen을 처리하기 전에 프로그램에서 딱 한 번 실행된다. 흔히 전역 변수나 Selection Screen의 입력필드 초기화, GUI Status나 GUI Title의 초기 설정에 사용한다. 다음 예제 12-12에서는 Selection

Screen의 입력필드에 초기 값을 지정한다.

예제 | 12-12

```
REPORT Z12_12.

TABLES ZEMPLIST.
PARAMETERS P_DEPCD TYPE ZEMPLIST-DEPCD.
SELECT-OPTIONS S_EMPCD FOR ZEMPLIST-EMPCD.

INITIALIZATION.
  P_DEPCD = 'D002'.

  S_EMPCD[] = VALUE #( ( SIGN = 'I' OPTION = 'BT'
                         LOW = '1001' HIGH = '1010' ) ).

  SET TITLEBAR '%_T' OF PROGRAM 'RSSYSTDB'
    WITH 'Report Z12_12 : Titlebar Setting'.
```

결과 | 12-12

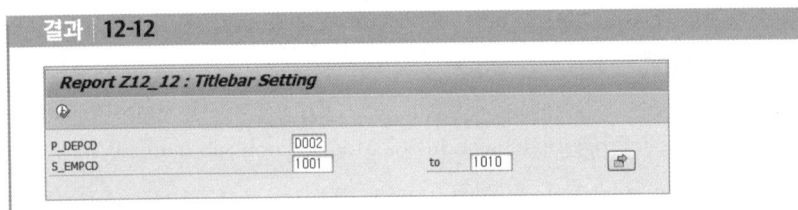

SELECT-OPTIONS는 4개의 컬럼을 가진 헤더 라인이 있는 인터널 테이블 구조이다. 따라서 Selection Screen에서 입력필드에 값을 설정하려면 APPEND와 같이 인터널 테이블에 데이터를 추가하는 구문을 사용해 Selection Table에 데이터를 추가해야 한다. 참고로 앞의 예제 12-12와 같이 ABAP 7.40 릴리즈 이후 추가된 VALUE 연산자 등을 활용해서 SELECT-OPTIONS 구조에 값을 할당할 수도 있다.

또한 INITIALIZATION 이벤트에서는 레이아웃이나 PF-STATUS 구성 시 초기 설정을 수행할 수 있다. 프로그램 내에서 초기 값을 설정할 필요가 없다면 해당 구문을 삭제해도 상관없지만, 코드의 가독성을 위해 명시하는 것이 바람직하다.

4-3 AT SELECTION-SCREEN

AT SELECTION-SCREEN은 Selection Screen 이벤트라고 한다. 주로 Selection Screen의 출력 전 처리(PBO, Process Before Output)와 출력 후 사용자의 액션이 있을 때 처리(PAI, Process After Input)를 담

당한다.

예를 들어, Selection Screen에서 현재 로그인한 사용자가 자신이 속한 부서코드의 직원만 검색해야 하는 상황을 가정해보자. 이때 사용자가 자신이 속한 부서코드 외 다른 부서 코드를 입력하는 것을 방지해야 한다. 이러한 요구 사항을 구현하려면 사용자가 입력필드에 자신이 속한 부서 이외의 코드를 입력할 때 AT SELECTION-SCREEN 이벤트에서 권한을 체크하는 로직을 추가하면 된다. 권한 제어에 대해서는 20장에서 자세히 다룬다.

예제 | 12-13

```
REPORT Z12_13 MESSAGE-ID Z12_MESSAGE.

PARAMETERS P_DEPCD TYPE ZEMPLIST-DEPCD.

INITIALIZATION.
  P_DEPCD = 'D001'.

AT SELECTION-SCREEN.

  IF P_DEPCD IS NOT INITIAL.
    AUTHORITY-CHECK OBJECT 'ZDEPCD'
      ID 'ZDEPCD' FIELD P_DEPCD
      ID 'ACTVT'  FIELD '03'.

    IF SY-SUBRC <> 0.
      MESSAGE E000 WITH 'No Authority'.
    ENDIF.

  ENDIF.
```

결과 | 12-13

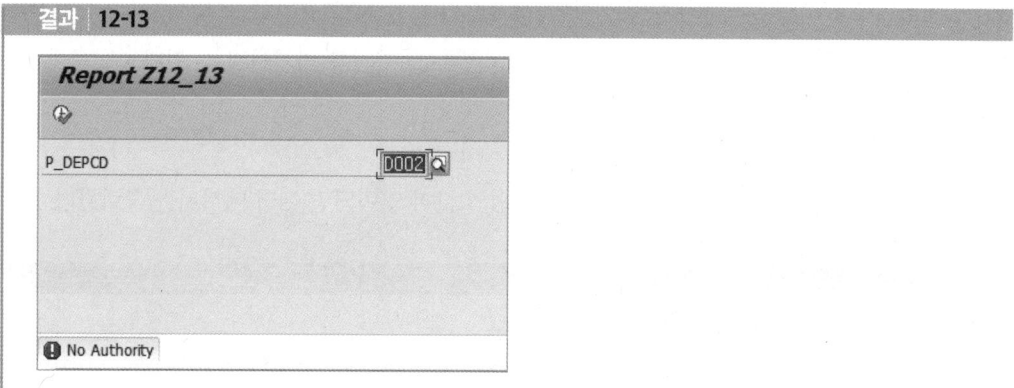

결과 12-13에서 볼 수 있듯이 사용자가 'D002'를 입력하면 "No Authority" 에러 메시지가 출력된다.

이처럼 AT SELECTION-SCREEN 이벤트에서는 사용자의 액션에 따라 Selection Screen을 제어할 수 있다. AT SELECTION-SCREEN 이벤트에서 사용할 수 있는 유용하고 다양한 옵션들을 정리하면 표 12-7과 같다.

옵션	효과
ON psel	Selection Screen에서 전달되는 특정 필드에 대해 처리를 수행한다. 만약 오류 메시지가 발생하면 해당 필드는 자동으로 다시 입력 가능한 상태로 돌아가도록 설정된다.
ON END OF sel	Selection Screen에서 여러 값을 입력받을 경우 전체 Selection Table의 입력 값을 제어할 수 있다. 하한/상한 값, 미입력 값 체크 등에 사용할 수 있다.
OUTPUT	Selection Screen 화면의 레이아웃(Layout)을 설정하는 등 Selection Screen을 출력하기 전에 필요한 작업을 처리할 수 있다.
ON VALUE-REQUEST FOR psel_low_high	ABAP Dictionary에서 제공하는 Possible Entry 대신 사용자가 정의한 엔트리(Entry)가 보이게 설정할 수 있다.
ON HELP-REQUEST FOR psel_low_high	ABAP Dictionary에 해당 필드에 대한 도움말이 없거나 기존의 도움말을 대신해서 표현하고자 할 때 사용한다. Selection Screen의 필드를 선택하고 [F1] 키를 눌렀을 때 수행된다.
ON RADIOBUTTON GROUP radi	RADIOBUTTON GROUP <radi> 내에 선언된 파라미터들을 제어할 수 있다. RADIO BUTTON 그룹 내의 필드는 <FIELD> 옵션으로 제어할 수 없다.
ON BLOCK block	Selection Screen의 BLOCK 내 입력 값을 제어할 수 있다. 'SELECTION-SCREEN BEGIN OF BLOCK ~ SELECTION-SCREEN END OF BLOCK.' 구문 내에 선언된 필드들이 특정 규칙에 맞지 않을 때 제어할 수 있다.

표 12-7 AT SELECTION-SCREEN 이벤트 옵션

표 12-7에 소개한 개별 옵션들을 하나하나 자세하게 살펴보자.

4-3-1 AT SELECTION-SCREEN ON <FIELD>

Selection Screen에서 전달되는 특정 필드에 대해 처리를 담당한다. ON 뒤에 나열된 필드에 사용자 액션이 실행되면 PAI 이벤트에 의해 발생하며, 사용자의 입력 값을 확인할 수 있다. 이를 통해 오류나 경고 메시지를 출력해 해당 필드에 다시 값을 입력받도록 커서를 위치시킬 수 있다.

```
AT SELECTION-SCREEN ON <FIELD>.
```

다음 예제 12-14는 부서코드(DEPCD)에 'D001' 이외의 값이 입력되면 에러 메시지를 출력한다.

예제 | 12-14
```
REPORT Z12_14 MESSAGE-ID Z12_MESSAGE.

TABLES ZEMPLIST.

SELECT-OPTIONS S_DEPCD FOR ZEMPLIST-DEPCD.
```

```
AT SELECTION-SCREEN ON S_DEPCD.

  IF S_DEPCD[] IS NOT INITIAL.
    IF S_DEPCD-LOW NE 'D001'.
       MESSAGE E000 WITH S_DEPCD-LOW 'cannot be displayed.'.
    ENDIF.
  ENDIF.
```

결과 | 12-14

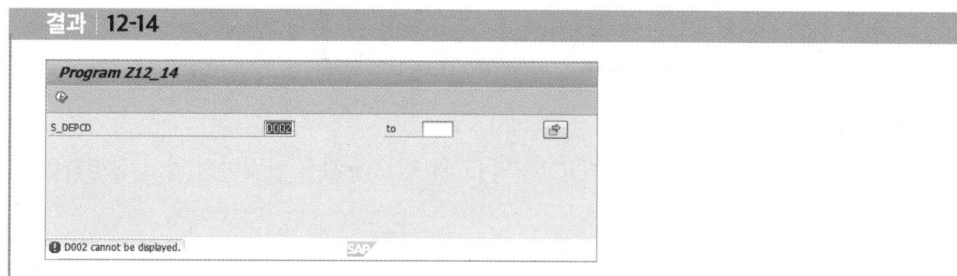

4-3-2 AT SELECTION-SCREEN ON END OF sel

Selection Screen에서 여러 값을 입력받을 수 있는 SELECT-OPTIONS의 경우 전체 Selection Table 의 입력 값을 제어할 수 있다. 하한/상한 값 또는 미입력 값을 체크할 때 사용할 수 있다.

```
AT SELECTION-SCREEN ON END OF sel.
```

예제 | 12-15

```
REPORT Z12_15 MESSAGE-ID Z12_MESSAGE.

TABLES ZEMPLIST.
SELECT-OPTIONS S_DEPCD FOR ZEMPLIST-DEPCD.

AT SELECTION-SCREEN ON END OF S_DEPCD.
  LOOP AT S_DEPCD.
    IF S_DEPCD-LOW IS INITIAL.
       MESSAGE E000 WITH 'It is required to Input Low Value'.
    ENDIF.
  ENDLOOP.
```

결과 12-15

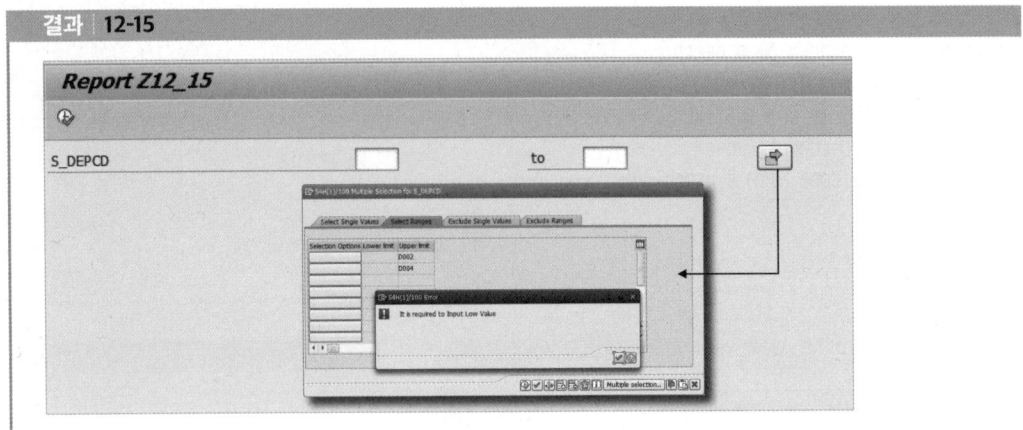

결과 12-15에서 볼 수 있듯이 SELECT-OPTIONS의 LOW 필드에 값을 입력하지 않고 실행하면, 에러 메시지가 출력된다.

4-3-3 AT SELECTION-SCREEN ON BLOCK block

Selection Screen에 BLOCK이 지정된 경우 BLOCK으로 묶인 필드들을 제어할 수 있다. 이 이벤트를 사용하면 점검할 필드를 하나하나 지정해야 하는 AT SELECTION-SCREEN ON <FIELD> 이벤트와 달리, 블록으로 지정된 모든 필드의 점검이 완료된 후에 다음 이벤트나 프로세스로 넘어갈 수 있다.

```
AT SELECTION-SCREEN ON BLOCK block.
```

다음 예제 12-16은 필드에 'D001' 이외의 값을 입력하면 에러 메시지를 출력한다. 또한 BLOCK B1으로 묶여 있는 모든 필드에 대해 점검이 완료된 후에 다음으로 넘어갈 수 있다.

예제 12-16

```
REPORT Z12_16 MESSAGE-ID Z12_MESSAGE.

TABLES ZEMPLIST.

SELECTION-SCREEN BEGIN OF BLOCK B1 WITH FRAME.
  PARAMETERS P_DEPCD TYPE ZEMPLIST-DEPCD.
  SELECT-OPTIONS S_DEPCD FOR ZEMPLIST-DEPCD.
SELECTION-SCREEN END OF BLOCK B1.

AT SELECTION-SCREEN ON BLOCK B1.
  IF P_DEPCD IS NOT INITIAL.
    IF P_DEPCD NE 'D001'.
```

```
      MESSAGE E000 WITH P_DEPCD ' cannot be displayed. '.
    ENDIF.
  ENDIF.

  IF ' D002 ' IN S_DEPCD.
    MESSAGE E000 WITH ' Only D001 can be displayed. '.
  ENDIF.
```

결과 | 12-16

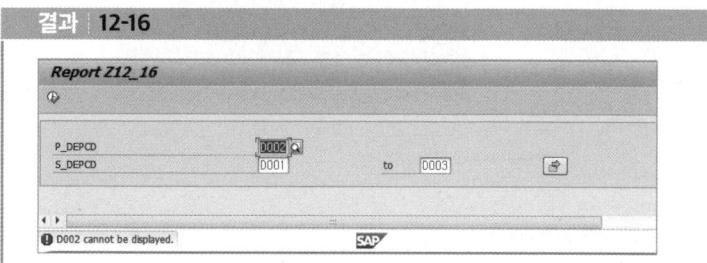

4-3-4 AT SELECTION-SCREEN ON VALUE-REQUEST FOR psel_[low | high]

ABAP Dictionary에서 제공하는 Possible Entry 대신 개발자가 정의한 엔트리가 보이게 설정할 수 있다. 예제는 9장 Search Help를 참고하자.

```
AT SELECTION-SCREEN ON VALUE-REQUEST FOR psel_low_high.
```

4-3-5 ON HELP-REQUEST FOR <FIELD>

ABAP Dictionary에 해당 필드의 도움말이 없거나 기존의 도움말을 대신해서 표현하고자 할 때 사용한다. Selection Screen의 필드를 선택하고 [F1] 키를 눌렀을 때 실행된다. PARAMETERS나 SELECT-OPTIONS로 선언된 필드에 대해서만 구현할 수 있다.

```
AT SELECTION-SCREEN ON HELP-REQUEST FOR <FIELD>.
```

4-3-6 AT SELECTION-SCREEN OUTPUT

Selection Screen이 표시되기 전에 실행되는 이벤트로 PBO(Process Before Output)에 의해 발생한다. 이 이벤트에서 Selection Screen의 화면 제어와 입력 값 등을 설정할 수 있다. 프로그램 실행 시 한 번만 발생하는 LOAD-OF-PROGRAM, INITIALIZATION 이벤트와 달리 AT SELECTION-SCREEN OUTPUT 이벤트는 다음 그림과 같이 Selection Screen이 표시되기 전에 여러 번 실행될 수 있다.

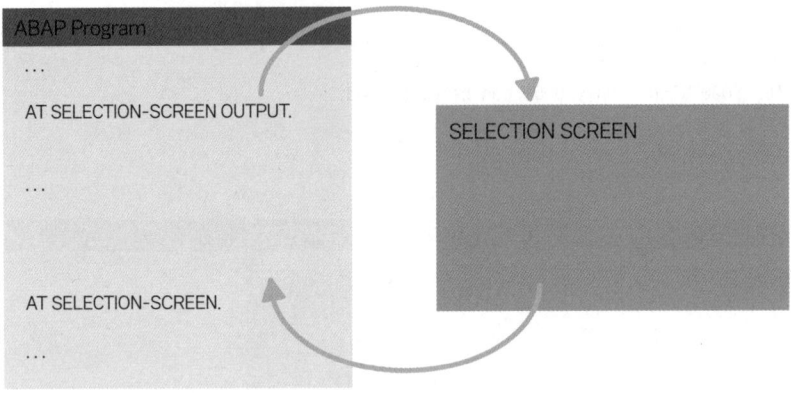

그림 12-9 Selection Screen 실행 흐름

예제 | 12-17

```
REPORT Z12_17.


AT SELECTION-SCREEN OUTPUT.

  LOOP AT SCREEN.
    CASE SCREEN-GROUP1.
      WHEN 'M01'.
        SCREEN-INPUT = '0'.
      WHEN 'M02'.
        SCREEN-INTENSIFIED = '1'.
    ENDCASE.

    MODIFY SCREEN.
  ENDLOOP.
```

결과 | 12-17

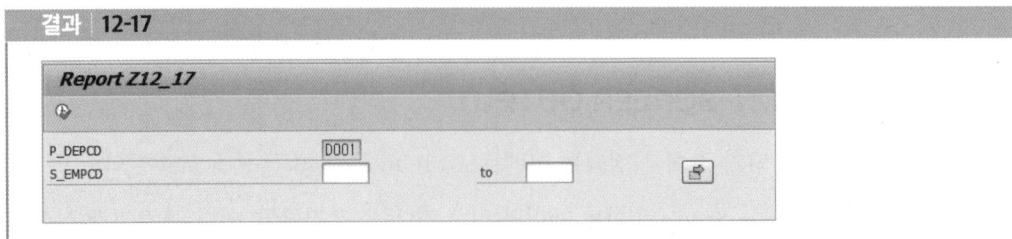

예제 12-17은 AT SELECTION-SCREEN OUTPUT 이벤트에서 Selection Screen이 표시되기 전

에 화면 속성을 변경한다. 결과 12-17에서는 PARAMETERS의 입력 필드가 비활성화되어 있고, SELECT-OPTIONS의 텍스트가 강조된 것을 확인할 수 있다.

앞의 PARAMETERS와 SELECT-OPTIONS에서 실습했듯이, MODIF ID를 지정하면 같은 MODIF ID끼리 그룹화하여 제어할 수 있다. 이는 'LOOP AT SCREEN' 구문에서 SCREEN-GROUP1 필드에 할당된다. 기타 자세한 속성은 예제 코드로 프로그램을 생성한 후 디버깅을 통해 파악해볼 수 있다.

조금 더 알아보기 SCREEN 구조체

SCREEN은 SAP 표준에서 정의된 구조체로 ABAP Dictionary에서 조회할 수 있다. 이 구조체를 활용하면 화면상의 구성요소를 적절한 값으로 변경하여 화면 레이아웃(Screen Layout)을 사용자의 의도에 맞게 설정할 수 있다. 화면상의 모든 스크린 필드들은 시스템 테이블인 SCREEN에 저장된다.

스크린의 구성요소를 제어하려면 'LOOP AT SCREEN' 구문을 사용한다. 화면상의 구성요소들이 루프를 돌며 SCREEN 구조체에 값이 할당되고, 이를 통해 스크린 구성요소에 값을 할당할 수 있다. 그리고 최종적으로 'MODIFY SCREEN' 구문을 사용하여 변경 사항을 화면에 반영한다.

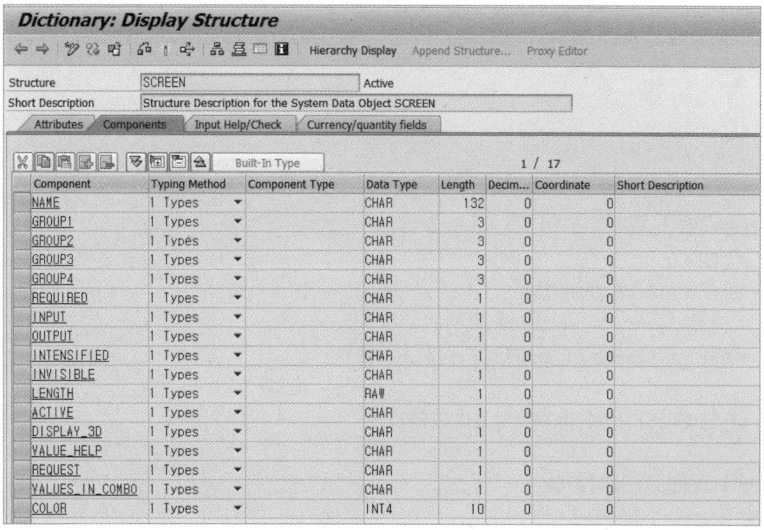

Dictionary: Display Structure

Hierarchy Display Append Structure... Proxy Editor

Structure: SCREEN Active

Short Description: Structure Description for the System Data Object SCREEN

Attributes | Components | Input Help/Check | Currency/quantity fields

Built-In Type 1 / 17

Component	Typing Method	Component Type	Data Type	Length	Decim...	Coordinate	Short Description
NAME	1 Types		CHAR	132	0	0	
GROUP1	1 Types		CHAR	3	0	0	
GROUP2	1 Types		CHAR	3	0	0	
GROUP3	1 Types		CHAR	3	0	0	
GROUP4	1 Types		CHAR	3	0	0	
REQUIRED	1 Types		CHAR	1	0	0	
INPUT	1 Types		CHAR	1	0	0	
OUTPUT	1 Types		CHAR	1	0	0	
INTENSIFIED	1 Types		CHAR	1	0	0	
INVISIBLE	1 Types		CHAR	1	0	0	
LENGTH	1 Types		RAW	1	0	0	
ACTIVE	1 Types		CHAR	1	0	0	
DISPLAY_3D	1 Types		CHAR	1	0	0	
VALUE_HELP	1 Types		CHAR	1	0	0	
REQUEST	1 Types		CHAR	1	0	0	
VALUES_IN_COMBO	1 Types		CHAR	1	0	0	
COLOR	1 Types		INT4	10	0	0	

그림 12-10 SCREEN 구조체의 속성

4-4 START-OF-SELECTION

Selection Screen의 필드에 대한 초기 값 설정과 데이터 검증(Validation)이 완료되었다면, 이제 데이터베이스에서 원하는 데이터를 가져오고 사용자의 요구사항에 맞게 데이터를 가공하는 작업을 해야 한다. Executable Program에서는 개발자가 START-OF-SELECTION 이벤트를 명시하지 않더라도 암묵적으로 실행된다. 그러나 프로그램 가독성 측면에서 이벤트를 명시하는 것이 바람직하다.

```
START-OF-SELECTION.
```

START-OF-SELECTION 이벤트에서는 일반적으로 OPEN SQL 문이 수행된다. 데이터를 추출하고 가공하는 작업 이전에 CLEAR 구문이나 별도의 로직을 구현해 사전 준비 작업을 마친 후 데이터를 가공하는 것이 좋다. 데이터 가공 작업이 끝난 후에는 ALV나 WRITE 구문 등을 사용하여 화면에 출력한다.

다음 예제 12-18은 START-OF-SELECTION 이벤트에서 데이터를 추출하고 화면에 출력하는 프로그램이다.

예제 | 12-18

```
REPORT Z12_18.

START-OF-SELECTION.

  SELECT *
    FROM ZEMPLIST
    ORDER BY EMPCD
    INTO TABLE @DATA(LT_ZEMPLIST).

  DATA(LV_TOTAL) = LINES( LT_ZEMPLIST ).

  LOOP AT LT_ZEMPLIST INTO DATA(LS_ZEMPLIST).

    PERFORM PROGRESS_INDICATOR
      USING
        SY-TABIX
        LV_TOTAL
        ' Progressing.... '.

    WRITE: / LS_ZEMPLIST-EMPCD , LS_ZEMPLIST-ENAME.

  ENDLOOP.
```

```
FORM PROGRESS_INDICATOR
  USING
    VALUE(P_CNT)
    VALUE(P_TOTAL)
    VALUE(P_TEXT).

  DATA:
    LV_IDX TYPE I.

  LV_IDX = ( P_CNT / P_TOTAL ) * 100.

  CALL FUNCTION ' SAPGUI_PROGRESS_INDICATOR '
    EXPORTING
      PERCENTAGE = LV_IDX
      TEXT       = |{ LV_IDX }% : { P_TEXT }|
    EXCEPTIONS
      OTHERS     = 0.
ENDFORM.          " progress_indicator
```

결과 | 12-18

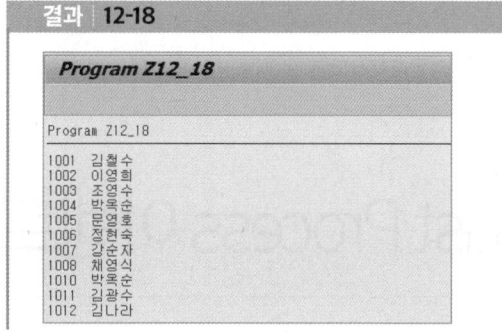

데이터 추출 및 가공 작업에 시간이 오래 걸린다면, 다음 그림 12-11과 같이 SAPGUI_PROGRESS_INDICATOR 함수를 사용해 하단 상태표시줄(Status Bar)에 현재 처리 중인 작업의 진행률을 퍼센트로 표시할 수 있다.

그림 12-11 SAPGUI_PROGRESS_INDICATOR 함수 실행

4-5 END-OF-SELECTION

END-OF-SELECTION 이벤트는 Executable Program에서 호출되는 마지막 이벤트로, LDB(논리

적 데이터베이스)와 연결된 Executable Program에서만 사용하는 이벤트이다. 일반적인 Executable Program에서는 START-OF-SELECTION 이벤트 직후 END-OF-SELECTION이 발생한다. 따라서 END-OF-SELECTION 이벤트는 START-OF-SELECTION 이벤트로 대체할 수 있으므로 LDB를 사용하지 않는 경우에는 명시할 필요가 없다.

참고로 다음 그림 12-12와 같이 SAP 공식 문서에서도 폐기된 구문으로 표시된다. LDB 또한 현재는 폐기된 구문이며, 기존 LDB를 조회하는 데는 LDB_PROCESS 함수를 사용할 수 있다.

```
END-OF-SELECTION.
```

END-OF-SELECTION

Obsolete Syntax

END-OF-SELECTION.

그림 12-12 END-OF-SELECTION의 공식 문서 표현

05 프로그램 구조 – List Process 이벤트

이번 절에서는 Selection Screen에서 조회 조건을 입력한 후 사용자가 실행 버튼을 클릭하거나 [F8] 키를 눌렀을 때 데이터를 화면에 출력하는 클래식 리스트(Classic List)의 List Process 이벤트에 대해서 알아본다. 최근에는 WRITE 구문을 사용하는 클래식 리스트보다는 ALV를 사용해 데이터를 보여주는 것이 일반적이므로 이 이벤트는 거의 사용되지 않는다. 그러나 클래식 리스트로 개발된 프로그램을 유지보수하거나 분석해야 할 경우가 있을 수 있으므로, 간단히 어떤 기능을 수행하는지 알아보자.

```
TOP-OF-PAGE.
END-OF-PAGE.
AT LINE-SELECTION.
AT USER-COMMAND.
```

5-1 TOP-OF-PAGE

새로운 페이지가 생성될 때 실행되는 List Process 이벤트로 START-OF-SELECTION 이벤트 이후 첫 번째 데이터가 출력될 때, 즉 첫 번째 WRITE 구문을 실행할 때 발생한다. 주로 STANDARD PAGE HEADING 옵션을 사용하지 않고 프로그램의 헤더를 직접 지정할 때 사용한다.

5-1-1 TOP-OF-PAGE DURING LINE-SELECTION

Secondary List에서 리스트의 헤더를 제어할 때 사용하는 이벤트이다. 시스템 변수 SY-LSIND에 현재 리스트의 인덱스가 저장되며, Secondary List가 표시될 때마다 1씩 증가한다. 만약 Secondary List에서 Back이나 Exit 등의 버튼을 누르면 이전 페이지로 돌아가면서 SY-LSIND 값이 1씩 감소한다.

5-2 END-OF-PAGE

페이지의 마지막에 수행되는 이벤트로 페이지의 푸터(Footer)를 지정한다. END-OF-PAGE 이벤트를 발생시키려면 페이지(PAGE)의 라인 수를 설정하고, 푸터에 사용할 라인(LINE)을 지정해야 한다. 만약 프로그램에 NEW-PAGE 이벤트를 명시했다면, END-OF-PAGE 이벤트는 실행되지 않는다.

5-3 AT LINE-SELECTION

사용자가 리스트의 데이터를 더블 클릭하거나 [F2] 키를 눌렀을 때 발생하는 이벤트이다. 이때 시스템 변수 SY-UCOMM에 'PICK'이 할당된다. 'GET CURSOR' 구문을 사용하면 사용자가 더블 클릭한 데이터의 필드명과 데이터 값을 가져올 수 있다.

5-4 AT USER-COMMAND

화면에 정의된 Function Code가 있을 경우, 해당 Function Code를 눌렀을 때 발생하는 이벤트이다. Function Code를 누르면 시스템 변수 SY-UCOMM에 값이 할당된다. AT LINE-SELECTION에서 정의된 'PICK'은 AT USER-COMMAND 이벤트를 발생시키지 않는다.

조금 더 알아보기 — GUI Status 생성

표준 리포트 프로그램에서 제공하는 메뉴를 삭제하거나 버튼을 추가하려면 'SET PF-STATUS' 구문을 사용한다. GUI Status는 ABAP 프로그램 영역과 독립적으로 존재하며, 메뉴 페인터(T-CODE: SE41)에서 생성해 화면에 동적으로 추가할 수 있다.

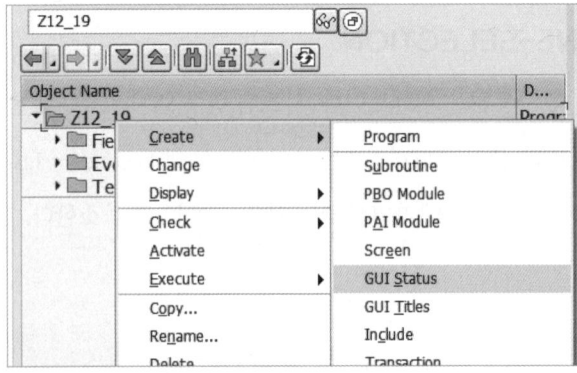

01 프로그램을 마우스 오른쪽 버튼으로 클릭한 후 [Create] → [GUI Status]를 선택한다.

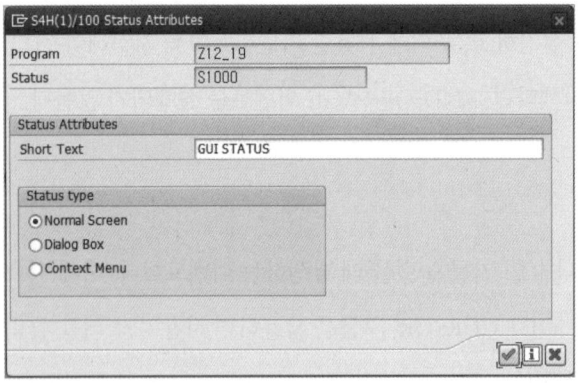

02 Status 이름과 내역을 입력한 뒤 [Normal Screen]을 선택한다.

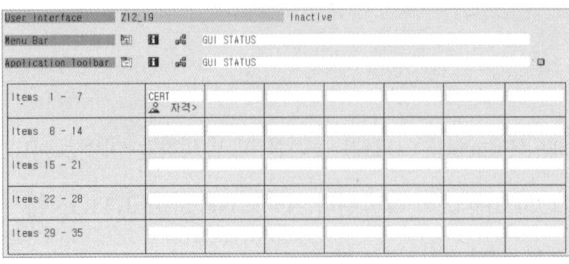

03 어플리케이션 툴바(Application Toolbar)에서 프로그램에서 사용할 Function Code를 지정한다.
사원의 자격증 정보 조회를 위한 Function Code 'CERT'를 추가한다.

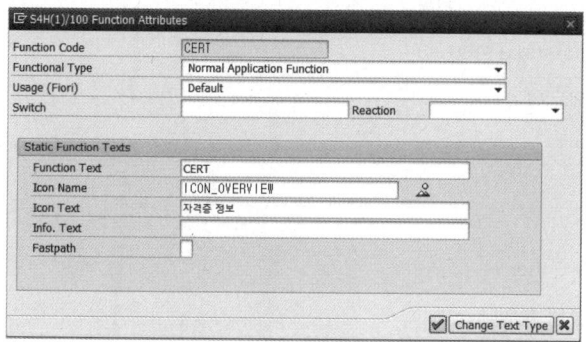

04 Function Code 등록 후 텍스트, 아이콘 이름, 아이콘 텍스트 등을 입력한다.

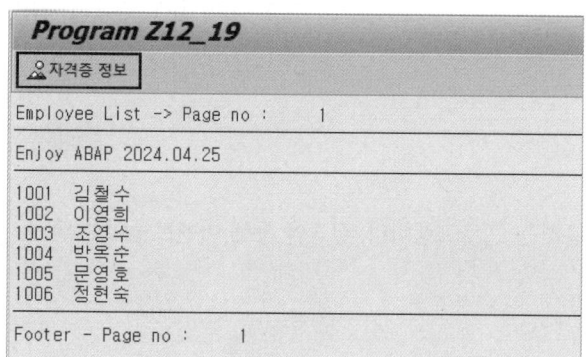

05 PF-STATUS를 생성한 후 리포트 프로그램에서 자신이 만든 STATUS를 사용하려면 다음과 같이 생성한 PF-STATUS를 등록해야 한다.

SET PF-STATUS ' S1000 '.

06 프로그램을 실행해보면 다음과 같이 아이콘이 추가된 것을 볼 수 있다.

조금 더 알아보기 — 리스트의 시스템 필드

리스트(List)의 시스템 필드는 그림 12-13과 같이 구성되어 있다.

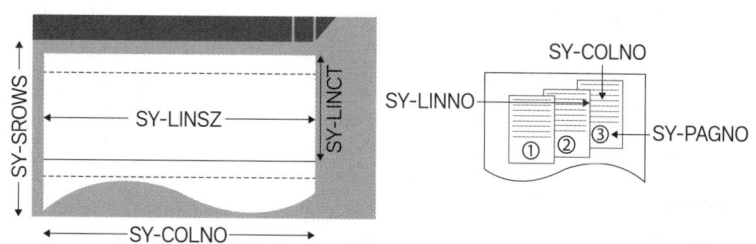

그림 12-13 리스트의 시스템 필드

시스템 변수	설명
SY-TITLE	프로그램의 타이틀(Text Element 부분에서 입력)
SY-LINCT	Report 문에서 지정한 한 페이지의 라인 수
SY-LINSZ	Report 문에서 지정한 라인의 길이
SY-SROWS	현재 창(Window)의 라인 수
SY-SCOLS	현재 창의 컬럼 수
SY-PAGNO	현재 프로그램에서 생성 중인 페이지 번호
SY-LILLI	선택된 라인이 몇 번째 라인인지를 알 수 있다.
SY-LINNO	각 페이지의 라인 번호
SY-COLNO	현재 컬럼의 번호
SY-LISEL	선택한 라인의 모든 값
SY-CPAGE	리스트에 이벤트가 발생했을 때 화면 최상단에 표시된 페이지 번호
SY-LSIND	현재 리스트의 Level을 나타내며, 최대 20의 List Level(계층)을 가질 수 있음

표 12-8 시스템 변수(일부)

다음 예제 12-19는 앞서 학습한 이벤트를 사용하는 프로그램이다. 실습을 통해 이벤트들이 어떻게 동작하는지 확인해보자.

예제 12-19

```
REPORT Z12_19 NO STANDARD PAGE HEADING LINE-COUNT 20(10).

DATA:
  LV_FIELD TYPE STRING,
  LV_VALUE TYPE STRING.

TOP-OF-PAGE.
  WRITE: 'Employee List -> Page no : ', SY-PAGNO.
  ULINE.
  WRITE: / 'Enjoy ABAP', SY-DATUM.
  ULINE.


START-OF-SELECTION.
  SET PF-STATUS 'S1000'.
```

```abap
    SELECT *
      FROM ZEMPLIST
      ORDER BY EMPCD
      INTO TABLE @DATA(LT_ZEMPLIST).

  LOOP AT LT_ZEMPLIST INTO DATA(LS_ZEMPLIST).
    WRITE:/ LS_ZEMPLIST-EMPCD , LS_ZEMPLIST-ENAME.

  ENDLOOP.


AT USER-COMMAND.
  CASE SY-UCOMM.
    WHEN 'BACK'.
      LEAVE TO SCREEN 0.
    WHEN 'EXIT'.
      LEAVE PROGRAM.

    WHEN 'CERT'.
      GET CURSOR FIELD LV_FIELD VALUE LV_VALUE.

      IF LV_FIELD EQ 'LS_ZEMPLIST-EMPCD'.
        SELECT
           A~CERTID
          ,A~CNUM
          ,B~CERTNAME
          FROM       ZEMPCERT  AS A
          INNER JOIN ZCERTINFO AS B
            ON A~CERTID EQ B~CERTID
          WHERE A~EMPCD EQ @LV_VALUE
          ORDER BY A~CNUM
          INTO TABLE @DATA(LT_CERT).

        LOOP AT LT_CERT INTO DATA(LS_CERT).
          WRITE :/ LS_CERT-CERTID , LS_CERT-CNUM , LS_CERT-CERTNAME.

        ENDLOOP.
      ENDIF.

  ENDCASE.

AT LINE-SELECTION.
  GET CURSOR FIELD LV_FIELD VALUE LV_VALUE.

  IF LV_FIELD EQ 'LS_ZEMPLIST-EMPCD'.
    SELECT SINGLE *
      FROM ZEMPLIST
```

```
           WHERE EMPCD EQ @LV_VALUE
        INTO @DATA(LS_DETAIL).

    WRITE: LS_DETAIL-EMPCD , LS_DETAIL-ENAME,  /
           LS_DETAIL-DEPCD , LS_DETAIL-PSTION, /
           LS_DETAIL-EMAIL , /
           LS_DETAIL-TEL.
  ENDIF.


END-OF-PAGE.
  ULINE.
  WRITE: ' Footer - Page no : ', SY-PAGNO.
```

결과 | 12-19

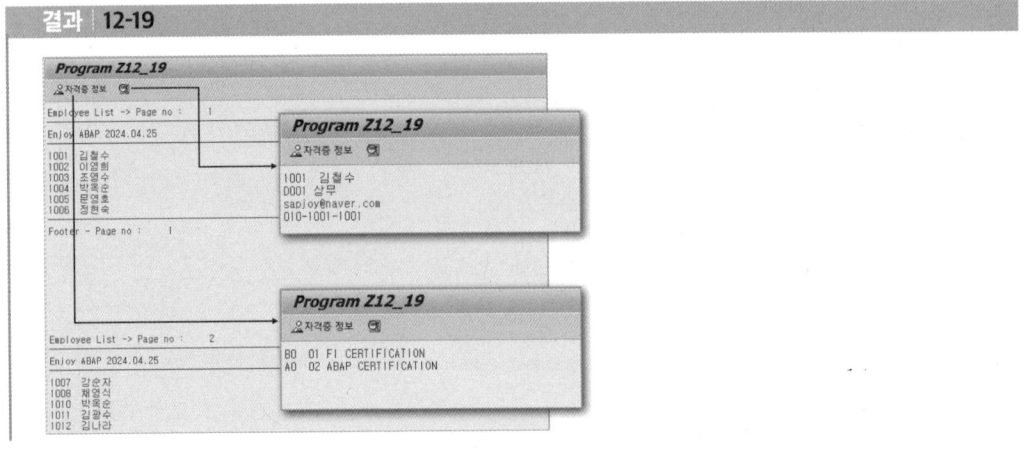

5-5 WRITE 구문

WRITE 구문은 화면에 데이터를 출력하는 역할과 함께, 값을 할당하고 출력 포맷을 변경하는 기능을 수행한다. 리스트에 출력할 목적으로 사용하는 경우 데이터를 리스트 버퍼(List Buffer)에 저장한다. 하지만 현재는 대부분 ALV나 SALV를 사용하여 리스트를 출력하기 때문에, 클래식 리스트에서 사용하는 WRITE 구문은 잘 사용하지 않는다.

그럼에도 WRITE 구문은 리스트 출력 외에도 출력 포맷을 지정하고 값을 이동하는 용도로 여전히 활용한다. WRITE 구문에서 OUTPUT 리스트에 사용할 수 있는 항목은 다음과 같다.

- DATA 구문으로 선언된 필드
- TABLES 구문으로 선언된 구조체의 항목

- FIELD-SYMBOL로 선언된 필드 심볼
- 언어에 종속적이지 않은 텍스트 문자열

```
WRITE     AT pl.(position and length specification)
        [ option.(formatting option) ]
        [ ofmt (output format by field) ]
            [ list elements ]
```

5-5-1 WRITE AT 구문

WRITE 구문으로 데이터를 출력할 때 화면에 표시될 위치와 길이를 지정한다. 슬래시(/) 기호는 줄 바꿈(New Line)을 의미하며 / 기호를 만나면 [Enter] 키를 누른 것과 같이 다음 라인에 출력된다. 출력 위치와 길이를 숫자로 직접 지정하는 경우에는 AT 구문을 생략할 수 있다.

5-5-2 WRITE 구문의 추가 옵션

WRITE 구문에서 사용할 수 있는 추가 옵션은 다음 표 12-9와 같다.

옵션	설명
NO-GAP	화면 출력 시 문자열 사이의 공백을 제거하고 출력한다.
QUICKINFO	화면에 출력된 데이터에 마우스 커서를 올려 놓으면 툴팁(Tooltip) 형태로 텍스트가 표시된다.
UNDER	화면에 헤더 라인을 선언한 뒤 헤더 라인 아래에 WRITE 구문으로 데이터를 출력한다. 헤더로 지정한 값을 UNDER 뒤에 명시하면 해당 헤더 아래에 데이터가 출력된다.
LEFT-JUSTIFIED	왼쪽으로 정렬한다.
CENTERED	중앙으로 정렬한다.
RIGHT-JUSTIFIED	오른쪽으로 정렬한다.
EXPONENT e	TYPE I 필드에서 e 만큼의 지수를 설정해 보여준다.
NO-GROPUING	데이터 타입 i, int8, p, decfloat16, decfloat34에서 1000단위 구분 기호를 표시하지 않는다. 기본적으로 WRITE 구문으로 숫자를 출력하면 1,000,000과 같이 천 단위 구분 기호가 표시된다. NO-GROUPING 옵션을 사용하면 1000000처럼 구분 기호 없이 출력된다.
NO-SIGN	금액 필드의 부호를 표시하지 않는다.
NO-ZERO	데이터 타입이 C, N, String일 때 선행 0을 공백으로 변경해서 보여준다.
CURRENCY c	c에 정의된 통화 형식으로 금액 필드 값을 나타낸다.
UNIT u	U에 정의된 단위 형식에 따라 나타낸다.
DECIMALS d	데이터 타입 I, P, F 필드에서 출력 시 소수점 자리 수를 지정한다.
ROUND r	10진수인 경우, r만큼 10의 r제곱을 곱하여 소수점을 이동해 표현한다. WRITE에 표시되는 값이 12345, ROUND 2라면 결과는 123.45가 출력된다.

옵션	설명
USING NO EDIT MASK USING EDIT MASK m	EDIT MASK에 사용자가 정의한 형식으로 화면에 출력한다.
DD/MM/YY	TYPE D 날짜 출력 형식을 지정한다. (YY = year, MM = month, DD = day)
MM/DD/YY	
DD/MM/YYYY	
MM/DD/YYYY	
DDMMYY	

표 12-9. WRITE 구문의 추가 옵션

5-5-3 WRITE 구문의 출력 FORMAT 옵션

화면 출력 시 색상과 강조 효과 등 다양한 FORMAT 옵션을 지정할 수 있다. 주요 옵션은 다음 표 12-10과 같다.

옵션	설명
COLOR n [ON] or COLOR OFF	필드의 색상을 변경한다. - Background OFF = COL_BACKGROUND - Headers (색상: grayish blue) 1 = COL_HEADING - List body (색상: bright gray) 2 = COL_NORMAL - Totals (색상: yellow) 3 = COL_TOTAL - Key columns (색상: bluish green) 4 = COL_KEY - Positive threshold value (색상: green) 5 = COL_POSITIVE - Negative threshold value (색상: red) 6 = COL_NEGATIVE - Control levels (색상: violet) 7 = COL_GROUP
INTENSIFIED [ON] or INTENSIFIED OFF	색상을 강조한다(색상: blue).
INVERSE [ON] or INVERSE OFF	색상을 반전한다.
HOTSPOT [ON] or HOTSPOT OFF	Hotspot 기능을 활성화한다(클릭 시 더블 클릭과 동일하게 동작).
INPUT [ON] or INPUT OFF	입력필드로 변환한다. 단, Hotspot과 같은 옵션은 작동하지 않는다.
RESET	다음 구문과 동일한 효과를 가져온다. FORMAT COLOR OFF INTENSIFIED OFF INVERSE OFF HOTSPOT OFF INPUT OFF.

표 12-10 출력 FORMAT 옵션

5-5-4 WRITE 구문의 출력 형태 제어 옵션

WRITE 구문에서는 기본 텍스트 출력 외에도 체크박스, 아이콘, 심볼 등으로 출력 형태를 변경할 수 있다. 출력 형태 제어 옵션은 다음 표 12-11과 같다.

옵션	설명
AS CHECKBOX	화면 리스트의 필드를 체크박스로 보여준다. 이때 GUI Status에 'CHECK'를 생성해야 한다.
AS ICON	화면 리스트의 필드를 아이콘으로 보여준다. 필수는 아니지만, INCLUDE <ICON> 또는 INCLUDE <LIST>를 선언해주는 것이 좋다.
AS SYMBOL	화면 리스트의 필드를 심볼로 보여준다. ABAP에서 사용하는 전체 심볼은 ABAP Dictionary(T-CODE:SE11)에서 Type Group 항목의 'sym'을 조회하면 확인할 수 있다.
AS LINE	화면 리스트에 기본적인 수직/수평선 이외의 다양한 라인을 출력할 수 있다.

표 12-11 출력 형태 제어 옵션

조금 더 알아보기 — WRITE 구문의 표준 출력 길이와 정렬

WRITE 구문에서는 데이터 타입에 따라 기본적으로 적용되는 출력 길이와 정렬 방식이 다르다. 주요 데이터 타입별 표준 출력 길이와 정렬은 다음 표 12-12와 같다.

데이터 타입	표준 출력 길이	표준 출력 정렬
C	변수 길이(len)	왼쪽 정렬
D	8	왼쪽 정렬
F	22	오른쪽 정렬
I	11	오른쪽 정렬
N	변수 길이(len)	왼쪽 정렬
P	2*len 또는 2*len+1	오른쪽 정렬
T	6	왼쪽 정렬
X	2*len	왼쪽 정렬

표 12-12 데이터 타입별 표준 출력 길이와 정렬

5-5-5 추가 구문

1. **NEW-PAGE**: 새로운 페이지 생성한다.
2. **NEW-LINE**: 줄 바꿈을 수행한다. WRITE 구문의 슬래시(/)와 같다.
3. **SKIP <n>**: 빈 줄을 n번 출력한다.
   SKIP TO LINE <n>: n번째 라인으로 커서의 위치를 옮긴다.
4. **RESERVE <n> LINES**: 현재 페이지에 최소 n줄만큼 여유가 없다면 자동으로 페이지가 넘어간다.
5. **BACK**: RESERVE 다음에 사용하면 커서를 RESERVE 문장 이전 위치로 이동한다.
   RESERVE 없이 사용하면 페이지의 처음으로 이동한다.
6. **POSITION <n>**: 커서를 지정한 컬럼 위치로 이동한다.
7. **SET BLANK LINES ON(OFF)**: 빈 줄 출력 여부를 설정한다. 기본값은 ON이다.

06 프로그램 호출

프로젝트 수행 시 하나의 프로그램을 여러 명의 개발자가 동시에 개발해야 하는 경우가 발생할 수 있다. 예를 들어, 프로그램의 기능이 매우 복잡할 경우, 기능별로 프로그램을 나누어 개발하는 것도 좋은 방법이다(모듈화). 이렇게 구성된 패키지 프로그램은 메인 프로그램에서 사용자의 요구에 따라 각 프로그램을 호출하여 사용한다.

	실행 가능한 프로그램 호출 (Type 1 Program)	트랜잭션 호출
타 프로그램 호출 후 복귀 X	SUBMIT	LEAVE TO TRANSACTION
타 프로그램 호출 후 복귀 O	SUBMIT AND RETURN	CALL TRANSACTION

표 12-13 프로그램 호출

모든 ABAP 프로그램에서 표 12-13의 호출 구문을 사용할 수 있다. SUBMIT 구문과 CALL TRANSACTION 구문의 가장 큰 차이점은 하나는 실행 가능한 프로그램(Executable Program)을 호출하고, 다른 하나는 트랜잭션(Transaction)을 호출한다는 점이다. 예를 들어, Executable Program의 조회 리스트에서 사용자가 특정 라인을 더블 클릭한 경우, 해당 라인의 데이터를 전달하여 다른 트랜잭션이나 프로그램을 호출하여 보여줄 수 있다.

6-1 리포트 프로그램 호출

리포트 프로그램(Executable Program)은 SUBMIT 구문을 통해 다른 프로그램에서 호출할 수 있다. 호출할 때 발생하는 LOAD-OF-PROGRAM 이벤트는 클래스의 CONSTRUCTOR 메소드와 유사한 기능을 수행하며, 리포트 프로그램에서 처음 실행되는 INITIALIZATION 이벤트 이전에 수행된다. 이는 Executable Program이 내부적으로 SUBMIT 구문을 암묵적으로 포함하고 있음을 의미한다.

```
SUBMIT <rep>|(<field>) [AND RETURN] [<options>].
```

프로그램 호출 시에는 소스 코드 레벨에서 직접 프로그램 이름을 입력해 정적으로 지정할 수 있고, (프로그램명) 형태로 괄호 안에 텍스트를 명시해 동적으로 호출할 수도 있다. 시스템이 SUBMIT 구문을 수행해 적절한 프로그램을 찾지 못하면 런타임 에러가 발생한다.

SUBMIT 구문으로 다른 Executable Program을 호출할 때는 다음 그림과 같은 두 가지 방식이 있다.

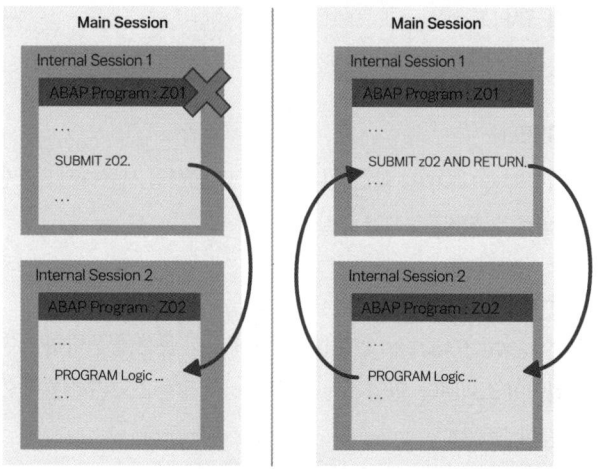

그림 12-14 SUBMIT 구문과 SUBMIT AND RETURN 구문 비교

SUBMIT 구문으로 다른 프로그램을 호출할 때 호출한 프로그램은 내부 세션(Internal Session)을 종료하고 새로운 세션을 열면서 호출된 프로그램이 실행된다. 그러나 SUBMIT AND RETURN 구문은 프로그램을 일시적으로 멈춘 뒤 새로운 세션을 열어 호출된 프로그램을 실행한다. 호출된 프로그램

이 종료되면 다시 원래 프로그램으로 돌아와 SUBMIT AND RETURN 구문 아래의 문장들을 실행한다.

다시 말해, 앞의 그림 12-14에서처럼 SUBMIT 구문을 실행하면 호출 프로그램 Z01의 데이터와 리스트들은 사라지고 Z02 프로그램이 실행된다. Z02 프로그램이 종료되어도 Z01 프로그램으로 돌아가지 않는다. 그러나 SUBMIT AND RETURN 구문을 실행하면 시스템은 프로그램 Z01의 데이터를 스택에 저장하고 있다가 Z02 프로그램이 종료되면 Z01 프로그램으로 돌아온다.

6-1-1 리포트 프로그램 호출과 Selection Screen

Executable Program 프로그램을 실행하면 일반적으로 PARAMTERS와 SELECT-OPTIONS를 포함하는 표준 Selection Screen이 화면에 출력된다. SUBMIT 구문을 이용하면 Selection Screen의 입력필드에 값을 채우는 다양한 옵션을 사용할 수 있다.

```
SUBMIT... [VIA SELECTION-SCREEN]
         [USING SELECTION-SCREEN dynnr]
    [USING SELECTION-SET var]
      [USING SELECTION-SETS OF PROGRAM prog]
    [WITH p op f SIGN s]
    [WITH FREE SELECTIONS freesel]
  [WITH SELECTION-TABLE rspar].
```

- **VIA SELECTION-SCREEN**

  호출된 프로그램의 Selection Screen 화면이 나타난다. 이 옵션을 사용하지 않으면 Selection Screen을 화면에 표시하지 않고 바로 호출된 프로그램을 실행한다.

- **USING SELECTION-SCREEN dynnr**

  호출할 프로그램의 Selection Screen 번호를 지정한다. 이 옵션을 생략하면 자동으로 표준 Selection Screen인 1000번 화면이 조회된다. 만약 dynnr에 존재하지 않는 스크린 번호를 입력하면 A 타입의 메시지가 출력되며 프로그램이 종료된다.

- **USING SELECTION-SET var**

  프로그램 호출 시 호출되는 프로그램의 Variant를 지정하여 호출할 수 있다.

- **USING SELECTION-SET OF PROGRAM prog**

  USING SELECTION-SET var 옵션을 사용할 때 어떤 프로그램의 Variant를 가져올지 지정할 수 있다. 이 옵션을 사용하면 호출되는 프로그램 이외의 프로그램 prog에서 Variant를 가져와 실행할 수 있다.

- **WITH [parameter][select-options] expr SIGN s**

  Selection Screen의 구성요소(PARAMETERS와 SELECT-OPTIONS)에 값을 채운다. expr에는 IN, EQ, NE, GT, BETWEEN 등의 연산자를 사용할 수 있으며, SIGN 옵션에는 I, E를 명시할 수 있다.

- **WITH FREE SELECTION freesel**

  LDB의 Dynamic Selection에 동적으로 선택 조건을 지정할 수 있으며, 호출되는 프로그램은 LDB에 연결되어 있어야 한다. RSDS_EXPR 구조체를 사용한 인터널 테이블을 통해 값을 넘기며, FREE_SELECTIONS_RANGE_2_EX 함수를 사용해 Dynamic Selection에 사용할 조건 값을 할당할 수 있다.

- **WITH SELECTION-TABLE rspar**

  ABAP Dictionary에 정의된 RSPARAMS 구조체를 이용한 인터널 테이블을 호출해 프로그램의 Selection Screen에 전달할 값을 Selection Table에 채울 수 있다. 또한 RS_REFRESH_FROM_SELECTOPTIONS 함수를 사용하면 현재 프로그램의 Selection Screen에 입력된 값을 가져올 수 있다.

다음과 같이 예제 12-20과 예제 12-21을 생성하여 SUBMIT 구문을 테스트해보자.

예제 12-20

```
REPORT z12_20.

TABLES zemplist.

PARAMETERS p_depcd TYPE zemplist-depcd.
SELECT-OPTIONS s_empcd FOR zemplist-empcd.
PARAMETERS p_pstion TYPE zemplist-pstion.

SELECTION-SCREEN BEGIN OF SCREEN 2000.
  SELECT-OPTIONS s_ename FOR zemplist-ename.
SELECTION-SCREEN END OF SCREEN 2000.

START-OF-SELECTION.

  SELECT *
    FROM zemplist
    WHERE empcd  IN @s_empcd
      AND depcd  EQ @p_depcd
      AND ename  IN @s_ename
      AND pstion EQ @p_pstion
    INTO TABLE @DATA(lt_zemplist).

  cl_demo_output=>display( lt_zemplist ).
```

예제 12-21

```
REPORT z12_21.

DATA(gt_seltab) = VALUE ty_rsparams(
  ( selname = 'P_DEPCD' kind = 'P' low = 'D001' )
  ( selname = 'S_EMPCD' kind = 'S'
    sign = 'I' option = 'BT'
    low = '1001' high = '1010' ) ).

SUBMIT z12_20
  WITH SELECTION-TABLE gt_seltab
  VIA SELECTION-SCREEN
  USING SELECTION-SETS OF PROGRAM 'Z12_20'
  USING SELECTION-SET 'ZTST1'
* USING SELECTION-SCREEN 2000
  WITH p_pstion EQ '상무'
  AND RETURN.

WRITE 'Report z12_20 call completed'.
```

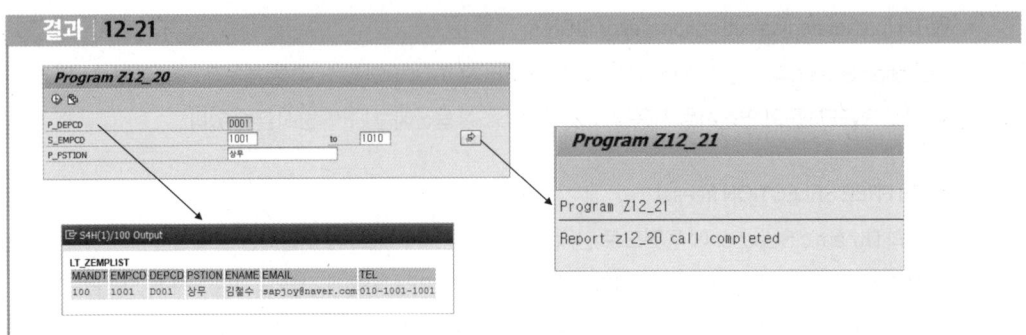

결과 | 12-21

예제 12-21의 z12-21 프로그램을 실행하면 SUBMIT AND RETURN 구문을 통해 z12-20 프로그램을 호출한다. VIA SELECTION-SCREEN 옵션을 사용했기 때문에 호출된 프로그램의 Selection Screen이 먼저 조회되고, z12-21 프로그램에서 넘긴 입력 값이 적용된 것을 볼 수 있다. 또한 z12-20 프로그램에 Variant 'ZTST1'을 옵션으로 적용하여 실행했기 때문에 P_DEPCD 파라미터가 비활성화된 것을 볼 수 있다.

호출된 z12-20 프로그램의 결과가 출력된 후, z12-20 프로그램을 종료하면 z12-21 프로그램으로 돌아온다. 이는 SUBMIT AND RETURN 구문을 사용했기 때문에 호출된 프로그램 실행 후 원래 프로그램으로 돌아온 것이다.

조금 더 알아보기 — RSPARAMS 구조체

SUBMIT 구문으로 다른 프로그램을 호출할 때, WITH 뒤에 PARAMETERS나 SELECT-OPTIONS를 직접 명시하여 값을 전달할 수도 있지만, RSPARAMS 구조체의 인터널 테이블을 활용하여 Selection Table 형태로 값을 전달하는 방법도 있다. RSPARAMS 구조체의 주요 속성은 표 12-14와 같다.

그림 12-15 RSPARAMS 구조체

속성	설명
SELNAME	PARAMETER 또는 SELECT-OPTION의 이름
KIND	SELECTION 유형 P: PARAMETER, S: SELECT-OPTION
SIGN	포함/제외 여부 I: 포함, E: 제외
OPTION	SELECTION 조건
LOW	범위의 하한 값
HIGH	범위의 상한 값

표 12-14 RSPARAMS 구조체 속성

6-1-2 호출된 프로그램의 리스트 설정

호출된 프로그램이 클래식 리스트로 결과를 출력할 경우, 리스트의 라인이나 페이지 포맷 등을 List 옵션을 사용하여 설정할 수 있다. 다음과 같이 SUBMIT 구문에 LINE-SIZE, LINE-COUNT 옵션을 지정해 출력 포맷을 설정한다.

```
SUBMIT... [LINE-SIZE <width>] [LINE-COUNT <length>].
```

6-1-3 호출된 프로그램 리스트 메모리로 가져오기

호출된 프로그램의 리스트 데이터를 호출한 프로그램으로 가져와 후속 처리를 해야 하는 경우가 생길 수 있다. 이때 다음과 같이 EXPORTING LIST TO MEMORY 옵션을 사용할 수 있다.

```
SUBMIT... [EXPORTING LIST TO MEMORY] AND RETURN.
```

EXPORTING LIST TO MEMORY 옵션을 사용할 때는 AND RETURN 옵션을 필수로 사용해야 한다. 이렇게 하면, SUBMIT으로 호출된 프로그램의 출력 리스트가 ABAP Memory에 저장되고 호출한 프로그램으로 돌아와서 ABAP Memory에 저장된 리스트를 활용할 수 있다.

6-2 트랜잭션 호출

프로그램이 트랜잭션을 가지고 있다면, 해당 트랜잭션을 실행하여 다른 프로그램을 호출할 수 있다.

```
LEAVE TO TRANSACTION t-code [AND SKIP FIRST SCREEN].
```

이 구문은 호출한 프로그램을 종료하고 새로운 프로그램을 실행한다. 이후 호출된 프로그램을 종료하게 되면 처음 실행된 메뉴 화면으로 돌아간다. LEAVE TO TRANSACTION 구문은 명령어 입력 필드(Command Field)에 '/n + t-code'를 입력한 것과 같은 효과가 있다.

```
CALL TRANSACTION t-code [AND SKIP FIRST SCREEN].
```

이 구문은 호출한 프로그램의 데이터를 저장하고 트랜잭션을 호출한다. LEAVE PROGRAM 구문을 만나 호출된 프로그램을 빠져나오면 호출한 프로그램으로 되돌아간다. AND SKIP FIRST SCREEN 옵션은 메모리 파라미터를 이용하여 Selection Screen을 건너뛰고 바로 결과 리스트가 조회되도록 한다.

CHAPTER 13

모듈 풀 프로그램

In this chapter >>>

이번 장에서는 TYPE-M 모듈 풀 프로그램을 학습하고, 사용자가 데이터를 입력, 수정 또는 삭제할 때 사용하는 User Dialog에 대해 알아본다. User Dialog는 사용자의 액션을 의미한다.

다시 말해, 이 장에서는 스크린 Dialog와 ABAP 프로그램 간의 데이터 전달 방식, 프로그램 내에서 Dialog를 구현하는 방법, 그리고 사용자가 데이터를 입력하는 방식에 대해 설명한다.

Chapter list >>>

1. Overview
2. 스크린
3. TYPE-M 프로그램 구현
4. 테이블 컨트롤
5. Subscreen
6. Tabstrip 컨트롤
7. 드롭다운 리스트 박스
8. BDC 프로그램

01 Overview

ABAP 프로그램은 Type 1(Executable Programs), Type M(Module Pools), Type F(Function Groups) 등으로 구현할 수 있다. 12장에서 다룬 리포트 프로그램(Report Program)과 이번 장에서 학습할 모듈 풀 프로그램(Module Pool Program)의 가장 큰 차이점은 무엇일까? 리포트 프로그램은 자동으로 생성되는 1000번 스크린을 사용하며 트랜잭션 코드 없이 직접 실행할 수 있다. 반면, 모듈 풀(Type-M) 프로그램은 개발자가 화면을 직접 생성해야 하며 별도의 트랜잭션을 생성하지 않으면 직접 실행할 수 없다.

리포트 프로그램은 주로 데이터베이스 테이블에서 조회한 데이터를 화면에 출력하는 것이 주요 목적이다. 반면, 모듈 풀 프로그램은 데이터의 조회, 수정, 삭제, 생성 등 데이터 관리를 주요 목적으로 한다. 여기서 데이터 관리란, Business Flow에 의해 생성되는 데이터를 처리할 수 있음을 의미한다. 그러나 실무에서는 두 프로그램을 큰 구분 없이 사용한다. 리포트 프로그램을 통해 데이터 조회와 수정, 삭제, 생성 작업을 얼마든지 수행할 수 있으며, 모듈 풀 프로그램에서도 SELECTION SCREEN을 구현할 수 있기 때문이다.

일반적으로 모듈 풀 프로그램과 온라인 프로그램은 개념을 구분하지 않고 동일하게 간주한다. 굳이 온라인 프로그램을 정의하자면 Dialog 모드(사용자와 상호작용할 수 있는 화면이 존재하는 환경)에서 Foreground로 실행되는 프로그램을 의미한다. 이와 반대되는 개념으로 Batch Program이 있으며, 이는 스케줄(Job)을 등록하여 Background에서 실행되는 프로그램을 의미한다.

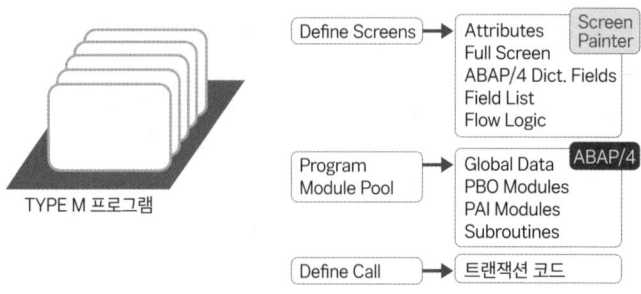

그림 13-1 TYPE-M 프로그램 영역

그림 13-1에서는 TYPE-M 프로그램을 개발하기 위한 전체 프로세스를 크게 세 가지 영역으로 정의하고 있다.

1. 스크린 정의
2. 스크린에 대한 스크립트 추가
3. TYPE-M 프로그램에 대한 트랜잭션 코드 생성

이어지는 2절에서는 이 세 가지 영역 중 스크린에 대해 알아본다.

스크린

사용자가 프로그램과 상호작용할 때 스크린(Screen)을 사용한다. 스크린에는 Input/Output 필드, 체크박스, 리스트박스 등 다양한 구성요소가 있어 사용자로부터 값을 입력 받고 정보를 제공한다. 즉, 스크린은 사용자와 프로그램 사이에서 인터페이스 역할을 한다.

이번 장에서 소개하는 스크린은 12장에서 학습한 List Screen이나 Selection Screen과는 달리, 개발자가 스크린 페인터(Screen Painter) 도구를 사용하여 사용자에게 표시될 Input/Output 필드 등의 화면 구성요소를 자유롭게 배치할 수 있다. 또한 스크린은 TYPE-M 프로그램에서만 사용하는 것이 아니라 TYPE-1, TYPE-F 프로그램에서도 사용할 수 있다. 그림 13-2와 같이 스크린은 Input/Output 필드와 Flow Logic 등으로 구성된다.

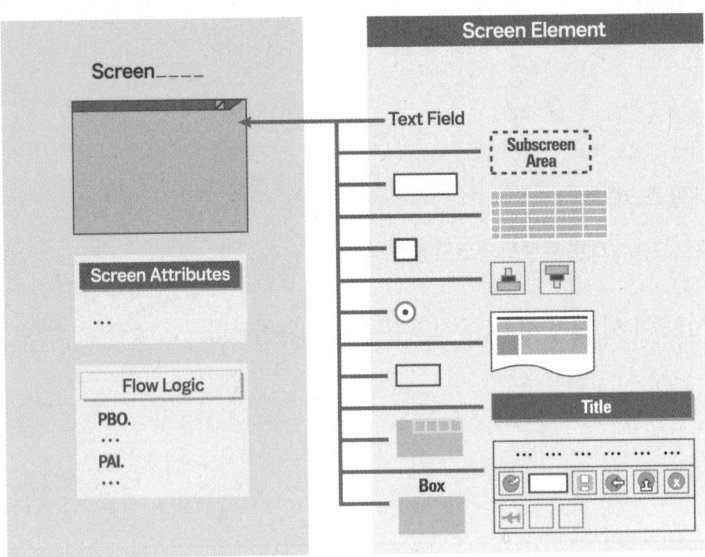

그림 13-2 스크린 정의

스크린 Flow Logic은 PBO(Process Before Output)와 PAI(Process After Input) 이벤트로 구성된다. PBO 이벤트는 스크린이 화면에 표시되기 전에 실행되며, PAI 이벤트는 스크린상에서 사용자 액션이 발생한 후 실행된다. PBO와 PAI와 같은 스크린 플로우 로직은 다른 프로그래밍 언어에서는 사용되지 않기 때문에, 문장으로는 그 의미를 이해할 수 있더라도 실제 프로그램에 어떻게 구현해야 하는지 낯설게 느껴질 수 있다. 책이나 매뉴얼이 개념을 이해하는 데 도움을 줄 수는 있지만, 이러한 내용을 완전히 익히는 가장 좋은 방법은 직접 실습을 반복하며 몸으로 익히는 것이다.

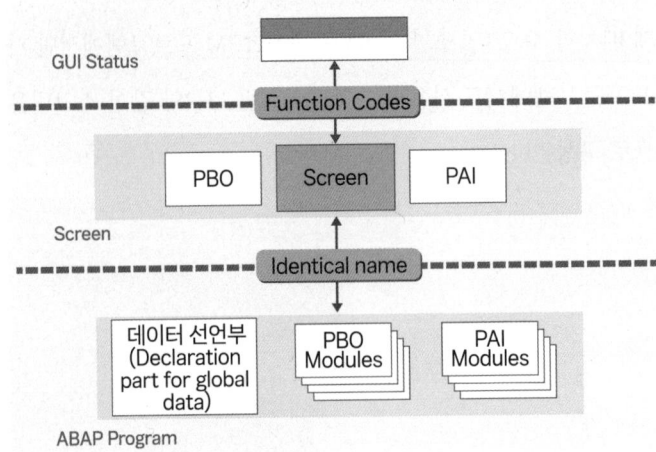

그림 13-3 스크린의 위치

그림 13-3은 GUI Status와 ABAP 프로그램 사이에서 스크린의 위치를 보여준다. ABAP 프로그램과 스크린은 서로 다른 영역으로 구분되어 있으며, 이를 연결하는 것은 동일한 이름(Identical Name)을 지닌 변수이다.

프로그램을 실행하여 사용자에게 화면을 표시할 때 PBO 이벤트가 실행된다. 이때 ABAP 프로그램의 데이터가 스크린 요소(Screen Element)에 전송되어 화면에 표시된다. 또한 사용자가 화면에서 어떤 액션을 발생시키면 PAI 이벤트가 실행되며, 스크린 요소의 데이터가 ABAP 프로그램으로 전송된다. 이때 중요한 점은 '동일한 변수 이름'을 가져야만 ABAP 프로그램과 스크린 요소 사이에 데이터가 전송된다는 것이다(또한 해당 변수는 전역 변수로 선언되어야 한다). 이 과정은 별도의 로직을 선언할 필요 없이 PBO, PAI 이벤트가 트리거되면 내부적으로 수행된다.

지금은 다소 이해하기 어렵더라도, 이후에 스크린 필드와 스크린 Flow 부분에서 자세히 설명할 예정이니 잠시 넘겨도 좋다. **다만 스크린과 ABAP 프로그램 간에 데이터를 주고받으려면 동일한 변수 이름을 사용해야 한다는 점은 꼭 기억하고 넘어가자.**

또한 스크린에는 GUI Status가 존재하며, 이는 Menu Bar와 Standard Toolbar, Application Toolbar를 포함한다. GUI Status는 메뉴 페인터(Menu Painter)를 사용하여 생성하며, ABAP 프로그램 내에서 'SET PF-STATUS' 구문을 이용해 동적으로 할당할 수 있다. 자세한 내용은 3-2절에서 다룬다.

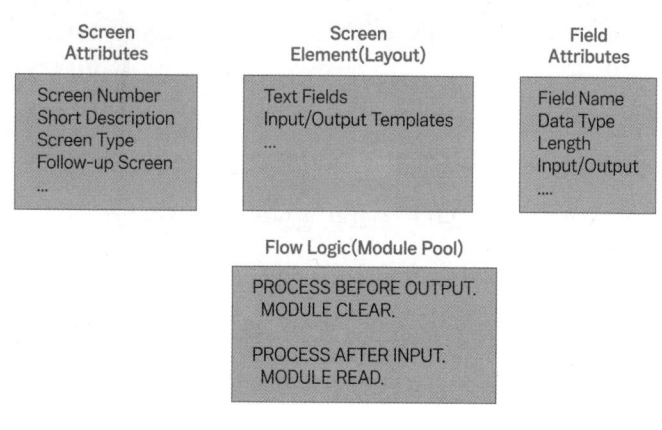

그림 13-4 스크린의 구성

스크린은 그림 13-4에서 볼 수 있듯이 크게 네 가지 구성 요소로 이루어져 있다. 먼저 각 요소의 개념을 간단히 살펴본 뒤, 항목별로 자세히 설명한다.

1. **스크린 속성**: 스크린 속성은 스크린 번호, 타입, 이름, 설명, 창 크기, 다음 화면 번호 등으로 구성되며, SAP 시스템 내에서 스크린 오브젝트를 정의하고 연결하는 역할을 한다.
2. **스크린 구성요소**: 스크린 구성요소들은 사용자가 데이터를 조회하고 입력하는 GUI 화면을 디자인하는 데 사용된다. 텍스트 필드, Input/Output 필드, 체크박스, 라디오 버튼 등과 같은 다양한 구성요소를 정의한다.
3. **스크린 필드**: 스크린 필드의 속성은 메인 스크린 필드의 데이터 타입과 길이 등을 정의하는 부분이다.
4. **스크린 흐름 로직**: 스크린 흐름 로직(Screen Flow Logic)은 스크린 표시 전 실행되는 PBO 이벤트와 사용자의 액션에 반응하여 실행되는 PAI 이벤트에 대한 절차를 정의한다.

2-1 스크린 속성

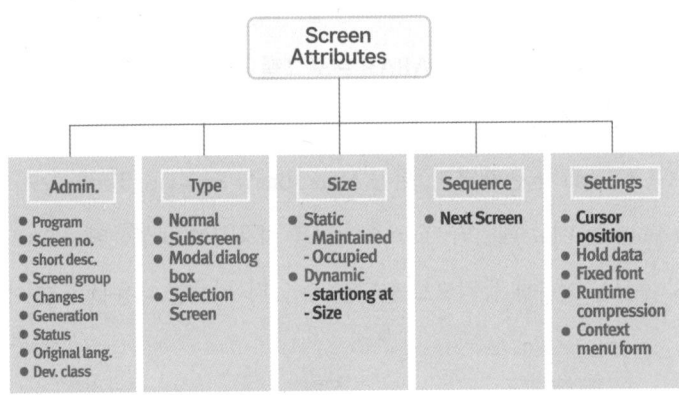

그림 13-5 스크린 속성

그림 13-5와 같이 스크린에는 여러 속성이 있다. 이러한 속성은 스크린 페인터(Screen Painter)에서 설정한다. 스크린은 스크린 필드로 구성된다. 스크린 필드라는 용어는 입력이나 출력 필드 등과 같이 스크린에서 생성한 필드와 같은 개념으로 생각해도 되지만 실제로는 차이가 있다. 스크린 필드는 스크린이 메모리에 로딩되어 활성화될 때 스크린 페인터에서 정의한 필드명을 그대로 사용한다. 즉, 스크린 필드는 스크린상의 입력/출력 필드들과 연결되어 있다. 하지만 실제로 동일한 개체라는 뜻은 아니다.

스크린이 조회되거나 사용자의 액션이 일어난 후에는 자동으로 동일한 이름을 가진 스크린 필드들과 ABAP 프로그램의 데이터 오브젝트들 간에 데이터 전달이 일어난다.

스크린 번호 1000번에서 1010번까지의 범위는 표준 Selection Screen과 ABAP Dictionary

Maintenance 스크린을 위해 예약되어 있다. SAP 고객은 9000번 이상을 사용할 것을 권장하지만, 실제 업무에서는 일반적으로 100번 단위로 구분하여 사용한다.

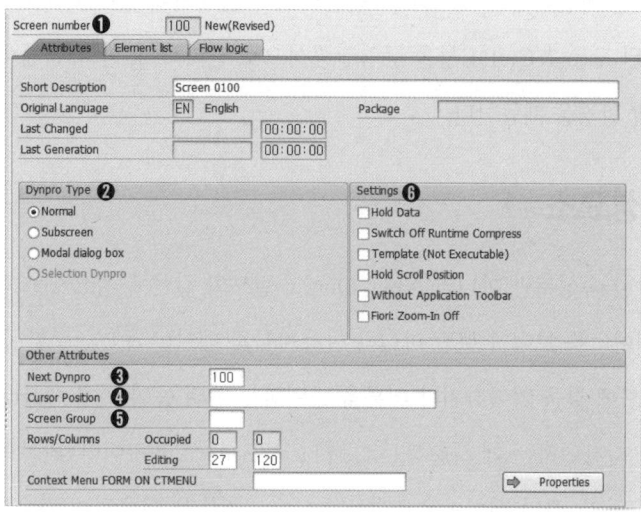

그림 13-6 스크린의 속성 화면

그림 13-6은 스크린의 속성 화면을 나타낸다. 각 항목의 세부 사항은 표 13-1을 참고하자.

키 필드	설명
① Screen Number	프로그램 내부에서 스크린을 구별하는 4자리 숫자이다. 표준 SELECTION SCREEN을 사용하는 경우 동일한 Name Space를 가진 1000번 스크린은 사용할 수 없다. 일반적으로 0100, 0200 등으로 연속적으로 사용한다.
② Dynpro Type (Screen Type)	• Normal: 스크린이 전체 GUI 창을 점유하는 스크린으로 일반적으로 사용한다. • Subscreen: Subscreen 영역에서 사용하는 스크린으로 자세한 내용은 이후에 설명한다. • Modal Dialog Box: 팝업창 형태로 GUI 창의 일부를 사용한다. 팝업창을 종료하지 않으면 다른 스크린을 선택할 수 없다.
③ Next Dynpro (Next Screen)	호출한 스크린의 PAI가 실행된 후 다음에 실행할 스크린 번호를 지정할 수 있다. 만약 호출한 프로그램이 없다면 트랜잭션은 종료된다. 또한 이 속성은 동적으로 프로그램 내부에서 'SET SCREEN' 구문을 이용하여 일시적으로 변경할 수 있다. Next Dynpro 값을 '0' 또는 공백(space)으로 설정하면 프로그램 종료 시 이전 프로그램으로 복귀한다.
④ Cursor Position	스크린이 표시될 때 커서의 위치를 지정할 수 있다. 기본값은 스크린 요소 중 첫 번째 필드이다. ABAP 프로그램에서 동적으로 설정할 수 있다.
⑤ Screen Group	스크린이 실행되는 동안 시스템 변수 SY-DYNGR에 저장된다. 여러 스크린을 하나의 화면 그룹으로 지정하여 화면 속성을 변경할 때 유용하게 사용한다. ABAP Dictionary 테이블 TFAWT 안에서 정의된다.
⑥ Hold Data	사용자 프로파일에 저장된 데이터를 스크린의 기본값으로 설정할 때 사용한다. 일반적으로 세션이 종료될 때까지 유효하다. 즉, ABAP Memory 영역에 있는 데이터를 사용하지 않고 사용자 프로파일에 저장된 정보를 기본값으로 사용하고자 할 때 설정한다. 스크린 속성으로 Hold Data가 설정되어 있으면, 메뉴: [System] → [User Profile] → [Hold Data] 기능을 사용할 수 있다.

표 13-1 스크린 속성

ABAP 프로그램을 생성할 때 ABAP Editor(T-CODE:SE38)를 사용하듯이, 스크린을 생성하고 유지 보수할 때는 스크린 페인터(T-CDDE:SE51)를 사용한다. Object Navigator(T-CODE:SE80)에서 스크린을 선택하면 스크린 페인터의 T-CODE와 연결되도록 설계되어 있다. Object Navigator는 ABAP Workbench와 관련된 모든 T-CODE들을 중앙집중식으로 관리하여, 한 화면에서 여러 가지 작업을 수행할 수 있는 개발 환경을 제공한다.

2-2 스크린 구성요소

스크린은 앞에서 말한 속성뿐만 아니라 Input/Output 필드와 같은 구성요소를 가지고 있다. 스크린의 구성요소들은 데이터를 보여줄 뿐만 아니라 사용자들과 대화(User Dialog)할 수 있는 창구 역할을 한다. 예들 들어, 필드에 값을 입력하거나 버튼을 클릭하는 행위 등이 이에 속한다.

그림 13-7은 화면을 디자인하는 데 사용하는 Graphical Layout Editor이다. 왼쪽의 버튼들에 대한 설명은 표 13-2를 참고하자. 화면 레이아웃은 툴바(Toolbar) 기능을 이용하여 자유롭고 편리하게 디자인할 수 있는 GUI 환경을 제공한다.

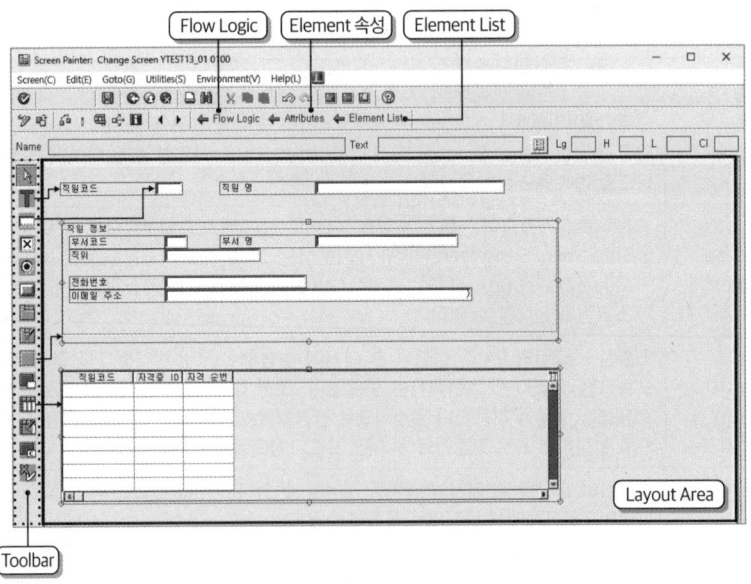

그림 13-7 Graphical Layout Editor 화면과 툴바 기능

이미지	키 필드	설명
T	Text Field	조회 목적으로 사용하는 요소로, 사용자가 변경할 수 없다. 주로 입력필드의 내역으로 사용한다.
	Input/Output Field	ABAP 프로그램에서 데이터를 표시하거나 사용자로부터 데이터를 입력받기 위해 사용하는 요소로, 스크린 필드와 연결되어 있다.
	Pushbutton	스크린 Flow Logic의 PAI 이벤트를 발생시킨다. 즉, Push Button에 지정된 Function Code가 ABAP 프로그램에 전달된다.
X	Checkbox	체크박스 형태로 사용자가 선택 또는 해제할 수 있는 특별한 형태의 Input/Output 필드이다. 'X' 또는 공백('') 값을 가진다.
◉	Radio Button	라디오 버튼 형태의 요소로, 사용자는 그룹화된 라디오 버튼 중 하나만 선택할 수 있다.
	Subscreen Area	스크린 안에서 다른 Subscreen을 삽입하기 위해 사용하는 Area 요소이다.
	Tabstrip	여러 개의 Subscreen 중에서 사용자가 원하는 Subscreen을 선택하기 위한 Tab Element 이다.
	Custom Control	GUI 컨트롤을 표시하는 데 사용하는 Area로, ALV 클래스에 사용되는 것이 대표적이다. Control Framework(CFW)를 통해 ABAP 프로그램과 연결된 SAP GUI의 Software Component 영역에 있는 독립적인 GUI 컨트롤이다.
	Table Control	테이블 형태로 Input/Output 필드를 받을 수 있는 요소이다. 자세한 내용은 4절에서 설명한다.

표 13-2 스크린 구성요소

모든 스크린의 구성요소는 기본 속성으로 자동 설정된다. 기본 설정 외의 사항은 스크린 페인터를 통해 변경할 수 있다. 스크린 페인터는 스크린 요소의 레이아웃 정렬과 같은 다양한 작업을 지원한다. 스크린 페인터에서 정적으로 정의한 속성은 ABAP 프로그램 소스 코드 레벨에서 동적으로 재정의할 수 있다. 즉, 스크린 페인터에서 속성을 정의하더라도 프로그램 실행 시점에 ABAP 프로그램으로 정의한 속성으로 변경된다.

조금 더 알아보기 — Graphical Layout Editor

스크린 페인터는 두 가지 Editor 모드를 제공한다(Graphical Editor와 Alphanumeric Editor). Alphanumeric Editor는 GUI 환경의 편의성이 떨어지므로, 보통 드래그 & 드롭과 같은 편리한 기능을 사용할 수 있는 Graphical Editor를 사용한다. Graphical Editor를 사용하려면 SAP GUI와 별개로 Graphical 스크린 페인터를 설치해야 하지만, SAP 릴리즈 6.10 이후에는 SAP GUI를 설치할 때 기본으로 포함되어 있다.

다음은 Alphanumeric Editor 화면이다.

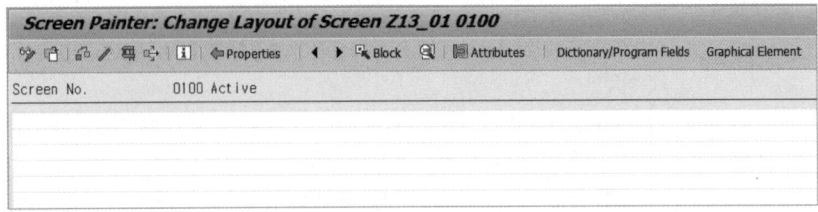

해당 화면을 Graphical Layout Editor로 설정하려면 [Utilities] → [Settings] → [Screen Painter] 탭에서 Graphical layout editor 체크박스를 선택하면 된다.

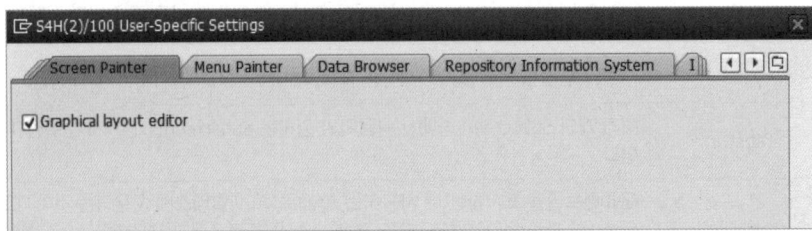

이렇게 설정하면 다음과 같이 Graphical Layout Editor로 설정된 스크린 페인터가 조회된다.

2-3 스크린 필드

스크린 필드를 한마디로 정의하면 '스크린의 작업 영역 메모리에 존재하는 필드'이다. 스크린 구성 요소인 필드는 실행 시점에 어떠한 값을 가질지 알 수 없는 정적인 상태지만, 스크린 필드는 사용자가 입력한 값을 받아 메모리에 저장하고 해당 값을 화면에 표시하는 역할을 한다. 즉, 스크린 필드라는 개념이 존재하기 때문에 실행 시점의 사용자 입력 값에 대해 프로그래밍할 수 있는 것이다. 이러한 프로그램을 Dynpros(Dynamic Program)라고 한다.

스크린 필드는 스크린 작업 영역(메모리)에 존재하는 필드로서 PAI 이벤트가 발생하기 전 시점에 ABAP 프로그램에 있는 동일한 이름(Identical Name)을 가진 필드로 값이 전달(복사)된다. 또한 PBO 이벤트가 종료되는 시점에 다시 ABAP 프로그램에 있는 동일한 이름을 가진 필드로부터 값을 복사해온다. 당연한 말이지만 이러한 값 전달이 정상적으로 이루어지려면 스크린 필드는 유일한 변수명 (Unique Name)을 가져야 하며, ABAP 프로그램 영역에도 동일한 필드명으로 선언되어야 한다. 이러한 환경에서 PBO/PAI를 통해 스크린 필드와 ABAP 프로그램 간에 데이터 전달이 수행된다.

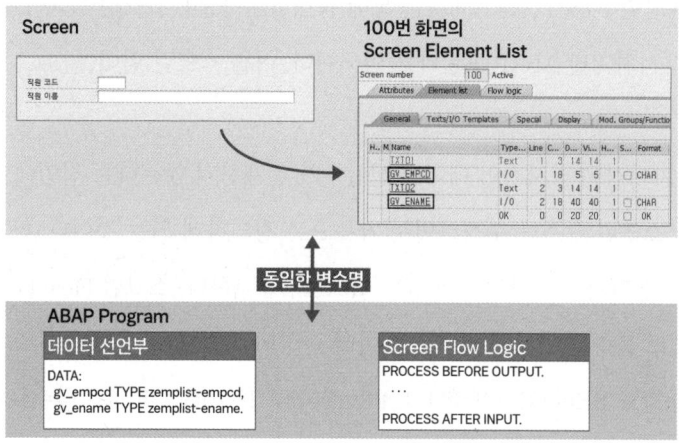

그림 13-8 스크린과 ABAP 프로그램의 관계

그림 13-8은 스크린 영역과 ABAP 프로그램 사이에 데이터를 주고받는 과정을 보여준다. 스크린 페인터를 사용해 100번 화면에 직원 코드(GV_EMPCD)와 직원 이름(GV_ENAME) 두 개의 입력필드를 정의했다. ABAP 프로그램과 데이터를 주고받으려면 이와 동일한 이름의 변수가 프로그램에 선언되어 있어야 한다.

그림 13-8 오른쪽 상단에서 Screen Element를 보면, I/O 타입에 GV_EMPCD, GV_ENAME이 정

의된 것을 확인할 수 있다. 또한 ABAP 프로그램 영역의 데이터 선언부에도 동일한 이름의 변수가 선언된 것을 볼 수 있다. 이처럼 동일한 이름을 사용해야 스크린 영역과 ABAP 프로그램 영역 간에 데이터를 교환할 수 있다. 이후 프로그램 생성을 실습할 때 다시 설명하겠지만, 스크린 페인터에서 Screen Element를 지정할 때 [Get from Program] 버튼을 사용해 화면을 구성하면, '동일 이름' 원칙을 보다 쉽게 준수할 수 있다.

> **TIP**
> - PBO(Process Before Output): 사용자가 조회하는 화면이 표시되기 전 실행되는 이벤트로, 이 시점에 ABAP 프로그램의 전역 변수 데이터가 스크린에서 동일한 이름을 가진 스크린 필드에 복사된다.
> - PAI(Process After Input): 사용자가 화면에서 어떤 액션을 발생시키면 실행되는 이벤트로, 이 시점에 스크린 필드의 값이 ABAP 프로그램에서 동일한 이름을 가진 전역 변수에 복사된다.

2-4 스크린 Flow Logic

스크린 Flow Logic은 스크린이 실행되는 절차적 흐름을 정의하는 영역이다. 스크린 Flow Logic은 ABAP Editor와 유사한 Flow Logic Editor를 통해 작성할 수 있다. 스크린 Flow Logic에서 사용하는 문법은 ABAP과 유사하지만 ABAP과는 다른 언어이다. 이를 스크린 언어(Screen Language)라고 부르기도 한다.

ABAP과 가장 큰 차이점은 명시적인 데이터 선언부가 존재하지 않는다는 점인데, 사실은 존재하지 않는 것이 아니라 스크린 요소를 구성하면서 자동으로 정의하게 되는 것이다. 하지만 프로세싱 블록(Processing Block)을 가지고 있다는 점에서는 ABAP과 유사하다. 스크린 Flow Logic은 그림 13-9와 같이 네 가지 이벤트 블록을 가지며 키워드로 이미 정의되어 있다. 각각의 이벤트에 대한 설명은 표 13-3과 같다. PROCESS BEFORE OUTPUT, PROCESS AFTER INPUT은 필수로 구현해야 한다.

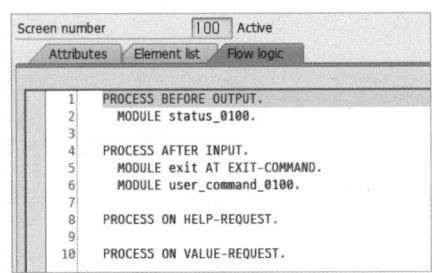

그림 13-9 스크린 Flow Logic Editor와 로직

프로세싱 블록	설명
PROCESS BEFORE OUTPUT (PBO)	스크린이 조회되기 전 실행되는 이벤트로 처음 화면을 조회하거나, PAI 이벤트 실행 후 스크린을 다시 띄우기 전에 실행된다. 일반적으로 PBO는 화면의 초기 값을 지정하거나 화면이 조회되기 전 어떠한 작업이 필요할 때 사용한다.
PROCESS AFTER INPUT (PAI)	사용자가 버튼을 클릭하는 것과 같은 액션을 수행했을 때 발생하는 이벤트 블록이다. PAI 이벤트가 실행된 후 다음 스크린의 PBO 이벤트를 호출한다.
PROCESS ON HELP-REQUEST (POH)	사용자가 [F1] 버튼을 누를 때 발생하는 이벤트 블록이다.
PROCESS ON VALUE-REQUEST (POV)	사용자가 [F4] 버튼을 누를 때 발생하는 이벤트 블록이다.

표 13-3 스크린 프로세싱 블록

각 프로세싱 블록은 모듈(Module)이라는 기능으로 이루어져 있으며, 이러한 측면에서 TYPE-M 프로그램을 모듈 풀 프로그램(Module Pool Program)이라고 한다. 스크린 Flow Logic에 사용하는 키워드는 표 13-4와 같다.

키워드	설명
CALL	Screen 또는 Subscreen을 호출한다.
MODULE	프로세싱 MODULE을 정의하고, Dialog module을 호출한다.
FIELD	스크린 필드의 데이터를 ABAP 프로그램의 필드로 복사하는 구문이다. 스크린의 필드들은 PAI 이벤트를 수행하기 전에는 ABAP 프로그램에서 제어할 수 없다. 이유는 아직 스크린 필드의 데이터이지 ABAP 프로그램의 데이터로 복사되지 않았기 때문이다. FIELD 구문을 선언하면 PAI를 수행하지 않아도 ABAP 프로그램에서 데이터를 검증(Check)할 수 있다. 특정 필드의 값이 변경되어 검증 로직을 추가할 때 많이 사용한다. FIELD WBTABLE-FLID MODULE CHECK_FLID ON REQUEST. 이 구문은 WBTABLE-FLID 필드의 값이 변경되었을 때 CHECK_FLID 모듈을 수행한다.
ON INPUT	필드의 초기 값(Initial Value)이 아닌 값을 입력했을 경우에만 검증을 수행한다.
ON REQUEST	필드의 값이 변경되었을 경우에만 검증을 수행한다.
CHAIN	Chain 처리를 시작한다. 여러 개의 필드를 그룹으로 처리하기 위해 사용한다.
ENDCHAIN	Processing Chain을 종료한다. 여러 개의 필드를 그룹으로 처리하기 위해 사용한다.
LOOP	LOOP 프로세싱을 시작한다.
ENDLOOP	LOOP 프로세싱을 종료한다.
MODIFY	스크린 Table을 변경한다.
PROCESS	PROCESS BOFORE OUTPUT, PROCESS AFTER INPUT 등과 같은 PROCESS 이벤트를 정의한다.

표 13-4 스크린 Flow Logic 키워드

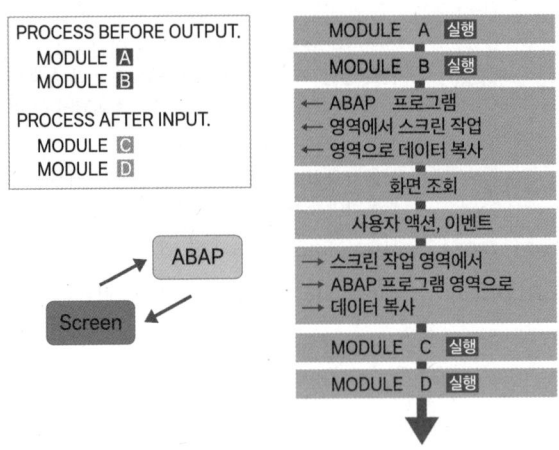

그림 13-10 스크린 Flow Logic의 실행 흐름

그림 13-10은 스크린 Flow Logic과 PBO, PAI 모듈이 실행되는 흐름을 나타낸다. 사용자가 T-CODE를 입력하여 화면을 조회하면 먼저 PBO 모듈 A, B가 실행된다. 이때 ABAP 작업 영역 데이터가 스크린 작업 영역으로 전달되어 화면이 조회된다. 그리고 조회된 화면에서 사용자가 이벤트를 발생시키면 PAI의 C, D 모듈이 실행된 후 다시 PBO를 수행하여 화면이 조회되는 순서로 이루어져 있다.

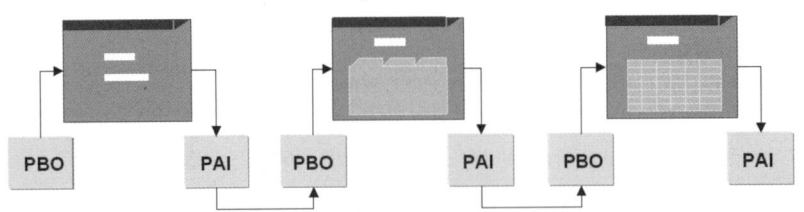

그림 13-11 스크린 간 호출 시 PBO/PAI 실행 흐름

그림 13-11은 하나의 스크린에서 다른 스크린을 호출할 때 PBO와 PAI가 호출되는 순서를 나타낸다. 그림에서 보는 것처럼 일반적으로 스크린 흐름은 PBO → SCREEN → PAI 구조로 이루어진다. 복잡한 스크린 화면을 구성하려면 이러한 스크린 흐름에 대해 반드시 이해하고 있어야 한다.

2-5 사용자 액션

2-5-1 Input 필드 데이터 입력

사용자는 스크린상의 Input 필드에 값을 넣거나 변경할 수 있다. 일반적으로 Input 필드에 값을 입력했다고 해서 PAI 이벤트가 발생하지는 않는다. 그러나 Function Code가 할당된 Input 필드(Checkbox, Radio Button, Dropdown list Box)에 값을 선택하거나 입력하면 PAI 이벤트가 발생한다.

2-5-2 PAI 이벤트 실행

SAPGUI에서 스크린과 사용자의 상호작용을 결정하고, 어플리케이션 서버(Application Server)의 실행 환경에서 PAI 이벤트를 호출하는 방법에는 여러 가지가 있다.

- 푸시버튼(Pushbutton) 선택
- Function Code가 할당된 체크박스(Checkbox) 또는 라디오 버튼(Radio Button) 선택
- Menu, Standard Toolbar 또는 어플리케이션 툴바(Application Toolbar)에 있는 Function 선택
- 키보드에 있는 기능키(Function Key) 선택
- 드롭다운 리스트(Dropdown List)에 있는 엔트리 선택

그림 13-12처럼 Element List에서 Type이 'OK'인 필드에 값을 지정하면 사용자가 화면상에서 Function Code를 선택할 때 해당 Function Code가 OK 필드에 명시된 변수로 할당된다. 이는 일반적으로 OK_CODE라는 전역 변수를 프로그램에 선언한 뒤 Element List의 OK 필드에 연결하는 방식으로 사용한다.

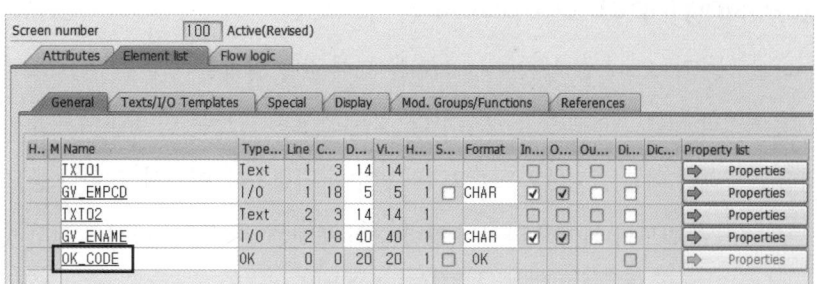

그림 13-12 스크린의 OK_CODE 필드 지정

스크린에서 사용자의 액션에 따른 Function Code를 ABAP 프로그램에서 처리하려면 OK 필드에 OK_CODE라는 변수를 지정해야 한다. 이 변수는 프로그램의 전역 변수로 선언되어야 하며,

[Element List] 탭의 OK 필드에 명시된 값과 동일한 이름을 가져야 한다.

"12장 리포트 프로그램"에서 설명했듯이, 리포트 프로그램에서는 버튼을 클릭하거나 메뉴를 선택하면 시스템 변수 SY-UCOMM에 Function Code가 복사된다. 모듈 풀 프로그램에서는 스크린의 Element List에 OK_CODE 필드가 설정되어 있으면 SY-UCOMM의 데이터가 OK_CODE에 자동으로 복사된다. 앞에서 스크린 필드와 ABAP 프로그램의 필드 사이에 데이터 복사가 일어나는 과정을 살펴보았다. 이와 마찬가지로 PAI 이벤트가 발생한 순간, SY-UCOMM의 값이 스크린 필드 OK_CODE에 복사된다. 모듈 풀 프로그램에서 SY-UCOMM 대신 OK_CODE를 사용하는 이유는 다음과 같은 두 가지이다.

첫째, ABAP 프로그램에서 자체적으로 선언된 모든 변수를 관리하기 위함이다.

둘째, 시스템 필드는 시스템에서 사용하는 변수이므로 프로그램에서 변경하는 것은 지양해야 하기 때문이다.

Next Screen이 호출될 때 OK_CODE를 초기화하지 않으면 이전의 Function Code가 남아 있어 다른 스크린이 호출되었을 때 PBO에서 원치 않은 액션이 수행될 수 있다. 또는 사용자가 화면에서 [ENTER] 키를 입력하면 SY-UCOMM에는 아무런 값이 전달되지 않아 이전의 Function Code가 그대로 유지된다. 이러한 문제를 방지하기 위해 각 스크린에서 PAI를 수행한 후에는 반드시 OK_CODE를 초기화해야 한다.

이러한 개념을 고려하면, 각 스크린은 고유한 OK_CODE 변수를 가져야 한다. 이러한 방식으로 사용자 조작에 대한 이벤트 처리를 명확히 구분할 수 있으며, 동일한 프로그램 내에서 여러 스크린을 사용하는 경우에도 충돌 없이 로직을 분리할 수 있다.

2-5-3 Processing Input/Output 필드

Input/Output 필드는 키보드나 값 목록(Value List)을 통해 값을 입력할 수 있는 필드로, 라디오 버튼(Radio Button), 체크박스(Checkbox) 등을 포함한다. 모든 스크린 필드는 연결된 이름을 가져야 하며 이전에 설명했듯이 해당 이름은 ABAP 프로그램의 변수와 연결된다. 여기서 또 하나 중요한 것은 데이터 타입으로, 스크린 필드의 데이터 타입이 입력 값의 포맷을 결정한다. 다시 말해서 숫자 필드에 문자형 값을 넣을 수가 없다는 의미이다. 이는 사용자가 유효하지 않은 값을 입력하고자 할 때 스크린 필드에서 이를 인식하고 있기 때문이다. 라디오 버튼과 체크박스는 항상 1자리 문자형(CHAR 1) 데이터 타입을 가지며 선택된 상태라면 'X', 해제된 상태라면 빈 값('')을 갖는다.

2-5-4 F1 Field Help

사용자가 화면에서 [F1] 키를 누르거나 HELP 아이콘을 클릭하면, 현재 커서가 놓인 필드의 텍스트 도움말이 조회된다. ABAP Dictionary 필드에 Data Element Documentation이 생성되어 있으면 스크린에 도움말 문서가 자동으로 첨부된다. 이 문서를 생성하거나 변경하려면 다음과 같은 절차를 따른다(실습은 뒤이어 나올, "3. TYPE-M 프로그램 구현"의 Z13-01 예제를 생성한 후 진행해 보자). 그리고 HELP_OBJECT_SHOW_FOR_FIELD, HELP_OBJECT_SHOW 함수를 이용하여 도움말을 호출하는 방법도 함께 살펴본다.

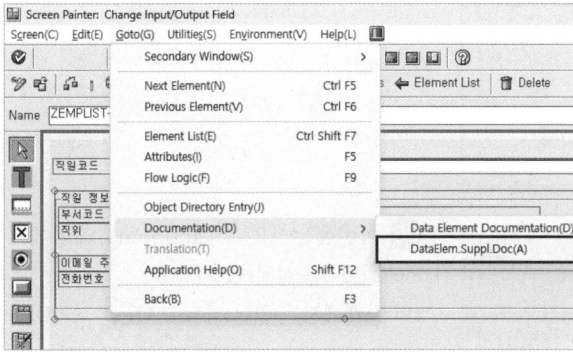

01 스크린 필드에 Field Help를 설정하려면 먼저 스크린 페인터의 레이아웃에서 필드를 선택한 후 메뉴에서 [Goto] → [Documentation(D)] 경로로 이동한다. 여기에는 다음과 같은 두 가지 옵션이 있다.
① 프로그램과 스크린에 종속된 도움말 설정: [Data Elem.Suppl.Doc(A)]: 프로그램과 스크린에 한정된 Field Help를 생성한다.
② ABAP Dictionary 레벨의 도움말 설정: [Data Element Documentation(D)]: ABAP Dictionary 레벨에서 Field Help를 생성한다. Dictionary 레벨에서 도움말을 변경하면 해당 필드를 참고하는 모든 스크린 필드의 도움말이 변경되므로 주의해서 사용해야 한다.
먼저 프로그램과 스크린에 종속된 Field Help를 생성하는 [Data Elm.Suppl.Doc.(A)]를 실습해보자.

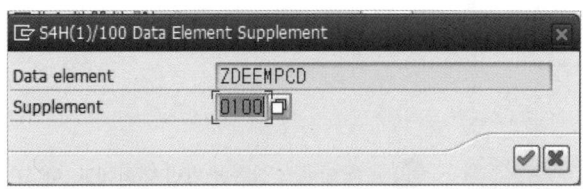

02 Data element에 스크린 100번 정보를 추가하여 생성한다.

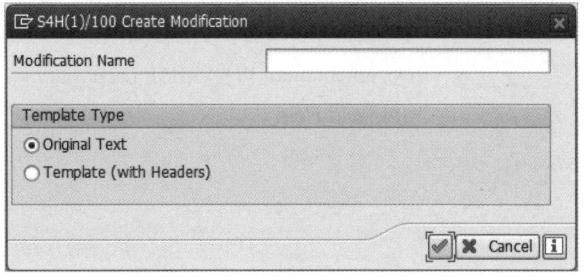

03 CBO가 아니라 표준 Data Element인 경우에만 열리는 팝업이다. 실무에서 이와 같은 화면이 열리면 Modification Name을 입력하고 ✔ 버튼을 누르면 된다.

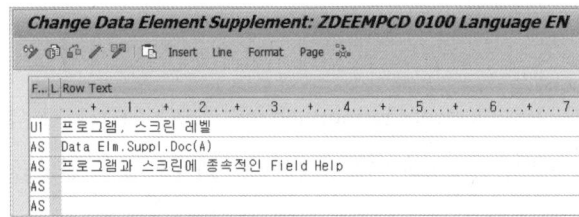

04 도움말을 작성하고 활성화 버튼( )을 클릭하면 스크린 필드의 Documentation이 생성된다.

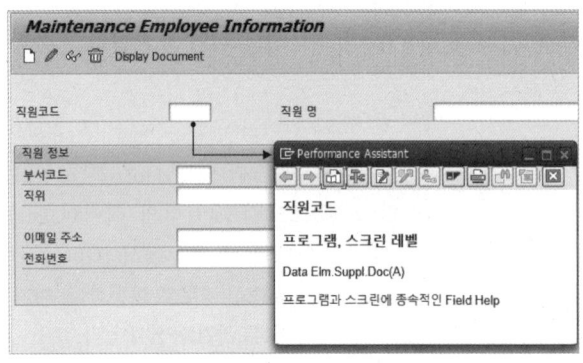

05 F1 도움말을 등록한 후, 프로그램에서 해당 필드를 선택한 상태로 [F1] 키를 누르면 작성한 F1 도움말 문서가 화면에 표시되는 것을 확인할 수 있다.

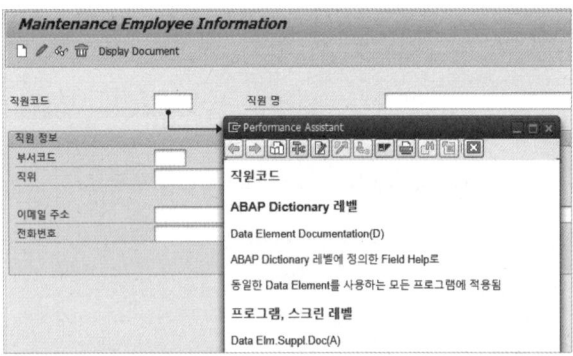

06 이번에는 ABAP Dictionary 레벨에서 Field Help를 설정해보자.
1번 단계에서 동일한 경로로 이동한 후 [Data Element Documentation(D)]을 클릭하여 도움말을 작성한다.

07 프로그램 실행 후 [F1] 키를 눌러보면 앞에서 등록한 프로그램 종속 Field Help와 ABAP Dictionary 레벨의 Field Help가 같이 출력된다.

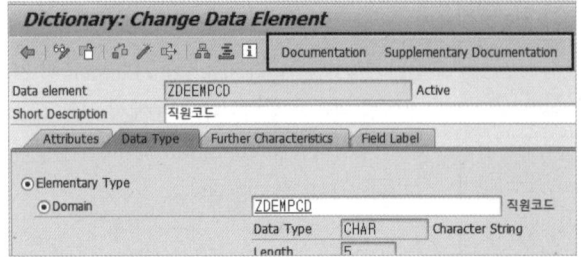

08 또한 앞에서 실습한 방법 이외에도, ABAP Dictionary(T-CODE:SE11)에서 ①과 ②, 두 가지 모두를 유지보수할 수 있다.
[Documentation] 버튼: ABAP Dictionary 레벨의 Field Help

[Supplementary Documentation] 버튼: 프로그램과 스크린에 종속적인 Field Help, 이때는 다음과 같이 스크린 번호를 입력해야 한다.

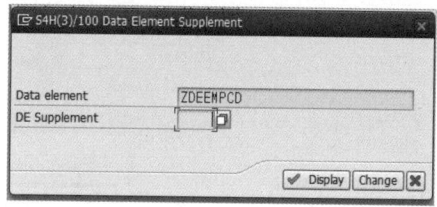

앞에서 진행한 실습에서는 ABAP Dictionary Data Element에 정의된 Documentation을 사용해 Field Help를 지정했다. 이번에는 POH(Process On Help-Request) 이벤트를 사용해 프로그램에서 로직을 추가해 다양한 문서를 Field Help로 적용하는 방법을 알아보자.

```
PROCESS BEFORE OUTPUT.
  MODULE status_0100.
  MODULE screen_init.

PROCESS AFTER INPUT.
  MODULE exit_0100 AT EXIT-COMMAND.
  MODULE user_command_0100.

PROCESS ON HELP-REQUEST.
  FIELD zemplist-empcd MODULE f1_empcd.
```

01 스크린의 Flow Logic에 POH(Process On Help-Request) 이벤트를 추가한다.
FIELD <f> [MODULE <mod>].
POH 이벤트를 사용하면 ABAP Dictionary에 설정된 문서 외에도 다른 필드의 문서나 그 외 SAP Script 문서를 Field Help로 보여줄 수 있다.

```
MODULE f1_empcd INPUT.
  CALL FUNCTION 'HELP_OBJECT_SHOW_FOR_FIELD'
    EXPORTING
      doklangu         = sy-langu
      called_for_tab   = 'ZEMPLIST'
      called_for_field = 'DEPCD'.

ENDMODULE.
```

02 스크린에 등록한 필드에 대해 다른 테이블의 필드에 정의된 문서를 Field Help로 보여주고자 할 때는 HELP_OBJECT_SHOW_FOR_FIELD 함수를 사용한다.

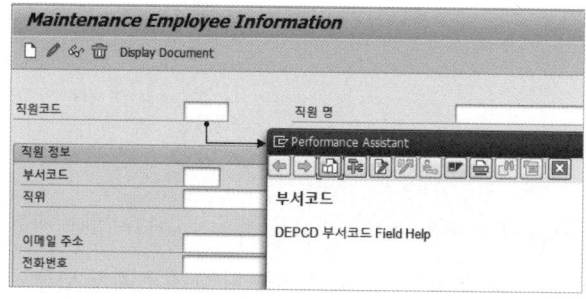

03 프로그램 실행 후 직원코드에 [F1] 키를 눌러보면, 직원코드(EMPCD)의 문서가 아닌 부서코드(DEPCD)의 문서가 Field Help로 조회된다.

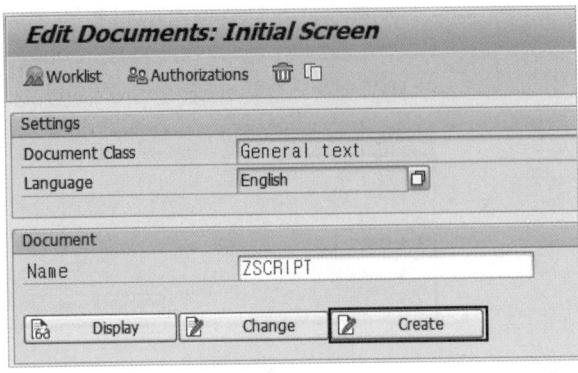

04 이번에는 Data Element의 Documentation 대신 SAP Script를 Field Help로 출력해보자. 먼저 T-CODE: SE61에서 Field Help로 보여줄 문서를 생성해야 한다.

Document Class를 'TX'(General text)로 설정한 후 Document 이름을 입력한 뒤에 Create 버튼을 눌러 다음과 같은 문서를 생성하자.

```
MODULE f1_empcd INPUT.
  DATA links TYPE TABLE OF tline.

  CALL FUNCTION 'HELP_OBJECT_SHOW'
    EXPORTING
      dokclass = 'TX'
      dokname  = 'ZSCRIPT'
    TABLES
      links    = links.

ENDMODULE.
```

05 POH 이벤트에서 HELP_OBJECT_SHOW 함수를 호출한다.

06 프로그램 실행 후 직원코드에 [F1] 키를 눌러 Field Help를 확인해보면, 다음과 같이 SAP Script에 작성한 문서가 나오는 것을 볼 수 있다.

2-5-5 F4 Input Help

사용자가 스크린 필드에서 [F4] 키를 입력할 때, POV(PROCESS ON VALUE-REQUEST) 이벤트에서 Dialog 모듈을 호출하여 Input Help를 화면에 보여줄 수 있다. Input Help는 다음 세 가지 방법으로 스크린에 추가할 수 있다.

1. ABAP Dictionary를 이용한 Input Help Search Help를 생성하여 테이블 필드(Table Field)에 할당하고, 스크린 필드는 테이블 필드의 속성을 상속받아 Input Help로 사용할 수 있다.
2. 스크린을 이용한 Input Help 스크린 페인터에서 개별 필드에 직접 Search Help를 할당하거나 스크린의 PAI 이벤트에서 입력 값을 제한할 수 있다.
3. Dialog Module을 이용한 Input Help 사용자가 스크린 필드에서 [F4] 키를 입력할 때, POV(PROCESS ON VALUE-REQUEST) 이벤트에서 Dialog 모듈을 호출함으로써 Input Help를 화면에 보여줄 수 있다. 관련 내용은 "9장 Search Help"에서 이미 다뤘으므로 여기서는 설명을 생략한다.

03 TYPE-M 프로그램 구현

3-1 TYPE-M 프로그램 생성과 화면 디자인

앞 절까지 프로그램 구현에 앞서 TYPE-M 프로그램의 개념에 대해 정리하였다. 지금부터 TYPE-M 프로그램을 직접 생성해보자. 전체적인 레이아웃은 그림 13-13과 같다.

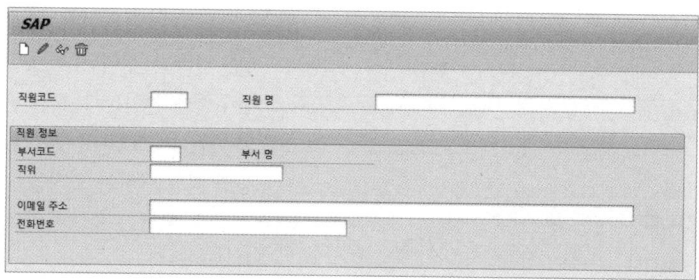

그림 13-13 모듈 풀 프로그램

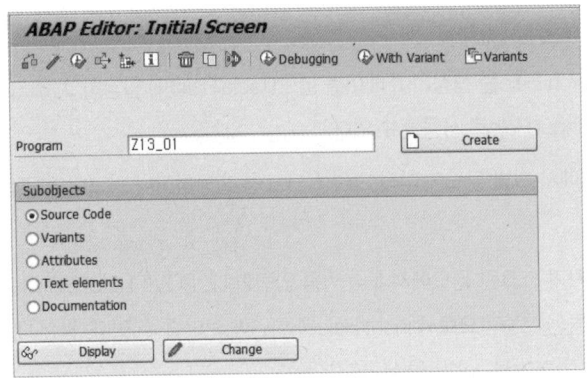

01 T-CODE:SE38을 실행하여 'Z'로 시작하는 프로그램 이름을 입력하고 Create 버튼을 누른다. 실습 예제의 프로그램 이름은 단원별로 명확히 구분하기 위해 'Z13_01'로 지정하였다. 실무에서는 모듈 풀 프로그램 이름을 'SAPMZFI0010'과 같이 'SAPM으로 시작 + CBO 구분자 Z + 모듈 구분명 + 프로그램 순번'으로 지정하는 것이 일반적이다. 물론 네이밍 룰은 사이트마다 조금씩 차이가 있다.

[모듈 풀 프로그램]
예) SAPMZFI 0010

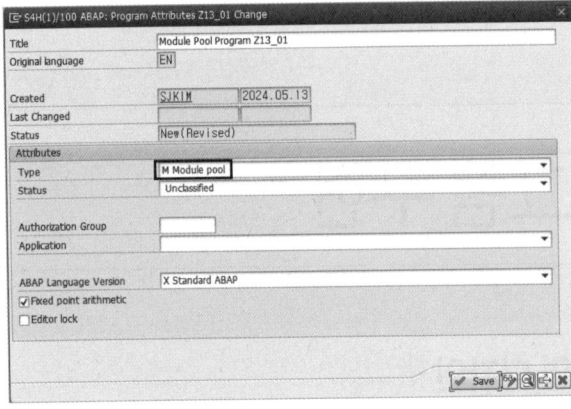

02 프로그램 Type으로 'M Module Pool'을 선택한 후 Save 버튼을 클릭한다. 프로그램의 개별 속성에 대해서는 12장을 참고한다. 패키지를 지정하는 창이 열리면 1장에서 생성한 패키지를 입력하거나 각자 환경에 맞는 패키지명을 입력하고 저장 아이콘을 클릭한다. CTS 번호를 입력하라는 창이 열리면 [Enter] 키를 눌러 다음 단계로 이동한다.

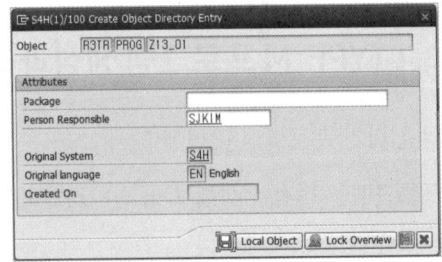

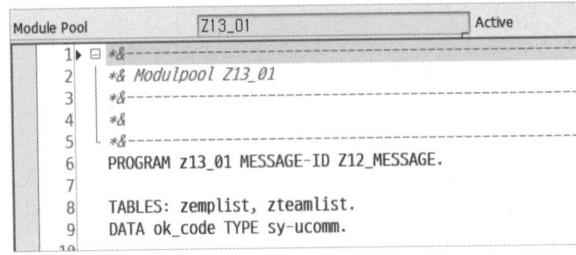

03 왼쪽과 같이 프로그램 전역에서 사용할 변수들을 선언한다. 모듈 풀 프로그램을 개발할 때는 INCLUDE 구문을 이용해 비슷한 기능과 역할을 하는 로직을 모아두는 것이 일반적이다. 우선, 프로그램의 최상단에 전역 변수를 선언한다.

12장에서 생성한 Z12_MESSAGE 메시지 클래스를 사용해 프로그램 전역에서 사용할 메시지 클래스를 지정한다.

여러 번 강조했지만, 스크린과 ABAP 프로그램 사이에서 데이터를 주고받으려면 동일한 이름의 변수 선언이 필수이다.

TABLES 구문은 ABAP Dictionary에 정의된 Structure나 Transparent Table과 동일한 유형의 구조체 변수를 선언할 때 사용된다. 다만, TABLES 구문은 전통적인 절차적 방식에서 사용되며, 객체지향(OOP) 프로그래밍에서는 권장되지 않는다. 따라서 OOP 기반의 코드에서는 DATA 구문을 사용하여 구조체 변수를 명시적으로 선언하는 것이 바람직하다.

04 ABAP Editor에서 오브젝트 리스트 펼침 아이콘(🔲)을 클릭한다(Object Navigator에 연결된다).

05 프로그램을 마우스 오른쪽 버튼으로 클릭하여 스크린 생성 메뉴를 선택하자. 스크린 번호는 '0100'으로 지정한다.

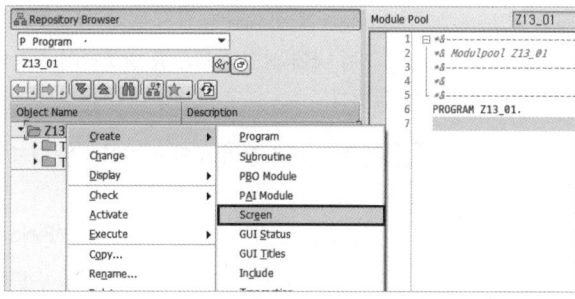

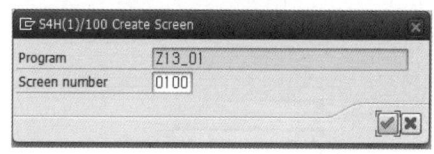

06 스크린 속성(Screen Attribute)을 지정한 후 100번 화면을 디자인하기 위해 스크린 페인터(Screen Painter)를 실행한다. 스크린 페인터는 스크린을 정의하고 Dialog Step을 처리하는 ABAP Workbench Tool의 한 종류이다.

100번 스크린에서 ⇨Layout 버튼을 클릭하면 스크린 페인터의 레이아웃과 연결된다.

07 스크린의 구성요소들을 추가할 수 있는 스크린 페인터이다. 메뉴바(도구 모음)의 ▦ (Dictionary/Program Fields) 아이콘을 선택한다. ABAP Dictionary 테이블과 프로그램 내에 선언된 변수의 속성을 그대로 상속받아 레이아웃 구성요소로 추가할 수 있다.

왼쪽의 도구 버튼에 대한 설명은 앞선 표 13-2를 참고하자.

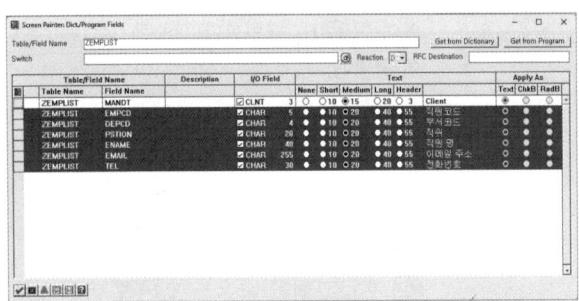

08 Table/Field Name에 'ZEMPLIST'를 입력한 후, [Get from Dictionary] 버튼을 클릭해 MANDT를 제외한 모든 필드를 가져오자.

[Get from Dictionary] 버튼을 클릭하면 ABAP Dictionary에 정의된 데이터를 참조로 가져올 수 있다.

[Get from Program] 버튼을 클릭하면 ABAP Dictionary에 정의되어 있지 않더라도, 현재 프로그램 내에 선언된 변수를 참조하여 사용할 수 있다.

09 왼쪽 그림과 같이 화면 레이아웃을 디자인해보자.

부서명은 8번 단계와 마찬가지로 Table/Field Name에 'ZTEAMLIST'를 입력한 뒤, [Get from Dictionary] 버튼을 클릭해 필드를 가져올 수 있다.

여기서는 부서명 필드인 DNAME 필드만 가져와 배치해보자.

조금 더 알아보기 — 레이아웃 영역의 크기 조절

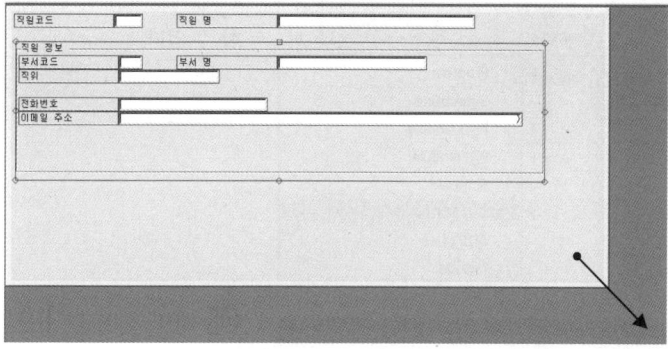

화면의 레이아웃을 구성할 때 레이아웃 영역(Layout Area)의 크기를 조절할 수 있다. 화면에서 마우스 커서를 사용해 영역의 크기를 늘리거나 줄일 수 있다.

3-2 GUI Status 생성

GUI Status는 그림 13-14와 같은 세 종류가 있다. 모든 스크린은 Menu Bar, Standard Toolbar, Application Toolbar를 가지는 GUI Status를 추가해야 한다. 이 중에 가장 많이 사용하는 어플리케이션 툴바(Application Toolbar)는 "12장 Report Program"의 5절에서 이미 다룬 바 있다.

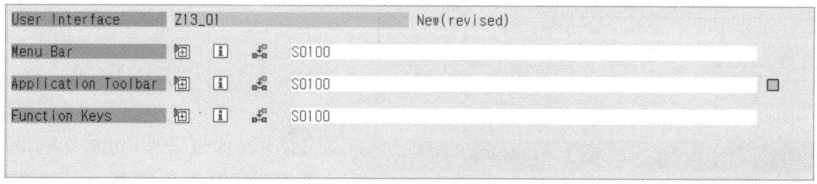

그림 13-14 GUI Status의 종류

3-2-1 어플리케이션 툴바

GUI Status를 생성하여 이번 절에서 학습할 어플리케이션 툴바를 설정하자.

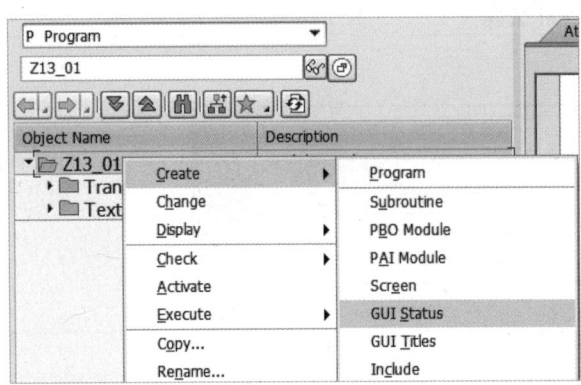

01 프로그램을 선택한 후 마우스 오른쪽 버튼을 클릭하면, GUI Status 생성 메뉴가 나타난다. 해당 메뉴를 클릭하면 다음 단계로 진행할 수 있다.

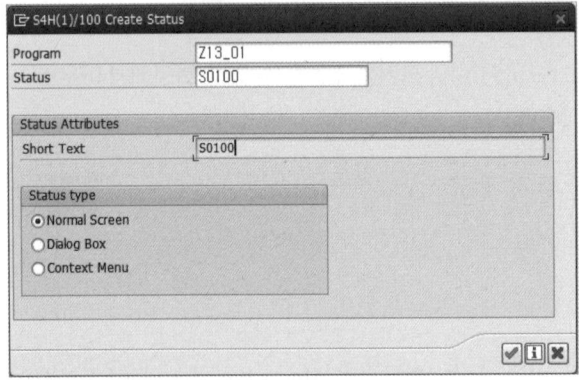

02 GUI Status의 이름과 내역을 입력한다. Status type 옵션은 다음과 같다.

- **Normal Screen**: 기본 스크린
- **Dialog Box**: 팝업 스크린
- **Context Menu**: Context Menu에 사용

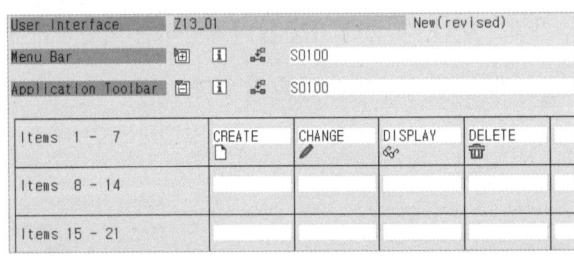

03 어플리케이션 툴바(Application Toolbar)의 확장 아이콘(圖)을 클릭하여 그림과 동일하게 4개의 버튼을 추가한다.

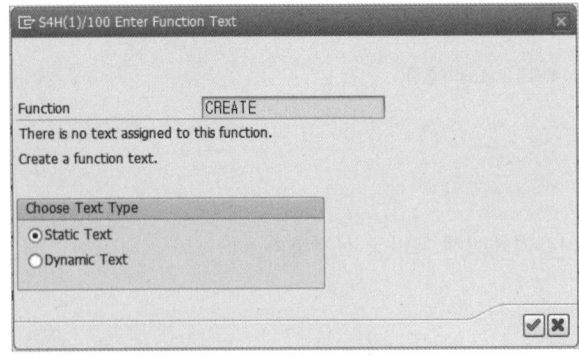

04 Items 필드에 Function Code로 사용할 문자열을 입력한 뒤 [Enter] 키를 누르면 왼쪽 그림과 같은 팝업창이 열린다.
'CREATE'라고 적힌 부분이 사용자가 버튼을 누를 때 프로그램으로 전송되는 Function Code이다.

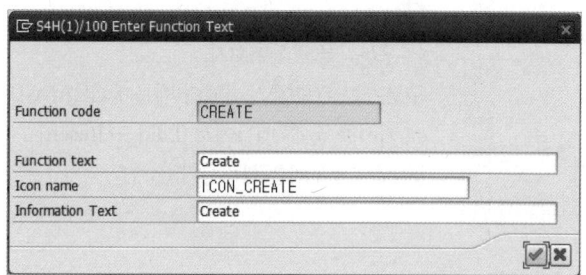

05 Function Text와 아이콘 정보를 입력한 후 저장한다.

06 Function Code를 Function Key에 할당한다. Function Key에 할당하면 키보드의 단축키를 활용할 수 있다.
예를 들어, 'CREATE'를 'Shift-F1' 단축키에 할당하면 사용자가 [Shift] + [F1] 키를 눌러 Create에 해당하는 액션을 실행할 수 있다.

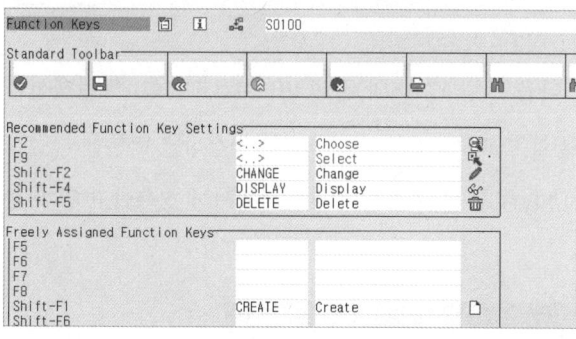

07 지정한 Function Key는 Function Keys의 확장 아이콘(囲)을 눌러 조회할 수 있다.

╟─ 조금 더 알아보기 ─╟─ **툴바(Toolbar) 구분자 설정** ─────────────╢

어플리케이션 툴바에 버튼이 많이 추가될 경우, 기능이 유사한 버튼들을 그룹화하여 묶어 표시하거나, 버튼 간 구분을 명확히 하기 위해 구분자를 삽입할 수 있다.

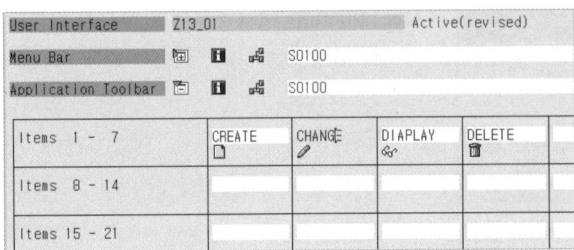

01 [CREATE] 버튼과 [CHANGE] 버튼 사이에 구분자를 만들어보자.
구분자는 왼쪽에 생성되기 때문에 CHANGE에 커서를 둔 후 메뉴에서 [Edit] → [Insert] → [Separator line]를 클릭한다.

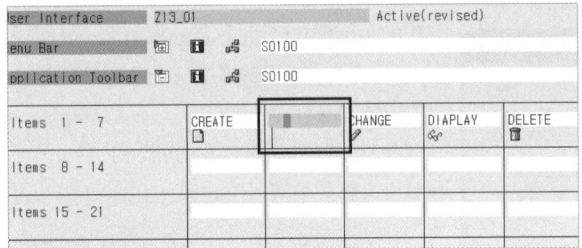

02 [Separator line]을 선택하면 왼쪽 그림과 같이 CREATE와 CHANGE 사이에 값을 입력할 수 없는 필드가 생성된다.

03 이제 화면을 보면, 버튼 사이에 구분자가 추가된 것을 볼 수 있다.

한편, 버튼에 트랜잭션을 연결할 수도 있다. 다음 그림 13-15와 같이 FB03(전표 조회) 트랜잭션을 Function Code로 지정한 후, Functional Type을 'T Call of a Transaction'으로 지정하면 버튼을 눌렀을 때 내부적으로 'LEAVE TO TRANSACTION FB03' 구문이 수행되어 트랜잭션이 호출되고 현재 프로그램은 종료된다.

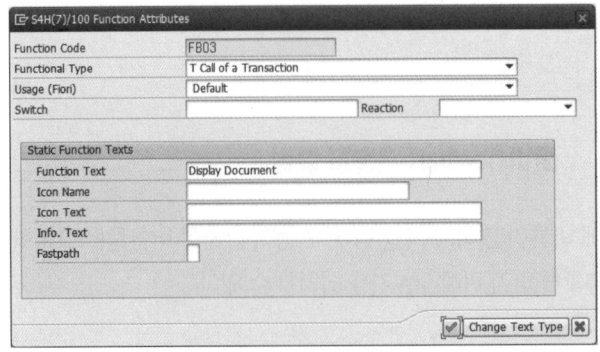

그림 13-15 Function Type 설정

3-2-2 Function Key

Function Key는 스크린을 생성하면 기본적으로 제공되는 Standard Toolbar에 포함되어 있으며, 개발자가 직접 추가할 수도 있다.

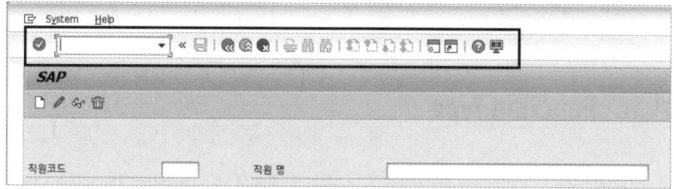

그림 13-16 Standard Toolbar

Standard Toolbar는 그림 13-16과 같이 SAP에 존재하는 모든 스크린에 기본적으로 제공되는 툴바이다. Function Key는 [F1], [Shift]+[F1]과 같이 키보드의 기능키를 이용해 특정 기능에 빠르게 접근할 수 있도록 지원하는 키를 말한다. 프로그램을 개발할 때, 다음 그림 13-17과 같이 Standard Toolbar에 Function Code를 지정하지 않으면 회색으로 비활성화되어 표시된다. 기본적으로 BACK, EXIT, CANCEL과 같은 프로그램 종료 관련 기능은 반드시 구현하는 것이 바람직하다. 즉, 사용자가 언제든지 안정적으로 프로그램을 종료하거나 이전 단계로 돌아갈 수 있도록 해야 한다.

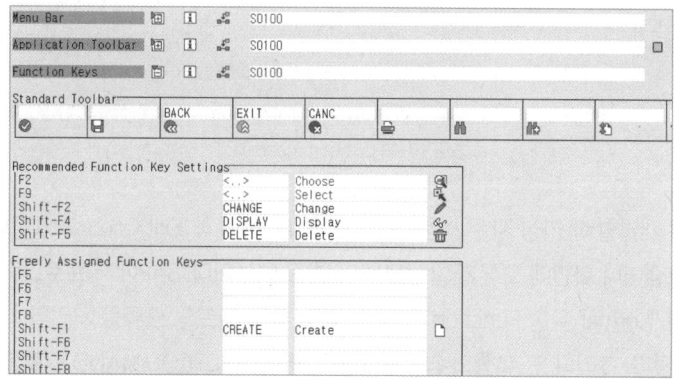

그림 13-17 Function Key의 종류

메뉴 페인터에서 Function Keys의 확장 아이콘(圙)을 눌러 그림 13-17과 같이 조회해보자. 그림 13-17에서 볼 수 있듯이, Function Key는 Recommended Function Key, Freely assigned Function Key로 구분된다. Standard Toolbar에 표시되는 Function Key는 SAP에서 사전 예약된 것들로 Reserved Function Code라고 부른다. 물론, 예약되어 있다고 바로 사용할 수 있는 것은 아니다. 메뉴 페인터에서 Function Code를 명시적으로 지정해야 사용할 수 있다. 지정하지 않으면 그림 13-16과 같이 회색으로 비활성화된 것을 볼 수 있다.

참고로, Reserved Function Code는 예약된 기능이지만 변경할 수도 있다. 그러나 이러한 변경은 GUI Status의 일관성을 떨어뜨리고, 여러 프로그램을 사용하는 사용자에게 혼동을 일으킬 수 있으며, 유지보수에도 어려움을 초래하므로 권장하지 않는다.

조금 더 알아보기 — Function Type

Function Code를 정의할 때 Function Type을 지정할 수 있다. Function Type은 Function Code가 화면과 프로그램 동작에 어떤 영향을 주는지 정의한다. Function Type을 지정하려면 명시한 Function Code를 더블 클릭하면 된다. 그러면 다음과 같은 팝업창이 나타난다.

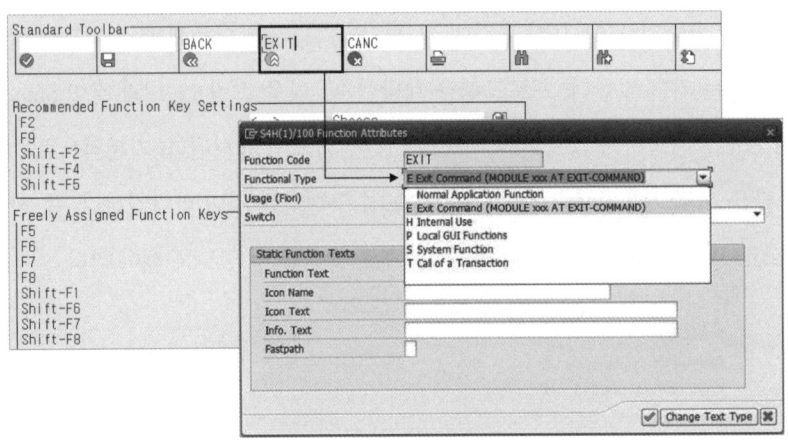

그림 13-18 Exit Command 설정

실제 프로그램을 개발할 때 가장 자주 사용하는 유형은 'Normal'과 'Exit Command'이다. 두 유형의 큰 차이점은 프로그램이나 화면에 오류가 발생했을 때 종료 여부이다. SAP에서 프로그램 화면의 필드에 오류가 발생하면 'Normal' 유형 Function Code의 경우, 해당 필드의 오류를 처리할 때까지 다른 화면으로 이동할 수 없다. 그러나 'E' 유형의 경우 PAI 블록에 AT EXIT-COMMAND 모듈을 구현하여 화면의 오류 처리 여부와 상관없이 다른 화면으로 이동할 수 있다.

단, 이 기능은 Function Type에 'E' 유형만 지정한다고 동작하는 것은 아니고, PAI 블록의 AT EXIT-COMMAND 모듈에 로직을 작성해야 한다. Function Type의 여러 유형은 다음 표 13-5를 참고하자.

유형	설명
Space	Normal Application Function Type
E	트랜잭션 종료 시 설정하는 Function Type이며, AT EXIT-COMMAND 모듈이 수행된다. PAI 처리 블록에서 'MODULE <xx> AT EXIT-COMMAND'를 지정해야 'E' 유형의 Function Code가 처리된다.
H	PROCESS ON HELP REQUEST 이벤트가 호출된다.
P	Local GUI Function Type으로 local GUI logic을 사용하는 Tabstrip에서만 사용한다.
S	시스템이 사용하는 Function Type
T	다른 트랜잭션을 호출하는 Function Type이며, Function Code에는 SAP에 존재하는 트랜잭션을 입력해야 한다. 이는 'LEAVE TO TRANSACTION <xx>'와 동일한 효과를 가진다.

표 13-5 Function Type의 종류

조금 더 알아보기 전체 Function Key 확인

GUI Status에서 상단 메뉴: [Utilities] → [F key consistency]를 누르면 다음 그림과 같이 전체 Function Key가 조회된다. 여기서 Reserved Function Code를 변경할 수 있지만, 이는 프로그램의 일관성을 해치므로 변경하지 않는 것이 좋다.

Function Keys for Dynpros and Lists

Function Key	Function Code	Icon	Function Text	Function Key Setting
Enter				S0100
F1				S0100
F2				S0100
F3	BACK		Back	S0100
F4				S0100
F5				S0100
F6				S0100
F7				S0100
F8				S0100
F9				S0100
Ctrl-S				S0100
F12	CANC	✖	Cancel	S0100
Shift-F1	CREATE		Create	S0100
Shift-F2	CHANGE		Change	S0100
Shift-F3	EXIT		Exit	S0100
Shift-F4	DISPLAY		Display	S0100
Shift-F5	DELETE		Delete	S0100
Shift-F6				S0100

그림 13-19 F key consistency 조회

3-2-3 Menu Bar

Menu Bar는 기본적으로 표준 프로그램에 의해 제공되지만, 사용자 정의 메뉴를 추가로 구성할 수도 있다.

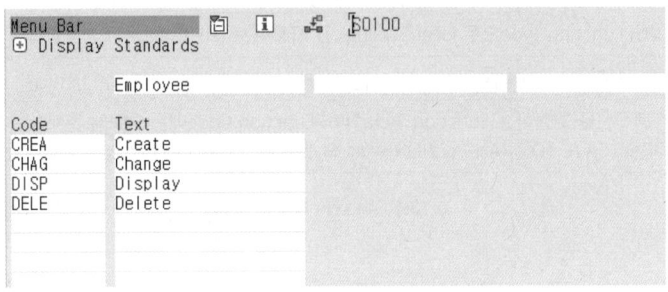

그림 13-20 Menu Bar 구성

스크린 페인터를 사용하여 간단한 Menu Bar를 만들어보자.

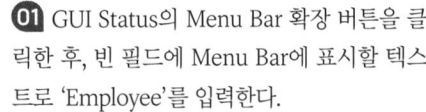 GUI Status의 Menu Bar 확장 버튼을 클릭한 후, 빈 필드에 Menu Bar에 표시할 텍스트로 'Employee'를 입력한다.

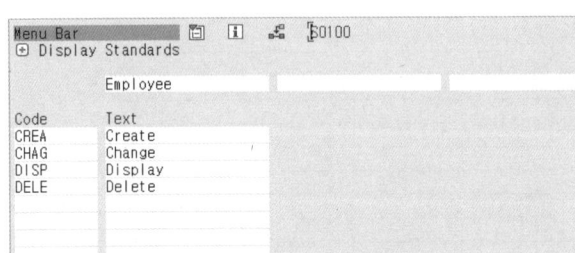

02 1단계에서 입력한 'Employee'를 더블 클릭하면 아래쪽에 Code와 Text를 입력할 수 있는 필드가 나타난다.
Code에는 Function Code를, Text에는 Menu Bar에 표시할 텍스트를 입력한다.

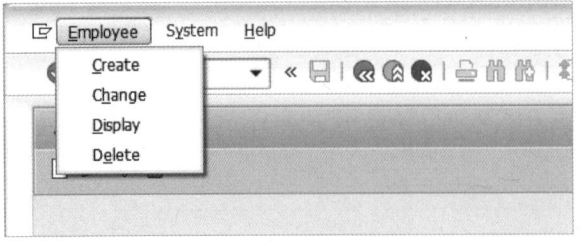

03 GUI Status를 활성화한 뒤 프로그램을 실행해 보면, 표준 Menu Bar 옆에 추가한 [Employee] 메뉴가 표시되는 것을 확인할 수 있다. 물론, 실제 동작하게 하려면 PAI 모듈에 해당 기능을 구현해야 한다.

3-3 PBO 모듈 구현

3-3-1 PBO 모듈 구현 및 GUI Status 추가

PBO 모듈은 앞에서도 설명하였듯이 화면을 초기화하거나 스크린 요소의 속성을 변경하는 작업을 주로 수행한다. 앞에서 생성한 GUI Status를 스크린에 추가하고 Employee No 필드에 그룹명을 할당하여 출력 전용으로 변경하는 실습을 진행해보자.

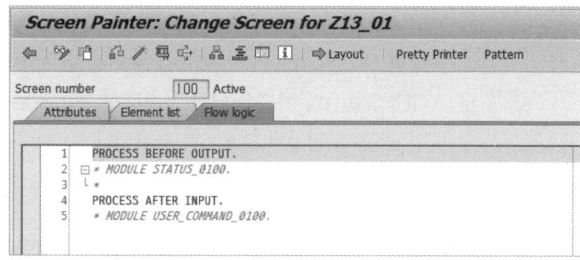

01 스크린을 생성하면 스크린 페인터의 소스 영역에는 그림과 같이 PBO와 PAI에 각각 모듈이 주석 처리된 상태로 생성된다.
먼저, PBO 영역의 STATUS_0100 주석을 해제하고 해당 라인을 더블 클릭하여 모듈을 생성하자.

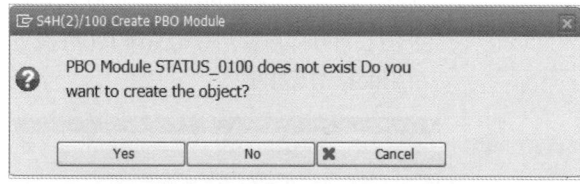

02 "PBO 모듈이 존재하지 않으니 생성하겠습니까?"라는 팝업창이 나타나면 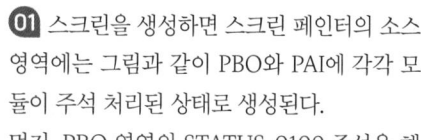를 클릭한다.

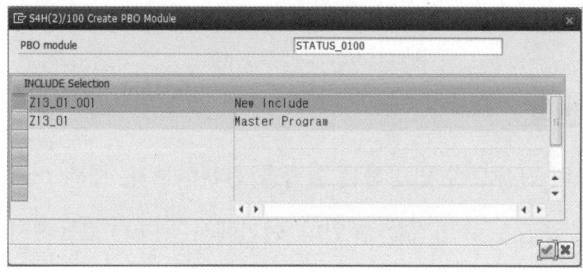

03 Include 프로그램 생성 단계에서는 Include 프로그램 이름을 지정한다. 프로그램에서 자동으로 제공하는 이름 대신, 개발 환경에 맞게 변경한다. 다음과 같이 네이밍 룰을 준수하거나 각 사이트에 맞는 룰을 따른다.
예제에서는 'Z13_01_O01'이라는 이름의 Include 프로그램을 생성한다.
PBO 모듈을 모아놓은 Include 프로그램이라는 의미에서 'O01'이라고 이름 붙였다. Include에 대한 자세한 내용은 뒤에 이어지는 '조금 더 알아보기'를 참고하자.

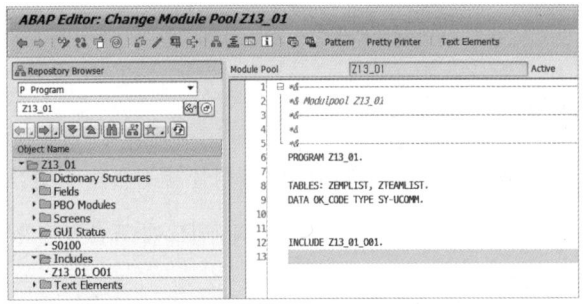

04 Z13_01의 메인 프로그램을 보면 INCLUDE 문이 자동으로 추가된 것을 볼 수 있다.

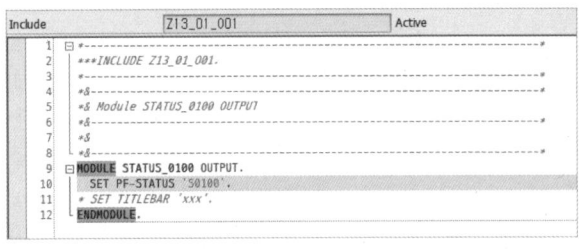

05 Include 프로그램으로 이동하여 'SET PF-STATUS' 구문의 주석을 해제한 뒤 앞에서 생성한 GUI Status 이름 'S0100'을 연결한다. GUI Status의 이름을 더블 클릭하여 확인해보면 조금 전 생성한 Status가 조회된다.

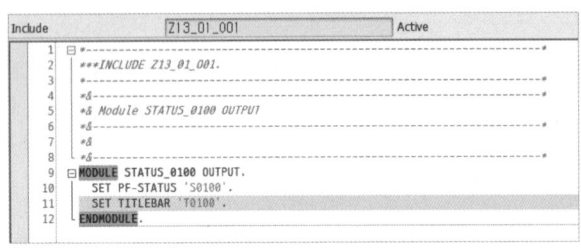

06 이번엔 'SET TITLEBAR' 구문의 주석을 해제한 뒤 Title bar의 이름을 'T0100'으로 지정한다. 이어서 이를 더블 클릭해 100번 화면의 Title을 생성하자.

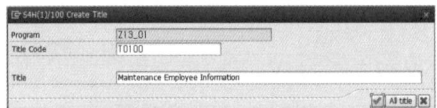

3-3-2 PBO 모듈 구현 및 출력 전용 속성 변경

PBO 모듈에서 직원코드, 직원명 필드를 출력 전용으로 변경하는 실습을 진행해보자. 물론 스크린 페인터에서도 각 필드의 속성을 편집해 출력 모드로 변경할 수 있다. 여기에서는 PBO 모듈에서 SCREEN이라는 시스템 테이블을 통해 동적으로 필드의 속성을 변경하는 방법에 대해 알아본다.

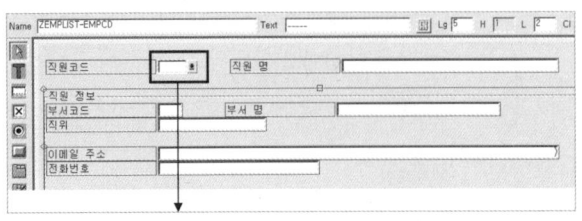

01 100번 스크린의 스크린 페인터에서 직원코드의 입력필드를 더블 클릭하면 다음 그림과 같이 속성을 편집할 수 있는 팝업창이 나타난다.

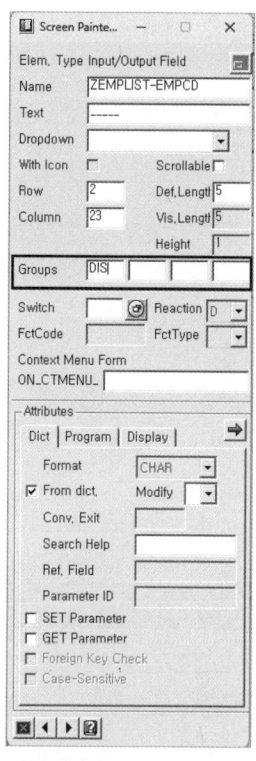

02 왼쪽 화면과 같은 팝업창에서 스크린 필드의 속성을 편집할 수 있다. 여기서 직원코드와 직원 명을 그룹으로 제어하기 위해 Groups 속성에 'DIS'라는 이름을 입력한다.

입력한 그룹 이름은 왼쪽부터 각각 시스템 테이블 SCREEN-GROUP1, 2, 3, 4에 저장된다. 예제에서는 하나의 필드만 그룹 필드로 지정하고 있으나, 실제 업무에서는 여러 개의 필드를 그룹으로 지정하여 출력 전용 등의 속성을 함께 제어하는 방식으로 프로그래밍한다. 필드의 일반 속성은 표 13-6을 참고하자.

키워드	설명
Name	필드 이름(*, #, /, -, _ $ 문자 가능) ABAP 프로그램과 데이터를 주고받으려면 ABAP 프로그램의 변수와 동일한 이름으로 선언해야 한다.
Text	필드에 표시될 텍스트
Dropdown	Input/Output 필드만 설정 가능. with key 옵션으로 리스트 박스(List box) 설정 가능
With Icon	Output 필드만 설정 가능
Icon name	Text 필드, 푸시 버튼, 라디오 버튼, 체크박스에만 아이콘 설정 가능
Tooltip	마우스 커서를 올렸을 때 표시될 텍스트
Scrollable	Def.Length가 Vis.Length보다 클 때 스크롤 사용
Line/Colum	필드의 라인/컬럼 위치 설정
Def.Length	필드 속성의 길이 설정
Vis.Length	스크린에 보이는 필드 길이. Input/Output 필드의 경우 Scrollable이 선택되어야 한다.
Height	높이 설정. Text 및 입력 요소는 항상 1의 값을 갖는다.
Groups	Modification Group. 여러 필드를 그룹으로 지정하여 한 번에 변경할 때 사용한다.
FctCode	Function Code 설정. 푸시 버튼과 드롭다운 리스트가 설정된 Input/Output 필드만 설정 가능
FctType	Function Type 설정
ON_CTMENU	Context 메뉴 설정(자세한 내용은 "15장 ALV"에서 다룸)

표 13-6 필드 일반 속성

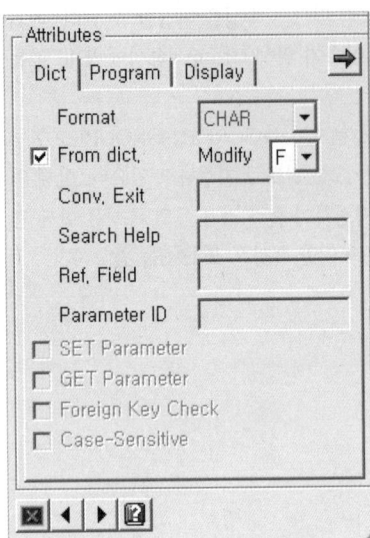

03 Attributes의 [Dict] 탭 속성은 표 13-7을 참고하자.

키워드	설명
Format	Input 필드의 데이터 타입을 설정한다.
From dict.	ABAP Dictionary의 속성과 동일하게(복사하여) 사용할지 설정한다.
Modify	ABAP Dictionary를 참조해 필드를 생성한 경우에 설정한다. Dictionary가 변경될 때 화면 필드의 속성과 텍스트도 변경할지 설정하는 것으로, 'X'로 지정하면 스크린 필드에 자동으로 반영된다.
Conv. Exit	변환 루틴을 사용한다. 다음 두 가지 변환 루틴을 지원한다. CONVERSION_EXIT_\<name>_INPUT CONVERSION_EXIT_\<name>_OUTPUT
Search Help	탐색 도움말을 사용한다.
Ref. Field	참조 필드로서 다음 두 가지 용도로 사용한다. 1. Tabstrip 컨트롤에서 Tab Title과 Subscreen을 연결하는 데 사용한다. 2. 화폐 및 수량(currencies and quantities) 필드의 참조 단위 필드로 사용한다.
Parameter ID	파라미터 ID를 설정한다.
SET/GET parameter	파라미터를 설정할 때 사용한다. SET: 사용자가 입력한 값을 Parameter ID(SAP Memory)에 저장한다. GET: Parameter ID 값을 화면에 조회하는 데 사용한다.
Foreign Key check	ABAP Dictionary에 정의된 외부키를 체크한다.
Case-Sensitive	대소문자 구분 설정이다. 설정하지 않으면 사용자가 입력한 모든 문자는 대문자로 인식된다.

표 13-7 [Dict] 탭 속성

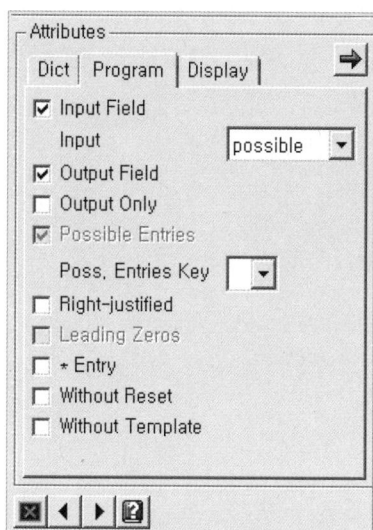

04 Attributes의 [Program] 탭 속성은 표 13-8을 참고하자.

키워드	설명
Input Field	필드의 입력 가능 여부를 설정한다. Required로 설정하면 필수 입력필드로 지정되며, 사용자에게 '?'또는 '√' 기호로 표시된다.
Output Field	화면에 데이터를 표시할지 여부를 설정한다. 체크를 해제하면 입력은 가능하지만, 데이터가 화면에 표시되지 않는다.
Output Only	출력 전용으로 설정한다. Input Field의 박스가 표시되지 않고 텍스트 형태로만 조회된다.
Poss. Entries Key	Possible Entry 속성을 설정하며, Input/Output 필드에만 설정할 수 있다. 0: 표시하지 않음 1: 필드 선택 시 표시 2: 항상 표시
Right-justified	숫자 필드를 오른쪽 정렬한다.
Leading Zeros	NUMC 타입 필드에만 적용되며, 자릿수만큼 앞자리에 0을 채워 표시한다.
*Entry	사용자가 첫 자리에 '*'(asterisk)를 입력할 수 있도록 허용한다. 첫 자리에 '*' 문자를 입력하면 다음 모듈을 호출한다. FIELD... MODULE... ON *-INPUT.
Without Reset	reset 문자(!)를 사용하지 못하게 한다.
Without Template	'.', '!', '?', '_' 등과 같은 특수 문자도 입력이 가능하게 허용한다. 사용자가 입력한 문자는 SAP 시스템에서 해석 절차를 거치지 않는 단순 문자열로 인식한다.

표 13-8 [Program] 탭 속성

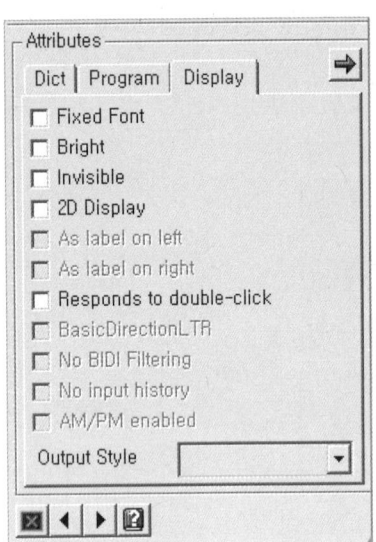

05 Attributes의 [Display] 탭 속성은 표 13-9를 참고하자.

키워드	설명
Fixed Font	Input/Output 필드와 텍스트 필드에 고정 폭 폰트를 설정한다. 이 속성을 사용하려면 해당 필드를 Output Only 필드로 설정해야 한다.
Bright	스크린 요소의 글자를 밝고 강조되게 표시한다.
Invisible	스크린에서 보이지 않게 설정한다.
2D Display	필드를 2D 형태로 표시한다. Input/Output 필드에 아이콘(Icon)을 입력하면 자동으로 설정된다.
As label on left	텍스트 필드를 왼쪽 정렬하여 레이블처럼 표시한다. Input/Output 필드에만 설정할 수 있다(Input 필드에는 설정할 수 없음).
As label on right	텍스트 필드를 오른쪽 정렬하여 레이블처럼 표시한다. 나머지 제약은 left 속성과 동일하다.
Responds to double-click	더블 클릭에 반응하도록 설정한다(Hotspot 설정). Input/Output 필드에만 설정할 수 있다.

표 13-9 [Display] 탭

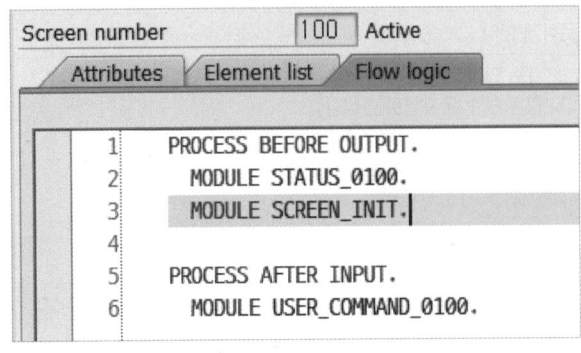

06 필드의 각 속성을 살펴봤으니, 이제 PBO에 MODULE을 생성해서 프로그램 소스 코드로 화면 속성을 제어해보자.

PBO에 'MODULE SCREEN_INIT.' 구문을 작성한 후 더블 클릭하여 모듈을 생성한다.

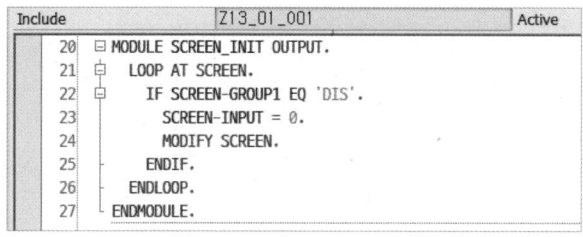

07 'LOOP AT SCREEN' 구문을 통해 화면의 모든 스크린 요소(Screen Element)를 확인할 수 있고, 'MODIFY SCREEN' 구문을 사용하면 프로그램에서 동적으로 각 요소의 속성을 변경할 수 있다.

여기서 "SCREEN-GROUP1 EQ 'DIS'" 구문은 앞의 2단계에서 그룹으로 속성을 제어하기 위해 직원코드, 직원 명에 설정한 그룹 이름이다.

SCREEN에 대한 자세한 내용은 뒤에 이어지는 '조금 더 알아보기'를 참고하자.

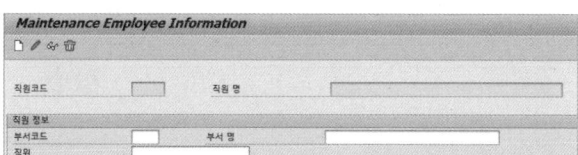

08 100번 화면을 실행해보면 왼쪽 그림과 같이 직원코드, 직원 명 필드의 입력이 차단된 것을 확인할 수 있다.

이는 PBO 모듈에서 'LOOP AT SCREEN' 구문과 'MODIFY SCREEN' 구문을 사용해 프로그램에서 동적으로 스크린 요소(Screen Element)의 속성을 변경했기 때문이다.

조금 더 알아보기 — 시스템 테이블 SCREEN

스크린 페인터에서 화면을 구성할 때 각 스크린 필드(Screen Field)의 속성은 정적으로 지정된다. 정적으로 지정된다는 것은 스크린 페인터에서 한 번 설정된 속성 값이 프로그램 실행 시에 변경되지 않는다는 의미이다. 그러나 다양한 상황이나 사용자 요구에 맞는 프로그램을 개발하려면 정적 지정으로는 한계가 있을 수 있다. 이러한 점을 해결하기 위해 SAP에서는 프로그램 로직에서 동적으로 스크린 필드의 속성을 변경할 수 있는 기능을 제공한다.

SAP 시스템 테이블인 SCREEN을 사용하면 속성을 동적으로 변경할 수 있다. 스크린의 PBO(Process Before Output) 모듈이 실행되면 화면에 있는 모든 스크린 요소(Screen Element)의 정보가 SCREEN 시스템 테이블에 저장된다. 이를 기반으로 'LOOP AT SCREEN ~ ENDLOOP' 구문 안에서 특정 필드의 속성을 제어할 수 있으며, 이렇게 변경된 속성을 'MODIFY SCREEN' 구문으로 반영한다. 'LOOP AT SCREEN' 반복문 안에서 속성을 변경하더라도, 'MODIFY SCREEN' 구문을 기술하지 않으면 속성이 변경되지 않으므로 주의해야 한다.

SCREEN 구조체는 ABAP Dictionary에서 조회할 수 있으며, 프로그램 실행 시 디버깅 화면에 'SCREEN'을 입력하면 현재 화면의 스크린 요소에 어떤 속성이 지정되었는지 확인할 수 있다.

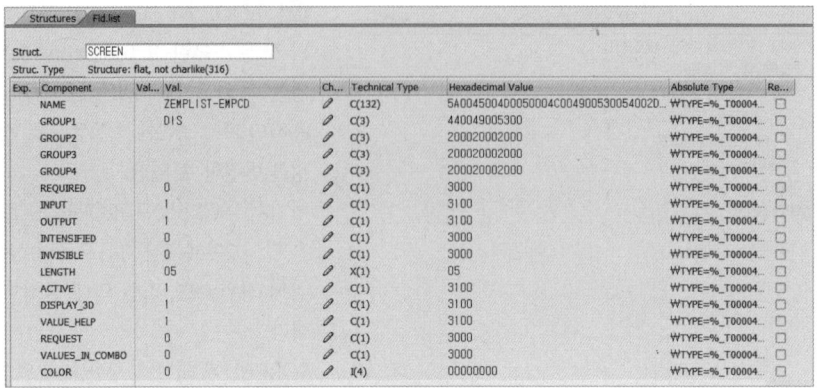

그림 13-21 LOOP AT SCREEN 디버깅 화면

조금 더 알아보기 — Include 프로그램이란?

Include 프로그램은 SAP Repository에 저장되는 오브젝트로서 다음 두 가지 기능을 목적으로 개발되었다.

1. **Library(모듈화)**: 동일한 소스 코드를 다른 프로그램에서 재사용할 수 있도록 한다.
2. **Order(순서, 가독성)**: 복잡한 프로그램을 논리적으로 나누고 순서대로 정렬하여 뛰어난 가독성을 제공한다.

Include 프로그램에는 다음과 같은 특성이 있다.

- 하나의 프로그램이지만 독립적으로 실행할 수 없다.
- 반드시 다른 프로그램 내에 내장되어야(built in) 한다.
- 하나의 Include 프로그램은 또 다른 Include 프로그램을 포함할 수 있다.
- Include 프로그램은 자기 자신을 호출할 수 없다.
- Include 프로그램은 파라미터를 가질 수 없다.

일반적으로 프로그램을 개발할 때, 모든 로직을 하나의 프로그램에 통합하기보다는 Include 프로그램을 활용하여 유사한 기능과 역할의 소스 코드를 모아 가독성을 높이는 방식을 선호한다. 예를 들어 실무에서 일반적으로 사용하는 네이밍은 다음과 같다.

INCLUDE prgname_TOP	타입, 변수, 상수, 인터널 테이블 등 전역 변수 선언문을 그룹 지은 Include 프로그램
INCLUDE prgname_SEL	SELECTION SCREEN 구성을 위한 PARAMETERS, SELECT-OPTIONS 선언문을 그룹 지은 Include 프로그램
INCLUDE prgname_Cxx	CLASS 오브젝트 정의 및 구현문을 그룹 지은 Include 프로그램
INCLUDE prgname_Fxx	PERFORM 구문의 구현부를 그룹 지은 Include 프로그램
INCLUDE prgname_Oxx	PBO 모듈의 구현부를 그룹 지은 Include 프로그램
INCLUDE prgname_Ixx	PAI 모듈의 구현부를 그룹 지은 Include 프로그램

또한 SE80에서 프로그램을 생성할 때 다음 예제와 같이 'Create with TOP Include' 체크박스를 선택하면 자동으로 주석 처리된 Include 프로그램이 생성된다.

01 T-Code: SE80(Object Navigator)에서 생성할 프로그램명을 입력한 후 [Enter] 키를 누르면 왼쪽 화면과 같은 팝업창이 열린다. 여기서 'Create with TOP Include' 체크박스를 선택해보자.

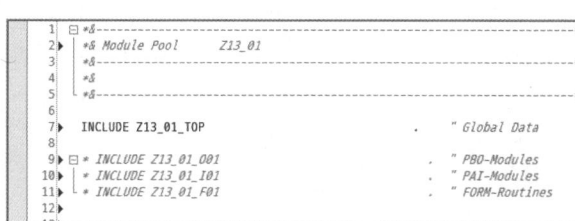

02 체크박스를 선택한 후 프로그램을 생성하면 TOP, O01, I01, F01이라는 4개의 Include 프로그램이 자동으로 생성된다. 필요에 따라 주석을 해제하거나 다른 Include 프로그램을 추가하여 사용할 수 있다.
실무에서는 각 패키지(Package)별로 공통으로 사용하는 로직을 별도의 Include 프로그램으로 개발하고, 신규 프로그램 생성 시 이러한 공통 로직을 Include로 포함하기도 한다.

3-4 PAI 모듈 구현

PAI 모듈은 사용자가 입력필드에 값을 입력하고 [Enter] 키를 누르거나, 스크린의 푸시 버튼을 클릭할 때와 같은 User Dialog에 반응하는 이벤트이다.

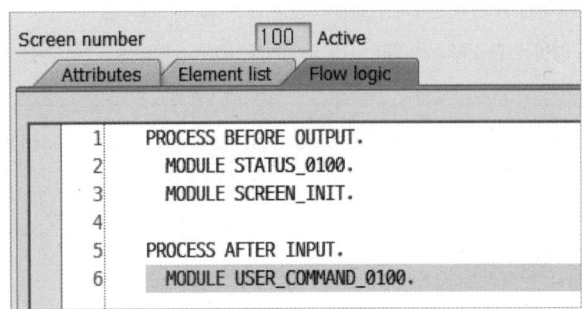

01 PAI의 USER_COMMAND_0100 구문의 주석을 해제하고 라인을 더블 클릭하여 모듈을 생성하자.

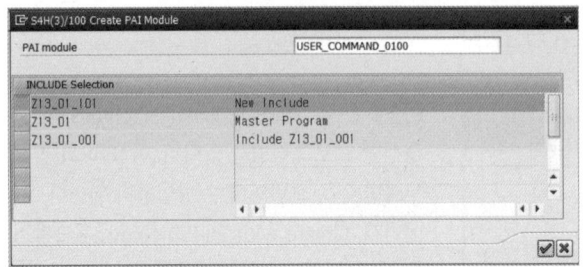

02 Include 프로그램 생성 단계에서는 Include 프로그램 이름을 지정한다. 예제에서는 'Z13_01_I01'이라는 이름의 Include 프로그램을 생성한다. PAI 모듈을 모아놓은 Include 프로그램이라는 의미에서 'I01'이라는 이름을 설정했다.

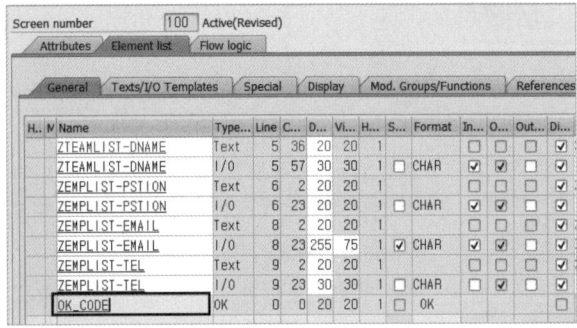

03 스크린 100번의 OK_CODE를 그림과 같이 설정한다. 앞서 언급했듯이, 스크린과 ABAP 프로그램 간에 데이터를 교환하려면 동일한 이름을 사용해야 한다. 왼쪽에 등록한 OK_CODE 또한 ABAP 프로그램에 전역 변수로 선언되어 있어야 한다.

04 GUI Status에서 어플리케이션 툴바에 추가한 4개의 버튼과 [BACK] 버튼에 대한 로직을 PAI 모듈에 작성해보자. 모듈 풀 프로그램은 트랜잭션 코드(Transaction Code)를 생성하지 않고는 실행할 수 없다. 일단 여기서 소스 코드를 작성한 후 바로 다음 3-5절에서 T-Code를 생성한 뒤 다시 돌아와 생성한 버튼들을 눌러보며 테스트해보자.

```
MODULE user_command_0100 INPUT.
  CASE ok_code.
    WHEN 'BACK'.
      LEAVE TO SCREEN 0.
    WHEN 'CREATE'.
      INSERT zemplist FROM zemplist.
      IF sy-subrc EQ 0.
        MESSAGE s000 WITH 'Employee was created successfully'.
      ELSE.
        MESSAGE e000 WITH 'Employee was not created'.
      ENDIF.
```

```abap
    WHEN 'CHANGE'.
      UPDATE zemplist FROM zemplist.
      IF sy-subrc EQ 0.
        MESSAGE s000 WITH 'Employee was updated successfully'.
      ELSE.
        MESSAGE e000 WITH 'Employee was not updated'.
      ENDIF.
    WHEN 'DISPLAY'.
      SELECT SINGLE *
        FROM zemplist
        WHERE empcd EQ @zemplist-empcd
        INTO CORRESPONDING FIELDS OF @zemplist.

      SELECT SINGLE dname
        FROM zteamlist
        WHERE depcd EQ @zemplist-depcd
        INTO @zteamlist-dname.
    WHEN 'DELETE'.
      DELETE FROM zemplist WHERE empcd EQ @zemplist-empcd.
      IF sy-subrc EQ 0.
        MESSAGE s000 WITH 'Employee was deleted successfully'.
        CLEAR: zemplist, zteamlist.
      ELSE.
        MESSAGE e000 WITH 'Employee was not deleted'.
      ENDIF.
  ENDCASE.
ENDMODULE.
```

05 앞에서 Function Type에 대해 학습했다. Function Type을 'E'로 지정하면 AT EXIT-COMMAND 구문을 수행한다(예: MOUDLE EXIT_0100 AT EXIT-COMMAND). 따라서 PAI 모듈에서 프로그램을 빠져나가는 로직을 AT EXIT-COMMAND 모듈 내에 별도로 구현하는 것이 좋다.

스크린 Flow Logic 내의 위치와 관계없이, 타입이 'E'인 Function Code가 실행되면, AT EXIT-COMMAND 구문이 즉시 호출된다. 이 구문은 주로 프로그램 종료(예: BACK, EXIT, CANCEL 등)와 관련된 처리를 수행할 때 사용된다. 즉, 스크린 필드가 ABAP 프로그램 필드로 복사되기 이전에 발생하므로 가장 먼저 실행되는 모듈이다(단, 예외적으로 OK_CODE는 스크린 필드에서 ABAP 프로그램 필드로 복사된다).

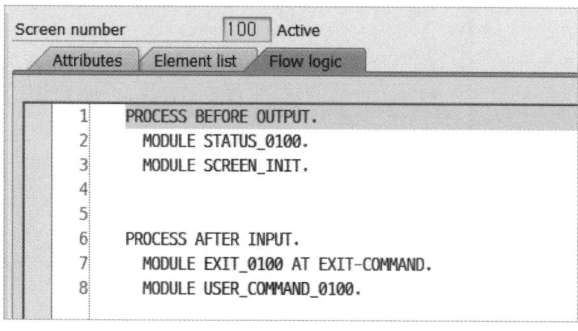

06 Function Key 중 [EXIT]와 [CANC]에 'E' 타입을 설정한 후에 스크린 Flow Logic의 PAI에 AT EXIT-COMMAND를 사용한 모듈을 생성한다.

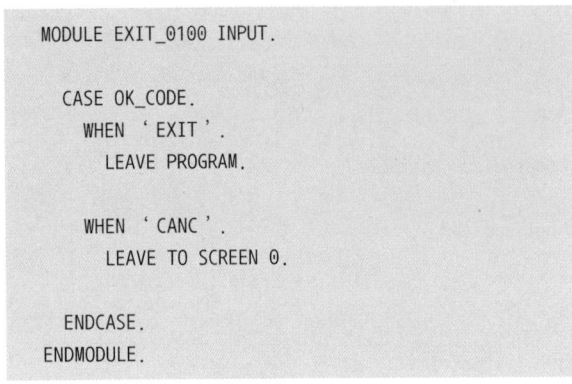

07 왼쪽과 같은 스크립트를 작성하고 테스트 해보자. 'LEAVE PROGRAM' 구문은 현재 프로그램을 종료하고, 'LEAVE TO SCREEN 0' 구문은 현재 스크린의 바로 이전 스크린으로 돌아간다.

3-5 트랜잭션 생성

3-5-1 트랜잭션 코드(T-CODE) 생성

3-4절까지 실습을 진행하더라도, 스크린 편집기에서 테스트 실행하는 것 외에는 실제 프로그램을 실행할 수 없다. 그 이유는 모듈 풀 프로그램은 Type-1 프로그램과 달리 직접 실행할 수 없는 구조이기 때문이다.

앞에서도 언급했듯이, 모듈 풀(Type-M) 프로그램을 실행하려면 반드시 트랜잭션 코드(Transaction Code)를 생성해야 한다. 이번에는 예제를 따라 하며 트랜잭션 코드를 직접 생성해보자.

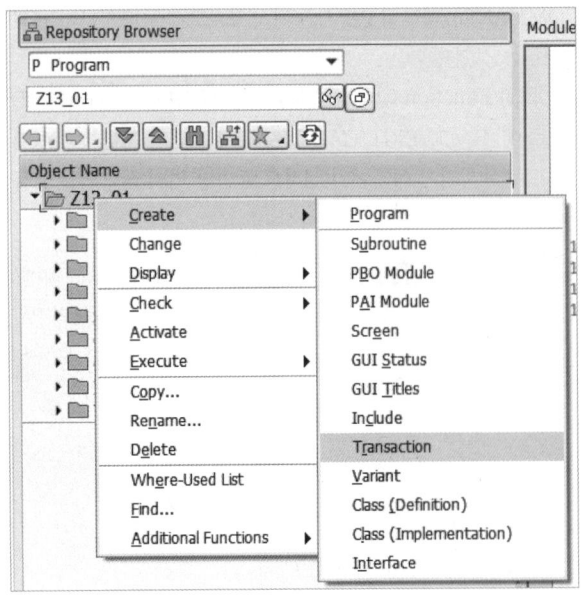

01 버튼을 눌러 왼쪽에 Object List를 펼친 뒤 마우스 오른쪽 클릭 → [Create] → [Transaction]을 선택한다.
Transaction Code는 T-Code: SE93(Maintain Transaction)에서도 유지보수할 수 있다.

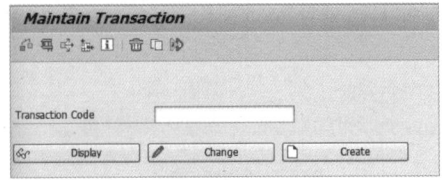

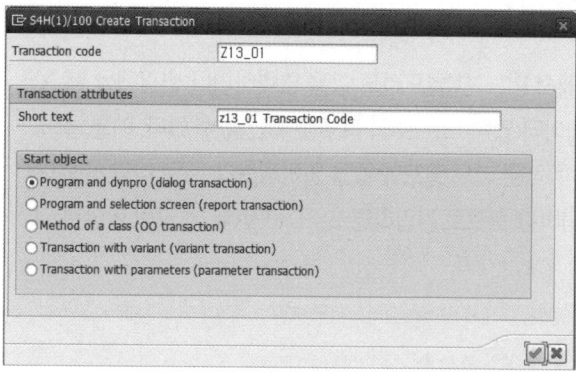

02 Transaction Code와 Short Text를 입력한 후, Start Object로는 Type-M 프로그램이므로 Program and dynpro(dialog transaction)를 선택한다.

예제에서는 편의상 프로그램 이름과 동일한 트랜잭션 이름을 지정했지만 실제 프로젝트에서는 사이트의 네이밍 룰을 따른다.

▌네이밍 룰: Z + 모듈+ 순번
  예) ZFIR0010

Start Object의 속성은 이어지는 3-5-2절의 내용을 참고하자.

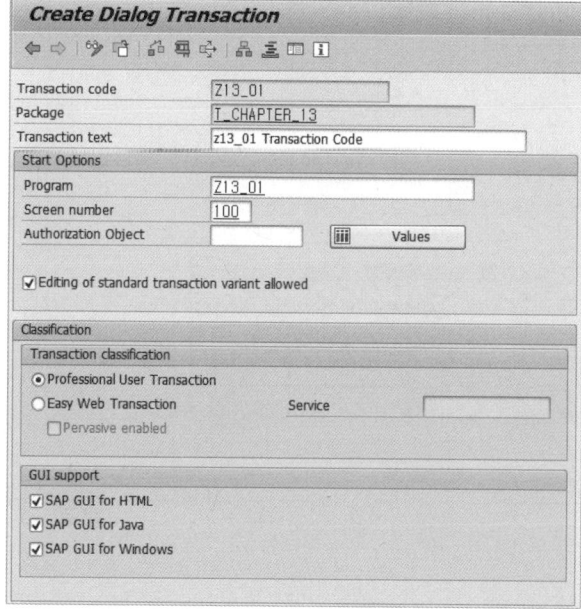

03 트랜잭션 내역, 프로그램 이름, 처음 시작할 스크린 번호를 지정하고 저장 버튼을 클릭한다.

이후 명령어 입력필드(Command field)에 생성한 트랜잭션 코드(T-Code)를 입력해보자.

04 T-Code를 실행하면 Z13_01 프로그램의 100번 화면이 조회된다.

이제 이전에 작성한 기능들을 테스트해보며 프로그램이 정상적으로 작동하는지 확인해보자.

조금 더 알아보기 — 시스템 변수 SY-DATAR

시스템 변수 SY-DATAR에는 사용자가 화면에서 어느 한 필드라도 값을 입력하거나 변경했을 때 'X' 값이 할당된다. 이 변수를 이용하면 화면의 데이터 입력 또는 수정 여부를 확인할 수 있다. 예를 들어, 앞서 생성한 트랜잭션 코드 Z13_01을 실행한 후 직원 코드 필드에 값을 입력해보자. 그런 다음, 명령어 입력 필드(Command Field)에 /H를 입력하여 디버깅 모드로 진입하면, SY-DATAR에 'X' 값이 할당된 것을 확인할 수 있다.

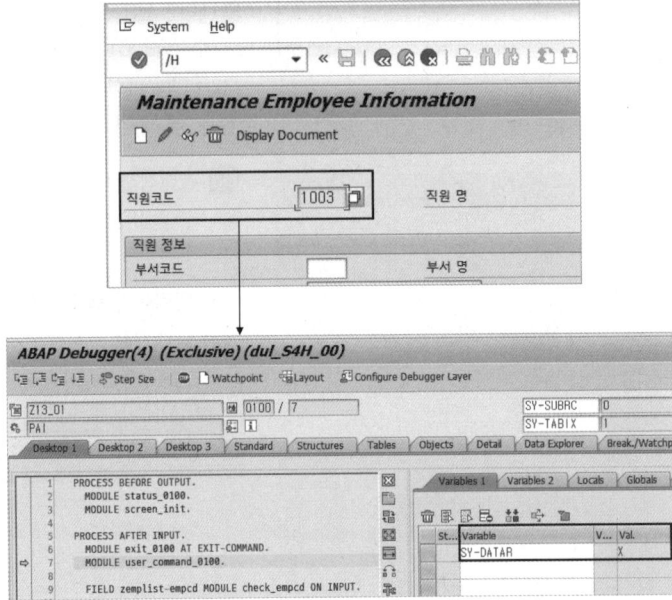

3-5-2 트랜잭션 코드의 종류

트랜잭션 코드(T-CODE)는 개발한 프로그램을 최종 사용자가 직접 실행할 수 있도록 연결해주는 실행 명령어이다. 트랜잭션 코드는 SE93 트랜잭션에서 생성, 변경, 조회할 수 있으며, 관련 정보는 ABAP Dictionary의 TSTC(기본 정보), TSTCT(텍스트 정보) 테이블에 저장된다. 트랜잭션 코드의 이름은 최대 20자까지 지정할 수 있다. 앞선 실습 2단계에서 확인했듯이, T-CODE에는 다음과 같은 5가지 유형이 있다.

1) Dialog 트랜잭션(Program and dynpro)

TYPE-M 모듈 풀 프로그램에서 사용되는 트랜잭션 코드로서 스크린과 연결되어 프로그램을 실행한다.

2) Report 트랜잭션(Program and selection screen)

TYPE-1 리포트 프로그램을 시작하기 위한 트랜잭션 코드이다.

3) Object-Oriented 트랜잭션(Method of a class)

ABAP 오브젝트인 클래스의 메소드를 트랜잭션 코드로 생성한다.

4) Variant 트랜잭션(Transaction with variant)

트랜잭션 변형(Transaction Variant)을 사용하여 프로그램의 필드를 조정할 수 있다. 표준 프로그램의 필드를 조회 모드로 변경하는 등의 작업을 수행할 수 있다.

5) Parameter 트랜잭션(Transaction with parameters)

트랜잭션이 수행된 스크린 필드에 초기 값을 지정할 수 있게 한다. 스크린 필드명과 값을 파라미터에 입력하고 트랜잭션을 실행하면 해당 스크린의 필드에 초기 값이 설정된다. 자세한 내용은 3-5-3절을 참고하자.

3-5-3 Parameter 트랜잭션

Parameter 트랜잭션을 사용하면 트랜잭션을 호출할 때 스크린의 필느녕과 값을 파라미터로 설정하여 전달할 수 있다. Parameter 트랜잭션은 화면 필드 값을 초기화하는 것 이외에 유지보수 뷰를 트랜잭션으로 호출할 때 유용하게 사용할 수 있다. 7장에서 생성한 Maintenance View ZVMFAMILY를 호출하는 트랜잭션을 생성해보자.

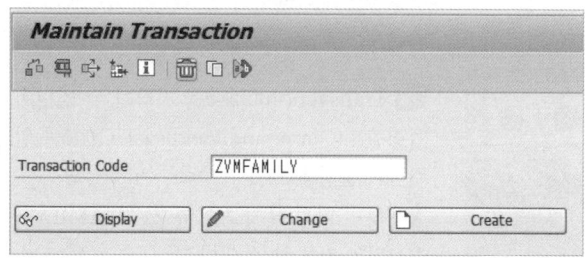

01 T-Code SE93(Maintain Transaction)에서 생성할 트랜잭션 코드를 입력한 뒤 Create 버튼을 누른다.

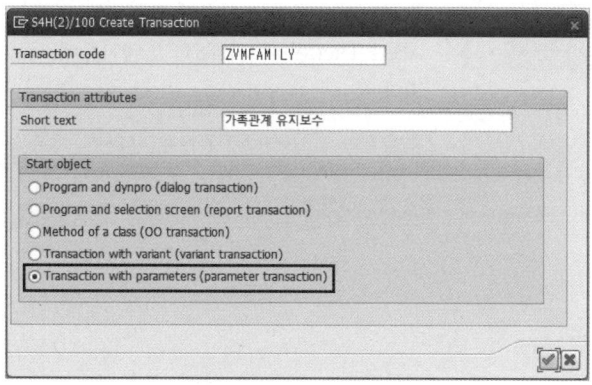

02 Start Object를 지정할 때 Parameter 트랜잭션인 Transaction with parameters를 선택한다.

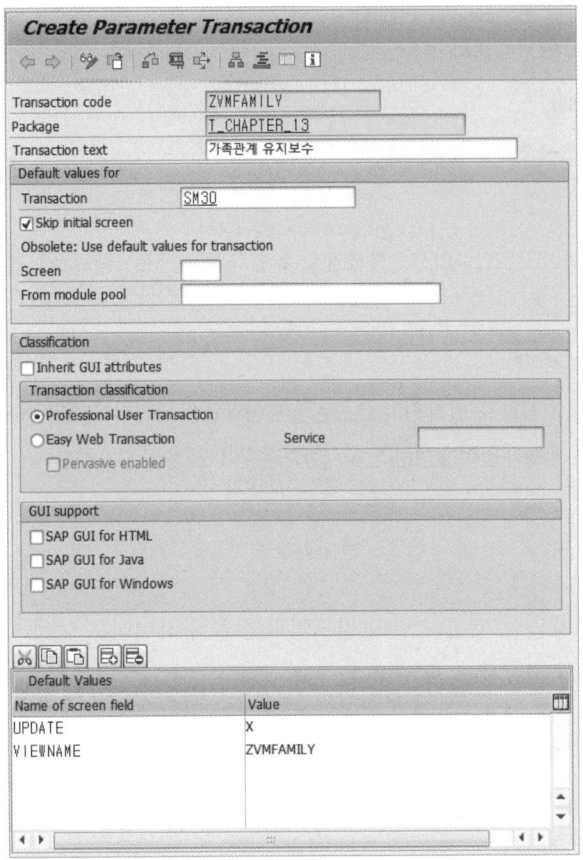

03 Parameter Transaction을 지정하기 위한 속성들을 입력한다.

유지보수 뷰는 다음 그림과 같이 T-CODE: SM30에서 유지보수 뷰 이름을 입력해 호출할 수 있다.

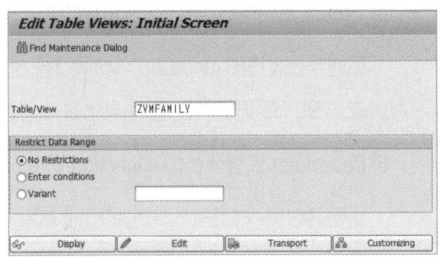

Default values for 영역의 Transaction에 'SM30'을 입력한 뒤 Skip initial screen 옵션에 체크하면 위에 보이는 화면과 같은 SM30 입력 트랜잭션을 건너뛰고 바로 뷰 화면을 조회할 수 있다.

이때 아래쪽 Default Values 영역에 SM30 트랜잭션을 실행하며 넘길 파라미터 값을 지정한다. 예제에서처럼 VIEWNAME에 'ZVMFAMILY'를 입력하면 T-Code 실행 시 바로 VIEWNAME에 입력한 뷰 화면이 조회된다.

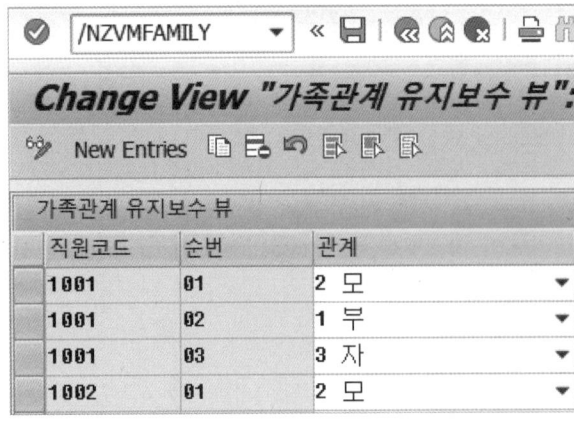

04 Transaction Code를 저장한 뒤 명령어 입력필드(Command Field)에 T-Code를 입력하여 실행해보자.

실행하면 바로 유지보수 뷰 ZVMFAMILY가 호출되는 것을 볼 수 있다.

참고로 3단계에서 설정한 파라미터 정보는 ABAP Dictionary의 TSTCP 테이블에 저장된다.

조금 더 알아보기 — 스크린 페인터에서 Screen Upload/Download

프로그램 개발 과정에서 스크린 페인터로 디자인한 화면을 복사하거나 백업용으로 저장해야 할 경우가 있다. 스크린 필드(Screen Field)가 한두 개라면 직접 다시 그리는 것이 더 빠를 수도 있지만, 필드 개수가 많다면 상당히 번거로운 작업이다. 이럴 때는 Screen Up/Download 기능을 활용하면 스크린 레이아웃뿐만 아니라 PBO, PAI 모듈 등도 손쉽게 업로드하거나 다운로드할 수 있다. 이 기능을 실행하는 경로는 다음과 같다.

[Screen Painter] → [Utilities] → [Upload/Download]

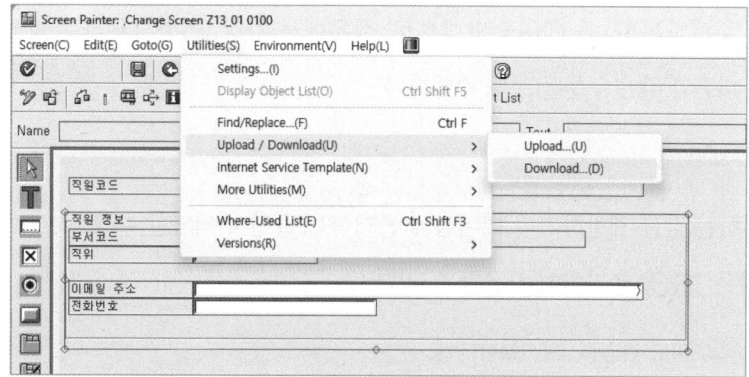

그림 13-22 Screen Upload/Download

3-6 Input Check

사용자가 화면의 Input 필드에 값을 입력하면, 해당 필드에서 허용하는 올바른 타입의 데이터인지 확인하는 절차가 진행된다. 이러한 과정을 프로그램 용어로 검증(Validation)이라고 한다.
스크린에는 다음과 같은 두 가지 유형의 Input Check(사용자 입력 값 검증) 로직이 존재한다.

1. Automatic Input Check
2. Input Checks in Dialog Module

1) Automatic Input Check

Automatic Input Check는 스크린 필드의 데이터가 ABAP 프로그램으로 복사되거나 Dialog 모듈이 호출되기 이전, PAI 이벤트에서 자동으로 수행된다. 이때 필수 입력 필드 여부와 데이터 포맷 체크, ABAP Dictionary 레벨의 체크가 수행된다.

Function Code가 'E' 타입으로 선언된 경우, MODULE <xxx> AT EXIT-COMMAND가 Automatic Input Check보다 먼저 호출된다. 예를 들어, 필수 필드가 설정된 스크린에서 사용자가 [EXIT] 버튼을 클릭하여 화면을 빠져나가려고 할 때 Function Code가 'E'로 설정되어 있지 않으면, Automatic Input Check가 가장 먼저 수행되어 에러가 발생하고 사용자는 화면을 빠져나갈 수 없게 된다. 즉, AT EXIT-COMMAND는 필수 필드를 입력하지 않고 스크린을 빠져나가기 위한 목적으로 주로 사용된다.

2) Input Check in Dialog Module

PAI 모듈에서 수행하는 Input Check 방식으로, 실무에서 가장 많이 사용하는 방법이기도 하다. Input Check는 다음과 같은 구문을 통해 수행한다.

```
FIELD <f> MODULE <mod>.
```

사용자가 입력하는 값을 제한하거나 테이블에 존재하는 값인지 체크할 수 있다. 또한 모듈로 존재하기 때문에 많은 기능을 추가하여 사용할 수 있다.

```
FIELD <f> MODULE <mod> ON INPUT.
```

필드 f의 값이 초기 값과 다를 때만 모듈 mod가 수행된다. Data Type마다 초기 값(Initial value)이 다르다. CHAR 타입은 공백(Space)이 초기 값이며, Numeric 필드는 0이 초기 값이다. 자세한 사항은 "7장 ABAP Dictionary"를 참고한다.

```
FIELD <f> MODULE <mod> ON REQUEST.
```

필드 f의 값이 변경될 때마다 모듈 mod가 수행된다. 예를 들어, 실행된 프로그램의 필드가 CHAR 타입이고, 사용자가 이 필드에 공백(Space)을 입력하고 [Enter]를 누르면 ON INPUT 모듈은 호출되지 않지만 ON REQUEST 모듈은 수행된다.

```
CHAIN.
   FIELD <f1>
   FIELD <f2>
   ...
   MODULE <mod> [ON CHAIN-INPUT | ON CHAIN-REQUEST].
```

여러 개의 필드를 CHAIN 구문으로 묶어 공동으로 처리할 수 있다. CHAIN 구문을 사용하지 않으면 개별 필드에 Message E(에러 메시지)가 발생했을 때 해당 필드의 오류를 처리한 후에 다른 필드에 값을 입력할 수 있다. 그러나 CHAIN 구문을 사용하면 그룹 내 필드 중 하나라도 Message E가 발생하면, 그룹을 제외한 전체 필드의 입력이 비활성화되고 그룹 내의 모든 E 타입 오류를 처리해야 다음 단계로 진행할 수 있다.

이제 다음 예제를 통해 실습을 진행하며 이해해 보자.

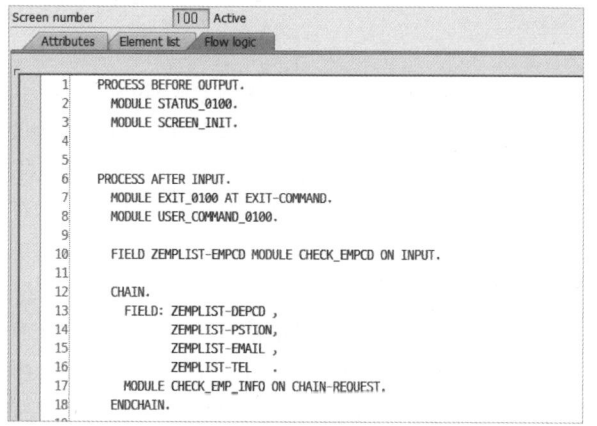

01 Screen Flow logic의 PAI에 왼쪽과 같은 소스 코드를 추가한다.

첫 번째 FIELD 구문은 화면의 EMPCD 값이 초기 값이 아닐 때 'MODULE CHECK_EMPCD'를 실행한다.

두 번째 FIELD 구문은 '직원 정보' 박스로 묶여 있는 필드들을 CHAIN 구문으로 묶어 그룹으로 체크한다.

02 다음 소스 코드는 1단계에서 작성한 모듈의 세부 로직이다. 간단한 실습을 통해 입력 값 검증이 어떻게 이루어지는지 확인해보자.

첫째, 직원코드는 5자리 이상 입력 시 E 타입의 메시지가 발생하고, 둘째, CHAIN 구문에서는 이메일에 '@' 기호를 넣지 않은 경우 E 타입의 메시지가 발생한다.

```
MODULE CHECK_EMPCD INPUT.
" 직원코드가 5자리가 넘어가면 오류
  IF STRLEN( ZEMPLIST-EMPCD ) >= 5.
    MESSAGE 'Please enter a maximum of 4 digits for your employee code.'
      TYPE 'E'.
  ENDIF.
ENDMODULE.
*&---------------------------------------------------------------------*
*&      Module  CHECK_EMP_INFO  INPUT
*&---------------------------------------------------------------------*
*       text
*----------------------------------------------------------------------*
MODULE CHECK_EMP_INFO INPUT.
  IF ZEMPLIST-EMAIL IS NOT INITIAL AND
     ZEMPLIST-EMAIL NA '@'.
    MESSAGE 'Invalid email address.' TYPE 'E'.
  ENDIF.
ENDMODULE.
```

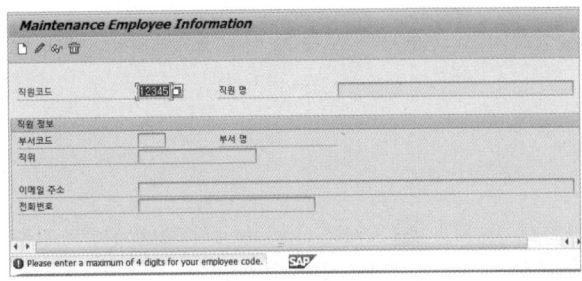

03 직원코드에 값을 입력하면 ON-INPUT 구문을 통해 입력 값을 체크한다. 직원코드 필드에 5자리를 초과하는 값을 입력하면 E 타입의 메시지를 발생시킨다. 이로 인해 직원코드 필드에 커서가 머무르고, 다른 필드는 입력이 불가능한 상태가 된다.

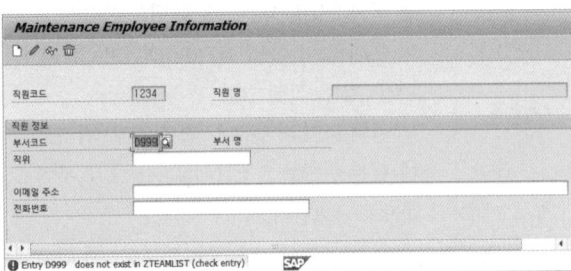

04 이번엔 부서코드에 값을 넣어보자.
'직원 정보'라는 박스에 묶여 있는 Input Field들은 앞에서 CHAIN 구문으로 그룹을 지었다. 따라서 CHAIN으로 그룹 지은 필드들만 입력 가능한 상태이고, 나머지 필드에는 값을 입력할 수 없다.
여기서 주목해야 할 점은 부서코드에 대한 체크 로직을 작성하지 않았음에도 불구하고 에러 메시지가 발생했다는 점이다. 이는 부서코드 필드에 외래키(Foreign Key)가 걸려 있어 Automatic Input Check가 발생한 것이다. 부서코드에는 부서코드 마스터 테이블(ZTEAMLIST)에 등록된 엔트리만 입력할 수 있다.
이 부분이 이해하기 어렵다면 "7장 ABAP Dictionary"의 외래키 내용을 다시 살펴보자.

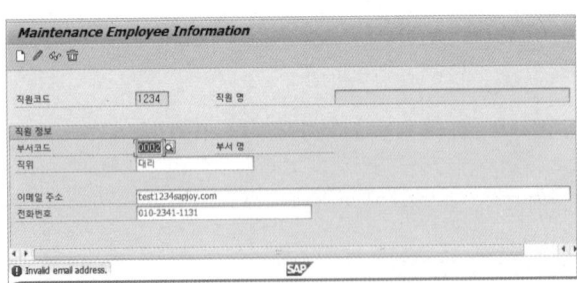

05 이메일 주소에 '@' 기호를 입력하지 않았기 때문에 CHAIN ~ ENDCHAIN 구문에 체크 로직을 수행하여 E 타입의 메시지가 발생했다.
오류를 처리하지 않으면 [BACK] 버튼을 눌러도 다른 화면으로 이동할 수 없다. 하지만 [EXIT] 버튼이나 [CANC] 버튼은 앞에서 Function Type을 'E'로 지정하고 AT EXIT-COMMAND 모듈에 프로그램을 종료하는 로직을 작성했다.
따라서 [BACK] 버튼으로는 화면을 종료할 수 없지만, [EXIT] 또는 [CANC] 버튼을 사용하면 화면을 빠져나갈 수 있다.

3-7 스크린 호출

모듈 풀 프로그램 내에서 스크린을 호출하는 방법에는 다음과 같은 두 가지가 있다.

    1. SET SCREEN nn.

    2. CALL SCREEN nn.

1) SET SCREEN nn.

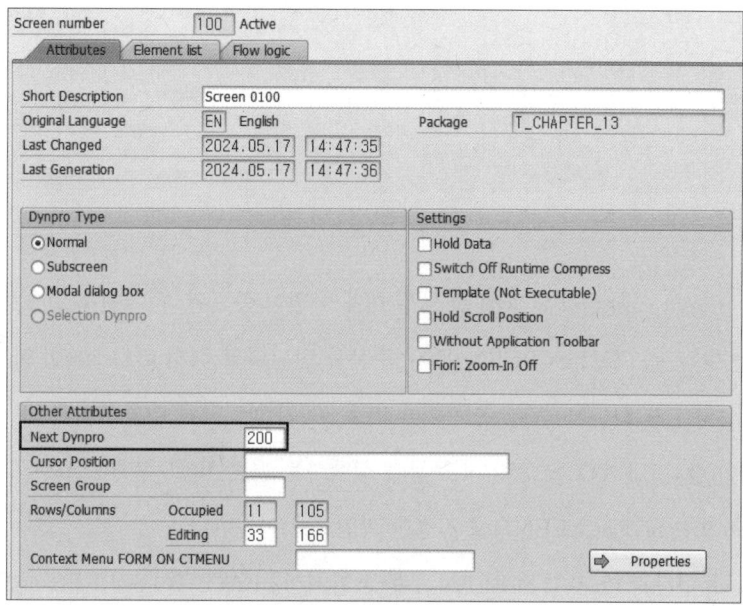

그림 13-23 스크린 속성의 Next Dynpro

먼저, 그림 13-23의 스크린 속성에서 Next Dynpro 설정을 살펴보자. 현재 100번 화면의 Next Dynpro는 200번으로 설정되어 있다. 이는 다음 그림 13-24와 같이 현재 스크린(100번)의 PAI가 모두 종료되면 200번 스크린의 PBO를 실행한 뒤 200번 화면이 사용자에게 조회됨을 의미한다. 이를 '정적 스크린 순서'라고 한다. 참고로 Screen을 처음 생성할 때 Next Dynpro는 기본적으로 자기 자신의 스크린 번호로 지정되어 있다.

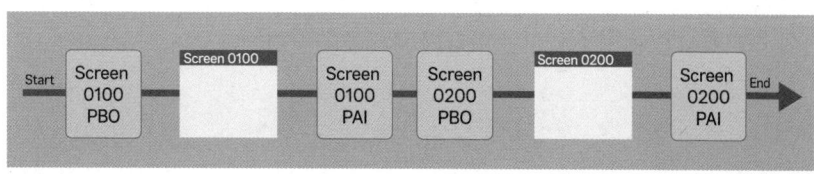

그림 13-24 NEXT Screen Flow

Next Dynpro 설정과는 별도로 프로그램 로직에서 SET SCREEN 구문을 사용해 어떤 스크린 번호로 이동할지 지정할 수 있다. 스크린 속성에서 Next Dynpro가 200번으로 설정되어 있더라도, 프로그램에서 'SET SCREEN 0300.'을 명시하면 다음 그림 13-25와 같이 100 스크린의 PAI가 종료되면 300번 스크린의 PBO를 실행한 뒤 300번 화면이 조회된다. 이러한 방법을 '동적 스크린 순서'라고 한다.

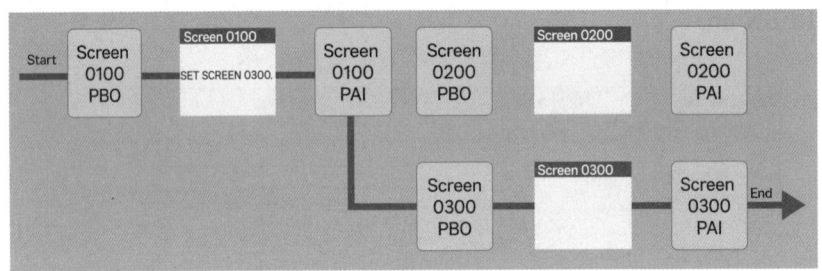

그림 13-25 SET Screen Flow

Next Dynpro(Next Screen)와 SET SCREEN 모두 현재 화면이 종료된 후 어떤 화면으로 이동할지 '지정'하는 역할을 한다. 즉, 'SET SCREEN 0300' 구문을 만난다고 해서 바로 300번 화면으로 이동하는 것은 아니다. 'SET SCREEN 0300' 구문 이후 바로 300번 화면으로 이동하려면 LEAVE SCREEN 구문을 사용해야 한다. LEAVE SCREEN 구문을 실행하는 순간, 바로 현재 스크린의 PAI를 종료하고 Next Dynpro 또는 SET SCREEN으로 지정한 화면으로 이동한다.

SET SCREEN nn 구문과 LEAVE SCREEN 구문을 합쳐서 LEAVE TO SCREEN nn으로 사용할 수도 있다. LEAVE TO SCREEN 구문을 실행하면 현재 스크린의 PAI를 바로 종료하고 지정한 스크린으로 이동한다.

2) CALL SCREEN nn.

CALL SCREEN 구문을 이용하여 스크린을 호출하면, CALL SCREEN 구문을 만나는 즉시 호출한 스크린으로 이동한다. 이때 현재 스크린은 종료되지 않고 비활성화된 상태로 존재한다.

다음 그림 13-26처럼 'CALL SCREEN 0300.' 구문을 만나면 바로 300번 화면으로 이동한다. 300번 화면으로 이동한 후 'LEAVE TO SCREEN 0.' 구문을 만나면 다시 호출한 화면의 PAI(100번 스크린의 PAI)로 돌아오고, CALL SCREEN 구문 아래의 로직들을 실행한다.

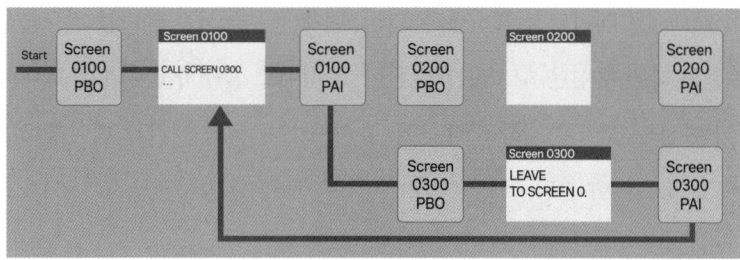

그림 13-26 CALL Screen Flow

SET SCREEN에는 추가 옵션이 존재하지 않지만, CALL SCREEN에는 다음과 같은 구문을 추가하여 사용할 수 있다.

```
CALL SCREEN nn
  STARTING AT x1 y1 ENDING AT x2 y2
```

이렇게 추가 옵션을 사용하면 일반 스크린도 Modal Dialog처럼 호출할 수 있다. 즉, 화면의 위치와 크기를 지정하여 팝업처럼 사용할 수 있다.

지금까지 내용을 정리하면 다음 표 13-10과 같다.

Next Dynpro (Next Screen)	정적으로 지정된 스크린으로, 현재 스크린의 PAI가 종료되면 Next Dynpro에 설정된 화면으로 이동한다.
SET SCREEN nn	동적으로 지정된 스크린으로, 현재 스크린의 PAI가 종료되면 어떤 스크린으로 이동할지 지정한다.
LEAVE SCREEN	현재 스크린의 PAI를 바로 종료하고 Next Dynpro 또는 SET SCREEN에 지정된 화면으로 이동한다.
LEAVE TO SCREEN nn	SET SCREEN nn 구문과 LEAVE SCREEN 구문을 합친 것
CALL SCREEN nn	현재 스크린을 잠시 중단하고 새로운 스크린 nn번으로 이동한다.

표 13-10 Screen 호출 관련 Keyword

테이블 컨트롤

화면에 여러 행의 데이터를 조회해야 하는 경우, 그림 13-27과 같은 테이블 컨트롤(Table Control)을 활용할 수 있다. 테이블 컨트롤은 컬럼 헤더와 컬럼 정보를 가진 Simple 컨트롤의 일종으로, 엑셀 시

트처럼 탭 형태(Tabular)로 데이터를 표시한다. 다만, 현재 실무에서는 테이블 컨트롤을 거의 사용하지 않으며, 대부분의 화면 구성은 ALV로 개발된다. 그럼에도 불구하고 기존에 테이블 컨트롤로 개발된 프로그램이 여전히 많이 존재하기 때문에, 유지보수나 분석을 위해 테이블 컨트롤의 개념과 사용법은 반드시 알고 있어야 한다.

- 테이블 컨트롤의 LINE은 Keywords와 Input/Output 필드, Radio Button, Checkbox, Radio Button Group, Pushbutton을 포함할 수 있다.
- LINE은 최대 255개의 컬럼까지 지정할 수 있다.

다음 그림 13-27은 이번에 생성할 테이블 컨트롤의 화면과 각 용어를 설명하고 있다. 자세한 내용은 실습을 진행하며 알아보자.

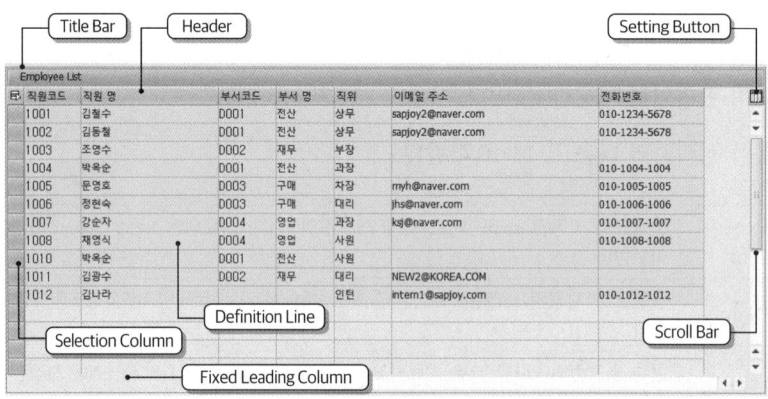

그림 13-27 테이블 컨트롤

4-1 테이블 컨트롤 생성

모듈 풀 프로그램에서 테이블 컨트롤(Table Control)을 추가하려면 다음과 같은 절차로 진행해야 한다.

1. Table Control 관련 변수를 전역 변수로 선언한다.
2. 스크린에 Table Control 영역을 정의하고 레이아웃을 디자인한다.
3. 스크린 Flow Logic에서 Table Control 관련 소스 코드를 작성한다.

먼저, 프로그램 Z13_02를 TYPE-M 타입으로 생성한 후 스크린 100번을 추가하자.

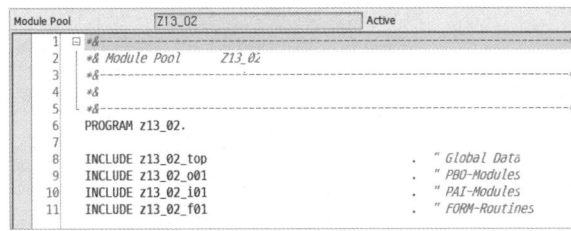

01 T-CODE:SE80에서 Type-M 프로그램을 생성한다. 이때 'Create with TOP Include' 체크박스를 선택한 뒤 Include 프로그램의 주석을 풀고 활성화하자.

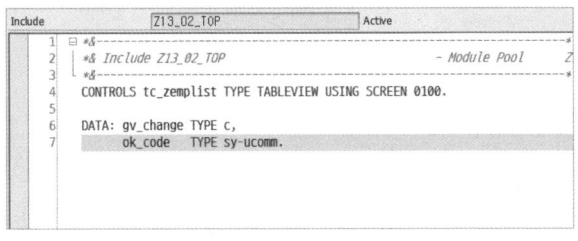

02 프로그램의 전역 변수 선언을 모아둔 Include 프로그램인 _TOP에 전역 변수를 선언한다. CONTROLS 구문을 사용하여 테이블 컨트롤을 제어하기 위한 변수를 생성한다.

```
CONTROLS ctr TYPE TABLEVIEW
USING SCREEN scr.
```

- **ctr**: 테이블 컨트롤의 이름
- **scr**: 테이블 컨트롤을 사용하는 스크린 번호

> CONTROL 구문은 Complex Data Object인 컨트롤을 생성한다. 현재는 Table Control, Tabstrip Control 두 가지 종류를 정의하는 데 사용된다.

03 스크린 100번 툴바의 🎛 버튼을 누른 뒤 레이아웃 영역에 적절한 크기로 배치한다. 이때 테이블 컨트롤의 이름은 2단계에서 CONTROLS 구문으로 선언한 이름과 동일해야 한다. 스크린과 ABAP 프로그램에서는 동일한 변수 이름을 사용해야 한다는 규칙을 잊지 말자.

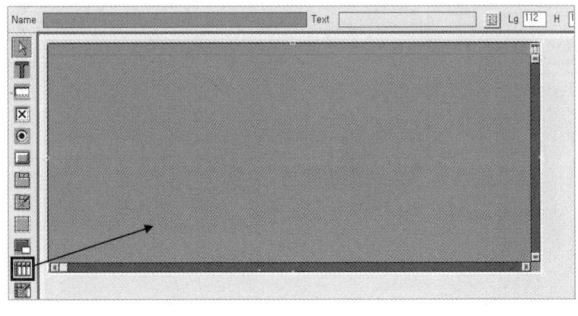

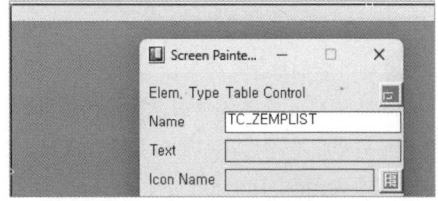

테이블 컨트롤을 생성하는 방법은 Wizard를 사용하는 방법과 [Table Control] 버튼으로 직접 생성하는 방법이 있다. 실습에서는 Wizard를 사용하지 않는다.

> WIZARD를 이용하면, 스크립트의 가독성이 떨어지고 수정이 어려우므로 사용을 자제하도록 하자.

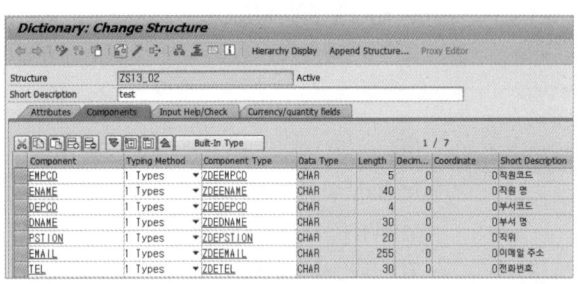

04 테이블 컨트롤에 나타낼 구조를 정한다.
이번 예제에서는 ZEMPLIST와 ZTEAMLIST의 데이터를 JOIN하여 사용할 것이므로, ABAP Dictionary에 구조체(Structure)를 하나 생성한다.

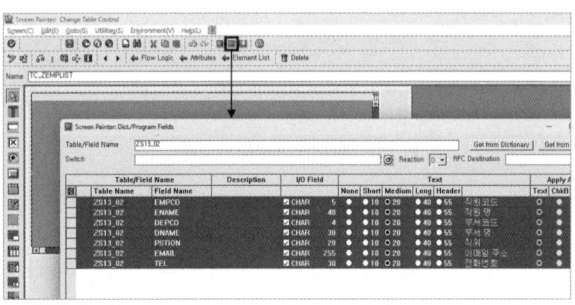

05 테이블 컨트롤에 요소를 추가한다.
그림과 같이 [Dictionary/program fields window] 아이콘을 클릭한 다음, 조금 전에 생성한 구조체 ZS13_02를 입력한다. 이어서 전체 필드를 선택한 후 [Enter] 키를 누른다.
그리고 Drag & Drop으로 테이블 컨트롤을 스크린 영역으로 옮기면 다음 그림과 같이 자동으로 필드가 구성된다. 이때 컬럼을 선택하여 헤더 텍스트를 변경할 수도 있다.

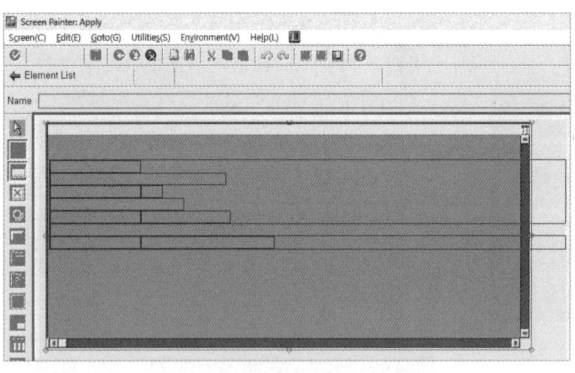

06 테이블 컨트롤의 속성을 설정한다.
테이블 컨트롤 우측 상단의 ▥ 버튼을 클릭하여 속성을 지정할 수 있다. w/Title에 체크하면, 헤더 라인 위에 새로운 필드가 생성되는데, 이곳에 Text Field를 Drag & Drop한 뒤 타이틀(Title)을 입력할 수 있다. Separators 항목의 Vertical, Horizontal에 체크하면 각각 세로, 가로 구분선을 만들어준다. w/SelColumn은 테이블 컨트롤에서 사용자가 라인을 선택할 수 있도록 해준다.
이외의 테이블 컨트롤 속성에 대한 자세한 내용은 다음 표 13-11을 참고하자.

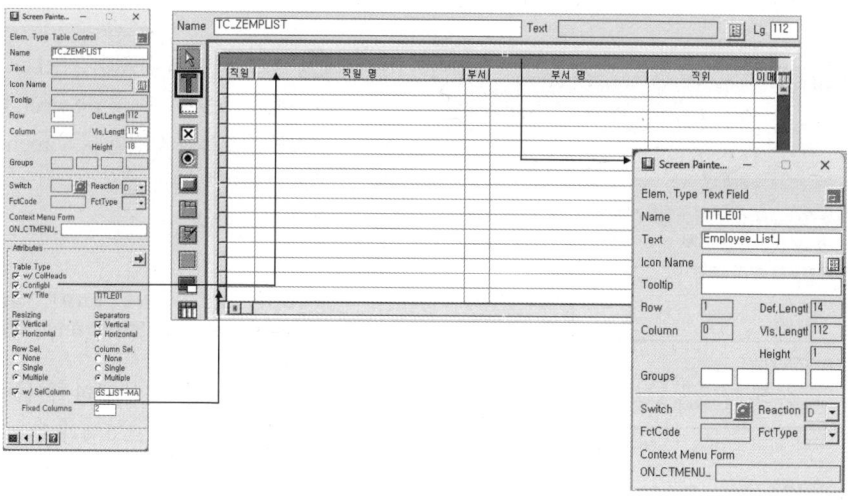

속성	설명
w/ColHead	테이블 컨트롤의 헤더 표시 여부
Configbl	Setting Button 활성화
w/Title	타이틀 바 추가
Resizing	테이블 컨트롤의 크기 변경 가능
Separators	수평/수직 구분자
Row Sel.	라인 싱글/멀티 선택 허용 여부
Column Sel.	컬럼 싱글/멀티 선택 허용 여부
w/selColumn	테이블 왼쪽에 라인 선택을 위한 칼럼 추가 여부. 예제에서는 'MARK'라는 이름을 지정한다.
Fixed Columns	스크롤 시에도 고정될 컬럼의 개수

표 13-11 테이블 컨트롤 속성

4-2 테이블 컨트롤 스크립트 구현(LOOP)

테이블 컨트롤을 사용하려면 PBO와 PAI 모듈에 LOOP 구문을 추가해야 한다. LOOP 구문은 ABAP 프로그램 필드와 스크린 필드의 데이터가 연결되도록 한다(row by row로 복사된다).

PBO의 LOOP 구문은 ABAP 프로그램의 필드 데이터를 스크린 필드(테이블 컨트롤)에 조회되도록 하며, PAI의 LOOP 구문은 스크린 필드(테이블 컨트롤)의 데이터를 ABAP 프로그램 데이터에 복사한다. 에러를 방지하려면 PBO/PAI 모듈에 내용이 없는 LOOP 구문이라도 추가해야 한다. 프로그램을 실행하면, 데이터가 없는 테이블 컨트롤이 조회되는 것을 확인할 수 있다.

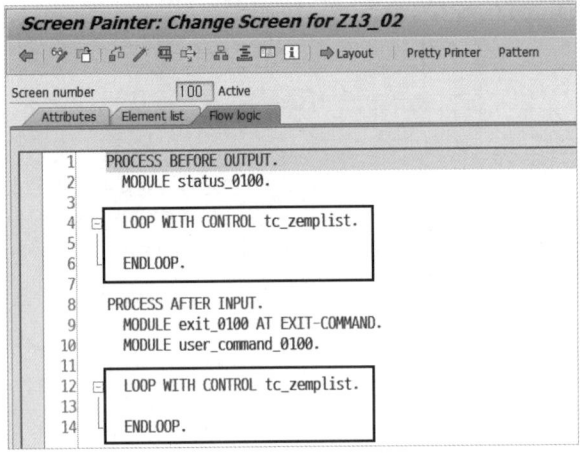

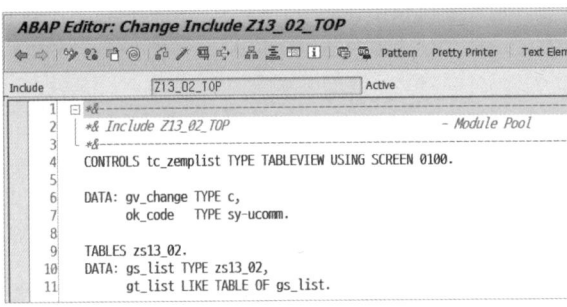

01 PBO와 PAI에 왼쪽과 같은 LOOP 구문을 추가한다. 스크린 레이아웃(Screen Layout)에 테이블 컨트롤을 설정한 뒤 Screen을 활성화하려고 하면 다음과 같은 구문 오류 메시지가 나타날 수 있다.

"LOOP ... ENDLOOP" must be specified at "PBO" and "PAI"

이는 왼쪽 소스 코드와 같이 테이블 컨트롤의 데이터를 ABAP 프로그램과 주고받기 위한 LOOP 구문을 선언해야 한다는 의미다.

02 ZEMPLIST와 ZTEAMLIST에서 조회한 (SELECT) 결과를 저장할 구조체 변수와 인터널 테이블을 선언한다.
테이블 컨트롤의 개별 라인에 데이터가 조회되도록 하기 위해 TABLES 명령어를 이용해 Work Area를 선언한다.
다음 그림을 보면 테이블 컨트롤의 개별 라인은 ZS13_02 구조를 이용하고 있음을 알 수 있다.

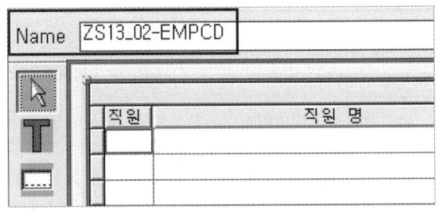

만약 Dictionary 구조를 그대로 사용하지 않는다면 컬럼 이름을 변경할 수 있다. 이 내용은 다음 예제에서 실습하도록 하자.

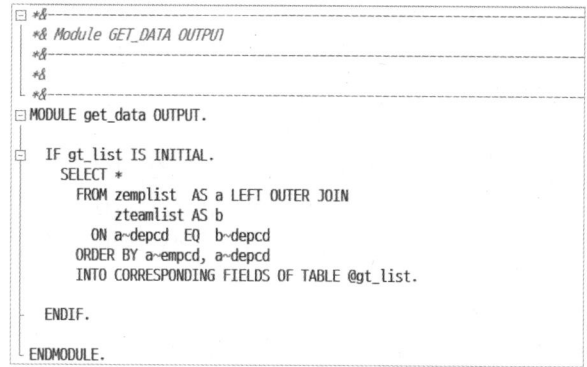

03 PBO에 get_data 모듈을 추가하여 SELECT 구문으로 데이터를 가져온다.

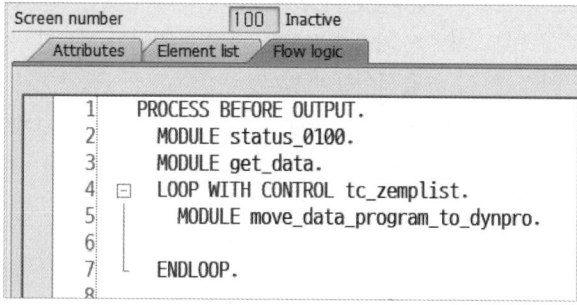

04 PBO에 LOOP 구문 구현(ABAP → Screen)

인터널 테이블의 데이터를 스크린의 테이블 컨트롤에 복사하기 위해 PBO에 LOOP 구문을 수행한다.

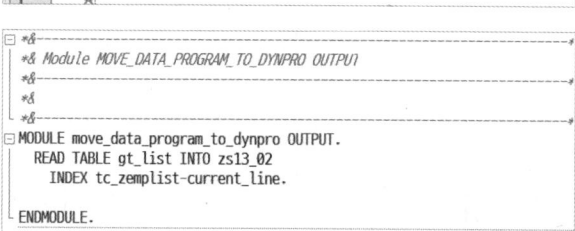

PBO의 LOOP 구문 안에 move_data_program_to_dynpro 모듈을 생성하고 소스 코드를 작성하자. 3단계에서 SELECT로 얻은 결과를 저장한 인터널 테이블 gt_list에서 데이터를 읽어온다. tc_zemplist-current_line은 테이블 컨트롤의 현재 Row 번호를 나타낸다.

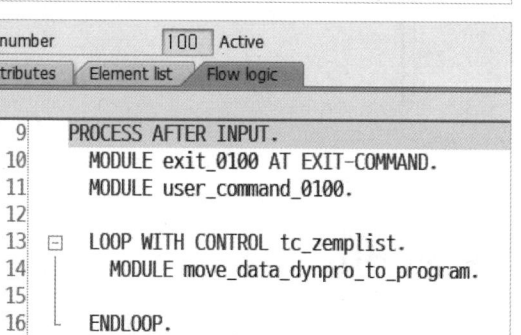

05 PAI에 LOOP 구문 구현(Screen → ABAP)

사용자가 테이블 컨트롤에서 내용을 변경하게 되면 스크린의 필드에만 값이 변경되고, 아직 ABAP 프로그램 영역에는 반영되지 않는다.
PAI에 LOOP 구문을 추가하여 모듈을 생성하자. 이제 GUI Status를 생성하고, 사용자가 화면을 종료할 수 있는 스크립트를 완성한다.

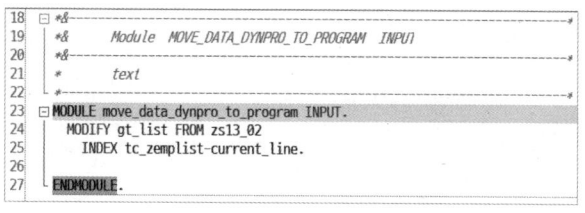

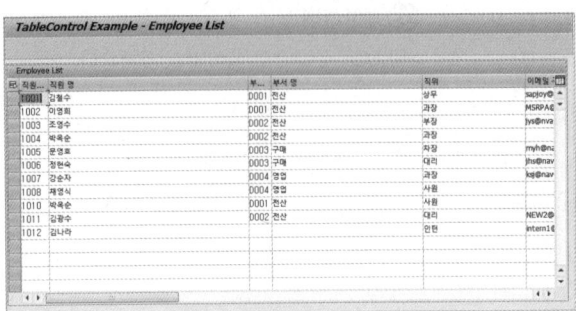

06 트랜잭션 코드(Transaction Code)를 생성하여 프로그램을 실행해보면 왼쪽 그림과 같이 테이블 컨트롤에 데이터가 조회되는 것을 볼 수 있다.

그러나 화면을 자세히 보면 상/하 스크롤 바가 생성되지 않았다. 이는 테이블 컨트롤의 전체 라인 수를 지정하는 로직을 추가하지 않았기 때문이다.

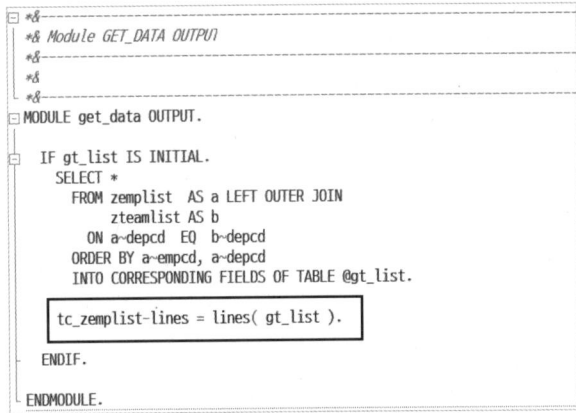

07 get_data 모듈에서 데이터를 조회한 (SELECT) 후 데이터 건 수를 테이블 컨트롤에 지정해주면 상/하 스크롤 바가 생성된 것을 확인할 수 있다.

tc_zemplist-lines는 현재 테이블 컨트롤의 라인 개수에 대한 정보를 담고 있다.

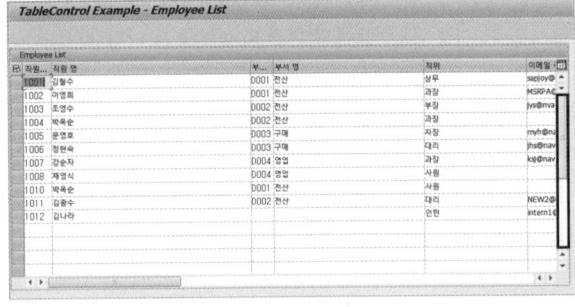

4-3 테이블 컨트롤 스크립트 구현(LOOP AT)

테이블 컨트롤에서 LOOP 구문을 수행하는 방법은 스크린을 이용하는 방법과 인터널 테이블 이용하는 방법 두 가지가 있다.

```
LOOP [WITH CONTROL control_name]

ENDLOOP.
```

```
LOOP AT <인터널 테이블>.

ENDLOOP.
```

스크린 필드와 ABAP 프로그램 영역 상호 간에 데이터를 line by line 형태로 복사한다.

스크린 필드와 ABAP 프로그램 영역 상호 간에 데이터를 병행(in Parallel)하여 수행한다.

CHAPTER 13 | 모듈 풀 프로그램

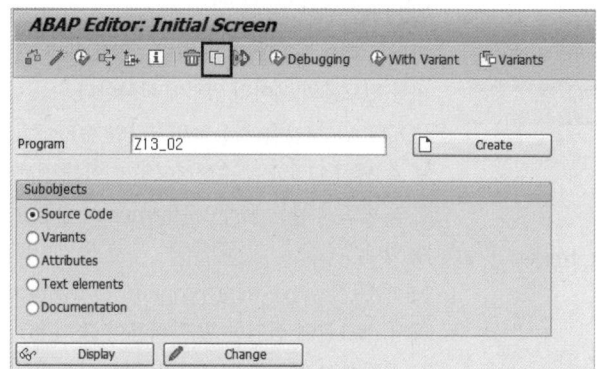

01 LOOP AT 구문으로 테이블 컨트롤을 실습하기 위해 Z13_02 프로그램을 복사하여 생성하자.

SE38에서 🗐 버튼을 눌러 프로그램을 복사한다.

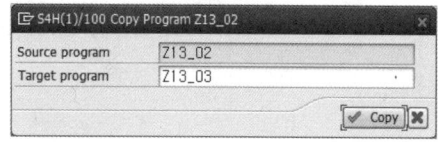

02 Z13_02 프로그램 전체를 선택한 뒤 Include 프로그램의 이름을 변경하고 ✔ Copy 버튼을 눌러 프로그램을 복사한다.

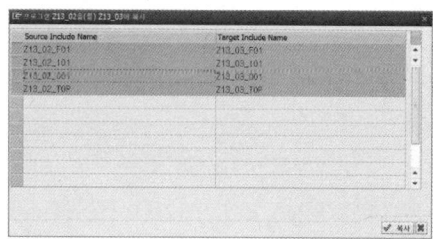

03 먼저 Z13_02에서 사용한 TABLES ZS13_02는 더 이상 사용하지 않으므로 삭제한다.

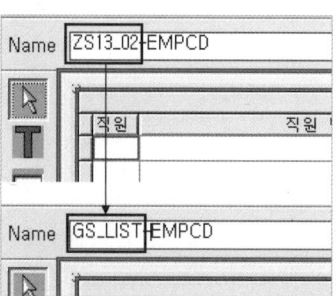

04 스크린 레이아웃(Screen Layout)에서 테이블 컨트롤의 필드 이름을 ZS13_02에서 GS_LIST로 변경한다.

이는 스크린과 ABAP 프로그램에서 동일한 이름을 가져야 한다는 원칙을 지키기 위함이다.

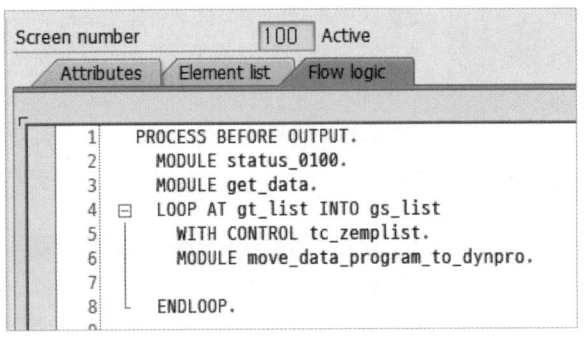

05 PBO 구현

인터널 테이블 데이터를 병렬로(Parallel) 테이블 컨트롤의 데이터 영역에 복사한다.

LOOP AT 구문을 사용하면, (라인 수) × (컬럼 수)만큼 LOOP를 수행하므로 테이블 컨트롤의 필드 속성을 동적으로(Dynpros) 변경할 수 있다.

MODULE move_data_program_to_dynpro 에서 스크린에 선언한 필드 이름이 GS_LIST로 시작하기 때문에 READ TABLE 구문에서 INTO 절에 구조체 변수 gs_list를 입력한다.

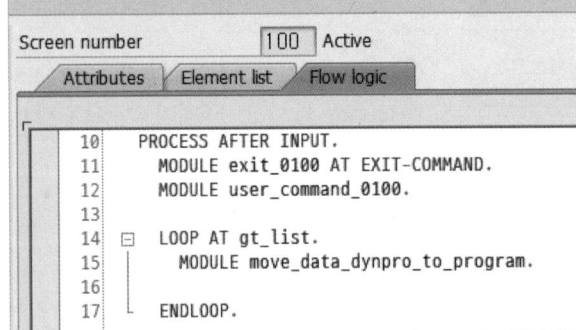

06 PAI 구현

인터널 테이블에 LOOP AT 구문을 추가하여 사용자가 테이블 컨트롤의 데이터를 변경하면 인터널 테이블에 반영하는 MODULE move_data_dynpro_to_program을 작성한다.

소스 코드를 보면, Z13_02 프로그램과 동일하게 테이블 컨트롤에서 변경된 내용을 인터널 테이블에 복사하게 된다.

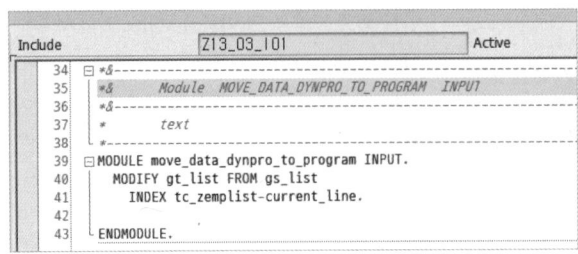

조금 더 알아보기 — 테이블 컨트롤의 Visible length 변경

테이블 컨트롤을 조회할 때 다음 그림과 같이 데이터가 잘리거나 헤더 라인의 텍스트가 잘려 보이는 경우가 있다. 이는 필드(Field)의 속성 중 Vis.Length가 짧아서 나타나는 현상으로, 최종 사용자가 마우스 커서를 사용해 늘리거나 줄일 수 있다. 하지만 매번 실행할 때마다 이런 작업을 하는 것은 번거롭기 때문에 스크린 레이아웃(Screen Layout)의 필드(Field)에서 적정한 너비로 수정하거나, 테이블 컨트롤을 보여주기 전 PBO에서 테이블 컨트롤의 컬럼 속성을 수정할 수 있다(이 내용은 다음 4-4-2절에서 실습한다).

Vis.Length를 변경하는 방법은 다음과 같다.

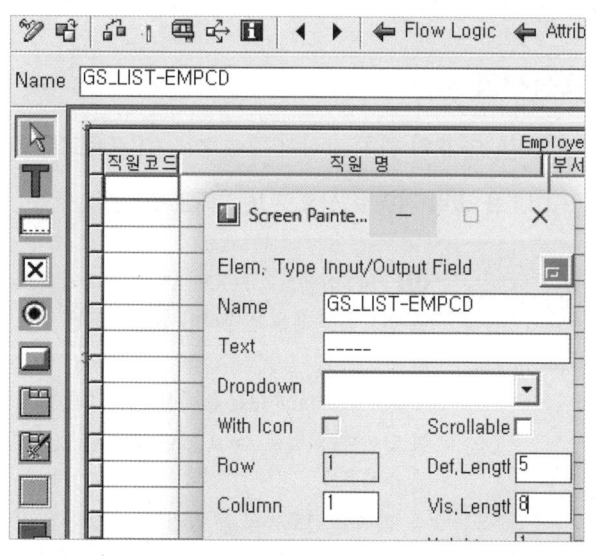

01 테이블 컨트롤의 필드를 더블 클릭하면 Vis. Length 속성을 조정할 수 있는데, 이 값을 늘리거나 줄이면 화면에 표시되는 필드의 너비를 변경할 수 있다. 반면, Def. Length는 ABAP Dictionary나 프로그램 내에서 정의된 변수의 실제 길이를 의미하므로, 이를 잘못 수정하면 데이터가 잘리거나 오류가 발생할 수 있다.
따라서 필드의 표시 너비만 조정하고자 할 경우에는 Vis. Length 속성만 변경하는 것이 안전하다.

02 스크린을 활성화한 후 다시 트랜잭션 코드(Transaction Code)를 실행하면 직원코드와 직원 명이 적절한 필드 너비로 수정된 것을 볼 수 있다. 다른 필드도 적절하게 너비를 수정해보자.

4-4 테이블 컨트롤 컬럼 속성 변경

그림 13-28 테이블 컨트롤 컬럼 속성 변경

그림 13-28과 같이 테이블 컨트롤의 컬럼 속성을 변경하는 방법은 CELL 레벨과 COLUMN 레벨로 크게 두 가지로 분류할 수 있다. CELL 레벨에서 필드 속성을 변경하려면 LOOP AT 구문을 사용하여 병렬(in parallel) 처리를 수행하며 CELL을 변경해야 한다. COLUMN 레벨에서 필드 속성을 변경하려면 SCXTAB_CONTROL 구조체의 속성을 이용해야 한다. 이러한 구분은 SAP 매뉴얼에 명시된 것이 아니라, 저자의 업무 경험을 바탕으로 한 노하우에 따른 구분이므로 착오가 없길 바란다.

4-4-1 CELL 레벨에서의 테이블 컨트롤 속성 변경

먼저 CELL 레벨에서 속성 변경을 실습해보자. 그림 13-28의 왼쪽 그림과 같이 Z13_03 프로그램의 테이블 컨트롤에서 DEPCD 컬럼이 'D002'인 CELL을 출력 전용 속성으로 변경해보자.

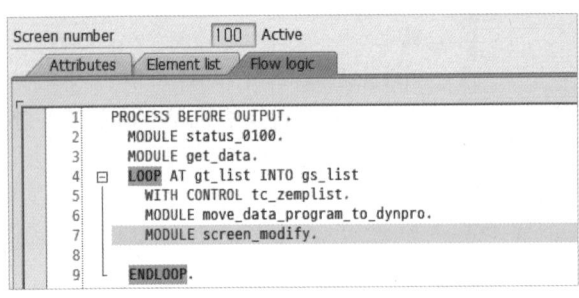

01 PBO 이벤트의 LOOP AT 구문 내에 테이블 컨트롤 속성을 변경하기 위한 모듈을 선언한다.

'LOOP AT itab.' 구문을 사용하게 되면, 테이블 컨트롤의 (컬럼 수) × (라인 수)만큼 LOOP를 수행한다.

즉, 테이블 컨트롤의 총 라인 수가 12라면, 첫 번째 라인부터 EMPCD ~ TEL 각 컬럼을 7번씩 총 84번을 반복한다.

```
Include                Z13_03_001              Active
44   *& Module SCREEN_MODIFY OUTPUT
45   *&
46   *&
47   *&
48   MODULE screen_modify OUTPUT.
49     LOOP AT SCREEN.
50       IF screen-name EQ 'GS_LIST-DEPCD'.
51         IF gs_list_depcd EQ 'D002'.
52           screen-input = 0.
53           MODIFY SCREEN.
54         ENDIF.
55       ENDIF.
56     ENDLOOP.
57   ENDMODULE.
```

02 왼쪽 소스 코드에서는 LOOP AT SCREEN 구문을 수행하면서 테이블 컨트롤의 스크린 이름이 'GS_LIST-DEPCD'이면서 값이 'D002'인 CELL의 속성을 출력 전용으로 변경한다.

프로그램 실행 시 앞의 그림 13-28과 같이 부서코드가 'D002'인 CELL은 출력 전용으로 조회된다.

4-4-2 COLUMN 레벨에서의 테이블 컨트롤 속성 변경

CELL 레벨에서는 한 컬럼 전체를 보이지 않게 하는 설정을 할 수 없다. 전화번호 컬럼(GS_LIST-TEL) 전체를 화면에서 보이지 않게 설정하려면 COLUMN 레벨에서 테이블 컨트롤의 속성을 변경해야 한다.

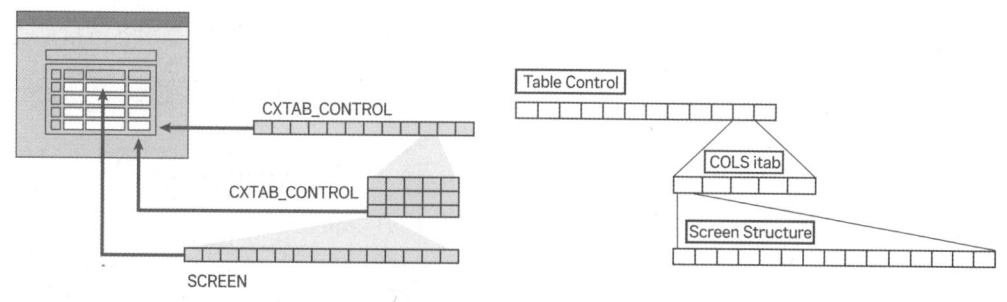

그림 13-29 테이블 컨트롤 속성

테이블 컨트롤 정의 단계에서 학습했듯이, 그림 13-29의 테이블 컨트롤은 SCXTAB_CONTROL 구조를 참조하고 있다. 그리고 테이블 컨트롤의 각 컬럼은 SCXTAB_COLUMN_IT 구조를 가지며 ABAP Dictionary의 SCXTAB_CONTROL 구조체(Structure)에 Deep Structure 구조로 포함되어 있다. 이는 ABAP Dictionary에서 조회해볼 수 있다.

이번 절에서는 COLUMN 단위 제어와 함께 CELL 단위 제어를 함께 실습한다. 먼저 Z13_03 프로그램을 복사해 Z13_04 프로그램을 생성한다. 이번 프로그램에서는 CELL 단위 제어로 조회 버튼을 누르면 출력 전용으로, 변경 버튼을 누르면 입력 화면으로 변경되는 실습과 함께, COLUMN 단위 제어로 전화번호 필드를 화면에서 제외하는 실습을 진행한다.

그림 13-30 Z13_04 프로그램 실행 결과

01 Z13_03 프로그램을 복사하여 Z13_04를 생성한 뒤 Screen에 조회(DISPLAY), 변경(CHANGE) 버튼을 추가한다. 그리고 화면에서 이 버튼들을 간단하게 제어하기 위해 GV_CHANGE라는 전역 변수를 선언한다.

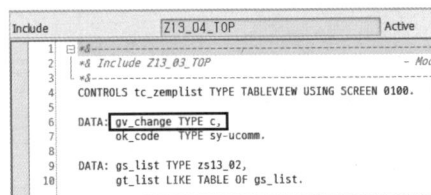

02 조회/변경 버튼 선택에 따른 소스 코드를 PAI에 작성한다.

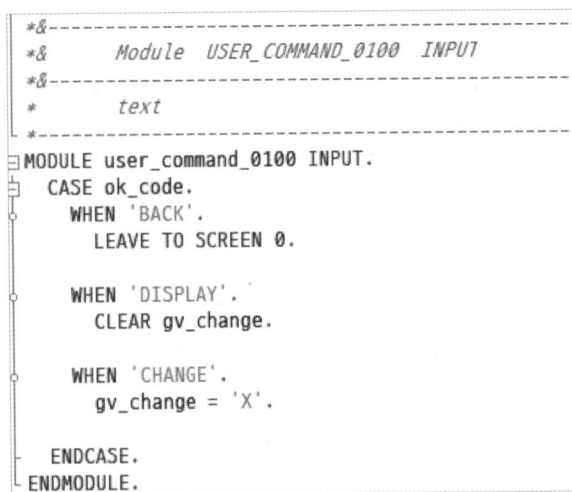

```
*&---------------------------------------
*&  Module  USER_COMMAND_0100  INPUT
*&---------------------------------------
*       text
*----------------------------------------
MODULE user_command_0100 INPUT.
  CASE ok_code.
    WHEN 'BACK'.
      LEAVE TO SCREEN 0.

    WHEN 'DISPLAY'.
      CLEAR gv_change.

    WHEN 'CHANGE'.
      gv_change = 'X'.

  ENDCASE.
ENDMODULE.
```

```
*&---------------------------------------
*& Module SCREEN_MODIFY OUTPUT
*&---------------------------------------
*&
MODULE screen_modify OUTPUT.
  LOOP AT SCREEN.
    IF gv_change EQ ' '.
      screen-input = 0.
      MODIFY SCREEN.
    ENDIF.
  ENDLOOP.
ENDMODULE.
```

03 조회/변경에 따라 구분자 변수 GV_CHANGE 값을 확인한다. LOOP AT SCREEN 구문에서 GV_CHANGE 변수가 공백(Space) 값을 가지면 테이블 컨트롤 속성을 출력 전용으로 변경한다.

```
     include          Z13_04_TOP                      Active
   1  *&---------------------------------------
   2  *& Include Z13_04_TOP                   - Module Pool
   3  *&---------------------------------------
   4  CONTROLS tc_zemplist TYPE TABLEVIEW USING SCREEN 0100.
   5
   6  DATA: gv_change TYPE c,
   7        ok_code   TYPE sy-ucomm.
   8
   9  DATA: gs_list TYPE zs13_02,
  10        gt_list LIKE TABLE OF gs_list.
  11
  12  DATA: gs_cols TYPE scxtab_column.
```

04 이번에는 테이블 컨트롤을 COLUMN 단위로 제어하기 위해 먼저 변수를 선언한다. 앞에서도 언급했듯이, 테이블 컨트롤은 SCXTAB_CONTROL 구조를 가지고, 각각의 컬럼은 SCXTAB_COLUMN_IT 구조를 가진다.
따라서 다음과 같이 선언하는 것도 동일하다.
DATA: gs_columns LIKE LINE OF tc_zemplist-cols.

```
LOOP AT tc_zemplist-cols INTO gs_cols.
  IF gs_cols-screen-name EQ 'GS_LIST-TEL'.
    gs_cols-invisible = 1.
    MODIFY tc_zemplist-cols  FROM gs_cols
      INDEX sy-tabix.

  ENDIF.
ENDLOOP.
```

05 PBO에서 테이블 컨트롤의 TEL 컬럼을 제외하는 소스 코드를 작성하자. 테이블 컨트롤을 제어하는 변수 TC_ZEMPLIST의 컬럼 속성인 COLS를 LOOP 구문으로 순회하면서 GS_LIST-TEL 컬럼이 화면에 조회되지 않도록 속성을 변경한다.

트랜잭션 코드를 생성한 후 프로그램을 실행해보면, 전화번호 컬럼이 화면에 표시되지 않는 것을 확인할 수 있다.

조금 더 알아보기 — TABLEVIEW 구조

테이블 컨트롤(Table Control) 변수를 선언할 때 타입으로 사용한 TABLEVIEW는 SCXTAB_CONTROL 구조체를 참조한다. 또한 Deep Structure 구조인 SCXTAB_CONTROL은 개별 컬럼의 정보를 가지고 있는 테이블 구조 SCXTAB_COLUMN_IT를 포함하고 있다. CXTAB_CONTROL-COLS-SCREEN의 항목들은 System 테이블인 스크린과 동일한 타입의 Flat Structure이다. SCXTAB_CONTROL과 SCXTAB_COLUMN의 속성은 다음 표 13-12와 표 13-13을 참고하자.

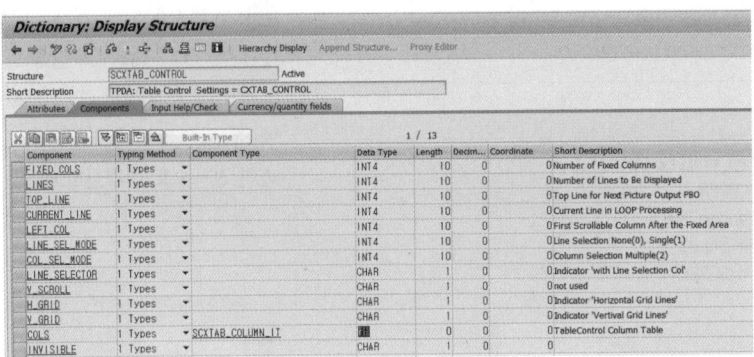

그림 13-31 SCXTAB_CONTROL 구조

항목	TYPE	설명
FIXED_COLS	I	고정 컬럼 수
LINES	I	테이블 컨트롤의 라인 수이며, 수직 스크롤 설정에 사용된다.
TOP_LINE	I	사용자가 스크롤해서 PAI가 호출되면 다음 PBO에서 TOP에 조회될 라인 번호이다. ABAP 프로그램에서 변경할 수 있다.
CURRENT_LINE	I	LOOP ~ ENDLOOP 구문 내의 현재 라인 번호이다. SY-STEPL + (TOP_LINE - 1) 값으로 시스템에서 자동 설정되며, ABAP 프로그램에서 변경할 수 없다.
LEFT_COL	I	수평 스크롤 시, 화면 왼쪽에 고정되는 컬럼 수를 설정한다.
LINE_SEL_MODE	I	라인 선택 모드를 설정한다. 0: 라인을 선택할 수 없음 1: 싱글 라인 선택 가능 2: 멀티 라인 선택 가능
COL_SEL_MODE	I	컬럼 선택 모드를 설정한다. 0: 컬럼을 선택할 수 없음 1: 싱글 컬럼 선택 가능 2: 멀티 컬럼 선택 가능
LINE_SELECTOR	C(1)	이 속성을 'X'로 설정해야 라인을 선택할 수 있다. 즉, LINE_SEL_MODE가 효력이 발생한다. ABAP 프로그램에서 변경할 수 있다.
H_GRID	C(1)	수평 구분자
V_GRID	C(1)	수직 구분자
COLS	SCXTAB_COLUMN_IT	다음 표 13-13에서 설명한다.
INVISIBLE	C(1)	보이지 않게 설정한다.

표 13-12 SCXTAB_CONTROL 속성

항목	TYPE	설명
SCREEN	SCREEN	스크린 구조의 속성(시스템 테이블 SCREEN)
INDEX	I	컬럼 위치(조회 순서)
SELECTED	C(1)	선택된 컬럼
VISLENGTH	I	컬럼이 화면에 보이는 너비
INVISIBLE	C(1)	컬럼 표시 여부

표 13-13 SCXTAB_COLUMN 속성

4-5 테이블 컨트롤 데이터 저장

마지막으로 테이블 컨트롤을 사용해 데이터를 변경하는 실습을 진행해보자. 이번에 다룰 내용은 Z13_04 프로그램에서 변경 버튼을 눌러 테이블 컨트롤의 데이터를 수정하고, 특정 라인을 선택하여 저장 버튼을 눌렀을 때 이를 데이터베이스에 저장하는 방법이다.

```
 4    CONTROLS tc_zemplist TYPE TABLEVIEW USING SCREEN 0100.
 5
 6    TYPES BEGIN OF ty_list.
 7      INCLUDE STRUCTURE zs13_02.
 8      TYPES mark TYPE char1.
 9    TYPES END OF ty_list.
10
11    DATA: gv_change TYPE c,
12          ok_code   TYPE sy-ucomm.
13
14    DATA: gs_list TYPE ty_list,
15          gt_list LIKE TABLE OF gs_list.
16
17    DATA: gs_cols TYPE scxtab_column.
```

01 먼저 Z13_04 프로그램의 TOP에서 데이터 타입을 수정하자. 테이블 컨트롤에서 사용자가 라인을 선택할 수 있도록 CHAR1 타입의 MARK 필드를 추가한다. 이후 테이블 컨트롤에서 사용자가 라인을 선택하면 MARK 필드에 'X' 값이 들어오게 된다.

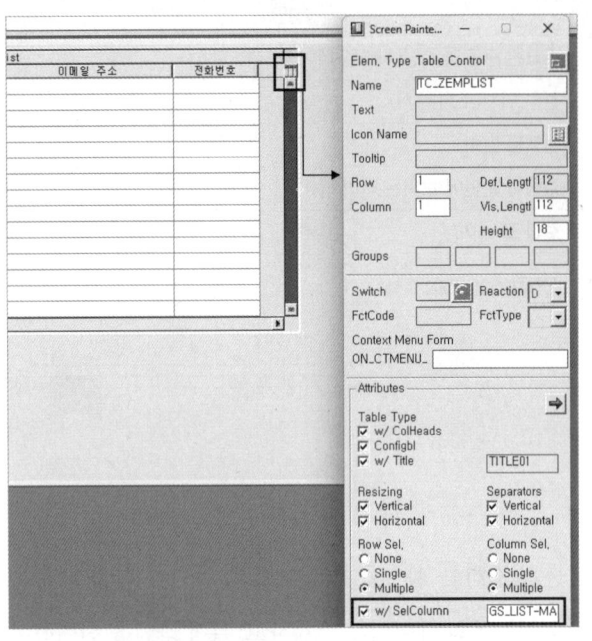

02 100번 스크린의 레이아웃에서 테이블 컨트롤을 더블 클릭한 뒤, 속성 창의 w/SelColumn 항목에 'GS_LIST-MARK'를 입력한다.

03 100번 스크린의 GUI Status에 [SAVE] 버튼을 추가한다.

04 테이블 컨트롤이 수정 모드일 때만 저장 버튼을 활성화하기 위한 로직을 추가한다.
먼저 SY-UCOMM 유형의 인터널 테이블 LT_FCODE를 선언한다. 이후 SET PF-STATUS 절에 EXCLUDING 옵션을 사용하면, LT_FCODE에 들어 있는 Function Code는 화면에 보이지 않게 된다.

```
MODULE status_0100 OUTPUT.
  DATA lt_fcode TYPE TABLE OF sy-ucomm.
  IF gv_change IS INITIAL.
    lt_fcode = VALUE #( ( 'SAVE' ) ).
  ELSE.
    CLEAR lt_fcode.
  ENDIF.

  SET PF-STATUS 'S0100' EXCLUDING lt_fcode.
  SET TITLEBAR 'T0100'.
ENDMODULE.
```

05 100번 화면의 PAI에서 USER_COMMAND_0100에 저장 로직을 추가한다.

```
PROCESS AFTER INPUT.
  LOOP AT gt_list.
    MODULE move_data_dynpro_to_program.
  ENDLOOP.

  MODULE exit_0100 AT EXIT-COMMAND.
  MODULE user_command_0100.
```

```
MODULE user_command_0100 INPUT.
  CASE ok_code.
    WHEN 'BACK'.
      LEAVE TO SCREEN 0.

    WHEN 'DISPLAY'.
      CLEAR gv_change.

    WHEN 'CHANGE'.
      gv_change = 'X'.

    WHEN 'SAVE'.
      PERFORM save_data.
  ENDCASE.
ENDMODULE.
```

```
FORM save_data .
  DATA: ls_zemplist TYPE zemplist,
        lt_zemplist LIKE TABLE OF ls_zemplist.

  LOOP AT gt_list INTO gs_list WHERE mark EQ 'X'.
    MOVE-CORRESPONDING gs_list TO ls_zemplist.

    APPEND ls_zemplist TO lt_zemplist.
    CLEAR ls_zemplist.
  ENDLOOP.

  IF lt_zemplist IS NOT INITIAL.
    MODIFY zemplist FROM TABLE lt_zemplist.

    IF sy-subrc EQ 0.
      COMMIT WORK.
      MESSAGE 'Data saved' TYPE 'S'.
    ELSE.
      ROLLBACK WORK.
      MESSAGE 'Data save failed' TYPE 'E'.
    ENDIF.
  ENDIF.
ENDFORM.
```

06 저장 로직을 구현한다. 저장 로직은 테이블 컨트롤에서 사용자가 저장할 라인을 선택한 후 저장 버튼을 누르면 실행된다.

이때 사용자가 선택한 라인에는 GT_LIST 인터널 테이블의 MARK 필드에 'X' 값이 설정된다. 이는 2단계에서 레이아웃의 w/SelColumn 항목에 'GS_LIST-MARK'를 등록했기 때문이다.

선택된 데이터는 실제 데이터베이스와 동일한 구조의 별도 인터널 테이블에 저장되며, 'MODIFY db FROM itab' 구문을 사용해 데이터베이스를 수정한다.

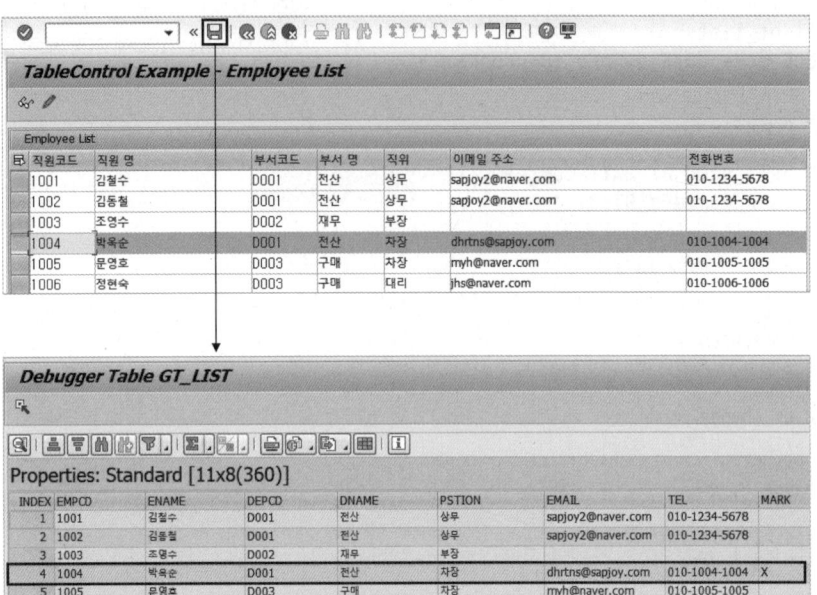

07 앞선 그림과 같이 '박옥순' 직원의 데이터를 변경한 후, 해당 라인을 선택하고 저장 버튼을 누른다. 디버깅 화면에서 확인해보면, 4번째 행의 MARK 필드에 'X' 값이 들어온 것을 확인할 수 있다. 또한 프로그램 실행 후 데이터베이스를 확인해 보면, 다음과 같이 '박옥순' 직원의 데이터가 변경된 것을 볼 수 있다.

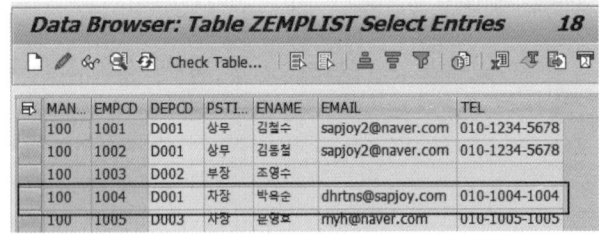

Subscreen

Subscreen은 독립적으로 실행할 수 없는 스크린으로, 반드시 메인 스크린(Main Screen)에 포함되어야 한다. 하나의 메인 스크린에 여러 개의 Subscreen을 삽입할 수 있다.

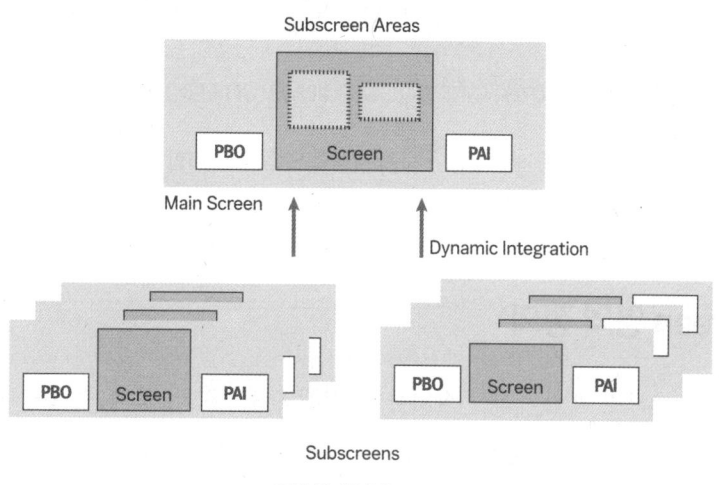

그림 13-32 Subscreen

Subscreen은 6절에서 다룰 Tabstrip에서도 많이 사용된다. Subscreen도 각자 독립적인 Flow Logic을 가질 수 있는데, 일반 스크린에서 사용하는 방법과 몇 가지를 제외하고는 동일하다. 예를 들어 Subscreen은 자신의 OK_CODE 필드를 가질 수 없으며(메인 스크린의 OK_CODE를 상속받는다), MODULE ~ AT EXIT-COMMAND 모듈은 메인 스크린에서만 관리할 수 있다.

Subscreen을 생성하려면 다음 절차를 따른다.

1. 스크린 상에서 스크린 영역(Area)을 정의하고
2. Subscreen을 정의한 다음
3. 메인 스크린 영역 안에 Subscreen을 배치한다.

Subscreen과 관련한 특이 사항이나 주의할 점은 다음과 같다.

1. Subscreen의 크기를 조정할 때는, 스크린 요소들이 잘리지 않도록 스크린 요소들을 재배치해야 한다. 만약 Subscreen이 Subscreen 영역(Area)보다 큰 경우 왼쪽 상단 모서리부터 표시되며 영역보다 큰 내용은 잘려

서 보일 수 있다.

2. 여러 개의 Subscreen을 생성할 경우, 각각의 스크린 요소에 대해 고유한 이름을 지정해야 한다. 이름이 같으면 스크린과 ABAP 프로그램 사이에 데이터 통신이 일어날 때 문제가 생기기 때문이다.

3. Subscreen은 OK_CODE 필드를 가질 수 없다. Subscreen 상에서 발생한 사용자 액션에 대한 Function Code는 메인 스크린의 OK_CODE 필드에 저장된다.

4. Flow Logic에서 'MODULE … AT EXIT-COMMAND' 구문을 사용할 수 없다. 왜냐하면, Type E Function은 메인 프로그램에서만 사용할 수 있기 때문이다.

5. Subscreen은 자신의 GUI Status를 가질 수 없으며, 다음과 같은 구문을 사용할 수 없다.

```
SET TITLEBAR, SET PF-STATUS, SET SCREEN, LEAVE SCREEN, LEAVE TO SCREEN.
```

6. Subscreen에서는 LOOP 구문과 CHAIN 구문을 사용할 수 없다. 이러한 구문을 사용하면 구문 오류 또는 실행 시점에 런타임 에러가 발생한다.

5-1 Subscreen 영역 정의

Subscreen 영역은 스크린 페인터에서 정의하며, 각각 이름, 위치, 길이, 높이를 지정해야 한다. Subscreen 영역은 스크린의 다른 요소와 겹쳐서는 안 된다. 최종 사용자가 윈도우의 크기를 조절할 때 Subscreen도 수직/수평으로 크기를 조절할 수 있도록 설정할 수 있다. 사용자가 윈도우 크기를 조절할 때마다 PAI 이벤트가 호출된다.

예제에서는 TYPE-M 프로그램 Z13_05를 생성하여 스크린 100번을 추가하고, GUI Status, GUI Title 등을 설정한다. 그리고 100번 스크린(Main Screen)에 푸시 버튼 두 개를 생성하여 각 버튼을 누를 때 110번, 120번 Subscreen을 Subscreen Area로 호출한다. Subscreen 영역을 시각적으로 쉽게 구분하기 위해 스크린 요소(Screen Element) 중 BOX를 사용하여 'SUBSCREEN 호출 영역' 안에 Subscreen Area를 지정한다.

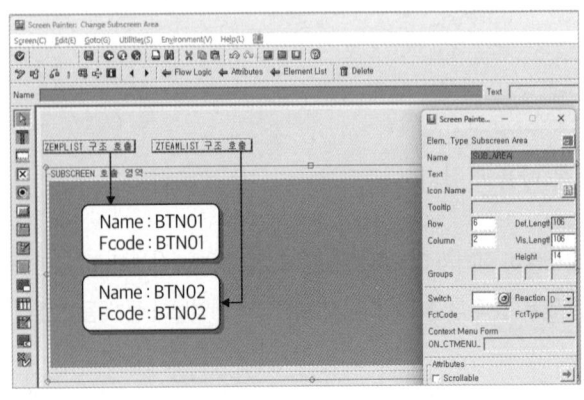

01 100번 스크린의 스크린 페인터를 열고 두 개의 푸시 버튼과 Subscreen Area를 생성한다. Subscreen Area는 말 그대로 Subscreen을 호출하는 영역일 뿐, 아직 Subscreen을 생성한 것은 아니다. Subscreen Area의 이름은 'SUB_AREA'로 지정한다.

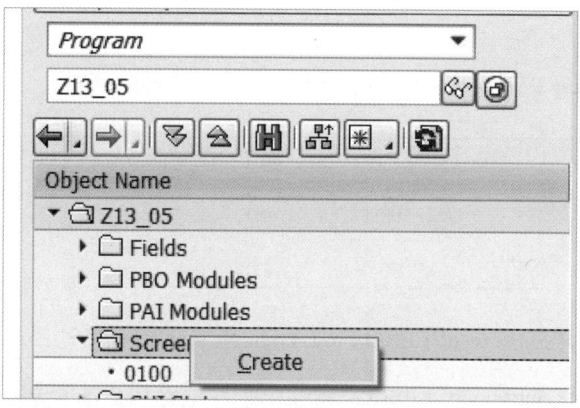

02 Subscreen으로 사용할 110번 스크린을 생성한다. 두 번째 Subscreen인 120번 스크린도 같은 방식으로 생성한다.

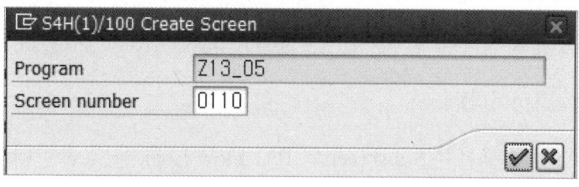

03 Screen의 속성(Attribute)을 지정한다. 이때 Subscreen으로 사용할 스크린이므로 Dynpro Type은 'Subscreen'을 선택한다.

Subscreen을 선택할 때, OK_CODE를 입력하는 필드가 비활성화된 것을 확인할 수 있다. 앞서 설명했듯이, Subscreen은 OK_CODE를 가질 수 없기 때문이다.

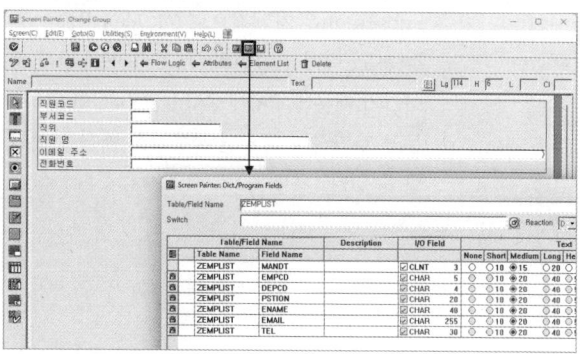

04 ZEMPLIST 테이블 필드를 이용하여 110번 스크린을 구성한다.

이와 동일하게 120번 스크린에도 ZTEAMLIST 테이블 필드를 이용해 스크린을 구성한다.

5-2 Include Subscreen

메인 스크린에 Subscreen을 추가하려면 PBO와 PAI 이벤트에 각각 다음 구문을 추가해야 한다.

[PBO]	[PAI]
CALL SUBSCREEN <area> INCLUDING <program> <dynp>.	CALL SUBSCREEN <area>.

PBO 이벤트에서 CALL SUBSCREEN 구문은 Subscreen의 PBO Flow Logic을 호출한다. 메인 스크린의 CALL SUBSCREEN 구문 다음의 모듈은 Subscreen의 PBO 로직이 모두 수행된 이후에 호출된다. Subscreen 영역에 추가되는 Subscreen은 실행 시점에만 알 수 있으므로 Dynpro(Dynamic Program)라 부른다(이는 스크린에 관련된 모든 프로그램의 특성이다).

이와 마찬가지로 PAI 이벤트의 CALL SUBSCREN 구문은 Subscreen의 PAI Flow Logic을 호출한다. Subscreen 요소와 ABAP 프로그램의 필드가 같은 이름으로 존재한다면 데이터 복사가 자동으로 일어난다.

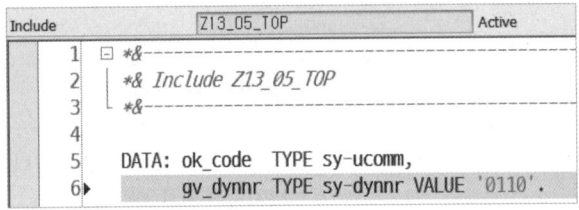

01 TOP Include 프로그램에 변수를 선언한다.

gv_dynnr 변수는 푸시 버튼에 따라 호출하는 Subscreen이 달라진다. 이때 Subscreen 값이 없으면 프로그램 실행 시 덤프 에러가 발생하므로 기본 값으로 110번을 지정한다.

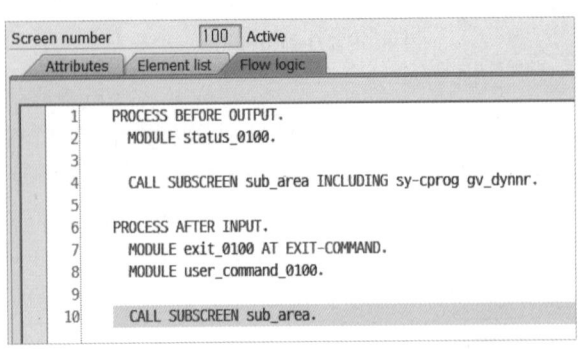

02 두 개의 Subscreen을 생성했다면, 메인 스크린(100번 스크린)의 PBO, PAI에 CALL SUBSCREEN 구문을 추가한다.

Subscreen은 자체적으로 OK_CODE를 가질 수 없고, 메인 스크린의 OK_CODE에 값이 들어가기 때문에, PAI에 CALL SUBSCREEN 구문을 추가하지 않으면 사용자의 액션을 처리할 수 없다.

03 PBO와 PAI에서 Subscreen을 호출하는 방법은 각각 다르다.

PBO에서 호출

```
CALL SUBSCREEN <area> INCLUDING <prog> <dynp>.
```

PAI에서 호출

```
CALL SUBSCREEN <area>.
```

<area>	스크린 레이아웃(Screen Layout)에서 지정한 Subscreen Area의 이름을 지정한다.
<prog>	어떤 프로그램의 Subscreen을 호출할지 지정한다. 예제에서는 현재 프로그램의 Subscreen을 호출하므로 sy-cprog 시스템 변수 값을 사용한다. 명시하지 않는 경우 현재 프로그램으로 지정된다.
<dynp>	호출할 Subscreen 번호로서 직접 숫자를 입력하거나 변수를 통해 받을 수 있다. 예제에서는 푸시 버튼에 따라 조회되는 Subscreen이 다르기 때문에 변수를 사용한다.

```
MODULE user_command_0100 INPUT.
  CASE ok_code.
    WHEN 'BACK'.
      LEAVE TO SCREEN 0.
    WHEN 'BTN01'.
      gv_dynnr = '0110'.
    WHEN 'BTN02'.
      gv_dynnr = '0120'.
  ENDCASE.
ENDMODULE.
```

04 PAI에 푸시 버튼에 따라 호출하는 Subscreen을 다르게 지정하는 소스 코드를 작성해보자.

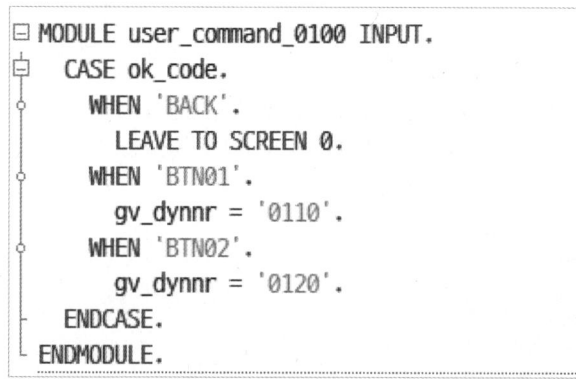

05 트랜잭션 코드(Transaction Code)를 생성한 후 프로그램을 실행하여 테스트해보자. 각 버튼을 누르면 하단의 'SUBSCREEN 호출 영역' 박스에 호출되는 Subscreen이 변경되는 것을 확인할 수 있다.

조금 더 알아보기 — Selection Screen을 Subscreen으로 활용하기

Type-M 프로그램에서 Selection Screen을 활용하는 방법에 대해서 알아보자.

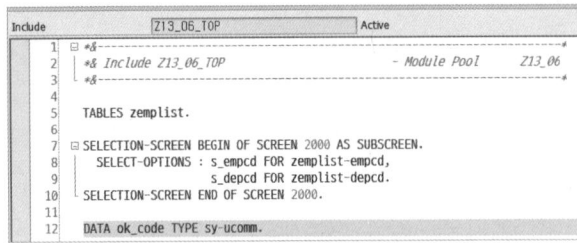

01 Type-M 유형의 Z13_06 프로그램을 생성한 후 TOP Include 프로그램에 변수와 SELECTION-SCREEN 선언문을 작성한다. 1000번 스크린은 Type-1 프로그램의 Selection Screen으로 예약되어 있으므로 이번 실습에서는 2000번을 사용한다.

SELECTION-SCREEN에 'BEGIN OF SCREEN 2000'은 Selection Screen을 2000번 화면으로 생성하겠다는 의미이고, 'AS SUBSCREEN'은 이를 Subscreen으로 사용하겠다는 의미이다. 옵션에 대한 자세한 내용은 "12장 리포트 프로그램"의 설명을 참고하자.

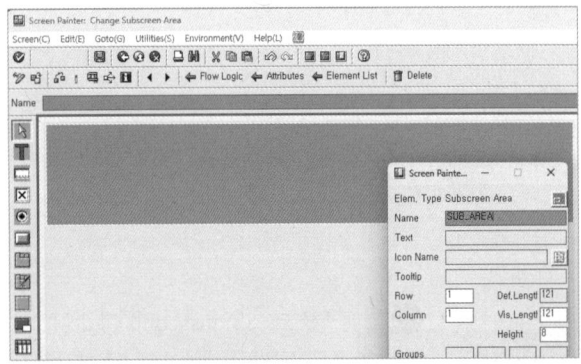

02 100번 스크린을 생성한 뒤 왼쪽 그림과 같이 스크린 페인터에 Subscreen Area를 설정한다.

03 100번 스크린의 PBO, PAI에 Subscreen 호출 로직을 구현한다.

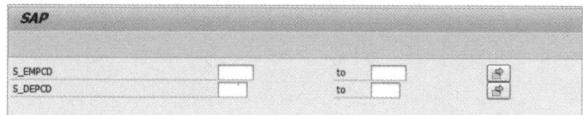

04 트랜잭션 코드를 생성한 후 프로그램을 실행하면, 100번 화면에 Selection Screen이 생성된 것을 확인할 수 있다.
이러한 방법으로 Type-M 프로그램에서도 Selection Screen을 사용하여 다양한 조건 값을 입력받을 수 있다.

Tabstrip 컨트롤

Tabstrip 컨트롤은 두 개 이상의 스크린 오브젝트로 구성되어 있고, 각각의 탭(Tab) 페이지는 하나의 Tab Title과 Page 영역으로 이루어진다.

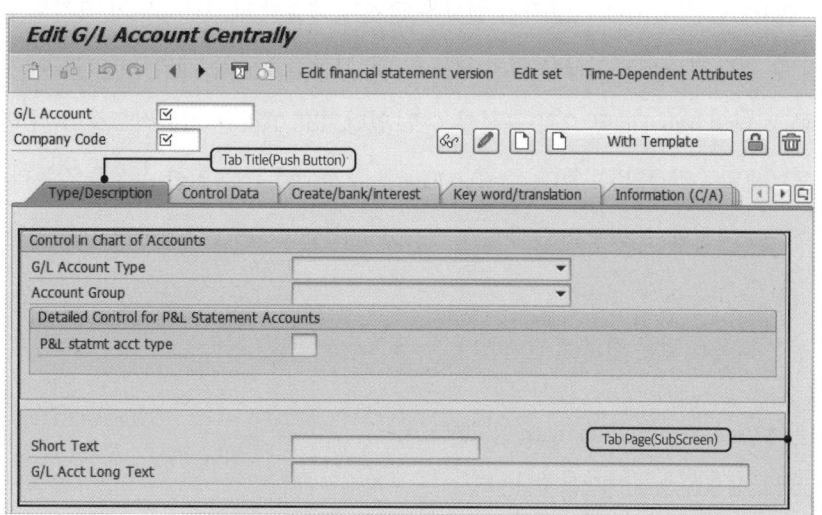

그림 13-33 Tabstrip이 사용되는 전형적인 화면

그림 13-33은 Tabstrip을 사용하는 전형적인 프로그램으로, G/L 계정을 생성/변경/조회하는 트랜

잭션(FS00) 화면이다. 'Type/Description', 'Control Data'와 같은 헤더가 존재하는 부분이 Tabstrip으로 구성되어 있으며 각각의 Tabstrip에는 Subscreen이 추가되어 있다.

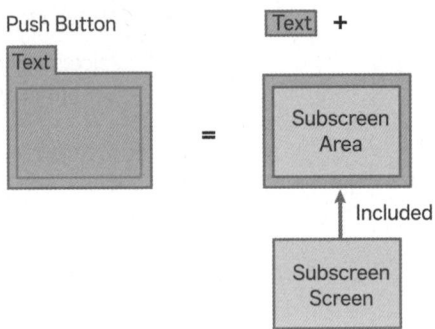

그림 13-34 Tabstrip을 구성하는 요소

그림 13-34에서 볼 수 있듯이, Tabstrip은 기술적인 측면에서 Subscreen과 푸시 버튼(Push Button)으로 구성되어 있다. 외형적인 측면에서는 Tab Page(Subscreen)들의 세트로 구성되어 있다. 이러한 이유로 Tabstrip은 GUI Status를 사용할 수 없는 것과 같은 Subscreen의 제한적인 특성을 상속받는다.

6-1 Tabstrip의 종류

스크린 레이아웃에서 Tabstrip과 Tab Title을 정의하려면, Tabstrip Area에 대한 고유한 이름, 위치, 너비, 높이를 지정해야 한다. 이때 사용자가 윈도우 크기를 조절할 때, Tabstrip의 크기도 함께 조절되도록 설정할 수 있다. Tabstrip Area를 정의(생성)할 때, 기본적으로 두 개의 Tab Title이 자동으로 생성된다. 물론, 하나의 Tab Title만으로 구성할 수도 있다. Tab Title은 기술적으로 푸시 버튼과 동일한 개념의 오브젝트로 간주할 수 있다. 즉, Tap Title은 푸시 버튼과 동일한 속성을 갖는다. 이름이 존재하고, 텍스트를 지정할 수 있으며(동적 할당 가능), Function Code가 존재하며, 아이콘을 설정할 수 있다.

Tabstrip 생성은 다음과 같은 절차로 진행한다.

1. 스크린에 Tab Area 영역과 Tab Title을 정의한다.
2. 각 Tab Title에 Subscreen 영역을 할당한다.
3. 스크린 Flow Logic을 프로그래밍한다.
4. ABAP Processing Logic을 프로그래밍한다.

또한 SAP GUI 또는 어플리케이션 서버(Application Server)에서 페이징(Paging)을 사용할지 여부를 결정해야 한다. SAP GUI를 선택한 경우, 각 Tab Page는 고유의 Subscreen을 가져야 하며, 어플리케이션 서버를 선택한 경우에는 모든 Tab Page에서 공유되는 하나의 Subscreen 영역만 지정하면 된다.

6-1-1 Paging in the SAP GUI

SAP GUI에서 Paging은 사용자의 PC에 설치된 SAP GUI에서만 화면이 조회된다는 의미이다. 사용자가 Tab Title을 선택할 때, 어플리케이션 서버(Application Server)의 Function Code를 호출하지 않는다(PAI 이벤트를 호출하지 않음).

이는 스크린 필드의 어떠한 데이터도 ABAP 프로그램 영역으로 복사되지 않는다는 뜻도 포함하고 있다. Tabstrip 컨트롤의 성능이 개선되지만 사용자가 PAI 이벤트를 호출할 수 없어서 Input Check를 Subscreen마다 수행해야 한다는 단점도 있다. 이러한 이유로, Local Paging in the SAP GUI는 주로 데이터를 조회하는 프로그램에 적합하다.

[Paging in the SAP GUI]

```
PROCESS BEFORE OUTPUT.
CALL SUBSCREEN:
 <area1> INCLUDING [<prog 1>] <dynp 1>,
 <area2> INCLUDING [<prog 2>] <dynp 2>,
 <area3> INCLUDING [<prog 3>] <dynp 3>,
     ...
PROCESS AFTER INPUT.
 CALL SUBSCREEN:  <area1>,
                  <area2>,
                  <area3>.
```

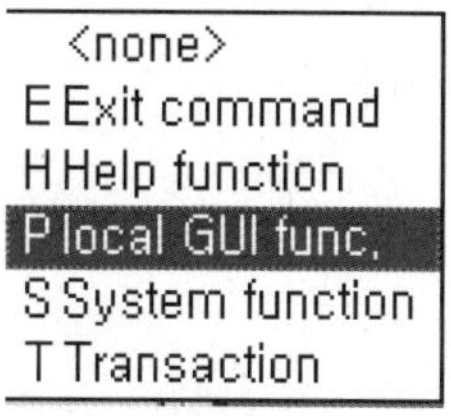

```
<none>
E Exit command
H Help function
P local GUI func.
S System function
T Transaction
```

그림 13-35 Function Type

Paging in the SAP GUI를 사용하려면 다음 두 가지 사항을 고려해야 한다.

첫째, 앞의 구문과 같이 Tab Title의 Subscreen 영역에는 개별 Subscreen을 할당해야 한다. 만약, 사용자가 저장 버튼을 클릭하는 것과 같은 PAI 이벤트를 호출하면, Tabstrip의 모든 스크린에서 Input

Check가 수행된다. 이는 개별 Subscreen에 필수 필드가 존재하고 값이 입력되지 않으면 더 이상 작업을 진행할 수 없도록 한다는 의미이다. 이와 반대로 어플리케이션 서버에서의 Paging은 현재 활성화되어 있는 Subscreen의 Input Check만 수행하게 된다.

둘째, Tab Title의 Function Code 타입은 그림 13-35와 같이 'P local GUI func.'이어야 한다.

Tab Title은 Function Type이 'P'로 설정되어, 사용자가 Tab Title을 선택할 때 어플리케이션 서버에서 PAI를 호출하지 않는다. 대신 SAP GUI에서 Subscreen이 자동으로 지정된다.

6-1-2 어플리케이션 서버에서의 Paging

어플리케이션 서버(Application Server)에서의 Paging을 사용하면, 사용자가 Tab Page를 변경할 때마다 PAI 이벤트가 호출된다. 이 방식에서는 하나의 Subscreen 영역이 모든 Tab Title에서 공유된다. 다음 구문에서 <area>가 바로 공유되는 영역을 의미한다.

사용자가 Function Code가 할당된 Tab Title을 클릭하면 <dynp>에 Subscreen을 변경하는 Flow Logic을 다음과 같이 추가해야 한다.

```
CASE ok_code.
  WHEN 'PUSH1'.
    SUBSCREN = '0110'.
  WHEN 'PUSH2'.
    SUBSCREN = '0120'.
  WHEN 'PUSH3'.
    SUBSCREN = '0130'.
ENDCASE.
```

사용자가 Tab Title을 선택할 때마다 PAI 이벤트가 호출되므로, 어플리케이션 서버 측면에서는 비효율적이지만 Input Check가 현재의 Tab Page에서만 수행된다는 장점이 있다. 따라서 데이터 수정이 필요한 온라인(Online) 프로그램에 적합하다.

[어플리케이션 서버에서의 Paging]

```
PROCESS BEFORE OUTPUT.
  ...
  CALL SUBSCREEN
    <area> INCLUDING [<prog>] <dynp>.
  ...
PROCESS AFTER INPUT.
  ...
  CALL SUBSCREEN <area>.
```

6-2 Tabstrip 생성

Tabstrip을 생성하는 실습을 진행해보자. 이번 실습에서는 어플리케이션 서버에서의 Paging을 이용한 Tabstrip만을 다룬다.

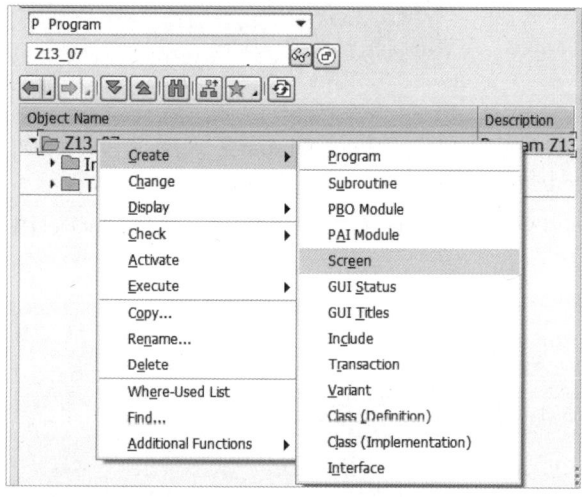

01 먼저 Type-M 프로그램 Z13_07을 생성한 뒤 100번 스크린을 생성한다.

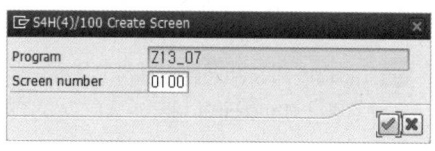

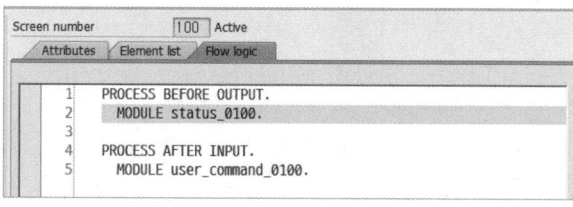

02 100번 스크린의 기본적인 PBO, PAI를 구성한 뒤 Layout 버튼을 눌러 Graphical Layout Editor를 실행한다.

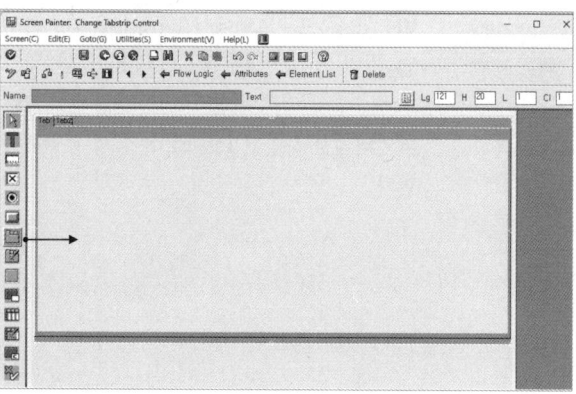

03 Tabstrip은 마법사를 이용하는 방법과 직접 설정하는 방법, 두 가지로 생성할 수 있다. 여기서는 직접 Tabstrip을 생성하는 방법을 사용한다.

> 마법사를 이용하게 되면, 'Paging in SAP GUI' 또는 'Paging in Application Server'를 선택하여 스크립트와 화면을 자동으로 생성할 수 있다. Tabstrip 마법사가 자동으로 생성하는 스크립트는 복잡하지 않으므로, Tabstrip 생성 시 마법사를 이용하는 것도 좋은 방법이다.

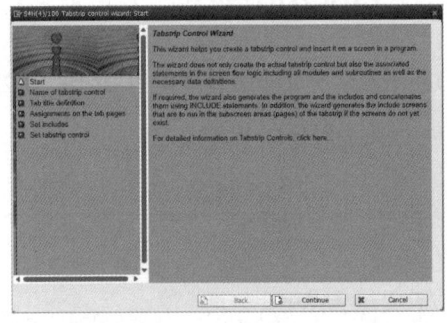

04 Tabstrip 기능 버튼을 선택하고, Drag & Drop으로 Layout Area 영역에 Tabstrip을 생성한 후 적당한 크기로 조절한다. Tabstrip의 이름은 'MYTABSTRIP'으로 지정하고 Subscreen Area도 설정한다.
Tab Page와 Subscreen 이름을 다음 그림과 같이 지정한다. Tab Page에는 각각 Function Code와 Ref.Field를 지정한다.

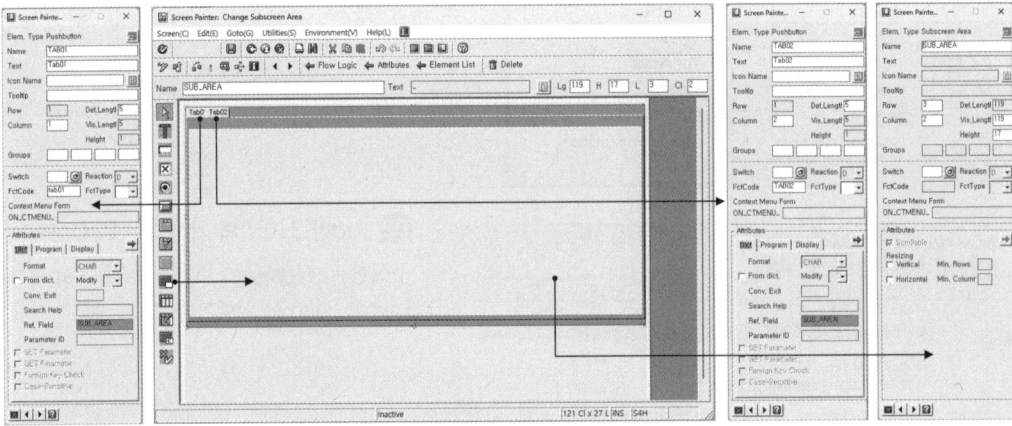

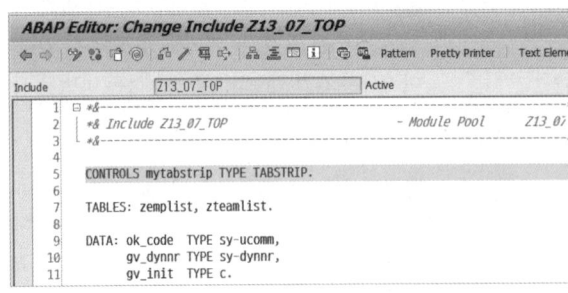

05 ABAP 프로그램에서 Tabstrip을 사용하려면, 전역 변수 선언부에 CONTROLS 키워드로 변수를 선언해야 한다. 변수 이름은 스크린 페인터에서 지정한 Tabstrip 이름과 동일해야 한다.

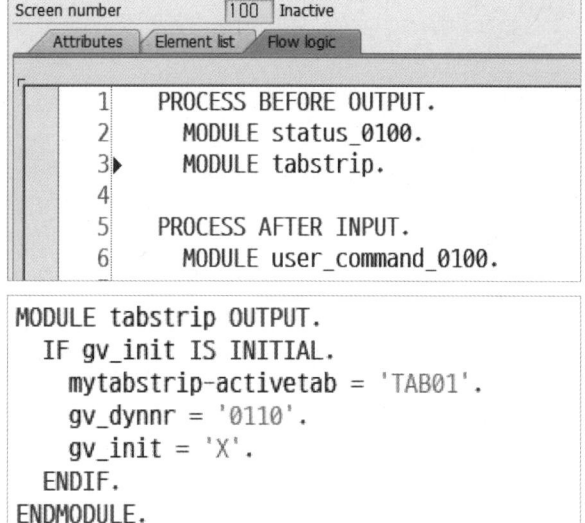

06 Module tabstrip은 사용자가 처음 화면을 조회했을 때 표시될 탭(Tab) 화면을 설정하는 역할을 한다. Tabstrip은 4단계에서 설정한 것처럼 각각의 탭에 Function Code가 존재하며, 사용자가 특정 탭을 클릭할 때 해당 Function Code가 시스템 변수 'SY-UCOMM'에 전달된다. 이는 마치 푸시 버튼(Push Button)을 눌렀을 때의 동작과 유사하다. 이러한 기능을 통해 활성화된 탭만 화면에 표시되도록 로직으로 제어할 수 있다.

하지만 프로그램이 처음 실행될 때는 사용자가 탭을 클릭하는 액션이 없기 때문에, 초기 활성화 탭을 지정하지 않으면 시스템 덤프가 발생할 수 있다. 따라서 MODULE tabstrip에서 초기 활성화 탭과 초기 Subscreen 번호를 명시적으로 지정해야 한다.

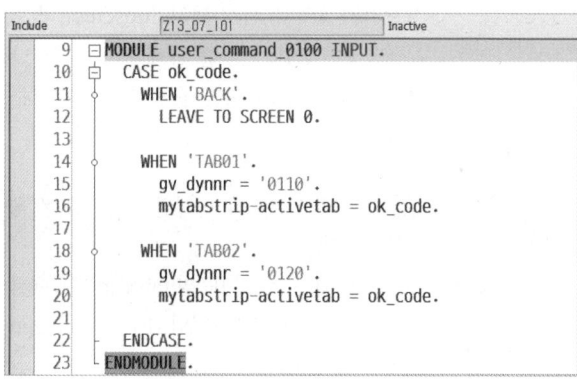

07 PAI 모듈에서 사용자가 특정 탭을 선택했을 때, 해당 탭 화면이 표시되도록 동작하는 로직을 작성한다.

이를 위해 GV_DYNNR 변수에 사용자가 선택한 탭의 Subscreen 번호를 입력하고, ACTIVETAB 변수에는 사용자가 선택한 탭의 Function Code를 입력한다. 이 설정을 통해 사용자의 탭 선택에 따라 적절한 화면이 표시될 수 있도록 제어한다.

08 Tabstrip의 Tab Page에 조회될 화면을 디자인한다. Tabstrip의 각 탭 화면은 Subscreen으로 구성되어 있으므로 110번 스크린을 Subscreen으로 구성한다.

110번 스크린에는 'Get from Dictionary' 기능을 사용해 ZEMPLIST의 필드를 가져온다.

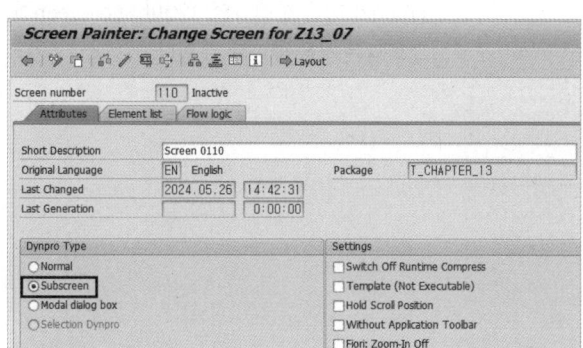

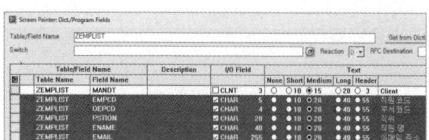

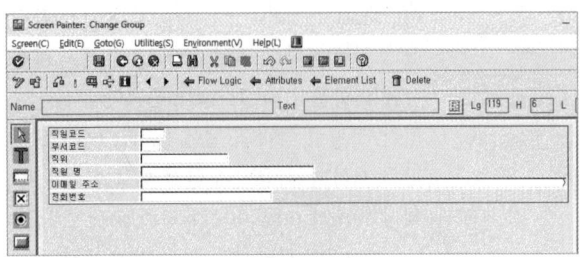

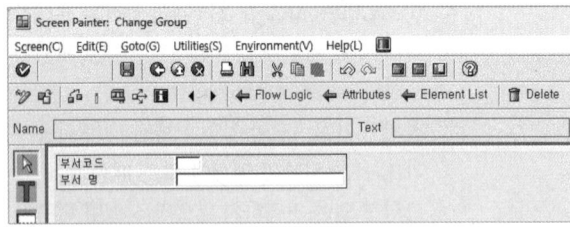

09 120번 스크린도 8단계와 마찬가지로 화면을 구성한다. 120번 화면에서는 ZTEAMLIST 구조를 사용한다.

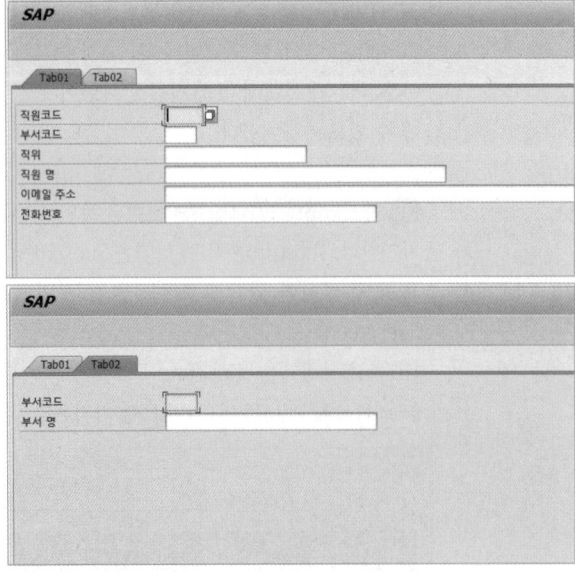

10 Tabstrip은 Subscreen을 포함하고 있으므로, 100번 스크린의 PBO 및 PAI에서 Subscreen을 제어하는 로직을 작성해야 한다. 사용자가 선택한 활성 탭의 Subscreen 번호는 GV_DYNNR 변수를 통해 제어된다(7단계 PAI 로직 참고). 이를 통해 활성 탭에 맞는 Subscreen이 표시될 수 있도록 한다.

11 트랜잭션 코드를 생성한 뒤 프로그램을 실행해보자.
처음 조회되는 탭은 PBO의 tabstrip 모듈에서 지정한 Tab Title 'TAB01'의 110번 Subscreen이다.
[Tab02] 탭을 선택하면, 120번 Subscreen이 조회되는 것을 확인할 수 있다.

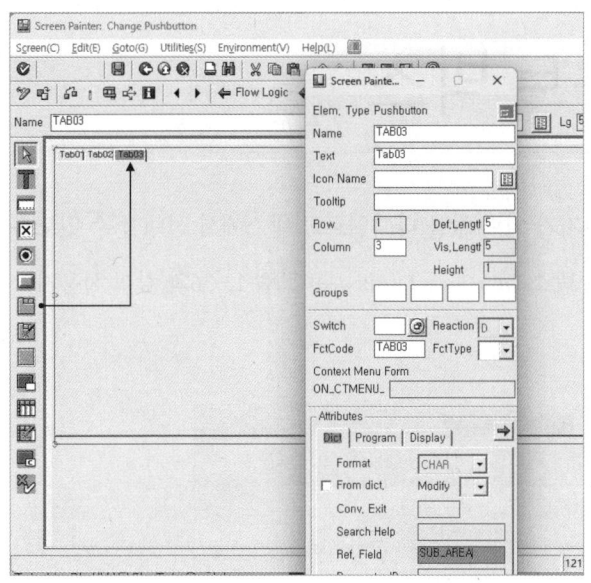

12 스크린 페인터에서 Tabstrip을 생성하면 기본적으로 탭이 두 개 생성된다. 탭을 하나 더 추가하려면 어떻게 해야 할까?

앞에서 Tab Title은 기술적으로 푸시 버튼(Push Button)과 같다고 했다. Tab Title을 추가하려면 푸시 버튼을 추가하면 된다.

'Tab02' 옆에 푸시 버튼을 Drag & Drop한 뒤 4단계에서와 같이 Function Code, Ref.Field를 입력한다.

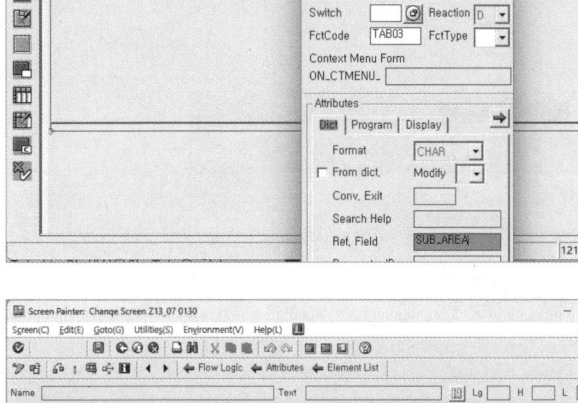

13 130번 Subscreen을 생성한 뒤 8단계와 동일하게 화면에 보일 필드들을 나열한다.

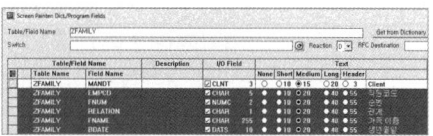

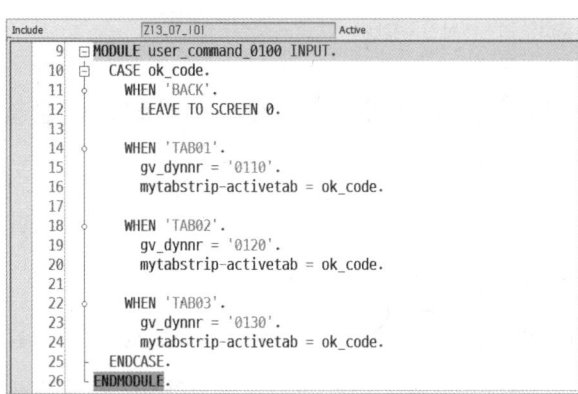

14 PAI의 user-command에 새로 추가한 Tab Title(Push Button)에 대한 소스 코드를 작성한다.

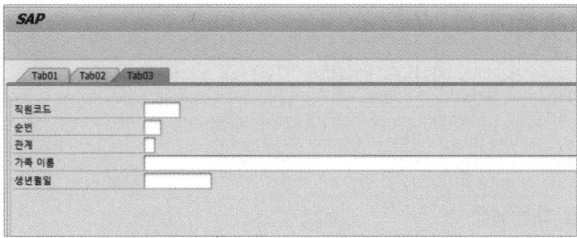

15 트랜잭션 코드를 실행해보면 3번째 탭이 추가된 것을 볼 수 있다.

07 드롭다운 리스트 박스

9장에서 Search Help에 대해 학습할 때, 사용자가 입력 값을 다이얼로그 박스에서 선택할 수 있도록 구현하였다. 이와 유사하게 드롭다운 리스트 박스(Dropdown List Box)는 그림 13-36과 같이 사용자가 입력할 수 있는 값을 리스트로 보여준다.

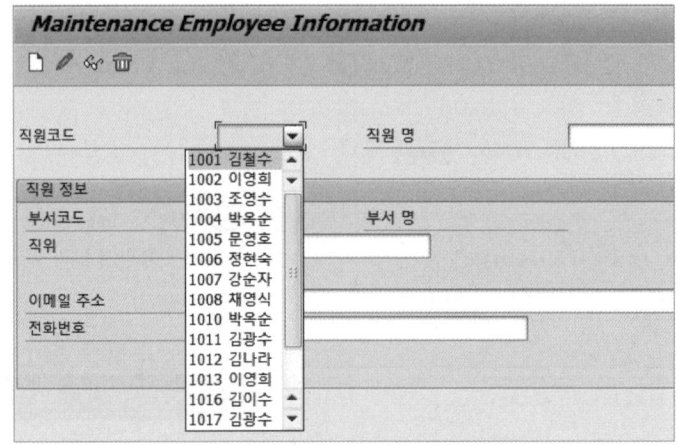

그림 13-36 드롭다운 리스트 박스 사용 예

리스트 박스(List Box) 내에는 이미 정해진 값 이외의 엔트리는 입력할 수 없다. 즉, 리스트에서 값을 선택하거나 리스트의 키 값을 입력해야 한다. 사용자가 리스트를 선택함과 동시에 PAI 이벤트가 호출된다. 리스트 박스에서 선택한 후의 로직은 스크린 페인터에서 Function Code를 설정하여 추가할 수 있다. 이때 Input Help 버튼과 리스트 박스를 동시에 설정할 수는 없다.

리스트 박스는 키(Key)와 Text 필드로 이루어진 라인들로 구성된다. 사용자가 리스트 중 한 라인을 선택하면 리스트의 키 값이 화면에 입력된다. 스크린 필드를 리스트 박스로 표시하려면 스크린 페인터에서 드롭다운(Dropdown) 속성을 설정해야 한다.

스크린의 Input/Output 필드에 리스트 박스를 추가하는 방법은 다음과 같이 세 가지가 있다.

1. ABAP Dictionary를 이용한 리스트 박스 생성
2. POV 이벤트에서 Input Help를 이용한 리스트 박스 생성
3. PBO 이벤트에서 함수를 이용한 리스트 박스 생성(추천하지 않음)

각각에 대해 세부적으로 살펴보기 위해 앞서 생성한 Z13_01 프로그램을 복사하여 Z13_08 프로그램을 생성하자.

7-1 ABAP Dictionary를 이용한 리스트 박스 생성

도메인에 설정된 고정값(Fixed Value)과 Value Table, 그리고 Search Help를 생성하여 Table Field에 할당하고, 스크린 필드는 Table Field의 속성을 상속받아 Input Help로 구성한다. 이어서 스크린 페인터에서 Dropdown 속성을 설정하면 리스트 박스가 생성된다.

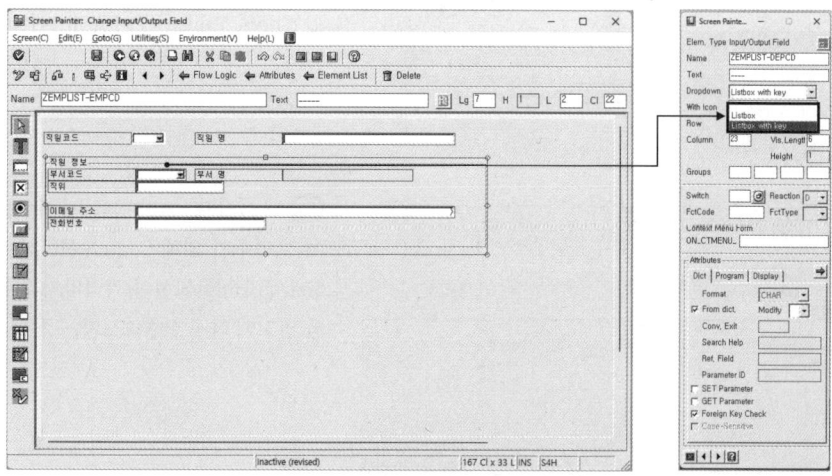

그림 13-37 Dropdown 속성 설정

그림 13-37은 3절에서 생성한 프로그램 Z13_08의 Input 필드 ZEMPLIST-DEPCD를 Dropdown 속성으로 설정한 것이다. 트랜잭션을 실행하면 다음 그림 13-38과 같이 리스트 박스가 생성된다.

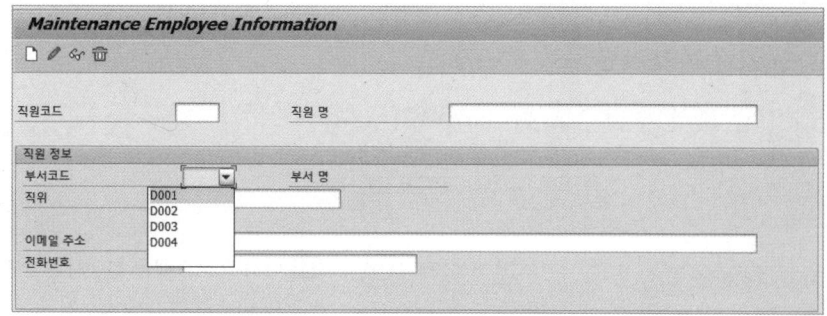

그림 13-38 ABAP Dictionary 속성을 참조한 드롭다운 리스트 박스

그림 13-38은 ABAP Dictionary 속성을 참조하여 부서코드를 리스트 박스로 보여준다. 스크린 페인터에서 속성을 'Listbox with Key'로 설정했지만, 현재는 키 값인 부서코드만 표시되고 있다. 이는 화면 상의 부서코드 필드인 ZEMPLIST-DEPCD에 설정된 외래키(Foreign Key)로 인해, 키 값만 조회되어 표시된 것이다. Search Help를 하나 생성하여 ZEMPLIST 테이블의 DEPCD 필드에 Search Help를 등록한 뒤, 다시 트랜잭션 코드 Z13_08을 실행해보자.

01 앞의 그림 13-38은 ZEMPLIST 테이블의 DEPCD 필드를 참조하여 생성되었고, 리스트 박스로 표시되는 값은 ZEMPLIST-DEPCD의 Check Table인 ZTEAMLIST의 값을 보여준다.

02 부서코드, 부서명을 같이 리스트 박스에 보여주기 위해 Search Help를 생성한다. Search Help 생성이 기억나지 않는다면 9장을 참고해 다시 학습해보자.

03 생성한 Search Help를 ZEMPLIST 테이블의 Search Help에 등록한다.

04 다시 프로그램을 실행하면 부서코드와 부서명이 리스트 박스로 조회된다.

7-2 POV에서 Input Help를 이용한 리스트 박스 생성

9장에서 Input Help를 구성하는 방법은 3가지가 있다고 배웠다. 이 중에서 스크린의 POV(PROCESS ON VALUE-REQUEST) 이벤트에서 Dialog 모듈을 호출하여 Input Help로 구성할 수 있다. 그리고 이렇게 구성된 Input Help는 스크린 필드에 Dropdown 속성이 설정되면, 리스트 박스(List Box) 형태로 조회된다. 이때 주의할 점은 Input Help가 2개 이하의 필드로만 구성되어야 한다는 점이다. 이 2개의 필드는 각각 Key와 Text를 의미하며, 하나일 경우에는 Key 값만 설정된다.

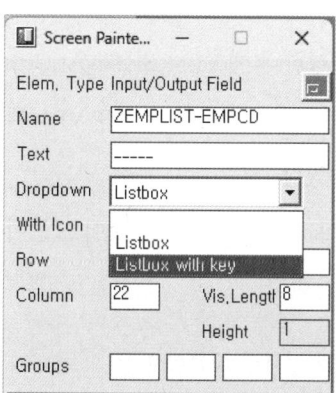

01 100번 스크린의 ZEMPLIST-EMPCD 필드의 Dropdown 속성을 'Listbox with Key'로 설정한다.

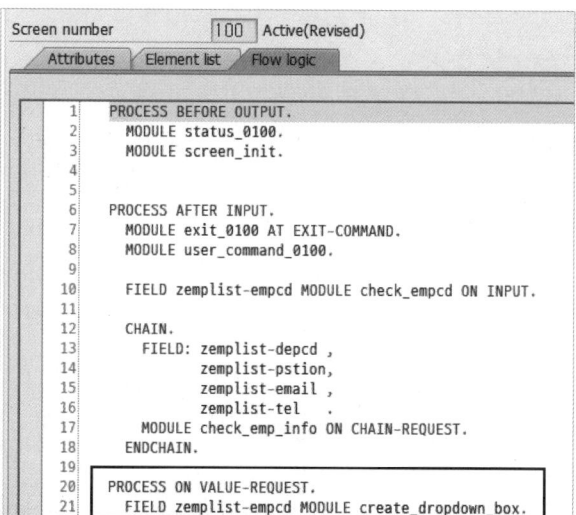

02 스크린 Flow logic에 POV 이벤트를 추가한 후 다음과 같이 리스트 박스를 생성하는 모듈을 추가한다. 트랜잭션을 실행하면 제일 먼저 PBO 이벤트가 실행되고, POV 이벤트가 수행되면서 'F4IF_INT_TABLE_VALUE_REQUEST' 함수를 호출하여 리스트 박스를 구성한다.

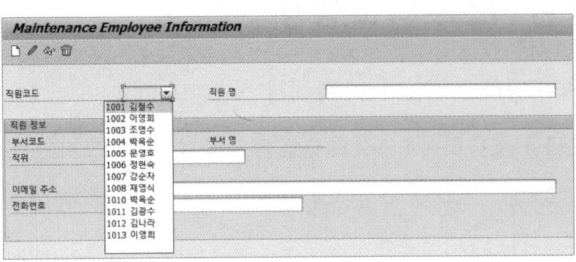

03 왼쪽 그림을 보면 직원코드 필드에 직원코드와 직원명이 리스트 박스로 구성된 것을 볼 수 있다.

7-3 PBO에서 함수를 이용한 리스트 박스 생성

스크린의 PBO 이벤트에서 VRM_VALUES라는 인터널 테이블을 구성한 후에 VRM_SET_VALUES 함수를 호출하여 리스트 박스(List Box)를 생성할 수 있다. VRM_VALUES는 TYPE-GROUP VRM에 소속되어 있으며, Key 필드(40자)와 Text 필드(80자)의 구조를 가지고 있다.

앞에서도 언급했듯이 POV 이벤트에서 Input Help를 이용하여 리스트 박스를 생성하는 것이 표준이지만, 실무에서는 PBO에서 리스트 박스를 생성하는 방법도 많이 사용한다.

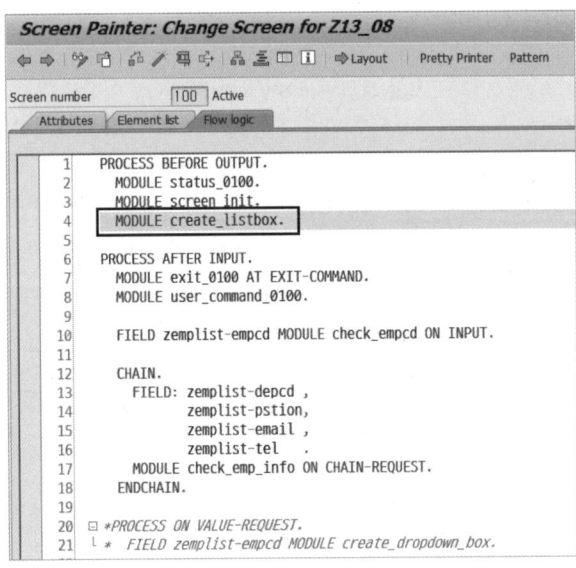

01 7-2절에서 생성한 POV 이벤트는 주석 처리하고, PBO에 create_listbox라는 모듈을 생성하자.

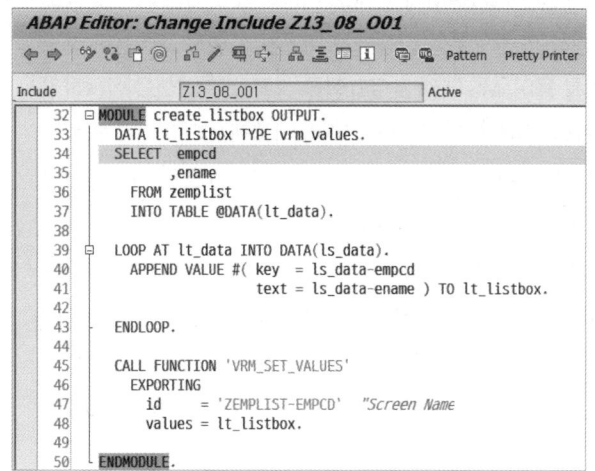

02 PBO에 리스트 박스를 구성하기 위한 로직을 작성한다.

VRM_VALUES는 TYPE-GROUP VRM에 정의된 Table Type으로 Key와 Text 구조를 가진다.

ZEMPLIST 테이블에서 EMPCD, ENAME 필드의 값을 가져온 뒤, LT_LISTBOX 인터널 테이블에 저장한다. 이어서 VRM_SET_VALUES 함수를 호출해 ZEMPLIST-EMPCD 필드에 리스트 박스를 등록한다.

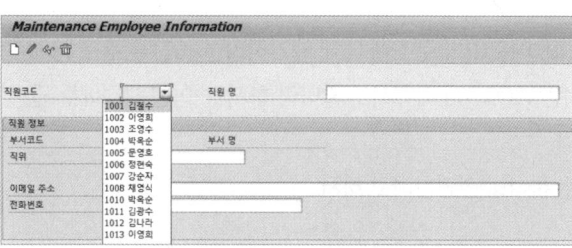

03 트랜잭션 코드를 실행하면, 왼쪽과 같이 'Key: EMPCD(직원코드) / Text: ENAME(직원명)' 구조로 리스트 박스가 출력된 것을 볼 수 있다.

조금 더 알아보기 — Screen과 Stack

ABAP 프로그램을 실행하여 데이터를 조회하면, 메모리 영역으로 데이터를 로드(Load)하여 처리한다. 그림 13-39와 같이 ABAP 프로그램 내의 데이터, 소스, 결과 값 등은 모두 주 메모리(Main Memory) 영역에 저장된다.

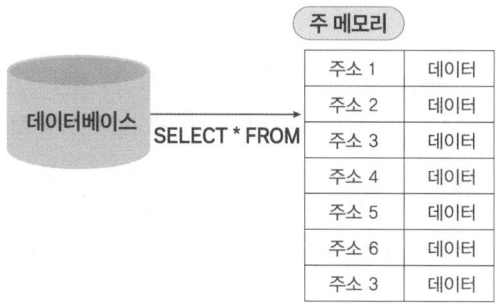

그림 13-39 주 메모리의 구조

주 메모리(Main Memory, 주 기억장치)는 하드웨어적으로 RAM(Random Access Memory)을 의미한다.

RAM의 주요 역할은 보조 디스크에 존재하는 데이터를 RAM에 임시로 저장하여 CPU가 빠른 성능을 낼 수 있도록 보완하는 것이다. 윈도우를 실행하면, 윈도우를 실행하는 데 필요한 프로그램들이 하드디스크에서 읽혀 주 기억장치로 로드된다. 예를 들어, MS 엑셀 프로그램을 실행하면, 엑셀을 실행하기 위한 정보들이 하드디스크에서 읽혀 주 메모리에 저장된다. 사용자가 MS 엑셀에서 데이터를 입력하고 저장하는 것은 주 메모리에서 작업하기 때문에 속도가 빠르다. 이와 같이 CPU는 느린 하드디스크가 아닌 훨씬 빠르게 접근할 수 있는 주 메모리를 이용해 윈도우를 조작하게 된다.

여기에서 주목할 점은 SELECT 구문을 이용해서 데이터를 읽어오는 것은 보조 디스크에서 읽기 때문에 속도가 밀리초(ms) 단위로 느리다는 것이다. 반면에 인터널 테이블은 주 기억장치에 저장되기 때문에 인터널 테이블을 읽는(READ) 속도가 나노초(ns) 단위로 SELECT에 비해 비교할 수 없을 정도로 매우 빠르다. 따라서 SELECT 구문을 사용할 때는 가급적 JOIN 구문을 이용해 데이터를 한 번에 인터널 테이블에 저장하는 것이 효율적이라는 것을 알 수 있다. 물론, HANA는 메모리 기반이기 때문에 SELECT 속도가 이전보다 획기적으로 개선되었다.

이 외에도 주 기억장치의 기능은 무수하게 많다. 메모리의 구조에 대해 얘기하려면 16진수 주소 영역과 한번에 CPU에 전송할 수 있는 데이터 크기인 WORD에 대해서도 알아야 하지만, 이번 과정에는 단순히 메모리의 전체 모습에 대해서만 설명한다.

ABAP 프로그램 내에서 다음 구문과 같이 변수 하나를 선언한다고 하자.

```
DATA : L_1 TYPE C.
L_1 = 'A'.
```

그러면 주 메모리에는 다음과 같이 주소 영역과 데이터 영역으로 구분되어 저장된다.

주 메모리

주소	데이터
L_1	A

그림 13-40 주 메모리의 주소 영역과 데이터 영역

ABAP 프로그램에서 SELECT 구문으로 인터널 테이블에 데이터를 저장하면, 보조 기억장치인 하드디스크에 설치된 데이터베이스의 데이터들이 주 기억장치에 인터널 테이블 형태로 저장된다.

```
SELECT * FROM TABLE INTO ITAB.
```

앞의 구문에서 인터널 테이블 ITAB에 저장된 데이터는 주 메모리에 배열 순번으로 저장된다.

인터널 테이블			주 메모리	
열 \ 행	C 1	C 2	ITAB[1][c1]	데이터1
1	데이터1	데이터2	ITAB[1][c2]	데이터2
2	데이터3	데이터4	ITAB[2][c1]	데이터3
			ITAB[2][c2]	데이터4

그림 13-41 인터널 테이블과 주 메모리

한편, 'CALL SCREEN 100'과 같이 모듈 풀 프로그램에서 스크린을 호출하는 명령어는 스택(Stack)이라는 메모리 공간에 순서를 저장하게 된다. 스택 메모리는 하드웨어 차원으로 존재하는 것이 아니라, 주 메모리의 일정 영역을 할당하여 사용한다. 주소를 직접 이용하여 호출하지 않기 때문에 데이터를 읽는 속도가 빠르다.

주 메모리	
주소 1	데이터 1
주소 2	데이터 2
주소 3	데이터 3
주소 4	데이터 4
스택	
메모리	

스택 구조는 흔히 동전 케이스(코인 스택)로 비유할 수 있다. 그림 13-43을 보면 제일 먼저 들어간 동전은 맨 아래에 위치하고, 마지막으로 스택에 들어간 동전을 제일 먼저 인출해서 사용할 수 있다. 즉, 컴퓨터 일반 이론에서 말하는 LIFO(Last In First Out) 구조이다.

그림 13-42 주 메모리와 스택 메모리

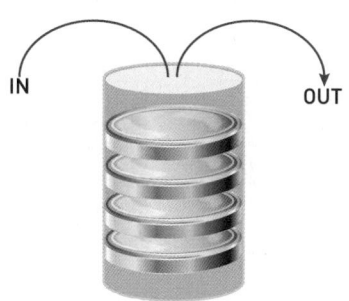

그림 13-43 동전 스택의 구조

이와 동일한 구조로 ABAP 프로그램에서도 스택을 이용하는데, 대표적인 경우가 CALL SCREEN 구문을 사용할 때다. CALL SCREEN 구문을 이용하여 스크린을 호출하면, CALL SCREEN 구문을 만나는 즉시 호출한 스크린으로 이동한다. 그리고 현재 스크린은 종료되지 않고 비활성화된 상태로 존재한다. 그림 13-44에서 볼 수 있는 것과 같이, ABAP 프로그램에서 CALL SCREEN 명령어로 3개의 스크린을 호출하면, 스크린 순번대로 스택 메모리에 저장된다.

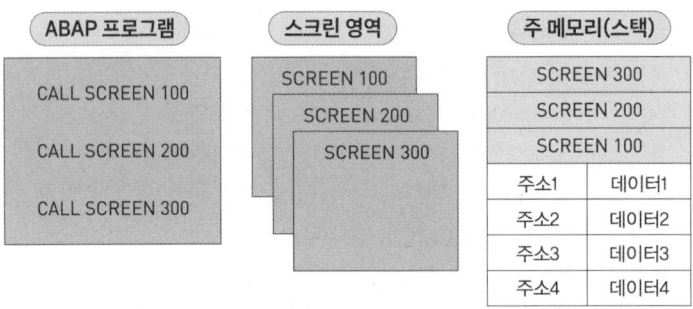

그림 13-44 CALL SCREEN 구문과 스택 메모리

사용자가 화면에서 [BACK] 버튼을 선택하면, 'LEVAE TO SCREEN 0' 구문이 실행되고 스택 메모리에서 스크린을 하나씩 꺼내온다. 'LEVAE TO SCREEN 0' 명령어는 자신을 호출한 스크린으로 되돌아가는 기능을 수행한다. 반면, 'LEAVE TO SCREEN 100'과 같이 스크린 번호를 명시적으로 기술하면, 현재 스크린은 스택에 저장하지 않고 바로 스크린 100번으로 이동한다. 이 차이를 나타낸 것이 그림 13-45이다.

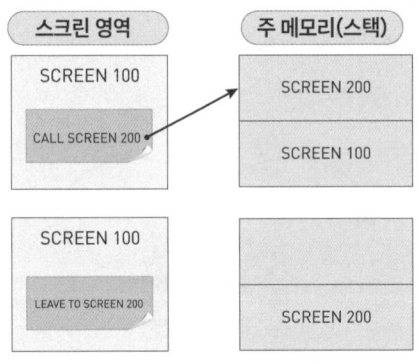

그림 13-45 CALL구문과 LEAVE TO SCREEN 구문

프로그램을 실행하면 최초로 조회되는 스크린 100번이 있다고 가정하자. 현재 스크린이 100번이고 'CALL SCREEN 200' 구문을 수행한 후에 'LEAVE TO SCREEN 0' 구문을 만나면 100번 화면으로 돌아간다. 반면, 'LEAVE TO SCREEN 200' 구문이 실행된 후 'LEAVE TO SCREEN 0' 구문을 만나게 되면, 돌아갈 화면이 스택에 저장되지 않았으므로 프로그램을 종료하게 된다. 이와 같이 스크린이 여러 개 존재하는 모듈 풀 프로그램에서는 CALL SCREEN구문과 LEAVE TO SCREEN 구문을 명확히 이해하고 사용할 수 있어야 한다.

BDC 프로그램

SAP를 설치하고 난 후, 기존 시스템 또는 외부 시스템에서 오랫동안 축적된 데이터를 SAP에 맞는 데이터 형태로 가져와야(Migration) 할 경우가 많다. 물론, JAVA로 개발한 외부 시스템과 연동하여 SAP를 사용한다면 지속적으로 이러한 작업이 필요하다. 이런 경우에는 데이터 전송 프로그램을 생성해야 하며, 이때 Data Transfer Workbench를 사용할 수 있다.

Data Transfer Workbench는 데이터를 전송하기 위한 일련의 작업을 총괄하는 도구(Tool)라 할 수 있다. 레거시 시스템에서 데이터를 추출하고 SAP 포맷에 맞는 형태로 데이터를 생성한 후 SAP로 데이터를 전송한다. 전송 방법에는 BAPI, Batch Input, Direct Input 등의 기술을 사용한다. 여기서는 이 중에서 Batch Input 방법이 무엇인지, 그리고 Batch Input을 사용하기 위해 필요한 BDC 프로그램을 어떻게 작성하는지 살펴본다.

일반적으로 Batch Input 프로그램을 BDC(Batch Data Communication) 프로그램이라고 한다. BDC는 ABAP 프로그램이라고 보다는 도구(Tool)에 가깝다. 하지만 실무에서 매우 많이 사용하고 중요한 부분이므로 개념 위주로 정리해본다.

여기서 잠깐 짚고 넘어가야 할 문제가 있다. 왜 BDC와 같은 프로그램을 이용하여 데이터를 입력하는지 의문이 생길 수 있다. SAP에 사용되는 데이터는 관계형 DB가 기본이므로, 데이터 특성을 고려하여 여러 테이블에 분산되어 저장된다. 이때 하나의 테이블에 존재하는 데이터를 변경하는 것이 관계가 있는 다른 테이블에 어떠한 영향을 주는지 판단하는 것은 몹시 어려운 문제이다.

만약 SAP가 아닌 레거시 시스템을 사용한다면, 관계형 DB를 사용하더라도 이야기는 달라진다. 왜냐하면, 개발자가 직접 전체 ERD를 설계하고 프로그램을 개발하기 때문에 어떠한 데이터가 어느 테이블에 저장되는지 정확히 알 수 있기 때문이다. 그러나 SAP는 ERD를 제공하지 않기 때문에 프로그램에 포함된 복잡한 로직과 관련 테이블들을 파악하는 것은 불가능에 가까운 일이다. 그림 13-46과 같이 T-CODE:SE11에서 외래키 관계를 조회할 수 있지만, 외래키가 설정되지 않은 테이블 정보는 조회되지 않는다.

이러한 이유로, BDC를 활용하여 실제 사용 중인 트랜잭션과 동일한 화면(프로세스)을 진행하면서 데이터를 생성하거나 변경하는 방식을 사용한다. 이 외에도 트랜잭션을 수행하여 데이터를 변경하면 로그 정보가 저장되어 임의로 비즈니스 정보를 조작할 수 없다는 점도 BDC의 장점이다.

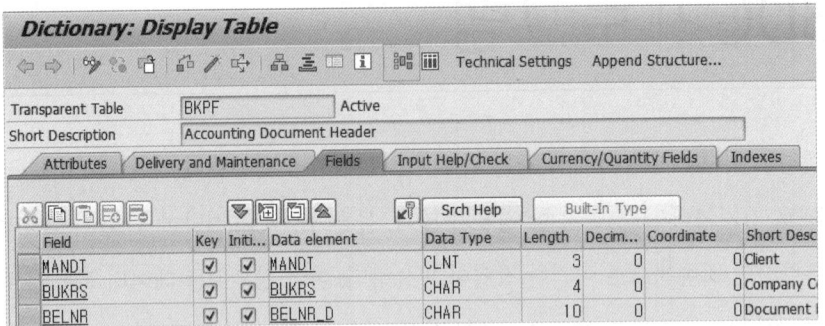

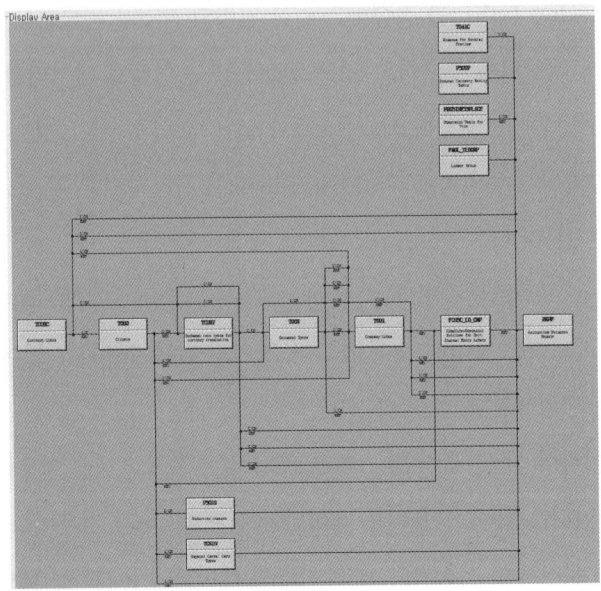

그림 13-46 ABAP Dictionary에서 Table 외래키 관계 조회

BDC 프로그램은 크게 두 가지 방식으로 실행할 수 있다. 하나는 Batch Input 세션을 생성하여 처리하는 방식이며, 다른 하나는 프로그램 내에서 CALL TRANSACTION 구문을 이용해 트랜잭션을 직접 호출하는 방식이다.

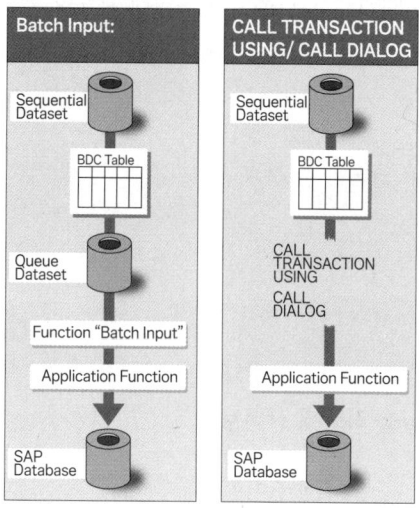

그림 13-47 Batch Input과 CALL TRANSACTION 비교

그림 13-47의 왼쪽에 나타낸 Batch Input 방식을 이용하면, ABAP 프로그램은 외부 데이터(파일과 같은 형태)를 읽어 BDC 테이블로 구성한다. 이 데이터를 'Batch Input 세션'에 저장한 후 큐에 전달한다. 세션이 생성되면 메뉴에서 [System] → [Services] → [Batch input] 또는 Background 작업으로 세션을 실행할 수 있고, 세션 레코드는 SAP 트랜잭션을 이용해 시스템에 전송된다.

그림 13-47의 오른쪽은 ABAP 프로그램에서 CALL TRANSACTION 구문을 이용하여 SAP 트랜잭션을 실행하는 방식이다. 이 방식에서는 외부 데이터를 별도 세션에 저장하지 않고, 모든 Batch Input 프로세스가 프로그램 내에서 실시간으로 수행된다.

이들 두 가지 방식을 좀 더 자세하게 살펴보자.

8-1 Batch Input 이용

Batch Input은 주로 대량의 데이터를 전송할 때 사용하는 방식이다. 실시간 데이터 전송에는 적합하지 않으며, 이 경우에는 CALL TRANSACTION을 이용하는 것이 바람직하다. Batch Input은 전형적으로 새로 설치된 SAP 시스템에 레거시 시스템의 데이터를 마이그레이션할 때 사용한다. 또한 일 단위, 짧게는 시간 단위로 외부 시스템 데이터를 가져올 때도 사용한다.

8-2 CALL TRANSACTION 이용

사용자가 직접 트랜잭션을 실행하여 화면에 값을 입력하는 프로세스를 프로그램으로 구현한 방식이다. 엑셀과 같은 파일 형태로 데이터를 표준 프로그램에 입력할 수 있다. 실무에서 많이 사용하며, Batch Input 세션을 생성하지 않고 ABAP 프로그램 내에서 CALL TRANSACTION 구문을 이용하여 데이터를 입력한다.

```
CALL TRANSACTION <tcode>
 USING <bdc_tab>
 OPTIONS FROM <ctu_params>
 MODE   <mode>
 UPDATE <update>
 MESSAGES INTO MESSTAB.
```

앞의 구문에서 사용하는 옵션들을 하나씩 살펴보자.

- **<tcode>**: 트랜잭션 코드
- **<bdc_tab>**: BDCDATA 구조의 인터널 테이블을 트랜잭션에 전달한다.
- **<ctu_params>**: Rel4.6B 이상에서 사용 가능하며, CALL TRANSACTION 구문의 옵션을 설정한다.

옵션	설명
DISMODE	MODE 옵션과 동일, 표 13-15 참고
UPDMODE	UPDATE 옵션과 동일, 표 13-16 참고
CATTMODE	CATT 모드 설정 ' ': CATT 사용 안 함 'N': single-screen control이 없는 CATT 'A': single-screen control이 있는 CATT
DEFSIZE	기본 윈도우 사이즈 설정
RACOMMIT	COMMIT WORK에서 트랜잭션 종료하지 않음
NOBINPT	Batch Input Mode 사용 안 함 SY-BINPT = space로 설정하여 트랜잭션이 온라인 프로그램과 같은 형식으로 실행되도록 한다. 프로그램이 Batch Input(T-CODE:SM35)으로 실행되면 SY-BINPT = 'X'가 설정된다. * 일부 트랜잭션은 Batch Input 모드와 온라인 화면이 다른 경우가 있다. 이 경우에는 SY-BINPT = 'X'를 설정하여 트랜잭션을 호출하면 된다.
NOBIEND	DISMODE가 'E' 상태일 때만 설정 가능하며, 시스템 에러가 발생하면 Background에서 수행 중인 BDC가 Foreground로 전환되고 스크린이 조회된다.

표 13-14 CTU_PARAMS 속성

CTU_PARAMS의 옵션인 DISMODE와 CALL TRANSACTION의 <mode>는 동일한 기능을 수행하며, 중복으로 사용할 수 없다. UPDMODE 속성도 동일하다.

옵션	설명
A	화면을 조회하면서 트랜잭션 수행
E	에러가 발생할 경우에만 화면 조회
N	화면을 표시하지 않음

표 13-15 MODE 옵션

옵션	설명
S	Synchronous Update
A	Asynchronous Update
L	Local Update - Local Update는 VBLOG 테이블에 저장하지 않고 ABAP Memory 영역에 데이터를 저장한다. - 호출한 프로그램과 호출된 프로그램은 동일한 Work Process에서 수행된다.

표 13-16 UPDATE 옵션

Return Code

BDC 수행 후 시스템 변수 SY-SUBRC에 성공 여부를 반환한다.

값	설명
0	Success
<=1000	Dialog Program Error
> 1000	Batch Input Error

표 13-17 Return Code의 의미

MESSTAB

BDC 수행 시 트랜잭션에서 수행된 메시지들이 저장되는 BDCMSGCOLL 타입의 인터널 테이블이다.

시스템 변수	설명
SY-MSGID	Message ID
SY-MSGTY	Message Type (E, I, W, S, A, X)
SY-MSGNO	Message number
SY-MSGV1	Message variable 1
SY-MSGV2	Message variable 2
SY-MSGV3	Message variable 3
SY-MSGV4	Message variable 4

표 13-17 MESSTAB의 시스템 변수 의미

8-3 레코딩 및 BDC 프로그램 생성

Batch Input을 수행하려면 Batch Input 프로그램이 있어야 한다. 이 프로그램을 만들려면 전송한 데이터가 어떤 트랜잭션을 수행해야 하는지 결정하는 레코딩 작업이 선행되어야 한다. 레코딩 작업의 주 목적은 BDC 프로그램 작성이다.

BDC 프로그램을 만들기 위한 트랜잭션 레코딩에 대해 간단히 살펴보자.

1) 용도

- Batch Input 또는 CALL TRANSACTION을 실행하는 데이터 프로그램 생성
- Batch Input 세션 생성
- 테스트 데이터 생성
- Function Module 생성

2) 특징

F1(Process ON HELP-REQUEST), F4(Process ON VALUE-REQUEST) 기능은 레코딩되지 않는다. 또한 Error나 Warning 메시지도 레코딩되지 않는다. 이는 현재 화면에서 성공적으로 다음 프로세스로 진행할 수 있도록 하기 위해서다.

8-3-1 Transaction Recorder 수행

BDC 프로그램의 소스 코드에 대해서는 상세하게 설명하지 않는다. 이번 절을 통해 BDC의 개념을 이해한 후, 각 사이트의 표준 포맷 프로그램을 참고하는 것이 더 바람직하다.

이번에는 앞서 생성한 Z13_01 프로그램의 생성 기능을 활용하여 BDC 프로그램을 만들어보자.

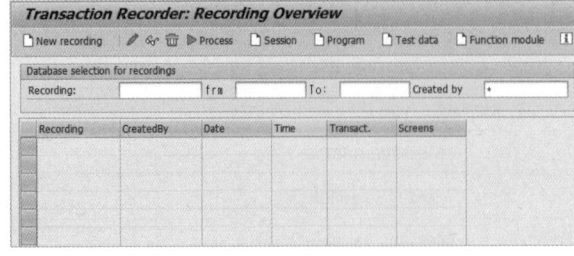

01 트랜잭션 레코딩은 메뉴로 실행할 수 있으며, 방법은 여러 가지가 존재한다.
1. 메뉴: [System] → [Services] → [Batch Input] → [Recorder]
2. T-CODE:SM35 → [Recording]
3. T-CODE: SHDB

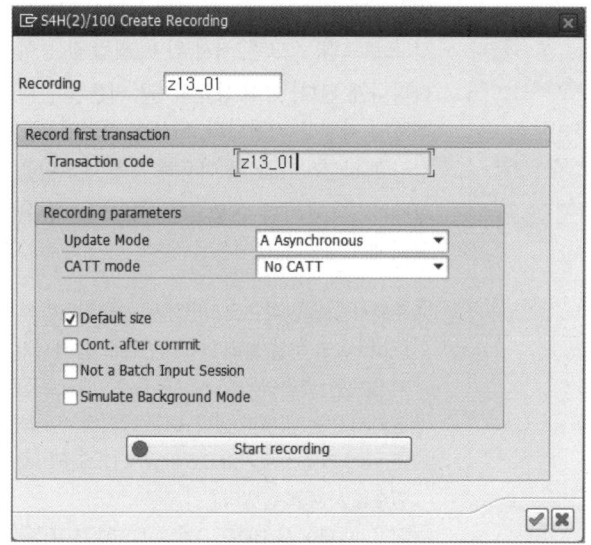

 **New recording** 버튼을 눌러 트랜잭션 레코드 편집기를 실행하고 다음 정보를 입력한다.

Recoding: 레코딩 이름을 알기 쉽게 적음, 기존 명칭과 중복되지 않게 입력

Transaction code: 실행해야 할 트랜잭션 이름

Update Mode
- **A**: Asynchronous update
- **S**: Synchronous update
- **L**: Local update

CATT mode
- Default size
- **Cont.after commit**: 커밋 후에 계속 실행
- **Not a Batch Input Session**: Batch Input으로는 사용하지 않음
- **Simulate Background Mode**: Background Mode로 실행

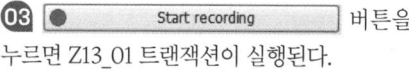 버튼을 누르면 Z13_01 트랜잭션이 실행된다.

▌주의사항: 미리 데이터를 정해놓고 불필요한 값이 레코딩되지 않도록 한다.

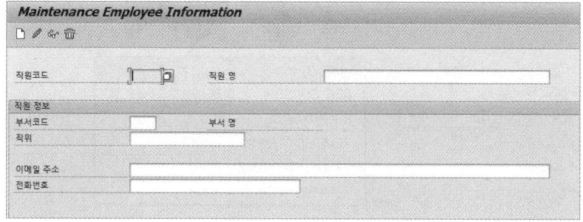

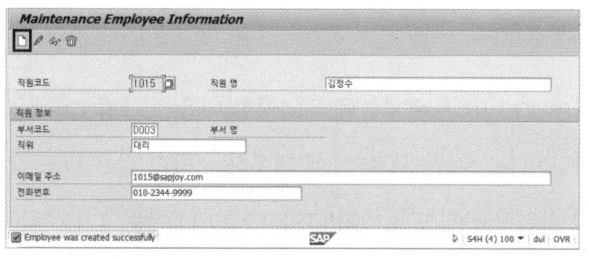

직원코드와 직원 정보를 입력한 후 버튼을 눌러 생성한다. 생성 버튼을 누르면 하단에 성공 메시지가 출력되고, [Back] 버튼을 누르면 BDC 레코딩이 종료된다.

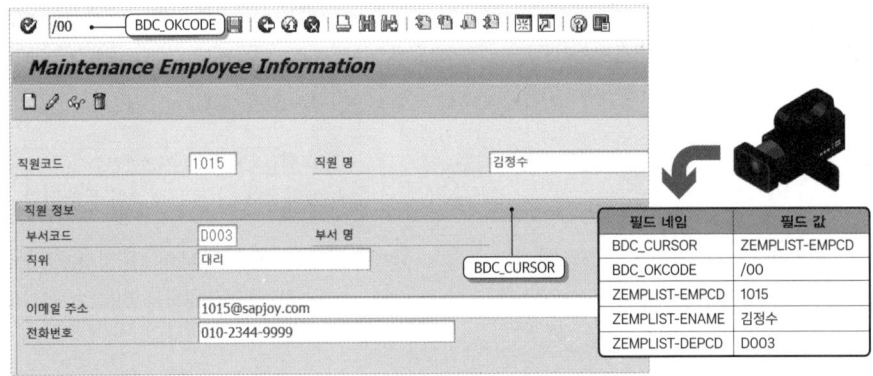

05 종료 후 BDC 레코딩 화면을 확인하면 시작 프로그램, 스크린, 커서 위치, 입력 값 등이 나타나게 된다. 이제 상단의 🔲 버튼을 눌러 레코딩 파일을 저장한다. SHDB 화면에서도 상단 툴바(Toolbar)를 이용해 특정 레코딩을 삭제하거나 추가할 수 있으며, ▶ Process 버튼을 눌러 레코딩을 실행해볼 수 있다.

📙 주의사항: 일반적으로 화면에서 값을 입력한 후 [Enter] 키 등을 눌러 PAI 이벤트를 발생시키지 않으면, 화면의 값이 ABAP 프로그램으로 전송되지 않는 경우가 있다. 이를 방지하기 위해 [Enter] 키를 누르거나 DYNP_VALUES_READ 함수를 사용할 수 있다.
왼쪽 예제에서 BDC_OKCODE에 '/00'은 [Enter] 키를 눌렀을 때의 OKCODE를 나타낸다.

그림 13-48 트랜잭션 레코딩

이번 절에서 SHDB 트랜잭션 코드를 실행하여 Z13_01 트랜잭션을 레코딩한 내용을 그림 13-48을 통해 자세히 살펴보자. 화면의 각 필드는 필드명(Field Name)으로, 그에 대응하는 입력 값은 필드 값(Field Value)으로 표시된다. 예를 들어, 화면의 직원코드 필드 'ZEMPLIST-EMPCD'에는 '1015'라는 필드 값이 입력되었음을 알 수 있다.

또한 레코딩에는 화면에서 수행된 명령어를 나타내는 BDC_OKCODE와, 화면을 빠져나가기 직전의 커서 위치를 나타내는 BDC_CURSOR도 포함된다. 이러한 값들은 BDC 프로그램 실행 시 업로드된 실제 데이터로 대체되므로, 프로그램에서는 업로드한 파일에서 데이터를 읽어 각 필드명(Field Name)에 대응되는 필드 값(Field Value)을 변수로 치환하여 처리한다. 다음 예제 Z13_09를 통해 이러한 내용을 직접 작성하며 이해해보자.

8-3-2 Transaction Recording을 이용하여 BDC Program 생성

BDC를 사용해 대량으로 직원을 생성하는 실습을 진행해보자. 실무에서는 일반적으로 엑셀로 데이터를 입력한 후 이를 업로드하는 프로그램을 개발하여 사용한다. 즉, 데이터가 입력된 엑셀 파일을 업로드하고, BDC 또는 BAPI를 사용해 대량의 데이터를 업로드한다.

하지만 이번 예제에서는 간단하게 앞서 배운 테이블 컨트롤을 이용해 여러 건의 직원 정보를 입력하고 이를 업로드하자.

이제 8-3-1절에서 레코딩한 내용을 통해 대량으로 직원을 생성하는 실습을 진행해보자. 이번 실습에서는 다음 그림 13-49와 같은 구조의 엑셀 파일을 작성한 뒤 그림 13-50과 같은 프로그램에서 업로드한 후 처리 결과를 확인해 본다.

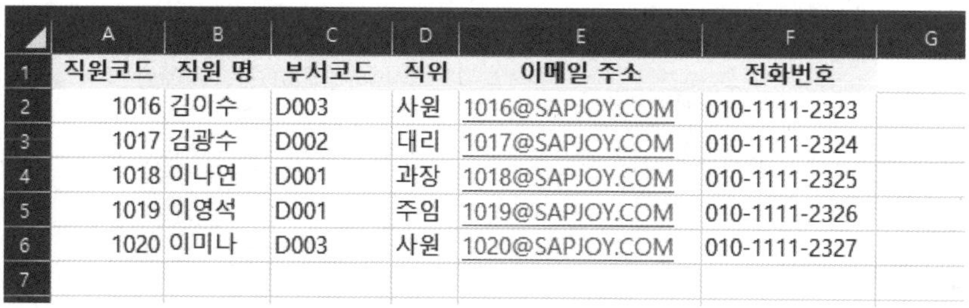

	A	B	C	D	E	F	G
1	직원코드	직원 명	부서코드	직위	이메일 주소	전화번호	
2	1016	김이수	D003	사원	1016@SAPJOY.COM	010-1111-2323	
3	1017	김광수	D002	대리	1017@SAPJOY.COM	010-1111-2324	
4	1018	이나연	D001	과장	1018@SAPJOY.COM	010-1111-2325	
5	1019	이영석	D001	주임	1019@SAPJOY.COM	010-1111-2326	
6	1020	이미나	D003	사원	1020@SAPJOY.COM	010-1111-2327	
7							

그림 13-49 엑셀 업로드 파일

직원코드	직원 명	부서코드	직위	이메일 주소	전화번호	처리 결과
1016	김이수	D003	사원	1016@SAPJOY.COM	010-1111-2323	Employee was created successfully
1017	김광수	D002	대리	1017@SAPJOY.COM	010-1111-2324	Employee was created successfully
1018	이나연	D001	과장	1018@SAPJOY.COM	010-1111-2325	Employee was created successfully
1019	이영석	D001	주임	1019@SAPJOY.COM	010-1111-2326	Employee was not created
1020	이미나	D003	사원	1020@SAPJOY.COM	010-1111-2327	Employee was created successfully

그림 13-50 엑셀 업로드 프로그램

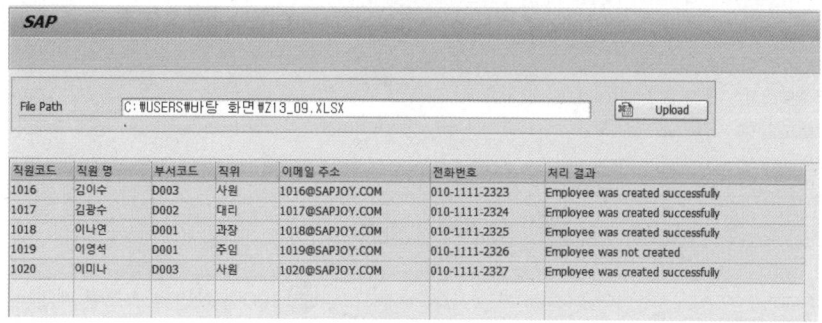

01 Z13_09 프로그램을 생성한 뒤 TOP, O01, I01, F01 Include 프로그램의 주석을 해제하고 프로그램을 생성한다.

그 후 TOP Include 프로그램에 프로그램 전역에서 사용할 변수를 선언한다.

02 100번 스크린을 생성한 후 GUI Status를 왼쪽과 같이 구성한다.

03 100번 화면의 스크린 페인터를 실행시켜 왼쪽과 같이 화면을 디자인한다.

상단의 File Path 항목에 업로드할 엑셀 파일을 입력하고 Upload 버튼을 클릭하면 하단의 테이블 컨트롤에 업로드한 엑셀 데이터가 조회된다.

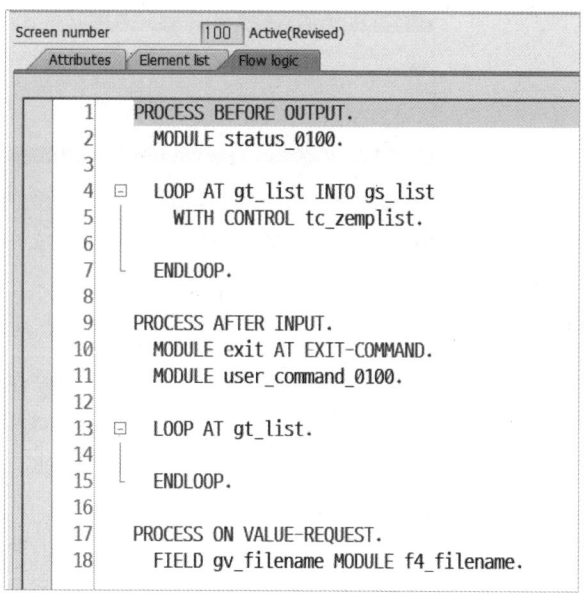

04 100번 스크린의 PBO, PAI를 구현한다. 이때 엑셀 파일을 업로드하기 위한 경로를 입력받을 수 있도록, gv_filename 필드를 Input Field로 추가한다.

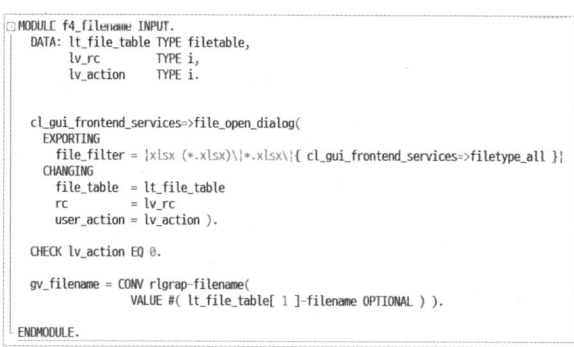

05 CL_GUI_FRONTEND_SERVICES 클래스의 FILE_OPEN_DIALOG 메소드를 사용하면, 다음 그림과 같이 팝업 화면이 열려 PC에서 업로드할 파일의 경로를 선택할 수 있다.

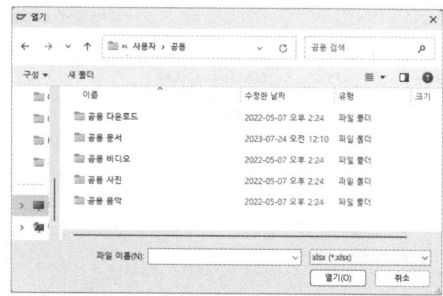

정상적으로 파일 경로를 선택했다면, gv_filename 필드에 경로가 입력된다.

06 Upload 버튼에 대한 USER_COMMAND 로직을 작성한다.

업로드와 관련된 로직을 하나의 서브루틴에 모으기 위해 'PERFORM process_upload' 구문을 작성한 뒤 더블 클릭하여 서브루틴을 생성한다.

07 엑셀 파일을 업로드하기 위한 로직을 작성한다. 엑셀 파일을 업로드하는 방식은 여러 가지가 있지만, 예제에서는 ALSM_EXCEL_TO_INTERNAL_TABLE 함수를 사용한다. 이 함수는 시작 열, 시작 행부터 마지막 열, 마지막 행까지의 엑셀 데이터를 읽어온다. 함수의 동작 방식은 디버깅을 통해 충분히 이해할 수 있을 것이다. 엑셀 데이터를 GT_LIST 인터널 테이블에 담은 뒤 테이블 컨트롤의 라인 수를 정확히 지정하기 위해 TC_ZEMPLIST-LINES에 라인 수를 할당한다.

```abap
FORM process_upload .
    DATA: lt_tabline TYPE TABLE OF alsmex_tabline.

    CLEAR gt_list.
    CALL FUNCTION 'ALSM_EXCEL_TO_INTERNAL_TABLE'
      EXPORTING
        filename                = gv_filename
        i_begin_col             = 1
        i_begin_row             = 2
        i_end_col               = 6
        i_end_row               = 9999
      TABLES
        intern                  = lt_tabline
      EXCEPTIONS
        inconsistent_parameters = 1
        upload_ole              = 2
        OTHERS                  = 3.

    LOOP AT lt_tabline INTO DATA(ls_tabline).

      ASSIGN COMPONENT ls_tabline-col OF STRUCTURE gs_list
                                      TO FIELD-SYMBOL(<fs>).

      IF <fs> IS ASSIGNED.
        <fs> = ls_tabline-value.
      ENDIF.

      AT END OF row.
        APPEND gs_list TO gt_list.
        CLEAR gs_list.
      ENDAT.

    ENDLOOP.

    tc_zemplist-lines = lines( gt_list ).


ENDFORM.
```

08 업로드한 데이터를 LOOP 구문을 수행하며 8-3-1절에서 레코딩한 값을 지정한다. 업로드 후 인터널 테이블에 저장한 데이터를 LOOP 구문을 수행하며 BDCDATA 구조에 값을 할당한다. BDCDATA는 ABAP Dictionary에 정의되어 있는 구조체로, 자세한 내용은 다음 표 13-18을 참고한다.

```abap
FORM process_save .
    DATA: ls_params TYPE ctu_params.

    ls_params = VALUE #( dismode = 'N' updmode = 'S' ).

    CLEAR: gs_bdcdata, gt_bdcdata.
    LOOP AT gt_list INTO gs_list.

      PERFORM bdc_init
        USING
          'Z13_01' '0100'.

      PERFORM bdc_value
        USING:
          'BDC_CURSOR' 'ZEMPLIST-EMPCD',
          'BDC_OKCODE' '/00',
          'ZEMPLIST-EMPCD'  gs_list-empcd,
          'ZEMPLIST-ENAME'  gs_list-ename,
          'ZEMPLIST-DEPCD'  gs_list-depcd,
          'ZEMPLIST-PSTION' gs_list-pstion,
          'ZEMPLIST-EMAIL'  gs_list-email,
          'ZEMPLIST-TEL'    gs_list-tel.
```

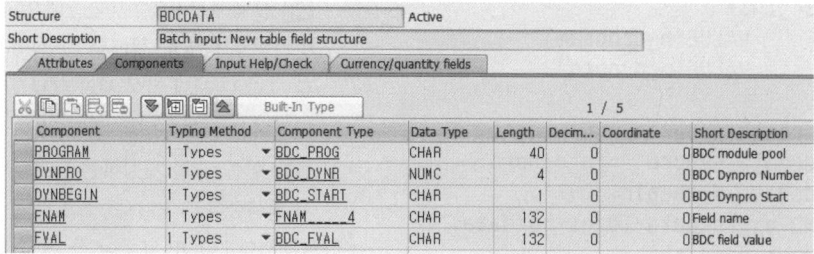

PROGRAM	시작 프로그램 이름
DYNPRO	프로그램에서 실행할 스크린 번호
DYNBEGIN	BDC 스크린의 시작 여부 ('X': DYNPRO에 지정한 스크린의 시작을 의미함)
FNAM	필드 이름
FVAL	FNAM에 지정한 필드의 값

표 13-18 BDCDATA 구조

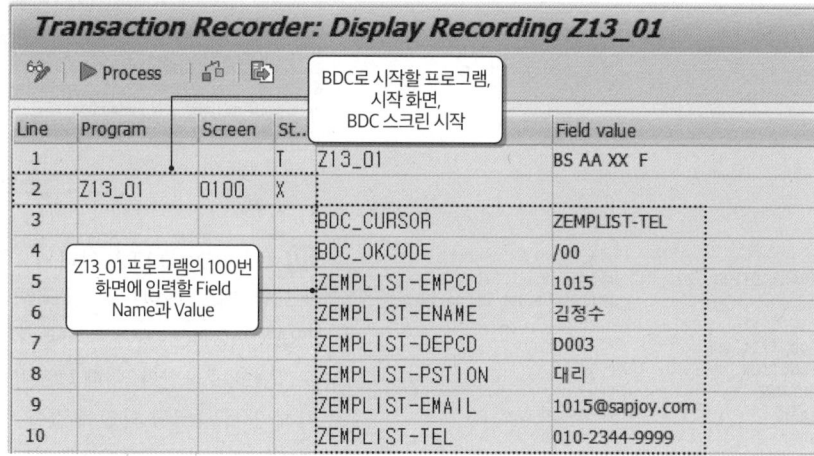

그림 13-51 SHDB 화면

```
FORM bdc_init
  USING    VALUE(p_program)
           VALUE(p_dynpro).

  gs_bdcdata-program  = p_program.
  gs_bdcdata-dynpro   = p_dynpro.
  gs_bdcdata-dynbegin = 'X'.
  APPEND gs_bdcdata TO gt_bdcdata.
  CLEAR gs_bdcdata.

ENDFORM.
```

```
FORM bdc_value
  USING    VALUE(p_fnam)
           VALUE(p_fval).

  gs_bdcdata-fnam = p_fnam.
  gs_bdcdata-fval = p_fval.

  APPEND gs_bdcdata TO gt_bdcdata.
  CLEAR gs_bdcdata.

ENDFORM.
```

09 실무에서 BDC 프로그램은 사이트별, 개발자별로 다양한 형태로 개발된다. 일반적으로 그림 13-51과 같이 시작 프로그램과 화면을 지정하는 서브루틴과 해당 프로그램, 화면의 필드 이름, 값을 지정하는 서브루틴으로 나눠서 진행한다.

8단계의 LOOP 구문이 한 번 수행될 때마다 GT_BDCDATA 인터널 테이블에 다음과 같이 값이 할당된다. 이는 SHDB에서 레코딩한 내용과 동일하며 FVAL의 값만 실제 업로드한 데이터로 변경된다.

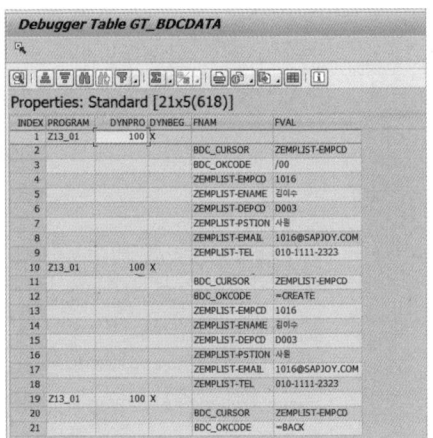

```
        CALL TRANSACTION 'Z13_01' USING gt_bdcdata
                                  OPTIONS FROM ls_params.
        CLEAR gs_list-msg.
        CALL FUNCTION 'MESSAGE_TEXT_BUILD'
          EXPORTING
            msgid             = sy-msgid
            msgnr             = sy-msgno
            msgv1             = sy-msgv1
            msgv2             = sy-msgv2
            msgv3             = sy-msgv3
            msgv4             = sy-msgv4
          IMPORTING
            message_text_output = gs_list-msg.

        MODIFY gt_list FROM gs_list.
        CLEAR: gs_list.

        CLEAR: gt_bdcdata.
    ENDLOOP.
ENDFORM.
```

10 GT_BDCDATA 인터널 테이블에 업로드한 엑셀 데이터를 할당한 후, CALL TRANSACTION 구문을 사용해 'Z13_01' 프로그램을 호출한다. 이때 USING 구문을 추가해 앞서 레코딩 파일에 값을 할당한 GT_BDCDATA 인터널 테이블을 할당한다.

이렇게 되면, GT_BDCDATA에 할당된 값으로 Z13_01 트랜잭션을 실행한다.

OPTIONS FROM 구문은 BDC 실행 시 처리 옵션을 지정한다. OPTIONS FROM 옵션은 CTU_PARAMS 구조를 가진다. 이들 옵션에 대한 자세한 내용은 8-2절을 참고하자.

BDC의 실행 결과는 메시지 관련 시스템 변수에 저장된다. MESSAGE_TEXT_BUILD 함수 등을 사용하면 Message ID, Type, 값1~4를 조합해 메시지를 생성할 수 있다.

⑪ 최종적으로 트랜잭션 코드(Transaction Code)를 생성한 뒤 Z13_09 프로그램을 실행해보자. 업로드할 엑셀 데이터의 경로를 입력하면 해당 엑셀 파일을 읽어와 하단 테이블 컨트롤에 보여준다. 업로드한 데이터에 문제가 없다면 저장 버튼을 눌러 BDC를 실행해보자. Z13_01 프로그램의 직원 생성 완료 메시지가 테이블 컨트롤의 '처리 결과' 컬럼에 할당되어 표시된다.

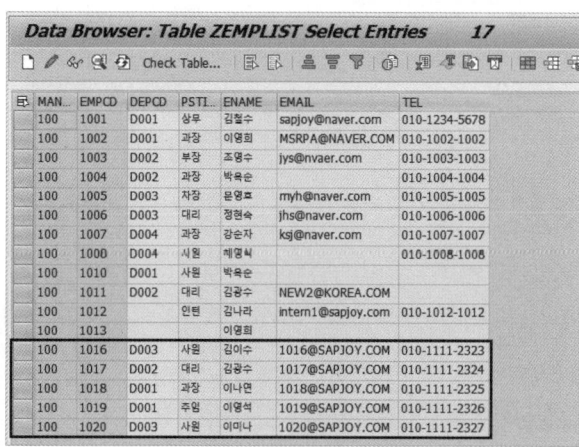

⑫ 실제 테이블에서 조회해보면 왼쪽과 같이 엑셀로 업로드한 데이터가 DB에 추가된 것을 확인할 수 있다. 전체 소스 코드는 SAP JOY(sapjoy.co.kr/) [교재공간] → [교재 자료실]에서 내려받을 수 있다.

CHAPTER 14

ABAP Object

In this chapter >>>

이번 장에서는 ABAP Object를 학습한다. 1~13장까지 학습한 구조적인 프로그램 모델(Structured Model)과 14장 이후의 객체지향(Object-Oriented) 프로그램 모델을 구별하고 사용할 수 있어야 한다. ABAP 프로그램은 절차적인 언어인 COBOL에서 파생된 언어이며 이후에 OO(Object-Oriented, 객체지향) 개념이 추가되었다. 웹 기반의 Fiori에서도 ABAP OO가 기본 구조를 이루고 있다.

Chapter list >>>

1. Overview
2. 클래스
3. 객체
4. 메소드
5. 상속
6. 인터페이스
7. 이벤트
8. 클래스 빌더(SE24)

Overview

1-1 객체지향(Object Orientation)이란 무엇인가?

ABAP 언어는 절차적 프로그래밍 방식에서 유래했으며, 시간이 흐르면서 객체지향 프로그래밍(OOP) 개념을 도입하여 더욱 강력하고 유연한 언어로 발전했다. 즉, ABAP은 절차적인 프로그래밍과 객체지향(Object-Oriented) 프로그래밍을 모두 지원하는 혼합형(Hybrid) 언어이다. ABAP Object가 처음 등장한 것은 SAP BASIS 4.5 버전이며, 이때 클래스(Class)와 인터페이스(Interface), 이벤트(Event) 개념이 등장한다. 그리고 4.6B 버전 이후부터 커널이 변경되고 상속 등의 개념이 적용되어 객체지향 프로그래밍 환경이 완성되었다.

그림 14-1에서 볼 수 있듯이, ABAP 언어가 개발되기 전에는 Macro Assembler를 이용하여 SAP 프로그램을 개발하였다. ABAP은 리포팅 기능을 개선하고자 개발된 프로그램 언어로서, 초기에는 COBOL과 PASCAL과 같은 언어로부터 많은 영향을 받았다. ABAP Object는 ABAP의 기능이 확장된 언어이며, JAVA와 C++과 같은 다른 객체지향 프로그래밍의 장점을 통합하여 개발되었다.

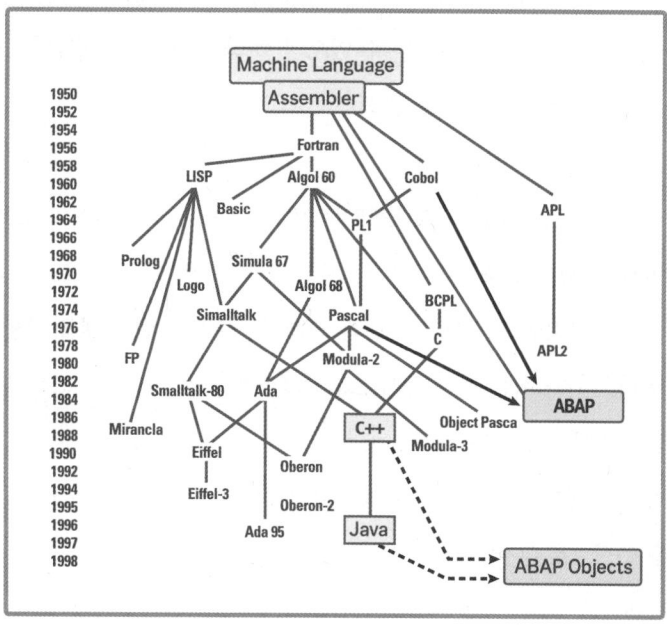

그림 14-1 ABAP 프로그램의 역사

과거의 정보 시스템은 주로 입력(Input), 프로세싱(Processing), 출력(Output)의 관계에 따라 정의된 기능 중심의 구조로 이루어져 있었다. 그러나 객체지향(Object-Oriented) 접근법에서는 실제 세계를 구조화 또는 추상화(Abstract)하여 표현하는 객체에 초점을 맞추고 있다. 이러한 객체들은 구조를 나타내는 속성(Attribute)과 기능을 표현하는 메소드(Method)로 구성된다.

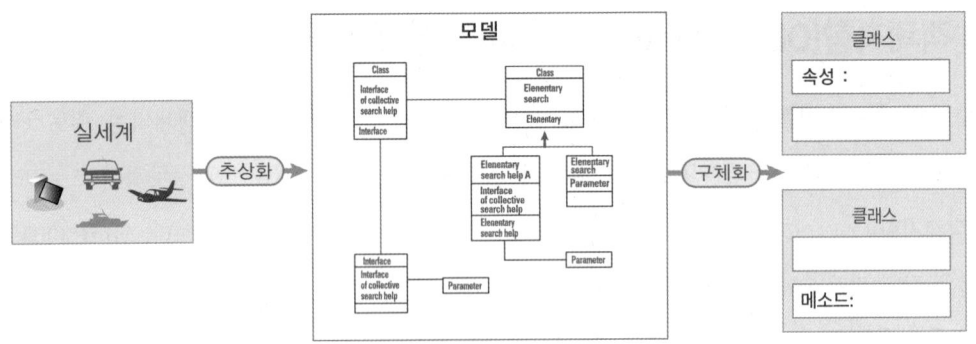

그림 14-2 객체지향 개념도

프로그램 개발자의 역할은 실세계의 정보나 상황 중에서 주된 관심의 대상이 되는 부분을 컴퓨터 내부로 이식하는 것이다. 하지만 실세계의 복잡한 상황을 바로 컴퓨터 내부로 반영하기는 어려우므로, 프로그램 개발자는 '추상화'와 '구체화' 과정을 통하여 이러한 작업을 수행한다. 즉, '추상화' 과정을 통해 실세계의 상황을 간결하고 명확하게 '모델링'하며, '구체화' 과정을 통해 추상적 모델을 소프트웨어 오브젝트로 변환한다. 실제 세상에는 비행기, 자동차, 사람과 같은 객체들이 존재한다. 이러한 객체들은 비슷한 속성과 기능을 가질 수 있으며, 하나의 그룹으로 묶을 수 있다. 이렇게 유사한 객체들끼리 하나의 그룹으로 묶은 것을 클래스(Class)라고 한다. 이렇게 생성된 클래스는 개별 객체들을 생성하는 청사진 역할을 하게 된다.

그림 14-2와 같이 구체화된 소프트웨어 오브젝트는 프로그래머에게 실세계와 소프트웨어 솔루션을 1:1로 대응시켜 설계할 수 있도록 해준다.

우리는 앞에서 학습한 구조적인 프로그램 모델과 객체지향 프로그램 모델을 상황에 맞게 구별하여 사용할 수 있어야 한다. SAP에서는 최근 클래스와 객체지향 프로그래밍을 더욱 강조하고 있으므로, 이러한 개념을 이해하고 활용하는 것이 중요하다.

기본적으로 두 가지 프로그램 모델 모두 ABAP 프로그램에서 데이터를 선언하고, 이 데이터를 어떻게 처리할 것인지를 중심으로 구성된다.

절차적인 ABAP 프로그램에서는 서브루틴 또는 함수를 이용해 입력(Input)과 출력(Output) 값을 처리하는 재사용성(Reusability)을 제공하며, 객체지향 프로그램 모델에서는 절차적인 구조에 클래스를 추가하여 상속을 정의하고 메소드를 호출하는 확장된 기능을 제공한다.

클래스의 상속에는 여러 가지 이점이 있다. 그중 하나는 코드의 재사용이 가능하다는 점이다. 여러 클래스에서 공통으로 사용하는 코드를 그들의 슈퍼클래스 안에 놓을 수 있어, 각각의 클래스에서 이를 굳이 동일한 코드로 다시 정의할 필요가 없다.

또한 클래스는 절차적인 프로그램에서는 구현할 수 없는 완전히 새로운 수준의 프로그래밍을 제공한다. 데이터를 캡슐화(Encapsulate)하고, 클래스의 메소드를 호출하고, 클래스와 독립적인 객체를 생성할 수 있다. 모든 객체는 하나의 개별 오브젝트(Object)로 작동하며, 이러한 오브젝트들의 조합으로 새로운 기능을 창출할 수 있다.

객체지향 프로그래밍에서는 소프트웨어를 개발할 때 분석과 설계, 구현에 이르는 모든 부분을 객체에 기반을 두고 접근한다. 이전의 소프트웨어 개발 방식에서는 비즈니스 절차를 기능 중심의 구현에 의존하므로, 구조적 또는 절차적 프로그래밍이라고 부르는 것과 대비된다.

일반적으로 객체지향 프로그래밍을 사용하면 구조적 프로그래밍보다 모듈화가 용이하며 객체의 여러 가지 특성을 사용하여 소프트웨어의 재사용성과 확장성을 높일 수 있다. 그 결과, 프로그램 개발 기간을 현저하게 단축할 수 있다는 장점도 있다.

1-2 절차적인 ABAP 프로그램에는 객체지향 개념이 필요 없는가?

앞서 설명했듯이, ABAP 프로그램은 절차적인 언어에서 파생되었으며 객체지향 개념은 이후에 포함되었다. 실무에서는 ALV를 사용하는 것 이외에는 클래스를 프로그램에 사용할 일이 거의 없었다. 그 이유 중 하나는 SAP는 기업 어플리케이션으로서 비즈니스 로직을 순차적으로 처리하며, 공통 기능은 서브루틴 또는 함수를 이용하여 편리하게 구현할 수 있었기 때문이다.

그러나 웹 기반의 Fiori 환경과 ALV와 같은 진화된 리포트 툴이 도입됨에 따라 객체지향 프로그래밍은 ABAP 프로그램에서 점점 중요한 기술로 부각되고 있다. 실제로 ALV는 객체지향 개념을 이해하지 않고도 단순히 복사 & 붙여넣기만으로 프로그래밍할 수 있다. 그러나 SAP Enterprise 버전으로 업그레이드되면서 일반 함수들도 클래스로 개발되고 있으며, 기존 함수들은 더 이상 유지보수되지 않고 있는 상황이다.

> **TIP**
> ABAP 객체지향 개념이 도입된지는 오래되었지만, 실무에서는 SAP GUI 환경에서 실행되는 프로그램에 클래스를 많이 활용하지 않는 경향이 있다. ABAP 클래스는 주로 ALV 구현에 사용되지만, 웹 기반의 Fiori 환경에서는 클래스를 기본적으로 사용해야 한다.

그림 14-3과 같이 SAP에 업로드할 파일 이름을 가져오는 경우를 절차적인 측면과 객체지향 측면, 두 가지 프로그래밍 방식으로 구현한 예를 비교해보자.

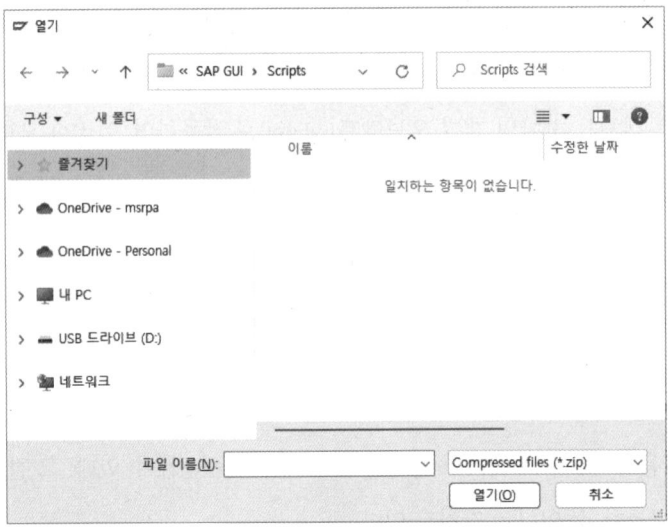

그림 14-3 File Upload 대화상자

절차적인-구조적인 프로그램	객체지향 프로그램
WS_FILENAME_GET	CL_GUI_FRONTEND_SERVICES =>FILE_OPEN_DIALOG
| ```
DATA : L_FILE_TABLE TYPE FILETABLE,
       L_RC         TYPE I       ,
       L_USER_ACTIO TYPE I       ,
       FILE_NAME    TYPE STRING  .

CALL FUNCTION 'WS_FILENAME_GET'
 EXPORTING
   DEF_FILENAME  = SPACE
   DEF_PATH      = 'C:\'
   TITLE         = 'File Open'
 IMPORTING
   FILENAME      = FILE_NAME
``` | ```
DATA : L_FILE_TABLE TYPE FILETABLE,
       L_RC         TYPE I       ,
       L_USER_ACTIO TYPE I       ,
       FILE_NAME    TYPE STRING  .

CALL METHOD CL_GUI_FRONTEND_SERVICES
 =>FILE_OPEN_DIALOG
 EXPORTING :
   WINDOW_TITLE      = 'File Open'
   DEFAULT_FILENAME  = SPACE
   FILE_FILTER       = '*.xls'
   INITIAL_DIRECTORY = 'C:\'
``` |

```
    RC                  = L_RC              MULTISELECTION    = SPACE
*   EXCEPTIONS                            CHANGING :
*     INV_WINSYS        = 1                 FILE_TABLE        = L_FILE_TABLE
*     NO_BATCH          = 2                 RC                = L_RC
*     SELECTION_CANCEL  = 3               EXCEPTIONS :
*     SELECTION_ERROR   = 4                 FILE_OPEN_DIALOG_FAILED = 1
      OTHERS            = 5                 CNTL_ERROR        = 2
                                            ERROR_NO_GUI      = 3
                                            OTHERS            = 5.
```

T-CODE:SE37에서 WS_FILENAME_GET 함수를 조회해보면, 폐기된(OBSOLETE) 것을 확인할 수 있다. 이는 SAP가 절차적 프로그래밍에서 객체지향 프로그래밍으로 전환되고 있음을 보여주는 사례다. 참고로 폐기되었다는 말은 사용할 수 없다는 뜻이 아니라, SAP가 더 이상 유지보수하지 않으므로 기술적 지원을 받을 수 없다는 뜻이다.

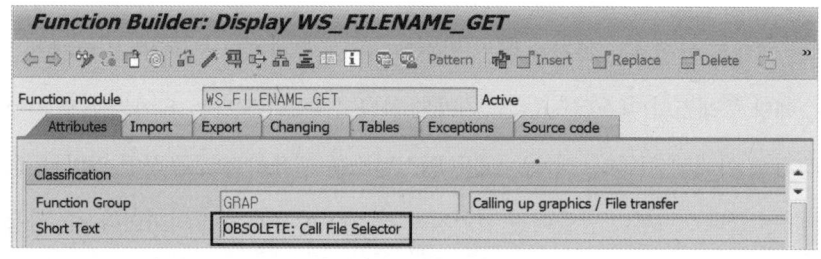

그림 14-4 폐기된 함수

1-3 클래스와 객체의 관계

클래스와 객체의 관계를 자동차 설계도와 자동차를 예로 들어 살펴보자. 자동차 설계도(클래스)는 자동차라는 제품(객체)을 정의한 것이며, 자동차(객체)를 만드는 데 사용된다. 클래스는 단지 객체를 생성하는 데 사용할 뿐이지 객체 그 자체는 아니다. 우리가 원하는 기능의 객체를 사용하려면 먼저 클래스로부터 객체를 생성하는 과정이 선행되어야 한다. 우리가 자동차를 운전하려면 자동차(객체)가 필요한 것이지, 자동차 설계도(클래스)가 필요한 것은 아니다. 즉, 자동차 설계도를 통해 자동차가 만들어진 후에야 사용할 수 있다.

마찬가지로 모든 객체지향 언어의 프로그래밍에서는 먼저 클래스를 작성한 후, 클래스로부터 객체를 생성하여 사용한다. 객체와 클래스의 구별은 절차적인 ABAP 프로그래밍 언어에서 변수를 선언하는 예를 살펴보면 이해하기 쉽다.

```
DATA  l_object TYPE C.
```

앞의 구문은 CAHR 타입의 1자리 변수를 생성하는 기능을 수행한다. 이 과정에 객체지향 개념을 적용하면 다음과 같다.

DATA는 객체를 생성하는 명령어이며, 문자형 타입 C라는 클래스를 이용해 객체(변수)를 무한히 생성할 수 있다. l_object는 이렇게 생성된 객체에 해당하며, 프로그램이 실행되면 데이터를 저장하는 메모리 공간을 점유한다. 즉, 프로그래밍 언어에서 객체는 어떠한 정보를 표현하기 위해 할당된 기억 장소를 의미하며, 클래스는 그 기억 장소의 속성을 기술하는 구조에 대한 명칭이라고 정의할 수 있다.

1-4 인스턴스

클래스로부터 객체를 생성하는 과정을 인스턴스화(Instantiation)라고 하며, 특정 클래스로부터 만들어진 객체를 해당 클래스의 인스턴스(Instance)라고 한다. '인스턴스'라는 용어는 이후 자주 등장하므로 의미를 정확히 이해해야 한다. 객체는 모든 인스턴스를 대표하는 포괄적인 의미를 갖고 있으며, 인스턴스는 어떤 클래스로부터 만들어진 것인지를 강조하는 구체적인 의미이다. 즉, 자동차 설계도라는 클래스를 통해 자동차를 생산하며, 이때 실제 현실에 존재하는 수많은 자동차 각각을 인스턴스라고 한다.

인스턴스화는 클래스(Class)라는 추상적인 설계도로부터 실제 사용 가능한 객체(Object)를 생성하는 과정을 의미하며, 객체지향 프로그래밍(OOP)에서 매우 중요한 개념이다. 이는 다음과 같은 요소로 이루어진다.

- **Class**: 클래스는 객체를 만들어 내는 설계도 또는 형판이다.
- **Object**: 객체는 물건/물체/대상/목적이라는 의미이며, 클래스의 인스턴스이다.
- **Object Reference**: 프로그램 내에서 객체의 속성과 메소드에 접근할 수 있도록 한다.
- **Attribute(=Property, State)**: 객체가 가지고 있는 속성 또는 특성이다.
- **Method(=Behavior)**: 객체의 행위를 정의한다.
- **Event**: 특정 이벤트 발생 시, 해당 이벤트가 등록된 메소드를 호출하게 한다.

1-5 클래스와 객체 이해하기

클래스와 객체를 만드는 과정을 스크립트를 통해 이해해보자. 먼저, 클래스는 객체의 구조와 동작을 정의하는 청사진으로, 속성과 메소드를 포함한다. 다음으로, 인스턴스화는 'CREATE OBJECT' 구문을 사용하여 클래스로부터 실제 객체를 생성하는 과정이다. 생성된 객체는 클래스에서 정의한 속성과 메소드를 사용하여 데이터를 저장하고 동작을 수행할 수 있다. 이러한 과정을 통해 추상적인 클래스가 구체적인 객체로 변환되어 실제로 활용된다.

1-5-1 클래스 정의

ABAP 클래스는 CLASS 문을 사용하여 정의하며, 속성과 메소드를 포함한다. ABAP 클래스의 DEFINITION 부분은 클래스의 속성(Attributes)과 메소드(Methods)를 선언하는 곳이며, 인터페이스를 정의하는 청사진 역할을 한다. IMPLEMENTATION 부분은 클래스의 메소드에 실제 동작을 구현하는 곳으로, 선언한 메소드의 구체적인 기능을 정의한다. 이렇게 분리된 구조는 클래스의 선언과 구현을 명확히 구분하여 코드의 가독성과 유지보수성을 높인다.

예제 | 14-1

```abap
REPORT z14_01.

CLASS lcl_dog DEFINITION.
  PUBLIC SECTION.
    DATA: name TYPE string,
          breed TYPE string.
    METHODS: constructor IMPORTING name TYPE string breed TYPE string,
             bark.
ENDCLASS.

CLASS lcl_dog IMPLEMENTATION.
  METHOD constructor.
    me->name = name.
    me->breed = breed.
  ENDMETHOD.

  METHOD bark.
    WRITE: / 'Woof!'.
  ENDMETHOD.
ENDCLASS.
```

앞의 ABAP 코드 예제는 lcl_dog 클래스를 정의하고 구현하는 과정을 보여준다. DEFINITION

부분에서 클래스의 속성 name과 breed를 선언하고, 생성자와 bark 메소드를 정의한다. IMPLEMENTATION 부분에서는 생성자 메소드에서 매개변수로 받은 값을 클래스의 속성에 할당하고, bark 메소드는 "Woof!"를 출력하는 기능을 구현한다. me-> 구문은 ABAP에서 현재 인스턴스를 가리키는 특별한 키워드이다. 현재 클래스의 인스턴스를 가리키는 포인터 역할을 하며, 메소드 내에서 현재 인스턴스의 속성에 접근할 때 사용된다.

1-5-2 인스턴스화

클래스를 정의한 후, CREATE OBJECT 문을 사용하여 클래스를 인스턴스화한다. 인스턴스화된 객체는 클래스의 인스턴스라고도 하며, 클래스에서 정의된 속성과 메소드를 실제로 사용할 수 있다.

```
DATA: lo_dog TYPE REF TO lcl_dog.

START-OF-SELECTION.
  CREATE OBJECT lo_dog
    EXPORTING
      name = 'Rex'
      breed = 'German Shepherd'.
```

CREATE OBJECT 문을 사용하여 lo_dog라는 객체를 생성한다. 이 객체는 이전에 정의된 lcl_dog 클래스의 인스턴스이다.

이때, 생성자 메소드(Constructor Method)의 name과 breed 파라미터에 각각 'Rex'와 'German Shepherd'를 입력한다. 그러면 lo_dog 객체는 'Rex'라는 이름과 'German Shepherd'라는 품종을 가진 상태로 생성된다.

이를 ABAP 7.40 릴리즈 이후의 New Syntax로 표현하면 다음과 같다.

```
DATA(lo_dog) = NEW lcl_dog( name = 'Rex' breed = 'German Shepherd' ).
```

1-5-3 객체 사용

인스턴스화된 객체는 클래스에서 정의된 속성과 메소드를 사용할 수 있다. 즉, 속성과 메소드로 객체의 상태를 변경하거나 동작을 실행할 수 있다.

```
lo_dog->bark( ).   " 메소드 호출

WRITE: / '이름: ', lo_dog->name, '품종: ', lo_dog->breed.  " 속성
```

예제를 실행하면, 'lo_dog->bark( )' 구문으로 lo_dog 인스턴스의 bark 메소드를 호출하여 개가 짖는 소리를 출력한다. 그리고 'WRITE: / 'Dog Name: ', lo_dog->name, lo_dog->breed' 구문은 lo_dog 인스턴스 속성인 이름과 종을 출력한다.

> **결과 | 14-1**
> ```
> Woof!
> 이름: Rex 품종: German Shepherd
> ```

02 클래스

클래스(Class)는 객체의 골격(Template) 또는 객체의 타입이라고 정의할 수 있다. 또한 클래스는 객체의 추상화된 명세서, 즉 객체를 만드는 설계도라고 말할 수 있다. 클래스는 객체의 속성(상태)과 행위(기능)를 컴포넌트(Component)로 정의한다.

2-1 Global/Local 클래스

ABAP 객체지향 프로그래밍에서 클래스는 전역(Global) 또는 지역(Local) 클래스로 선언할 수 있다. 전역 클래스와 전역 인터페이스는 T-CODE:SE24(Class Builder)를 통해 정의되며, 이렇게 정의된 클래스는 Class Pools(Class Library in the Repository)에 저장된다. 이러한 전역 클래스는 모든 ABAP 프로그램에서 접근하여 사용할 수 있다.

반면, 지역 클래스와 지역 인터페이스는 프로그램 내에서 선언되며, 정의된 해당 프로그램에서만 사용할 수 있다. 시스템은 클래스를 찾을 때, 먼저 프로그램 내부에 정의된 지역 클래스를 탐색한 후, 존재하지 않으면 전역 클래스를 참조한다. ABAP 프로그램 내에서 사용할 때, 전역 클래스와 지역 클래스 간에는 기능적인 차이가 없다.

프로그램 내에서 클래스를 정의하고 메소드의 기능을 구현하는 구문에 대해서 살펴보자.

- **DEFINITION**: 클래스의 구성 항목(Attributes, Method, Events)을 정의한다.
- **IMPLEMENTATION**: 클래스의 메소드(Method) 기능을 구현한다.

클래스를 정의하는 구문은 다음과 같다.

```
CLASS class DEFINITION.
...
ENDCLASS.
```

이제 클래스를 정의하고 메소드를 호출하는 아주 간단한 ABAP 객체지향 프로그램을 생성해보자.

예제 | 14-2

```
REPORT  z14_02.

CLASS lcl_example DEFINITION.
  PUBLIC SECTION.
    METHODS: display_message.
ENDCLASS.

CLASS lcl_example IMPLEMENTATION.
  METHOD display_message.
    WRITE: / 'Hello, ABAP Class.'.
  ENDMETHOD.
ENDCLASS.

START-OF-SELECTION.
  DATA: lo_example TYPE REF TO lcl_example.
  CREATE OBJECT lo_example.
  lo_example->display_message( ).
```

결과 | 14-2

```
Hello, ABAP Class.
```

예제 14-2에서는 프로그램에서 클래스(LCL_EXAMPLE)를 정의하고, 클래스의 메소드(DISPLAY_MESSAGE)를 작성하여 호출하고 있다.

이번에는 메소드를 호출할 때 2개의 파라미터를 입력받고, 합산한 결과를 화면에 출력하는 예제를 실습해보자.

예제 | 14-3

```
REPORT  z14_03.
```

```abap
CLASS lcl_example DEFINITION.
  PUBLIC SECTION.
    METHODS: calc_data IMPORTING num1 TYPE i num2 TYPE i,
             display_result.
  PRIVATE SECTION.
    DATA: result TYPE i.
ENDCLASS.

CLASS lcl_example IMPLEMENTATION.
  METHOD calc_data.
    result = num1 + num2.
  ENDMETHOD.

  METHOD display_result.
    WRITE: / 'The result is ', result.
  ENDMETHOD.
ENDCLASS.

START-OF-SELECTION.
  DATA: lo_example TYPE REF TO lcl_example,
        lv_num1 TYPE i VALUE 10,
        lv_num2 TYPE i VALUE 20.
  CREATE OBJECT lo_example.
  lo_example->calc_data( num1 = lv_num1 num2 = lv_num2 ).
  lo_example->display_result( ).
```

결과 | 14-3

```
The result is          30
```

해당 예제에서 계산된 결과를 ABAP 변수로 반환받아 출력하려면, 메소드 선언 부분(METHODS)에서 IMPORTING, EXPORTING을 사용해 클래스 메소드의 파라미터를 주고받도록 정의한다. 이는 각각 PERFORM 구문의 USING, CHANGING과 유사한 기능을 수행한다.

2-2 Class 컴포넌트

클래스의 모든 컴포넌트(Component)는 선언부(Declaration part)에서 정의한다. 이 컴포넌트들은 클래스 내에서 객체의 속성과 행위를 정의하며, 클래스 정의 시 각 컴포넌트는 3가지 접근 제한 영역(Visibility Section) 중 하나에서 선언되어야 한다. 접근 제한 영역은 클래스 간의 외부 인터페이스(Interface)를 정의하며, 클래스의 모든 컴포넌트는 클래스 내부에서는 모두 접근할 수 있지만, 선언 방식에 따라 외부 클래스에서는 보이지 않을 수 있다(접근 불가할 수 있다). 클래스의 모든 컴포넌트는 동일한 네임스페이스(Namespace) 내에 존재하며, 이는 각 클래스 컴포넌트가 고유한 이름을 가져야 함을 의미한다.

클래스에는 크게 두 가지 종류의 컴포넌트가 있다. 첫 번째는 각 클래스 객체마다 존재하는 요소이며, 두 번째는 인스턴스의 수와 관계없이 클래스 전체에서 하나만 존재하는 요소이다.

첫 번째 유형은 인스턴스별 요소로, 이를 인스턴스 컴포넌트(Instance Component)라고 한다. 이 요소들은 클래스를 참조하여 객체를 생성할 때 메모리에 할당되며, 객체를 생성할 때마다 초기화된다. 이러한 요소들은 클래스 생성자(CREATE OBJECT 구문)를 만나면, 프로그램이 종료될 때까지 메모리에 저장되어 있으며 해당 클래스의 특정 인스턴스에 의존적이다.

두 번째 유형은 비인스턴스별 요소로, 이를 정적 컴포넌트(Static Component)라고 한다. 정적 속성(Static Attribute)은 CLASS-DATA 구문으로 선언되며, 정적 메소드(Static Method)는 CLASS-METHOD 구문으로 선언된다. 정적 속성과 메소드는 클래스의 컴포넌트를 조작하기 위해 선언되며, 객체를 생성하지 않아도 메모리에 로드되어 바로 사용할 수 있다.

ABAP Object에서 클래스는 다음의 항목(Attribute, Method, Event)들을 포함할 수 있다.

2-2-1 속성

속성(Attribute)은 모든 ABAP 데이터 타입을 가질 수 있는 클래스의 내부 데이터 필드이다. 객체의 상태는 이 속성의 콘텐츠에 의해 결정된다. 속성의 종류 중 하나로 참조 변수(Reference Variable)가 있다. 참조 변수는 객체의 메모리 주소를 가리킨다. 참조 변수는 클래스 내부에서 정의할 수 있으며, 클래스 내부에서 해당 객체에 접근할 수 있도록 해준다(3절에서 자세하게 설명한다).

◆ 인스턴스 속성

인스턴스 속성(Instance Attribute)의 콘텐츠는 각 객체마다 고유한(Instance-specific) 상태를 정의한다. 클래스 내에서 DATA 구문을 사용해서 인스턴스 속성을 선언할 수 있다.

```
DATA        l_data    TYPE c.
```

◆ 정적 속성

정적 속성(Static Attribute)의 콘텐츠는 클래스의 모든 인스턴스에 유용한 클래스의 상태를 정의한다. 즉, 인스턴스 수에 상관없이 클래스에 의존적이며 클래스만의 고유한 영역이다. CLASS-DATA 구문을 이용하여 선언하고, 클래스의 실행 환경에서 접근할 수 있다.

```
CLASS-DATA  c_data    TYPE i.
```

속성 타입	ABAP 구문
Instance Attribute	DATA
Static Attribute	CLASS-DATA

표 14-1 속성 타입

2-2-2 메소드

메소드(Method)는 객체의 행위를 정의하는 클래스 내의 수행 절차를 의미한다. 메소드는 클래스의 모든 속성에 접근할 수 있으며, 이를 통해 객체의 상태를 변경할 수 있다. 또한 메소드는 파라미터 인터페이스를 제공하여 사용자가 값을 전달하고, 메소드 실행 후 결과 값을 반환받을 수 있도록 한다. 이러한 점에서 메소드는 Function Module과 유사한 기능을 가진다고 할 수 있다. 클래스의 PRIVATE 속성은 동일 클래스 내의 메소드에 의해서만 변경이 가능하다. 메소드는 클래스 정의(DEFINTION) 부분에서 METHOD 구문을 통해 선언되며, IMPLEMENT 부분에서 그 기능을 구현한다.

```
METHOD calc_data.
...
ENDMETHOD.
```

◆ 인스턴스 메소드

METHODS 구문을 이용하여 인스턴스 메소드(Instance Method)를 선언한다. 클래스의 모든 속성에서 접근이 가능하고, 클래스의 모든 이벤트에서 메소드를 호출할 수 있다.

◆ 정적 메소드

CLASS-METHODS 구문을 이용하여 정적 메소드(Static Method)를 선언한다. 정적(Static) 속성에 접근할 수 있고, 정적(Static) 이벤트를 호출할 수 있다.

메소드 타입	ABAP 구문
Instance Method	METHODS
Static Method	CLASS-METHODS
Special Method	CONSTRUCTOR
	CLASS-CONSTRUCTOR
	EVENTS

표 14-2 메소드 타입

클래스 내에 문자열 파라미터 2개를 받아오고 값을 전달하는 메소드 2개를 선언하여 출력하는 프로그램을 실습해보자.

예제 | 14-4

```abap
REPORT z14_04.

CLASS lcl_example DEFINITION.
  PUBLIC SECTION.
    DATA : l_str TYPE string.
    METHODS : concat_string IMPORTING p_str1 TYPE string p_str2 TYPE string,
              get_concat EXPORTING p_result TYPE string.
ENDCLASS.

CLASS lcl_example IMPLEMENTATION.
  METHOD concat_string.
    l_str = p_str1 && ' - ' && p_str2.
  ENDMETHOD.

  METHOD get_concat.
    p_result = l_str.
  ENDMETHOD.
ENDCLASS.

DATA: go_cref TYPE REF TO lcl_example,
      gv_res  TYPE string.

START-OF-SELECTION.
  CREATE OBJECT go_cref.

CALL METHOD go_cref->concat_string
    EXPORTING
      p_str1 = 'Easy'
      p_str2 = 'ABAP'.

  CALL METHOD go_cref->get_concat
    IMPORTING
      p_result = gv_res.

  WRITE gv_res.
```

결과 | 14-4

Easy-ABAP

2-2-3 이벤트

클래스 이벤트(Event)는 특정한 상황이나 조건이 발생했을 때, 클래스 내에서 처리할 수 있는 동작을 의미한다. 클래스 이벤트는 외부에서 호출되어 클래스 내부에 정의된 메소드를 실행한다. 즉, 이벤트는 상속 관계에 있지 않은 클래스들 간에도 메소드를 상호 호출하여 영향을 미칠 수 있는 특별한 메커니즘이다. 물론, 이벤트는 단일 클래스에 포함되어도 사용할 수 있다. 객체(또는 클래스)는 다른 객체(또는 클래스)의 이벤트 핸들러 메소드를 호출(Trigger)하기 위해 이벤트를 사용한다(이벤트 핸들러 메소드는 메소드의 한 종류이다).

클래스 이벤트는 객체가 특정 상황에 반응하여 필요한 동작을 수행할 수 있게 한다. 예를 들어, 주문이 생성되었을 때 주문을 처리하는 클래스에서 주문 생성 이벤트를 정의할 수 있다. 이 이벤트는 주문이 생성되었을 때 자동으로 실행되어 주문을 처리하는 메소드를 호출한다.

예제 14-4에서 실습한 것과 같이, 'CALL METHOD' 구문으로 일반 메소드를 호출하는 경우, 하나의 메소드는 수많은 객체에 의해 호출될 수 있다. 이와 유사하게, 모든 객체가 이벤트 메소드를 호출할 수 있지만, 이벤트의 소유주인 객체만이 이벤트를 실행할 수 있다.

일반 메소드를 호출하는 경우, 호출한 프로그램이 호출하고자 하는 메소드를 결정할 수 있다. 이와 마찬가지로 이벤트에서는 핸들러가 반응하고자 하는 이벤트를 결정할 수 있다. 클래스의 이벤트는 'RAISE EVENT' 구문을 사용하는 동일한 클래스의 메소드에서 호출된다. 다른 클래스의 이벤트를 호출할 경우에는 'FOR EVENT event OF class' 구문을 사용한다. 이벤트는 '7절 '이벤트')'에서 좀 더 자세히 설명한다.

- 이벤트 선언

```
EVENTS event EXPORTING.. VALUE(e1 e2 .) TYPE type [OPTIONAL]..
```

- 이벤트 호출(trigger)

```
RAISE EVENT event EXPORTING e1 = f1  e2 = f2 ...
```

- 이벤트 핸들러 메소드 선언

```
METHODS meth FOR EVENT evt OF cif IMPORTING e1 e2 ...
```

- 이벤트 핸들러 메소드 등록

```
SET HANDLER h1 h2 ... [FOR]...
```

예제 | 14-5

```abap
REPORT  z14_05.

CLASS lcl_order DEFINITION.
  PUBLIC SECTION.
    DATA: order_quantity TYPE i.
    METHODS: create_order IMPORTING p_quantity TYPE i.
    EVENTS: order_created EXPORTING VALUE(p_quantity) TYPE i.
ENDCLASS.

CLASS lcl_order IMPLEMENTATION.
  METHOD create_order.
    " 주문 생성 로직
    order_quantity = p_quantity.
    " 주문이 생성되었음을 이벤트로 알림
    RAISE EVENT order_created EXPORTING p_quantity = p_quantity.
  ENDMETHOD.
ENDCLASS.

CLASS lcl_order_handler DEFINITION.
  PUBLIC SECTION.
    METHODS: handle_order_created FOR EVENT order_created OF lcl_order
                IMPORTING p_quantity.
ENDCLASS.

CLASS lcl_order_handler IMPLEMENTATION.
  METHOD handle_order_created.
    " 주문 생성 이벤트가 발생했을 때 처리할 로직
    WRITE: / '주문이 생성되었습니다. 주문 수량: ', p_quantity.
  ENDMETHOD.
ENDCLASS.

PARAMETERS: p_quan TYPE i.

START-OF-SELECTION.
  DATA: lo_order TYPE REF TO lcl_order,
        lo_order_handler TYPE REF TO lcl_order_handler.

  " 주문 객체 생성
  CREATE OBJECT lo_order.
  " 주문 이벤트 핸들러 생성
  CREATE OBJECT lo_order_handler.
```

```
"   이벤트 핸들러 등록
SET HANDLER lo_order_handler->handle_order_created FOR lo_order.

"   주문 생성 메소드 호출
lo_order->create_order( p_quantity = p_quan ).
```

결과 | 14-5

주문이 생성되었습니다. 주문 수량: 5

이 예제는 주문 생성 시 이벤트를 발생시키고, 이를 처리하는 과정을 보여준다. lcl_order 클래스는 create_order 메소드를 통해 주문 수량을 받아 order_created 이벤트를 발생시킨다. lcl_order_handler 클래스는 order_created 이벤트를 처리하여 주문 수량을 출력한다.

START-OF-SELECTION 블록에서 객체를 생성하고 이벤트 핸들러를 등록한 후, 주문 생성 메소드를 호출한다.

2-2-4 접근 제한 영역

클래스의 접근 제한 영역(Visibility Section)은 그림 14-5와 같이 3가지로 구분된다(JAVA에서도 PUBLIC, PROTECTED, PRIVATE을 접근 제한자라고 한다). 클래스의 모든 컴포넌트들은 접근 제한 영역 내에 선언되어야 한다. 이러한 접근 제한 영역을 통해 클래스 설계자는 클래스의 내부 구조를 감추고, 외부와의 상호작용을 명확하게 제어할 수 있다. 즉, 코드의 캡슐화를 유지하고 예기치 않은 외부 간섭을 방지할 수 있다.

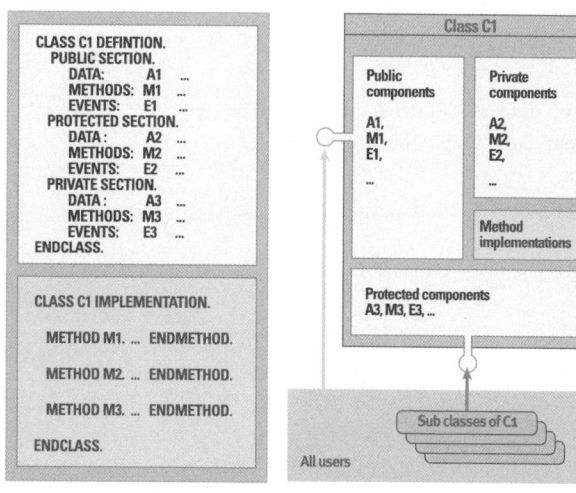

그림 14-5 클래스의 접근 제한 영역

PUBLIC SECTION

클래스에서 PUBLIC SECTION으로 선언된 컴포넌트는 모든 클래스에서 접근할 수 있다. 즉, 클래스 외부에서 자유롭게 접근할 수 있는 멤버를 정의한다. PUBLIC 클래스의 컴포넌트(=멤버, 항목)들은 클래스와 사용자 사이에 인터페이스를 구성한다.

PROTECTED SECTION

PROTECTED SECTION으로 선언된 컴포넌트는 자신과 상속받은 클래스에서만 접근할 수 있고, 외부 클래스에서는 접근할 수 없다. 부모와 상속받은 하위 자식과의 인터페이스 역할을 담당한다.

PRIVATE SECTION

PRIVATE SECTION으로 선언된 컴포넌트는 동일한 클래스의 메소드에서만 보인다. 외부에서 접근할 수 없으며, 완전히 클래스 내부에서 캡슐화되어 있다. 즉, 외부 클래스나 하위 클래스에서도 접근할 수 없다. 클래스 IMPLEMENTATION 부분의 모든 메소드는 클래스 내에서 접근 제한 없이 사용할 수 있다.

> **TIP 캡슐화(Encapsulation)**
> 캡슐화의 기본 목적은 객체 내부의 데이터는 해당 객체가 가진 메소드를 통해서만 사용하며 변경할 수 있도록 하고, 다른 객체에는 내부 구조를 은폐시키는 것이다. 내부 구조를 숨김으로써 객체의 모습을 단순화하여, 사용자가 객체의 복잡한 구성을 알지 못해도 쉽게 사용할 수 있도록 돕는다.

예제 14-6을 통해 접근 제한 영역이 프로그램에서 어떻게 사용되는지 살펴보자.

예제 14-6

```abap
REPORT  z14_06.

CLASS c1 DEFINITION.
  PUBLIC SECTION.
        METHODS : set_data IMPORTING p_imp TYPE i,
                  get_data EXPORTING p_exp TYPE i.
*  PROTECTED SECTION.
     DATA : l_num TYPE i.

ENDCLASS.                       " c1 DEFINITION


CLASS c1 IMPLEMENTATION.
    METHOD set_data.
       l_num = p_imp.
    ENDMETHOD.
```

```
    METHOD get_data.
      p_exp = l_num + 1.
    ENDMETHOD.
ENDCLASS.                       " c1 IMPLEMENTATION

DATA: go_cref TYPE REF TO c1.
DATA: gv_data TYPE i.

START-OF-SELECTION.

  CREATE OBJECT go_cref.
  CALL METHOD: go_cref->set_data
               EXPORTING p_imp = ' 10 '.
  WRITE : ' SET_DATA Method : ', go_cref->l_num.

  CALL METHOD: go_cref->get_data
               IMPORTING p_exp = gv_data.

  WRITE : / ' GET_DATA Method : ', gv_data.
```

결과 | 14-6

```
SET_DATA Method :       10
GET_DATA Method :       11
```

이 예제는 클래스의 l_num 변수에 값을 할당하고 더하는 과정에서, 값을 읽어와 화면에 출력(WRITE)하는 프로그램이다.

PROTECTED SECTION 라인의 주석을 해제하면, 속성에 접근하는 'go_cref->l_num' 라인에서 다음과 같은 에러가 발생한다.

그림 14-6 PROTECTED 접근 제한 영역 에러

이는 PROTECTED SECTION으로 선언된 속성에는 해당 클래스를 상속받은 클래스를 참조하여 생성된 객체만 접근할 수 있기 때문이다.

예제 14-7을 통해 클래스를 이용해 상속 관계를 정의하고, 상속 관계에 있는 클래스 간의 PROTECTED, PRIVATE 속성을 학습해보자.

예제 | 14-7

```abap
REPORT  z14_07.

CLASS c1 DEFINITION.
  PROTECTED SECTION.
    DATA : l_num TYPE i.
ENDCLASS.                     " c1 DEFINITION

CLASS c2 DEFINITION INHERITING FROM c1.
 PUBLIC SECTION.
        METHODS : set_data IMPORTING p_imp TYPE i,
                  get_data EXPORTING p_exp TYPE i.
ENDCLASS.

CLASS c2 IMPLEMENTATION.
    METHOD set_data.
       l_num = p_imp.
    ENDMETHOD.

    METHOD get_data.
       p_exp = l_num + 1.
    ENDMETHOD.
ENDCLASS.                     " c1 IMPLEMENTATION

DATA: go_cref TYPE REF TO c2.
DATA: gv_data TYPE i.

START-OF-SELECTION.

  CREATE OBJECT go_cref.
  CALL METHOD: go_cref->set_data
               EXPORTING p_imp = '10'.

  CALL METHOD: go_cref->get_data
               IMPORTING p_exp = gv_data.

WRITE : / 'GET_DATA Method : ', gv_data.
```

결과 | 14-7

```
GET_DATA Method :            11
```

예제 14-7에서 PUBLIC 구문을 PROTECTED로 변경한 후 C2 클래스를 C1 클래스에서 INHERITING FROM 구문으로 상속받아 실행해보자. 부모의 PROTECTED 멤버도 상속받은 클래스에서 접근할 수 있으며, 변경할 수 있음을 확인할 수 있다. PROTECTED를 PRIVATE로 변경하면 다음과 같은 에러 메시지가 발생한다. 즉, 상속받은 클래스(자식 클래스)는 부모의 PRIVATE 멤버에는 접근할 수가 없다.

그림 14-7 PRIVATE 접근 제한 영역 에러

03 객체

앞에서도 언급했듯이 객체(Object)는 클래스의 인스턴스를 의미한다. 각 객체는 고유한 이름과 자신만의 속성을 가지고 있다. 클래스가 생성할 수 있는 객체의 수는 무한하다.

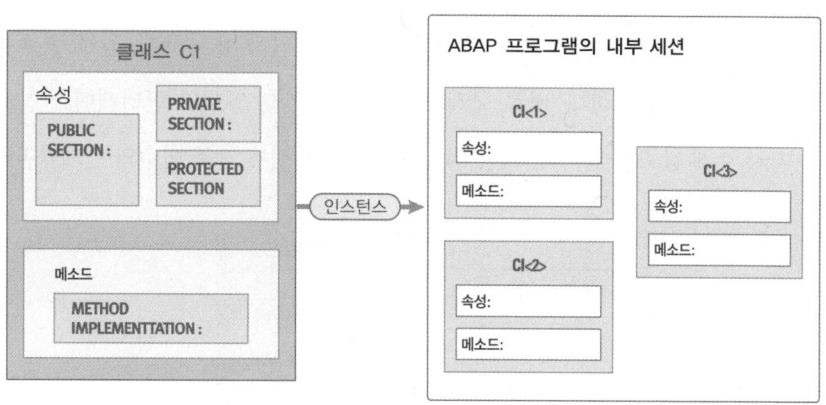

그림 14-8 클래스의 인스턴스인 객체

그림 14-8의 왼쪽 그림은 클래스 C1의 구성 항목과 메소드 정보를 나타낸다. 그리고 오른쪽 그림은 클래스의 인스턴스인 객체들이 ABAP 프로그램의 내부 세션(Internal Session, 11장 그림 11-1 참고)에

존재하는 것을 나타낸다.

3-1 객체 참조

ABAP 프로그램에서 객체에 접근하기 위해서는 객체 참조(Object Reference)를 사용해야 한다. 객체 참조는 객체에 대한 포인터로 정의된다. ABAP에서 객체 참조는 항상 객체 참조 변수 내에 존재한다.

3-1-1 객체 참조 변수

ABAP에는 참조(Reference)를 포함할 수 있는 두 가지 타입의 변수가 존재한다. 바로 객체 참조 변수(Object Reference Variable)와 데이터 참조 변수(Data Reference Variable)이다. 데이터 참조 변수는 "10장 필드 심볼과 데이터 참조"에서 다뤘으며, 객체 참조 변수와 기본 개념은 동일하다.

객체 참조 변수는 객체를 참고하는 참조(Reference)를 포함하며, 다음 구문을 이용하여 생성한다.

```
DATA  cref TYPE REF TO class
```

객체 참조 변수는 이미 존재하는 객체를 참고하거나 초기화할 수 있다. 객체를 가리키는 참조 변수가 객체의 실체를 알고 있으며, 클래스의 인스턴스는 객체를 가리키는 참조 변수를 사용하여 주소를 지정할 수 있다. 객체 참조 변수를 이용하는 객체들은 객체의 컴포넌트에 직접 접근할 수 없으며, Reference(객체의 주소)를 이용해서 접근해야 한다.

ABAP에는 구조체나 인터널 테이블에 사용되는 데이터 타입과 유사하게, 참조 변수를 위해 이미 정의된 데이터 타입이 존재한다. 바로 클래스 참조(Class Reference)와 인터페이스 참조(Interface Reference), 두 가지 객체 참조 타입이다. 그림 14-9는 클래스와 객체 참조 변수의 관계를 나타낸다.

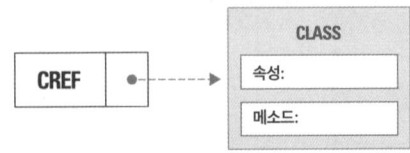

그림 14-9 클래스와 객체 참조 변수의 관계

다른 모든 변수와 마찬가지로, 객체 참조 변수를 CLEAR 구문으로 초기화할 수 있다. 객체 참조 변수의 초기 값은 객체가 참고하고 있는 데이터 타입과 연결되지는 않는다.

3-2 객체 생성

3-1절에서 클래스를 참고하는 객체 참조 변수를 생성하였다. 이 참조 변수를 이용하여 클래스의 인스턴스인 객체(Object)를 생성한다. 객체 참조 변수가 프로그램 선언부에서 이미 객체를 참조하고 있다면, 인스턴스를 생성할 때 다시 TYPE 구문을 사용할 필요가 없다.

다만, 예외적으로 'DATA : l_ref TYPE REF TO OBJECT.' 구문과 같이 최상위 클래스인 OBJECT를 참조하는 참조 변수 l_ref를 생성했다면 인스턴스 생성 시 'CREATE OBJECT l_ref TYPE class.' 와 같이 선언해야 한다.

```
CREATE OBJECT cref [TYPE class].
```

효율적인 New Syntax로는 다음과 같이 작성한다.

```
lo_order = new #( ).
```

3-3 객체 컴포넌트 접근

객체의 속성과 메소드에 접근하기 위해 'ref->attr' 또는 'CALL METHOD ref->meth' 구문을 사용한다. 'ref->meth( )' 구문은 'CALL METHOD ref->meth.' 구문의 축약형이다.

또한 CREATE OBJECT 구문으로 객체를 생성하지 않고도 클래스의 정적(Static) 컴포넌트에 접근할 수 있다. 정적 속성에 접근하려면 'class=>attr' 구문을 사용하고, 정적 메소드는 'CALL METHOD class=>meth' 구문을 이용한다.

General Object	Static Object
cref->attr	class=>attr
CALL METHOD cref->meth	CALL METHOD class=>meth

3-4 클래스에서 하나 이상의 인스턴스 생성

앞에서 학습했듯이 CREATE OBJECT 구문을 이용하여 새로운 객체를 생성할 수 있다. 프로그램 내에서 동일한 클래스로부터 객체를 무한히 생성할 수 있으며, 각 객체들은 서로 완전히 독립적으로 행동하며 프로그램 내에서 각자의 이름과 속성을 가진다.

3-4-1 객체 참조 할당

MOVE 구문을 사용하여 다른 참조 변수에 참조(Reference)를 할당할 수 있다. 이를 통해 객체에 연결된 객체 참조 변수 내에 새로운 참조를 생성할 수 있다. MOVE 구문이나 할당 기호(=)를 사용할 때, 시스템은 자동으로 타입의 호환성을 검사하여 할당이 가능한지 확인한다.

```
cref1 = cref2
```

앞의 구문을 사용하려면 두 개의 클래스가 동일한 타입이어야 한다. 즉, 동일한 클래스를 참고해야 한다는 의미이다. 예제 14-8에서는 먼저 cls라는 클래스로 go_obj1 객체를 생성하였다. CREATE OBJECT 구문으로 go_obj2 객체는 생성하지 않았지만, go_obj2 = go_obj1 구문을 통해 객체가 생성되었다.

예제 | 14-8

```abap
REPORT  z14_08.

CLASS cls DEFINITION INHERITING FROM object.
 PUBLIC SECTION.
    METHODS: create.
ENDCLASS.


CLASS cls IMPLEMENTATION.
 METHOD create.
    WRITE: / 'Object is created'.
 ENDMETHOD.
ENDCLASS.

DATA : go_obj1  TYPE REF TO cls,
       go_obj2  TYPE REF TO cls.

START-OF-SELECTION.
 CREATE OBJECT: go_obj1.
 go_obj2 = go_obj1.

 CALL METHOD: go_obj2->create.
```

결과 | 14-8

```
Object is created
```

예제 14-8에서 객체로 사용된 go_obj1과 go_obj2는 cls라는 클래스의 인스턴스이며, 참고하는 클래스 타입이 동일하기 때문에 'go_obj2 = go_obj1' 구문을 통해 객체를 생성할 수 있다.

3-4-2절에서는 vehicle과 plane이라는 클래스를 각각 생성하고, 타입이 다른 클래스를 참고하는 객체 할당에 대해서 알아본다.

3-4-2 캐스팅

캐스팅(Casting)은 데이터 타입을 변환하는 과정을 의미한다. 즉, 한 데이터 타입에서 다른 데이터 타입으로 변환하는 것이다. 캐스팅은 특히 ABAP에서 객체지향 프로그래밍을 할 때 중요하며, 주로 객체의 형 변환에 사용된다.

예를 들어, 상위 클래스의 객체를 하위 클래스의 객체로 변환하거나, 인터페이스를 구현한 클래스의 객체를 인터페이스 타입으로 변환하는 경우이다. 캐스팅 기호(?)를 이용해 서로 다른 클래스에서 파생된 객체를 참고하여 또 다른 객체를 생성할 수 있다. 이때 '다른 클래스'란 부모 클래스와 부모 클래스를 상속받은 자식 클래스 등과 같이 다른 타입을 의미한다. 자식 클래스는 부모가 가진 속성과 메소드를 재정의하거나 추가할 수 있다. 이때 부모에서 파생된 객체와 자식에서 파생된 객체는 타입이 동일하지 않더라도, 캐스팅 기호(?)를 이용해 구문 에러 없이 프로그램을 실행시킬 수 있다.

예제 | 14-9

```
REPORT  z14_09.

CLASS vehicle DEFINITION INHERITING FROM object.
    PUBLIC SECTION.
        METHODS: create,
                 drive.
    PROTECTED SECTION.
        DATA speed TYPE i VALUE ' 100 '.
ENDCLASS.                   " vehicle DEFINITION

CLASS plane DEFINITION INHERITING FROM vehicle.
    PUBLIC SECTION.
        METHODS: fly.
ENDCLASS.                   " plane DEFINITION

CLASS vehicle IMPLEMENTATION.
    METHOD create.

    ENDMETHOD.              " vehicle
    METHOD drive.
```

```
            speed = speed + 100.
            WRITE : 'Driving is possible, ', 'Current Speed: ', speed.
    ENDMETHOD.                          " vehicle
ENDCLASS.                               " vehicle IMPLEMENTATION

CLASS plane IMPLEMENTATION.
    METHOD fly.
        speed = speed + 1000.
    ENDMETHOD.
ENDCLASS.                               " plane IMPLEMENTATION

DATA : car TYPE REF TO vehicle,
       air TYPE REF TO vehicle.

START-OF-SELECTION.
  CREATE OBJECT: car.
  air ?= car.

  CALL METHOD: air->drive.
* CALL METHOD: air->fly.
```

결과 | 14-9

```
Driving is possible, Current Speed:           200
```

예제 14-9에서 plane 클래스에는 하늘을 날게 하는 메소드 fly가 존재하지만 'air ?= car.' 구문에서 car로 캐스팅되어, fly 메소드는 사용할 수 없다. 해당 라인을 주석 해제하고 프로그램을 활성화하면 'CALL METHOD: air->fly.' 구문에서 다음과 같은 에러가 발생한다.

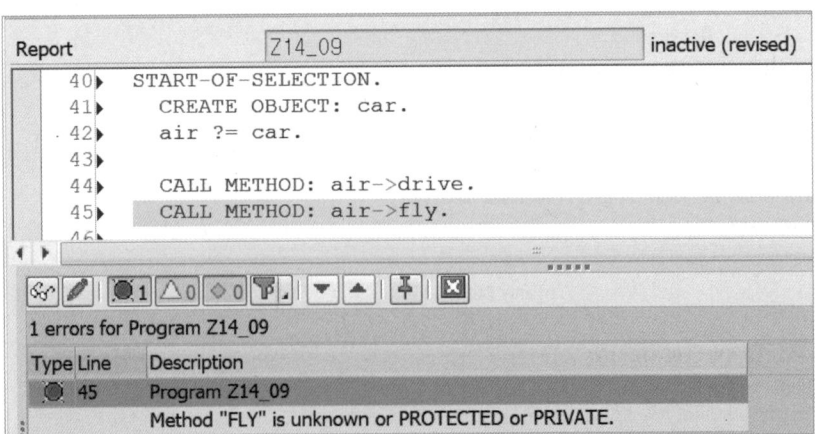

그림 14-10 Method Syntax Error

비행기가 하늘을 날 수 없는 애매한 상태가 되어 버렸다. 즉, plane 클래스는 부모 클래스의 create 메소드만 사용할 수 있다.

메소드

ABAP Object에서 클래스의 컴포넌트인 메소드(Method)가 어떻게 작동하는지 살펴보자.

4-1 메소드 선언

인스턴스 메소드를 선언하려면 다음과 같은 구문을 사용한다.

```
METHODS meth IMPORTING [VALUE(]i1 i2 ... [)] TYPE type [OPTIONAL].
             EXPORTING [VALUE(]e1 e2 ... [)] TYPE type .
             CHANGING  [VALUE(]c1 c2 ... [)] TYPE type [OPTIONAL].
             RETURNING VALUE(r)
             EXCEPTIONS exc1 exc2 ...
```

정적(Static) 메소드를 선언하려면 다음과 같은 구문을 사용한다.

```
CLASS-METHODS meth...
```

메소드를 선언할 때 IMPORTING, EXPORTING, CHANGING, RETURNING을 이용해 파라미터 인터페이스를 정의한다. 이들은 파라미터의 속성을 정의하며, 파라미터의 참조 주소(Reference)와 값(Value)을 선택하여 사용할 수 있다. Function Module이 EXPORT/IMPORT/CHAINGING 매개 변수를 주고받는 것과 같이, 클래스 메소드에서는 EXPORTING/IMPORTING/CHANGING 구문을 사용한다. 값을 매개 변수로 넘겨주려면 VALUE 구문을 선언해야 한다. Function Module과 유사하게 예외 처리(에러 처리) 시에 EXCEPTIONS를 사용할 수 있다. RETURNING은 메소드가 호출된 후에 결과를 호출한 곳에 반환할 때 사용한다. 다음 예제 14-10으로 실습하며 사용법을 이해해 보자.

예제 | 14-10

```abap
REPORT   z14_10.

PARAMETERS : p_a type i,
             p_b type i.

CLASS lcl_calculator DEFINITION.
  PUBLIC SECTION.
    METHODS: div_numbers IMPORTING a TYPE i b TYPE i
                         RETURNING VALUE(result) TYPE i
                         RAISING cx_sy_zerodivide.
ENDCLASS.

CLASS lcl_calculator IMPLEMENTATION.
  METHOD div_numbers.
    IF b = 0.
      RAISE EXCEPTION TYPE cx_sy_zerodivide.
    ENDIF.
    result = a / b.
  ENDMETHOD.
ENDCLASS.

START-OF-SELECTION.
  DATA: lo_calculator TYPE REF TO lcl_calculator.

  CREATE OBJECT lo_calculator.

  TRY.
      DATA(gv_result) = lo_calculator->div_numbers( a = p_a b = p_b ).
      WRITE: / 'Result:', gv_result.
    CATCH cx_sy_zerodivide INTO DATA(lx_exception).
      WRITE: / '0으로 나눌수 없습니다.'.
  ENDTRY.
```

결과 | 14-10

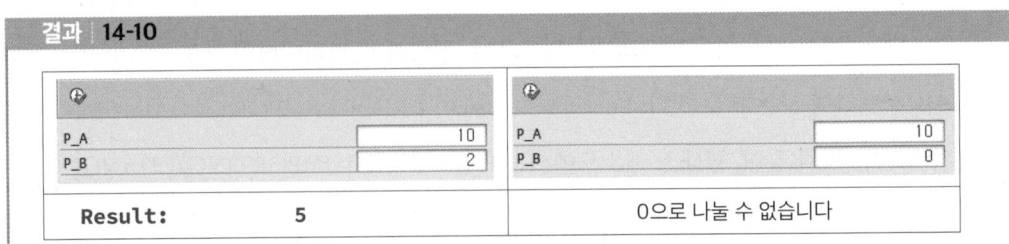

4-2 메소드 구현

클래스에서 선언한 메소드는 IMPLEMENTATION 부분에서 반드시 기능을 구현해야 한다

(IMPLEMENTATION 또는 Implement란 메소드의 기능을 구현하는 것을 의미한다).

```
METHOD meth.
...
ENDMETHOD.
```

메소드를 구현할 때, 클래스의 메소드 선언 부분에 정의된 것 이외의 인터페이스 파라미터를 다시 정의할 필요는 없다. 인터페이스 파라미터는 지역 변수와 같은 역할을 하기 때문에 메소드 내에 추가로 지역 변수가 필요하다면 DATA 구문을 이용하여 지역 변수를 정의하면 된다.

에러 처리에는 RAISE exception과 MESSAGE RAISING 구문을 이용할 수 있다. 또한 정적(Static) 메소드는 클래스의 정적(Static) 속성만 사용할 수 있음에 주의해야 한다. 인스턴스 메소드는 정적 속성과 인스턴스 속성 모두를 사용할 수 있다.

4-3 메소드 호출

메소드를 호출하려면 다음과 같은 구문을 사용한다.

```
CALL METHOD meth  EXPORTING  i1 = f1  i2 = f2 ...
                  IMPORTING  e1 = g1  e2 = g2 ...
                  CHANGING   c1 = f1  c2 = f2 ...
                  RECEIVING  r = h
                  EXCEPTIONS e1 = rc1 e2 = rc2 ...
```

메소드 내에서 다른 메소드를 호출하려면 'CALL METHOD meth...'와 같이 사용한다. 클래스의 외부에서 메소드를 호출하려면 'CALL METHOD ref->meth.' 구문을 이용한다. Ref는 클래스의 인스턴스를 가리키는 값을 지닌 객체 참조 변수이다. 메소드를 호출할 때, EXPORTING 또는 CHANGING 구문과 같은 필수 엔트리는 반드시 선언해야 한다.

IMPORTING 또는 RECEIVING 구문은 필수가 아니다. 에러를 처리하기 위한 EXCEPTIONS 구문 역시 반드시 사용해야 하는 것은 아니다. IMPORTING 파라미터 하나로 구성된 메소드를 호출할 때는 다음 구문을 이용한다.

```
CALL METHOD METHOD( f ).
```

여러 개의 IMPORTING 파라미터로 구성된 경우는 다음과 같이 작성한다.

```
CALL METHOD METHOD( i1 = f1  i2 = f2 ..).
```

파라미터 f의 여러 값들은 각각 해당 변수에 할당되어 사용된다.

IMPORTING 파라미터	표현식
없음	meth( )
한 개	meth(f) oder meth(p = f)
여러 개(n)	meth(p1 = f1 ... pn = fn)

표 14-3 IMPORTING 파라미터 호출 표현식

4-4 동적인 메소드 호출

동적으로 메소드를 호출하려면 dynamic 기호 ( )를 사용한다.

```
DATA(gv_mth) = 'GET_DATA'.
  CALL METHOD go_oref->(gv_mth).
```

정적(Static) 메소드는 => 기호를 이용해서 호출한다.

```
CALL METHOD class=>(f)
CALL METHOD (c)=>meth
CALL METHOD (c)=>(f)
```

Function Module과 달리, 메소드 호출 시 PARAMETER-TABLE 구문을 추가하여 파라미터도 동적으로 선언할 수 있다.

```
CALL METHOD ... PARAMETER-TABLE ptab
    EXCEPTION-TABLE etab.
```

4-5 이벤트 핸들러 메소드

앞에서 이미 설명했듯이, 이벤트 핸들러 메소드(Event Handler Method)는 CALL METHOD 문으로 호출할 수 없는 특별한 타입의 메소드다. CALL METHOD 대신에 이벤트를 이용해서 호출한다. 메소드를 이벤트 핸들러 메소드로 선언하려면 METHODS 또는 CLASS-METHODS 부분에 다음 구문을 작성한다.

```
METHODS ... FOR EVENT event OF cif ...
```

파라미터로 구성된 메소드는 해당 이벤트(event)의 EXPORTING 파라미터가 된다. 이러한 파라미터의 속성은 EVENTS 구문으로 선언한다.

4-6 생성자

생성자(Constructor)는 CALL METHOD 문으로 호출할 수 없는 특별한 메소드다. 대신, 클래스 또는 신규 객체의 초기 값을 지정할 때 런타임(Runtime) 환경에서 시스템에 의해 자동으로 호출된다. 생성자에는 Instance Constructor와 Static Constructor, 두 가지 유형이 존재한다.

Instance Constructor는 CREATE OBJECT 구문을 통해 인스턴스가 생성될 때마다 자동으로 호출되며, Static Constructor는 클래스를 처음 호출할 때 한 번만 사용된다.

```
METHODS CONSTRUCTOR
    IMPORTING [VALUE(]i1  i2 ...[)] TYPE type [OPTIONAL]...
    EXCEPTIONS exc1  exc2 ... .
```

이 구문에서 CONSTRUCTOR는 OUTPUT 파라미터가 존재하지 않고, 단지 클래스의 상태만을 정의하는 것임을 알 수 있다. 여기서 클래스의 Instance Constructor는 이미 선언된 메소드 CONSTRUCTOR이다. 다른 메소드와 동일하게 PUBLIC 부분에 선언하고 IMPLEMENTATION 부분에서 메소드에 대해 기술할 수 있다. Static Constructor는 클래스에 처음 접근하기 전에 프로그램에서 한 번 호출된다.

클래스의 Static Constructor는 이미 CLASS_CONSTRUCTOR로 내부적으로 선언되어 있다. 다른 메소드와 동일하게 PUBLIC 부분에 'CLASS-METHODS CLASS_CONSTRUCTOR.'라고 선언하고, IMPLEMENTATION 부분에서 기능을 기술할 수 있다.

```
CLASS-METHODS CLASS_CONSTRUCTOR.
```

Static Constructor는 파라미터가 없다. 클래스에 처음 접근하기 전에 시스템이 Static Constructor를 호출하기 때문이다. 이러한 이유로 Static Constructor는 자신의 클래스 항목에 접근할 수 없다.

예제 14-11을 이용해 Instance Constructor를 명시적으로 선언하는 방법을 실습해보자.

예제 | 14-11

```
REPORT z14_11.

CLASS emp_class DEFINITION.
  PUBLIC SECTION.
    DATA : gt_itab TYPE TABLE OF zemplist,
```

```abap
              gs_str  TYPE zemplist.
    DATA : gv_empcd TYPE zdeempcd,
           gv_ename TYPE zdeename.
    METHODS:constructor IMPORTING i_empcd TYPE zdeempcd
                                  i_ename TYPE zdeename.

    METHODS:get_data.

ENDCLASS.                    " emp_class DEFINITION

CLASS emp_class IMPLEMENTATION.
  METHOD: constructor.
    gv_empcd = i_empcd.
    gv_ename = i_ename.
  ENDMETHOD.                    " constructor


  METHOD: get_data .
    SELECT * INTO TABLE @gt_itab
    FROM zemplist
    WHERE empcd = @gv_empcd
      AND ename = @gv_ename.
  ENDMETHOD.                    " get_data
ENDCLASS.                    " emp_class IMPLEMENTATION

DATA go_emp TYPE REF TO emp_class.

START-OF-SELECTION.
  CREATE OBJECT go_emp
    EXPORTING
      i_empcd = ' 1001 '
      i_ename = ' 김철수 '.

  CALL METHOD go_emp->get_data.

  LOOP AT go_emp->gt_itab INTO go_emp->gs_str.

    WRITE :/ go_emp->gs_str-empcd,  go_emp->gs_str-ename.

  ENDLOOP.
```

결과 14-11

1001   김철수

예제 14-11에서는 Constructor 메소드를 정의하여, 객체를 생성할 때 파라미터를 추가하였다.

```
CREATE OBJECT go_emp
    EXPORTING
        i_empcd = '1001'
        i_ename = '김철수'.
```

앞에서도 몇 번이나 언급했듯이, Constructor 메소드는 객체 생성 시 자동으로 호출되는 메소드다. 따라서 일반 메소드를 호출하는 것과 같이 Constructor 메소드를 호출할 필요가 없다.

05 상속

5-1 상속의 의미와 특징

상속(Inheritance)은 기존 클래스(슈퍼클래스 또는 부모 클래스, 상위 클래스)에서 정의한 속성과 메소드를 새 클래스(서브클래스 또는 자식 클래스, 하위 클래스)에서 재사용하는 것을 의미한다. 즉, 상속은 클래스 간의 관계에서 공통적인 속성과 메소드를 공유할 수 있게 하는 기능이다. 하나의 클래스는 좀 더 상세하고 정제된 하위 클래스로 파생되는데, 이때 하위 클래스는 상위 클래스의 속성 및 메소드를 물려받는다.

상속을 사용하는 근본적인 이유는 기존에 만들어진 클래스를 재사용하기 위함이다. 상속을 이용하여 시스템을 구현할 때, 파생되는 하위 클래스에는 새로운 속성이나 새로운 메소드가 추가되거나 기존 메소드가 재정의된다. 따라서 공통적인 속성과 메소드를 갖는 클래스는 상위 클래스로 만들고, 추가되는 정보는 하위 클래스에 반영된다. 상속을 한마디로 정의하면 '**이미 존재하는 클래스로부터 새로운 클래스를 파생한다.**'는 의미다.

상속의 주요 특징은 다음과 같다.

1. **재사용성**: 상위 클래스에서 정의된 속성과 메소드를 하위 클래스에서 재사용할 수 있다. 이는 코드 중복을 줄이고, 프로그램의 개발 시간을 단축시킨다.

2. **확장성**: 하위 클래스는 상위 클래스의 속성과 메소드를 상속받은 후에 자체적으로 새로운 속성과 메소드를 추가할 수 있다. 이를 통해 기존 기능을 확장하거나 새로운 기능을 추가할 수 있다.
3. **계층 구조**: 상속은 클래스 간의 계층 구조를 형성한다. 객체 간의 관계를 명확하게 나타내고, 코드의 구조를 이해하기 쉽게 만든다.

서브클래스는 슈퍼클래스에 존재하는 모든 컴포넌트를 상속받는다.

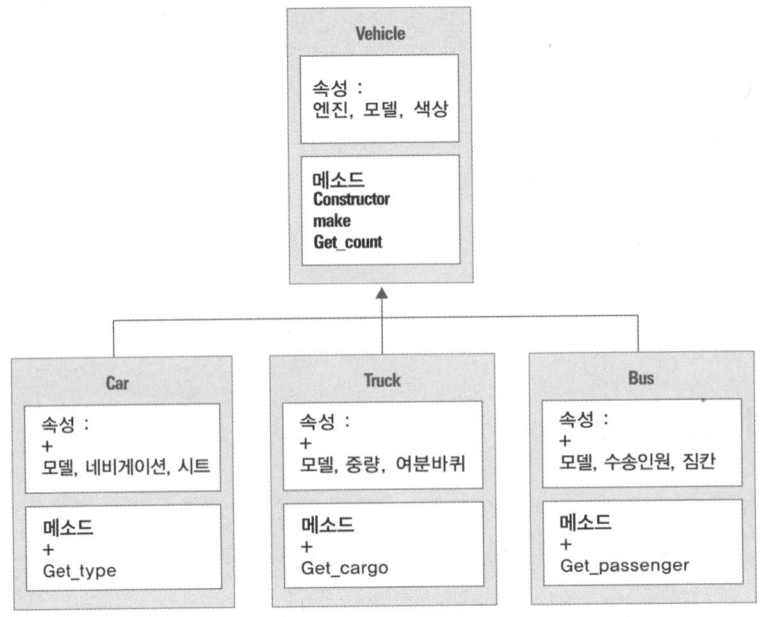

그림 14-11 상속의 개념과 관계

그림 14-11에서 클래스 Vehicle을 슈퍼클래스(Superclass)라 부르고, 슈퍼클래스에서 파생된 클래스들을 서브클래스(Subclass)라 한다. 슈퍼클래스로부터 서브클래스를 생성하려면 다음 구문을 사용한다.

```
CLASS subclass DEFINITION INHERITING FROM superclass.
```

서브클래스에 꼭 속성과 메소드를 추가로 정의할 필요는 없다. 또한 슈퍼클래스의 PUBLIC, PROTECTED 컴포넌트는 서브클래스에서 접근할 수 있다. 다만, PRIVATE 컴포넌트는 해당 클래스 내에서만 접근할 수 있다. 이는 해당 클래스의 내부 구현 세부 사항을 외부로부터 숨기고 캡슐화(Encapsulation)한다. 즉, 슈퍼클래스의 PRIVATE 멤버는 상속되지 않기 때문에, 서브클래스에서 직접적으로 PRIVATE 컴포넌트에 접근할 수 없다.

클래스는 하나 이상의 직속 서브클래스를 가질 수 있다. 하지만 서브클래스는 지속 슈퍼클래스를 하나만 가질 수 있다. 이를 단일 상속(Single Inheritance)이라고 하며 그림 14-12에 나타냈다.

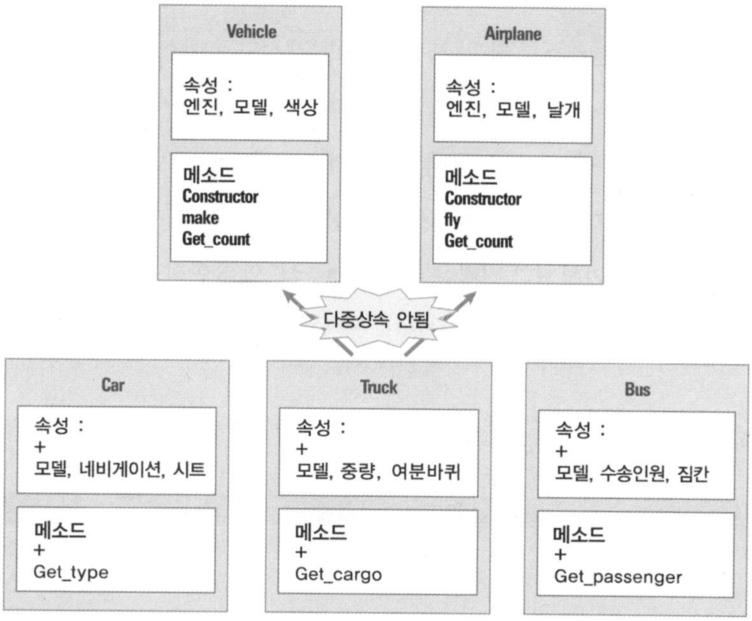

그림 14-12 단일 상속

5-2 메소드 재정의

REDEFINITION은 객체지향 프로그래밍의 상속 관계에서 사용되는 개념으로, 부모 클래스에서 정의된 메소드를 자식 클래스에서 다시 정의(재정의)하는 것을 의미한다. 자식 클래스에서는 부모 클래스와 동일한 이름의 메소드를 자체적으로 다시 정의하여 새로운 동작을 제공할 수 있다.

간단하게 말하면, REDEFINITION은 자식 클래스에서 부모 클래스의 메소드를 덮어쓰는 것이다. 이렇게 하면 부모 클래스에서 정의된 기본 동작을 변경하거나 확장할 수 있다.

예를 들어, 부모 클래스에 calculate_area라는 메소드가 존재한다고 가정하자. 이 메소드는 기본적으로 너비와 높이를 곱하여 사각형의 넓이를 계산한다. 그러나 자식 클래스에서는 이 메소드를 다시 정의하여 다른 동작을 수행할 수 있다. 예를 들어, 원 클래스에서는 calculate_area 메소드를 다시 정의하여 원의 넓이를 계산할 수 있다.

모든 서브클래스는 슈퍼클래스의 컴포넌트를 가지고 있지만 이를 직접 변경할 수는 없다. 그러나 메소드에는 REDEFINITION 구문을 사용함으로써 메소드를 재정의하여 기능을 변경할 수 있다.

메소드 선언문과 슈퍼클래스의 IMPLEMENTATION 부분은 서브클래스가 메소드를 재정의하는 데 영향을 미치지 않는다. 서브클래스에 연결된 모든 참조 변수들은 재정의된 메소드를 사용한다. 설령 참조(Reference)가 슈퍼클래스를 참고하고 있더라도 재정의된 메소드를 호출한다.

재정의된 메소드 내에서 'super->' 구문을 사용하여 기능을 잃어버린 슈퍼클래스의 오리지널(Original) 메소드에 접근할 수 있다. 이를 통해 서브클래스에서 다시 코딩할 필요 없이 슈퍼클래스의 메소드 기능을 사용할 수 있다. 이러한 방식으로 REDEFINITION을 사용하면 기존 코드를 수정하지 않고도 새로운 동작을 추가하거나 변경할 수 있으며, 코드의 유연성과 확장성을 높일 수 있다.

```
METHODS meth REDEFINITION.
```

예제를 통해 메소드 재정의와 슈퍼클래스의 오리지널 메소드를 호출하는 방법을 실습해보자.

예제 | 14-12

```abap
REPORT z14_12.


CLASS parent_shape DEFINITION.
  PUBLIC SECTION.
    DATA: width  TYPE i VALUE 5,
          height TYPE i VALUE 10,
          result TYPE i.
    METHODS: calculate_area.
ENDCLASS.

CLASS parent_shape IMPLEMENTATION.
  METHOD calculate_area.
    " 부모 클래스에서는 가로와 높이를 합산해서 반환
    result = width + height.
    WRITE :/ 'Parent method : ', result.
  ENDMETHOD.
ENDCLASS.

CLASS child_rectangle DEFINITION INHERITING FROM parent_shape.
  PUBLIC SECTION.
    METHODS: calculate_area REDEFINITION.
ENDCLASS.

CLASS child_rectangle IMPLEMENTATION.
  METHOD calculate_area.
    " 자식 클래스에서는 사각형의 넓이를 계산
    CALL METHOD super->calculate_area.
```

```
    result = width * height.
    WRITE :/ 'Child method :', result.
  ENDMETHOD.
ENDCLASS.

START-OF-SELECTION.
  DATA: lo_child TYPE REF TO child_rectangle.

  CREATE OBJECT lo_child.

  " 자식 클래스의 calculate_area 메소드 호출
  lo_child->calculate_area( ).
```

결과 | 14-12

```
Parent method :       15
Child method :        50
```

예제 14-12에서 child_rectangle 클래스는 parent_shape 클래스의 서브클래스이다. 서브클래스에서는 슈퍼클래스의 메소드 calculate_area를 재정의하였다. 재정의한 메소드 내에서는 슈퍼클래스 'CALL METHOD super->calculate_area' 메소드를 먼저 호출하고, 자신의 기능을 추가로 재정의했다. 물론, 다음 예제와 같이 슈퍼클래스와 서브클래스의 하위 메소드를 각각 호출하여 사용할 수도 있다.

예제 | 14-13

```
CLASS parent_shape DEFINITION.
  PUBLIC SECTION.
    DATA: width TYPE i VALUE 5,
          height TYPE i VALUE 10.
    METHODS: calculate_area RETURNING VALUE(result) TYPE i.
ENDCLASS.

CLASS parent_shape IMPLEMENTATION.
  METHOD calculate_area.
    " 부모 클래스에서는 가로와 높이 합산 수행
    result = width + height.
  ENDMETHOD.
ENDCLASS.

CLASS child_rectangle DEFINITION INHERITING FROM parent_shape.
  PUBLIC SECTION.
    METHODS: calculate_area REDEFINITION.
```

```abap
ENDCLASS.

CLASS child_rectangle IMPLEMENTATION.
  METHOD calculate_area.
    " 자식 클래스에서는 사각형의 넓이를 계산
    result = width * height.
  ENDMETHOD.
ENDCLASS.

START-OF-SELECTION.
  DATA: lo_parent TYPE REF TO parent_shape,
        lo_child TYPE REF TO child_rectangle.

  CREATE OBJECT lo_parent.
  CREATE OBJECT lo_child.

  " 부모 클래스의 calculate_area 메소드 호출
  WRITE: / 'Parent shape area:', lo_parent->calculate_area( ).

  " 자식 클래스의 calculate_area 메소드 호출
  WRITE: / 'Child rectangle area:', lo_child->calculate_area( ).
```

결과 | 14-13

```
Parent shape area:      15
Child rectangle area:   50
```

5-3 상속과 참조 변수

그림 14-13은 상속 관계에 있는 클래스들 사이에서 서브클래스의 객체가 슈퍼클래스의 참조 변수에 의해 가리켜지는 관계를 보여준다. Class3은 Class2의 서브클래스이고, Class2는 Class1의 서브클래스이다. 따라서 오른쪽에 있는 객체들은 최상위 클래스인 Class1의 인스턴스들이다. 클래스 참조 변수인 cref1, cref2, cref3은 각각 Class1, Class2, Class3을 참조하며, 모든 변수는 해당 객체와 연결되어 있다. 그러나 최상위 클래스인 Class1의 객체 cref1은 오직 Class1의 PUBLIC 컴포넌트만을 참조할 수 있다. cref2는 자기 자신

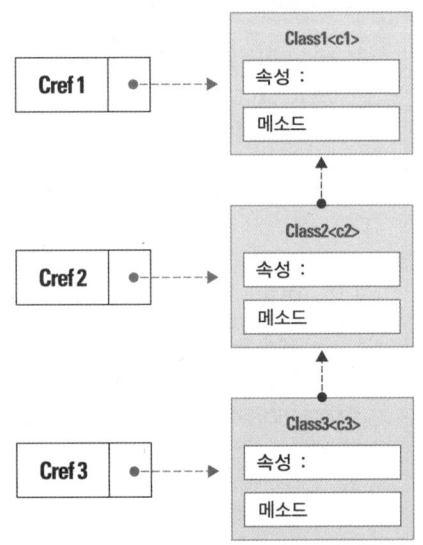

그림 14-13 상속과 참조 변수

인 Class2와 상위 클래스인 Class1의 PUBLIC 컴포넌트를 참조할 수 있으며, cref3은 모든 클래스의 PUBLIC 컴포넌트를 참조할 수 있다.

5-4 Abstract / Final 메소드와 클래스

ABSTRACT와 FINAL 구문은 메소드와 클래스에 사용하여 특별한 제약을 가진 ABSTRACT, FINAL 메소드와 클래스를 정의한다. ABSTRACT 메소드는 ABSTRACT 클래스 내에서 정의되지만 해당 클래스에서는 기능을 구현할 수 없다. 대신, ABSTRACT 클래스의 서브클래스에서 기능을 구현해야 한다. 또한 ABSTRACT 클래스는 초기화하여 객체를 생성할 수 없다.

Final 메소드는 서브클래스에서 재정의할 수 없고, Final 클래스는 서브클래스를 가질 수도 없다. 일반 클래스 내에서 메소드만 FINAL로 설정해서 서브클래스에서 재정의할 수 없게 설정할 수도 있다.

ABSTRACT	FINAL
CLASS cls DEFINTION ABSTRACT. ... ENDCLASS. METHODS mth ABSTRACT.	CLASS cls DEFINTION FINAL. ... ENDCLASS. METHODS mth FINAL

다음 예제를 통해 ABSTRACT 구문을 이해해보자.

예제 14-14

```
CLASS abstract_shape DEFINITION ABSTRACT.
  PUBLIC SECTION.
    METHODS: calculate_area ABSTRACT.
ENDCLASS.

CLASS abstract_shape IMPLEMENTATION.

ENDCLASS.

CLASS concrete_rectangle DEFINITION INHERITING FROM abstract_shape.
  PUBLIC SECTION.
    METHODS: calculate_area REDEFINITION.
ENDCLASS.

CLASS concrete_rectangle IMPLEMENTATION.
```

```abap
    METHOD calculate_area.
      DATA: width TYPE i VALUE 5,
            height TYPE i VALUE 10,
            result type i.
      result = width * height.

      WRITE: / 'Rectangle area: ', result.
    ENDMETHOD.
ENDCLASS.

START-OF-SELECTION.
  DATA: lo_rectangle TYPE REF TO concrete_rectangle.

  CREATE OBJECT lo_rectangle.

  lo_rectangle->calculate_area( ).
```

결과 | 14-14

```
Rectangle area:         50
```

예제에서는 abstract_shape라는 추상(Abstract) 클래스를 정의하고, calculate_area라는 추상 메소드를 선언하였다. concrete_rectangle 클래스는 abstract_shape를 상속받아 calculate_area 메소드를 재정의하여 사각형의 넓이를 계산하고 출력한다.

예제에서 ABSTRACT를 FINAL로 변경하면, 하위 클래스에서 메소드를 재정의할 수 없다는 에러 메시지가 출력된다.

The method "CALCULATE_AREA" was already implemented.

```abap
CLASS parent_class DEFINITION.
  PUBLIC SECTION.
    METHODS: calculate_area FINAL.
ENDCLASS.

CLASS parent_class IMPLEMENTATION.
  METHOD calculate_area.  " FINAL.
    WRITE: / 'Calculating area in parent class'.
  ENDMETHOD.
ENDCLASS.

CLASS child_class DEFINITION INHERITING FROM parent_class.
```

```
    METHODS: calculate_area REDEFINITION.

  ENDCLASS.

  CLASS child_class IMPLEMENTATION.
    METHOD calculate_area.
      WRITE: / 'Calculating area in child class'.
    ENDMETHOD.
```

5-5 클래스 컴포넌트의 네임스페이스

그림 14-14에서 볼 수 있듯이, 상속 트리 내의 서브클래스는 슈퍼클래스의 모든 컴포넌트를 포함하고 있다. 앞에서도 언급했듯이 이러한 슈퍼클래스의 컴포넌트 중에 PUBLIC과 PROTECTED 속성만 외부에서 보이거나 상속된다. 모든 PUBLIC, PROTECTED 컴포넌트는 상속 트리에 포함되어 있으며 동일한 네임스페이스(Namespace)에 소속되어 있다. 결론적으로 상속 트리에 존재하는 컴포넌트들은 유일한 이름을 가지게 된다. 반면에 PRIVATE 컴포넌트는 소속된 클래스 내에서만 유일한 이름을 가진다.

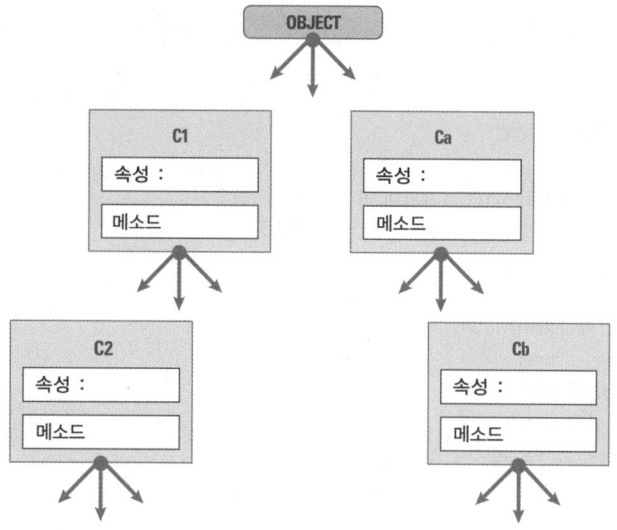

그림 14-14 상속 트리(Inheritance Tree)

메소드를 재정의할 때, 동일한 이름의 메소드를 새롭게 구현(Implementation)하면 슈퍼클래스의 메소드를 덮어쓴다. 그러나 재정의가 이전의 메소드 구현을 완전히 대체할 수는 없다. 이는 슈퍼클래스의 메소드 이름이 이미 고유하게 존재하기 때문이다. 앞서 언급한 것처럼, 서브클래스에서 재정의된 메소드가 아닌 슈퍼클래스의 원래 메소드를 호출하려면 'super->' 구문을 사용하면 된다. 이 구문을 'Pseudo Reference'라고 하며, 이를 우리말로 번역하면 '가상 참조' 정도로 표현할 수 있다.

```
CALL METHOD super->method.
```

5-6 상속과 정적 속성

클래스의 모든 컴포넌트와 마찬가지로, 정적(Static) 속성은 상속 트리에서 단 하나만 존재한다. 서브클래스는 슈퍼클래스의 PUBLIC 및 PROTECTED의 정적 속성에 접근할 수 있으며, 반대로 슈퍼클래스는 자신의 PUBLIC 및 PROTECTED 속성을 서브클래스와 공유할 수 있다.

앞서 학습한 바와 같이, 정적 속성은 CLASS-DATA 구문으로, 정적 메소드는 CLASS-METHOD 구문으로 선언한다. 정적 속성과 메소드는 클래스의 컴포넌트를 조작하기 위해 선언하며, 객체를 생성하지 않아도 메모리에 로드되어 바로 사용할 수 있다. 객체를 생성한 후에도 정적 속성과 메소드를 사용할 수 있지만, 이러한 방식은 권장되지 않는다.

예제를 통해 정적 속성과 메소드에 대해 자세히 살펴보자.

예제 | 14-15

```
REPORT z14_15.

CLASS lcl_static DEFINITION.
  PUBLIC SECTION.
    CLASS-DATA: gv_counter TYPE i VALUE 0. " 정적 속성
    CLASS-METHODS: increment_counter. " 정적 메소드
ENDCLASS.

CLASS lcl_static IMPLEMENTATION.
  METHOD increment_counter.
    " 정적 속성 값을 증가시킴
    gv_counter = gv_counter + 1.
    WRITE: / 'Counter value: ', gv_counter.
  ENDMETHOD.
ENDCLASS.

START-OF-SELECTION.
  " 정적 메소드를 호출하여 정적 속성 값을 증가시킴
  WRITE :/ 'STATIC 메소드 : '.
  lcl_static=>increment_counter( ).
  lcl_static=>increment_counter( ).
  lcl_static=>increment_counter( ).

  SKIP.
```

```
lcl_static=>gv_counter = lcl_static=>gv_counter + 1.
WRITE :/ 'STATIC 속성 : ' , lcl_static=>gv_counter.
```

결과 | 14-15
```
STATIC 메소드 :
Counter value:    1
Counter value:    2
Counter value:    3

STATIC 속성 :     4
```

예제 14-15에서 Static으로 선언된 속성과 메소드는 객체를 생성하지 않아도 Static 기호 '=>'를 이용하여 클래스에 접근할 수 있고 속성을 변경할 수 있다. 또한 서브클래스에서도 슈퍼클래스에서 상속받은 Static 속성과 메소드를 사용할 수 있다.

5-7 상속과 생성자

상속 관계에서 Constructor 메소드를 제어할 수 있는 몇 가지 특별한 규칙이 있다. 각각에 대해 살펴보자.

5-7-1 인스턴스 생성자

모든 클래스는 객체 생성자인 Constructor를 호출하는 인스턴스 생성자(Instance Constructor)를 가지고 있다. 이는 상속 트리에서 컴포넌트 이름이 유일해야 한다는 규칙에 예외적인 사항이다. 즉, 다양한 클래스의 인스턴스 생성자는 상속 트리에서 서로 완전히 독립적인 관계를 유지하고 있다.
서브클래스에서 슈퍼클래스의 인스턴스 생성자를 재정의할 수 없으며, 'CALL METHOD CONSTRUCTOR' 구문도 사용할 수 없다. 만약 이 구문을 사용하면 이름이 존재하지 않는다는 에러가 발생한다.
클래스의 인스턴스 생성자는 'CREATE OBJECT' 구문으로 객체를 생성할 때 시스템에 의해 자동으로 호출된다. 서브클래스가 슈퍼클래스의 Visible 속성(즉, PUBLIC 또는 PROTECTED 속성)을 포함하고 있다면, 서브클래스의 인스턴스 생성자가 슈퍼클래스의 인스턴스 생성자를 호출할 수 있다. 이렇게 하려면, 각각의 서브클래스 인스턴스 생성자가 'CALL MEOTHD SUPER->CONSTRUCTOR' 구문을 포함하고 있어야 한다. 명시적으로 인스턴스 생성자를 선언하지 않은 슈퍼클래스의 경우, 서브클래스의 생성자가 호출될 때 해당 슈퍼클래스의 인스턴스 생성자가 암묵적으로 자동 호출된다. 인스턴스 생성자를 호출할 때는 다양한 파라미터 옵션을 사용할 수 있다.

```abap
METHODS constructor [FINAL].
[IMPORTING ( parameter )]
[ (RAISING|EXCEPTIONS) (exci) ]
```

다음 예제 14-16을 통해 인스턴스 생성자에 대해 이해해보자.

예제 14-16

```abap
REPORT  z14_16.
CLASS lcl_person DEFINITION.
  PUBLIC SECTION.
    DATA: name TYPE string,
          age  TYPE i.
    METHODS: constructor IMPORTING p_name TYPE string p_age TYPE i,
             display_info.
ENDCLASS.

CLASS lcl_person IMPLEMENTATION.
  METHOD constructor.
    " 상위 클래스의 생성자 - 객체가 생성될 때 호출
    name = p_name.
    age = p_age.
  ENDMETHOD.

  METHOD display_info.
    " 객체의 정보를 출력
    WRITE: / '이름:', name, '나이:', age.
  ENDMETHOD.
ENDCLASS.

CLASS lcl_employee DEFINITION INHERITING FROM lcl_person.
  PUBLIC SECTION.
    DATA: employee_id TYPE string.
    METHODS: constructor IMPORTING p_name TYPE string p_age TYPE i p_emp_id TYPE string,
             display_info REDEFINITION.
ENDCLASS.

CLASS lcl_employee IMPLEMENTATION.
  METHOD constructor.
    " 상위 클래스의 생성자를 호출하여 name과 age를 초기화
    super->constructor( p_name = p_name p_age = p_age ).
    " 하위 클래스의 고유 속성인 employee_id를 초기화
    employee_id = p_emp_id.
  ENDMETHOD.
```

```abap
    METHOD display_info.
      " 상위 클래스의 메소드를 호출하여 name과 age를 출력
      super->display_info( ).
      " 하위 클래스의 고유 속성인 employee_id를 출력
      WRITE: / '사번: ', employee_id.
    ENDMETHOD.
ENDCLASS.

START-OF-SELECTION.
  DATA: lo_employee TYPE REF TO lcl_employee.

  " 객체 생성 및 생성자 메소드 호출
  CREATE OBJECT lo_employee
    EXPORTING
      p_name   = '김철수'
      p_age    = 28
      p_emp_id = '1001'.

  " 객체의 정보를 출력하는 메소드 호출
  lo_employee->display_into( ).
```

결과 | 14-16

이름: 김철수   나이: 28
사번: 1001

예제 14-16의 프로그램 실행 순서를 보면 다음과 같다. 제일 먼저 프로그램의 실행 부분(START-OF-SELECTION)에서 클래스 lcl_employee를 참조하는 lo_employee 객체 타입 변수를 선언한다. lo_employee 객체를 생성하면 클래스 lcl_person의 Constructor 메소드가 자동으로 호출된다. 이 메소드 안에는 슈퍼클래스의 Constructor를 호출하는 메소드가 포함되어 있다.

5-7-2 정적 생성자

모든 클래스는 class_constructor라는 정적 생성자(Static Constructor)를 가지고 있다. class_constructor는 이미 정의되어 있는 메소드이며, 클래스가 처음 사용되기 전에 자동으로 호출된다. 정적 생성자는 파라미터 인터페이스를 가질 수 없다.

프로그램에서 서브클래스의 인스턴스를 처음 생성하면 정적 생성자가 실행된다. 하지만 서브클래스의 정적 생성자가 실행되기 전에, 모든 슈퍼클래스의 정적 생성자가 이미 실행되어야 한다. 정적 생성자는 프로그램 내에서 한 번만 호출된다.

```
CLASS-METHODS class_constructor.
```

정적 생성자를 선언하는 위 구문은 클래스 정의 시 PUBLIC 부분에서만 사용할 수 있다. 모든 클래스는 이미 정의된 class_constructor를 가지고 있으며, 명시적으로 이 구문을 선언하면 필요한 기능을 커스터마이징하여 추가할 수 있다. 만약 정적 생성자에 추가 기능이 필요 없다면, 굳이 선언할 필요는 없다. 다른 모든 정적 메소드와 마찬가지로, 정적 생성자는 클래스의 정적 컴포넌트에 접근할 수 있다.

예제 | 14-17

```abap
REPORT z14_17.

CLASS lcl_example DEFINITION.
  PUBLIC SECTION.
    CLASS-DATA: gv_counter TYPE i.
    CLASS-METHODS: class_constructor.
    CLASS-METHODS: display_counter.
ENDCLASS.

CLASS lcl_example IMPLEMENTATION.
  METHOD class_constructor.
    " 클래스가 로드될 때 호출되는 클래스 생성자
    gv_counter = 100. " 정적 속성 초기화
  ENDMETHOD.

  METHOD display_counter.
    " 정적 속성의 값을 출력
    WRITE: / 'Counter value:', gv_counter.
  ENDMETHOD.
ENDCLASS.

START-OF-SELECTION.
  " 클래스 메소드를 호출하여 초기화된 정적 속성 값을 출력
  lcl_example=>display_counter( ).
```

결과 | 14-17

```
Counter value:          100
```

06 인터페이스

6-1 인터페이스의 개념과 특징

C++와 같은 일부 언어에서는 다중 상속을 허용하지만 ABAP에서는 허용하지 않는다. 클래스 간 다중 상속이 가능해지면 메소드 호출이나 클래스 계층 구조가 훨씬 복잡해진다. 이러한 제약 속에서 상속과 무관하게 전혀 다른 클래스에서 공통된 기능에 접근할 수 있도록 구현한 것이 인터페이스(Interface)이다. 클래스, 클래스의 객체 그리고 참조 변수를 이용한 객체에 대한 접근은 ABAP Object의 기본 개념을 이루고 있다.

인터페이스가 고객, 주문, 주문 아이템의 관계를 통해 전형적인 비즈니스 어플리케이션으로 만들어지는 예를 살펴보자.

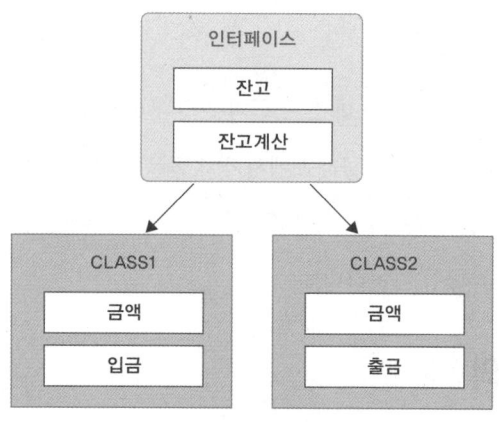

그림 14-15 인터페이스 예

그림 14-15와 같이 계정에 입금하고 출금하는, 상속 관계가 아닌 유사한 클래스 두 개 존재한다고 가정해보자. 두 클래스 모두 해당 연도의 잔고를 계산하는 메소드를 가지고 있어야 한다. 잔고를 계산하는 메소드는 두 클래스에 모두 사용되며 이름도 같지만, 구체적인 계산 로직은 차이가 있을 수 있으므로 클래스마다 기능을 구현해야 한다. 이때, 동일한 이름의 '잔고'라는 변수와 '잔고 계산'이

라는 메소드를 두 개의 클래스에서 각각 선언할 필요 없이, 인터페이스를 통해 정의하고 각 클래스에서 해당 인터페이스를 구현하면 된다.

즉, 인터페이스는 독립적인 구조체(데이터와 메소드)의 모습을 지니고 있다. 인터페이스는 클래스의 PUBLIC SECTION에 자신의 컴포넌트들을 추가하기 때문에 클래스를 확장할 수 있다. 따라서 상속 트리에서 다른 노드의 클래스 간에도 접근할 수 있는 중개 역할을 제공한다.

일반 클래스, 추상 클래스, 그리고 인터페이스를 서로 비교하여 정리하면서 명확하게 이해해보자.

클래스와 추상 클래스

클래스는 초기화하여 객체를 생성할 수 있다(CREATE OBJECT). 그러나 추상 클래스는 직접 초기화하여 생성할 수 없고, 서브클래스에서 상속받아 사용해야 한다. 왜냐하면 추상 클래스는 메소드 기능을 구현하는 IMPLEMENTATION 부분이 없기 때문이다. 추상 클래스는 공통의 기능을 모아 놓고, 이를 상속받은 서브클래스에서 구체적인 기능을 구현하여 사용할 수 있도록 한 것이다.

클래스와 인터페이스

추상 클래스와 마찬가지로 인터페이스도 직접 초기화해서 사용할 수 없다. 대신 인터페이스는 클래스에 추가되어 IMPLEMENTATION 부분에서 구현하게 된다. 클래스가 인터페이스의 기능을 사용하려면 반드시 인터페이스를 통해야만 한다.

추상 클래스와 인터페이스

추상 클래스는 서브클래스가 상속받아 메소드의 기능을 구현하게 된다. ABAP 객체지향 개념에서는 단일 상속만 가능하기 때문에, 추상 클래스에서 상속받은 서브클래스는 다른 클래스를 상속받을 수 없다. 그러나 인터페이스는 상속받는 개념이 아니라 클래스 내에 선언하여 추가하는 개념이므로, 다중 상속(여러 인터페이스 추가)이 가능하다.

6-2 인터페이스 정의

클래스와 마찬가지로 인터페이스도 ABAP 프로그램에서 전역(Global) 또는 지역(Local)으로 정의할 수 있다. 정의 구문에는 속성, 메소드, 이벤트의 모든 항목을 포함할 수 있다.

인터페이스의 컴포넌트들은 접근 제한 영역에 할당할 필요가 없다. 클래스에서 인터페이스를 추가하면 항상 PUBLIC SECTION에 정의해야 하기 때문이다. 또한 클래스에서 인터페이스의 메소드 기능을 구현하기 때문에 인터페이스는 기능 구현 부분을 포함할 수 없다.

```
INTERFACE intf.
  METHODS meth
ENDINTERFACE.
```

6-3 인터페이스 구현

클래스와 다르게 인터페이스는 인스턴스를 갖지 않는다. 다만, 인터페이스는 클래스 내에 선언하고, 해당 클래스의 IMPLEMENTATION 부분에서 인터페이스의 메소드를 구현하게 된다.
6-2절에서 정의한 인터페이스 intf는 다음 구문과 같이 클래스 내에서 정의한다.

```
CLASS class DEFINITION.
  ...
  INTERFACES intf.
  ...
ENDCLASS.
```

```
CLASS class IMPLEMENTATION.
  METHOD intf~meth.
    ...
  ENDMETHOD.
ENDCLASS.
```

클래스 내에서 인터페이스는 PUBLIC SECTION에서만 정의할 수 있다. 클래스에서 인터페이스의 메소드 기능을 구현(Implement)할 때, 인터페이스의 컴포넌트는 클래스의 PUBLIC SECTION에 추가된다. 다시 말해, 위 구문의 인터페이스 intf의 컴포넌트 meth를 클래스의 IMPLEMENTATION 부분에 정의하면, 클래스에서 'intf~meth'라는 이름이 할당된다. 오른쪽 구문과 같이 클래스는 인터페이스의 메소드를 구현(Implement)해서 사용해야 한다. 즉, 인터페이스는 다른 클래스들에서 기능이 구현된다.

6-4 인터페이스 참조

클래스를 직접 참고하는 참조 변수를 생성하지 않고도, 인터페이스를 참고하는 참조 변수를 정의하여 객체에 접근할 수 있다. 즉, 클래스가 인터페이스 intf를 구현했다면, 클래스의 참조 변수를 생성할 필요 없이 인터페이스 참조 변수만으로 컴포넌트에 접근할 수 있다는 뜻이다.

```
DATA : iref TYPE REF TO intf.
```

인터페이스는 참조(Reference)를 통해 다양한 클래스들이 통합된 형태를 가질 수 있도록 한다. 이를 다형성(Polymorphism)이라 한다.
예제 14-18은 인터페이스의 메소드를 두 개의 클래스에서 구현하여 사용하는 스크립트이다. 클래스에서 인터페이스 선언은 PUBLIC SECTION에서 이루어진다. 인터페이스의 메소드를 구현

(Implement)하려면 틸트('~') 기호를 사용한다.

예제 | 14-18

```abap
REPORT   Z14_18.

INTERFACE account.
 METHODS calc .
 DATA balance TYPE i.
ENDINTERFACE.

CLASS CLS1 DEFINITION.
 PUBLIC SECTION.
    INTERFACES account.
ENDCLASS.

CLASS CLS1 IMPLEMENTATION.
 METHOD account~calc.
    WRITE : / 'Deposit money is : ', account~balance.
  ENDMETHOD.                    " account~calc
ENDCLASS.


CLASS CLS2 DEFINITION.
 PUBLIC SECTION.
    INTERFACES account.
ENDCLASS.

CLASS CLS2 IMPLEMENTATION.
 METHOD account~calc.
    WRITE : / 'Withdrawl money is : ', account~balance.
   ENDMETHOD.                   " account~calc
ENDCLASS.                       " CLS2 IMPLEMENTATION

DATA : cref1 TYPE REF TO CLS1,
    cref2 TYPE REF TO CLS2,
    iref  TYPE REF TO account.

START-OF-SELECTION.

 CREATE OBJECT : cref1, cref2.

    cref1->account~balance = 300.
    CALL METHOD: cref1->account~calc.

    iref = cref1.
    CALL METHOD iref->calc.
```

```
    cref2->account~balance = ' -200 '.
    CALL METHOD: cref2->account~calc.

    iref = cref2.
CALL METHOD iref->calc.
```

결과 | 14-18

```
Deposit money is :      300
Deposit money is :      300
Withdrawl money is :    200-
Withdrawl money is :    200-
```

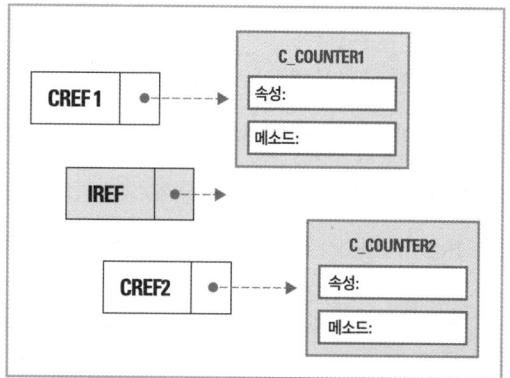

그림 14-16 참조 변수 생성

예제 14-18을 그림을 통해 이해해보자. 그림 14-16은 객체 참조 변수를 선언한 후 CREATE 구문을 통해 CREF1, CREF2 객체를 생성하는 과정을 나타낸다. 생성된 객체는 각각의 클래스를 가리킨다(point). 즉, CREF1은 CLS1, CREF2는 CLS2를 참조하고 있다. 반면, 인터페이스 참조 변수인 IREF는 아직 생성되지 않은 상태이므로 객체 참조 변수 IREF만 존재한다.

그림 14-17에서처럼 'IREF = CRFE1' 구문을 선언하면, CREF1이 IREF에 할당(Assign)된다. 따라서 객체 참조 변수인 IREF도 클래스 CLS1을 가리키게 된다.

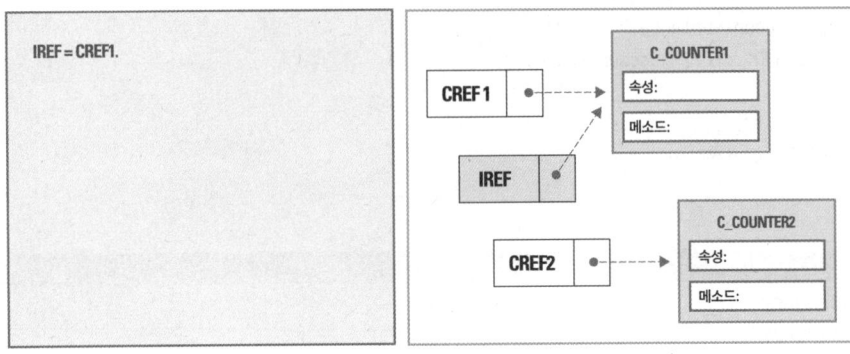

그림 14-17 인터페이스 할당(Assign)

6-5 별명 사용

모든 인터페이스 컴포넌트는 ALIAS를 사용하여 간단한 이름(별명)으로 지정할 수 있다. ALIAS는 특히 인터페이스 내에서 다른 인터페이스를 호출하는 복잡한(Deep) 컴포넌트에 유용하게 사용된다. ALIAS는 인터페이스 내부 또는 클래스의 정의 부분에서만 사용할 수 있으며, 메소드의 기능을 구현하는 IMPLEMENTATION 부분에서는 사용할 수 없다.

```
ALIASES alias FOR inf~com1.
```

예제 | 14-19

```abap
REPORT  z14_19.

INTERFACE account.
    METHODS calc IMPORTING p1 TYPE i.
ENDINTERFACE.                       " account

CLASS cls1 DEFINITION.
    PUBLIC SECTION.
        INTERFACES account.
        ALIASES calc FOR account~calc.
ENDCLASS.                           " CLS1 DEFINITION

CLASS cls1 IMPLEMENTATION.
    METHOD account~calc.
        WRITE : / 'Deposit money is : ', p1.
    ENDMETHOD.                      " account~calc
ENDCLASS.                           " CLS1 IMPLEMENTATION

DATA : cref1 TYPE REF TO cls1.
```

```
START-OF-SELECTION.

    CREATE OBJECT : cref1.

    CALL METHOD: cref1->calc EXPORTING p1 = 200.
```

결과 | 14-19
```
Deposit money is :          200
```

예제 14-19에서 인터페이스 account의 메소드 calc를 프로그램 소스 코드에서 사용하려면 'account~calc'와 같이 스크립트가 너무 길어진다. 이를 ALIAS를 이용해 'calc'라는 별명으로 간단하게 사용할 수 있도록 설정했다.

07 이벤트

이벤트(Event)는 앞에서 간략하게 소개한 바 있다. 이제 실제 프로그램 실습을 통해 자세히 살펴보자. ABAP 객체지향 프로그래밍에서 이벤트를 트리거하고 핸들링하는 것은 중요한 개념 중 하나이다. 이를 통해 상속 관계가 없는 클래스 간에도 상호 통신하고 협력할 수 있다. 이벤트 트리거링과 핸들링을 통해, 클래스는 특정 작업이 완료되었음을 다른 클래스에게 알릴 수 있으며, 다른 클래스는 이에 따라 적절한 작업을 수행할 수 있다. 또한 하나의 클래스 내에서도 이벤트를 등록하고 해당 이벤트에 반응하는 메소드를 실행할 수 있다.

클래스 내에서 이벤트를 선언할 때 클래스의 메소드는 해당 이벤트를 트리거할 수 있고, 이는 이벤트 핸들러와 연계되어 작동한다.

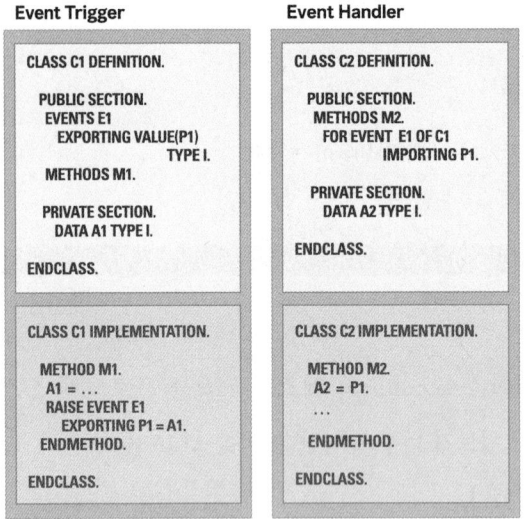

그림 14-18 이벤트 트리거와 핸들러

그림 14-18은 클래스 C1과 C2에서 트리거와 핸들러의 관계를 나타낸 것이다. 이벤트는 프로그램 내부적으로 클래스 간 메소드를 상호 호출하여 영향을 미칠 수 있다. 이러한 개념은 사용자가 마우스를 클릭하거나 [F1] 키를 입력하는 것과 같은 액션을 ABAP 프로그램 화면에서 이벤트로 처리할 수 있도록 지원한다.

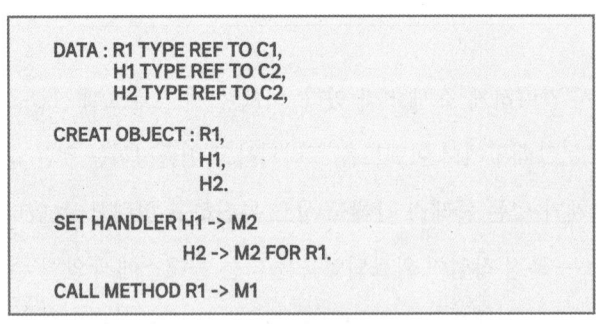

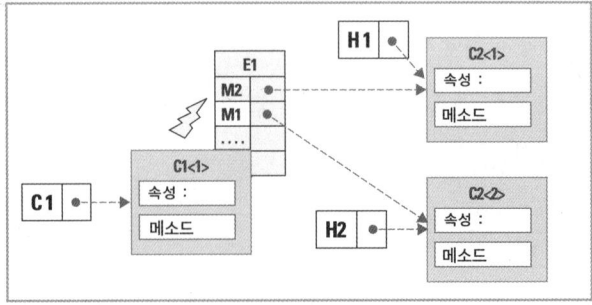

그림 14-19 이벤트 핸들러 등록

그림 14-19에서는 클래스 C1의 인스턴스 하나와 C2의 인스턴스 2개를 생성했다. 'SET HANDLER' 구문은 인스턴스에게 보이지 않는 핸들러 테이블(E1)을 생성한다. 핸들러 테이블은 핸들러 메소드 이름과 등록된(registered) 인스턴스의 참조(Reference)를 포함하고 있다. 테이블 내의 엔트리들은 'SET HANDLER' 구문에 의해 동적으로 관리된다.

객체인 H1과 H2가 초기화되더라도 인스턴스 C2<1>, C2<2>가 핸들러 테이블에서 제거되지 않는 이상 Garbage Collection에 의해 삭제되지 않는다. Garbage Collection은 기억장치의 가비지 영역을 끌어모아 프로그램이 다시 이용할 수 있도록 하는 작업을 하며, 프로그램에서 필요 없는 쓰레기 데이터가 많이 생성되어 기억장치 여분이 부족할 때 운영체제에 의해 자동으로 수행된다.

이벤트가 트리거될 때(R1의 메소드 M1에서 이벤트 E1을 발생시킬 때), 시스템은 이벤트 테이블을 보고 있다가 해당 인스턴스의 메소드를 실행한다. 이때 이벤트가 정상적으로 작동하려면 다음 3가지 조건을 충족해야 한다.

1) 이벤트가 등록된 클래스(C1)가 존재해야 한다.
2) 핸들러 메소드 M2가 정의된 클래스(C2)가 정의되어야 한다.
3) 메인 프로그램에서는 핸들러 메소드인 M2를 등록해야 한다.

7-1 이벤트 트리거

이벤트를 트리거하려면 클래스의 선언부에서 반드시 이벤트를 정의하고, 메소드 내에서 해당 이벤트를 트리거하도록 선언해야 한다.

7-1-1 이벤트 선언

클래스 또는 인터페이스의 선언부에서 이벤트를 선언한다. 인스턴스 이벤트를 선언하려면 다음 구문을 사용한다. 정적(Static) 이벤트는 CLASS-EVENTS 구문을 사용한다.

◆ 인스턴스 이벤트

EVENSTS 구문을 사용하여 인스턴스 이벤트(Instance Event)를 선언할 수 있다. 인스턴스 이벤트는 오직 인스턴스 메소드에 의해 호출될 수 있다.

```
EVENTS evt EXPORTING.. VALUE(e1 e2 .)
```

```
        TYPE type [OPTIONAL]..
```

예제 | 14-20

```abap
REPORT z14_20.

CLASS lcl_event_example DEFINITION.
  PUBLIC SECTION.
    EVENTS: event_triggered.
    METHODS: trigger_event,
             handle_event FOR EVENT event_triggered OF lcl_event_example.
ENDCLASS.

CLASS lcl_event_example IMPLEMENTATION.
  METHOD trigger_event.
    " 이벤트 트리거
    RAISE EVENT event_triggered.
  ENDMETHOD.

  METHOD handle_event.
    " 이벤트 핸들러
    WRITE: / '이벤트가 트리거되었습니다.'.
  ENDMETHOD.
ENDCLASS.

START-OF-SELECTION.
  DATA: lo_example TYPE REF TO lcl_event_example.

  " 클래스 객체 생성
  CREATE OBJECT lo_example.

  " 이벤트 핸들러 등록
  SET HANDLER lo_example->handle_event FOR lo_example.

  " 이벤트 트리거 메소드 호출
  lo_example->trigger_event( ).
```

결과 | 14-20

이벤트가 트리거되었습니다.

◆ 정적 이벤트

CLASS-EVENTS 구문을 사용하여 정적 이벤트(Static Event)를 선언한다. 모든 메소드는 정적 이벤트를 호출할 수 있다. 정적 이벤트는 정적 메소드에서 호출(trigger)할 수 있는 유일한 이벤트 타입이다.

```
CLASS-EVENTS evt...
```

예제 | 14-21

```
REPORT  z14_21.
CLASS lcl_event_example DEFINITION.
  PUBLIC SECTION.
    CLASS-EVENTS: class_event_triggered.
    CLASS-METHODS: trigger_class_event,
                   handle_class_event FOR EVENT class_event_triggered OF lcl_event_example.
ENDCLASS.

CLASS lcl_event_example IMPLEMENTATION.
  METHOD trigger_class_event.
    " 정적 이벤트 트리거
    RAISE EVENT class_event_triggered.
  ENDMETHOD.

  METHOD handle_class_event.
    " 정적 이벤트 핸들러
    WRITE: / '정적 이벤트가 트리거되었습니다.'.
  ENDMETHOD.
ENDCLASS.

START-OF-SELECTION.
  " 이벤트 핸들러 등록
  SET HANDLER lcl_event_example=>handle_class_event.

  " 정적 이벤트 트리거 메소드 호출
  lcl_event_example=>trigger_class_event( ).
```

결과 | 14-21

정적 이벤트가 트리거되었습니다.

7-1-2 이벤트 발생

클래스 내부의 인스턴스 이벤트는 클래스의 모든 인스턴스에서 트리거할 수 있다. 단, 정적(Static) 이벤트는 정적 메소드만 호출할 수 있다.

```
RAISE EVENT evt EXPORTING e1 = f1   e2 = f2 ...
```

7-2 이벤트 핸들링

이벤트가 정상적으로 작동하려면 이벤트를 처리할 메소드가 이벤트의 핸들러 메소드로 정의되어야 하며, 실행 시에 이벤트가 등록되어야 한다.

7-2-1 이벤트 핸들러 메소드 선언

모든 클래스는 다른 클래스로부터 발생하는 이벤트를 처리하기 위해 이벤트 핸들러 메소드를 가질 수 있다. 물론 동일 클래스 내에서도 이벤트와 이벤트 핸들러 메소드를 정의할 수 있다. 이벤트 핸들러 메소드는 다음과 같이 선언한다.

```
METHODS meth FOR EVENT evt OF cif IMPORTING e1 e2 ...
```

정적(Static) 메소드는 CLASS-METHODS 구문을 사용하여 선언한다.

7-2-2 이벤트 핸들러 메소드 등록

이벤트 핸들러 메소드가 이벤트에 반응하려면 실행 시에 해당 핸들러를 등록(register)해야 한다.

```
SET HANDLER h1 h2 ... [FOR]...
```

인스턴스 이벤트 핸들러를 등록할 대상 영역을 지정하려면 FOR 구문을 사용해야 한다. 'FOR ALL INSTANCES'를 사용하면 이벤트를 트리거할 수 있는 모든 인스턴스 핸들러를 한 번에 등록할 수 있다.

```
SET HANDLER h1 h2 ... FOR ref.
SET HANDLER h1 h2 ... FOR ALL INSTANCES.
```

정적(Static) 이벤트에 대해서는 FOR 구문을 사용할 수 없다.

```
SET HANDLER h1 h2 ...
```

7-2-3 이벤트 발생 시 동작

RAISE EVENT 구문이 호출되면 다음 단계로 진행되기 전에 모든 등록된 핸들러 메소드가 실행된다(Synchronous Event handling). 만약 핸들러 메소드가 자체적으로 또 다른 이벤트를 트리거한다면, 원래의 핸들러 메소드 실행이 완료되기 전에 새로운 핸들러 메소드가 먼저 실행된다. 이때 무한 루프를 방지하기 위해, 이벤트는 최대 64번의 반복까지만 수행되도록 설계되어 있다.

일반적으로 핸들러 메소드는 등록된 순서대로 실행된다. 그러나 이벤트 핸들러가 동적으로 실행되는 경우에는 실행 순서를 예측하기 어렵다. 이러한 경우에는 모든 이벤트 핸들러가 동시에 실행되는 것처럼 프로그래밍해야 한다.

7-2-4 이벤트 예제

객체지향 프로그램은 객체 간의 메시지 교환을 통해 데이터를 처리한다. 상속 트리 내의 클래스 간에는 메소드를 상호 호출하여 자유롭게 메시지를 교환할 수 있지만, 독립적인 클래스 간에는 이벤트를 통해 메시지를 교환해야 한다. 이때 이벤트의 소유자(Owner)는 이벤트가 정의된 클래스의 객체이며, 다른 클래스들은 해당 이벤트를 등록하여 처리한다. 이벤트의 소유자만이 이벤트를 실행시킬 권한이 있으며, 다른 클래스들은 이벤트가 발생하기를 대기한다(SET HANDLER).

예제 14-22를 통해 클래스, 메소드, 이벤트, 이벤트 핸들러에 대해 이해해보자. 예를 들어, 볼링 동호회에 가입한 회원(객체)들 간에 볼링 대회를 개최하는 이벤트를 발생시키기 위해 어떤 과정이 필요한지 스크립트로 구현해보자.

예제 | 14-22

```
REPORT Z14_22.

CLASS C1 DEFINITION.
  PUBLIC SECTION.
❶    EVENTS: BOWL.
     METHODS GO_BOWL.
ENDCLASS.
CLASS c2 DEFINITION.
  PUBLIC SECTION.
❷ METHODS LETSGO FOR EVENT BOWL OF c1.
ENDCLASS.

CLASS c1 IMPLEMENTATION.
  METHOD GO_BOWL.
    WRITE ' WAIT A MINUTE ~ '.
❹    RAISE EVENT BOWL.

  ENDMETHOD. ENDCLASS.

CLASS c2 IMPLEMENTATION.

  METHOD LETSGO.
    WRITE / ' OK, LETS GO !!! '.
  ENDMETHOD.
```

```
    ENDCLASS.

    DATA : KIM TYPE REF TO c1,
           LEE TYPE REF TO c2.
    START-OF-SELECTION.
     CREATE OBJECT: KIM, LEE.

❸   SET HANDLER LEE->LETSGO FOR KIM.
❺   KIM->GO_BOWL( ).
```

결과 | 14-22

```
WAIT A MINUTE ~
OK, LETS GO !!!
```

이웃(클래스) 간에는 서로의 행위를 컨트롤할 수 없으므로, "볼링 한 게임 치자."와 같은 이벤트 행사를 통해 이웃의 행위(Method)에 영향을 미칠 수 있다. 회장이라는 직책은 C1이라는 클래스이며, 회원은 C2라는 클래스로 등록되었다. 그리고 회장 직책을 맡은 사람은 김씨이며 회원은 이씨이다.

❶ EVENTS: BOWL.

회장(김씨)이 회원에게 BOWL을 치고 싶으면 전화하라고 핸드폰 번호를 주었고, 회원(이씨)에게 전화오면 BOWL이라는 이름이 조회되도록 등록하였다(이벤트 등록).

❷ METHODS LETSGO FOR EVENT BOWL OF c1.

회원(이씨)은 휴대폰에 회장(김씨)의 전화번호를 'LETSGO'라는 이름으로 등록해 두었다(핸들러 메소드 등록).

❸ SET HANDLER LEE->LETSGO FOR KIM.

회장이라는 클래스로 만들어진 회장님 C1은 '볼링을 치자'라는 이벤트 최종 결정권을 가지고 있다. 동호회원 C2는 볼링을 치고 싶어 건네받은 전화번호로 전화를 건다(SET HANDLER).

이씨가 김씨에 "난 볼링 치러갈 준비가 되어 있으니, 김씨만 준비해서 연락 줘."라고 이야기한다.

❹ RAISE EVENT BOWL.

회장 김씨는 자고 있다가 자신이 좋아하는 볼링 치러 가자는 이벤트에 확 잠이 깨어, "볼링 이벤트에 대한 준비를 다 해놓고 가자고 연락할 테니 잠시만 기다려!"라고 한다(이벤트 발생-트리거).

❺ KIM->GO_BOWL( ) 이는 CALL METHOD KIM->GO_BOWL( )의 축약형

준비가 완료된 김씨는 이씨에게 "준비됐어 가자!"라고 이야기한다.

김씨의 GO_BOWL 메소드는 BOWL 이벤트를 발생시켜 해당 이벤트에 연결된 이씨의 LETSGO 메소드를 호출하게 된다. 이를 트리거(Trigger)라고 한다. 두 사람은 즐겁게 볼링장으로 향하게 된다.

이번에는 데이터를 조회할 때, 데이터가 존재하지 않는 경우 이벤트를 이용하여 처리하는 방법을 실습해보자.

예제 | 14-23

```
REPORT   z14_23.

TABLES:zemplist.

SELECT-OPTIONS: s_empcd FOR zemplist-empcd.

CLASS c1 DEFINITION.
   PUBLIC SECTION.
     TYPES:BEGIN OF t_emp,
              empcd TYPE zemplist-empcd,
              ename TYPE zemplist-ename,
              fname TYPE zfamily-fname,
           END OF t_emp.

     DATA :gt_itab TYPE STANDARD TABLE OF t_emp,
           gs_str TYPE t_emp.
     EVENTS: e1 .
❺  METHODS : get_data ,display_data ,no_data
     FOR EVENT e1 OF c1.
ENDCLASS.              " C1 DEFINITION
❸CLASS c1 IMPLEMENTATION.
   METHOD: get_data .
      SELECT a~empcd, a~ename, b~fname FROM zemplist as a
       INNER JOIN zfamily as b
       On a~empcd = b~empcd
       INTO TABLE @gt_itab
       WHERE a~empcd in @s_empcd.
       IF sy-subrc <> 0.
❹         RAISE EVENT e1.
       ELSE .
          CALL METHOD display_data .
       ENDIF.
     ENDMETHOD.           " get_data

  METHOD:display_data .
        LOOP AT gt_itab INTO gs_str.
  WRITE:/ gs_str-empcd, gs_str-ename, gs_str-fname.
```

```
        ENDLOOP.
      ENDMETHOD.        " DISPLAY_DATA

    METHOD no_data .
        WRITE:/10 'There is no data'.
      ENDMETHOD.            " no_data
    ENDCLASS.                    " c1 IMPLEMENTATION

   DATA : go_obj TYPE REF TO c1.

START-OF-SELECTION.
    CREATE OBJECT: go_obj.
❶   SET HANDLER go_obj->no_data FOR: go_obj.

❷   CALL METHOD go_obj->get_data .
```

결과 | 14-23

```
There is no data
```

예제 14-23을 단계별로 살펴보면 다음과 같다.

❶ 핸들러 메소드 등록

'SET HANDLER go_obj->no_data FOR go_obj.' 구문으로 자신의 메소드 no_data에 핸들러 메소드를 등록한다.

❷ 핸들러 메소드 호출

'CALL METHOD go_obj->get_data.' 구문으로 핸들러 메소드를 호출한다. get_data 메소드는 이벤트 e1의 핸들러 메소드다.

❸ 메소드 실행

get_data 메소드를 실행한다. SQL 문을 실행하여 적중한 데이터가 없으면, RAISE EVENT를 발생시키고 적중한 데이터가 존재하면 display_data 메소드를 호출한다.

❹ 이벤트 호출

적중한 데이터가 없으면 이벤트를 발생시켜 결과 14-19를 반환한다.

❺ 이벤트 트리거

클래스 c1에는 이벤트 e1이 등록되어 있고, 자신의 이벤트에 해당하는 핸들러 메소드들을 선언하고 있다.

```
EVENTS: e1 .
METHODS:get_data ,display_data ,no_data
    FOR EVENT e1 OF c1.
```

핸들러 메소드는 총 3개가 있으며, 이 중 'SET HANDLER go_obj->no_data FOR go_obj' 구문에서 등록된 핸들러 메소드인 no_data가 호출된다.

클래스 빌더(SE24)

1·7절에서 학습한 것과 같이 프로그램 소스 코드 레벨에서 클래스를 생성하면 해당 프로그램에서만 사용할 수 있는 지역 클래스(Local Class)로 작용한다. 즉, 그림 14-20과 같이 program-1에서 생성한 클래스는 program-2에서 사용할 수 없다.

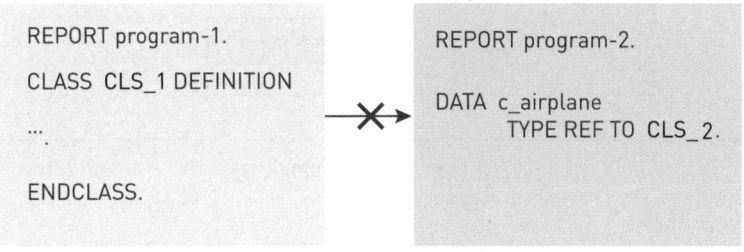

그림 14-20 지역 클래스

클래스 빌더(T-CODE:SE24)를 활용하여 클래스와 인터페이스를 생성할 수 있다. 클래스 빌더를 활용하면 클래스와 인터페이스가 ABAP Repository에 전역(Global) 오브젝트로 등록되어 모든 프로그램에서 사용할 수 있다(Class Library). ALV 클래스(CL_GUI_ALV_GRID)를 참조하여 프로그램을 개발하는 것이 대표적인 사례이다.

8-1 통합(Integration)

클래스 빌더를 사용하면 클래스 오브젝트들을 생성할 수 있으며, 클래스 라이브러리에 존재하는 모든 오브젝트를 유지보수할 수 있다. 그림 14-21은 클래스 빌더의 아키텍처와 컴포넌트들의 관계에 대해 나타낸 것이다.

클래스 빌더를 실행하려면 T-CODE:SE24를 이용하거나 [Development] → [Class Builder] 메뉴를 선택하면 된다. 오브젝트 타입을 생성하게 되면 메소드의 기능을 구현해야 한다. 또한 클래스 빌더 초기 화면에서 테스트 환경을 실행할 수도 있다.

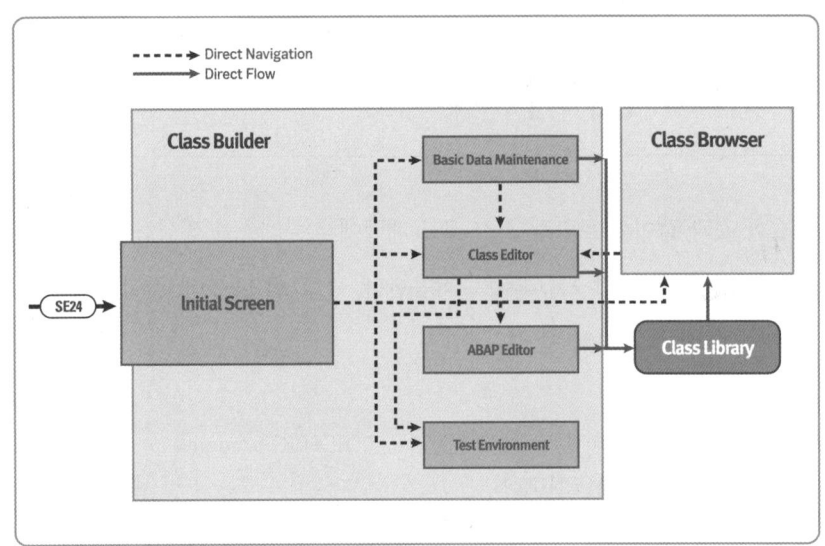

그림 14-21 클래스 빌더 다이어그램

8-2 클래스 빌더를 이용하여 클래스 생성하기

클래스 빌더(T-CODE:SE24)를 활용해 예제 14-23과 동일한 역할을 수행하도록 클래스를 생성하는 과정을 살펴보자.

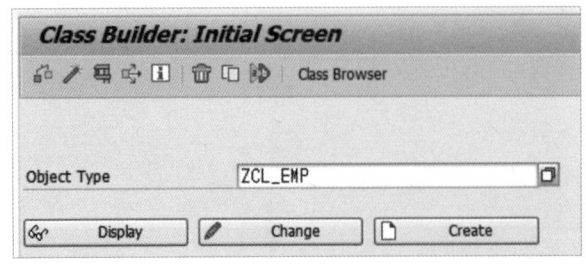

01 클래스 빌더 생성 화면

클래스 이름을 입력하고 Create 버튼을 클릭한다. 클래스 이름은 30자까지 가능하다. 초기 화면에서는 클래스를 조회, 변경, 생성, 테스트할 수 있다.

CHAPTER 14 | ABAP Object

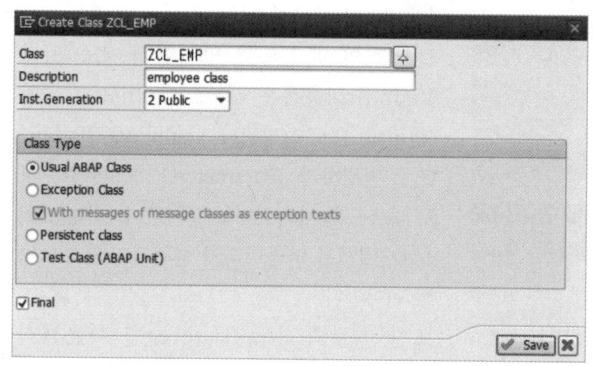

02 클래스 타입 생성

클래스의 내역을 입력한다. Instantiation은 'Public'을 선택한다. 생성하는 클래스가 상속이 필요 없으면 Final 클래스로 선택한다.

03 [Properties] 탭

클래스의 기본 속성을 보여준다.

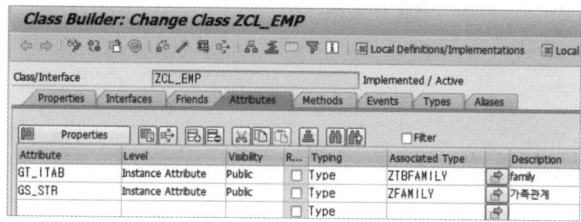 버튼을 클릭하면 상속받을 클래스를 지정하는 화면이 실행된다. 기본 설정 상태로 두고 속성(Attribute)을 정의하자.

04 [Attributes] 탭

클래스의 속성에 대해서는 이미 앞에서 살펴보았다. Level에는 인스턴스, Static, Constant 속성을 정의하게 되며, Visibility에는 클래스 내의 접근 제한 영역(Public, Protected, Private)을 정의하게 된다.

Initial Value는 속성의 초기 값을 설정한다. 클래스에서 인터널 테이블을 생성하기 위해서는 두 가지 방법이 존재하는데 이는 뒤에서 다룬다. 테이블 타입 ZTBFAMILY를 먼저 생성해야 다음 단계 진행이 가능하다. 뒤에 나오는 '조금 더 알아보기'를 참고해서 생성하자.

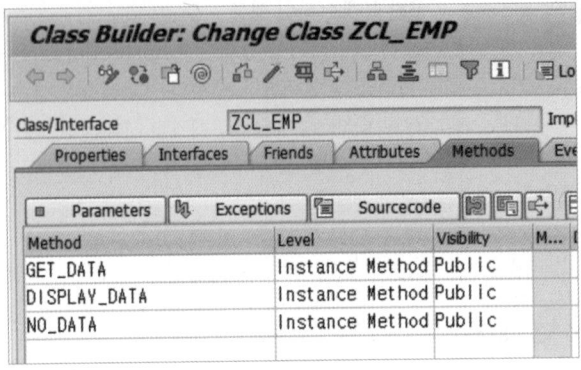

05 [Methods] 탭

클래스의 메소드를 입력한다. Level과 Visibility 항목은 기본으로 'Instance'와 'Private'으로 설정된다. Visibility는 'Public'으로 변경하자. [Parameters] 버튼을 클릭하면 메소드의 파라미터를 설정할 수 있다. 예제 14-23에서는 파라미터가 설정되지 않았으므로 넘어간다.

또한 메뉴의 Constructor를 이용해서 Constructor 메소드를 생성할 수 있다. 해당 메소드를 더블 클릭하거나 [Sourcecode] 버튼을 클릭하여 메소드 기능을 구현(Implement)하자. 8단계에서 메소드를 구현한다.

06 Parameters 추가

5단계에서 정의한 GET_DATA 메소드를 선택하고, [Parameters] 버튼을 눌러 사번을 Importing 파라미터로 설정한다.

07 [Events] 탭

이벤트를 추가하자. 타입은 'Instance Event', Visibility는 'Public'을 선택하자.

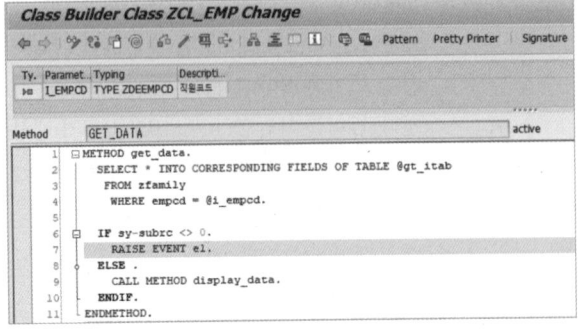

08 메소드 구현

5단계에서 GET_DATA를 선택하고, [Sourcecode] 버튼을 눌러 메소드 기능을 추가한다. DISPLAY_DATA, NO_DATA 메소드도 스크립트를 완성한다.

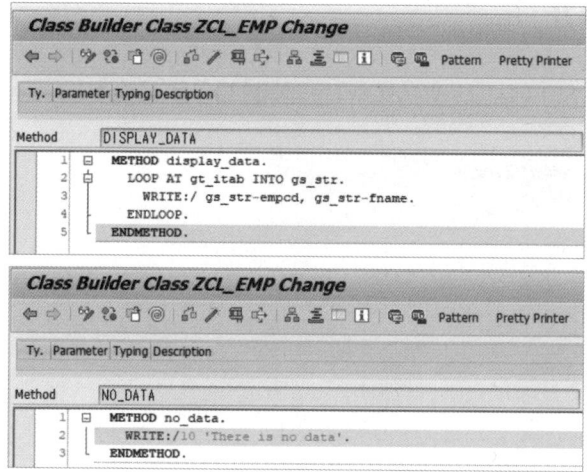

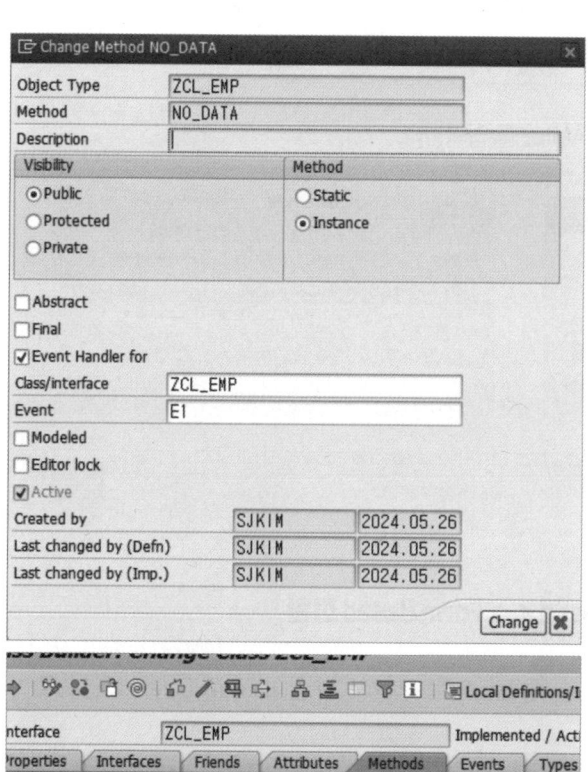

09 메소드 이벤트 등록

[Methods] 탭에서 아이콘(Goto Properties)을 클릭하여 이벤트를 등록하자. 자기 자신의 이벤트 E1을 등록한다. 이벤트가 지정된 메소드를 이벤트 핸들러 메소드라고 한다. Method Type에 이벤트 핸들러 메소드임을 표시하는 심볼이 생성되었다.

속성, 메소드, 이벤트 등록을 완료하였다면, 활성화 아이콘으로 활성화하자.

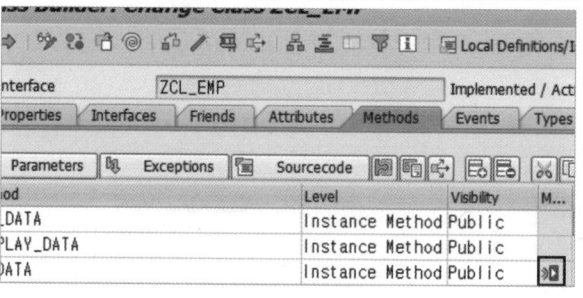

조금 더 알아보기 — Table Type 생성하기

1. 인터널 테이블을 선언하기 위해서 T-CODE:SE11에서 'ZTBFAMILY'라는 테이블 타입을 생성한다.

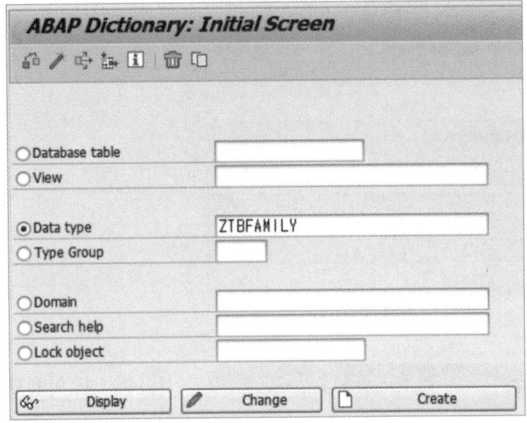

2. 'Table type'을 선택한 후 LINE TYPE에 'ZFAMILY'를 입력한다.

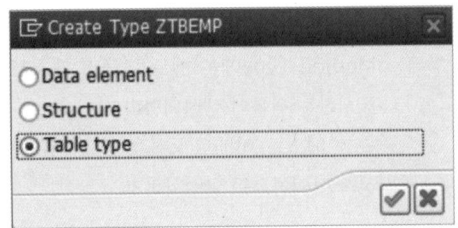 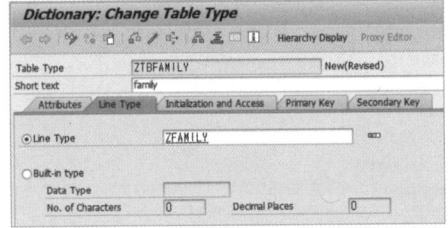

조금 더 알아보기 — Sourced Code Based <-> Form Based 전환

일반적으로 T-Code: SE24(Class Builder)에서 클래스를 조회하면, 다음과 같이 Form-Based 화면으로 조회된다.

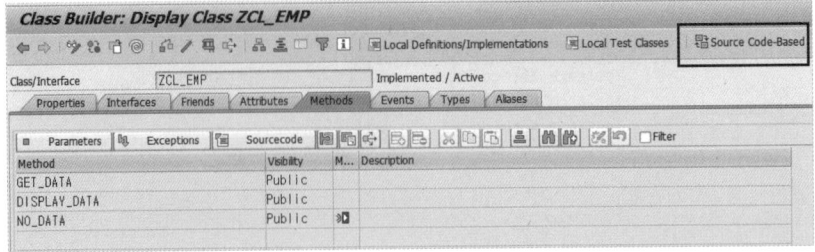

이 화면을 소스 코드로 보려면 상단의 [Source Code-Based] 버튼을 누르면 된다.

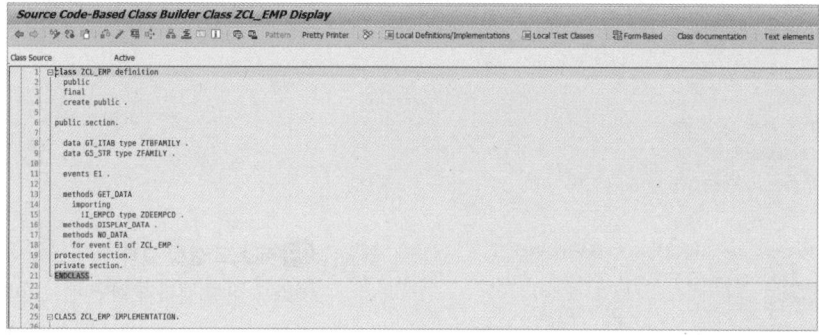

8-3 클래스 빌더를 이용한 테스트

클래스 빌더(TOODE:SE24)를 통해 생성한 클래스는 클래스 빌더에서 직접 테스트할 수 있다.

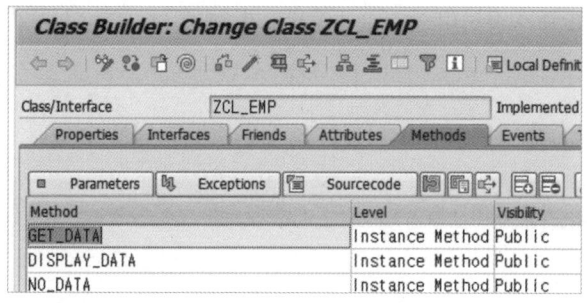

01 클래스 빌더에서 테스트 아이콘 클릭

클래스 빌더에서 테스트 아이콘(🔲)을 클릭하거나 [F8] 키를 누른다.

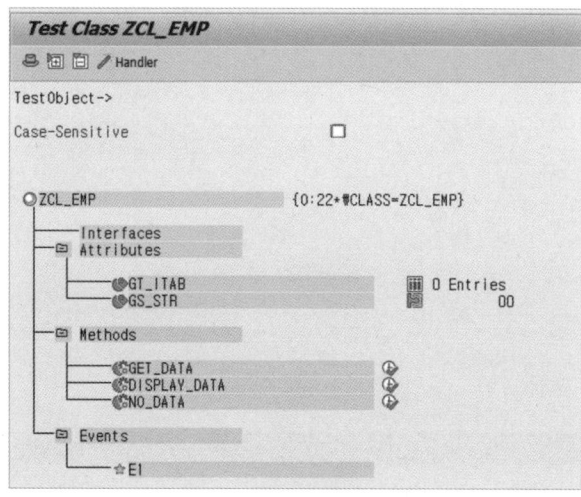

02 이벤트 활성화

이벤트는 실행 환경에서 활성화할 수 있으므로, E1에 커서를 두고, ✏ Handler 버튼(Handler 활성화)을 클릭한다.

메소드 실행

get_data 메소드의 실행 아이콘 🕒을 클릭해 보자.

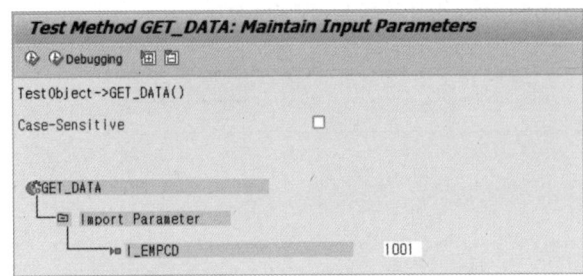

03 메소드 실행

I_EMPCD에 사번을 입력하고 실행한다.

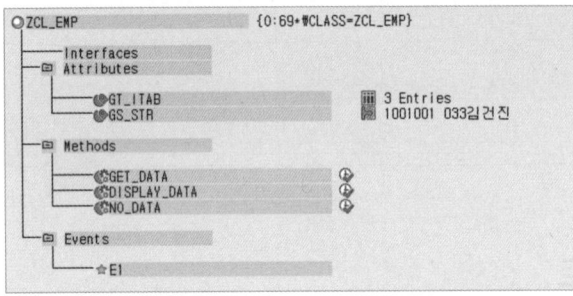

04 메소드 실행 결과

메소드 실행 결과가 화면에 보인다. 인터널 테이블 GT_ITAB에 3개의 엔트리(Entries)가 확인된다.

만약 SELECT 구문에서 데이터를 가져오지 못하면, 이벤트 핸들러 메소드 no_data를 호출한다.

8-4 전역 클래스를 활용한 소스 코드

앞에서 생성한 전역(Global) 클래스 ZCL_EMP를 이용하여 프로그래밍해보자. 예제 14-23과 다른 점은 클래스를 정의하고 메소드를 구현하는(Implement) 부분 없이 바로 메인 프로그램을 구현할 수 있다는 점이다. 또한 인터널 테이블 선언 시 속성 및 내부 타입을 이용해도 같은 결과를 얻을 수 있다.

예제 | 14-24

```abap
REPORT  Z14_24.

PARAMETERS : p_empcd type zfamily-empcd.

DATA :go_obj TYPE REF TO zcl_emp.

START-OF-SELECTION.
  CREATE OBJECT: go_obj.

  SET HANDLER go_obj->no_data FOR: go_obj.

  CALL METHOD go_obj->get_data
    EXPORTING
      i_empcd = p_empcd.
```

결과 | 14-24

```
1001  강남순
1001  김춘배
1001  김건진
```

CHAPTER 15

Grid ALV

In this chapter >>>

이번 장에서는 실무에서 가장 많이 사용하는 ALV에 대해서 학습한다. ALV는 리포트 기능과 온라인 프로그램이 가능하도록 편리한 GUI 환경을 제공한다. ALV(Grid)를 이해하려면 "14장 ABAP Object"에 대한 기본 지식이 필요하다.

Chapter list >>>

1. Overview
2. SAP 컨테이너
3. ALV 생성
4. ALV 메소드
5. ALV 이벤트
6. 필드 카탈로그
7. ALV Grid 요소
8. ALV Grid EDIT
9. 드롭다운 리스트 박스 생성
10. Context 메뉴 정의

Overview

1-1 ALV란 무엇인가?

ABAP을 처음 접하는 개발자들이 가장 어렵다고 느끼는 부분이 ALV이다. 클래스의 개념부터 커스텀 컨트롤, 컨테이너, 필드 카탈로그 등 처음 듣는 용어들이 복병처럼 숨어 있다. 데이터를 ALV 화면에 출력하기까지 구현해야 하는 절차도 꽤나 복잡하다.

하지만 ALV는 프로그래밍이라기보다는 프론트엔드(Front End) 화면을 디자인하는 하나의 패키지일 뿐이다. 따라서 정해진 규칙과 패턴에 익숙해지는 과정이 필요하다. 마치 어릴 적 새로운 동네로 이사 갔을 때 골목골목이 낯설었던 것처럼, ALV를 구현하는 과정도 처음이라 생소한 것일 뿐이다. 하루 이틀 지나고 여기저기 배회하다 보면, 목욕탕과 슈퍼마켓도 발견하고 버스 정류장으로 가는 지름길도 만나게 된다. 방향과 위치가 머릿속에 그려져야 비로서 우리 동네처럼 느껴진다.

ALV는 머리보다 손이 부지런해야 한다. 이렇게 바꿔보고 저렇게 적용해보면서 친해지려는 노력을 반복해야 한다. ALV를 만드는 과정이 지도처럼 윤곽이 그려지면, 그 다음부터는 템플릿 프로그램을 복사해서 활용하기만 하면 된다. 오히려 인터널 테이블과 같은 기본 이론보다 훨씬 단순하고 쉽다.

ALV는 리스트 화면에 데이터를 조회하거나, 조회된 데이터를 수정 또는 변경하는 목적으로 실무에서 많이 사용하는 프로그램이다(원래는 ABAP List Viewer의 약자였지만, SAP 전반의 리스트 뷰어 기능을 포괄하는 의미로 확장되어 최근에는 SAP List Viewer라고 표현한다).

"12장 리포트 프로그램"에서는 WRITE 구문을 이용하여 리스트(List) 화면을 구성할 수 있었다. 절차적인 프로그램에서 조회된 데이터를 엑셀로 다운로드받는 기능을 추가하려면 먼저 GUI Status를 생성하여 버튼을 화면에 추가하고, 사용자가 버튼을 클릭하면 반응하는 이벤트 스크립트를 작성해야 한다. 그러나 ALV에서는 이러한 기본적인 사무용 작업들이 이미 포함된 패키지 프로그램으로 제공된다. 즉, 엑셀 프로그램에서 데이터를 정렬하고, 합계를 구하고, 원하는 정보만 필터링 하는 등의 기본적인 작업들은 스크립트로 구현하지 않고도 자유롭게 사용할 수 있다.

SAP Release 3.1 버전 이후 ALV가 ABAP 프로그램에 등장하게 되었으며, 최근에는 보고서나 성적표와 같이 포맷이 정해진 문서 이외의 프로그램은 대부분 ALV를 이용하여 개발하고 있다.

ALV의 주요 기능

- 정렬 기능(Ascending/Descending)
- 필터링 설정
- 열의 크기 변경
- 레이아웃 변경
- ABC 분석
- 엑셀 파일 및 워드 문서 저장

1-2 ALV의 종류

ALV에는 크게 함수를 이용하는 방법과 Grid 컨트롤을 이용하는 방법 두 가지가 있는데, 이 두 가지 방식은 내부적으로 유사한 구조와 기능을 가지고 있다. 물론, SALV(New ALV)도 존재한다. 이러한 기술들은 Function ALV → Grid ALV → SALV 순서로 개발되었다.

REUSE_ALV_GRID_DISPLAY 함수도 클래스를 기반으로 하여 프로그래밍되어 있지만, SAP사에서 다양한 기능을 통합하여 편리성을 제공하기 위해 Function Module로 제공한 것이다. 함수를 이용하여 ALV 프로그램을 출력하면 화면 제어가 어려워진다. 이러한 제약사항이 있어 ABAP Object를 이용한 ALV Grid 기술이 도입되었다.

ALV를 구현하면 데이터 구조와 인터널 테이블만 활용하여 단시간 내에 리스트 프로그램을 개발할 수 있다. ALV Grid는 클래스로 개발된 기술이므로 "14장 ABAP Object"를 이해하고 있어야만 쉽게 접근할 수 있다(Function ALV는 16장에서 학습하도록 하자).

그림 15-1은 ALV로 리스트를 조회한 화면이다. ALV Grid 컨트롤은 화면 Display와 관련해서 SAP사에서 이미 개발한 컨트롤(Control) 기술을 사용한다. 다른 모든 컨트롤과 마찬가지로, ALV Grid 컨트롤은 전역 클래스를 통해 속성에 영향을 미칠 수 있는 메소드들을 제공하며, 이러한 메소드들을 통해 패키지 프로그램인 ALV의 기본 기능에 추가적인 기능을 적용할 수 있다. 또한 ALV Grid 컨트롤은 표준 프로그램의 통합된 기능을 지원하기 위해 SAP Context 메뉴를 정의하여 사용할 수 있다.

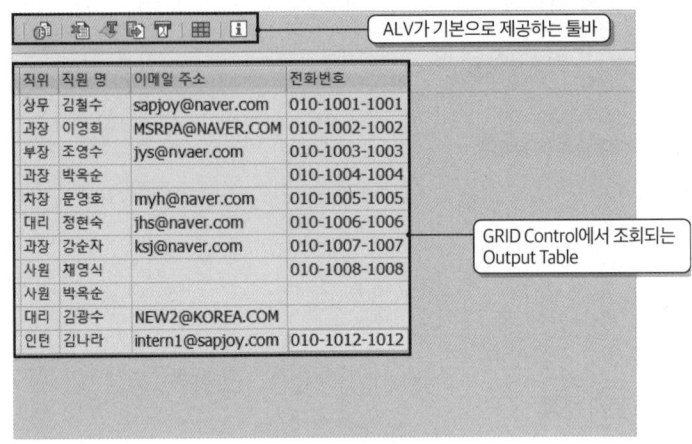

그림 15-1 ALV(SAP List Viewer)

1-3 ALV Grid 컨트롤 인스턴스

ALV 프로그램에서 사용하는 인스턴스는 CL_GUI_ALV_GRID 클래스를 참조한다. 먼저, 다음 구문을 이용하여 객체 참조 변수를 선언한다.

```
DATA : gv_grid TYPE RET TO cl_gui_alv_grid.
```

이 구문의 gv_grid 변수는 CL_GUI_ALIV_GRID를 참조하는 객체 참조 변수(Object Reference Variable)이다. 이후, CREATE OBEJCT 구문으로 클래스의 생성자를 호출하여 ALV Grid 인스턴스를 생성한다.

```
CREATE OBJECT gv_grid.
```

ALV Grid 컨트롤은 화면에 보이는 모든 정보를 가지고 있으며, 클래스의 메소드를 호출하여 ALV 화면의 속성을 재정의하거나 변경할 수 있다.

그림 15-2는 ALV의 상속 트리를 나타낸다. T-CODE: SE24(클래스 빌더)에서 CL_GUI_ALV_GRID를 조회해보면 슈퍼클래스 필드에 상위 클래스가 존재한다. 그림 15-3에서 알 수 있듯이 CL_GUI_ALV_GRID의 슈퍼클래스는 CL_GUI_ALV_GRID_BASE이다.

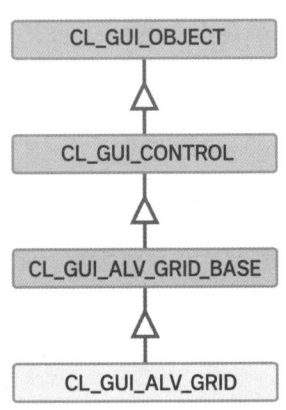

그림 15-2 ALV의 상속 트리

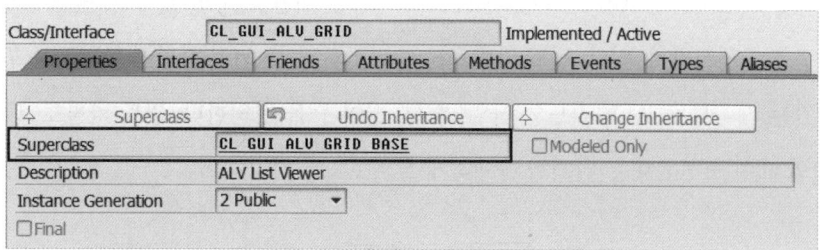

그림 15-3 ALV의 클래스 조회

1-4 ALV Grid 컨트롤의 구조

그림 15-4는 ALV Grid가 화면에 표시되는 순서를 나타낸다.

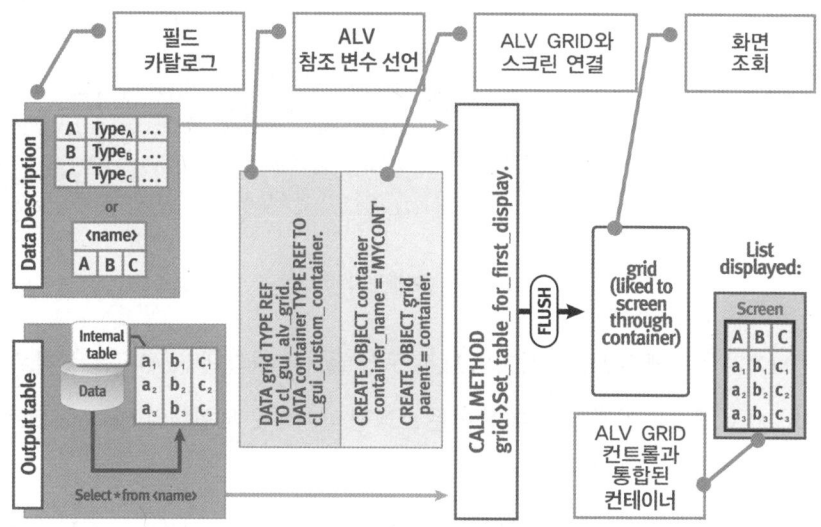

그림 15-4 ALV의 실행 순서

ALV를 이용하여 데이터를 화면에 표시하려면 최소한 다음 2가지 작업을 해야 한다.

1. **인터널 테이블 선언**: 화면에 보이게 될 인터널 테이블을 선언한다. ALV에서 데이터 정보를 저장하고 있는 인터널 테이블 영역을 아웃풋 테이블(Output Table)이라고 한다.
2. **데이터의 구조(필드 카탈로그) 정의**: ALV Grid 컨트롤이 스크린에 조회되는 구조를 정의한다. 필드 카탈로그는 ALV Grid 컨트롤에서 정의되는 데이터의 구조, 기술 속성, 내역과 같은 정보들을 가지고 있다. 일반적으로 ABAP Dictionary의 테이블 또는 구조체를 이용하거나 인터널 테이블의 구조를 그대로 사용한다.

ALV Grid 컨트롤에 전달된 아웃풋 테이블의 정보는 ALV Grid 컨트롤이 작동하는 동안 유용하게 사용된다. 아웃풋 테이블은 ABAP Dictionary 오브젝트를 이용할 수도 있지만, 필드 카탈로그만으로도 ALV 구조를 생성할 수 있다. 필드 카탈로그(Field Catalog)는 ALV 화면에 조회되는 필드들의 정보를 담고 있는 테이블로, ALV 필드의 타입, 속성, 길이 등을 정의한다. 필드 카탈로그는 LVC_T_FCAT 타입의 테이블이다. 이는 뒤에서 자세하게 살펴보도록 하자.

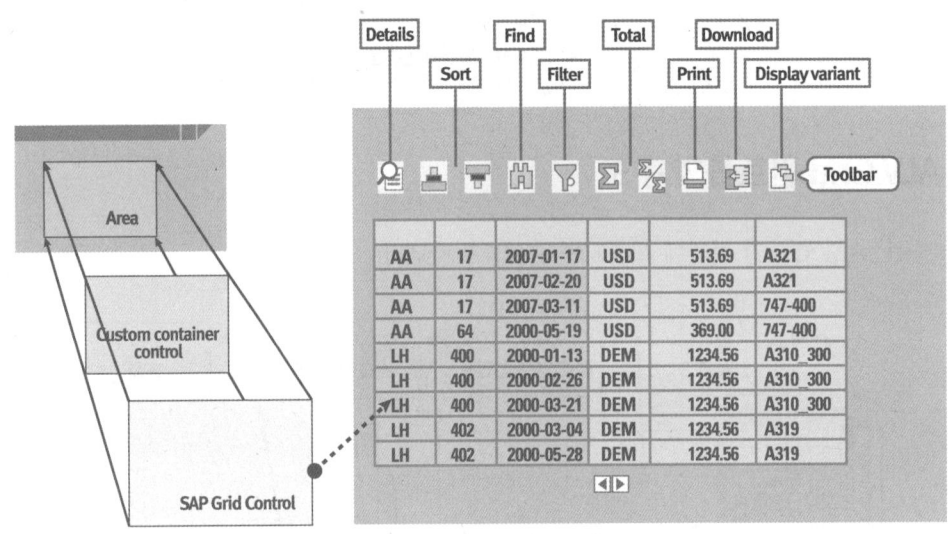

그림 15-5 ALV의 내부적인 구조

그림 15-5는 ALV가 화면에 표시되기까지의 내부 구성 절차를 나타낸다. ALV를 실제로 화면에 표시하려면 먼저 ALV 영역을 지정해야 한다. 이는 스크린 레이아웃 페인터의 Custom 컨트롤을 이용하여 설정한다.

또한 ALV를 화면에 표시하려면 스크린 영역과 ALV를 연결하는 SAP 컨테이너 컨트롤이 반드시 필요하다. ALV는 화면의 SAP 컨테이너와 연결되어 화면에 표시된다. 컨테이너는 'Container'라는 영어 단어의 의미에서 알 수 있듯이, 화면 내에서 '무엇을 담는' 공간을 뜻한다. 즉, 컨테이너는 Textedit 컨트롤, Picture 컨트롤과 같은 컨트롤 오브젝트를 화면에 보여줄 때 사용하는 상위의 컨트롤이다. SAP 컨테이너는 2절에서 자세히 다룬다.

02 SAP 컨테이너

ALV 인스턴스를 실제로 화면에 표시하려면 스크린과 ALV Grid 컨트롤을 연결하는 역할을 하는 SAP 컨테이너 컨트롤이 반드시 필요하다. 즉, SAP 컨테이너는 이 둘을 연결하는 링크 역할을 수행하며, SAP 컨트롤을 자신의 영역 안에 포함하는 상위 컨트롤로서 기능한다.

SAP 컨트롤에는 SAP Tree, SAP Picture, SAP Textedit, SAP Splitter 등 다양한 종류가 있다. SAP 컨테이너 역시 다른 컨트롤을 포함하는 하나의 컨트롤이며, 부모 컨트롤(Parent Control)이라고도 한다.

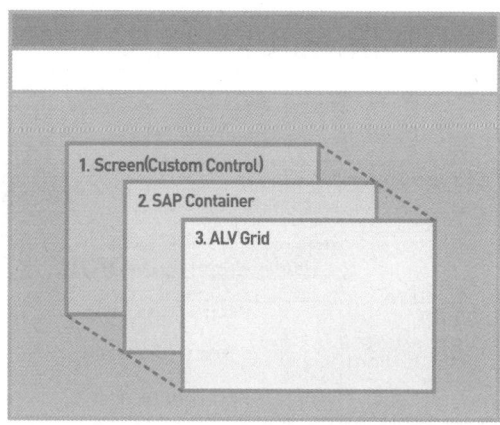

그림 15-6 SAP 컨테이너의 위치

ALV 프로그램은 그림 15-6에 나타낸 컨테이너 컨트롤을 기반으로 하여 개발한다. 이러한 컨트롤들을 화면에 표시하기 위한 SAP 컨테이너는 표 15-1과 같이 5가지로 구분할 수 있다.

컨테이너의 종류	기능
SAP Custom Container	스크린 페인터를 사용하는 일반적인 화면에서 영역을 정의한다. 클래스: CL_GUI_CUSTOM_CONTAINER
SAP Dialog Box Container	Dialog Box 또는 Full screen에서 Dialog Box 형태로 보이도록 한다. 클래스: CL_GUI_DIALOGBOX_CONTAINER
SAP Docking Container	스크린 영역의 각 모서리에 부착되어 크기를 조절할 수 있게 한다. ALV 프로그램에서 Custom 컨테이너와 함께 자주 사용하는 형태이다. 클래스: CL_GUI_DOCKING_CONTAINER
SAP Splitter Container	여러 영역으로 컨테이너를 분리할 때 사용한다. 클래스: CL_GUI_SPLITTER_CONTAINER

SAP Easy Splitter Container	Splitter 컨테이너와 비슷한 역할을 수행하며, 분리된 영역을 상하 또는 좌우로 한 번 더 분리할 수 있다. 클래스: CL_GUI_EASY_SPLITTER_CONTAINER

표 15-1 SAP 컨테이너의 종류

여기에서는 5가지 종류의 컨테이너 중에서 SAP Custom 컨테이너를 중점적으로 학습한다. SAP Docking 컨테이너도 실무에서 자주 사용하므로 간단하게 기본 구조를 학습한 후에 실습하는 과정을 진행해본다. 이외의 컨테이너도 기본 원리가 비슷하며 사용법만 익히면 어려움 없이 적용할 수 있다.

이번 실습에서는 ALV를 화면에 표시하기 위해 화면에 영역을 지정하고, 이 영역에 ALV를 배치할 작업 환경을 구성한다. 먼저, T-CODE: SE38을 사용하여 TYPE-1 유형의 프로그램 Z15_01을 생성한 후, 그림 15-7과 같이 스크린 100번을 추가하자. 13장을 학습했다면 문제없이 화면을 생성할 수 있을 것이다.

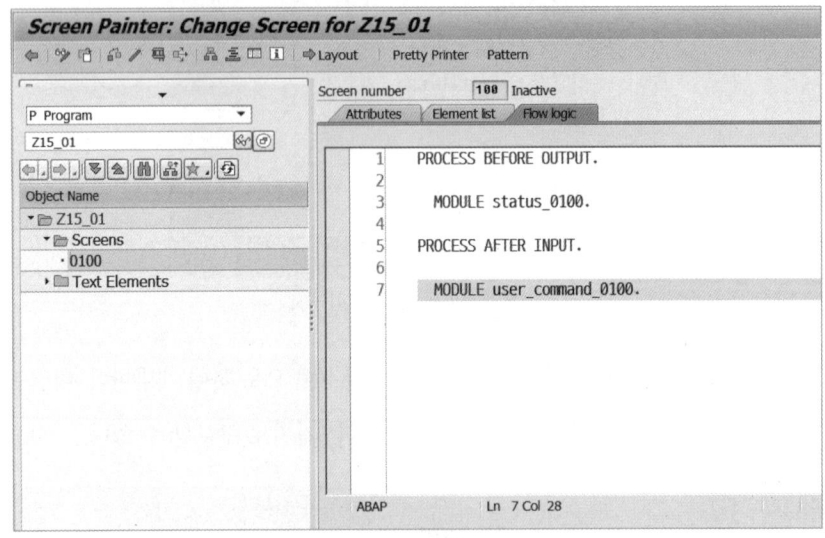

그림 15-7 프로그램 및 스크린 생성

스크린 생성을 완료했다면, 본격적으로 SAP 컨테이너 생성 작업을 시작해보자.

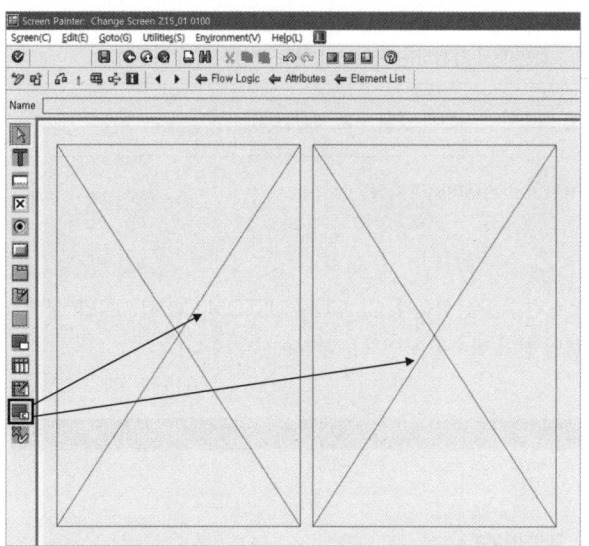

01 Custom 컨트롤 생성

스크린 페인터를 실행하여 Custom Control 아이콘을 클릭하면 화면에 영역을 지정할 수 있다. 두 개의 스크린 영역을 드래그하여 적절한 크기로 설정하자.

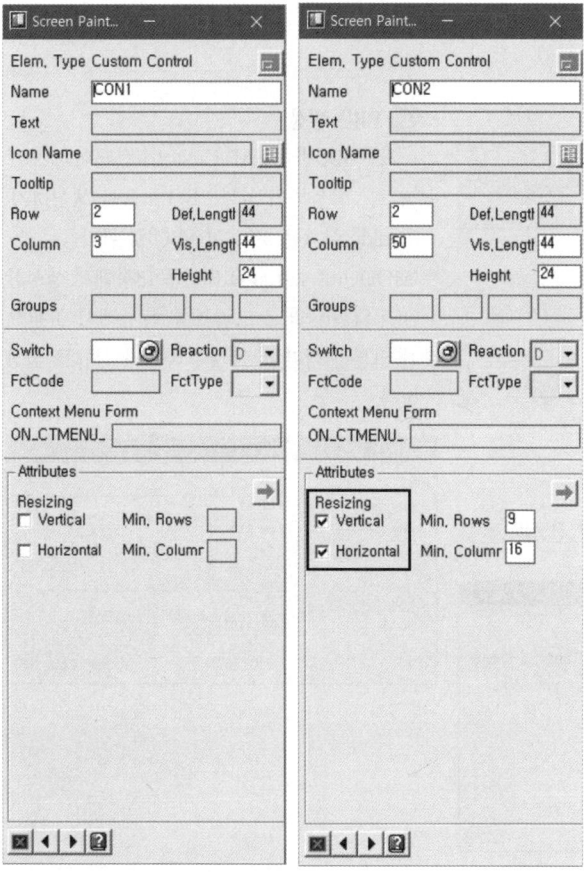

02 Custom 컨트롤 이름 및 속성 지정

각 컨테이너를 더블 클릭하면 스크린 페인터 속성창이 열린다. 두 번째 컨테이너(CON2)에는 Resizing 속성을 체크하여 결과 화면에서 기능을 확인해보자.

속성	기능
Resizing Vertical / horizontal	창 크기에 따라 화면에서 차지하는 영역을 비율로 조절하여 보여준다.
Min. Rows Min. Columns	화면에 표시될 최소한의 라인과 컬럼 수를 설정한다.

표 15-2 SAP Custom 컨테이너의 속성

03 컨테이너 참조 변수 생성

리포트 프로그램에서 CON1, CON2라는 객체 참조 변수를 생성하자. CL_GUI_CUSTOM_CONTAINER 클래스를 참조하는 객체 참조 변수 스크립트를 프로그램의 전역 변수를 선언하는 부분에 추가한다.

예제 | 15-1

```
REPORT z15_01.

DATA: con1_ref TYPE REF TO cl_gui_custom_container,
      con2_ref TYPE REF TO cl_gui_custom_container.
```

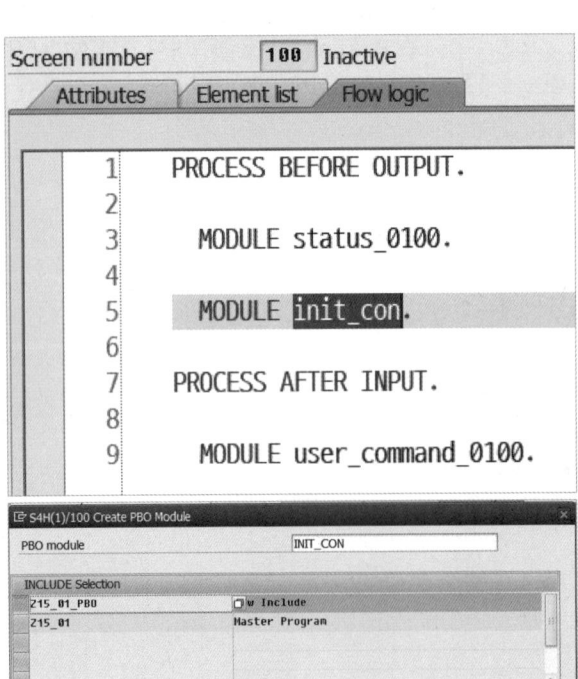

04 PBO 생성

스크린 100번에 SAP Custom 컨테이너 오브젝트를 생성하기 위한 PBO 모듈을 생성하자. Inculde 이름은 'Z15_01_PBO'로 한다.
'MODULE status_0100.'은 13장에서 생성한 GUI Status와 스크립트를 복사해서 불필요한 버튼은 삭제한 후 사용하거나 신규로 생성한다.

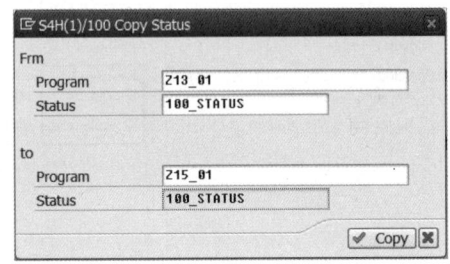

```
Include                    Z15_01_PBO                active (revised)
16   ☐ MODULE init_con OUTPUT.
17
18        CREATE OBJECT con1_ref
19          EXPORTING
20            container_name = 'CON1'.
21
22        CREATE OBJECT con2_ref
23          EXPORTING
24            container_name = 'CON2'.
25
26     ENDMODULE.                         " INIT_CON
```

05 컨테이너 오브젝트 생성

CREATE OBJECT 구문으로 컨테이너 오브젝트를 생성하면서 이름을 'CON1'로 지정한다. 이렇게 컨테이너 오브젝트와 스크린의 Custom 컨트롤을 연결하는 작업을 수행한다. 이때 사용할 수 있는 파라미터 속성은 표 15-3과 같다.

파라미터 속성	기능
parent	컨트롤이 보이는 인스턴스의 상위 컨트롤 지정
container_name	스크린 페인터에서 지정한 Custom 컨테이너, 즉 스크린의 Custom 컨트롤 이름 지정
style	컨트롤의 외형 스타일 지정
dynnr	컨트롤에 추가하고자 하는 스크린 번호
repid	컨트롤에 추가하고자 하는 프로그램 ID
lifetime	컨트롤의 생명주기 설정 (LEAVE TRANSACTOIN, CALL TRANSACTION 등의 명령에 따라 비활성 설정)
no_autodef_progid_dynnr	프로그램 ID와 스크린 번호 자동 지정('X'를 설정하면 OFF)

표 15-3 SAP Custom 컨테이너 파라미터 속성

06 화면 호출 스크립트 추가

100번 스크린에서 Custom 컨트롤을 생성했으므로 프로그램 내에서 100번 화면을 호출하는 스크립트를 추가한다. Include 구문은 4단계에서 생성했으므로 자동으로 추가된다.

```
REPORT z15_01.

DATA: con1_ref TYPE REF TO cl_gui_custom_container,
      con2_ref TYPE REF TO cl_gui_custom_container.

INCLUDE z15_01_pbo.

START-OF-SELECTION.
  CALL SCREEN 0100.
```

07 프로그램 실행

프로그램을 실행해도 화면에는 아무것도 나타나지 않는다.

이는 현재까지 진행한 작업이 단순히 ALV와 같은 컨트롤을 배치할 수 있도록 화면에 영역을 생성한 단계에 불과하기 때문이다.

08 ALV Grid 컨트롤 생성

화면이 어떻게 구성되는지 살펴보기 위해 간단한 ALV Grid 컨트롤을 생성하자. 다음 구문과 같이 G_GRID와 G_GRID2를 메인 프로그램의 데이터 선언 부분에 추가한다.

```
REPORT z15_01.

DATA:  con1_ref   TYPE REF TO cl_gui_custom_container,
       con2_ref   TYPE REF TO cl_gui_custom_container.

DATA:  g_grid1    TYPE REF TO cl_gui_alv_grid,
       g_grid2    TYPE REF TO cl_gui_alv_grid.
```

09 ALV 오브젝트 생성

4단계의 INIT_CON 모듈 내에 다음 소스 코드를 추가한다.

```
CREATE OBJECT g_grid1
  EXPORTING
    i_parent = con1_ref.

CREATE OBJECT g_grid2
  EXPORTING
    i_parent = con2_ref.
```

10 프로그램 재실행

ALV Grid 컨트롤을 컨테이너에 올려 프로그램을 재실행한 결과 화면이다. 2단계에서 설정한 Resizing 속성을 확인해보자. 윈도우 창 크기를 조절하면 Resizing 속성 값을 설정한 컨테이너 2번은 가로 사이즈가 줄어든 반면, 컨테이너 Resizing 속성을 설정하지 않은 1번은 아무런 차이가 없음을 알 수 있다.

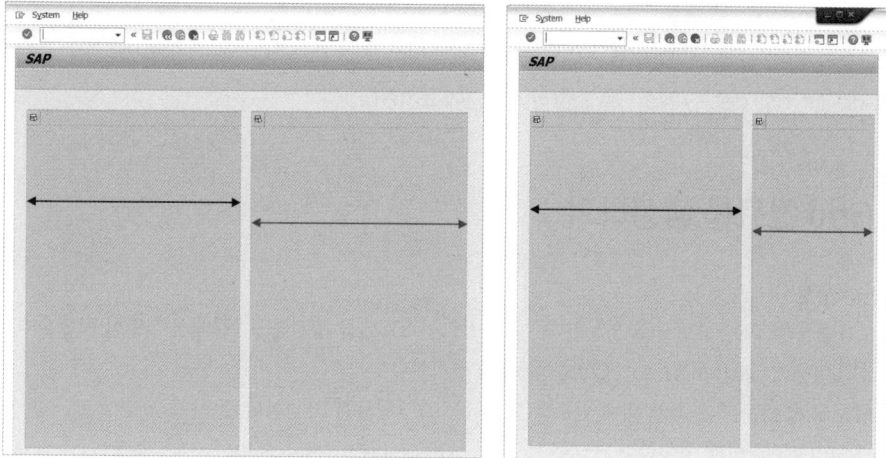

이번 절에서 ALV Grid 컨트롤을 생성한 과정을 요약하면 다음과 같다.

1. 스크린에서 Custom 컨트롤을 생성한다(CON1).
2. SAP 컨테이너 참조 변수를 생성한다(CON1_REF).
3. SAP 컨테이너 오브젝트를 스크린의 Custom 컨트롤과 연결하여 생성한다.
4. ALV Grid 참조 변수를 생성하여 SAP 컨테이너 위에 올린다.

이러한 과정을 진행하면 10단계의 화면과 같은 결과를 얻게 된다. 현재 보이는 것은 단순히 ALV Grid 컨트롤이며, ALV가 엑셀 프로그램과 같은 시트 형태를 가질 수 있도록 컬럼을 구성하고 데이터를 추가하는 과정은 다음 절에서 학습한다.

03 ALV 생성

앞 절에서는 스크린에 컨테이너를 생성하여 ALV Grid 컨트롤을 추가하는 과정을 실습했다. 이때 구성된 화면은 단순히 ALV의 구조와 데이터가 보이게 될 공간을 만든 것이므로, 이번 절에서는 ALV를 생성하여 화면에 데이터가 표시되는 전체 과정을 실습해보자.

1. 화면에 추가할 ALV Grid 컨트롤의 인스턴스를 생성한다.
2. ALV 필드를 생성하고 화면에 보여줄 데이터를 조회(SELECT)한다.
3. set_table_for_first_display 메소드를 호출하여 화면에 표시한다.

3-1 ALV Grid 컨트롤 생성하기

01 객체 변수 생성

Z15_02 프로그램을 TYPE-1 유형으로 생성한다. 이후, 스크린 100번을 생성하고 2절에서 설명한 방법을 따라 스크린 페인터를 이용해 Custom 컨트롤 'CON1'을 하나 추가한다.

다음으로, ALV Grid 컨트롤에 대한 객체 변수를 선언하는 스크립트를 작성한다. 동시에, 화면에 표시할 인터널 테이블 GT_EMPLIST도 함께 생성한다.

예제 | 15-2

```
PROGRAM z15_02.

DATA: con1_ref TYPE REF TO cl_gui_custom_container.
DATA: g_grid TYPE REF TO cl_gui_alv_grid.
DATA: gt_emplist TYPE TABLE OF zemplist.
```

02 SAP 컨테이너 생성

스크린 100번에 적절한 크기로 Custom 컨트롤을 생성하자. 이후, PBO 모듈 init_con에 다음 코드를 추가하여 SAP 컨테이너를 생성한다. CREATE OBEJCT 구문은 CL_GUI_CUSTOM_CONTAINER 클래스의 생성자(Constructor)를 호출하여 SAP 컨테이너 인스턴스가 생성된다. 이때 파라미터에는 스크린에 생성한 Custom 컨트롤을 지정한다.

예제에서 'IF ~ IS INITIAL.' 구문은 컨테이너 객체가 이미 생성된 경우, 다시 생성하지 않도록 한다. 예를 들어, ALV Grid가 이미 화면에 조회된 상태에서 사용자가 새로고침(Refresh) 버튼을 클릭하여 화면을 다시 조회할 경우, 새로운 인스턴스를 생성하지 않고 기존 인스턴스를 재사용한다는 의미이다.

```
MODULE init_con OUTPUT.

IF con1_ref IS INITIAL.
  CREATE OBJECT con1_ref
      EXPORTING
          container_name = 'CON1'.
```

03 ALV Grid 컨트롤 생성

CREATE OBJECT 구문을 사용하여 CL_GUI_ALV_GRID를 참조하는 ALV Grid 컨트롤 인스턴스를 생성한다. 이때, 파라미터 i_parent는 스크린과 ALV를 연결하여 화면에 표시하는 역할을 하는 SAP 컨테이너를 지정하는 데 사용된다.

```
        CREATE OBJECT g_grid
    EXPORTING
        i_parent = con1_ref.
  ENDIF.
ENDMODULE.
```

04 데이터 SELECT
메인 프로그램에서 TYPE-1 프로그램의 실행 이벤트인 START-OF-SELECTION을 추가하여 데이터를 조회(SELECT)하자. 그리고 Custom 컨트롤이 존재하는 스크린 100번을 호출한다.

```
SELECT *
  FROM zemplist
  INTO TABLE @gt_emplist.

CALL SCREEN 0100.
```

05 ALV display 메소드 호출
ALV를 조회하는 G_GRID의 메소드를 호출하기만 하면 ALV 작업을 간단하게 끝낼 수 있다. 이때 파라미터는 ZEMPLIST 테이블 구조를 이용하고, 화면에 보일 데이터는 인터널 테이블 gt_emplist를 사용한다. 3단계의 'MODULE init_con' 마지막 줄에 다음 스크립트를 추가하자.

```
CALL METHOD g_grid->set_table_for_first_display
  EXPORTING
    i_structure_name = 'ZEMPLIST'
  CHANGING
    it_outtab        = gt_emplist.
```

06 프로그램 실행
프로그램을 실행하면 자동으로 다음과 같은 ALV 화면이 표시된다. 단순히 리포트 기능이 필요하다면, 이 소스 코드만으로도 충분히 실용적인 화면을 구성할 수 있다.

직원코드	부서코드	직위	직원 명	이메일 주소	전화번호
1001	D001	상무	김철수	sapjoy@naver.com	010-1001-1001
1003	D002	부장	조영수	jys@nvaer.com	010-1003-1003
1002	D001	과장	이영희	MSRPA@NAVER.COM	010-1002-1002
1005	D003	차장	문영호	myh@naver.com	010-1005-1005
1006	D003	대리	정현숙	jhs@naver.com	010-1006-1006
1007	D004	과장	강순자	ksj@naver.com	010-1007-1007

그러나 현업에서 요구사항은 단순히 리포트 프로그램 구현에 그치지 않는다. ALV에 조회된 데이터 구조를 변경하고, 조건에 따라 ALV 셀의 색상을 조정하며, 셀을 더블 클릭할 때 다른 트랜잭션과 연

결하는 등, 많은 추가 작업이 필요하다.

우리가 직접 개발한 CBO(Custom Bolt-On) 프로그램은 고객의 추가적인 요구사항을 반영하는 데 큰 제약이 없다. 그런데 패키지로 제공되는 SAP 표준 프로그램도 수정할 수 있을까라는 의문이 생길 수 있다. 표준 프로그램도 각 고객사의 비즈니스 상황에 맞게 기능을 확장할 수 있도록 SAP Enhancement를 제공하고 있다. 확장 기능에 사용되는 기술에는 Custom Exit(Screen Exit, Function Exit, Field Exit), BADI, BTE 등이 있으며, Enhancement만으로 해결할 수 없는 추가 기능이나 치명적인 에러들은 SAP NOTES를 통해 대응할 수 있다. 이러한 내용은 이 책의 범위를 벗어나므로 자세히 설명하지 않는다.

3-2 Docking 컨테이너를 이용한 프로그램 생성

앞에서 학습한 Custom 컨테이너는 스크린에서 영역을 지정하여 사용한다. 반면, Docking컨테이너는 인스턴스를 생성할 때 직접 스크린과 크기를 지정한다. 즉, Docking이라는 단어의 의미 그대로, Custom 컨테이너를 사용하지 않고 ALV를 사용할 영역과 스크린 번호를 직접 지정하여 생성하는 방식이다.

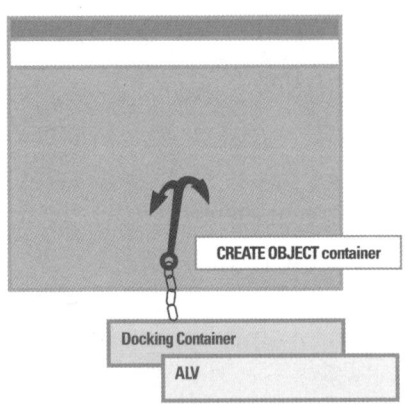

그림 15-8 Docking 컨테이너의 구조

SAP 컨테이너를 결정짓는 클래스가 다르고 스크린에 영역을 사전에 지정하지 않는다는 점 외에는 Custom 컨테이너와 프로그램 작성 방식이 유사하다. 먼저, Docking 컨테이너 클래스를 참조하는 컨테이너 객체 참조 변수와 ALV 인스턴스를 선언한다.

```
DATA : g_docking   TYPE REF TO cl_gui_docking_container,
```

```
      g_grid        TYPE REF TO cl_gui_alv_grid.
```

CREATE OBJECT 구문으로 cl_gui_docking_container 클래스의 생성자를 호출하여 g_docking 인스턴스를 생성한다. 앞 절에서 학습한 Custom 컨트롤에서는 스크린에 생성한 Custom 컨트롤과 연결하는 파라미터만 설정하면 되지만, Docking 컨테이너 인스턴스를 생성할 때는 프로그램 ID인 sy-repid와 스크린 번호 sy-dynnr을 파라미터로 할당해야 한다.

```
CREATE OBJECT g_docking
 EXPORTING
   REPID = sy-repid
   DYNNR = sy-dynnr
   EXTENSION = 800.
```

CREATE OBJEC 구문을 이용하여 CL_GUI_ALV_GRID를 참조하는 ALV Grid 인스턴스를 생성한다. 그리고 ALV Grid 인스턴스를 생성하면서 Docking 컨테이너에 연결한다.

```
CREATE OBJECT g_grid
 EXPORTING
   i_parent = g_docking.
```

예제로 실습해보면 쉽게 이해할 수 있다. 먼저, Z15_02 프로그램을 Z15_03으로 복사한 후에 스크린 100번의 Custom 컨트롤은 그림 15-9와 같이 삭제하여 화면에는 아무것도 존재하지 않도록 설정한다.

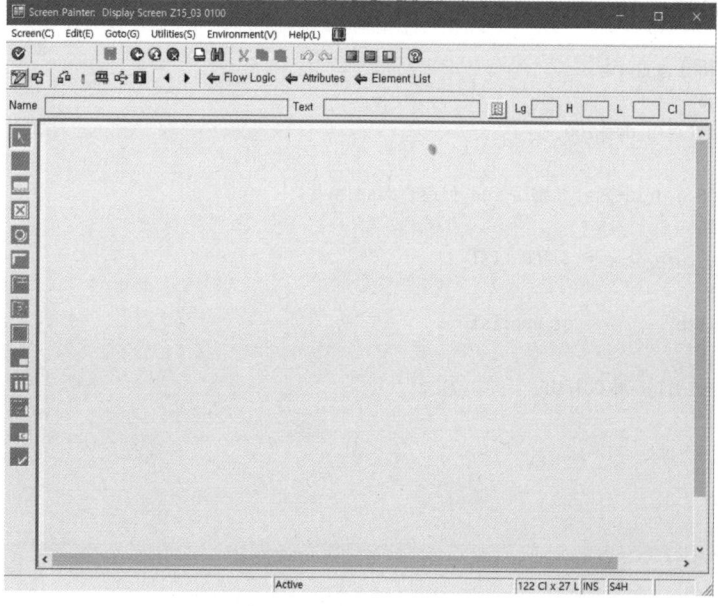

그림 15-9 스크린의 Custom 컨트롤 삭제

이어서 예제 15-3과 같은 스크립트로 변경하여 프로그램을 실행해보자.

예제 | 15-3

```abap
PROGRAM z15_03.

DATA : g_docking TYPE REF TO cl_gui_docking_container.
DATA : g_grid TYPE REF TO cl_gui_alv_grid.

DATA : gt_emplist TYPE TABLE OF zemplist.


START-OF-SELECTION.

  SELECT *
    FROM zemplist
    INTO TABLE @gt_emplist.

  CALL SCREEN 0100.
*&---------------------------------------------------------------------*
*& Module INIT_CON OUTPUT
*&---------------------------------------------------------------------*
MODULE init_con OUTPUT.

  CHECK g_docking IS INITIAL.

  CREATE OBJECT g_docking
    EXPORTING
      repid     = sy-repid
      dynnr     = sy-dynnr
      extension = 2000.

  CREATE OBJECT g_grid
    EXPORTING
      i_parent = g_docking.

  CALL METHOD g_grid->set_table_for_first_display
    EXPORTING
      i_structure_name = 'ZEMPLIST'
    CHANGING
      it_outtab        = gt_emplist.

ENDMODULE. " INIT_CON OUTPUT.

INCLUDE z15_03_pbo.
```

결과 | 15-3

결과 15-3에서 확인할 수 있듯이, 스크린에서 Custom 컨트롤을 생성한 후에 컨테이너를 호출한 결과와 큰 차이가 없다. 즉, Docking 컨테이너는 프로그램, 스크린, 컨테이너의 크기를 스크립트에서 설정하여 동적으로 호출할 수 있다는 점이 가장 큰 특징이다.

다음 절부터는 ALV에 사용되는 주요 메소드와 이벤트, 속성(필드 카탈로그, 레이아웃)에 대해 구체적으로 살펴본다.

조금 더 알아보기 ─ Pattern 기능 사용

프로그램 내에서 클래스의 메소드를 호출하는 스크립트를 작성하려면 정확한 메소드 이름과 파라미터 이름을 알아야 한다. 그러나 대부분의 메소드는 다양한 파라미터를 포함하고 있고, 파라미터 이름도 길어 직접 입력하기에는 어려움이 있다. 이러한 경우, ABAP Editor의 Pattern 기능을 활용하면 시스템이 자동으로 스크립트를 제안해주므로, 효율적이고 오류 없는 프로그래밍이 가능하다.

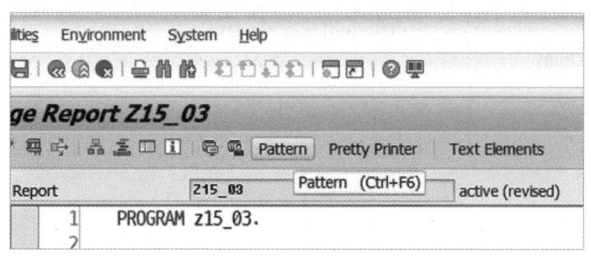

01 ABAP Editor의 상단 메뉴 Pattern 버튼을 클릭한다.

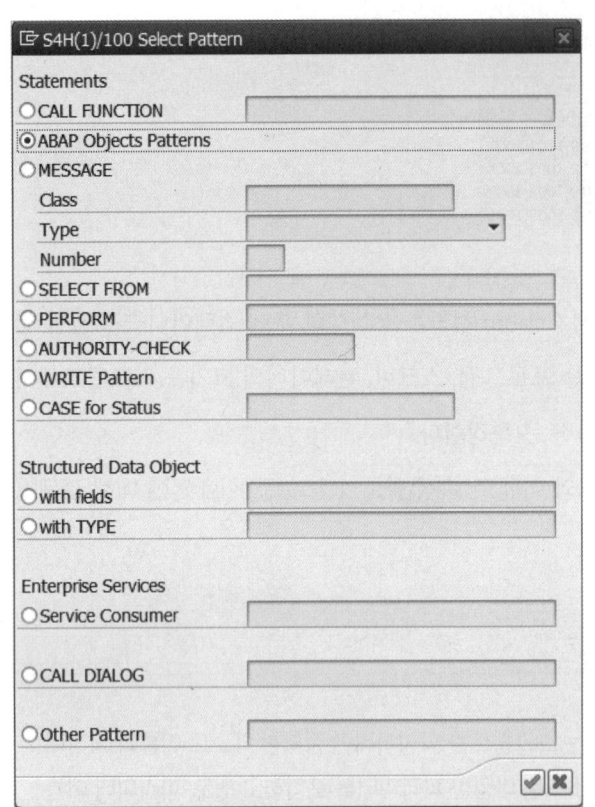

02 'ABAP Objects Patterns'를 선택하고 [Enter] 키를 누른다.

03 'Call Method'를 선택하고 인스턴스명, 클래스명, 메소드명을 입력하고 [Enter] 키를 누른다. 메소드는 Possible Entry를 이용하여 편리하게 검색할 수 있다.

그리고 CREATE OBJECT 구문을 패턴 기능으로 추가하려면 왼쪽 화면의 두 번째 항목인 'Create Object'를 선택하고 클래스명과 인스턴스명을 입력하면 된다.

```
Report                Z15_03                    inactive (revised)
 1    PROGRAM z15_03.
 2
 3    CALL METHOD g_grid->set_table_for_first_display
 4  * EXPORTING
 5  *    i_buffer_active              =
 6  *    i_bypassing_buffer           =
 7  *    i_consistency_check          =
 8  *    i_structure_name             =
 9  *    is_variant                   =
10  *    i_save                       =
11  *    i_default                    = 'X'
12  *    is_layout                    =
13  *    is_print                     =
14  *    it_special_groups            =
15  *    it_toolbar_excluding         =
16  *    it_hyperlink                 =
17  *    it_alv_graphics              =
18  *    it_except_qinfo              =
19  *    ir_salv_adapter              =
20      CHANGING
21        it_outtab =
22  *    it_fieldcatalog              =
23  *    it_sort      =
24  *    it_filter  -
25  *    EXCEPTIONS
26  *      invalid_parameter_combination = 1
27  *      program_error                 = 2
28  *      too_many_lines                = 3
29  *      others       = 4
30           .
31    IF sy-subrc <> 0.
32  * Implement suitable error handling here
33    ENDIF.
```

04 선택한 인스턴스의 메소드 호출과 파라미터에 대한 스크립트가 화면에 자동으로 입력된다.

04 ALV 메소드

이번 절에서는 자주 사용되는 주요 ALV 메소드를 살펴본다. 앞에서 언급했듯이 메소드는 객체의 행위를 정의하며, ALV 메소드는 ALV 조회, ALV 갱신(Refresh), ALV 정렬(Sort) 등의 ALV의 행위를 관할한다.

4-1 set_table_for_first_display 메소드

set_table_for_first_display 메소드는 ALV에 아웃풋 테이블을 표시하는 가장 기본적이고 중요한 메소드이다. 메소드를 호출할 때는 ABAP Dictionary 구조를 참조하거나 필드 카탈로그를 정의해야 한다. 전자는 앞의 예시에서 "EXPORTING I_STRUCTURE_NAME = 'ZEMPLIST'"와 같이 ZEMPLIST 테이블과 같은 구조를 참조하는 것을 의미한다. 후자는 직접 ALV의 필드들을 스크립트를 이용해 하나하나 구성해야 한다.

또한 set_table_for_first_display 메소드를 호출할 때, 다음 구문과 같은 파라미터를 이용하여 프로그램을 실행하기 이전에 테이블을 정렬하거나 필터링하는 기능을 사용할 수 있다.

```
CALL METHOD < ref.var. to CL_GUI_ALV_GRID>->set_table_for_first_display
  EXPORTING
    I_STRUCTURE_NAME      = < string of type DD02L-TABNAME>
    IS_VARIANT            = < structure of type DISVARIANT>
    I_SAVE                = < var. of TYPE cHAR01>
    I_DEFAULT             = < var. of TYPE cHAR01>
    IS_LAYOUT             = < structure of type LVC_S_LAYO>
    IS_PRINT              = < structure of type LVC_S_PRNT>
    IT_SPECIAL_GROUPS     = < internal table of type LVC_T_SGRP>
    IT_TOOLBAR_EXCLUDING  = < internal table of type UI_FUNCTIONS>
  CHANGING
    IT_OUTTAB             = < internal table>
    IT_FIELDCATALOG       = < internal table of type LVC_T_FCAT>
    IT_SORT               = < internal table of type LVC_T_SORT>
    IT_FILTER             = < internal table of type LVC_T_FILT>
```

지금부터 set_table_for_first_display 메소드에 사용되는 파라미터의 의미와 속성에 대해 자세히 살펴보자.

4-1-1 I_STRUCTURE_NAME 파라미터

아웃풋 테이블의 형태를 만들기 위해 ZEMPLIST와 같은 ABAP Dictionary 테이블(또는 구조체 등) 이름을 입력한다. 이 파라미터를 설정하면 필드 카탈로그는 구조체에 맞게 자동으로 생성된다. 즉, 프로그램 내에서 필드 카탈로그를 따로 구성할 필요가 없다.

```
DATA: g_grid TYPE REF TO cl_gui_alv_grid,
      gt_emplist TYPE TABLE OF zemplist.
```

```
CALL METHOD g_grid->set_table_for_first_display
  EXPORTING
    i_structure_name = ' ZEMPLIST '
```

```
    CHANGING
      it_outtab         = gt_emplist.
```

4-1-2 IS_VARIANT 파라미터

ALV 리스트 변형(Variant)은 조회된 화면에서 필드의 순서를 변경하거나 정렬하는 것과 같은 일련의 작업을 하나의 '변형'으로 저장하여 다음에도 동일한 포맷으로 조회되도록 한다. 이를 위해서는 먼저 리포트 프로그램(Report Program)에서 레이아웃을 선택할 수 있도록 파라미터를 추가하고 기능에 대한 소스 코드를 작성해야 한다. 이 부분은 뒤에서 학습하도록 하고, 여기서는 Z15_02 프로그램을 Z15_04로 복사하여 변형 기능을 추가해보자. Z15_02 프로그램에 굵게 표시된 라인의 소스 코드만 추가하면 된다.

예제 | 15-4

```
REPORT Z15_04 .

DATA : con1_ref     TYPE REF TO    cl_gui_custom_container.
DATA : g_grid       TYPE REF TO    cl_gui_alv_grid.
DATA : gs_variant   TYPE disvariant.
DATA : gt_emplist TYPE TABLE OF zemplist.

START-OF-SELECTION.

  SELECT *
    FROM zemplist
    INTO TABLE @gt_emplist.

gs_variant-report = sy-repid.
gs_variant-username = sy-uname.

CALL SCREEN 0100.


gs_variant-report = sy-repid.
gs_variant-username = sy-uname.

    CALL METHOD g_grid->set_table_for_first_display
      EXPORTING
        i_structure_name = 'ZEMPLIST'
        is_variant       = gs_variant
        i_save           = 'A'
      CHANGING
        it_outtab        = gt_emplist.
```

결과 15-4

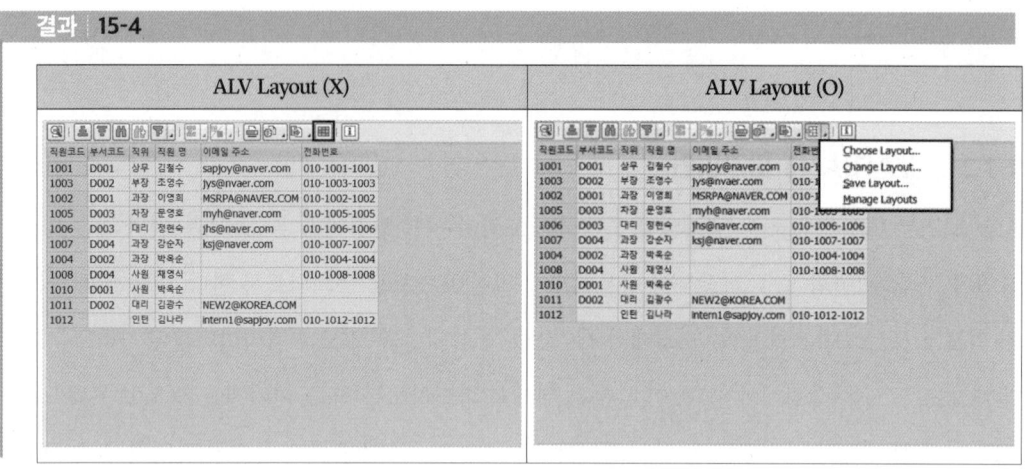

결과 15-4에서 볼 수 있듯이, ALV 레이아웃 속성을 지정하면 왼쪽의 기본 아이콘이 레이아웃을 변경하고 저장할 수 있는 기능이 활성화된 오른쪽 아이콘과 같이 변경된다. ALV 레이아웃 기능은 프로그램을 실행한 후 필드 순서 변경, 정렬, 필터링 등의 작업을 수행하고 레이아웃을 저장해보면, 작동 방식을 쉽게 이해할 수 있다.

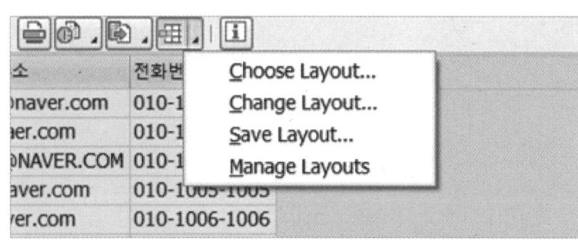

01 Layout 저장
결과 15-4의 왼쪽 ALV 화면에서 [Save Layout] 메뉴를 클릭하자.

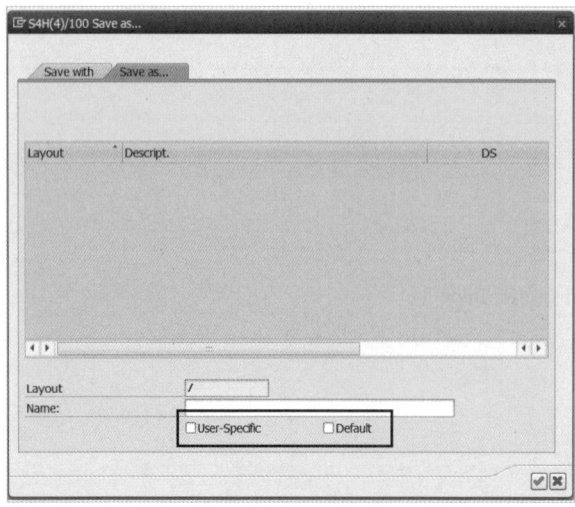

02 Save Layout
2-1 Z15_04 예제에서 "i_save = 'A'" 옵션을 지정한 것은 ALV 레이아웃을 변경한 후 이를 사용자별로 저장할 것인지, 아니면 프로그램의 기본 설정으로 저장할 것인지 선택할 수 있게 한다는 의미이다.

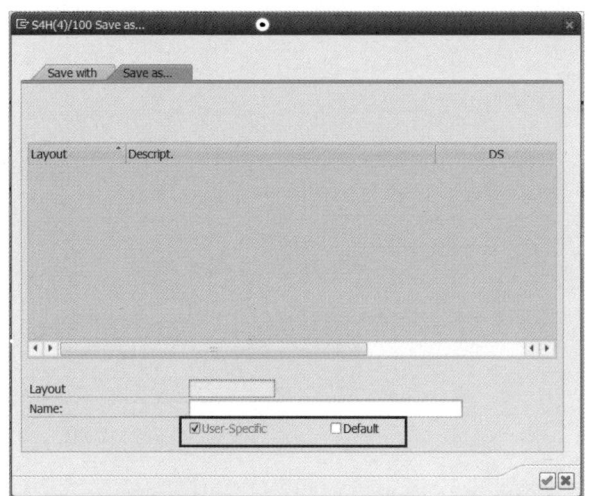

2-2 "i_save = 'U'"로 설정된 경우, 본인 ID로만 레이아웃 변경을 설정할 수 있다. 사용자가 Default 설정을 선택하더라도, 이 설정은 해당 사용자 ID 고유의 레이아웃 기본 설정으로 저장된다.

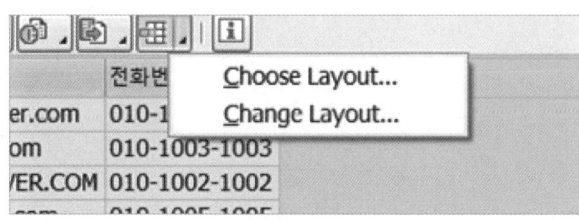

2-3 "i_save = ' '"로 설정된 경우, 레이아웃을 변경할 수는 있지만 저장할 수는 없다.

조금 더 알아보기 — ALV 레이아웃 선택

레이아웃을 저장했다면, 리포트 프로그램에서 레이아웃을 선택하여 적용할 수 있는 기능도 추가해야 한다. 프로그램 Z15_04를 Z15_05로 복사하여 생성한 후, 레이아웃을 참조하는 파라미터를 생성하여 AT SELECTION-SCREEN 이벤트에 Possible Entry를 띄워주는 소스 코드를 추가해보자.

예제 | 15-5

```
REPORT  Z15_05 .

DATA : con1_ref TYPE REF TO cl_gui_custom_container.

DATA : g_grid        TYPE REF TO cl_gui_alv_grid,
       gs_variant    LIKE disvariant,
       gs_cs_variant LIKE disvariant,
       gt_emplist    TYPE TABLE OF zemplist.

PARAMETERS: p_vari LIKE disvariant-variant.

AT SELECTION-SCREEN ON VALUE-REQUEST FOR p_vari.
    gs_variant-report = sy-repid.
```

```abap
      CALL FUNCTION 'REUSE_ALV_VARIANT_F4'
          EXPORTING
              is_variant = gs_variant
              i_save = 'A'
          IMPORTING
              es_variant = gs_variant
          EXCEPTIONS
              not_found = 1
              program_error = 2
              OTHERS = 3.

  IF sy-subrc EQ 0.
       p_vari = gs_variant-variant.
ENDIF.

START-OF-SELECTION.
  SELECT *
    FROM zemplist
    INTO TABLE @gt_emplist.

  gs_variant-report = sy-repid.
  gs_variant-username = sy-uname.

  CALL SCREEN 0100.
```

결과 | 15-5

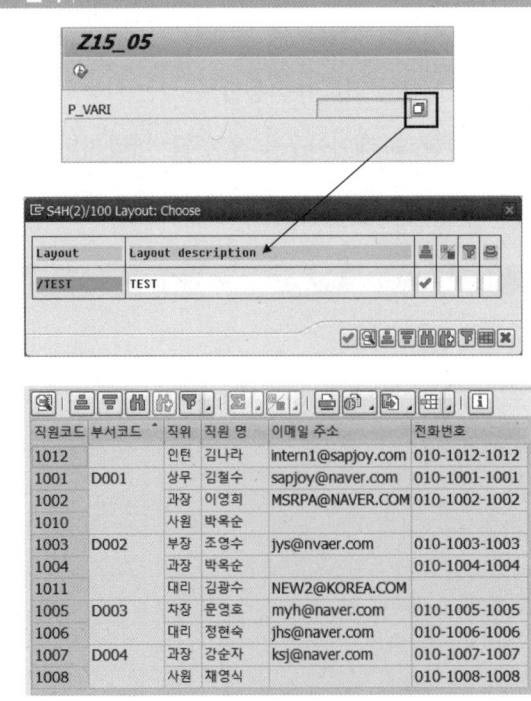

결과 15-5는 부서코드 컬럼을 기준으로 오름차순 정렬한 레이아웃 'ZTEST'를 불러와 ALV에 변형을 적용한 결과 화면이다.

4-1-3 I_SAVE 파라미터

이미 앞에서 설명했듯이, set_table_for_first_display 메소드의 I_SAVE 파라미터는 레이아웃 저장 기능의 허용 범위를 제어한다. 이를 정리하면 다음 표와 같다.

값	기능
X	Global 레이아웃 설정만 가능
U	특정 사용자에 해당하는 레이아웃 설정만 가능
A	X와 U 둘 다 가능
SPACE	레이아웃 저장을 하지 않음

표 15-4 I_SAVE 파라미터 옵션

4-1-4 I_DEFAULT 파라미터

I_DEFAULT 파라미터는 사용자가 Default 변형을 저장할 수 있는지 여부를 제어한다. 이를 정리하면 표 15-5와 같다.

값	기능
X	Default 변형 저장 가능
SPACE	Default 변형 저장 불가능

표 15-5 I_DEFAULT 파라미터 옵션

예제 15-6을 통해 I_DEFAULT 파라미터 설정이 레이아웃 설정에 어떠한 영향을 미치는지 살펴보자.

예제 | 15-6

```
REPORT  Z15_06 .
--------------------> 중 략 <--------------------
CALL METHOD g_grid->set_table_for_first_display
    EXPORTING
```

```
              i_structure_name = 'ZEMPLIST'
              i_save           = 'A'
              is_variant       = gs_variant
              i_default        = ' '
         CHANGING
              it_outtab        = gt_emplist.
```

결과 | 15-6

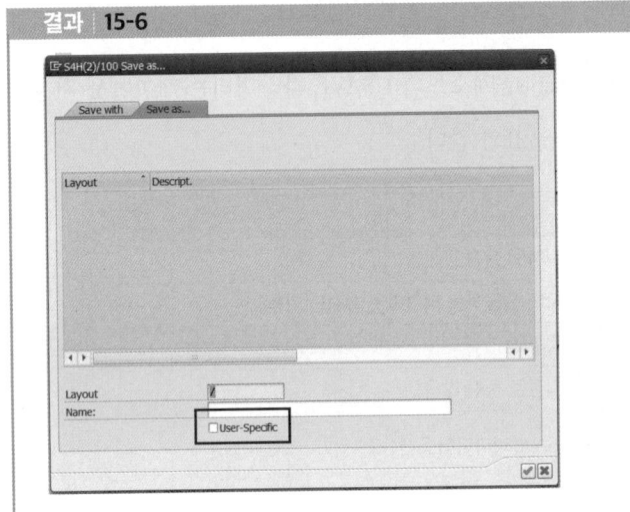

결과 15-6에서 확인할 수 있듯이, I_DEFAULT 파라미터의 값을 초기화하면 레이아웃 설정에서 Default 옵션을 선택할 수 없다.

4-1-5 IS_LAYOUT 파라미터

IS_LAYOUT 파라미터를 사용하면 ALV Grid 컨트롤의 화면 속성을 정의할 수 있다. 이를 통해 합계 금액을 표시하거나 줄무늬 패턴을 설정하는 등 다양한 시각적 설정을 적용할 수 있다. 레이아웃은 LVC_S_LAYO 타입의 구조체이다. T-CODE:SE11에서 조회해보자.

CHAPTER 15 | Grid ALV

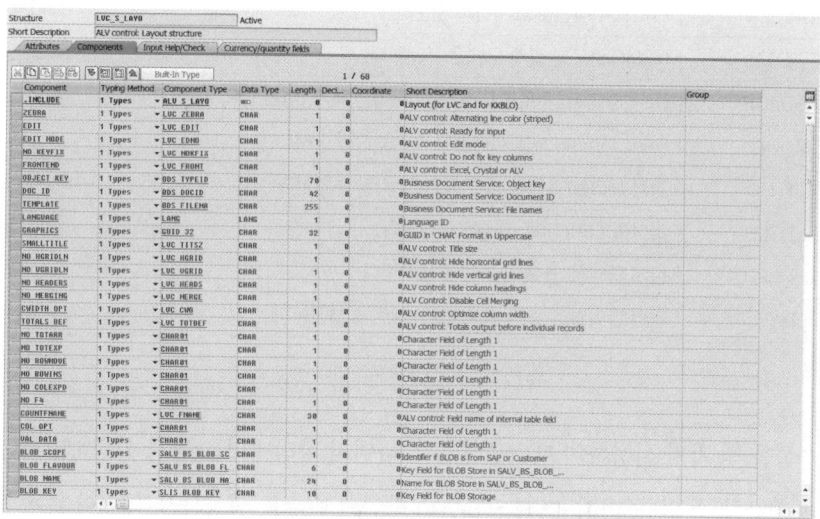

그림 15-10 LVC_S_LAYO 구조체 조회

LVC_S_LAYO의 주요 개별 속성은 표 15-6과 같다.

필드	설명	목적
CTAB_FNAME	필드 셀의 색상을 지정한다.	색상
CWIDTH_OPT	컬럼의 너비를 최적화한다.	Grid 속성
DETAILINIT	상세 화면에서 기본값을 보여줄 것인지 결정한다.	Interaction
DETAILTITL	상세 화면의 타이틀 바를 보여준다.	Interaction
EXCP_CONDS	예외 사항 필드를 소계(Sub Total)에 표시한다.	Exceptions
EXCP_FNAME	예외 사항 필드를 지정한다.	Exceptions
EXCP_LED	예외 사항 필드를 신호등 표시가 아니라, LED로 보여준다.	Exceptions
EXCP_ROLLN	예외 사항 필드에 대한 도움말을 표시한다.	Exceptions
GRID_TITLE	타이틀 바의 내역을 지정한다.	Grid 속성
INFO_FNAME	라인의 색상을 지정한다.	색상
KEYHOT	HOTSPOT으로 지정할 키(Key) 필드를 지정한다.	Interaction
NO_HEADERS	컬럼 헤더를 표시하지 않는다.	Grid 속성
NO_HGRIDLN	Grid의 수평선을 표시하지 않는다.	Grid 속성
NO_MERGING	컬럼을 정렬할 경우 동일한 값의 셀 합침을 막는다.	Grid 속성
NO_ROWMARK	Grid의 라인을 선택할 수 있는 버튼을 없앤다. SEL_MODE = 'D'이면 라인 버튼을 없앰 SEL_MODE = 'A'이면 컬럼/라인 버튼을 없앰	Grid 속성
NO_TOOLBAR	툴바를 표시하지 않는다.	Grid 속성
NO_TOTLINE	Total 라인을 표시하지 않는다.	Total 옵션

NO_VGRIDLN	Grid의 수직선을 표시하지 않는다.	Grid 속성
NUMC_TOTAL	NUMC 필드의 합계 금액을 표시한다.	Totals 옵션
S_DRAGDROP	Drag & Drop 컨트롤을 설정한다.(라인 복사, 이동 등의 기능)	Interaction
SEL_MODE	Selection mode를 설정한다. (A, B, C, D, SPACE)	Grid 속성
SGL_CLK_HD	컬럼 헤더를 클릭할 경우 정렬(Sort)을 수행한다.	Interaction
SMALLTITLE	타이틀 크기(Title size)를 설정한다.	Grid 속성
TOTALS_BEF	합계 금액을 맨 위의 라인에 보여준다.	Total 옵션
ZEBRA	라인 단위별로 줄무늬(Striped) 패턴을 설정한다.	색상

표 15-6 IS_LAYOUT 파라미터 옵션

레이아웃 속성을 몇 가지 설정하여 테스트해보자. 나머지 파라미터는 직접 설정하면서 실습해보면 어렵지 않게 적용할 수 있다. 먼저, LVC_S_LAYO 타입의 변수를 생성하자. 레이아웃 속성을 변경하는 서브루틴(PERFORM)을 추가하여 레이아웃 속성을 설정한다. 그리고 ALV를 화면에 표시하는 메소드 set_table_for_first_display의 파라미터 IS_LAYOUT에 설정 값(GS_LAYOUT)을 할당하면 된다. 결과 15-7의 그림을 비교해보면, ALV 리스트의 몇 가지 속성이 변경된 것을 확인할 수 있다.

예제 15-7

```abap
REPORT  Z15_07 .

DATA : gs_layout TYPE lvc_s_layo.
---------------------> 중 략 <---------------------
PERFORM setting_layout CHANGING gs_layout.
---------------------> 중 략 <---------------------
FORM setting_layout  CHANGING p_layout TYPE lvc_s_layo.

  p_layout-cwidth_opt = 'X'.           " 컬럼 길이 자동조절
  p_layout-grid_title = 'LAYOUT TEST'. " 타이틀 바
  p_layout-sel_mode   = 'D'.           " 선택 모드 : 멀티 선택 가능
  p_layout-zebra      = 'X'.           " 줄무늬(Striped) 패턴 적용

ENDFORM.                    " setting_layout
---------------------> 중 략 <---------------------
CALL METHOD g_grid->set_table_for_first_display
  EXPORTING
    i_structure_name = 'ZEMPLIST'
    i_save           = 'A'
    is_variant       = gs_variant
    i_default        = ' '
    is_layout        = gs_layout
  CHANGING
    it_outtab        = gt_emplist.
```

결과 | 15-7

직원코드	부서코드	직위	직원 명	이메일 주소	전화번호
1001	D001	상무	김철수	sapjoy@naver.com	010-1001-1001
1003	D002	부장	조영수	jys@nvaer.com	010-1003-1003
1002	D001	과장	이영희	MSRPA@NAVER.COM	010-1002-1002
1005	D003	차장	문영호	myh@naver.com	010-1005-1005
1006	D003	대리	정현숙	jhs@naver.com	010-1006-1006
1007	D004	과장	강순자	ksj@naver.com	010-1007-1007
1004	D002	과장	박옥순		010-1004-1004
1008	D004	사원	채영식		010-1008-1008
1010	D001	사원	박옥순		
1011	D002	대리	김광호	NEW2@KOREA.COM	
1012		인턴	김나라	intern1@sapjoy.com	010-1012-1012

직원코드	부서	직위	직원 명
1001	D001	상무	김철수
1003	D002	부장	조영수
1002	D001	과장	이영희
1005	D003	차장	문영호
1006	D003	대리	정현숙
1007	D004	과장	강순자
1004	D002	과장	박옥순
1008	D004	사원	채영식
1010	D001	사원	박옥순
1011	D002	대리	김광수
1012		인턴	김나라

결과 15-7의 왼쪽 그림은 다음 속성을 레이아웃에 설정할 때 조회되는 화면이다.

cwidth_opt = 'X', p_layout-sel_mode = 'D', p_layout-zebra = 'X'

또한 오른쪽 그림은 다음 속성을 레이아웃에 설정할 때 조회되는 화면이다. 각 화면을 서로 비교해보면서 실습을 진행해보자.

cwidth_opt = ' ', p_layout-sel_mode = 'B', p_layout-zebra = ' '

4-1-6 IT_OUTTAB 파라미터

ALV에 조회될 데이터의 아웃풋 테이블을 정의한다. 다시 말해, ALV에 조회될 데이터를 담고 있는 인터널 테이블을 지정하는 파라미터이다. 이 내용은 이미 앞에서 실습했으므로 해당 내용을 참고하자.

4-1-7 IT_FIELDCATALOG 파라미터

조회될 데이터의 타입 및 아웃풋 테이블의 구조를 결정한다. 이와 관련된 내용은 다룰 것이 많으므로, 뒤에서 자세하게 설명한다.

4-1-8 IT_TOOLBAR_EXCLUDING 파라미터

ALV Grid 컨트롤에서 숨기고 싶은 툴바(Toolbar) 버튼이 있을 경우 사용한다. 예를 들어, 권한에 따라 일부 직원에게는 레이아웃을 저장하는 버튼을 숨겨야 할 필요가 있을 수 있다. 이럴 때, 레이아웃 버튼을 사용자에 따라 보이게 하거나 숨기도록 설정할 수 있다.

ui_functions 타입의 인터널 테이블을 선언하여 이 테이블에 Function 코드를 삽입하면 해당 코드는 툴바에서 삭제된다. Z15_07 프로그램을 Z15_08 프로그램으로 복사한 후 예제 15-8에서 굵은 텍스트로 표시된 소스 코드만 추가하자.

예제 | 15-8

```
REPORT  Z15_08 .

DATA :   gt_toolbar    TYPE ui_functions.
--------------------> 중 략 <--------------------
PERFORM setting_toolbar.

FORM setting_toolbar.
 DATA: l_exclude TYPE ui_func.

   l_exclude = cl_gui_alv_grid=>mc_fc_save_variant.
   APPEND l_exclude TO gt_toolbar.

   l_exclude = cl_gui_alv_grid=>mc_fc_maintain_variant.
   APPEND l_exclude TO gt_toolbar.
ENDFORM.                     "  setting_toolbar
--------------------> 중 략 <--------------------
CALL METHOD g_grid->set_table_for_first_display
   EXPORTING
       i_structure_name = 'ZEMPLIST'
       i_save           = 'A'
       is_variant       = gs_variant
       i_default        = ' '
       is_layout        = gs_latyout
       it_toolbar_excluding = gt_toolbar
   CHANGING
       it_outtab        = gt_emplist.
```

결과 | 15-8

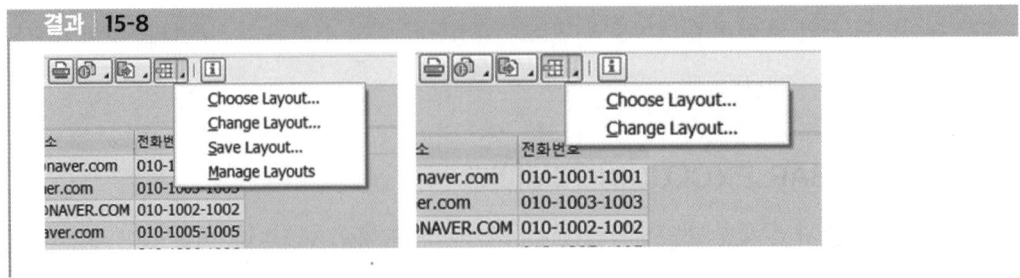

결과 15-8을 보면, 오른쪽 화면에서 [Save Layout]과 [Manage Layouts] 메뉴 두 개가 사라진 것을 확인할 수 있다. 툴바 제거 기능을 다룬 예제 코드는 최대한 간단하고 쉽게 설명하기 위한 것이므로, 다른 툴바들을 선택하여 실습하면서 직접 테스트해보자. 예제 15-8에 사용된 툴바 아이콘은 CL_

GUI_ALV_GRID의 속성 탭에 정의되어 있으며, 이는 T-CODE:SE24에서 조회할 수 있다. 그림 15-11의 Associated Type 정의 부분에서 'UI_FUNC'로 정의된 속성들은 툴바와 관련된 속성이므로, 필요 없는 툴바는 소스 코드를 수정하여 제거할 수 있다.

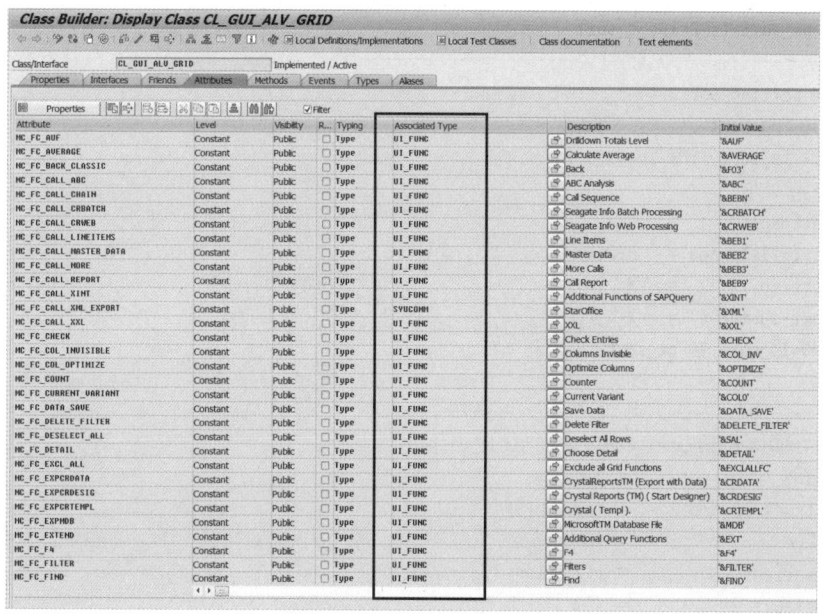

그림 15-11 ALV 툴바 버튼 조회

4-1-9 IT_SORT 파라미터

IT_SORT 파라미터는 ALV 실행 시 데이터를 정렬된 상태로 조회되도록 설정한다. LVC_T_SORT 타입의 인터널 테이블을 선언하고, IT_SORT 테이블에 정렬하고자 하는 필드를 추가하면 된다. LVC_T_SORT에서 'T'는 테이블을 의미하며 LVC_S_SORT에서 'S'는 구조체를 의미한다. 테이블의 정렬 옵션 중 SUBTOT은 정렬 필드 기준으로 합계 금액과 전체 합계 금액을 보여주도록 설정한다. 표 15-7은 IT_SORT 파라미터에 사용되는 주요 속성을 정리한 것이다.

속성	값	설명
SPOS	숫자	정렬 순서를 지정한다.
FIELDNAME	필드명	정렬이 필요한 필드명을 지정한다.
UP	'', 'X'	오름차순 정렬을 설정한다.
DOWN	'', 'X'	내림차순 정렬을 설정한다.
SUBTOT	'', 'X'	소계 출력을 설정한다.

표 15-7 IT_SORT 파라미터의 주요 속성

예제 15-9를 통해 ALV SORT 기능을 실습하며 이해해보자.

예제 | 15-9

```
REPORT  z15_09.

DATA : gt_sort TYPE lvc_t_sort.
--------------------> 중 략 <--------------------
PERFORM setting_sort.
FORM setting_sort .
  DATA : ls_sort TYPE lvc_s_sort.

  ls_sort-spos      = '1'.
  ls_sort-fieldname = 'DEPCD'.
  ls_sort-up        = 'X'.
  ls_sort-subtot    = 'X'.
  APPEND ls_sort TO gt_sort.
ENDFORM.
--------------------> 중 략 <--------------------
CALL METHOD g_grid->set_table_for_first_display
  EXPORTING
     i_structure_name      = 'ZEMPLIST'
     i_save                = 'A'
     is_variant            = gs_variant
     i_default             = ' '
     is_layout             = gs_layout
     it_toolbar_excluding  = gt_toolbar
  CHANGING
     it_outtab             = gt_emplist
     it_sort               = gt_sort.
ENDFORM.
--------------------> 중 략 <--------------------
```

결과 | 15-9

Sort Test

직원코드	부서코드	직위	직원 명	이메일 주소	전화번호
1012		인턴	김나라	intern1@sapjoy.com	010-1012-1012
1001	D001	상무	김철수	sapjoy@naver.com	010-1001-1001
1002		과장	이영희	MSRPA@NAVER.COM	010-1002-1002
1010		사원	박옥순		
1003	D002	부장	조영수	jys@nvaer.com	010-1003-1003
1004		과장	박옥순		010-1004-1004
1011		대리	김광수	NEW2@KOREA.COM	
1005	D003	차장	문영호	myh@naver.com	010-1005-1005
1006		대리	정현숙	jhs@naver.com	010-1006-1006
1007	D004	과장	강순자	ksj@naver.com	010-1007-1007
1008		사원	채영식		010-1008-1008

그림 15-12와 같이 ALV의 SORT 속성은 T-CODE:SE11에서 LVC_S_SORT 구조체를 조회하여 확인할 수 있다.

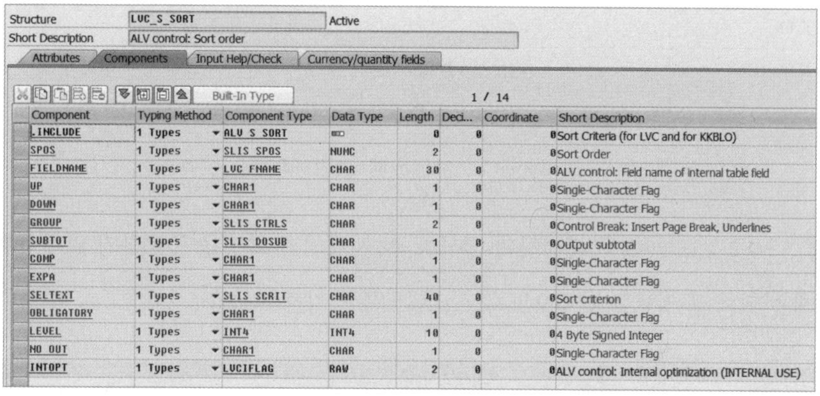
Structure: LVC_S_SORT Active
Short Description: ALV control: Sort order
Attributes | Components | Input Help/Check | Currency/quantity fields
Built-In Type 1 / 14

Component	Typing Method	Component Type	Data Type	Length	Deci...	Coordinate	Short Description
.INCLUDE	1 Types	ALV_S_SORT		0	0	0	Sort Criteria (for LVC and for KKBLO)
SPOS	1 Types	SLIS_SPOS	NUMC	2	0	0	Sort Order
FIELDNAME	1 Types	LVC_FNAME	CHAR	30	0	0	ALV control: Field name of internal table field
UP	1 Types	CHAR1	CHAR	1	0	0	Single-Character Flag
DOWN	1 Types	CHAR1	CHAR	1	0	0	Single-Character Flag
GROUP	1 Types	SLIS_CTRLS	CHAR	2	0	0	Control Break: Insert Page Break, Underlines
SUBTOT	1 Types	SLIS_DOSUB	CHAR	1	0	0	Output subtotal
COMP	1 Types	CHAR1	CHAR	1	0	0	Single-Character Flag
EXPA	1 Types	CHAR1	CHAR	1	0	0	Single-Character Flag
SELTEXT	1 Types	SLIS_SCRIT	CHAR	40	0	0	Sort criterion
OBLIGATORY	1 Types	CHAR1	CHAR	1	0	0	Single-Character Flag
LEVEL	1 Types	INT4	INT4	10	0	0	4 Byte Signed Integer
NO_OUT	1 Types	CHAR1	CHAR	1	0	0	Single-Character Flag
INTOPT	1 Types	LVCIFLAG	RAW	2	0	0	ALV control: Internal optimization (INTERNAL USE)

그림 15-12 정렬 테이블의 속성

4-2 ALV 기타 메소드

4-1절에서는 ALV에서 가장 중요한 역할을 하는 set_table_for_first_display 메소드의 기능과 파라미터에 대해 살펴보았다. 이번에는 그밖에 ALV에서 자주 사용하는 메소드에 대해 알아보자.

4-2-1 get_current_cell 메소드

get_current_cell 메소드는 ALV Grid 컨트롤에 커서가 놓인 위치의 값과 속성들을 반환한다. 선택된 셀이 존재하지 않으면 라인의 Row 값은 0을 반환한다. ALV Grid 컨트롤은 두 개의 라인과 컬럼의 인덱스 번호를 반환하는데, 하나는 현재 선택된 셀의 라인과 컬럼이고 다른 하나는 아웃풋 테이블(인터널 테이블) 라인과 컬럼의 인덱스이다. 이는 필터링을 설정하거나 숨기기를 하였을 때 실제 화면에 보이는 값과 인터널 테이블의 순서가 다를 수 있기 때문이다.

```
CALL METHOD <ref.var. to CL_GUI_ALV_GRID>->get_current_cell
 IMPORTING
   E_ROW        = <var. of type I >
   E_VALUE      = <var. of TYPE c >
   E_COL        = <var. of type I >
   ES_ROW_ID    = <structure of type LVC_S_ROW >
   ES_COL_ID    = <structure of type LVC_S_COL >.
```

get_current_cell 메소드에 사용하는 파라미터 속성은 표 15-8과 같다.

파라미터	의미
E_ROW	ALV Grid 컨트롤의 현재 라인 인덱스
E_VALUE	ALV Grid 컨트롤의 현재 셀의 값
E_COL	ALV Grid 컨트롤의 현재 컬럼 이름
ES_ROW_ID	아웃풋 테이블의 현재 라인 타입과 인덱스에 대한 정보 구조
ES_COL_ID	아웃풋 테이블의 현재 컬럼과 필드명에 대한 정보 구조

표 15-8 get_current_cell 메소드의 파라미터

프로그램 Z15_09를 Z15_10으로 복사하여 생성한 후, 사용자가 화면을 종료하기 위해 [BACK] 버튼을 클릭할 때 선택한 셀 정보를 가져오도록 스크립트를 추가해보자.

예제 | 15-10

```abap
REPORT Z15_10.

----------------------> 중 략 <----------------------
MODULE user_command_0100 INPUT.
DATA: l_row    TYPE i,
 l_value  TYPE c LENGTH 10,
 l_col    TYPE i,
 ls_row   TYPE lvc_s_row,
 ls_col   TYPE lvc_s_col,
 ls_roid  TYPE lvc_s_roid.

CALL METHOD g_grid->get_current_cell
 IMPORTING
   e_row     = l_row
   e_value   = l_value
   e_col     = l_col
   es_row_id = ls_row
   es_col_id = ls_col
   es_row_no = ls_roid.
ENDMODULE.
```

결과 | 15-10

get_current_cell Method Test

직원코드	부서코드	직위	직원 명	이메일 주소	전화번호
1001	D001	상무	김철수	sapjoy@naver.com	010-1234-5678
1002		과장	이영희	MSRPA@NAVER.COM	010-1002-1002
1003	D002	부장	조영수	jys@nvaer.com	010-1003-1003
1004		과장	박옥순		010-1004-1004
1005	D003	차장	문영호	myh@naver.com	010-1005-1005
1006		대리	정현숙	jhs@naver.com	010-1006-1006
1007	D004	과장	강순자	ksj@naver.com	010-1007-1007
1008		사원	채영식		010-1008-1008
1010	D001	사원	박옥순		
1011	D002	대리	김광수	NEW2@KOREA.COM	
1012		인턴	김나라	intern1@sapjoy.com	010-1012-1012

직위 필드의 세 번째 셀에 커서를 두고 [BACK] 버튼을 클릭해보자. [그림15-13]과 같은 디버깅 화면에서 get_current_cell 메소드의 파라미터가 반환하는 값을 확인할 수 있다.

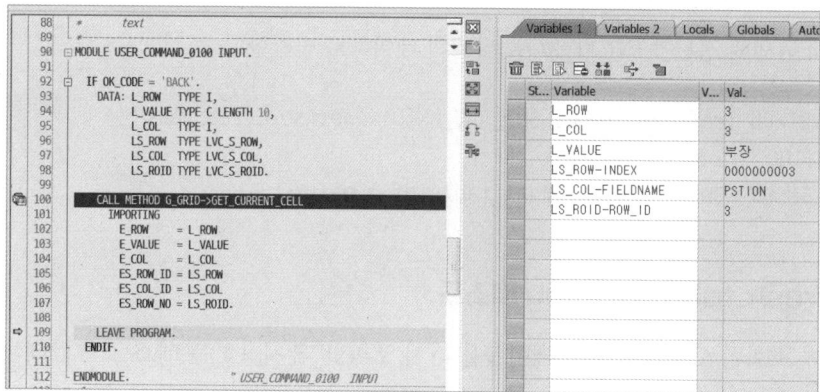

그림 15-13 get_current_cell 메소드의 디버깅 화면

4-2-2 get_frontend_layout 메소드

현재 설정되어 있는 ALV Grid의 레이아웃 정보를 가져온다.

```
CALL METHOD (ref.var. to CL_GUI_ALV_GRID)->get_frontend_layout
  IMPORTING
    ES_LAYOUT   = <structure of type LVC_S_LAYO > .
```

4-2-3 get_selected_cells 메소드

현재 선택된 복수의 셀 정보를 LVC_T_CELL 타입의 테이블로 반환한다. 즉, 현재 선택된 셀들의 필드명, 인덱스 등의 정보를 가져온다.

```
CALL METHOD (ref.var. to CL_GUI_ALV_GRID)->get_selected_cells
  IMPORTING
    ET_CELL   =   <internal table of type  LVC_T_CELL > .
```

4-2-4 get_selected_columns 메소드

선택된 컬럼들의 정보를 LVC_T_COL 타입의 테이블로 반환한다.

```
CALL METHOD (ref.var. to CL_GUI_ALV_GRID)->get_selected_columns
  IMPORTING
```

```
    ET_INDEX_COLUMNS   =   <internal table of type LVC_T_COL > .
```

4-2-5 get_selected_rows 메소드

선택된 멀티 라인의 정보를 LVC_T_ROW 타입의 테이블로 반환한다.

```
CALL METHOD {ref.var. to CL_GUI_ALV_GRID)->get_selected_rows
  IMPORTING
    ET_INDEX_ROWS   =   <internal table of type LVC_T_ROW > .
```

4-2-6 refresh_table_display 메소드

이미 화면에 조회된 ALV의 아웃풋 테이블을 다시 조회할 때 사용하는 메소드이다. 데이터가 변경되거나 다시 SELECT 구문을 수행한 경우 ALV 오브젝트를 생성하지 않고 데이터만 다시 표시한다.

```
CALL METHOD (ref.var. to CL_GUI_ALV_GRID)->refresh_table_display
  EXPORTING
    IS_STABLE       = <structure of type LVC_S_STBL >
    I_SOFT_REFRESH  = <variable of TYPE cHAR01 >.
```

파라미터	의미
IS_STABLE	라인과 컬럼 위치를 기억하여 재조회한 후에도 위치를 유지한다.
I_SOFT_REFRESH	Sort, Filter, Sum 등 현재 ALV Grid의 레이아웃 설정을 그대로 유지하면서 새로고침(Refresh)을 실행한다.

표 15-9 refresh_table_display 메소드의 파라미터

예제 | 15-11

```
REPORT z15_11.
----------------------> 중 략 <----------------------
DATA : ls_scroll TYPE lvc_s_stbl.
 ls_scroll-row = 'X'.
 ls_scroll-col = 'X'.

CALL METHOD g_grid->refresh_table_display
  EXPORTING
    i_soft_refresh = 'X'
    is_stable      = l_scroll.
----------------------> 중 략 <----------------------
```

4-2-7 set_frontend_layout 메소드

ALV Grid 레이아웃을 변경한다. 이 메소드를 호출한 후에 refresh_table_display 메소드를 호출하면 변경된 레이아웃이 적용된다.

```
CALL METHOD <ref.var. to CL_GUI_ALV_GRID>->set_frontend_layout
  EXPORTING
    IS_LAYOUT   =   <structure of type LVC_S_LAYO > .
```

05 ALV 이벤트

ALV Grid에서 HOTSPOT, 더블 클릭 등의 사용자 액션에 반응하는 이벤트를 추가할 수 있다. 14장에서 학습했듯이, 클래스에 이벤트를 등록하려면 다음과 같은 단계를 거쳐야 한다.

1. 이벤트를 선언하고
2. 이벤트 핸들러 메소드를 정의한 후
3. 이벤트 핸들러 메소드를 등록해야 한다.

각 단계를 순서대로 간략히 살펴본 후, 예제를 통해 실습해보자.

01 이벤트 선언

클래스 빌더(T-CODE: SE24)에서 CL_GUI_ALV_GRID 클래스를 조회한 후 [Events] 탭을 살펴보면, DOUBLE_CLICK이라는 이벤트가 선언되어 있는 것을 확인할 수 있다.

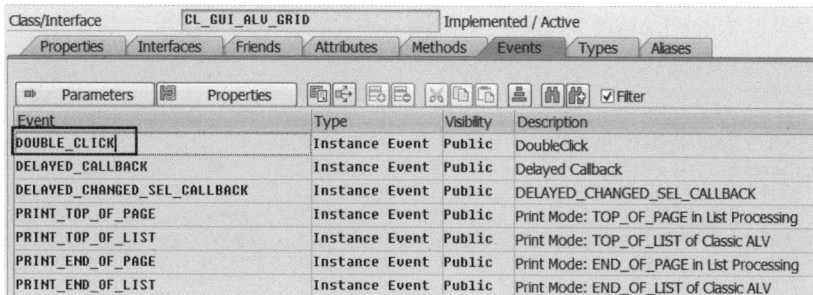

02 이벤트 핸들러 메소드 정의

사용자가 ALV를 더블 클릭할 때(이벤트가 발생하면), 이에 반응하려면 클래스를 정의하고 이벤트 핸들러 메소드를 선언해야 한다.

```
CLASS lcl_event_receiver DEFINITIOIN.
PUBLIC SECTION.
 METHODS:
 handle_double_click
    FOR EVENT double_click
    OF CL_GUI_ALV_GRID
       importing e_row e_column.

ENDCLASS.
```

03 이벤트 핸들러 메소드 등록

이벤트를 실행하기 위해 ALV Grid에 이벤트 핸들러 메소드를 등록한다.

```
DATA :event_receiver TYPE REF TO lcl_event_receiver.

CREATE OBJECT event_receiver.

SET HANDLER  event_receiver->handle_double_click FOR g_grid.
```

04 이벤트 호출

CL_GUI_ALV_GRID의 화면을 더블 클릭하면 RAISE_EVENT라는 메소드가 실행된다. 이 메소드는 USER_COMMAND에 해당하는 이벤트를 발생시킨다.

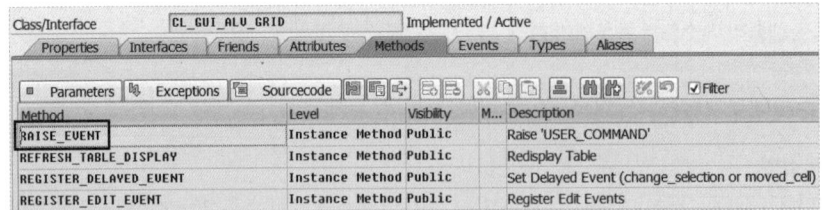

05 이벤트 핸들러 메소드 실행

이벤트가 호출되면 이벤트 핸들러 메소드가 실행된다. CLASS lcl_event_receiver IMPLEMENTATION 영역에 메소드의 동작을 정의하면, ALV에서 더블 클릭 시 실행되는 기능을 구현할 수 있다.

```
METHOD raise_event .
 RAISE EVENT   after_user_command
    EXPORTING
       e_ucomm = i_ucomm
       e_not_processed = i_not_processed.
```

ENDMETHOD.

5-1 DOUBLE_CLICK 이벤트

ALV 화면을 조회하여 셀을 더블 클릭할 경우 화면을 빠져나오는 이벤트 예제를 실습해보자. 이미 앞에서 개념과 절차에 대해 설명했으므로, 이번 실습은 간단하게 구현할 수 있다. DOUBLE_CLICK 이벤트에 사용하는 파라미터는 표 15-10을 참고하자.

파라미터	의미
E_ROW TYPE REF TO LVC_S_ROW	현재 선택된 라인 인덱스 번호
E_COLUMN TYPE REF TO LVC_S_COL	현재 선택된 컬럼 이름

표 15-10 DOUBLE_CLICK 이벤트의 파라미터

예제 | 15-12

```
REPORT z15_12.

CLASS lcl_event_receiver DEFINITION.
❶ PUBLIC SECTION.
    METHODS:
    handle_double_click
        FOR EVENT DOUBLE_CLICK OF CL_GUI_ALV_GRID
            IMPORTING e_row e_column.
ENDCLASS.

CLASS lcl_event_receiver IMPLEMENTATION.
 METHOD handle_double_click.
    LEAVE TO SCREEN 0.
 ENDMETHOD.
ENDCLASS.

❷ DATA :  event_receiver TYPE REF TO lcl_event_receiver.

❸ CREATE OBJECT event_receiver.
  SET HANDLER event_receiver->handle_double_click FOR g_grid.
```

❶ 이벤트 핸들러 메소드를 포함하는 클래스를 정의하고 구현한다. 여기서 이벤트 핸들러 메소드를 선언하고 기술한다.

❷ 클래스를 참조하는 객체 참조 변수를 정의한다.

❸ 오브젝트를 생성하여 이벤트 핸들러 메소드를 등록한다.

이제 프로그램을 실행하여 ALV Grid의 임의의 셀을 더블 클릭하면 'LEVAE TO SCREEN 0' 구문이 수행되어 프로그램을 종료한다.

5-2 HOTSPOT_CLICK 이벤트

Hotspot으로 선언된 컬럼을 마우스로 클릭할 때 반응하는 이벤트이다. 해당 컬럼은 필드 카탈로그 선언 시 HOTSPOT 속성으로 선언되어야 한다. 필드 카탈로그는 뒤에서 자세하게 다룬다.

파라미터	의미
E_ROW_ID TYPE REF TO LVC_S_ROW	현재 선택된 라인 인덱스 번호
E_COLUMN_ID TYPE REF TO LVC_S_COL	현재 선택된 컬럼의 이름

표 15-11 HOTSPOT_CLICK 이벤트의 파라미터

5-3 TOOLBAR 이벤트

ALV가 기본적으로 제공하는 아이콘 이외에 개발자가 필요한 아이콘을 추가할 수 있다. TOOLBAR 이벤트는 ALV Grid에 단순히 아이콘만 추가하는 것이고, 아이콘을 클릭할 때의 동작은 USER_COMMAND 이벤트에서 수행한다.

파라미터	의미
E_OBJECT TYPE REF TO CL_ALV_EVENT_TOOLBAR_SET	Toolbar의 기능을 저장하는 테이블 타입의 오브젝트이다.
E_INTERACTIVE TYPE CHAR01	플래그(Flag)가 설정되어 있으면, 이벤트가 호출될 때 set_toolbar_interactive 메소드를 호출하여 툴바를 초기화한다.

표 15-12 TOOLBAR 이벤트의 파라미터

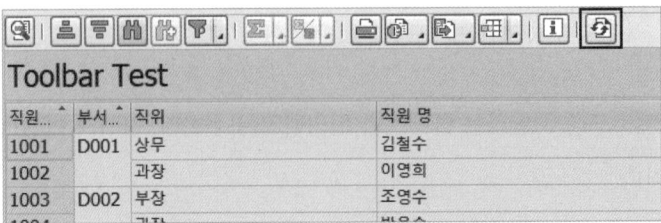

그림 15-14 툴바(Toolbar)에 아이콘 추가

그림 15-14처럼 새로고침(Refresh) 아이콘을 추가하는 방법을 예제 15-13을 통해 학습해보자.

예제 | 15-13

```
  REPORT  Z15_13 .
❸TYPE-POOLS: icon.
❶CLASS lcl_event_receiver DEFINITION.
   PUBLIC SECTION.
      METHODS : handle_toolbar
          FOR EVENT toolbar OF CL_GUI_ALV_GRID
          IMPORTING e_object e_interactive.
  ENDCLASS.

❷CLASS lcl_event_receiver IMPLEMENTATION.
   METHOD handle_toolbar.

      DATA: ls_toolbar   TYPE stb_button.

      CLEAR ls_toolbar.
      ls_toolbar-butn_type = 3.
      APPEND ls_toolbar    TO e_object->mt_toolbar.

      CLEAR ls_toolbar.
      ls_toolbar-function  = 'RESH'.
      ls_toolbar-icon      = icon_refresh.
      ls_toolbar-quickinfo = 'Refresh'.
      ls_toolbar-text      = ' '.
      ls_toolbar-disabled  = ' '.
      APPEND ls_toolbar    TO e_object->mt_toolbar.

   ENDMETHOD.                          " handle_toolbar
  ENDCLASS.
  ---------------------> 중 략 <---------------------
❹CREATE OBJECT event_receiver.

  SET HANDLER event_receiver->handle_toolbar FOR g_grid.
```

❶ 이벤트 핸들러 메소드를 포함하는 클래스를 정의하고 구현한다.

❷ 화면에 새로고침(Refresh) 아이콘을 추가하는 소스 코드를 작성한다. 아이콘에 ICON 값을 설정하기 위한 스크립트 'ls_toolbar-icon = icon_refresh.' 구문을 이용하려면 'TYPE-POOLS ICON'을 전역 변수 선언 부분에 기술해야 한다.

❸ 'TYPE-POOLS ICON'을 선언하여 아이콘의 시스템 ID를 쉽게 알아볼 수 있게 한다. 실제 ICON_REFRESH의 시스템 ID는 '@42@'이다. ICON은 "12장 리포트 프로그램"에서 학습한 바 있다.

❹ 오브젝트를 생성하여 이벤트 핸들러 메소드를 등록하자.

프로그램을 실행하면 그림 15-14와 같이 화면에 새로고침(Refresh) 아이콘이 추가된 것을 확인할 수 있다.

5-4 USER_COMMAND 이벤트

TOOLBAR 이벤트에서 추가된 아이콘에 기능을 추가하는 이벤트이다. 새로고침(Refresh) 아이콘을 클릭할 경우 데이터를 새로 읽어오는 로직을 추가해보자. 관련 이벤트로는 AFTER_USER_COMMAND, BEFORE_USER_COMMAND가 있다.

파라미터	의미
E_UCOMM TYPE SY-UCOMM	추가한 버튼의 Function code

표 15-13 USER_COMMAND 이벤트의 파라미터

예제 | 15-14

```abap
REPORT   Z15_14.
TYPE-POOLS: icon.
CLASS lcl_event_receiver DEFINITION.
 PUBLIC SECTION.
    METHODS : handle_command
       FOR EVENT user_command OF CL_GUI_ALV_GRID
       IMPORTING e_ucomm.
ENDCLASS.

CLASS lcl_event_receiver IMPLEMENTATION.
 METHOD handle_command.

DATA : l_scroll TYPE lvc_s_stbl.

     CASE e_ucomm.
       WHEN 'RESH'.
❶        SELECT * FROM zemplist INTO TABLE @gt_emplist.

         l_scroll-row = 'X'.
         l_scroll-col = 'X'.
❷        CALL METHOD g_grid->refresh_table_display
          EXPORTING
            i_soft_refresh = ' '
            is_stable = l_scroll.
     ENDCASE.
  ENDMETHOD.                  " handle_commandENDCLASS.
```

```
                    ---> 중 략 <---
DATA :event_receiver TYPE REF TO lcl_event_receiver.
CREATE OBJECT event_receiver.
SET HANDLER event_receiver->handle_command      FOR g_grid.
```

❶ 새로고침(Refresh) 아이콘을 클릭하면 데이터를 다시 조회(SELECT)한다. 즉, 테이블 내용이 변경되었다면 새로운 내용이 ALV에 조회되도록 한다.

❷ ALV Grid를 재조회한다. refresh_table_display 메소드는 '4절 ALV 메소드'에서 이미 다뤘다.

5-5 onDrag, onDrop 이벤트

ALV Grid 내에서 드래그 & 드롭(Drag & Drop)을 수행할 때 작동하는 드래그(Drag) 관련 이벤트이다.

파라미터	의미
E_ROW Type LVC_S_ROW	현재 드래그한 라인의 인덱스 번호
E_COLUMN Type LVC_S_COL	현재 드래그한 컬럼의 이름
E_DRAGDROPOBJ TYPE REF TO CL_DRAGDROPOBJECT	사용자 액션(copy, move) 정보 등을 포함한다.

표 15-14 onDrag, onDrop 이벤트의 파라미터

다음 예제는 ID가 'AZ'로 시작하는 한 라인을 Drag & Drop하여 ALV 리스트에 첫 번째 라인으로 이동시키는 프로그램이다. 기본적인 프로그래밍 방법은 ALV Grid와 유사하다. CL_DRAGDROP 클래스를 참조하는 인스턴스를 생성하고 Drag & Drop에 해당하는 이벤트를 등록하는 과정이 필요하다. Drag & Drop에서 중요한 기능을 하는 Flavor는 SAP GUI 컨트롤 내에서 Drag 대상과 Drop 대상 사이에 정보를 주고받기 위해 사용되며, 두 객체 사이에는 같은 이름의 Flavor로 정의되어야 한다.

소스 코드를 설명하려면 많은 내용을 다뤄야 하고 고급 과정에 속하기 때문에 프로그램만 간단히 소개한다. 전체 소스 코드는 SAP JOY(sapjoy.co.kr/) [교재공간] → [교재 자료실]에서 내려받은 예제 파일에서 'zdrag' 파일을 확인하길 바란다.

```
                    ---> 중 략 <---
CLASS lcl_event_receiver DEFINITION.
```

```
PUBLIC SECTION.
  METHODS:
    handle_alv_drag FOR EVENT ondrag OF cl_gui_alv_grid
      IMPORTING e_row e_column e_dragdropobj,

    handle_alv_drop FOR EVENT ondrop OF cl_gui_alv_grid
      IMPORTING e_row e_column e_dragdropobj.

 PRIVATE SECTION.
ENDCLASS.                    " lcl_event_receiver DEFINITION
--------------------> 중 략 <--------------------
CREATE OBJECT g_application.
SET HANDLER g_application->handle_alv_drag    FOR g_grid.
SET HANDLER g_application->handle_alv_drop    FOR g_grid.
```

06 필드 카탈로그

필드 카탈로그는 ALV에서 조회되는 컬럼들의 필드 정보를 포함하는 인터널 테이블로, LVC_T_FCAT 타입의 테이블 구조를 가진다. ALV는 필드 카탈로그 정보를 저장하고 있는 인터널 테이블을 이용해 필드 타입을 인식한다. 예를 들어, 필드가 숫자 타입인지 문자 타입인지 구분하고, 화면에 표시될 필드의 길이를 지정하며, 체크박스나 라디오 버튼으로 표시되도록 설정하고, 필드의 수정 가능 여부를 지정하는 등 다양한 역할을 수행한다.

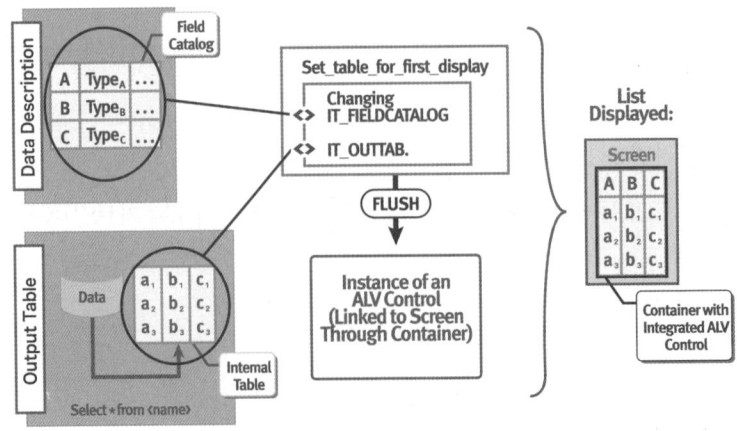

그림 15-15 ALV 필드 카탈로그 구조

그림 15-15에서 Data Description 부분은 필드 카탈로그를 의미한다. SELECT 문으로 조회한 결과를 인터널 테이블에 저장하는 아웃풋 테이블 영역과 필드 카탈로그의 필드 정보를 이용해 ALV 화면에 데이터를 보여주게 된다.

3절의 예제 15-2에서는 ABAP Dictionary 구조체를 사용하여 아웃풋 테이블의 필드를 구성했으나, 이번 절에서는 개발자가 스크립트를 이용해 직접 필드 카탈로그를 구성하는 실습을 진행해본다. 필드 카탈로그를 활용하기 위해서는 set_table_for_first_display 메소드의 파라미터 IT_FIELDCATALOG를 이용하여 필드 카탈로그 정보를 ALV에 전송한다.

```
CALL METHOD g_grid->set_table_for_first_display
 EXPORTING
  I_STRUCTURE_NAME = 'ZEMPLIST'
 CHANGING
  IT_OUTTAB = gt_emplist.
```

```
CALL METHOD  g_grid->set_table_for_first_display
 CHANGING
  IT_FIELDCATALOG = gt_catalog
  IT_OUTTAB = gt_emplist.
```

필드 카탈로그를 정의하는 방법은 3가지가 있다.

1. ABAP Dictionary 오브젝트를 이용하는 방법
2. 프로그램 내에서 스크립트로(수동으로) 구성하는 방법
3. 이들 두 가지 방법을 혼합하여 사용하는 방법

필드 카탈로그를 정의하는 각각의 방법에 대해서 알아보자.

6-1 ALV 필드 카탈로그 생성

6-1-1 ABAP Dictionary를 이용하는 방법

ABAP Dictionary 테이블을 그대로 필드 카탈로그로 정의하는 방법은 앞에서 학습하였다. set_table_for_first_display 메소드의 I_STRUCTURE_NAME 파라미터를 이용하면 ABAP Dictionary 오브젝트를 ALV 아웃풋 테이블에 그대로 보여준다. I_STRUCTURE_NAME 파라미터로 사용할 수 있는

ABAP Dictionary는 다음과 같다.

Transparent Table, Structure, View, Append Structure, Cluster Table, Pooled Table

앞에서 살펴본 예제 15-2는 ZEMPLIST 테이블 하나에서만 데이터를 읽어와 인터널 테이블의 데이터를 그대로 화면에 보여주는 프로그램이었다. 이렇게 단순히 데이터만 화면에 보여주려면 다음 구문과 같이 ALV 구조 정보와 인터널 테이블을 파라미터로 설정하여 set_table_for_first_display 메소드만 호출하면 된다.

```
CALL METHOD <ref var to CL_GUI_ALV_GRID>->set_table_for_first_display
  EXPORTING
    I_STRUCTURE_NAME       = < string of type DD02L-TABNAME>
    IS_VARIANT             = < structure of type DISVARIANT>
    I_SAVE                 = < var. of TYPE cHAR01>
    I_DEFAULT              = < var. of TYPE cHAR01>
    IS_LAYOUT              = < structure of type LVC_S_LAYO>
    IS_PRINT               = < structure of type LVC_S_PRNT>
    IT_SPECIAL_GROUPS      = < internal table of type LVC_T_SGRP>
    IT_TOOLBAR_EXCLUDING   = < internal table of type UI_FUNCTIONS>
  CHANGING
    IT_OUTTAB              = < internal table>
    IT_FIELDCATALOG        = < internal table of type LVC_T_FCAT>
    IT_FILTER              = < internal table of type LVC_T_FILT>
```

그러나 대부분 실무 프로그램에서는 여러 개의 테이블에서 데이터를 가져오기 때문에 테이블 구조를 필드 카탈로그로 그대로 사용할 수 있는 경우가 그리 많지 않다. 이때는 ABAP Dictionary 레벨에서 별도로 구조체를 생성하고, 이 구조체를 기반으로 인터널 테이블을 정의해야 한다. 그러나 하나의 프로그램에서만 필요한 구조체라면 굳이 ABAP Dictionary 구조체를 생성할 필요가 없다. 이런 경우에는 인터널 테이블 구조를 그대로 필드 카탈로그로 정의하면 된다.

6-1-2 필드 카탈로그를 수동으로 구성하는 방법

ABAP Dictionary의 모든 필드를 필드 카탈로그에 표시할 필요는 없는 경우가 있다. 이때는 스크립트로(수동으로) 필요한 필드만 카탈로그로 정의하면 된다. 또한 생성된 필드 카탈로그 인터널 테이블의 속성을 변경하여 비가시 속성을 설정할 수도 있다. 그러나 개별 필드 이름, 타입 등을 스크립트로 모두 정의해야 하므로, 프로그램 수정(유지/보수)에 많은 시간이 소요되는 단점이 있다. 필드 카탈로그를 이용하려면 set_table_for_first_display 메소드의 IT_FIELDCATALOG 파라미터를 사용하여 ALV를 호출해야 한다.

```
CALL METHOD <ref var to CL_GUI_ALV_GRID>->set_table_for_first_display
  EXPORTING
    IS_VARIANT            = < structure of type DISVARIANT>
    I_SAVE                = < var. of TYPE cHAR01>
    I_DEFAULT             = < var. of TYPE cHAR01>
    IS_LAYOUT             = < structure of type LVC_S_LAYO>
    IS_PRINT              = < structure of type LVC_S_PRNT>
    IT_SPECIAL_GROUPS     = < internal table of type LVC_T_SGRP>
    IT_TOOLBAR_EXCLUDING  = < internal table of type UI_FUNCTIONS>
  CHANGING
    IT_OUTTAB             = < internal table>
    IT_FIELDCATALOG       = < internal table of type LVC_T_FCAT>
    IT_SORT               = < internal table of type LVC_T_SORT>
    IT_FILTER             = < internal table of type LVC_T_FILT>
```

표 15-15는 필드 카탈로그인 LVC_T_FCAT 타입의 인터널 테이블을 구성할 때, ABAP Dictionary를 참조할 경우와 수동으로 구성할 경우의 속성 차이를 정리한 것이다.

Dictionary를 참조할 때	Dictionary를 참조하지 않을 때	설명
FIELDNAME	FIELDNAME	아웃풋 테이블의 필드 이름
REF_TABNAME	-	참고할 구조체의 DDIC 이름
REF_FIELDNAME	-	참고할 구조체의 DDIC 필드 이름
-	INTTYPE	아웃풋 테이블의 데이터 타입
-	OUTPUTLEN	컬럼 길이
-	COLTEXT	컬럼 헤더 텍스트
-	SELTEXT	Variant 조회 시 컬럼 내역

표 15-15 필드 카탈로그 속성 비교

필드 카탈로그를 이용해 다음과 같은 속성들을 정의할 수 있다.

필드 위치, 색상, 필드명, 텍스트 Currency, 단위, 컬럼 Output 속성, 데이터 포맷 설정 등

예제 15-15에서는 EMPCD, DEPCD, PSTION 3개의 필드를 필드 카탈로그로 구성하여 화면에 조회한다. 앞서 작성한 예제 15-14를 복사하여 생성한 후, 굵은 텍스트로 표시된 스크립트를 추가하자.

예제 | 15-15

```
REPORT  Z15_15 .

DATA : gt_fieldcat   TYPE lvc_t_fcat.
-------------------> 중 략 <--------------------
PERFORM setting_catalog.
FORM setting_catalog .
 DATA ls_fieldcat   TYPE lvc_s_fcat.
```

```
ls_fieldcat-fieldname = 'EMPCD'.
ls_fieldcat-coltext = '직원코드'.
ls_fieldcat-just = 'L'.
ls_fieldcat-key = 'X'.
ls_fieldcat-outputlen = '5'.
APPEND ls_fieldcat TO gt_fieldcat.

ls_fieldcat-fieldname = 'DEPCD'.
ls_fieldcat-coltext = '부서코드'.
ls_fieldcat-just = 'C'.
ls_fieldcat-key = ' '.
ls_fieldcat-outputlen = '4'.
APPEND ls_fieldcat TO gt_fieldcat.

ls_fieldcat-fieldname = 'PSTION'.
ls_fieldcat-coltext = '직위'.
ls_fieldcat-just = 'C'.
ls_fieldcat-key = ' '.
ls_fieldcat-outputlen = '20'.
APPEND ls_fieldcat TO gt_fieldcat.
ENDFORM.                    " setting_catalog

----------------------> 중 략 <----------------------

CALL METHOD  g_grid->set_table_for_first_display
  EXPORTING
*       i_structure_name       = 'ZEMPLIST'
    i_save                 = 'A'
    is_variant             = gs_variant
    i_default              = ' '
    is_layout              = gs_layout
    it_toolbar_excluding   = gs_toolbar
  CHANGING
    it_outtab              = gt_emplist
    it_fieldcatalog        = gt_fieldcat
    it_sort                = gt_sort.
```

결과 15-15

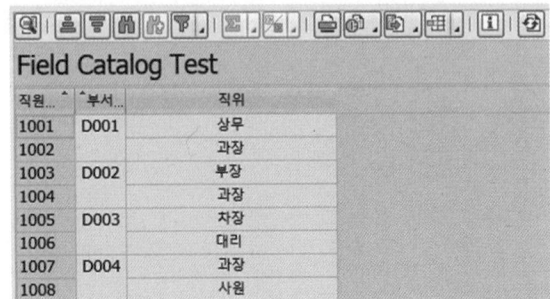

예제 15-15는 ABAP Dictionary를 참조하지 않고, GT_FIELDCAT 인터널 테이블에 필드 카탈로그의 필드 속성을 정의하여 추가하고 있다. 예제 이외의 필드 카탈로그 속성은 T-CODE:SE11에서 'LVC_S_FCAT'을 조회하여 내역을 확인하면 어떠한 역할을 하는지 알 수 있다.

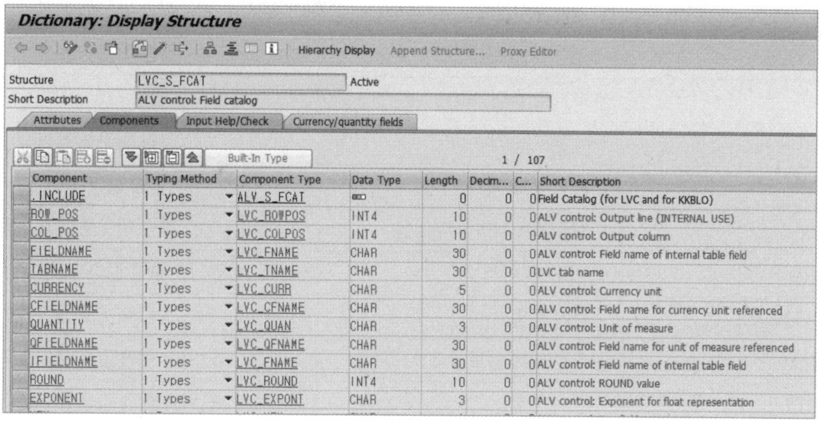

그림 15-16 LVC_S_FCAT의 구조

필드 카탈로그의 전체 속성은 표 15-16과 같다. 예제 15-15를 실습하면서 필드 카탈로그의 정의와 작동 원리를 이해하였다면, 이를 다양한 상황에 충분히 적용할 수 있을 것이다.

카탈로그 속성	내역	사용 목적
CFIELDNAME	Currency 단위를 참조하는 필드명	단위와 함께 값을 보여준다.
CHECKBOX	체크박스로 보여줌	컬럼 아웃풋 옵션
COL_POS	컬럼의 아웃풋(Output) 순서	컬럼 아웃풋 옵션
COLDDICTXT	헤더(Header)의 라벨 설정(L, M, S, R)	텍스트
COLTEXT	컬럼 라벨 텍스트	텍스트
CURRENCY	Currency 단위	단위와 함께 값을 보여준다.
DD_OUTLEN	아웃풋 길이(Characters)	DDIC를 참조하지 않음
DECIMALS_O	소수점 자리 수 정의	컬럼 값의 포맷
DECMLFIELD	Decimal 필드 정의	컬럼 값의 포맷
DO_SUM	합계 표시	컬럼 아웃풋 옵션
DRAGDROPID	Drag & Drop 용도	
EDIT_MASK	데이터 포맷 변경	컬럼 값의 포맷
EMPHASIZE	컬럼 색상 강조	컬럼 아웃풋 옵션
EXPONENT	부동 소수 표현에 대한 지수	컬럼 값의 포맷
FIELDNAME	내부 테이블 필드의 필드명	아웃풋 테이블 필드
HOTSPOT	마우스의 클릭(Single-click)에 반응	컬럼의 아웃풋 옵션

ICON	아이콘(Icon)으로 보여줌	컬럼 값의 포맷
INTLEN	내부 길이(바이트 단위)	DDIC를 참조하지 않음
INTTYPE	ABAP 데이터 타입(C, D, N, …)	DDIC를 참조하지 않음
JUST	정렬(L, R, C)	컬럼 값의 포맷
KEY	키(Key) 필드	컬럼 아웃풋 옵션
LOWERCASE	소문자 사용/금지	컬럼 아웃풋 옵션
LZERO	선행 제로 출력 여부	컬럼 값의 포맷
NO_OUT	필드 숨김	컬럼 아웃풋 옵션
NO_SIGN	출력 부호 제거	컬럼 값의 포맷
NO_SUM	열 값에 관해 합계 처리하지 않음	컬럼 아웃풋 옵션
NO_ZERO	ZERO 삭제	컬럼 값의 포맷
OUTPUTLEN	문자의 열 너비	컬럼 아웃풋 옵션
QFIELDNAME	참조한 단위 필드명	단위와 함께 값을 보여준다.
QUANTITY	단위	단위와 함께 값을 보여준다.
REF_FIELD	내부 테이블 필드에 대한 참조 필드명	ABAP Dictionary 참조
REF_TABLE	내부 테이블 필드에 대한 참조 테이블명	ABAP Dictionary 참조
REPTEXT	Data Element의 텍스트	텍스트
ROLLNAME	F1 도움말을 위한 데이터 요소	DDIC를 참조하지 않음
ROUND	ROUND 값	컬럼 값의 포맷
ROUNDFIELD	ROUND 특성을 가진 필드명	컬럼 값의 포맷
SCRTEXT_L	긴 필드 라벨(40byte)	텍스트
SCRTEXT_M	중간 필드 라벨(20byte)	텍스트
SCRTEXT_S	짧은 필드 라벨(10byte)	텍스트
SELDDICTXT	DDIC 텍스트 참조 결정	텍스트
SELTEXT	다이얼로그 기능에 대한 열 식별자	텍스트
SP_GROUP	그룹 키	Other Fields
SYMBOL	기호로 출력	컬럼 값의 포맷
TECH	Layout 설정에서도 필드가 보이지 않게 함	컬럼 아웃풋 옵션
TIPDDICTXT	DDIC 텍스트 참조 결정	텍스트
TOOLTIP	열 헤더에 대한 툴팁	텍스트
TXT_FIELD	내부 테이블 필드의 필드명	Other Fields

표 15-16 필드 카탈로그 속성

6-1-3 구조체와 필드 카탈로그를 동시에 사용하는 방법

앞에서 다룬 구조체와 필드 카탈로그 두 가지를 혼합하여 사용할 수 있다. 이 방법은 구조체의 필드 이외에 사용자가 정의하는 필드가 추가로 필요한 경우에 적합하다. 이때 구조체와 필드 카탈로그에 동일한 필드가 존재하면, 필드 카탈로그에서 정의한 필드가 높은 우선순위를 가진다. 예제 15-16에 서는 입사일자를 화면에 보여주기 위해 'EDATE' 필드를 추가한다.

예제 | 15-16

```
REPORT  Z15_16.

TYPES : BEGIN OF t_str.
          INCLUDE STRUCTURE zemplist.
TYPES :   edate TYPE datum.
TYPES : END OF t_str.

DATA : gt_emplist TYPE TABLE OF t_str.

DATA :    gt_fieldcat    TYPE lvc_t_fcat.
--------------------> 중 략 <--------------------
PERFORM setting_catalog.
FORM setting_catalog .
  DATA ls_fieldcat  TYPE lvc_s_fcat.
  ls_fieldcat-fieldname = 'EDATE'.
  ls_fieldcat-coltext = '입사일자'.
  ls_fieldcat-just = 'L'.
  ls_fieldcat-key = 'X'.
  ls_fieldcat-outputlen = '10'.
  APPEND ls_fieldcat TO gt_fieldcat.
ENDFORM.                   " setting_catalog
--------------------> 중 략 <--------------------
CALL METHOD  g_grid->set_table_for_first_display
  EXPORTING
    i_structure_name     = 'ZEMPLIST'
    i_save               = 'A'
    is_variant           = gs_variant
    i_default            = ' '
    is_layout            = gs_layout
    it_toolbar_excluding = gs_toolbar
  CHANGING
    it_outtab            = gt_emplist
    it_fieldcatalog      = gt_fieldcat
    it_sort              = gt_sort.
```

결과 | 15-16

입사일자	직원코드	부서코드	직위	직원 명	이메일 주소	전화번호
	1001	D001	상무	김철수	sapjoy@naver.com	010-1234-5678
	1002		과장	이영희	MSRPA@NAVER.COM	010-1002-1002
	1003	D002	부장	조영수	jys@nvaer.com	010-1003-1003
	1004		과장	박옥순		010-1004-1004
	1005	D003	차장	문영호	myh@naver.com	010-1005-1005
	1006		대리	정현숙	jhs@naver.com	010-1006-1006

결과 15-16에서 볼 수 있듯이, 입사일자 필드가 첫 번째 순서로 조회된 것은 필드 카탈로그가 구조체보다 우선순위가 높기 때문이다. 따라서 구조체에서 이미 선언된 필드를 변경하고 싶을 경우에는 필드 카탈로그에서 다시 선언하여 변경하면 된다. 예를 들어, DEPCD를 보여주고 싶지 않을 경우, 필드 카탈로그의 NO_OUT 속성을 이용하여 다음 구문과 같이 작성하면 된다.

```
ls_fieldcat-fieldname = 'DEPCD'.
ls_fieldcat-no_out = 'X'.
APPEND LS_FIELDCAT TO GT_FIELDCAT.
```

조금 더 알아보기 — 인터널 테이블과 필드 카탈로그

많은 개발자들이 공통적으로 궁금해하는 다음 질문을 살펴보자.

Q. 질문

```
CALL METHOD G_GRID->SET_TABLE_FOR_FIRST_DISPLAY
EXPORTING
 I_STRUCTURE_NAME = 'GT_DISP'
CHANGING
 IT_OUTTAB = GT_DISP[].
" IT_FIELDCATALOG         = GT_FIELDCAT '
```

여기서 보면 "I_STRUCTURE_NAME = 'GT_DISP'" 라인에서 파라미터로 올 수 있는 값은 DDIC Type 이어야 한다고 하는데, DDIC Type은 일반적으로 사용하는 Structure 또는 Table인가요? 그리고 일반적인 Structure, Table이라면 'data: begin of ~' 구문으로 선언된 구조체는 사용할 수가 없나요? 프로그램 내에서 선언된 구조체만으로 ALV 화면에 표시하려 하는데, 자꾸 필드 카탈로그 관련 에러가 뜨네요.

이 질문에 대한 해답을 정리해보자.

A. 해답

앞에서 필드 카탈로그를 정의하는 3가지 방법에 대해 알아보았다. 이외에도 인터널 테이블 또는 프로그램 내의 구조체를 그대로 필드 카탈로그로 정의할 수 있으며, 이 방법은 실무에서도 많이 사용한다. 이때 인터널 테이블과 구조체는 구식 방법으로 선언한 경우에만 사용 가능하다. 프로그램 Z15_17은 인터널 테이블의 필드를 그대로 필드 카탈로그로 구성하여 PSTION 필드의 카탈로그 속성만 변경하는 것을 보여주고 있다.

예제 | 15-17

```abap
REPORT  z15_17.

--------------------> 중 략 <--------------------
DATA : gt_emplist TYPE zemplist OCCURS 0 WITH HEADER LINE.
--------------------> 중 략 <--------------------
PERFORM getting_catalog.
PERFORM setting_catalog.

FORM getting_catalog .
  DATA : lt_fieldcat TYPE kkblo_t_fieldcat.

CALL FUNCTION 'K_KKB_FIELDCAT_MERGE'
     EXPORTING
         i_callback_program   = SY-REPID
         i_tabname            = 'GT_EMPLIST'
         i_inclname           = SY-REPID
     CHANGING
         ct_fieldcat = lt_fieldcat[].
  IF sy-subrc EQ 0.
    CALL FUNCTION 'LVC_TRANSFER_FROM_KKBLO'
      EXPORTING
         it_fieldcat_kkblo = lt_fieldcat[]
      IMPORTING
         et_fieldcat_lvc = gt_fieldcat[].
  ENDIF.

ENDFORM.                    " GETTING_CATALOG

FORM setting_catalog .
  DATA ls_fieldcat   TYPE lvc_s_fcat.

  LOOP AT gt_fieldcat INTO ls_fieldcat.
    IF ls_fieldcat-fieldname = 'PSTION'.
      ls_fieldcat-coltext = '직급'.
      ls_fieldcat-just = 'C'.
      ls_fieldcat-emphasize = 'X'.
      MODIFY gt_fieldcat FROM ls_fieldcat.
```

```
        ENDIF.
    ENDLOOP.
  ENDFORM.                    "  SETTING_CATALOG
```

결과 | 15-17

```
┌─────────────────────────────────────────────────────┐
│ Internal Table Field Catalog Test                   │
├──────┬───────┬───────┬────┬──────┬──────────────────┬──────────────┤
│Client│직원코드│부서코드│직급│직원 명│이메일 주소       │전화번호      │
│ 100  │ 1001  │ D001  │상무│김철수│sapjoy@naver.com  │010-1234-5678 │
│ 100  │ 1002  │       │과장│이영희│MSRPA@NAVER.COM   │010-1002-1002 │
│ 100  │ 1003  │ D002  │부장│조영수│jys@nvaer.com     │010-1003-1003 │
│ 100  │ 1004  │       │과장│박옥순│                  │010-1004-1004 │
│ 100  │ 1005  │ D003  │차장│문영호│myh@naver.com     │010-1005-1005 │
│ 100  │ 1006  │       │대리│정현숙│jhs@naver.com     │010-1006-1006 │
└──────┴───────┴───────┴────┴──────┴──────────────────┴──────────────┘
```

인터널 테이블 선언시 헤더 라인(Header Line)이 있으면, ALV를 호출할 때 인터널 테이블에 대괄호([])
기호를 붙여 바디(Body)를 전달해야 한다.

```
DATA : gt_emplist TYPE zemplist OCCURS 0 WITH HEADER LINE.

CALL METHOD g_grid->set_table_for_first_display
  CHANGING
        it_outtab = gt_emplist[ ]
```

헤더 라인이 없으면, 인터널 테이블을 그대로 사용하면 된다.

```
DATA : gt_emplist TYPE zemplist OCCURS 0.

CALL METHOD g_grid->set_table_for_first_display
  CHANGING
        it_outtab = gt_emplist
```

> **TIP** 폐기된 'OCCURS n' 구문과 'WITH HEADER LINE' 구문을 사용하는 이유
>
> 'OCCURS n'과 'WITH HEADER LINE' 구문은 SAP ABAP에서 공식적으로 폐기되었지만, 필드 카탈로그 생성 함수와의 상호작용에서 여전히 중요한 역할을 한다. 이러한 구문들은 함수가 인터널 테이블의 메타데이터를 정확하게 읽어들여 ALV 필드 카탈로그를 안정적으로 생성할 수 있도록 돕는 역할을 한다. 처음 접하는 이들의 이해를 돕기 위해 이번 15장 예제에서는 폐기된 구문을 사용한 필드 카탈로그 생성 함수를 소개했지만, 실무에서는 이러한 구문을 사용하지 않는 방향으로 개발을 진행하는 것이 바람직하다.

6-2 필드 카탈로그를 이용한 ALV 속성 변경

표 15-16에서 설명한 필드 카탈로그 속성 중 중요한 몇 가지를 이용해 ALV Grid 속성을 변경하는 실습을 진행해보자.

6-2-1 필드 속성 설정(KEY, FIX_COLUMN)

다음 예제의 결과 15-18에서 확인할 수 있듯이, ALV Grid의 앞부분 2개 필드는 키(Key) 속성으로 지정되어 파란색으로 표시되며, 하단의 키(Key) 필드에 해당하는 스크롤바는 고정되어 있다. 이번 실습에서는 추가로, DEPCD 필드에 키 속성을 설정하고 PSTION 필드를 고정 컬럼으로 지정해보자. 먼저, Z15_17 프로그램을 Z15_18로 복사하여 생성한다. 그리고 필드 카탈로그 속성을 변경하는 서브루틴(Subroutine) 내의 'LOOP AT GT_FIELDCAT INTO LS_FIELDCAT.' 구문을 필드 심볼을 이용하는 방법으로 변경해보자. 필드 심볼 활용은 10장에서 이미 학습한 바 있다.

예제 | 15-18

```
REPORT Z15_18.
---------------------> 중 략 <---------------------
FORM setting_catalog .
   FIELD-SYMBOLS: <ls_fcat> TYPE lvc_s_fcat.

   LOOP AT gt_fieldcat ASSIGNING <ls_fcat>.

     IF <ls_fcat>-fieldname EQ ' DEPCD '.
      <ls_fcat>-key = ' X '.
     ENDIF.

     IF <ls_fcat>-fieldname EQ ' PSTION '.
      <ls_fcat>-fix_column = ' X '.
     ENDIF.

   ENDLOOP.

ENDFORM.                    " SETTING_CATALOG
```

결과 | 15-18

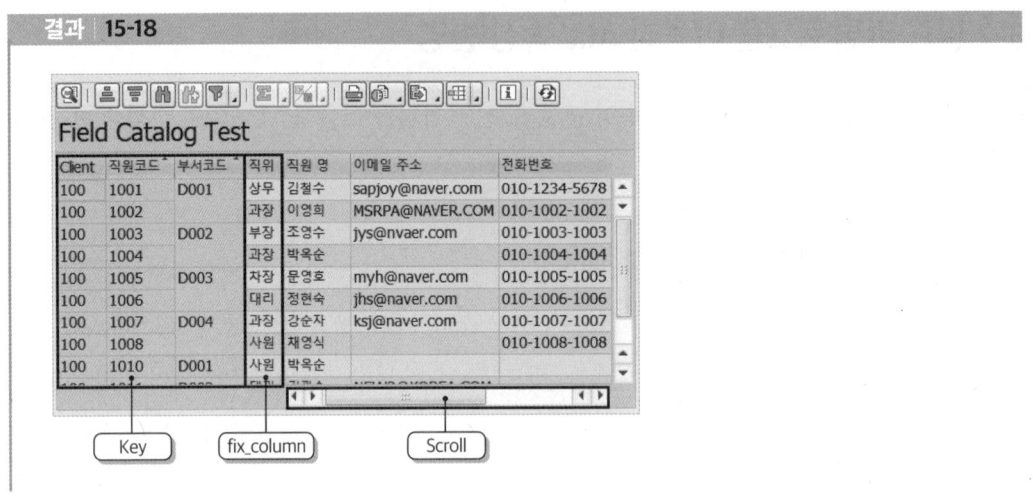

결과 15-18에서 알 수 있듯이, DEPCD 필드는 ZEMPLIST 테이블의 키 필드가 아니지만 필드 카탈로그 속성 변경으로 새로운 키 필드로 추가되었다. 그리고 PSTION 필드는 "fix_column = 'X'" 구문으로 스크롤바가 고정되도록 설정되었다.

6-2-2 데이터 포맷 설정(JUST, EDIT_MASK 속성)

이제 ZFAMILY 테이블의 데이터를 가져와보자. BDATE(생년월일)의 날짜를 '__/__/__' 포맷으로 변경하고, FNAME필드는 오른쪽 정렬로 속성을 변경해보자. JUST 속성은 데이터를 정렬하는 역할을 하며, 표 15-17과 같은 값을 가질 수 있다.

값	내역
' '	데이터 타입의 기본 정렬
'L'	왼쪽 정렬
'C'	중앙 중렬
'R'	오른쪽 정렬

표 15-17 JUST 속성의 값

프로그램 Z15_18을 Z15_19로 복사하여 생성한 후에 gt_emplist 인터널 테이블을 gt_family 인터널 테이블로 변경하고, SELECT 구문과 필드 카탈로그 속성 부분의 스크립트를 변경하자.

예제 | 15-19

```
REPORT   z15_19.
```

```
DATA gt_family TYPE zfamily OCCURS 0 WITH HEADER LINE.
--------------------> 중 략 <--------------------
START-OF-SELECTION.
  SELECT *
    FROM zfamily
    INTO TABLE @gt_family.
--------------------> 중 략 <--------------------
  METHOD handle_command.
    DATA : l_scroll TYPE lvc_s_stbl.

    CASE e_ucomm.

      WHEN 'RESH'.
        SELECT *
          FROM zfamily
          INTO TABLE @gt_family.
--------------------> 중 략 <--------------------

FORM setting_catalog .
  FIELD-SYMBOLS: <ls_fcat> TYPE lvc_s_fcat.

  LOOP AT gt_fieldcat ASSIGNING <ls_fcat>.

    IF <ls_fcat>-fieldname EQ 'BDATE'.
      <ls_fcat>-edit_mask = '____/__/__'.
    ENDIF.

    IF <ls_fcat>-fieldname EQ 'FNAME'.
      <ls_fcat>-just = 'R'.
    ENDIF.

  ENDLOOP.
ENDFORM.                    " setting_catalog
```

결과 | 15-19

Client	직원코드	순번	관계	가족 이름	생년월일
100	1001	2	1	김춘배	1966/02/04
100		1	2	강남순	1970/10/03
100		3	3	김건진	1999/07/01
100	1002	1	2	박순자	1971/02/15
100			3	이영철	1984/05/13
100	1004	1	4	임채희	1999/08/08
100	1006	2	3	임창일	1997/05/05
100		1	4	임지윤	1998/11/27
100	1007	1	3	강상욱	1995/01/06
100	1010	1	1	박영식	1965/03/27
100		2	2	이정숙	1967/08/12

프로그램을 실행하여 날짜의 데이터 포맷이 '1966-02-04'에서 '1966/02/04'로 변경된 것과 가족 이름 필드가 오른쪽으로 정렬된 결과를 확인해보자.

ALV Grid 요소

ALV Grid 요소(Element)에 대해 알아보자.

- **Output of Exception:** Grid를 신호등 표시로 보여준다.
- **Coloring Row:** Grid의 라인 색상을 지정한다.
- **Coloring Cell:** Grid의 셀 색상을 지정한다.
- **Displaying Cell as Pushbutton:** 셀을 푸시 버튼(Pushbutton) 형태로 보이게 한다.

7-1 신호등 처리(Exceptions)

Exceptions은 특정 필드 값을 기준으로 데이터를 신호등 아이콘으로 표시하는 기능이다. 그림 15-17과 같이 ALV 필드가 신호등 아이콘으로 조회되며, 특정 필드 값에 따라 색상이 변경된다. 이를 통해 최종 사용자가 데이터의 긴급함 또는 중요함에 대하여 쉽게 인식할 수 있다. 예를 들어, 재고 관리에서 안전 재고의 적정 수준은 녹색, 경고 수준은 노란색, 위험 수준은 빨간색으로 신호를 설정할 수 있다.

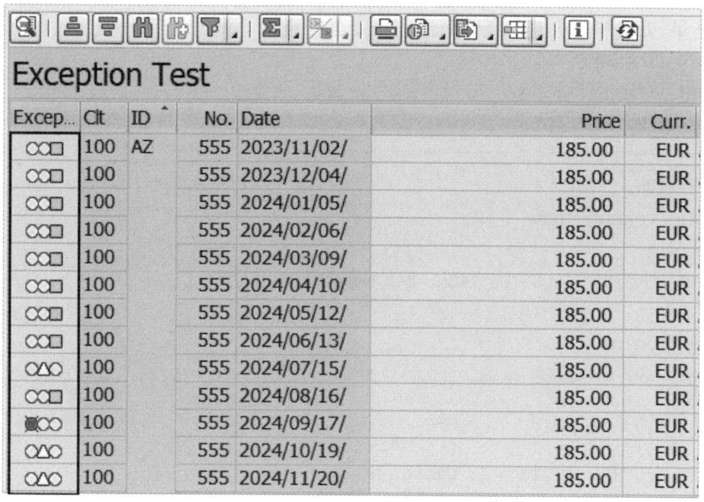

그림 15-17 ALV Grid 신호등 처리

표 15-18은 사원 자격증에서 Exceptions 필드가 가지는 내부 값이며, 이 값에 따라 화면에 조회되는 신호등(색상)이 변경되도록 예제 15-20에서 구현해보자.

Display	내부 값	사용 예(자격증 현황)
●●● (초록불)	3	자격증이 3개 이상인 상태
●●● (노란불)	2	자격증이 2개인 상태
●●● (빨간불)	1	자격증이 1개인 상태

표 15-18 Exceptions의 내부 값

신호등 필드를 추가하기 위해 인터널 테이블에 다음과 같이 light 컬럼을 추가하자.

```
DATA: BEGIN OF gt_outtab OCCURS 0.
  INCLUDE STRUCTURE <DDIC-Struktur>.
DATA:    light TYPE c.   " 신호등 표시로 보이기 위한 필드
DATA: END OF gt_outtab.
```

예제 | 15-20

```
REPORT  Z15_20.
 -------------------> 중 략 <--------------------
DATA : BEGIN OF gt_zempcert OCCURS 0.
         INCLUDE STRUCTURE zempcert.
❶DATA :   count TYPE p LENGTH 3,  " 자격증 개수 필드 추가
         light TYPE c.  " EXCEPTION 필드 추가
DATA : END OF gt_zempcert.
```

```abap
    DATA : BEGIN OF gt_empcert_cnt OCCURS 0,
             empcd TYPE zempcert-empcd,
             count TYPE p LENGTH 3.  " 자격증 개수 필드 추가
    DATA : END OF gt_empcert_cnt.
    --------------------> 중 략 <---------------------
    START-OF-SELECTION.
      SELECT empcd, certid, cnum
        FROM zempcert
        INTO CORRESPONDING FIELDS OF TABLE @gt_empcert.

      IF sy-subrc EQ 0.
        SORT gt_empcert BY empcd cnum.
      ENDIF.

      SELECT empcd, COUNT( certid ) AS count
        FROM zempcert
        GROUP BY empcd
        INTO TABLE @gt_empcert_cnt.

❸ LOOP AT gt_empcert.    " 자격증 개수에 따라 신호등 색의 변화
      READ TABLE gt_empcert_cnt WITH KEY empcd = gt_empcert-empcd
        TRANSPORTING count.
      CHECK sy-subrc EQ 0.

      IF gt_empcert_cnt-count >= 3.    " Green.
        gt_empcert-light = '3'.
      ELSEIF gt_empcert_cnt-count = 2. " Yellow.
        gt_empcert-light = '2'.
      ELSEIF gt_empcert_cnt-count = 1. " Blue.
        gt_empcert-light = '1'.
      ENDIF.
      gt_empcert-count = gt_empcert_cnt-count.

      MODIFY gt_empcert.
    ENDLOOP.--------------------> 중 략 <---------------------

❷ FORM setting_layout   CHANGING  p_layout TYPE lvc_s_layo.
    p_layout-excp_fname = 'LIGHT'.
   ENDFORM.
```

결과 | 15-20

Exception	직원코드	자격증 ID	자격 순번	자격증 개수
■○○	1001	A0	1	1
○△○	1002	B0	1	2
○△○		A0	2	2
○○□	1003	C0	1	3
○○□		A0	2	3
○○□		B0	3	3
■○○	1004	B0	1	1
■○○	1005	C0	1	1
■○○	1006	C0	1	1
■○○	1007	A0	1	1
■○○	1008	B0	1	1
■○○	1011	E0	1	1

❶ Exceptions 필드 추가

인터널 테이블(OUTPUT)에 신호등을 표시할 필드를 TYPE C로 선언하여 추가한다.

❷ Exceptions 필드 설정

ALV 레이아웃 설정에서 excp_fname 속성을 이용하여 신호등 필드를 설정한다.

❸ 자격증 개수에 따른 신호등 색 변화

자격증이 1개인 경우에는 빨간색, 2개인 경우에는 노란색, 3개 이상이면 녹색으로 보이도록 인터널 테이블 데이터를 변경한다. 이후, 프로그램을 실행하여 결과를 확인해보자.

7-2 라인 색상 지정(Coloring Rows)

ALV Grid에서 강조하고 싶은 라인의 색상을 변경할 수 있다. 그러려면 먼저, 다음과 같이 인터널 테이블에 linecolor 필드를 추가해야 한다.

```
DATA: BEGIN OF GT_OUTTAB OCCURS 0.
 INCLUDE STRUCTURE <DDIC-Struktur>.
DATA:    linecolor(4) TYPE c.  " 색상 지정을 위한 필드
DATA: END OF GT_OUTTAB.
```

예제 | 15-21

```
REPORT Z15_21.
---------------------> 중 략 <---------------------
DATA : BEGIN OF gt_empcert OCCURS 0.
         INCLUDE STRUCTURE zempcert.
❶DATA :    count      TYPE p LENGTH 3, " 자격증 개수 필드 추가
```

```
              linecolor TYPE c LENGTH 4.
  DATA : END OF gt_empcert.
  --------------------> 중 략 <--------------------
❸   IF gt_empcert_cnt-count >= 3.     " Green.
      gt_empcert-linecolor = 'C500'.
    ELSEIF gt_empcert_cnt-count = 2.  " Yellow.
      gt_empcert-linecolor = 'C300'.
    ELSEIF gt_empcert_cnt-count = 1.  " Blue.
      gt_empcert-linecolor = 'C100'.
    ENDIF.
  --------------------> 중 략 <--------------------
  FORM setting_layout   CHANGING  p_layout TYPE lvc_s_layo.
  --------------------> 중 략 <--------------------
  * coloring row
❷   p_layout-INFO_FNAME = 'LINECOLOR'.
  ENDFORM.
```

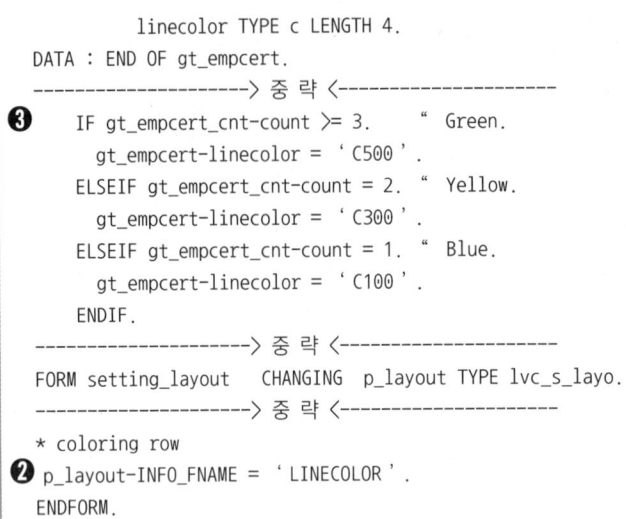

결과 | 15-21

❶ LINE COLOR 필드 추가

인터널 테이블(OUTPUT)에 라인 색상(Line Color)을 표시할 필드를 TYPE C로 선언하여 추가한다.

❷ INFO_FNAME 필드 설정

ALV 레이아웃 설정에서 컬러 지정 필드를 설정한다.

❸ 자격증 개수에 따른 line color 변화

자격증이 1개인 경우에는 파란색, 2개인 경우 노란색, 3개 이상이면 녹색으로 라인 색상을 표시하도록 설정한다. 'gt_empcert-linecolor = 'C100'.' 구문에서 색상 코드 C100의 세부적인 구성은 그림 15-8과 같다.

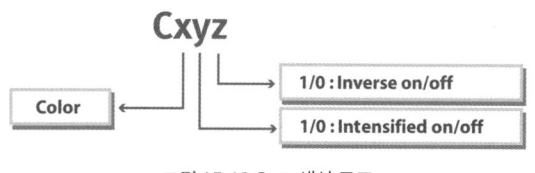

그림 15-18 Cxyz 색상 구조

Cxyz에서 색상을 표현하는 x에 설정할 수 있는 값은 표 15-19와 같다.

x	색상	사용 목적
1	gray blue	헤더
2	light gray	리스트
3	yellow	합계(Total)
4	blue green	키(Key) 컬럼
5	green	양호한 값을 표현하는 목적
6	red	부정적인 값을 표현하는 목적
7	orange	Control level

표 15-19 색상 번호와 사용 목적

7-3 셀 색상 지정(Coloring Cells)

ALV Grid에서 강조하고 싶은 셀의 색상을 변경할 수 있다. 그러려면 먼저, 다음과 같이 인터널 테이블에 LVC_T_SCOL 타입의 컬러 테이블을 추가해야 한다.

```
DATA: BEGIN OF GT_OUTTAB OCCURS 0.
 INCLUDE STRUCTURE <DDIC-Struktur>.
DATA:   cellcolor  TYPE LVC_T_SCOL. " CELL 색상 지정을 위한 필드 추가
DATA: END OF GT_OUTTAB.
```

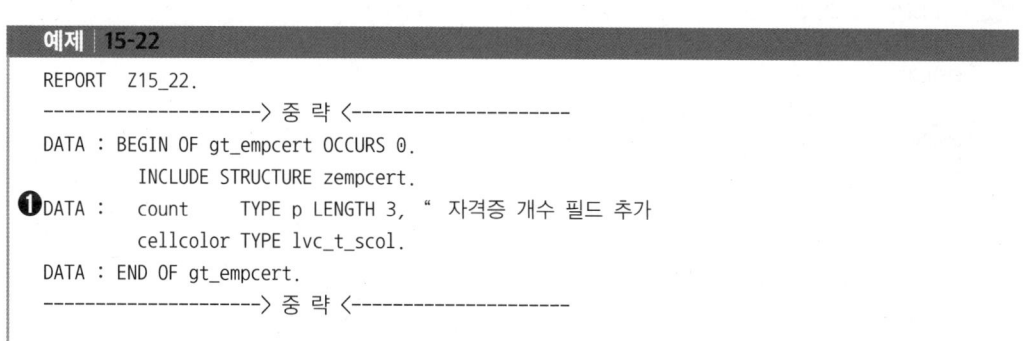

❷FORM setting_layout   CHANGING p_layout TYPE lvc_s_layo.
  p_layout-ctab_fname = ' CELLCOLOR '.
 ENDFORM.

     ---------------------> 중 략 <---------------------

❸FORM setting_cell .
  DATA : lt_color   TYPE lvc_t_scol,
   ls_color   TYPE lvc_s_scol,
   ls_fieldcat TYPE lvc_s_fcat,
   l_mode   TYPE raw4,
   l_type(4)   TYPE c,
   index   TYPE i.

   LOOP AT gt_empcert.
     index = index + 1.
     CLEAR: lt_color[].
     LOOP AT gt_fieldcat INTO ls_fieldcat.
       CLEAR ls_color.
       ls_color-fname = ls_fieldcat-fieldname.
❸-❶   IF ls_color-fname EQ ' COUNT '.
         CASE gt_empcert-count.
           WHEN ' 3 '.
             ls_color-color-col = 5.
             ls_color-color-int = 0.
           WHEN ' 2 '.
             ls_color-color-col = 3.
             ls_color-color-int = 0.
           WHEN ' 1 '.
             ls_color-color-col = 6.
             ls_color-color-int = 0.
         ENDCASE.
❸-❷   INSERT ls_color INTO TABLE lt_color.
       ENDIF.
     ENDLOOP.

     CLEAR: gt_empcert-cellcolor[].
❸-❸   INSERT LINES OF lt_color INTO TABLE gt_empcert-cellcolor.
     MODIFY gt_empcert INDEX index.
   ENDLOOP.

  ENDFORM.   " SETTING_CELL

| 결과 | 15-22 |

Coloring Cell Test

직원코드	자격증 ID	자격 순번	자격증 개수
1001	A0	1	1
1002	B0	1	2
	A0	2	2
1003	C0	1	3
	A0	2	3
	B0	3	3
1004	B0	1	1
1005	C0	1	1
1006	C0	1	1
1007	A0	1	1
1008	B0	1	1
1011	E0	1	1

❶ CELL COLOR 필드 추가

인터널 테이블에 셀 색상(Cell Color)을 표시할 필드를 TYPE LVC_T_SCOL로 선언하여 추가한다.

❷ CTAB_FNAME 필드 설정

ALV 레이아웃 설정에서 셀에 컬러를 지정하기 위한 필드를 설정한다. CELLCOLOR는 색상이 변경되는 필드가 아니라, 아웃풋 테이블에서 색상이 변경될 셀 정보를 담고 있는 인터널 테이블이다.

❸ CELL 색상 지정

자격증 개수에 따라 색상을 지정하는 스크립트를 추가한다.

❸-❶ 필드가 COUNT일 경우만 색상을 변경한다. 만약 IF 구문을 주석 처리하게 되면, 라인 전체의 색상이 변경되어 Coloring Rows와 동일한 효과를 가진다.

❸-❷ lt_color 인터널 테이블에 필드명과 색상 정보를 추가한다.

❸-❸ 아웃풋 테이블의 CELLCOLOR 필드에 셀 정보와 색상 정보를 추가한다. 프로그램을 실행하면 결과 15-22와 같은 화면이 조회된다.

7-4 셀을 푸시 버튼으로 표시

ALV Grid 셀을 푸시 버튼(Pushbutton)으로 나타내어 사용자가 해당 셀을 클릭하면 다른 트랜잭션 화면으로 이동하거나 더 많은 정보를 조회할 수 있도록 한다. 푸시 버튼을 클릭하면, ALV Grid는 button_click 이벤트를 호출한다. 실습을 위해 다음 구문과 같이 인터널 테이블에 LVC_T_STYL 타입의 필드를 추가하자.

```
DATA: BEGIN OF GT_OUTTAB OCCURS 0.
 INCLUDE STRUCTURE <DDIC-Struktur>.
DATA:    cellbtn TYPE LVC_T_STYL. " Pushbutton으로 변경할 필드 추가
DATA: END OF GT_OUTTAB.
```

예제 | 15-23

```
REPORT Z15_23.
--------------------> 중 략 <--------------------
DATA : BEGIN OF gt_empcert OCCURS 0.
         INCLUDE STRUCTURE zempcert.
DATA :   count   TYPE p LENGTH 3, " 자격증 개수 필드 추가
❶        chk     TYPE c,
         cellbtn TYPE lvc_ t_styl.
DATA : END OF gt_empcert.
--------------------> 중 략 <--------------------
❷FORM setting_layout   CHANGING  p_layout TYPE lvc_s_layo.
    p_layout-stylefname = 'CELLBTN'.
ENDFORM.
--------------------> 중 략 <--------------------
FORM setting_cell .
  DATA : lt_cellbtn  TYPE lvc_t_styl,
         ls_cellbtn  TYPE lvc_s_styl,
         ls_fieldcat TYPE lvc_s_fcat,
         l_mode      TYPE raw4,
         index       TYPE i.

* Display cell as PUSHBUTTON
  CLEAR index.
  LOOP AT gt_empcert.
    index = index + 1.
    CLEAR: lt_cellbtn[], ls_cellbtn.

❸   LOOP AT gt_fieldcat INTO ls_fieldcat.
      ls_cellbtn-fieldname = ls_fieldcat-fieldname.

      IF ls_cellbtn-fieldname EQ 'CHK'.
        ls_cellbtn-fieldname = 'CHK'.
        ls_cellbtn-style     = cl_gui_alv_grid=>mc_style_button.
      ENDIF.
      INSERT ls_cellbtn INTO TABLE lt_cellbtn.

    ENDLOOP.
    INSERT LINES OF lt_cellbtn INTO TABLE gt_empcert-cellbtn.
```

```
           MODIFY gt_empcert INDEX index.
           CLEAR   gt_empcert.

       ENDLOOP.

   ENDFORM.                        "  SETTING_CELL
❺ CLASS lcl_event_receiver DEFINITION.
   PUBLIC SECTION.
         --------------------> 중 략 <--------------------
         METHODS : handle_button_click
             FOR EVENT button_click OF CL_GUI_ALV_GRID
             IMPORTING es_col_id es_row_no.
   PRIVATE SECTION.
   ENDCLASS.                       " lcl_event_receiver DEFINITION
       --------------------> 중 략 <--------------------
❻ CLASS lcl_event_receiver IMPLEMENTATION.
     METHOD handle_button_click.   " 6번 이벤트 메소드 구현
       CLEAR gt_empcert.
       READ TABLE gt_empcert INDEX es_row_no-row_id INTO gt_empcert.
       IF sy-subrc EQ 0.
         MESSAGE gt_empcert-empcd TYPE ' I '.
       ENDIF.
     ENDMETHOD.                    " handle_button_click
   ENDCLASS.                       " lcl_event_receiver IMPLEMENTATION
       --------------------> 중 략 <--------------------
   FORM setting_event .
❹ CREATE OBJECT event_receiver.
   SET HANDLER event_receiver->handle_button_click  FOR g_grid.
   ENDFORM.                        " setting_event
```

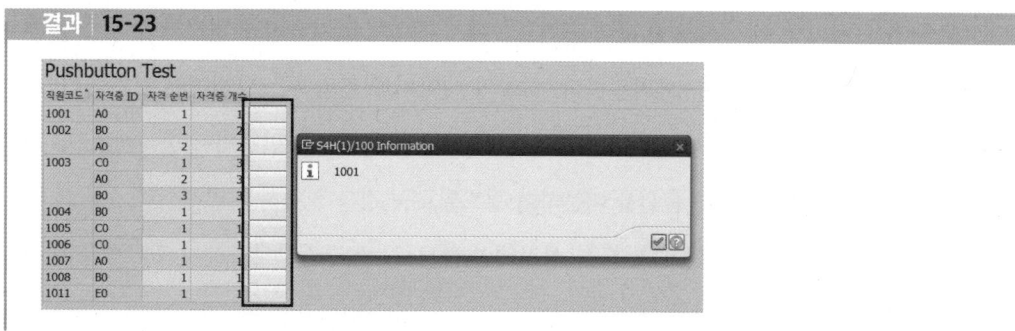

결과 | 15-23

❶ Pushbutton 필드와 Cell 스타일 필드 추가

CHK 필드는 푸시 버튼으로 표시될 필드이며, CELLBTN은 스타일 정보를 저장하는 컬럼이다.

❷ STYLEFNAME 필드 설정

ALV 레이아웃에서 STYLEFNAME은 'CELLBTN'으로 설정한다.

❸ Pushbutton 처리

CHK 필드를 푸시 버튼으로 조회할 수 있도록 설정한다. STYLE에 대한 값은 CL_GUI_ALV_GRID 의 [Attribute] 탭에 상수 형태로 정의되어 있으며, 푸시 버튼으로 보이게 하는 값은 'cl_gui_alv_grid=>mc_style_button.'를 사용한다.

❹ 버튼 클릭의 이벤트 등록

푸시 버튼을 클릭하면 반응하는 이벤트 핸들러 메소드를 등록한다.

❺ 이벤트 메소드 정의

이벤트 메소드를 정의한다.

❻ 이벤트 메소드 구현

버튼을 클릭하면 해당 라인의 empcd 컬럼 값을 읽어 정보 메시지 창을 실행하는 스크립트를 추가한다.

08 ALV Grid EDIT

"13장 모듈 풀 프로그램"에서 학습한 테이블 컨트롤에서 데이터를 자유롭게 변경할 수 있었던 것처럼, ALV Grid에서도 EDIT 기능을 지원한다. ALV의 데이터를 편집하는 방법에는 크게 두 가지가 있다. 첫 번째는 레이아웃 설정에서 편집 옵션을 지정하여 전체 Grid를 변경하는 방식이며, 두 번째는 필드 카탈로그 레벨에서 편집 옵션을 이용하여 필드별로 변경을 설정하는 방식이다.

ALV 데이터의 키 필드는 변경할 수 없도록 설정해야 하므로, 필드 카탈로그에서 필드별로 변경하도록 하는 것이 바람직하다.

그림 15-19의 위쪽 그림은 전체 ALV의 필드를 수정 가능하도록 설정한 예이며, 아래쪽 그림은 '직위' 필드만 수정이 가능하도록 설정한 예이다. EDIT 속성을 활성화하면 기본적으로 툴바에 ALV 데이터를 생성/변경/삭제할 수 있는 아이콘이 추가된다.

그림 15-19 ALV Grid EDIT

01 레이아웃 설정

먼저, Z15_18 프로그램을 Z15_24로 복사하여 생성하고 실습해보자. 레이아웃의 EDIT 속성을 설정하면 그림 15-19의 위쪽과 같이 전체 ALV를 수정할 수 있도록 변경된다. 레이아웃 설정만 변경한 후 프로그램을 실행하여 확인해보자. 그리고 생성/변경/삭제 아이콘도 클릭하면서 해당 이벤트의 동작도 확인해보자.

예제 | 15-24

```
REPORT  Z15_24 .
--------------------> 중 략 <--------------------
FORM setting_layout CHANGING p_layout TYPE lvc_s_layo.
  p_layout-edit = 'X'.
ENDFORM.
```

02 필드 카탈로그 속성

PSTION 필드의 카탈로그에 EDIT 속성을 설정하면 그림 15-19의 아래쪽 화면과 같이 해당 필드만 변경할 수 있도록 설정된다. 1단계의 레이아웃의 EDIT 속성은 초기화하자.

```
FORM setting_catalog .
  DATA : ls_fieldcat TYPE lvc_s_fcat.

  LOOP AT gt_fieldcat INTO ls_fieldcat.

    IF ls_fieldcat-fieldname EQ 'PSTION'.
      ls_fieldcat-edit = 'X'.
      MODIFY gt_fieldcat FROM ls_fieldcat.
    ENDIF.

  ENDLOOP.

ENDFORM.                   " SETTING_CATALOG
```

03 SET_READY_FOR_INPUT 메소드

ALV Grid의 EDIT 기능을 활성화하는 메소드로서, 레이아웃/필드 카탈로그에서 설정한 EDIT 기능을 비활성화한다. set_ready_for_input 메소드는 ALV Grid에서 변경 아이콘을 추가하여 변경 아이콘을 한 번 클릭하면 ALV를 편집 모드로 변경하고, 다시 클릭하면 조회 모드로 변경하고자 할 때 많이 사용된다.

```
CALL METHOD G_GRID->SET_READY_FOR_INPUT
 EXPORTING I_READY_FOR_INPUT = 1.
* Value 1 : Ready for input
* Value 0 : Not ready for input
```

04 GUI Status 설정

사용자가 ALV Grid의 필드 값을 변경한 후 저장 버튼을 클릭하면, 인터널 테이블의 값(또는 DB 테이블의 값)을 변경한 후 ALV를 새로고침(Refresh)하는 기능을 추가해보자. 스크린 100번에 추가한 GUI Status의 저장 버튼에 'SAVE' 명령어를 입력하고 활성화한다.

05 저장 이벤트

스크린 100번의 PAI 모듈에 저장 버튼을 클릭했을 때 실행할 스크립트를 추가한다. check_changed_data 메소드는 ALV Grid의 필드가 포맷에 맞게 변경되면 'X' 값을 반환한다. 조건에 맞게 값이 변경되었다면, 'PERFORM update_database' 구문에서 DB 테이블의 데이터를 변경한다.

update_database 서브루틴은 gt_modified_rows라는 인터널 테이블의 내용으로 ZEMPLIST 테이블을 변경하는 로직으로 구성되어 있다. 이때 gt_modified_rows 인터널 테이블은 ZEMPLIST 타입의 테이블로 ALV Grid의 데이터가 변경되면 변경된 정보를 저장하는 테이블이다. 이 부분에 대한 스크립트는 다음 '8단계 클래스 정의'에서 살펴보자.

```
MODULE user_command_0100 INPUT.
  CASE sy-ucomm.
    WHEN 'SAVE'.
      DATA: l_valid TYPE c.
      CALL METHOD g_grid->check_changed_data
        IMPORTING
          e_valid = l_valid.
      IF l_valid IS NOT INITIAL.
      PERFORM update_database.
      ENDIF.
  ENDCASE.
ENDMODULE.

FORM update_database .
  MODIFY zemplist FROM TABLE gt_modified_rows.
  IF sy-subrc EQ 0.
    MESSAGE 'SAVE OK' TYPE 'I'.
  ENDIF.
ENDFORM.                    " UPDATE_DATABASE
```

참고로 CHECK_CHANGED_DATA 메소드가 호출되면, ALV에서 사용자가 수정한 내용이 자동으로 gt_emplist 인터널 테이블에 반영된다.

즉, 앞의 예제에서 사용한 다음 구문 대신

```
MODIFY zemplist FROM TABLE gt_modified_rows.
```

다음과 같이 gt_emplist를 직접 사용해도, ALV에서 변경한 값을 데이터베이스 테이블에 반영할 수 있다.

```
MODIFY zemplist FROM TABLE gt_emplist.
```

이후 단계에서 설명하는 DATA_CHANGED 이벤트를 활용하여 변경된 값을 별도의 인터널 테이블 gt_modified_rows에 저장하는 이유는, 사용자가 값을 변경한 즉시 해당 값을 기반으로 검증(Validation), 자동 계산, 관련 필드의 자동 변경, 오류 처리 등을 수행하기 위함이다.

06 클래스 정의(for 이벤트 핸들러 메소드)

ALV Grid의 값이 변경되면 변경된 정보를 저장하기 위해, CL_GUI_ALV_GRID의 이벤트를 처리하는 메소드를 호출하는 lcl_event_receiver 클래스를 프로그램 내에 정의한다. 이 클래스는 이벤트 핸들러 역할을 하며, ALV

Grid에서 발생하는 이벤트를 처리하는 메소드를 포함한다.

```abap
CLASS lcl_event_receiver DEFINITION.
 PUBLIC SECTION.
   METHODS:
      handle_data_changed
         FOR EVENT data_changed OF CL_GUI_ALV_GRID
            IMPORTING er_data_changed.
ENDCLASS.
```

07 클래스 구현

ALV의 변경된 값을 gt_modified_rows 인터널 테이블에 추가하는 로직의 메소드를 구현한다. 즉, 사용자가 ALV에서 값을 변경하면 ALV의 이벤트가 호출되고, 이벤트 핸들러 메소드가 변경된 데이터를 인터널 테이블에 저장한다.

```abap
CLASS lcl_event_receiver IMPLEMENTATION.
  ...
  METHOD handle_data_changed.
    DATA:
      ls_emplist TYPE zemplist,
      ls_outtab  LIKE LINE OF gt_emplist.

    FIELD-SYMBOLS: <fs> TYPE table.

    ASSIGN er_data_changed->mp_mod_rows->* TO <fs>.
    LOOP AT <fs> INTO ls_outtab.
      MOVE-CORRESPONDING ls_outtab TO ls_emplist.
      APPEND ls_emplist TO gt_modified_rows.
    ENDLOOP.
  ENDMETHOD.                   " handle_data_changed

ENDCLASS.                      " lcl_event_receiver IMPLEMENTATION
```

08 이벤트 핸들러 메소드 등록

이벤트를 호출하기 위해 이벤트 핸들러 메소드를 등록한다. 프로그램 내에서 이벤트 호출을 위해 정의한 lcl_event_receiver 클래스의 참조 객체 변수를 선언한 뒤, CREATE OBJECT 구문으로 인스턴스를 생성한다. 이후, SET HANDLER 구문을 통해 이벤트 핸들러 메소드를 등록한다.

```abap
DATA : event_receiver TYPE REF TO lcl_event_receiver.

CREATE OBJECT event_receiver.
SET HANDLER event_receiver->handle_data_changed FOR g_grid.
```

09 이벤트 호출

사용자가 ALV 화면에서 값을 변경하거나 [Enter] 키를 입력한 경우, 이벤트를 발생시키기 위해 register_edit_event를 호출한다. 앞 단계에서 생성한 gt_modified_rows 인터널 테이블은 사용자가 데이터를 편집했을 때 변경된 데이터가 저장되는 인터널 테이블이다.

다음 구문과 같이 EDIT 이벤트를 등록하면, 사용자가 값을 변경할 때 ALV Grid에 조회된 인터널 테이블 gt_emplist에도 변경된 값이 자동으로 반영된다.

```
CALL METHOD grid1->register_edit_event
 EXPORTING
    i_event_id = cl_gui_alv_grid=>mc_evt_modified.

CALL METHOD grid1->register_edit_event
 EXPORTING
    i_event_id = cl_gui_alv_grid=>mc_evt_enter.
```

cl_gui_alv_grid=>mc_evt_modified는 ALV Grid의 값이 변경될 때 이벤트를 호출하며, cl_gui_alv_grid=>mc_evt_enter는 사용자가 화면에서 [Enter] 키를 입력할 때 이벤트를 호출한다.

그림 15-20은 ALV Grid 데이터를 수정하고, 저장 버튼을 클릭한 후의 결과 화면이다.

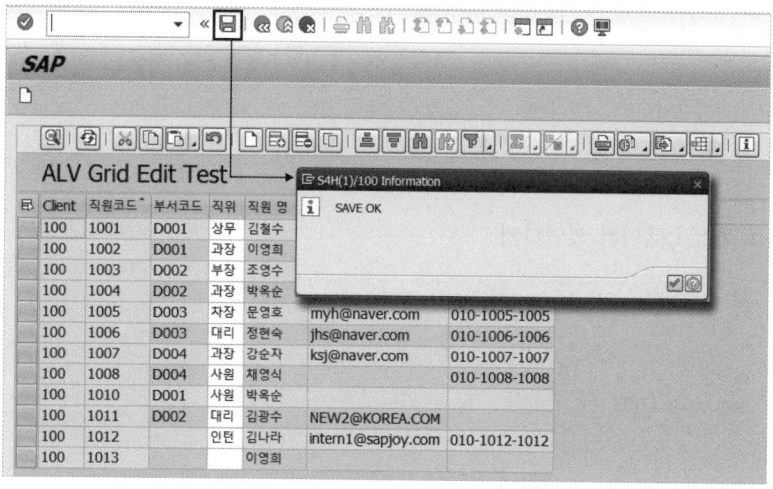

그림 15-20 ALV 데이터 변경 후 저장 이벤트

드롭다운 리스트 박스 생성

드롭다운(Dropdown) 리스트는 Search Help와 같이 사용자의 입력 편의를 위해 많이 사용된다. "13장 모듈 풀 프로그램"에서 드롭다운 리스트는 입력 도움말이 존재할 때 스크린 페인터의 속성을 이용하면 편리하게 설정할 수 있었다. 그러나 ALV는 스크린에 Custom 컨트롤만 존재하기 때문에 스크린 페인터에서 속성을 설정할 수 없다. ALV에 드롭다운 리스트를 추가하려면 소스 코드 레벨에서 필드 카탈로그의 드롭다운(Dropdown) 속성을 설정한 후에 set_drop_down_table이라는 메소드를 호출해야 한다.

다음과 같은 순서로 ALV 셀 속성을 변경하여 드롭다운 리스트를 생성한다.

❶ **필드 카탈로그 속성 Dropdown 순번 지정**

handle 속성은 필드 카탈로그에서 drdn_hndl에 설정된 값과 연결되며, 숫자 값만 사용할 수 있다. 만약 ALV에서 여러 개의 필드에 드롭다운 리스트를 생성해야 할 경우 1, 2, 3과 같이 순번을 지정하여 사용한다.

```
ls_fieldcat-fieldname = 'PSTION'.
ls_fieldcat-drdn_hndl = '1'.
```

❷ **Dropdown 리스트 데이터 선언하기**

드롭다운 리스트를 저장하는 인터널 테이블과 구조체를 선언한다.

```
DATA : lt_dropdown TYPE lvc_t_drop.
DATA : ls_dropdown TYPE lvc_s_drop.
```

❸ **Dropdown 리스트 데이터 생성하기**

드롭다운 구조체에 값을 할당하여 인터널 테이블에 추가한다.

```
ls_dropdown-handle = '1'.
ls_dropdown-value = '상무'.
APPEND ls_dropdown TO lt_dropdown.
```

❹ Dropdown 리스트 ALV 필드에 적용하기

드롭다운 리스트를 생성하는 set_drop_down_table 메소드를 호출한다.

```
CALL METHOD g_grid->set_drop_down_table
  EXPORTING
    it_drop_down = lt_dropdown.
```

드롭다운 리스트를 생성하기 위해 앞에서 단계별로 정의한 대로 실제 프로그램에 적용해보자.

예제 | 15-25

```
REPORT  Z15_25.
-------------------> 중 략 <--------------------
FORM setting_catalog .
  DATA: ls_fieldcat TYPE lvc_s_fcat.

  LOOP AT gt_fieldcat INTO ls_fieldcat.
    IF ls_fieldcat-fieldname EQ 'PSTION'.
      ls_fieldcat-edit = 'X'.
      ls_fieldcat-drdn_hndl = '1'.
      ls_fieldcat-drdn_alias = 'X'.
      MODIFY gt_fieldcat FROM ls_fieldcat.
    ENDIF.
  ENDLOOP.

ENDFORM.                    " setting_catalog
-------------------> 중 략 <--------------------

FORM setting_dropdown .
  DATA: lt_dropdown TYPE lvc_t_dral,
        ls_dropdown TYPE lvc_s_dral.

  ls_dropdown-handle = '1'.
  ls_dropdown-value = '상무'.
  APPEND ls_dropdown TO lt_dropdown.

  ls_dropdown-handle = '1'.
  ls_dropdown-value = '부장'.
  APPEND ls_dropdown TO lt_dropdown.

  ls_dropdown-handle = '1'.
  ls_dropdown-value = '과장'.
  APPEND ls_dropdown TO lt_dropdown.

  CALL METHOD g_grid->set_drop_down_table
    EXPORTING
```

```
            it_drop_down_alias = lt_dropdown.

ENDFORM.                    " setting_dropdown
```

결과 | 15-25

```
Drop Down List Test
 Client 직원코드 부서코드 직위    직원명    이메일 주소          전화번호
  100   1001   D001  상무  ▼ 김철수  sapjoy@naver.com    010-1234-5678
  100   1002   D001  과장    이영희  MSRPA@NAVER.COM    010-1002-1002
  100   1003   D002  부장    조영수  jys@nvaer.com      010-1003-1003
  100   1004   D002  과장    박옥순                    010-1004-1004
  100   1005   D003  차장    문영호  myh@naver.com      010-1005-1005
  100   1006   D003  대리    정현숙  jhs@naver.com      010-1006-1006
  100   1007   D004  과장    강순자  ksj@naver.com      010-1007-1007
  100   1008   D004  사원    채경식                    010-1008-1008
  100   1010   D001  사원    박옥순
  100   1011   D002  대리    김광수  NEW2@KOREA.COM
  100   1012          인턴    김나라  intern1@sapjoy.com 010-1012-1012
  100   1013                  이영희
                      상무
                      부장
                      과장
```

예제 15-25에서 필드 카탈로그 속성 "checktable = '!'" 구문을 기술한 것은 Check Table을 체크하지 않기 위해서이다. 예제 15-25에서는 드롭다운 리스트를 텍스트 값으로만 구성하였다. 그러나 일반적인 형태는 '1: 상무'와 같이 코드와 텍스트로 구성된 드롭다운 리스트를 사용한다.

lvc_t_dral 타입을 이용해 드롭다운 리스트를 구성한 후에 set_drop_down_table 메소드를 호출할 때 it_drop_down_alias 파라미터를 사용하면 된다. 그리고 드롭다운 alias가 작동되기 위해서는 ALV를 변경했을 때 EDIT 이벤트를 발생시키는 register_edit_event 메소드를 호출해야 한다. 프로그램 Z15_25를 Z15_26으로 복사하고 생성하여 테스트해보자.

예제 | 15-26

```
REPORT Z15_26.
-------------------> 중 략 <---------------------
FORM setting_catalog .
  DATA: ls_fieldcat TYPE lvc_s_fcat.

  LOOP AT gt_fieldcat INTO ls_fieldcat.
    IF ls_fieldcat-fieldname EQ 'PSTION'.
      ls_fieldcat-edit = 'X'.
      ls_fieldcat-drdn_hndl = '1'.
      ls_fieldcat-drdn_alias = 'X'.
      MODIFY gt_fieldcat FROM ls_fieldcat.
    ENDIF.
  ENDLOOP.

ENDFORM.                    " setting_catalog
```

----------------------> 중 략 <----------------------

```
FORM setting_dropdown .
  DATA: lt_dropdown TYPE lvc_t_dral,
        ls_dropdown TYPE lvc_s_dral.

  ls_dropdown-handle = '1'.
  ls_dropdown-int_value = '1'.
  ls_dropdown-value = '1: 상무'.
  APPEND ls_dropdown TO lt_dropdown.

  ls_dropdown-handle = '1'.
  ls_dropdown-int_value = '2'.
  ls_dropdown-value = '2: 부장'.
  APPEND ls_dropdown TO lt_dropdown.

  ls_dropdown-handle = '1'.
  ls_dropdown-int_value = '3'.
  ls_dropdown-value = '3: 과장'.
  APPEND ls_dropdown TO lt_dropdown.

  CALL METHOD g_grid->set_drop_down_table
    EXPORTING
      it_drop_down_alias = lt_dropdown.

ENDFORM.                    " setting_dropdown
```

결과 15-26

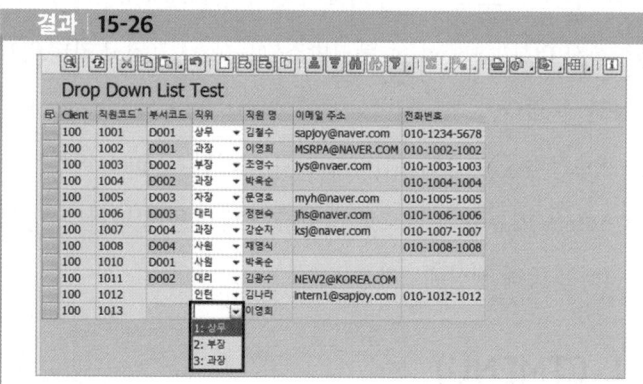

이번 절에서 실습한 내용은 ALV의 열 레벨에서 드롭다운 리스트 박스를 생성한 것이다. Cell 레벨에서 드롭다운 리스트를 생성하려면 필드 카탈로그 drdn_field 속성을 이용한다.

Context 메뉴 정의

사용자가 마우스 오른쪽 버튼을 클릭(또는 [Shift]+[F10])할 때 반응하는 메뉴를 Context 메뉴라 한다. 각 메뉴에는 그에 반응하는 기능이 할당되어 있다. Context 메뉴는 스크린 구성요소에 추가할 수 있으며, 표준 Context 메뉴 이외에도 다음과 같은 화면 요소에 사용자 정의 메뉴를 추가할 수 있다.

- Input/output field
- Text field
- Table control
- Frame
- Subscreen

이러한 화면 요소에서 마우스 오른쪽 버튼을 클릭할 때, ABAP 프로그램에서 Context 메뉴를 동적으로 생성한다. 13장에서 다룬 모듈 풀 프로그램에서는 메뉴 페인터를 이용해 스크린을 생성한 후, GUI Status를 할당하면 시스템이 자동으로 표준 Context 메뉴를 제공한다. 이 표준 메뉴는 스크린의 기능키(Function Key)를 포함한다. 이외의 기능은 스크립트를 추가해 구현하며, Function Key에 제한 없이 원하는 기능을 포함할 수 있다. 단, 푸시 버튼(Pushbutton), 체크박스(Checkbox) 그리고 라디오 버튼(Radiobutton)에는 Context 메뉴를 사용할 수 없다.

이번 절에서는 13장에서 다룬 모듈 풀 프로그램을 이용해 GUI Status로 생성된 Context 메뉴를 스크린에 추가하고, ALV Grid 내에서 Context 메뉴를 동적으로 생성하는 방법을 설명한다. 먼저, Context 메뉴에 대해 살펴보고 메뉴 페인터를 통해 생성해보자.

10-1 Context 메뉴 클래스(CL_CTMENU)

Context 메뉴는 전역 클래스인 CL_CTMENU의 객체이다. 이 클래스 라이브러리는 Control Framework(Custom Control) 클래스에 속하며, 프로그램 내에서 Context 메뉴를 동적으로 구성하는 다양한 메소드를 제공한다.

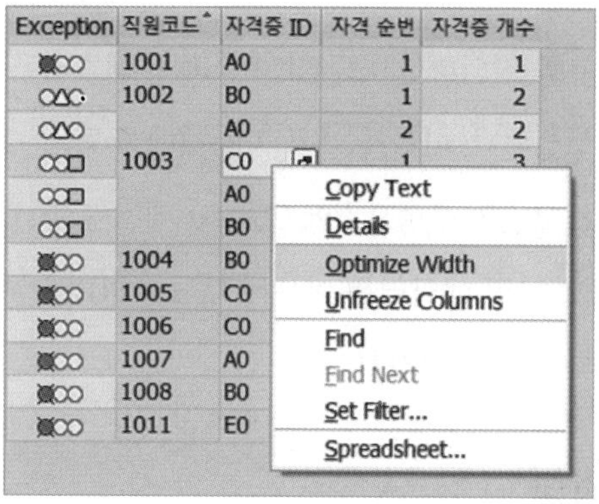

그림 15-21 ALV에서의 Context 메뉴

그림 15-21은 ALV 컨트롤에서 마우스 오른쪽 버튼을 클릭할 때 열리는 기본 Context 메뉴이다. CL_CTMENU 클래스의 주요 메소드는 표 15-20과 같다.

메소드	기능
LOAD_GUI_STATUS	이미 정의되어 있는 Context 메뉴를 프로그램 내에서 선언한 Context 메뉴에 할당한다(T-CODE:SE41 - 메뉴 페인터).
ADD_FUNCTION	프로그램 내에서 Context 메뉴에 하나의 기능을 할당한다.
ADD_MENU	프로그램 내의 Context 메뉴에 또 다른 Local Context 메뉴를 추가한다.
ADD_SUBMENU	Context 메뉴에 종속적인 Local Context 메뉴를 추가한다.
ADD_SEPARATOR	구분자를 삽입한다.
HIDE_FUNCTIONS	기능을 숨긴다.
SHOW_FUNCTIONS	기능을 보인다.
DISABLE_FUNCTIONS	기능을 비활성화한다.
ENABLE_FUNCTIONS	기능을 활성화한다.
SET_DEFAULT_FUNCTION	Context 메뉴에서 기본적으로 선택되어 표시되는 기능이다.

표 15-20 CL_CTMENU 클래스의 주요 메소드

CONTROL

Control 클래스에 이미 CL_CTMENU 클래스가 캡슐화되어 있으므로 객체를 생성할 필요 없이 사용하기만 하면 된다. 일반적으로 컨트롤(Control)을 이용하면 Context 메뉴를 생성하지 않는다. 이는 컨트롤 자체에 포함된 Context 메뉴의 이벤트와 충돌을 방지하기 위함이다.

스크린(LIST)

일반 스크린에서 Context 메뉴를 정의하면, CL_CTMENU 클래스의 객체가 실행 시에 자동으로 생성된다. 따라서 프로그램 내에서 명시적으로 선언할 필요가 없다. 스크린의 구성요소에 Context 메뉴를 연결하려면 그림 15-22와 같이 스크린 페인터를 이용해 Context ID를 입력해야 한다. 이는 뒤에서 자세하게 설명한다.

10-2 Context 메뉴 생성

Context 메뉴는 메뉴 페인터(T-code SE41)에서 생성할 수 있다. 먼저, 프로그램 Z15_26을 Z15_27로 복사하여 생성한 후에 실습을 진행하자.

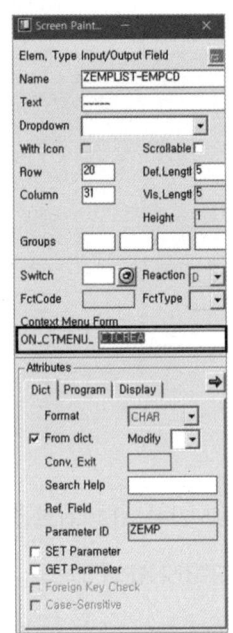

그림 15-22 스크린에서의 Context 메뉴

01 Context 메뉴 생성
Context 메뉴를 추가할 프로그램 이름, Context 메뉴 이름을 입력하고 Create 버튼을 클릭한다.

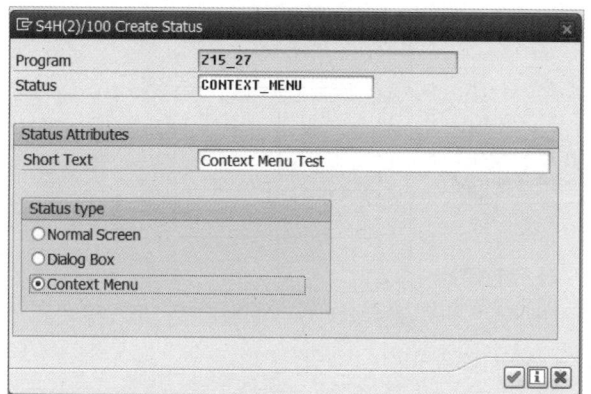

02 Context 메뉴 선택

팝업 화면의 Status type의 유형을 Context Menu로 선택한 뒤 [Enter] 키를 누른다.

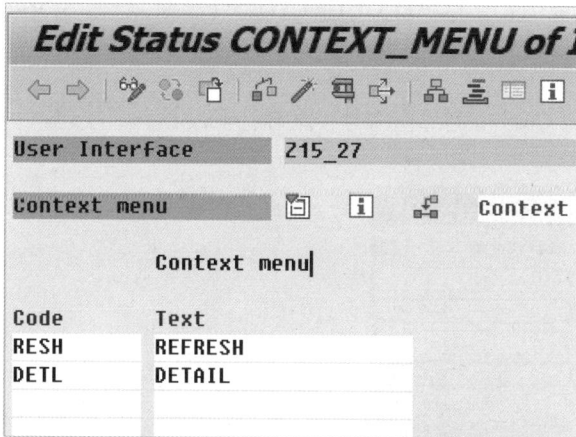

03 Function Code 추가

Context 메뉴에 추가하고자 하는 Function Code를 입력하고 활성화 버튼을 클릭한다. 'Context Menu' 라인을 더블 클릭하면, Function Code를 입력할 수 있는 필드가 열린다.

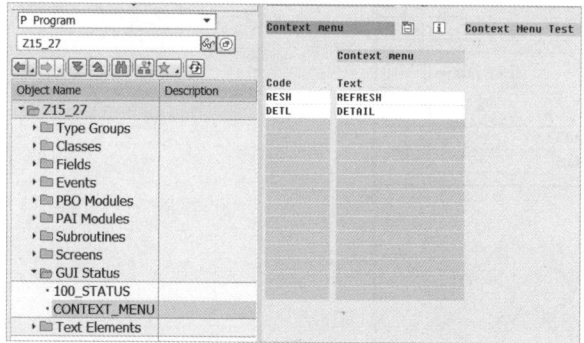

04 Context 메뉴 확인

프로그램 GUI Status에서 Context 메뉴가 생성되었는지 확인한다.

10-3 ALV에서 Context 메뉴 추가

이제 ALV Grid에서 Context 메뉴를 추가해보자.

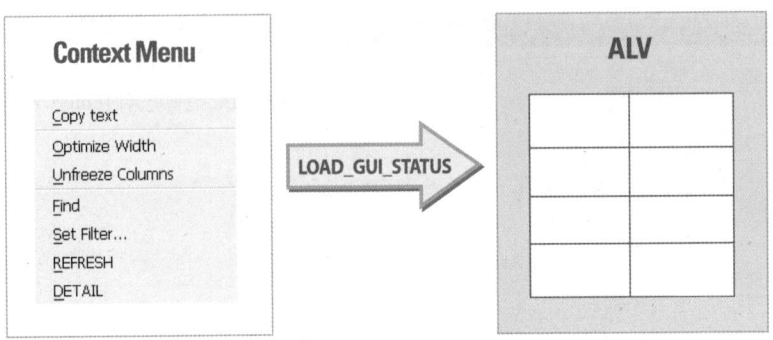

그림 15-23 Context 메뉴와 ALV

그림 15-23과 같이 10-2절에서 생성한 Context 메뉴를 LOAD_GUI_STATUS라는 메소드를 호출하여 ALV에 연결한다.

먼저, 스크린 페인터를 이용해 스크린 100번의 Custom 컨트롤 속성창을 확인해보자.

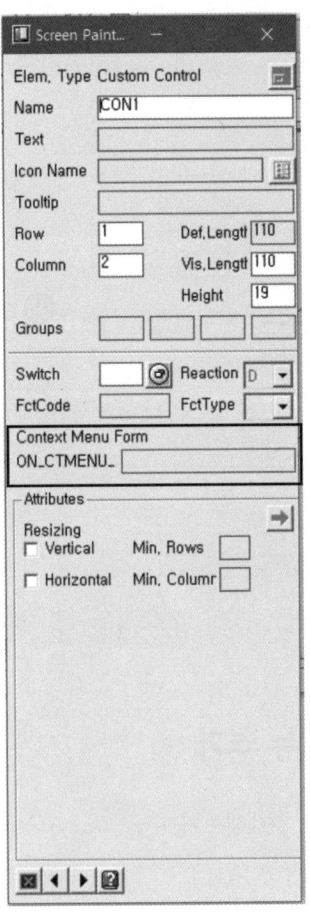

그림 15-24 Custom 컨트롤과 Context 메뉴

그림 15-24의 Custom 컨트롤에는 Context 메뉴를 입력하는 부분이 비활성화되어 있다. Custom 컨트롤에 Context 메뉴를 연결하려면, ALV Grid에 이벤트를 추가하여 Context 메뉴를 추가해야 한다. 이 작업을 수행하기 위해 Context 메뉴를 호출하는 메소드 LOAD_GUI_STATUS가 필요한 것이다. LOAD_GUI_STATUS 메소드는 그림 15-25와 같이 4개의 파라미터를 가진다.

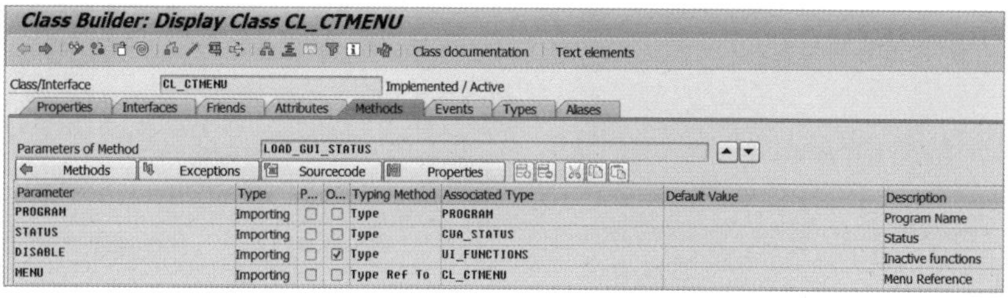

그림 15-25 LOAD_GUI_STATUS 메소드의 파라미터 종류

각 파라미터의 기능은 표 15-21과 같다.

파라미터	설명
PROGRAM	Context 메뉴를 연결할 프로그램 이름(시스템 변수 sy-repid 활용)
STATUS	메뉴 페인터에서 생성한 Context 메뉴
DISABLE	비활성화할 Function Code 추가
MENU	CL_CTMENU 클래스를 참조하여 생성한 인스턴스 이름

표 15-21 LOAD_GUI_STATUS 메소드의 파라미터

예제 | 15-27

```
REPORT Z15_27.
--------------------> 중 략 <--------------------
CREATE OBJECT event_receiver.
SET HANDLER event_receiver->handle_context_menu  FOR g_grid.
--------------------> 중 략 <--------------------
CLASS lcl_event_receiver DEFINITION.
 METHODS : handle_context_menu
    FOR EVENT context_menu_request OF CL_GUI_ALV_GRID
       IMPORTING e_object.
ENDCLASS.
--------------------> 중 략 <--------------------
CLASS lcl_event_receiver IMPLEMENTATION.
 METHOD handle_context_menu.
  CALL METHOD e_object->load_gui_status
    EXPORTING
       PROGRAM = SY-REPID
       STATUS = ' CONTEXT_MENU '
```

```
  ENDMETHOD.
ENDCLASS.
--------------------> 중 략 <--------------------
```

예제 15-27은 LOAD_GUI_STATUS 메소드를 이용해 Context 메뉴를 추가하는 스크립트이다. 앞의 예제에서 이미 구현된 이벤트 클래스 내에서 이벤트 핸들러 메소드를 등록하고 메소드를 구현하면 된다. 프로그램을 실행해보자.

결과 | 15-27

결과 15-27 화면의 Context 메뉴에서 볼 수 있듯이 [REFRESH]와 [DETAIL] Function Code가 추가되었다. CL_CTMENU 클래스의 객체를 생성하지 않고, 바로 Context 메뉴를 호출할 수 있는 이유는 그림 15-26의 CL_GUI_ALV_GRID 내에 Context 메뉴와 관련된 컴포넌트가 추가되어 있기 때문이다.

[REFRESH] Function Code를 클릭하면 화면이 다시 조회된다. 예제 15-14에서 이미 Refresh 명령에 대한 스크립트를 추가했기 때문이다.

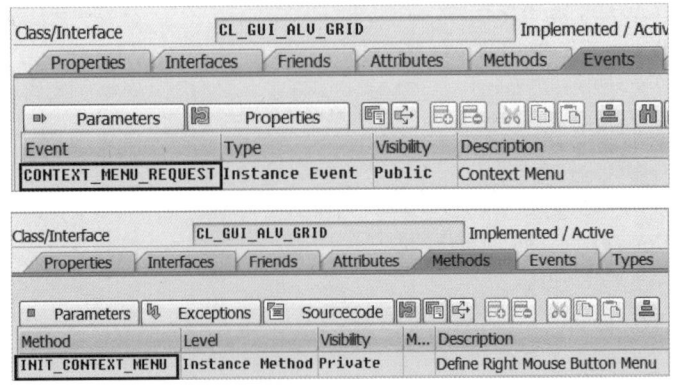

그림 15-26 CL_GUI_ALV_GRID와 Context 메뉴

10-4 Context 서브 메뉴 생성

이번에는 Context 메뉴에 서브 메뉴를 추가해보자.

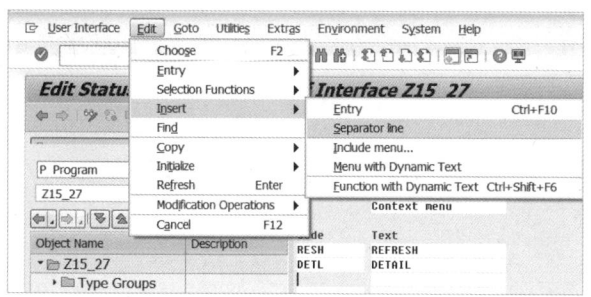

01 구분자 추가
메뉴: [Edit] → [Insert] → [Separator line]을 선택하여 구분자를 삽입하자.

02 서브 메뉴 추가
Code 필드에는 값을 입력하지 않고 Text 필드에만 메뉴명을 입력한 다음, 오른쪽에 생성된 노드에 서브 메뉴를 추가하자. 서브 메뉴 '상무'를 선택하면 직급이 '상무'인 데이터만 조회되도록 프로그램을 하기 위한 선행 과정이다.

03 프로그램 실행
앞에서 설정한 구분선과 서브 메뉴를 확인할 수 있다.

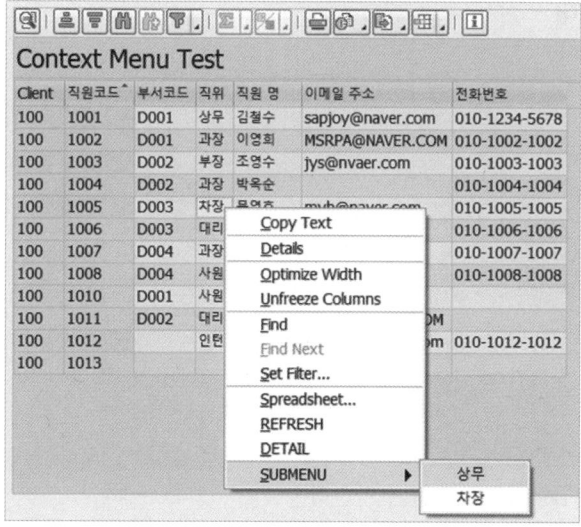

10-5 Context 메뉴의 메소드 실습

지금까지는 메뉴 페인터를 이용해 Context 메뉴를 생성하고, load_of_gui_satus 메소드를 호출하여 화면에 추가하는 방법을 학습하였다. 이와 같은 방법 외에도 메뉴 클래스의 add_function 메소드를 통해 Function Code를 추가하고 Context 메뉴를 동적으로 생성할 수도 있으며, 이미 생성된 메뉴 코드를 숨기는 기능 등을 구현할 수 있다. 표 15-20에서 설명한 주요 메소드들에 대해 실습을 진행해 보자.

예제 | 15-28

```
REPORT Z15_28.
---------------------> 중 략 <---------------------
 METHOD handle_context_menu.
    DATA: lt_std_fcodes TYPE ui_functions.
    DATA: lt_own_fcodes TYPE ui_functions.

    CALL METHOD e_object->load_gui_status
       EXPORTING
         program = sy-repid
         status  = 'CONTEXT_MENU'
      menu    = e_object.
❶   CALL METHOD e_object->add_function
       EXPORTING
         fcode = 'LEAVE'
         text  = 'LEAVE PROGRAM'.

❹   APPEND CL_GUI_ALV_GRID=>mc_fc_col_optimize
             TO lt_std_fcodes.

❷   CALL METHOD e_object->hide_functions
       EXPORTING
         fcodes = lt_std_fcodes.

❹     APPEND 'RESH' TO lt_own_fcodes.

❸   CALL METHOD e_object->disable_functions
       EXPORTING
         fcodes = lt_own_fcodes.
    ENDMETHOD.
```

❶ add_function 메소드

add_function 메소드를 통해 Context 메뉴에 Function Code를 추가한다.

❷ hide_functions 메소드

Context 메뉴에서 Function Code를 숨긴다(show_functions 메소드는 반대 역할).

❸ disable_functions 메소드

Context 메뉴의 Function Code를 비활성화시킨다(enable_functions 메소드는 반대 역할).

❹ **Funcion Code의 인터널 테이블**

ui_functioins 타입의 인터널 테이블이며, Context 메뉴에 사용할 Function Code들을 추가하여 스크립트를 통해 메소드에서 활용할 수 있도록 한다.

결과 | 15-28

10-6 Screen에서 Context 메뉴 추가

앞선 절에서는 ALV에서 메뉴 페인터를 이용해 생성한 Context 메뉴를 로드(load)하고, 메소드를 이용해 Context 메뉴를 동적으로 생성하는 방법에 대해 학습했다. 이제 Context 메뉴를 13장에서 배운 모듈 풀 프로그램(Module Pool Program) 스크린에 적용해보자. 먼저 그림 15-27과 같은 Code로 구성된 'CT_MENU'라는 이름의 Context 메뉴를 생성하자.

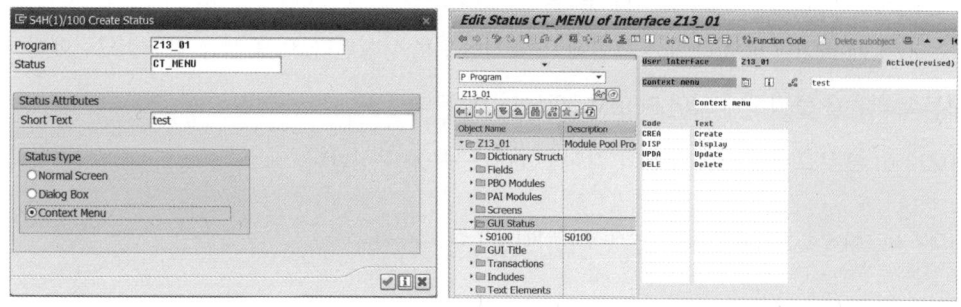

그림 15-27 Context 메뉴 생성

Context 메뉴를 스크린 100번의 Input/Output 필드에 연결하는 작업을 해보자. load_gui_status 메소드를 호출하여 Context 메뉴를 사용하려면, 다음과 같이 특별한 형태의 FORM 문을 생성해야 한다.

```
FORM on_ctmenu_xx USING l_menu TYPE REF TO cl_ctmenu.
~
ENDFORM.
```

그림 15-28과 같이 스크린의 구성요소(Input/output 필드, 서브 스크린 등)에 Context 메뉴 이름을 설정한다.

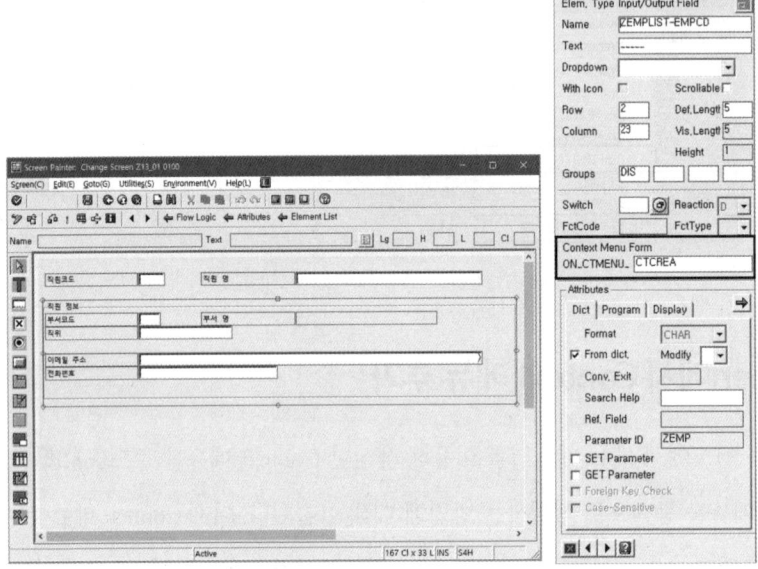

그림 15-28 스크린에 Context 메뉴 이름 설정

스크린 구성요소에 Context 메뉴 이름을 설정했다면, 프로그램이 실행되어 스크린이 내부 세션에 로드(load)될 때 PERFORM 문이 시스템에 의해 자동으로 생성된다. 이후 사용자가 스크린에서 마우스 오른쪽 버튼을 클릭하게 되면 FORM 구문이 실행된다.

이제 Z13_01 프로그램에 다음 구문과 같이 FORM 구문을 구성한다.

```
FORM on_ctmenu_ctcrea USING l_menu TYPE REF TO cl_ctmenu.

  CALL METHOD cl_ctmenu=>load_gui_status
    EXPORTING
      program = sy-repid
      status  = ' CT_MENU '
```

```
        menu     = l_menu.

    ENDFORM.                    " on_ctmenu_ctcrea
```

프로그램을 실행한 후 마우스 오른쪽 버튼을 클릭하면, 내부적으로 LOAD_GUI_STATUS 메소드가 호출되어 그림 15-29와 같이 화면에 Context 메뉴가 조회된다.

이때 주의할 점은 그림 15-28에서 Context Menu Form에 입력한 ON_CTMENU_"CTCREA" 이름과 작성한 FORM 문의 on_ctmenu_**ctcrea** 이름이 같아야 정상적으로 FORM 문이 작동한다는 점이다.

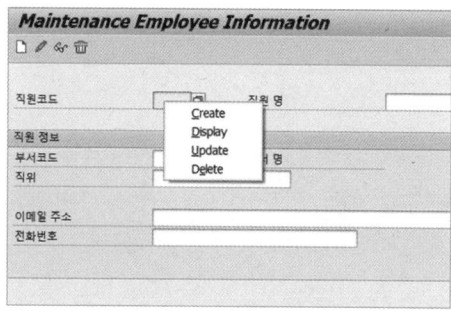

그림 15-29 Context 메뉴 호출

만약 프로그램을 실행 시 Context 메뉴가 조회되지 않으면 SAP GUI의 [Quick Cut and Paste] 기능을 해제해야 한다. 이 기능은 문자열을 마우스로 드래그하면 클립보드로 복사(Copy)되고, 마우스 오른쪽 버튼을 누르면 붙여넣기(Paste)가 자동 실행되도록 한다.

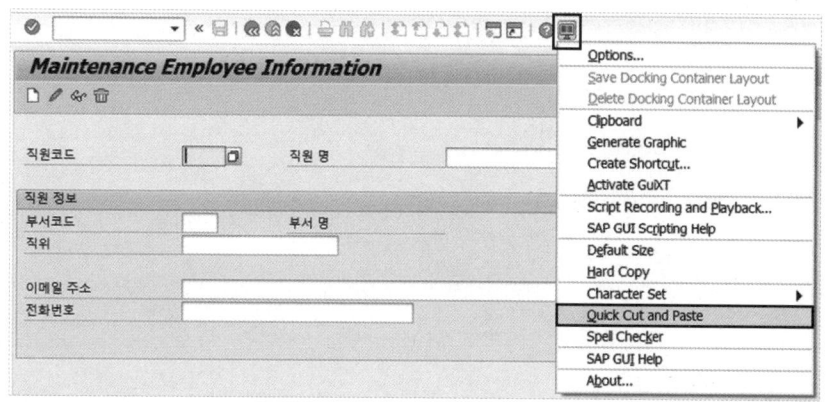

그림 15-30 [Quick Cut and Paste] 기능

CHAPTER 16

Function ALV

In this chapter >>>

이번 장에서는 Grid ALV와 함께 실무에서 많이 사용하는 Function ALV 대해 학습한다. Function ALV도 내부에는 클래스를 이용하고 있으며, Grid를 이용한 ALV와 유사한 기술이 적용되어 있다.

Chapter list >>>

1. Overview
2. Function ALV 함수 알아보기
3. Function ALV 실습

Overview

Function ALV는 이름에서 유추할 수 있듯이 Function(함수) 형태로 제공된다. 따라서 개발자는 이미 구현되어 있는 기능을 적절히 활용할 수 있으며, 스크린을 생성할 필요가 없고 스크립트를 일일이 작성할 필요가 없어 비교적 생산성이 높은 개발 방법을 제공한다. 이러한 이유로 구식 방법이지만 Function ALV는 여전히 실무에서 많이 사용되고 있다.

SAP사에서는 Function ALV의 다양한 예제를 SLIS라는 패키지에서 제공하고 있다. 이번 장을 통해 Function ALV의 구조와 구현 방법에 대해 이해한 후, 패키지에서 적절한 예제를 찾아 활용하면 된다.

Type-1 리포트의 주요 기능은 WRITE 구문으로 사용자에게 데이터를 보기 좋은 형태로 제공하는 것이다. 이와 유사하게 구현된 것이 리스트(List)를 이용한 Function ALV이며, REUSE_ALV_LIST_DISPLAY 함수를 이용해서 구현할 수 있다.

예제 | 16-1

```
REPORT z16_01.

DATA gt_itab TYPE TABLE OF zemplist.

SELECT *
  FROM zemplist
  INTO TABLE @gt_itab.

CALL FUNCTION ' REUSE_ALV_LIST_DISPLAY '
  EXPORTING
    i_structure_name = ' ZEMPLIST '
  TABLES
    t_outtab         = gt_itab.
```

결과 16-1

[Program Z16_01 ALV 화면 이미지]

결과 16-1에서 알 수 있듯이, 아주 간단한 스크립트로 정렬, 필터, 엑셀 다운로드 등의 기본 기능을 갖춘 ALV 프로그램을 개발할 수 있다. 이번에는 예제 16-1을 다음과 같이 Grid 함수로 변경하여 프로그램을 실행해보자.

```
CALL FUNCTION 'REUSE_ALV_GRID_DISPLAY'
```

예제 16-2

```abap
REPORT z16_02.

DATA gt_itab TYPE TABLE OF zemplist.

SELECT *
  FROM zemplist
  INTO TABLE @gt_itab.

CALL FUNCTION 'REUSE_ALV_GRID_DISPLAY'
  EXPORTING
    i_structure_name = 'ZEMPLIST'
  TABLES
    t_outtab         = gt_itab.
```

결과 | 16-2

직원코드	부서	직위	직원 명	이메일 주소
1001	D001	상무	김철수	sapjoy@naver.com
1003	D002	부장	조영수	jys@nvaer.com
1002	D001	과장	이영희	MSRPA@NAVER.COM
1005	D003	차장	문영호	myh@naver.com
1006	D003	대리	정현숙	jhs@naver.com
1007	D004	과장	강순자	ksj@naver.com
1004	D002	과장	박옥순	
1008	D004	사원	채영식	
1010	D001	사원	박옥순	
1011	D002	대리	김광수	NEW2@KOREA.COM
1012		인턴	김나라	intern1@sapjoy.com
1013			이영희	
1016	D003	사원	김이수	1016@SAPJOY.COM
1017	D002	대리	김광수	1017@SAPJOY.COM
1018	D001	과장	이나연	1018@SAPJOY.COM
1019	D001	주임	이영석	1019@SAPJOY.COM
1020	D003	사원	이미나	1020@SAPJOY.COM

결과 16-2에서 알 수 있듯이, 이는 Function ALV를 Grid 형태로 출력하는 방법이다. 고전적인 리스트(List) 방식보다는 사용자가 리스트를 더욱 동적으로 활용할 수 있는 편리함을 제공한다.

02 Function ALV 함수 알아보기

Function ALV에서 사용하는 'REUSE_ALV_GRID_DISPLAY' 함수는 가장 기본적이고 중요한 역할을 담당한다. 함수를 호출할 때는 ABAP Dictionary의 구조를 참고하거나 필드 카탈로그를 정의해야 한다. 전자는 앞의 예에서 "EXPORTING I_STRUCTURE_NAME = 'ZEMPLIST'"와 같이 zemplist 테이블과 같은 구조를 참조하는 것을 의미하며, 후자는 사용자가 ALV의 필드들을 스크립트를 이용해 하나하나 직접 구성해야 한다는 것을 의미한다.

'REUSE_ALV_GRID_DISPLAY' 함수를 호출할 때는 다음 구문과 같은 파라미터를 이용하여, 프로그램을 실행하기 이전에 테이블을 정렬하거나 필터링하는 등 다양한 기능을 활용할 수 있다.

```
CALL FUNCTION ' REUSE_ALV_GRID_DISPLAY '
```

EXPORTING	
I_CALLBACK_PROGRAM	ALV 함수를 호출하고 반환할 프로그램
I_CALLBACK_PF_STATUS_SET	ALV 프로그램 내의 Status 설정
I_CALLBACK_USER_COMMAND	ALV 프로그램의 버튼 기능 구현용 FORM 구문 이름
I_STRUCTURE_NAME	ALV 구조 설정: 구조체, 테이블
I_GRID_TITLE	ALV Grid의 헤더 타이틀
I_GRID_SETTINGS	ALV Grid 설정(편집 시 즉시 이벤트 호출 등)
IS_LAYOUT	ALV의 레이아웃 설정
IT_FIELDCAT	ALV의 구성 항목인 컬럼(필드 카탈로그) 설정
IT_EXCLUDING	ALV 기본 버튼 제거 항목
IT_SORT	ALV 조회 시 기본 정렬(Sort) 컬럼 설정
IT_FILTER	ALV 조회 시 필터 설정
I_SAVE	ALV 레이아웃 저장 시 옵션
IS_VARIANT	ALV 레이아웃을 저장하고 호출하도록 설정
IT_EVENTS	ALV의 이벤트 정의
TABLES	
T_OUTTAB	ALV에 출력될 데이터 영역(인터널 테이블)

이제 ALV 호출 함수의 각 파라미터가 어떠한 기능을 하는지 자세히 알아보자.

2-1 I_CALLBACK_PF_STATUS_SET 파라미터

이번 절에서는 그림 16-1과 같이 ALV 프로그램을 종료하는 버튼을 추가하고, 사용자가 해당 버튼을 클릭하면 ALV를 종료하는 기능을 구현한다.

그림 16-1 ALV PF-STATUS 기능 구현

CHAPTER 16 | Function ALV

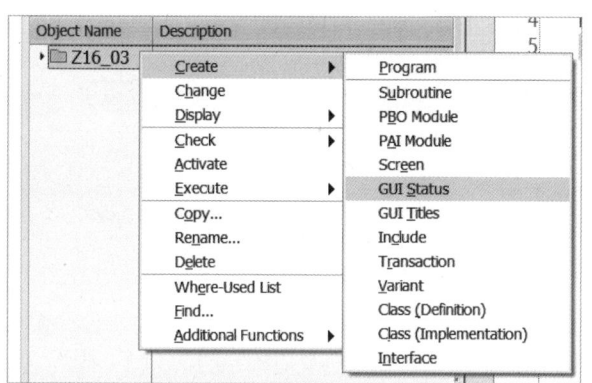

01 프로그램 Z16_03을 생성한 후에, T-CODE:SE80에서 마우스 오른쪽 버튼을 이용해 GUI Status를 생성하자.

02 이름을 'ALV_STATUS'라 지정하고, 적절한 내역을 입력한 후 'Normal Screen'을 선택한다.

03 어플리케이션 툴바의 🔲(펼치기) 버튼을 선택하고, 필드를 더블 클릭한다.

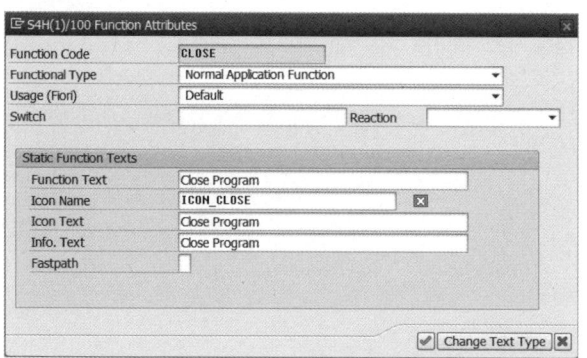

04 Function 텍스트와 아이콘 이름을 입력하고 [Enter] 키를 누른다. 그리고 GUI Status를 활성화하자.

05 ABAP 에디터로 돌아온 후, 다음과 같이 Type group SLIS와 이벤트 추가를 위한 변수들을 선언하자.

```abap
REPORT 16_03.

TYPE-POOLS : SLIS.

DATA GT_EVENTS TYPE SLIS_T_EVENT.
DATA GS_EVENT  TYPE SLIS_ALV_EVENT.
```

06 ALV에 출력할 데이터를 추출하기 위해 인터널 테이블과 SELECT 구문을 추가한다.

```abap
DATA gt_itab TYPE TABLE OF zemplist.

SELECT *
  FROM zemplist
  INTO TABLE @gt_itab.
```

07 다음은 ALV 프로그램을 호출하며 화면에 GUI Status를 설정하는 구문이다.

  1. **GS_EVENT-NAME**: ALV 표준 함수 내의 ALV 이벤트명을 설정한다. ALV 이벤트명은 이미 정의되어 있다.
  2. **GS_EVENT-FORM**: ALV를 호출하는 프로그램 내에서 GUI Status를 설정하기 위한 FORM 구문 이름을 작성한다.

```abap
gs_event-name = ' PF_STATUS_SET '.
gs_event-form = ' ALV_STATUS_SET '.
APPEND gs_event TO gt_events.
```

08 ALV_STATUS_SET FORM 구문의 기능을 작성한다. 이는 앞에서 생성한 ALV_STATUS를 화면에 추가하는 역할을 한다.

```abap
FORM ALV_STATUS_SET  USING PT_EXTAB  TYPE SLIS_T_EXTAB .

  CLEAR: PT_EXTAB[].
  SET PF-STATUS ' ALV_STATUS '.

ENDFORM.                    " ALV_STATUS_SET
```

09 이제 ALV를 호출하는 함수에 이벤트 파라미터를 사용해보자.

```abap
CALL FUNCTION ' REUSE_ALV_GRID_DISPLAY '
  EXPORTING
    it_events         = gt_events
    i_structure_name  = ' ZEMPLIST '
  TABLES
    t_outtab          = gt_itab.
```

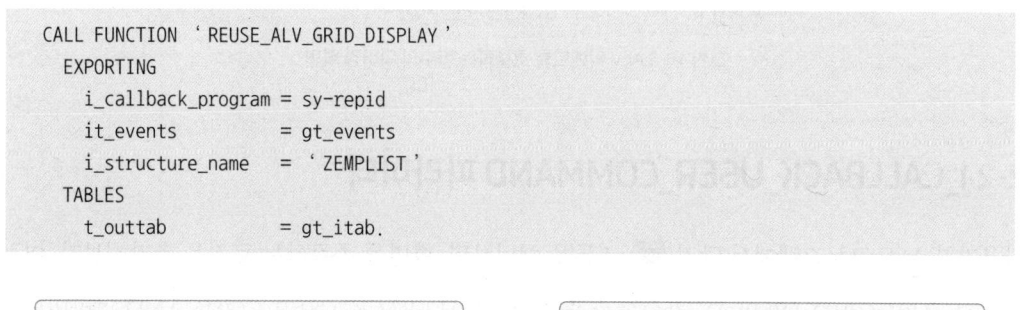

❿ 프로그램을 실행해보면, ALV 화면에 '닫기' 기능을 수행하는 버튼이 아직은 표시되지 않는다.

⓫ 다시 ABAP 에디터로 돌아온 후, I_CALLBACK_PROGRAM 파라미터에 시스템 변수 SY-REPID를 설정한다. 단, SY-REPID 시스템 변수를 사용하는 것보다는 임시 변수를 하나 선언해서 값을 할당한 후에 설정하는 것이 바람직하다.

이는 ALV를 호출하는 프로그램과 ALV 프로그램이 서로 다르기 때문에, 현재 호출한 프로그램의 이름을 ALV 프로그램에 전달하고, ALV 프로그램 내에서 해당 프로그램의 ALV_STATUS_SET을 호출하게 하기 위함이다. 이 과정을 나타낸 것이 그림 16-2이다.

```
CALL FUNCTION 'REUSE_ALV_GRID_DISPLAY'
  EXPORTING
    i_callback_program  = sy-repid
    it_events           = gt_events
    i_structure_name    = 'ZEMPLIST'
  TABLES
    t_outtab            = gt_itab.
```

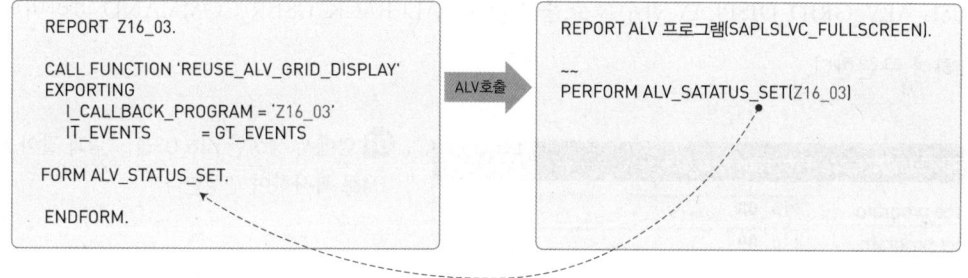

그림 16-2. ALV 호출 프로그램과 ALV 프로그램의 관계

⓬ 앞의 구문을 추가한 후에 다시 실행해보면, ALV 어플리케이션 툴바에 '닫기' 버튼이 정상적으로 조회된다.

ALV에서 사용할 수 있는 이벤트명은 'REUSE_ALV_EVENTS_GET' 함수를 이용하면 쉽게 알아낼 수 있다. 그림 16-3과 같이 디버깅 화면에서 gt_events 인터널 테이블의 데이터를 확인하면, 8번째 라인에 PF_STATUS_SET이라는 이벤트명이 있는 것을 확인할 수 있다.

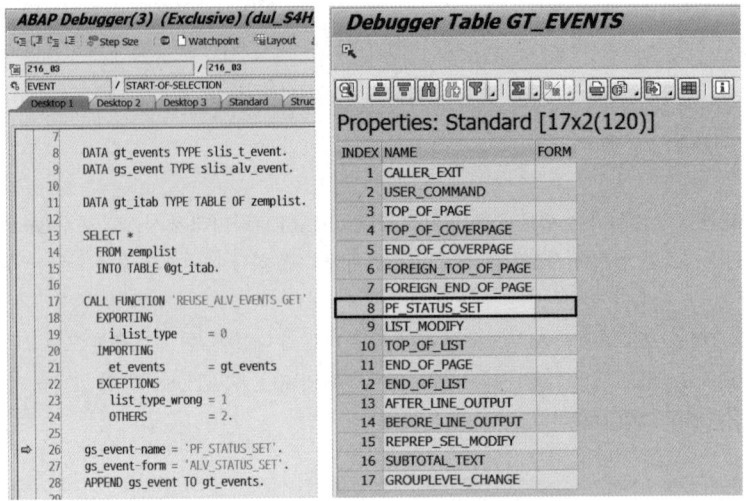

그림 16-3 ALV 이벤트를 호출하는 함수의 디버깅 화면

2-2 I_CALLBACK_USER_COMMAND 파라미터

사용자가 ALV 프로그램에서 닫기(☒) 버튼을 클릭하면, 화면을 종료하는 로직을 추가해보자. 이는 REUSE_ALV_GRID_DISPLAY 함수를 호출할 때 I_CALLBACK_USER_COMMAND 파라미터를 이용하여 구현한다.

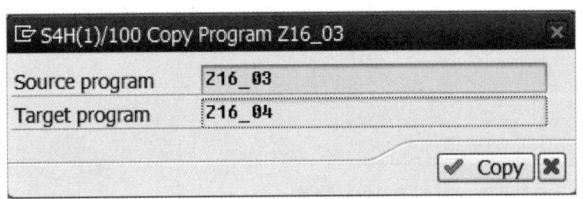

01 앞에서 생성한 Z16_03을 그림과 같이 Z16_04로 복사하여 생성한다.

02 굵은 텍스트로 처리된 부분의 파라미터를 추가한다. 이때 'ALV_USER_USER_COMMAND' 이름은 임의로 지정하면 된다.

```
CALL FUNCTION ' REUSE_ALV_GRID_DISPLAY '
  EXPORTING
    i_callback_program      = sy-repid
    it_events               = gt_events
    i_structure_name        = ' ZEMPLIST '
    i_callback_user_command = ' ALV_USER_COMMAND '
  TABLES
    t_outtab                = gt_itab.
```

03 'ALV_USER_COMMAND'와 동일한 이름의 FORM 구문을 하나 생성한 후, 사용자가 버튼을 클릭할 때 전달되는 명령어를 확인하기 위해 디버깅 호출 구문을 추가한다.

```
FORM alv_user_command USING p_ucomm     LIKE sy-ucomm
                            p_selfield TYPE slis_selfield.

  BREAK-POINT.

ENDFORM.                    "  ALV_USER_COMMAND
```

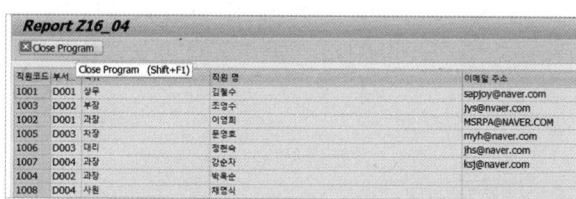

04 ALV 프로그램을 실행한 후 Close Program 버튼을 누른다.

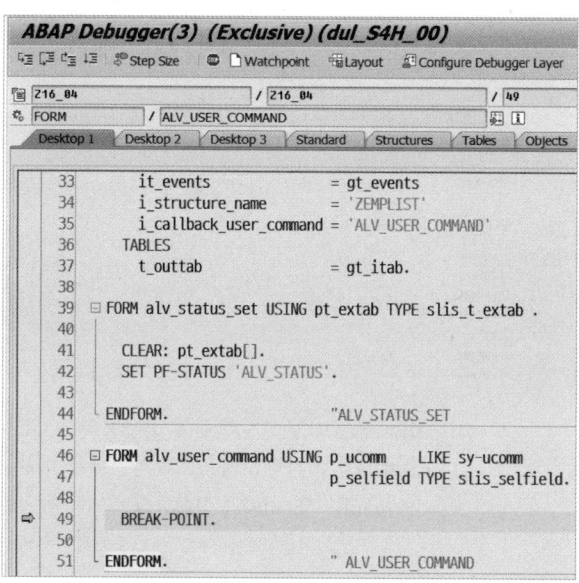

05 ABAP 디버거로 이동한 후, P_UCOMM 변수의 값을 확인해보면, 'CLOSE'라는 값이 저장된 것을 볼 수 있다. 이는 2-1절에서 GUI Status에서 설정한 것이다.

St...	Variable	V...	Val.
	P_UCOMM		CLOSE

06 P_UCOMM 변수에 'CLOSE'라는 값이 전달되면, 프로그램을 종료하는 구문을 추가해보자. 이후 프로그램을 실행하고 Close Program 버튼을 선택하면 정상적으로 프로그램이 종료된다.

```
FORM alv_user_command USING p_ucomm     LIKE sy-ucomm
                            p_selfield TYPE slis_selfield.

  CASE p_ucomm.

    WHEN ' CLOSE '.
      LEAVE PROGRAM.
```

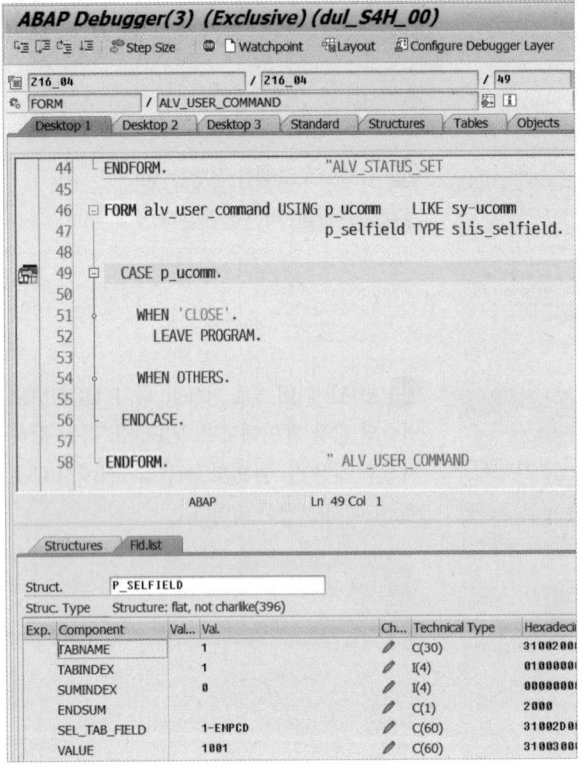

07 FORM 구문이 실행될 때 P_SELFIELD 파라미터 변수에는 ALV에서 사용자가 선택한 현재 셀의 정보가 반환된다.
왼쪽 그림에서는 인터널 테이블의 1번 인덱스(Index) 라인을 선택하였고, 필드 이름은 '1-EMPCD', 값은 '1001'이라는 것을 보여주고 있다.

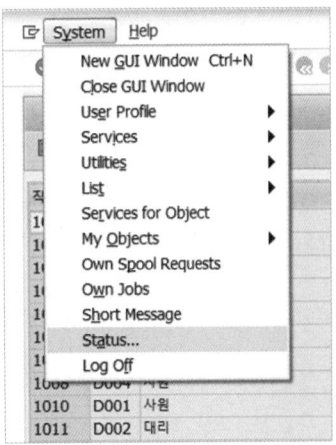

08 표준 ALV 프로그램에서 사용하는 GUI Status를 복사해보자. ALV 화면에서 메뉴: [System] → [Status]를 선택한다.

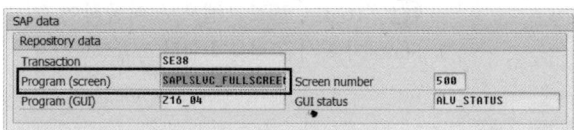

09 프로그램 이름(SAPLSLVC_FULLSCREEN) 필드를 더블 클릭한다.

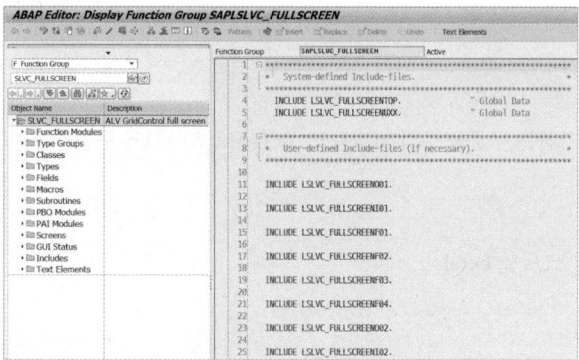

10 오브젝트 리스트 조회( ) 버튼을 선택하여, Repository Browser를 연다.

11 GUI Status의 'STANDARD_FULLSCREEN'을 더블 클릭하여 확인한 후 복사한다.

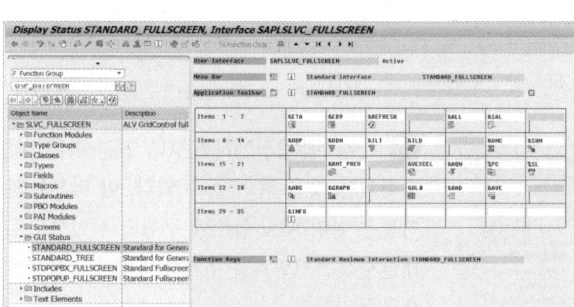

12 Z16_04 프로그램에 동일한 이름으로 복사한다.

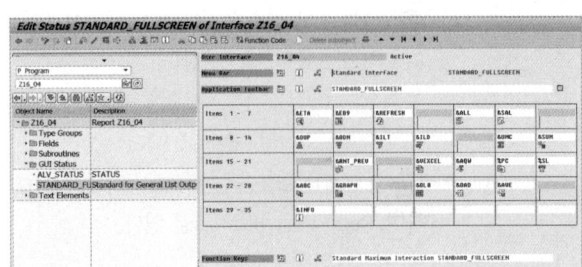

⑬ Z16_04 프로그램으로 이동하여 GUI Status가 복사된 것을 확인하고 활성화하자.

⑭ 앞에서 생성한 'ALV_STATUS'를 화면에 추가하는 구문을 주석 처리하고, 표준 ALV STATUS 구문을 추가한 후 활성화하자.

```
FORM alv_status_set  USING pt_extab TYPE slis_t_extab .

  CLEAR: pt_extab[].
*  SET PF-STATUS ' ALV_STATUS '.
  SET PF-STATUS ' STANDARD_FULLSCREEN '.

ENDFORM.                    " ALV_STATUS_SET
```

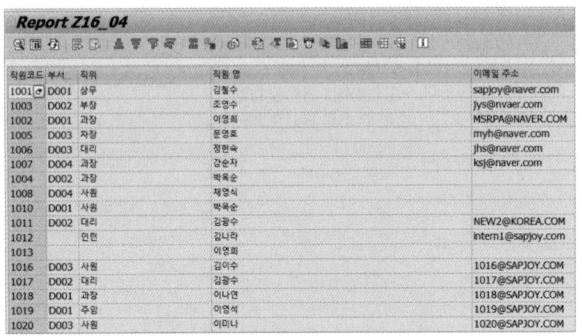

⑮ 프로그램을 실행하면, ALV 표준 버튼들이 조회되는 것을 확인할 수 있다. 이 버튼들의 기능은 이미 ALV 함수에 구현되어 있으므로 개발자가 스크립트를 추가하지 않아도 정상적으로 동작한다.

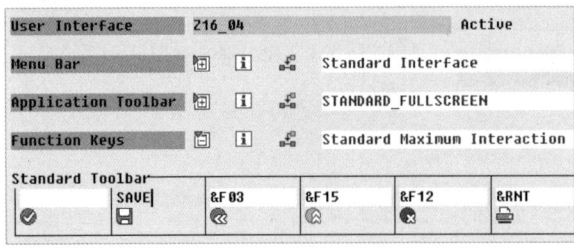

⑯ 만약 표준 버튼의 기능을 다른 용도로 변경하려면, Function Code를 변경하고 ALV_USER_USER_COMMAND에 원하는 스크립트를 추가하면 된다.
왼쪽 그림은 &DATA_SAVE를 'SAVE'로 변경한 것이다.

⑰ 사용자가 💾 버튼을 누르면, FORM 구문이 실행되고 p_ucomm 변수에 'SAVE' 값이 저장되어 MODIFY 구문이 수행된다.

```
FORM alv_user_command USING p_ucomm LIKE sy-ucomm
                            p_selfield TYPE slis_selfield.
  CASE p_ucomm.
```

```
    WHEN 'CLOSE'.
      LEAVE PROGRAM.

    WHEN 'SAVE'.
      MODIFY zemplist FROM TABLE gt_itab.

    WHEN OTHERS.
  ENDCASE.

ENDFORM.                    " ALV_USER_COMMAND
```

2-3 IT_FIELDCAT 파라미터와 필드 카탈로그

필드 카탈로그는 ALV에 조회되는 컬럼의 필드 정보를 담고 있는 SLIS_T_FIELDCAT_ALV 타입의 테이블 구조를 가진다. ALV는 필드 카탈로그 정보를 저장하고 있는 인터널 테이블을 이용해 필드 타입을 인식한다. 예를 들어, 필드가 숫자 타입인지 문자 타입인지 구분하며 화면에 보여줄 필드 길이를 지정할 수 있다. 또한 체크박스 또는 라디오 버튼으로 표시하거나 필드 수정이 가능하게 하는 등 많은 역할을 수행한다.

앞의 예제에서는 ABAP Dictionary 테이블을 이용하여 ALV 구조를 생성했다. 그러나 소스 코드 레벨에서 직접 필드 카탈로그를 구성하여 ALV 구조를 만들 수도 있다. 이 경우, 파라미터를 사용하는 방법에 다음과 같은 차이가 있다.

1. ABAP Dictionary를 이용한 ALV	2. 필드 카탈로그를 이용한 ALV

CALL FUNCTION 'REUSE_ALV_GRID_DISPLAY'
  EXPORTING
    i_structure_name = 'ZEMPLIST'
  TABLES
    t_outtab   = gt_itab.
	CALL FUNCTION 'REUSE_ALV_GRID_DISPLAY'
	  EXPORTING
	    it_fieldcat = gt_fieldcat
	  TABLES
	    t_outtab = gt_itab.

Grid를 이용한 ALV와 마찬가지로, 필드 카탈로그를 정의하는 방법은 3가지가 있다.

1. ABAP Dictionary 오브젝트를 이용하는 방법
2. 프로그램 내에서 스크립트로(수동으로) 구성하는 방법 - 필드 카탈로그
3. 이들 두 가지 방법을 혼합하여 사용하는 방법

ABAP Dictionary 오브젝트(구조체, 테이블)와 필드 카탈로그를 혼합하여 사용할 수 있다. 필드 카탈로그는 구조체의 필드 외에 사용자가 정의한 필드를 추가로 사용해야 하는 상황에 유용하게 사용할 수 있다. 이때 구조체와 필드 카탈로그에 동일한 필드가 존재할 경우, 필드 카탈로그에서 정의된 필드가 우선적으로 적용된다.

이제 필드 카탈로그를 활용하여 두 개의 필드를 가지는 간단한 ALV 프로그램을 작성해보자. 먼저, Z16_04 프로그램을 Z16_05로 복사하여 생성한 후, 다음 스크립트를 추가한다.

01 필드 카탈로그 인터널 테이블과 구조체를 각각 선언한다.

예제 | 16-5

```
REPORT z16_05.

TYPE-POOLS: slis.

DATA gt_fieldcat TYPE slis_t_fieldcat_alv.
DATA gs_fieldcat TYPE slis_fieldcat_alv.
```

02 필드 카탈로그에 EMPCD, DEPCD 필드 2개를 추가한다.

```
CLEAR: gs_fieldcat, gt_fieldcat.
gs_fieldcat-col_pos   = 1.
gs_fieldcat-fieldname = 'EMPCD'.
gs_fieldcat-seltext_m = '직원코드'.
APPEND gs_fieldcat TO gt_fieldcat.

CLEAR: gs_fieldcat.
gs_fieldcat-col_pos   = 2.
gs_fieldcat-fieldname = 'DEPCD'.
gs_fieldcat-seltext_m = '부서코드'.
APPEND gs_fieldcat TO gt_fieldcat.
```

03 ALV 함수 호출 시 필드 카탈로그 파라미터를 이용하도록 스크립트를 추가하고, 기존 테이블을 이용하는 라인은 주석 처리한다.

```
CALL FUNCTION 'REUSE_ALV_GRID_DISPLAY'
  EXPORTING
    i_callback_program       = sy-repid
    it_events                = gt_events
*   i_structure_name         = 'ZEMPLIST'
    it_fieldcat              = gt_fieldcat
    i_callback_user_command  = 'ALV_USER_COMMAND'
  TABLES
    t_outtab                 = gt_itab.
```

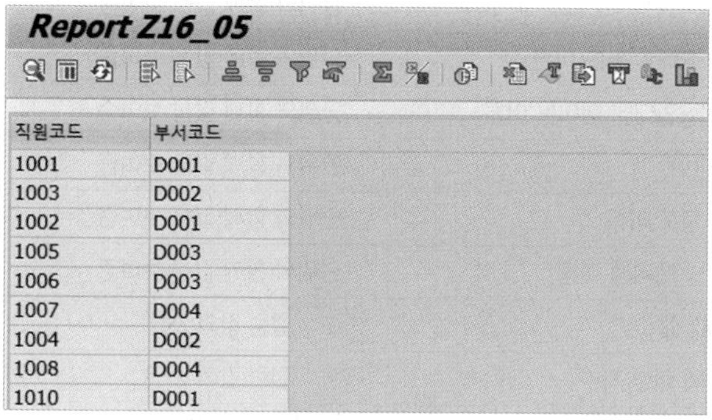

```
Report Z16_05
직원코드    부서코드
1001       D001
1003       D002
1002       D001
1005       D003
1006       D003
1007       D004
1004       D002
1008       D004
1010       D001
```

04 프로그램을 실행하면, 이전과는 달리 화면에 필드 두 개가 추가된 ALV가 조회된다.

필드 카탈로그 속성은 그림 16-4와 같이 Type group SLIS에 미리 정의되어 있다.

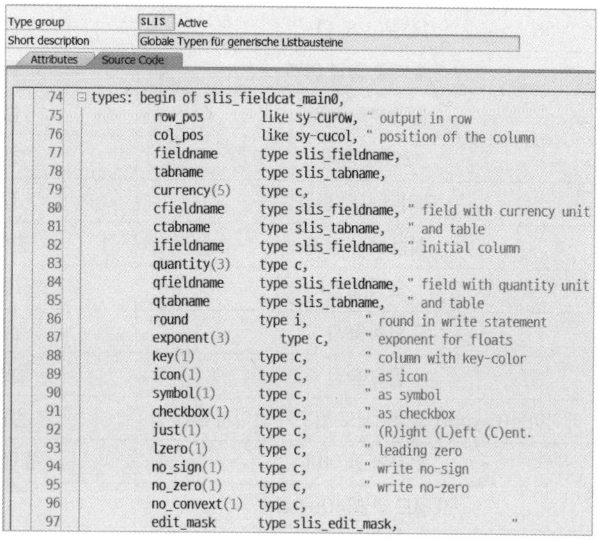

```
Type group        SLIS  Active
Short description  Globale Typen für generische Listbausteine
  Attributes   Source Code

74  types: begin of slis_fieldcat_main0,
75      row_pos       like sy-curow, " output in row
76      col_pos       like sy-cucol, " position of the column
77      fieldname     type slis_fieldname,
78      tabname       type slis_tabname,
79      currency(5)   type c,
80      cfieldname    type slis_fieldname, " field with currency unit
81      ctabname      type slis_tabname,   " and table
82      ifieldname    type slis_fieldname, " initial column
83      quantity(3)   type c,
84      qfieldname    type slis_fieldname, " field with quantity unit
85      qtabname      type slis_tabname,   " and table
86      round         type i,              " round in write statement
87      exponent(3)   type c,              " exponent for floats
88      key(1)        type c,              " column with key-color
89      icon(1)       type c,              " as icon
90      symbol(1)     type c,              " as symbol
91      checkbox(1)   type c,              " as checkbox
92      just(1)       type c,              " (R)ight (L)eft (C)ent.
93      lzero(1)      type c,              " leading zero
94      no_sign(1)    type c,              " write no-sign
95      no_zero(1)    type c,              " write no-zero
96      no_convext(1) type c,
97      edit_mask     type slis_edit_mask,
```

그림 16-4 Type group: SLIS

ALV 함수를 이용한 필드 카탈로그에서 자주 사용하는 속성은 표 16-1과 같다. 이는 클래스를 이용한 ALV의 필드 카탈로그와 유사하다.

카탈로그 속성	설명	사용 목적
ROW_POS	List ALV에서만 사용	ROW 행에 필드가 조회되도록 함
COL_POS	컬럼의 아웃풋(Output) 순서	컬럼 아웃풋 옵션
FIELDNAME	필드 카탈로그의 필드명	아웃풋 인터널 테이블(조회 데이터) 필드명과 동일해야 함
TABNAME	인터널 테이블 이름	아웃풋 인터널 테이블 이름

CURRENCY	Currency 단위	단위와 함께 값을 보여줌
CFIELDNAME	Currency 단위를 참조하는 필드 이름	단위와 함께 값을 보여줌
CTABNAME	Currency 단위를 참고하는 인터널 테이블 이름	단위와 함께 값을 보여줌
QUANTITY	수량 단위	단위와 함께 값을 보여줌
QFIELDNAME	참조한 단위 필드 이름	단위와 함께 값을 보여줌
QTABNAME	참조한 단위 인터널 테이블 이름	단위와 함께 값을 보여줌
ROUND	ROUND 값	컬럼 값의 포맷
EXPONENT	부동 소수 표현에 대한 지수	컬럼 값의 포맷
KEY	키(Key) 필드	컬럼 아웃풋 옵션
ICON	아이콘(Icon)으로 보여줌	컬럼 값의 포맷
SYMBOL	기호로 출력	컬럼 값의 포맷
CHECKBOX	체크박스로 보여줌	컬럼 아웃풋 옵션
JUST	정렬(L, R, C)	컬럼 값의 포맷
LZERO	선행 제로 출력 여부	컬럼 값의 포맷
NO_SIGN	출력 부호 제거	컬럼 값의 포맷
NO_ZERO	ZERO 삭제	컬럼 값의 포맷
EDIT_MASK	데이터 포맷 변경	컬럼 값의 포맷
EMPHASIZE	컬럼 색상 강조	컬럼 아웃풋 옵션
FIX_COLUMN	고정 컬럼	스크롤 고정 영역 설정
DO_SUM	합계 표시	컬럼 아웃풋 옵션
NO_OUT	필드 숨김	컬럼 아웃풋 옵션
TECH	레이아웃(Layout) 설정에서도 필드가 보이지 않게 함	컬럼 아웃풋 옵션
OUTPUTLEN	문자의 열 너비	컬럼의 아웃풋 옵션
SCRTEXT_L	긴 필드 라벨(40byte)	텍스트
SCRTEXT_M	중간 필드 라벨(20byte)	텍스트
SCRTEXT_S	짧은 필드 라벨(10byte)	텍스트
DDICTXT	헤더(Header)의 라벨 설정(L, M, S, R)	텍스트
ROLLNAME	F1 도움말을 위한 데이터 요소	DDIC를 참조하지 않음
INTTYPE	ABAP 데이터 타입(C, D, N, ...)	DDIC를 참조하지 않음
INTLEN	내부 길이(바이트단위)	DDIC를 참조하지 않음
LOWERCASE	소문자 사용/금지	컬럼 아웃풋 옵션
EDIT	편집 모드	Grid ALV 컬럼 편집 모드
INPUT	입력 가능 모드	List ALV 입력 가능
REF_FIELNAME	내부 테이블 필드에 대한 참조 필드 이름	ABAP Dictionary 참고
REF_TABNAME	내부 테이블 필드에 대한 참조 테이블 이름	ABAP Dictionary 참고

ROUNDFIELDNAME	ROUND 특성을 가진 필드 이름	컬럼 값의 포맷
ROUNDTABNAME	ROUND 특성을 가진 테이블 이름	컬럼 값의 포맷
DECIMALS_OUT	소수점 자리 수 정의	컬럼 값의 포맷
DECMLFIELDNAME	Decimal 필드 정의	컬럼 값의 포맷
DECMLTABNAME	Decimal 테이블 이름	컬럼 값의 포맷
HOTSPOT	마우스의 클릭(Single-click)에 반응	컬럼의 아웃풋 옵션
NO_SUM	열 값에 관해 합계 처리하지 않음	컬럼 아웃풋 옵션
SP_GROUP	그룹 키	Other Fields

표 16-1 필드 카탈로그 속성

표 16-1에 설명한 필드 카탈로그 속성 중 몇 가지 주요 속성을 활용하여 ALV 속성을 변경하는 실습을 진행해보자.

2-3-1 KEY 필드 속성 설정

프로그램 Z16_05를 Z16_06으로 복사하여 생성한 후, EMPCD 필드를 KEY 필드로 설정한다.

01 필드 카탈로그 속성 KEY를 'X'로 설정하고 프로그램을 실행한다.

```
CLEAR: gs_fieldcat, gt_fieldcat.
gs_fieldcat-col_pos   = 1.
gs_fieldcat-key       = 'X'.
gs_fieldcat-fieldname = 'EMPCD'.
gs_fieldcat-seltext_m = '직원코드'.
APPEND gs_fieldcat TO gt_fieldcat.
```

02 '직원코드' 필드가 파란색으로 변경되어 KEY 필드임을 나타낸다.

```
Report Z16_06

직원코드   부서코드
1001      D001
1003      D002
1002      D001
1005      D003
1006      D003
1007      D004
```

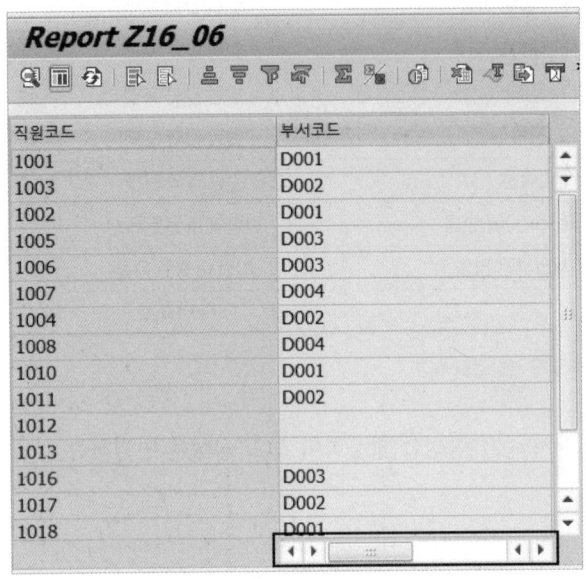

03 KEY 필드는 기본적으로 필드 카탈로그의 FIX_COLUMN 속성을 포함하고 있다. 이 속성은 ALV가 화면에 조회되는 영역을 넘어서면 스크롤 영역이 고정되어, 왼쪽 그림과 같이 고정된 부분이 스크롤을 따라 이동하지 않음을 의미한다.

KEY 필드가 아닌 일반 필드에도 카탈로그 속성 "FIX_COLUMN = 'X'"를 설정하면, 동일한 효과를 가지게 된다.

2-3-2 EDIT 필드 속성 설정

'부서코드' DEPCD 필드를 편집 모드로 변경해보자.

01 필드 카탈로그 속성 EDIT에 'X' 값을 설정한다.

```
CLEAR: gs_fieldcat.
gs_fieldcat-col_pos   = 2.
gs_fieldcat-edit      = 'X'.
gs_fieldcat-fieldname = 'DEPCD'.
gs_fieldcat-seltext_m = '부서코드'.
APPEND gs_fieldcat TO gt_fieldcat.
```

02 부서코드 필드가 편집 가능한 흰색 블록으로 변경된 것을 확인할 수 있다.

2-3-3 EDIT_MASK 필드 속성 설정

'직원 명' 필드 ENAME을 추가한 후, '이름: 김 철수'와 같이 텍스트 포맷을 변경해보자.

01 필드 카탈로그 속성 EDIT_MASK를 '이름: _ _' 기호로 표현되도록 설정한다.

```
CLEAR: gs_fieldcat.
gs_fieldcat-col_pos    = 3.
gs_fieldcat-fieldname = 'ENAME'.
gs_fieldcat-seltext_m = '직원 명'.
gs_fieldcat-edit_mask = '이름: _ _'.
APPEND gs_fieldcat TO gt_fieldcat.
```

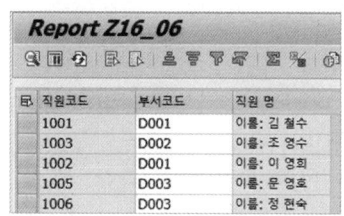

02 '직원 명' 필드가 '이름: _ _' 기호로 구분된 것을 확인할 수 있다.

이외의 필드 카탈로그 속성은 직접 실습하면서 테스트해보자. 프로그램 Z16_06을 실습하면서 필드 카탈로그의 정의와 작동 원리를 이해했다면, 이를 다양한 상황에 유용하게 적용할 수 있을 것이다.

조금 더 알아보기 — 날짜 포맷 변경하기

'가족 이름' 필드 FNAME과 '가족 생년월일' 필드 BDATE를 추가한 후 '2025-11-10'과 같이 생년월일 필드의 날짜 포맷을 변경해보자.

1. 속성에 '가족 이름' 필드, '가족 생년월일' 필드를 추가한다.

```
TYPES BEGIN OF ts_itab.
INCLUDE STRUCTURE zemplist.
TYPES: fname TYPE zfamily-fname,
       bdate TYPE zfamily-bdate,
       END OF ts_itab.

DATA gt_itab TYPE TABLE OF ts_itab.
```

2. SELECT 문에서 테이블 조인을 이용해 가족 정보를 추가한다.

```
SELECT a~*, b~fname, b~bdate
  FROM zemplist as a
  LEFT OUTER JOIN zfamily as b on b~empcd eq a~empcd
  INTO TABLE @gt_itab.
```

3. 필드 카탈로그 속성 EDIT_MASK를 '__-_-_' 기호로 표현되도록 설정한다.

```
* Field Catalog
CLEAR: gs_fieldcat, gt_fieldcat.
gs_fieldcat-col_pos    = 1.
gs_fieldcat-key        = 'X'.
gs_fieldcat-fieldname  = 'EMPCD'.
gs_fieldcat-seltext_m  = '직원코드'.
APPEND gs_fieldcat TO gt_fieldcat.

CLEAR: gs_fieldcat.
gs_fieldcat-col_pos    = 2.
gs_fieldcat-edit       = 'X'.
gs_fieldcat-fieldname  = 'DEPCD'.
gs_fieldcat-seltext_m  = '부서코드'.
APPEND gs_fieldcat TO gt_fieldcat.

CLEAR: gs_fieldcat.
gs_fieldcat-col_pos    = 3.
gs_fieldcat-fieldname  = 'ENAME'.
gs_fieldcat-seltext_m  = '직원 명'.
gs_fieldcat-edit_mask  = '이름: _ _'.
APPEND gs_fieldcat TO gt_fieldcat.

CLEAR: gs_fieldcat.
gs_fieldcat-col_pos    = 4.
gs_fieldcat-fieldname  = 'FNAME'.
gs_fieldcat-seltext_m  = '가족 이름'.
APPEND gs_fieldcat TO gt_fieldcat.

CLEAR: gs_fieldcat.
gs_fieldcat-col_pos    = 5.
gs_fieldcat-fieldname  = 'BDATE'.
gs_fieldcat-seltext_m  = '가족 생년월일'.
gs_fieldcat-edit_mask  = '___-__-__'.
APPEND gs_fieldcat TO gt_fieldcat.
```

결과 화면

직원코드	부서코드	직원 명	가족 이름	가족 생년월일
1001	D001	이름: 김 철수	강남순	1970-10-03
1001	D001	이름: 김 철수	김춘배	1966-02-04
1001	D001	이름: 김 철수	김건진	1999-07-01
1002	D001	이름: 이 영희	박순자	1971-02-15
1002	D001	이름: 이 영희	이영철	1984-05-13
1004	D002	이름: 박 옥순	임채희	1999-08-08
1006	D003	이름: 정 현숙	임지운	1998-11-27
1006	D003	이름: 정 현숙	임창일	1997-05-05
1007	D004	이름: 강 순자	강상옥	1995-01-06
1010	D001	이름: 박 옥순	박영식	1965-03-27
1010	D001	이름: 박 옥순	이정숙	1967-08-12

조금 더 알아보기 — 인터널 테이블을 필드 카탈로그로 변형하기

REUSE_ALV_FIELDCATALOG_MERGE 함수를 사용하면, 인터널 테이블의 필드를 한 번에 필드 카탈로그로 변형할 수 있다. 단, 이 함수는 인터널 테이블을 구식 방법인 OCCURS 구문으로 선언한 경우에만 적용된다.

01 EMPCD, ENAME, PSTION, EMAIL 4개의 필드를 가지는 인터널 테이블을 OCCURS를 이용한 구식 방법으로 선언한다.

```
DATA: BEGIN OF gt_itab OCCURS 0,
        empcd  LIKE zemplist-empcd,
        ename  LIKE zemplist-ename,
        pstion LIKE zemplist-pstion,
        email  LIKE zemplist-email,
      END OF gt_itab.
```

02 REUSE_ALV_FIELDCATALOG_MERGE 함수를 호출하면, 필드 카탈로그 정보가 인터널 테이블 gt_fieldcat에 저장된다.

```
CALL FUNCTION ' REUSE_ALV_FIELDCATALOG_MERGE '
  EXPORTING
    i_program_name          = sy-repid
    i_internal_tabname      = ' GT_ITAB '
*   i_structure_name        =
    i_client_never_display  = ' X '
    i_inclname              = sy-repid
    i_bypassing_buffer      = ' X '
    i_buffer_active         = ' X '
  CHANGING
    ct_fieldcat             = gt_fieldcat.
    i_internal_tabname      = ' GT_ITAB '
```

```
*    i_structure_name        =
     i_client_never_display  = 'X'
     i_inclname              = sy-repid
     i_bypassing_buffer      = 'X'
     i_buffer_active         = 'X'
   CHANGING
     ct_fieldcat             = gt_fieldcat.
```

03 프로그램을 실행하면, 필드 4개로 구성된 ALV가 조회된다.

2-4 IS_LAYOUT 파라미터와 ALV 레이아웃

IS_LAYOUT 파라미터를 이용하면 합계 금액을 보여주거나 줄무늬 패턴으로 조회되도록 하는 등 ALV 화면 속성을 정의할 수 있다. 자주 사용하는 ALV 레이아웃의 개별 속성은 표 16-2와 같다.

필드	설명	목적
NO_COLHEAD	ALV 컬럼 헤더를 조회되지 않게 한다.	ALV 속성
ZEBRA	라인 단위로 줄무늬(Striped) 패턴을 설정한다.	색상
NO_VLINE	Grid의 수직선을 표시하지 않는다.	ALV 속성
NO_HLINE	Grid의 수평선을 표시하지 않는다.	ALV 속성
EDIT	편집 모드로 설정한다.	Grid에만 사용
NUMC_SUM	NUMC 필드의 합산 가능 옵션	합계 옵션
NO_INPUT	필드 카탈로그 INPUT으로 설정된 모든 필드 입력 불가 설정 (체크박스 필드 포함)	List ALV만 사용
NO_KEYFIX	키(Key) 필드도 스크롤 가능하도록 설정	ALV 속성
DEF_STATUS	ALV 디폴트 Status 설정	PF-STATUS
COLWIDTH_OPTIMIZE	데이터 길이만큼 컬럼 길이를 지정한다.	ALV 속성
LIGHTS_FIELDNAME	예외 사항 필드(신호등 표시) 설정	ALV 속성
NO_SUBTOTALS	소계(Subtotal)를 사용하지 않음	ALV 속성
TOTALS_BEFORE_ITEM	합계 금액을 맨 위의 라인에 보여준다.	Total 옵션
BOX_FIELDNAME	체크박스로 사용할 필드 이름 설정	List ALV만 사용
KEY_HOTSPOT	키(Key) 필드는 Hotspot으로 설정	ALV 속성
CONFIRMATION_PROMPT	ALV 리스트를 빠져나갈 때 확인 팝업 창 표시	추가 기능

표 16-2 IS_LAYOUT 파라미터 옵션

2-4-1 ALV 레이아웃 - ZEBRA 속성

ALV 레이아웃 속성 중 ZEBRA는 리스트를 줄무늬 패턴으로 표시되도록 설정한다. 이 속성을 사용하면, 행 사이에 줄무늬 패턴을 적용하여 데이터의 가독성을 높일 수 있다.

01 프로그램 선언부에 레이아웃 변수를 선언한다. 프로그램의 구조화와 가독성을 높이기 위해 데이터 선언부는 Include 프로그램 안에 두는 것이 바람직하다.

```
REPORT  z16_07.

TYPE-POOLS : slis.

DATA gt_fieldcat       TYPE  slis_t_fieldcat_alv.
DATA gs_fieldcat       TYPE  slis_fieldcat_alv.

DATA gt_events         TYPE  slis_t_event.
DATA gs_event          TYPE  slis_alv_event.

DATA gs_layout         TYPE  slis_layout_alv.
```

```
gs_layout-zebra = 'X'.
```

02 레이아웃 변수의 ZEBRA 속성을 'X'로 설정한다.

```
CALL FUNCTION  'REUSE_ALV_GRID_DISPLAY'
  EXPORTING
    i_callback_program   = sy-repid
    it_events            = gt_events
    it_fieldcat          = gt_fieldcat
    is_layout            = gs_layout
  TABLES
    t_outtab             = gt_itab.
```

03 ALV 함수 호출 시 파라미터 IS_LAYOUT에 레이아웃 설정 값을 할당한다.

직원코드	직원 명	직위	이메일 주소
1001	김철수	상무	sapjoy@naver.com
1003	조영수	부장	jys@nvaer.com
1002	이영희	과장	MSRPA@NAVER.COM
1005	문영호	차장	myh@naver.com
1006	정현숙	대리	jhs@naver.com
1007	강순자	과장	ksj@naver.com

04 실행 결과, ALV가 각 라인마다 색상이 반전되는 줄무늬 패턴으로 조회된다.

2-4-2 ALV 레이아웃 - CONFIRMATION_PROMPT 속성

사용자가 ALV 화면을 빠져나올 때 레이아웃의 CONFIRMATION_PROMPT 속성을 사용하면 화면을 빠져날 것인지 묻는 팝업창이 기본으로 열린다.

```
gs_layout-zebra = 'X'.
gs_layout-confirmation_prompt = 'X'.
```

01 ALV 레이아웃 변수에 종료 여부 확인 옵션을 설정한다.

02 사용자가 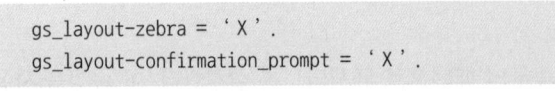 버튼을 눌러 화면을 종료하면, 기본적으로 종료 여부를 묻는 팝업 창이 열린다.

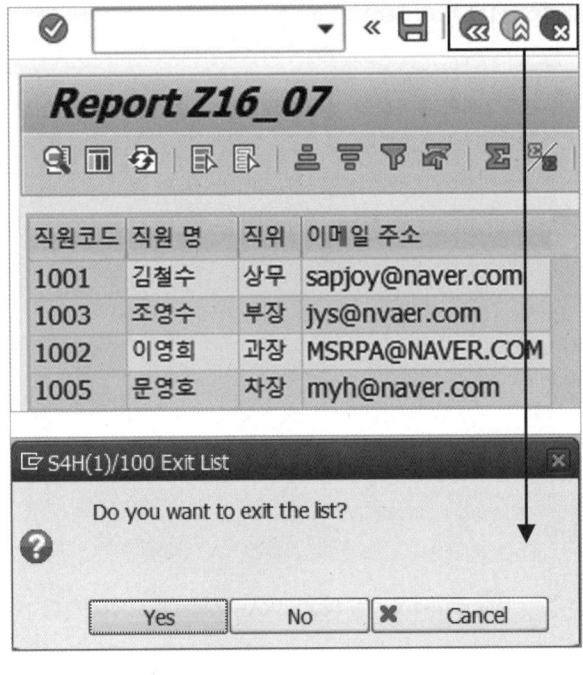

2-4-3 ALV 레이아웃 – EDIT 속성

필드 카탈로그 레벨에서 개별 필드에 대해 EDIT 속성을 부여할 수 있으며, 전체 ALV 레이아웃 레벨에서 EDIT 속성을 설정할 수도 있다. EDIT 속성은 ALV Grid에만 설정할 수 있다. ALV List에서는 INPUT 속성을 활용한다.

```
gs_layout-zebra = 'X'.
gs_layout-confirmation_prompt = 'X'.
gs_layout-edit = 'X'.
```

01 ALV 레이아웃 EDIT 속성을 'X'로 설정하고 프로그램을 활성화하자.

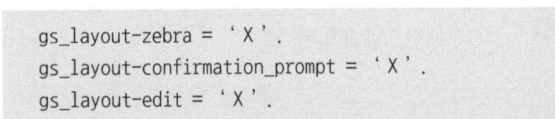

02 데이터를 편집할 수 있는 모드로 변경된다.

2-4-4 ALV 레이아웃 - COLWIDTH_OPTIMIZE 속성

열 너비 최적화 속성은 ALV 전체 레이아웃 레벨에서 이용할 수 있다. COLWIDTH_OPTIMIZE(열 너비 최적화) 속성은 ALV Grid 또는 리스트(List)의 각 컬럼 너비를 데이터에 맞게 자동으로 조정하는 기능을 제공한다.

```
gs_layout-zebra = 'X'.
gs_layout-confirmation_prompt = 'X'.
gs_layout-edit = 'X'.
gs_layout-colwidth_optimize = 'X'.
```

01 ALV 레이아웃 COLWIDTH_OPTIMIZE 속성을 'X'로 설정하고 프로그램을 활성화하자.

02 열 너비 최적화가 적용된 ALV Grid를 확인할 수 있다.

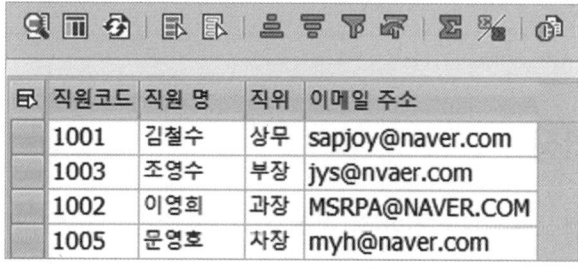

이러한 ALV 레이아웃 옵션은 표준 기능에서도 제공하고 있다. ALV의 어플리케이션 툴바에서 레이아웃 변경(▦) 버튼을 선택하면 된다.

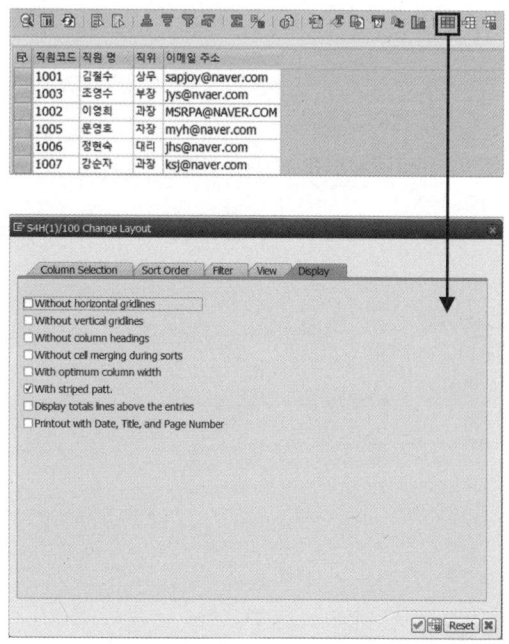

그림 16-5 ALV 레이아웃 조정 표준 기능

이외의 관련 내용은 SAP 예제 프로그램 'BALVSD01'에 레이아웃 설정에 대한 옵션이 정리되어 있으므로 참고하도록 하자.

03 Function ALV 실습

3-1 편집 모드와 변경된 데이터 저장

앞에서 학습한 바와 같이 ALV 레이아웃을 편집 모드로 설정한 후, 사용자가 값을 수정하면 변경된 값을 읽어서 ABAP Dictionary 테이블의 값을 업데이트하는 프로그램을 작성해보자. ALV에서 값을 변경하면 'DATA_CHANGED'라는 이벤트가 자동으로 실행된다.

먼저, 2절에서 실습한 프로그램을 Z16_08로 복사하여 생성한다.

01 인터널 테이블을 다음과 같이 변경 또는 정의한다. TYPES 구문을 정의한 후에 인터널 테이블을 선언하는 것이 바람직하나, 간략한 실습을 위해 생략한다.

```
REPORT z16_08.

DATA: gt_itab TYPE TABLE OF zemplist WITH HEADER LINE.
```

02 ALV 데이터가 변경되면 이벤트가 수행되도록 이벤트 인터널 테이블에 추가한다.

```
gs_event-name = ' DATA_CHANGED '.
gs_event-form = ' ALV_DATA_CHANGED '.
APPEND gs_event TO gt_events.
```

```
constants:
* Events
slis_ev_item_data_expand      type slis_formname value 'ITEM_DATA_EXPAND',
slis_ev_reprep_sel_modify     type slis_formname value 'REPREP_SEL_MODIFY',
slis_ev_caller_exit_at_start  type slis_formname value 'CALLER_EXIT',
slis_ev_user_command          type slis_formname value 'USER_COMMAND',
slis_ev_top_of_page           type slis_formname value 'TOP_OF_PAGE',
slis_ev_data_changed          type slis_formname value 'DATA_CHANGED',
slis_ev_top_of_coverpage      type slis_formname value 'TOP_OF_COVERPAGE',
slis_ev_end_of_coverpage      type slis_formname value 'END_OF_COVERPAGE',
slis_ev_foreign_top_of_page   type slis_formname
                                           value 'FOREIGN_TOP_OF_PAGE',
slis_ev_foreign_end_of_page   type slis_formname
                                           value 'FOREIGN_END_OF_PAGE',
slis_ev_pf_status_set         type slis_formname value 'PF_STATUS_SET',
slis_ev_list_modify           type slis_formname value 'LIST_MODIFY',
slis_ev_top_of_list           type slis_formname value 'TOP_OF_LIST',
slis_ev_end_of_page           type slis_formname value 'END_OF_PAGE',
slis_ev_end_of_list           type slis_formname value 'END_OF_LIST',
slis_ev_after_line_output     type slis_formname value 'AFTER_LINE_OUTPUT',
slis_ev_before_line_output    type slis_formname value
                                           'BEFORE_LINE_OUTPUT',
slis_ev_subtotal_text         type slis_formname value 'SUBTOTAL_TEXT',
slis_ev_grouplevel_change     type slis_formname value 'GROUPLEVEL_CHANGE',
slis_ev_context_menu          type slis_formname value 'CONTEXT_MENU'.
```

03 'DATA_CHANGED'라는 이벤트명은 유형 그룹 SLIS에 slis_ev_data_changed라는 상수로 등록되어 있으므로, 이를 사용하면 된다.

04 이벤트가 발생할 때 실행되는 FORM 구문을 작성한다. pcl_data->mt_mod_cells라는 인터널 테이블에 ALV에서 수정한 데이터 정보가 자동으로 저장되어 있다. MODIFY 구문에서 변경된 셀 정보를 인터널 테이블 gt_itab에 반영한다. 디버깅을 설정한 후 데이터가 어떻게 처리되는지 확인해 보자.

```
FORM alv_data_changed USING pcl_data TYPE REF TO
                                    cl_alv_changed_data_protocol.

  DATA : l_name(20),
         ls_cells TYPE lvc_s_modi.

  FIELD-SYMBOLS <fs_value>.

  LOOP AT pcl_data->mt_mod_cells INTO ls_cells.

    CLEAR gt_itab.
    READ TABLE gt_itab  INDEX ls_cells-row_id.

    CONCATENATE ' GT_ITAB- ' ls_cells-fieldname INTO l_name.
    ASSIGN (l_name) TO <fs_value>.
    <fs_value> = ls_cells-value.

    MODIFY gt_itab INDEX ls_cells-row_id.

  ENDLOOP.
ENDFORM. " alv_data_changed
```

05 프로그램을 실행한 후, 첫 번째 라인의 이메일 주소를 'sapjoy2@naver.com'으로 변경하고 [Enter] 키를 입력해보자.
ALV Grid에서 값을 변경하는 즉시 이벤트가 수행되는 방법은 뒤에서 알아본다.

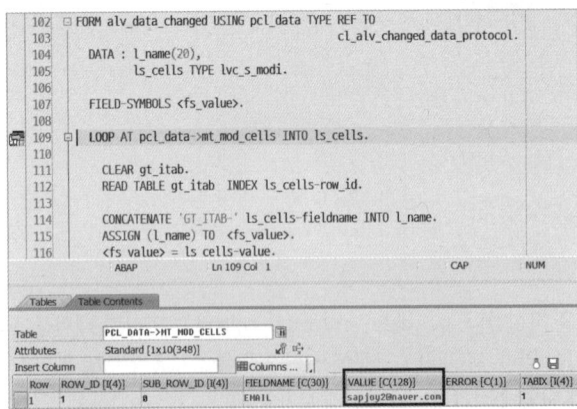

06 pcl_data->mt_mod_cells 인터널 테이블에 저장된 정보를 확인할 수 있다.

- **ROW_ID:** ALV 인덱스 번호
- **FIELDNAME:** ALV 필드 이름
- **VALUE:** 변경된 값

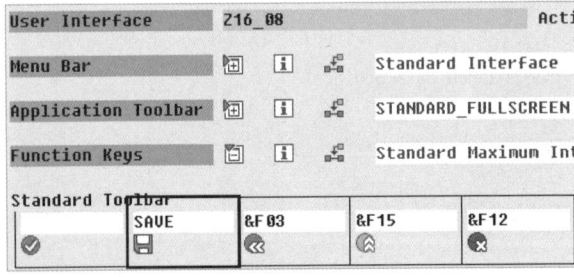

07 저장 버튼을 클릭하면 변경된 값을 테이블에 저장하도록, 표준 툴바의 Function Code를 다음과 같이 'SAVE'로 변경한다.

08 사용자가 저장 버튼을 클릭하면, 테이블에 변경된 데이터를 저장하는 스크립트를 추가한다. 여기까지 진행하면 ALV 함수를 이용해 데이터를 편집하고 저장하는 기능 구현이 완료된다. 물론, 데이터 검증이나 사용자와의 상호작용을 위한 메시지 처리는 상황에 맞게 추가해야 한다.

```
  FORM alv_user_command USING p_ucomm    LIKE sy-ucomm
                              p_selfield TYPE slis_selfield.
    CASE p_ucomm.
      WHEN 'SAVE'.
        MODIFY zemplist FROM TABLE gt_itab.
        IF sy-subrc EQ 0.
          COMMIT WORK.
        ELSE.
          ROLLBACK WORK.
        ENDIF.
    ENDCASE.

  ENDFORM.                    " ALV_USER_COMMAND
```

3-2 체크박스 필드 추가와 편집 시 이벤트 즉시 호출

이번 실습에서는 그림 16-6과 같이 ALV에 체크박스(CHECKBOX)를 추가해본다.

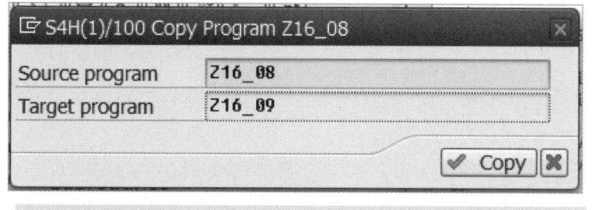

그림 16-6 ALV와 체크박스

앞선 3-1절에서 실습한 EDIT 모드에서는 사용자가 값을 변경한 후에 [Enter] 키를 입력해야만 'DATA_CHANGED' ALV 이벤트가 호출되었다. 그러나 만약, 사용자가 값을 변경한 후 [Enter] 키를 입력하지 않고 바로 저장하는 경우, ALV 이벤트가 호출되지 않아 문제가 발생할 수 있다. 이런 문제는 I_GRID_SETTINGS 파라미터를 활용하면 해결할 수 있다.

```
CALL FUNCTION 'REUSE_ALV_GRID_DISPLAY'
    EXPORTING
                i_grid_settings        = gs_glay
```

CL_GUI_ALV_GRID 클래스를 이용하는 ALV의 경우, 이벤트 핸들러를 등록하면 사용자가 데이터를 편집할 때 DATA_CHANGED 이벤트가 수행된다.

이제 ALV 화면에 체크박스를 추가하고, 사용자가 체크박스를 선택하는 즉시 인터널 테이블에 변경된 값을 반영하는 프로그램을 실습해보자.

01 먼저, Z16_08 프로그램을 Z16_09로 복사하여 생성하자.

02 인터널 테이블에 체크박스(CHECKBOX) 필드를 추가하기 위해 구조체 타입을 선언한다.

```
TYPES BEGIN OF t_line.
        INCLUDE STRUCTURE zemplist.
TYPES checkbox TYPE c.
TYPES  END OF t_line.
```

```
DATA gt_itab TYPE TABLE OF t_line
WITH HEADER LINE.
```

03 구조체 타입을 참조하는 인터널 테이블을 선언한다.

```
CLEAR : gs_fieldcat.
gs_fieldcat-col_pos = 1.
gs_fieldcat-fieldname = 'CHECKBOX'.
gs_fieldcat-checkbox = 'X'.
gs_fieldcat-edit = 'X'.
gs_fieldcat-seltext_m = 'Sel'.
APPEND gs_fieldcat TO gt_fieldcat.
```

04 필드 카탈로그에 CHECKBOX 필드를 추가하고, 해당 필드가 체크박스 형태로 표시되도록 CHECKBOX 옵션을 'X'로 설정하여 EDIT 모드를 활성화한다.

```
CLEAR : gs_fieldcat.
gs_fieldcat-col_pos = 2.
gs_fieldcat-fieldname = 'EMPCD'.
gs_fieldcat-seltext_m = '직원코드'.
APPEND gs_fieldcat TO gt_fieldcat.

CLEAR : gs_fieldcat.
gs_fieldcat-col_pos = 3.
gs_fieldcat-fieldname = 'DEPCD'.
gs_fieldcat-seltext_m = '부서코드'.
APPEND gs_fieldcat TO gt_fieldcat.

CLEAR : gs_fieldcat.
gs_fieldcat-col_pos = 4.
gs_fieldcat-fieldname = 'PSTION'.
gs_fieldcat-seltext_m = '직위'.
APPEND gs_fieldcat TO gt_fieldcat.

CLEAR : gs_fieldcat.
gs_fieldcat-col_pos = 5.
gs_fieldcat-fieldname = 'ENAME'.
gs_fieldcat-seltext_m = '직원 명'.
APPEND gs_fieldcat TO gt_fieldcat.

CLEAR : gs_fieldcat.
gs_fieldcat-col_pos = 6.
gs_fieldcat-fieldname = 'EMAIL'.
gs_fieldcat-seltext_m = '이메일 주소'.
APPEND gs_fieldcat TO gt_fieldcat.

CLEAR : gs_fieldcat.
gs_fieldcat-col_pos = 7.
gs_fieldcat-fieldname = 'TEL'.
gs_fieldcat-seltext_m = '전화번호'.
APPEND gs_fieldcat TO gt_fieldcat.
```

05 이외 필요한 필드 카탈로그를 구성한다.

CHAPTER 16 | Function ALV

06 프로그램을 활성화하고 실행하면 ALV에 체크박스가 표시되는 것을 확인할 수 있다.

```
DATA gs_glay         TYPE lvc_s_glay.
```

07 사용자가 체크박스를 선택하면, 'DATA_CHANGED' 이벤트가 즉시 발생하도록 i_grid_settings 파라미터에 사용될 변수를 선언한다. 이 옵션은 SAP 버전에 따라서 설정하지 않더라도 기본으로 포함될 수 있다.

```
gs_glay-edt_cll_cb = 'X'.
```

08 "edt_cll_cb = 'X'"를 설정한다.

09 ALV 함수를 호출 시 해당 파라미터를 설정한다.

```
CALL FUNCTION 'REUSE_ALV_GRID_DISPLAY'
  EXPORTING
    i_callback_program       = sy-cprog
    i_grid_settings          = gs_glay
    it_fieldcat              = gt_fieldcat
    it_events                = gt_events
    is_layout                = gs_layout
    i_callback_user_command  = 'ALV_USER_COMMAND'
  TABLES
    t_outtab                 = gt_itab.
```

10 ALV에서 체크박스가 선택되는 즉시 'DATA_CHANGED' 이벤트가 호출되는지 확인하기 위해 중단점을 설정한다.

```
156  FORM alv_data_changed USING pcl_data TYPE REF TO
157                                        cl_alv_changed_data_protocol.
158    DATA : l_name(20),
159           ls_cells TYPE lvc_s_modi.
160
161    FIELD-SYMBOLS <fs_value>.
162
163    LOOP AT pcl_data->mt_mod_cells INTO ls_cells.
164
165      CLEAR gt_itab.
166      READ TABLE gt_itab INDEX ls_cells-row_id.
167
168      CONCATENATE 'GT_ITAB-' ls_cells-fieldname INTO l_name.
169      ASSIGN (l_name) TO <fs_value>.
170      <fs_value> = ls_cells-value.
171
172      MODIFY gt_itab INDEX ls_cells-row_id.
173
174    ENDLOOP.
175
176  ENDFORM. "alv_data_changed
```

⑪ ALV를 실행한 후 체크박스를 선택해보자.

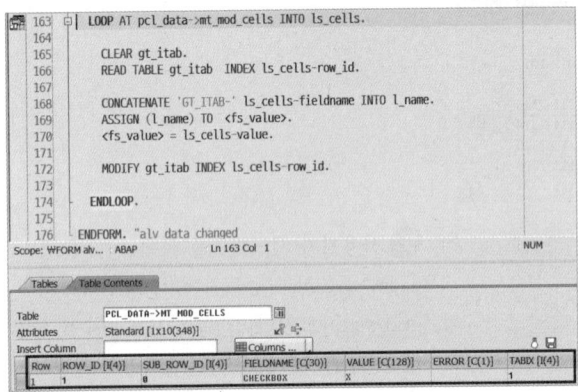

⑫ ALV 이벤트가 실행되고, CHECKBOX 필드가 'X'로 변경되는 것을 확인할 수 있다.

이번 절에 사용된 전체 소스 코드는 다음과 같다.

예제 | 16-9

```abap
REPORT z16_09.

TYPE-POOLS: slis.

DATA gt_fieldcat TYPE slis_t_fieldcat_alv.
DATA gs_fieldcat TYPE slis_fieldcat_alv.

DATA gt_events TYPE slis_t_event.
DATA gs_event TYPE slis_alv_event.

DATA gs_layout TYPE slis_layout_alv.

gs_layout-zebra = 'X'.
gs_layout-confirmation_prompt = 'X'.
gs_layout-edit = 'X'.
gs_layout-colwidth_optimize = 'X'.

DATA gs_glay TYPE lvc_s_glay.

gs_glay-edt_cll_cb = 'X'.
```

```abap
TYPES BEGIN OF t_line.
INCLUDE STRUCTURE zemplist.
TYPES checkbox TYPE c.
TYPES  END OF t_line.

DATA: gt_itab TYPE TABLE OF t_line WITH HEADER LINE.

SELECT *
  FROM zemplist
  INTO CORRESPONDING FIELDS OF TABLE @gt_itab.

* Event
CALL FUNCTION ' REUSE_ALV_EVENTS_GET '
  EXPORTING
    i_list_type     = 0
  IMPORTING
    et_events       = gt_events
  EXCEPTIONS
    list_type_wrong = 1
    OTHERS          = 2.

gs_event-name = ' PF_STATUS_SET '.
gs_event-form = ' ALV_STATUS_SET '.
APPEND gs_event TO gt_events.

gs_event-name = ' DATA_CHANGED '.
gs_event-form = ' ALV_DATA_CHANGED '.
APPEND gs_event TO gt_events.

* Field Catalog
CLEAR : gs_fieldcat.
gs_fieldcat-col_pos = 1.
gs_fieldcat-fieldname = ' CHECKBOX '.
gs_fieldcat-checkbox = ' X '.
gs_fieldcat-edit = ' X '.
gs_fieldcat-seltext_m = ' Sel '.
APPEND gs_fieldcat TO gt_fieldcat.

CLEAR : gs_fieldcat.
gs_fieldcat-col_pos = 2.
gs_fieldcat-fieldname = ' EMPCD '.
gs_fieldcat-seltext_m = ' 직원코드 '.
APPEND gs_fieldcat TO gt_fieldcat.

CLEAR : gs_fieldcat.
gs_fieldcat-col_pos = 3.
gs_fieldcat-fieldname = ' DEPCD '.
gs_fieldcat-seltext_m = ' 부서코드 '.
```

```abap
    APPEND gs_fieldcat TO gt_fieldcat.

    CLEAR : gs_fieldcat.
    gs_fieldcat-col_pos = 4.
    gs_fieldcat-fieldname = 'PSTION'.
    gs_fieldcat-seltext_m = '직위'.
    APPEND gs_fieldcat TO gt_fieldcat.

    CLEAR : gs_fieldcat.
    gs_fieldcat-col_pos = 5.
    gs_fieldcat-fieldname = 'ENAME'.
    gs_fieldcat-seltext_m = '직원 명'.
    APPEND gs_fieldcat TO gt_fieldcat.

    CLEAR : gs_fieldcat.
    gs_fieldcat-col_pos = 6.
    gs_fieldcat-fieldname = 'EMAIL'.
    gs_fieldcat-seltext_m = '이메일 주소'.
    APPEND gs_fieldcat TO gt_fieldcat.

    CLEAR : gs_fieldcat.
    gs_fieldcat-col_pos = 7.
    gs_fieldcat-fieldname = 'TEL'.
    gs_fieldcat-seltext_m = '전화번호'.
    APPEND gs_fieldcat TO gt_fieldcat.

    CALL FUNCTION 'REUSE_ALV_GRID_DISPLAY'
       EXPORTING
         i_callback_program      = sy-repid
         i_grid_settings         = gs_glay
         it_events               = gt_events
         it_fieldcat             = gt_fieldcat
         is_layout               = gs_layout
         i_callback_user_command = 'ALV_USER_COMMAND'
       TABLES
         t_outtab                = gt_itab.

FORM alv_status_set USING pt_extab TYPE slis_t_extab .

    CLEAR: pt_extab[].
    SET PF-STATUS 'STANDARD_FULLSCREEN'.

ENDFORM.                    " ALV_STATUS_SET

FORM alv_user_command USING p_ucomm    LIKE sy-ucomm
                            p_selfield TYPE slis_selfield.

    CASE p_ucomm.
```

CHAPTER 16 | Function ALV

```abap
      WHEN 'SAVE'.
        MODIFY zemplist FROM TABLE gt_itab.
        IF sy-subrc EQ 0.
          COMMIT WORK.
        ELSE.
          ROLLBACK WORK.
        ENDIF.

      WHEN 'CLOSE'.
        LEAVE PROGRAM.

      WHEN OTHERS.

    ENDCASE.

ENDFORM.    " alv_user_command

FORM alv_data_changed USING pcl_data TYPE REF TO
                                          cl_alv_changed_data_protocol.
  DATA : l_name(20),
         ls_cells TYPE lvc_s_modi.

  FIELD-SYMBOLS <fs_value>.

  LOOP AT pcl_data->mt_mod_cells INTO ls_cells.

    CLEAR gt_itab.
    READ TABLE gt_itab  INDEX ls_cells-row_id.

    CONCATENATE 'GT_ITAB-' ls_cells-fieldname INTO l_name.
    ASSIGN (l_name) TO  <fs_value>.
    <fs_value> = ls_cells-value.

    MODIFY gt_itab INDEX ls_cells-row_id.

  ENDLOOP.

ENDFORM.   " alv_data_changed
```

CHAPTER 17

SALV

In this chapter >>>

이번 장에서는 NetWeaver 2004 플랫폼부터 도입된 SALV에 대해 학습한다. SALV는 기존의 Grid를 이용한 ALV보다 더 향상된 기능을 제공하며, 리포트 프로그램을 보다 효율적이고 간편하게 개발할 수 있도록 지원한다. SALV는 다양한 데이터 표현 방식과 유연한 사용자 인터페이스를 지원하여 코드 작성의 복잡성을 줄이고, 개발자들이 더 빠르게 결과물을 도출할 수 있게 돕는다.

Chapter list >>>

1. Overview
2. SALV의 종류와 구현
3. SALV의 아웃풋 포맷 설정
4. SALV의 기본 기능 구현
5. SALV 이벤트
6. SALV Grid 요소

Overview

넷위버(NetWeaver) 플랫폼에서는 함수와 Grid를 이용한 ALV 기능이 통합되어 SALV라는 패키지 프로그램이 배포되었다(SALV를 New ALV라고 부르기도 한다). SALV는 함수를 이용하여 ALV를 생성하는 것과 같이 스크린 생성 없이 전체 모드로 ALV를 호출할 수도 있으며, 컨테이너를 이용하여 스크린 내의 컨트롤에서 ALV를 조회할 수도 있다.

Grid를 이용한 ALV는 배치 작업으로 등록하여 백그라운드 모드에서 실행할 수 없지만, SALV는 문제없이 동작한다. SALV는 기존 방식에 비해 개발이 편리하도록 세부 기능 등을 통합하여 인터페이스로 제공하고 있다.

SALV에서 지원하는 리포트 구조는 그림 17-1과 같이 3가지 종류가 있으며, 이 책에서는 'CL_SALV_TABLE'만 소개한다.

- **CL_SALV_TABLE**: 일반적인 ALV 리스트 타입
- **CL_SALV_HIERSEQ_TABLE**: 계층 구조로 조회되는 리스트 타입
- **CL_SALV_TREE**: 트리 구조의 리스트 타입

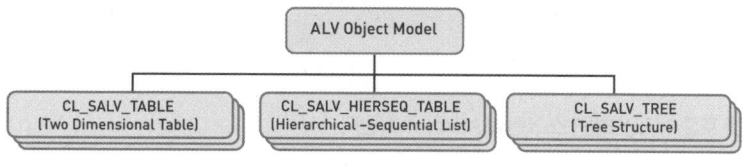

그림 17-1 SALV의 주요 클래스 3가지

SALV의 종류와 구현

SALV는 다음 3가지 ALV 모드를 지원한다.

1. 전체 화면 모드
2. 전체 화면 - Classic List 모드
3. 컨테이너를 이용한 모드

Grid ALV는 'CL_GUI_ALV_GRID' 클래스를 사용하며, SALV는 'CL_SALV_TABLE' 클래스를 참조한다. T-CODE:SE24를 실행하여 클래스의 속성과 메소드를 확인해보자.

그림 17-2 클래스 빌더에서 CL_SALV_TABLE 조회

그림 17-2에서 클래스 CL_SALV_TABLE의 메소드 리스트를 확인할 수 있다. SALV를 화면에 출력하려면 SALV 인스턴스를 생성해야 하는데, 이때 FACTORY 메소드를 사용한다. SALV를 화면에 출력하려면 다음 두 가지 메소드만 호출하면 된다.

1. FACTORY
- 화면에 출력할 데이터를 정의한다.
- ALV 리스트 형태를 정의한다.

2. DISPLAY
- 메소드를 호출하기만 하면 스크린에 ALV가 조회된다.

'FACTORY' 메소드는 정적(Static) 메소드이기 때문에 '=>' 기호를 이용하고, DISPLAY 메소드는 인스턴스(Instance) 메소드이기 때문에 '->' 기호를 이용하여 호출한다. SALV 인스턴스를 생성하는 FACTORY 메소드의 내부 스크립트에는 CREATE OBJECT 구문으로 클래스를 참조하는 객체를 생성한다. FACTORY 메소드를 호출할 때는 다음과 같은 파라미터를 정의하며, 이 값에 따라 SALV 리스트의 형태가 결정된다.

- LIST_DISPLAY
- R_CONTAINER
- CONTAINER_NAME

각 파라미터와 리스트 타입 간의 관계를 정리하면 다음 표와 같다.

리스트 타입	LIST_DISPLAY	R_CONTAINER	CONTAINER_NAME
전체 화면	ABAP_FALSE	초기 값	초기 값
Classic List	ABAP_TRUE	초기 값	초기 값
컨테이너 이용	ABAP_FALSE	CL_GUI_CONTAINER를 참조하는 객체 참조 변수	컨테이너 이름

표 17-1 FACTORY 메소드의 파라미터와 리스트 타입

SALV를 화면에 출력하기 위한 주요 단계는 3가지로 요약할 수 있다. 이는 이번 절에서 실습하는 3가지 프로그램 유형의 기본 골격을 이룬다. 인터널 테이블 gt_itab은 어플리케이션 데이터를 저장하고 있으며, gr_table은 SALV의 메인(Main) 클래스인 cl_salv_table의 객체 참조 변수이다. gr_table은 SALV를 화면에 출력하는 용도로 사용하며, ALV Table이라 부르기도 한다.

01 데이터 추출

```
DATA gt_itab  TYPE TABLE OF zemplist.
DATA gr_table TYPE REF TO cl_salv_table.

SELECT *
  FROM zemplist
  INTO TABLE @gt_itab.
```

02 SALV 인스턴스 생성

```
CALL METHOD cl_salv_table=>factory
   IMPORTING
      R_SALV_TABLE = gr_table
   CHANGING
      t_table = gt_itab.
```

03 SALV 테이블 조회

```
gr_table->display( ).
```

이제 3가지 조회 유형의 SALV 프로그램을 실습해보면서, 각각 어떠한 차이가 있는지 살펴보자.

2-1 전체 화면 모드

ZEMPLIST 테이블에서 데이터를 가져와 ALV 리스트를 호출하는 프로그램을 SALV로 개발해보자.

이 프로그램은 'REUSE_ALV_GRID_DISPLAY' 함수를 이용하여 ALV를 개발하는 것과 유사하다.

예제 | 17-1

```abap
REPORT z17_01.

DATA gt_itab   TYPE TABLE OF zemplist.
DATA gr_table TYPE REF TO cl_salv_table.

SELECT *
  FROM zemplist
  INTO TABLE @gt_itab.

cl_salv_table=>factory(
  IMPORTING
    r_salv_table = gr_table
  CHANGING
    t_table      = gt_itab ).

gr_table->display( ).
```

결과 | 17-1

Cl	작원코	부서	직위	직원 명	이메일 주소	전화번호
100	1001	D001	상무	김철수	sapjoy@naver.com	010-1234-5678
100	1002	D001	과장	이영희	msrpa@naver.com	010-1212-3434
100	1003	D002	부장	조명수	chs@daum.net	010-1003-1003
100	1004	D002	과장	박옥순	dhrtns@sapjoy.com	010-1004-1004
100	1005	D003	차장	문운호	myh@naver.com	010-1005-1005
100	1006	D003	대리	정원숙	jhs@naver.com	010-1006-1006
100	1007	D004	과장	강순자	ksj@naver.com	010-1007-1007
100	1008	D004	사원	채영식	cys@daum.net	010-1008-1008

예제 17-1의 스크립트는 아주 간단하다. 데이터를 저장하는 인터널 테이블 GT_ITAB과 SALV 테이블을 생성하는 GR_TABLE을 선언한다. SELECT 구문을 이용하여 GT_ITAB에 조회할 데이터를 추가한 후, SALV 인스턴스를 생성할 때 인터널 테이블 데이터를 파라미터로 전달한다. 그리고 DISPLAY 메소드를 호출하여 SALV를 화면에 출력한다. 'gr_table->display( )' 구문은 'CALL METHOD gr_table->display( ).' 구문의 축약형이다.

2-2 전체 화면 Classic List 모드

이번에는 전통적인 방식의 'REUSE_ALV_LIST_DISPLAY' 함수로 ALV를 출력하는 프로그램과 동일한 효과를 가지도록 SALV를 이용해 구현해보자.

예제 | 17-2

```
REPORT  z17_02.

DATA gt_itab  TYPE TABLE OF zemplist.
DATA gr_table TYPE REF TO cl_salv_table.

SELECT *
  FROM zemplist
  INTO TABLE @gt_itab.

cl_salv_table=>factory(
 EXPORTING
    list_display = abap_true
 IMPORTING
    r_salv_table = gr_table
 CHANGING
    t_table      = gt_itab ).

gr_table->display( ).
```

결과 | 17-2

추가로 어플리케이션 툴바에 ALV 표준 기능을 제공하는 아이콘이 조회되도록 구현해보자.

예제 | 17-3

```
REPORT  z17_03.

DATA gt_itab       TYPE TABLE OF zemplist.
DATA gr_table      TYPE REF TO cl_salv_table.
DATA gr_functions  TYPE REF TO cl_salv_functions_list.
---------------> 중 략 <------------------------
gr_functions = gr_table->get_functions( ).
gr_functions->set_default( ).

gr_table->display( ).
```

결과 | 17-3

예제 17-3에서는 'CL_SALV_FUNCTIONS_LIST' 클래스를 참조하는 객체 참조 변수를 이용해 표준 ALV 기본 버튼을 화면에 추가했다. 물론, 개별 아이콘 추가나 삭제 등의 설정은 스크립트로 구현할 수 있다.

2-3 컨테이너를 이용한 모드

SALV는 스크린 없이 전체 화면 모드로 개발 가능하다. 자세한 내용은 3-2절에서 소개한다. 컨테이너를 이용한 SALV는 15장에서 설명한 Grid를 이용한 ALV와 동일한 절차로 프로그램을 개발한다. ALV 인스턴스를 물리적으로 화면에 보이게 하려면, 스크린과 ALV Grid 컨트롤의 연결고리 역할을 하는 SAP 컨테이너 컨트롤이 필요하다. SAP 컨테이너도 다른 컨트롤을 포함하는 하나의 컨트롤이며, 부모 컨트롤(Parent Control)이라고도 한다.

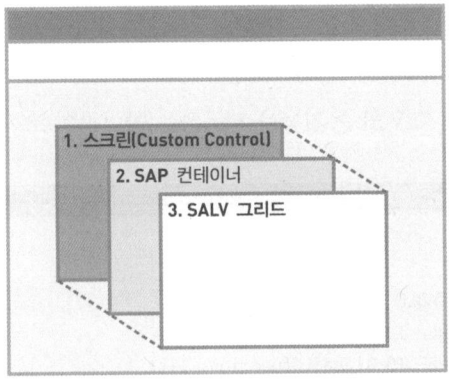

그림 17-3 SAP 컨테이너의 위치

T-CODE:SE38에서 TYPE-1 유형의 프로그램 Z17_04를 생성한 후에 그림 17-4와 같이 스크린 100번을 추가하자.

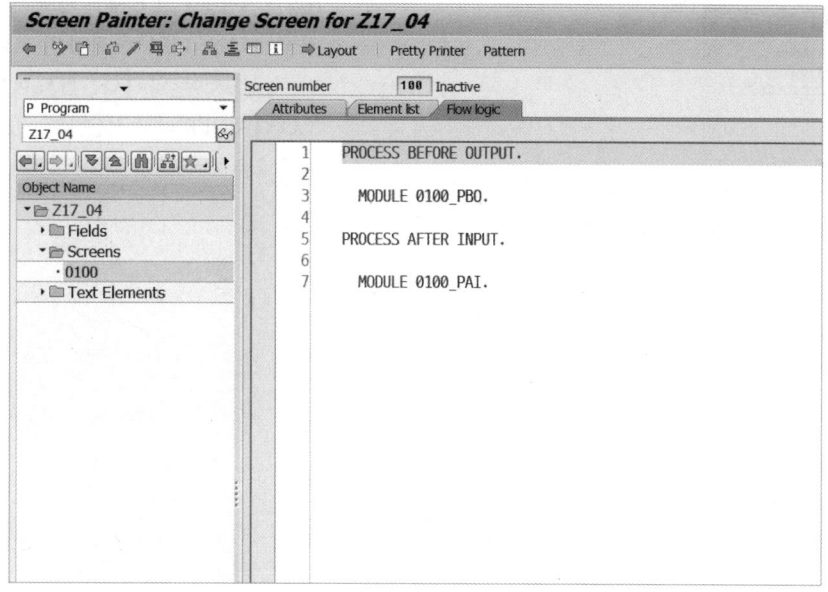

그림 17-4 프로그램 및 스크린 생성

스크린 생성을 완료했다면, SAP 컨테이너 생성 작업을 본격적으로 시작해보자.

01 커스텀 컨트롤 생성
스크린 페인터를 실행하여 커스텀 컨트롤 (Custom Control) 아이콘(■)을 클릭하면 화면에 영역을 지정할 수 있다. 스크린 영역에 드래그 & 드롭으로 적절한 크기로 생성한다.

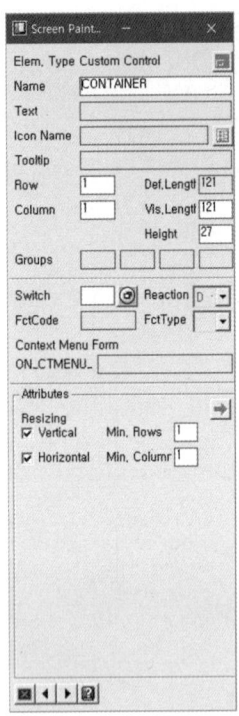

02 커스텀 컨트롤 이름과 속성 지정
컨테이너를 더블 클릭하면 스크린 페인터 속성 창이 열린다. 컨테이너 이름을 'CONTAINER'라고 저장하자. 컨트롤 속성은 표 17-2를 참고한다.

속성	기능
Resizing Vertical/horizontal	창 크기에 따라 화면에서 차지하는 영역을 비율로 조절하여 보여준다.
Min. Rows Min. Column	화면에 보이게 될 최소한의 라인과 컬럼 수를 설정한다.

표 17-2 SAP 커스텀 컨테이너의 속성

03 컨테이너 참조 변수 생성
리포트 프로그램에서 CL_SALV_TABLE을 참조하는 SALV 테이블과 기타 변수들을 선언한다. 그리고 데이터를 추출하여 스크린 100번을 호출하는 스크립트까지 추가하자.

예제 | 17-4

```
REPORT z17_04.

DATA gt_itab      TYPE TABLE OF zemplist.
DATA gr_table     TYPE REF TO cl_salv_table.
DATA gr_functions TYPE REF TO cl_salv_functions_list.
DATA gr_container TYPE REF TO cl_gui_custom_container.
DATA ok_code      TYPE SY-UCOMM.
```

```
SELECT *
  FROM zemplist
  INTO TABLE @gt_itab.

CALL SCREEN 0100.
```

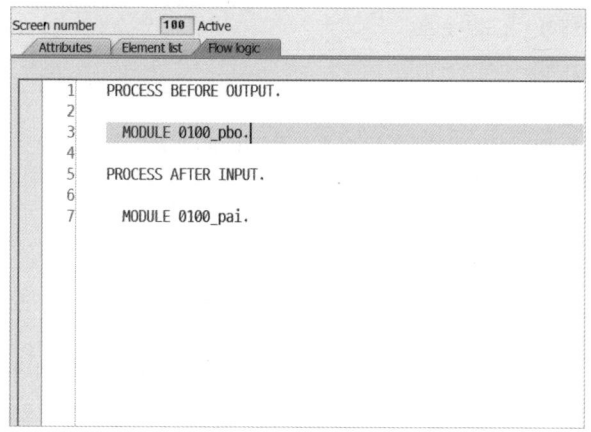

04 PBO 생성
스크린 100번에 SAP 커스텀 컨테이너 오브젝트를 생성하기 위해 PBO 모듈을 생성한다.

```
*&---------------------------------------------------------------------
*& Module 0100_PBO OUTPUT
*&---------------------------------------------------------------------
MODULE 0100_pbo OUTPUT.
  SET PF-STATUS '0100'.

  IF gr_container IS NOT BOUND.
*   1. Create Container
    CREATE OBJECT gr_container
      EXPORTING
        container_name = 'CONTAINER'.

*   2. Create Container
    cl_salv_table=>factory(
      EXPORTING
        r_container    = gr_container
        container_name = 'CONTAINER'
      IMPORTING
        r_salv_table   = gr_table
      CHANGING
        t_table        = gt_itab ).

*   3. SET ALV Button
    gr_functions = gr_table->get_functions( ).
    gr_functions->set_all( abap_true ).

*   4. Call ALV
    gr_table->display( ).
  ENDIF.

ENDMODULE.                 "0100_pbo OUTPUT
```

05 컨테이너 오브젝트와 SALV 테이블 생성
CREATE OBJECT 구문으로 컨테이너 오브젝트를 생성한다. 이는 컨테이너 오브젝트와 스크린의 커스텀 컨트롤을 연결하는 작업을 수행한다. 이때 사용할 수 있는 파라미터 속성은 표 17-3과 같다. 인스턴스를 생성하는 FACTORY 메소드를 호출할 때 파라미터 R_CONTAINER, CONTAINER_NAME을 지정하면 컨테이너를 이용한 SALV 프로그램이 생성된다.

또한 어플리케이션 툴바에 기능 아이콘을 추가하기 위해 CL_SALV_FUNCTIONS 클래스를 참조하는 객체를 이용한다. GR_TABLE의 메소드 get_functions를 호출하여 객체를 SALV 테이블에 연결한다. 이번 실습에서는 set_all 메소드를 호출하여 ALV 전체 기능키를 추가해보자.

파라미터	기능
PARENT	컨트롤이 보이는 인스턴스의 상위 컨트롤 지정
CONTAINER_NAME	스크린 페인터에서 지정한 커스텀 컨테이너(Custom Container), 즉 스크린의 커스텀 컨트롤(Custom Control) 이름 지정
STYLE	컨트롤의 외형 스타일 지정
DYNNR	컨트롤에 추가하고자 하는 스크린 번호
REPID	컨트롤에 추가하고자 하는 프로그램 ID
LIFETIME	컨트롤의 생명주기 설정 (LEAVE TRANSACTOIN, CALL TRANSACTION 등의 명령에 따라 비활성 설정)
NO_AUTODEF_PROGID_DYNNR	프로그램 ID와 스크린 번호 자동 지정('X'를 설정하면 OFF)

표 17-3 SAP 커스텀 컨테이너 파라미터 속성

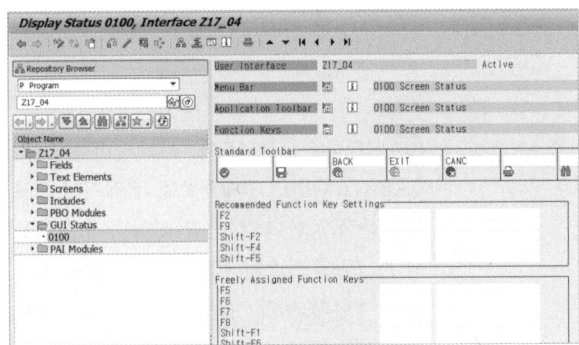

06 GUI Status 생성

스크린에서 사용자의 이벤트를 구현하기 위해 GUI Status를 생성하자. 이번 실습에서는 단순히 프로그램을 종료하기 위한 버튼만 추가한다.

```
*&----------------------------------
*&      Module  0100_PAI  INPUT
*&----------------------------------
MODULE 0100_pai INPUT.

  CASE ok_code.
    WHEN 'BACK'
      OR 'EXIT'
      OR 'CANC'.
      SET SCREEN 0.
      LEAVE SCREEN.
  ENDCASE.

ENDMODULE.                 "0100_pai INPUT
```

07 PAI 생성

프로그램을 종료하기 위한 로직을 추가하고 저장한다.

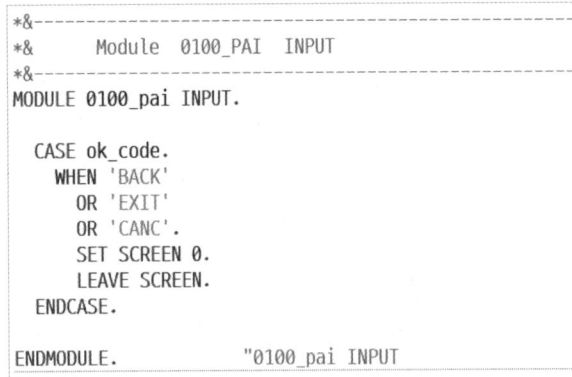

08 프로그램 실행

프로그램을 실행하면 ZEMPLIST 테이블에서 가져온 데이터가 ALV 리스트 형태로 조회되는 것을 확인할 수 있다.

SALV의 아웃풋 포맷 설정

앞선 2절에서는 SALV의 기본 이론과 함께 3가지 유형의 리스트 프로그램을 실습했다. 이번 절에서는 SALV의 서브클래스를 호출하여 리스트의 아웃풋 형태를 변경하는 방법에 대해 학습해보자.

3-1 SALV와 서브클래스

표준으로 제공하는 SALV 포맷 이외에 사용자 맞춤 설정을 하려면 메인(Main) 클래스인 CL_SALV_TABLE과 관련된 서브클래스들에 대해 알고 있어야 한다.

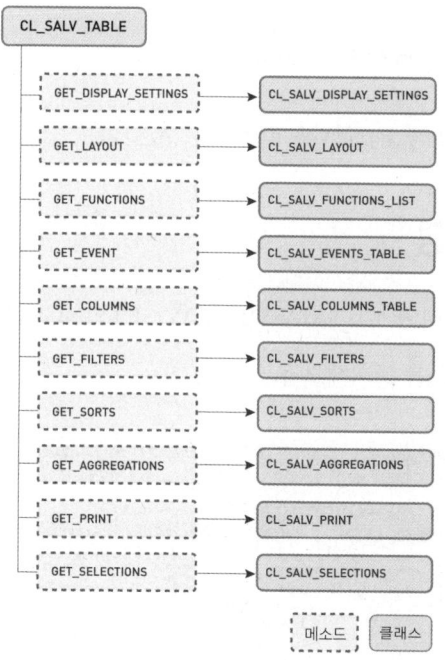

그림 17-5 SALV의 서브클래스: ALV Object Model

SALV에서는 그림 17-5와 같은 클래스 간의 다이어그램 구성이 가능하며, 이러한 구조를 ALV Object Model이라는 개념으로 소개하고 있다. Grid를 이용한 ALV에서는 레이아웃을 설정하기 위해 'LVC_S_LAYO' 타입의 변수를 선언하고 ALV를 호출하는 메소드의 파라미터로 값을 전달했다. 그러나 SALV에서는 ALV 테이블 이외의 부가 설정 사항은 개별 오브젝트로 제공한다. 메인 클래스인 'CL_SALV_TABLE'과 서브클래스들을 연결할 때는 'GET*'으로 시작하는 이름의 메소드를 이용한다.

그림 17-5에서 볼 수 있듯이, 개별 클래스들을 SALV에 탑재하려면 각각의 메소드를 이용해야 한다. 예제 17-3에서 어플리케이션 툴바를 ALV에 추가하기 위해 'gr_functions = gr_table->get_functions( ).' 구문을 이용한 것이 대표적인 경우이다.

정리하자면, SALV의 메인 클래스에 서브클래스를 연결하는 절차는 다음과 같다.

1. **서브클래스의 객체 참조 변수 선언**

```
DATA gr_display TYPE REF TO cl_salv_display_settings
```

2. **서브클래스 타입에 해당하는 메인 클래스의 메소드 호출**

```
gr_display = gr_table->get_display_settings ( ).
```

3. **서브클래스의 메소드를 이용하여 세부 사항 설정**

```
gr_display->set_striped_pattern(value = 'X').
```

3-2 SALV의 헤더 설정

SALV의 레이아웃을 변경하려면 'CL_SALV_DISPLAY_SETTINGS' 클래스를 이용한다. T-CODE: SE24(클래스 빌더)에서 클래스를 조회해보자.

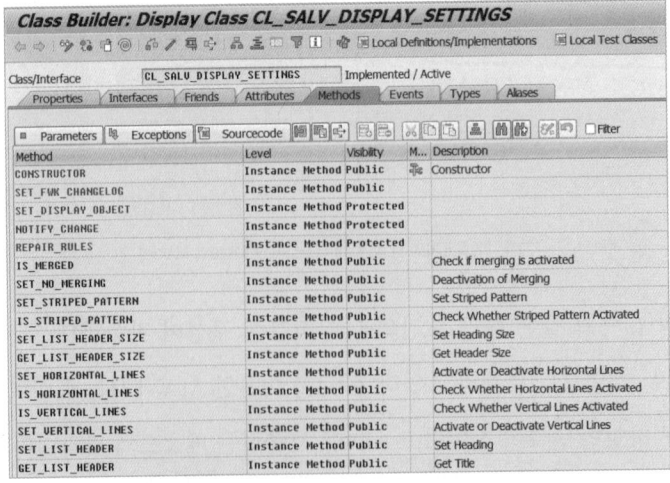

그림 17-6 클래스 빌더에서 CL_SALV_DISPLAY_SETTINGS 클래스 조회

이번 실습에서는 그림 17-6의 메소드 리스트 중 'SET_LIST_HEADER'를 이용해 SALV의 헤더 이름을 변경한다. 추가로, Grid ALV의 레이아웃에서 학습했던 ZEBRA 속성처럼 SALV에 줄무늬(Stripe) 패턴도 적용해보자.

이번 실습은 절차를 간소화하기 위해 컨테이너를 이용하지 않고, 전체 화면 모드로 진행한다. 프로그램을 복사하여 생성한 후, SALV의 레이아웃을 설정하기 위해 굵은 텍스트로 표시된 부분을 추가하고 활성화하자.

예제 | 17-5

```
REPORT z17_05.

DATA gt_itab     TYPE TABLE OF zemplist.
DATA gr_table    TYPE REF TO cl_salv_table.
DATA gr_display TYPE REF TO cl_salv_display_settings.

SELECT *
  FROM zemplist
  INIO TABLE @gt_itab.

cl_salv_table=>factory(
  IMPORTING
    r_salv_table = gr_table
  CHANGING
    t_table      = gt_itab ).

gr_display = gr_table->get_display_settings( ).
gr_display->set_striped_pattern( cl_salv_display_settings=>true ).
gr_display->set_list_header( 'Header Test' ).

gr_table->display( ).
```

결과 | 17-5

Cl.	직원표	부서	직위	직원 명	이메일 주소	전화번호
100	1001	D001	상무	김철수	sapjoy@naver.com	010-1234-5678
100	1002	D001	과장	이영희	msrpa@naver.com	010-1212-3434
100	1003	D002	부장	조영수	chs@daum.net	010-1003-1003
100	1004	D002	과장	박옥순	dhrtns@sapjoy.com	010-1004-1004
100	1005	D003	차장	문경호	myh@naver.com	010-1005-1005
100	1006	D003	대리	정현숙	jhs@naver.com	010-1006-1006
100	1007	D004	과장	감순자	ksj@naver.com	010-1007-1007

(Header Test)

프로그램을 실행하면 결과 17-5와 같이 SALV 헤더가 변경된 것을 확인할 수 있다. 또한 'SET_STRIPED_PATTERN' 메소드로 라인별로 색상 반전이 설정되었다. 메소드에 사용된 파라미터 'cl_ salv_display_settings=>true'는 'X'와 동일하며 클래스에 Alias로 지정된 별명이다. 다음과 같이 상수를 선언하여 이용하는 것도 좋은 방법이다.

```abap
constants: gc_true  type sap_bool value 'X'.
constants: gc_false type sap_bool.
```

3-3 SALV의 수직/수평 구분선 설정

SALV 조회 화면에서 수직/수평 구분선이 조회되지 않도록 설정해보자. Z17_05 프로그램을 복사하여 생성한 후, 굵은 텍스트로 표시된 부분을 추가하고 활성화하자.

예제 | 17-6

```abap
REPORT z17_06.

DATA gt_itab    TYPE TABLE OF zemplist.
DATA gr_table   TYPE REF TO cl_salv_table.
DATA gr_display TYPE REF TO cl_salv_display_settings.

SELECT *
  FROM zemplist
  INTO TABLE @gt_itab.

cl_salv_table=>factory(
  IMPORTING
    r_salv_table = gr_table
  CHANGING
    t_table      = gt_itab ).

gr_display = gr_table->get_display_settings( ).
gr_display->set_horizontal_lines( cl_salv_display_settings=>false ).
gr_display->set_vertical_lines( cl_salv_display_settings=>false ).

gr_table->display( ).
```

결과 | 17-6

Cl.	직원코	부서	직위	직원 명	이메일 주소	전화번호
100	1001	D001	상무	김일수	sapjoy@naver.com	010-1234-5678
100	1002	D001	과장	이영희	msrpa@naver.com	010-1212-3434
100	1003	D002	부장	조명수	chs@daum.net	010-1003-1003
100	1004	D002	과장	박옥순	dhrtns@sapjoy.com	010-1004-1004
100	1005	D003	차장	윤명호	myh@naver.com	010-1005-1005
100	1006	D003	대리	정명숙	jhs@naver.com	010-1006-1006
100	1007	D004	과장	김순자	ksj@naver.com	010-1007-1007

결과 17-6에서 확인할 수 있듯이, 'SET_HORIZONTAL_LINES'와 'SET_VERTICAL_LINES' 메소드를 이용해 리스트의 구분선을 화면에서 제거할 수 있다. 이외에 'IS_HORIZONTAL_LINES'와 'IS_VERTICAL_LINES' 메소드는 수직/수평 구분선이 활성화되었는지 체크하는 기능을 한다.

3-4 레이아웃 저장

사용자가 SALV의 컬럼 배열이나 정렬 상태를 변경한 후, 해당 레이아웃을 저장하여 다음 프로그램 실행 시 동일한 포맷으로 조회할 수 있게 하려면 'CL_SALV_LAYOUT' 클래스를 이용한다.

예제 | 17-7

```
REPORT z17_07.

DATA gt_itab     TYPE TABLE OF zemplist.
DATA gr_table    TYPE REF TO cl_salv_table.
DATA gr_layout   TYPE REF TO cl_salv_layout.
DATA g_program   TYPE salv_s_layout_key.

SELECT *
  FROM zemplist
  INTO TABLE @gt_itab.

cl_salv_table=>factory(
  IMPORTING
    r_salv_table = gr_table
  CHANGING
    t_table      = gt_itab ).

gr_layout = gr_table->get_layout( ).
g_program-report = sy-repid.
gr_layout->set_key( g_program ).
gr_layout->set_save_restriction( cl_salv_layout=>restrict_none ).

gr_table->display( ).
```

결과 | 17-7

Cl.	직원코	부서	직위	직원 명	이메일 주소	전화번호
100	1001	D001	상무	김철수	sapjoy@naver.com	010-1234-5678
100	1002	D001	과장	이영희	msrpa@naver.com	010-1212-3434
100	1003	D002	부장	조명수	chs@daum.net	010-1003-1003
100	1004	D002	과장	박육순	dhrtns@sapjoy.com	010-1004-1004
100	1005	D003	차장	문영호	myh@naver.com	010-1005-1005
100	1006	D003	대리	정면숙	jhs@naver.com	010-1006-1006
100	1007	D004	과장	강순자	ksj@naver.com	010-1007-1007

Program Z17_07

결과를 보면 레이아웃 필드를 선택하고, 레이아웃을 변경, 저장할 수 있는 버튼이 추가되었다. 변수 g_program은 레이아웃을 구분하기 위한 키(Key) 값으로, 프로그램 이름이 설정된다.

3-5 컬럼 속성 변경

SALV의 특정 컬럼 속성을 변경하는 실습을 해보자. SALV에서 개별 컬럼의 속성에 접근하여 변경하려면 두 개의 서브클래스를 이용해야 한다. ALV Object Model 구조는 그림 17-7에서 확인할 수 있다.

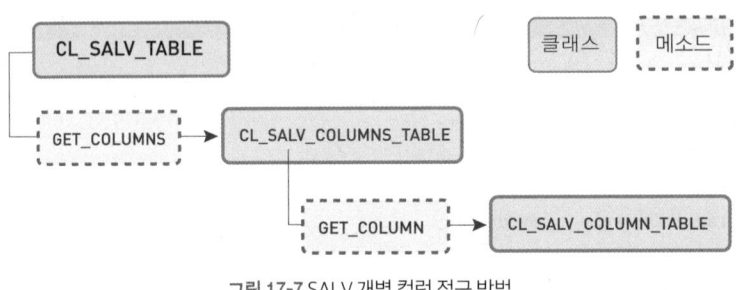

그림 17-7 SALV 개별 컬럼 접근 방법

컬럼 속성을 변경하는 절차는 다음과 같다.

1. 'CL_SALV_COLUMNS_TABLE'을 참조하는 GR_COLUMNS 객체 참조 변수 선언
2. GR_TABLE의 'GET_COLUMNS' 메소드를 이용해 SALV의 모든 컬럼에 대한 정보 전달
3. 'CL_SALV_COLUMN_TABLE'을 참조하는 GR_COLUMN 객체 참조 변수 선언
4. GR_COLUMNS의 GET_COLUMN 메소드를 이용해 개별 컬럼에 접근
5. GR_COLUMN의 메소드를 이용해 개별 컬럼의 속성 변경

3-5-1 컬럼 비가시 설정

SALV 컬럼 중에서 클라이언트 정보를 포함하고 있는 MANDT 컬럼을 화면에서 조회되지 않도록 설정해보자.

예제 | 17-8

```
REPORT   z17_08.

DATA gt_itab    TYPE TABLE OF zemplist.
DATA gr_table   TYPE REF TO cl_salv_table.
```

```
DATA gr_columns TYPE REF TO cl_salv_columns_table.
DATA gr_column  TYPE REF TO cl_salv_column_table.
DATA gr_layout  TYPE REF TO cl_salv_layout.
DATA g_program  TYPE salv_s_layout_key.

SELECT *
  FROM zemplist
  INTO TABLE @gt_itab.

cl_salv_table=>factory(
  IMPORTING
    r_salv_table = gr_table
  CHANGING
    t_table      = gt_itab ).

gr_columns = gr_table->get_columns( ).
gr_column ?= gr_columns->get_column( 'MANDT' ).
gr_column->set_visible( cl_salv_column_table=>false ).

gr_layout = gr_table->get_layout( ).
g_program-report = sy-repid.
gr_layout->set_key( g_program ).
gr_layout->set_save_restriction( cl_salv_layout=>restrict_none ).

gr_table->display( ).
```

결과 | 17-8

직원코	부서	직위	직원 명	이메일 주소	전화번호
1001	D001	상무	김철수	sapjoy@naver.com	010-1234-5678
1002	D001	과장	이영희	msrpa@naver.com	010-1212-3434
1003	D002	부장	조영수	chs@daum.net	010-1003-1003
1004	D002	과장	박후은	dhrtns@sapjoy.com	010-1004-1004
1005	D003	차장	윤영호	myh@naver.com	010-1005-1005
1006	D003	대리	정현숙	jhs@naver.com	010-1006-1006
1007	D004	과장	강은자	ksj@naver.com	010-1007-1007

결과 17-8에서 확인할 수 있듯이 MANDT 필드가 화면에서 사라졌다. 예제 17-8의 다음 구문에 사용된 '?' 기호는 다운캐스팅(Downcasting) 연산자이다.

```
gr_column ?= gr_columns->get_column( 'MANDT' ).
```

다운캐스팅 연산자 '?'를 사용하여 서로 다른 클래스에서 파생된 객체를 참조하고, 이를 기반으로 새로운 객체를 생성할 수 있다. 예제 17-8에서 비활성화한 MANDT 필드는, SALV 레이아웃의 Column Set을 통해 해당 필드를 선택하여 다시 화면에 추가할 수 있다.

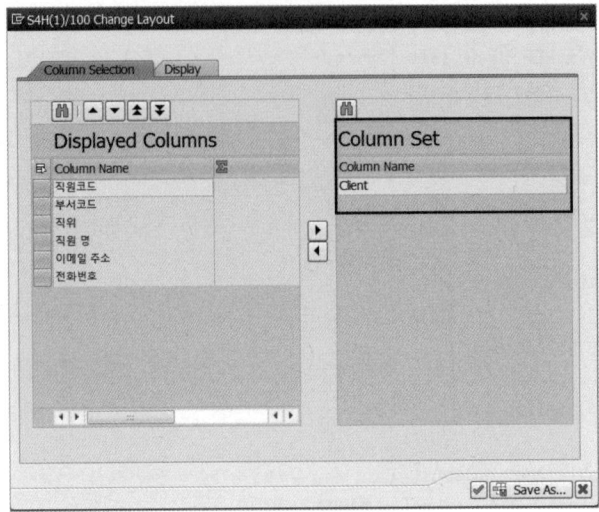

그림 17-8 레이아웃 조정

사용자가 컬럼을 선택할 수 없게 하고, 프로그램 내부에서 기술적으로만 관리하고자 하는 컬럼이 있다면 'SET_TECHNICAL' 메소드를 이용한다.

```
gr_column ?= gr_columns->get_column( 'MANDT' ).
gr_column->set_technical( 'X' ).
```

3-5-2 컬럼 내역 변경

이번에는 개별 컬럼의 헤더 내역을 변경해보자.

예제 | 17-9
```
REPORT  z17_09.

DATA gt_itab    TYPE TABLE OF zemplist.
DATA gr_table   TYPE REF TO cl_salv_table.
DATA gr_columns TYPE REF TO cl_salv_columns_table.
DATA gr_column  TYPE REF TO cl_salv_column_table.

SELECT *
  FROM zemplist
  INTO TABLE @gt_itab.

cl_salv_table=>factory(
  IMPORTING
    r_salv_table = gr_table
  CHANGING
```

```
        t_table     = gt_itab ).

  gr_columns = gr_table->get_columns( ).
  gr_column ?= gr_columns->get_column( 'EMPCD' ).
  gr_column->set_long_text( 'Long Text' ).
  gr_column->set_medium_text( 'Medium Text' ).
  gr_column->set_short_text( 'Short Text' ).

  gr_table->display( ).
```

결과 | 17-9

결과 17-9에서 볼 수 있듯이, EMPCD 컬럼의 헤더 내역이 단문으로 변경되었다. 이는 사용자가 마우스 드래그 & 드롭을 이용해 컬럼 너비를 변경할 때마다 'SET_*_TEXT' 메소드를 호출하여 장문/중문/단문 내용이 조회되도록 한다.

3-5-3 컬럼 색상 설정

SALV 그리드(Grid) 중 PSTION 컬럼에 색상을 설정해보자.

예제 | 17-10

```
REPORT z17_10.

DATA gt_itab    TYPE TABLE OF zemplist.
DATA gr_table   TYPE REF TO cl_salv_table.
DATA gr_columns TYPE REF TO cl_salv_columns_table.
DATA gr_column  TYPE REF TO cl_salv_column_table.
DATA g_color    TYPE lvc_s_colo.

SELECT *
  FROM zemplist
  INTO TABLE @gt_itab.

cl_salv_table=>factory(
  IMPORTING
    r_salv_table = gr_table
```

```abap
      CHANGING
        t_table    = gt_itab ).

gr_columns = gr_table->get_columns( ).
gr_column ?= gr_columns->get_column( 'PSTION' ).
g_color-col = '6'.
g_color-int = '1'.
g_color-inv = '0'.
gr_column->set_color( g_color ).

gr_table->display( ).
```

결과 | 17-10

3-5-4 컬럼 너비 최적화 설정

컬럼 너비 최적화는 SALV 조회 시 데이터의 길이에 맞춰 컬럼 길이를 자동으로 조정하여 표시하는 기능이다. 이전 CL_GUI_ALV_GRID를 이용한 ALV에서는 레이아웃 속성 중 'LVC_S_LAYO' 타입의 변수를 선언하여 cwidth_opt 필드에 'X' 값을 설정하였다. SALV에서는 'SET_OPTIMIZE' 메소드를 호출할 때 'X' 값을 파라미터로 전달하면 동일한 효과를 얻을 수 있다. 예제 17-11을 통해 확인해보자.

예제 | 17-11

```abap
REPORT z17_11.

DATA gt_itab    TYPE TABLE OF zemplist.
DATA gr_table   TYPE REF TO cl_salv_table.
DATA gr_columns TYPE REF TO cl_salv_columns_table.

SELECT *
  FROM zemplist
  INTO TABLE @gt_itab.

cl_salv_table=>factory(
```

```
    IMPORTING
      r_salv_table = gr_table
    CHANGING
      t_table      = gt_itab ).

gr_columns = gr_table->get_columns( ).
gr_columns->set_optimize( 'X' ).

gr_table->display( ).
```

결과 | 17-11

Client	직원코드	부서코드	직위	직원 명	이메일 주소	전화번호
100	1001	D001	상무	김철수	sapjoy@naver.com	010-1234-5678
100	1002	D001	과장	이영희	msrpa@naver.com	010-1212-3434
100	1003	D002	부장	조영수	chs@daum.net	010-1003-1003
100	1004	D002	과장	박옥순	dhrtns@sapjoy.com	010-1004-1004
100	1005	D003	차장	문영호	myh@naver.com	010-1005-1005
100	1006	D003	대리	정현숙	jhs@naver.com	010-1006-1006
100	1007	D004	과장	강순자	ksj@naver.com	010-1007-1007

이외의 컬럼 속성 설정은 "6. 'SALV Grid 요소" 절에서 더 살펴보도록 하고, 이 책에서 언급하지 않은 속성은 'CL_SALV_COLUMN_TABLE' 클래스에 있는 메소드를 참고해 직접 적용해보자.

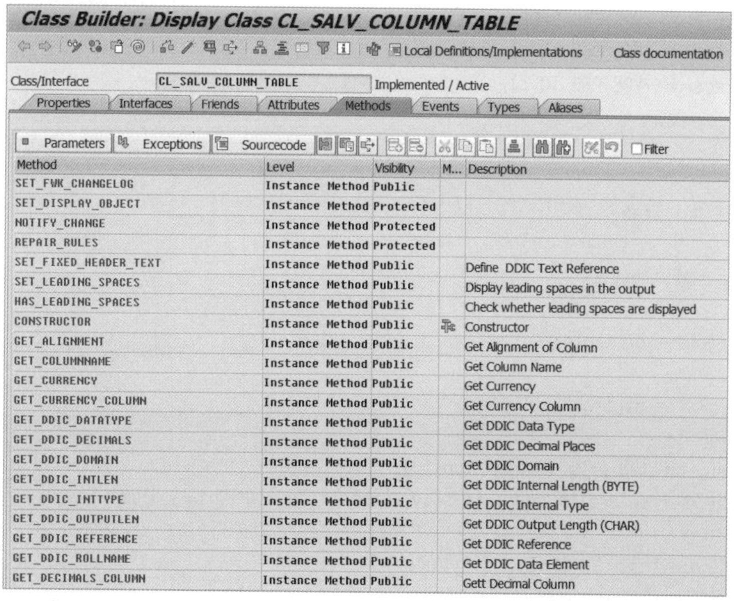

그림 17-9 CL_SALV_COLUMN_TABLE 클래스 조회

3-6 SALV 선택 모드

SALV 리스트 조회 후, 사용자가 여러 행(Row)을 선택하거나 개별 셀을 선택할 수 있는 모드를 설정할 수 있다. 이는 'CL_SALV_SELECTIONS' 클래스의 'SET_SELECTION_MODE' 메소드를 이용하여 구현한다. 메소드 호출 시 사용하는 파라미터는 TYPE 'I' 유형이며, IF_SALV_C_SELECTION_MODE의 상수 값을 사용할 수 있다. 자세한 내용은 표 17-4를 참고하자.

표시	상수 값	기능
NONE	0	선택 모드를 사용하지 않음
SINGLE	1	개별 라인 선택 모드
MULTIPLE	2	멀티 라인 선택 모드
CELL	3	셀 선택 모드
ROW_COLUMN	4	라인과 컬럼 선택 모드

표 17-4 IF_SALV_C_SELECTION_MODE의 상수 값

이제 SALV의 선택 모드를 설정하는 프로그램을 생성해보자.

예제 | 17-12

```abap
REPORT  z17_12.

DATA gt_itab      TYPE TABLE OF zemplist.
DATA gr_table     TYPE REF TO cl_salv_table.
DATA gr_selection TYPE REF TO cl_salv_selections.

SELECT *
  FROM zemplist
  INTO TABLE @gt_itab.

cl_salv_table=>factory(
  IMPORTING
    r_salv_table = gr_table
  CHANGING
    t_table      = gt_itab ).

gr_selection = gr_table->get_selections( ).
gr_selection->set_selection_mode( if_salv_c_selection_mode=>row_column ).

gr_table->display( ).
```

결과 | 17-12

Program Z17_12						
Cl	사용번호	부서	직위	사원 명	이메일 주소	전화번호
100	1001	D001	상무	김철수	sapjoy@naver.com	010-1234-5678
100	1002	D001	과장	이영희	msrpa@naver.com	010-1212-3434
100	1003	D002	부장	조명수	chs@daum.net	010-1003-1003
100	1004	D002	과장	박육순	dhrtns@sapjoy.com	010-1004-1004
100	1005	D003	차장	윤영호	myh@naver.com	010-1005-1005
100	1006	D003	대리	정현숙	jhs@naver.com	010-1006-1006
100	1007	D004	과장	강은자	ksj@naver.com	010-1007-1007
100	1008	D004	사원	채명식	cys@daum.net	010-1008-1008

결과 17-12에서 확인할 수 있듯이, SALV의 리스트 왼쪽에 라인을 선택할 수 있는 [MARK] 버튼이 추가되었다. 표 17-4를 참고하여 'SET_SELECTION_MODE' 메소드의 파라미터에 다양한 값을 설정하여 SALV 선택 모드가 어떻게 적용되는지 테스트해보자.

3-7 팝업으로 표시

SALV를 팝업창에서 조회할 수 있다. 'SET_SCREEN_POPUP' 메소드를 이용하여 구현하며, 컨테이너를 이용한 방법에는 적용할 수 없다. 컨테이너를 이용한 SALV는 스크린 속성에서 'Dialog Box'를 선택하여 적용한다.

예제 | 17-13

```
REPORT z17_13.

DATA gt_itab  TYPE TABLE OF zemplist.
DATA gr_table TYPE REF TO cl_salv_table.

SELECT *
  FROM zemplist
  INTO TABLE @gt_itab.

cl_salv_table=>factory(
  IMPORTING
    r_salv_table = gr_table
  CHANGING
    t_table      = gt_itab ).

gr_table->set_screen_popup(
  start_column = 1
  end_column   = 100
  start_line   = 1
  end_line     = 20 ).

gr_table->display( ).
```

결과 | 17-13

04 SALV의 기본 기능 구현

이번 절에서는 SALV에서 기본적으로 제공하는 기능(데이터 정렬, 필터링 설정 등)을 프로그램에서 구현해보도록 하자.

4-1 데이터 정렬

데이터 정렬은 'CL_SALV_SORTS' 클래스를 참조하는 객체 참조 변수를 이용하여 구현한다. GR_TABLE의 GET_SORT 메소드를 이용해 정렬을 담당하는 ALV Object와 연결하고, ADD_SORT 메소드를 통해 정렬할 필드를 추가한다.

예제 | 17-14

```
REPORT z17_14.

DATA gt_itab    TYPE TABLE OF zemplist.
DATA gr_table   TYPE REF TO cl_salv_table.
```

```
    DATA gr_sorts   TYPE REF TO cl_salv_sorts.

    SELECT *
      FROM zemplist
      INTO TABLE @gt_itab.

    cl_salv_table=>factory(
     IMPORTING
        r_salv_table = gr_table
     CHANGING
        t_table      = gt_itab ).

    gr_sorts = gr_table->get_sorts( ).
    gr_sorts->add_sort( ' DEPCD ' ).

    gr_table->display( ).
```

예제 17-14에서는 ADD_SORT 메소드를 호출할 때, 파라미터 이름을 생략하고 단순히 컬럼 이름만 지정하여 축약형을 사용했다.

```
    gr_sorts->add_sort( ' DEPCD ' ).
```

전체 구문은 다음과 같다.

```
    CALL METHOD gr_sorts->add_sort
     EXPORTING
        columnname = ' DEPCD '.
```

결과 | 17-14

CL	직원코	부서코드	직위	직원 명	이메일 주소	전화번호
100	1001	D001	상무	김철수	sapjoy@naver.com	010-1234-5678
100	1002		과장	이영희	msrpa@naver.com	010-1212-3434
100	1010		사원	박옥순		
100	1018		과장	이나연	1018@SAPJOY.COM	010-1111-2325
100	1019		주임	이명석	1019@SAPJOY.COM	010-1111-2326
100	1021		사원	김옥순	a@a.com	010
100	1003	D002	부장	조명수	chs@daum.net	010-1003-1003
100	1004		과장	박옥순	dhrtns@sapjoy.com	010-1004-1004

4-2 Aggregation 설정

'CL_SALV_AGGREATIONS' 클래스를 이용하여 Numeric 타입의 컬럼 데이터를 합산할 수 있다. 단순히 컬럼 레벨에서 합산하려면 데이터를 정렬할 필요가 없지만, 키(Key) 값의 코드에 따라 부분합(Subtotal)을 수행하려면 먼저 데이터를 먼저 정렬해야 한다. 여기서는 부서코드별로 자격증 개수를 합산하는 예제를 실습해보자.

예제 17-15

```abap
REPORT z17_15.

TYPES BEGIN OF : t_itab.
INCLUDE STRUCTURE zemplist.
TYPES :    count TYPE p LENGTH 3.  " 자격증 개수 필드 추가
TYPES : END OF t_itab.

DATA : gt_itab TYPE TABLE OF t_itab.

DATA gr_table TYPE REF TO cl_salv_table.
DATA gr_sorts    TYPE REF TO cl_salv_sorts.
DATA gr_columns TYPE REF TO cl_salv_columns_table.
DATA gr_column  TYPE REF TO cl_salv_column_table.
DATA gr_agg     TYPE REF TO cl_salv_aggregations.

SELECT a~empcd, a~depcd, a~pstion, a~ename, a~email, a~tel, b~empcd,
       COUNT( b~certid ) AS count
  FROM zemplist AS a
  LEFT OUTER JOIN zempcert AS b ON b~empcd EQ a~empcd
  GROUP BY a~empcd, a~depcd, a~pstion, a~ename, a~email, a~tel, b~empcd
  INTO CORRESPONDING FIELDS OF TABLE @gt_itab.

cl_salv_table=>factory(
  IMPORTING
    r_salv_table = gr_table
  CHANGING
    t_table      = gt_itab[] ).

gr_columns = gr_table->get_columns( ).
gr_column ?= gr_columns->get_column( 'COUNT' ).
gr_column->set_short_text( '자격증 개수' ).

gr_sorts = gr_table->get_sorts( ).
gr_sorts->add_sort( columnname = 'DEPCD' subtotal = 'X' ).
gr_agg = gr_table->get_aggregations( ).
gr_agg->add_aggregation( 'COUNT' ).

gr_table->display( ).
```

결과 | 17-15

CL	직원코드	부서코드	직위	직원 명	이메일 주소	전화번호	e-자재
			인턴	김나라	intern1@sapjoy.com	010-1012-1012	0
				이명희			0
							* 0
	1001	D001	상무	김철수	sapjoy@naver.com	010-1234-5678	1
	1002		과장	이영희	msrpa@naver.com	010-1212-3434	2
			사원	박유순			0
			과장	이나연	1018@SAPJOY.COM	010-1111-2925	0
			주임	이영석	1019@SAPJOY.COM	010-1111-2326	0
			사원	김옥순	a@a.com	010	0
		D001					* 3
	1003	D002	부장	조영수	chs@daum.net	010-1003-1003	4
	1004		과장	박유순	dhrtns@sapjoy.com	010-1004-1004	2
			대리	김광수	1017@SAPJOY.COM	010-1111-2324	0
			대리	김광수	NEW2@KOREA.COM		0
		D002					* 6
	1005	D003	차장	윤명호	myh@naver.com	010-1005-1005	1
	1006		대리	정현숙	jhs@naver.com	010-1006-1006	1
			사원	김미수	1016@SAPJOY.COM	010-1111-2323	0
			사원	이미나	1020@SAPJOY.COM	010-1111-2327	0
		D003					* 2
	1007	D004	과장	강순자	ksj@naver.com	010-1007-1007	1
	1008		사원	채명식	cys@daum.net	010-1008-1008	1
		D004					* 2
							** 13

4-3 필터링 설정

필터링은 ALV 리스트에 조회되는 데이터 레코드를 제한하는 기능이다. 'CL_SALV_FILTERS' 클래스를 이용하며, GR_TABLE의 GET_FILTERS 메소드로 필터를 설정한다. ADD_FILTER 메소드를 통해 필터링 조건과 컬럼을 추가할 수 있다. 여기서는 직위가 '사원'인 데이터만 조회되도록 필터링을 설정해보자.

예제 | 17-16

```
REPORT   z17_16.

DATA gt_itab    TYPE TABLE OF zemplist.
DATA gr_table   TYPE REF TO cl_salv_table.
DATA gr_filter  TYPE REF TO cl_salv_filters.

SELECT *
  FROM zemplist
  INTO TABLE @gt_itab.

cl_salv_table=>factory(
  IMPORTING
    r_salv_table = gr_table
  CHANGING
    t_table      = gt_itab ).

gr_filter = gr_table->get_filters( ).
gr_filter->add_filter( columnname = 'PSTION'
```

```
                           sign    = 'I'
                           option  = 'EQ'
                           low     = '사원' ).
    gr_table->display( ).
```

결과 17-16

Cl.	직원코	부서	직위	직원 명	이메일 주소	전화번호
100	1008	D004	사원	채명식	cys@daum.net	010-1008-1008
100	1010	D001	사원	박옥순		
100	1016	D003	사원	김이수	1016@SAPJOY.COM	010-1111-2323
100	1020	D003	사원	이미나	1020@SAPJOY.COM	010-1111-2327

05 SALV 이벤트

이번 절에서는 사용자가 SALV 그리드를 더블 클릭하거나 Hotspot을 선택하는 것과 같은 이벤트 동작에 대해서 알아보자. 먼저 이벤트의 개념부터 정의하고, SALV에서 이벤트를 구현하는 절차를 알아보자.

5-1 SALV 이벤트 구현하기

14장에서 설명했듯이 이벤트는 클래스 간(내)에 메소드를 상호 호출하여 영향을 미치는 특별한 메소드다. SALV 그리드에서 HOSTPOT, 더블 클릭 등의 사용자 액션에 반응하는 이벤트를 등록하려면 다음과 같은 절차를 따른다.

    1. 이벤트를 선언하고
    2. 이벤트 핸들러 메소드를 정의한 후
    3. 이벤트 핸들러 메소드를 등록해야 한다.

각 단계를 순서대로 간략히 살펴본 후, 예제를 통해 실습해보자.

5-1-1 이벤트 선언

SALV에서 이벤트를 사용하려면 'CL_SALV_EVENTS_TABLE' 클래스를 이용한다. 다음 구문으로 이벤트를 선언하자.

```
DATA lr_event TYPE REF TO cl_salv_events_table.
lr_event = gr_table->get_event( ).
```

클래스 빌더(T-CODE:SE24)에서 'CL_SALV_EVENTS_TABLE' 클래스를 조회하면 'DOUBLE_CLICK'이라는 이벤트가 선언되어 있다. 이는 인터페이스 IF_SALV_EVENTS_ACTIONS_TABLE에 등록된 이벤트이다.

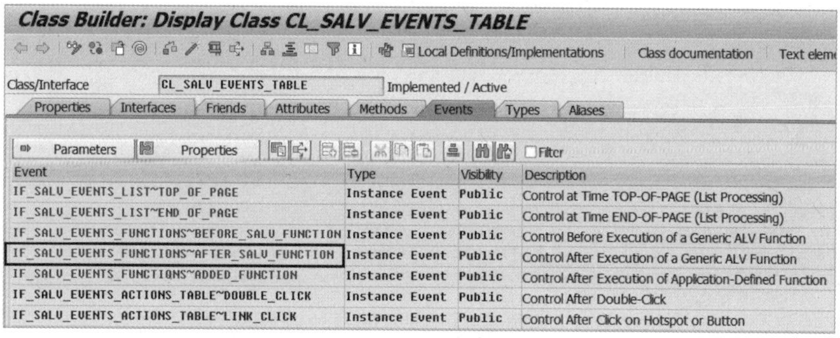

Event	Type	Visibility	Description
IF_SALV_EVENTS_LIST~TOP_OF_PAGE	Instance Event	Public	Control at Time TOP-OF-PAGE (List Processing)
IF_SALV_EVENTS_LIST~END_OF_PAGE	Instance Event	Public	Control at Time END-OF-PAGE (List Processing)
IF_SALV_EVENTS_FUNCTIONS~BEFORE_SALV_FUNCTION	Instance Event	Public	Control Before Execution of a Generic ALV Function
IF_SALV_EVENTS_FUNCTIONS~AFTER_SALV_FUNCTION	Instance Event	Public	Control After Execution of a Generic ALV Function
IF_SALV_EVENTS_FUNCTIONS~ADDED_FUNCTION	Instance Event	Public	Control After Execution of Application-Defined Function
IF_SALV_EVENTS_ACTIONS_TABLE~DOUBLE_CLICK	Instance Event	Public	Control After Double-Click
IF_SALV_EVENTS_ACTIONS_TABLE~LINK_CLICK	Instance Event	Public	Control After Click on Hotspot or Button

그림 17-10 이벤트 확인

5-1-2 이벤트 핸들러 메소드 정의

프로그램 내에서 이벤트가 발생했을 때 반응할 클래스를 정의하고, 이벤트 핸들러 메소드를 선언한다.

```
CLASS lcl_handle_events DEFINITIOIN.
PUBLIC SECTION.
METHODS:
 on_double_click FOR EVENT double_click OF cl_salv_events_table
    IMPORTING row column.
ENDCLASS.
```

5-1-3 이벤트 핸들러 메소드 등록

이벤트를 실행하기 위해 ALV Grid에 이벤트 핸들러 메소드를 등록한다.

```
DATA gr_event TYPE REF TO lcl_handle_events.

CREATE OBJECT gr_event.
SET HANDLER gr_event->on_double_click FOR lr_event.
```

5-1-4 이벤트 호출

SALV 화면을 더블 클릭하면 'RAISE_DOUBLE_CLICK'이라는 메소드가 실행되고, 이 메소드는 USER_COMMAND에 해당하는 이벤트를 발생시킨다.

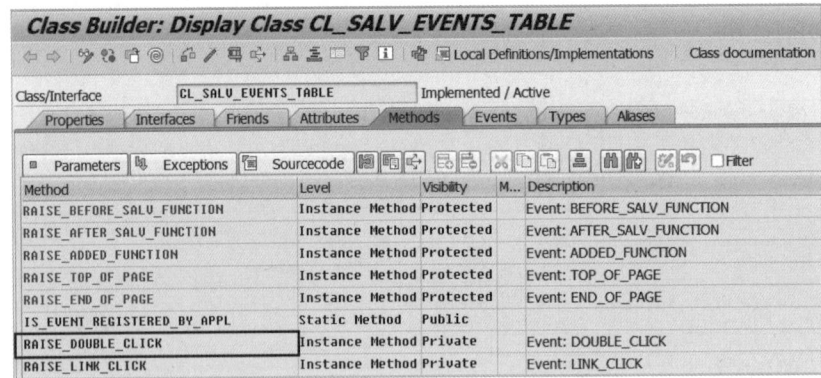

그림 17-11 더블 클릭 이벤트에 해당하는 메소드 확인

5-1-5 이벤트 핸들러 메소드 실행

이벤트 호출 시 이벤트 핸들러 메소드가 실행된다. 'CLASS lcl_handle_events IMPLEMENTATION.' 에서 메소드의 행위를 정의하면, ALV에서 더블 클릭에 반응하는 스크립트를 완성할 수 있다.

```
CLASS lcl_handle_events IMPLEMENTATION.
  METHOD on_link_click.
    MESSAGE i000(0k) WITH ' 더블 클릭 이벤트를 호출하였습니다 '.
  ENDMETHOD.                    " on_single_click
ENDCLASS.                       " lcl_handle_events IMPLEMENTATION
```

5-2 DOUBLE_CLICK 이벤트

SALV 화면에서 셀을 더블 클릭할 경우, 선택한 라인과 컬럼 정보를 팝업으로 보여주는 예제를 실습해보자. 이미 앞에서 개념과 절차에 대해서 설명했으므로 간단하게 구현할 수 있다.

DOUBLE_CLICK 이벤트에 사용되는 파라미터는 표 17-5를 참고하자.

파라미터	의미
ROW TYPE I.	현재 선택된 라인 인덱스 번호
COLUMN TYPE lvc_fname.	현재 선택된 컬럼 이름

표 17-5 DOUBLE_CLICK 이벤트의 파라미터

예제 | 17-17

```
REPORT  z17_17.


*----------------------------------------------------------------*
*       CLASS lcl_handle_events DEFINITION
*----------------------------------------------------------------*
CLASS lcl_handle_events DEFINITION.
 PUBLIC SECTION.
   METHODS:
     on_double_click FOR EVENT double_click OF cl_salv_events_table
       IMPORTING row column.
ENDCLASS.                    " lcl_handle_events DEFINITION
*----------------------------------------------------------------*
*       CLASS lcl_handle_events IMPLEMENTATION
*----------------------------------------------------------------*
CLASS lcl_handle_events IMPLEMENTATION.
 METHOD on_double_click.
   PERFORM show_cell_info USING row column ' is selected. '.
 ENDMETHOD.                    " on_double_click
ENDCLASS.                    " lcl_handle_events IMPLEMENTATION

DATA gt_itab    TYPE TABLE OF zemplist.
DATA gr_table   TYPE REF TO cl_salv_table.
DATA gr_event   TYPE REF TO lcl_handle_events.

START-OF-SELECTION.

  SELECT *
    FROM zemplist
    INTO TABLE @gt_itab.

 cl_salv_table=>factory(
    IMPORTING
      r_salv_table = gr_table
    CHANGING
      t_table      = gt_itab ).

 DATA lr_event TYPE REF TO cl_salv_events_table.
```

```
    lr_event = gr_table->get_event( ).

    CREATE OBJECT gr_event.
    SET HANDLER gr_event->on_double_click FOR lr_event.

    gr_table->display( ).

*&---------------------------------------------------------------*
*&      Form  SHOW_CELL_INFO
*&---------------------------------------------------------------*
FORM show_cell_info USING p_row      TYPE i
                          p_column TYPE lvc_fname
                          p_text     TYPE string.

    DATA: l_row       TYPE char10.

    WRITE p_row TO l_row LEFT-JUSTIFIED.

    CONCATENATE l_row 'Line' p_column 'Column' p_text
        INTO p_text SEPARATED BY space.

    MESSAGE i000(0k) WITH p_text.

    ENDFORM.                   " show_cell_info
```

더블 클릭 이벤트 구현 방법은 앞서 단계적으로 설명했다. 사용자가 SALV 그리드의 셀을 더블 클릭하면, 해당 라인과 컬럼 이름을 메시지로 표시하는 로직을 'PERFORM show_cell_info'에서 구현하였다. 이제 프로그램을 실행하여 결과를 확인해보자.

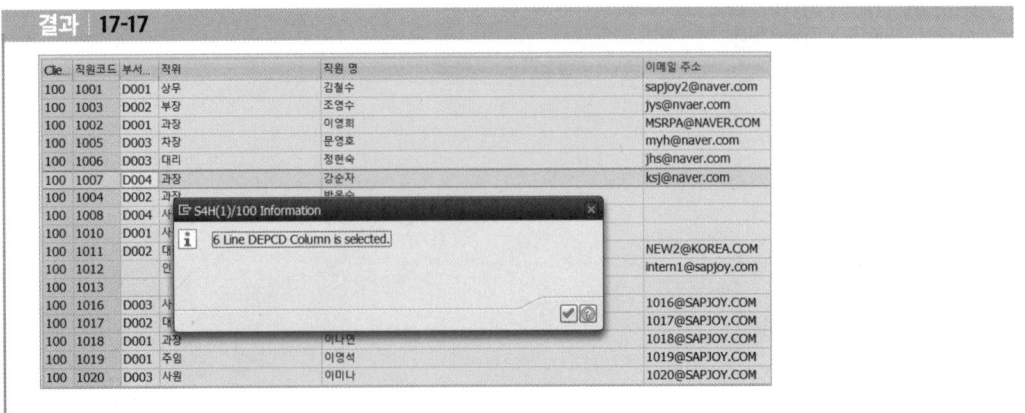

결과 17-17

5-3 HOTSPOT_CLICK 이벤트

Hotspot으로 선언된 컬럼을 마우스로 클릭할 때 반응하는 이벤트이다. 해당 컬럼은 'SET_CELL_TYPE' 메소드를 이용해 'HOTSPOT' 속성으로 설정해야 한다.

```
gr_column ?= gr_columns->get_column( 'EMPCD' ).
gr_column->set_cell_type( if_salv_c_cell_type=>hotspot ).
```

HOTSPOT_CLICK 이벤트에 사용되는 파라미터는 표 17-6을 참고하자.

파라미터	의미
ROW TYPE I.	현재 선택된 라인 인덱스 번호
COLUMN TYPE lvc_fname.	현재 선택된 컬럼 이름

표 17-6 HOTSPOT_CLICK 이벤트의 파라미터

다음 예제는 Hotspot 클릭 시 선택된 라인과 컬럼 이름을 팝업 메시지로 보여준다.

예제 | 17-18

```
REPORT z17_18.

*----------------------------------------------------------------------*
*       CLASS lcl_handle_events DEFINITION
*----------------------------------------------------------------------*
CLASS lcl_handle_events DEFINITION.
  PUBLIC SECTION.
    METHODS:
      on_link_click FOR EVENT link_click OF cl_salv_events_table
        IMPORTING row column.
ENDCLASS.                   " lcl_handle_events DEFINITION
*----------------------------------------------------------------------*
*       CLASS lcl_handle_events IMPLEMENTATION
*----------------------------------------------------------------------*
CLASS lcl_handle_events IMPLEMENTATION.
  METHOD on_link_click.
    PERFORM show_cell_info USING row column ' is selected with hotspot. '.
  ENDMETHOD.                " on_link_click
ENDCLASS.                   " lcl_handle_events IMPLEMENTATION

DATA gt_itab    TYPE TABLE OF zemplist.
DATA gr_table   TYPE REF TO cl_salv_table.
DATA gr_event   TYPE REF TO lcl_handle_events.
```

```abap
  DATA gr_columns TYPE REF TO cl_salv_columns_table.
  DATA gr_column  TYPE REF TO cl_salv_column_table.

START-OF-SELECTION.

  SELECT *
    FROM zemplist
    INTO TABLE @gt_itab.

  cl_salv_table=>factory(
    IMPORTING
      r_salv_table = gr_table
    CHANGING
      t_table      = gt_itab ).

  gr_columns = gr_table->get_columns( ).
  gr_column ?= gr_columns->get_column( 'EMPCD' ).
  gr_column->set_cell_type( if_salv_c_cell_type=>hotspot ).

  DATA lr_event TYPE REF TO cl_salv_events_table.
  lr_event = gr_table->get_event( ).

  CREATE OBJECT gr_event.
  SET HANDLER gr_event->on_link_click FOR lr_event.

  gr_table->display( ).

*&---------------------------------------------------------------------*
*&      Form  SHOW_CELL_INFO
*&---------------------------------------------------------------------*
FORM show_cell_info USING p_row    TYPE i
                          p_column TYPE lvc_fname
                          p_text   TYPE string.

  DATA: l_row       TYPE char10.

  WRITE p_row TO l_row LEFT-JUSTIFIED.

  CONCATENATE l_row 'Line' p_column 'Column' p_text
    INTO p_text SEPARATED BY space.

  MESSAGE i000(0k) WITH p_text.

ENDFORM.                    " show_cell_info
```

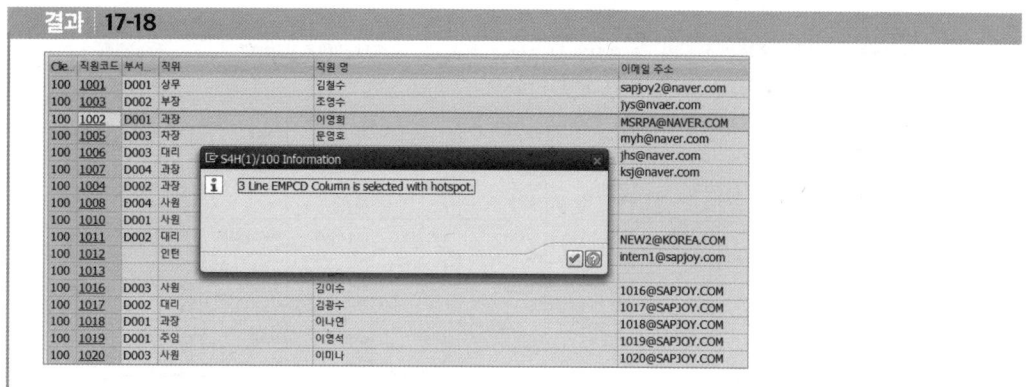

결과 17-18

5-4 TOOLBAR 이벤트

SALV가 기본으로 제공하는 아이콘 이외에 소스 코드 레벨에서 기능을 추가할 수 있다. 'TOOLBAR' 이벤트는 SALV 그리드에 단순히 아이콘만 추가하는 것이고, 아이콘을 클릭할 때의 동작은 'USER_COMMAND' 이벤트에서 수행된다. 전체 화면 모드에서 아이콘을 추가하려면, GUI Status를 생성하고 메소드를 호출하여 스크린에 추가한다.

그림 17-12와 같이 T-CODE:SE80을 실행해서 'SALV_METADATA_STATUS'를 입력하자. 해당 Function Group은 SALV의 표준 GUI Status를 복사하여 사용할 수 있도록 제공하는 템플릿이다.

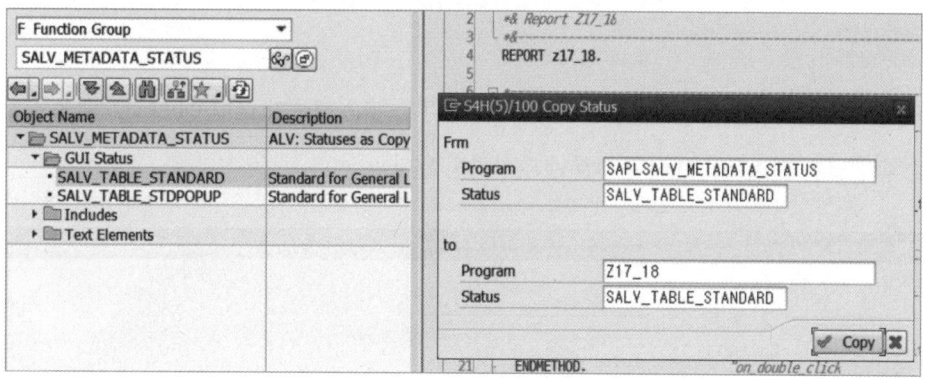

그림 17-12 템플릿 프로그램에서 GUI Status 복사

복사한 GUI Status에 그림 17-13과 같이 버튼을 추가한다.

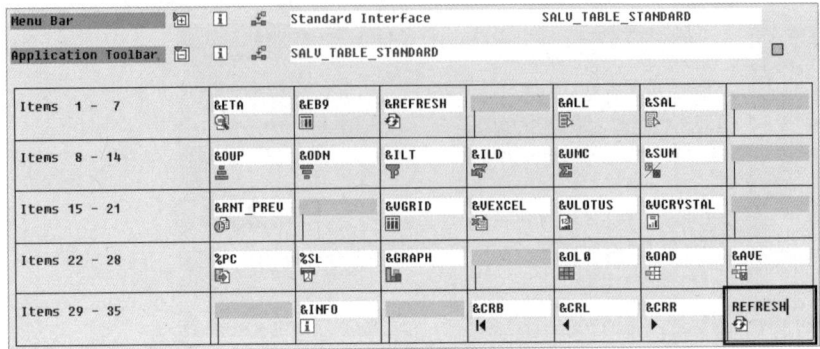

그림 17-13 GUI Status에 버튼 추가

마지막으로, 'SET_SCREEN_STATUS' 메소드를 호출하면 GUI Status가 화면에 추가된다.

```
----------------> 중 략 <------------------------
    CREATE OBJECT GR_EVENT.
    SET HANDLER GR_EVENT->ON_LINK_CLICK FOR LR_EVENT.

    GR_TABLE->SET_SCREEN_STATUS(
      PFSTATUS     = 'SALV_TABLE_STANDARD'
      REPORT       = SY-REPID
      SET_FUNCTIONS = GR_TABLE->C_FUNCTIONS_ALL ).


    GR_TABLE->DISPLAY( ).

----------------> 중 략 <------------------------
```

이번 절에서는 클래스를 이용해서 [REFRESH] 아이콘을 추가해보자. Z17_04 프로그램을 복사하여 생성한 후에 굵은 텍스트로 표시된 부분만 추가하면 된다.

예제 | 17-19

```
REPORT  z17_19.
----------------> 중 략 <------------------------
*  3. SET ALV Button
   gr_functions = gr_table->get_functions( ).
   gr_functions->set_all( abap_true ).

*  4. SET Refresh ICON
   INCLUDE <icon>.
   DATA : l_icon TYPE string.

   l_icon = icon_refresh.
```

```
        gr_functions->add_function(
          name     = ' REFRESH '
          icon     = l_icon
          text     = ' REFRESH '
          tooltip  = ' REFRESH '
          position = if_salv_c_function_position=>right_of_salv_functions
        ).
*     5. CALL alv
      gr_table->display( ).
```

화면에 아이콘(Icon)을 설정하려면 전역 변수 선언 부분에 'INCLUDE <ICON>'을 기술해야 한다. 이는 아이콘의 시스템 ID를 쉽게 사용할 수 있게 해준다. 실제 ICON_REFRESH의 시스템 ID는 '@42@'이다. 프로그램을 실행해서 결과를 확인해보자.

결과 | 17-19

5-5 USER-COMMAND 이벤트

'TOOLBAR' 이벤트에서 추가된 아이콘에 기능을 추가하는 이벤트이다. REFRESH 아이콘을 클릭할 때, ZEMPLIST 테이블에서 데이터를 새로 읽어오는 로직을 추가해보자.

파라미터	의미
E_SALV_FUNCTION TYPE SY-UCOMM	추가한 버튼의 Function Code

표 17-7 USER_COMMAND 이벤트의 파라미터

먼저, Z17_19 프로그램을 복사하여 생성한 후, 프로그램 내에서 이벤트가 발생할 때 반응할 클래스를 정의하고 이벤트 핸들러 메소드를 선언한다.

예제 | 17-20

```
REPORT  z17_20.
```

```abap
*----------------------------------------------------------------*
*        CLASS lcl_handle_events DEFINITION
*----------------------------------------------------------------*
CLASS lcl_handle_events DEFINITION.
 PUBLIC SECTION.
    METHODS:
       on_user_command FOR EVENT added_function OF cl_salv_events
           IMPORTING e_salv_function.
ENDCLASS.                    " lcl_handle_events DEFINITION
*----------------------------------------------------------------*
*        CLASS lcl_handle_events IMPLEMENTATION
*----------------------------------------------------------------*
CLASS lcl_handle_events IMPLEMENTATION.
 METHOD on_user_command.
    PERFORM handle_user_command USING e_salv_function.
 ENDMETHOD.                    " on_user_command
ENDCLASS.                    " lcl_handle_events IMPLEMENTATION
DATA gr_event    TYPE REF TO lcl_handle_events.
START-OF-SELECTION.

          ----------------> 중 략 <----------------

*이벤트 등록
    DATA lr_event TYPE REF TO cl_salv_events_table.
    lr_event = gr_table->get_event( ).

    CREATE OBJECT gr_event.
    SET HANDLER gr_event->on_user_command FOR lr_event.

          ----------------> 중 략 <----------------

FORM handle_user_command USING p_function TYPE salv_de_function.

 CASE p_function.
    WHEN 'REFRESH'.
        PERFORM refresh.
    WHEN OTHERS.
 ENDCASE.

ENDFORM.                     " handle_user_command

FORM refresh .

   SELECT *
     FROM zemplist
     INTO TABLE @gt_itab.

 gr_table->refresh( ).

 ENDFORM.                     " REFRESH
```

프로그램을 실행한 후 REFRESH 아이콘을 클릭하면, SALV가 새롭게 조회되는 것을 확인할 수 있다.

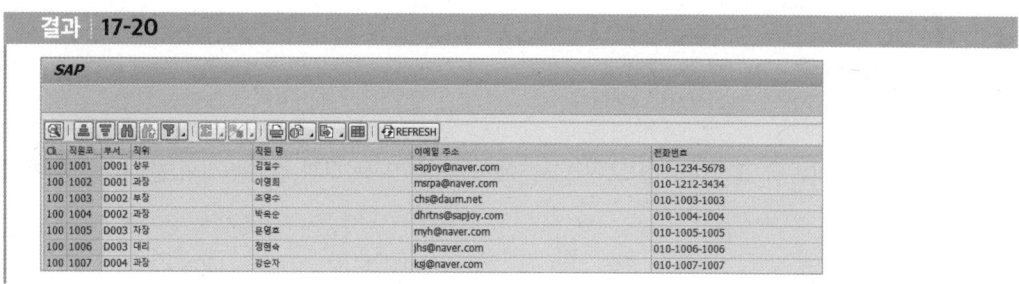

SALV Grid 요소

SALV Grid 요소(Element)에 대해 알아보자.

- **Output of Exception**: SALV Grid를 신호등 표시로 보여준다.
- SALV Grid를 아이콘으로 조회한다.
- **Coloring Cell**: Grid의 셀 색상을 지정한다.

6-1 신호등 처리

15장에서 실습했듯이, Exception은 특정 필드 값을 기준으로 데이터를 신호등 아이콘으로 표시하는 기능이다. 그림 17-14와 같이 SALV 필드가 신호등 아이콘으로 조회되며, 특정 필드 값에 따라 색상이 변경된다.

Excep...	Client	직원코드	부서...	직위	직원 명
●○○		1001	D001	상무	김철수
○△○		1002	D001	과장	이영희
○○□		1003	D002	부장	조영수
●○○		1004	D002	과장	박옥순
●○○		1005	D003	차장	문영호
●○○		1006	D003	대리	정현숙

그림 17-14 SALV Grid 신호등 처리

신호등 필드를 추가하기 위해 인터널 테이블에 다음과 같이 exception 필드를 추가하자.

```
TYPES: BEGIN OF g_type_itab.
    INCLUDE TYPE zemplist.
    TYPES:   exception   TYPE char1,
END OF g_type_itab.
DATA gt_itab    TYPE TABLE OF g_type_itab.
```

SALV에 신호등 아이콘을 표시하려면 그림 17-15에서 볼 수 있는 것과 같은 5개의 클래스를 이용해야 한다.

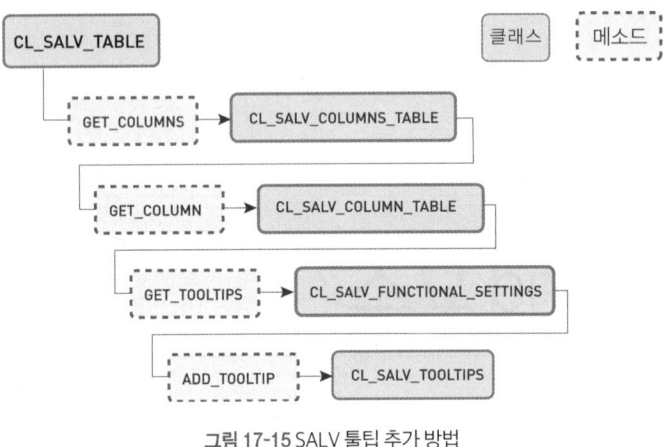

그림 17-15 SALV 툴팁 추가 방법

표 17-8은 exception 필드가 가지는 내부 값과 자격증 현황이다. 이 값에 따라 자격증 현황을 화면에 조회할 때 신호등 아이콘으로 표시하는 프로그램을 구현해보자.

Display	내부 값	사용 예(자격증 현황)
●○○(파란불)	3	자격증이 3개 이상인 상태
●●○(노란불)	2	자격증이 2개인 상태
●●●(빨간불)	1	자격증이 1개인 상태

표 17-8 exception 필드의 내부 값

전체 화면 모드를 이용하는 SALV 프로그램 Z17_02를 복사하여 생성한 후, 다음 예제 17-21과 같이 작성한다.

예제 | 17-21
```
REPORT   z17_21.
```

```abap
TYPES: BEGIN OF g_type_itab.
         INCLUDE STRUCTURE zemplist.
TYPES :  count       TYPE p LENGTH 3, " 자격증 개수 필드 추가
         exception TYPE char1,
       END OF g_type_itab.

DATA gt_itab  TYPE TABLE OF g_type_itab.
DATA gs_itab  TYPE g_type_itab.
DATA gr_table TYPE REF TO cl_salv_table.

SELECT a~empcd, a~depcd, a~pstion, a~ename, a~email, a~tel, b~empcd,
       COUNT( b~certid ) AS count
  FROM zemplist AS a
  LEFT OUTER JOIN zempcert AS b ON b~empcd EQ a~empcd
  GROUP BY a~empcd, a~depcd, a~pstion, a~ename, a~email, a~tel, b~empcd
  INTO CORRESPONDING FIELDS OF TABLE @gt_itab.

LOOP AT gt_itab INTO gs_itab.
  IF gs_itab-count >= 3.       " Green.
    gs_itab-exception = '3'.
  ELSEIF gs_itab-count = 2.   " Yellow.
    gs_itab-exception = '2'.
  ELSEIF gs_itab-count = 1.   " Blue.
    gs_itab-exception = '1'.
  ENDIF.

  MODIFY gt_itab FROM gs_itab.
ENDLOOP.

cl_salv_table=>factory(
  IMPORTING
    r_salv_table = gr_table
  CHANGING
    t_table      = gt_itab ).

DATA: lr_columns TYPE REF TO cl_salv_columns_table,
      lr_column  TYPE REF TO cl_salv_column_table.

lr_columns = gr_table->get_columns( ).
lr_columns->set_exception_column( 'EXCEPTION' ).

lr_column ?= lr_columns->get_column( 'EXCEPTION' ).
lr_column->set_short_text( 'MY EXCEPT' ).

DATA: lr_functional_settings TYPE REF TO cl_salv_functional_settings.

lr_functional_settings = gr_table->get_functional_settings( ).
```

```
DATA: lr_tooltips TYPE REF TO cl_salv_tooltips.

lr_tooltips = lr_functional_settings->get_tooltips( ).

lr_tooltips->add_tooltip(
  type     = cl_salv_tooltip=>c_type_exception
  value    = '1' ).

lr_tooltips->add_tooltip(
  type     = cl_salv_tooltip=>c_type_exception
  value    = '2' ).

lr_tooltips->add_tooltip(
  type     = cl_salv_tooltip=>c_type_exception
  value    = '3' ).

gr_table->display( ).
```

표 17-8에서 설명하는 자격증 개수 현황에 따라 'LOOP AT ~ ENDLOOP.' 구문에서 인터널 테이블의 exception 필드를 변경하고 있다. 이제 프로그램을 활성화하고 결과를 확인해보자.

결과 | 17-21

Excep...	Client	직원코드	부서...	직위	직원 명
◉○○		1001	D001	상무	김철수
○◉○		1002	D001	과장	이영희
○○◉		1003	D002	부장	조영수
◉○○		1004	D002	과장	박옥순
◉○○		1005	D003	차장	문영호
◉○○		1006	D003	대리	정현숙
◉○○		1007	D004	과장	강순자
◉○○		1008	D004	사원	채영식

6-2 아이콘 처리

SALV에서는 ALV Object 클래스를 이용해 셀에 아이콘을 표시할 수 있다. 아이콘을 조회하기 위해 ICON_D 타입의 필드를 추가하자.

```
TYPES: BEGIN OF g_type_itab.
    INCLUDE TYPE zemplist.
    TYPES :  icon   TYPE icon_d,
END OF g_type_itab.
DATA gt_itab    TYPE TABLE OF g_type_itab.
```

CHAPTER 17 | SALV

표 17-9에서 내부 값은 ICON 필드가 가지는 값이다. 이 값에 따라 자격증 현황을 화면에 조회할 때 아이콘으로 표시하는 프로그램을 구현해보자.

Display	아이콘 이름(내부 값)	사용 예(자격증 현황)
🔓	ICON_UNLOCKED	자격증이 1개인 상태
⚠	ICON_MESSAGE_WARNING	자격증이 2개인 상태
🔒	ICON_LOCKED	자격증이 3개 이상인 상태

표 17-9 icon 필드의 내부 값

예제 | 17-22

```abap
REPORT  z17_22.

INCLUDE <ICON>.

TYPES: BEGIN OF g_type_itab.
       INCLUDE TYPE zemplist.
    TYPES : count TYPE p LENGTH 3,
            icon  TYPE icon_d,
    END OF g_type_itab.
--------------------> 중 략 <--------------------

LOOP AT gt_itab INTO gs_itab.
  IF gs_itab-count >= 3.      " Green.
    gs_itab-icon = icon_locked.
  ELSEIF gs_itab-count = 2.   " Yellow.
    gs_itab-icon = icon_message_warning.
  ELSEIF gs_itab-count = 1.   " Blue.
    gs_itab-icon = icon_unlocked.
  ENDIF.

  MODIFY gt_itab FROM gs_itab.
ENDLOOP.
--------------------> 중 략 <--------------------
DATA: lr_columns TYPE REF TO cl_salv_columns_table,
      lr_column  TYPE REF TO cl_salv_column_table.

lr_columns = gr_table->get_columns( ).
lr_column ?= lr_columns->get_column( 'ICON' ).
lr_column->set_icon( if_salv_c_bool_sap=>true ).
lr_column->set_long_text( 'ICON' ).

gr_table->display( ).
```

결과 | 17-22

직원코드	부서코드	직위	직원 명	이메일 주소	전화번호		ICON
1001	D001	상무	김철수	sapjoy2@naver.com	010-1234-5678	1	🔓
1002	D001	과장	이영희	MSRPA@NAVER.COM	010-1002-1002	2	⚠
1003	D002	부장	조영수	jys@nvaer.com	010-1003-1003	3	🔒
1004	D002	과장	박옥순		010-1004-1004	1	🔓

6-3 셀 색상 변경

SALV Grid에서 강조하고 싶은 셀의 색상을 변경할 수 있다. 인터널 테이블에 'LVC_T_SCOL' 타입의 컬러 테이블을 추가하자. 이 로직은 ALV Grid에서 셀에 색상을 지정하는 과정과 유사하다.

```
TYPES: BEGIN OF g_type_itab.
    INCLUDE TYPE zemplist.
    TYPES : t_color     TYPE lvc_t_scol,
END OF g_type_itab.

DATA gt_itab    TYPE TABLE OF g_type_itab.
```

표 17-10에서 내부 값은 T_COLOR 필드가 가지는 값이다. 이 값에 따라 자격증 현황을 화면에 조회할 때 색상을 설정하는 프로그램을 구현해보자.

Display	내부 값	사용 예(자격증 현황)
Green	COL_POSITIVE	자격증이 2개 이상인 상태
Normal	COL_NORMAL	자격증이 1개인 상태
Red	COL_NEGATIVE	자격증이 0개인 상태

표 17-10 T_COLOR 필드의 내부 값

예제 | 17-23

```
REPORT z17_23.

INCLUDE <icon>.

TYPES: BEGIN OF g_type_itab.
        INCLUDE STRUCTURE zemplist.
    TYPES : count   TYPE p LENGTH 3, " 자격증 개수 필드 추가
            t_color TYPE lvc_t_scol,
        END OF g_type_itab.
```

```abap
  DATA gt_itab  TYPE TABLE OF g_type_itab.
  DATA gs_itab  TYPE g_type_itab.
  DATA gr_table TYPE REF TO cl_salv_table.
  DATA gr_columns TYPE REF TO cl_salv_columns_table.
  DATA gr_column  TYPE REF TO cl_salv_column_table.

  SELECT a~empcd, a~depcd, a~pstion, a~ename, a~email, a~tel, b~empcd,
         COUNT( b~certid ) AS count
    FROM zemplist AS a
    LEFT OUTER JOIN zempcert AS b ON b~empcd EQ a~empcd
    GROUP BY a~empcd, a~depcd, a~pstion, a~ename, a~email, a~tel, b~empcd
    INTO CORRESPONDING FIELDS OF TABLE @gt_itab.

  FIELD-SYMBOLS: <ls_outtab> TYPE g_type_itab.
  DATA : lt_color TYPE lvc_t_scol,
         ls_color TYPE lvc_s_scol.

  LOOP AT gt_itab ASSIGNING <ls_outtab>.
    CLEAR : ls_color, lt_color.
    IF <ls_outtab>-count >= 2.
      ls_color-fname       = 'COUNT'.
      ls_color-color-col = col_positive.
      ls_color-color-int = 0.
      ls_color-color-inv = 0.
      APPEND ls_color TO lt_color.
    ELSEIF <ls_outtab>-count = 1.
      ls_color-fname       = 'COUNT'.
      ls_color-color-col = col_normal.
      ls_color-color-int = 0.
      ls_color-color-inv = 0.
      APPEND ls_color TO lt_color.
    ELSEIF <ls_outtab>-count = 0.
      ls_color-fname       = 'COUNT'.
      ls_color-color-col = col_negative.
      ls_color-color-int = 0.
      ls_color-color-inv = 0.
      APPEND ls_color TO lt_color.
    ENDIF.

    <ls_outtab>-t_color = lt_color.
  ENDLOOP.

  cl_salv_table=>factory(
    IMPORTING
      r_salv_table = gr_table
    CHANGING
      t_table      = gt_itab ).

  gr_columns = gr_table->get_columns( ).
```

```
gr_column ?= gr_columns->get_column( 'COUNT' ).
gr_column->set_short_text( '자격증 개수' ).

gr_columns = gr_table->get_columns( ).
gr_columns->set_color_column( 'T_COLOR' ).

gr_table->display( ).
```

인터널 테이블에 셀 색상을 표시하기 위해 'LVC_T_SCOL' 타입의 테이블을 추가한다. 'LOOP AT ~ENDLOOP.' 구문에서 자격증 개수에 따라 색상을 지정하는 스크립트를 추가한다. 이때 COUNT 필드만 색상을 변경하도록 지정한다. 만약 해당 구문을 주석 처리하면, 라인 전체 색상이 변경된다. 마지막으로 set_color_column 메소드를 호출하여 색상 정보를 SALV에 설정한다. 프로그램을 실행해 결과를 확인해보자.

결과 17-23

직원코드	부서코드	직위	직원 명	이메일 주소	전화번호	자격증 개수
1001	D001	상무	김철수	sapjoy2@naver.com	010-1234-5678	1
1002	D001	과장	이영희	MSRPA@NAVER.COM	010-1002-1002	2
1003	D002	부장	조영수	jys@nvaer.com	010-1003-1003	3
1004	D002	과장	박옥순		010-1004-1004	1
1005	D003	차장	문영호	myh@naver.com	010-1005-1005	1
1006	D003	대리	정현숙	jhs@naver.com	010-1006-1006	1
1007	D004	과장	강순자	ksj@naver.com	010-1007-1007	1
1008	D004	사원	채영식		010-1008-1008	1
1011	D002	대리	김광수	NEW2@KOREA.COM		1
	D001	사원	박옥순			0

패키지 SALV에는 다양한 예제 프로그램이 포함되어 있다. 이 책에서 다루지 않은 내용은 프로그램을 테스트하면서 스스로 학습하기 바란다.

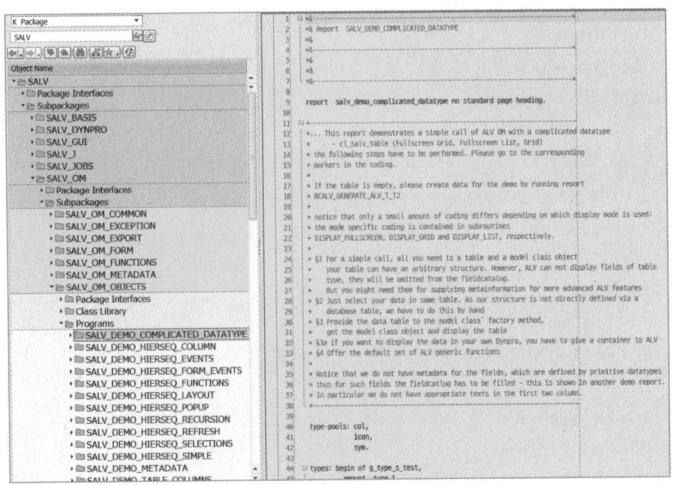

그림 17-16 SALV 패키지 조회

Easy ABAP 3.0

기본 이론에서 실무 예제까지, HANA 기반

EASY ABAP 3.0

김성준, 박재형, 임재원, 한익환, 장성일 지음

프리렉

CHAPTER 12

리포트 프로그램

In this chapter >>>

1장에서 11장까지는 12장 이후 내용을 학습하기 위한 기초 지식을 습득하는 과정이었다. 다만, '기초'라고 하기에는 어려운 항목들이 포함되어 있고, 일부는 깊게 다루기도 했다. 앞선 내용을 완벽히 이해하려면 리포트 프로그램(Report Program)과 모듈 풀 프로그램(Module Pool Program)에 대한 이해가 필수이다. 만약 자신이 아직 초급 단계에 있다고 느낀다면, 책을 두 번 정독하면서 각 장의 내용을 연관 지어 전체 구조를 파악하는 것이 좋다. 이번 장에서는 실제 업무에 자주 사용하는 리포트 프로그램에 대해 살펴보겠다.

Chapter list >>>

1. Overview
2. 프로그램 생성
3. 프로그램 구조 - 선언부
4. 프로그램 구조 - 이벤트
5. 프로그램 구조 - List Process 이벤트
6. 프로그램 호출

CHAPTER 18

SAP Tree

In this chapter >>>

SAP Tree는 복잡한 데이터를 계층적으로 표현하고 관리할 수 있도록 도와주는 유용한 기능을 제공한다. 이번 장은 SAP Tree의 기본 개념부터 고급 기능까지 예제와 실습을 통해 쉽게 이해할 수 있도록 구성했다. 특히, CL_GUI_ALV_TREE 클래스와 같은 주요 구성요소를 상세히 다루고, 이를 통해 데이터를 구조적으로 조회하는 방법을 소개한다.

Chapter list >>>

1. Overview
2. Simple Tree
3. Column Tree
4. List Tree
5. ALV Tree

01 Overview

SAP Tree는 화면에 Tree 구조를 보여주기 위한 컨트롤이다. 데이터를 Tree 형태로 조회하여 사용자가 구조를 이해하기 쉽도록 구성한다.

SAP Tree의 기본 구조는 15장에서 다룬 ALV와 동일하다. 즉, 그림 18-1과 같이 스크린 영역의 커스텀 컨트롤(Custom Control), 스크린과 어플리케이션을 연결하는 SAP 컨테이너 그리고 어플리케이션 컨트롤인 Tree 컨트롤로 이루어진다.

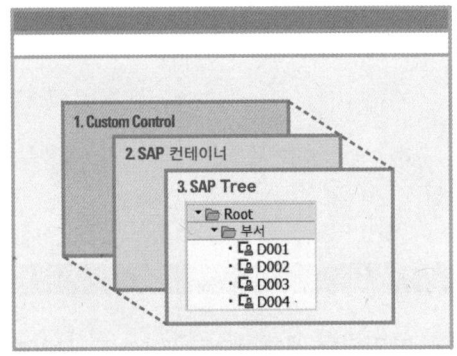

그림 18-1 SAP Tree 프로그램의 구조

SAP에는 3가지 Tree 모델이 있다.

1. Simple Tree Structure
2. List Tree Structure
3. Column Tree Structure

각 모델의 개요를 살펴본 후, 2절부터 좀 더 자세히 알아본다.

1-1 Simple Tree 구조

CL_GUI_SIMPLE_TREE 클래스를 이용하는 단순 트리 구조로, 일반적으로 가장 많이 사용된다. 다음 그림 18-2는 간단한 Simple Tree 예시이다. 최상위에는 "조직구조"라는 이름의 노드가 존재하고, 하위에 "부서"라는 노드가 있으며 제일 낮은 레벨의 노드(Leaf Node)로 "전산", "재무" 등이 있다.

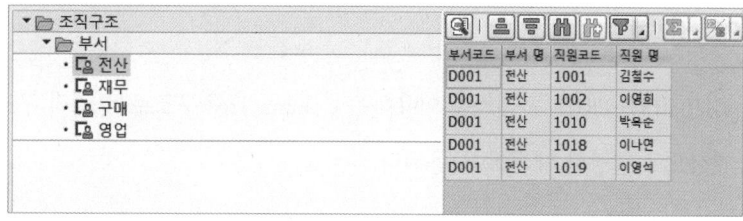

그림 18-2 Simple Tree 예시

Simple Tree 속성

- 개별 노드는 그림 18-2와 같이 폴더와 텍스트로 구성된다. 하위 노드가 존재하지 않는 Leaf 노드는 Leaf 심볼과 텍스트로 구성된다.
- 체크박스나 추가 아이콘을 사용할 수 없다. 각 노드에 하나의 텍스트만 가질 수 있다.
- 헤더 라인(Heading)이 존재하지 않는다.

1-2 Column Tree 구조

CL_GUI_COLUMN_TREE 클래스를 이용한 Column Tree 구조는 예를 들어 월별 비용 구조를 조회할 때 유용하게 사용할 수 있다. 그림의 예시에서는 기존에 생성한 테이블과 데이터를 사용해 각 부서별 직원의 보유 자격증 현황과 정보를 Column 트리 구조로 보여준다.

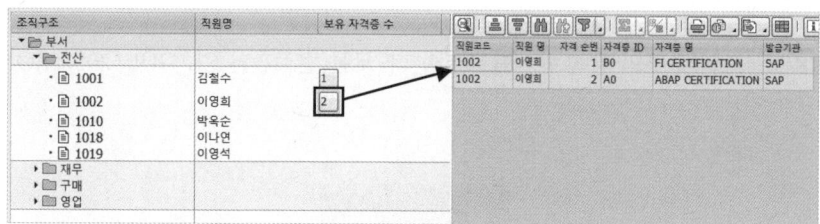

그림 18-3 Column Tree 예시

Column Tree 속성

- 개별 노드는 그림 18-3과 같이 폴더와 아이템으로 구성된다. 하위 노드가 존재하지 않는 Leaf 노드는 Leaf 심볼과 아이템으로 이루어진다.
- 체크박스(Checkbox), 푸시 버튼(Pushbutton)으로 이루어진 텍스트와 아이콘을 추가할 수 있다.
- 사용자가 노드를 클릭할 때 Link 이벤트를 제공한다.
- 컬럼 크기를 자유롭게 조절할 수 있다.

1-3 List Tree 구조

List Tree는 CL_GUI_LIST_TREE 클래스를 이용하는 Column Tree 구조로서, 트리 구조 노드의 내역을 리스트(List) 형식으로 설명할 때 주로 사용된다.

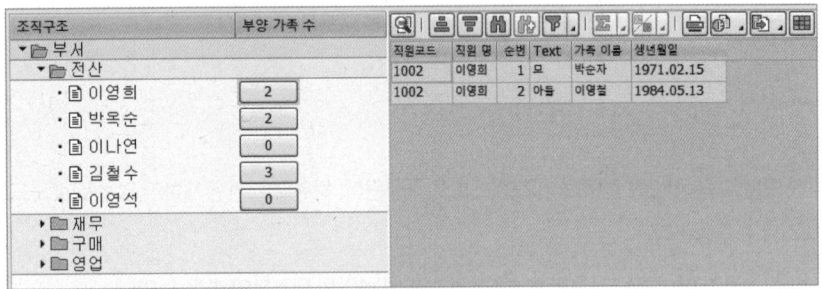

그림 18-4 List Tree 예시

List Tree 속성

- 개별 노드는 그림 18-4와 같이 폴더와 엔트리로 구성된다. 하위 노드가 존재하지 않는 Leaf 노드는 Leaf 심볼과 엔트리로 이루어진다.
- 엔트리는 왼쪽에서 오른쪽으로 표시된다.
- 체크박스(Checkbox), 푸시 버튼(Pushbutton)으로 이루어진 텍스트와 아이콘을 추가할 수 있다.
- List의 크기가 내역에 따라 자동으로 설정된다.

다음 그림 18-5는 트리 구조의 상속 관계를 나타낸다. 모든 컨트롤은 CL_GUI_CONTROL로부터 상속받는다.

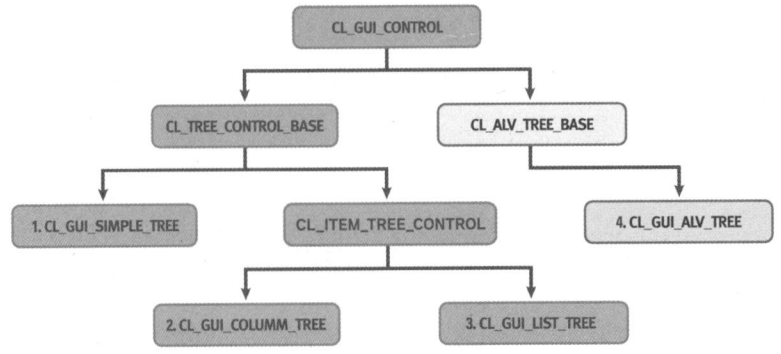

그림 18-5 Tree의 상속 관계

CL_GUI_SIMPLE_TREE는 노드의 계층 구조 표현을 주목적으로 한다. 이외 CL_GUI_COLUMN_TREE와 CL_GUI_LIST_TREE는 CL_ITEM_TREE_CONTROL로부터 상속을 받아 유사한 속성을 지니며, 노드와 아이템 정보를 이용해 트리 구조와 내역을 함께 보여준다.

이번 절에서는 트리 구조의 3가지 종류를 간략하게 정의하였다. 이제 다음 절부터 각 트리 모델을 프로그래밍하면서 실습해보자.

조금 더 알아보기 CL_GUI_ALV_TREE

CL_GUI_ALV_TREE는 CL_GUI_HTML_VIEWER, SAP Tree, TOOLBAR 컨트롤로 구성된 패키지 클래스이다. 즉, SAP Tree 컨트롤에 사용자 편의성을 높이기 위해 기타 컨트롤들을 결합하여 하나의 패키지 프로그램으로 구현한 것이다.

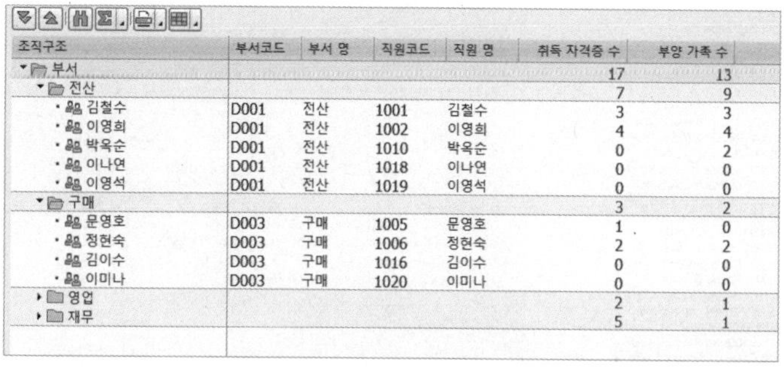

조직구조	부서코드	부서 명	직원코드	직원 명	취득 자격증 수	부양 가족 수
부서					17	13
전산					7	9
김철수	D001	전산	1001	김철수	3	3
이영희	D001	전산	1002	이영희	4	4
박옥순	D001	전산	1010	박옥순	0	2
이나연	D001	전산	1018	이나연	0	0
이영석	D001	전산	1019	이영석	0	0
구매					3	2
문영호	D003	구매	1005	문영호	1	0
정현숙	D003	구매	1006	정현숙	2	2
김이수	D003	구매	1016	김이수	0	0
이미나	D003	구매	1020	이미나	0	0
영업					2	1
재무					5	1

그림 18-6 CL_GUI_ALV_TREE

그림 18-6을 보면 SAP COLUMN TREE 구조와 유사한 형태를 이루고 있으며, Toolbar가 기본으로 제공되고 있음을 확인할 수 있다. CL_GUI_ALV_TREE가 SAP Tree의 기본 구성요소는 아니지만 실무에서 많이 사용하고 있기 때문에 이번 장 "5. ALV Tree"에서 소개한다. SAP Tree의 기본 유형 3가지를 이해하고 구현할 수 있다면 ALV Tree도 쉽게 적용할 수 있다.

02 Simple Tree

Simple Tree의 개요는 1절에서 살펴보았다. Simple Tree는 화면 영역이 두 개로 나누어지는 프로그램에서 주로 사용된다. Simple Tree가 사용되는 프로그램 유형에서는 일반적으로 왼쪽 화면이 Tree 구조로 이루어져 있으며, 트리의 노드를 클릭하면 오른쪽 화면에 상세 정보가 조회되도록 하는 경우가 많다.

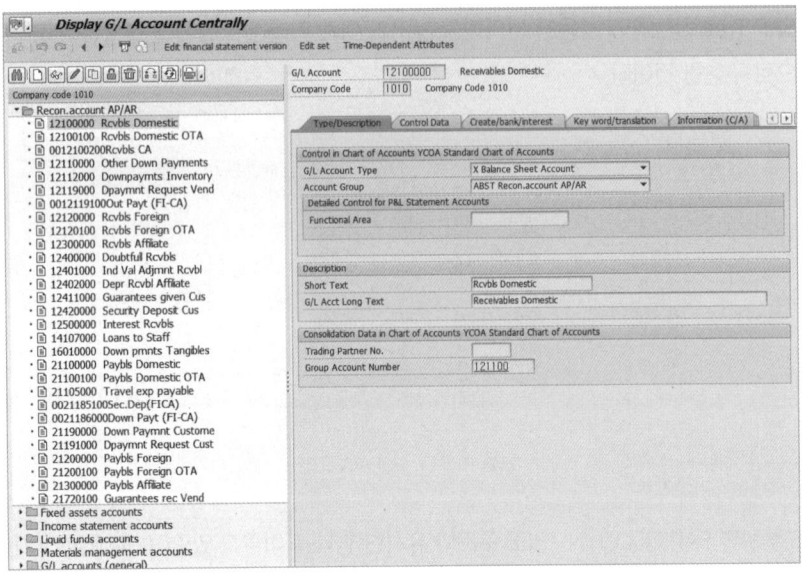

그림 18-7 Simple Tree의 사용 예

그림 18-7은 G/L 계정을 조회하는 트랜잭션(Transaction) 'FS00'의 화면으로, 왼쪽 화면의 Simple Tree 구조에서 G/L계정(Leaf 노드)을 클릭하면 오른쪽 화면에 상세 정보가 조회되어 변경할 수 있도록 만든 프로그램이다.

Simple Tree를 생성하려면 먼저, CL_GUI_SIMPLE_TREE 클래스를 참조하는 객체 참조 변수를 생성해야 한다.

```
DATA go_simple_tree TYPE REF TO cl_gui_simple_tree.
```

그림 18-5의 상속 관계에 따라 다음 클래스와 메소드에 접근할 수 있게 된다.

- CL_GUI_OBJECT 및 CL_GUI_CONTROL 클래스와 메소드
- CL_TREE_CONTROL_BASE 클래스와 메소드
- CL_GUI_SIMPLE_TREE 클래스와 메소드

2-1 화면과 커스텀 컨트롤 생성

이번 절에서 Simple Tree 구조를 사용해 만들고자 하는 프로그램에서는 그림 18-8과 같이 조직 구조를 Root 노드로 하는 트리 구조를 보여준다. Root 노드 아래에 있는 부서 노드의 하위 Leaf 노드를 더블 클릭하면, 오른쪽의 ALV에 해당 부서에 속한 직원들이 표시되는 프로그램이다.

이를 구현하려면 먼저 각 부서코드를 트리 구조로 생성한 뒤, 노드에 이벤트를 등록하여 사용자가 노드를 더블 클릭할 때 오른쪽 ALV의 REFRESH 이벤트를 호출하도록 한다. 다음 예제를 참고하여 프로그램을 개발해보자.

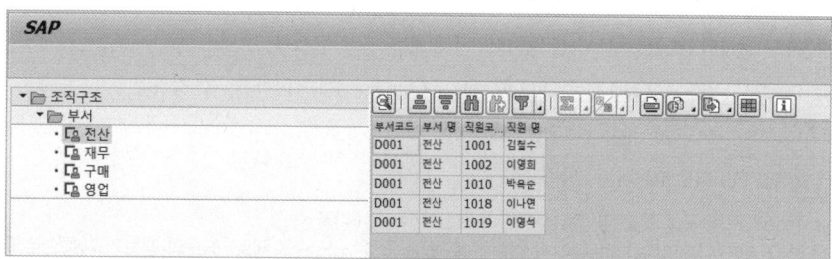

그림 18-8 Simple Tree 프로그램

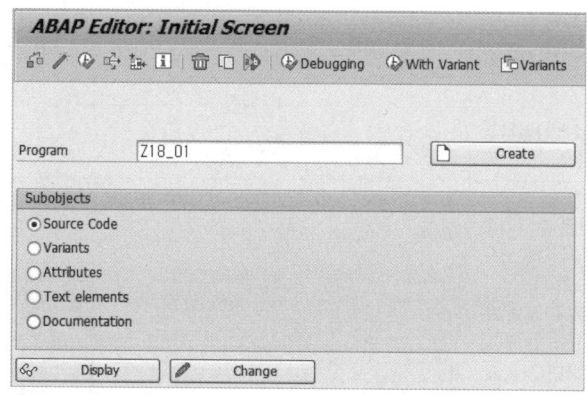

01 Z18_01 프로그램을 TYPE-1 프로그램으로 생성한다.

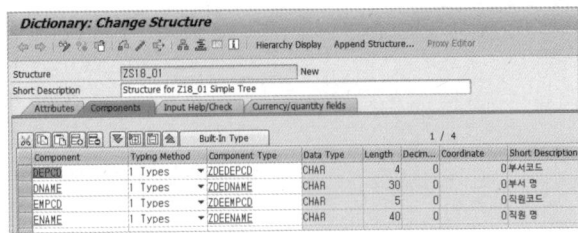

02 Simple Tree 조회 시 오른쪽 ALV에 조회될 구조를 ABAP Dictionary에 정의한다.

03 TOP Include에 프로그램 전역에서 사용할 변수를 선언한다.

```
❶ DATA: ok_code TYPE sy-ucomm.

❷ DATA: go_tree_container TYPE REF TO cl_gui_custom_container,
        go_alv_container  TYPE REF TO cl_gui_custom_container.

❸ DATA: go_simple_tree TYPE REF TO cl_gui_simple_tree,
        go_alv_grid    TYPE REF TO cl_gui_alv_grid.

❹ DATA: gt_list TYPE TABLE OF zs18_01.

❺ DATA: gt_node TYPE TABLE OF mtreesnode.
```

❶	스크린에서 사용자의 Function Code를 제어하기 위한 변수
❷	Simple Tree와 ALV를 위한 커스텀 컨테이너(Custom Container)를 제어하기 위한 참조 변수
❸	Simple Tree와 ALV Grid를 제어하기 위한 참조 변수
❹	ALV에 보여줄 데이터를 저장하는 인터널 테이블
❺	Simple Tree의 트리 구조 계층 영역을 저장하기 위한 인터널 테이블 MTREESNODE는 ABAP Dictionary에서 조회할 수 있는 표준 노드 구조체로, 노드의 정보가 계층으로 이뤄져 트리 구조를 형성하게 된다. 자세한 내용은 다음 표 18-1을 참고하자.

노드 속성	기능	속성 값
NODE_KEY	각 노드의 키 값으로 노드를 구분하는 고유한 값이다.	노드 키
RELATKEY	노드와 관련된 노드 키를 지정하고, 상위 노드를 설정한다.	노드 키
RELATSHIP	노드는 기본적으로 프로그램에서 선언된 순서대로 화면에 보이지만, RELATSHIP 속성을 사용해 노드의 위치를 변경할 수 있다. 예를 들어, 'NODE-RELATSHOP = 6'은 마지막 노드를 의미하며 6은 클래스의 [Attributes] 탭에 정의된 상수 값을 사용하는 것과 동일하다(cl_gui_simple_tree=>relat_last_child). 기타 설정은 클래스의 속성 값을 참고하자.	정수 값(클래스의 속성은 초기 값이 정수로 지정되어 있음) RELAT_FIRST_CHILD Constant 4 RELAT_FIRST_SIBLING Constant 5 RELAT_LAST_CHILD Constant 6 RELAT_LAST_SIBLING Constant 1 RELAT_NEXT_SIBLING Constant 2 RELAT_PREV_SIBLING Constant 3

HIDDEN	노드를 숨긴다.	플래그(X 또는 공백)
DISABLED	노드의 이벤트를 비활성화한다.	플래그(X 또는 공백)
ISFOLDER	노드를 폴더로 보여준다. 값을 설정하지 않으면 폴더가 아닌 Leaf 노드로 보인다.	플래그(X 또는 공백)
N_IMAGE	폴더와 Leaf 노드를 이미지로 보여준다.	아이콘/삽입된 비트맵
EXP_IMAGE	상위 폴더를 클릭하여 확장할 경우의 이미지를 설정한다. N_IMAGE 속성과 함께 사용하며 +, - 이미지를 많이 사용한다.	플래그(X 또는 공백) STYLE_DEFAULT Constant 1 STYLE_EMPHASIZED Constant 7 STYLE_EMPHASIZED_NEGATIVE Constant 5 STYLE_EMPHASIZED_POSITIVE Constant 6
STYLE	노드의 스타일(색상 등)을 지정한다. tree->style_default tree->style_inherited tree->style_intensified tree->style_inactive tree->style_intensified_critical tree->style_emphasized_negative tree->style_emphasized_positive tree->style_emphasized	정수 값(클래스 속성 초기 값) 예) 'NODE-style = 7'과 'NODE-style = CL_GUI_SIMPLE_TREE=>style_emphasized'은 동일하다.
TEXT	노드의 텍스트를 설정한다.	텍스트(30자)

표 18-1 노드 속성

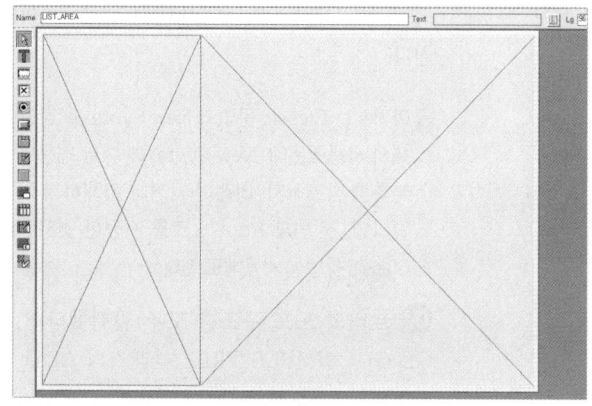

04 Screen 0100을 생성한 뒤 기본적인 GUI status, user command 모듈을 생성한다. 이번 프로그램에서는 간단하게 [BACK], [EXIT], [CANC] 버튼 3가지만 활성화해보자.

이후 스크린 페인터에서 두 개의 커스텀 컨테이너(Custom Container)를 생성한다. 왼쪽은 Tree의 계층 구조를 나타내기 위한 영역으로 TREE_AREA라 지정하고, 오른쪽은 ALV Grid를 위한 영역으로 LIST_AREA라 지정한다.

```abap
MODULE simple_tree OUTPUT.

  IF go_tree_container IS INITIAL.

    CREATE OBJECT go_tree_container
      EXPORTING
        container_name = 'TREE_AREA'.

    CREATE OBJECT go_simple_tree
      EXPORTING
        parent             = go_tree_container
        node_selection_mode = cl_gui_simple_tree=>node_sel_mode_single.

  ENDIF.
ENDMODULE.
```

05 PBO 모듈을 하나 생성하여 Simple Tree 를 생성한다.

4단계에서 Tree를 보여주기 위해 생성한 커스텀 컨테이너인 TREE_AREA와 ABAP 프로그램의 참조 변수를 연결한다.

이후 컨테이너 위에 Simple Tree 참조 변수를 연결한다. node_selection_mode는 노드를 단일로 선택할지, 다중으로 선택할지 지정한다.

06 화면에 표시할 노드 인터널 테이블을 구성한다.

노드 인터널 테이블을 구성할 때 주의할 점은 NODE_KEY와 RELATKEY 속성이다.

NODE_KEY는 해당 인터널 테이블에서 고유한 값으로 각 노드를 식별하기 위해 사용된다. RELATKEY는 연관된 노드 키를 지정하는 것으로, 상위 노드가 있다면 상위 노드의 NODE_KEY를 지정한다. 상위 노드가 없는 Root 노드는 RELATKEY가 null 값을 가진다. 예를 들어, 'LOOP AT lt_teamlist' 구문을 통해 생성되는 노드는 Leaf 노드이며, 이는 ZTEAMLIST 테이블에 등록된 부서 정보를 기반으로 생성된다. 또한 이는 그림 18-8 구조에서 두 번째 노드인 '부서'의 하위에 위치하기 때문에, RELATKEY에는 상위 노드인 '부서'의 NODE_KEY인 'Child1'이 설정되어야 한다.

```abap
CHECK go_simple_tree IS NOT INITIAL.

DATA ls_node TYPE mtreesnode.

ls_node-node_key = 'Root'.
ls_node-isfolder = 'X'.
ls_node-text     = '조직구조'.
APPEND ls_node TO gt_node.

APPEND VALUE #( node_key = 'Child1'
                relatkey = 'Root'
                isfolder = 'X'
                text     = '부서' ) TO gt_node.

SELECT *
  FROM zteamlist
  ORDER BY depcd
  INTO TABLE @DATA(lt_teamlist).

LOOP AT lt_teamlist INTO DATA(ls_teamlist).

  APPEND VALUE #( node_key = ls_teamlist-depcd
                  relatkey = 'Child1'
                  isfolder = ''
                  n_image  = icon_system_user_menu
                  text     = ls_teamlist-dname
                   ) TO gt_node.

ENDLOOP.

ENDIF.
```

> 여기서는 Classic 문법과 New Syntax를 혼용해서 사용했는데, New Syntax에 대한 내용은 부록을 참고하자. 버전이 낮거나 이해하기 어렵다면, 첫 번째 Root 노드를 지정한 것처럼 Classic 문법을 사용해도 된다.

07 트리의 노드 구조를 모두 입력했다면, CL_GUI_SIMPLE_TREE 클래스의 ADD_NODES 메소드를 호출해 GT_NODE 인터널 테이블의 노드 계층 구조 정보를 Simple Tree 로 전송하여 트리 구조를 형성한다.

```abap
CHECK gt_node IS NOT INITIAL.

CALL METHOD go_simple_tree->add_nodes
  EXPORTING
    table_structure_name = 'MTREESNODE'
    node_table           = gt_node.
```

```
MODULE alv OUTPUT.
  IF go_alv_container IS INITIAL.

    CREATE OBJECT go_alv_container
      EXPORTING
        container_name = 'LIST_AREA'.

    CREATE OBJECT go_alv_grid
      EXPORTING
        i_parent = go_alv_container.

    CALL METHOD go_alv_grid->set_table_for_first_display
      EXPORTING
        i_structure_name = 'ZS18_01'
        is_layout        = VALUE #( cwidth_opt = 'X' )
      CHANGING
        it_outtab        = gt_list.

  ENDIF.
ENDMODULE.
```

08 트리 계층 구조 등록이 완료되었다면, 오른쪽에 상세 리스트를 표시할 ALV 출력을 위한 모듈을 생성하자.

```
REPORT z18_01.

INCLUDE z18_01_top.    " Global Data
INCLUDE z18_01_o01.    " PBO-Modules
INCLUDE z18_01_i01.    " PAI-Modules
INCLUDE z18_01_f01.    " FORM-Routines

START-OF-SELECTION.
  CALL SCREEN 0100.
```

09 별도의 SELECTION SCREEN 없이 바로 100번 화면을 실행하기 위해 START-OF-SELECTION 이벤트에 'CALL SCREEN 0100' 구문을 추가하자.

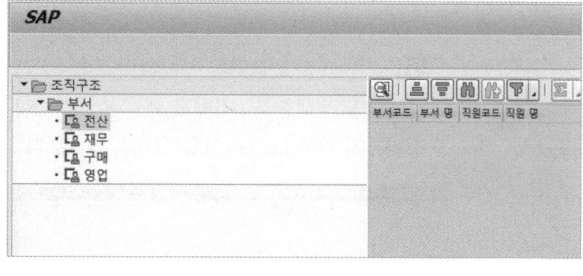

10 프로그램을 실행하면, 왼쪽에는 [조직구조] → [부서] → [부서명]이 계층 구조로 조회된다.
왼쪽 트리에서 '전산' ~ '영업'은 Leaf 노드에 해당한다. 하지만 현재는 트리 구조만 나타나고 ALV에는 상세 리스트가 출력되지 않으며, 각 노드를 눌러도 반응이 없다. 이는 노드에 이벤트를 추가하지 않았기 때문이다.

2-2 SAP Tree 노드의 클릭 이벤트 설정

앞선 절에서 Simple Tree와 ALV를 개발했지만, 노드에 이벤트를 등록하지 않아서 노드를 클릭해도 상세 정보를 볼 수 없었다. 노드에 대해 이벤트를 발생시키려면 이벤트 메소드를 등록해야 하고, 이에 따른 이벤트 핸들러 메소드를 정의해야 한다. Simple Tree에서 사용할 수 있는 이벤트는 CL_GUI_SIMPLE_TREE 클래스의 [Events] 탭에 정의되어 있지만, 프로그램에서 호출하려면 이벤트 핸들러 메소드를 포함한 로컬 클래스를 정의해야 한다.

이벤트 실습을 위해 Z18_01 프로그램을 복사하여 Z18_02 프로그램을 생성하자. 프로그램에서 노드의 이벤트를 발생시키려면 CL_GUI_SIMPLE_TREE 클래스의 이벤트 중 NODE_DOUBLE_CLICK이라는 이벤트를 핸들러 메소드와 함께 로컬 클래스로 정의해야 한다.

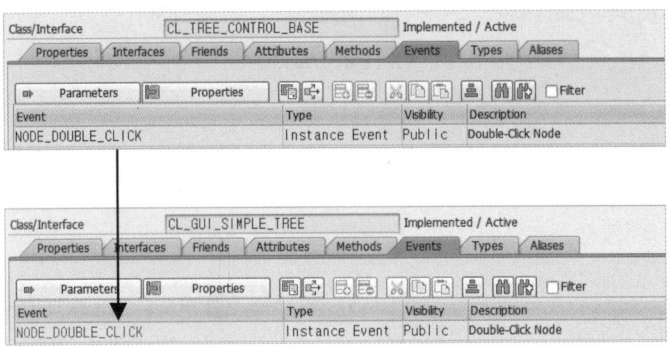

그림 18-9 DOUBLE_CLICK 이벤트

참고로 CL_GUI_SIMPLE_TREE의 상위 클래스(Super Class)는 CL_TREE_CONTROL_BASE이며, NODE_DOUBLE_CLICK 이벤트는 CL_TREE_CONTROL_BASE에 정의되어 있다. CL_GUI_SIMPLE_TREE는 CL_TREE_CONTROL_BASE를 상속받기 때문에 NODE_DOUBLE_CLICK 이벤트를 사용할 수 있다.

```
REPORT z18_02.

INCLUDE z18_02_top.    " Global Data
INCLUDE z18_02_c01.    " CLASS
INCLUDE z18_02_o01.    " PBO-Modules
INCLUDE z18_02_i01.    " PAI-Modules
INCLUDE z18_02_f01.    " FORM-Routines

START-OF-SELECTION.
   CALL SCREEN 0100.
```

01 Z18_01 프로그램을 복사하여 Z18_02 프로그램을 생성한 후, 이벤트 핸들러 클래스를 정의하기 위한 Include 프로그램을 생성한다.

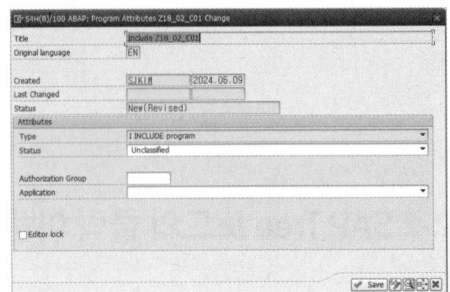

```
CLASS lcl_tree_event DEFINITION.

   PUBLIC SECTION.

     METHODS:
       handle_node_double_click
         FOR EVENT node_double_click OF cl_gui_simple_tree
         IMPORTING node_key.

ENDCLASS.
```

02 이벤트 핸들러 메소드를 위한 클래스 선언 프로그램에서 NODE_DOUBLE_CLICK 이벤트를 사용하기 위해 LCL_TREE_EVENT라는 이름의 클래스를 정의한다. 클래스 이름은 각 사이트의 네이밍 룰에 따라 정의하면 된다.

```abap
CLASS lcl_tree_event IMPLEMENTATION.
  METHOD handle_node_double_click.

    SELECT  a~depcd
           ,a~dname
           ,b~empcd
           ,b~ename
      FROM zteamlist AS a LEFT OUTER JOIN
           zemplist  AS b
        ON a~depcd EQ b~depcd
      WHERE a~depcd EQ @node_key
      ORDER BY b~empcd
      INTO CORRESPONDING FIELDS OF TABLE @gt_list.

    IF sy-subrc IS NOT INITIAL.
      MESSAGE '데이터가 존재하지 않습니다' TYPE 'E'.
      CLEAR gt_list.

    ELSE.
      CALL METHOD go_alv_grid->refresh_table_display
        EXPORTING
          is_stable = VALUE #( row = 'X' col = 'X' ).
    ENDIF.
  ENDMETHOD.
ENDCLASS.
```

03 이벤트 핸들러 메소드를 위한 클래스 구현
CL_GUI_SIMPLE_TREE 클래스의 [Events] 탭에서 파라미터를 조회하면, NODE_KEY 값을 반환하는 것을 볼 수 있다.

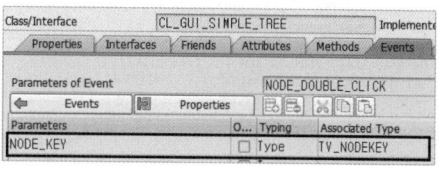

2-1절에서 정의한 트리 구조에서 Leaf 노드는 ZTEAMLIST 테이블의 부서로 구성되어 있기 때문에 Leaf 노드를 더블 클릭하면 Leaf 노드의 NODE_KEY 값이 반환된다. 이를 통해 더블 클릭한 부서코드의 직원 정보를 찾아올 수 있다.

직원 정보가 있다면 ALV를 새로고침(Refresh) 해서 더블 클릭한 부서의 직원만 화면에 보여 준다.

04 이벤트 생성 및 등록
PBO의 SIMPLE_TREE를 등록한 모듈로 돌아와서, 생성하고 구현한 이벤트 핸들러 메소드를 프로그램에서 사용하기 위해 이벤트를 등록한다.

각 이벤트에 대한 상수 값은 CL_GUI_SIMPLE_TREE 클래스의 [Attributes] 탭에서 확인할 수 있다.

```abap
DATA: ls_events TYPE cntl_simple_event,
      lt_events TYPE cntl_simple_events.

ls_events-eventid = cl_gui_simple_tree=>eventid_node_double_click.
ls_events-appl_event = 'X'.
APPEND ls_events TO lt_events.

CALL METHOD go_simple_tree->set_registered_events
  EXPORTING
    events = lt_events.
```

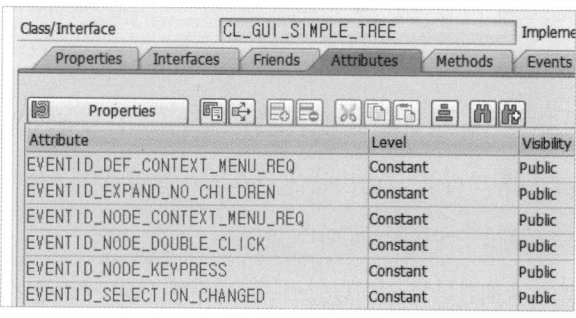

사용할 이벤트의 상수 값을 이벤트 ID에 등록하고 "appl_event = 'X'"로 설정한다. 이는 노드를 더블 클릭할 때 화면의 PAI 프로세스가 실행되게 한다.

이벤트 정보를 담은 인터널 테이블을 SET_REGISTERED_EVENTS 메소드에 전달하여 이벤트를 등록한다.

```
DATA lo_tree_event TYPE REF TO lcl_tree_event.
CREATE OBJECT lo_tree_event.
SET HANDLER lo_tree_event->handle_node_double_click FOR go_simple_tree.

CALL METHOD go_simple_tree->set_registered_events
  EXPORTING
    events = VALUE #(
      ( eventid  = cl_gui_simple_tree=>eventid_node_double_click
        appl_event = 'X' ) ).

DATA(lo_tree_event) = NEW lcl_tree_event( ).
SET HANDLER lo_tree_event->handle_node_double_click FOR go_simple_tree.
```

05 인스턴스 생성 및 핸들러 메소드 등록
앞에서 생성한 LCL_TREE_EVENT 클래스의 인스턴스를 생성한 후, SET HANDLER 구문을 사용해 핸들러 메소드를 등록한다.

NEW Syntax를 사용하면 4~5단계 내용을 왼쪽과 같은 코드로 간소화할 수 있다.

06 프로그램 실행
프로그램을 실행하여 확인해보자.
왼쪽 트리 구조의 Leaf 노드인 '부서 명'을 더블 클릭하면 오른쪽 ALV에 해당 부서의 직원만 조회되는 것을 확인할 수 있다.

03 Column Tree

Column Tree는 트리 구조와 데이터 조회 기능을 결합한 형태이다. 예를 들어, 부서별로 1~12월의 월별 비용을 조회하고자 할 경우, 부서는 트리 구조로 보여주고 월 비용은 리스트의 컬럼별로 구분하여 보여줄 수 있다. 트리 구조 오른쪽의 리스트 부분을 아이템(Item)이라 한다.

2절의 Simple Tree와의 차이점은 바로 아이템이 존재한다는 점이다. 노드는 단순한 트리 구조를 가지며 노드의 텍스트도 아이템을 사용해서 추가해야 한다. 또한 4절에서 살펴볼 List Tree에도 아이템이 존재한다. Column Tree와 List Tree의 차이점은 아이템을 컬럼으로 세분화하여 표현할 수 있느냐에 있다. 즉, Column Tree는 리스트를 월별로 또는 다른 항목별로 세분화하여 표현할 수 있지만, List Tree는 단순히 트리 노드의 내역과 정보를 보여주는 기능을 한다.

Column Tree를 생성하려면 CL_GUI_COLUMN_TREE 클래스를 참조하는 객체 참조 변수를 생성해야 한다.

```
DATA column_tree TYPE REF TO cl_gui_column_tree.
```

3-1 SAP Column Tree의 구조

그림 18-10의 왼쪽 영역은 SAP Column Tree를 이용하여 프로그래밍하였다. 조직구조 계층 구조를 노드로 구성하여 하위에 각 부서와 직원을 표시한다. 또한 각 직원의 보유 자격증 수를 버튼으로 구성하여, 버튼을 클릭하면 직원이 가지고 있는 자격증의 상세 정보가 오른쪽 ALV 화면에 조회된다.

조직구조	직원명	보유 자격증 수
▼ 📁 부서		
▼ 📁 전산		
• 📄 1001	김철수	1
• 📄 1002	이영희	2
• 📄 1010	박옥순	
• 📄 1018	이나연	
• 📄 1019	이영석	
▶ 📁 재무		
▶ 📁 구매		
▶ 📁 영업		
헤더 컬럼 (열 1)	컬럼 2 (열 2)	컬럼 3 (열 3)

그림 18-10 Column Tree 실습 결과

SAP Column Tree는 행과 열 구조로 이루어져 있다. 그림 18-10에서 노드는 행을, 컬럼은 열을 의미한다. 이 예제는 4개의 노드(행)와 3개의 컬럼(열)으로 이루어져 있다.

즉, 최상위 노드인 부서와 하위에 4개의 부서가 노드로 구성되어 있고, 각 노드의 헤더 텍스트는 '조직구조', '직원명', '보유 자격증 수'로 구성된다. 이때 행렬 구조의 각 영역에 존재하는 것을 아이템이라 한다.

Root 노드인 부서를 추가하려면, 노드를 추가하고 헤더 컬럼을 지정해야 한다. 최하위 노드 중 하나인 '1001'은 헤더 컬럼과 컬럼 2 ~ 3으로 이뤄져 노드의 텍스트와 각 아이템의 내용을 보여준다. Simple Tree에서는 노드만으로도 텍스트를 포함할 수 있지만, Column Tree의 노드 텍스트는 Hierarchy 영역의 아이템에 텍스트를 추가해야 한다. Column Tree에서 리스트는 크게 Hierarchy 영역과 컬럼 영역, 두 가지로 나뉜다. Hierarchy 영역은 노드와 아이템으로 구성되고, 컬럼 영역은 아이템으로만 구성된다. 다음 실습을 통해 Column Tree 구조를 이해해보자.

3-2 SAP Column Tree 실습 예제

프로그램 Z18_03을 생성한 후, Top Include에 체크한 뒤 프로그램을 활성화하자.

3-2-1 SAP Tree 인스턴스 생성 및 Root 노드 지정

```
DATA: OK_CODE TYPE SY-UCOMM.

DATA : GO_TREE_CONTAINER TYPE REF TO CL_GUI_CUSTOM_CONTAINER,
       GO_ALV_CONTAINER  TYPE REF TO CL_GUI_CUSTOM_CONTAINER.

DATA : GO_COLUMN_TREE TYPE REF TO CL_GUI_COLUMN_TREE,
       GO_ALV_GRID    TYPE REF TO CL_GUI_ALV_GRID.

DATA : GT_LIST TYPE TABLE OF ZS18_02.

DATA : GT_NODE TYPE TREEV_NTAB.
DATA : GT_ITEM TYPE TABLE OF MTREEITM .
```

01 먼저, Top Include 프로그램에 전역 변수를 선언한다.
Column Tree 예제 프로그램의 ABAP Dictionary 구조체는 다음과 같이 지정한다.

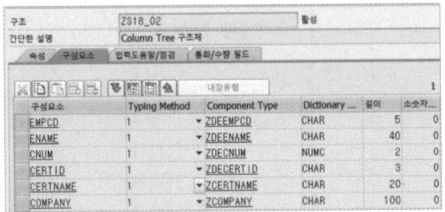

02 100번 화면을 생성한 후, 스크린 페인터에 두 개의 커스텀 컨테이너(Custom Container)를 생성한다. 왼쪽에는 트리 영역(TREE_AREA), 오른쪽에는 ALV 영역(LIST_AREA)을 생성한다. 이는 앞에서 학습한 Simple Tree와 뒤에서 학습할 List Tree와 동일한 구조이다.

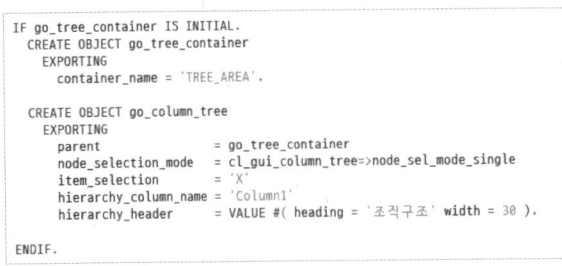

03 100번 화면의 PBO에 컨테이너 영역과 Column Tree 인스턴스를 생성한다.
여기서 hierarchy_column_name 파라미터에는 첫 번째 컬럼 이름을 지정하고, hierarchy_header 파라미터에는 첫 번째 컬럼의 헤더 텍스트와 너비를 지정한다.

```
IF go_tree_container IS INITIAL.
  CREATE OBJECT go_tree_container
    EXPORTING
      container_name = 'TREE_AREA'.

  CREATE OBJECT go_column_tree
    EXPORTING
      parent                = go_tree_container
      node_selection_mode   = cl_gui_column_tree=>node_sel_mode_single
      item_selection        = 'X'
      hierarchy_column_name = 'Column1'
      hierarchy_header      = VALUE #( heading = '조직구조' width = 30 ).
ENDIF.
```

```
gt_node = VALUE #(
  ( node_key = 'Root' isfolder = 'X' ) ).

gt_item = VALUE #(
  ( node_key = 'Root'   item_name = 'Column1' text = '부서' ) ).
```

04 첫 번째 노드와 아이템의 정보를 입력한다. Tree에서 노드와 아이템의 구조는 프로그램 설계와 화면 구성에 따라 달라질 수 있다. 예제에서는 1개의 Root 노드를 지정한 후, 하위에 노드와 아이템을 추가하는 방식으로 진행한다.

3-2-2 노드와 아이템 테이블 추가

```
SELECT *
  FROM zteamlist
  ORDER BY depcd
  INTO TABLE @DATA(lt_teamlist).

LOOP AT lt_teamlist INTO DATA(ls_teamlist).

  APPEND VALUE #( node_key = ls_teamlist-depcd
                  isfolder = 'X'
                  relatkey = 'Root' ) TO gt_node.

  APPEND VALUE #( node_key = ls_teamlist-depcd
                  item_name = 'Column1'
                  text = ls_teamlist-dname ) TO gt_item.
ENDLOOP.
```

01 Root 노드 지정 후, Root 하위의 Child 노드를 지정한다. 예제에서는 Root 노드인 '부서' 아래에 각각의 부서(팀)로 Child 노드를 구성한다.
부서 정보를 가지고 있는 ZTEAMLIST에서 모든 부서를 Select한 뒤, LOOP를 수행하며 노드와 아이템 정보를 입력한다.
노드 인터널 테이블 GT_NODE와 아이템 인터널 테이블 GT_ITEM에 대해서는 다음 표 18-2를 참고하자.

Structure	TREEV_NODE	Active
Short Description	Tree Control: Attributes of a Node	

Component	Typing Method	Component Type	Data Type
NODE_KEY	1 Types	TV_NODEKEY	CHAR
RELATKEY	1 Types	TV_NODEKEY	CHAR
RELATSHIP	1 Types	INT4	INT4
.INCLUDE	1 Types	TREEMBNODE	
HIDDEN	1 Types	AS4FLAG	CHAR
DISABLED	1 Types	AS4FLAG	CHAR
ISFOLDER	1 Types	AS4FLAG	CHAR
N_IMAGE	1 Types	TV_IMAGE	CHAR
EXP_IMAGE	1 Types	TV_IMAGE	CHAR
STYLE	1 Types	INT4	INT4
LAST_HITEM	1 Types	TV_ITMNAME	CHAR
NO_BRANCH	1 Types	AS4FLAG	CHAR
.INCLUDE	1 Types	TREEVBNODE	
EXPANDER	1 Types	AS4FLAG	CHAR
DRAGDROPID	1 Types	INT2	INT2

02 트리의 노드는 ABAP Dictionary에 선언된 TREEV_NODE 구조를 참조한다.
대부분은 앞서 Simple Tree에서 언급한 내용과 유사하다. 여기서 주의 깊게 봐야 할 부분은 NODE_KEY와 RELATKEY이다.
NODE_KEY는 하나의 노드에 대한 정보를 가지고 있는 키 값이고, RELATKEY는 바로 위의 상위 노드의 키 값을 의미한다.
예제에서 부서코드(DEPCD)는 상위 노드인 '부서' 노드의 하위 노드이므로 NODE_KEY에 부서코드(DEPCD) 값이, RELATKEY에는 상위 노드 키 값인 'Root'가 들어간다.

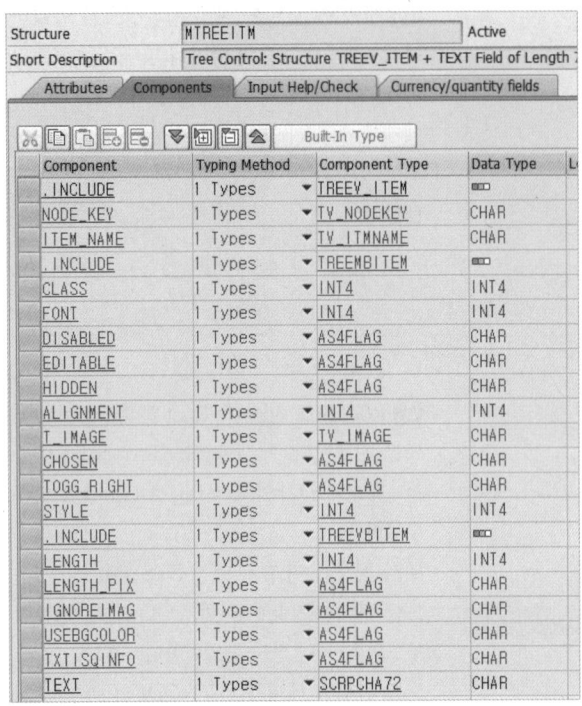

03 트리의 아이템 구조는 ABAP Dictionary의 MTREEITM 구조를 참조한다.

노드의 아이템 구성 시 주의 깊게 봐야 할 부분은 NODE_KEY와 ITEM_NAME이다. NODE_KEY는 어떤 노드의 아이템으로 지정될지 노드의 키 값을 설정하는 부분이고, ITEM_NAME은 아이템이 어떤 컬럼에 위치할지 지정하는 부분이다.

Root 노드의 하위 노드인 '부서코드'는 Root 노드의 텍스트와 같은 컬럼 'Column1'에 부서명을 아이템 텍스트로 보여준다.

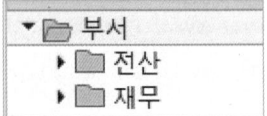

MTREEITM의 주요 속성은 다음 표 18-2와 같다.

아이템 속성	기능	속성 값
NODE_KEY	각 노드의 키 값으로 노드를 구분하는 유일한 값이다.	노드 키
ITEM_NAME	아이템을 지정할 컬럼 이름을 입력한다.	컬럼 이름
CLASS	아이템의 속성 클래스를 지정한다. ex) 아이템을 버튼 형태로 나타내려면 'cl_gui_column_tree=>item_class_button'을 지정한다.	정수 값(클래스의 속성은 초기 값이 정수로 지정되어 있음) ITEM_CLASS_BUTTON Constant 4 ITEM_CLASS_CHECKBOX Constant 3 ITEM_CLASS_LINK Constant 5 ITEM_CLASS_TEXT Constant 2
FONT	아이템의 폰트를 설정한다. tree->item_font_default: 기본 폰트 설정 tree->item_font_fixed: GUI 고정 폰트 설정 tree->item_font_prop: GUI 비율 폰트 설정	정수 값(클래스의 속성은 초기 값이 정수로 지정되어 있음) ITEM_FONT_DEFAULT Constant 0 ITEM_FONT_FIXED Constant 1 ITEM_FONT_PROP Constant 2
DISABLED	아이템의 이벤트를 비활성화한다.	플래그(X 또는 공백)
EDITABLE	아이템의 편집 모드를 활성화한다.	플래그(X 또는 공백)
HIDDEN	아이템을 숨긴다.	플래그(X 또는 공백)

속성	설명	값
ALIGNMENT	아이템의 정렬 상태를 지정한다. (왼쪽, 중앙, 오른쪽 정렬)	정수 값(클래스의 속성은 초기 값이 정수로 지정되어 있음) Class/Interface CL_GUI_COLUMN_TREE Implemented / Active Properties Interfaces Friends Attributes Methods Events Types Attribute / Level / Initial Value ALIGN_CENTER Constant 1 ALIGN_LEFT Constant 0 ALIGN_RIGHT Constant 2
T_IMAGE	아이템을 아이콘 또는 이미지로 보여준다.	아이콘/삽입된 비트맵
CHOSEN	아이템이 체크박스(Checkbox)로 설정되면 기본으로 선택된다.	
TOGG_RIGHT	아이템이 체크박스(Checkbox)로 설정되면 텍스트의 위치(오른쪽/왼쪽)를 설정한다.	
STYLE	아이템의 스타일(색상 등)을 지정한다.	정수 값(클래스 속성 초기 값)
LENGTH	아이템의 길이를 지정한다.	정수 값
LENGTH_PIX	픽셀 길이를 설정한다(List Tree에만 사용 가능하다).	
IGNOREIMAG	아이템이 체크박스(Checkbox)나 이미지로 보일 때 아이템의 길이에 포함할 것인지를 설정한다 (List Tree에만 사용 가능하다).	
USEBGCOLOR	아이템의 배경 색상을 지정한다(List Tree에만 사용 가능하다).	
TEXT	아이템의 텍스트를 지정한다.	

표 18-2 아이템 속성

```
SELECT *
  FROM ZEMPLIST
  WHERE DEPCD IS NOT INITIAL
  ORDER BY DEPCD, EMPCD
  INTO TABLE @DATA(LT_EMPLIST).

LOOP AT LT_EMPLIST INTO DATA(LS_EMPLIST).
  APPEND VALUE #( NODE_KEY = LS_EMPLIST-EMPCD
                  ISFOLDER = SPACE
                  RELATKEY = LS_EMPLIST-DEPCD ) TO GT_NODE.

  APPEND VALUE #( NODE_KEY  = LS_EMPLIST-EMPCD
                  ITEM_NAME = 'Column1'
                  TEXT      = LS_EMPLIST-EMPCD ) TO GT_ITEM.

ENDLOOP.
```

04 헤더 컬럼(Column1)의 하위 노드 추가

'부서' 노드의 하위 노드에 각 부서에 속하는 직원을 추가하는 로직을 작성한다.

직원과 부서 정보가 있는 ZEMPLIST 테이블에서 Select한 뒤, LOOP를 수행하며 노드와 아이템 정보를 입력한다.

부서 하위 노드에 사원 번호로 Leaf 노드를 구성하기 위해 NODE_KEY는 사원 번호(LS_EMPLIST-EMPCD)로, RELATKEY는 상위 노드인 부서 코드(LS_EMPLIST-DEPCD)를 입력한다.

이 Leaf 노드(사원 번호 노드)의 ITEM에 텍스트로 사번을 보여주기 위해 NODE_KEY를 LS_EMPLIST-EMPCD로 가지는 노드의 Column1 아이템 영역에 TEXT를 추가한다.

```
CALL METHOD go_column_tree->add_column
  EXPORTING
    name        = 'Column2'
    alignment   = cl_gui_column_tree=>align_left
    width       = 20
    header_text = '직원명'.

LOOP AT lt_emplist INTO ls_emplist.

  APPEND VALUE #( node_key = ls_emplist-empcd
                  item_name = 'Column2'
                  text = ls_emplist-ename ) TO gt_item.
ENDLOOP.
```

조직구조
▼ 📁 부서
▼ 📁 전산
• 📄 1001
• 📄 1002

05 두 번째 컬럼 추가

Column Tree에서 다음과 같이 컬럼을 추가하려면 ADD_COLUMN 메소드를 사용한다.

조직구조	직원명
▼ 📁 부서	
▼ 📁 전산	
• 📄 1001	김철수
• 📄 1002	이영희

두 번째 컬럼인 '직원명' 컬럼을 추가한 뒤, 컬럼 이름은 'Column2'로 지정한다. 이후 두 번째 컬럼에 아이템을 위치시키려면 아이템 인터널 테이블의 ITEM_NAME에 'Column2'를 지정해야 한다.

여기서 NODE_KEY는 어떤 노드의 'Column2' 열에 아이템을 연결할 것인지를 나타낸다. 사번이 표시된 노드(행)에 직원명을 표시하기 위해 NODE_KEY를 사번(LS_EMPLIST-EMPCD)으로 지정한다.

06 세 번째 컬럼 추가

ADD_COLUMN 메소드를 사용해 세 번째 컬럼인 '보유 자격증 수'를 추가한다. 보유 자격증 수는 ZEMPCERT에서 직원 코드를 기준으로 보유하고 있는 자격증 수를 Count한다.

여기서 '보유 자격증 수' 아이템을 버튼으로 지정하여 버튼을 눌렀을 때 이벤트를 발생시킬 수 있도록 CLASS 속성 값에 'CL_GUI_COLUMN_TREE=>ITEM_CLASS_BUTTON' 값을 지정한다.

```
CALL METHOD go_column_tree->add_column
  EXPORTING
    name        = 'Column3'
    alignment   = cl_gui_column_tree=>align_left
    width       = 20
    header_text = '보유 자격증 수'.

SELECT empcd
      ,CAST( COUNT( empcd ) AS CHAR( 20 ) ) AS count
  FROM zempcert
  GROUP BY empcd
  ORDER BY empcd
  INTO TABLE @DATA(lt_empcert).

LOOP AT lt_empcert INTO DATA(ls_empcert).
  APPEND VALUE #( node_key = ls_empcert-empcd
                  item_name = 'Column3'
                  class = cl_gui_column_tree=>item_class_button
                  text = ls_empcert-count ) TO gt_item.
ENDLOOP.
```

조직구조	직원명	보유 자격증 수
▼ 📁 부서		
▼ 📁 전산		
• 📄 1001	김철수	1
• 📄 1002	이영희	2

```
CALL METHOD go_column_tree->add_nodes_and_items
  EXPORTING
    node_table                = gt_node
    item_table                = gt_item
    item_table_structure_name = 'MTREEITM'.
```

07 노드와 아이템의 Hierarchy 구조를 구성했다면 ADD_NODES_AND_ITEMS 메소드를 호출해 트리 구조에 노드와 아이템을 등록한다.

3-2-3 Column Tree에 이벤트 추가

노드나 아이템을 클릭하거나 더블 클릭하는 이벤트를 처리하고자 할 때는 클래스를 등록하고, 이벤트 핸들러 메소드를 정의하여 등록해야 한다.

```
CLASS lcl_tree_event DEFINITION.

  PUBLIC SECTION.
    CLASS-METHODS:
      handle_node_double_click FOR EVENT node_double_click
        OF cl_gui_column_tree
        IMPORTING node_key,

      handle_node_button_click FOR EVENT button_click
        OF cl_gui_column_tree
        IMPORTING node_key .

ENDCLASS.
```

01 프로그램 모듈화와 가독성 향상을 위해 클래스 정의 및 구현을 위한 Include 프로그램을 하나 생성한 뒤, LCL_TREE_EVENT 로컬 클래스를 정의한다.
NODE_DOUBLE_CLICK 이벤트는 노드를 더블 클릭할 때 발생하는 이벤트이고, BUTTON_CLICK 이벤트는 아이템의 버튼을 클릭할 때 발생하는 이벤트이다.
이벤트는 T-CODE:SE24에서 클래스 CL_GUI_COLUMN_TREE를 조회하여 확인할 수 있다.

```
METHOD handle_node_double_click.

  READ TABLE gt_node TRANSPORTING NO FIELDS
    WITH KEY relatkey = node_key.

  CHECK sy-subrc IS INITIAL.

  CALL METHOD go_column_tree->expand_node
    EXPORTING
      node_key = node_key.
ENDMETHOD.
```

02 각각의 이벤트 핸들러 메소드에 대한 구현부를 작성한다.
하위 노드가 있을 때 ▶ 버튼을 클릭하여 노드를 펼친다. 또한 더블 클릭 이벤트를 등록하여 노드를 더블 클릭했을 때 하위 노드가 펼쳐지게 할 수 있다.
EXPAND_NODE 메소드는 노드 키를 입력받아 하위 노드를 펼쳐준다. 이때 하위 노드가 없는데 EXPAND_NODE를 실행하면 덤프가 발생할 수 있기 때문에 하위 노드가 있는지 체크한 뒤 실행해야 한다.

03 아이템의 버튼을 클릭할 때 실행되는 이벤트 핸들러 메소드의 구현부를 작성해보자. 예제에서는 버튼 클릭 시 직원이 가지고 있는 자격증의 상세 정보가 ALV에 조회된다.
조회 결과가 없으면 ALV를 초기화하고, 데이터가 존재하면 ALV Grid를 REFRESH_TABLE_DISPLAY 메소드를 호출하여 새로고침한다.

```abap
METHOD handle_node_button_click.

  SELECT a~empcd
        ,b~ename
        ,a~cnum
        ,a~certid
        ,c~certname
        ,c~company
    FROM zempcert AS a
    INNER JOIN zemplist AS b
      ON a~empcd EQ b~empcd

    LEFT OUTER JOIN zcertinfo AS c
      ON a~certid EQ c~certid

    WHERE a~empcd EQ @node_key
    ORDER BY a~cnum
    INTO CORRESPONDING FIELDS OF TABLE @gt_list.

  IF gt_list IS INITIAL.
    CLEAR gt_list.
  ENDIF.

  CALL METHOD go_alv_grid->set_frontend_layout
    EXPORTING
      is_layout = VALUE #( cwidth_opt = 'X' ).

  CALL METHOD go_alv_grid->refresh_table_display
    EXPORTING
      is_stable = VALUE #( row = 'X' col = 'X' ).
ENDMETHOD.
```

04 Column Tree 로직을 작성하던 100번 화면으로 돌아와서, Column Tree에 이벤트를 등록하고 이벤트 핸들러 메소드를 등록한다.

```abap
CALL METHOD go_column_tree->set_registered_events
  EXPORTING
    events = VALUE #(
    ( eventid = cl_gui_column_tree=>eventid_node_double_click
      appl_event = 'X' )
    ( eventid = cl_gui_column_tree=>eventid_button_click
      appl_event = 'X' )
    ).
DATA(lo_event) = NEW lcl_tree_event( ).
SET HANDLER: lo_event->handle_node_double_click FOR go_column_tree,
             lo_event->handle_node_button_click FOR go_column_tree.
```

05 트리 구조 오른쪽에 ALV를 표시하기 위한 로직을 작성한다. 생략된 프로그램의 전체 로직은 SAP JOY(sapjoy.co.kr/) [교재공간] → [교재 자료실]에서 내려받을 수 있다.

```abap
IF go_alv_container IS INITIAL.

  CREATE OBJECT go_alv_container
    EXPORTING
      container_name = 'LIST_AREA'.

  CREATE OBJECT go_alv_grid
    EXPORTING
      i_parent = go_alv_container.

  CALL METHOD go_alv_grid->set_table_for_first_display
    EXPORTING
      i_structure_name = 'ZS18_02'
      is_layout        = VALUE #( cwidth_opt = 'X' )
    CHANGING
      it_outtab        = gt_list.
ENDIF.
```

조금 더 알아보기 — Column Tree 이벤트

Column Tree의 이벤트를 조회하려면 T-CODE:SE24에서 클래스 빌더를 열고 CL_GUI_COLUMN_TREE 클래스를 조회한 뒤, [Events] 탭에서 확인할 수 있다. Column Tree의 주요 이벤트는 다음 표 18-3과 같다.

이벤트 이름	기능
NODE_DOUBLE_CLICK	사용자가 노드를 더블 클릭할 때 반응하는 이벤트
EXPAND_NO_CHILDREN	사용자가 노드 확장 버튼을 클릭할 때 Child 노드가 존재하지 않으면 발생하는 이벤트
SELECTION_CHANGED	선택된 노드가 변경될 때 발생하는 이벤트
NODE_CONTEXT_MENU_REQUEST	노드에 커서를 두고 Context 메뉴를 요청할 때 발생하는 이벤트
NODE_CONTEXT_MENU_SELECT	Context 메뉴의 엔트리를 선택할 때 발생하는 이벤트
DEFAULT_CONTEXT_MENU_REQUEST	컨트롤(Control)의 빈 곳에 커서를 두고 Context 메뉴를 요청할 때 발생하는 이벤트
DEFAULT_CONTEXT_MENU_SELECT	Context 메뉴의 엔트리를 선택할 때 발생하는 이벤트
HEADER_CONTEXT_MENU_REQUEST	헤더에 커서를 두고 Context 메뉴를 요청할 때 발생하는 이벤트
HEADER_CONTEXT_MENU_SELECT	Context 메뉴의 엔트리를 선택할 때 발생하는 이벤트
ITEM_KEYPRESS	선택된 아이템의 키를 클릭할 때 발생하는 이벤트
NODE_KEYPRESS	선택된 노드의 키를 클릭할 때 발생하는 이벤트
HEADER_CLICK	헤더를 클릭할 때 발생하는 이벤트

표 18-3 Column Tree의 주요 이벤트

만약 아이템 속성 중 "ITEM_SELECTION = 'X'"가 설정되어 있다면 다음 이벤트들을 사용할 수 있다.

이벤트 이름	기능
BUTTON_CLICK	Button 아이템을 클릭할 때 발생하는 이벤트
LINK_CLICK	Link 아이템을 클릭할 때 발생하는 이벤트
CHECKBOX_CHANGE	Checkbox 아이템을 클릭할 때 발생하는 이벤트
ITEM_DOUBLE_CLICK	아이템을 더블 클릭할 때 발생하는 이벤트
ITEM_CONTEXT_MENU_REQUEST	아이템에 커서를 두고 Context 메뉴를 요청할 때 발생하는 이벤트
ITEM_CONTEXT_MENU_SELECT	아이템의 Context 메뉴 엔트리를 선택할 때 발생하는 이벤트

표 18-4 ITEM_SELECTION 이벤트

또한 아이템에 버튼 클릭이나 체크박스와 같은 이벤트를 사용하려면 ITEM_SELECTION 속성뿐 아니라 Class 속성에 다음 표 18-5와 같은 ITEM 속성이 지정되어 있어야 한다.

아이템 속성	기능	속성 기본값
ITEM_CLASS_TEXT	아이템을 텍스트로 보여준다.	2
ITEM_CLASS_CHECKBOX	아이템을 체크박스로 보여준다.	3
ITEM_CLASS_LINK	아이템을 링크 속성을 추가하여 보여준다(Under Line이 표시되어 클릭 이벤트 가능).	5
ITEM_CLASS_BUTTON	아이템을 버튼으로 보여준다.	4

표 18-5 아이템 속성

3-2-4 프로그램 실행

프로그램을 실행하면 그림 18-11과 같이 왼쪽에는 트리 구조가, 오른쪽에는 ALV가 조회된다. 노드를 더블 클릭하면 하위 노드가 펼쳐지고, '보유 자격증 수' 컬럼의 버튼을 클릭하면 오른쪽 ALV에 자격증 상세 정보가 조회된다.

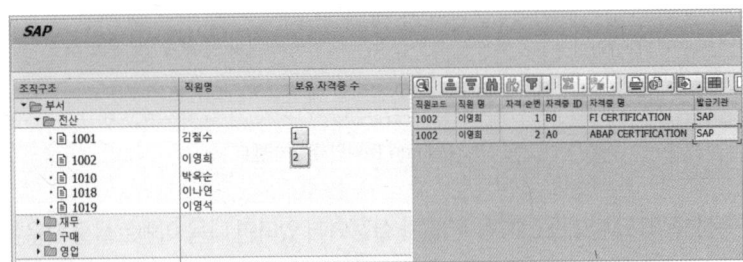

그림 18-11 Column Tree 프로그램 실행 화면

04 List Tree

List Tree는 Column Tree 구조와 유사하다. Column Tree가 Hierarchy 영역과 컬럼 리스트(컬럼 세분화)

로 구성된다면, List Tree는 Hierarchy 영역과 List 영역으로 나뉜다. Simple Tree와 Column Tree 사용법에 익숙하다면 List Tree도 큰 어려움 없이 사용할 수 있다. 간단한 예제를 통해 List Tree 사용법에 대해 알아보자.

List Tree를 사용하려면 먼저 CL_GUI_LIST_TREE 클래스를 참조하는 객체 참조 변수를 선언해야 한다.

```
DATA go_list_tree TYPE REF TO cl_gui_list_tree.
```

이번 절에서 구현하는 프로그램의 화면 구성은 그림 18-12와 같다.

그림 18-12 SAP List Tree의 영역 구분

4-1 SAP List Tree 생성

```
DATA: OK_CODE TYPE SY-UCOMM.

DATA : GO_TREE_CONTAINER TYPE REF TO CL_GUI_CUSTOM_CONTAINER,
       GO_ALV_CONTAINER  TYPE REF TO CL_GUI_CUSTOM_CONTAINER.

DATA : GO_LIST_TREE TYPE REF TO CL_GUI_LIST_TREE,
       GO_ALV_GRID  TYPE REF TO CL_GUI_ALV_GRID.

DATA : GT_LIST TYPE TABLE OF ZS18_03.

DATA : GT_NODE TYPE TREEV_NTAB.
DATA : GT_ITEM TYPE TABLE OF MTREEITM .
DATA : GT_FCAT TYPE LVC_T_FCAT.
```

01 Z18_04 프로그램을 생성한 후, Top Include 프로그램에 전역 변수를 선언한다. 이후 Column Tree와 마찬가지로 100번 스크린을 생성한 뒤, 스크린 페인터에 트리 영역과 리스트 영역을 나눠 커스텀 컨테이너(Custom Container)를 생성한다.

List Tree 예제 프로그램의 ABAP Dictionary 구조체는 다음과 같이 지정한다.

02 컨테이너(Container)와 List Tree의 참조 변수를 생성한 뒤, Hierarchy 영역과 List 영역의 헤더를 설정한다. 예제에서는 각각 '조직구조'와 '부양 가족 수'로 지정한다.

```abap
CREATE OBJECT go_tree_container
  EXPORTING
    container_name = 'TREE_AREA'.

CREATE OBJECT go_list_tree
  EXPORTING
    parent              = go_tree_container
    node_selection_mode = cl_gui_list_tree=>node_sel_mode_single
    item_selection      = 'X'
    with_headers        = 'X'
    hierarchy_header    = VALUE #( heading = '조직구조' width = '30' )
    list_header         = VALUE #( heading = '부양 가족 수' ).
```

```abap
gt_node = VALUE #(
  ( node_key = 'Root' isfolder = 'X' ) ).

gt_item = VALUE #(
  ( node_key = 'Root'  item_name = '1' text = '부서' length = 10 ) ).
```

03 Root 노드와 아이템을 설정한다. Column Tree와 달리 List Tree는 Hierarchy 영역과 List 영역으로 구분된다. 따라서 Root 노드의 Hierarchy 영역의 ITEM_NAME은 1, LIST 영역의 ITAM_NAME은 2로 지정한다.

04 Column Tree와 동일하게 Root 노드인 '부서' 하위에 '부서코드'로 Child 노드를 구성한다.
노드의 "EXPANDER = 'X'"는 노드를 펼칠 수 있는 버튼을 설정한다. 이는 하위 노드가 없더라도 설정할 수 있다.

```abap
SELECT *
  FROM zteamlist
  ORDER BY depcd
  INTO TABLE @DATA(lt_teamlist).

LOOP AT lt_teamlist INTO DATA(ls_teamlist).

  APPEND VALUE #( node_key = ls_teamlist-depcd
                  isfolder = 'X'
                  relatkey = 'Root'
                  expander = 'X' ) TO gt_node.

  APPEND VALUE #( node_key = ls_teamlist-depcd
                  item_name = '1'
                  text = ls_teamlist-dname
                  length = 10 )
    TO gt_item.

ENDLOOP.
```

```abap
CALL METHOD go_list_tree->add_nodes_and_items
  EXPORTING
    node_table               = gt_node
    item_table               = gt_item
    item_table_structure_name = 'MTREEITM'.
```

05 List Tree의 노드와 아이템을 구성한 뒤, ADD_NODES_AND_ITEMS 메소드를 호출해 List Tree의 계층 영역을 생성한다.

조직구조	부양 가족 수
▼ 📁 부서	
▼ 📁 전산	
▶ 📁 재무	
▶ 📁 구매	
▶ 📁 영업	

06 앞선 단계를 모두 수행하면 다음과 같이 노드 계층 구조가 구성된다. 이제 다음 단계에서 노드를 펼쳤을 때 하위 노드와 List 영역에 아이템을 추가하는 이벤트를 생성해보자.

4-2 이벤트 추가 및 등록

```
CLASS lcl_tree_event DEFINITION.

  PUBLIC SECTION.
    CLASS-METHODS:
      handle_expand_no_children FOR EVENT expand_no_children
        OF cl_gui_list_tree
        IMPORTING node_key,

      handle_button_click FOR EVENT button_click
        OF cl_gui_list_tree
        IMPORTING node_key.
ENDCLASS.
```

01 이벤트 클래스 LCL_TREE_EVENT를 정의한 뒤 이벤트를 등록한다.
EXPAND_NO_CHILDREN 이벤트는 하위 노드를 펼쳤을 때 발생하는 이벤트이다. 이외의 이벤트에 대한 자세한 내용은 CL_GUI_LIST_TREE 클래스의 [Events] 탭을 참고하자.

```
METHOD handle_expand_no_children.
  DATA:
    lt_node LIKE gt_node,
    lt_item LIKE gt_item.

  SELECT a~empcd
        ,a~ename
        ,a~depcd
        ,CAST( COUNT( b~empcd ) AS CHAR( 20 ) ) AS count
    FROM zemplist AS a LEFT OUTER JOIN zfamily AS b
      ON a~empcd EQ b~empcd
   WHERE a~depcd EQ @node_key
   GROUP BY a~empcd , a~ename, a~depcd
    INTO TABLE @DATA(lt_data).

  LOOP AT lt_data INTO DATA(ls_data).
    APPEND VALUE #( node_key = ls_data-empcd
                    relatkey = ls_data-depcd
                    last_hitem = '1'
                    relatship = cl_gui_list_tree=>relat_last_child ) TO lt_node.

    APPEND VALUE #( node_key = ls_data-empcd
                    item_name = '1'
                    text = ls_data-ename
                    length = 10 )
      TO lt_item.

    APPEND VALUE #( node_key = ls_data-empcd
                    item_name = '2'
                    text = ls_data-count
                    alignment = cl_gui_list_tree=>align_center
                    class = cl_gui_list_tree=>item_class_button
                    length = 5 ) TO lt_item.
  ENDLOOP.
```

02 List Tree예제에서는 Column Tree와 달리 노드를 펼쳤을 때 이벤트를 발생시켜 하위 노드 List를 구성한다.
예제에서는 특정 부서의 노드를 펼쳤을 때 해당 부서의 직원과 부양 가족 수를 List 영역에 표시한다. 부양 가족 수는 List 영역의 아이템으로, ITEM_NAME에 '2'가 지정되어 있다. 또한 버튼으로 속성을 지정했기 때문에 버튼을 누르면 이벤트가 발생하고, 오른쪽 ALV에 직원과 부양 가족의 상세 정보가 조회된다.

```
CALL METHOD go_list_tree->add_nodes_and_items
  EXPORTING
    node_table                = lt_node
    item_table                = lt_item
    item_table_structure_name = 'MTREEITM'.
```

03 이벤트에서도 하위 노드와 List 영역의 아이템이 구성되었다면, ADD_NODES_AND_ITEMS 메소드를 호출해 List 트리를 구성한다.

```
CALL METHOD go_list_tree->set_registered_events
  EXPORTING
    events = VALUE #(
    ( eventid = cl_gui_column_tree=>eventid_expand_no_children
      appl_event = 'X' )
    ( eventid = cl_gui_column_tree=>eventid_button_click
      appl_event = 'X' )

    ).
DATA(lo_event) = NEW lcl_tree_event( ).
SET HANDLER: lo_event->handle_expand_no_children FOR go_list_tree,
             lo_event->handle_button_click FOR go_list_tree.
```

04 이벤트를 정의하고 구현했다면, 다시 100번 화면으로 돌아가서 List Tree를 구현하던 부분에 Tree 이벤트와 이벤트 핸들러 메소드를 등록한다.

4-3 프로그램 실행

프로그램을 실행하면, 왼쪽에는 조직 구조를 표현한 List Tree가 계층 형태로 표시되고, 사용자가 노드를 펼칠 때마다 하위 노드와 부양 가족 수가 조회된다. 특정 노드의 버튼을 클릭하면 이벤트가 발생하고, 오른쪽 영역의 ALV에 해당 부서 직원과 부양 가족에 대한 상세 정보가 조회된다.

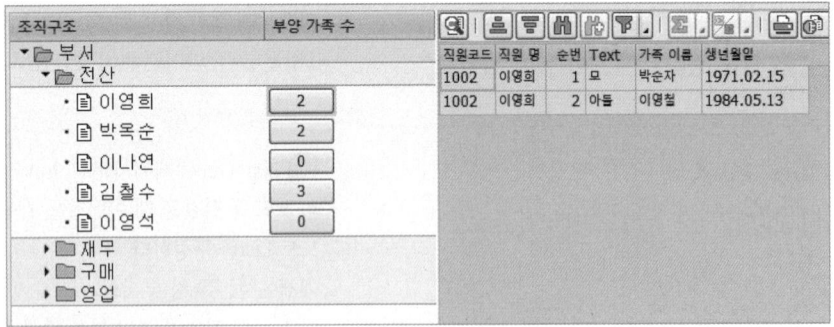

그림 18-13 List Tree 프로그램 실행 화면

05 ALV Tree

ALV Tree는 앞에서도 언급했듯이 CL_GUI_ALV_TREE 클래스를 이용하는 트리 구조이다. CL_GUI_SMPLE_TREE의 노드와 같이 Hierarchy 구조를 사용하며, CL_GUI_COLUMN_TREE 구조의 컬럼 정보와 유사하게 ALV의 Structure 구조를 이용한다.

다음 구문에서 ALV를 화면에 표시하는 SET_TABLE_FOR_FIRST_DISPLAY 메소드를 호출할 때, 구조체 정보와 인터널 테이블을 파라미터로 넘겨준다. ALV Tree는 노드를 구성할 때 인터널 테이블의 정보를 이용하며, 이때 노드 구조에 테이블의 정보가 추가된다.

```
DATA: g_alv_tree TYPE REF TO cl_gui_alv_tree.
CALL METHOD g_alv_tree->set_table_for_first_display
    EXPORTING
```

```
        i_structure_name    = 'SFLIGHT'
        is_hierarchy_header = l_hierarchy_header
    CHANGING
        it_outtab           = gt_sflight.
```

그림 18-14와 같은 ALV Tree 화면을 구현하는 실습을 통해 관련 내용을 이해해보자.

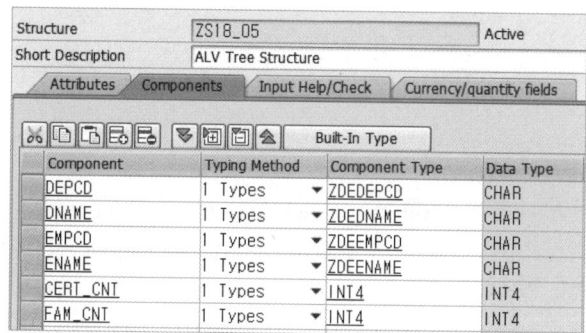

그림 18-14 ALV Tree 구조

01 먼저, ALV 영역에 조회될 구조체(Structure)를 T-CODE:SE11에서 생성한다.

02 Z18_05라는 이름으로 TYPE-1 프로그램을 생성하자. 이번 예제에서는 Docking 컨테이너를 사용해 생성하기 때문에 별도로 스크린 페인터에서 작업할 필요가 없다.

03 Docking 컨테이너와 ALV Tree를 위한 객체 변수를 선언한 뒤, ALV Output 인터널 테이블을 선언한다.

```
CREATE OBJECT go_docking_container
  EXPORTING
    repid     = sy-cprog
    dynnr     = sy-dynnr
    side      = cl_gui_docking_container=>dock_at_left
    extension = 2000.
CREATE OBJECT go_alv_tree
  EXPORTING
    parent              = go_docking_container
    node_selection_mode = cl_gui_column_tree=>node_sel_mode_multiple
    item_selection      = 'X'
    no_toolbar          = ' '
    no_html_header      = 'X'.
```

04 100번 스크린에서 Docking 컨테이너와 ALV Tree 객체 변수를 생성한다.
NO_TOOLBAR 파라미터는 툴바의 사용 여부를 지정하고, NO_HTML_HEADER 파라미터는 리스트에 별도의 헤더를 사용할지 지정한다.
예제에서는 툴바만 사용하고, HTML 헤더는 사용하지 않는다.

```
DATA lt_fcat TYPE lvc_t_fcat.
CALL FUNCTION 'LVC_FIELDCATALOG_MERGE'
  EXPORTING
    i_structure_name = 'ZS18_005'
  CHANGING
    ct_fieldcat      = lt_fcat.

LOOP AT lt_fcat INTO DATA(ls_fcat).
  CASE ls_fcat-fieldname.
    WHEN 'DEPCD'.
      ls_fcat-outputlen = '10'.
    WHEN 'DNAME'.
      ls_fcat-outputlen = '10'.
    WHEN 'EMPCD'.
      ls_fcat-outputlen = '10'.
    WHEN 'ENAME'.
      ls_fcat-outputlen = '10'.
    WHEN 'CERT_CNT'.
      ls_fcat-coltext   = '취득 자격증 수'.
      ls_fcat-outputlen = '15'.
      ls_fcat-do_sum    = 'X'.
    WHEN 'FAM_CNT'.
      ls_fcat-coltext   = '부양 가족 수'.
      ls_fcat-outputlen = '15'.
      ls_fcat-do_sum    = 'X'.
  ENDCASE.
  MODIFY lt_fcat FROM ls_fcat.
ENDLOOP.
```

05 ALV 영역에 조회할 필드 카탈로그를 구성한다.
ABAP Dictionary 구조체를 사용하는 경우 필드 카탈로그 없이 SET_TABLE_FOR_FIRST_DISPLAY 메소드의 I_STRUCTURE_NAME만 사용해도 된다. 하지만 컬럼 너비를 보기 좋게 적정한 너비로 설정하려면 필드 카탈로그의 OUTPUTLEN 속성을 사용하는 것이 좋다.

```
CALL METHOD go_alv_tree->set_table_for_first_display
  EXPORTING
    i_structure_name    = 'ZS18_05'
    is_hierarchy_header = VALUE #( heading = '조직구조' tooltip = '조직구조'
                                   width = 30 width_pix = ' ' )
  CHANGING
    it_outtab           = gt_outtab
    it_filter           =
    it_fieldcatalog     = lt_fcat.
```

06 SET_TABLE_FOR_FIRST_DISPLAY 메소드를 호출해 ALV 인스턴스를 Output 테이블에 연결한다. ALV와 ALV Tree는 사용 방법이 유사하지만, ALV Tree에서는 IT_OUTTAB 파라미터에 반드시 빈 값인 인터널 테이블을 넘겨야 한다.

ALV Tree를 Output 테이블과 연결한 후에는 Hierarchy 구조와 ALV Tree Line 데이터를 생성한 다음, 다시 ALV Tree의 변경 사항을 화면에 업데이트하는 순서로 진행해야 한다.

📌 ALV Tree를 호출할 때 반드시 인터널 테이블은 빈 값(NULL)이어야 한다.

앞에서 ALV Tree의 SET_TABLE_FOR_FIRST_DISPLAY 메소드를 사용해 ALV Tree를 Output 인터널 테이블과 연결했다면, 이제 Hierarchy 구조와 ALV Tree Line 데이터를 생성할 차례다.

CHAPTER 18 | SAP Tree

```
DATA:
  lv_root_node_key    TYPE lvc_nkey,
  lv_child_node_key   TYPE lvc_nkey,
  lv_leaf_node_key    TYPE lvc_nkey,
  lv_node_text        TYPE lvc_value.

" Root Node
lv_node_text = '부서'.
CALL METHOD go_alv_tree->add_node
  EXPORTING
    i_relat_node_key = ''
    i_relationship   = cl_gui_column_tree=>relat_last_child
    i_node_text      = lv_node_text
  IMPORTING
    e_new_node_key   = lv_root_node_key.
```

01 먼저 Root 노드를 지정한다.

ALV Tree에서 노드를 추가할 때는 ADD_NODE 메소드를 사용한다. ADD_NODE 메소드는 노드 정보를 입력하면 E_NEW_NODE_KEY 파라미터를 통해 노드 키 값을 반환한다. 이렇게 반환된 노드 키 값으로 하위 노드를 구성하므로, Child 노드를 구성할 때 주의해야 한다.

```
" Second Node Table
SELECT *
  FROM zteamlist
  INTO TABLE @DATA(lt_teamlist).

" Leaf Node Table
SELECT   a~depcd
        ,a~dname
        ,b~empcd
        ,b~ename
        ,COUNT( c~empcd ) AS cert_cnt
        ,COUNT( d~empcd ) AS fam_cnt
  FROM zteamlist AS a LEFT OUTER JOIN
       zemplist AS b
    ON a~depcd EQ b~depcd
                      LEFT OUTER JOIN
       zempcert AS c
    ON b~empcd EQ c~empcd
                      LEFT OUTER JOIN
       zfamily AS d
    ON b~empcd EQ d~empcd
  GROUP BY a~depcd , a~dname , b~empcd , b~ename
  ORDER BY a~depcd , b~empcd
  INTO CORRESPONDING FIELDS OF TABLE @gt_list.
```

02 노드 구성에 사용할 데이터와 ALV 영역에 표시할 데이터를 각각 인터널 테이블에 담는다.

예제에서는 계층 영역에 부서와 부서의 직원을 표시하고, ALV 영역에는 각 직원의 자격증 수와 부양 가족 수를 조회한다.

```
LOOP AT lt_teamlist INTO DATA(ls_teamlist).
  " Child Node
  CALL METHOD go_alv_tree->add_node
    EXPORTING
      i_relat_node_key = lv_root_node_key
      i_relationship   = cl_gui_column_tree=>relat_last_child
      is_node_layout   = VALUE #( isfolder = 'X' expander = 'X' )
      i_node_text      = CONV #( ls_teamlist-dname )
    IMPORTING
      e_new_node_key   = lv_child_node_key.
  " Leaf Node
  LOOP AT gt_list INTO DATA(ls_data) WHERE depcd EQ ls_teamlist-depcd.
    CALL METHOD go_alv_tree->add_node
      EXPORTING
        i_relat_node_key = lv_child_node_key
        i_relationship   = cl_gui_column_tree=>relat_last_child
        is_outtab_line   = ls_data
        is_node_layout   = VALUE #( n_image = icon_employee )
        it_item_layout   =
        i_node_text      = CONV #( ls_data-ename )
      IMPORTING
        e_new_node_key   = lv_leaf_node_key.
  ENDLOOP.
ENDLOOP.
```

03 Child 노드와 Leaf 노드를 구성한다.

Child 노드는 부서 코드로 구성되어 있고, LOOP 문 안에서 같은 부서 코드의 직원 정보를 찾아서 Leaf 노드를 구성한다.

Leaf 노드에서 ADD_NODE 메소드를 호출할 때 LS_OUTTAB_LINE에 인터널 테이블의 Line 데이터를 추가한다. Leaf 노드의 상위 노드에도 Line 데이터를 추가할 수 있으며, 일반적으로 하위 노드의 합계 정보를 보여준다.

```
CALL METHOD go_alv_tree->update_calculations.

CALL METHOD go_alv_tree->frontend_update.
```

04 Hierarchy 구조와 데이터 영역의 구성을 완료했다면, 변경 사항을 ALV Tree에 보여주기 위해 FRONTEND_UPDATE 메소드를 호출해야 한다. 이 메소드를 호출하지 않으면, ALV Tree는 조회되지 않는다.

필드 카탈로그에 DO_SUM으로 설정된 값의 경우, 계산된 값을 상위 노드에 보여주기 위해 UPDATE_CALCULATIONS 메소드를 사용해야 한다.

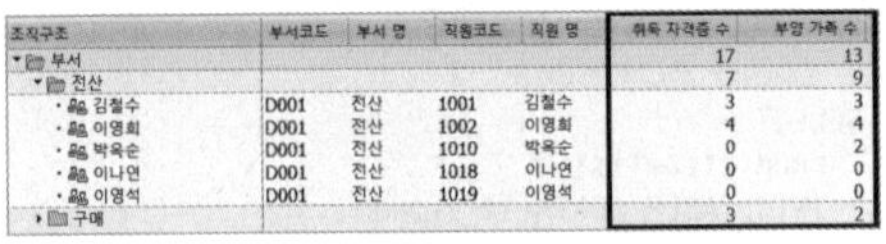

조직구조	부서코드	부서 명	직원코드	직원 명	취득 자격증 수	부양 가족 수
부서					17	13
전산					7	9
김철수	D001	전산	1001	김철수	3	3
이영희	D001	전산	1002	이영희	4	4
박옥순	D001	전산	1010	박옥순	0	2
이나연	D001	전산	1018	이나연	0	0
이영석	D001	전산	1019	이영석	0	0
구매					3	2

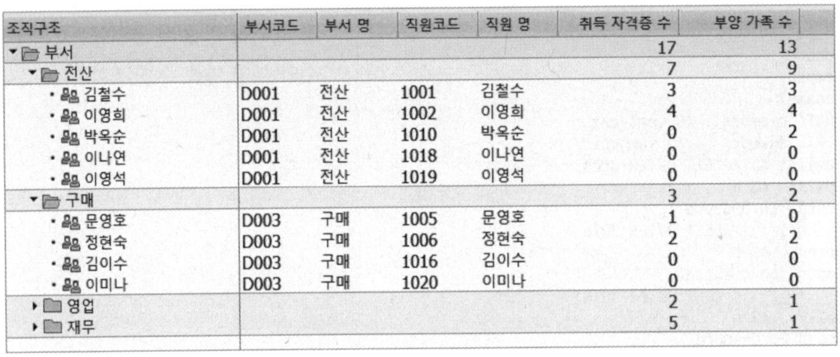

조직구조	부서코드	부서 명	직원코드	직원 명	취득 자격증 수	부양 가족 수
부서					17	13
전산					7	9
김철수	D001	전산	1001	김철수	3	3
이영희	D001	전산	1002	이영희	4	4
박옥순	D001	전산	1010	박옥순	0	2
이나연	D001	전산	1018	이나연	0	0
이영석	D001	전산	1019	이영석	0	0
구매					3	2
문영호	D003	구매	1005	문영호	1	0
정현숙	D003	구매	1006	정현숙	2	2
김이수	D003	구매	1016	김이수	0	0
이미나	D003	구매	1020	이미나	0	0
영업					2	1
재무					5	1

그림 18-15 ALV Tree 실행 화면

CHAPTER 19

SAP Text Object (Long Text Object)

In this chapter >>>

이번 장에서는 장문의 글을 입력할 수 있는 SAP Text Object에 대해서 학습한다. Long Text Object라 함은 장문의 텍스트를 저장할 수 있도록 SAP 시스템이 지원하는 기술을 의미하며, SAP Text Edit는 Long Text 를 화면에 보여주고 편집할 수 있도록 사용자 환경을 지원하는 컨트롤 또는 Text Area Box이다.

Chapter list >>>

1. Overview
2. Text Object 함수
3. Text Object 생성
4. Text Edit 컨트롤 추가
5. Text Edit 컨트롤과 Long Text 연결
6. Text Edit 메소드

Overview

SAP Text Edit 컨트롤은 그림 19-1과 같이 장문(Long Text)의 문자를 입력/수정/조회할 수 있도록 한다.

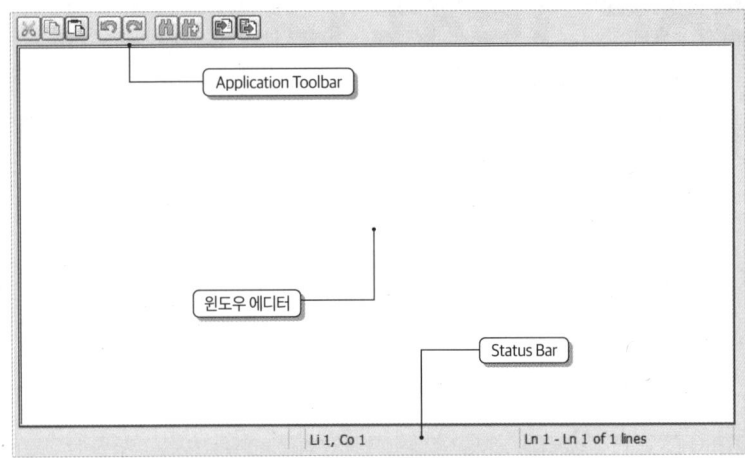

그림 19-1 SAP Text Edit 컨트롤 화면

그림 19-1은 SAP Text Edit 컨트롤 화면이다. 우리가 T-CODE: SE38에서 프로그램의 소스 코드를 작성하는 부분도 SAP Text Edit 컨트롤을 이용한 경우이다. 이 컨트롤은 여러 줄의 텍스트를 작성하고 읽을 수 있는 기능을 제공한다. 이 컨트롤은 사용자가 텍스트 데이터를 입력하는 어플리케이션 영역을 구성한다. 이 컨트롤에 입력된 데이터는 Long Text 형태로 데이터베이스에 저장되며, 이 데이터는 RAW 타입과 유사한 형태로 압축되어 저장되기 때문에 직접 읽을 수 없으며, SAP 시스템의 텍스트 풀(Text Pool)에 저장된다.

SAP Text Edit 컨트롤의 기능

- Long Text를 읽고 쓰기 위한 텍스트 에디터의 일종이다.
- 자체적으로 어플리케이션 툴바(Application Toolbar)를 지원한다.
- 상태표시줄(Status Bar)을 보여준다.

- 파일 Import, Export를 지원하는 등의 기능이 있다.

SAP Text Edit 컨트롤의 3가지 영역

1. **Application Toolbar**: 자주 사용하는 기능과 도구를 제공하는 툴바로, 텍스트 작성과 편집에 필요한 버튼이 배치된다.
2. **Window Editor**: 장문을 작성하고 수정할 수 있는 주요 영역으로, 사용자가 텍스트를 직접 입력하거나 편집할 수 있다.
3. **Status Bar**: 현재 작업 상태나 문서 정보를 표시하는 영역으로, 편집 중인 텍스트의 상태나 기타 정보를 제공한다.

1-1 Text Edit 지원 클래스

Text Edit 컨트롤은 CL_GUI_TEXTEDIT 클래스를 이용한다. 클래스 빌더 T-CODE: SE24에서 조회해보자.

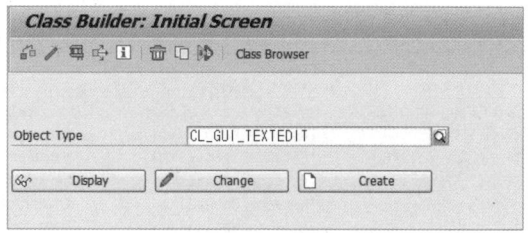

그림 19-2 CL_GUI_TEXTEDIT 클래스 조회

[Properties] 탭에서 Text Edit 컨트롤의 슈퍼클래스는 CL_GUI_CONTROL이라는 것을 확인할 수 있다. 클래스 CL_GUI_CONTROL 은 모든 컨트롤의 상위 클래스로 모든 컨트롤은 CL_GUI_CONTROL에서 상속된다.

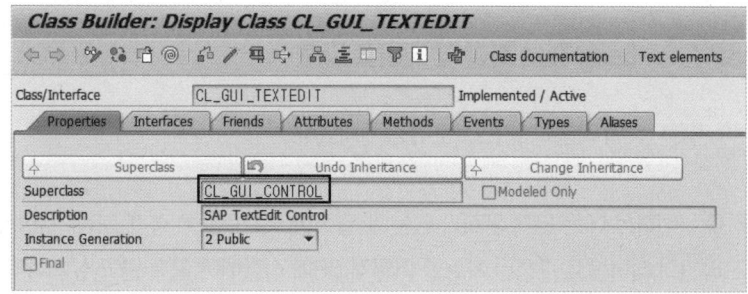

그림 19-3 CL_GUI_TEXTEDIT 클래스의 [Properties 탭]

CL_GUI_TEXTEDIT 클래스의 [Attributes] 탭은 그림 19-4와 같은 구조로 이루어져 있다.

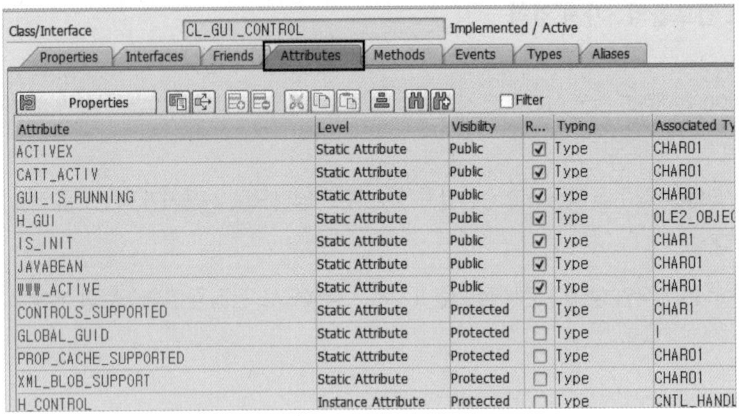

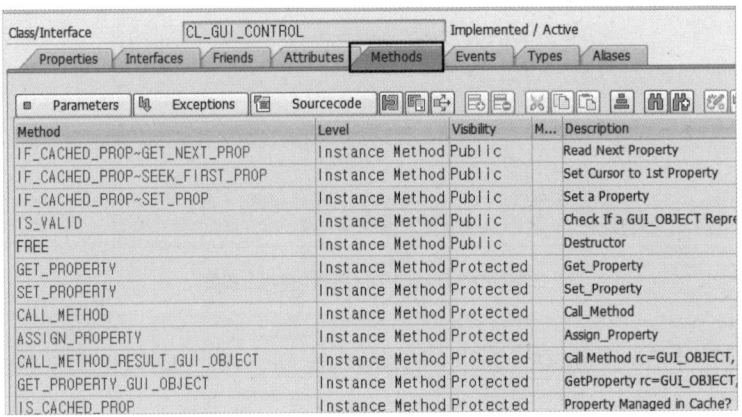

그림 19-4 CL_GUI_TEXTEDIT 클래스의 [Attributes 탭]

CL_GUI_TEXTEDIT 클래스의 [Methods] 탭은 Text Edit 컨트롤에서 사용할 수 있는 메소드들의 정보를 보여준다. 메소드의 종류와 기능에 대해서는 6절에서 상세하게 학습한다.

그림 19-5 CL_GUI_TEXTEDIT 클래스의 [Methods 탭]

조금 더 알아보기 — Long Text 저장 및 테이블 구조

SAPJOY.CO.KR 커뮤니티에 다음과 같은 질문이 게재되었다.

Q. 질문

텍스트 에디터를 구현하는 데는 크게 문제가 없는데, 입력한 텍스트를 어떻게 DB에 저장해야 할지 모르겠더라고요. 라인의 테이블로 구성된 자료를 어떻게 DB에 저장해야 할지 알고 싶습니다.

A. 답변

"텍스트 에디터를 구현하는 데 크게 문제가 없다."는 말은 그림 19-1과 같이 Text Edit 컨트롤을 화면에 추가하는 것을 의미하며, "저장해야 할지 알고 싶다."라는 말은 Text Edit 컨트롤에 글을 입력하고 저장 버튼을 클릭하면 어떻게 정보가 DB에 저장되는 것인지 알고 싶다는 것이다. 이에 대한 답변이 바로 Long Text Object이다.

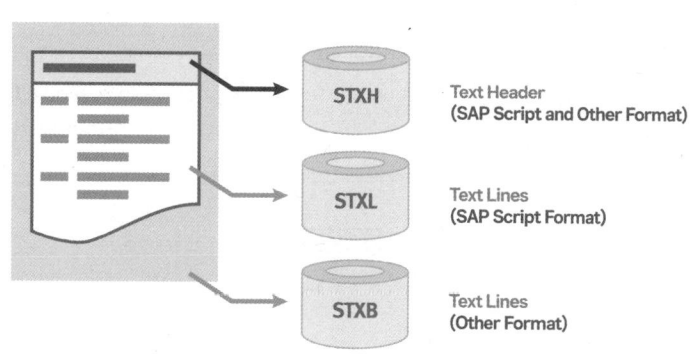

그림 19-6 SAP Script Text 테이블 구조

Text Object는 SAP Script Text라고도 불리며, 그림 19-6과 같이 텍스트 정보가 저장되는 헤더 테이블과 실제 텍스트 라인이 저장되는 라인 테이블로 구성된다.

텍스트 정보가 저장되는 STXH 테이블은 표 19-1과 같은 구조로 이루어져 있다.

키 필드	내역	예제	길이	Check 테이블
TDOBJECT	어플리케이션 오브젝트	AUFK = 생산 오더의 텍스트	10	TTXOB, TTXOT
TDNAME	실제 Text Key	생산 오더 번호	70	(None)
TDID	Text ID	Object AUFK ID KOPF = order header text ID POSN = order item text ID RMEL = order confirmation text	4	TTXID, TTXIT
TDSPRAS	언어 키	TEXT 언어	1-2	T002

표 19-1 STXH 테이블 구조

SAP 표준 프로그램에서 생산 오더를 생성하여 Long Text가 저장되는 구조를 간략하게 살펴보자.

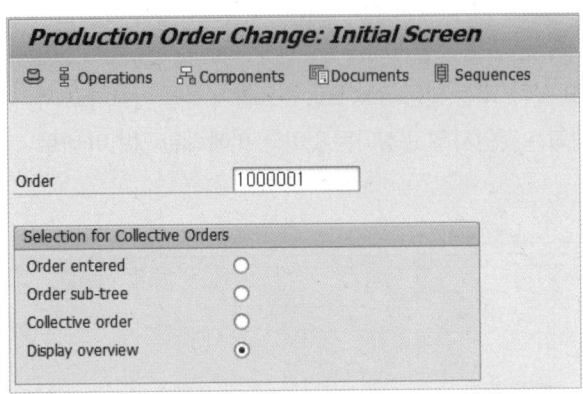

01 T-CODE: CO02에서 생산 오더를 입력한 뒤 [Enter] 키를 누른다.

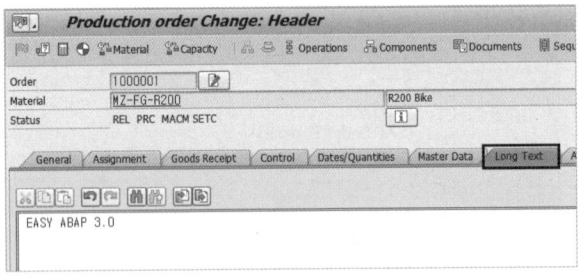

02 생산 오더의 [Long Text] 탭에서 'EASY ABAP 3.0'을 입력한 뒤 저장한다.

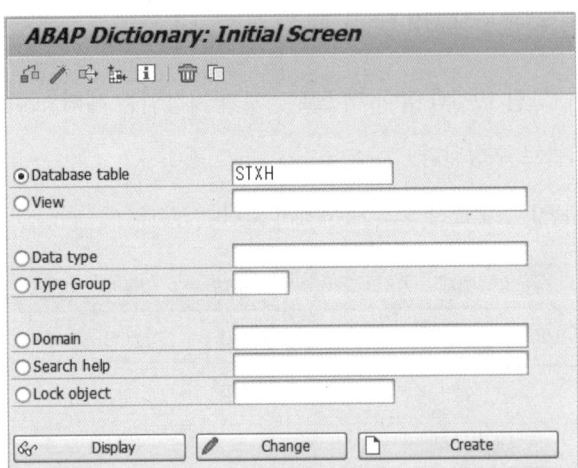

03 Long Text가 어떤 형태로 저장되었는지 확인하기 위해 ABAP Dictionary (SE11)에서 STXH 테이블을 조회한다.

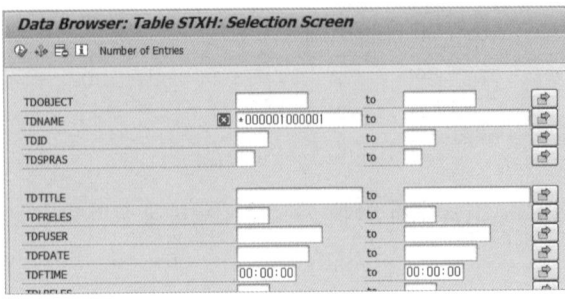

04 TDNAME 필드에 조금 전 Long Text를 입력했던 생산 오더 번호를 입력한다.
STXH 테이블의 TDNAME 필드는 Long Text를 구분할 수 있는 Text Key 정보를 저장하고 있다.

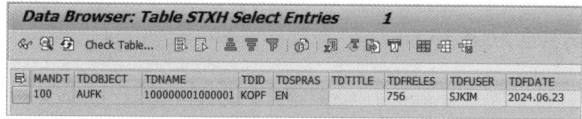

05 Long Text에 대한 데이터가 조회된다. TDNAME 필드의 '100000001000001' 값에서 앞 3자리는 클라이언트를 의미한다. 오더 번호 그대로 저장될 수 있지만 타입별로 그 형태가 다르므로 주의해야 한다. 예를 들어 검사 로트는 검사 로트 번호 자체가 TDNAME 필드에 저장된다. STXH에 조회된 정보는 Long Text의 헤더이며, 실제 사용자가 입력한 'TEST'라는 정보는 2절의 "Text Object 함수"를 이용하여 읽는다.

02 Text Object 함수

```
CALL FUNCTION 'INIT_TEXT'

CALL FUNCTION 'READ_TEXT'

CALL FUNCTION 'SAVE_TEXT'

CALL FUNCTION 'DELETE_TEXT'
```

ALV, SAP Tree에서 학습한 것과 마찬가지로 SAP Text Edit 컨트롤도 스크린의 Custom Control에 SAP 컨테이너를 연결하고, 이 위에 CL_GUI_TEXTEDIT 클래스를 참조하는 Text Edit 컨트롤을 올리게 된다. 이러한 과정은 실행 예제에서 살펴보도록 하고 우선 Long Text(장문)에 관련된 주요 함수에 대해 알아보자.

앞에서도 언급했듯이 Long Text 데이터는 SELECT 구문으로 일반 필드에 값을 할당할 수 없으므로 Text Object 관련 함수를 이용하여 처리를 해야 한다. 주요한 4가지 함수는 다음과 같다.

1. **INIT_TEXT**: Long Text를 초기화 한다(= Text Module을 생성하기 위한 인터널 테이블을 초기화한다). 이미 생성된 Long Text는 초기화를 수행하지 않도록 프로그래밍한다.
2. **READ_TEXT**: Long Text를 데이터베이스(Text Module)에서 읽어와 Work Area인 인터널 테이블에 저장한다.
3. **SAVE_TEXT**: Long Text를 데이터베이스에 저장한다.
4. **DELETE_TEXT**: 데이터베이스에 저장된 Long Text를 삭제한다.

03 Text Object 생성

SAP ABAP에서 장문(Long Text)을 관리하려면 Text Object를 생성해야 한다. 이 작업은 신규로 Text Object가 필요한 경우이며, 기존의 프로그램 또는 표준 프로그램에서 장문을 사용하고 있다면 생성할 필요가 없다. T-CODE:SE75(SAPscript Setting)를 실행하여 Text Object를 생성할 수 있다.

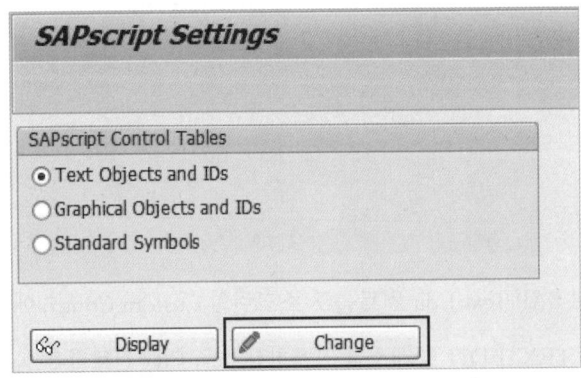

01 SAPscript Settings
'Text Object and IDs'를 선택하고 [Change] 버튼을 클릭한다.

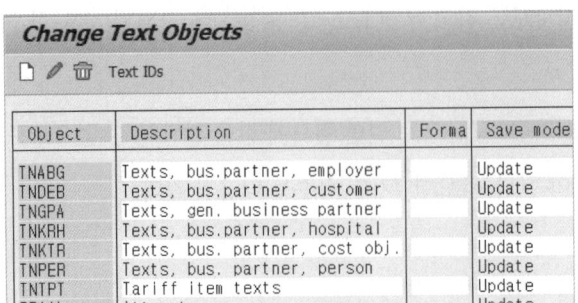

02 Text Object 생성
생성 버튼( )을 클릭하여 Text Object를 생성한다. Text Object에 여러 개의 Text ID를 연결할 수 있다.
예를 들어, 하나의 프로그램에 여러 개의 장문이 관리되는 경우에는 Text Object 하나를 생성하고 Text ID를 추가해주면 된다. Text ID는 4단계에서 살펴본다.

03 Text Object 생성 옵션

오브젝트 이름에는 'Z' 또는 'Y'로 시작하는 10자리 내의 문자를 입력한다. 표준 텍스트와 표준 라인 너비를 선택한다.

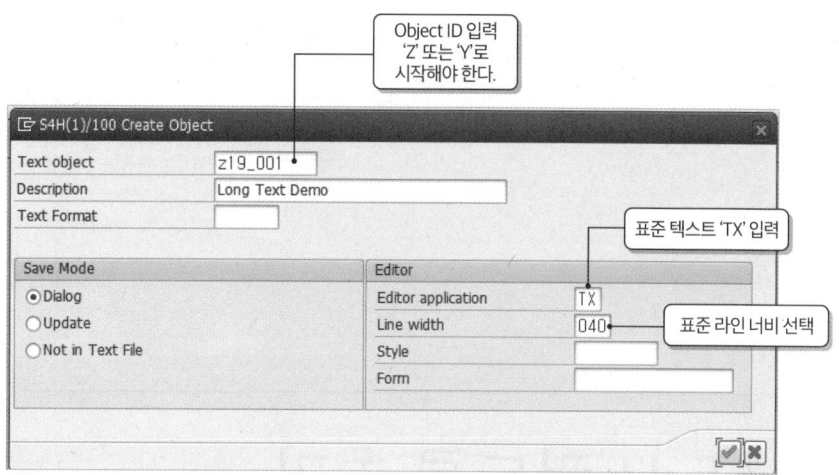

그림 19-7 Text Object 생성 옵션

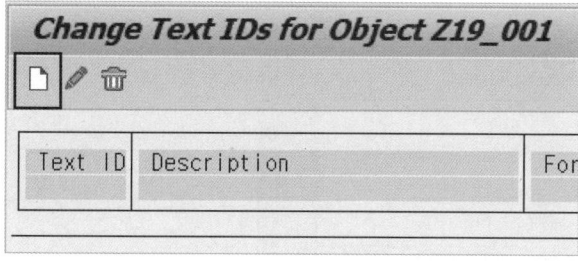

04 Text Object 확인

생성된 Text Object를 확인하고, [Text IDs] 버튼을 클릭하여 다음 단계로 진행한다.

05 Text ID 생성

생성 버튼(📄)을 클릭하여 Text ID를 생성한다.

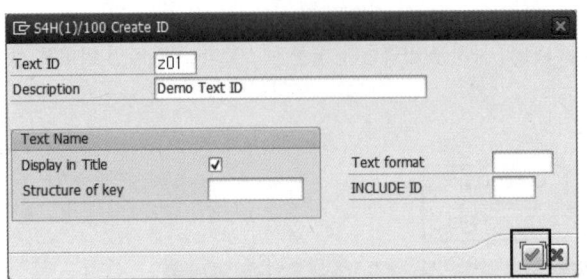
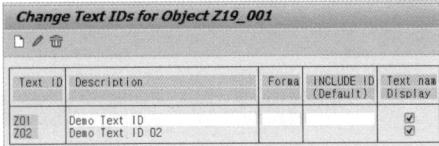

06 Text ID 확인

Text Object에 Text ID Z01을 추가한다. 다음 그림과 같이 Z01, Z02와 여러 개의 ID를 생성하여 추가할 수 있다.

04 Text Edit 컨트롤 추가

그림 19-8은 SAP Text Edit 컨트롤이 화면에 보이기까지 내부적으로 구성되는 순서를 보여주고 있다.

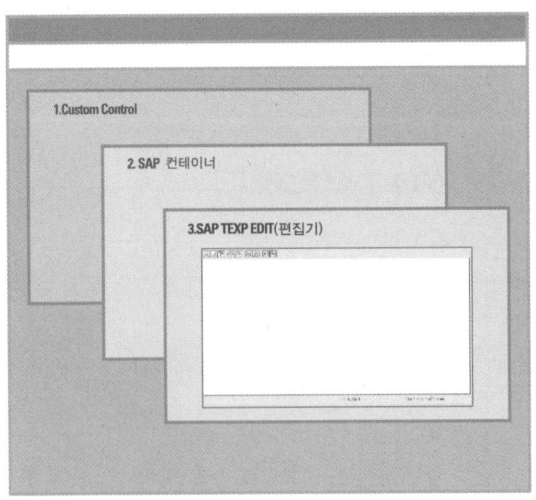

그림 19-8 SAP Text Edit 컨트롤의 구조

Custom Control과 SAP 컨테이너에 대한 개념은 앞의 15장 ALV에서 학습하였다. 간단히 요약하면,

그림 19-8과 같이 Custom Control은 스크린의 특정 영역을 나타내며, 그 위에 SAP 컨테이너는 스크린과 어플리케이션을 연결한다. 이 컨테이너에서 어플리케이션 컨트롤인 SAP Text Edit 컨트롤이 포함되는 것이다.

이번 절에서는 SAP Text Edit 컨트롤을 스크린에 추가하는 3단계 중 CL_GUI_TEXTEDIT 인스턴스를 스크린에 연결하는 방법을 실습하고, 다음 절에서 Text Edit 컨트롤을 사용하여 장문(Long Text)을 데이터베이스에 저장하는 과정을 학습한다.

4-1 Custom Control 생성

TYPE-1 프로그램에 스크린 100번을 만든 후, Screen Painter를 이용해 Custom Control을 추가한다. 이 과정은 이전에 학습했던 "15장 Grid ALV"와 "18장 SAP Tree"에서 다룬 방법과 동일하게 진행된다. 먼저, Custom Container 영역을 설정한 후, 그 위에 Text Editor를 연결한다. 다음 예제 소스를 따라하며 실습해보자.

```
DATA: go_custom_container TYPE REF TO cl_gui_custom_container,
      go_text_editor      TYPE REF TO cl_gui_textedit.

DATA: ok_code TYPE sy-ucomm.
```

01 Z19_01 프로그램을 생성한 후 TOP Include 프로그램에 전역 변수를 선언한다.
Text Editor는 클래스 CL_GUI_TEXTEDIT의 참조 변수를 생성해야 한다.

02 100번 스크린을 생성한 후 [Layout] 버튼을 클릭해 Screen Painter에 Custom Container 영역을 그린다.
컨테이너 영역은 다음 그림과 같이 'TEXT_AREA'로 지정한다.

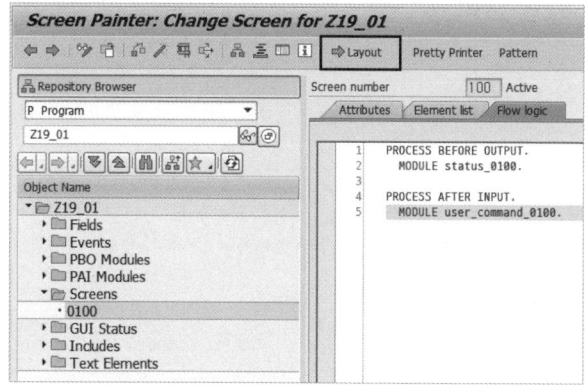

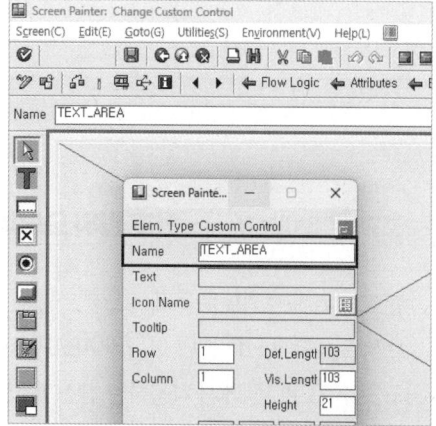

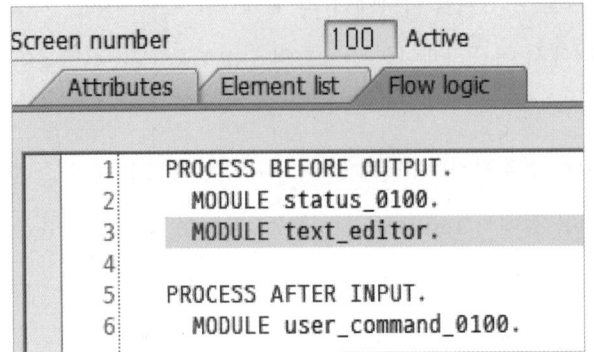

03 100번 스크린의 PBO에서 Text Editor 생성을 위한 모듈 TEXT_EDITOR를 생성한다. 이후 2단계에서 만든 Custom Container의 이름인 TEXT_AREA로 Custom Container 오브젝트를 생성한 다음, 이 컨테이너에 대해 Text Editor 오브젝트를 생성한다.

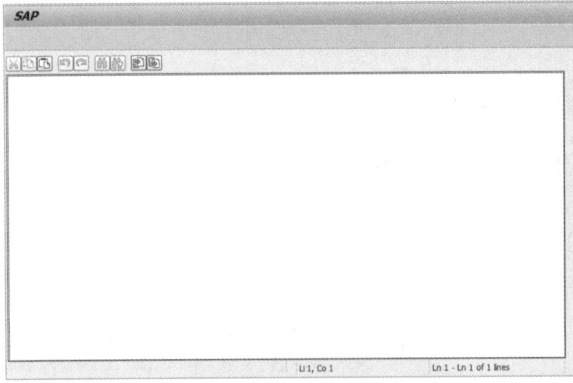

04 프로그램 실행 시 다음과 같이 Long Text를 입력할 수 있는 Text Editor가 조회된다.

조금 더 알아보기 — 번호 범위 오브젝트(T-CODE : SNRO)

번호 범위 오브젝트는 주제(오브젝트)별로 숫자를 차례대로(SEQ) 할당할 수 있도록 한다. 번호 범위 오브젝트는 Text Edit 뿐만 아니라 ABAP 프로그램의 다양한 영역에서 활용되는 중요한 기술이다. 그리고 표준 프로그램에서 사용하는 생산 오더, 판매 오더와 같은 오더 번호들은 대부분 번호 범위 오브젝트를 이용해 고유한 이름을 가지도록 설정되어 있다. T-CODE: SPRO에서 오더별 타입의 번호 범위를

설정하게 된다
다음 실습을 통해 직접 번호 범위 오브젝트를 생성해보자.

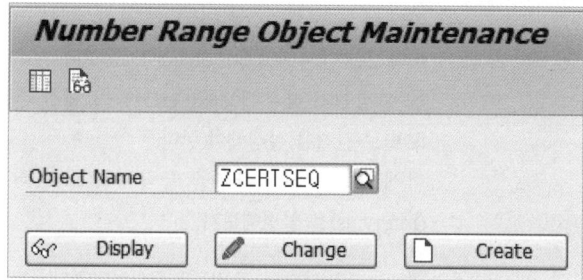

01 번호 범위 오브젝트 생성
T-CODE: SNRO을 실행한 후 Object Name을 입력한 후 [Create] 생성 버튼을 클릭한다. 이때 이름은 'Z'또는 'Y'로 시작해야 한다.

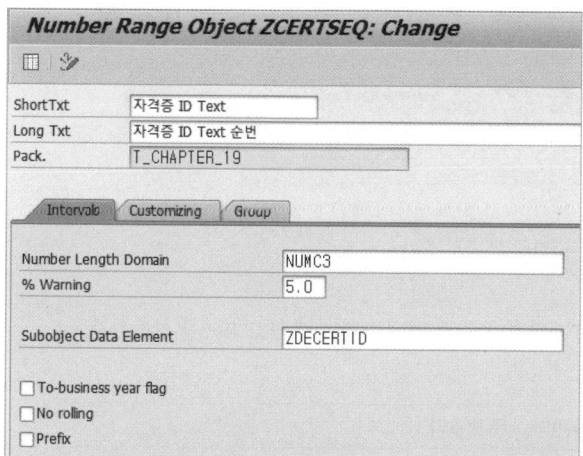

02 번호 범위 설정
생성 후 Intervals 정보를 입력한다. 왼쪽 화면의 각 속성에 대한 설명은 표 19-2를 참고한다.

Number Length Domain	번호 범위 오브젝트의 숫자 길이를 결정하는 도메인 이름 예제에서 NUMC3로 지정했으므로 NUMC 타입의 3자리 길이를 가질 수 있다.
% Warning	번호 범위의 상한선에 도달했을 때 경고해주는 기능 만약 001 ~ 100까지의 간격이 있을 때 5.0으로 설정하면 95 숫자에 도달했을 때 경고 메시지가 출력된다.
Subobject Data Element	데이터 엘리먼트의 값 범위로 데이터를 구분하여 번호 범위 오브젝트를 생성할 수 있다. 예제에서는 ZDECERTID(자격증ID) 서브 그룹별로 나눠지게 설정했다. 서브 그룹이 필요하지 않은 경우 지정하지 않아도 된다.

표 19-2 Number Range Object 속성

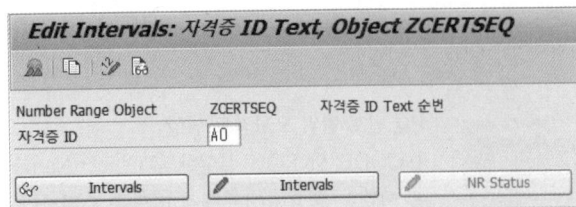

③ 번호 간격(Intervals) 추가

저장 후 상단의 📰 버튼(Interval Editing)을 눌러 번호 범위 오브젝트의 초기 번호를 설정한다.

이때 2번 단계에서 Subobject Data Element를 설정했기 때문에 자격증 ID를 입력한 후 ID별로 간격을 설정해야 한다.

이제 [Intervals] 버튼을 클릭해 번호 간격(Intervals)을 설정해보자.

> 참고로 [NR Status] 버튼을 클릭하면 현재까지 채번된 번호를 확인하고, 이를 수정할 수 있다.

④ 번호 지정

Number Rage 번호, 시작 ~ 끝 번호를 입력한 뒤 저장한다. 각 컬럼에 대한 설명은 표 19-3를 참고하자.

Number Range No.	해당 간격(Interval)의 고유 번호다.
From No.	번호 범위의 시작 번호다.
To Number.	번호 범위의 종료 번호다.
NR Status	현재 채번된 번호다.
External	체크 시 자동으로 채번되지 않고, 사용자가 직접 번호를 입력해야 한다. 이때 번호는 From ~ To 사이의 번호만 입력 가능하다.

표 19-3 Intervals 설명

번호 오브젝트는 CALL FUNCTION 'NUMBER_GET_NEXT' 함수를 이용하여 호출하며, 생성된 ZCERTSEQ 번호 오브젝트는 5절의 실습 예제에서 사용한다.

05 Text Edit 컨트롤과 Long Text 연결

이번 절에서는 앞서 3절에서 생성한 Text Object를 활용하여 SAP Text Edit 컨트롤에 글을 입력하고 데이터베이스제 저장하는 단계를 실습하게 된다. 프로그램 Z19_01을 Z19_02로 복사 생성한 후 장문(Long Text)의 정보를 저장하기 위해 기존에 생성한 자격증 정보 테이블(ZCERTINFO)에 새로운 필드를 추가한다. 이번 실습에서는 Selection Screen에서 사용자가 자격증 ID를 입력하면, 프로그램이 실행되어 이미 저장된 Long Text가 있는 경우, 기존의 Long Text를 표시하고, 존재하지 않으면 텍스트 정보를 초기화하여 사용자가 새로 입력할 수 있도록 한다.

그림 19-9 SAP Text Edit 컨트롤과 Long Text 연결

5-1 CBO 테이블에 Text Object 필드 추가

기존에 생성한 테이블 ZCERTINFO에 다음과 같이 Long Text Object 이름을 저장하기 위한 필드를 추가한다.

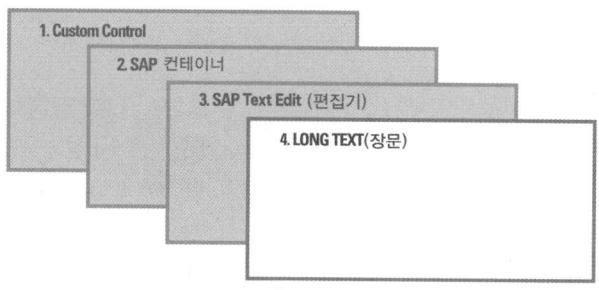

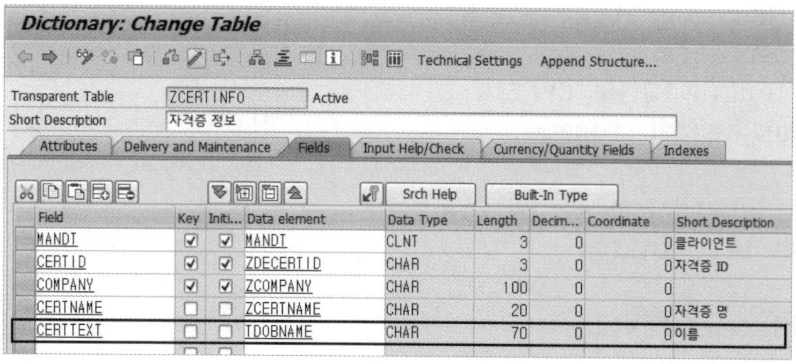

그림 19-10 CBO 테이블에 필드 추가

5-2 변수 선언

Text Object를 SAP Text Edit 컨트롤과 연결하기 위한 데이터를 선언한다.

```
" Container, Text Editor 참조 변수
DATA: go_custom_container TYPE REF TO cl_gui_custom_container,
      go_text_editor      TYPE REF TO cl_gui_textedit.

" 스크린 Function Code 제어 변수
DATA: ok_code TYPE sy-ucomm.

DATA: gs_header TYPE thead,   " Text Object 정보 헤더
      gs_line   TYPE tline,
      gt_line   LIKE TABLE OF gs_line,   " 개별 텍스트 라인
      gv_number TYPE numc3.              " 번호 범위 숫자
DATA: gt_text_table TYPE TABLE OF char72.  " text 정보 저장 인터널테이블

" 자격증 ID 입력 파라미터
PARAMETERS p_certid TYPE zcertinfo-certid OBLIGATORY.
```

5-3 Text Object 불러오기

```
MODULE text_editor OUTPUT.

  IF go_custom_container IS INITIAL.
    CREATE OBJECT go_custom_container
      EXPORTING
        container_name = 'TEXT_AREA'.

    CREATE OBJECT go_text_editor
      EXPORTING
        parent = go_custom_container.

    gs_header-tdobject = 'Z19_001'.
    gs_header-tdid = 'Z01'.
    gs_header-tdspras = sy-langu.
```

01 Z19_01 프로그램에서 100번 스크린의 PBO에 생성한 TEXT_EDITOR 모듈 아래에 Text Object를 불러오기 위한 코드를 작성한다.
이를 위해 3절에서 생성한 Text Object의 정보를 GS_HEADER 구조체 변수에 할당한다.

```
    SELECT SINGLE certtext
      FROM zcertinfo
      WHERE certid EQ @p_certid
      INTO @gs_header-tdname.

    IF gs_header-tdname IS INITIAL.
      PERFORM text_init.
    ELSE.
      PERFORM read_text.
    ENDIF.
```

02 자격증 정보 테이블(ZCERTINFO)에서 자격증 ID에 저장된 Long Text가 있는지 확인한다. 저장된 Long Text가 없으면 TEXT_INIT 서브루틴을 실행하고, 저장된 Long Text가 있으면 READ_TEXT 서브루틴을 실행한다.

5-4 Text Object 초기화

```
CALL FUNCTION 'NUMBER_GET_NEXT'
  EXPORTING
    nr_range_nr = '01'
    object      = 'ZCERTSEQ'
    subobject   = p_certid
  IMPORTING
    number      = gv_number.
```

01 조금 더 알아보기에서 생성한 번호 범위 오브젝트를 사용해 번호를 순차적으로 채번한다. 생성 시 subobject에 자격증ID를 기준으로 번호 간격을 생성했기 때문에 subobject에 파라미터로 받은 자격증ID를 입력한다.

```
CONCATENATE gs_header-tdobject
            gs_header-tdid
            gv_number
         INTO gs_header-tdname.
```

02 Text Object의 헤더 정보를 구성하기 위해 Text Object 이름, Text ID, 순번을 CONCATENATE 구문으로 결합한다.

```
CALL FUNCTION 'INIT_TEXT'
  EXPORTING
    id       = gs_header-tdid
    language = sy-langu
    name     = gs_header-tdname
    object   = gs_header-tdobject
  IMPORTING
    header   = gs_header
  TABLES
    lines    = gt_line.
```

03 프로그램을 실행하면 Text Editor와 Text Object가 초기화되어 화면에 표시된다.

5-5 Text Object 저장하기

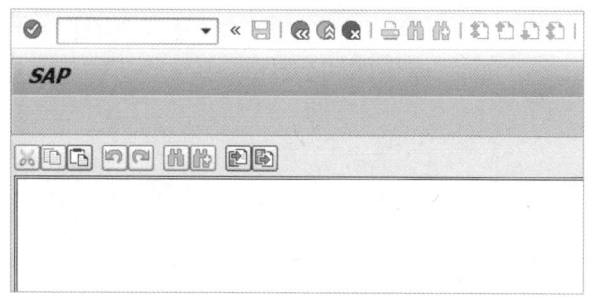

01 Z19_02 프로그램 실행 시 다음과 같이 Text Editor가 화면에 조회된다. 여기에 장문(Long Text)를 입력한 뒤 저장하는 소스 코드를 추가해보자.

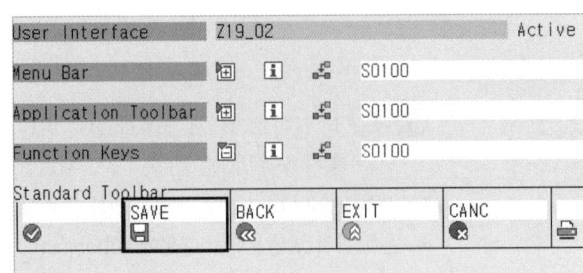

02 GUI STATUS에 저장 버튼을 지정하고 활성화한다.

```
MODULE user_command_0100 INPUT.
  CASE ok_code.
    WHEN 'BACK'.
      LEAVE TO SCREEN 0.

    WHEN 'SAVE'.
      PERFORM save_text.
      PERFORM save_table.
  ENDCASE.
ENDMODULE.
```

03 이후 PAI 모듈에 저장에 대한 소스 코드를 작성한다. 사용자가 Text Editor에 텍스트를 입력한 뒤 저장 버튼을 클릭하면 다음과 같은 두 단계를 거친다.

1. SAVE_TEXT: SAP TEXT Script 저장
2. SAVE_TABLE: TEXT Header 이름을 CBO 테이블에 저장

```
FORM SAVE_TEXT .
  DATA LV_MODIFIED TYPE I.

  CALL METHOD GO_TEXT_EDITOR->GET_TEXT_AS_STREAM
    IMPORTING
      TEXT                   = GT_TEXT_TABLE
      IS_MODIFIED            = LV_MODIFIED
    EXCEPTIONS
      ERROR_DP               = 1
      ERROR_CNTL_CALL_METHOD = 2
      OTHERS                 = 3.
```

04 save_text 서브루틴의 소스 코드를 작성한다.

이를 위해, get_text_as_stream 메소드를 호출해 사용자가 Text Editor에서 입력한 장문(Long Text)를 읽어온다.

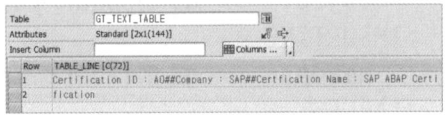

디버깅 화면을 통해 살펴보면, 사용자가 입력한 텍스트가 그림과 같이 읽어오는 것을 확인할 수 있다. 여기서 ##은 줄 바꿈을 의미한다.

05 Stream 텍스트를 ITF(Interchange Text Format) 포맷으로 변환하여 GT_LINE 인터널 테이블에 저장한다.

이후 SAVE_TEXT 함수를 호출하여 Text Object를 저장한다.

```
  IF GT_TEXT_TABLE IS NOT INITIAL.

    CALL FUNCTION 'CONVERT_STREAM_TO_ITF_TEXT'
      TABLES
        TEXT_STREAM = GT_TEXT_TABLE
        ITF_TEXT    = GT_LINE.

    CALL FUNCTION 'SAVE_TEXT'
      EXPORTING
        HEADER    = GS_HEADER
      IMPORTING
        NEWHEADER = GS_HEADER
      TABLES
        LINES     = GT_LINE.

  ENDIF.

ENDFORM.
```

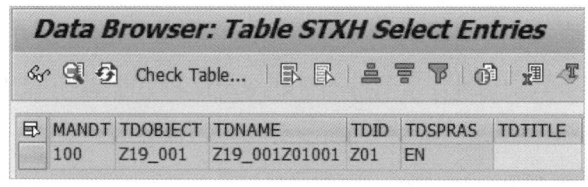

06 SAVE_TEXT 함수를 통해 저장된 텍스트는 ABAP Dictionary의 STXH 테이블에 다음과 같이 저장된다.

5-6 CBO 테이블에 저장하기

SAP Script Text의 TDNAME 필드를 CBO 테이블인 ZCERTINFO에 저장하자. 사용자가 자격증 ID를 입력하고 조회할 때, 해당 자격증에 연결된 장문(Long Text)이 존재하는 경우, TDNAME을 통해 Text Object에서 이 장문을 읽어와 화면에 표시한다.

```
FORM save_table .
  UPDATE zcertinfo
    SET
      certtext =  @gs_header-tdname
    WHERE
      certid    EQ @p_certid.

  IF sy-subrc EQ 0.
    COMMIT WORK.
  ELSE.
    ROLLBACK WORK.
  ENDIF.
ENDFORM.
```

01 사용자가 프로그램 실행 시 입력한 자격증 ID를 키 값으로 ZCERTINFO(자격증 정보 테이블) 테이블에 Text Object의 TDNAME 필드를 업데이트한다.

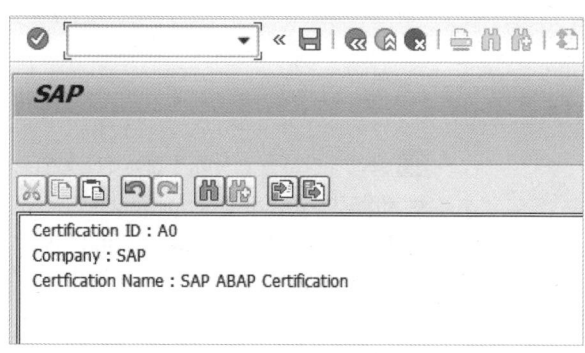

02 사용자가 텍스트를 입력한 뒤 저장 버튼을 누르면, ZCERTINFO 테이블의 CERTTEXT 필드에 값이 업데이트된다.

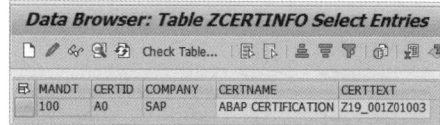

5-7 Text Object 불러오기

사용자가 파라미터 자격증ID에 'A0'를 입력하고 실행하면 앞에서 저장한 장문을 화면에 보여주는 소스 코드를 작성해보자.

```abap
FORM read_text .

  SELECT SINGLE *
    FROM stxh
    INTO @DATA(ls_stxh)
    WHERE tdobject EQ @gs_header-tdobject
    AND   tdname   EQ @gs_header-tdname
    AND   tdid     EQ @gs_header-tdid
    AND   tdspras  EQ @sy-langu.
```

01 Text Object의 헤더 정보가 STXH 테이블에 저장되어 있는지 조회한다. 만약 텍스트가 저장되어 있지 않으면, 에러 메시지를 띄우는 소스 코드를 추가한다.

```abap
CALL FUNCTION 'READ_TEXT'
  EXPORTING
    id                      = gs_header-tdid
    language                = sy-langu
    name                    = gs_header-tdname
    object                  = gs_header-tdobject
  IMPORTING
    header                  = gs_header
  TABLES
    lines                   = gt_line
  EXCEPTIONS
    id                      = 1
    language                = 2
    name                    = 3
    not_found               = 4
    object                  = 5
    reference_check         = 6
    wrong_access_to_archive = 7
    OTHERS                  = 8.

LOOP AT gt_line ASSIGNING FIELD-SYMBOL(<fs>).
  <fs>-tdformat = '*'.
  REPLACE '*' WITH '' INTO <fs>-tdline.
ENDLOOP.
```

02 Text Object의 헤더 정보가 존재하면, READ_TEXT 함수를 호출하여 GT_LINE 인터널 테이블에 장문(Long Text)을 저장한다.

```abap
CALL FUNCTION 'CONVERT_ITF_TO_STREAM_TEXT'
  EXPORTING
    language    = sy-langu
  TABLES
    itf_text    = gt_line[]
    text_stream = gt_text_table.
```

03 화면에 장문을 표시하기 전에, ITF 타입으로 저장되어 있던 SAP Script Text를 Stream 타입으로 변환하여 GT_TEXT_TABLE 인터널 테이블에 저장한다.

> 참고로 SAP Script Text는 ITF(Interchange Text Format) 타입으로 저장되어 있다.

```
CALL METHOD go_text_editor->set_selected_text_as_stream
  EXPORTING
    selected_text = gt_text_table.
ENDFORM.
```

04 SET_SELECTED_AS_STREAM 메소드는 테이블의 텍스트를 Stream 타입으로 삽입하는 기능을 제공한다. 이 메소드를 사용하면 커서 위치에 텍스트가 삽입되어 화면에 장문을 표시할 수 있다.

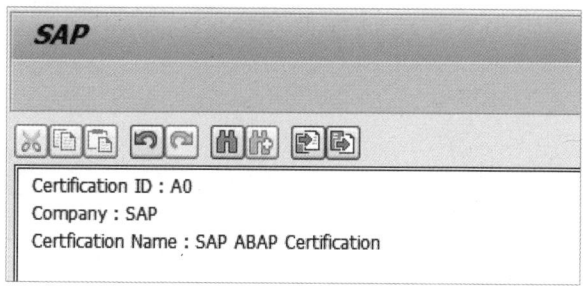

05 프로그램 실행 시 앞 단계에서 저장한 장문이 조회되는 것을 확인할 수 있다.

```
CALL METHOD go_text_editor->set_readonly_mode
  EXPORTING
    readonly_mode = 1.
```
19-1042

06 기본적으로 Text Editor는 화면에 장문을 출력할 때 사용자가 텍스트를 변경할 수 있다. 만약 장문이 지정된 경우 수정하지 못하도록 조회 모드로만 표시하길 원한다면, SET_READONLY_MODE 메소드를 사용할 수 있다. 이때 READONLY_MODE 파라미터가 0이면 편집 가능한 상태, 0이 아니면 조회 전용 모드로 출력된다.

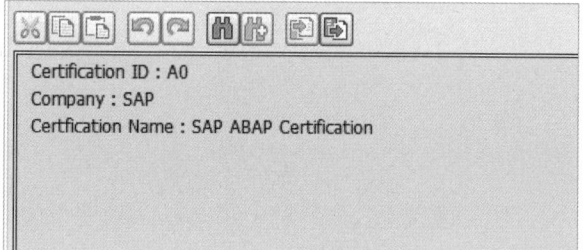

5-8 Text Object 삭제하기

마지막으로, 사용자가 입력한 장문을 삭제하는 소스 코드를 작성해보자.

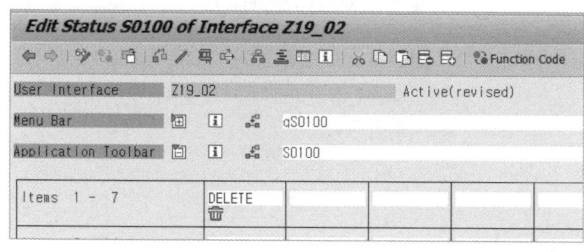

01 먼저 Z19_02 프로그램의 100번 스크린의 GUI STATUS에 'DELETE' Function Key를 추가하자.

```abap
MODULE USER_COMMAND_0100 INPUT.
  CASE OK_CODE.
    WHEN 'BACK'.
      LEAVE TO SCREEN 0.

    WHEN 'SAVE'.

      PERFORM SAVE_TEXT.
      PERFORM SAVE_TABLE.

    WHEN 'DELETE'.
      PERFORM DELETE_TEXT.

  ENDCASE.

ENDMODULE.
```

02 PAI의 User Command에 'DELETE'에 대한 로직을 작성한다.

```abap
FORM DELETE_TEXT.

  SELECT SINGLE 'X'
    FROM STXH
    INTO @DATA(LV_CHECK)
    WHERE TDOBJECT EQ @GS_HEADER-TDOBJECT
      AND TDNAME   EQ @GS_HEADER-TDNAME
      AND TDID     EQ @GS_HEADER-TDID
      AND TDSPRAS  EQ @SY-LANGU.

  CHECK LV_CHECK EQ 'X'.

  CALL FUNCTION 'DELETE_TEXT'
    EXPORTING
      CLIENT           = SY-MANDT
      ID               = GS_HEADER-TDID
      LANGUAGE         = SY-LANGU
      NAME             = GS_HEADER-TDNAME
      OBJECT           = GS_HEADER-TDOBJECT
      SAVEMODE_DIRECT  = 'X'
      LOCAL_CAT        = ' '
    EXCEPTIONS
      NOT_FOUND        = 1
      OTHERS           = 2.
```

03 장문(Long Text)을 삭제할 때는 먼저 삭제할 텍스트가 존재하는 지 확인한 후, DELETE_TEXT 함수를 호출하여 삭제한다. 여기서 SELECT SINGLE 'X'는 WHERE 절의 조건에 맞는 데이터가 있으면 'X' 값을 반환한다.

```abap
  IF SY-SUBRC EQ 0.
    UPDATE ZCERTINFO
      SET
        CERTTEXT = ' '
      WHERE
        CERTID   EQ @P_CERTID.

    IF SY-SUBRC EQ 0.
      COMMIT WORK.
      LEAVE TO SCREEN 0.

    ELSE.
      ROLLBACK WORK.

    ENDIF.

  ENDIF.

ENDFORM.
```

04 장문을 삭제한 후, 장문의 이름을 저장했던 'ZCERTINFO' CBO 테이블에서 삭제한 장문의 정보를 삭제한다.

▌전체 소스 코드는 SAP JOY(sapjoy.co.kr/) [교재공간] → [교재 자료실]에서 내려받을 수 있다.

조금 더 알아보기 — Toolbar 및 Status Bar 숨기기

SAP Long Text의 Text Editor에는 그림 19-11과 같이 상단의 Toolbar와 하단의 Status Bar가 존재한다.

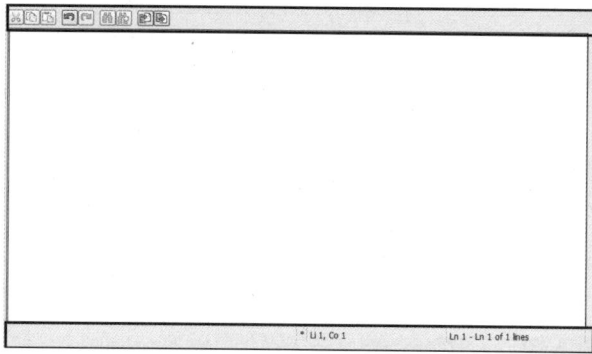

그림 19-11 Text Editor의 Toolbar와 Status Bar

필요에 따라 Toolbar와 Status Bar를 비활성화해야 하는 경우, 다음 메소드를 사용할 수 있다.

Toolbar 비활성화

```
CALL METHOD editor->set_toolbar_mode
 EXPORTING
    toolbar_mode = cl_gui_textedit=>false.
```

Status Bar 비활성화

```
CALL METHOD editor->set_statusbar_mode
 EXPORTING
    statusbar_mode = cl_gui_textedit=>false.
```

그림 19-12 Text Editor의 Toolbar와 Status Bar 비활성화

06 Text Edit 메소드

CL_GUI_TEXTEDIT 클래스를 T-CODE: SE24에서 조회하면 그림 19-13과 같이 다양한 메소드가 존재한다. 모든 메소드를 설명할 수는 없으므로, 생성자 메소드와 텍스트 관련 메소드에 초점을 맞춰 살펴보자. 이러한 기본적인 학습을 통해 메소드를 직접 찾아가며 프로그래밍할 수 있는 실력을 키우는 것이 중요하다.

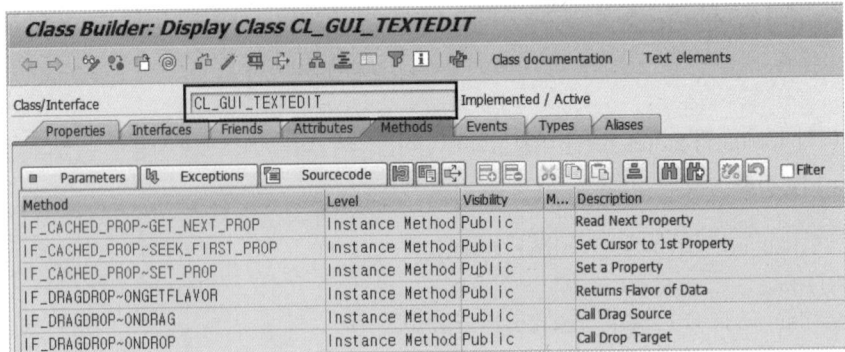

그림 19-13 클래스 빌더에서 조회한 CL_GUI_TEXTEDIT의 메소드

6-1 CONSTRUCTOR 생성자 메소드

CONSTRUCTOR 메소드는 컨트롤을 생성하고 초기화하며, 위치를 조절하는 역할을 한다. 또한 생성자 메소드는 CREATE OBJECT 구문을 사용하여 호출되며, 이때 파라미터를 사용해 인스턴스의 속성을 설정할 수 있다. CONSTRUCTOR 메소드에 사용되는 파라미터는 표 19-4에서 설명하고 있다.

```
CREATE OBJECT textedit
    EXPORTING
        max_number_chars          = max_number_chars
        style                     = style
        wordwrap_mode             = wordwrap_mode
        wordwrap_position         = wordwrap_position
        wordwrap_to_linebreak_mode = wordwrap_to_linebreak_mode
        filedrop_mode             = filedrop_mode
```

```
parent            = parent
lifetime          = lifetime
name              = name
```

파라미터	의미	입력 가능 값
MAX_NUMBER_CHARS	Text Edit 컨트롤에 입력할 수 있는 최대 문자 수를 지정	
STYLE	Text Edit 컨트롤의 스타일을 관리	CL_GUI_CONTOL의 WS_*로 시작하는 속성을 사용할 수 있다. 기본값은 0이다.
WORDWRAP_MODE	Line Break(줄 바꿈)를 관리	• wordwrap_off: Line Break를 사용하지 않는다. Text Editor의 가장자리에서 스크롤바가 자동으로 생성되고 줄 바꿈을 하지 않는다. (기본값) • wordwrap_at_fixed_position: 고정 위치에서 Line Break를 사용한다. 이 속성을 사용하게 되면 'wordwrap_position = 10.'과 같이 위치를 지정한다.
WORDWRAP_POSITION	줄 바꿈의 정확한 위치를 지정	• 기본값: -1 • textedit-wordwrap_at_fixed_position: 해당 위치에서 줄 바꿈을 한다. • textedit->wordwrap_at_windowborder: 가장자리에서 줄 바꿈을 한다.
WORDWRAP_TO_LINEBREAK_MODE	Soft Line Break를 설정	• 'wordwrap_position = 10.'으로 설정된 Text Editor에서 자동 줄 바꿈이 된 것을 Soft Line Break라고 한다. • False: 자동 줄 바꿈이 무시되어 저장된다. • True: 자동 줄 바꿈이 실제 줄 바꿈으로 저장된다.
FILEDROP_MODE	Drag & Drop을 조절하는 파라미터	
PARENT	필수 입력 값으로 Text Edit 컨트롤을 조회하기 위한 인스턴스의 Parent(SAP 컨테이너)	
LIFETIME	Text Edit 컨트롤의 생명주기를 관리하는 파라미터	• cntl_lifetime_imode: 컨트롤은 내부 세션에서만 활성화된다(LEAVE PROGRAM, LEAVE TO TRANSACTION 구문을 만날 때까지) • cntl_lifetime_dynpro: 컨트롤은 스크린이 활성화되어 있는 동안 활성화되어 있다(CALL SCREEN, CALL TRANSACTION 구문을 만나도 SCREEN 스택에 남아 있게 된다.).
NAME	Text Edit 컨트롤의 이름	

표 19-4 CONSTRUCTOR 메소드의 파라미터

CL_GUI_TEXTEDIT 클래스의 메소드 중 텍스트와 관련된 주요 메소드는 표 19-5와 같다. GET 메소드와 SET 메소드는 반대 역할을 수행한다.

GET 메소드	SET 메소드
GET_LINE_TEXT	
GET_SELECTED_TEXT_AS_R3TABLE	SET_SELECTED_TEXT_AS_R3TABLE
GET_SELECTED_TEXT_AS_STREAM	SET_SELECTED_TEXT_AS_STREAM
GET_TEXT_AS_R3TABLE	SET_TEXT_AS_R3TABLE
GET_TEXT_AS_STREAM	SET_TEXT_AS_STREAM

표 19-5 CL_GUI_TEXTEDIT의 주요 메소드

6-2 GET_LINE_TEXT

이 메소드는 라인 번호(LINE_NUMBER)에 해당하는 텍스트를 반환한다.

```
CALL METHOD textedit->get_line_text
    EXPORTING
      line_number = line_number
    IMPORTING
      text        = text.
```

6-3 GET_SELECTED_TEXT_AS_R3TABLE

이 메소드는 SAP Text Editor에서 블록으로 선택된 텍스트들만 SAP 테이블에 저장한다.

```
CALL METHOD textedit->get_selected_text_as_r3table
    IMPORTING
      table = table.
```

6-4 GET_SELECTED_TEXT_AS_STREAM

이 메소드는 SAP Text Editor에서 마우스를 이용하여 블록으로 선택된 텍스트들만 인터널 테이블에 Stream 타입으로 저장한다. 그림 19-14의 왼쪽 그림에서 블록으로 선택된 부분만 오른쪽 그림의 디버깅 화면에서 선택되었음을 확인할 수 있다.

```
CALL METHOD textedit->get_selected_text_as_stream
    IMPORTING
      table = table.
```

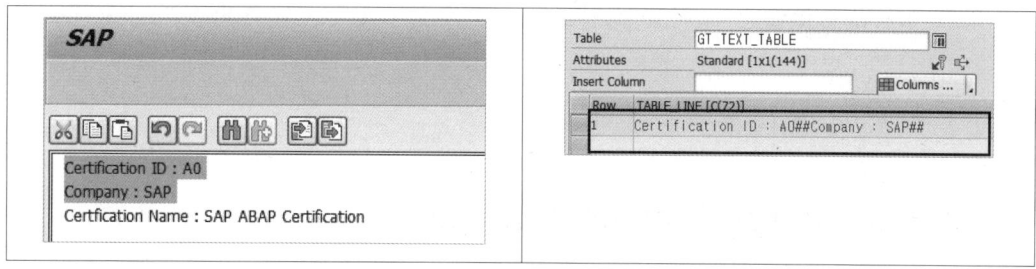

그림 19-14 GET_SELECTED_TEXT_AS_STREAM 메소드의 사용

6-5 GET_TEXT_AS_R3TABLE

이 메소드는 Text Editor의 전체 텍스트를 SAP 테이블에 저장한다. only_when_modified 속성이 TRUE이면 변경된 사항만 저장된다.

```
CALL METHOD textedit->get_text_as_r3table
    EXPORTING
       only_when_modified = only_when_modified
    IMPORTING
       table              = table
       is_modified        = is_modified.
```

6-6 GET_TEXT_AS_STREAM

이 메소드는 Text Editor의 전체 텍스트를 SAP 테이블에 Stream 타입으로 저장한다. only_when_modified 속성이 FALSE이면 변경 여부에 상관없이 저장한다.

```
CALL METHOD textedit->get_text_as_stream
    EXPORTING
       only_when_modified = only_when_modified
    IMPORTING
       text               = text
       is_modified        = is_modified.
```

6-7 SET_SELECTED_TEXT_AS_R3TABLE

이 메소드는 텍스트를 SAP 테이블에 삽입한다. 텍스트는 커서가 있는 위치에 추가되며, 선택된 모든 텍스트는 덮어쓰게 된다.

```
CALL METHOD textedit->set_selected_text_as_r3table
    EXPORTING
       table                       = table
       enable_editing_protected_text = p_t.
```

6-8 SET_SELECTED_TEXT_AS_STREAM

이 메소드는 텍스트를 Stream 타입으로 인터널 테이블에 삽입한다. 텍스트는 커서가 있는 위치에 추가되며, 선택된 모든 텍스트는 덮어쓰게 된다.

```
CALL METHOD textedit->set_selected_text_as_stream
    EXPORTING
       selected_text                = table
       enable_editing_protected_text = p_t.
```

6-9 SET_TEXT_AS_R3TABLE

이 메소드는 텍스트를 컨트롤에 보이게 한다. 이미 존재하는 텍스트를 덮어쓰게 한다.

```
CALL METHOD textedit->set_text_as_r3table
    EXPORTING
       table = table.
```

6-10 SET_TEXT_AS_STREAM

이 메소드는 텍스트를 컨트롤 Stream 타입으로 보이게 한다. 이미 존재하는 텍스트를 덮어쓰게 한다.

```
CALL METHOD textedit->set_text_as_stream
    EXPORTING
       text = text.
```

CHAPTER 20

Authority Check

In this chapter >>>

이번 장은 권한 체크에 대한 전체 프로세스와 개별 단계에 대해서 학습한다. ABAP 개발자는 권한(Authorization)에 대한 개념과 AUTHORITY-CHECK 구문을 이용한 부분만 이해하고 있어도 된다. 이외 과정은 BC 담당자가 수행하기 때문이다.

그러나 권한에 관련된 단계별 절차를 이해하고 있는 것과 전혀 모르는 것은 큰 차이가 있다. 전체 프로젝트 수행도 마찬가지이다. 프로젝트에 참여하여 협업이 잘 이루어지기 위해서는 ABAP 개발자도 프로젝트 전반에 걸친 프로세스와 단계별 역할을 숙지하고 있어야 한다.

Chapter list >>>

1. Overview
2. Area Menu
3. Authorization Object 생성
4. Single Role 생성
5. Composite Role 생성
6. 프로그램 작성
7. 권한 관련 용어

Overview

1-1 Authorization Check의 정의

SAP에서 권한 부여는 기본적으로 트랜잭션(Transaction) 단위로 이루어진다. 권한을 부여받지 못한 사용자가 트랜잭션에 접근하면, 접근 거부를 나타내는 메시지가 조회된다. 권한에 대한 점검(Check)은 트랜잭션이 실행되는 동안 여러 부분에서 실행된다.

그림 20-1은 사용자가 프로그램을 실행할 때 권한 체크(Authorization Check)를 수행하여, 권한이 없으면 권한이 없다는 메시지를 보여주고, 권한이 있으면 SELECT 구문이 수행되어 프로그램이 정상적으로 실행되는 과정을 설명하고 있다.

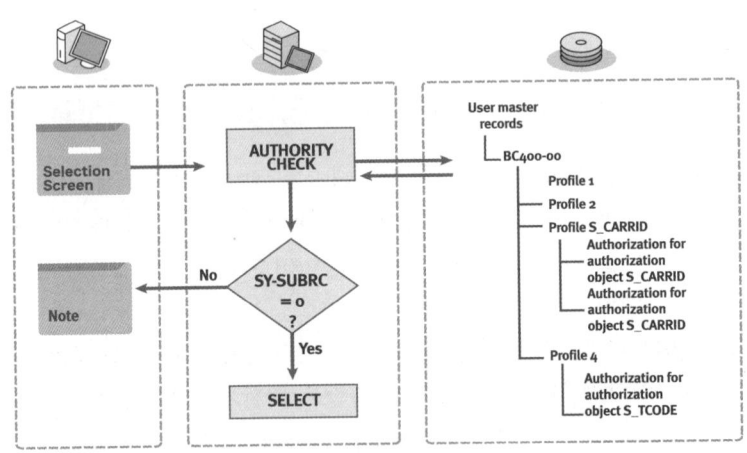

그림 20-1 권한 체크 프로세스

SAP 시스템에서 제공하는 권한 체크(Authorization Check)에는 많은 종류가 있지만 크게 3가지로 구분할 수 있다.

 1. Authorization Check for Transactions
 2. Authorization Check for ABAP Programs
 3. Authorization Check in ABAP Programs

1-1-1 Authorization Check for Transactions

트랜잭션 코드에 직접 권한을 설정할 수 있다. 그림 20-2에서와 같이 트랜잭션 오브젝트 내에 직접 Authorization Object를 연결할 수 있다.

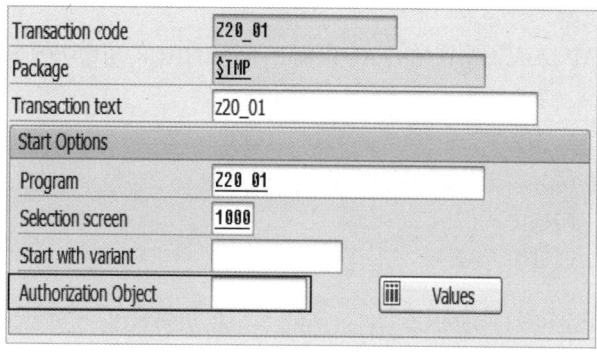

그림 20-2 Authorization Check for Transactions

1-1-2 Authorization Check for ABAP Programs

그림 20-3과 같이 프로그램 속성 레벨에서 권한을 설정할 수 있다. ABAP 프로그램 내에서는 S_DEVELOP과 S_PROGRAM 두 가지 Authorization Object가 존재한다.

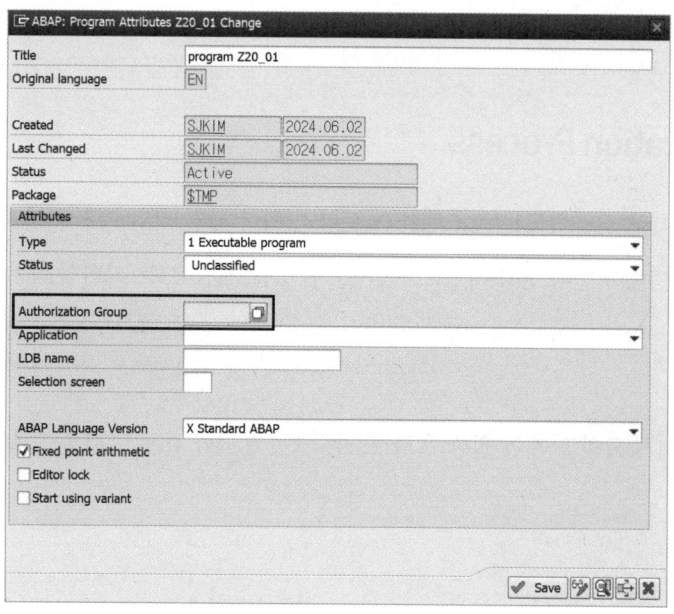

그림 20-3 Authorization Check for ABAP Programs

1-1-3 Authorization Check in ABAP Programs

실제 업무에서 많이 사용하고 있는 프로그램 레벨에서의 권한 체크이다. 앞에서 살펴본 두 유형의 권한 체크보다 좀더 상세한 권한 관리를 제공한다. 예를 들면, 부서코드가 'D001'인 데이터에 대해서만 접근할 수 있는 권한을 부여할 수 있다.

다음 구문과 같이 ABAP 프로그램 내에서 AUTHORITY-CHECK 명령어에 의해 사용자 권한이 점검된다.

```
AUTHORITY-CHECK OBJECT 'ZAUTH_DEP'
    ID 'DEPCD' FIELD 'D001'
    ID 'ACTVT' FIELD '03'.
```

권한 체크 구문이 성공하면 시스템 변수 SY-SUBRC는 0을 반환한다. 성공하지 못했을 때 반환되는 주요 코드는 표 20-1과 같다.

SY-SUBRC	설명
0	사용자는 기술된 모든 값에 대하여 권한을 가지고 있다.
4	사용자는 권한을 가지고 있지 않다. 권한 체크에 기술된 필드의 수가 정확하지 않다.
12	Authorization Object가 존재하지 않는다.
40	잘못된 사용자 이름이 지정되었다.

표 20-1 권한 체크 반환값

1-2 Authorization Process

SAP ERP를 설치하고 성공적으로 시스템을 오픈하기 위한 사전 작업으로, 사용자 파악 및 권한 관리 프로세스를 진행해야 한다. SAP에 로그온을 할 수 있는 개별 ID는 라이선스 계약과 비용 지불이 필요하다(많은 기업에서 SAP ID 사용 비용을 절감하기 위해 여러 명이 공용 ID를 사용하는 방법을 채택하고 있다).

ERP 프로젝트에서 중요한 단계인 권한 프로세스는 그림 20-4와 같은 단계로 진행된다.

CHAPTER 20 | Authority Check

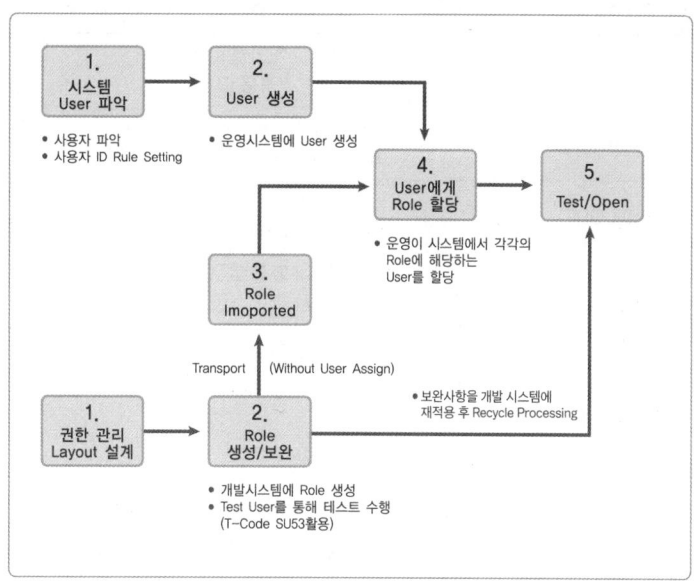

그림 20-4 일반적인 User 생성 및 Role 할당 프로세스

그림 20-5에서 권한은 계층 구조로 구성되어 있음을 보여주고 있다. 사용자 그룹별로 Role을 구성한 후 T-CODE 접속 및 필요 기능에 대한 권한을 설정하여 해당 화면에서 필드 레벨(Field Level)의 권한을 부여하는 Variant 체계로 구성된다.

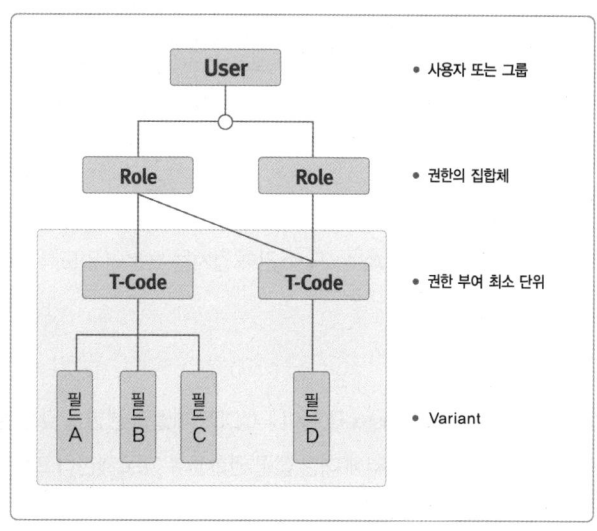

그림 20-5 계층 구조로 구성된 권한 체계

각 계층 레벨의 예는 표 20-2를 참고하자.

계층 구조	예시
USER	개인별 ID 공용 ID
ROLE	판매 업무 그룹, 구매 업무 그룹 회계 업무 그룹, 생산 실행 그룹 등
T-CODE	판매 오더 생성(VA01) 전표 조회(FB03)
Variant	영업 조직, 유통 경로, 제품군, 사업장, 회사 코드, 전표 종류

표 20-2 계층 구조별 예시

1-3 Role 정의

Role이란 사용자 또는 사용자 그룹을 규정하는 단위로 부서, 직급의 개념이 아닌 해당 모듈의 업무를 수행하는 직무 특성에 의한 분류이다. PFCG 트랜잭션을 통하여 생성되는 Role은 Authorization Object의 상위 개념으로 Role에 T-CODE를 추가하여 프로그램별로 제어할 수 있으며, Authorization Object를 지정하여 오브젝트별로 권한 제어가 가능하다.

Role은 다음과 같이 2가지 분류, 4가지 종류로 구분된다. 사용자에게는 Composite Role을 부여하는 것을 원칙으로 하며, Composite Role의 구성 요소는 Single Role(Master Role, Variant Role)이 해당된다.

방법론적인 분류

- Master Role
  - T-CODE 레벨의 권한을 갖는 Role이다.
  - 데이터에 대해서는 Full 권한을 갖는다.
  - 다양한 Role의 조합이 가능하도록 상호 Master Role 간에 겹치는 부분이 없도록 한다.
  - CBO 사항도 반드시 반영한다.
- Variant Role
  - Master Role에서 파생되는 Role로서 Master Role이 T-CODE 레벨의 권한을 갖는 반면, Variant Role은 기존 정의된 Master Role의 권한 내에서 데이터에 대한 접근 권한을 추가로 제한하고자 하는 목적을 갖는다.

시스템적인 분류

- Single Role
  - Master Role 또는 이에서 파생된 Variant Role을 통틀어 Single Role이라 한다.

- Composite Role
  - 하나 또는 여러 개의 Single Role을 묶어서 하나의 Role로서 관리하고자 할 때 사용하며, 사용자에게 여러 개의 Single Role을 할당하는 것보다 여러 개의 Single Role을 묶어 놓은 Composite Role을 할당하는 것이 편리하다.

예를 들어, 판매 오더 조회에 대한 권한을 갖는 Master Role이 ZXX_02_00 이라면 이 Master Role은 모든 영업조직에 대해서 데이터에 대한 조회를 할 수 있지만, 이로부터 파생된 Variant Role ZXX_02_01은 특정 영업조직에 대해서만 데이터를 조회를 할 수 있도록 설정된다.

그림 20-6은 Master Role과 Variant Role로 구성된 Single Role로 Composite Role을 구성하여 사용자에게 할당하는 것을 보여준다.

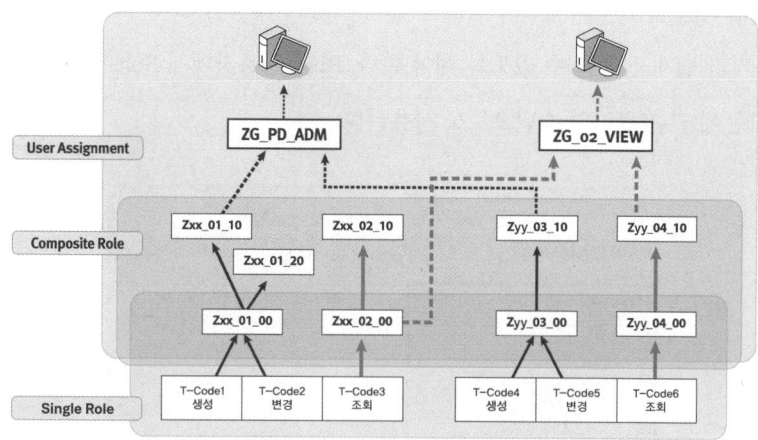

그림 20-6 Composite Role의 User 할당

1-4 Role 할당 프로세스

Role을 사용자에게 할당하기까지는 그림 20-7과 같은 프로세스를 거치게 된다. 다음 절부터 각 단계에 대해서 상세하게 학습해보자.

그림 20-7 Role 할당 프로세스

02 Area Menu

2-1 Area Menu란?

Area Menu는 사용자 편의성과 유지보수 효율성을 높여준다. Area Menu를 체계적으로 활용하면 사용자가 SAP 업무 흐름을 더 쉽게 이해할 수 있다.

SAP에 로그인했을 때 가장 먼저 나타나는 화면은 그림 20-8과 같다. SAP에서 기본적으로 제공하는 Area Menu이다. 기본 메뉴 이외에 프로젝트를 통해 새롭게 개발된 CBO 프로그램을 Area Menu로 구성해서 사용자가 쉽게 접근할 수 있도록 해야 한다. 또한, 사용자에게 Role에 해당하는 Area Menu를 할당하기 때문에 권한 관리의 수단으로도 사용된다.

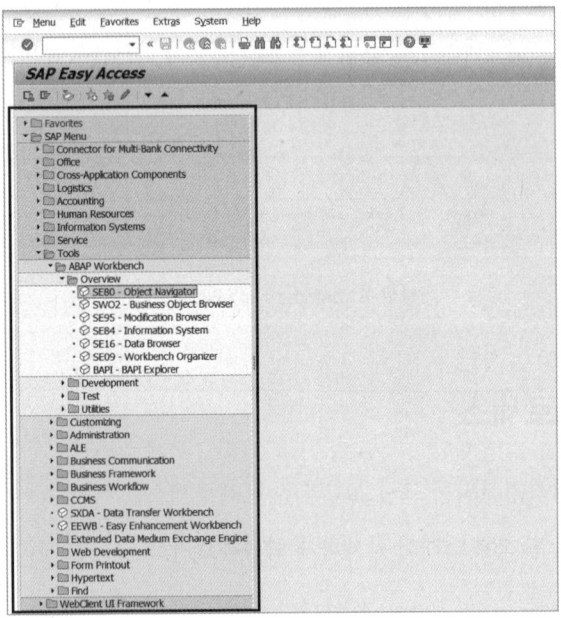

그림 20-8 Area Menu

그림 20-8에서 T-CODE:SE80(Object Navigator)처럼 Area Menu의 내역 앞에 T-CODE가 조회되도록 설정하려면, 메뉴에서 [Extras] → [Settings]를 선택하고서 그림 20-9와 같이 'Display Technical Names' 항목을 선택하면 된다.

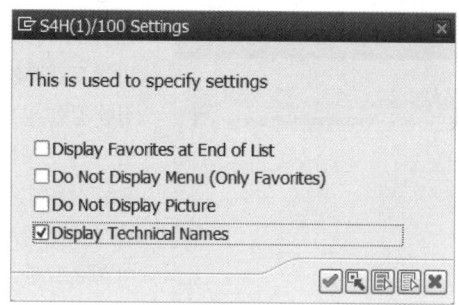

그림 20-9 Area Menu에 T-CODE 조회하기

2-2 Area Menu 생성

T-CODE:SE43(Area Menu Maintenance)을 통해 Area Menu를 생성한다.

01 새로운 Area Menu를 만들어 사용자 또는 그룹에 할당하기 위해, 메뉴 이름을 입력하고 생성 버튼( )을 선택한다.

02 Area Menu의 내역을 적절하게 입력한다.

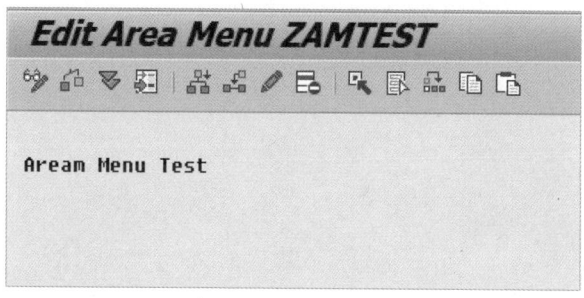

03 새로운 메뉴를 생성하면 그림과 같이 내역만 존재하는 화면이 나타난다. 이제 새로 만든 Area Menu에 메뉴 엔트리를 추가해보자. 현재 노드 자체가 최상위 노드이므로 서브 노드만 생성이 가능하다. 서브 노드를 생성한 후에는 같은 레벨의 노드 생성이 가능하다. 그림과 같이 노드에 커서를 놓고 [Add Subnode] 아이콘( )을 클릭한다.

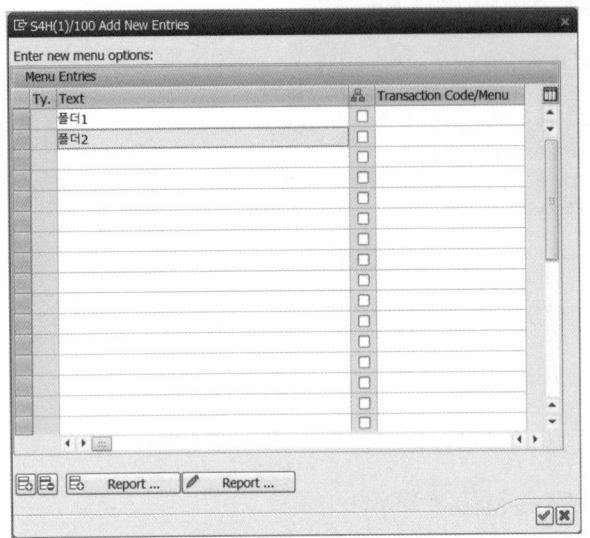

04 트랜잭션 코드를 Area Menu에 추가하기 위해 트랜잭션 코드/메뉴와 텍스트 부분에 적절한 값을 넣는다. 만일 해당 트랜잭션이 시스템 내에 존재하지 않으면, 입력한 코드가 텍스트로 사용된다.

폴더를 만들기 위해서는, 트랜잭션 코드 없이 텍스트만 입력하면 된다. 빈 폴더는 Area Menu에 나타나지 않고, 폴더 하위에 트랜잭션이 존재해야만 나타난다.

05 폴더1 메뉴에 커서를 선택하고 [Add Subnode] 아이콘( )을 클릭한다.

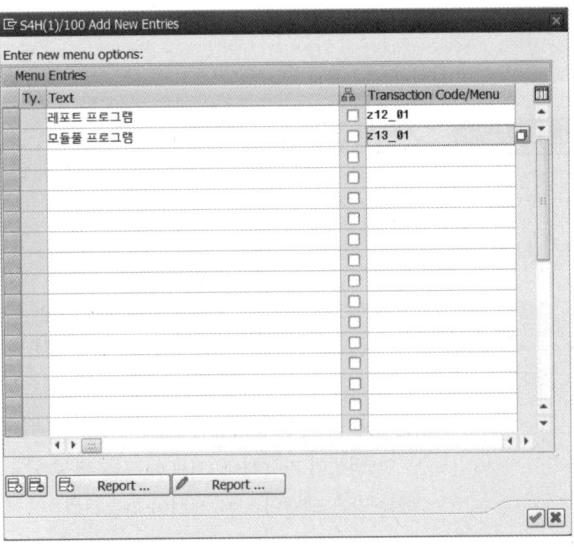

06 12장과 13장에서 생성한 트랜잭션 코드를 입력한다. 트랜잭션 코드가 존재하지 않으면 먼저 생성하자.

트랜잭션에 텍스트가 존재하면 내역이 자동으로 생성된다. 내역은 사용자가 알아보기 쉽게 변경해도 된다.

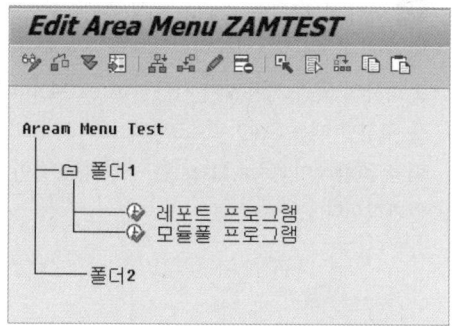

07 폴더1 메뉴에 하위 노드로 2개의 트랜잭션 코드가 생성되었다. 저장하고 화면을 빠져나오자.

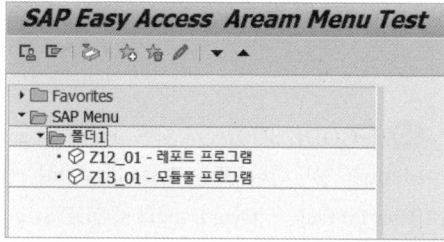

08 Command Field에 새로 만든 Area Menu 이름을 입력하면, 앞서 생성한 메뉴가 조회된다.

> 여기서 주의할 점은 SAP 메인 화면이 아닌 트랜잭션 화면에서 '/nzamtest'와 같이 입력했을 때 실행되지 않는다는 것이다. 지금 만든 것은 트랜잭션 코드가 아니라 Area Menu이기 때문이다.

09 앞에서 생성한 Area Menu가 조회되었다.

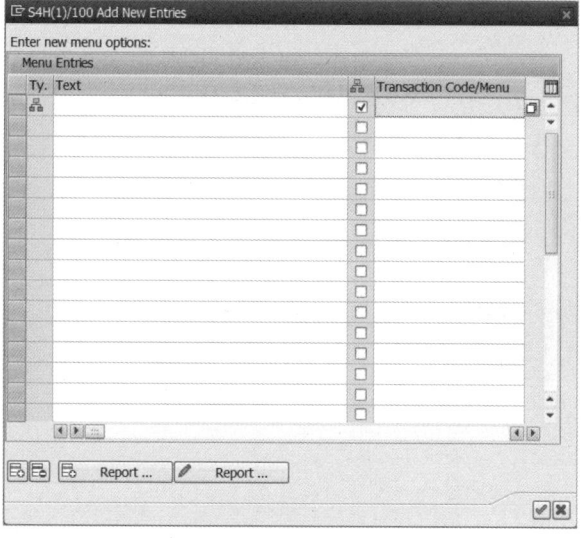

10 이미 생성된 Area Menu 전체를 하위 노드로 포함할 수 있다. 그림과 같이 다른 영역 메뉴로 참조에 대한 체크박스에 체크하고 '트랜잭션 코드/메뉴' 부분에서 **[F4]** 키로 검색하여 Area Menu를 추가하면 된다.

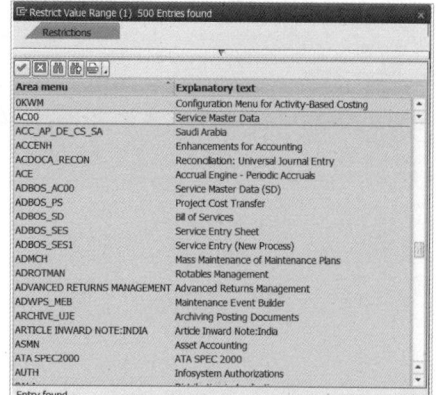

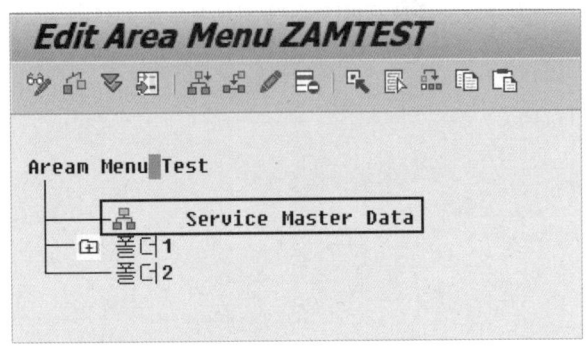

⓫ 이미 존재하는 Area Menu를 추가하면 그림과 같이 Area Menu 아이콘으로 조회된다. 고객사의 최종 사용자가 사용할 Area Menu를 구성할 때는 CBO 프로그램과 표준 프로그램을 조합하여 Area Menu를 구성하는 것이 일반적이다.

⓬ 명령 입력필드에서 ZAMTEST 메뉴를 실행하면, 'AC00'이라는 Area Menu 전체가 추가되었음을 확인할 수 있다.

⓭ T-CODE:SU01에서 사용자에게 Area Menu를 할당한다. 또는 메뉴: [System] → [User Profile] → [Own Data](T-CODE:SU3)을 활용할 수도 있다. 사용자가 SAP에 로그인 하면 앞에서 생성한 Area Menu가 기본으로 열리게 된다. 이 방법 외에도 Master Role에서 Area Menu를 할당할 수도 있다.

Authorization Object 생성

Authorization Object를 생성하여, 4절에서 생성하는 Master Role에 추가하고 프로그램 소스에 반영하는 절차를 설명하고자 한다. ZEMPLIST 테이블의 DEPCD 필드에 권한(생성, 변경, 조회)을 추가하는 작업을 실습해보자.

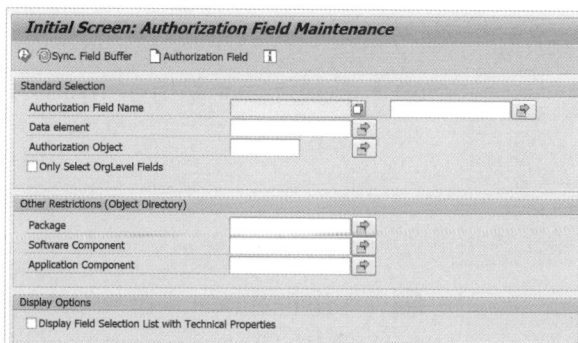

01 SU20 트랜잭션을 이용하여 [Authorization Field] 버튼을 선택한다. SAP 버전에 따라서 다음 화면이 조회될 수 있다.

02 필드명과 데이터 엘리먼트를 입력하고 [Enter]를 누르고 테이블 이름을 입력한다. 이외의 필드는 자동으로 입력된다. 저장 버튼을 클릭하고 이전 화면의 LIST OF Authorization Field 화면에 DEPCD 가 생성되었음을 확인한다.

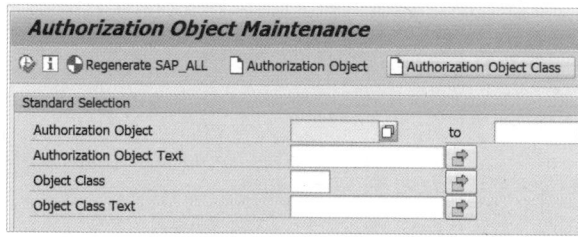

03 SU21 트랜잭션에서 [Authorization Object Class] 버튼을 클릭하고서 클래스 이름을 입력한 후 저장한다. Class 오브젝트는 Authorization Object들을 포함하는 상위 개념이다. ECC 6.0 이전 버전은 화면 구성이 다르지만, 동일하게 생성 아이콘을 선택하면 된다.

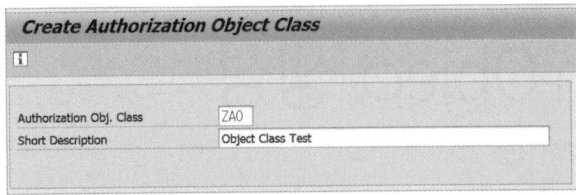

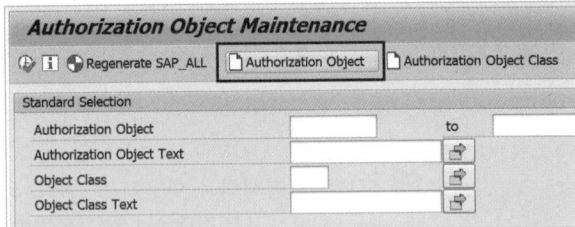

04 저장한 후 이전 화면으로 돌아가서, 그림과 같이 [Authorization Object] 버튼을 선택하자.
ECC 6.0 이전 버전은 ZT 클래스를 더블 클릭하여 Authorization Object를 생성할 수 있다.

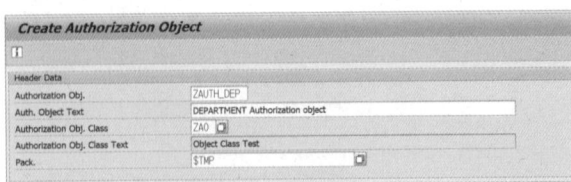

05 Authorization Object 등의 정보를 입력하고 저장한다.

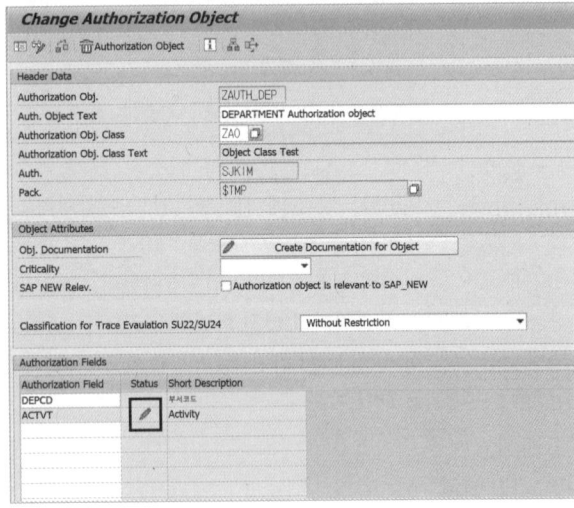

06 부서 컬럼명인 DEPCD 필드와 Activity 항목을 입력하고 [Define Permitted Activities] 아이콘(✏️)을 선택한다.

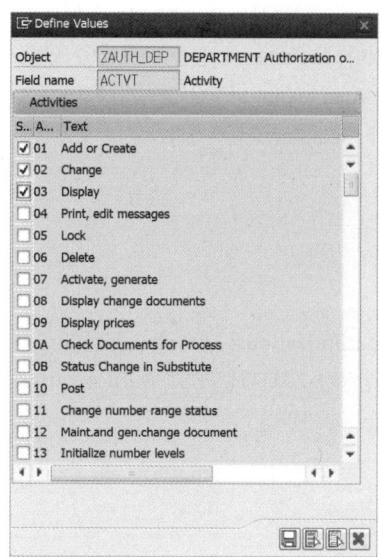

07 그림과 같이 생성 변경 조회 등과 같은 Activity에 대한 권한을 부여할 수 있다. 01, 02, 03을 선택하고 저장하자.

Single Role 생성

T-CODE:PFCG(Profile Generator)를 이용하여 부여된 T-CODE에 대해 모든 데이터에 대한 권한을 갖는 Single Role(Master Role이라고도 한다)을 생성한다. Profile Generator는 권한 생성을 단순화하기 위해 개발된 도구로, SAP 메뉴를 기준으로 필요한 기능을 선택하여 Role을 생성하고, 이 Role을 사용자에게 할당한다.

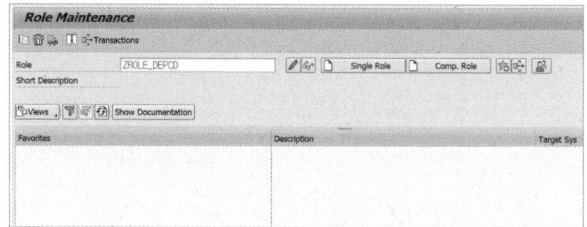

01 Role 필드에 'ZROLE_DEPCD'를 입력하고 [Single Role] 버튼을 클릭한다.

02 [Menu] 탭에서는 Role에 트랜잭션을 삽입하거나, Area Menu 등을 추가할 수 있다. [From Area Menu] 버튼을 클릭하여 2절에서 생성한 Area Menu를 추가하자.

03 [Authorizations] 탭으로 이동한다. 3절에서 생성한 ZAUTH_TEST Authorization Object를 추가한다.

04 [Selection criteria] 버튼을 클릭하여 아래로 내려가면 앞에서 생성한 ZAUTH_DEP 오브젝트를 확인할 수 있다.

05 ⊖ 모양의 아이콘을 클릭하여 ⊕로 변경한 후 [Insert chosen] 버튼을 클릭한다.

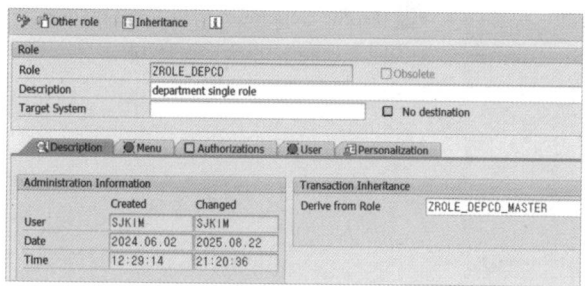

06 Master Role과 Variant Role
Master Role은 추가된 T-CODE의 모든 권한을 가지는 반면, Variant Role은 데이터에 따라 제약을 가진다. 다음 그림과 같이 Variant Role 생성 시 Master Role을 그대로 상속받을 수 있다. 이번 과정에서는 Master Role에 직접 Variant Factor를 추가한다.

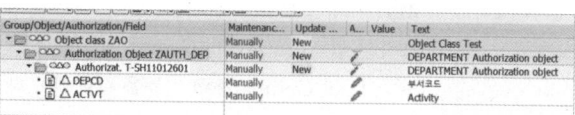

07 Variant Factor 추가
DEPCD와 ACTVT 컬럼을 더블 클릭해서 상태를 변경한다. 그리고, 연필 아이콘(✏)을 눌러서 각 필드의 데이터를 수정할 수 있다. ACTVT 연필 아이콘을 선택하자.

08 [Cancel full authorization] 버튼을 누르면, Acticvity를 변경할 수 있다. 각자 원하는 (생성/변경/조회) 권한을 설정해보자.

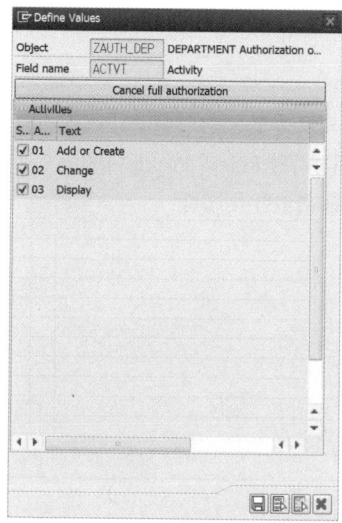

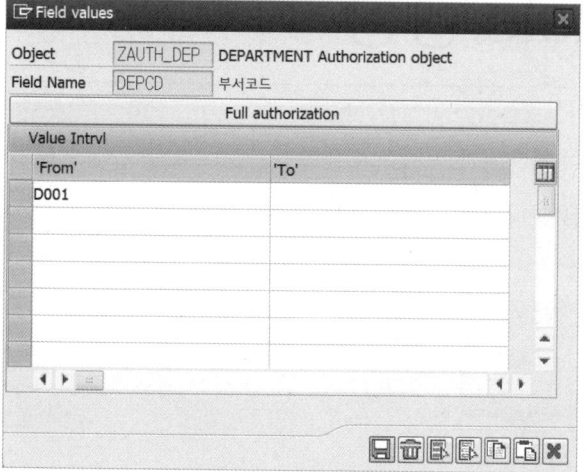

09 7번 단계에서 DEPCD 라인의 변경 아이콘을 클릭하여 조건 값을 입력한다. 부서는 'D001'만 조회 가능하도록 모든 데이터 조회 (*)를 D001로 변경한다.

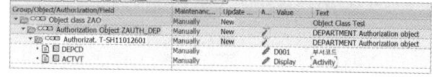

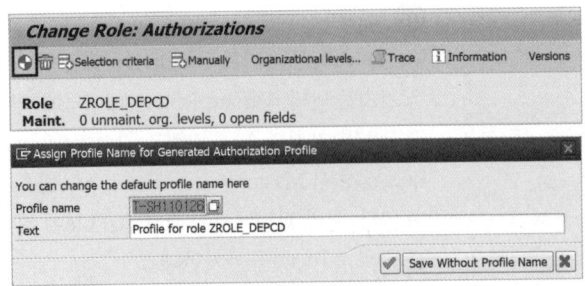

10 [Profile Generator] 아이콘을 클릭하면 자동으로 Profile Name이 생성된다.

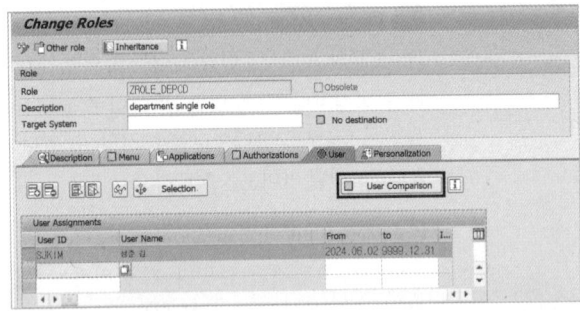

11 [User] 탭으로 이동하여 Role을 적용할 사용자를 입력하고, [User Comparison]를 선택한다. User Comparison 기능을 수행해야 해당 사용자에게 Role이 할당된다.

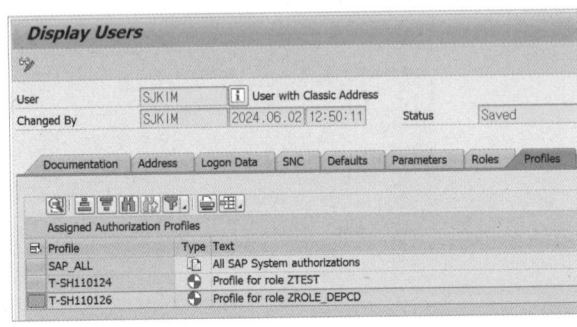

12 해당 사용자로 로그인한 후 T-CODE: SU01로 이동하면 Role과 Profile이 자동으로 추가된 것을 확인할 수 있다.

Composite Role 생성

T-CODE:PFCG(Profile Generator)를 이용하여 사용자가 실제로 수행할 태스크(Task)를 중심으로 관련된 Single Role(Master Role 또는 Variant Role)을 하나의 Composite Role로 묶어준다.

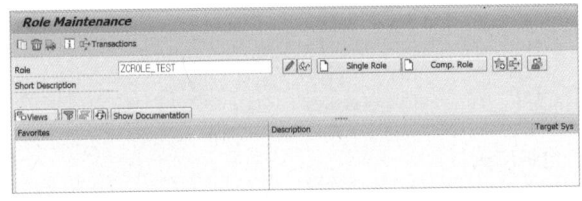

01 Role 필드에 'ZROLE_TEST'를 입력하고 [Comp. Role] 버튼을 클릭한다.

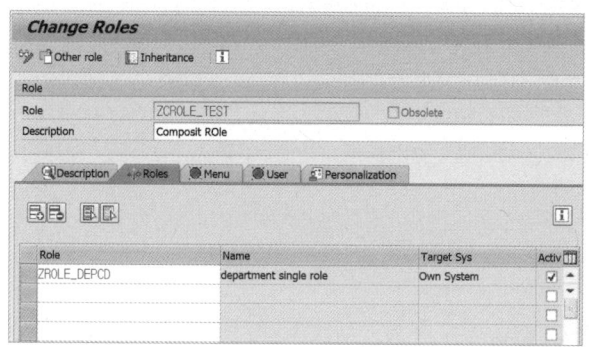

02 [Roles] 탭에서 Single Role을 추가해준다. 이외 기능은 Single Role을 생성할 때와 유사하다. [User] 탭으로 이동하여 사용자에게 Role을 할당한다.

 ## 프로그램 작성

이제 프로그램을 작성하여 ZAUTH_DEP이라는 Authorization Object가 잘 작동하는지 확인해보자. 예제 20-1과 같이 AUTHORITY-CHECK 구문을 이용하여 데이터와 Activity별로 권한 체크가 가능하다.

예제 | 20-1

```
REPORT  Z20_01.

PARAMETERS : p_depcd TYPE zemplist-depcd.

AT SELECTION-SCREEN.
  AUTHORITY-CHECK OBJECT 'ZAUTH_DEP'
     ID 'DEPCD' FIELD p_depcd
     ID 'ACTVT' FIELD '03'.
  IF sy-subrc = 4.
    MESSAGE 'You need a authority' TYPE 'E'.
  ELSEIF sy-subrc = 0.
    MESSAGE 'SUCCESS' TYPE 'S'.
  ENDIF.


START-OF-SELECTION.
  SELECT * INTO TABLE @DATA(gt_data)
    FROM zemplist
    WHERE depcd = @p_depcd.

  cl_demo_output=>display( gt_data ).
```

결과 | 20-1

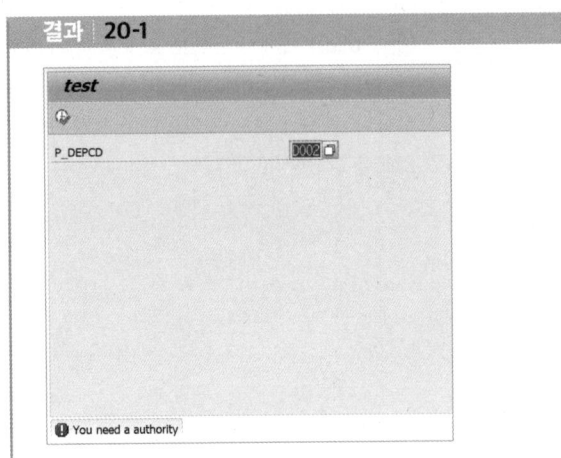

'D001' 값을 입력하고 실행하면 SUCCESS 메시지가 보이고, 이외 값은 에러 메시지가 보임을 확인할 수 있다. Variant Role 생성 시, Activity에서 조회 권한을 삭제하고 조회를 시도하거나, 값을 변경하며 테스트해보면 Authorization Object에 대한 개념을 확실히 이해할 수 있을 것이다.

조금 더 알아보기 — 권한 에러 확인 방법

SAP 프로그램을 실행했을 때 사용자에게 적절한 권한이 없으면, 에러가 발생하거나 예기치 못한 메시지를 접하게 된다. 이때는 T-CODE:SU53에서 확인하면 어떠한 권한 때문에 에러가 발생하는지 알수 있다.
사용자가 T-CODE:SM01을 실행했는데, 권한이 없다는 에러가 발생했다.

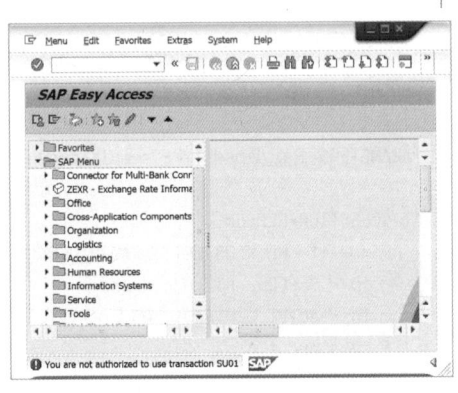

그림 20-10 권한이 없을 경우 에러 발생 화면

권한 에러 메시지를 접한 후 바로 T-CODE:SU53을 실행하자. 트랜잭션 코드 레벨뿐만 아니라 프로그램 내부의 권한 체크까지 모니터링할 수 있다.

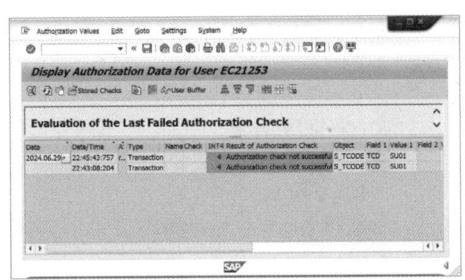

그림 20-11 T-CODE:SU53화면

그리고 T-CODE:SUIM을 이용하면, 사용자에게 할당된 Role을 찾는 것과 같은 권한 검색 작업을 쉽게 할 수 있다.

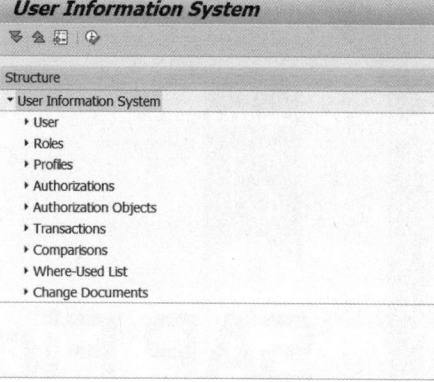

그림 20-12 User Information System

07 권한 관련 용어

권한 작업 시 알아두어야 할 용어는 표 20-3과 같다.

용어	의미
T-Code (Transaction Code)	ERP시스템 내에서 각 Activity를 수행하기 위한 프로그램 단위를 Transaction이라고 하며, 각 Transaction을 시스템 내에서 인식하기 위해 부여하는 고유 번호가 Transaction Code이다.
Authorization	Authorization은 사용자가 Transaction을 수행할 때 사용자의 Profile에 할당되어 사용자가 가지고 있는 접근 권한/기능의 범위를 결정하는 기능을 가진다. Authorization은 테이블, 프로그램, 인터페이스, 데이터 엘리먼트 등에 대한 접근 권한을 통제하게 된다.
User ID	ERP 시스템에 접근할 수 있는 권한이 부여된 ID로서, 사용자당 하나씩 부여한다. 각 User ID에는 Role이 부여되고, 부여된 Role에 대해 사용자는 실행 권한을 가진다.
Master Role	Transaction의 집합으로 구성되며, 업무분장 단위로서 실사용자 단위보다는 폭이 넓다.
사용자 Role	Transaction의 집합에 세분화된 기준이 추가되어 실사용자 단위로 정의되는 업무분장 단위이다. 예) 사용자별로 조회 가능 부서를 제한
Organizational 요소	Master Role을 사용자 Role로 세분화할 때 사용되는 조직 측면의 기준이다. 예) Company code, Business area, Cost center, Plant 등
Functional 요소	Master Role을 사용자 Role로 세분화할 때 사용되는 기능 측면의 기준이다. 예) Info type, Document type, Order type, Authorization group 등

표 20-3 권한 관련 용어

CHAPTER 21

SAP Fiori 환경 설정

In this chapter >>>

이번 장에서는 SAP의 혁신적인 기술인 Fiori와 UI5를 시작으로, JAVA 설치와 시스템 환경변수 설정, Cloud Connector 설치, SAP Business Technology Platform 트라이얼 설정, 그리고 SAP Business Application Studio의 권한 설정에 이르기까지 다양한 주제를 다룬다.

Chapter list >>>

1. Fiori, UI5에 대한 이해
2. JAVA 설치(오라클 로그인)/ 시스템 환경변수 설정
3. Cloud Connector 설치
4. SAP Business Technology Platform 트라이얼 설정
5. Cloud Connector 연결
6. SAP Business Application Studio 권한 설정

Fiori, UI5에 대한 이해

Fiori는 "플랫폼과 기기 전반에 걸쳐 SAP 소프트웨어에 일관된 사용자 경험을 제공하는 디자인 시스템이자, SAP의 제품 경험과 디자인 전략의 핵심"이라고 SAP에서 정의하고 있다. 2013년에 처음 도입된 Fiori는 그림 21-1에서 볼 수 있듯이 Fiori 1.0에서 시작해 Fiori 2.0, 그리고 Fiori 3.0과 Horizon 디자인까지 발전해왔다. 현재는 SAP S/4HANA, SAP SuccessFactors, SAP Ariba 등 다양한 솔루션에서 사용되고 있다.

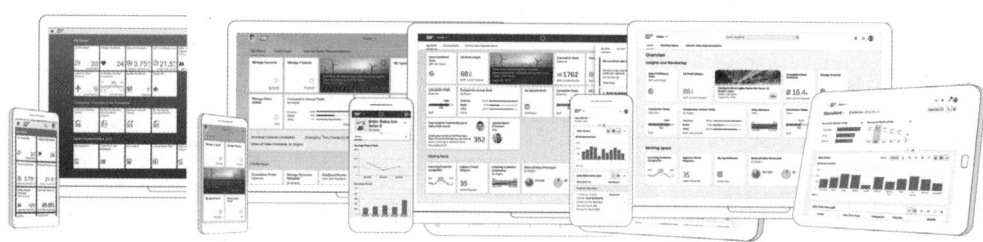

그림 21-1 SAP Fiori 진화

Fiori는 SAP Fiori 개념, SAP Fiori 디자인, 그리고 SAP Fiori 기술의 세 가지 요소로 구분할 수 있다.

1. **SAP Fiori 개념**: 역할 기반, 적응형, 단순성, 일관성 등 현대적인 디자인 원칙 또는 사용자 경험 단순화를 중요시한다.
2. **SAP Fiori 디자인**: 시각적 디자인, 구조, 색상 및 상호작용 등 SAP Fiori 디자인 가이드라인에 따라서 정의 되어있다.
3. **SAP Fiori 기술**: Fiori 앱을 구축, 제공 및 실행하기 위해 필요한 언어, 인프라, 아키텍처, 구성 요소 등을 포함하며, SAP Fiori Launchpad를 통해 사용자는 앱 간의 이동 및 실행을 할 수 있다.

그림 21-2의 Fiori Launchpad는 Fiori 앱을 실행하는 시작점이며 탐색, 개인화, 스탠다드 지원, 앱 구성 등의 서비스를 제공한다. Launchpad는 모바일 및 데스크톱 기기를 지원하며, 사용자의 Role에 따라서 표시되는 앱 타일(Tile)이 결정된다. 타일은 실시간으로 데이터의 상태와 개수를 표시하며, 사용자가 Fiori 앱을 실행할 수 있도록 지원하는 기능이다.

그림 21-2 SAP Fiori Launchpad

SAP UI5는 HTML5 기반의 UI 개발 프레임워크로, SAP Fiori 앱을 개발할 때 사용한다. 이 프레임워크는 직관적이며, 모바일과 데스크톱 기기 등 다양한 사용자 환경에 최적화되어 반응형으로 작동한다.

SAP UI5의 주요 특징은 다음과 같다.

- **API Reference**: 오픈 소스 라이브러리로 제공하며, 개발자들이 자유롭게 사용하고 확장할 수 있다.
- **MVC(Model-View-Controller)**: MVC 아키텍처를 기반으로 앱을 개발하면 구조화가 용이하고 유지보수가 편리하다. MVC 구성에 따라 앱은 OData를 관리하는 모델 영역, 사용자에게 노출되는 뷰 영역, 그리고 컨트롤 로직을 담당하는 컨트롤러 영역으로 나뉜다.
- **다양한 UI 요소**: 버튼, 테이블, 폼, 차트 등 다양한 UI 요소를 제공하여 복잡한 웹 앱을 손쉽게 구축할 수 있으며, 프레임워크 안에서 일관된 디자인을 따른다.

그림 21-3의 SAP UI5 데모 키트(https://sapui5.hana.ondemand.com) 사이트에서는 다양한 템플릿, 예제, 샘플, 데모 앱 등을 제공한다.

그림 21-3 UI5 데모 키트

SAP UI5 버전은 개발환경에서 매우 중요한 요소이다. 버전은 장기 유지보수(LTM)와 혁신 버전으로 나누어지며, LTM 버전은 안정성과 장기 지원을 제공하고, 혁신 버전은 최신 기능을 빠르게 도입할 수 있다. 또한, 버전마다 사용되는 테마나 라이브러리가 다를 수 있어, 개발자는 버전에 따라 최신 기능과 테마를 효과적으로 활용해야 한다. 이 책에서 다루는 SAP UI5 버전은 '1.96.XX'이니 참고하자.

- URL: https://sapui5.hana.ondemand.com/versionoverview.html

SAP UI5 앱을 개발하기 위해 사용하는 개발도구는 크게 3가지로 나뉘어진다.

1. **SAP Business Application Studio**: SAP Business Technology Platform(SAP BTP) 서비스는 효율적인 앱 개발에 맞춤화된 현대적인 개발환경을 제공한다. 이 서비스는 VS Code와 유사한 인터페이스를 사용하여 개발환경 설정 시간을 간소화하고 절약할 수 있다. 또한, 클라우드에서 효율적으로 개발, 테스트, 빌드, 실행을 지원한다.
2. **SAP Web IDE**: UI5와 Fiori 개발에 최적화된 도구와 템플릿을 제공하며, 직관적인 사용법과 통합된 빌드 및 배포 기능을 갖추고 있다. 그러나 확장성 면에서는 다소 제한적이다.
3. **SAP Eclipse**: 데스크톱 기반의 개발환경에서 다양한 플러그인을 통해 기능을 확장할 수 있으며, 인터넷 연결 없이도 사용할 수 있어 성능 면에서 장점을 지닌다. 다만, 초기 설정과 앱 관리 측면에서 다소 복잡할 수 있다는 단점도 있다.

이 책에서는 SAP Business Application Studio 개발도구를 사용하여 SAP Fiori 앱을 개발한다. 초기 설정이 다소 복잡할 수 있지만, 이 도구는 클라우드 환경을 지원하며, 다양한 생산성 도구와 최신 기술, 여러 플러그인을 제공하여 SAP Fiori 앱 개발에 최적화된 환경을 제공한다.

JAVA 설치(오라클 로그인)/ 시스템 환경변수 설정

SAP Cloud Connector를 설치하기 전에 사전 작업이 필요하다. Cloud Connector는 JDK로 실행해야 하는 Java 어플리케이션이며, 현재 지원되는 모든 버전에서 최소한 JDK 7이 필요하다. 그러나 Cloud Connector 2.14.0 버전부터는 JDK 11, Cloud Connector 2.15.0 버전에는 JDK 17이 요구된다. 따라서 Cloud Connector를 설치하기 전에 사용하려는 버전의 JDK를 설치해야 한다. 컴퓨터 윈도우가 64비트면 64비트, 32비트면 86비트를 내려받아 설치하자.

Cloud Connector 버전	JDK 버전
2.x up to 2.12.2	7
2.7.2 and higher	8
2.14.0 and higher	11
2.15.0 and higher	17
2.17.0 and higher	21

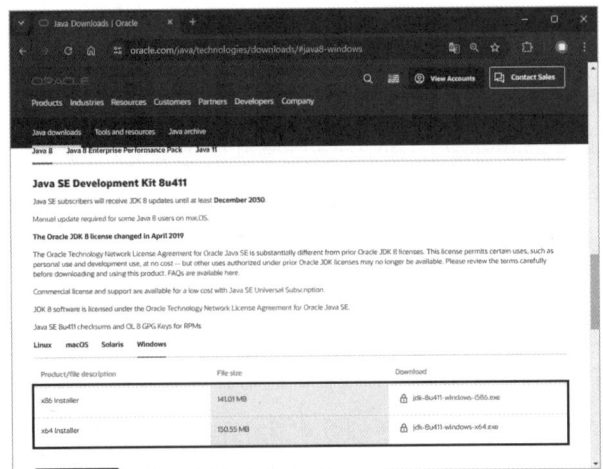

그림 21-4 오라클 Java 8(https://wwworaclecom/java/technologies/downloads/#java8)

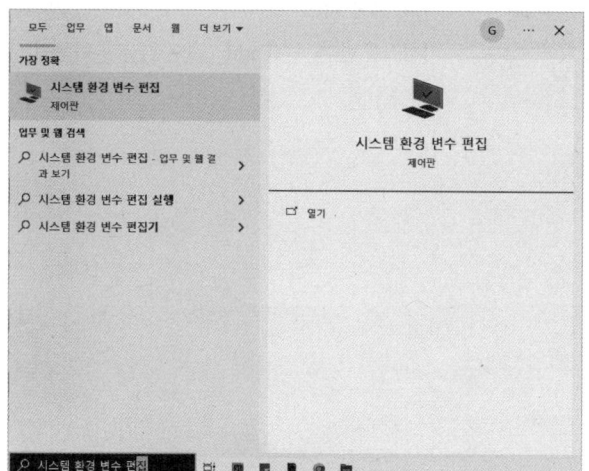

01 시스템 환경 변수 편집
JDK8 설치가 완료되면, 시스템 환경 변수를 설정해야 한다. [Window 키]를 클릭하고, [시스템 환경 변수 편집]을 입력한 후에 선택한다.

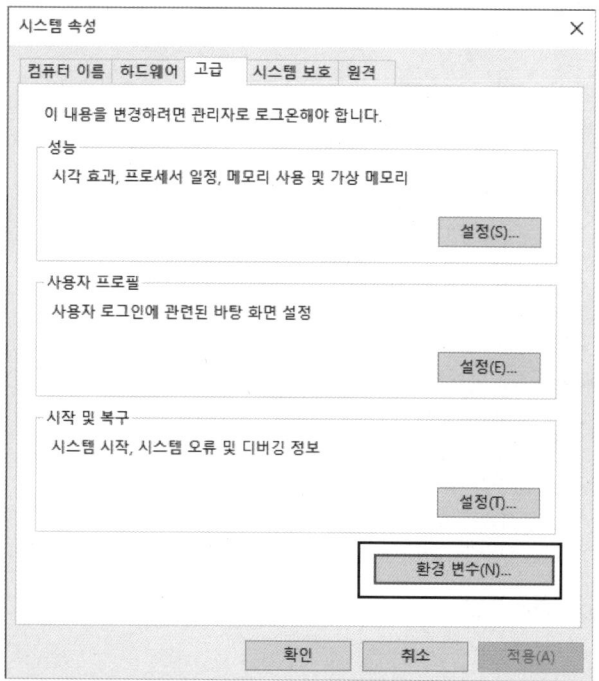

02 시스템 속성
시스템 속성에서 [고급] → [환경 변수] 버튼을 클릭한다.

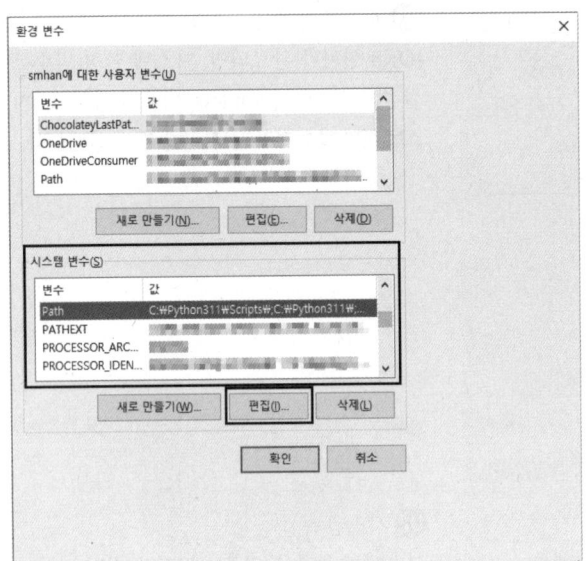

03 환경 변수

[시스템 변수] → [Path] → [편집]을 클릭하자.

04 [새로 만들기] 버튼을 클릭한 후 [JAVA를 설치했던 경로]를 지정해주자. 경로를 지정할 때는 반드시 Bin 폴더까지 포함시켜야 한다.

Cloud Connector 설치

Cloud Connector는 온프레미스 시스템과 SAP Business Application Platform 간에 안전하고 효율적인 연결을 제공하는 역할을 하며, 시스템 데이터를 안전하게 사용할 수 있게 해준다. 이 책에서는 Cloud Connector 2.18 버전을 설치하여 사용한다.

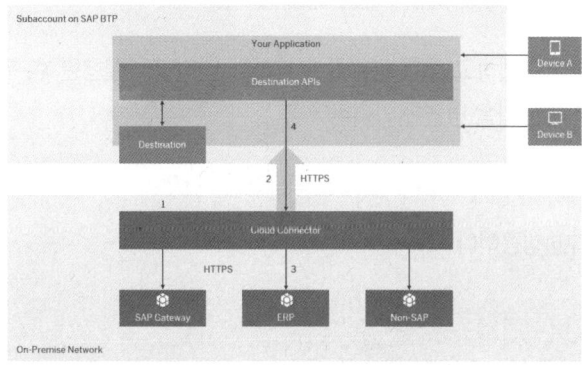

그림 21-5 Cloud Connector 아키텍처

01 SAP Development Tools

다음 화면에서 페이지 중간에 있는 Cloud Connector에서 Window.MSI 확장 파일을 다운로드해보자 (https://tools.hana.ondemand.com/#cloud).

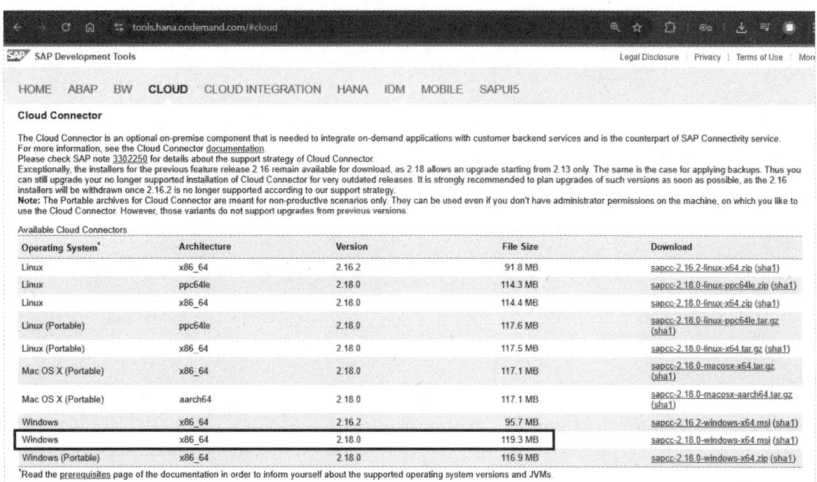

조금 더 알아보기 — MAC 운영체제에 Cloud Connector 설치하기

1. MAC 환경은 Portable만 사용할 수 있다.

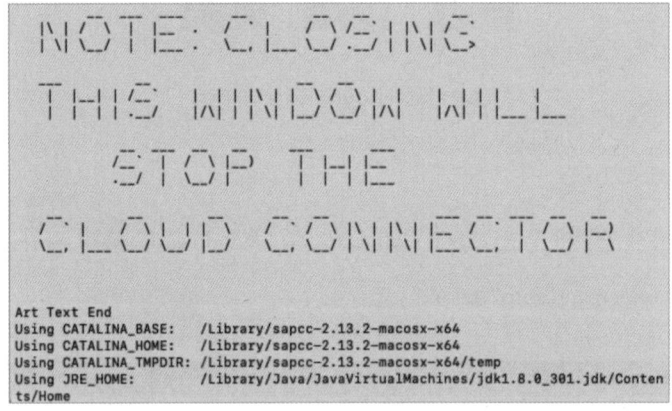

2. 다운로드한 후 압축을 해제하고, 폴더 경로를 복사하자. 터미널을 실행한 후, 복사한 폴더를 드래그 앤 드롭하고 해당 폴더에서 다음 명령을 입력한다.

```
" sh go.sh "
```

3. 다음과 같이 조회되면 성공이다.

```
NOTE: CLOSING
THIS WINDOW WILL
STOP THE
CLOUD CONNECTOR

Art Text End
Using CATALINA_BASE:   /Library/sapcc-2.13.2-macosx-x64
Using CATALINA_HOME:   /Library/sapcc-2.13.2-macosx-x64
Using CATALINA_TMPDIR: /Library/sapcc-2.13.2-macosx-x64/temp
Using JRE_HOME:        /Library/Java/JavaVirtualMachines/jdk1.8.0_301.jdk/Contents/Home
```

02 SAP Cloud Connector 설치
다운로드가 완료되면 SAP Cloud Connector를 설치할 준비가 된 것이다. 실행시키고 [Next] 버튼을 클릭하자.

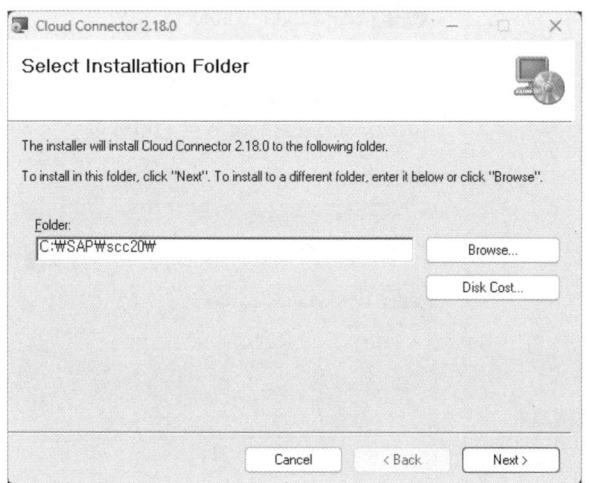

02-1 SAP Cloud Connector 설치
기본으로 설정된 경로를 선택한 후 [Next] 버튼을 클릭해보자.

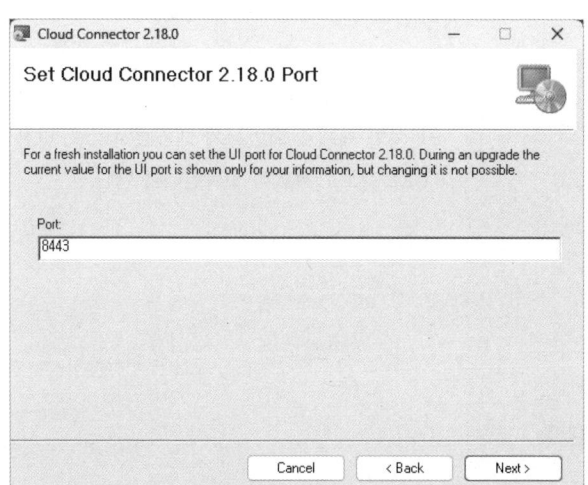

02-2 SAP Cloud Connector 설치
Cloud Connector에서 사용되는 포트는 사용자에 따라 다르게 설정할 수 있다. 기본적으로는 포트를 '8443'에 설치한다.

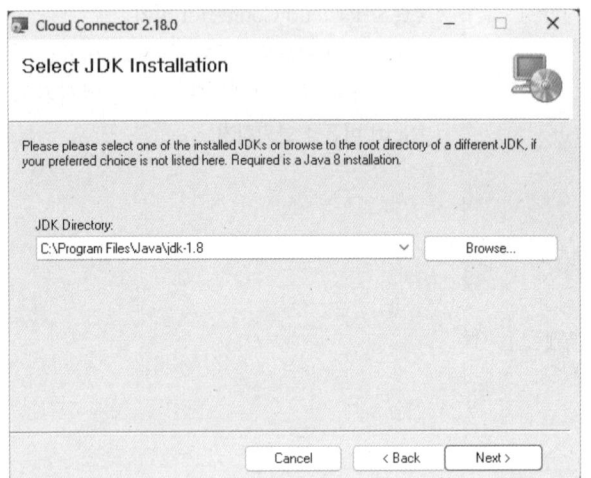

02-3 SAP Cloud Connector 설치
앞서 설치한 JDK의 경로를 설정해주어야 한다. [Next] 버튼을 클릭하자.

02-4 SAP Cloud Connector 설치
Cloud Connector를 설치한 후, 바로 시작할지 여부를 [옵션]에서 선택할 수 있다. [Next] 버튼을 클릭해서 다음으로 넘어가 설치를 완료한다.

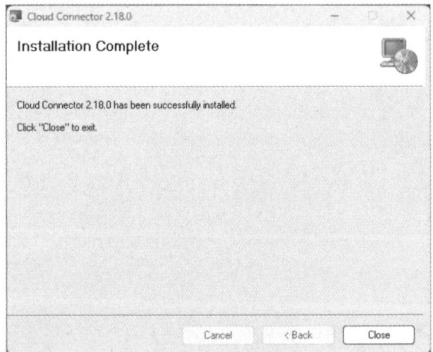

03 LocalHost:8443 사이트
설치가 제대로 되었는지 테스트하려면, 다음 URL 경로로 접속하여 확인해야 한다.

URL: https://localhost:8443/

CHAPTER 21 | SAP Fiori 환경 설정

조금 더 알아보기 — "사이트에 연결할 수 없음"이 표시되는 경우

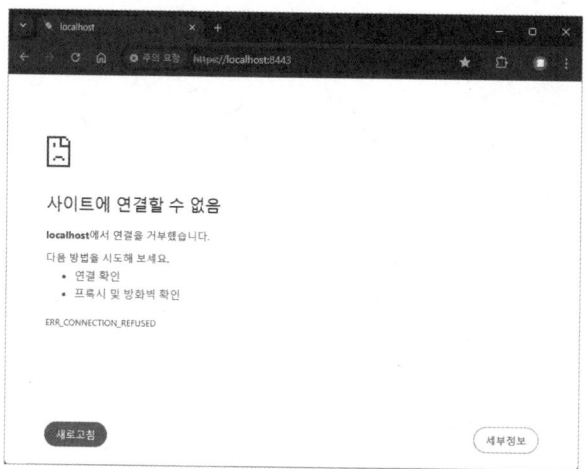

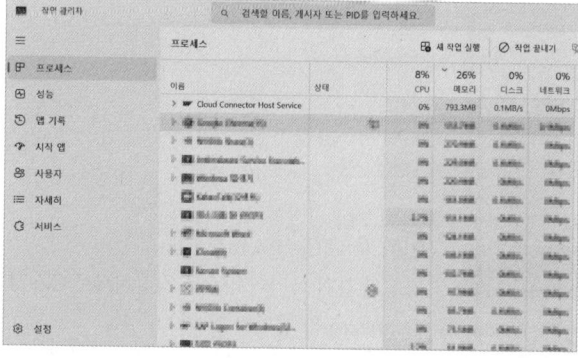

01 컴퓨터 작업관리자에서 [Cloud Connector Host Service]가 실행되고 있는지 확인해보자.

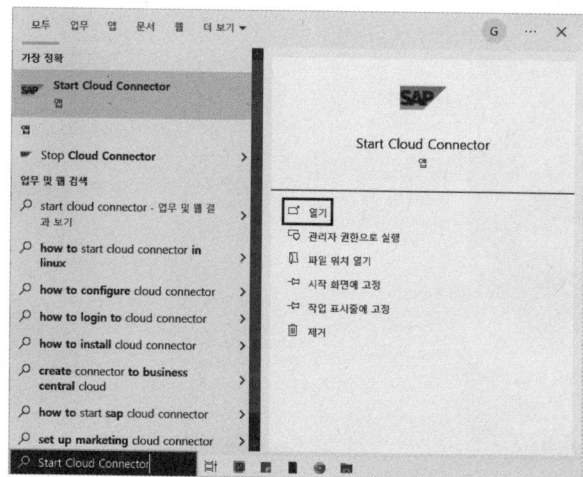

02 실행이 안 되어 있다면 Cloud Connector를 실행해보자. 다시 URL 경로로 접속하여 정상적으로 실행되었는지 확인한다.

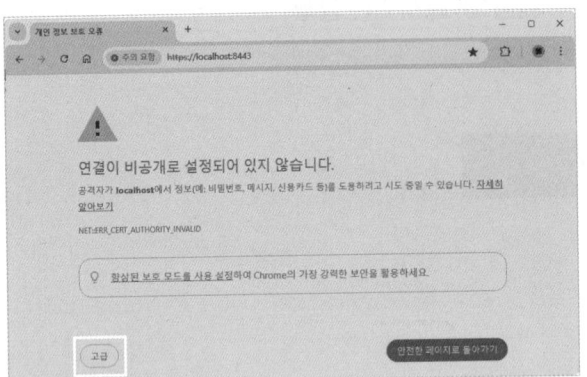

03 LocalHost:8443 고급
사이트에서 [고급] 버튼을 클릭해보자.

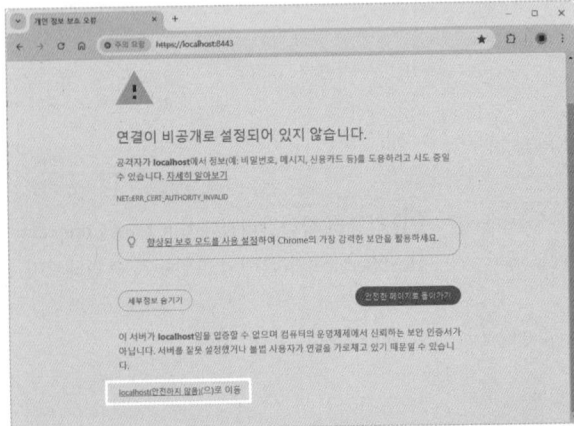

04 LocalHost 공개 설정
하단에 있는 [localhost(안전하지 않음)] 버튼을 클릭하여 이동해보자.

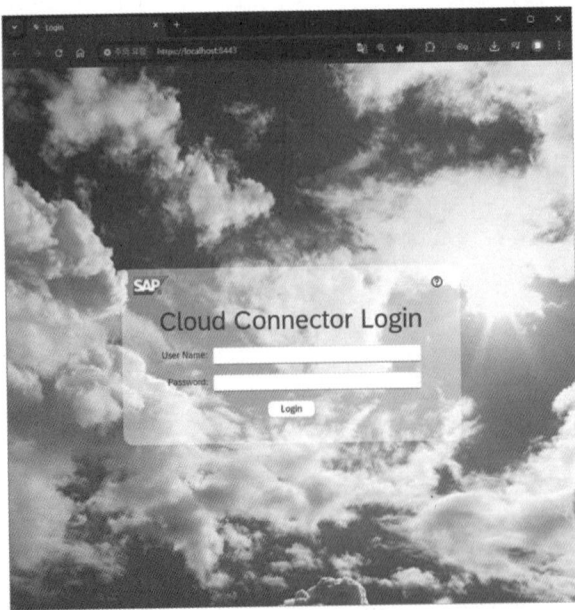

05 Cloud Connector Login
다음과 같이 화면이 나오면 정상적으로 Cloud Connector가 설치된 것이다.

04 SAP Business Technology Platform 트라이얼 설정

SAP Business Technology Platform은 데이터 분석, 어플리케이션 개발, 자동화, 통합, 기업 계획 및 인공지능 기술을 포괄하는 솔루션이다. 또한, 다양한 사업 및 부문에 맞는 솔루션을 제공하여 고객이 혁신적인 서비스 및 제품을 빠르게 시장에 내놓고 경쟁 우위를 확보할 수 있게 한다. 이번 주제에서 SAP Business Technology Platform을 사용하는 이유는 이전에 설치한 Cloud Connector와 SAP GUI를 연결하기 위해 Destination 설정이 필요하기 때문이다.

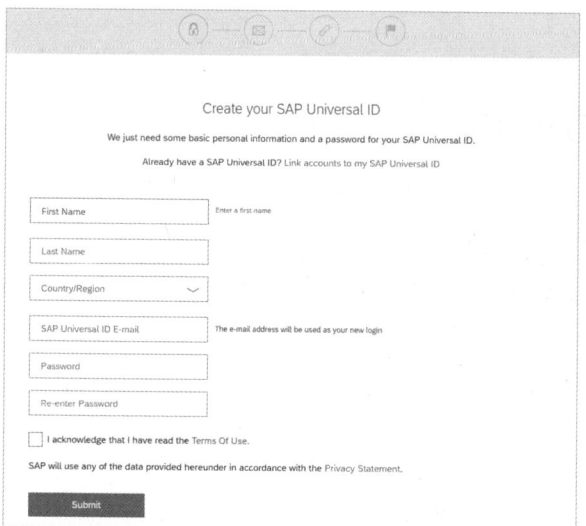

01 Universal ID 계정 생성
처음부터 시작하는 경우, Universal ID를 생성해야 하므로, 다음 링크를 통해 계정을 만들어 보자.

- URL: https://cockpit.hanatrial.ondemand.com/trial/#/home/trial

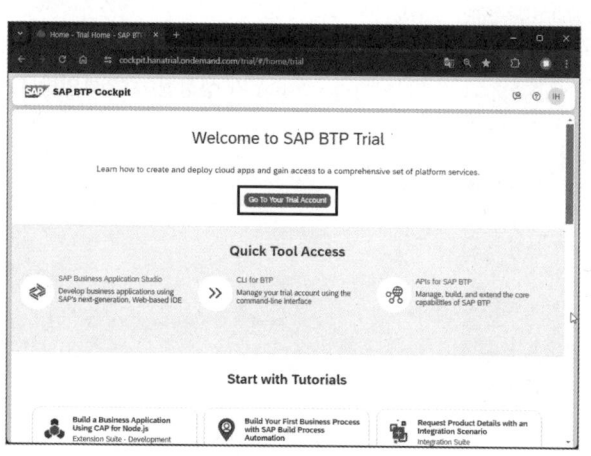

02 SAP BTP Cockpit
SAP Universal ID 계정을 생성하고 로그인하면 다음과 같은 화면이 나타난다. 이 화면은 SAP BTP 트라이얼을 관리하고 사용할 수 있는 조종실 역할을 한다고 생각하면 된다.
먼저, Global Account와 Subaccount를 만들어야 한다. [Go To Your Trial Account] 버튼을 클릭해보자.

조금 더 알아보기 — Global Account OR Subaccount

Global Account
SAP BTP에서 Global Account(글로벌 계정)는 최상위 계정으로, 기업의 클라우드 리소스와 서비스를 통합적으로 관리하는 역할을 한다. SAP BTP 서비스를 구독하고 사용하려면 Global Account를 생성해야 한다. 이 계정은 특정 조직이나 부서를 대표하며, 모든 사용자 및 서비스에 대한 관리와 권한 할당을 담당한다.

Subaccount
Subaccount(서브 계정)는 Global Account 내에서 생성되는 하위 계정이며, 여러 개의 Subaccount를 생성하여 각각의 프로젝트나 팀별로 구분하여 관리할 수 있다. 각 Subaccount에는 독립적인 리소스 및 서비스 할당이 가능하며, 개별적인 사용자 및 역할 관리를 통해 보안과 권한을 관리할 수 있다. 또한, Subaccount는 앱 개발, 테스트, 배포 등을 위한 공간으로 사용된다.

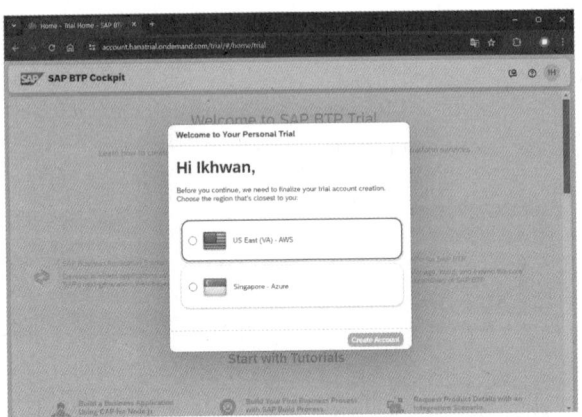

03 지역 설정
다음 그림처럼 [US East]와 [Singapore] 지역 중 하나를 선택할 때는 각 지역의 서비스 제공 상황을 확인하고, 프로젝트의 요구사항에 맞는 지역을 선택해야 한다. [US East]을 선택하여 계정을 생성해보자.

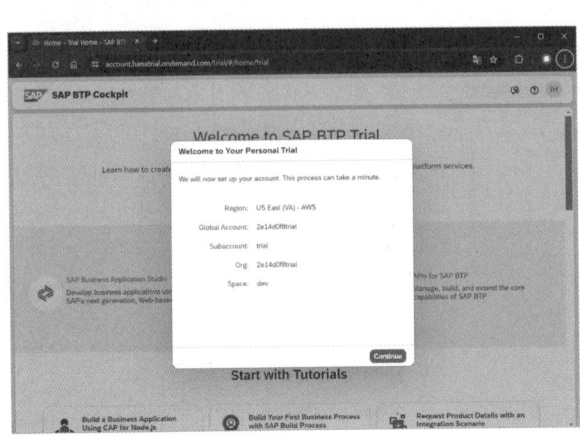

04 Account 생성
생성이 완료되면 다음과 같이 'Global Account' 또는 'Subaccount'가 생성된 것을 확인할 수 있다.

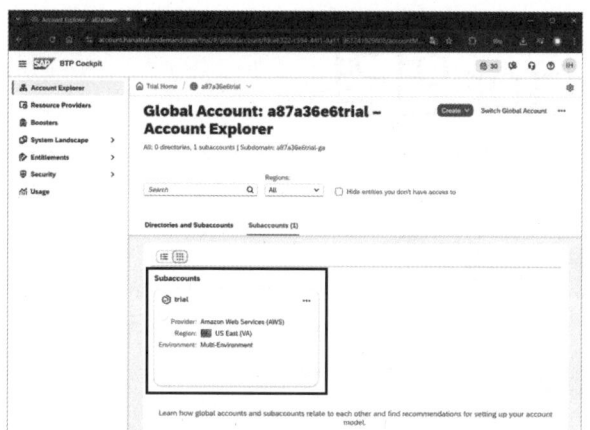

05 Subaccount 확인

Subaccount가 생성된 것을 확인한 후, [Trial]을 클릭해보자.

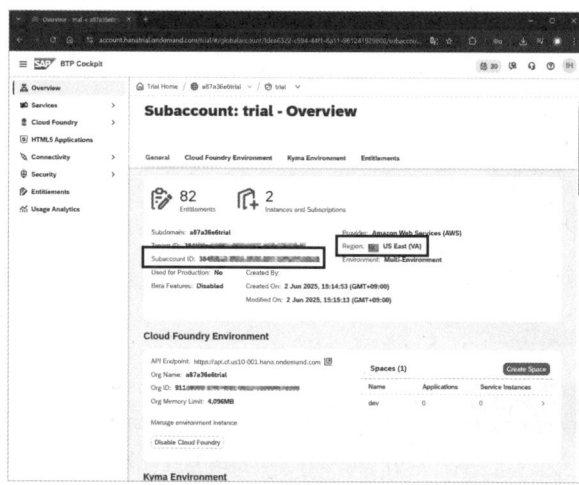

06 Subaccount Overview

여기서 참고해야 할 중요한 사항은 [Region]과 [Subaccount ID]이다. SAP BTP 환경에서 SAP Cloud Connector를 연결하고 사용하기 위해서는 [Region]과 [Subaccount ID]에 대한 정보가 필요하므로, 이 정보를 따로 저장해두자.

05 Cloud Connector 연결

01 Localhost:8443

앞에서 설정한 SAP Cloud Connector를 실행시키고, 브라우저를 통해 다음 경로(https://localhost:8443/)로 접속해보자.

처음 로그인할 때에는 다음과 같이 사용자 이름(User Name)과 비밀번호(Password)를 입력한 후 [Login] 버튼을 클릭한다.

User Name	Administrator
Password	manage

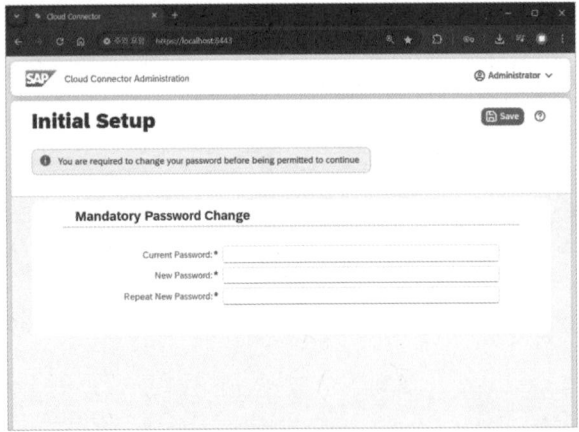

02 비밀번호 설정

비밀번호를 설정한 후, 로그인 페이지에서 해당 비밀번호를 사용하여 로그인 하고, Choose Installation Type은 [Master]로 설정하고 넘어가자.

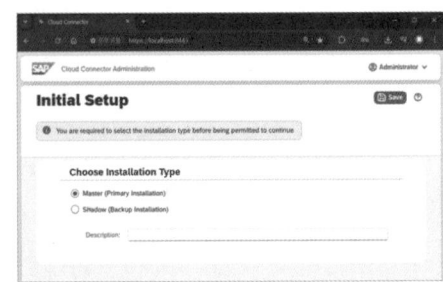

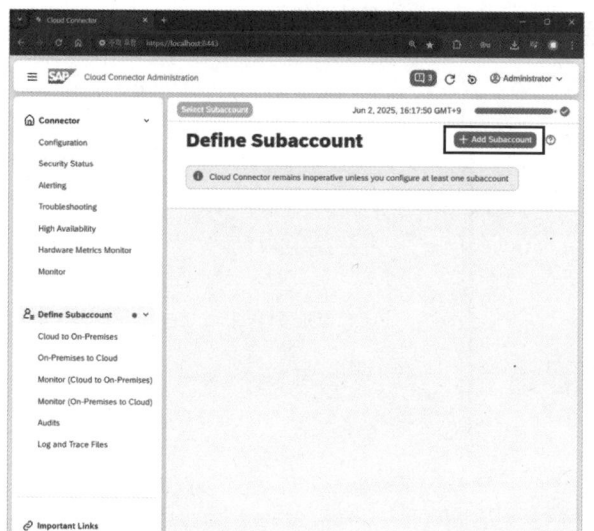

03 Subaccount 연결
SAP BTP에서 생성한 Subaccount을 Cloud Connector와 연결해야 한다. [Add Subaccount]을 클릭하자.

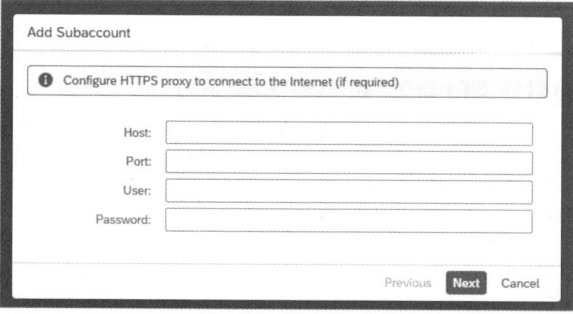

04-1 Subaccount 추가
HTTPS Proxy를 사용하지 않기 때문에, 값을 입력하지 않고 [Next] 버튼을 클릭한다.

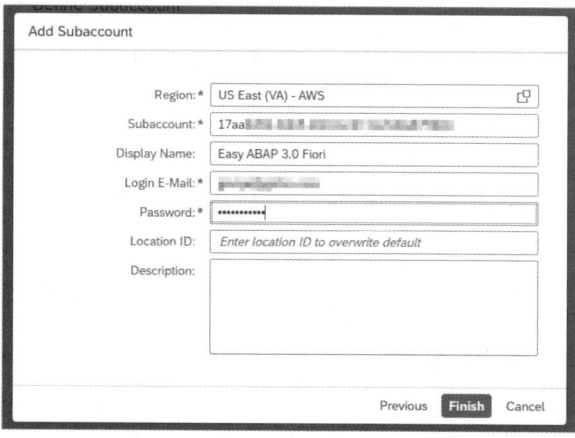

04-2 Subaccount 추가
SAP BTP에서 따로 저장했던 Subaccount 정보를 다음과 같이 입력해보자.

Region	SAP BTP Region
Subaccount	SAP BTP Subaccount
Display Name	Easy ABAP 3.0 Fiori
Login E-Mail	SAP BTP Cockpit ID
Password	SAP BTP Cockpit 비밀번호
Location ID	
Descriptions	설명

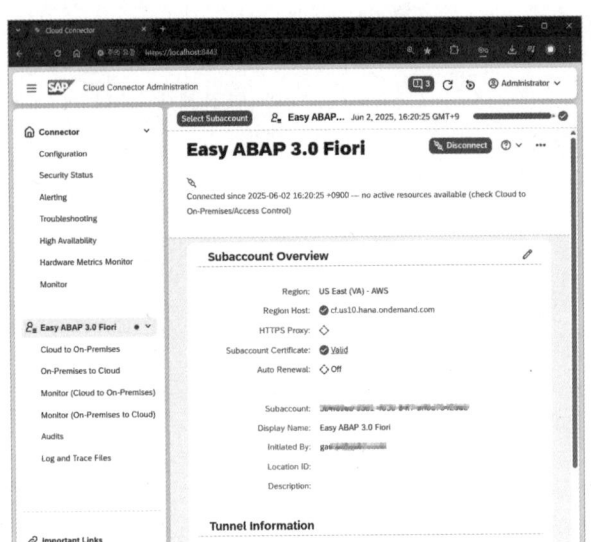

05 연결 성공

[Finish] 버튼을 클릭하면 다음과 같이 Cloud Connector와 SAP BTP가 연결된 것을 확인할 수 있다.

조금 더 알아보기 — SAP BTP Cockpit에서 연결이 되었는지 확인하는 방법

1. SAP BTP Cockpit 사이트에 들어가서 Subaccount로 접속한 후, [Connectivity] → [Cloud Connectors]를 클릭해보자.

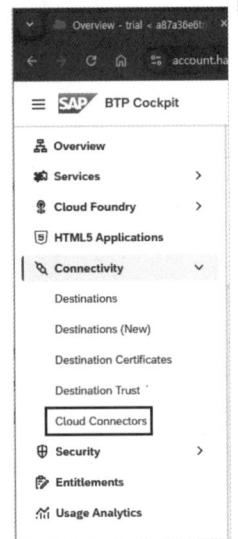

2. 다음과 같이 Cloud Connector와 SAP BTP가 성공적으로 연결되었는지 확인할 수 있다.

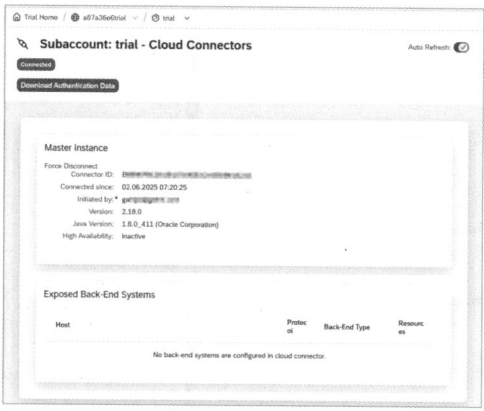

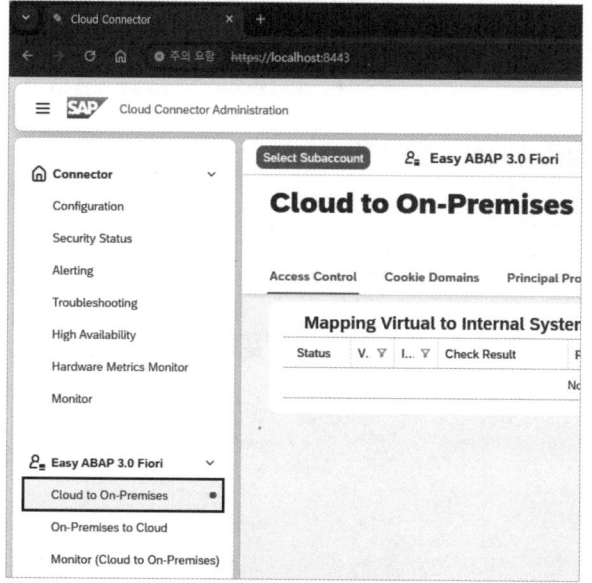

06 Cloud To On-Premise
앞에서 설정한 Subaccount의 [Cloud To On-Premise]를 클릭해보자.

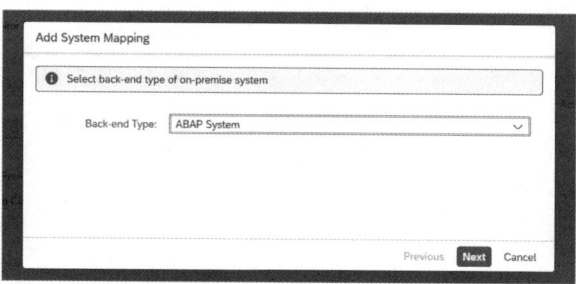

07-1 System Mapping 추가
이번에는 SAP GUI 서버와 Cloud Connector를 매핑해보자. [+] 아이콘을 클릭해서 다음 화면이 나타나면 'ABAP System'으로 설정한다.

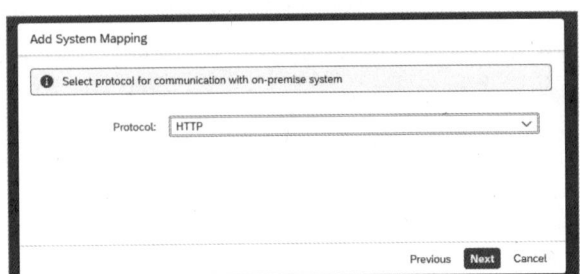

07-2 System Mapping 추가
Protocol 필드는 'HTTP'로 설정한다.

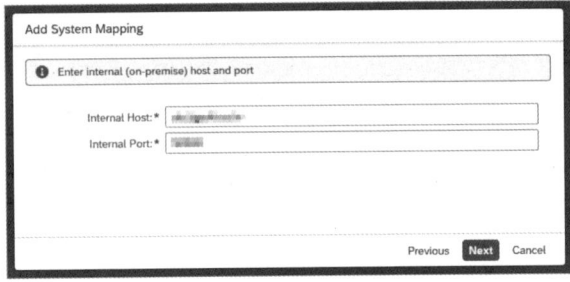

07-3 System Mapping 추가
Internal Host 필드에는 SAP 서버의 내부 호스트 주소를 입력하고, Internal Port 필드에는 SAP 서버의 내부 포트번호를 입력해야 한다. 입력이 완료되면 [Next] 버튼을 클릭해서 다음 단계로 넘어가보자.

Internal Host	SAP 서버 Host
Internal Port	SAP 서버 Port

조금 더 알아보기 — Internal Host, Internal Port 확인하기

SAP GUI를 실행한 다음 SAP 서버에 접속해야 한다.

1. T-CODE : SMICM으로 들어가서, Service([Shift] + [F1])를 클릭한다.

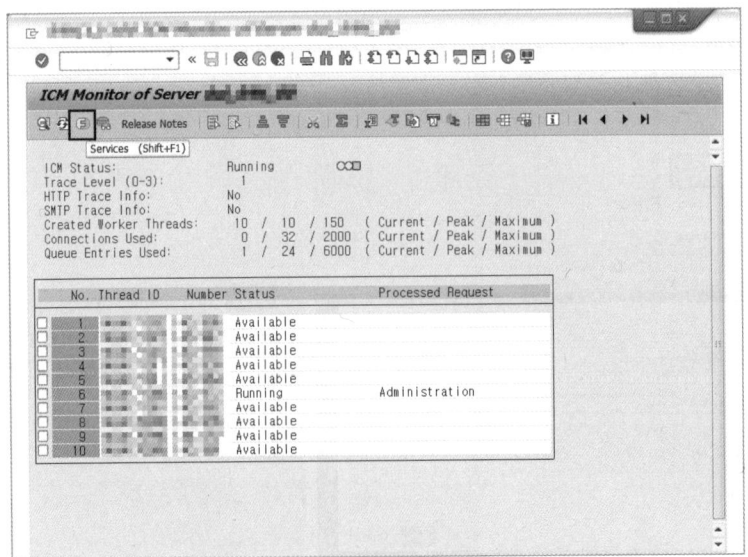

2. 다음과 같이 [Service Name/Port]와 [Host Name]을 확인할 수 있다.

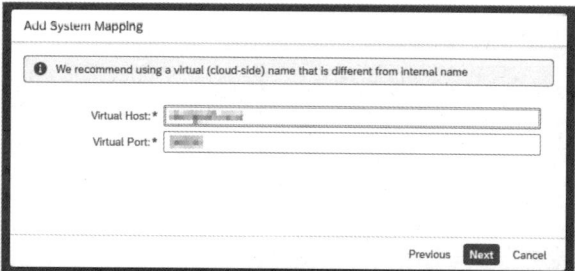

07-4 System Mapping 추가
Virtual Host 필드에는 SAP Cloud 서비스에 사용하는 가상 호스트 주소를 입력해야 한다. Internal Host와 동일한 값을 입력한 후 [Next] 버튼을 클릭해보자.

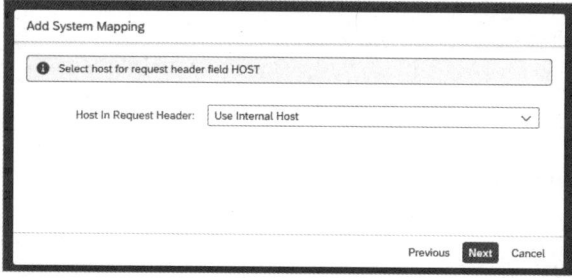

07-5 System Mapping 추가
Host In Request Header 필드는 'Use Internal Host'로 설정한다.

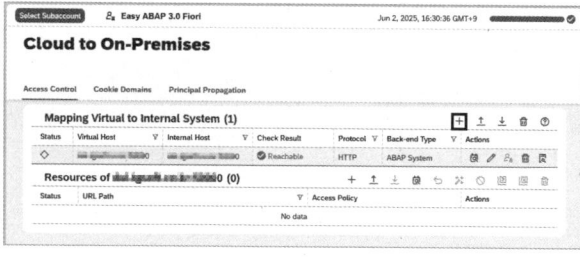

08 연결 설정
연결 설정이 완료되면 다음과 같이 매핑된 시스템이 조회된다. 설정한 시스템을 클릭한 후, [+] 아이콘을 클릭해보자.

조금 더 알아보기 — 연결 에러 떴을 경우 & HOST Name이 숫자가 아닌 영어일 경우

1. 우선 첫 번째로 해당 IP의 PORT가 연결되어 있는지 체크해야 하기 때문에 [TELNET]으로 확인하고 넘어가자. 안 되어 있으면 해당 PORT 오픈 신청을 해야 한다.

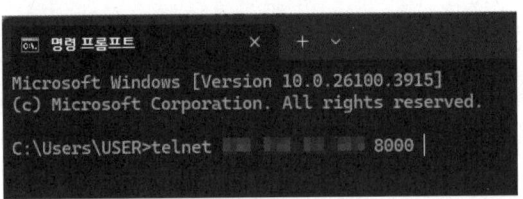

2. 만약 연결되어 있으면 HOST Name과 IP를 매칭시켜야 한다. 연결할 시스템의 어플리케이션 서버를 복사해보자.

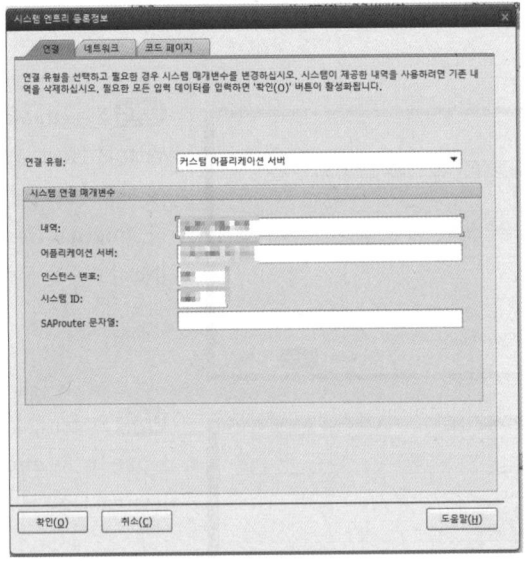

3. '메모장'을 검색한 후, [관리자 권한으로 실행]을 클릭한다.

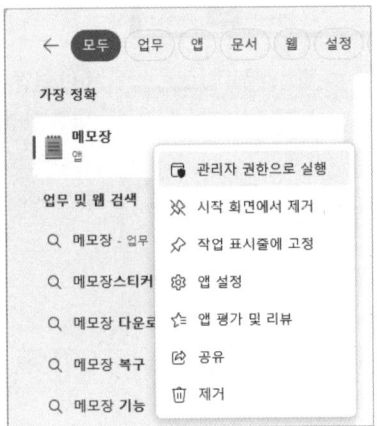

4. [파일] → [열기]를 눌러서 해당 경로("C:₩Windows₩System32₩drivers₩etc")로 들어가보자.

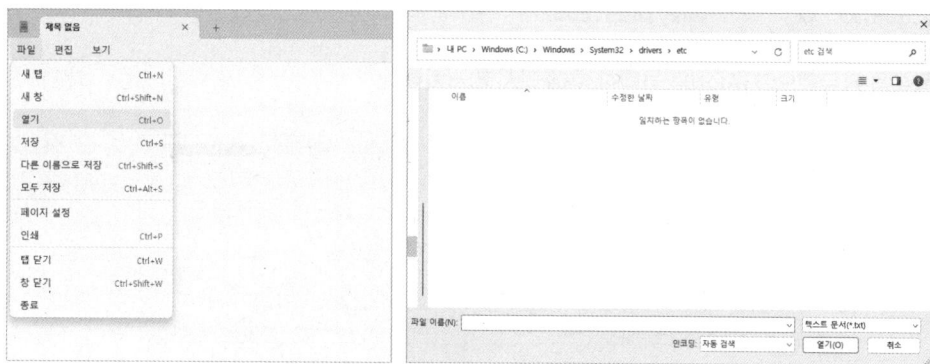

5. 하단에 있는 필터 설정에서 [텍스트 문서] → [모든 파일]로 변경해보자.

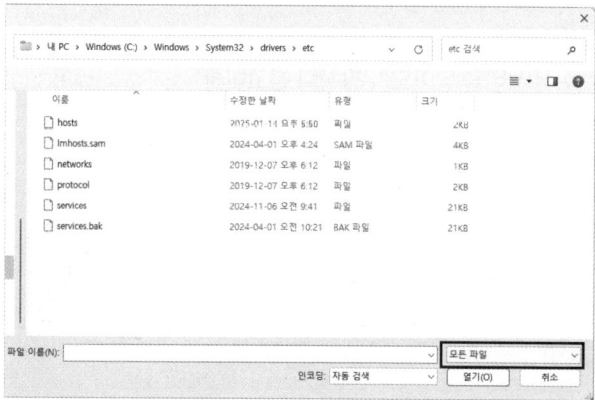

6. 'hosts' 파일에서 [어플리케이션 서버, 호스트 이름] 양식으로 써보자.

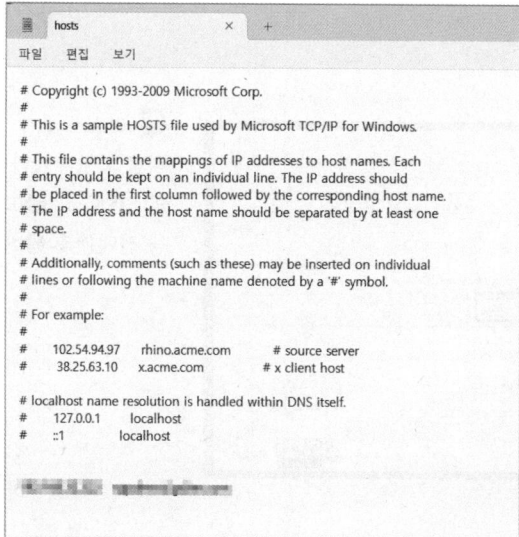

예를 들어, 다음과 같이 작성하는 것이다.

```
192.168.XX.XX          easyabap.com
```

7. 등록을 완료했으면 [저장]을 클릭한 후에 다시 리서치한다.

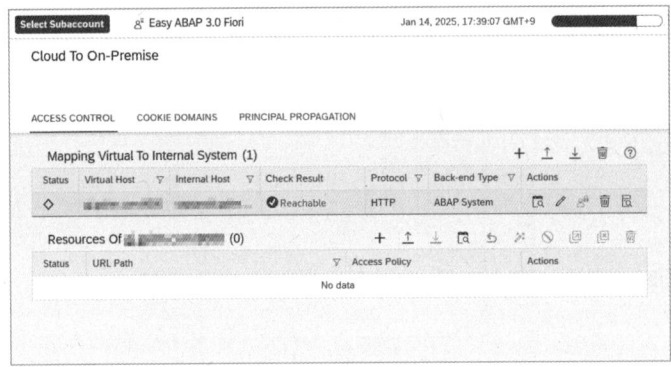

호스트 말고 어플리케이션 서버를 넣어도 무방하니 참고하자.

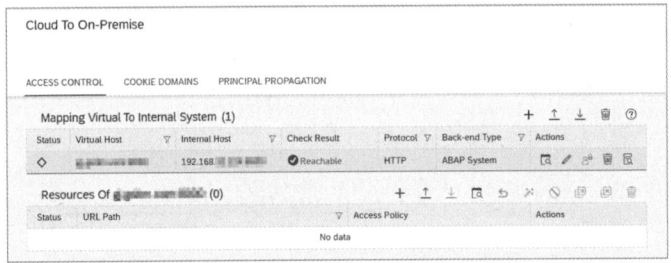

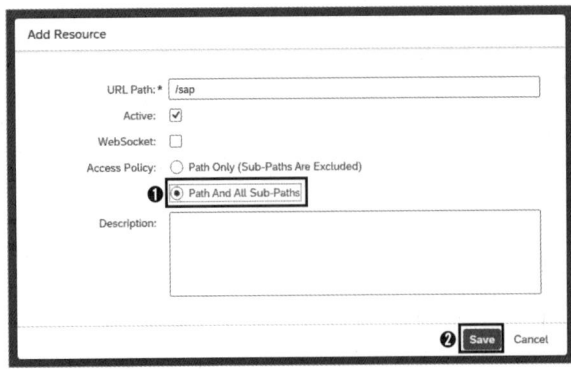

09 리소스 추가
다음 화면이 나타나면 [URL Path]에 '/sap' 값을 입력하고, ❶[Path And All Sub-Paths] 항목을 선택한 후 ❷[Save] 버튼을 클릭해보자.

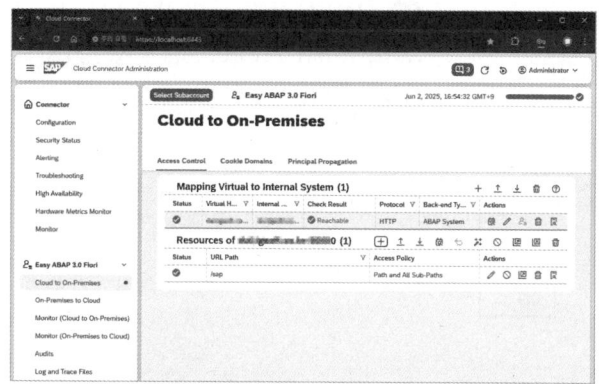

❿ 설정 완료

설정이 완료되면 다음 화면처럼 조회된다.

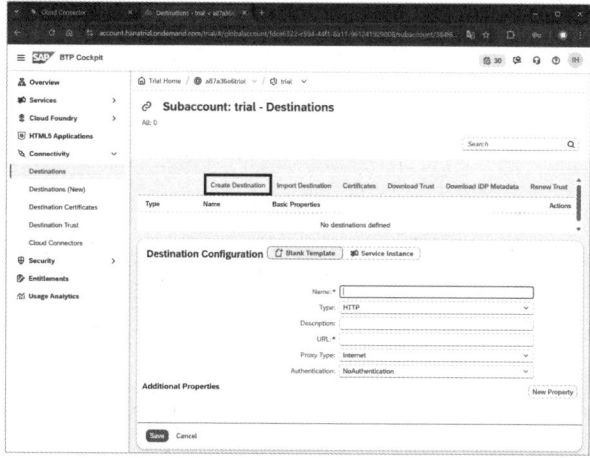

⓫ Destination 설정

SAP BTP에서 Destinations를 설정해야 SAP Business Application Studio에서 SAP Gateway, ERP 또는 Non-SAP 시스템에 접근할 수 있다. 이를 위해 SAP BTP Cockpit 사이트에 접속한 후, Subaccount에 들어가 [Connectivity] → [Destinations] → [Create Destination] 버튼을 클릭하여 설정을 진행해보자.

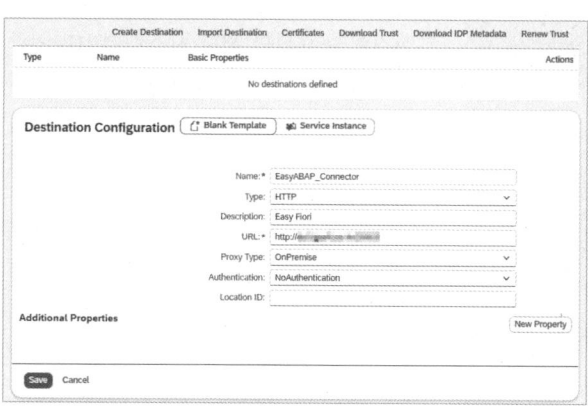

⓬ Destination Configuration 설정

다음과 같이 설정했던 값들을 넣어주면 된다.

Name	사용자 설정
Type	HTTP
Description	사용자 설정
URL	Virtual Host 설정
Proxy Type	OnPremise
Authentication	BasicAuthentication
Location ID	

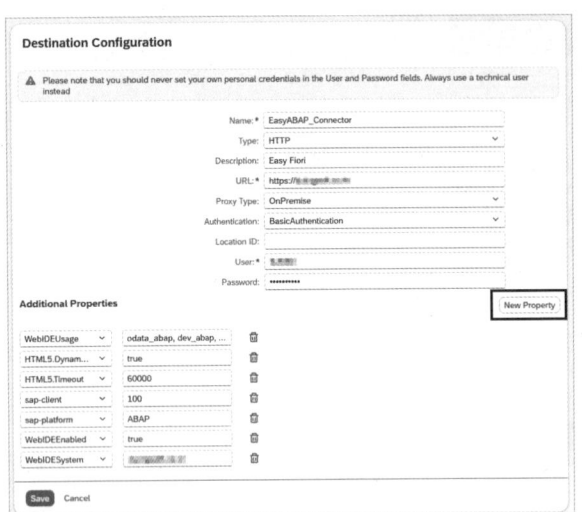

13 Additional Properties 설정
Additional Properties에 있는 [New Property] 버튼을 클릭하여 설정해보자.

HTML5.DynamicDestination	true
HTML5.Timeout	60000
sap-client	100 (SAP 서버 Client에 따른 설정)
sap-platform	ABAP
WebIDEEnabled	true
WebIDESystem	Virtual Host 설정
WebIDEUsage	odata_abap, dev_abap, ui5_execute_abap, bsp_execute_abap, odata_gen

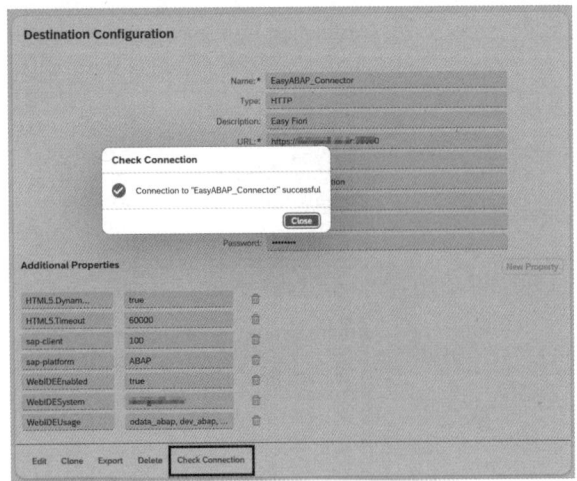

14 성공 완료
설정이 완료되면 해당 시스템에 [User]와 [Password]을 입력하고, 연결이 잘 되었는지 확인하기 위해 [Check Connection] 버튼을 클릭하자. 연결이 성공되면 성공 메시지가 표시되는 것을 확인할 수 있다.

06 SAP Business Application Studio 권한 설정

SAP Business Application Studio의 권한 설정은 사용자가 Fiori 앱을 개발, 테스트, 배포할 수 있는 기능을 제공한다. 사용자의 역할에 맞게 필요한 권한을 설정하고 관리하여, 효율적인 개발 환경을 구축해 보자.

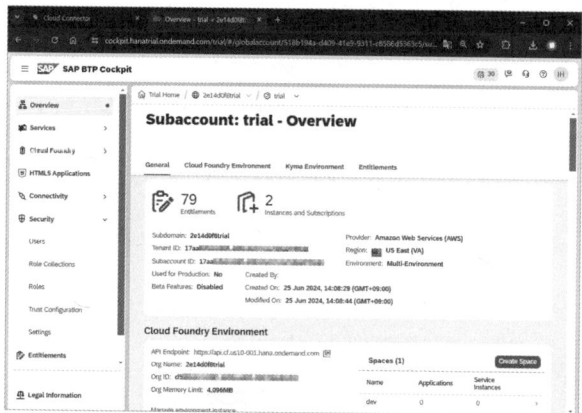

01 SAP BTP Cockpit 사이트
먼저, SAP BTP Cockpit 사이트에서 SAP Business Application Studio의 권한을 설정해야 한다. SAP BTP Cockpit 사이트에 접속하여 Subaccount로 들어가보자.

02 SAP BTP Cockpit 메뉴
좌측 메뉴 바에서 [Security] → [Users]를 클릭하여 다음 단계로 이동한다.

03 Assign Role Collection 설정

❶ [User]를 선택한 후, 우측 하단에 있는 ❷ [Assign Role Collection] 버튼을 클릭하면 사용자에게 권한(Role Collection)을 할당할 수 있는 화면으로 이동할 수 있다.

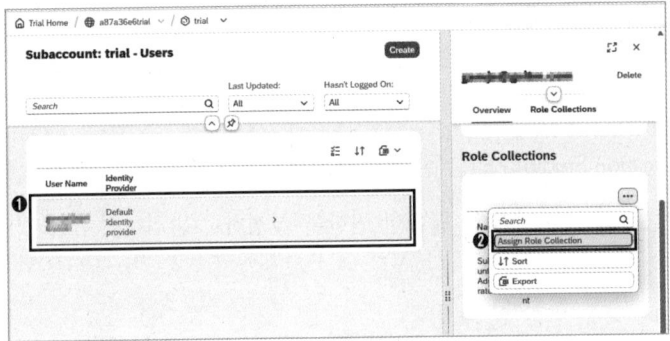

04 권한 설정

Business Application Studio에서 Fiori 앱을 조회 및 관리하려면 다음과 같이 권한을 설정해야 한다.

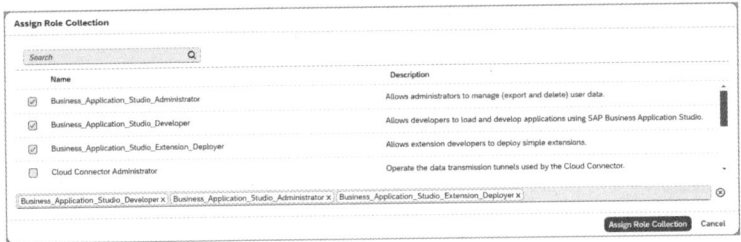

05 Business Application Studio 권한

다음과 같이 Role Collections 리스트가 조회되면 설정이 완료된 것이다.

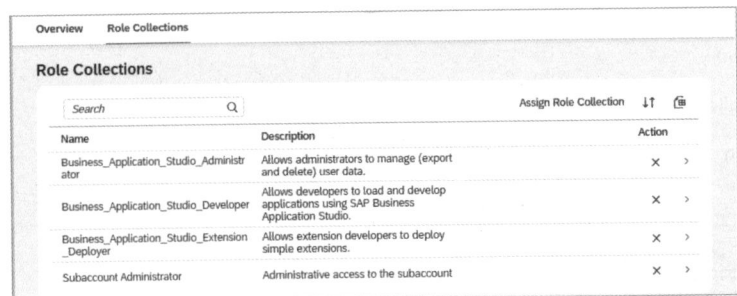

CHAPTER 22

SAP Gateway OData 설정

In this chapter >>>

이번 장에서는 SAP Gateway를 사용하여 SAP Business Application Studio와 연결하고 데이터를 표시하기 위한 기본적인 설정을 다룬다. 여기에는 HTTP 메소드(GET, POST, PUT, PATCH, DELETE)를 통한 데이터 처리 방법도 포함된다.

Chapter list >>>

1. SAP Gateway 설정

2. SAP Gateway GET(Read) 정의

3. SAP Gateway POST(Insert) 정의

4. SAP Gateway PUT, PATCH(Update) 정의

5. SAP Gateway DELETE 정의

6. SAP URI 옵션

SAP Gateway 설정

1-1 SAP Gateway 란?

SAP Gateway는 SAP 시스템과 외부 시스템을 연결하는 데 필수적인 구성 요소이다. 이를 통해 SAP 시스템의 데이터와 비즈니스 프로세스를 외부 어플리케이션 및 서비스와 연결할 수 있으며, SAP Fiori와 같은 모바일 및 웹 어플리케이션에서 데이터와 서비스를 노출시킬 수 있다.

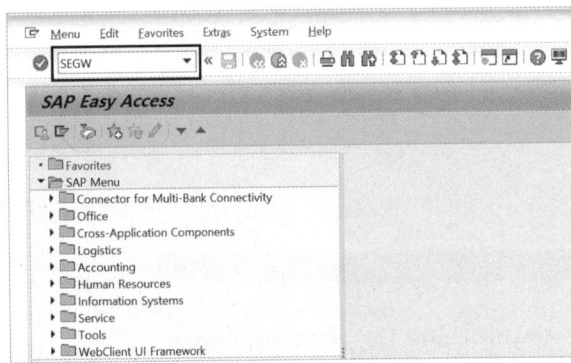

01 SAP Gateway T-CODE 이동
먼저, Gateway을 생성하기 위해 SAP GUI의 초기 화면에서 명령어 입력필드에 'SEGW'을 입력해보자.

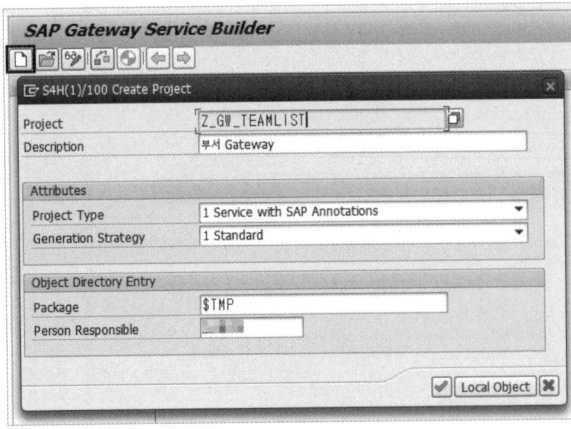

02 필드명 및 데이터 엘리먼트 입력
SEGW T-CODE에서 상단에 있는 [Create] 아이콘을 클릭한다. 앞서 만들었던 부서 테이블을 이용해서 프로젝트를 진행한다.

> 테이블 네이밍 규칙: [CBO 오브젝트(Z_)+게이트웨이(GW_)+오브젝트 내용(TEAMLIST)]

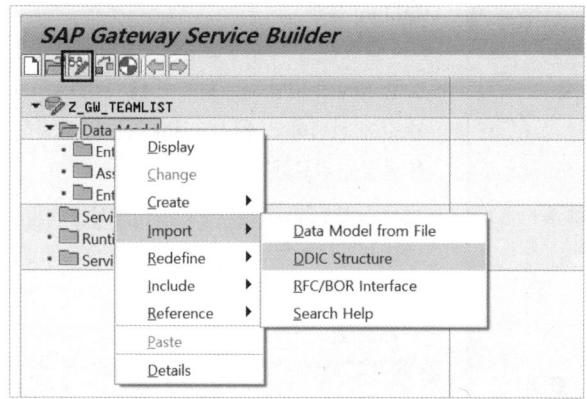

03 Data Model 설정

연필 아이콘( )을 클릭하여 [Edit Mode]로 변경한 후, [Data Model] → [Import] → [DDIC Structure]을 통해 Entity Type을 설정해보자.

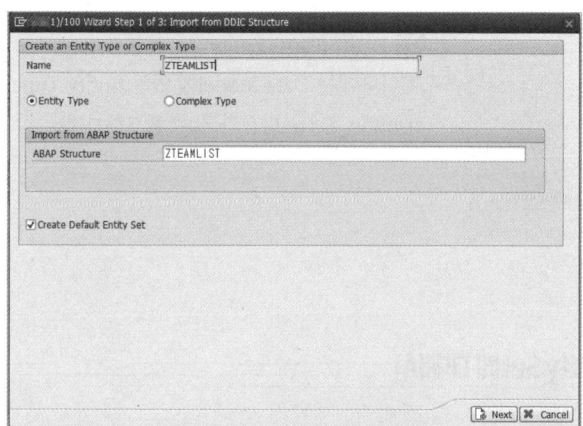

04 Import할 ABAP Structure 생성

Entity Type과 Entity Set을 설정한 후 [Next] 버튼을 클릭하자. Name을 설정할 때 대/소문자를 구분하므로 주의해야 한다.

▌Entity Type과 Entity Set에 대한 자세한 내용은 [조금 더 알아보기]를 참고하자.

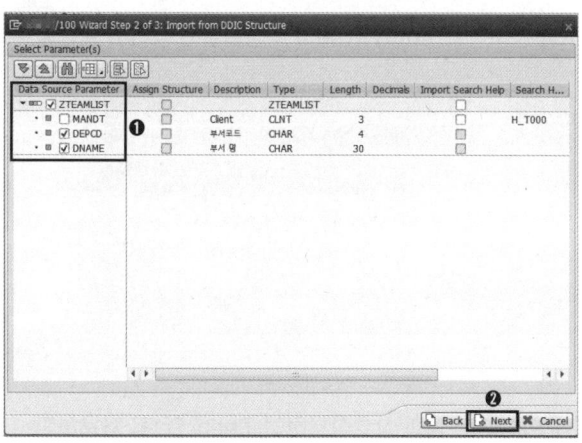

05 필드명 및 데이터 엘리먼트 입력

Entity Type의 데이터 엘리먼트를 설정해야 한다. ❶ MANDT를 제외한 나머지 컬럼을 선택하고 ❷ [Next] 버튼을 클릭하자.

▌MANDT 컬럼을 선택하면, CURD 작업 시 해당 컬럼의 값도 설정해야 한다.

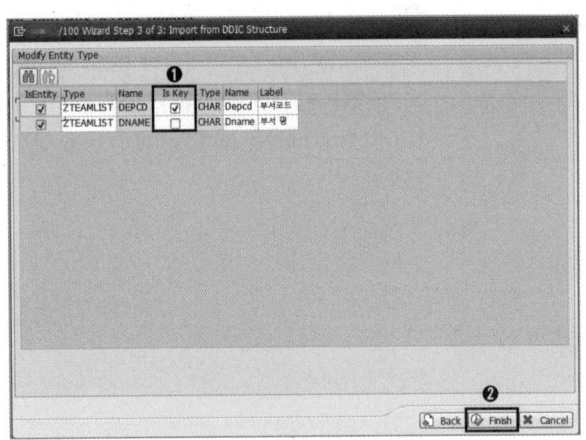

06 Key 설정

Key 설정은 언제나 중요하다. 데이터 엘리먼트 중 Key에 해당하는 항목에 ❶ "Is Key" 속성 값에 선택하고, ❷ [Finish] 버튼을 클릭하여 설정을 완료한다.

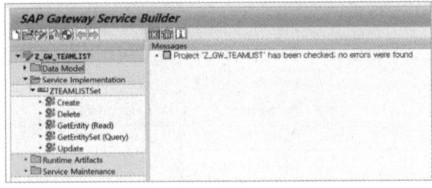

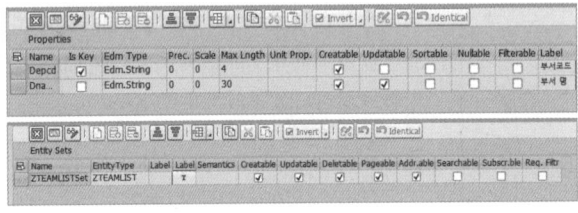

07 Entity Type, Entity Set 설정

그 다음에는 Data Model에 있는 Entity Type 과 Entity Set을 다음과 같이 체크해보자.

조금 더 알아보기 — Entity Type과 Entity Set에 대해서

Entity Type이란?

OData 모델링에서 개별 엔티티(Entity)의 구조를 정의하고, Entity Type의 속성들을 구성하고 설정할 수 있다.

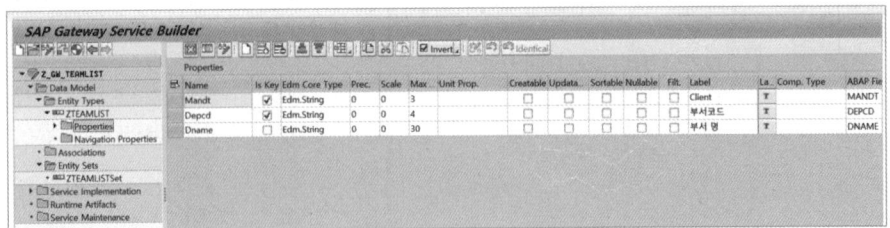

Entity Set이란?

SAP 시스템 내의 Entity Type은 OData를 통해 외부 시스템과 상호작용하며, Entity Set을 사용하여 CRUD(Create, Read, Update, Delete) 작업은 물론, 검색, 주소 지정 등의 작업을 수행할 수 있다.

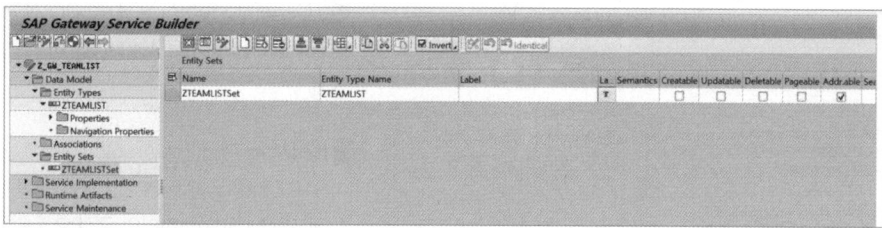

주의할 점은 어노테이션(Annotation)을 사용할 때, Entity Type 또는 Entity Set에서 Creatable, Updatable, Deletable 등을 선택하지 않으면 Fiori 앱 화면에서 해당 엔티티에 대한 데이터 생성, 업데이트, 삭제 기능이 비활성화되거나 사용할 수 없게 된다는 것이다.

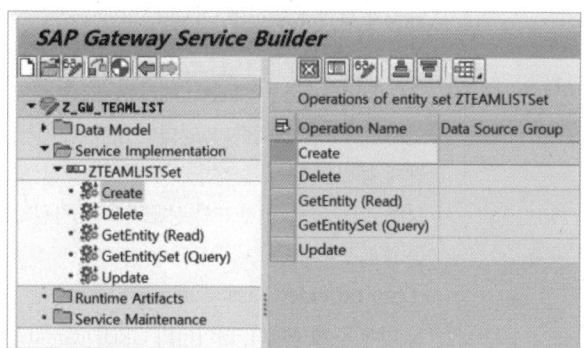

08 'ZTEAMLISTSet'에 대한 기본적인 CRUD 메소드를 확인한다. 메소드는 외부 시스템과 SAP 시스템 간의 통신을 위해 SAP 시스템 내의 기능을 호출하고 실행하는 데 사용된다.

조금 더 알아보기 — GetEntity(Read), GetEntitySet(Query) 알아보기

GetEntity(Read)란?

단일 엔티티를 검색하는 데 사용되며, 특정 엔티티의 상세 정보를 요청하고, 응답으로 해당 엔티티의 데이터를 가져온다.

GetEntitySet(Query)란?

여러 엔티티의 데이터를 조회하는 데 사용되며, 데이터를 필터링하거나 정렬하여 결과를 검색하는 데 사용된다.

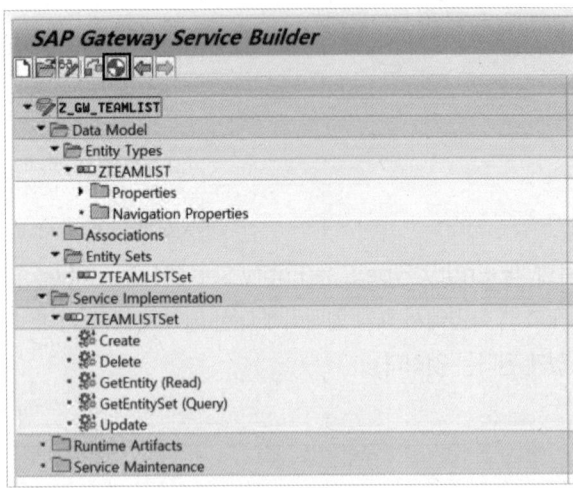

09 Generate Runtime Artifacts 실행
[Generate Runtime Artifacts] 버튼을 클릭해 보자.

▎Generate Runtime Artifacts란?
SAP Gateway에서 OData Service를 생성하고 배포할 때 필요한 런타임 구성 요소를 생성하는 프로세스이다.

10 구현 및 서비스 등록하기
다음과 같이 등록하여 OData Service를 활성화하자.
- **Model Provider Class:** Gateway Service의 인터페이스를 정의한다. 엔티티의 유형, 속성, 관계 등의 모델을 정의하고, 메타데이터를 생성하고, 구조와 외부와의 상호작용을 지원하는 클래스이다.
- **Data Provide Class:** Gateway Service의 핵심 기능을 제공한다. 데이터의 CRUD(Create, Read, Update, Delete) 작업을 수행하고, 필요한 경우 데이터 변환 및 유효성 검사를 처리하는 클래스이다.

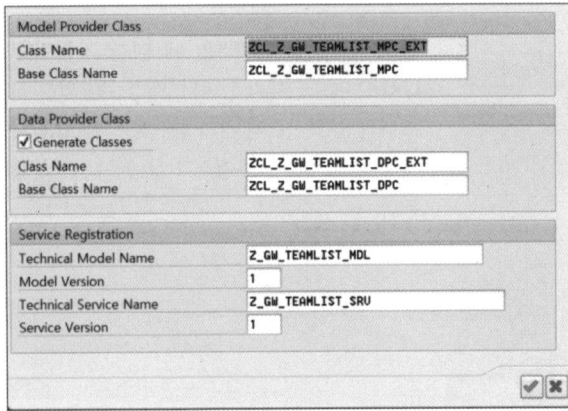

11 그림과 같이 나오면 서비스 등록이 성공한 것이다.

12 Service Maintenance 등록
Service Maintenance는 SAP Gateway 시스템에서 각 서비스를 등록하고 유지 관리하는 역할을 한다. 이를 통해 서비스를 등록하고 활성화할 수 있다.

CHAPTER 22 | SAP Gateway OData 설정

만약 Service Maintenance 폴더에 Hub System이 없다면, 다음 단계로 넘어가서 서비스를 등록해보자.

📌 Hub System이 없을 경우, 설정하는 방법은 다음에 나오는 [조금 더 알아보기]를 참고해보자.

⑬ Maintain과 Register 옵션 설정
T-CODE: /N/IWFND/MAINT_SERVICE를 실행한다. 다음 화면에서 [Add Service]를 클릭한 후 서비스 카탈로그를 등록한다.

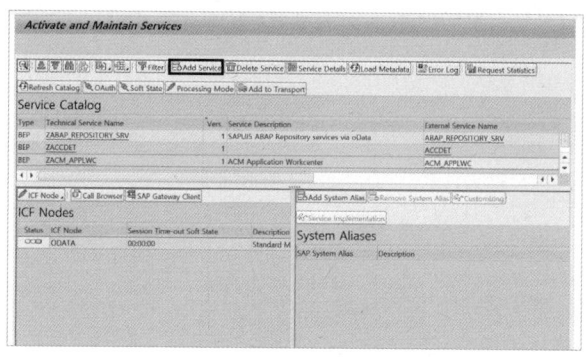

⑭ 서비스 카탈로그 등록하기
상단에 있는 [Add Service]를 클릭한 후 Systems Alias 필드에 'LOCAL'을, External Service Name 필드에 'Z_GW_TEAMLIST_SRV' 값을 입력하고서 [Get Services]를 클릭해서 [Add Selected Services]를 등록해보자. 여기서 중요한 점은 Service Name 뒤에 '_SRV'를 붙여야 한다는 것이다.

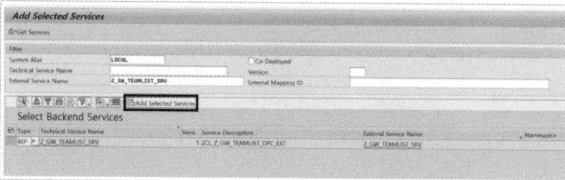

⑮ OData Service 등록
나머지는 그대로 두고, Package Assignment 필드에 '$TMP'을 입력하여 등록한다. 또는 본인이 생성한 개발 패키지를 입력해도 된다.

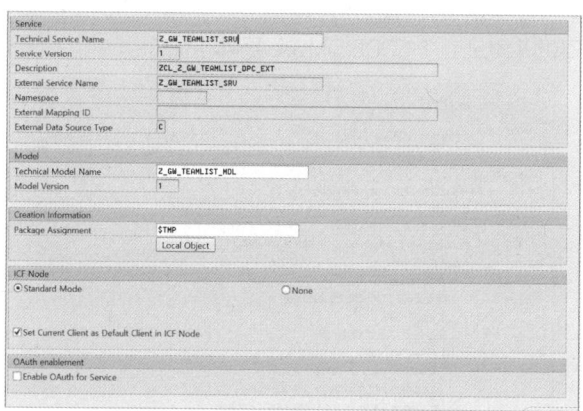

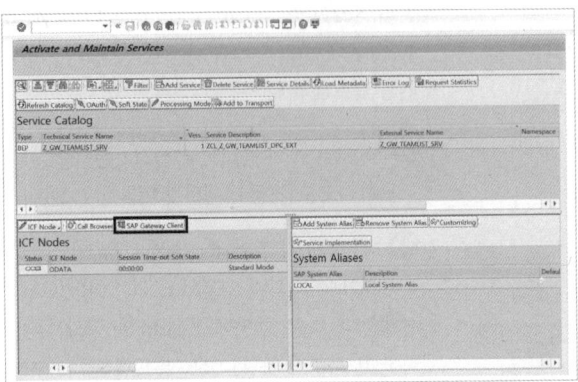

16 SAP Gateway Client 테스트
OData Service가 잘 설정되었는지 테스트하기 위해 [SAP Gateway Client] 버튼을 클릭한 후 [Execute]를 실행해 보자. Call Browser를 통해 테스트해도 상관없다. 다음과 같이 '~status code'로 200이 나오면 OData Service가 성공적으로 생성된 것이다.

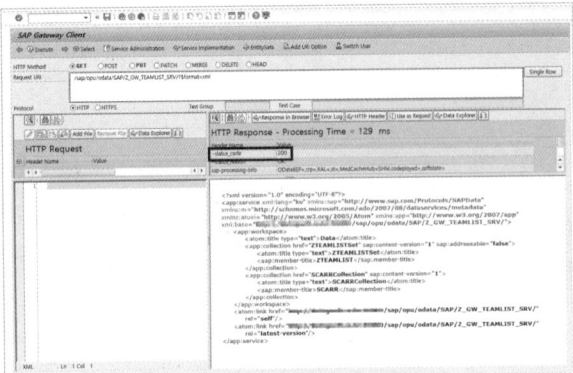

조금 더 알아보기 — HUB System이 없는 경우(Service Maintenance)

1. Hub System을 등록하려면 IMG 설정을 해주어야 하므로, T-CODE:SIMG로 들어가자.

2. [ABAP Platform] → [SAP Gateway Service Enablement] → [Backend OData Channel] → [Connection Settings to SAP Gateway] → [SAP Gateway Settings]을 실행해보자.

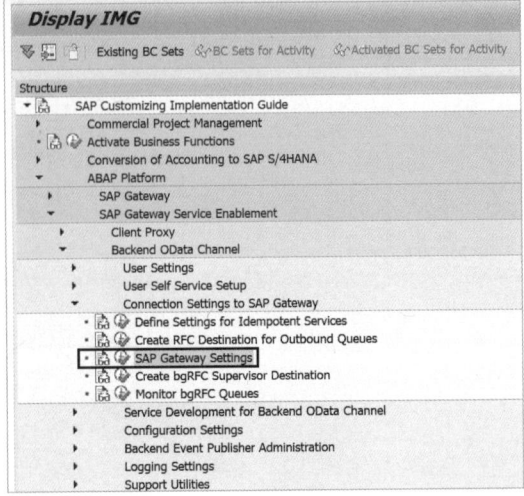

3. [New Entries] 버튼을 클릭한 후, 다음과 같이 설정하고 저장한다.

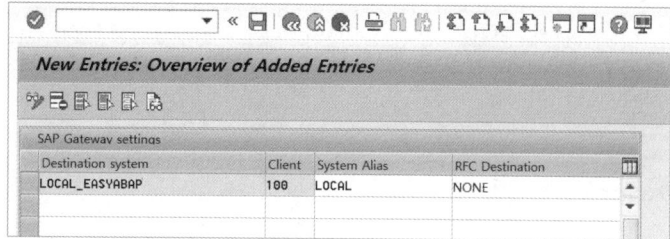

4. T-CODE:SEGW로 들어가서 Service Maintenance 폴더를 확인해보자. 그러면 다음과 같이 Hub System이 생성된 것을 볼 수 있다.

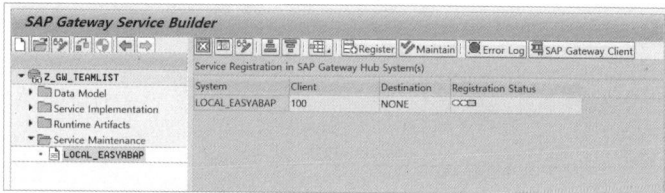

5. 만약 Registration Status가 초록색 아이콘이 아니라면 등록이 필요하다. [Register] 버튼을 클릭하여 OData Service를 등록해보자.

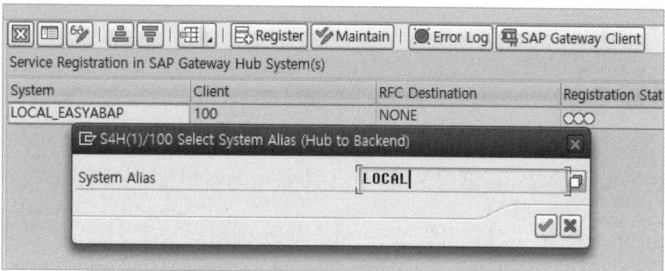

6. 앞에서 설정했던 것과 동일하게 설정하여 Service 생성을 진행하자.

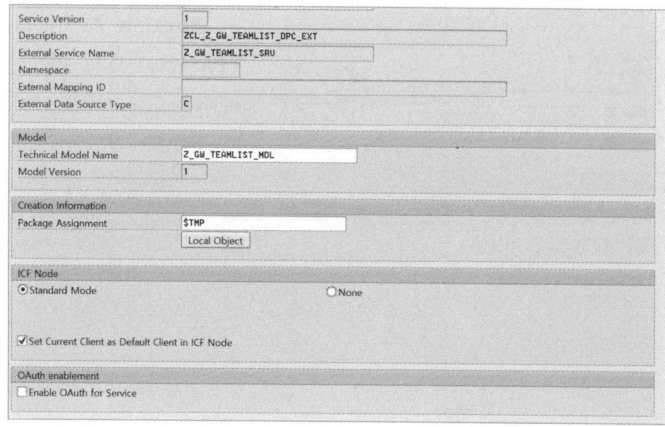

7. 그러면 다음과 같이 초록색 아이콘으로 변경되는 것을 볼 수 있다.

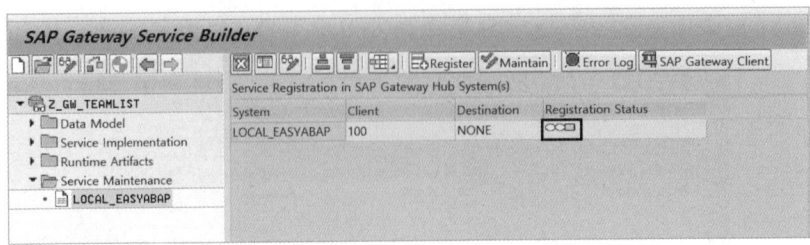

 # SAP Gateway GET(Read) 정의

2-1 여러 건 가져오기

SAP Gateway의 GET(Read)은 Fiori 앱이 SAP 시스템에서 데이터를 읽어오는 데 사용되는 HTTP 메소드이다. 이 메소드를 사용하여 사용자는 SAP 시스템의 데이터를 조회할 수 있다.

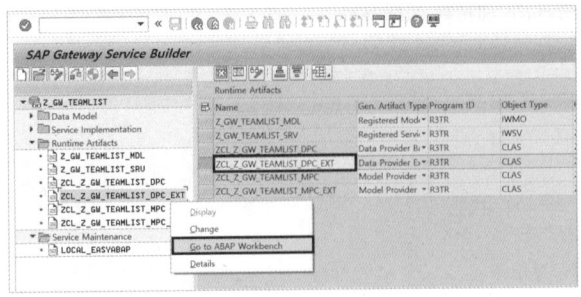

01 *_DEC_EXT 설정해서 SELECT 설정
T-CODE:SEGW에서 [Z_GW_TEAMLIST]
→ [Runtime Artifacts] → [ZCL_Z_GW_
TEAMLIST_DPC_EXT]를 선택하고 더블 클릭한다. 또는 마우스 오른쪽 버튼을 클릭해서
[Go to ABAP Workbench] 메뉴를 선택한다.

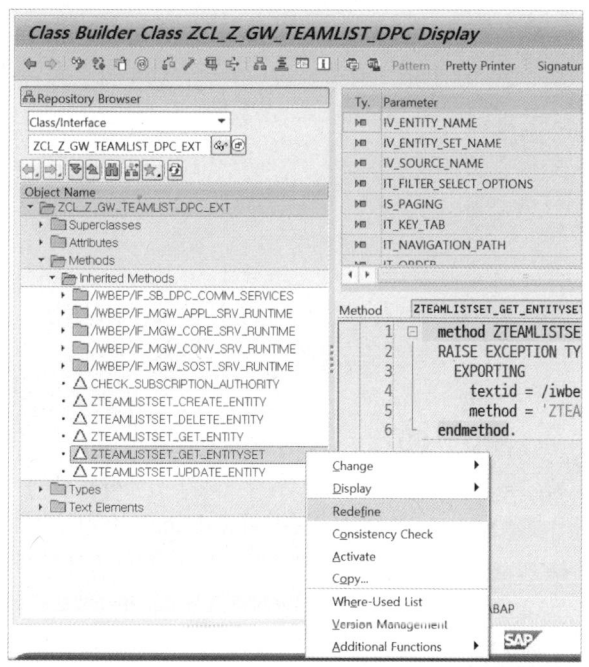

02 GET_ENTITYSET Redefine하기
Redefine을 통해 ENTITYSET을 사용할 때 조건을 설정하여 원하는 데이터를 가져올 수 있도록 구현할 수 있다. Redefine은 기존 로직, 프로세스, 성능 개선 등 다양한 이유로 인해 기존 서비스를 새로운 요구사항에 맞게 재구성할 때 사용된다.

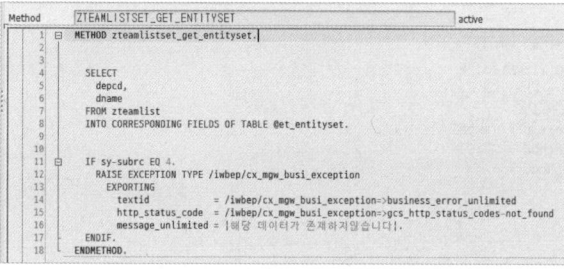

03 SELECT 설정
기존에 있던 주석을 삭제한다. ET_ENTITYSET은 여러 건이기 때문에 다음과 같이 SQL 구문을 입력한다.
그리고, 테이블에 데이터가 없을 경우 RAISE 구문을 통해 "해당 데이터가 존재하지 않습니다."라는 메시지를 발생시키고, Status_code를 'NOT_FOUND'로 설정하여 에러 코드가 나타나게 하였다.

📕 ET_ENTITYSET에 대해서는 [조금 더 알아보기]를 참고하자.

04 GET_ENTITYSET 테스트
다음과 같이 SAP Gateway Client에서 URI 뒤에 'ZTEAMLISTSet'을 입력하고 [Execute] 버튼을 클릭하면, 성공적으로 데이터를 가져오는 것을 확인할 수 있다. 다음 화면처럼 나오게 하려면 [Data Explorer] 버튼을 클릭하면 된다.

📕 Entity Set은 대/소문자를 구분한다.

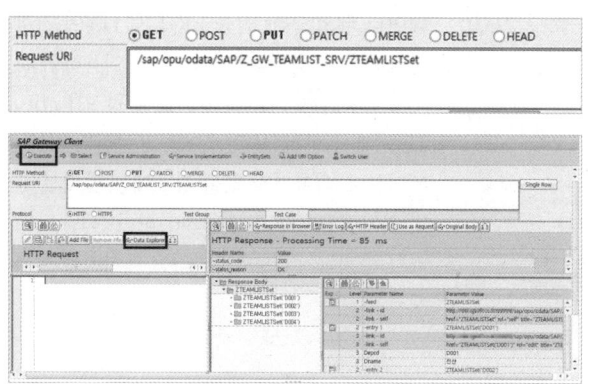

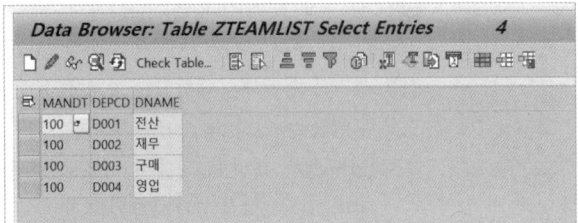

2-2 한 건 가져오기

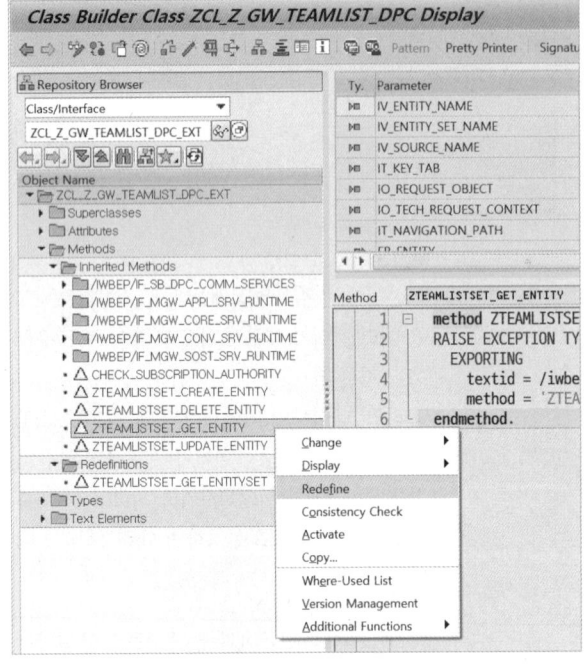

01 GET_ENTITY Redefine하기
데이터 한 건을 가져오기 위해서는 GET_ENTITY를 사용하여 Redefine해야 한다. 앞에서 GET_ENTITYSET을 사용했던 것처럼, 다음과 같이 GET_ENTITY를 Redefine해보자.

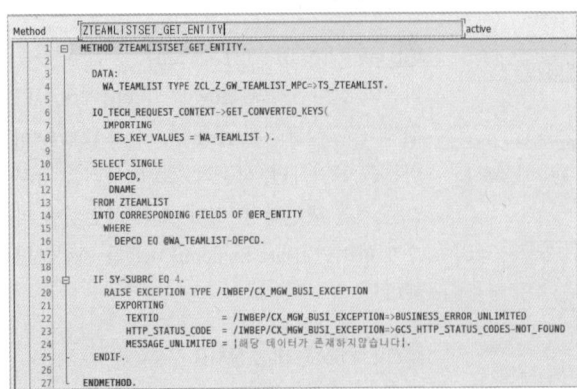

02 SELECT SINGLE설정
데이터 레코드 한 건을 ER_ENTITY에 저장하는 SQL을 작성하자. 메소드를 이용하여 자동으로 Key에 정보를 가져오는 방식(Entity Type에서 설정한 Key)으로 구현한다. 또한, 테이블에 데이터가 없을 경우에는 앞에서 했던 것처럼 RAISE 구문을 사용하여 "해당 데이터가 존재하지 않습니다."라는 메시지를 발생시키자.

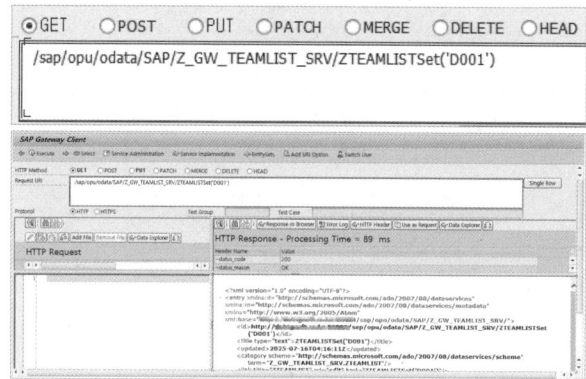

03 GET_ENTITY 테스트

조건문을 설정하려면 URI 뒤에 ('D001')과 같이 값을 입력해야 한다. 참고로, 디버깅을 하기 위해서는 Session Breakpoint가 아니라 External Breakpoint를 사용해야 한다.
데이터가 없으면 다음과 같이 표시된다.

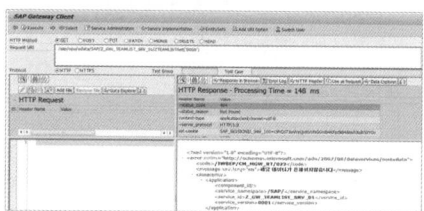

조금 더 알아보기 — ET_ENTITYSET, ER_ENTITYSET에 대해서

두 개념은 OData 서비스에서 데이터의 흐름을 이해하는 데 중요하며, SAP Gateway에서 다양한 CRUD 작업을 수행할 때 자주 사용된다. 이를 통해 SAP 시스템과 외부 시스템 간의 데이터 교환을 원활하게 수행할 수 있다.

ET_ENTITYSET이란?

SAP Gateway에서 OData 서비스를 개발할 때 사용되는 인터널 테이블로, 특정 엔티티의 데이터를 담고 있다. 주로 여러 개의 엔티티를 조회하는 작업에서 사용되며, 이 테이블의 타입은 Gateway에서 설정한 Entity Type을 따른다.

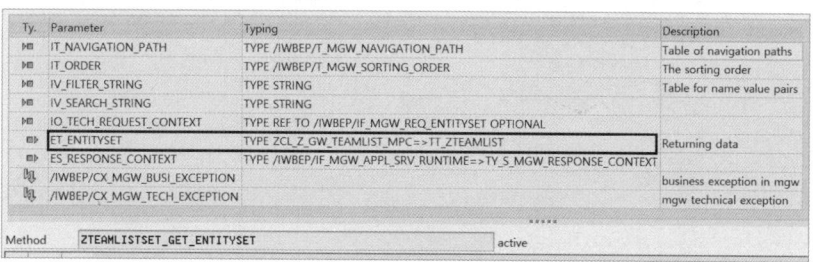

ER_ENTITYSET이란?

SAP Gateway에서 OData 서비스를 개발할 때 사용되는 구조체로, 단일 엔티티의 데이터를 담고 있다. 주로 단일 엔티티의 데이터를 조회하거나 업데이트하는 작업에서 사용되며, 이 구조체의 타입은 Gateway에서 설정한 Entity Type을 따른다.

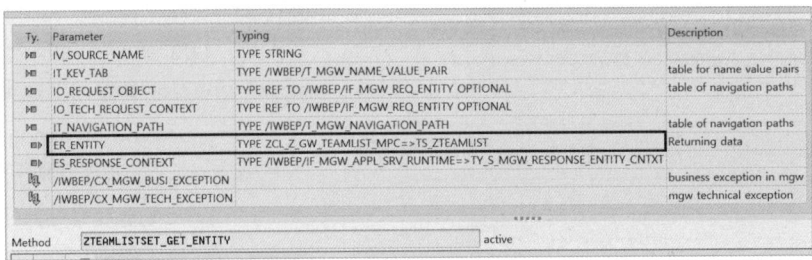

External Breakpoint에 대해서

External Breakpoint 란?

6장 디버깅에서 소개했듯이, External Breakpoint는 SAP 시스템과 외부 시스템 간의 통합 작업 중에 문제를 디버깅하는 데 사용된다. 그렇기 때문에 Gateway에서는 항상 External Breakpoint를 사용해야 한다. 앞서 설정하였던 Get_entity 로직에서 External Breakpoint 예시를 들어보자.

1. SAP Gateway에서 실행(Execute)했을 때 디버깅을 걸기 위해서는 상단에 있는 External Breakpoint를 사용해야 한다.

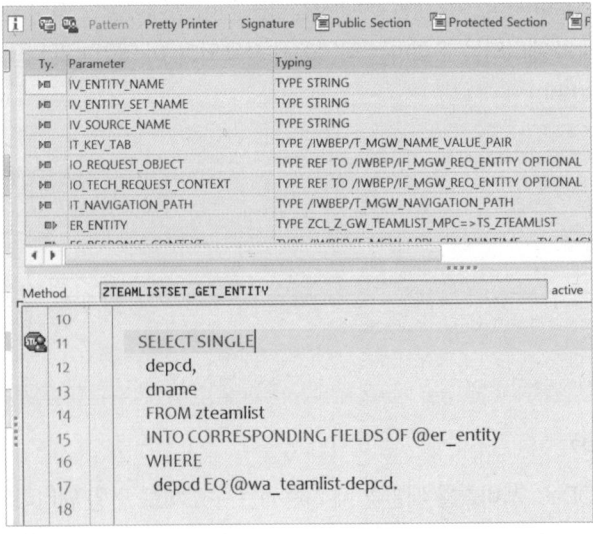

2. SAP Gateway에서 Entity Method을 실행시키기 위해서 다음과 같이 URI를 설정하고 [Execute]를 클릭해보자.

CHAPTER 22 | SAP Gateway OData 설정

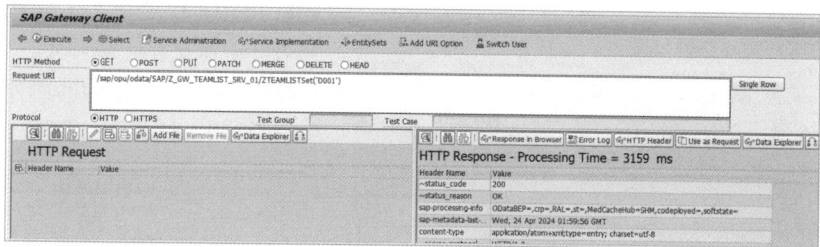

3. 다음과 같이 디버깅이 실행되는 것을 확인할 수 있다.

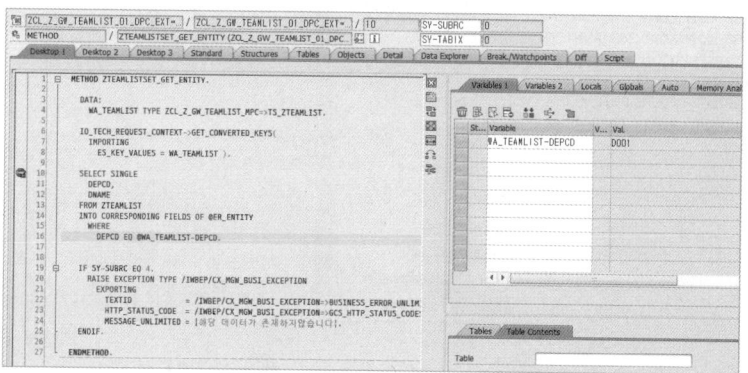

03 SAP Gateway POST(Insert) 정의

SAP Gateway의 POST(Insert)는 Fiori 앱이 데이터를 생성하는 HTTP 메소드이다. 이 메소드를 사용하여 사용자는 SAP 시스템에 데이터를 생성할 수 있다.

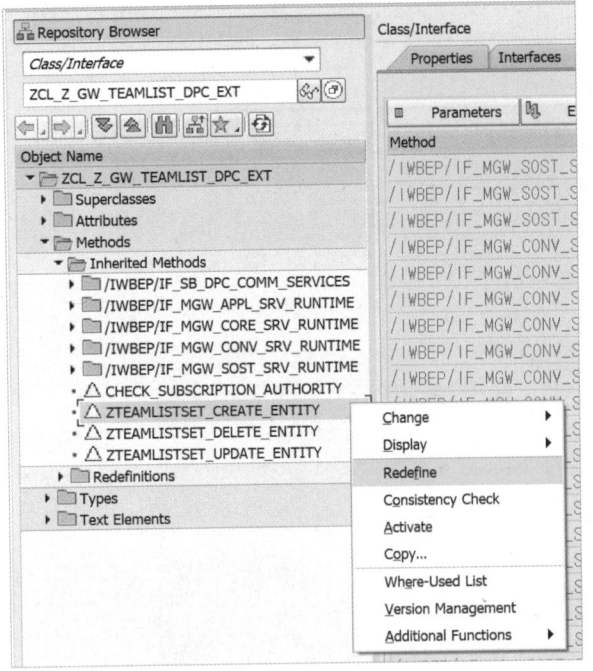

01 CREATE_ENTITY Redefine하기
데이터를 생성하기 위해서는 CREATE_ENTITY를 사용해 Redefine해야 한다. 앞선 했던 것처럼 CREATE_ENTITY를 Redefine 해보자.

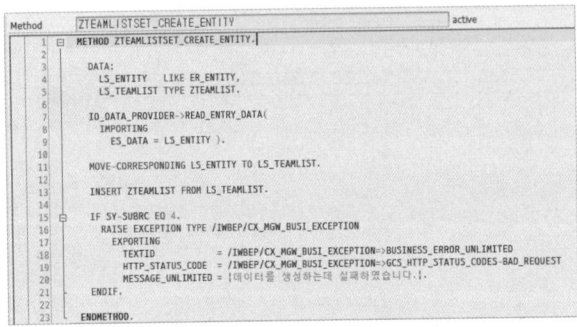

02 INSERT 설정
데이터를 받아서 INSERT를 수행하는 메소드를 구현하자. 데이터 생성 시 오류가 발생할 경우, RAISE 구문을 사용하여 "데이터를 생성하는 데 실패하였습니다."라는 메시지를 발생시키고, Status_code를 'bad_request'로 설정하자.
SAP Gateway Client에서 이 메소드를 테스트 해보자.

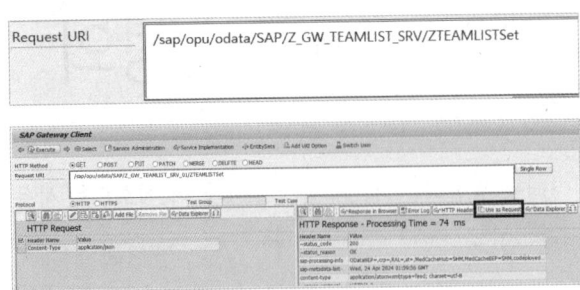

03 HTTP Request 설정
다음과 같이 Request URI에 'ZTEAMLISTSet' 넣어주고 [Use as Request] 버튼을 클릭한다.

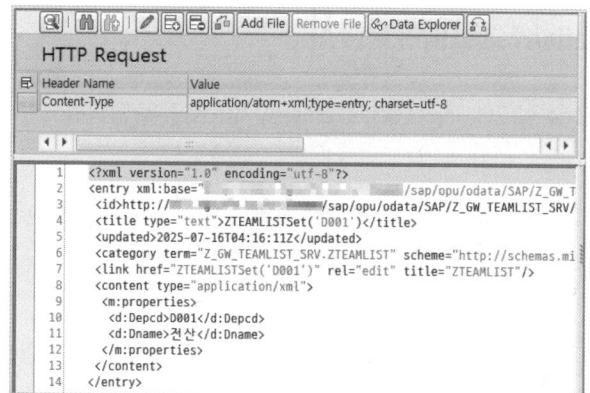

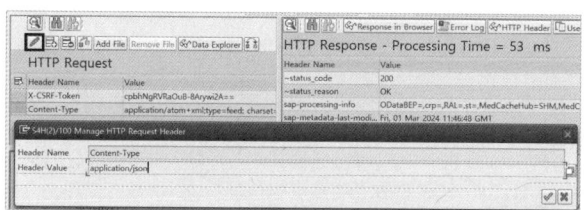

04 Content-Type 설정
Content-Type을 선택한 후 [Change Header] 버튼을 클릭한 뒤, Header Value 필드를 'application/json'으로 변경해보자.

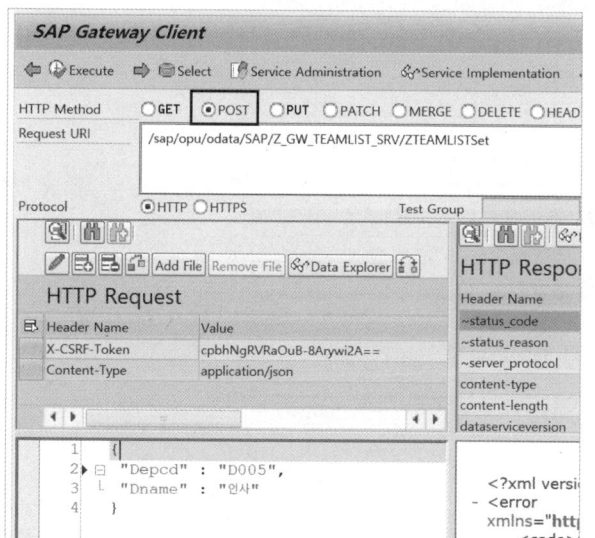

05 JSON 데이터로 POST
INSERT할 데이터를 JSON 형식으로 변경한 뒤에 'POST'를 선택하고 [Execute] 버튼을 클릭한다.
여러 번 언급했듯이, SAP Gateway는 대/소문자를 구분한다. 다음과 같이 토큰 에러가 발생한다면, 이어지는 [조금 더 알아보기]를 참고하자.

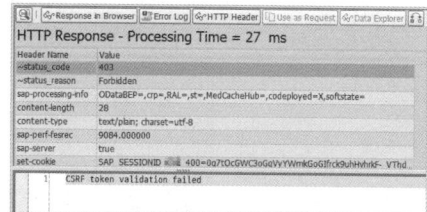

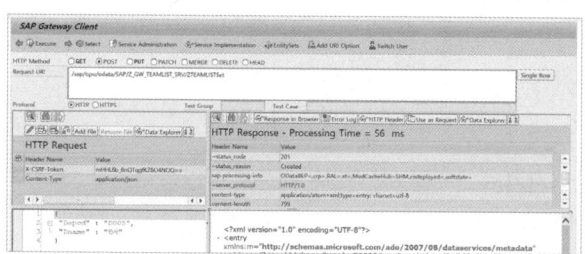

06 POST 작업 성공 확인
다음과 같이 '~status_code'로 201이 나오면 성공한 것이다. 데이터 생성 작업이 정상적으로 실행되었는지 확인하기 위해 ZTEAMLIST(부서) 테이블을 확인해보자.

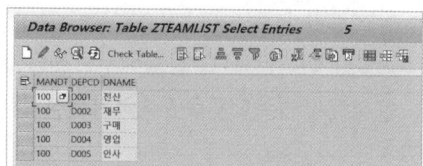

조금 더 알아보기 — CSRF token validation failed 에러 발생 시

1. T-CODE: RZ11로 들어가서 Parameter Name 필드에 'login/ticket_only_by_https' 값을 입력하고 [Display] 버튼을 클릭한다.

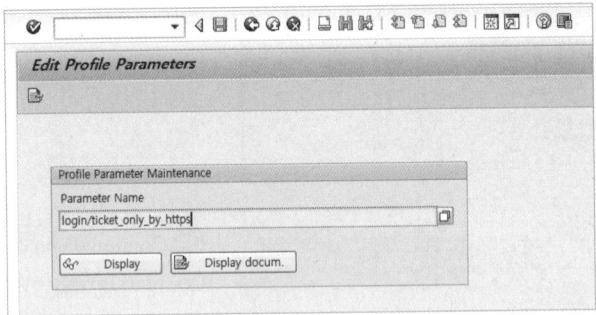

2. 상단에 있는 [Change Value]를 클릭해서 값을 변경해보자.

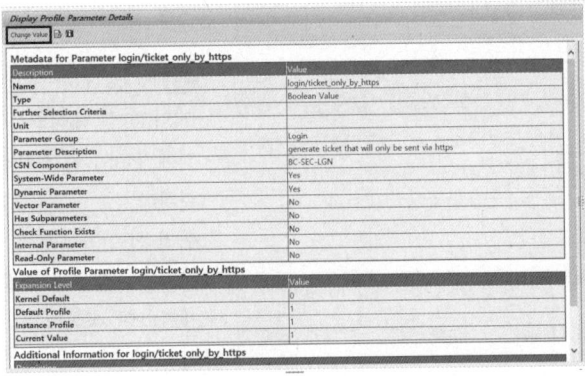

3. 다음과 같이 '1'을 '0'으로 변경한 후 [Save]를 클릭해보자.

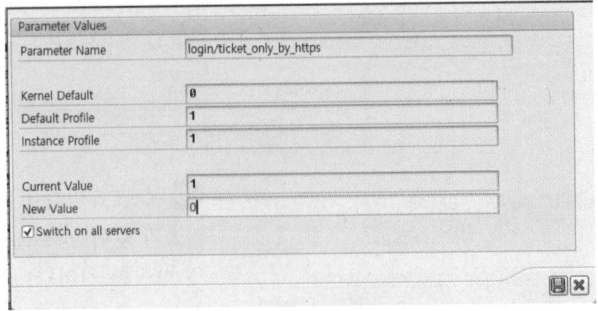

/ticket_only_by_https는 SAP 시스템에서 사용자가 로그인을 시도할 때, 사용자의 인증 요청을 처리하는 방법 중 하나이다. 이 설정은 SAP 시스템의 로그인 절차에서 인증 티켓을 HTTPS를 통해서만 전송할지, 아니면 HTTP를 통해서도 전송할 수 있는지 여부를 설정하는 매개변수이다. 여기서는 HTTP을 통해서 인증 티켓을 전송하기로 설정한 것이다.

SAP Gateway PUT, PATCH(Update) 정의

SAP Gateway의 PUT 메소드는 HTTP Request에서 모든 필드 값을 업데이트할 수 있다. 반면, PATCH 메소드는 HTTP Request에서 지정된 특정 필드 값만 업데이트할 수 있다. 또한, PUT 메소드는 Update_entity 메소드를 바로 호출하지만, PATCH 메소드는 먼저 Read_entity 메소드를 호출한 후, 그 다음에 Update_entity 메소드를 호출한다. 따라서 PUT 메소드는 업데이트하고자 하는 필드만 형식에 맞추면 호출이 가능하지만, PATCH 메소드는 모든 필드를 형식에 맞춰야 호출이 가능하다. 이해를 돕기 위해 예제를 보면서 더 쉽게 설명해보겠다.

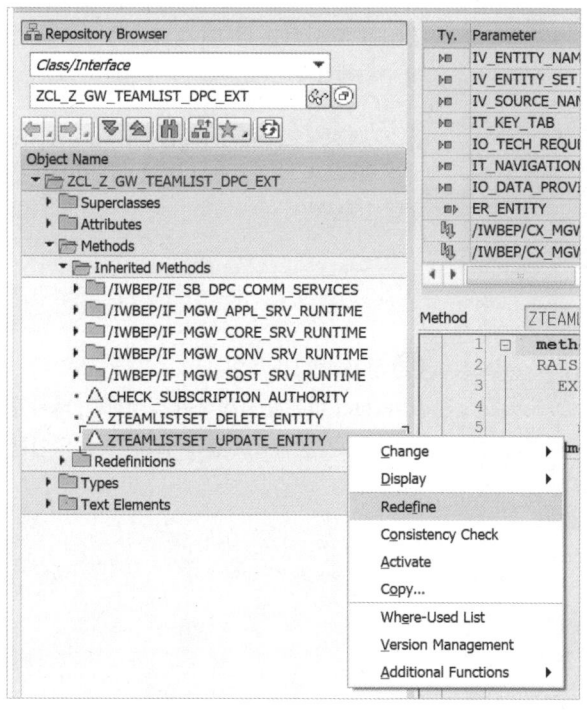

01 UPDATE_ENTITY Redefine하기
데이터를 변경하기 위해서는 UPDATE_ENTITY를 사용해 Redefine해야 한다.

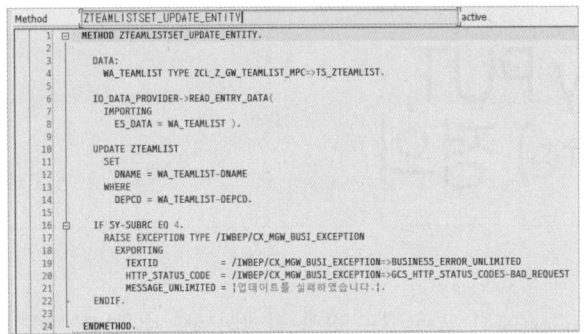

02 Update 설정

데이터를 가져와서 업데이트하는 로직을 구현한다. POST 메소드와 마찬가지로, PUT과 PATCH 메소드를 실행하면서 업데이트할 때 에러가 발생할 수 있기 때문에, `SY-SUBRC = 4`일 경우 에러 메시지를 발생하게 하였다.

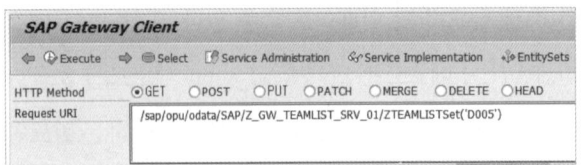

03 Request URI 설정

SAP Gateway Client에서 INSERT할 때 넣었던 데이터를 업데이트하기 위해서는 Key 값인 `('D005')`을 넣어보자. 띄어쓰기 및 대/소문자에 주의한다.

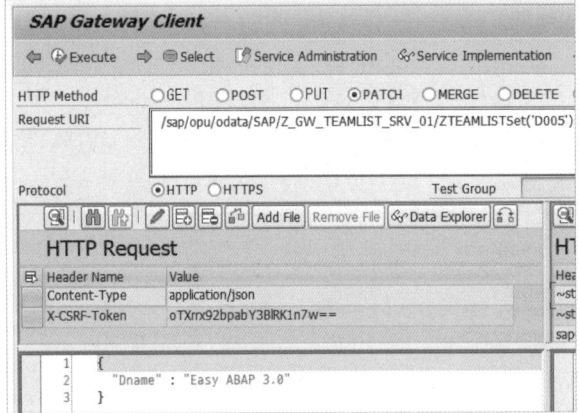

04 Content-Type or JSON 데이터 설정

INSERT에서 했던 방식과 비슷하게 PATCH 메소드를 선택하고, Content-Type과 변경할 필드 및 데이터를 JSON 형식으로 다음과 같이 변경해보자.

> JSON 형식으로 변경하지 않아도 XML 방식으로 업데이트가 가능하니, 조금 더 알아보기를 참고해보자.

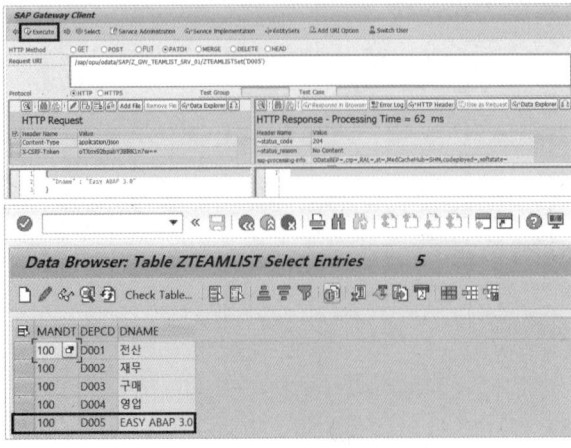

05 성공, 테이블 확인

[Execute] 버튼을 클릭하여 실행하면, 테이블 데이터가 성공적으로 업데이트된 것을 확인할 수 있다.

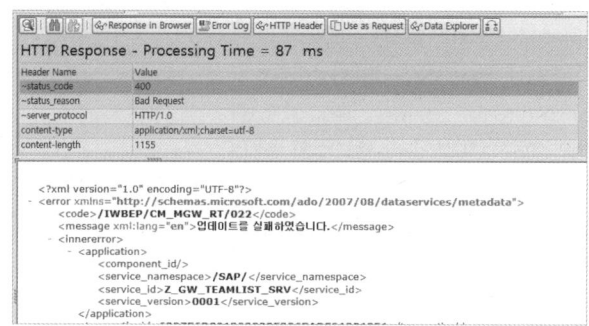

06 실패, 에러 메시지 확인
업데이트 구문이 실패하면 다음과 같이 에러 메시지를 확인할 수 있다.

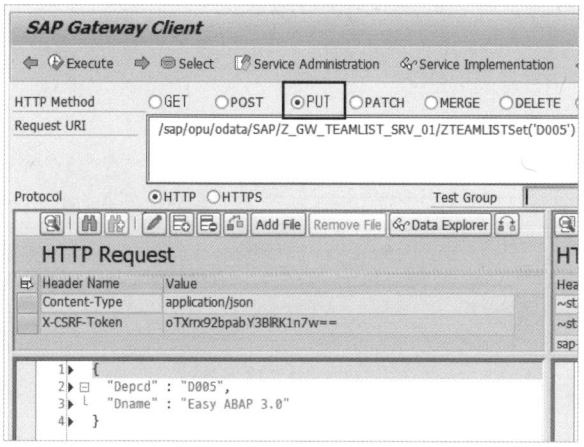

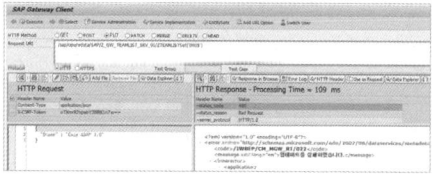

07 HTTP 메소드 PUT 실행
PUT 메소드는 모든 필드를 업데이트하기 때문에, HTTP Request에서 모든 필드를 포함하여 형식에 맞춰야 한다. 형식이 맞지 않으면 다음과 같이 에러가 발생할 수 있다.

조금 더 알아보기 — 데이터 XML 형식

JSON 형식으로 생성하거나 업데이트하는 방식이 있지만, XML 형식으로도 가능하다.

1. PUT 메소드를 선택했을 때 다음과 같이 에러가 발생하는 경우는 HTTP Request에 Content-Type이 누락되어 발생하는 것이다.

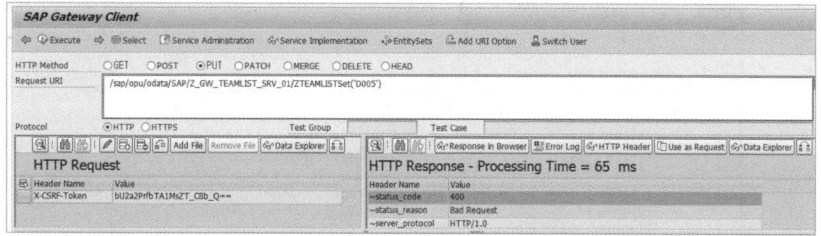

2. HTTP Request에 있는 모든 Header Name을 삭제하고, 다음으로 넘어가자.

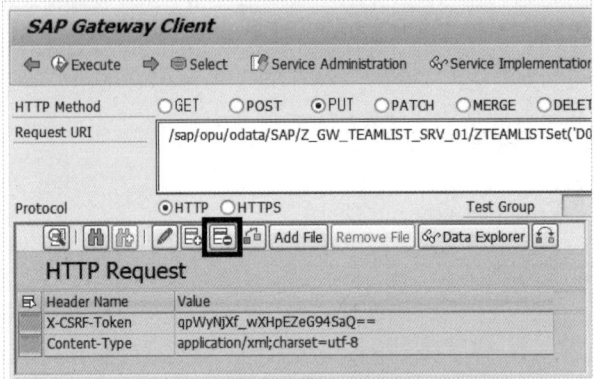

3. GET 메소드를 선택하고, [Use as Request] 버튼을 클릭한다.

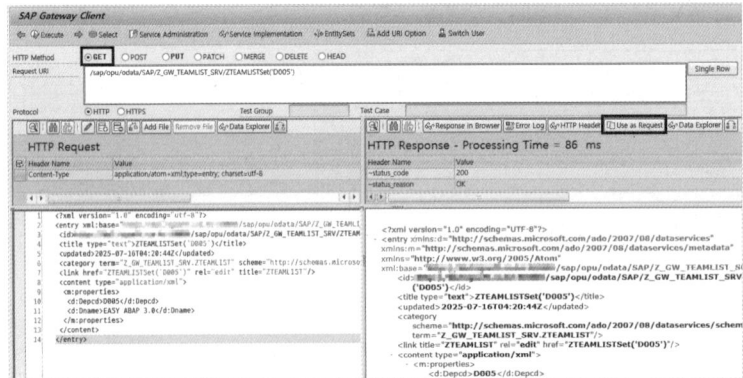

4. JSON 형식으로 변경하지 않아도, Header Name에서 Content-Type의 값을 보면 [application/atom+xml ~] XML 형식으로 되어 있기 때문에 업데이트가 가능하다. Dname을 'XML 형식 변경'으로 변경하고 PUT을 실행해보자.

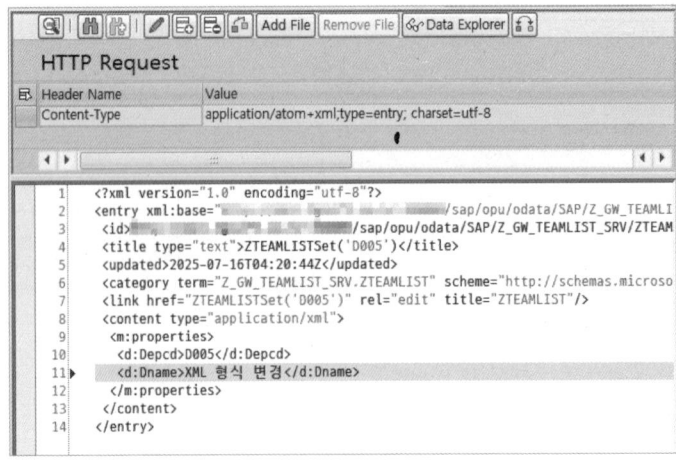

5. 정상적으로 업데이트되었는지 확인하기 위해서, 테이블 데이터를 조회한다.

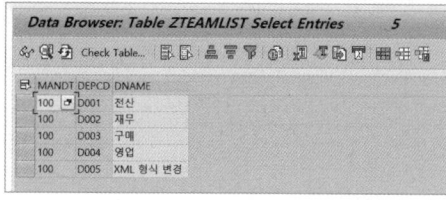

SAP Gateway DELETE 정의

SAP Gateway의 DELETE는 Fiori 앱이 SAP 시스템에서 데이터를 삭제하는 데 사용되는 HTTP 메소드이다.

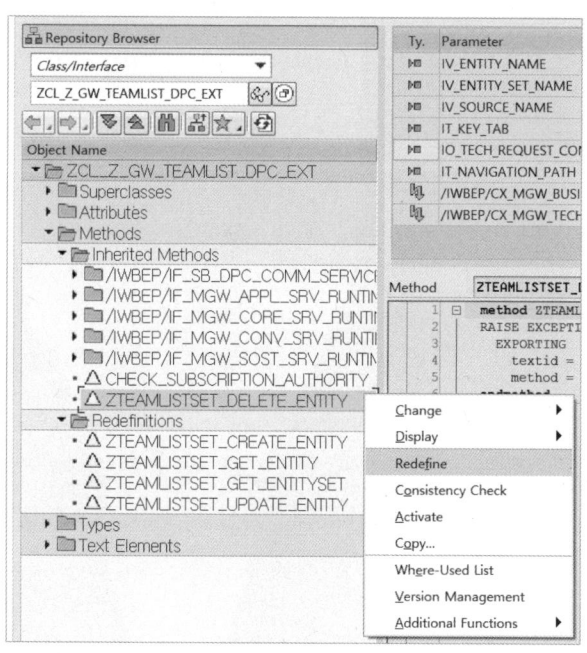

 DELETE_ENTITY Redefine하기
데이터를 삭제하기 위해서, DELETE_ENTITY를 사용하여 Redefine해보자.

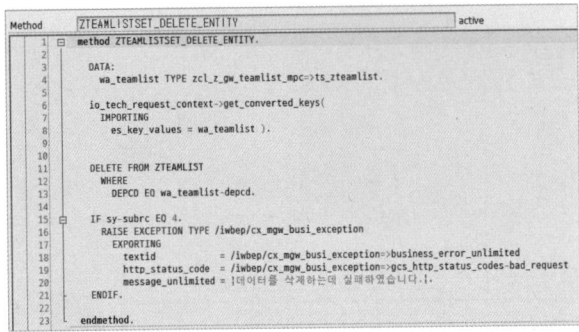

02 Delete 설정

GET_ENTITY에서 설정했던 로직과 비슷하게, Key를 통해 데이터를 삭제하는 로직을 구현하면 된다. 또한, DELETE 실패를 처리하기 위해 예외 처리도 추가한다.

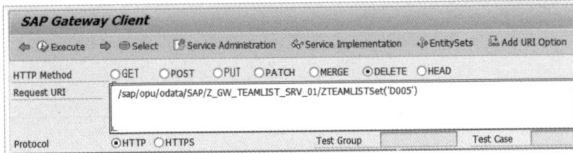

03 Request URI 설정

앞서 생성했던 데이터를 삭제하기 위해, Key 값인 ZTEAMLISTSet('D005')을 입력하고 실행한다. 성공적으로 데이터가 삭제되는 걸 볼 수 있다.

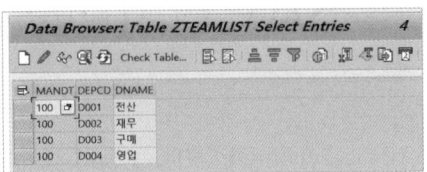

SAP URI 옵션

SAP URI 옵션은 SAP Gateway에서 사용되는 옵션으로, 데이터를 검색, 필터링, 정렬 및 확장할 수 있게 해주며, 다양한 작업을 수행하는 데 도움이 된다.

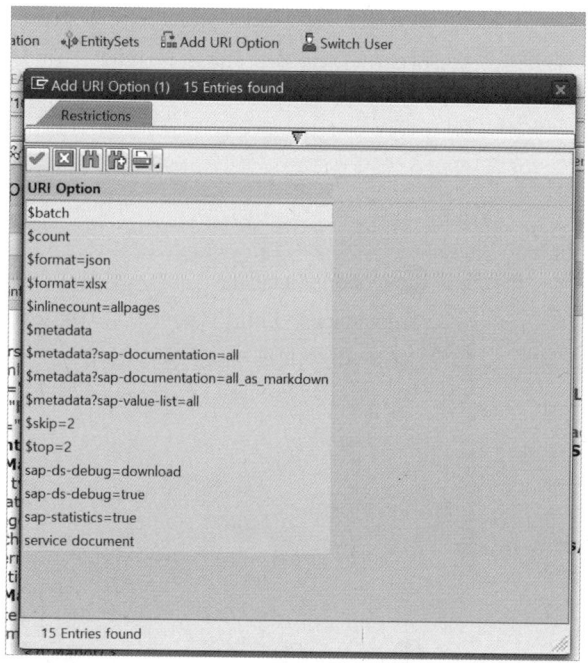

01 URI Option에 대해서
URI 옵션에는 다양한 선택지가 포함되어 있지만, 이 책에서는 모든 내용을 다루기보다는 중요한 옵션들에 집중하여 살펴보겠다.

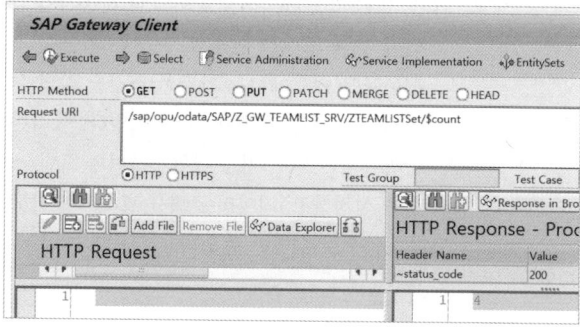

02 Option: Count
'$count'는 데이터의 출력 건수를 알려주는 옵션이다.

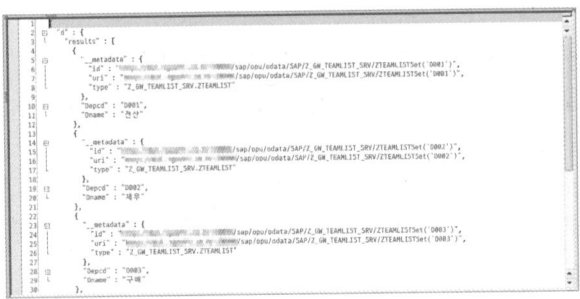

03 Option: Format
'$format=json'는 데이터의 형식을 JSON으로 변환시켜주는 옵션이다.

'$format=xlsx'는 데이터의 형식을 xlsx로 변환시켜주는 옵션이다. xlsx을 내려받아서 열어보면 다음과 같은 형태로 표시된다.

04 Option: Metadata
'$metadata'는 EntityType에 대한 내용으로 구조화된 데이터의 정보를 알 수 있다.

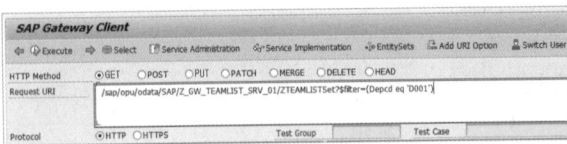

05 Option: Filter
'$FILTER'는 데이터를 조회할 때 사용자가 필터를 통해 조건을 설정할 수 있는 기능이다. 레이아웃 필드에서는 다양한 조건을 직접 설정하기 어려운 경우가 있을 수 있다. 이러한 상황에서는 필터 기능을 활용하여 필요한 조건을 설정하고, 데이터 조회를 보다 유연하고 효율적으로 수행할 수 있다.

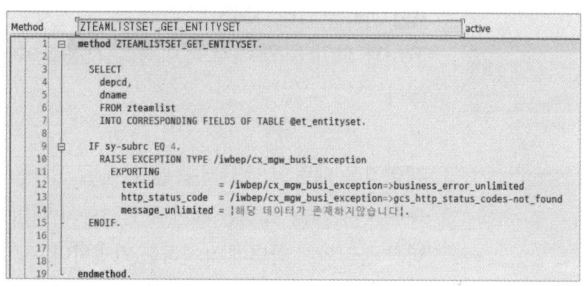

05-1 Option: Filter
필터를 설정하기 위해서, GET_ENTITYSET 메소드에 들어가보자.

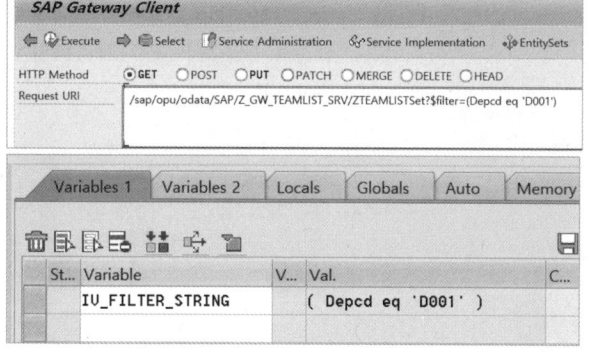

05-2 Option: Filter
기본적으로 필터 기능을 제공하므로, 쿼리의 WHERE 절에 동적으로 IV_FILTER_STRING 구문만 추가하면 된다.

05-3 Option: Filter
Request URI 설정에서 EntitySet 다음에 Filter를 설정하고 실행한다. 필터 조건 '?$filter=(Depcd eq 'D001')'을 입력할 때, '?&'를 사용하지 않으면 필터가 적용되지 않는다. 또한, 괄호 안의 조건문에서는 '=' 대신 'eq'를 사용해야 한다(대/소문자 구분).
디버깅을 하면 다음과 같이 URI에서 설정한 Filter 값이 표시된다.

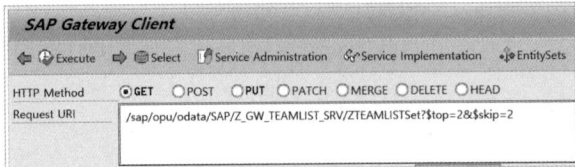

06 Option: Top, Skip

Top과 Skip을 통해서 페이징을 사용할 수 있다.

페이징은 대량의 데이터를 한 번에 로드하는 대신, 사용자가 요청할 때마다 일정량의 데이터를 불러와서 화면에 표시하는 기법이다.
예를 들어, 1000개의 제품이 있다고 가정해 보자. 사용자가 페이지를 넘기면서 제품을 볼 때, 첫 페이지에 20개의 제품만 표시하고 싶다면 'TOP=20$SKIP=0'으로 설정하여 0번째부터 20번째까지의 제품을 보여줄 수 있다. 두 번째 페이지에서는 'TOP=20$SKIP=20'으로 설정하여 21번째부터 40번째까지의 제품만 표시하도록 할 수 있다.

- **TOP**: 조회할 데이터의 최대 수를 지정
- **SKIP**: 시작할 데이터의 위치를 지정

06-1 Option: Top, Skip

페이징을 설정하기 위해서 GET_ENTITYSET 메소드에 들어가자.

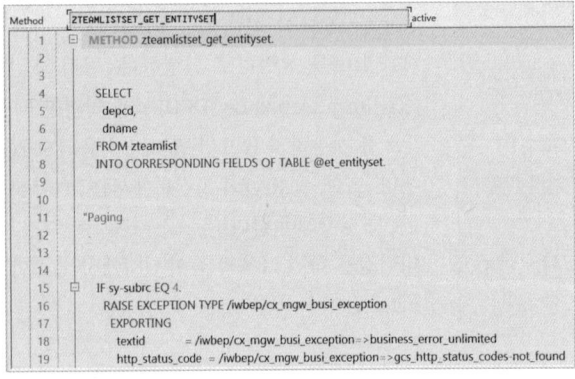

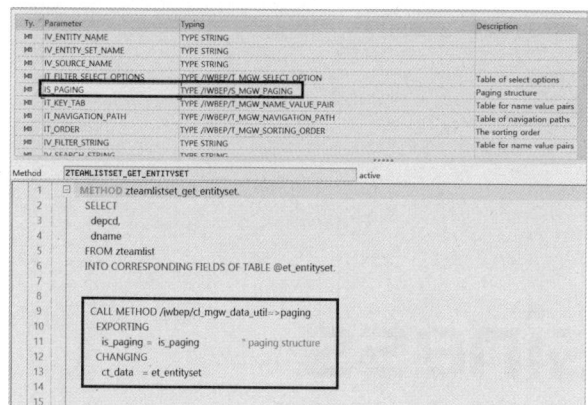

06-2 Option: Top, Skip

Top, Skip을 입력했을 때 인터널 테이블의 데이터를 변경하기 위해서 /iwbep/cl_mgw_data_util 클래스의 paging 메소드를 사용한다.

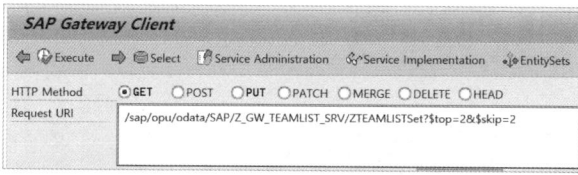

06-3 Option: Top, Skip

'Top = 2, Skip = 2'로 설정하고 실행하면, 다음과 같이 IS_PAGING 파라미터에 설정한 값이 반영된 것을 확인할 수 있다.

데이터를 조회하면, 페이징 설정에 따라 2개의 데이터가 표시되는 것을 확인할 수 있다.

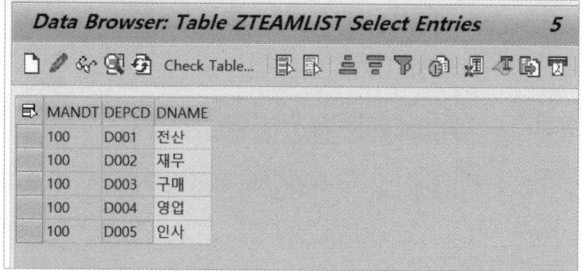

CHAPTER 23

SAP Business Applications Studio를 활용한 Fiori 앱 개발

In this chapter >>>

이번 장에서는 앞에서 설정한 SAP Gateway와 SAP Business Application Studio를 사용하여 CRUD 작업을 통해 Fiori 앱을 간단하게 구성하는 방법을 알아본다. 또한, 처음부터 Free Style로 개발하여 배포하는 방법도 다룬다.

Chapter list >>>

1. List Report 앱 만들기
2. Free Style 앱 만들기
3. Create Deep Entity 구현하기
4. Fiori 앱 관리하기

01 List Report 앱 만들기

List Report 앱은 Fiori 앱 중 가장 기본적인 형태로, 사용자가 필터 조건을 적용하고 검색 결과를 목록 형태로 보여주는 데 사용한다. 이 앱에서는 검색, 필터링, 정렬 기능을 제공하며, 사용자가 데이터를 선택하면 해당 데이터의 세부 정보를 볼 수 있다. 또한 이 앱은 액션 버튼을 통해 데이터의 생성(Create), 업데이트(Update), 삭제(Delete)와 같은 작업을 수행할 수 있다.

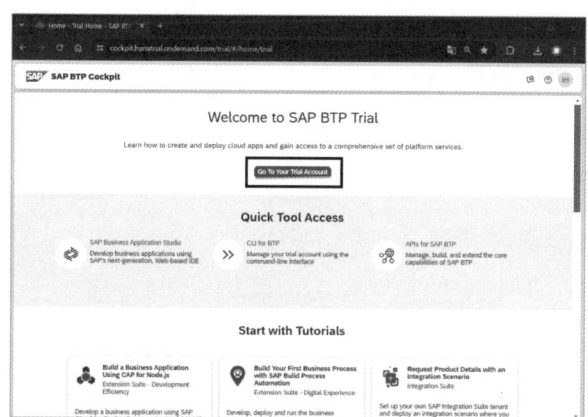

01 SAP Business Application Studio 이동
SAP BTP Cockpit 사이트에 들어가서 [SAP Business Application Studio]를 클릭한다.

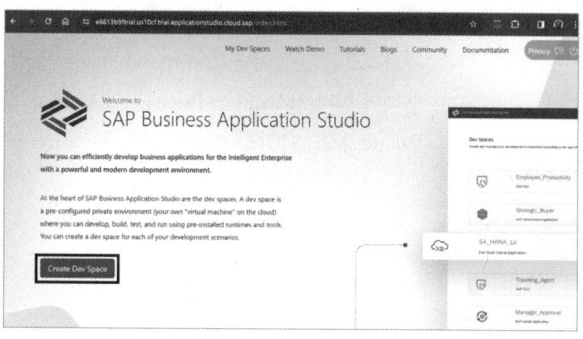

02 Dev Space 생성
[Create Dev Space]를 클릭해서 새로운 Dev Space를 만든다.

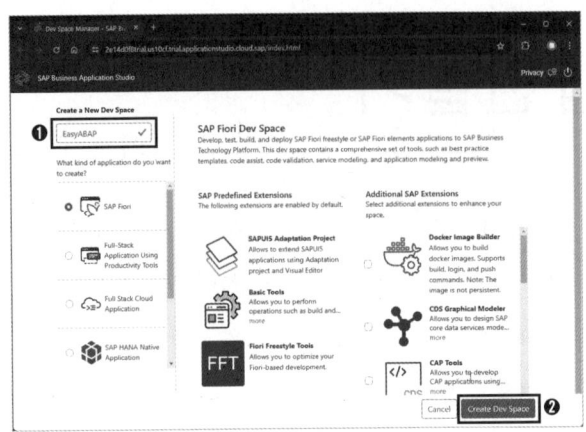

03 Dev Space 이름 설정
❶ Dev Space 이름을 입력하고, ❷ [Create Dev Space] 버튼을 클릭하자.

04 Dev Space 실행
생성이 완료되면 재생 버튼을 클릭하고, 앞 단계에서 설정한 EasyABAP [Dev Space Name]을 클릭하여 다음 화면으로 넘어가자.

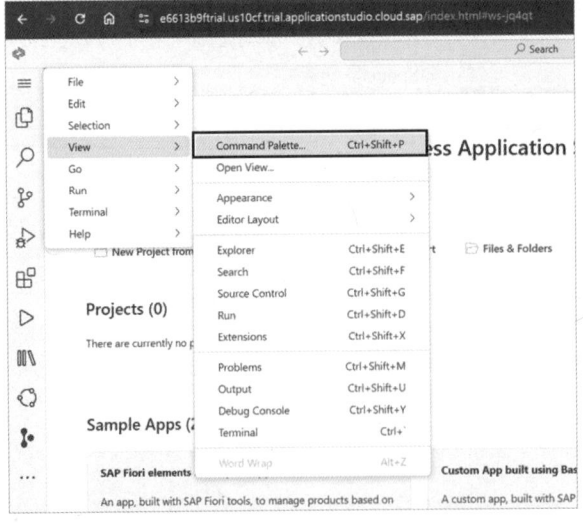

05 Command Palette 입력창
프로젝트를 만들려면 Command Palette을 실행해야 한다. [Menu] → [View] → [Command Palette...] 또는 [Ctrl + Shift + P]를 누르자.

CHAPTER 23 | SAP Business Applications Studio를 활용한 Fiori 앱 개발

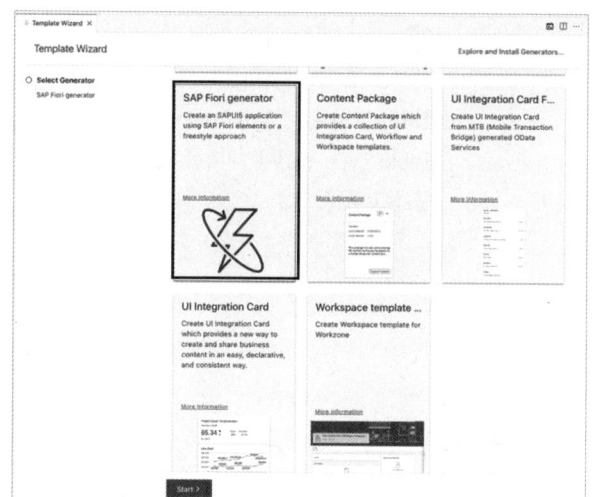

06 프로젝트 생성

Command Palette에서 [Open Template Wizard]를 검색한 후 클릭하면 다음과 같은 화면이 나온다. 여기서 [SAP Fiori generator]을 클릭하고 다음 단계로 넘어가자.

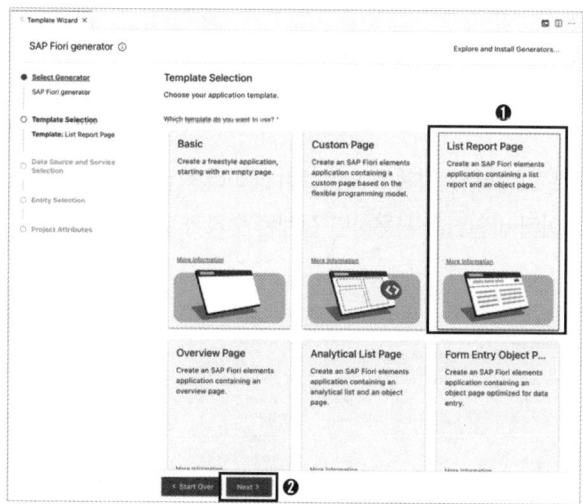

07 List Report Page 선택

Template Selection에서 ❶ [List Report Page]를 선택하고, ❷ [Next] 버튼을 선택한다. List Report Page는 기본적으로 List Report Page와 Object Page가 함께 생성된다.

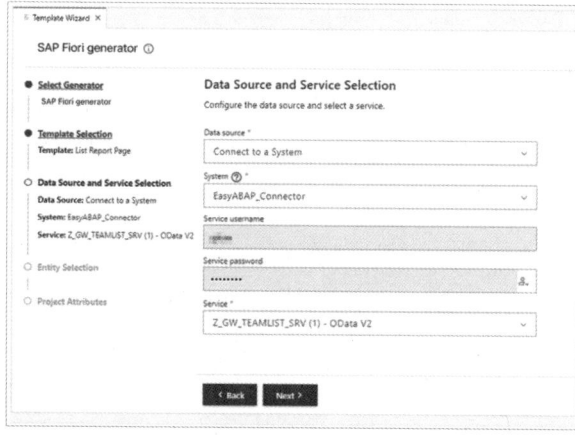

08 SAP Fiori 앱

SAP BTP Cockpit에 설정했던 [Destinations]과 SAP GUI 접속 정보를 통해 로그인한 후 앞서 만들었던 Z_GW_TEAMLIST_SRV 서비스를 연결해보자.

Data source	Connect to a System
System	SAP BTP Cockpit → Destinations
Service username	SAP GUI ID
Service password	SAP GUI Password
Service	Z_GW_TEAMLIST_SRV ('SAP Gateway 설정' 절에서 만들었던 등록했던 프로젝트)

1083

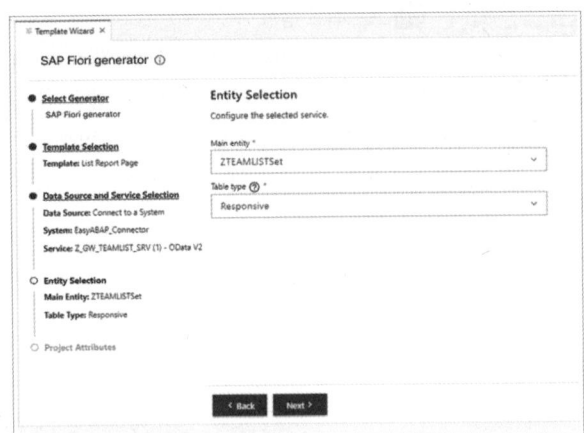

09 Entity Selection 설정

기본으로 'ZTEAMLISTSet'을 설정하고, Table Type은 'Responsive'를 선택한다. Table Type 종류에 대해선 [조금 더 알아보기]를 참고하자.

―――― Table Type 종류 ――――

Analytical

행과 열로 구성된 데이터 세트가 있는 리스트로, 그룹화 및 집계를 포함하여 데이터 작업에 사용하는 기능을 제공한다. 다른 테이블과 달리, 분석 데이터 바인딩을 사용하면 집계된 숫자가 셀에 자동으로 표시될 수 있다.

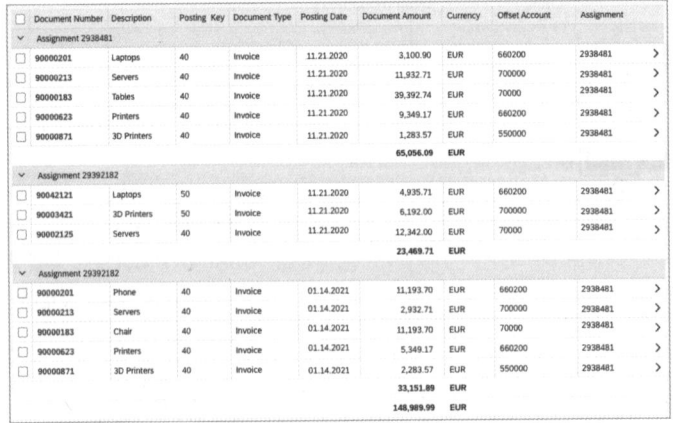

Grid

일반적인 리스트는 행과 열로 구성되며, 사용자가 양방향으로 스크롤할 수 있다. 이는 많은 수의 행과 열을 처리하는 데 최적화된 테이블이다.

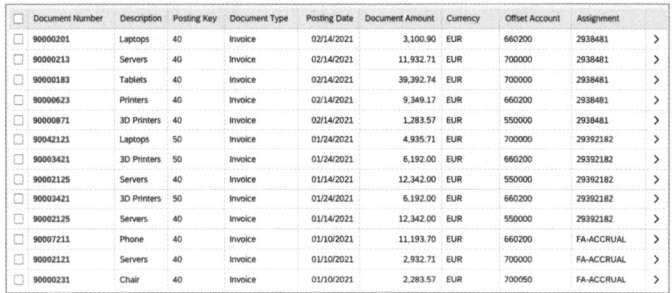

Responsive

반응형 테이블로, 시나리오에 따라 품목 항목에서 추가적인 정보를 조회할 수 있으며 이동도 가능하다. 또한, 측정 단위와 정보 단위를 나타낼 수 있다.

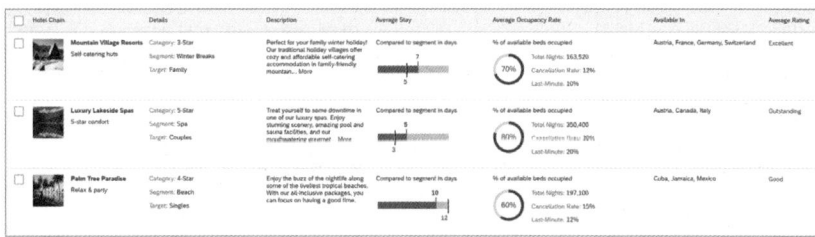

Tree

행과 열로 구조화되고 노드로 그룹화된 리스트로, 품목별로 여러 개의 비계층적 열에 추가 세부 정보를 제공할 수 있다.

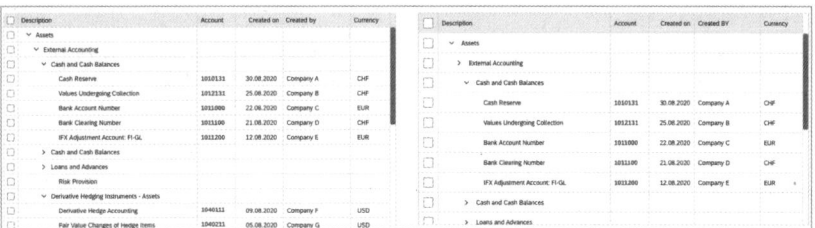

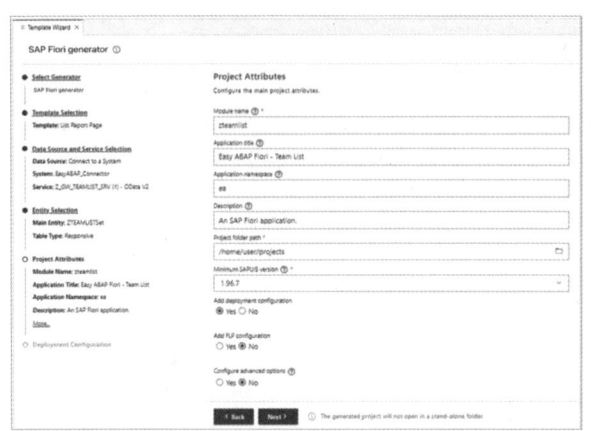

❿ 프로젝트 설정
다음과 같이 설정이 완료되면, [Next] 버튼을 클릭하여 프로젝트를 생성해보자.

Module name	생성할 프로젝트명
Application title	앱 헤더에 표시될 제목 설정
Application namespace	생성되는 앱 모듈에 대한 Namespace 설정
Description	설명
Project folder path	프로젝트를 저장할 폴더 설정
Minimum SAPUI5 version	앱의 최소 SAPUI5 버전, 원하는 버전 선택

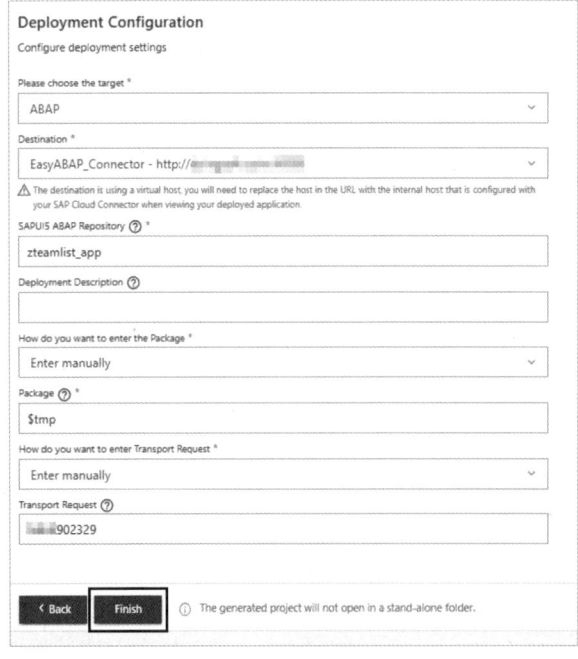

⓫ Deployment Configuration 설정
Deployment Configuration은 앱 및 기능을 배포하고 구성하는 데 사용하는 설정이다. 이를 통해 SAP Fiori 앱을 특정 환경에 맞게 조정하고, 사용자 요구사항에 맞게 구성할 수 있다. 모든 설정이 완료되면 [Finish] 버튼을 클릭해보자.

CHAPTER 23 | SAP Business Applications Studio를 활용한 Fiori 앱 개발

Target	ABAP
Destination	EasyABAP_Connector
ABAP Repository	배포하는 앱 이름 설정
Package	로컬 패키지
Transport Request	CTS 생성 후 Request 번호 입력

12 Application Information

다음 화면이 조회되면, 성공적으로 생성된 것이다.

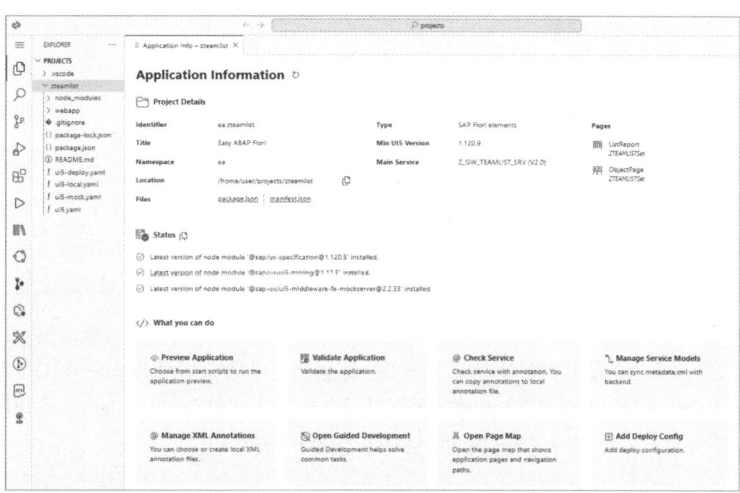

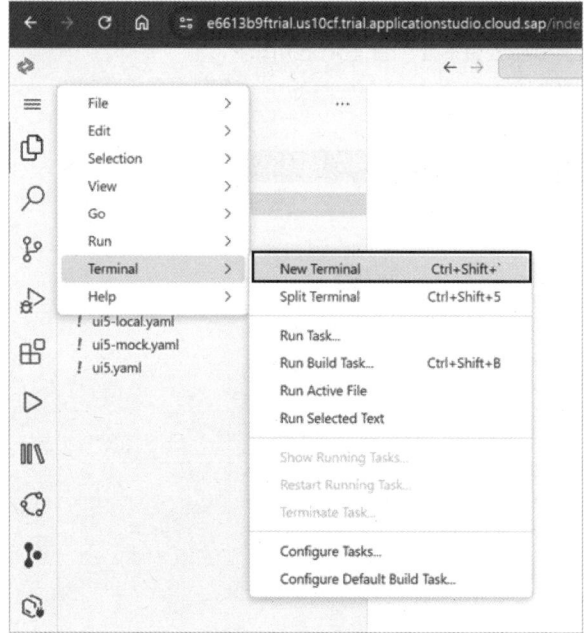

13 앱 실행

앱을 실행하기 위해서 [Memu] → [Terminal] → [New Terminal] 또는 [Ctrl + Shift + `]을 클릭하자.

1087

14 Fiori 앱 실행

터미널이 나오면 'NPM START' 명령어를 통해서 Fiori 앱을 실행한다.

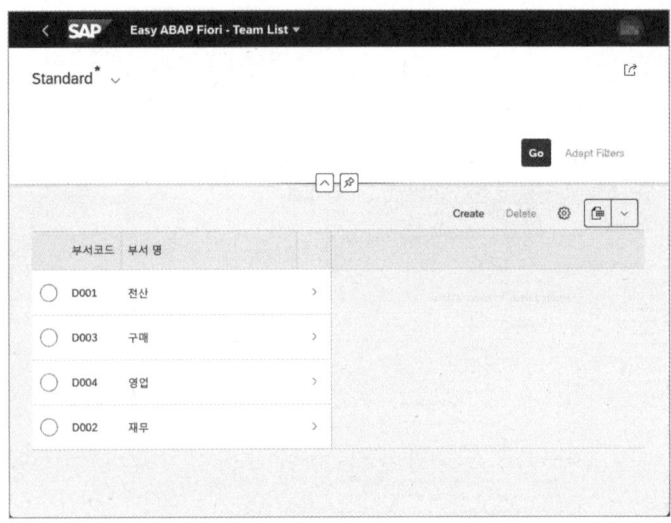

SAP GUI 로그인, 비밀번호를 입력해야 한다. 처음에는 컬럼 설정이 안 되어 있기 때문에 [Option] 버튼을 통해 'Columns'을 선택해야 다음 화면처럼 테이블에 컬럼이 나오게 된다. 만약 Create, Delete 등 버튼이 안 보이거나 Object View 화면이 안 나오는 경우, [조금 더 알아보기]를 참고하여 진행하자.

조금 더 알아보기 — 버튼 비활성화 해결하기

Create, Update, Delete 버튼 중에 Delete 버튼이 없는 경우를 예를 들어 알아보자.

1. Fiori 앱 화면을 보면, [Delete] 버튼이 없는 것을 확인할 수 있다.

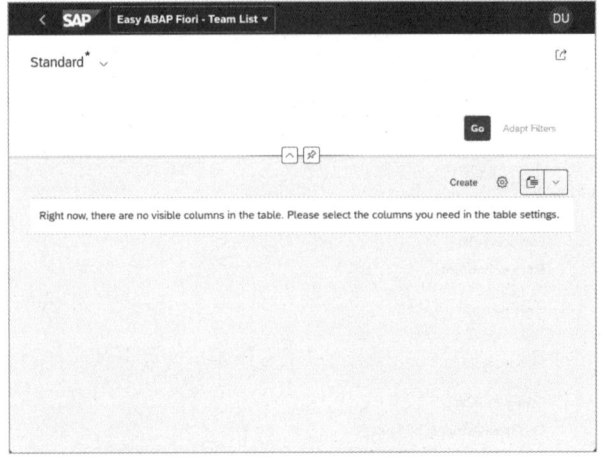

2. T-CODE:SEGW에서 SAP Gateway를 실행해보자.

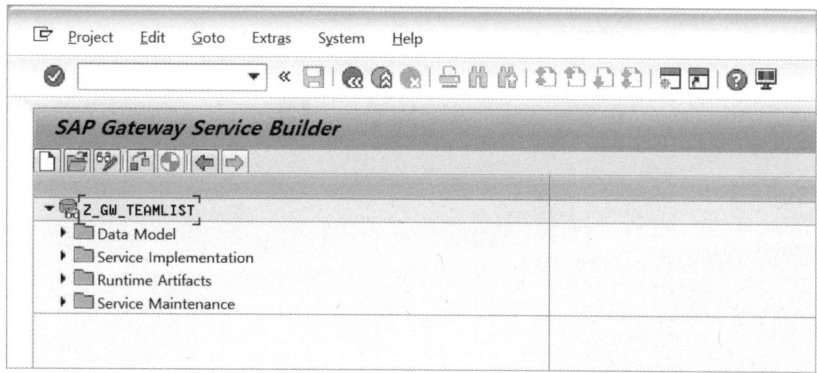

3. [Delete] 버튼을 활성화하기 위해 [Data Model] → [Entity Sets]을 더블 클릭하면 다음과 같은 화면이 나온다. 여기서 Creatable, Updatable, Deletable 체크박스 중 'Deletable'을 선택해보자.

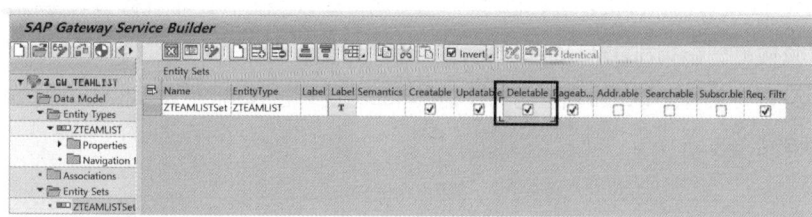

4. 변경 사항을 활성화하기 위해 상단에 있는 [Generate Runtime Objects] 버튼을 클릭한다.

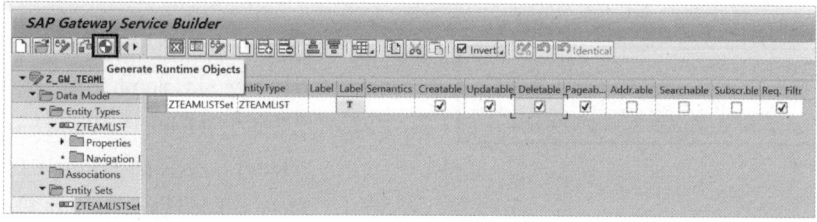

5. 그리고 다시 앱을 실행하면, 다음과 같이 [Delete] 버튼이 활성화되어 있는 걸 볼 수 있다.

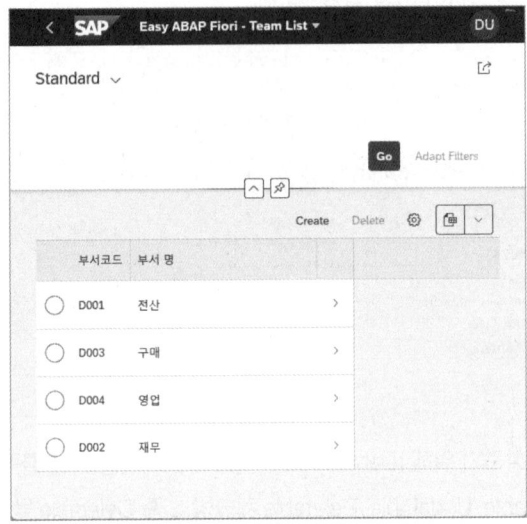

또한, SAP Gateway에서 [Entity Types]을 통해 필드 정보를 설정할 수 있다. 예를 들어, 부서명에 대해 'Updatable'에 선택을 해제하면 Object Page에서 부서명을 업데이트할 수 없게 된다. 따라서 버튼이 활성화되지 않거나 특정 필드에 대한 정보를 설정하고 싶을 때는 [Entity Types]나 [Entity Sets]을 통해 설정해보자.

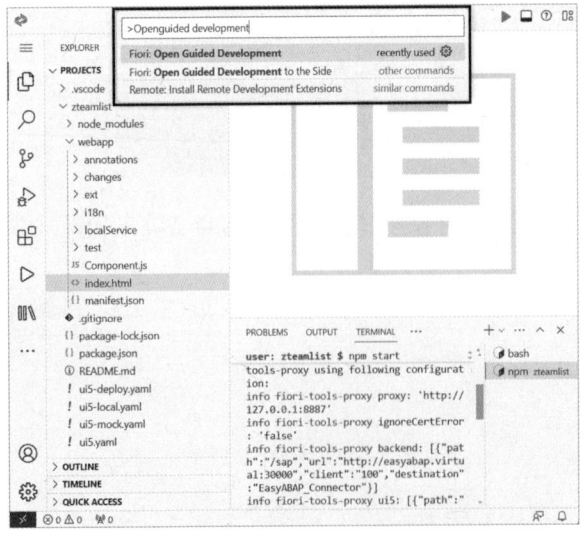

❿ Column, Filter 기본 설정
기본 실행 시 Column과 Filter가 나오도록 설정해보자. [Menu] → [View] → [Command Palette] 또는 [Ctrl + Shift + P]를 누른 후, 'Open Guided Development'를 선택한다. Open Guided Development에 대해서는 [조금 더 알아보기]를 참고하자.

조금 더 알아보기 — Open Guided Development 정리

SAP Fiori Open Guided Development는 템플릿 기반으로 개발하기 때문에 필요한 리소스, 가이드를 제공하여 개발 과정을 단순화하고, 빠르게 앱을 구축 및 배포할 수 있게 도와준다.

1. **사용자 인터페이스 디자인 가이드**: Fiori의 디자인 원칙과 가이드라인을 기반으로 새로운 앱을 디자인할 수 있도록 돕는 역할을 한다.
2. **새로운 앱 개발**: 사용자가 Fiori에서 새로운 앱을 개발하는 데 도움이 되며, 템플릿을 사용해서 빠르게 시작하거나 필요한 구성 요소를 추가하여 앱을 개발할 수 있도록 지원한다.
3. **기존 앱 확장**: 기존 Fiori 앱에 새로운 기능을 추가하거나 수정할 때, 가이드를 통해 필요한 작업을 수정할 수 있다.
4. **직관적인 UI**: 사용자가 필요한 기능이나 작업을 쉽게 찾을 수 있도록 직관적인 UI를 제공하여 개발 생산성을 높여준다.

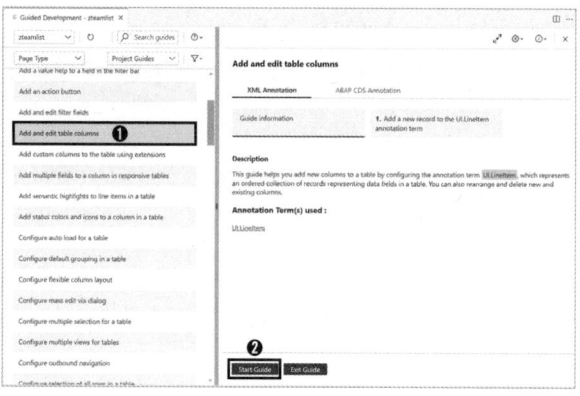

16 Default Columns 설정

컬럼을 기본값으로 나오게 하기 위해 Guided Development에서 ❶ [Add and edit table columns] 버튼을 클릭하고, ❷ [Start Guide] 버튼을 클릭해보자.

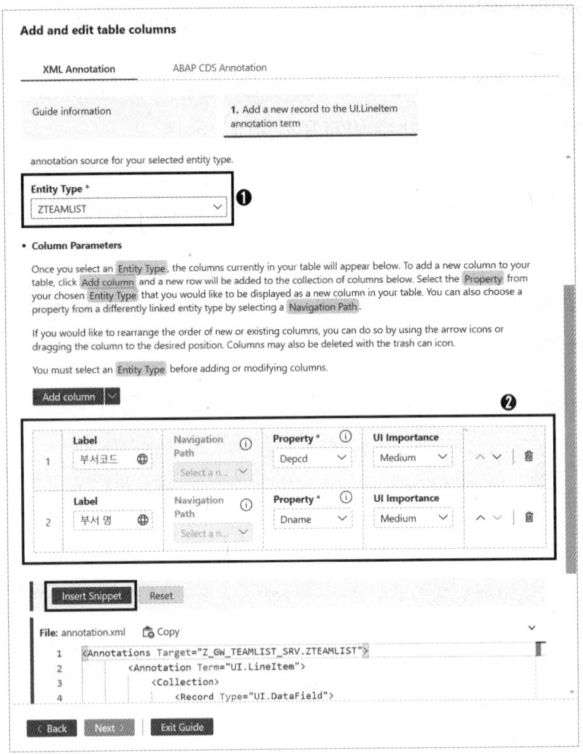

17 Add and edit table columns설정
기본 ❶ Entity Type과 Table에서 ❷ (부서코드: Depcd)와 (부서명 : Dname) 컬럼이 나오게 하려면, 다음과 같이 설정하고 [Insert Snippet] 버튼을 클릭하자.

18 Annotation 파일 확인
다음과 같이 annotation.xml 파일에 값이 들어가면 성공이다. 이제 앱 화면으로 돌아가 보자.

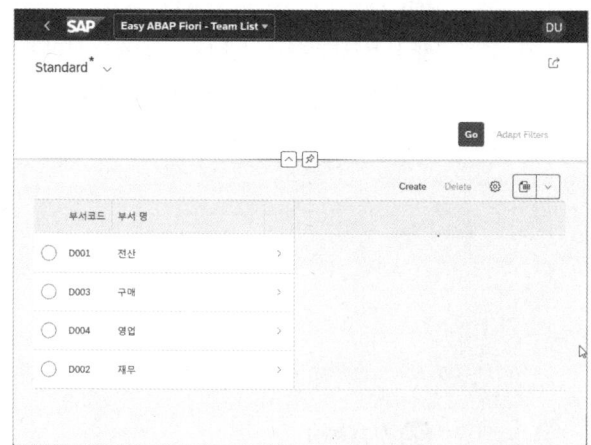

19 성공 확인

앱을 실행하면, 기본적으로 다음과 같이 화면이 조회된다.

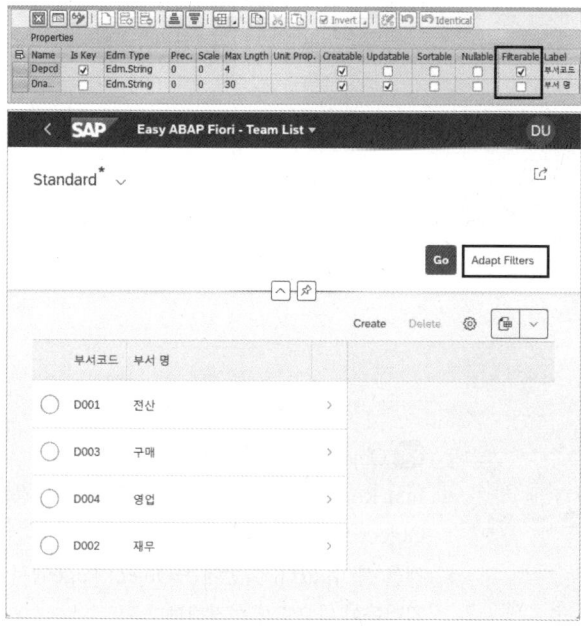

20 Filter 버튼 활성화

SAP Gateway에 있는 Entity Types에서 'Filterable'에 선택해야 Filter 기능이 활성화되므로, 다음과 같이 활성화해주자.

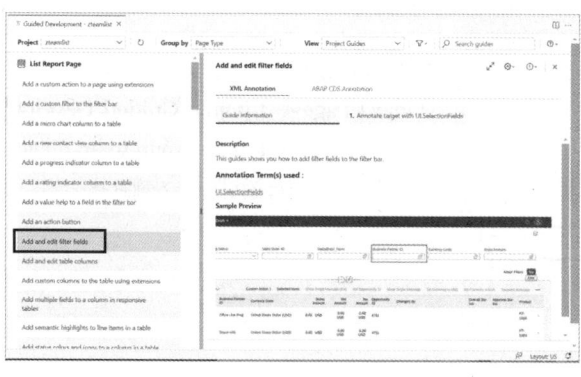

21 Default Filter 설정

실습 예제에서는 화면이 출력됐을 때 기본으로 Filter가 나오게 설정한다. [Open Guided Development] → [Add and edit filter fields]를 클릭해보자.

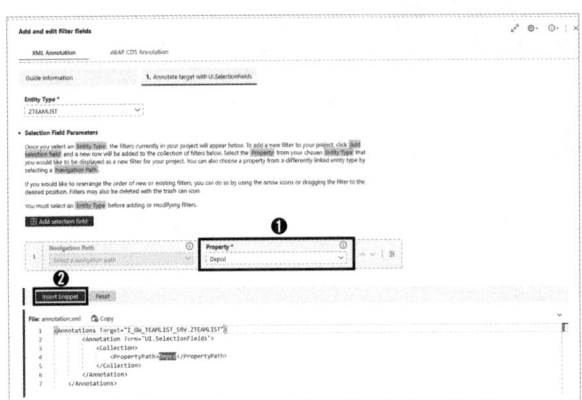

㉒ Add and edit filter fields
❶ 부서코드: Depcd만 Filter 설정을 하려면, 다음과 같이 설정한 후 ❷ [Insert Snippet]을 클릭하고 앱 화면을 다시 확인해보자.

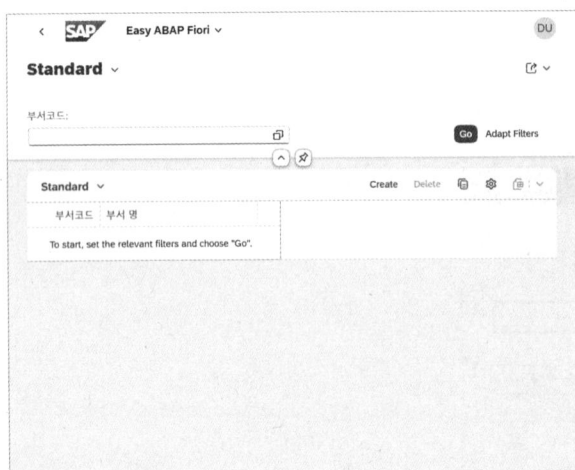

㉓ 성공 확인
Filter 설정이 완료되면, 다음과 같이 화면에 기본으로 Filter가 나오는 걸 볼 수 있다.

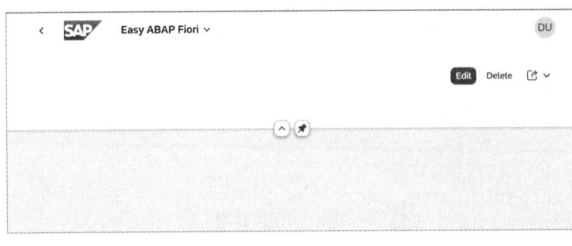

㉔ Object Page Column 설정
List Report Page에서 행을 클릭하여 다음 Object Page로 넘어갈 때, 컬럼이 비어 있는 것을 볼 수 있다. 이번에는 Object Page에서 컬럼들이 나오도록 설정해보자.

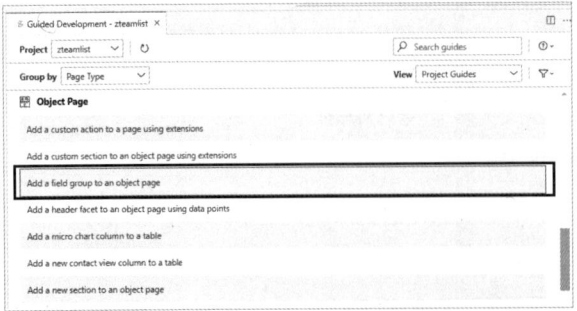

㉕ Object Page 설정
Object Page에서 [Open Guided Development] → [Add a field group to an object page]로 들어가서 컬럼을 추가해보자.

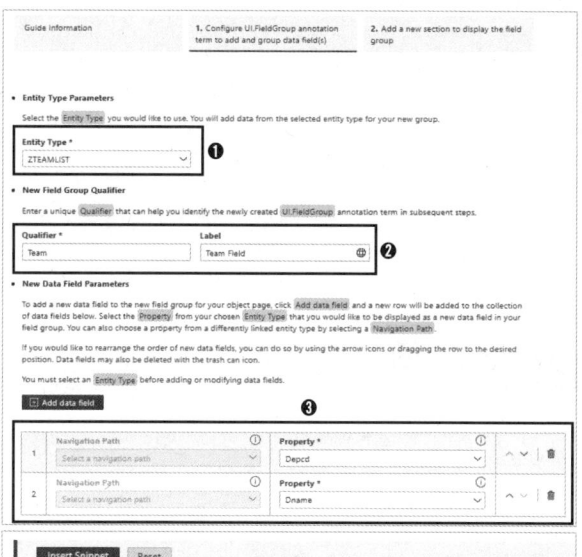

26 UI.FieldGroup 설정

Object Page에서 바인딩할 ❶ Entity Type과 ❷ Qualifier를 정하고 보여줄 ❸ Column을 선택한 다음, 하단에 있는 [Inset Snippet] 버튼을 클릭해보자.

Qualifier는 UI 관련 작업에서 특정 요소를 식별하고 선택하는 데 사용하므로, 고유해야 한다.

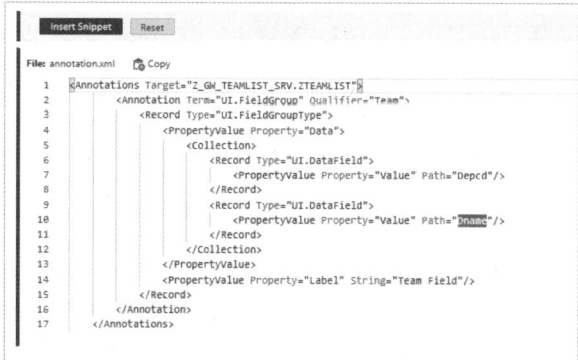

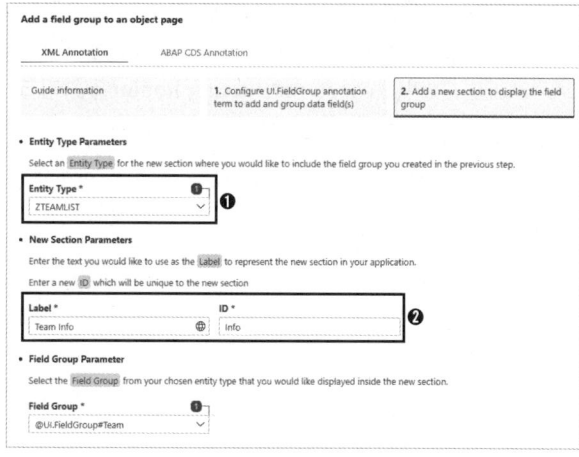

27 Field group 설정

❶ Entity Type 설정과 ❷ Parameter 설정을 완료한 후, [Insert Snippet] 버튼을 클릭하여 annotation 파일의 로직을 업데이트해보자.

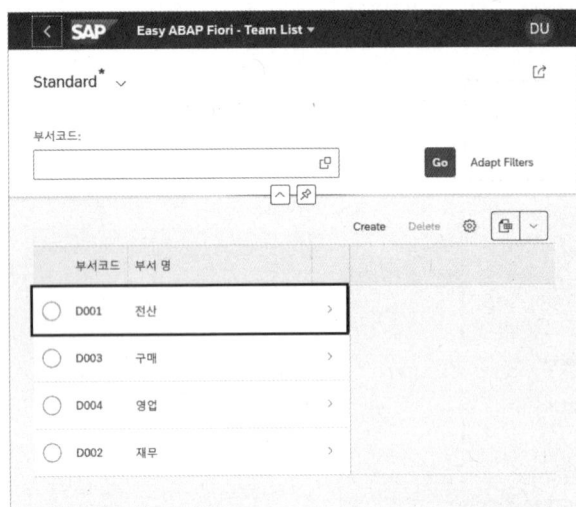

㉘ Fiori 앱 실행
Fiori앱을 실행해서 부서코드 중에 'D001' 행을 클릭해보자.

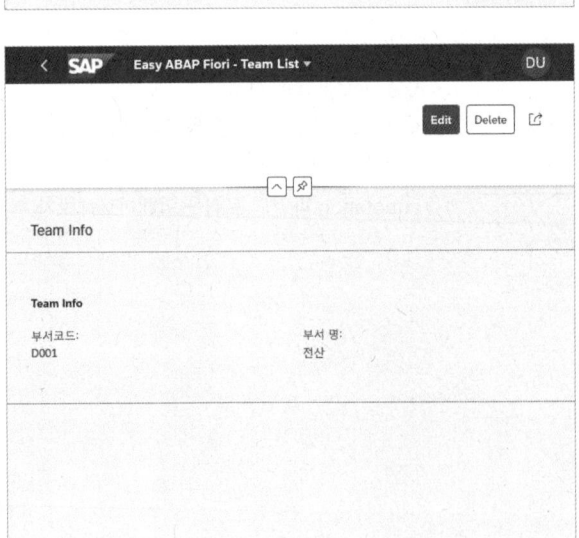

㉙ Object Page 화면
앞에서 설정했던 컬럼 정보가 표시된다. Guided Development를 사용하지 않으면 Navigation과 Route, Router를 직접 코딩하여 구현해야 하지만, Open Guided Development를 활용하면 앱을 손쉽게 개발할 수 있다.

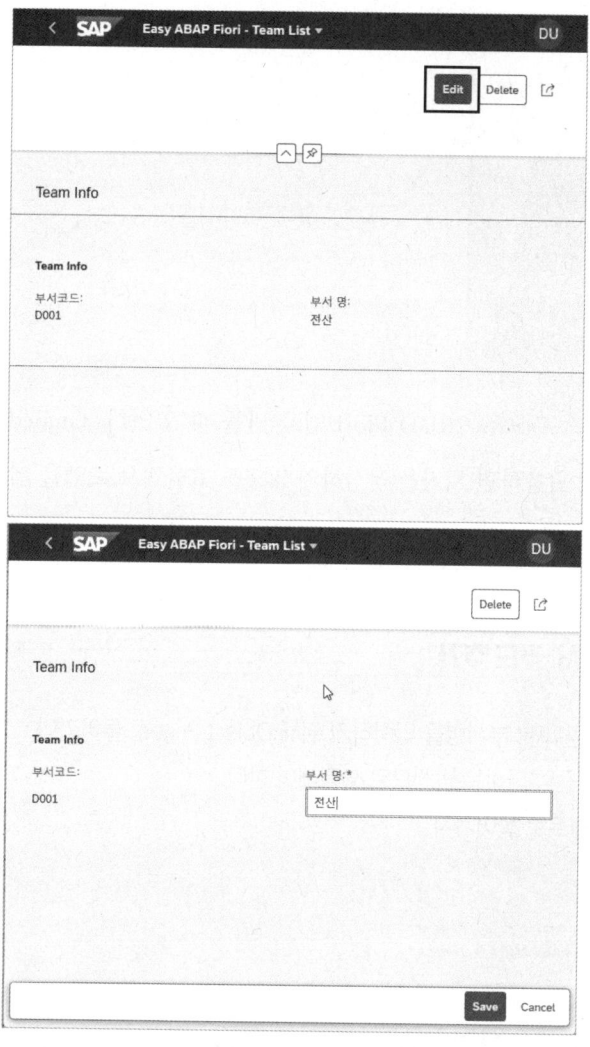

㉚ Object Page 수정 모드
[Edit] 버튼을 클릭하면 수정 모드로 전환되며, 자동으로 업데이트까지 구현된다.

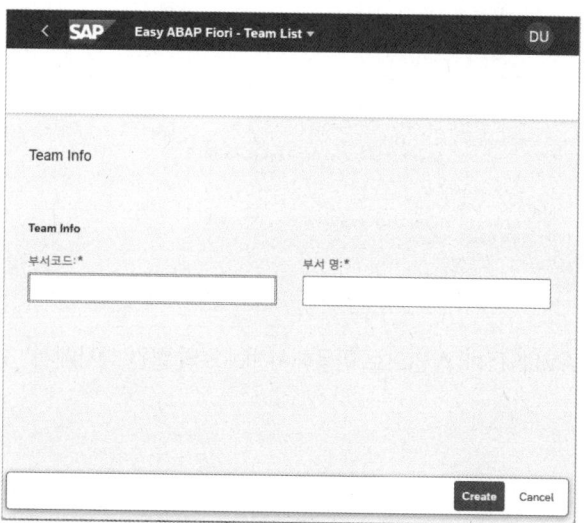

㉛ List Report Page Create 버튼
[Create] 버튼을 클릭했을 때 첫 번째 사진처럼 출력되면, 따로 설정할 필요 없이 Create 기능이 정상적으로 작동하는 것이다. 이제 기본적인 Fiori 앱이 완성되었으니 한 번 테스트해보자.

만약 [Create] 버튼 클릭 시, 두 번째 사진처럼 팝업창이 나오면 파일에서 추가 설정이 필요하다. 이어지는 조금 더 알아보기를 참고하여 부서코드와 부서명이 함께 나오도록 설정해보자.

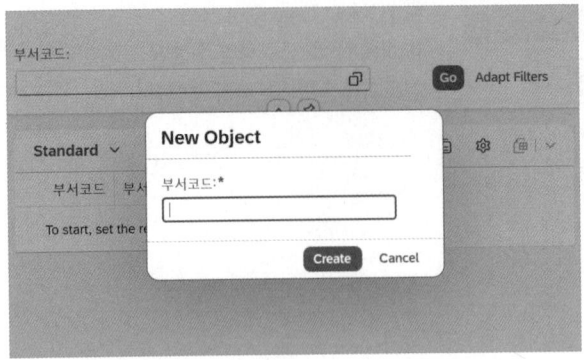

이번 장에서는 기본 제공되는 기능(버튼만으로)으로 CRUD Fiori 앱을 만들 수 있었다. Guided Development는 지속적으로 업데이트되며 잘 활용하면 로직을 작성하지 않고도 효율적으로 앱을 개발할 수 있다.

조금 더 알아보기 — Create 버튼 클릭 시, 필드 추가

[Create] 버튼을 클릭했을 때 부서코드만 보인다면, 부서명을 입력하기 위해 Object Page로 들어가야 하는 불편한 상황이 발생한다. 따라서 부서명을 추가하는 방식으로 설정해야 한다.

1. [Project] → [webapp] → [manifest.json] 경로로 들어가자.

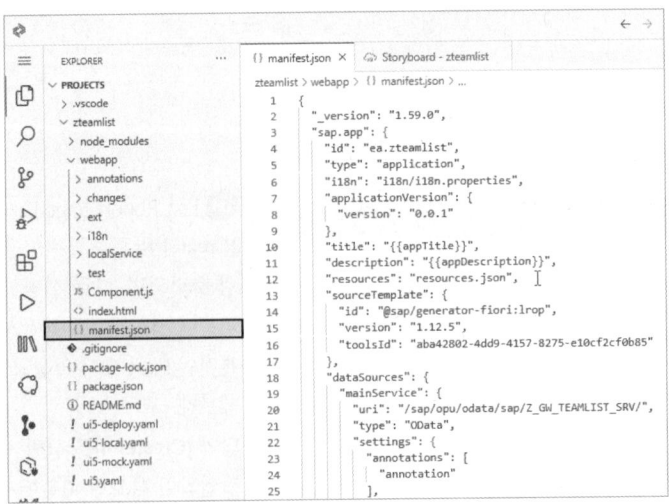

2. 'manifest.json' 파일에서 'ListReport|ZTEAMLISTSet' 라인으로 이동해서 'fields'의 빨간 상자에서 부서명을 추가하자.

CHAPTER 23 | SAP Business Applications Studio를 활용한 Fiori 앱 개발

```json
125         "showDraftToggle": false
126       },
127       "pages": {
128         "ListReport|ZTEAMLISTSet": {
129           "entitySet": "ZTEAMLISTSet",
130           "component": {
131             "name": "sap.suite.ui.generic.template.ListReport",
132             "list": true,
133             "settings": {
134               "condensedTableLayout": true,
135               "enableTableFilterInPageVariant": true,
136               "filterSettings": {
137                 "dateSettings": {
138                   "useDateRange": true
139                 }
140               },
141               "tableSettings": {
142                 "createWithParameterDialog": {
143                   "fields": {
144                     "Depcd": {
145                       "path": "Depcd"
146                     },
147                     "Dname": {
148                       "path": "Dname"
149                     }
150                   }
151                 }
152               }
153             }
154           },
```

3. 추가한 후 다시 실행하면 다음과 같이 부서 정보가 표시된다.

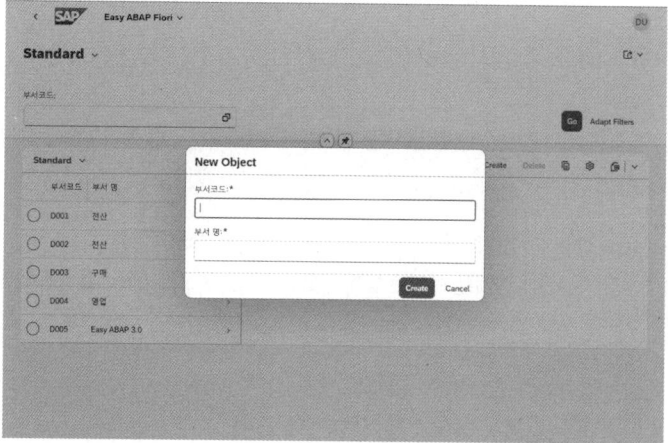

Free Style 앱 만들기

이번 절에서는 Fiori Free Style 앱을 개발하는 방법을 다룬다. 자격증 정보(ZCERTINFO)와 연결된 사원 자격증(ZEMPCERT) 테이블의 Create, Read, Update, Delete(CRUD) 기능을 구현하겠다. 또한, 헤더와 아이템 간의 관계를 Association으로 연결하여 데이터를 보다 효율적으로 조회할 수 있는 앱을 개발해보자. 먼저, 생성할 앱의 주요 2개 화면을 소개한다.

1. 자격증 정보 헤더 리스트 화면(Create, Read, Update, Delete)

- **Read**: 자격증 헤더 정보를 리스트로 출력한다.
- **Create**: 새로운 자격증 정보를 입력받아 생성한다.
- **Update**: 출력된 자격증 헤더 정보 중 키 값을 제외한 정보를 업데이트한다.
- **Delete**: 선택된 자격증 헤더 정보를 삭제하며, 해당 자격증과 연결된 사원 자격증 정보도 함께 삭제한다.

2. 선택한 헤더 + 사원 자격증 리스트(Read)

- **Read**: 선택한 자격증 헤더 정보와 관련된 사원 자격증 정보를 리스트로 출력한다.

> **TIP** **Basic(Free Style SAPUI5)이란?**
> 개발자가 UI 화면과 기능을 자유롭게 설계할 수 있는 앱 유형으로, SAPUI5 프레임워크를 활용하여 비즈니스 요구사항에 맞추어 커스터마이징할 수 있다. 이 앱은 표준 템플릿을 사용하지 않고, 더 유연하고 독창적인 사용자 경험을 제공하기 때문에 커스터마이징이 필요할 때 특히 강력한 도구이다.

2-1 SAP Gateway 설정

01 테이블, 구조체 생성
개발을 단순하게 하기 위해 기존 ZCERTINFO테이블의 키를 변경한 ZCERTINFO_DEEP테이블을 생성한다. OData에서 Import하기 위한 구조체도 다음과 같이 생성한다.

▶ 구조체의 UPDKZ는 CREATE_DEEP_ENTITY 개발에 사용되니 미리 만들어두자.

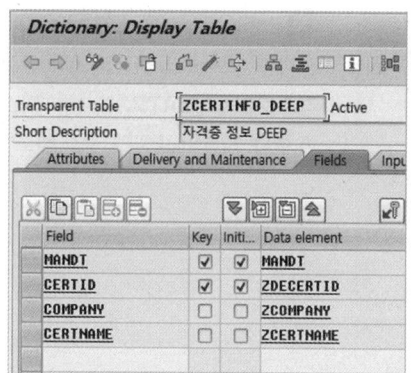
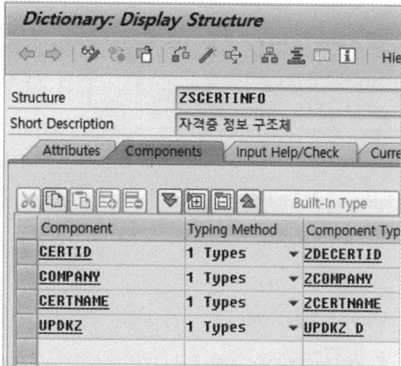

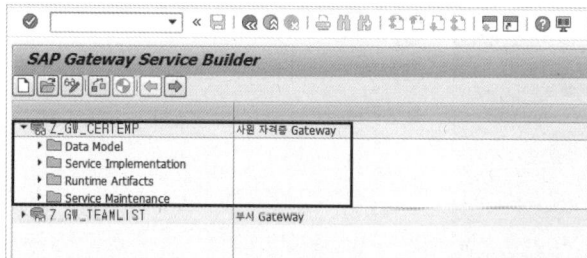

02 Project 생성
T-CODE:SEGW에 들어가서 다음과 같이 프로젝트(Z_GW_CERTEMP)를 만들어보자.

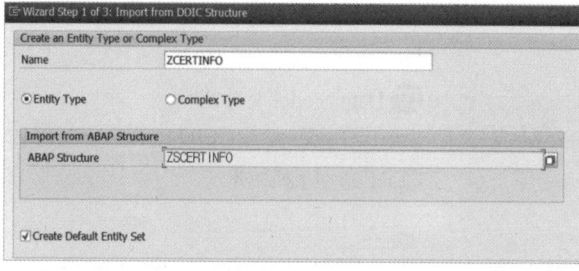

03 Entity Type 설정
앞서 Gateway 부서를 만들었던 것처럼 [Data Model] → [Import] → [DDIC Structure] 클릭해서 ZSCERTINFO 구조체를 입력한다.

▌테이블이 아닌 구조체를 사용하는 이유는 '조금 더 알아보기: 구조체 Import'를 확인하자.

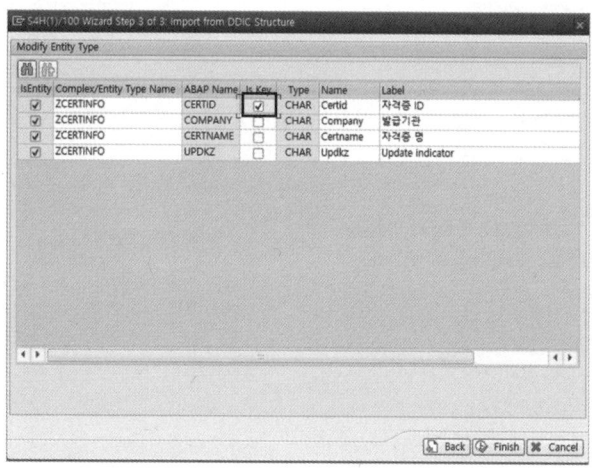

04 Entity Type Key 설정
사용할 파라미터를 모두 선택한 후 다음으로 넘어가 CERTID에 대해 키 값을 설정한 후, [Finish] 버튼을 클릭한다.

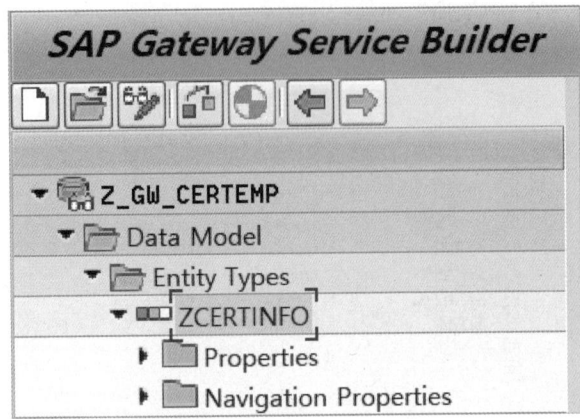

05 Entity Types에서 ZEMPCERT를 등록
자격증 정보(ZCERTINFO)와 연결된 사원 자격증(ZEMPCERT)도 Entity Type을 설정해야 한다. ZEMPCERT도 등록해보자.

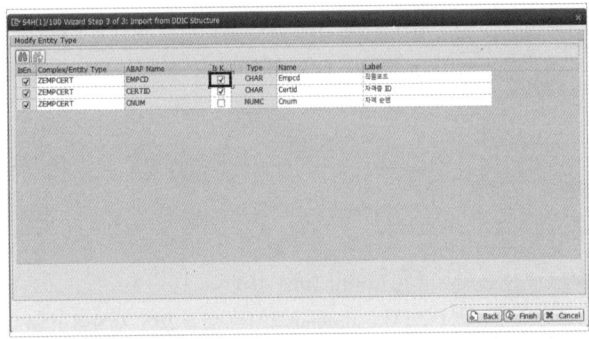

06 ZEMPCERT의 Key 설정
ZEMPCERT의 Key는 EMPCD와 CERTID로 설정한다.

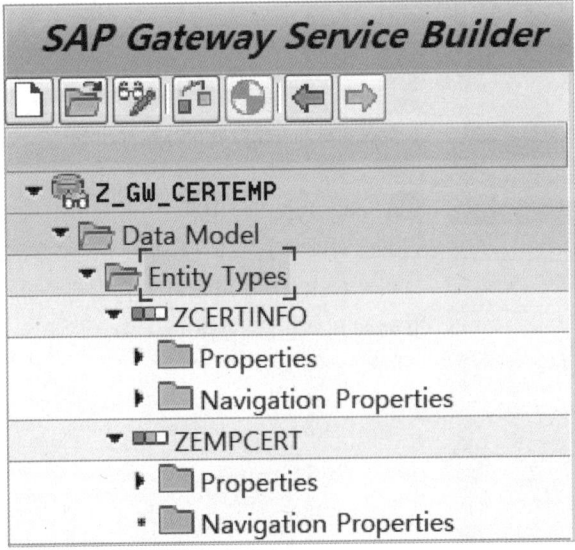

07 Data Model 설정
Entity Types에 'ZCERTINFO'와 'ZEMPCERT'을 설정해보자.

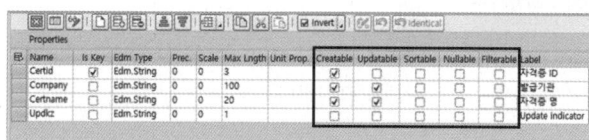

08 ZCERTINFO Entity Type 설정
ZCERTINFO Entity Type의 속성들을 다음과 같이 설정한다.

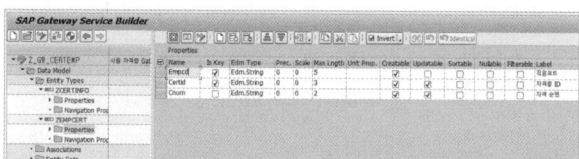

09 ZEMPCERT Entity Type 설정
ZEMPCERT Entity Type도 다음과 같이 설정한다.

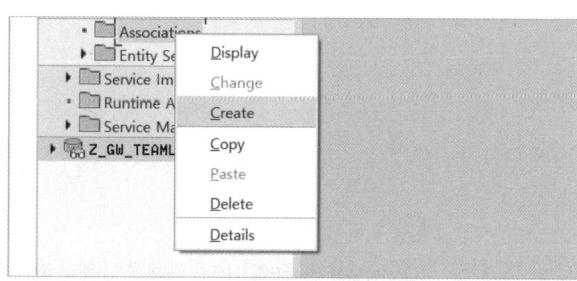

10 Entity Set 설정
[Data Model] → [Entity Sets]을 더블 클릭한 후, 생성, 변경, 삭제, 접근 기능이 동작할 수 있도록 다음과 같이 선택한다.

11 Association 생성
[Associations] → [Create] 버튼을 클릭해서 Entity Types을 연결하고, 두 테이블의 필드들을 설정하자.

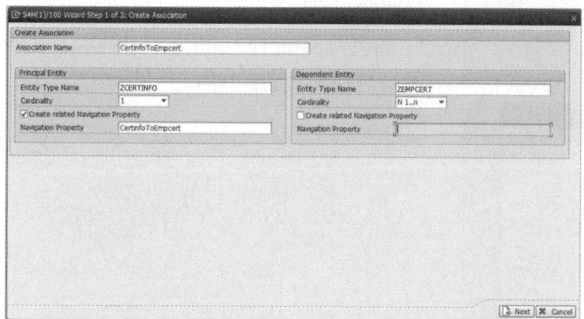

12 Association Cardinality 설정
헤더 테이블인 ZCERTINFO와 아이템 테이블인 ZEMPCERT을 1:N 관계로 설정하고, Navigation Property를 통해 하나의 엔티티에서 다른 엔티티로 이동할 수 있는 경로를 만든다.

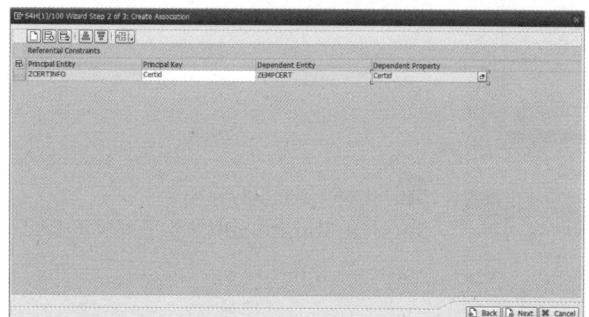

13 Association Key 필드 연결
헤더 테이블과 아이템 테이블에서 설정했던 키 필드를 지정한다.

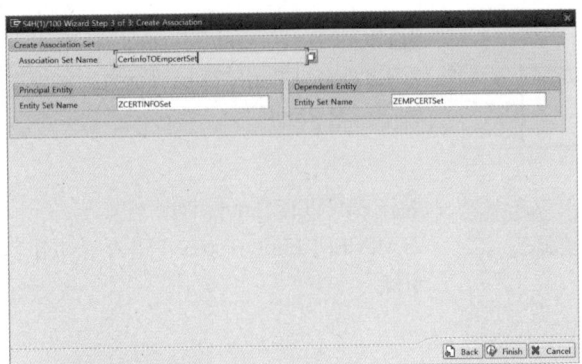

14 Association Set 설정
테이블 간에 Entity Set을 설정하고 [Finish] 버튼을 클릭한다.

> Association Set이란 엔티티 간의 관계를 정의하는 데 사용하며, 엔티티 간의 연결을 설정하고 데이터를 효율적으로 검색하고 조작할 수 있도록 해주는 설정이다.

15 성공 확인
다음과 같은 화면이 나오면 성공적으로 Association 연결이 된 것이다.

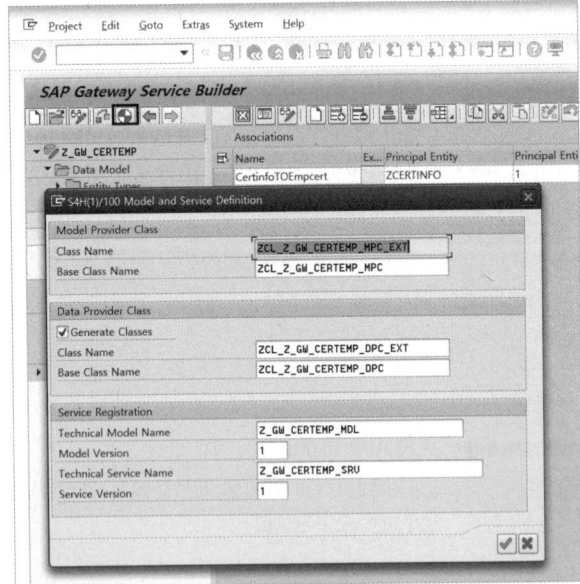

16 구현 및 서비스 등록
[Generate] 버튼(●)을 클릭하면 다음과 같이 Model/Service를 정의하는 팝업창이 출력된다. 특별한 경우가 아니라면 기본적으로 정해진 네이밍을 그대로 따른다.

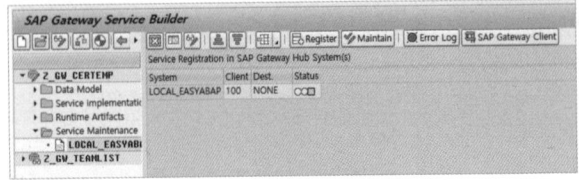

17 Service Maintenance 등록
Service Maintenance을 통해서 OData Service를 등록해보자.

> Hub System을 등록하는 방법은 22장의 [조금 더 알아보기]를 참고한다.

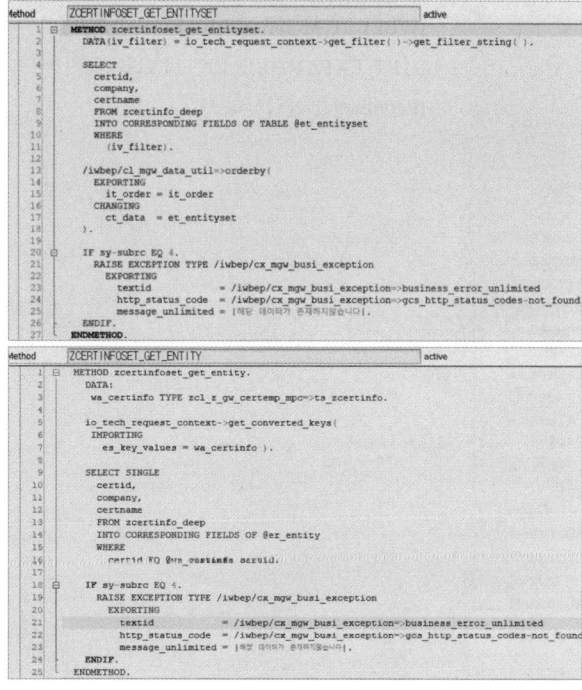

18 GET_ENTITY 설정

여기서 중요한 점은 ZCERTINFO와 ZEMPCERT에서 사용할 기본적인 GET_ENTITYSET 및 GET_ENTITY 메소드를 사용하되, #Expand를 이용한 GET_EXPANDED_ENTITYSET 메소드로 헤더와 아이템을 한 번에 가져오는 로직을 만드는 것이다. 관련 데이터를 개별적으로 요청하는 대신, Expand를 통해 연관된 데이터를 한 번의 요청으로 가져올 수 있어 서버 간의 통신을 단순화하고 효율적으로 처리할 수 있다.

앞서 설정했던 것처럼 ZCERTINFO는 GET_ENTITY와 GET_ENTITYSET을 설정해주고, ZEMPCERT는 GET_ENTITYSET만 설정하자. ZEMPCERT에서 GET_ENTITYSET을 사용할 때 필터를 사용하지 않고 조건문을 통해 해당 데이터를 가져오도록 설정한 것이다. 또한 GET_ENTITY에서는 데이터가 없을 경우 에러 메시지를 보내지 않고 다음 단계로 바로 넘어가는 로직을 선택했다. 이러한 이유는 시스템의 헤더-아이템 구조에서 헤더 테이블에는 데이터가 존재하지만 아이템 테이블에는 해당 데이터가 존재하지 않을 수 있기 때문이다. 이런 상황에서 에러가 발생하면 전체 로직의 흐름이 중단될 수 있다. 따라서 데이터가 없는 경우에도 에러를 발생시키지 않고 로직이 다음 단계로 넘어가도록 구현하였다.

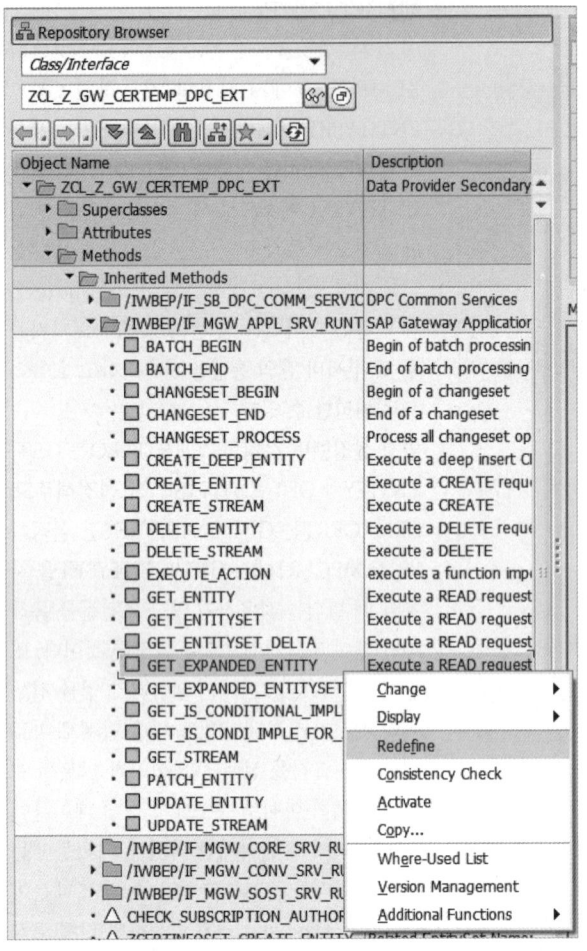

⑲ GET_EXPANDED_ENTITY 설정
[Methods] → [Inherited Methods] → [/IWBEP/IF_MGW_APPL_SRV_RUNTIME] → [GET_EXPANDED_ENTITY]를 클릭한 후 [Redefine]을 클릭한다.

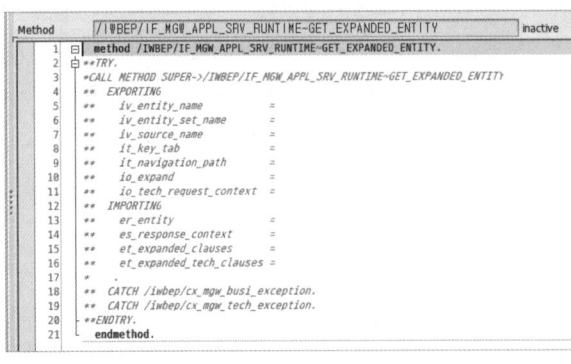

⑳ GET_EXPANDED_ENTITY 로직
Redefine시 자동으로 생성되는 로직의 주석을 풀고 Expand 기능을 구현해보자.

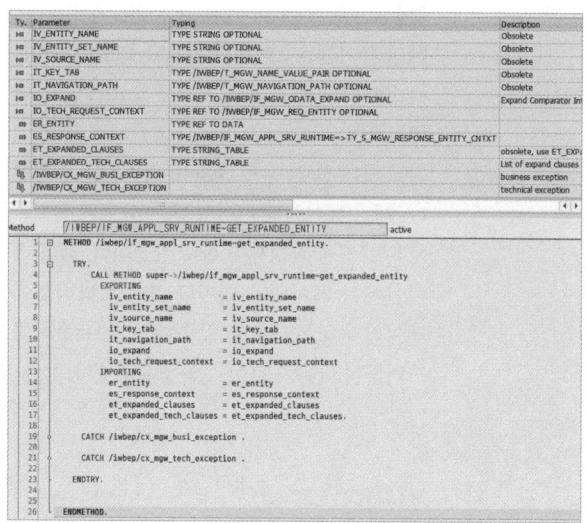

21 GET_EXPANDED_ENTITY 로직 추가
상단에 있는 파라미터가 제공되기 때문에 Exporting과 Importing의 파라미터 값에 맞춰서 넣어주고 활성화하자.

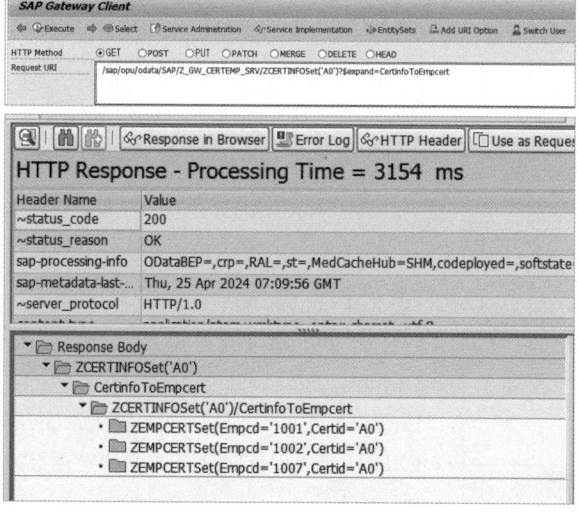

22 Redefinition 속성
앞에서 설정을 했으면 다음과 같이 나오게 되며, 먼저 Read를 테스트하자.

23 Request URI 설정
SAP Gateway Client로 들어가서 GET_EXPANDED_ENTITY를 통해 'A0'라는 조건을 넣어서 헤더 테이블과 아이템 테이블에 데이터를 가져오자. 대/소문자를 구별해야 한다.

> Request URI:ZCERTINFOSet('A0')?$expand=CertinfoToEmpcert

헤더 테이블(ZCERTINFO)
- Create

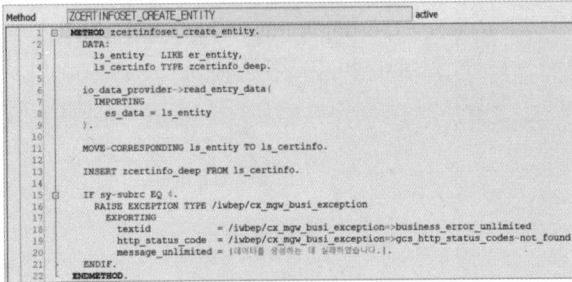

- Update

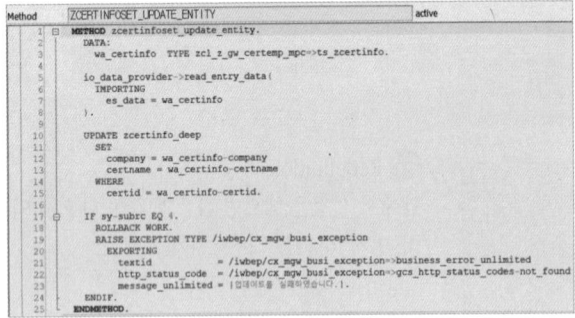

24 Create, Update, Delete Entity 설정
헤더 테이블은 Create, Update, Delete Entity를, 아이템 테이블은 Create Entity만 구현하자.

참고해야 할 사항은 Delete Entity를 수행할 때, 헤더 테이블과 아이템 테이블 모두 삭제되도록 로직을 작성해야 한다는 점이다. 헤더 테이블에는 데이터가 있지만 아이템 테이블에 데이터가 없는 경우도 있을 수 있으므로, 이를 고려하여 다음과 같이 로직을 구현했다.

- Delete

```
Method  ZCERTINFOSET_DELETE_ENTITY                                    active
 1  METHOD zcertinfoset_delete_entity.
 2    DATA:
 3      wa_certinfo  TYPE zcl_z_gw_certemp_mpc=>ts_zcertinfo.
 4
 5    io_tech_request_context->get_converted_keys(
 6      IMPORTING
 7        es_key_values = wa_certinfo
 8    ).
 9
10    DELETE FROM zcertinfo_deep
11      WHERE
12        certid EQ wa_certinfo-certid.
13
14    IF sy-subrc EQ 0.
15      DELETE FROM zempcert
16        WHERE
17          certid EQ wa_certinfo-certid.
18
19    ELSE.
20      RAISE EXCEPTION TYPE /iwbep/cx_mgw_busi_exception
21        EXPORTING
22          textid             = /iwbep/cx_mgw_busi_exception=>business_error_unlimited
23          http_status_code   = /iwbep/cx_mgw_busi_exception=>gcs_http_status_codes-not_found
24          message_unlimited  = |삭제하는데 실패하였습니다.|.
25    ENDIF.
26  ENDMETHOD.
```

```
Object Name
▼ 📁 ZCL_Z_GW_CERTEMP_DPC_EXT
  ▶ 📁 Superklassen
  ▶ 📁 속성
  ▼ 📁 방법
    ▶ 📁 Geerbte Methoden
    ▼ 📁 Redefinitionen
      • □ /IWBEP/IF_MGW_APPL_SRV_RUNTIME~GET_EXPANDED_ENTITY
      • △ ZCERTINFOSET_CREATE_ENTITY
      • △ ZCERTINFOSET_DELETE_ENTITY
      • △ ZCERTINFOSET_GET_ENTITY
      • △ ZCERTINFOSET_GET_ENTITYSET
      • △ ZCERTINFOSET_UPDATE_ENTITY
      • △ ZEMPCERTSET_GET_ENTITYSET
```

25 Redefinition 정의
다음과 같이 헤더 테이블 Create, Read, Update, Delete와 아이템 테이블 Read Entity 설정이 조회된다. 마지막으로 GET_EXPANDED_ENTITY까지 확인되면 설정이 완료된다.

조금 더 알아보기 — 구조체 Import

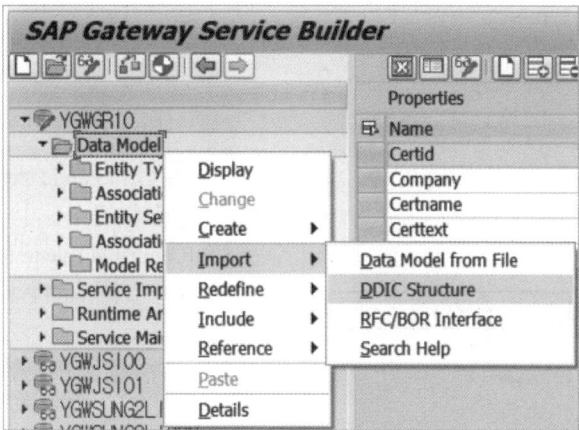

Entity Type을 Create하거나 Import해서 사용할 수 있다. 둘의 차이는 SAP의 모델을 수동으로 설정할지 자동으로 설정할지에 있다.

ABAP과 OData의 데이터 타입은 조금 차이가 있다. Create 방식은 개발자가 MPC_EXT 클래스에서 데이터 타입을 보정해야 하지만 Import 방식은 SAP가 자동으로 데이터 타입을 보정해준다.

실무에서 서비스를 개발할 때 테이블 대신 구조체를 Import하는 경우가 일반적인데, 그 이유는 여러 테이블을 조인해 데이터를 구성해야 하기 때문이다. 이때 서비스의 Property를 추가, 변경하기 위해 테이블의 필드를 직접 추가, 변경할 수 없기에 개발자들은 대부분 구조체를 생성해 Import한다.

2-2 SAP Business Application Studio 설정

앞에서 설정한 SAP Gateway와 SAP Business Application Studio를 연결하고, 앱을 만들어보자.

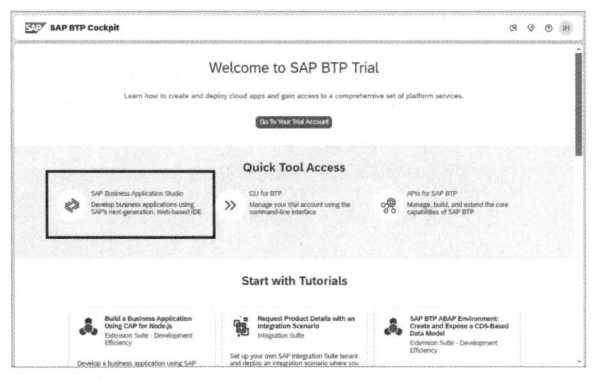

01 SAP Business Application Studio 실행
SAP BTP Cockpit 사이트에 들어가서 [SAP Business Application Studio]를 클릭한다.

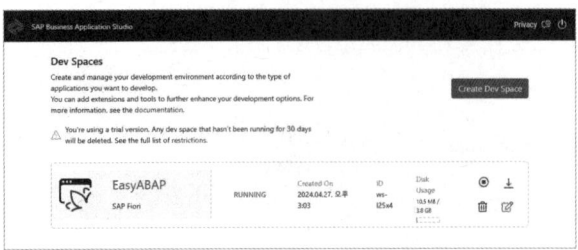

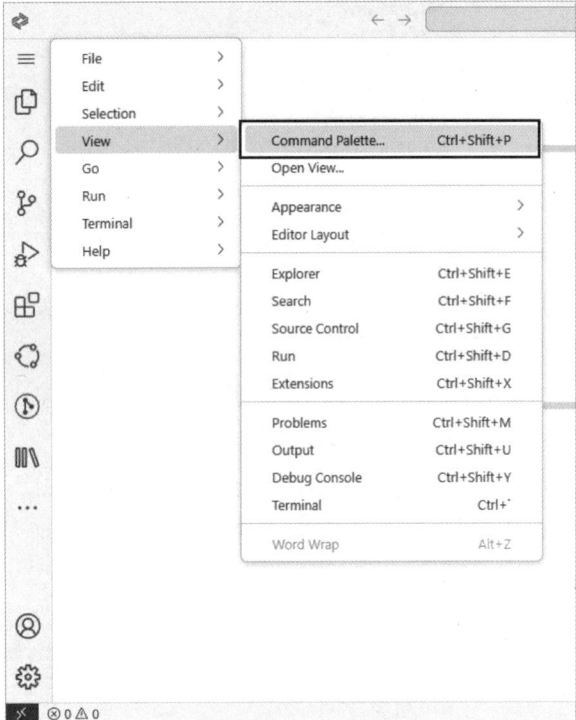

02 Command Palette 입력창

프로젝트를 만들기 위해 [Menu] → [View] → [Command Palette...] 또는 [Ctrl + Shift + P]를 눌러 Command Palette을 실행한다.

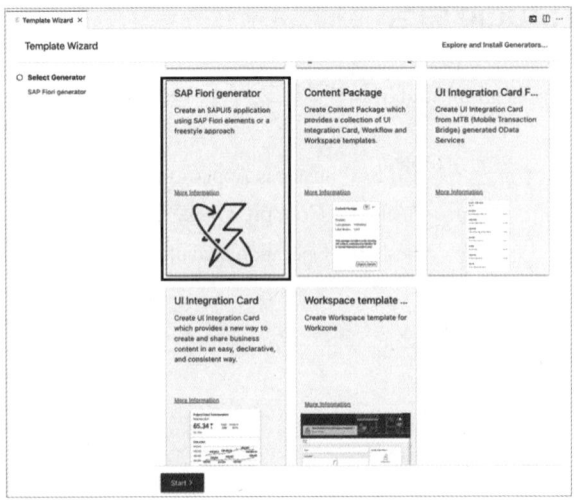

03 Template Wizard 설정

[Template Wizard] → [SAP Fiori generator]을 선택한다.

CHAPTER 23 | SAP Business Applications Studio를 활용한 Fiori 앱 개발

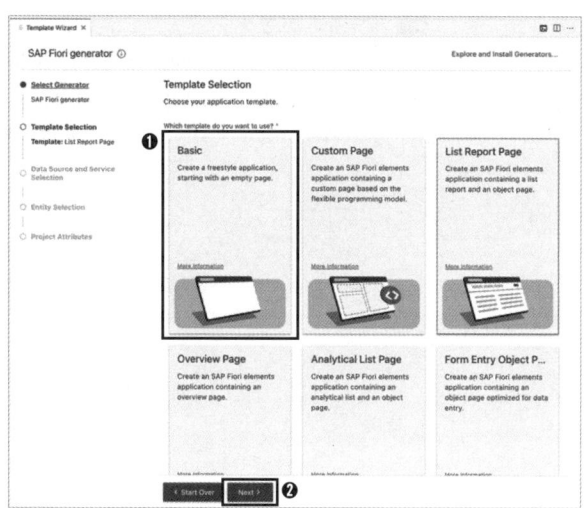

04 Template Selection 설정
자유롭게 개발하기 위해서 ❶ [Basic]을 선택하고 ❷ [Next] 버튼을 클릭한다.

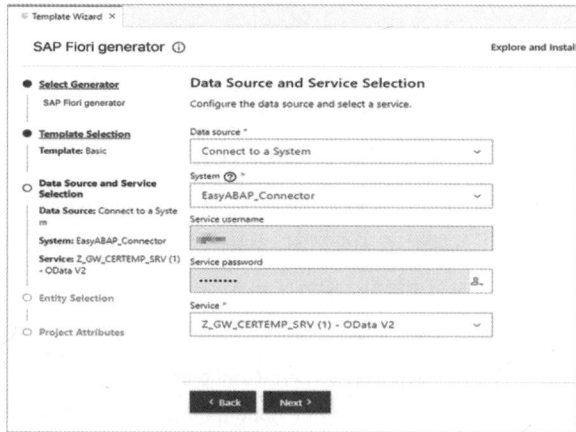

05 SAP Fiori 앱 설정
SAP BTP Cockpit에 설정했던 [Destinations]과 SAP GUI 접속 정보를 통해 Z_GW_CERTEMP_SRV 서비스를 연결해보자.

Data source	Connect to a System
System	SAP BTP Cockpit → Destinations
Service username	SAP GUI ID
Service password	SAP GUI Password
Service	Z_GW_CERTEMP_SRV('SAP Gateway 설정' 절에서 등록했던 프로젝트)

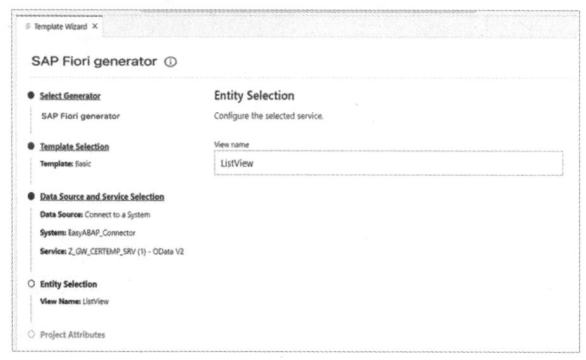

06 Entity Selection 설정
View Name을 설정한다.

1111

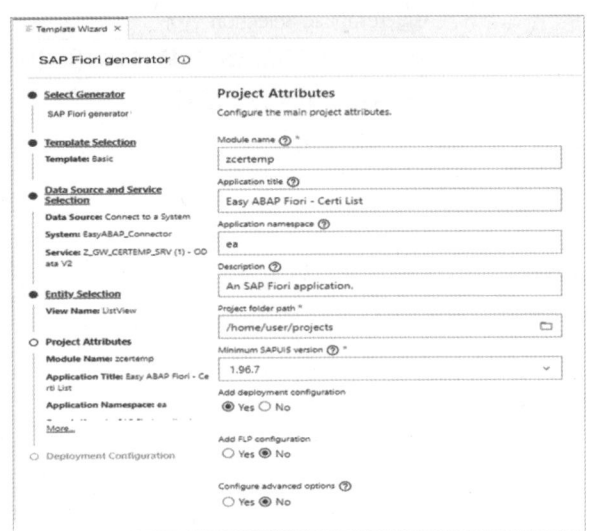

07 프로젝트 설정

추가적인 설정이 끝나면 [Finish] 버튼을 클릭하여 프로젝트 생성을 완료하자.

Module name	생성할 프로젝트명
Application title	앱 헤더에 표시될 제목 설정
Application namespace	생성되는 앱 모듈에 대한 Namespace 설정
Description	설명
Project folder path	프로젝트를 저장할 폴더 설정
Minimum SAPUI5 version	Fiori 앱의 최소 SAPUI5 버전

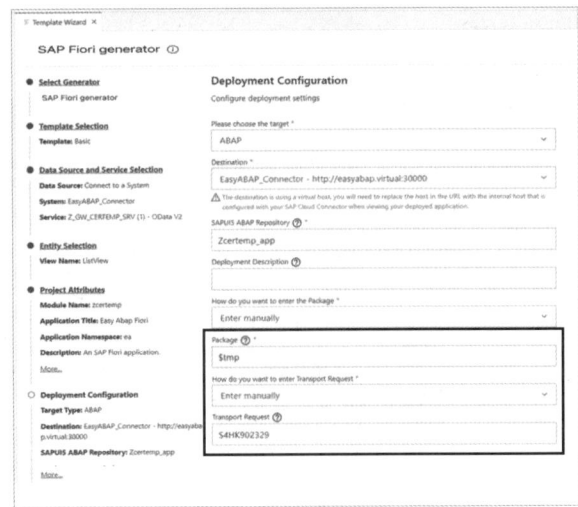

08 Deployment Configuration

Deployment Configuration은 이전에 설정한 것과 동일하게 설정한다. 또한 해당 Fiori 앱을 배포하기 위해서 다음과 같이 Package와 CTS를 설정해야 한다.

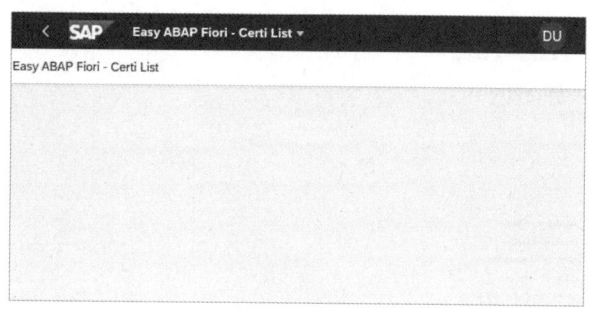

09 완료
프로젝트 생성이 완료되고 로그인이 성공하면 다음과 같은 화면이 나타난다.

📌 샘플과 API 로직을 참고하는 방법에 대해서는 [조금 더 알아보기]를 참고해보자.

10 Data Binding 변경
manifest.json 파일의 'settings' 기본값으로 Data Binding이 OneWay로 되어 있지만 TwoWay로 변경해보자.

- **Data Binding**: 모델(Model)과 뷰(View) 간에 데이터를 연결하는 것을 의미한다. 바인딩 모드는 데이터가 모델과 뷰 간에 어떻게 흐르는지를 결정하는 중요한 요소이며, 주로 One-way(단방향)와 Two-way(양방향) 모드가 사용된다.
- **One-Way Binding**: 데이터가 모델에서 뷰로만 전달되며, 이는 OData V2에서 기본값으로 설정되어 있다. 예를 들어, 화면 크기 정보와 같이 단순히 표시만 필요하고 사용자가 변경할 필요가 없는 데이터에 적합하다.
- **Two-Way Binding**: 데이터가 모델과 뷰 간에 양방향으로 동기화되며, OData V4에서 기본값으로 설정되어 있다. 예를 들어, 사용자 입력 데이터와 같이 사용자가 변경할 수 있으며, 이러한 변경 사항이 모델에 즉시 반영되어야 하는 경우에 적합하다.

조금 더 알아보기 — 로직 참고 또는 API 참고

SAP UI5 데모 앱을 참고하거나 특정 로직을 참고하고 싶을 때 여러 가지 방법이 있다. UI5 데모 샘플을 참고하기 위해서는 다음 사이트에 접속한다.

- URL: https://sapui5.hana.ondemand.com/#/topic

예를 들어, Worklist App이라는 로직을 참고해야 한다고 가정해보자.

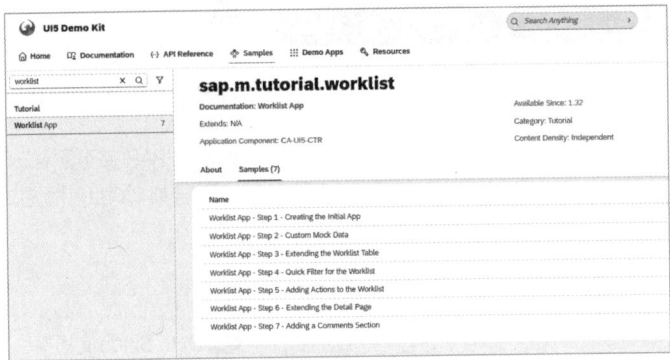

1. [Download] 버튼을 눌러서 샘플을 다운로드한다.

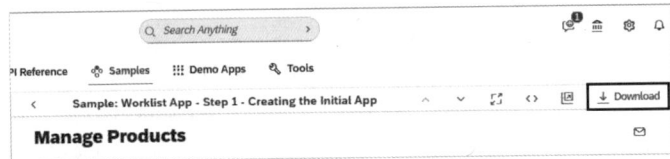

2. 'Show source code for this sample' 기능을 통해서 직접 코드를 복사/붙여넣기해서 참고할 수 있다.

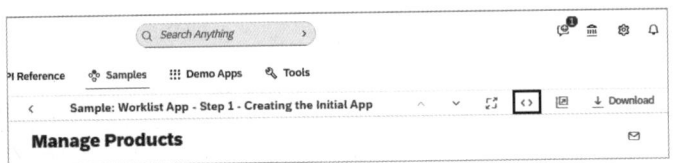

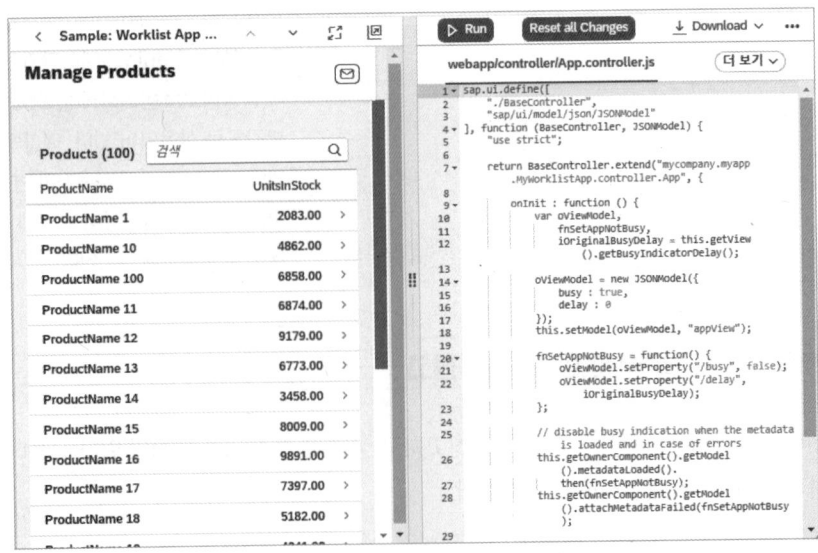

3. 'Layout Edit' 기능을 통해 코드를 작성할 수 있으므로 다양한 방법으로 로직을 작성할 수 있다는 점을 참고하자.

CHAPTER 23 | SAP Business Applications Studio를 활용한 Fiori 앱 개발

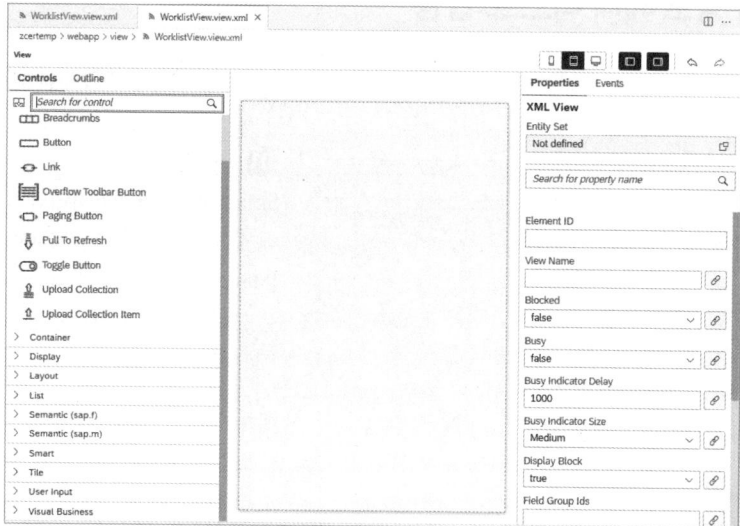

📌 사용 방법: 변경하고 싶은 뷰에 커서를 놓고 마우스 오른쪽 버튼을 클릭해서 [Open With] → [Layout Editor]를 선택한다.

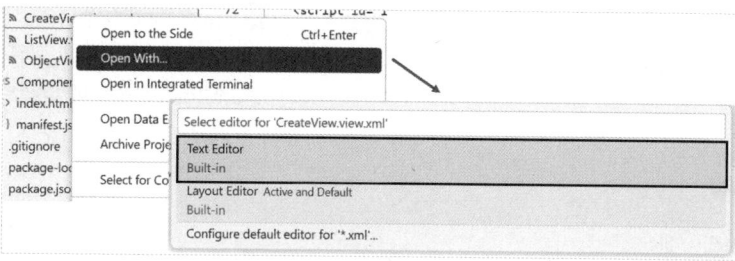

4. API Reference를 통해 SAP Fiori 앱 개발에 사용되는 다양한 API의 사용 방법과 메소드를 확인할 수 있다. 이러한 정보는 개발자가 원하는 로직을 구현하는 데 필수적인 자료다. API Reference란 SAPUI5 프레임워크와 SAP Fiori 디자인 가이드 등 앱 구축에 필요한 다양한 기술 및 기능을 제공한다.

- URL: https://sapui5.hana.ondemand.com/#/api

1115

2-3 자격증 정보 헤더 리스트 설정

Fiori 앱에서 헤더 리스트인 자격증 정보를 'Smart Table'을 통해 리스트로 출력해보자.

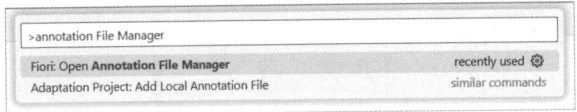

01 Annotation 생성
Smart Table을 사용하려면 Annotation을 통해 설정해야 한다. Annotation을 생성해보자. [Menu] → [View] → [Command Palette...] 또는 [Ctrl + Shift + P]로 이동하여 [Annotation File Manager]를 선택한다.

> Annotation은 사용자 인터페이스(UI) 구성 요소와 관련된 메타데이터를 정의하는 데 사용되는 개념이다. 이 메타데이터는 데이터 모델에 주석을 추가하여 특정 UI 요소를 어떻게 표시할지 정의하거나, 사용자가 데이터를 어떻게 상호작용할지 지정할 수 있는 역할을 한다.

02 Annotation 설정
File Name 필드에 파일 이름을, 'Select your parent folder' 필드에 디폴트 경로를 입력한 후 [Create] 버튼을 클릭한다.

03 Annotation 생성 완료
❶ Annotation.xml과 ❷ manifest.json 파일에서 자동으로 로직이 생성되는 것을 볼 수 있다.

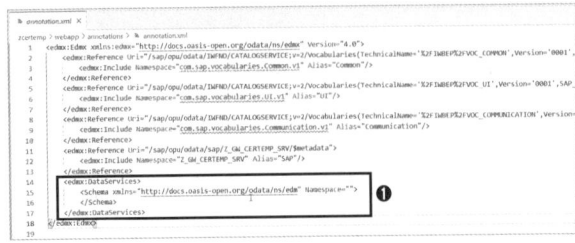

```
{} manifest.json ×
projects > zcertemp > webapp > {} manifest.json > {} sap.app > {} sourceTemplate > 🔲 toolsId
   3          "sap.app": {
  18              "dataSources": {
  19                  "mainService": {
  20                      "uri": "/sap/opu/odata/sap/Z_GW_CERTEMP_SRV/",
  21                      "type": "OData",
  22                      "settings": {
  23                          "annotations": [
  24                              "annotation"
  25                          ],
  26                          "localUri": "localService/metadata.xml",
  27                          "odataVersion": "2.0"
  28                      }
  29                  },
  30                  "annotation": {
  31                      "type": "ODataAnnotation",
  32                      "uri": "annotations/annotation.xml",
  33                      "settings": {                                ❷
  34                          "localUri": "annotations/annotation.xml"
  35                      }
  36                  }
  37              },
```

```
annotation.xml 2 ×
zcertemp > webapp > annotations > annotation.xml
   1   <edmx:Edmx xmlns:edmx="http://docs.oasis-open.org/odata/ns/edmx" Version="4.0">
  13      </edmx:Reference>
  14      <edmx:DataServices>
  15          <Schema xmlns="http://docs.oasis-open.org/odata/ns/edm" Namespace="">
  16
  17              <Annotations Target="Z_GW_CERTEMP_SRV.ZCERTINFO" >
  18
  19                  <Annotation Term="UI.LineItem">
  20                      <Collection >
  21                          <Record Type="UI.DataField">
  22                              <PropertyValue Property="Label" String="자격증 ID" />
  23                              <PropertyValue Property="Value" Path="Certid" />
  24                          </Record>
  25
  26                          <Record Type="UI.DataField">
  27                              <PropertyValue Property="Label" String="자격증 명" />
  28                              <PropertyValue Property="Value" Path="Certname" />
  29                          </Record>
  30                      </Collection>
  31
  32                  </Annotation>
  33              </Annotations>
  34
  35          </Schema>
  36      </edmx:DataServices>
  37   </edmx:Edmx>
```

04 Annotation 추가

Certid와 Certname 필드를 UI.LineItem에 추가하여 Smart Table에 표시하고, Company 필드는 제외하여 보이지 않게 설정하자.

05 View 이동

Annotation 설정이 완료되었으면 Smart Table을 설정하기 전에 List View로 들어가 보자.

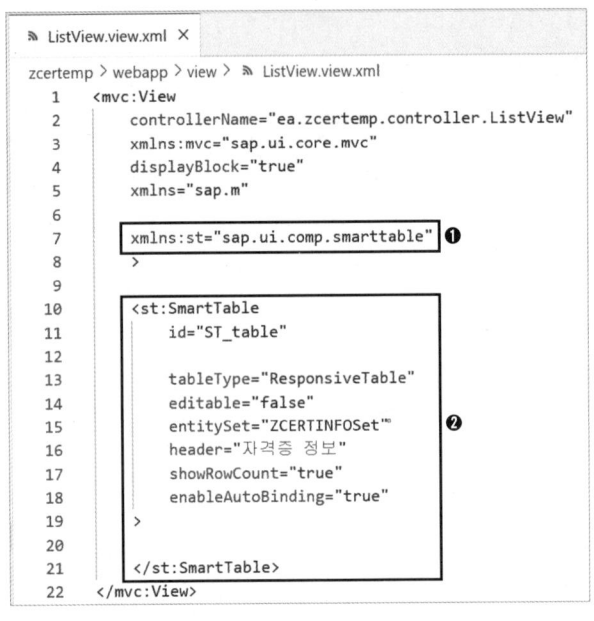

06 Smart Table 설정
Smart Table을 View에서 사용하려면 다음과 같이 설정해야 한다.

❶ xmlns:st="sap.ui.comp.smartable"을 사용해서 XML View내에서 Smart Table을 사용할 수 있게 된다.

- **"st"**: 네임스페이스의 접두사
- **"sap.ui.comp.smartable"**: SAP UI5 라이브러리의 네임스페이스 URI로, Smart Table 컨트롤이 포함된 라이브러리를 지정한다.

❷ Smart Table 옵션
- **ID**: 테이블의 고유한 ID 지정(이후에 자주 사용할 항목이다.)
- **tableType**: 앞에서 설명했던 조금 더 알아보기 참고
- **editable**: 테이블의 편집 가능 여부
- **:** 테이블에 바인딩할 Entity Set 지정
- **header**: 테이블의 헤더 텍스트를 지정
- **showRowCount** : 테이블의 총 행 수를 헤더에 표시할지 여부 설정
- **enableAutiBinding**: 테이블이 자동으로 데이터를 조회할지 여부 설정

07 실행
'NPM START' 명령어로 Fiori 앱을 실행해 보자.

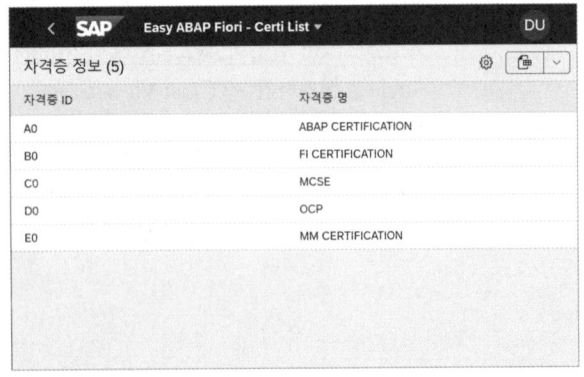

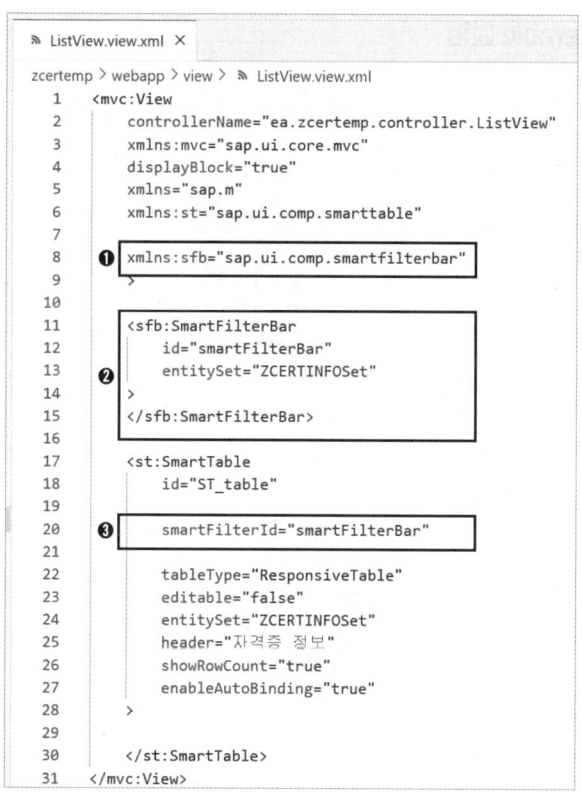

08 Filter 설정

Filter 또한 ❶ SAP UI 라이브러리('sap.ui.comp.smartfilterbar')를 통해서 Smart Filter를 컨트롤할 수 있게 해준다.

❷ Smart Filter를 설정하고, ❸ Smart Table에서 Filter를 연결해보자.

Entity Type 설정의 내용을 참고하기 바란다.

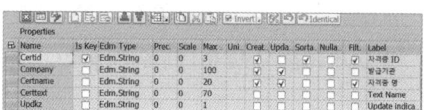

09 Default Filter 설정

기본적으로 Filter를 설정하지 않으면 사용자가 직접 Filter를 눌러 설정해야 하는 번거로움이 있다. 따라서 별도로 Filter를 설정하지 않아도, 화면에 Filtering된 데이터가 바로 표시되도록 만들어 보자.

Annotation에서 'UI.SelectionFields'을 사용해서 Default Filter를 설정한다.

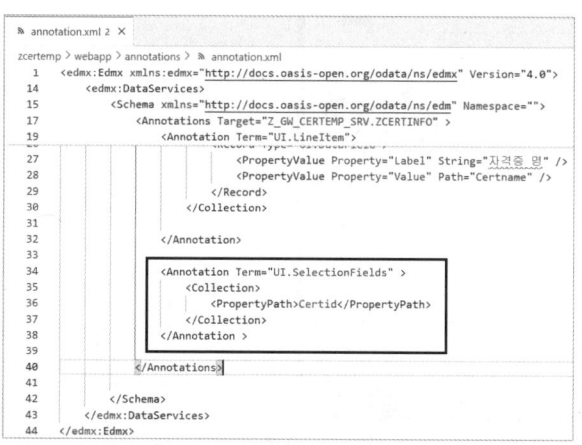

10 실행

Fiori 앱을 실행하면 다음과 같이 Default Filter가 설정된 것을 확인할 수 있다.
만약 자격증 ID가 나오지 않는 경우에는 SAP Gateway의 Entity Type에서 Filterable 설정이 되었는지 확인하자.

조금 더 알아보기 — SAP Gateway Filterable 설정

1. Fiori 앱에서 Annotation을 사용하면 SAP Gateway의 설정 값에 따라 동작이 달라진다. 다음과 같이 'Certid'와 'Company'에 대해 'Filterable'를 선택해 보자.

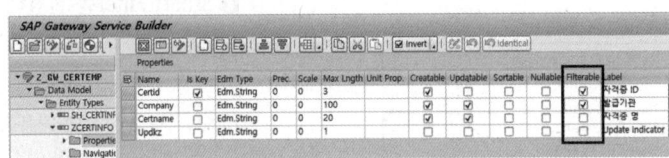

2. 이제 [Generate Runtime Objects]를 클릭하고 Fiori 앱을 실행한다.

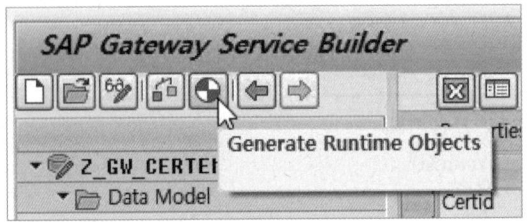

3. 설정한 값에 따라서 다음과 같이 나오게 된다.

4. 추가로 자격증 이름에도 Filter를 설정하려면, Filterable 항목을 선택하면 된다.

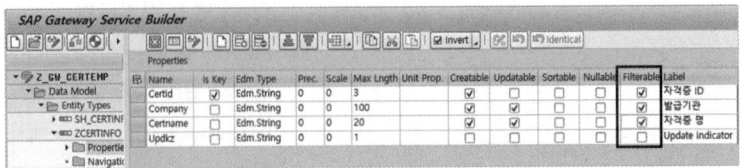

5. 그 다음 [Generate Runtime Objects]를 클릭하고 실행하면, 다음과 같이 Filter가 설정된 것을 확인할 수 있다.

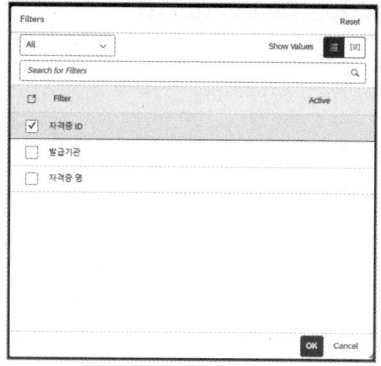

11 Smart Table Row 설정
Smart Table에서 행 선택에 대한 기능을 구현하려면, Controller에서 로직을 다음과 같이 구현하자.

```js
sap.ui.define([
    "sap/ui/core/mvc/Controller"
],
function (Controller) {
    "use strict";

    return Controller.extend("ea.zcertemp.controller.ListView", {
        onInit: function () {

            var oTable;

            oTable = this.getView().byId("ST_table").getTable();
            oTable.setMode("MultiSelect");
        }
    });
});
```

다음과 같이 Smart Table의 ID 인 'ST_table'을 통해서 'MultiSelect'를 설정해보자.

```xml
<st:SmartTable
    id="ST_table"

    smartFilterId="smartFilterBar"
    tableType="ResponsiveTable"
    editable="false"
    entitySet="ZCERTINFOSet"
    header="자격증 정보"
    showRowCount="true"
    enableAutoBinding="true"
>
```

12 Navigation화살표 버튼 설정
ListView.xml 파일에서 Smart Table 태그 안에 해당 로직(빨간 상자)을 구현하여 각 행에 화살표 버튼을 표시하고 내비게이션 기능을 활성화하자.

- **Type:** "Navigation"
- **Press:** "onRowPress"

```xml
<mvc:View
    <st:SmartTable
        editable="false"
        entitySet="ZCERTINFOSet"
        header="자격증 정보"
        showRowCount="true"
        enableAutoBinding="true"
    >

        <Table id="_IDTable01">
            <ColumnListItem id="ColumnList01" type="Navigation" press="onRowPress" />
        </Table>

    </st:SmartTable>
</mvc:View>
```

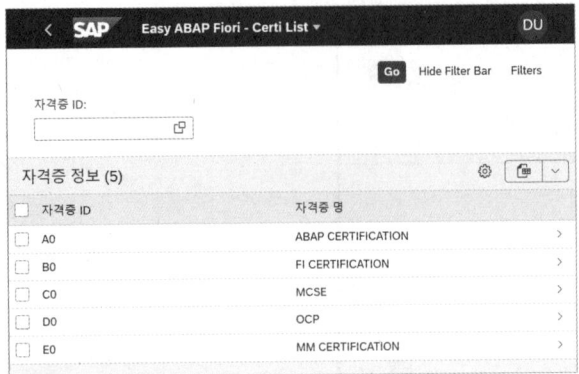

Smart Table에서 Row 라인을 선택했을 때 onRowPress가 트리거가 되도록 설정해 보자.

ColumnsListItem Type에 대한 자세한 내용은 조금 더 알아보기를 참고한다.

조금 더 알아보기 — ColumnsListItem Type에 대해서

Active (sap.m.ListType.Active)

- 행을 클릭할 수 있으며, 클릭 이벤트를 트리거한다.
- 행이 강조 표시되며, 클릭 시 지정된 이벤트 핸들러가 호출된다.
- 주로 내비게이션이나 특정 작업을 트리거하는 데 사용한다.

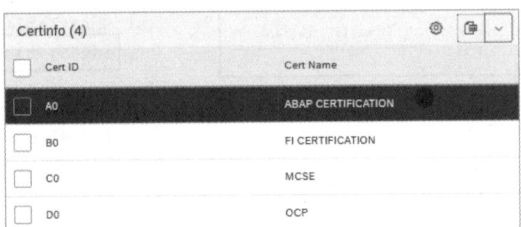

Inactive (sap.m.ListType.Inactive)

- 행을 클릭할 수 없으며, 기본 텍스트만 표시된다.
- 클릭 이벤트가 트리거되지 않는다.
- 주로 읽기 전용 데이터를 표시할 때 사용한다.

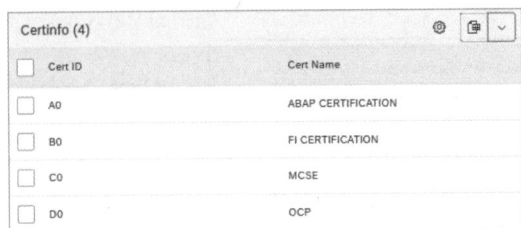

Navigation (sap.m.ListType.Navigation)

- 행을 클릭할 수 있으며, 오른쪽에 내비게이션 화살표가 표시된다.
- 클릭 시 내비게이션 이벤트를 트리거한다.
- 주로 다른 페이지나 상세 보기로 이동하는 데 사용한다.

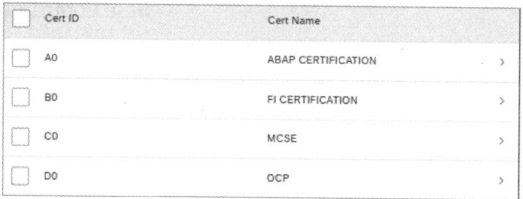

Detail (sap.m.ListType.Detail)

- 행을 클릭할 수 있으며, 오른쪽에 '더 보기' 아이콘이 표시된다.
- '더 보기' 아이콘을 클릭하면 별도의 이벤트가 트리거된다.
- 주로 추가 정보를 표시하거나 추가 작업을 수행하는 데 사용한다.

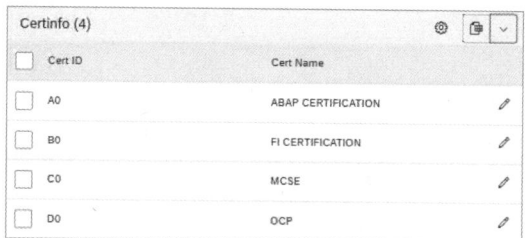

DetailAndActive (sap.m.ListType.DetailAndActive)

- Detail과 Active의 결합 형태로, 행과 '더 보기' 아이콘 모두 클릭 가능하다.
- 행을 클릭하면 기본 이벤트가 트리거되고, '더 보기' 아이콘을 클릭하면 추가 이벤트가 트리거된다.

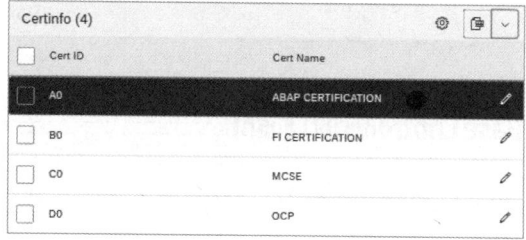

```
∨ zcertemp
  > node_modules
  ∨ webapp
    ∨ annotations
      ⋙ annotation.xml
    ∨ controller
      JS BaseController.js
      JS App.controller.js
      JS ListView.controller.js
    > css
    > i18n
```

13 Base Controller 설정
Controller를 설정하기 전 Base Controller를 만들어서 공통 기능을 설정해보자.
Base Controller에 대한 설정과 생성에 대해서는 조금 더 알아보기를 참고하자.

- **Base Controller**: Base Controller에서 설정할 로직은 Smart Table에서 해당 행을 클릭했을 때, 엔티티인 ZCERTINFOSet('A0')을 가져오는 로직이다.

- **ListView Controller**: Base Controller를 공통으로 사용하기 때문에 기존에 있던 ListView Controller의 로직을 변경해줘야 한다. Base Controller에서 설정했던 로직을 통해서 onRowPress를 눌렀을 때 var_Entity 변수인 엔티티 값을 가져올 수 있게 된다. 여기서 사용되는 "Cerid"는 키로 설정했기 때문에 다음과 같이 설정했다.

```javascript
JS BaseController.js ×
zcertemp > webapp > controller > JS BaseController.js > ...
 1  sap.ui.define([
 2      "sap/ui/core/mvc/Controller"
 3  ],
 4  function (Controller) {
 5      "use strict";
 6
 7      return Controller.extend("ea.zcertemp.controller.BaseController", {
 8          onInit: function () {
 9
10          },
11
12          // 해당하는 row ID를 선택하면 자동적으로 Path를 가져오게 한다.
13          itemGetPath : function(oEvent, name){
14              return oEvent.getSource().getBindingContext().getProperty(name);
15          }
16
17      });
18  });
```

```javascript
JS ListView.controller.js ×
zcertemp > webapp > controller > JS ListView.controller.js > ...
 1  sap.ui.define([
 2      "ea/zcertemp/controller/BaseController"
 3  ],
 4
 5  function (BaseController) {
 6      "use strict";
 7
 8      return BaseController.extend("ea.zcertemp.controller.ListView", {
 9          onInit: function () {
10
11              var oTable;
12
13              oTable = this.getView().byId("ST_table").getTable();
14              oTable.setMode("MultiSelect");
15
16          },
17          onRowPress: function(oEvent){
18              var var_Entity = this.itemGetPath(oEvent, "Certid");
19          }
20
21      });
22  });
```

╔══ 조금 **더** 알아보기 ══╦══ **Base Controller에 대해서** ═════════════════╗

Base Controller는 공통 기능을 여러 Controller에서 재사용할 수 있도록 해준다. 이를 통해 코드 중복을 줄이고, 유지보수와 확장을 용이하게 한다.

Base Controller의 장점

- **코드 중복 제거**: 공통 기능을 중앙에서 관리함으로써 코드 중복을 최소화한다.
- **유지보수 용이**: 공통 기능이 변경되면 Base Controller만 수정하면 되므로 유지보수가 쉬워진다.
- **일관성 유지**: 모든 컨트롤러에서 동일한 방식으로 공통 기능을 사용할 수 있어 일관성을 유지할 수 있다.
- **재사용성**: 다양한 컨트롤러에서 공통 기능을 재사용할 수 있어 개발 효율성이 높아진다.

이제, Base Controller를 생성해 보자.

1. Base Controller는 다른 Controller들이 상속받을 수 있는 공통 기능을 포함하는 일반 Controller이기 때문에 우선 생성해야 한다.

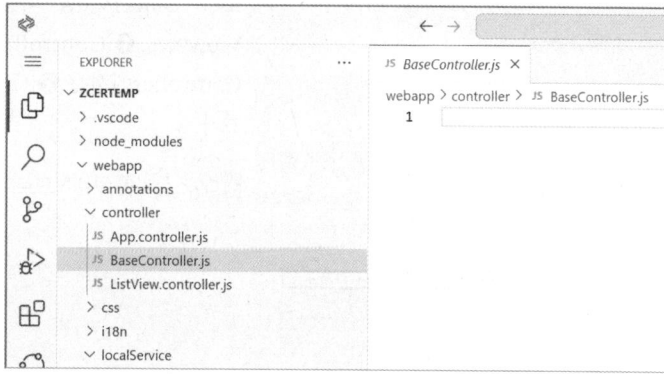

2. 기본적인 설정과 Namespace에 맞게 다음과 같이 설정해보자.

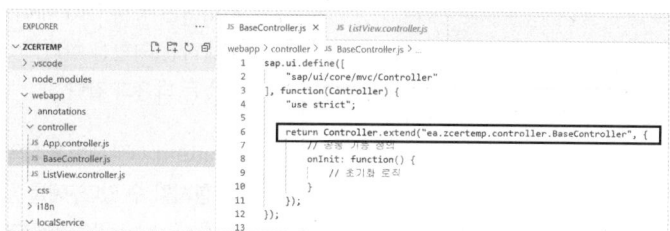

3. 그 다음 개별 Controller는 Base Controller를 상속받기 때문에 각 Controller에 다음과 같이 설정해야 한다.

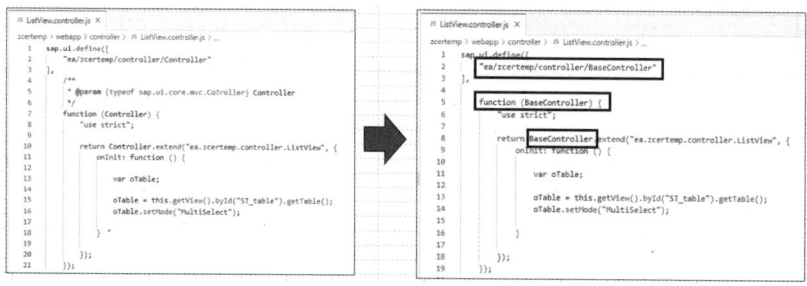

2-4 선택한 행 + 사원 자격증 리스트 설정

자격증 정보 리스트에서 하나의 행을 선택했을 때, 해당 자격증에 대한 사원 자격증 리스트와 상세한 자격증 정보가 표시되도록 하고, 화면이 이동하도록 만들어보자.

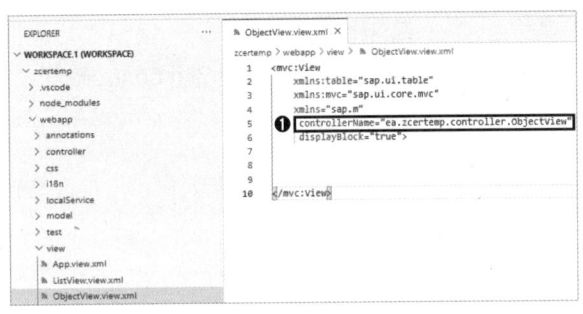

01 Object Page View, Controller 생성
기존 List의 View와 Controller를 기반으로 새로운 Object View와 Controller를 손쉽게 생성해보자.
또한 "ObjectView" 이름에 맞춰서 Object View에서 ❶ ControllerName과 Object Controller에서는 ❷ Controller를 변경해보자.

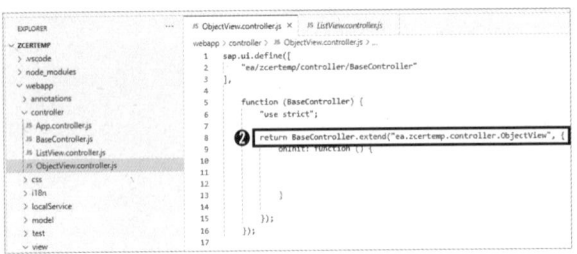

📕 대/소문자를 구분하므로 주의하자.

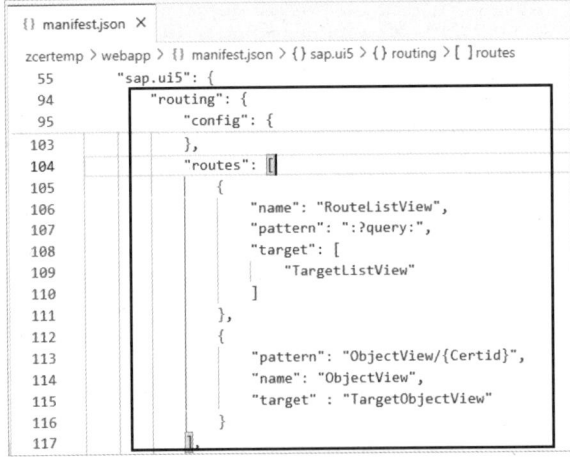

02 Route 설정
Route는 특정 URI 패턴에 맞춰 뷰(View)를 호출하는 역할을 한다. Route 설정 시 중요한 요소는 다음과 같다.

- **Pattern:** URI 패턴을 정의하며, 동적인 값을 포함시킬 수 있다. 예를 들어 "easyabap.com/ObjectView/{Certid}"와 같은 URI 경로를 설정할 수 있고 여기서 {Certid}는 동적으로 변경되는 값이다. {} 안의 값은 사용자에 따라 달라질 수 있다.

- **Name:** Route의 이름을 설정하여 특정 Route를 식별하기 위해서 사용된다. 실제 사용되는 View의 이름으로 설정해보자.

Targets

```
{} manifest.json ×    JS BaseController.js
zcertemp > webapp > {} manifest.json > ...
    68          "sap.ui5": {
   107            "routing": {
   117              "routes": [
   130              }
   131
   132            ],
   133            "targets": {
   134              "TargetListView": {
   135                "viewType": "XML",
   136                "transition": "slide",
   137                "clearControlAggregation": false,
   138                "viewId": "ListView",
   139                "viewName": "ListView"
   140              },
   141
   142              "TargetObjectiew": {
   143                "viewType": "XML",
   144                "transition": "slide",
   145                "clearControlAggregation": false,
   146                "viewId": "ObjectView",
   147                "viewName": "ObjectView"
   148              }
   149
   150            }
   151          },
   152          "rootView": {
```

- **Target**: Route가 매칭될 때 호출될 대상을 지정한다. 이 값은 "Targets" 섹션에서 정의된 설정과 연결된다. Target은 Route가 매칭될 때 호출되는 View에 대한 구체적인 설정을 정의한다.

- **ViewType**: 뷰의 형식을 정의하는 곳이다.

- **Transition**: 뷰 전환 시 사용되는 애니메이션 효과다.

- **clearControlaggregation**: 기존 Controller 세트를 지울지 여부를 설정한다.

- **viewId**: View의 고유 ID를 정의하는 곳이다.

- **ViewName**: 각각의 Target에 해당하는 View의 이름, 실제 사용되는 View의 이름을 지정하는 곳이다.

```
JS BaseController.js ×
zcertemp > webapp > controller > JS BaseController.js > ...
    1  sap.ui.define([
    2      "sap/ui/core/mvc/Controller"
    3      ,
    4      
    5      "sap/ui/core/UIComponent"
    6  
    7  ], function(Controller, UIComponent) {
    8      "use strict";
    9  
   10      return Controller.extend("ea.zcertemp.controller.BaseController", {
   11          // 공통 기능 정의
   12          onInit: function() {
   13              // 초기화 로직
   14  
   15  
   16          },
   17  
   18          // 해당하는 row ID을 선택해주면 자동적으로 Path을 가져오게 한다.
   19          itemGetPath : function(oEvent, name){
   20              return oEvent.getSource().getBindingContext().getProperty(name);
   21          },
   22  
   23  
   24          // SAP UI5에서 라우터를 가져오는데 사용이되며,
   25          //라우팅 관련 기능을 사용하게 도와주는 Method이다.
   26          getRouter : function () {
   27              return UIComponent.getRouterFor(this);
   28          },
   29  
   30  
   31      });
   32  });
```

03 Base Controller 설정

getRouter 메소드를 통해 Navigation, URI 변경, Parameter 등의 라우팅 작업을 수행할 수 있다. 이 메소드는 자주 사용하므로 UIComponet 라이브러리를 참고해서 Base Controller에 설정해보자.

04 ListView Controller(특정 행을 클릭할 때)
manifest.json에서 Pattern 부분과

```
{
    "pattern": "ObjectView/{Certid}",
    "name": "ObjectView",
    "target" : "TargetObjectView"
}
```

Base Controller의 getRouter을 통해

```
// SAP UI5에서 라우터를 가져오는데 사용되며,
// 라우팅 관련 기능을 사용하게 도와주는 Method이다.
getRouter : function () {
    return UIComponent.getRouterFor(this);
},
```

사용자가 특정 행을 선택했을 때 ObjectView 로 Navigation 하는 과정과 해당 행의 Certid 값을 보내주는 로직을 구현해보자.

```js
// ListView.controller.js
sap.ui.define([
    "ea/zcertemp/controller/BaseController"
], 
function (BaseController) {
    "use strict";

    return BaseController.extend("ea.zcertemp.controller.ListView", {
        onInit: function () {

            var oTable;

            oTable = this.getView().byId("ST_table").getTable();
            oTable.setMode("MultiSelect");

        },
        onRowPress: function(oEvent){
            var var_Entity = this.itemGetPath(oEvent, "Certid");

            this.getRouter().navTo("ObjectView", {
                Certid : var_Entity
            })
        }
    });
});
```

05 ObjectView Controller onInit 메소드 설정

ObjectView가 로드될 때 onInit 메소드가 호출된다. 이 메소드 내에서 _onRouteMatched 메소드가 자동으로 호출되도록 설정하자.

특정 Entity 호출

- 클릭된 행에 대한 데이터 바인딩
- 사용자가 ListView에서 특정 행을 클릭하면, 해당 행의 데이터가 바인딩되어 ObjectView로 전달된다.
- ObjectView에서 onInit 메소드가 실행되면서, Certid 값을 사용해 OData 서비스의 엔티티를 호출하게 된다.

Association과 Expand 사용

데이터 요청 시, OData 서비스의 Association을 사용하여 관련 엔티티를 불러오게 된다. 예를 들어, 다음과 같은 URI를 통해 엔티티를 호출하고 관련 엔티티를 Expand한다.

"sap/opu/odata/SAP/Z_GW_CERTEMP_SRV/ZCERTINFOSet('A0')/?$expand=CertinfoToEmpcert"

여기서 '('A0')'는 Certid에 해당하는 값이고, $expand 옵션을 사용하여 CertinfoToEmpcert 인 Association을 함께 불러올 수 있다.

```js
// ObjectView.controller.js
sap.ui.define([
    "ea/zcertemp/controller/BaseController"
], 
function (BaseController) {
    "use strict";

    return BaseController.extend("ea.zcertemp.controller.ObjectView", {
        onInit: function () {

            var oRouter = this.getRouter();
            oRouter.getRoute("ObjectView").attachMatched(this._onRouteMatched, this);

        },
        _onRouteMatched : function (oEvent) {
            var oArgs, oView;
            oArgs = oEvent.getParameter("arguments");
            oView = this.getView();

            oView.bindElement({
                path : "/ZCERTINFOSet('" + oArgs.Certid + "')",
                parameters: {
                    expand: "CertinfoToEmpcert"
                }
            });
        }
    });
});
```

06 ObjectView Page 설정

ObjectHeader를 통해서 Semantic Page의 Title을 설정해보자.

> Semantic Page는 SAP Fiori 앱에서 일관된 사용자 경험을 제공하기 위해 설계된 페이지 레이아웃 패턴이며, 사용자가 더 쉽게 앱을 사용할 수 있도록 도와준다.

```xml
<mvc:View
    controllerName="ea.zcertemp.controller.ObjectView"
    xmlns:mvc="sap.ui.core.mvc"
    xmlns="sap.m"
    displayBlock="true"

    xmlns:semantic="sap.m.semantic"
>

    <semantic:SemanticPage
        id="page">

        <ObjectHeader title="직원 리스트" id="header0" />

    </semantic:SemanticPage>

</mvc:View>
```

07 ObjectView Table List 설정

VBox 설정
- VBox는 수직 레이아웃을 관리하는 컨테이너이다.
- VBox 안에 포함된 모든 요소들은 수직으로 정렬된다.

Table 설정
- 데이터 모델을 테이블에 바인딩하자.
- 바인딩된 데이터는 테이블의 각 행으로 나타낸다.

Table Columns 설정
- 테이블의 각 행을 정의하며, 텍스트 설정을 통해 행의 의미를 명확하게 나타내자.

Table Item 설정
- 데이터 모델의 각 아이템을 테이블의 행에 바인딩한다.

```xml
<mvc:View>
    <semantic:SemanticPage>

        <ObjectHeader title="직원 리스트" id="header0" />

        <VBox id="_VBox1" >
            <Table
                id = "LineItem"
                items="{path: 'CertinfoToEmpcert'}">

                <columns>
                    <Column id="_Column1">
                        <Text id="_Text1" text="자격증 ID"/>
                    </Column>
                    <Column id="_Column2">
                        <Text id="_Text2" text="직원코드"/>
                    </Column>
                    <Column id="_Column3">
                        <Text id="_Text3" text="자격 순번"/>
                    </Column>
                </columns>

                <items>
                    <ColumnListItem id="ColumnList02">
                        <cells>
                            <ObjectIdentifier id="_Identifier1" title="{Certid}"/>
                            <ObjectIdentifier id="_Identifier2" title="{Empcd}"/>
                            <ObjectIdentifier id="_Identifier3" title="{Cnum}"/>
                        </cells>
                    </ColumnListItem>
                </items>

            </Table>
        </VBox>

    </semantic:SemanticPage>
</mvc:View>
```

08 ObjectView Table Count 설정
해당 Table의 데이터가 몇 개인지 확인하는 방법을 알아보자.

우선 ObjectView Table에서 updateFinished 옵션을 통해 Table의 데이터가 새로 고쳐지거나 변경되면 특정 트리거가 수행되도록 설정하자. 또한 "Title"을 통해 "총 항목: (0)"라는 디폴트 텍스트를 설정하고, 동적으로 텍스트를 변경할 수 있게 Title의 id를 설정하자.

```
ObjectView.view.xml
zcertemp > webapp > view > ObjectView.view.xml
 1  <mvc:View
10
11      <semantic:SemanticPage
12          id="page">
13
14          <ObjectHeader title="직원 리스트" id="header0" />
15
16          <VBox id="_VBox1" >
17              <Table
18                  id = "LineItem"
19                  items="{path: 'CertinfoToEmpcert'}"
20
21
22                  updateFinished=".onTableUpdateFinished"
23                  >
24
25                  <headerToolbar>
26                      <Toolbar id="lineItemsToolbar">
27                          <Title
28                              id="itemCountText"
29                              text="총 항목: (0)"/>
30                      </Toolbar>
31                  </headerToolbar>
32
33                  <columns>
```

이제 ObjectView Controller에서 데이터 건수를 확인하기 위해서 다음과 같이 설정해 보자. 테이블의 아이템 개수를 가져와서, ObjectView에서 설정했던 TITLE ID인 <Title id='itemCountText'>을 찾아 텍스트를 업데이트하는 로직이다.

```
ObjectView.controller.js
zcertemp > webapp > controller > ObjectView.controller.js
 4  function (BaseController) {
16      _onRouteMatched: function(oEvent){
27
28      },
29
30      onTableUpdateFinished: function (oEvent) {
31          // 테이블의 총 아이템 갯수 가져오기
32          var iRows = oEvent.getSource().getBinding("items").getLength();
33
34          // 개수를 UI에 표시
35          var oItemCountText = this.byId("itemCountText");
36          oItemCountText.setText("총 항목: " + "(" + iRows + ")");
37      }
38  });
39 });
```

```
<headerToolbar>
    <Toolbar id="lineItemsToolbar">
        <Title
            id="itemCountText"
            text="총 항목: (0)"/>
    </Toolbar>
</headerToolbar>
```

09 실행
앱을 실행하면, Table 데이터의 개수를 확인할 수 있다.

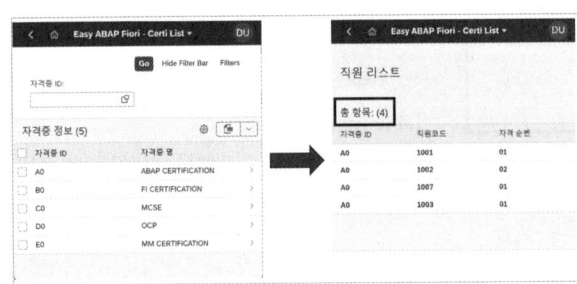

❿ ObjectView Detail 설정
ObjectView에서 사용자가 선택한 행에 대한 상세 정보가 상단에 헤더로 표시되고, 하단에 리스트 형식의 추가 정보가 테이블로 나오는 구조를 만들기 위해서 VBox를 넣어보자.

```xml
ObjectView.view.xml
zcertemp > webapp > view > ObjectView.view.xml
 1  <mvc:View
 7    xmlns:semantic="sap.m.semantic"
 8  >
 9
10    <semantic:SemanticPage
11      id="page">
12
13      <ObjectHeader title="직원 리스트" id="header0" />
14
15      <VBox  id="_VboxDetail">
16
17
18
19      </VBox>
20
21      <VBox id="_VBox1" >
22        <Table
23            id = "LineItem"
24            items="{path: 'CertinfoToEmpcert'}"
25
```

⓫ ObejctView Detail 구성
Smart Form과 Smart Field 컨트롤을 사용하기 위해 View에서 해당 라이브러리를 선언하자.

```
xmlns:form=" sap.ui.comp.smartform "
xmlns:sf=" sap.ui.comp.smartfield "
```

Smart Form 및 Smart Field 사용
- Smart Form은 폼 형태로 데이터를 표시하고 관리할 수 있는 컨트롤이다.
- Smart Field는 폼의 각 필드에 데이터를 바인딩하고 표시하는 컨트롤이다.

조회/수정 모드 설정
- Smart Form의 editable 속성을 설정하여 폼의 조회 또는 수정 모드를 제어할 수 있다.
- editTogglable 속성을 'true'로 설정하면, 폼을 조회 모드와 수정 모드 간에 전환할 수 있는 버튼을 제공한다.

```xml
ObjectView.view.xml
zcertemp > webapp > view > ObjectView.view.xml
 1  <mvc:View
 7
 8    xmlns:form="sap.ui.comp.smartform"
 9    xmlns:sf="sap.ui.comp.smartfield"
10
11
12    <semantic:SemanticPage
13      id="page">
14
15      <ObjectHeader title="직원 리스트" id="header0" />
16
17      <VBox id="_VboxDetail">
18        <form:SmartForm id="SF1"
19                  class="editableForm"
20                  editTogglable="true"
21                  editable="false"
22                  title="자격증 정보"
23                  entityType="ZCERTINFO">
24
25          <form:Group id="G1" >
26            <form:GroupElement id="GE_Certid">
27              <sf:SmartField id="idCertid" value="{Certid}"/>
28            </form:GroupElement>
29
30            <form:GroupElement id="GE_Certname">
31              <sf:SmartField id="idCertname" value="{Certname}"/>
32            </form:GroupElement>
33
34            <form:GroupElement id="GE_Company">
35              <sf:SmartField id="idCompany" textLabel="발급기관" value="{Company}"/>
36            </form:GroupElement>
37          </form:Group>
38        </form:SmartForm>
39      </VBox>
40
41      <VBox id="_VBox1" >
42        <Table
```

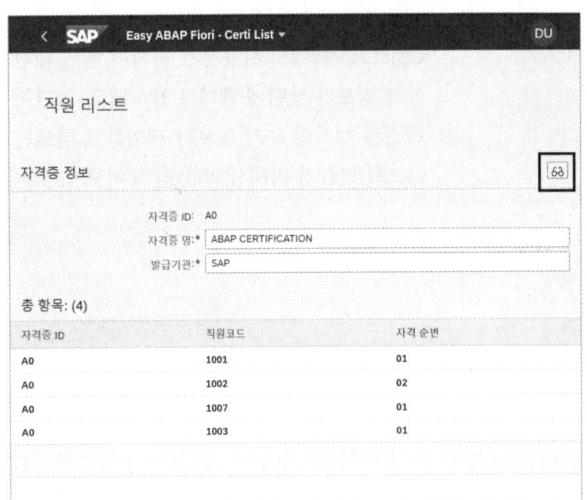

12 실행

다음과 같이 조회 모드와 수정 모드를 변경할 수 있다. 저장 버튼과 관련된 로직은 이후에 다룰 예정이니, 지금은 다음 단계로 넘어가자.

13 ObjectView Controller 설정

ObjectView를 항상 조회 모드로 설정하기 위해서 코드를 추가한다.

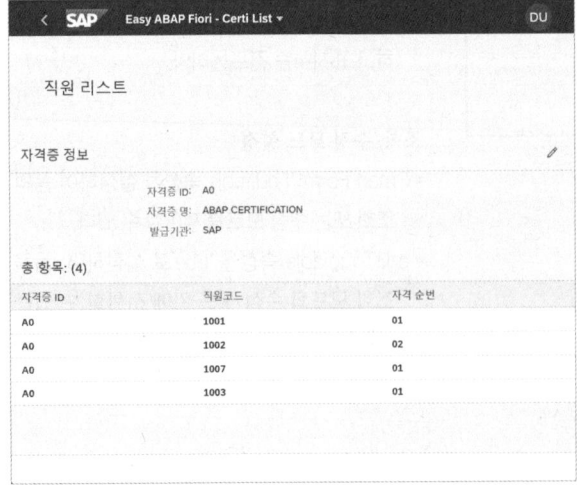

14 추가 필드 넣기

앱을 실행하면, 직원코드가 표시된다. 이번에는 직원 이름 컬럼도 추가해보자.

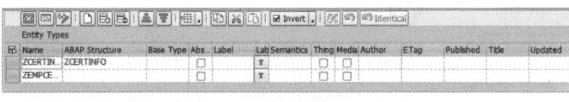

⑮ Entity Types 설정
직원 이름을 넣기 위해, SAP Gateway로 들어가서 생성했던 프로젝트로 들어가보자.

필드를 추가하기 전에 Entity Types에서 ABAP Structure(Entity Type Name)를 변경해야 한다. 추가 필드를 넣으려면 다음과 같이 구조체 또는 빈 값으로 설정해야 한다.

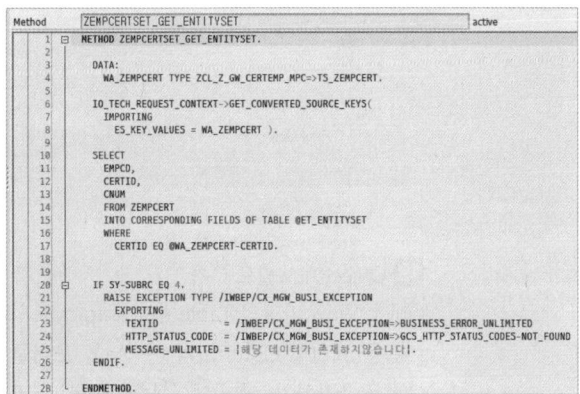

⑯ Entity Types 필드 추가
다음 화면에서 [Create] 버튼을 클릭해 Employee에 대한 이름 필드를 추가하자.
완료되면 [Generate runtime Object]를 클릭하자.

⑰ 아이템 테이블 GET_ENTITYSET
직원 이름을 가져오기 위해시, GET_ENTITYSET 로직에서 아이템 테이블(ZEMPCERT)과 헤더 테이블(ZEMPLIST)을 조인하는 SQL문을 완성한다.

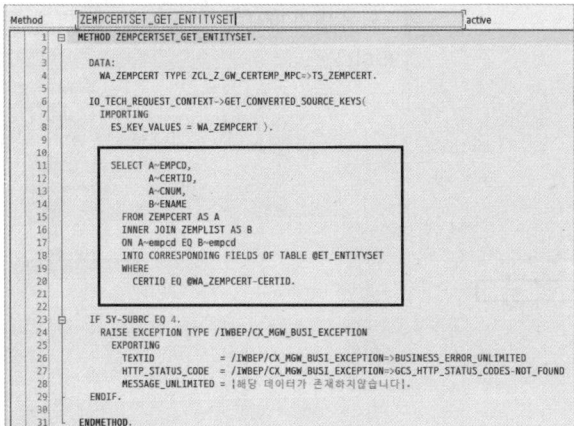

1133

18 실행

Request URI를 이용해 메소드를 실행한다.

:/sap/opu/odata/SAP/Z_GW_CERTEMP_SRV/ZCERTINFOSet('A0')/?$expand=CertinfoToEmpcert&$format=json

다음과 같이 Expand를 사용해서 실행하면 앞에서 설정했던 직원 이름을 가져오는 걸 확인할 수 있다. 완료되면 SAP Business Application Studio로 넘어가보자.

19 ObjectView필드 추가

ObjectView 파일의 Table에서 Employee의 이름을 표시할 Column과 데이터를 보여줄 Cell을 추가하자. 이미 테이블에 데이터가 바인딩되어 있기 때문에 Column과 Cell만 추가하면 된다.

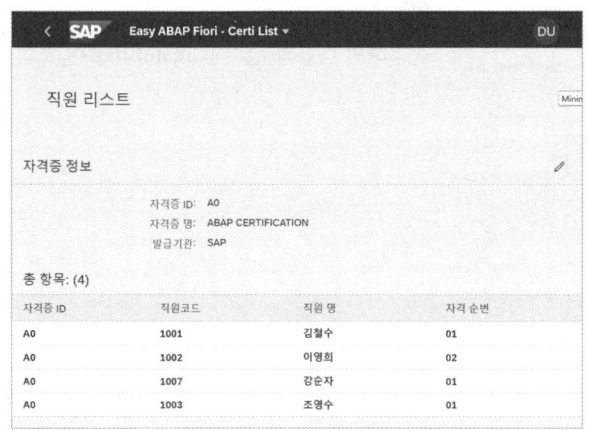

20 실행

다음과 같이 Employee의 이름을 성공적으로 가져온 것을 확인할 수 있다.

2-5 Create 설정

[Create] 버튼을 눌렀을 때 저장할 수 있는 입력 값을 팝업창으로 띄우고, SAP Gateway와 통신하는 로직을 구현해보자.

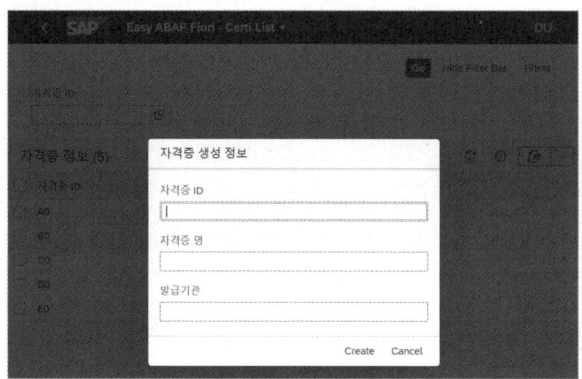

01 Create 버튼 설정

2-4절에서는 Read와 Expand를 통해 헤더-아이템에 대한 데이터를 가져오게 하였다. 이번에는 Create 작업으로 헤더 테이블에 데이터를 생성해보자.

02 버튼 아이콘 추가

- **Smart Table에 툴바 추가**: Smart Table 툴바에 버튼을 추가할 수 있다. customToolbar 속성을 사용하여 툴바를 설정했다.

- **툴바에 버튼 추가**: OverflowToolbarButton을 사용하여 툴바에 버튼을 추가하고, 아이콘과 클릭 이벤트를 설정하자.

- **버튼 클릭 시 팝업 표시**: 버튼 클릭 시 팝업을 표시하도록 이벤트를 연결하자.

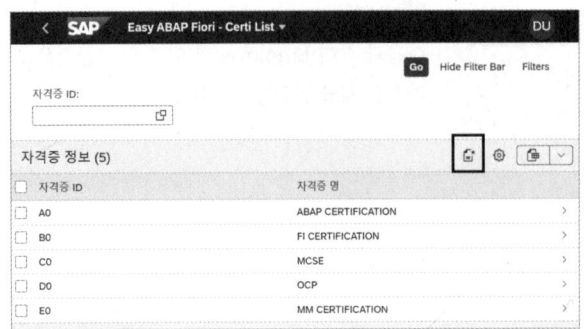

03 앱 실행

실행하면 다음과 같이 [Create] 버튼이 조회된다.

04 Create View 파일 생성

[Create] 버튼을 클릭했을 때 팝업 View가 조회되어야 하므로 Create View를 만들어야 한다. 우선 CreateView.view.xml 파일을 생성해보자.

05 Create View 설정

사용자 입력을 받기 위해 Smart Form을 활용하여, 생성 및 취소 버튼을 포함하는 팝업창이 나오도록 설정해 직관적인 UI를 제공해보자.

06 Create Controller 생성

Create Controller 파일을 생성하고, 다음과 같이 기본 틀(Base Controller)에 맞춰서 만들어보자.

Create View에서 설정했던 'Dialog ID = popupDialog'을 통해 Dialog에 대한 정보를 가져오는 로직이다.

```js
sap.ui.define([
    "ea/zcertemp/controller/BaseController"
], function (BaseController) {
    "use strict";

    return BaseController.extend("ea.zcertemp.controller.CreateView", {
        onInit: function () {
            this.oDialog = this.byId("popupDialog");
        },
    });
});
```

```xml
<mvc:View
    xmlns:mvc="sap.ui.core.mvc"
    xmlns="sap.m"
    controllerName="ea.zcertemp.controller.CreateView"
    xmlns:sf="sap.ui.comp.smartform"
    xmlns:sfd="sap.ui.comp.smartfield"
    displayBlock="true">
    <Dialog id="popupDialog" title="자격증 생성 정보" contentWidth="400px" >
        <VBox id="_IDGenVBox1">
            <sf:SmartForm id="smartForm" editable="true" entityType="ZCERTINFO">
                <sf:Group id="Group1">
                    <sf:GroupElement id="_GroupElement1">
                        <sfd:SmartField value="{CertId}" />
                    </sf:GroupElement>
                    <sf:GroupElement id="_GroupElement2">
                        <sfd:SmartField value="{Certname}" />
                    </sf:GroupElement>
                    <sf:GroupElement id="_GroupElement3">
                        <sfd:SmartField value="{Company}" />
                    </sf:GroupElement>
                </sf:Group>
            </sf:SmartForm>
        </VBox>
        <buttons>
            <Button id="_Button1" text="Create" press=".onCreate"/>
            <Button id="_Button2" text="Cancel" press=".onCancel"/>
        </buttons>
    </Dialog>
</mvc:View>
```

07 onCreate 설정

데이터 가져오기: 이전에 설명한 Binding Mode가 TwoWay로 설정되어 입력폼의 데이터는 모델에 자동으로 동기화되어 있다. 별도로 데이터를 가져올 필요가 없다.

OData CREATE 호출

- 'oModel.submitChanges(…)' 메소드를 사용하여 데이터를 OData 서비스에 저장한다.
- 이미 모델에 정의된 '/ZCERTINFOSet' 경로로 OData의 CREATE_ENTITY 메소드를 호출한다.
- 📑 submitChanges()는 신규 Entry인지 기존에 조회된 Entry인지 판단해 CREATE와 UPDATE를 호출한다.

성공 시 처리

- Batch 처리인 경우 OData에서 에러가 발생했음에도 불구하고 UI5에서 success 콜백 함수로 호출되는 경우가 종종 발생한다. 이를 확인하기 위해 Response 배열에서 에러 정보를 추출해 확인하는 작업이 필요하다.

```js
sap.ui.define([
    "ea/zcertemp/controller/BaseController",
    "sap/m/MessageToast",
    "sap/m/MessageBox"
], function (BaseController, MessageToast, MessageBox) {
    "use strict";
    return BaseController.extend("ea.zcertemp.controller.CreateView", {
        onInit: function () {
            this.oDialog = this.byId("popupDialog");
        },
        onCreate: function () {
            const oModel     = this.getView().getModel();
            const oSmartform = this.byId("smartForm");
            if(oSmartform.check().length > 0)
                return;

            oModel.submitChanges({
                success: function (oData, oResp) {
                    const oError = oData.__batchResponses.find(
                            (element) => element.statusCode == undefined
                        );
                    if(oError){
                        MessageToast.show(JSON.parse(oError.response.body)
                                        .error.message.value);
                        return;
                    }

                    MessageToast.show("자격증 정보가 성공적으로 생성되었습니다.");
                    this.oDialog.close();
                }.bind(this),
                error: function (oError) {
                    var oMsg = JSON.parse(oError.responseText);
                    MessageBox.error(oMsg.error.message.value);
                }
            });
        },
    });
});
```

- success 콜백 함수에서 'MessageToast. show("자격증 정보가 성공적으로 생성되었 습니다.");' 코드를 사용하여 성공 메시지를 사 용자에게 표시한다.

- 'oView.byId("createDialog").close();'를 통해 팝업창을 닫는다.

에러 시 처리: 'JSON.parse(oError. responseText)'를 통해서 SAP Gateway에서 설정한 Exception 에러 메시지가 사용자에게 표시된다.

08 onClose 설정
[Cancel] 버튼을 클릭했을 때 입력폼을 초기화 한 후 Dialog를 닫는 로직이다.

```js
// CreateView.controller.js
// webapp > controller > CreateView.controller.js > sap.ui.define() callback
// 5  ], function (BaseController, MessageToast, MessageBox) {
28    onCancel: function () {
29        // 입력폼 초기화
30        const oModel = this.getView().getModel();
31        if(oModel.hasPendingChanges()){
32            oModel.resetChanges();
33        }
34
35        this.oDialog.close();
36    }
37  });
38 });
```

09 Create 버튼 클릭 시
ListView에서 [Create] 버튼 클릭 시, 앞에서 설정한 Create View가 팝업창처럼 나오게 구현해야 한다. 팝업창 의 입력폼에 신규 Entry를 바인딩하여 메타데이터를 사용할 수 있게 한다. 이를 위해 ListView Controller에서 다음과 같이 설정하자.

```js
// ListView.controller.js
// webapp > controller > ListView.controller.js > sap.ui.define() callback > onDelete
// 7  function (BaseController, MessageToast, MessageBox) {
29    onCreateDialog: function () {
30        // Create dialog 설정
31        if (!this.oMPDialog) {
32            this.oMPDialog = new sap.ui.core.mvc.XMLView({
33                viewName: "ea.zcertemp.view.CreateView"
34            });
35            // 새로운 View를 추가하고 팝업을 띄운다.
36            this.getView().addDependent(this.oMPDialog);
37            this.oMPDialog.loaded().then(function () {
38                this.oMPDialog.byId("popupDialog").open();
39                // 신규 Entry를 생성해 폼에 바인딩 한다.
40                const oSmartForm = this.oMPDialog.byId("smartForm");
41                oSmartForm.unbindElement();
42                oSmartForm.bindElement(this.getView().getModel().createEntry("ZCERTINFOSet").getPath());
43            }.bind(this));
44        } else {
45            this.oMPDialog.byId("popupDialog").open();
46            const oSmartForm = this.oMPDialog.byId("smartForm");
47            oSmartForm.unbindElement();
48            oSmartForm.bindElement(this.getView().getModel().createEntry("ZCERTINFOSet").getPath());
49        }
50    },
```

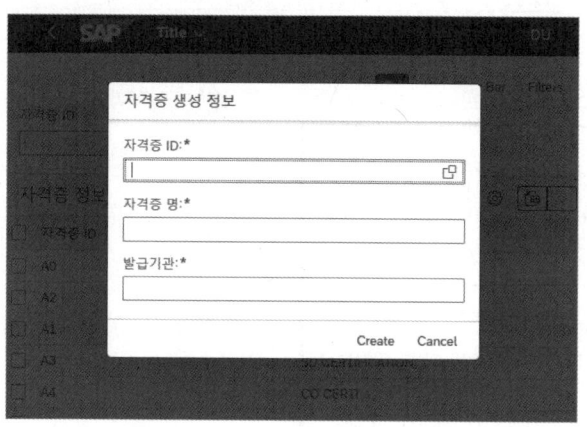

❿ Create 실행

[Create] 버튼을 클릭하면 Create View가 팝업창으로 표시된다.

⓫ 데이터 검증

- oSmartform.check() 메소드를 통해 값을 검증하자. 이는 메타데이터의 데이터 타입, NULL 허용 여부 등을 판단해 검증한다.
- 반환 값으로 검증에 실패한 입력 값 정보를 배열로 반환한다. 배열의 길이가 0보다 큰 경우 검증 실패이다.
- 이 방법을 사용하면 사용자가 필수 입력 필드를 모두 채우지 않은 경우, 데이터를 저장하지 않고 에러 메시지를 사용자에게 보여줄 수 있게 된다.

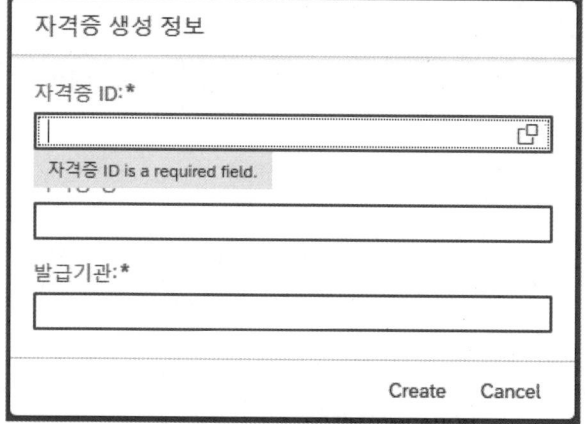

⓬ 빈 입력 값 확인 실행

입력 필드가 비어 있는 경우에 [Create] 버튼을 클릭하면 다음과 같이 에러 메시지가 표시된다.

다음 [**조금 더 알아보기**]에서 UI5 디버깅을 통해 입력한 값이 제대로 반영되는지 확인해 보자.

조금 더 알아보기 — UI5 디버깅

1. 사용자가 다음과 같이 값을 넣었다고 가정해보자.

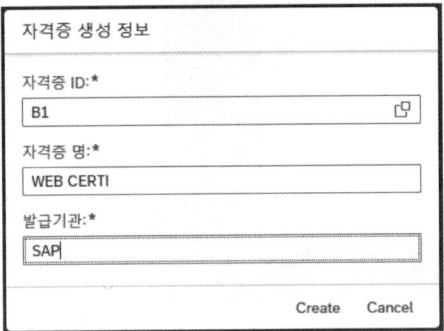

2. Fiori 앱 화면에서 [F12] 키를 눌러보면 다음과 같이 개발자 툴이 표시된다.

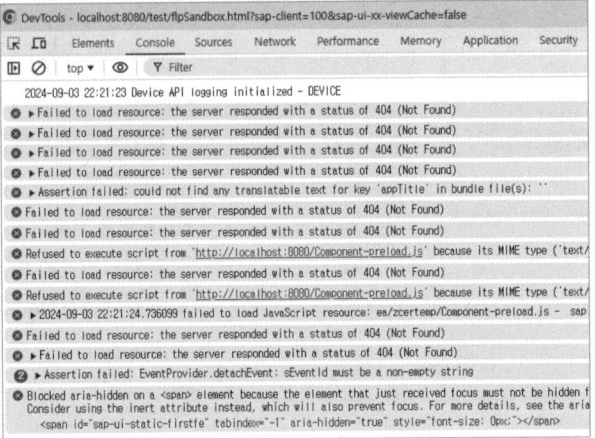

3. 상단에 있는 [Source]를 클릭하고, [Controller] → [CreateView.Controller]을 클릭하면 다음과 같이 로직이 표시된다.

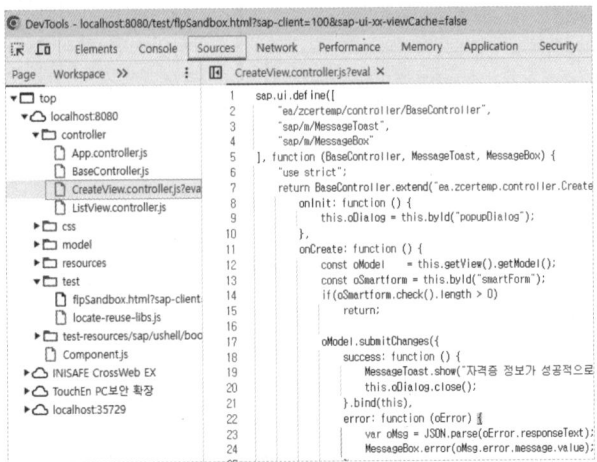

4. 디버깅할 로직의 라인 번호를 클릭하면, 해당 라인에 중단점이 설정된다.

5. [Create] 버튼을 클릭하면 해당 라인에 디버깅이 설정된다.

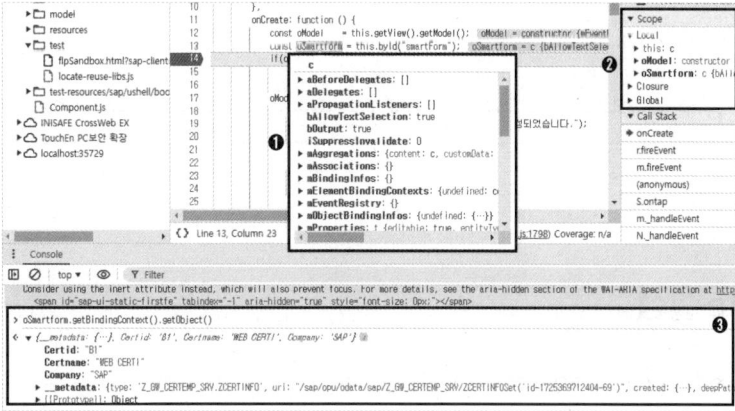

6. 우측 상단의 버튼을 사용하여 라인을 이동할 수 있다. 해당 값이 반영된 것을 확인하려면 ❶ 변수에 마우스를 올리거나 ❷ [범위] 섹션에서 데이터를 확인하면 된다. 하단 ❸ [Console]에 해당 오브젝트의 변수, 메소드를 입력해 데이터를 확인할 수 있다.

7. 디버깅을 더 쉽게 하기 위해, SAP Business Application Studio에서 해당 코드 라인에 디버깅을 설정할 수 있으니 참고하자.

8. 또한 기존 로직에 Console.log를 사용해서 데이터를 쉽게 확인할 수 있다. 확인하고 싶은 변수를 'Console.log(변수 명)' 형식으로 입력한 후, Fiori 앱을 실행하면 개발자 툴에서 해당 변수의 값이 출력되는 것을 확인할 수 있다.

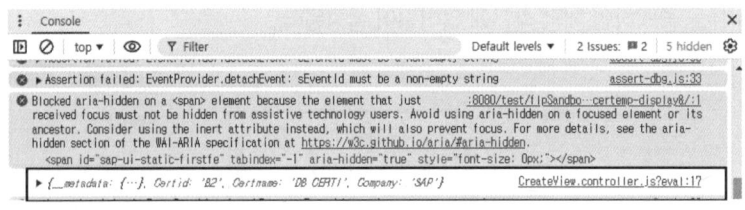

2-6 Update 설정

2-4절에서 설정하였던 Object View에서 [저장] 버튼을 추가하여 Update 기능을 구현해보자.

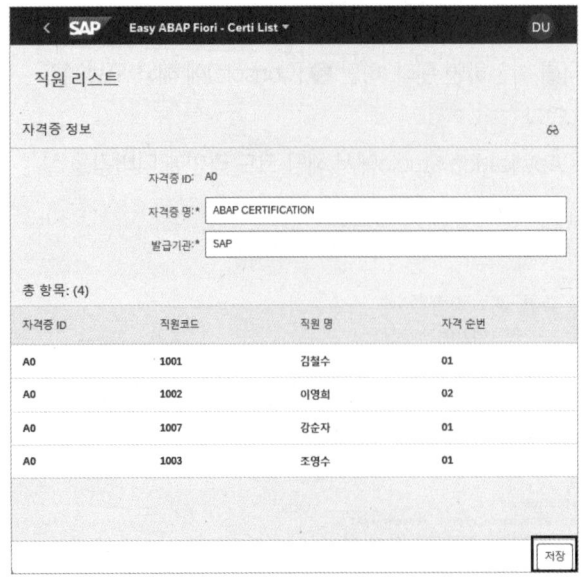

01 Update 버튼 설정
Object View에서 데이터를 수정할 수 있도록 하고, [저장] 버튼을 추가해서 Update 기능을 구현한다. 추가로, 조회 모드와 수정 모드로 전환하는 기능도 넣어보자.

02 Object View Smart Form 설정
Smart Form에서 editToggled 옵션을 사용하여 조회 모드와 수정 모드 간의 전환 시 특정 메소드를 호출하도록 설정할 수 있다.

```
ObjectView.view.xml ×
zcertemp > webapp > view > ObjectView.view.xml
  1   <mvc:View
 12       <semantic:SemanticPage
 13           id="page">
 14
 15           <ObjectHeader title="직원 리스트" id="header0" />
 16
 17           <VBox id="_VboxDetail" >
 18               <form:SmartForm id="SF1"
 19                              class="editableForm"
 20                              editToggable="true"
 21                              editable="false"
 22
 23                              editToggled="onEditToggled"
 24
 25                              title="자격증 정보"
 26                              entityType="ZCERTINFO">
 27
 28               <form:Group id="G1" >
 29                   <form:GroupElement id="GE_Certid">
 30                       <sf:SmartField id="idCertid" value="{Certid}"/>
 31                   </form:GroupElement>
```

03 [저장] 버튼 추가
Object View에서 [저장] 버튼을 추가하고, 기본적으로 버튼이 보이지 않도록 설정하는 방법을 알아보자. 이후에 버튼을 동적으로 설정하기 위해 Button ID를 기억해야 한다.

```
ObjectView.view.xml ×
zcertemp > webapp > view > ObjectView.view.xml
  1   <mvc:View
 12       <semantic:SemanticPage
 44           <VBox id="_VBox1" >
 45               <Table
 74                                        </columns>
 88               </Table>
 89           </VBox>
 90
 91           <semantic:customFooterContent>
 92
 93               <Button id="_IDButton1"
 94                       visible="false"
 95                       text="저장"
 96                       type="Accept"
 97                       press=".onUpdate" />
 98
 99           </semantic:customFooterContent>
100
101       </semantic:SemanticPage>
102
103   </mvc:View>
```

04 조회, 수정 변경 시 메소드
모드 변경 전 입력폼의 데이터를 초기화한다. 조회 모드일 때는 버튼이 안 보이게 설정하고, 수정 모드일 때는 버튼이 보이게 설정해 보자. Object Controller에서 Smart Form의 editable 속성을 가져와서 버튼의 Visible을 동적으로 변경한다.

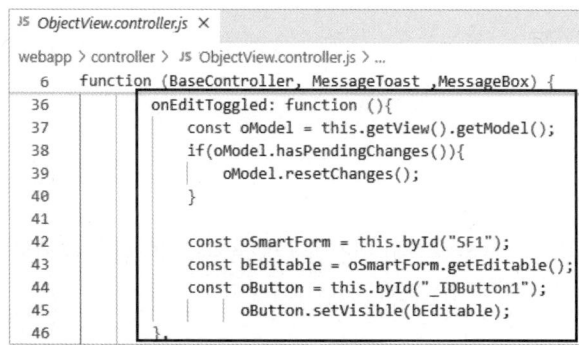

```
JS ObjectView.controller.js ×
zcertemp > webapp > controller > JS ObjectView.controller.js > ⊙ sap.ui.define() callback > ⊙ _onRouteMatched
  1   sap.ui.define([
  2       "ea/zcertemp/controller/BaseController",
  3       "sap/m/MessageToast",
  4       "sap/m/MessageBox"
  5   ], function (BaseController, MessageToast, MessageBox) {
  6       "use strict";
  7
```

```
JS ObjectView.controller.js ×
webapp > controller > JS ObjectView.controller.js > ⊙ sap.ui.define() callback > ⊙ onUpdate
  6   function (BaseController, MessageToast ,MessageBox) {
 47       onUpdate: function () {
 48           const oModel     = this.getView().getModel();
 49           const oSmartForm = this.getView().byId("SF1");
 50
 51           if(oSmartForm.check().length > 0)
 52               return;
 53
 54           oModel.submitChanges({
 55               success: function () {
 56                   MessageToast.show("성공적으로 업데이트되었습니다.");
 57                   oSmartForm.setEditable(false);
 58               }.bind(this),
 59               error: function (oError) {
 60                   var oMsg = JSON.parse(oError.responseText);
 61                   MessageBox.error(oMsg.error.message.value);
 62               }
 63           });
 64       },
 65   });
 66   });
```

05 onUpdate 설정

라이브러리 참고

여기서 사용되는 "Message Toast" 또는 "MessageBox"는 라이브러리에서 참고해 보자.

Update 로직: onCreate 설정처럼 onUpdate 도 OData 모델을 통해 SAP Gateway에 설정 한 UPDATE_ENTITY 메소드를 불러와서 업데이트하는 로직이다.

모드 전환: 업데이트 후 수정 모드를 종료하고 조회 모드로 자동으로 전환한다.

06 Update 실행

[저장] 버튼을 클릭한 후, 다음과 같이 메시지 가 출력되면 성공이다.

2-7 Delete 설정(한 건, 여러 건)

자격증 정보 리스트에서 한 건 또는 여러 건을 선택한 후 [삭제] 버튼을 눌렀을 때, 데이터를 삭제하 는 로직을 구현해보자.

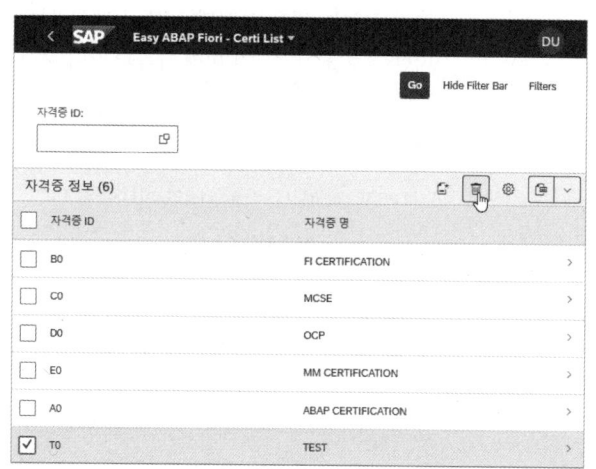

01 삭제 버튼 설정
휴지통 아이콘을 화면에 추가해서, 헤더 테이블과 아이템 테이블의 데이터를 삭제해보자.

02 삭제 버튼 추가하기
우선 List View 툴바에 [삭제] 버튼을 생성하자.

03 onDelete 메소드 기능 구현
onDelete 메소드를 설정하여 데이터 삭제 기능을 구현하고, 사용자 실수를 방지하기 위해 Message Box를 사용하여 확인 메시지를 표시하도록 설정하는 방법을 알아보자.

이 과정에서, 사용자가 [삭제] 버튼을 눌렀을 때 선택된 데이터가 없거나 실수로 삭제 버튼을 클릭한 경우를 처리하기 위해 Message Box를 표시하는 로직을 구현하였다.

Delete 로직: OData 모델을 통해 SAP Gateway에 설정한 DELETE_ENTITY 메소드를 불러와서 삭제하는 로직이다.

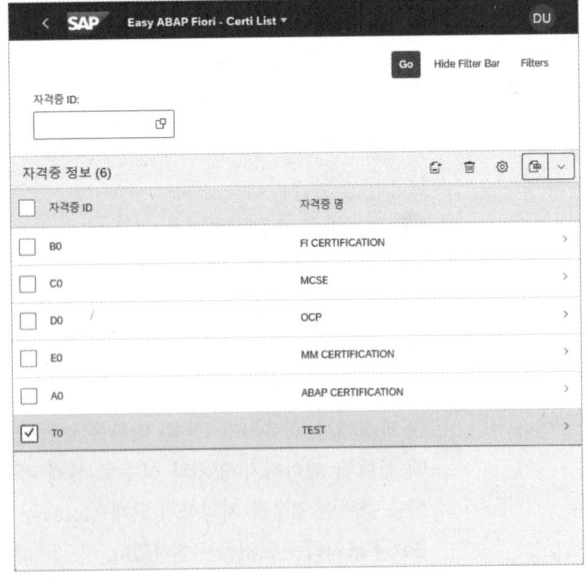

그리고 여러 건을 삭제했을 시, 선택한 행에 대한 경로를 가져오기 위해 다음과 같이 구현했다.

예)

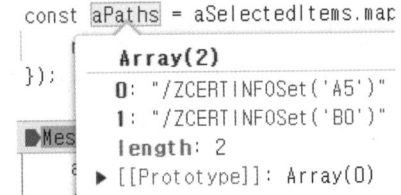

또한, 선택한 항목에 대해 반복문을 사용하여 Delete Entity에 요청을 보내는 로직을 구현하였으며, 삭제의 성공 여부에 따라 카운터를 업데이트하고, 작업이 완료되면 사용자에게 메시지를 표시하도록 하였다.

삭제 도중 에러가 발생할 경우, 선택한 항목의 개수에 따라 에러 메시지가 표시된다. 이러한 경우, 하나라도 삭제 중 에러가 발생하면 메시지가 한 번만 나타나도록 구현하였다.

04 Delete 실행

Delete 실행 전, 테스트 데이터를 생성하고 [삭제] 버튼을 눌러서 실행이 제대로 되는지 확인하자.

CHAPTER 23 | SAP Business Applications Studio를 활용한 Fiori 앱 개발

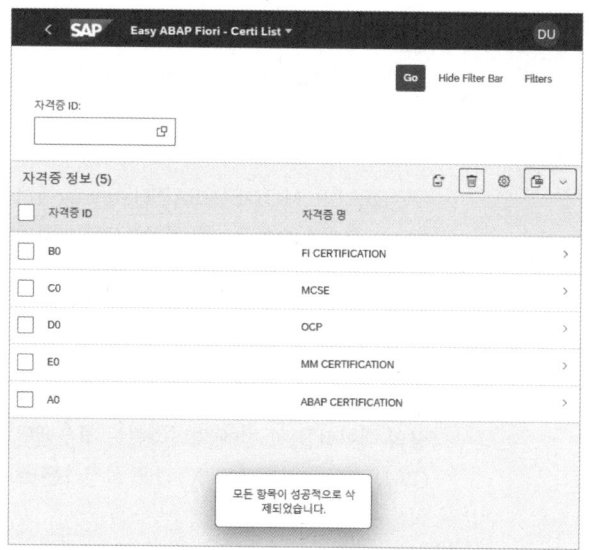

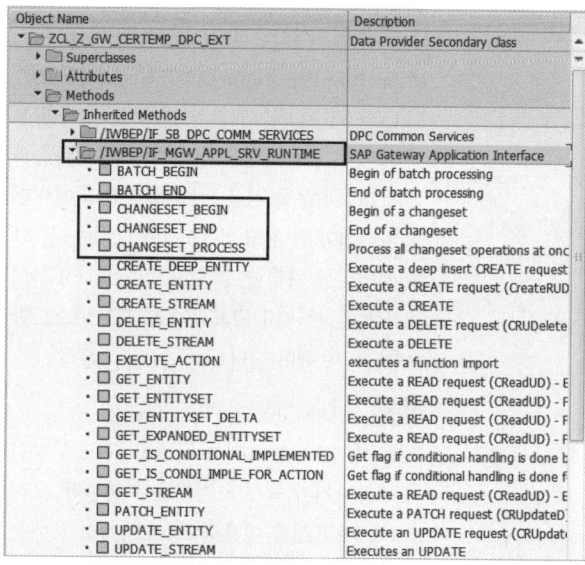

05 여러 건 처리하기

여러 건을 삭제하려면 SAP Gateway에서 'CHANGESET_*'을 통해서 처리해야 한다. '*_DPC_EXT' 클래스로 들어가서 '/IWBEP/IF_MGW_APPL_SRV_RUNTIME' 메소드를 열어보자.

SAP Gateway에서 Changeset은 OData 서비스를 통해 여러 개의 작업을 하나의 트랜잭션으로 묶어서 처리할 수 있도록 도와주는 방식이다. Changeset 안에 포함된 일괄 요청은 하나의 트랜잭션으로 처리되며, 모든 작업이 성공적으로 완료되어야 트랜잭션 커밋이 완료된다. 하나라도 실패하면 모든 작업이 롤백된다.

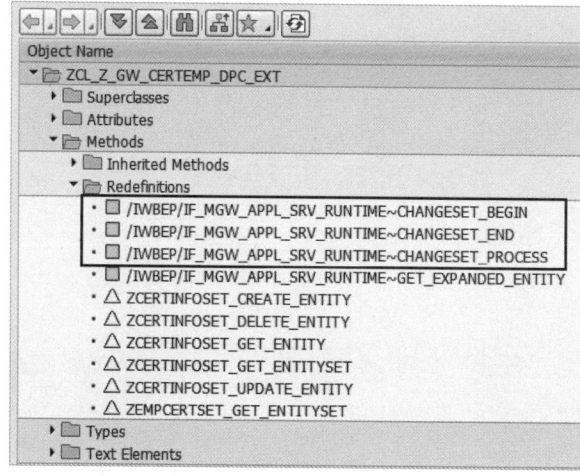

06 Changeset Redefine하기

[Methods] → [Inherited Methods] → [/IWBEP/IF_MGW_APPL_SRV_RUNTIME] → [CHANGESET_BEGIN], [CHANGESET_END], [CHANGESET_PROCESS]를 클릭해서 Redefine하고 활성화해보자.

1147

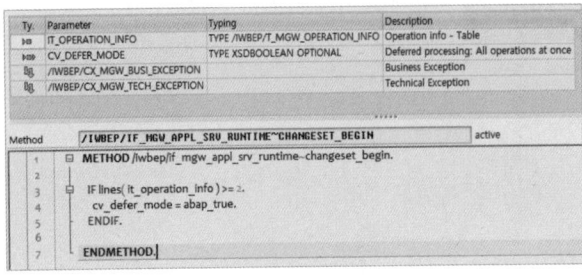

07 CHANGESET_BEGIN

CHANGESET_BEGIN 메소드에서 CV_DEFER_MODE에 'X' 값을 넣어보자.

CV_DEFER_MODE는 SAP Gateway에서 OData 서비스 요청을 비동기적으로 처리하기 위한 모드로, 대량의 데이터를 처리할 때 유리한 옵션이다. 이 모드에 'X' 값을 설정하면, 이전에 설정한 Create, Delete, Update Entity와 Entity Set 호출이 실행되지 않는다. 따라서 대량의 데이터를 한 번에 처리하려는 경우에만 CV_DEFER_MODE에 'X' 값을 설정하는 로직을 구현하였다.

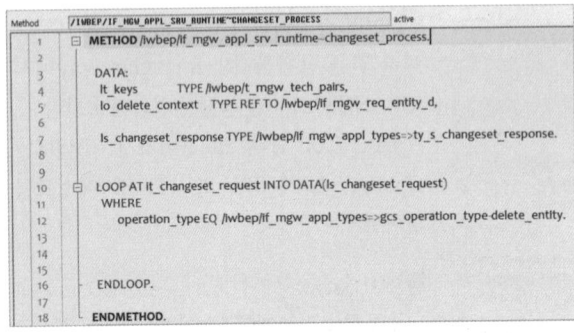

08-1 CHANGESET_PROCESS

Fiori 앱에서 여러 건의 요청이 들어올 경우, Importing Parameter인 'IT_CHANGESET_REQUEST'에 데이터가 담기게 된다. 이를 통해 데이터 삭제 작업을 수행해야 한다. 다음과 같이 LOOP문을 사용하여 여러 건의 데이터를 처리해야 한다. 또한, Create, Update 등 다른 엔티티를 처리할 수 있으므로, LOOP문의 조건을 설정하여 DELETE_ENTITY 메소드만 실행되도록 해야 한다.

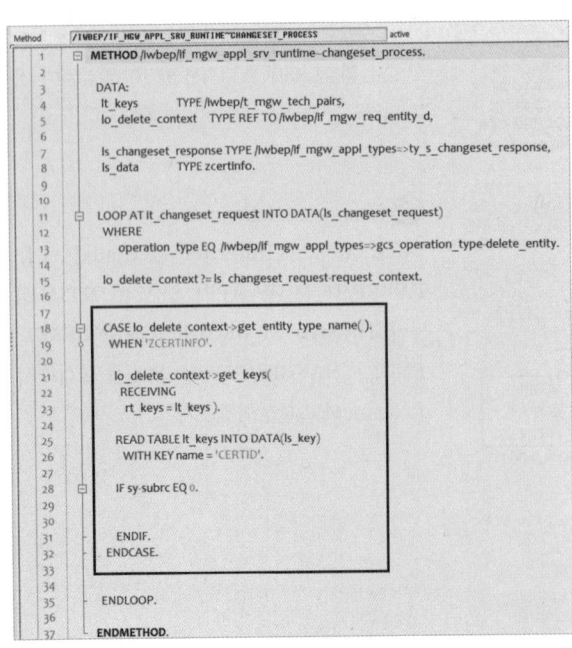

08-2 CHANGESET_PROCESS

LOOP문 안에 반복하는 Entity Type 무엇인지 구분하기 위해서 조건문을 추가한다. 그리고 GET_KEYS을 이용해 Fiori 앱에서 보내는 Key 값을 가져와보자.

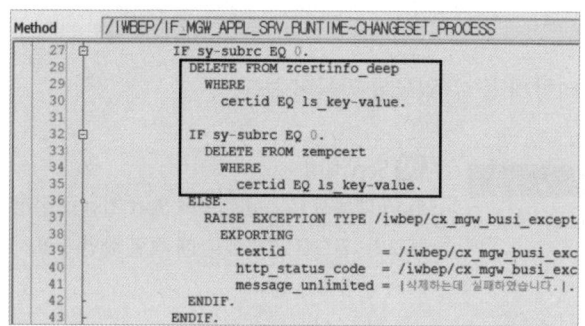

08-3 CHANGESET_PROCESS
DELETE_ENTITY에서 구현했던 로직을 복사/붙여넣기를 통해서 해당 Key에 맞게 삭제하는 로직을 구현해보자.

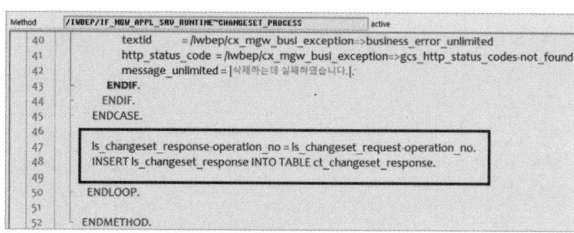

08-4 CHANGESET_PROCESS
마지막으로 'CT_CHANGESET_REPONSE'에 INSERT를 해주어야 에러가 발생하지 않기 때문에 데이터 삭제 작업이 올바르게 처리될 수 있게 구현해보자.

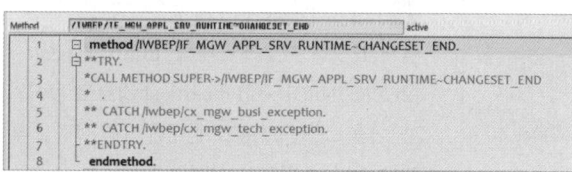

09 CHANGESET_END
CHANGESET_END 메소드에서는 별도로 변경할 사항이 없기 때문에 Activate하고 넘어간다.

10 여러 건 데이터 삭제
테스트용 데이터를 생성한 후, 데이터를 선택하고 [삭제] 버튼을 눌러 삭제해보자.

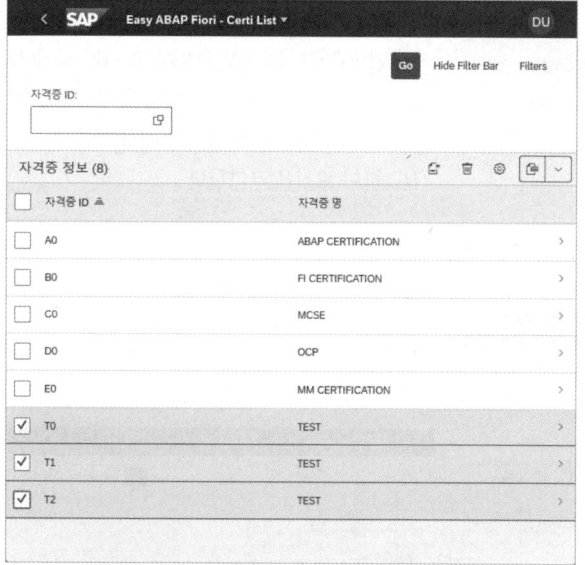

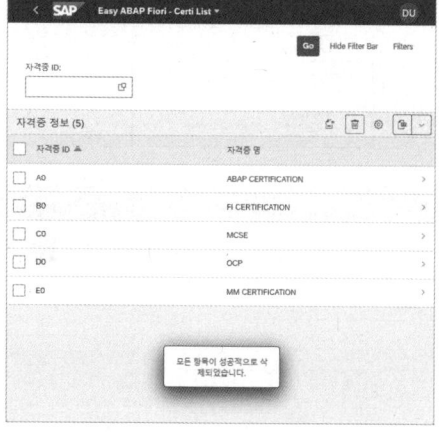

2-8 Sort 설정

Sort 설정을 통해 사용자가 데이터를 더욱 편리하게 볼 수 있도록 만들어 보자.

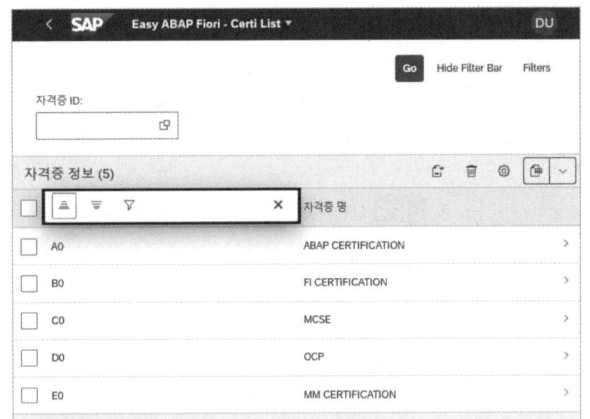

01 Sort 설정
Fiori 앱에서 Certid 컬럼에 Sort 기능을 설정해보자. 필드를 클릭했을 때 정렬 화면이 표시되게 설정해야 한다.

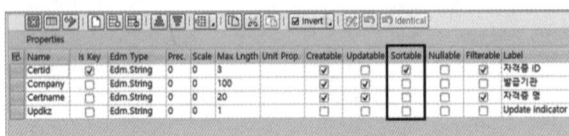

02 Entity Types Sort 설정
앞서 생성한 프로젝트에서 [Entity Types] → [ZCERTINFO] → [Properties] 경로로 들어가자. 이후 CERTID 필드에 대한 Sort 설정을 위해 'Sortable' 항목을 선택한다.

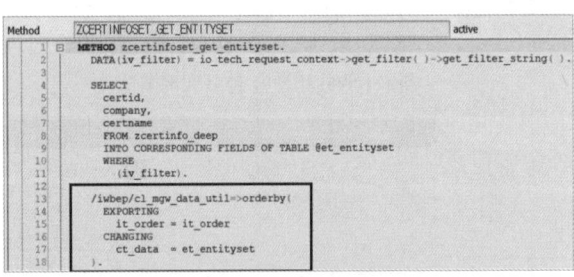

03 GET_ENTITYSET 로직 추가
'/IWBEP/CL_MGW_DATA_UTIL' 클래스를 사용하면 동적인 Sort 설정을 할 수 있다. ORDERBY 메소드에 정렬할 대상 파라미터를 전달하여 로직을 추가한다.

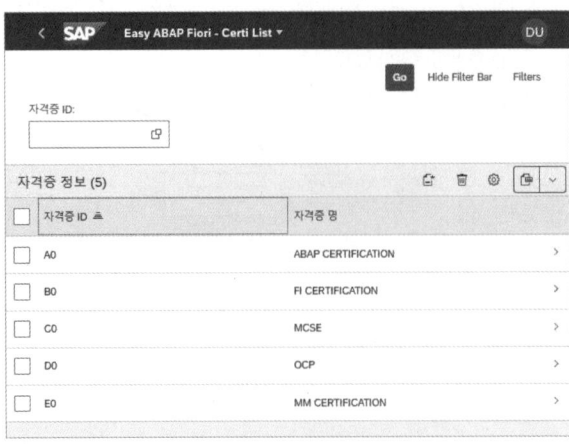

04 Sort 실행
자격증 ID Title을 클릭해서 오름차순과 내림차순 정렬을 실행한다.

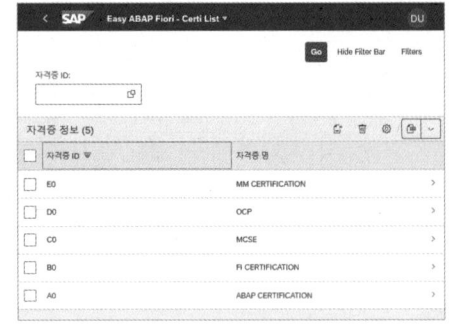

2-9 Search Help 설정

사용자가 필드에 입력할 값을 쉽게 알 수 있도록 Search Help를 설정해보자.

01 Search Help 생성
Fiori 앱에서 Search Help를 사용하기 위해서는 T-CODE:SE11에서 Search Help를 생성해야 한다. 다음과 같이 자격증 정보에 대한 Search Help를 생성해보자.

02 SAP Gateway Search Help Entity 설정
앞에서 생성한 Search Help를 통해서 SAP Gateway에서 Search Help Entity를 만들어줘야 한다.
[Data Model] → [Import] → [Search Help]를 클릭한다.

03 Search Help Entity 설정
1단계에서 생성한 Search Help를 입력하고 다음 단계로 넘어가자.

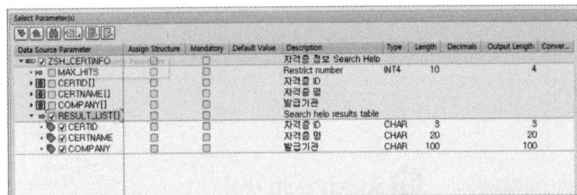

04 Search Help 필드 설정
Search Help 실행 시 사용자에게 보여줄 필드를 선택하고, [Next] 버튼을 클릭하자.

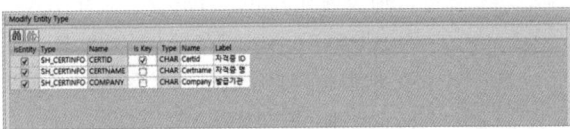

05 Search Help Key 설정
Key와 Type 설정한 후, [Finish] 버튼을 클릭하여 설정을 완료하자.

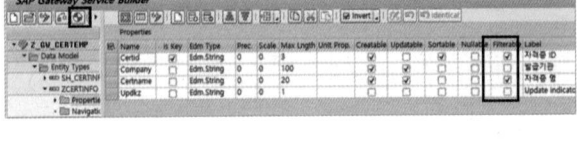

06 Search Help Filter 설정
예제에서는 Search Help를 사용할 때 '자격증 ID'와 '자격증 명'을 조건으로 사용한다. 해당하는 필드에 Filterable 속성을 부여하고 [Generate Runtime Object]를 클릭하자.

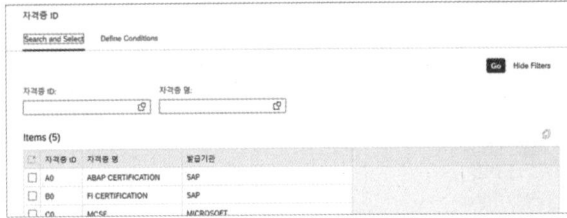

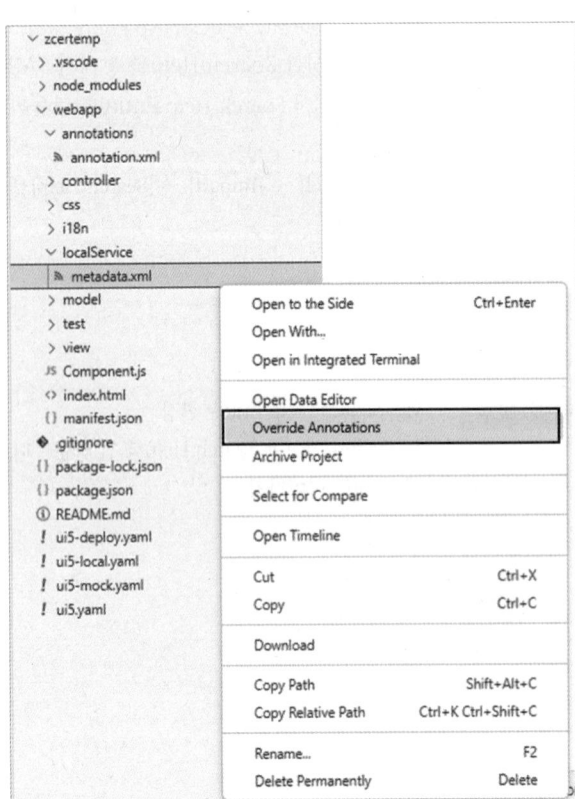

07-1 Metadata Refresh 설정
[Generate Runtime Object] 활성화가 성공적으로 완료되었다면, SAP Business Application Studio로 이동하여 Entity Type 설정을 반영하기 위해 메타데이터를 새로 고쳐야 한다. 다음 작업으로 [metadata.xml] → [Override Annotations] 또는 [Ctrl] + [Shift] + [P] 키를 눌러 'Open Service Modeler'를 입력하자.

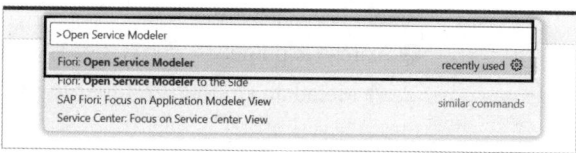

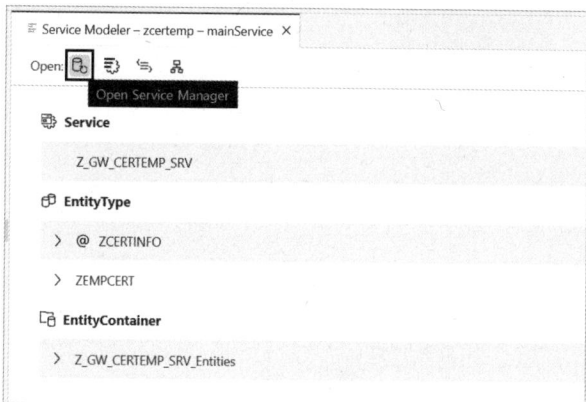

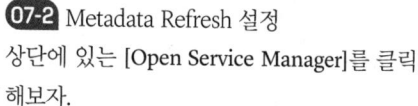

07-2 Metadata Refresh 설정
상단에 있는 [Open Service Manager]를 클릭해보자.

📌 Refresh하기 전에 Search Help Entity가 보이지 않는 걸 확인할 수 있다.

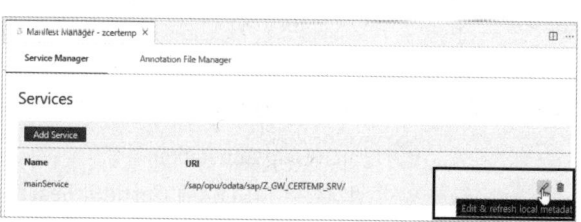

07-3 Metadata Refresh 설정
다음과 같은 화면이 오른쪽에 생성된다. [Edit & refresh local metadata] 버튼을 클릭하자.

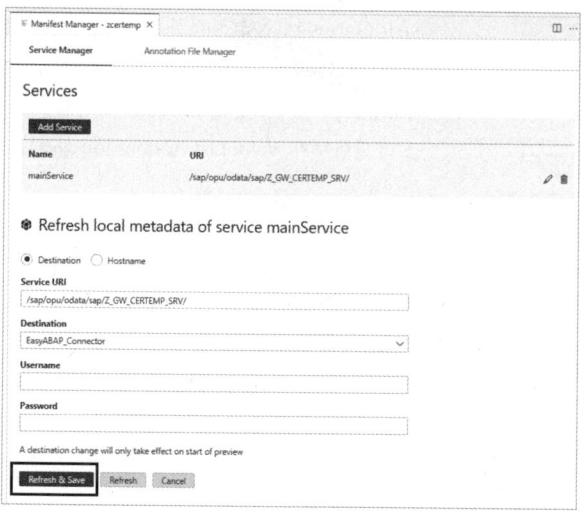

07-4 Metadata Refresh 설정
설정했던 Destination의 로그인과 비밀번호를 입력하고, [Refresh & Save] 버튼을 클릭하자.

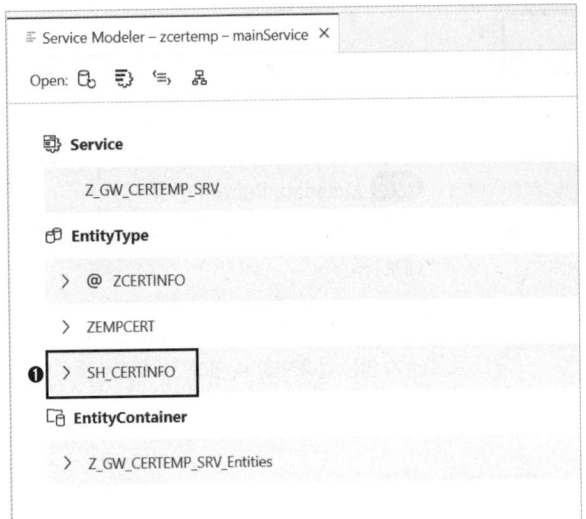

07-5 Metadata Refresh 설정
❶ Search Help Entity가 추가된 것을 확인하고, ❷ Metadata.xml 파일에서 해당 내용이 반영된 부분을 확인할 수 있다.

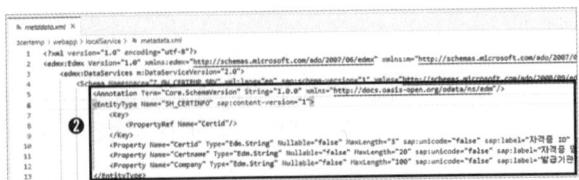

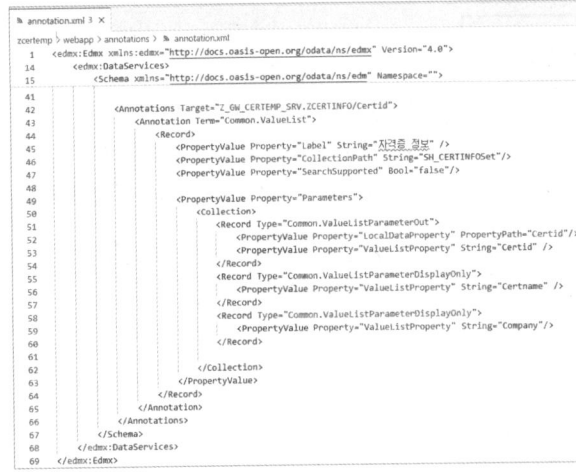

08 Search Help Annotation 설정
앞서 설정했던 FILTER에 Certid의 Search Help를 설정하고, Collection Path를 통해 SAP Gateway에서 설정한 Search Help를 적용하자. Search Help에 대한 Property와 Common 에러가 발생할 경우, 이어지는 [조금 더 알아보기: ValueList Annotation 설정]을 확인하자.

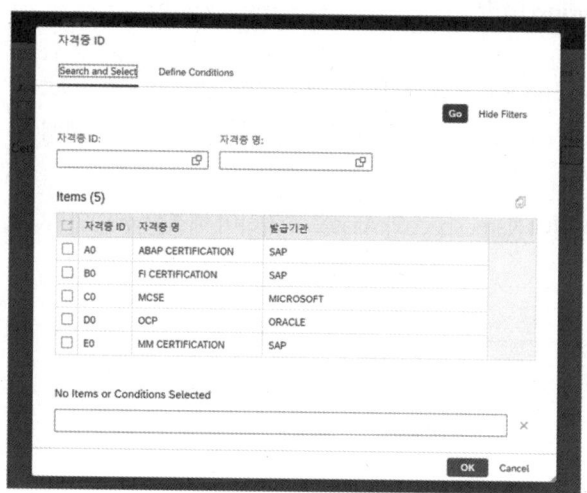

09 Search Help 실행

다음과 같이 Search Help 화면과 설정했던 조건들을 확인할 수 있다. 또한, Search Help의 Filter가 정상적으로 실행되는 것을 확인할 수 있다.

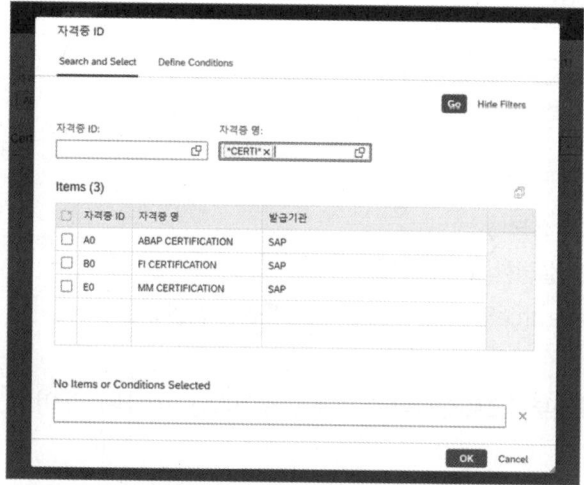

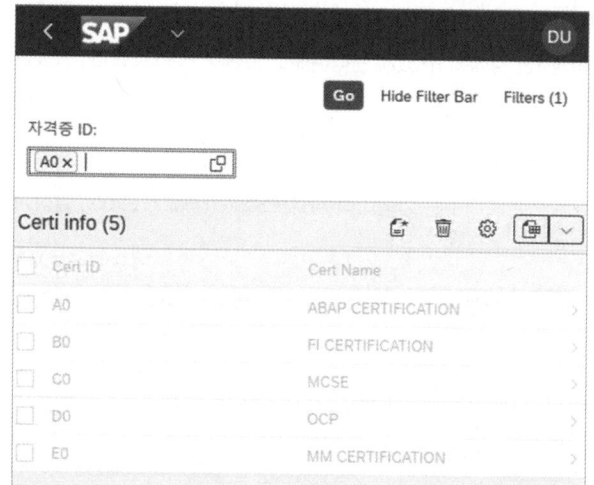

10 Search Help 확인

선택한 값이 정상적으로 Certid 필드에 입력되는지 확인하자.

조금 더 알아보기 — ValueList Annotation 설정

ValueList Annotation은 Search Help 필드와 Entity 필드를 연결하는 데 사용하며, 이 연결은 `In/Out Mappings`을 통해 이루어진다. SAP Fiori에서 ValueList Annotation은 사용자가 필요한 데이터를 빠르고 정확하게 입력할 수 있도록 도와준다.

Common 에러가 발생할 경우, Annotation 상단에 Namespace와 Alias을 추가하여 해결할 수 있다.

```xml
<edmx:Edmx xmlns:edmx="http://docs.oasis-open.org/odata/ns/edmx" Version="4.0">
    <edmx:Reference Uri="/sap/opu/odata/IWFND/CATALOGSERVICE;v=2/Vocabularies(TechnicalName='%2FIWBEP%2FVOC_COMMON',Version='0001',SAP__Origin='LOCAL')/$value">
        <edmx:Include Namespace="com.sap.vocabularies.Common.v1" Alias="Common"/>
    </edmx:Reference>
```

Common.ValueList

```xml
❶<Annotations Target="Z_GW_CERTEMP_SRV.ZCERTINFO/Certid">
    <Annotation Term="Common.ValueList">
        <Record>
            <PropertyValue Property="Label" String="자격증 정보" />     ❷
            <PropertyValue Property="CollectionPath" String="SH_CERTINFOSet"/>   ❸
            <PropertyValue Property="SearchSupported" Bool="false"/>
                                                    ❹
```

❶ Annotations Target: Search Help를 설정할 필드를 지정

❷ Label(옵션, String): 사용자에게 보여줄 Label 정보

❸ CollectionPath(필수, String): Search Help를 설정한 Entity Set을 지정

❹ SearchSupported(필수, Bool): true 또는 false, true일 경우, $search 쿼리 옵션을 지원

Parameters

Parameters는 ValueList Annotation을 보다 세부적으로 설정할 수 있게 도와준다. Search Help가 어떻게 동작할지 정의한다.

- **Common.ValueListParameterIn**: Search Help에 조건 값을 넣어서 해당하는 데이터만 보여주는 옵션이다. 이를 통해 사용자는 특정 조건에 맞는 데이터만 검색할 수 있게 된다(ABAP Search Help - Import 설정과 유사).

- **Common.ValueListParameterOut**: Search Help에서 값을 선택했을 때, 선택한 값이 LocalDataPropert에 설정된다. 사용자 선택 값을 특정 필드에 자동으로 채워주는 기능이다(ABAP Search Help - Export 설정과 유사).

- **Common.ValueListParameterInOut**: In/Out을 합친 Parameter 옵션이다. 값의 입력과 출력 모두를 처리하는 데 사용된다.

- **Common.ValueListParameterDisplayOnly**: LocalDataProperty에 값을 채우지 않고 Display하는 옵션이다(Display Only는 ValueListProperty 지원한다).

Properties:

❶ LocalDataProperty: Entity Set 필드
❷ ValueListProperty: Search Help 필드, Search Help에서 제공하는 값

```xml
<PropertyValue Property="Parameters">
    <Collection>
        <Record Type="Common.ValueListParameterOut">
            <PropertyValue Property="LocalDataProperty" PropertyPath="Certid"/>
            <PropertyValue Property="ValueListProperty" String="Certid" />
                                          ❶
        </Record>
        <Record Type="Common.ValueListParameterDisplayOnly">
            <PropertyValue Property="ValueListProperty" String="Certname" />
                                                        ❷
        </Record>
        <Record Type="Common.ValueListParameterDisplayOnly">
            <PropertyValue Property="ValueListProperty" String="Company"/>
        </Record>
    </Collection>
</PropertyValue>
```

03 Create Deep Entity 구현하기

Free Style 앱 만들기에서 자격증을 취득한 직원 목록을 표시까지 했다. 이제는 자격증 정보와 직원 목록을 편집하는 Create Deep Entity를 구현해 보자.

3-1 OData CREATE_DEEP_ENTITY 메소드 구현

CREATE_DEEP_ENTITY 메소드는 부모, 자식 관계(Association)의 엔티티들을 한번의 절차에 입력하기 위한 메소드이다. Entity 메소드와 달리 프로젝트에 하나뿐이라 모든 엔티티에서 공통으로 사용한다.

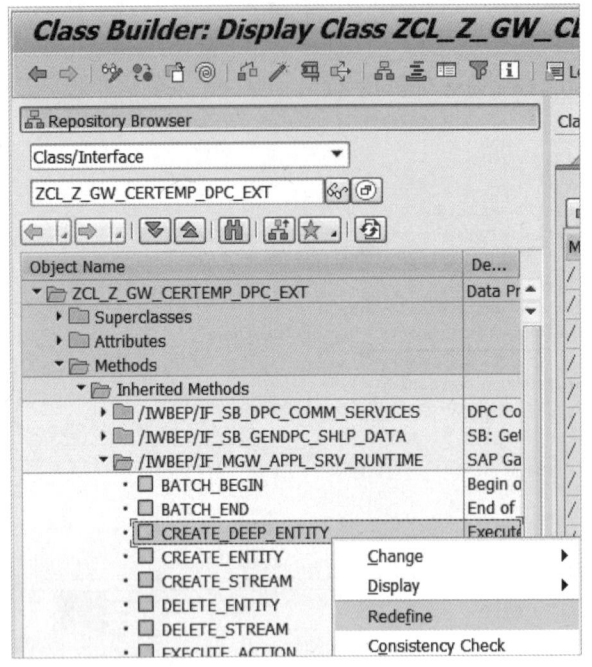

01-1 CREATE_DEEP_ENTITY Redefine하기
[Methods] → [Inherited Methods] → [/IWBEP/IF_MGW_APPL_SRV_RUNTIME] → [CREATE_DEEP_ENTITY]를 클릭한 후 [Redefine]을 클릭한다.

01-2 CREATE_DEEP_ENTITY 구현
Entity Set 분기
CREATE_DEEP_ENTITY 메소드는 프로젝트 당 하나뿐이라 Entity Set이름으로 분기하여 공통으로 사용한다.
파라미터 해석
반환 오브젝트인 ER_DEEP_ENTITY 역시 공통으로 사용되기에 타입이 지정되어 있지 않다. Entity Set에 맞는 타입을 개발자가 지정해 사용해야 한다.

생성, 수정 분기
Deep Entity는 수정을 위한 별도의 메소드를 지원하지 않는다. 그래서 CREATE_DEEP_ENTITY 메소드에서 Key값이나 Update Flag의 존재 여부로 분기하여 생성과 수정을 처리해야 한다. 여기서는 구조체에 추가된 Property인 [Updkz]를 Update Flag로 사용한다.

```
Method    /IWBEP/IF_MGW_APPL_SRV_RUNTIME~CREATE_DEEP_ENTITY                active
    35          ELSE. " update
    36            UPDATE zcertinfo_deep
    37            SET
    38              company  = ls_certinfo-company
    39              certname = ls_certinfo-certname
    40            WHERE
    41              certid = ls_certinfo-certid.
    42
    43            IF sy-subrc EQ 4.
    44              ROLLBACK WORK.
    45              RAISE EXCEPTION TYPE /iwbep/cx_mgw_busi_exception
    46                EXPORTING
    47                  textid            = /iwbep/cx_mgw_busi_exception=>bus
    48                  http_status_code  = /iwbep/cx_mgw_busi_exception=>gcs
    49                  message_unlimited = |업데이트를 실패하였습니다.|.
    50            ENDIF.
    51
    52            DELETE FROM zempcert
    53            WHERE certid = ls_certinfo-certid.
    54          ENDIF.
    55
    56          DATA ls_empcert TYPE zempcert_deep.
    57          LOOP AT ls_deep_entity-CertinfoToEmpcert INTO DATA(ls_item).
    58            MOVE-CORRESPONDING ls_item TO ls_empcert.
    59            ls_empcert-certid = ls_certinfo-certid.
    60            ls_empcert-cnum = sy-tabix.
    61            INSERT zempcert FROM ls_empcert.
    62          ENDLOOP.
```

생성, 수정 구현

생성은 zcertinfo_deep 테이블에 정보를 Insert하고 수정은 Update와 동일 자격증을 가진 직원 목록을 삭제한다.
위 처리 이후 직원 목록을 Insert한다.

```
Method    /IWBEP/IF_MGW_APPL_SRV_RUNTIME~CREATE_DEEP_ENTITY
    64    * 타 메소드와 달리 반환값이 반드시 필요하다(없으면 오류 발생)
    65        copy_data_to_ref( "RETURN METHOD
    66          EXPORTING
    67            is_data = ls_deep_entity
    68          CHANGING
    69            cr_data = er_deep_entity ) .
    70      ENDIF.
    71    ENDMETHOD.
```

처리 결과 반환

다른 메소드와 달리 CREATE_DEEP_ENTITY 메소드는 반환 값이 반드시 필요하니 ER_DEEP_ENTITY 오브젝트에 결과를 주입해야 한다.

3-2 UI5 Deep Entity 구현

SAP는 다양한 데이터가 유기적으로 연결되어 있다. ABAP Report나 BAPI(Business Application Programming Interface) 등에서는 부모-자식 관계의 데이터를 동시에 처리하는 경우가 많다. Fiori 앱에서는 이러한 기능을 Deep Entity를 통해 제공한다.

Deep Entity를 구현하기 위해 기존 Free Style앱에 많은 부분을 추가, 수정해야 한다. 이 과정이 복잡한 만큼 전역 모델 설정 및 소스 재사용 기능을 추가로 구현한다.

```
JS models.js  ×
webapp > model > JS models.js > ...
    5    function (JSONModel, Device) {
   17      // Smart Control의 보기, 수정 상태 지정을 위한 모델
   18      createViewConfigModel: function () {
   19        const oModel = new JSONModel({
   20          isEdit : true
   21        });
   22        oModel.setDefaultBindingMode("TwoWay");
   23        return oModel;
   24      }
   25    };
   26
   27  });
```

01-1 전역 모델 설정

Free Style앱에서 Smart Form의 편집 모드 전환을 구현했다. Deep Entity 구현에서는 자격증 정보, 직원 목록 등 여러 영역에서 편집 모드 전환이 필요하다. 이를 일일이 구현하기보다 전역 모델에 편집 모드의 Flag를 참조해 여러 오브젝트의 편집 모드를 한 번에 변경하는 기능을 구현하려고 한다.

model.js

전역 모델을 생성하는 메소드를 구현한다. isEdit 속성을 편집 모드 Flag로 사용한다.

Component.js

전역 모델 viewConfig를 생성해 서비스에 등록한다.

```javascript
// Component.js
webapp > JS Component.js > sap.ui.define() callback > metadata > manifest
10    function (UIComponent, Device, models) {
23        init: function () {
24            // call the base component's init function
25            UIComponent.prototype.init.apply(this, arguments);
26
27            // enable routing
28            this.getRouter().initialize();
29
30            // set the device model
31            this.setModel(models.createDeviceModel(), "device");
32
33            // Smart Control의 보기, 수정 상태 지정을 위한 모델
34            this.setModel(models.createViewConfigModel(), "viewConfig");
35        }
36    });
37    }
38  );
```

01-2 Create 구현

CreateDeep.view.xml

[webapp] → [view] 폴더에 [CreateDeep.view.xml]를 이미지와 같이 생성한다.

Fragment

생성 화면과 수정 화면에는 자격증 정보 입력 폼 및 직원 목록 등 유사한 오브젝트가 사용된다. Fragment는 이런 유사한 오브젝트를 별도의 파일에 구현하여 여러 곳에서 참조해 사용할 수 있는 유용한 기능이다. Fragment는 Namespace 및 Fragment 파일 경로로 접근할 수 있다.

```xml
CreateDeep.view.xml
webapp > view > CreateDeep.view.xml
1   <mvc:View
2       controllerName="ea.zcertemp.controller.CreateDeep"
3       xmlns:mvc="sap.ui.core.mvc"
4       xmlns="sap.m"
5       displayBlock="true"
6       xmlns:c="sap.ui.core"
7       xmlns:semantic="sap.m.semantic">
8
9       <semantic:SemanticPage>
10          <ObjectHeader title="직원 리스트" />
11          <VBox>
12              <c:Fragment
13                  fragmentName="ea.zcertemp.view.fragments.CertiForm"
14                  type="XML" />
15          </VBox>
16          <VBox>
17              <c:Fragment
18                  fragmentName="ea.zcertemp.view.fragments.EmpList"
19                  type="XML" />
20          </VBox>
21
22          <semantic:customFooterContent>
23              <Button text="저장"
24                  type="Accept"
25                  press=".onSaveButtonPress" />
26          </semantic:customFooterContent>
27      </semantic:SemanticPage>
28      <c:Fragment
29          fragmentName="ea.zcertemp.view.fragments.EmpForm"
30          type="XML" />
31  </mvc:View>
```

CertiForm.fragment.xml

[webapp] → [view] → [fragments] 폴더에 자격증 정보 입력 폼 CertiForm.fragment.xml 파일을 이미지와 같이 생성한다.

```xml
<c:FragmentDefinition
    xmlns="sap.m"
    xmlns:c="sap.ui.core"
    xmlns:smartForm="sap.ui.comp.smartform"
    xmlns:smartField="sap.ui.comp.smartfield">
    <smartForm:SmartForm id="SF1"
        editTogglable="false"
        editToggled="onEditToggled"
        editable="false">
        <smartForm:Group>
            <smartForm:GroupElement>
                <smartField:SmartField value="{Certid}" />
            </smartForm:GroupElement>
        </smartForm:Group>
        <smartForm:Group>
            <smartForm:GroupElement>
                <smartField:SmartField value="{Certname}" />
            </smartForm:GroupElement>
        </smartForm:Group>
        <smartForm:Group>
            <smartForm:GroupElement>
                <smartField:SmartField value="{Company}" />
            </smartForm:GroupElement>
        </smartForm:Group>
    </smartForm:SmartForm>
</c:FragmentDefinition>
```

EmpList.fragment.xml

CertiForm과 동일한 폴더에 직원 목록 EmpList.fragment.xml 파일을 이미지와 같이 생성한다.

편집 모드 전환을 위해 전역 모델 viewConfig 의 isEdit가 곳곳에 사용되었다. isEdit의 값 변경만으로 사용된 모든 곳의 편집 모드가 한 번에 변경된다.

```xml
<c:FragmentDefinition
    xmlns="sap.m"
    xmlns:c="sap.ui.core"
    xmlns:table="sap.ui.table">
    <!-- 행 추가, 삭제를 위해 smarttable을 사용하지 않음
         odata v4에서는 smarttable의 행 추가, 삭제가 가능하다 -->
    <table:Table id="idEmpTable"
        selectionMode="{= ${viewConfig>/isEdit}?'MultiToggle':'None' }"
        cellClick="onTableEmpCellClick">

        <table:extension>
            <OverflowToolbar>
                <ToolbarSpacer />
                <Button icon="sap-icon://add" text="추가"
                    press="onAddButtonPress" type="Transparent"
                    visible="{viewConfig>/isEdit}" />
                <Button icon="sap-icon://decline" text="삭제"
                    press="onDelButtonPress" type="Transparent"
                    visible="{viewConfig>/isEdit}" />
            </OverflowToolbar>
        </table:extension>
    </table:Table>
</c:FragmentDefinition>
```

EmpForm.fragment.xml

```xml
<c:FragmentDefinition
    xmlns="sap.m"
    xmlns:c="sap.ui.core"
    xmlns:smartForm="sap.ui.comp.smartform"
    xmlns:smartField="sap.ui.comp.smartfield">
    <Dialog id="idDialog" resizable="true" draggable="true"
        title="직원정보" beforeClose="onDialogBeforeClose">
        <content>
            <smartForm:SmartForm id="idEmpSmartForm" editable="true">
                <smartForm:Group>
                    <smartForm:GroupElement>
                        <smartField:SmartField value="{Empcd}" />
                    </smartForm:GroupElement>
                </smartForm:Group>
            </smartForm:SmartForm>
        </content>
        <buttons>
            <Button icon="sap-icon://save" text="저장"
                press="onSaveButtonEmpPress" type="Emphasized" />
            <Button icon="sap-icon://cancel" text="취소"
                press="onCancelButtonEmpPress" type="Transparent" />
        </buttons>
    </Dialog>
</c:FragmentDefinition>
```

CertiForm과 동일한 폴더에 직원 정보 입력 폼 EmpForm.fragment.xml 파일을 이미지와 같이 생성한다. 직원 정보의 입력폼을 Dialog로 구현한다.

BaseController.js

```js
, _oEmpModel : null
, _iEmpModelIndex : -1
// 직원 정보를 추가하기 위한 모델 초기화
, initEmpModel : function(){
    this._oEmpModel = new sap.ui.model.json.JSONModel();
    this._oEmpModel.setData({
        columns : ["Empcd","Cnum"]
        , rows : new Array()
    });

    // 컬럼명을 메타데이터에서 가져온다.
    const oSchema = this.getView().getModel().getServiceMetadata()
            .dataServices.schema.find(
            e => e.namespace == "Z_GW_CERTEMP_SRV");
    const oProperty = oSchema.entityType.find(
            e => e.name == "ZEMPCERT").property;
    const oTable = this.byId("idEmpTable");

    oTable.setModel(this._oEmpModel);
    // 메타데이터로 컬럼을 바인딩 한다.
    oTable.bindColumns("/columns", function(sId, oContext){
        const sColumnName = oContext.getObject();
        return new sap.ui.table.Column({
            label : oProperty.find(e => e.name == sColumnName)
                    .extensions.find(e => e.name == "label").value
            , template : sColumnName
        });
    });

    oTable.bindRows("/rows");
    this.byId("idEmpSmartForm").bindElement(this.getView().getModel()
            .createEntry("ZEMPCERTSet").getPath());
}
```

생성과 수정에 공통으로 사용되는 변수 및 함수를 BaseController에 구현하자.

initEmpModel 함수는 직원 목록을 관리하기 위한 모델을 초기화한다. 자격증 목록은 Smart Table을 사용하여 손쉽게 구현했지만 Smart Table은 메타데이터를 참조하기 때문에 커스텀한 행, 열 추가가 어렵다. 그래서 'sap.ui.table'을 사용해 메타데이터를 읽어 컬럼을 추가하는 절차를 구현해야 한다.

> OData V4에서는 Smart Table의 행 추가를 지원한다.

```js
, onTableEmpCellClick : function(oEvent){
    // 편집 모드가 아닌 경우 리턴
    if(this.getView().getModel("viewConfig").getProperty("/isEdit") == false)
        return;

    this._iEmpModelIndex = oEvent.mParameters.rowIndex;
    const oEntry = this._oEmpModel.oData.rows[this._iEmpModelIndex];
    const sPath = this.byId("idEmpSmartForm").getBindingContext().getPath();
    const oModel = this.getView().getModel();

    // 선택된 직원의 정보 편집을 위해 입력폼에 설정한다.
    $.each(Object.keys(oEntry), function(){
        if(this == "__metadata")
            return;
        oModel.setProperty(sPath + "/" + this, oEntry[this]);
    });

    this.byId("idDialog").open();
}
```

onTableEmpCellClick 함수는 직원 목록을 클릭할 때 편집할 수 있는 Dialog를 표시한다. 클릭하는 행의 위치 값으로 '_oEmpModel'에서 직원을 검색하여 입력폼에 데이터를 주입한다.

```js
     , onSaveButtonEmpPress : function(){
         const oEmp = this.byId("idEmpSmartForm");
         if(oEmp.check().length > 0){
             return;
         }

         const oEmpInfo = oEmp.getBindingContext().getObject();

         if(this._iEmpModelIndex == -1){
             this._oEmpModel.oData.rows.push(oEmpInfo);
         }else{
             this._oEmpModel.oData.rows[this._iEmpModelIndex] = oEmpInfo;
             this._iEmpModelIndex = -1;
         }

         this._oEmpModel.refresh();
         this.byId("idEmpTable").clearSelection();
         this.onCancelButtonEmpPress();
     }
     // 직원 입력품 닫기
     , onDialogBeforeClose : function(){
         const oEmpForm = this.byId("idEmpSmartForm");
         oEmpForm.unbindElement();
         oEmpForm.bindElement(this.getView().getModel()
                 .createEntry("ZEMPCERTSet").getPath());
     }
     // 직원 입력 취소
     , onCancelButtonEmpPress : function(){
         this.byId("idDialog").close();
     }
     // 직원 추가 버튼
     , onAddButtonPress : function(){
         this.byId("idDialog").open();
     }
```

onSaveButtonEmpPress 함수는 입력한 직원의 정보를 저장한다. 생성인 경우 '_oEmpModel'에 추가한다. '_oEmpModel'은 직원 목록 테이블에 바인딩되어 있기 때문에 '_oEmpModel'을 Refresh하면 직원 목록 테이블의 내용이 갱신된다.

onDialogBeforClose 함수는 직원 편집 Dialog를 닫을 때 입력폼을 초기화한다.

나머지 함수는 직원 편집 Dialog를 열고 닫을 때 사용된다.

```js
     , onDelButtonPress : function(){
         const oTable = this.byId("idEmpTable");
         const aSelectedIndices = oTable.getSelectedIndices();
         const aTempArray = new Array();

         $.each(this._oEmpModel.oData.rows, function(idx, row){
             if(aSelectedIndices.indexOf(idx) > -1){
                 return;
             }
             aTempArray.push(row);
         });

         this._oEmpModel.oData.rows = aTempArray;
         this._oEmpModel.refresh();
         oTable.clearSelection();
     }
     , setViewConfig : function(sProperty, bValue){
         this.getView().getModel("viewConfig").setProperty(sProperty, bValue);
     }
```

onDelButtonPress 함수는 직원 목록에서 선택한 직원을 삭제한다. 테이블의 행이 삭제되어도 행 위치에 선택 표시는 사라지지 않는다. 그래서 별도로 테이블의 clearSelection 함수를 호출해 선택 표시를 제거한다.

setViewConfig 함수는 편집 모드의 Flag를 수정할 때 사용된다.

```js
     , onSaveButtonPress : function(oEvent, sUpdkz){
         const oCertiForm = this.byId("SF1");
         if(oCertiForm.check().length > 0)
             return;

         // 입력품에 바인딩된 모델 정보를 json객체로 가져옴
         const oDeepEntity = oCertiForm.getBindingContext().getObject();
         // Update Flag를 설정한다.
         if(sUpdkz)
             oDeepEntity.Updkz = sUpdkz;
         // OData에서 ZCERTINFOSet 네이게이션명과 동일해야 함
         oDeepEntity.CertinfoToEmpcert = this._oEmpModel.oData.rows;
         // 입력, 수정을 CREATE_DEEP_ENTITY로 처리한다.
         // 수정용 프로퍼티 추가 필요
         this.getView().getModel().create("/ZCERTINFOSet", oDeepEntity, {
             success : function(oData, oResponse){
                 MessageToast.show("자격증 정보가 성공적으로 저장되었습니다.");
                 this.getRouter().navTo("RouteListView");
             }.bind(this)
             , error : function(oError){
                 var oMsg = JSON.parse(oError.responseText);
                 MessageBox.error(oMsg.error.message.value);
             }
         });
     }
});
```

onSaveButtonPress 함수는 자격증 정보 및 직원 목록을 저장할 때 사용된다. Smart Form 에서 getBindingContext().getObject() 함수를 호출하면 입력 정보를 JSON으로 반환받는다. 여기에 OData [ZCERTINFO] 엔티티의 Navigation Property인 'CertinfoToEmpcert'를 추가하고 직원 목록 모델인 '_oEmpModel'의 값을 주입한다.

이와 같이 JSON에 부모와 자식 값이 동시에 존재하는 데이터로 모델의 create 함수를 호출하면 OData의 CREATE_DEEP_ENTITY 메소드로 생성 요청을 할 수 있다.

CreateDeep.controller.js

[webapp] → [controller] 폴더에 CreateDeep.controller.js 파일을 생성하자.

이 컨트롤러는 직원 목록을 위한 모델을 초기화하는 것 외 기존 CreateView.controller.js 파일과 유사하다.

01-3 Update 구현

ObjectDeep.view.xml

[webapp] → [view] 폴더에 ObjectDeep.view.xml 파일을 이미지와 같이 생성한다.

조회 후 수정이 가능해야 하므로 [viewConfig]를 통해 편집 모드로 전환할 수 있다. 생성 시와 마찬가지로 입력 폼, 직원 목록 등은 Fragment로 기존 것을 재사용한다. [Button]을 클릭하면, 생성 시와는 달리 Update Flag를 주입하여 함수를 호출한다. BaseController의 onSaveButtonPress 함수에서 Update Flag 여부를 서버에 전송한다.

■ xml에서 함수의 인자 주입 시 이벤트($event)를 명시적으로 기재한다.

ObjectDeep.controller.js

생성 시와 마찬가지로 직원 목록 모델을 초기화한다. 입력폼과 모델을 바인딩할 때 서버에 직원 목록을 요청해 직원 목록 모델에 주입한다.

> OData V4에서는 부모와 자식 값을 한 번에 처리할 수 있다.

```js
onInit: function () {
    this.getRouter().getRoute("ObjectDeep")
        .attachMatched(this._onRouteMatched, this);
},
_onRouteMatched: function(oEvent){
    this.setViewConfig("/isEdit", false);
    this.initEmpModel();
    const oCertiForm = this.byId("SF1");
    oCertiForm.setEditTogglable(true);
    oCertiForm.setEditable(false);

    const oArgs = oEvent.getParameter("arguments");
    // OData v4에서는 부모와 자식을 따로 가져올 필요가 없음
    this.getView().bindElement({
        path : "/ZCERTINFOSet('" + oArgs.Certid + "')"
        , events : {
            change : function(oEvent){
                // 자식을 가져오기 위한 주소 규칙
                // /부모/자식(Navigation Properties)
                //ZCERTINFOSet(1)/CertinfoToEmpcert
                this.getView().getModel()
                    .read(oEvent.getSource()
                        .sPath + "/CertinfoToEmpcert"
                    , {
                        success : function(oData, oResponse){
                            // 직원 목록을 모델에 넣고
                            // refresh하여 화면의 사용자 목록을 갱신
                            this._oEmpModel.oData.rows = oData.results
                            this._oEmpModel.refresh();
                        }.bind(this)
                    })
            }.bind(this)
        }
    });
},
```

onEditToggled 함수는 조회와 편집 모드를 전환한다.

```js
onEditToggled: function (){
    const oModel = this.getView().getModel();
    if(oModel.hasPendingChanges()){
        oModel.resetChanges();
    }
    const bEditable = this.byId("SF1").getEditable();
    this.byId("_IDButton1").setVisible(bEditable);
    this.setViewConfig("/isEdit", bEditable);
}
});
```

01-4 Route

manifest.json

'routes'에 신규로 생성한 입력, 수정 화면을 등록한다.

```json
{} manifest.json ×
webapp > {} manifest.json > {} sap.ui5 > {} routing > {} targets > {} TargetListView
 55        "sap.ui5": {
 96            "routing": {
106                "routes": [
107                    {
108                        "name": "RouteListView",
109                        "pattern": ":?query:",
110                        "target": [
111                            "TargetListView"
112                        ]
113                    },
114                    {
115                        "pattern": "ObjectView/{Certid}",
116                        "name": "ObjectView",
117                        "target" : "TargetObjectView"
118                    },
119                    {
120                        "name": "RouteCreateDeep",
121                        "pattern": "CreateDeep",
122                        "target": [
123                            "TargetCreateDeep"
124                        ]
125                    },
126                    {
127                        "pattern": "RouteObjectDeep/{Certid}",
128                        "name": "ObjectDeep",
129                        "target" : "TargetObjectDeep"
130                    }
131                ],
```

이와 마찬가지로 'targets'에 신규로 생성한 입력, 수정 화면을 등록한다.

```json
{} manifest.json ×
webapp > {} manifest.json > {} sap.ui5 > {} rootView
 55        "sap.ui5": {
 96            "routing": {
132                "targets": {
133                    "TargetListView": {
134                        "viewType": "XML",
135                        "transition": "slide",
136                        "clearControlAggregation": false,
137                        "viewId": "ListView",
138                        "viewName": "ListView"
139                    },
140                    "TargetObjectView":{
141                        "viewType": "XML",
142                        "transition": "slide",
143                        "clearControlAggregation": false,
144                        "viewId": "ObjectView",
145                        "viewName": "ObjectView"
146                    },
147                    "TargetCreateDeep": {
148                        "viewType": "XML",
149                        "transition": "slide",
150                        "clearControlAggregation": false,
151                        "viewId": "CreateDeep",
152                        "viewName": "CreateDeep"
153                    },
154                    "TargetObjectDeep": {
155                        "viewType": "XML",
156                        "transition": "slide",
157                        "clearControlAggregation": false,
158                        "viewId": "ObjectDeep",
159                        "viewName": "ObjectDeep"
160                    }
161                }
162            },
```

ListView.controller.js

'routes'에서 기존 입력, 조회 함수의 이동 화면을 변경한다.

```js
onRowPress: function(oEvent){
    const var_Entity = this.itemGetPath(oEvent
        , "Certid");
    //create deep entity
    this.getRouter().navTo("ObjectDeep", {
        Certid : var_Entity
    });
},

onCreateDialog: function () {
    //create deep entity
    this.getRouter().navTo("RouteCreateDeep");
},
```

01-5 테스트

기존 생성 시에는 Dialog를 열어 처리했으나 Deep Entity에서는 수정과 동일하게 화면 전환이 된다.

편집 모드에서는 직원 목록을 추가, 삭제할 수 있으며, 저장 시 자격증 정보 및 직원 목록까지 함께 처리되는 것을 확인할 수 있다.

04 Fiori 앱 관리하기

4-1 배포

SAP Business Application Studio에서 Fiori 앱을 배포하는 과정은, 최종적으로 해당 앱을 Fiori Launchpad에 올려 사용자들이 사용할 수 있도록 하는 단계이다.

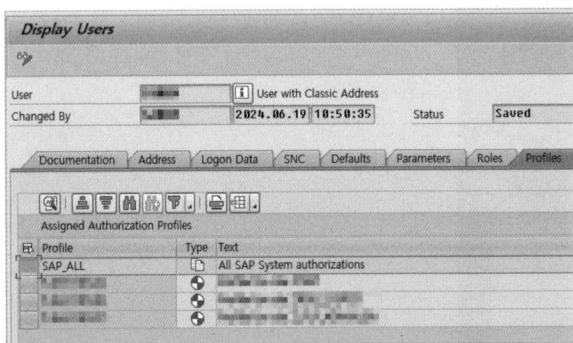

01-1 Deploy 사전 작업
T-CODE:SU01에 들어가서 'Profiles'에서 SAP_ALL 권한이 있는지 확인하고, 없을 경우 해당 권한을 등록한다. 실제 운영 중인 개발 서버에서는 BC 담당자에게 적절한 권한을 요청해야 한다.

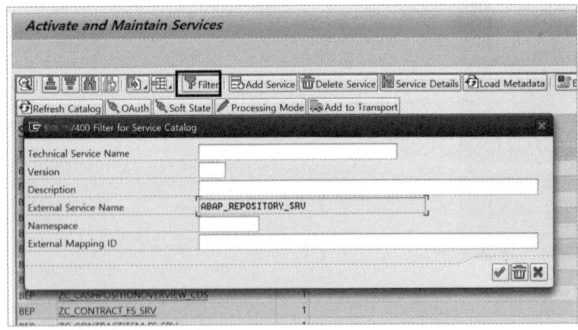

01-2 Deploy 사전 작업
권한 설정이 완료되었다면 T-CODE: /N/IWFND/MAINT_SERVICE에 들어가서 ABAP_REPOSITORY_SRV 서비스가 활성화되어 있는지 확인해야 한다. 필터 기능을 사용하여 확인해보자. Fiori 앱에서 OData 서비스를 사용하여 SAPUI5 ABAP 저장소에 업로드하는 과정에서, 해당 서비스가 활성화되어 있어야 Fiori 앱을 등록할 수 있기 때문이다.

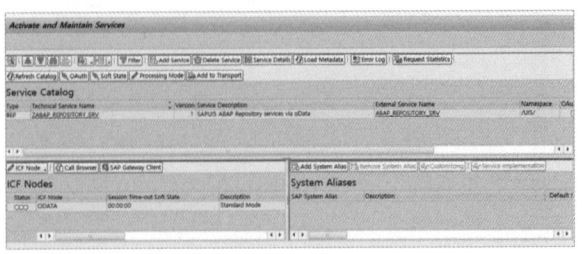

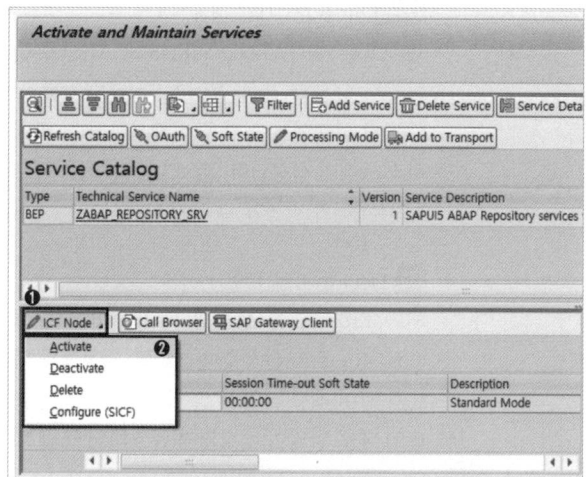

01-3 Deploy 사전 작업
해당 ABAP_REPOSITORY_SRV 서비스를 활성화하려면, 다음 단계를 따른다. 먼저, 'ABAP_REPOSITORY_SRV'를 선택하고 하단의 ❶ [ICF Node]를 클릭한 다음, ❷ [Activate]를 클릭한다. Package 필드에는 'Local Object' 또는 본인의 개발 환경에 맞는 패키지를 입력한다.

01-4 Deploy 사전 작업
해당 ICF Node가 활성화되면, 오른쪽에 있는 [Add System Alias]를 클릭한다.

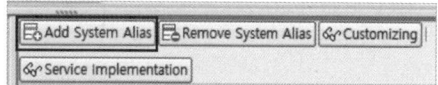

이제 [Service Document Identifier] 필드에 'ZABAP_REPOSITORY_SRV_0001'을 넣고 [Save] 버튼을 눌러서 CTS 작업까지 완료한다.

만약, [Add System Alias]를 클릭했을 때 다음과 같은 메시지 창이 표시되면, 화면에 있는 ❶[Processing Mode] → ❷[Routing-based]를 선택한 후 확인을 누르고 다시 생성해보자.

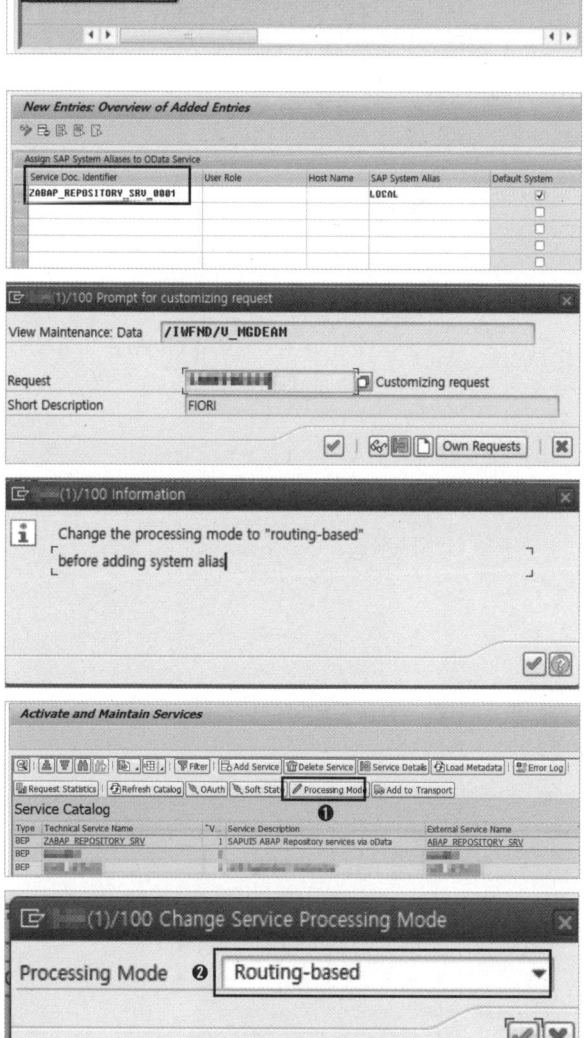

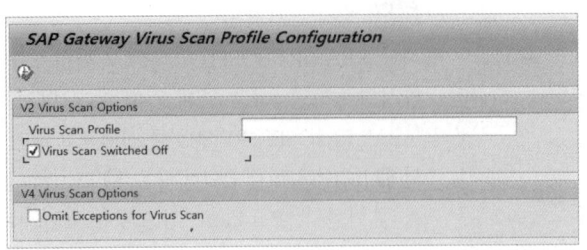

01-5 바이러스 스캔 해제
T-CODE:/N/IWFND/VIRUS_SCAN으로 들어가서 다음과 같이 'Virus Scan Switched Off'에 선택해서 스캔을 비활성화한다. 바이러스 스캔이 설정되어 있으면, Fiori 앱을 배포할 때 에러가 발생할 수 있기 때문이다.

02 Deploy 파일 확인
처음 Fiori 앱을 생성할 때 Deployment Configuration 설정을 마쳤다면, 자동으로 다음과 같이 배포 파일이 생성되어 있을 것이다. 만약 배포 파일이 생성되지 않았다면 조금 더 알아보기를 참고해보자.

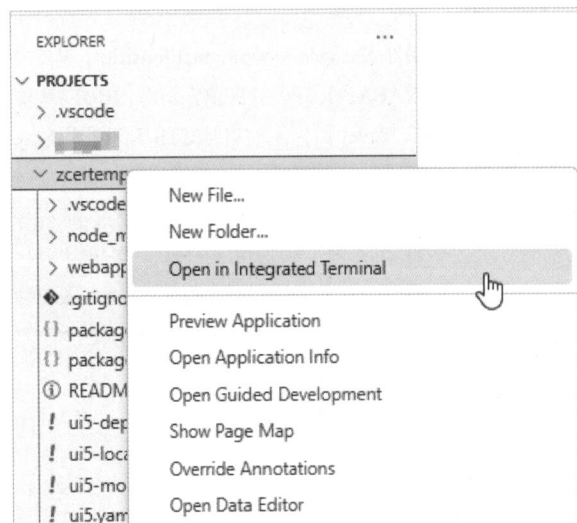

03 Fiori 앱 터미널 열기
해당 Fiori 앱 프로젝트의 터미널을 열어서 배포 작업을 해보자.

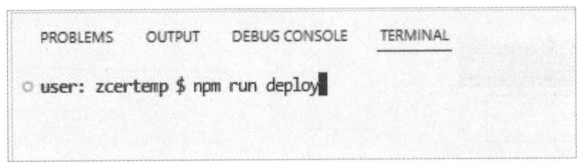

04 Terminal 설정
배포를 하기 위해서, 다음과 같이 'NPM RUN DEPLOY' 명령어를 실행한다.

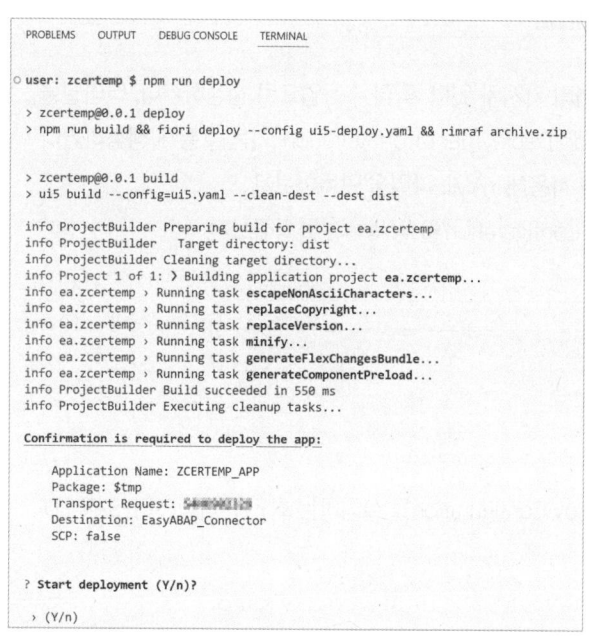

05 Deploy 설정
Configuration 정보를 확인하고 'Y'를 입력하여 진행한다.

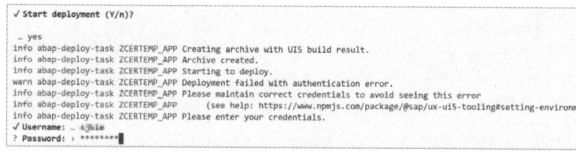

06 Deploy Login 설정
SAP GUI 접속 정보인 ID와 Password를 입력한다.

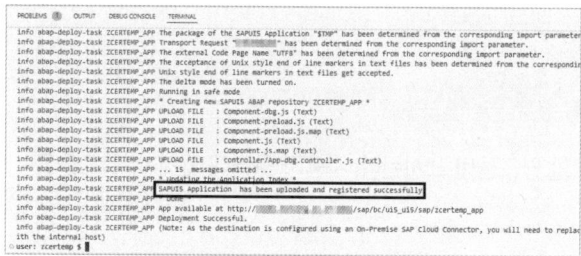

07 Deploy 성공
터미널 로그에서 "SAPUI5 Application has been uploaded and registered Successfully" 이라는 메시지가 나타나면 성공적으로 배포가 완료된 것이다.

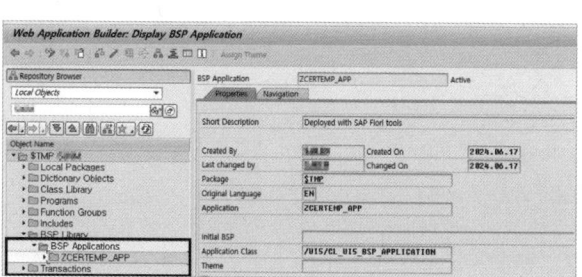

08 해당 Package 확인
배포가 정상적으로 완료되었는지 확인하기 위해서는 설정했던 Package로 이동하여 'BSP Library'를 확인하면 된다.

조금 더 알아보기 — UI5-deploy.yaml 생성

UI5-deploy.yaml 파일을 만드는 방법에는 여러 가지가 있다. 직접 수작업으로 생성하거나, 터미널을 통해 생성하거나, Command Palette에서 'Add Deployment Configuration' 기능을 통해 생성하거나 한다. 여기서는 쉽고 편리한 Generate 기능을 사용해 YAML 파일을 만들어보자.

1. Command Palette에서 'Add Deployment Configuration'을 검색하여 클릭해보자.

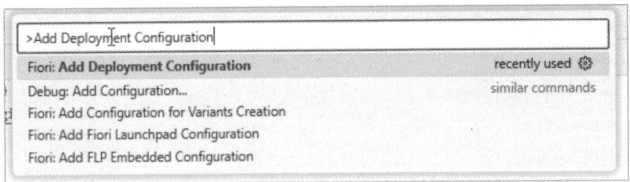

2. 해당하는 앱을 선택하면, 다음과 같이 Deploy Configuration을 설정하는 화면이 나타난다. SAP GUI의 ID와 Password를 입력해 로그인해보자.

3. 로그인이 성공하면 다음과 같이 설정해야 할 필드들이 표시된다. 사용자 환경에 맞게 이 필드들을 설정해보자.

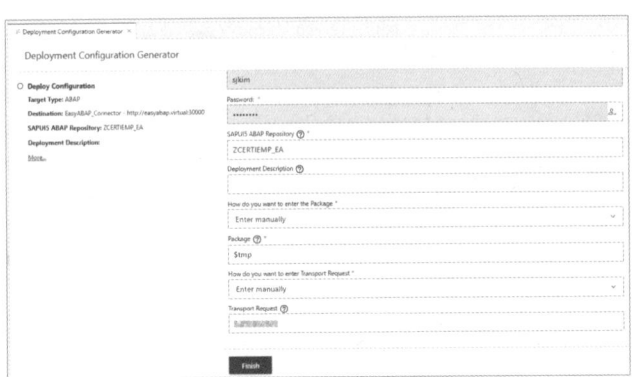

4. 다음과 같이 UI5-Deploy.yaml 파일이 생성된 것을 확인할 수 있다.

```
! ui5-deploy.yaml 1 ×
project1 > ! ui5-deploy.yaml > ...
  1   # yaml-language-server: $schema=https://sap.github.io/ui5-tooling/schema/ui5.yaml.json
  2
  3   specVersion: "3.1"
  4   metadata:
  5     name: ett.project1
  6   type: application
  7   builder:
  8     resources:
  9       excludes:
 10         - /test/**
 11         - /localService/**
 12     customTasks:
 13       - name: deploy-to-abap
 14         afterTask: generateCachebusterInfo
 15         configuration:
 16           target:
 17             destination: EasyABAP_Connector
 18             url:
 19           app:
 20             name: ZCERTIEMP_EA
 21             package: $tmp
 22             transport:
 23           exclude:
 24             - /test/
 25
```

조금 더 알아보기 — Fiori 앱 실행 시 로그인이 안되는 경우

올바른 아이디와 비밀번호를 입력했는데도 로그인이 되지 않고 계속 로그인하라는 화면만 표시된다면, 웹 브라우저의 쿠키를 삭제해야 한다. 예를 들어, 크롬 브라우저에서는 다음과 같은 순서로 쿠키를 삭제한다.

1. 오른쪽 상단에서 [더 보기] → [설정]을 클릭한다.

2. [개인 정보 보호 및 보안] → [서드 파티 쿠키]

3. [모든 사이트 데이터 및 권한 보기] 클릭

4. [삭제]를 클릭해보자.

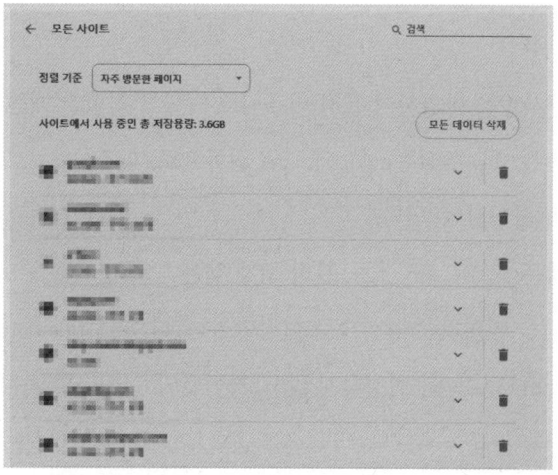

4-2 Fiori Launchpad - Catalog, Semanti Object 설정

Catalog는 사용자에게 Fiori 앱을 할당하고 권한을 부여하는 데 중요한 역할을 한다. Catalog는 두 가지로 나뉘며, Technical Catalog와 Business Catalog로 구분된다.

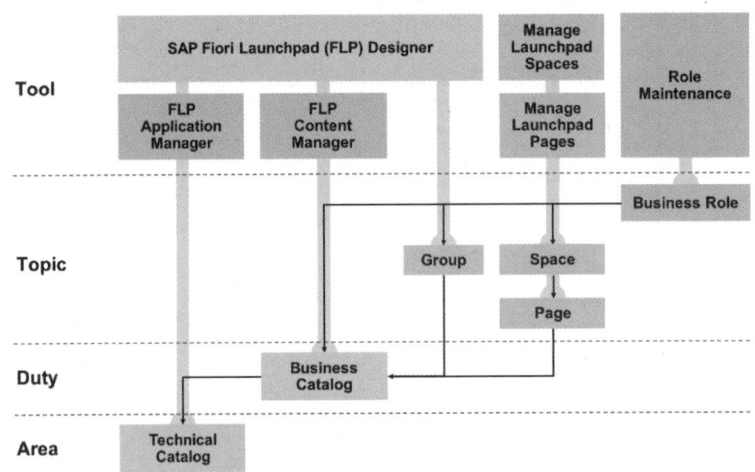

(출처: https://learning.sap.com/)

1) Technical Catalog

> 네이밍 룰: "〈…〉_TC_〈…〉"

SAP에서 제공하는 모든 앱의 저장소 역할을 하며, 앱에 관련된 모든 매핑 또는 타일 등을 포함하여 제공한다. Business Catalog에서도 참조되어 사용된다. SAP 사용자에게는 직접 할당되지 않기 때문에, Business Catalog를 통해서 할당해야 한다.

2) Business Catalog

> 네이밍 룰: "〈…〉_BC_〈…〉"

비즈니스 사용자의 요구사항을 반영하여 특정 비즈니스 역할에 적합한 매핑 및 타일을 포함하여 제공한다. Business Catalog는 Technical Catalog의 하위 집합으로, Technical Catalog의 콘텐츠를 참조하여 SAP 사용자에게 직접 할당할 수 있다.

예를 들어, 일반 회계 앱은 "Z_BC_FI_..."로, 관리 회계 앱은 "Z_BC_CO_..."로 Catalog를 나눈 후, 해당 Business Catalog에 앱을 매핑하는 방식으로 설정할 수 있다. SAP Standard에서 제공하는 Catalog를 사용할 때에는 Standard Catalog를 변경하지 말고, 자신만의 Catalog로 복사하여 생성한 후 사용해야 한다.

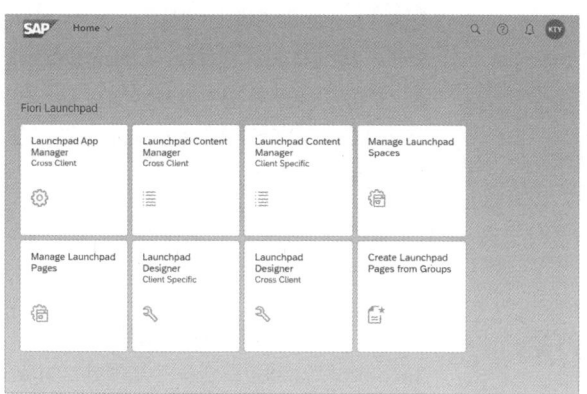

01 Fiori Launchpad

Catalog, Page, Tile, Space를 설정하기 위해서는 T-CODE:/N/UI2/FLP를 통해 Fiori Launchpad가 실행되어야 한다.

또한 Fiori Launchpad를 관리하고 설정하려면 T-CODE:SU01에서 'SAP_FLP_ADMIN' Role이 필요하다. 이 Role이 있어야 Fiori Launchpad 설정 관련 앱들을 볼 수 있다.

▌SAP_FLP_ADMIN Role 권한을 바로 적용하는 것보다는 복사/붙여넣기를 통해 "Z*_"와 같은 형태로 네이밍 룰을 준수하여 사용하는 것이 커스터마이징할 때 더 효율적이다.

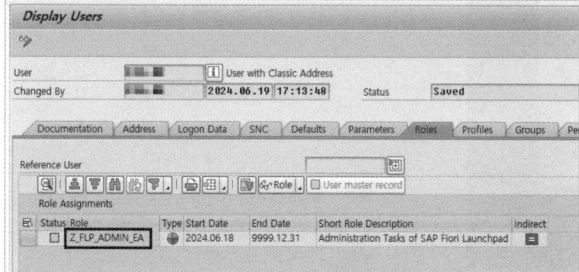

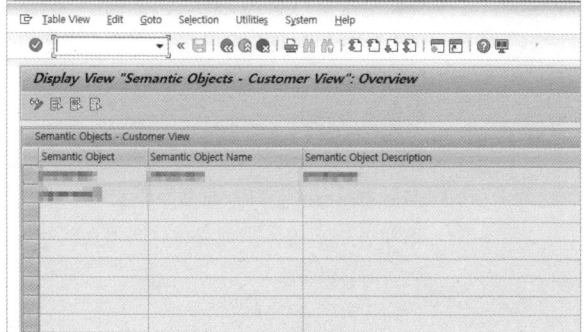

02-1 Semantic Object 생성

Semantic Object는 Business Entity를 나타내며, 특정 Action과 결합하여 사용된다. 또한 Fiori 앱 내의 네비게이션을 설정하거나 Tile을 통해 Fiori 앱을 실행할 때 사용된다.
Semantic Object을 생성하려면, T-CODE:/n/UI2/SEMOBJ로 들어가자.

1175

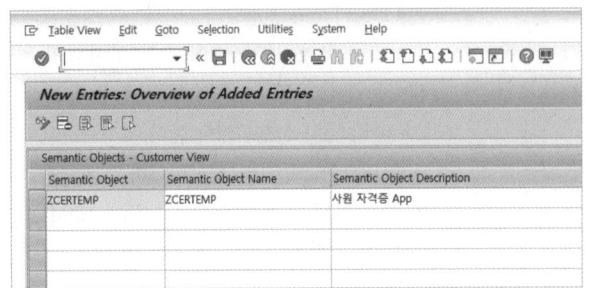

02-2 Semantic Object 생성
화면을 [변경모드]로 변경한 후, [New Entries]를 선택하고 사용자 환경에 맞게 입력 값을 넣은 후 [Save] 버튼을 누르면 Semantic Object가 생성된다.

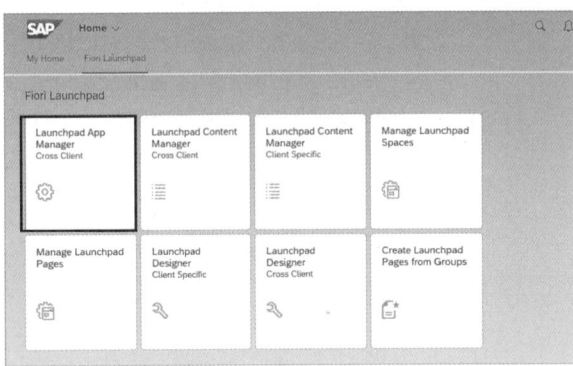

03 Launchpad 앱 Manager 실행
Technical Catalog를 만들기 위해서는 Fiori Launchpad에 들어가서 [Launchpad App Manager]로 접근하자.

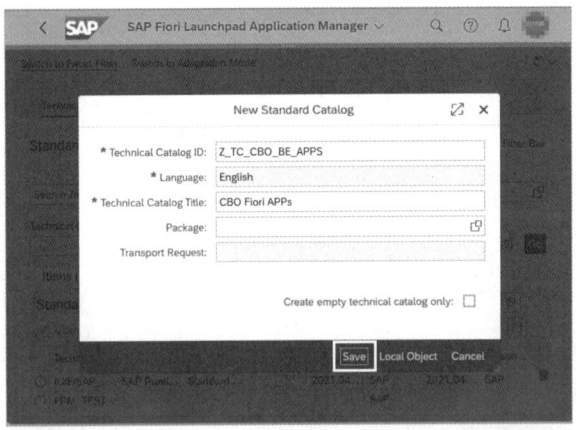

04 Technical Catalog 생성
해당 화면이 나오면 [New Standard Catalog]를 클릭하고, Technical Catalog Naming Rule에 맞게 입력한 후 [Save] 버튼을 클릭하자.

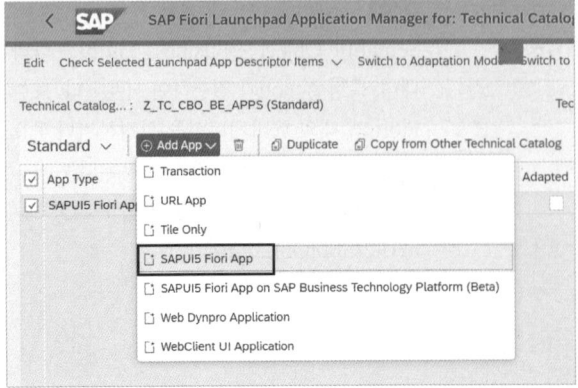

05 SAPUI5 Fiori 앱
생성된 Technical Catalog 화면으로 이동하면, [Add App] → [SAPUI5 Fiori App]을 클릭하여 앱을 추가하자.
참고로 Technical Catalog에서는 Fiori 앱, Web Dynpro 등 다양한 앱들을 모아두고, 나중에 필요할 앱들만 매핑해서 가져오는 방식으로 사용한다.

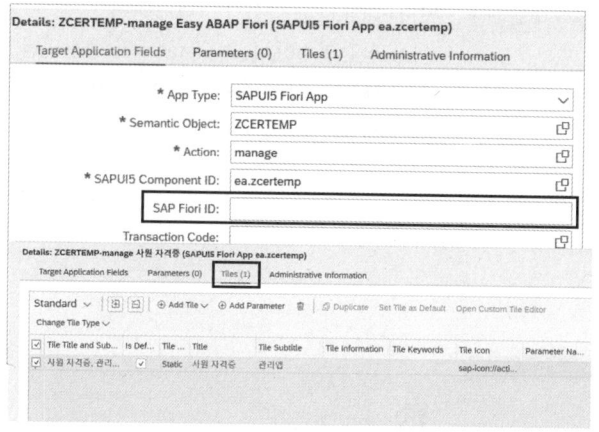

06 앱 추가

앞에서 설정했던 Semantic Object와 SAP Business Application Studio에서 설정했던 manifest.json 파일의 "sap.app": "id"에 해당 값을 추가해주자.

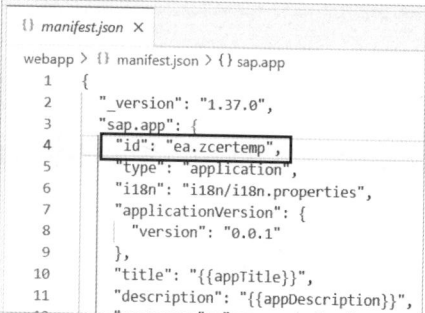

또한 상단에 있는 [Tiles] 탭을 통해 Title, Subtitle, Icon 등을 사용자에 맞게 변경할 수 있으니 참고한 후, [Save] 버튼을 눌러보자.

07 Launchpad 앱 Manager 실행

이번에는 Business Catalog을 만들기 위해 Fiori Launchpad에 들어가서 [Launchpad Content Manager]로 접근하자.

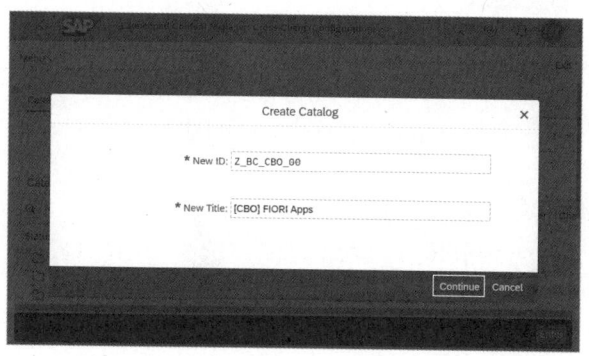

08 Business Catalog 생성

Launchpad Content Manager 화면이 나오면 [Create]를 클릭하고, Business Catalog 네이밍 룰에 맞게 입력한 후 [Continue] 버튼을 클릭하자.

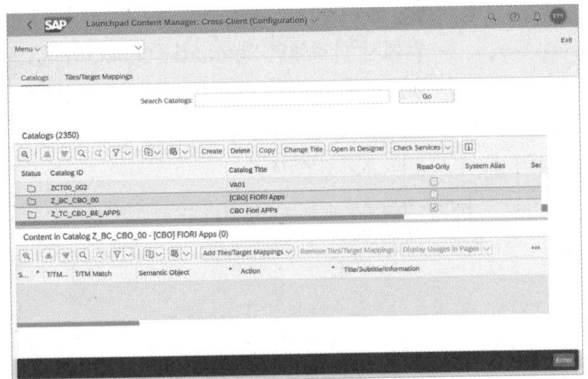

09 Catalog 매핑 설정

다음과 같이 Business Catalog가 생성되면, 해당 [Status]을 클릭한 후, 앞에서 설정했던 Technical Catalog를 매핑하여 가져오자.

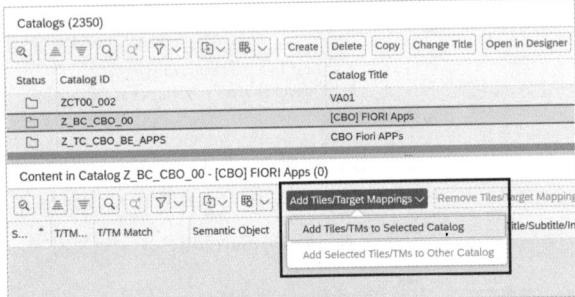

10 Fiori 앱 추가

[Add Titles/Target Mappings]을 클릭한 후, 'Add Titles/TMs to Selected Catalog'를 선택한다. 참고로 TM은 Target Mappings이다.

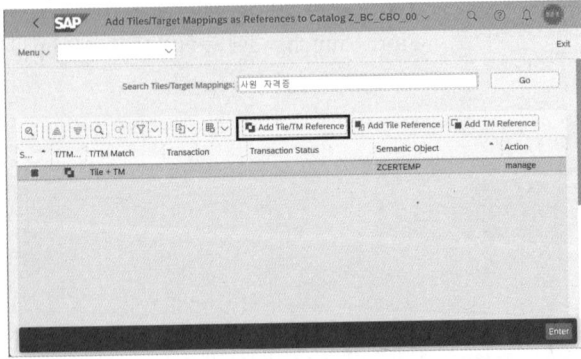

11 Fiori 앱 매핑 완료

상단에 있는 검색을 통해 설정한 Fiori 앱을 선택한 후, [Add Title/TM Reference]를 클릭해보자.

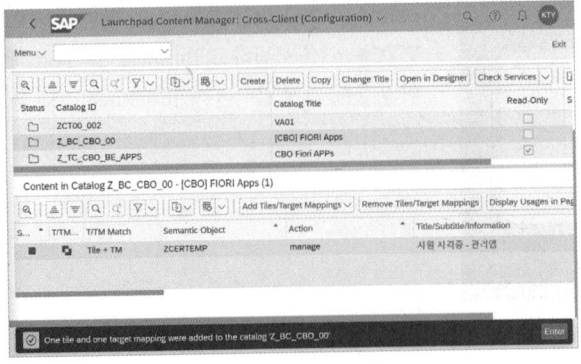

12 Fiori 앱 매핑 성공

Fiori 앱 매핑이 성공적으로 완료되면 다음과 같이 성공 메시지가 나타난다.

4-3 Fiori Launchpad - Space, Page 설정

SAP Fiori Launchpad를 구성하는 주요 요소들은 다음과 같다.

- **Space**: 특정 앱(FI 앱, CO 앱, Fiori 앱 등)들을 모아두는 컨테이너이다.
- **Page**: Space 내에서 콘텐츠를 구성하는 단위로, 하나 또는 여러 섹션을 포함할 수 있다.
- **Section**: 특정 작업이나 앱들을 논리적으로 그룹화하는 데 사용한다.
- **Tile**: 앱을 시각적으로 표현하고, 실행하는 컨테이너이다(뉴스 Tile, 동적 Tile, 정적 Tile, KPI Tile 등).

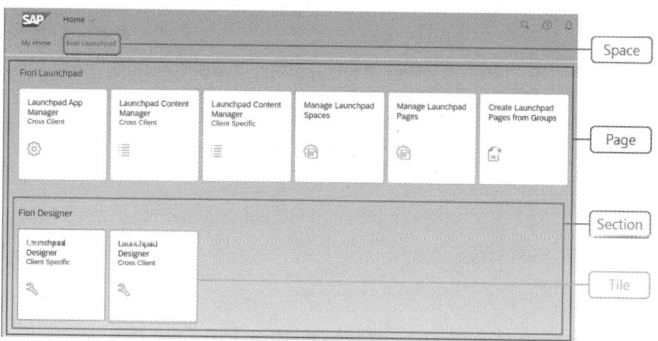

Fiori Launchpad에서 Space, Page, Tile, 그리고 사용자 권한을 설정하는 과정을 살펴보자.

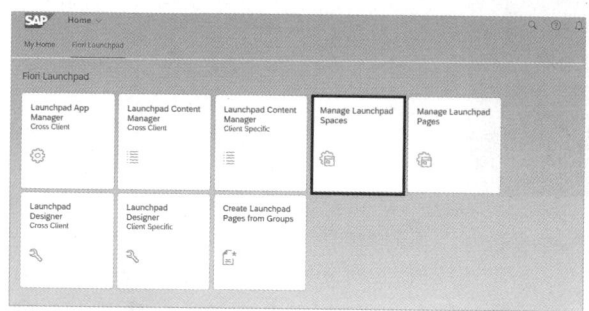

01 Manage Launchpad Spaces 실행
Space를 생성하려면 해당 [Manage Launchpad Spaces]로 들어가보자.

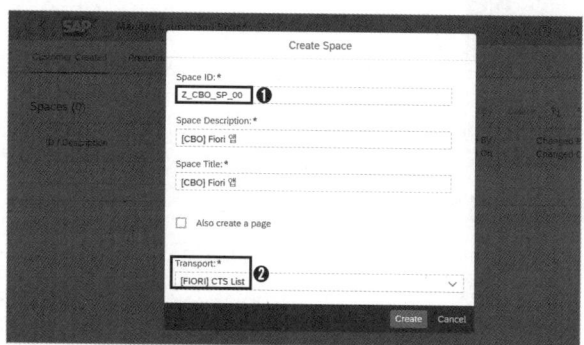

02 Space 생성
[Create] 버튼을 클릭하여 ❶ 'Z_##_SP_##' 형식에 맞게 값을 입력한 후, ❷ Customizing CTS를 설정하여 Transport 요청에 추가하자.

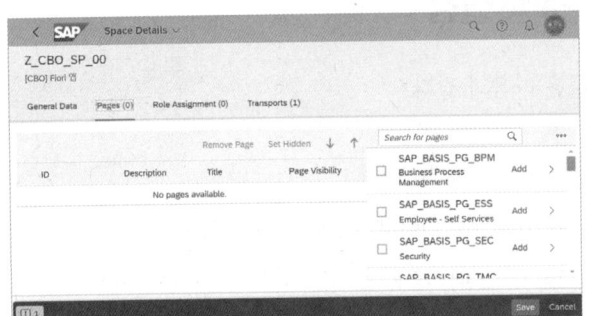

03 Space 생성 완료
다음과 같이 Space가 생성된 것을 확인할 수 있다.

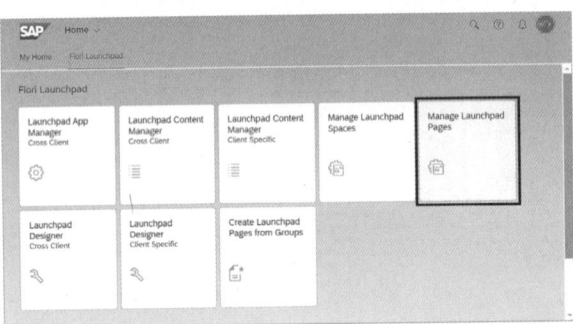

04 Manage Launchpad Pages 실행
다시 Fiori Launchpad로 돌아가서 [Manage Launchpad Pages]를 실행하여 Page를 생성해 보자.

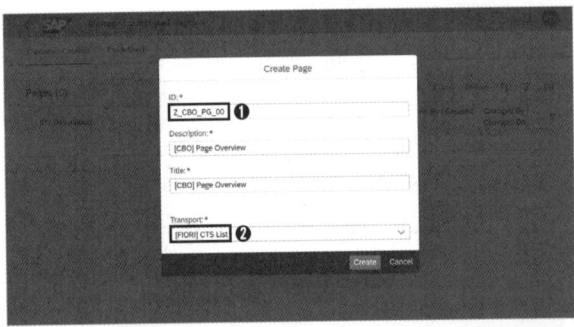

05 Page 생성
이번에는 [Create] 버튼을 클릭하여 ❶ 'Z_##_PG_##' 형식에 맞게 값을 입력한 후, ❷ Customizing CTS를 설정하여 Transport 요청에 추가하자.

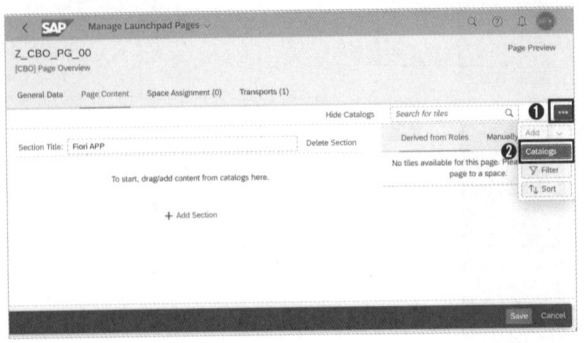

06 Page 생성 후, Tile 등록
Page 생성이 완료되면 Tile을 등록하자. Section Title을 입력하고, ❶ […] → ❷ [Catalogs]를 클릭한다.

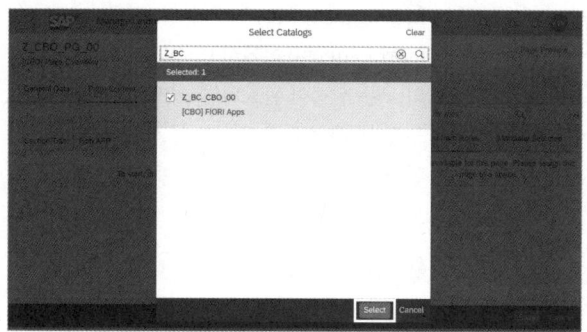

07 Select Catalogs
검색을 통해 설정한 Business Catalog을 체크한 후, [Select]를 클릭하자.

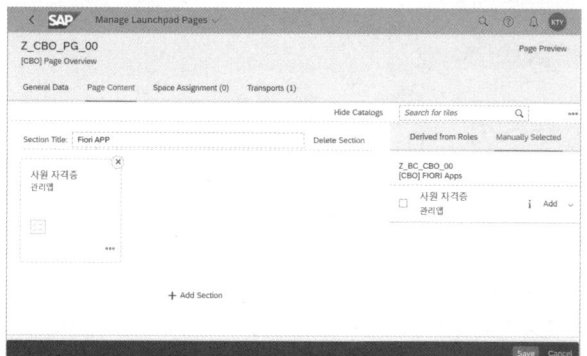

08 Tile 등록 및 배치
등록되어 있는 Tile을 사용자가 원하는 Section에 배치할 수 있다.
Page와 Title을 연결했으니, 이제 Space와 Page를 연결하는 작업을 진행해야 한다.

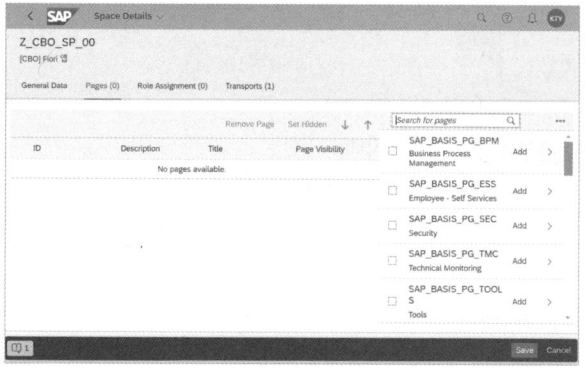

09 Page 연결
설정한 Space로 돌아가서 [Pages] 탭에서 [Edit] 버튼을 눌러 다음 화면처럼 나오게 하자.

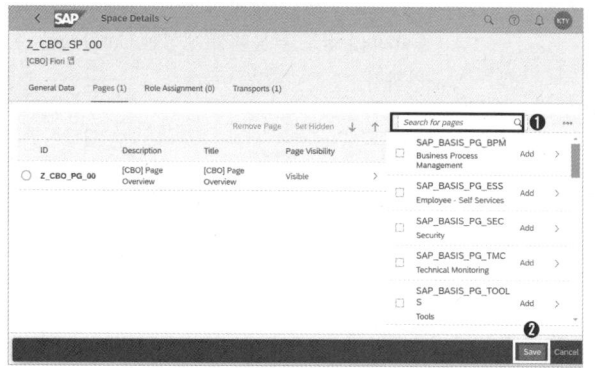

10 Page 등록 및 저장
❶ Pages 검색을 통해 앞에서 생성한 Page를 등록하자. 모든 설정이 끝나면 ❷ [Save] 버튼을 클릭하자.

1181

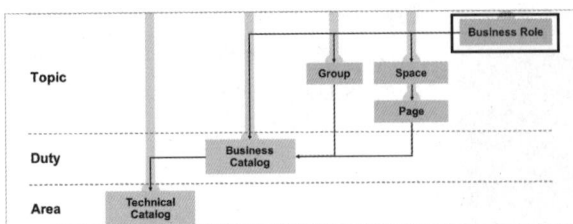

11 Business Role 권한 설정
Fiori Launchpad에서 Catalog, Page, Space 의 모든 설정이 완료되면, 이제 Business Role 을 통해 특정 사용자에게 앱을 보여줄지 아니면 접근을 제한할지 설정해야 한다. 사용자별로 필요한 권한을 추가하자.

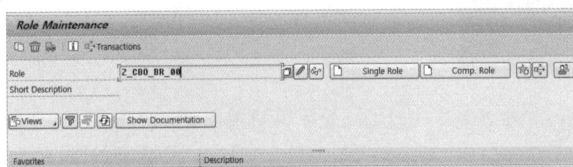

12 권한 설정
T-CODE:PFCG로 들어가서 권한을 만들어보자. 예제에서는 'Z_##_BR_##' 형식으로 네이밍하였다.

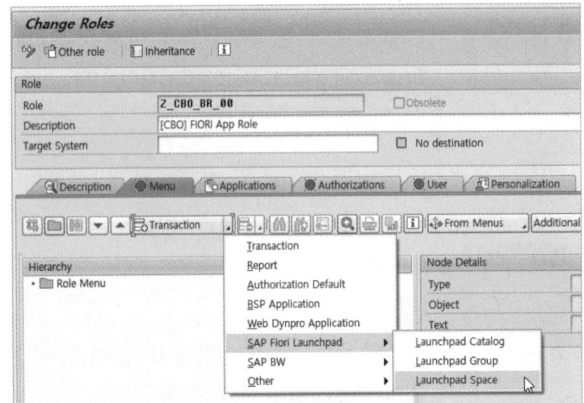

13 Space 권한 설정
[Transaction Dropdown] → [SAP Fiori Launchpad] → [Launchpad Space] 경로를 통해서 Space 권한 설정을 진행해야 한다.

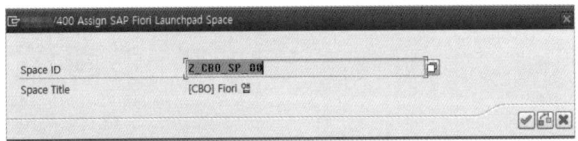

14 Space 권한
앞에서 생성한 Space ID를 입력하고, 다음으로 넘어가자.

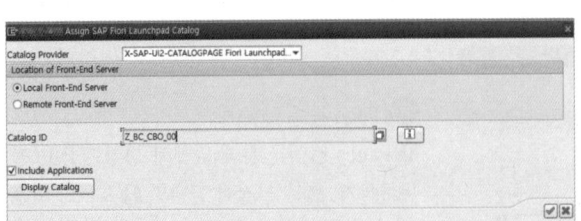

15 Catalog 권한 설정
Catalog 권한 설정은 [Transaction Dropdown] → [SAP Fiori Launchpad] → [Launchpad Catalog] 경로를 통해서 생성한 Catalog를 추가하자.

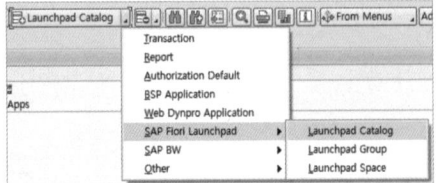

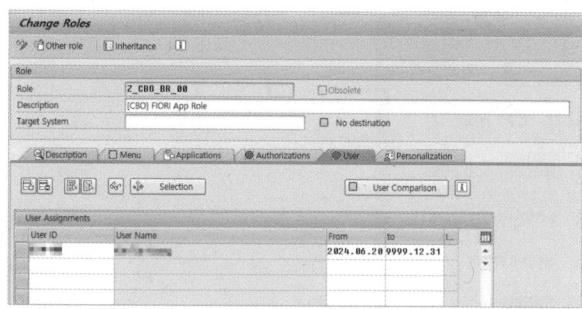

16 User 권한 설정
Space와 Catalog 권한 설정이 완료되면, 사용자 권한 설정을 진행하자. 여기서 사용자의 요구에 따라 Space 또는 Catalog를 보여줄지 여부를 설정하면 된다.

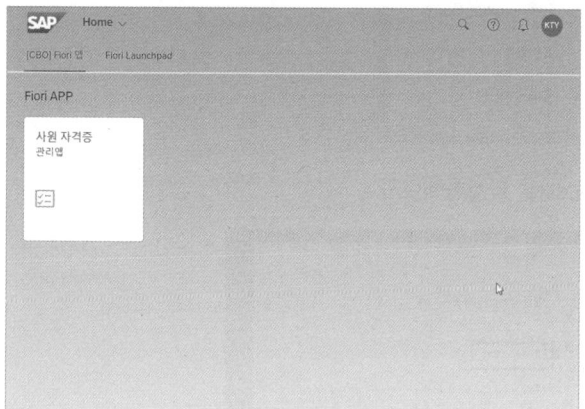

17 권한 설정
모든 권한 설정이 완료되면 저장한 후, Fiori Launchpad에 들어가면 설정한 Space, Page, Catalog, Tile이 다음과 같이 보인다.

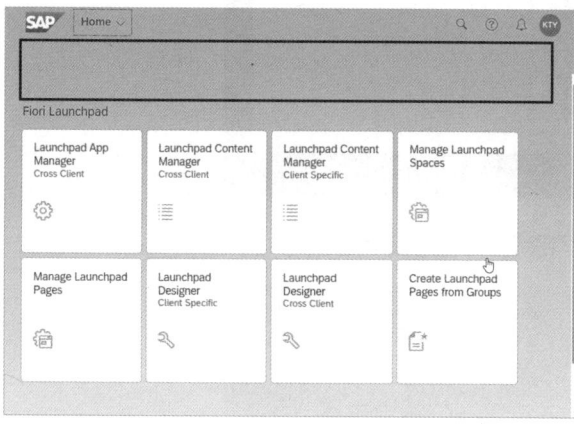

만약 다음과 같이 Space가 보이지 않는다면, [조금 더 알아보기]를 통해 문제를 확인해보자.

조금 더 알아보기 — Space 활성화

Fiori Launchpad에서 앱을 표시할 때 Space를 사용할지 선택할 수 있다. 이 책에서는 Space-Page 방식을 사용하기 때문에 Space를 활성화한다. 또한, SAP에서는 Space-Page 방식을 권장한다.
1. My Profile에서 [Setting]을 클릭한다.

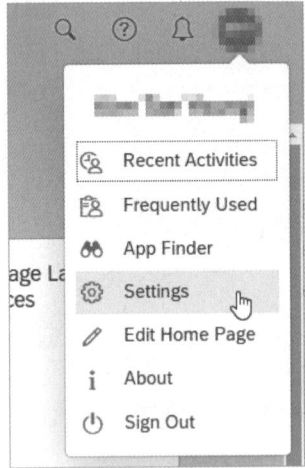

2. [Spaces and Pages]로 들어가서 [Use Spaces]을 활성화해보자.

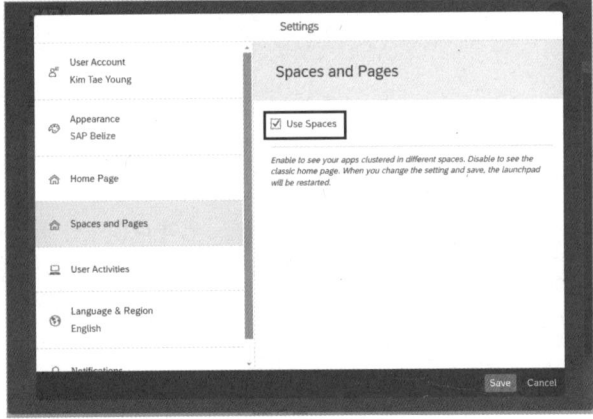

3. 앞의 설정을 완료하면 다음과 같이 사원 자격증 앱이 화면이 조회된다.

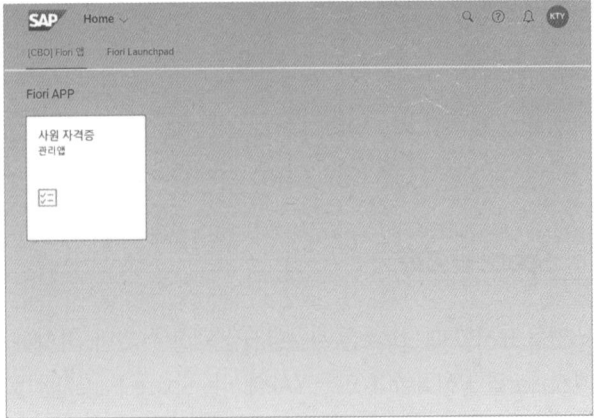

4-4 i18n 다국어 설정

```
# This is the resource bundle for ea.zcertemp

#Texts for manifest.json

#XTIT: Application name
appTitle=Easy ABAP Fiori - Certi List

#YDES: Application description
appDescription=An SAP Fiori application.
#XTIT: Main view title
title=Easy ABAP Fiori - Certi List
```

```
"sap.ui5": {
    "contentDensities": {
    },
    "models": {
        "i18n": {
            "type": "sap.ui.model.resource.ResourceModel",
            "settings": {
                "bundleName": "ea.zcertemp.i18n.i18n"
            }
        },
```

01 i18n 이란?

i18n은 국제화(Internationalization)를 줄여서 표현하는 용어로, 'i'와 'n' 사이에 18개의 문자가 있다는 의미를 담고 있다. 앞서 생성한 Fiori 앱은 기본적으로 I18n이 설정되어 있다. manifest.json 파일을 확인하면 i18n 연결이 자동으로 설정되어 있는 것을 볼 수 있다.

```
v zcertemp
  > node_modules
  v webapp
    > annotations
    > controller
    > css
    v i18n
      ⚙ i18n_de.properties
      ⚙ i18n.properties
    > localService
    > model
    > test
    > view
```

02 i18n 생성

i18n_##.properties 파일은 각 언어에 따라 자동으로 해당 언어 파일이 선택되어 다국어 설정이 가능하다. 현재는 기본값으로 설정 되어 있으니 독일어인 'de'에 해당하는 i18n_de.properties 파일을 생성해보자.
예시)
i18n.properties: 기본값
i18n_ko.properties: 한국어
i18n_de.properties: 독일어

03 i18n en, de설정

여기서 추가할 것은 간단하게 Smart Table의 Header와 Column만 다국어 설정을 하는 것이다.

기본적인 i18n 파일에서는 다음과 같이 ❶ 변경할 필드(키)들을 설정하고, 위에서 추가한 i18n_de 파일에는 해당 키에 대해 독일어로 ❷ 번역된 값을 입력하자.

```
# i18n.properties ×
zcertemp > webapp > i18n > # i18n.properties
 1   # This is the resource bundle for ea.zcertemp
 2
 3   #Texts for manifest.json
 4
 5   #XTIT: Application name
 6   appTitle=Easy ABAP Fiori - Certi List
 7
 8   #YDES: Application description
 9   appDescription=An SAP Fiori application.
10   #XTIT: Main view title
11   title=Easy ABAP Fiori - Certi List
12
13
14   stHeader=자격증 정보
15   dfCertId=자격증 ID           ❶
16   dfCertName=자격증 명
17
```

```
# i18n_de.properties ×
zcertemp > webapp > i18n > # i18n_de.properties
 1   # This is the resource bundle for ea.zcertemp
 2
 3   #Texts for manifest.json
 4
 5   #XTIT: Application name
 6   appTitle=Easy ABAP Fiori - Zerti Liste
 7
 8   #YDES: Application description
 9   appDescription=Eine SAP Fiori-Anwendung.
10   #XTIT: Main view title
11   title=Easy ABAP Fiori - Zerti Liste
12
13
14   stHeader=Informationen zu den Zertifikaten
15   dfCertId=Zertifikat ID                      ❷
16   dfCertName=Zertifikatsnachweis
17
```

```
# ListView.view.xml ×
zcertemp > webapp > view > # ListView.view.xml
 1   <mvc:View
17       <st:SmartTable
18           id="ST_table"
19           smartFilterId="smartFilterBar"
20           tableType="ResponsiveTable"
21           editable="false"
22           entitySet="ZCERTINFOSet"
23
24           header="{i18n>stHeader}"
25
26           showRowCount="true"
27           enableAutoBinding="true"
28       >
```

04 Text 변경 적용

기존에 설정된 Table Header을 다음과 같이 변경해보자.

i18n 파일에서 필드를 변경하고, View에서 설정할 때는 "{i18n> ???}" 또는 "{i18n> ???}" 형식으로 참조하여 앱에 다국어 지원을 적용할 수 있다.

Header와 동일하게 Column도 다음과 같이 변경해보자.

> Column은 Annotation에서 설정해주었기 때문에 Annotation에서 변경해보자.

```
<Annotations Target="Z_GW_CERTEMP_SRV.ZCERTINFO" >
    <Annotation Term="UI.LineItem">
        <Collection >
            <Record Type="UI.DataField">
                <PropertyValue Property="Label" String="{i18n&gt;dfCertId}" />
                <PropertyValue Property="Value" Path="Certid" />
            </Record>

            <Record Type="UI.DataField">
                <PropertyValue Property="Label" String="{i18n&gt;dfCertName}" />
                <PropertyValue Property="Value" Path="Certname" />
            </Record>
        </Collection>
    </Annotation>

    <Annotation Term="UI.SelectionFields" >
        <Collection>
            '<PropertyPath>Certid</PropertyPath>
        </Collection>
    </Annotation >
</Annotations>
```

```
● user: zcertemp $ npm run deploy

> zcertemp@0.0.1 deploy
> npm run build && fiori deploy --config ui5-deploy.yaml && rimraf archive.zip

> zcertemp@0.0.1 build
> ui5 build --config=ui5.yaml --clean-dest --dest dist

info ProjectBuilder Preparing build for project ea.zcertemp
info ProjectBuilder    Target directory: dist
info ProjectBuilder Cleaning target directory...
info Project 1 of 1: > Building application project ea.zcertemp...
info ea.zcertemp › Running task escapeNonAsciiCharacters...
info ea.zcertemp › Running task replaceCopyright...
info ea.zcertemp › Running task replaceVersion...
info ea.zcertemp › Running task minify...
info ea.zcertemp › Running task generateFlexChangesBundle...
info ea.zcertemp › Running task generateComponentPreload...
info ProjectBuilder Build succeeded in 608 ms
info ProjectBuilder Executing cleanup tasks...
```

05 Deploy 실행

다국어 설정 변경이 완료되었다면, 다국어로 변경한 로직들을 배포하여 앱을 업데이트해 보자.

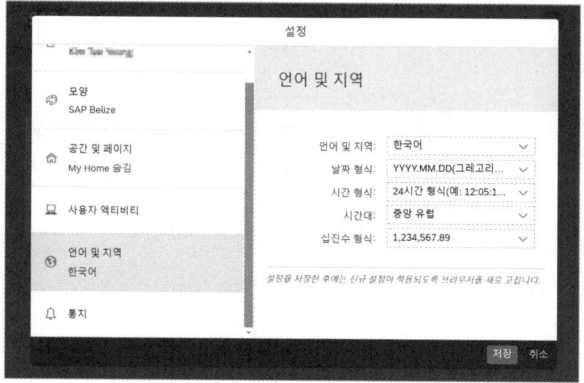

06 언어 변경

배포가 완료되면, Fiori Launchpad에서 [My Profile] → [Settings] → [Language and Region]을 클릭하여 언어를 변경하고 테스트할 수 있다. 또한, URI에서 'Language=EN' 부분을 변경하여 원하는 언어로 설정할 수 있다.

07 실행 결과 확인

기본값 언어와 독일어로 설정할 때 차이점을 확인해보자.

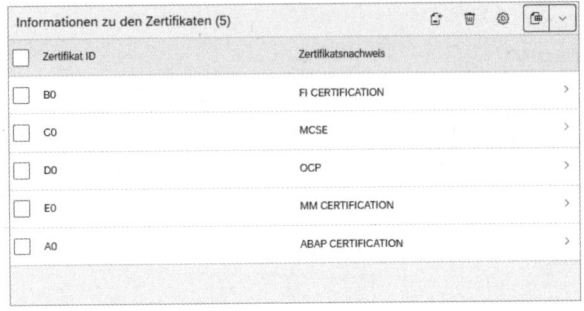

08 개발 환경에서 미리 확인

배포하기 전에 Business Application Studio 에서 다국어 설정을 확인하고 싶다면, 'NPM START' 명령어를 통해서 Fiori 앱을 실행해 보자. 그러면 다음과 같이 경로가 표시되는데, 이 경로를 따라가면 Language 파라미터를 변경하여 원하는 언어로 미리 확인할 수 있다.

CHAPTER 24

실무에서
사용하는 팁

In this chapter >>>

이번 장에서는 OData Service, UI5 소스 재사용, 조회 시 부하를 줄이기 위한 방법, UI5 화면에서 데이터를 표현하는 방법 등 실무에서 사용하는 팁을 소개한다.

Chapter list >>>

1. OData Service Include
2. Pagination 구현하기
3. 다른 UI5 프로젝트 참조하기
4. Model Provider Class
5. UI5 Custom

OData Service Include

Search Help는 SAP GUI에서 사용자의 입력을 돕는 매우 유용한 기능이다. 이는 별다른 제약 없이 ABAP Report 개발 시 호출하여 사용할 수 있도록 한다. 이전 23장에서 Search Help를 OData Service에서 설정해 사용하는 방법을 소개했다. 설정된 Search Help는 UI5에서 Value Help 기능에 사용되어 사용자의 입력을 돕는다.

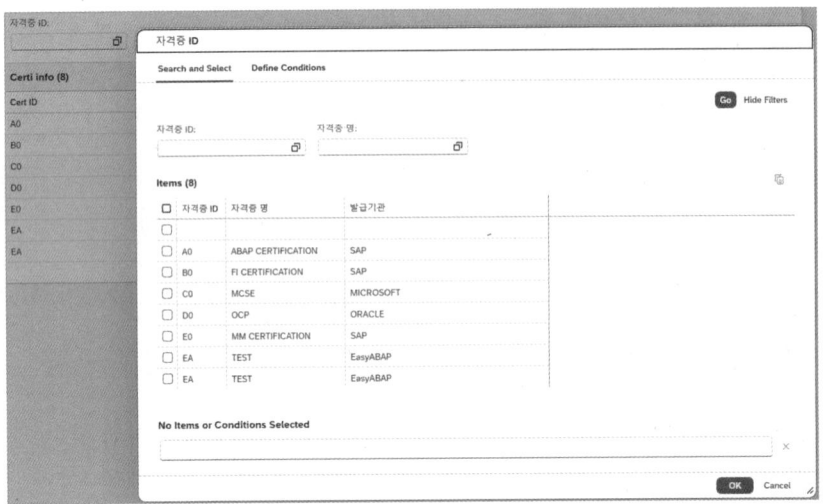

그림 24-1 UI5에서 Value Help 기능

하지만 Value Help를 제공하기 위해 OData Service 생성 시 매번 Search Help를 설정해야 하는지에 대한 의문이 생긴다. 이러한 반복 작업을 해결하기 위해 SAP는 OData Service Include라는 기능을 제공한다. 이 기능을 활용하면 Search Help 뿐만 아니라 빈번히 사용하는 서비스를 모아 공통 서비스로 생성하고 다른 서비스에서 이를 Include하여 재사용할 수 있다.

이제 23장에서 만든 OData Service를 Include하여 사용해보자.

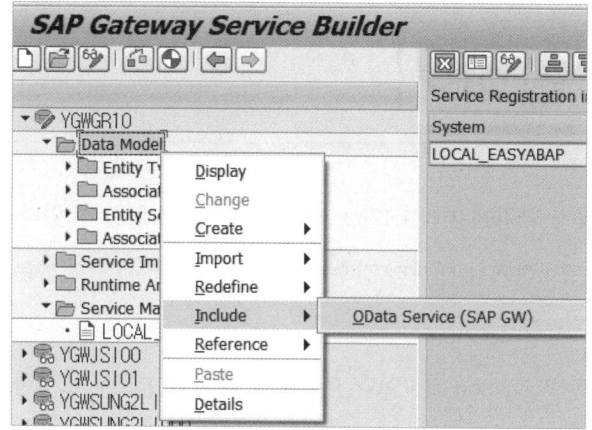

01 메뉴 Include
OData Service를 Include할 서비스로 이동한다. [Data Model] 폴더에 컨텍스트 메뉴(마우스 오른쪽 클릭)를 열고 [Include] → [OData Service]를 선택한다.

02 서비스 정보 입력
'Service in Current System'을 선택한 후 Technical Service Name 필드에 23장에서 만든 OData Service이름, Version 필드에는 '1'을 입력한다.

▌실무에서 유지보수를 통해 지속적으로 OData Service Version을 관리하니 이와 다를 수 있다.

03 Runtime Object 생성
Include한 OData Service는 [Data Model] → [Model References]에서 확인할 수 있다.
정상적으로 Include되었다면 'Generate RunTime Objects'를 실행하자.

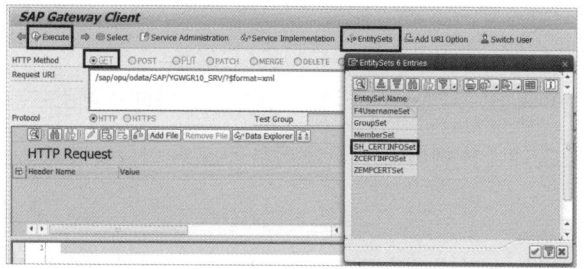

04 서비스 테스트
SAP Gateway Client를 실행하여 작업 중인 OData Service의 Request URI를 입력한다. [EntitySets]을 클릭하면 Include된 OData Service의 Entity Set을 확인할 수 있다. 테스트를 위해 'SH_CERTINFOSet'을 선택하자. Http Method 필드에서 'GET'을 선택한 후 [Execute]를 실행하면 결과를 확인할 수 있다.

02 Pagination 구현하기

대량의 데이터(약 500건 이상)를 조회하면 사용자 환경에 따라 UI가 느려지는 현상을 경험할 수 있다. 이를 해결하기 위해 검색 조건을 선택한 후 조회하거나 데이터 건수를 나누어(Pagination) 표시하는 방법을 사용한다. 두 가지 방법은 SQL 조작으로 구현된다.

New OPEN SQL의 큰 변화 중 하나가 강력한 Pagination 기능이다. 이전에는 데이터를 모두 조회한 후 필요한 만큼 인터널 테이블(Internal Table)에 담아서 처리하였으나, New OPEN SQL은 SQL 조건에 따라 필요한 만큼의 데이터만 조회할 수 있게 되었다. 이로 인해 SAP 서버의 응답 속도, 메모리 사용량 등이 크게 개선되었다.

UI5는 웹 브라우저에서 동작하기 때문에 SAP GUI에 비해 대량의 데이터 표시에 취약하다. 그래서 UI5는 링크(Link), 스크롤(Scroll) 등으로 Pagination을 지원한다.

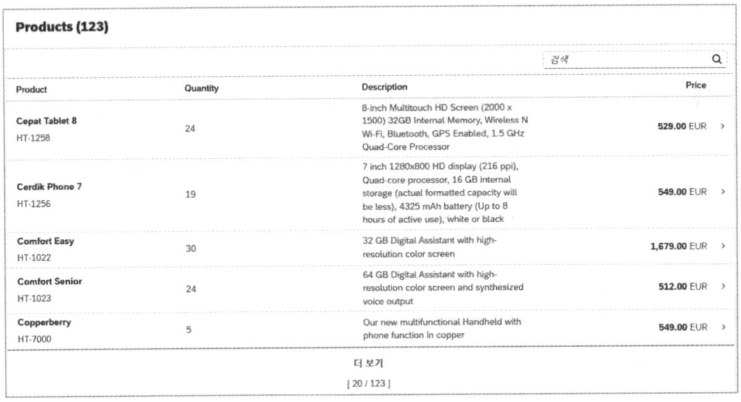

그림 24-2 UI5의 링크 타입 Pagination

Pagination을 구현하려면 데이터의 건수와 해당 페이지의 데이터 목록을 동시에 반환하도록 구현해야 한다. UI5에서는 이를 위해 기본적으로 데이터 건수를 요청한 후 데이터 목록을 요청한다. 그러나 데이터 목록을 처리하는 GET_ENTITYSET 메소드는 있으나 데이터 건수를 처리하는 메소드는 별도로 없다. 그래서 GET_ENTITYSET 메소드 내에서 데이터 건수와 목록을 모두 반환할 수 있도록 구현해야 한다.

Pagination 구현에서는 Odata와 UI5 간에 주고받는 파라미터가 중요하다. 이 둘의 관계에 집중해 구현해보자.

01 OData Entity Set

OData의 GET_ENTITYSET 메소드로 이동한다. 여기서는 Count Mode를 확인해 데이터의 건수만 반환할지 아니면 목록까지 함께 반환할지 분기한다.

- **io_tech_request_context→has_count( )**: UI5의 파라미터 중 $count의 존재 여부를 판단한다. 해당 파라미터가 존재하면 데이터의 건수를 es_response_context-count에 주입한 후 반환한다.
- **io_tech_request_context→has_inlinecount( )**: UI5의 파라미터 중 $inlinecount의 존재 여부를 판단한다. 해당 파라미터가 존재하면 데이터의 건수를 es_response_context-inlinecount에 주입한 후 반환한다.

> Inline Count인 경우 한 번의 요청으로 데이터의 건수와 목록을 동시에 반환한다.

- 위 조건으로 분기하여 데이터 목록을 반환할 때는 SELECT의 UP TO ~ ROWS OFFET 구문으로 필요한 데이터만 조회한다.
- **IS_PAGING**: UI5는 Pagination에 필요한 $top과 $skip 파라미터로 데이터를 요청한다. 이를 내장 오브젝트인 IS_PAGING에서 추출해 TOP과 SKIP 변수에 주입한다.

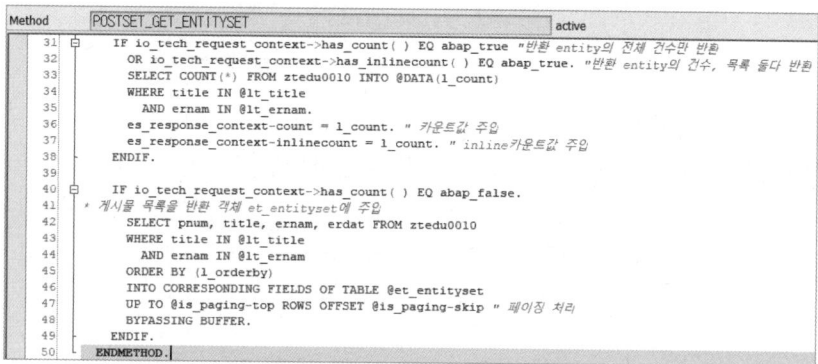

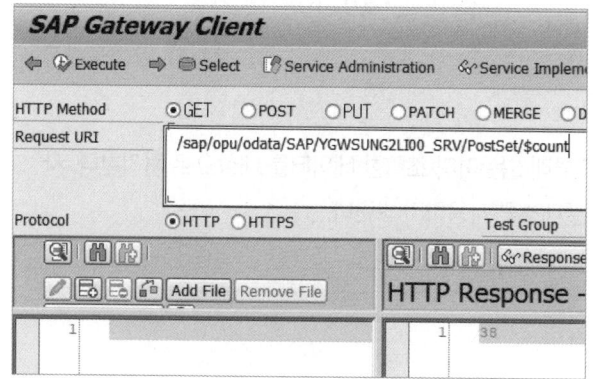

02 Count 테스트

SAP GateWay Client를 실행한 후 Request URI 필드에 '~[EntitySet]/$count'라고 입력하자.

Http Method 필드에서 'GET'을 선택한 후 [Execute]를 실행하면 결과를 확인할 수 있다.

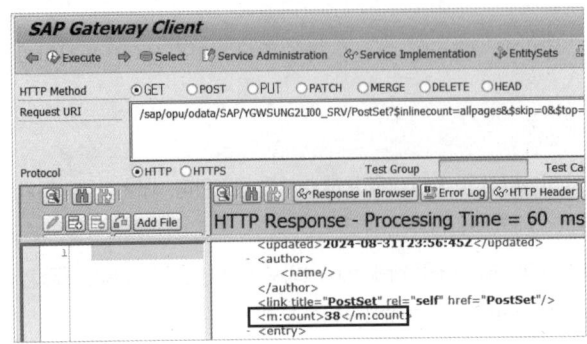

03 Inline Count 테스트

Request URI 필드에 '~[EntitySet]?$inlincount=allpages&$skip=0&$top=5'라고 입력하자. Count와 파라미터 시작 URI가 다르니 주의하자.

Http Method 필드에서 'GET'을 선택한 후 [Execute]를 실행하면 데이터 건수와 목록을 동시에 확인할 수 있다.

조금 더 알아보기 /IWBEP/CL_MGW_DATA_UTIL 클래스에 대해서

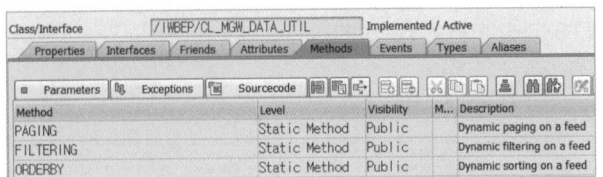

SAP에서 제공하는 '/IWBEP/CL_MGW_DATA_UTIL' 클래스는 데이터 목록을 손쉽게 다루기 위해 사용한다. 앞에서 설명한 Pagination도 이 클래스로 구현이 가능하지만 결정적인 차이가 있다.

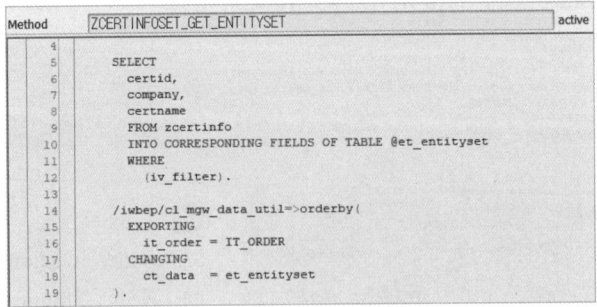

소스와 같이 '/IWBEP/CL_MGW_DATA_UTIL' 클래스는 이미 조회한 데이터를 대상으로 처리한다. 사용하는 데이터의 범위가 다르니 용도에 맞게 클래스를 사용하기 바란다.

다른 UI5 프로젝트 참조하기

ABAP Report를 개발할 때 이미 만들어진 Function, BAPI 등을 자주 재사용한다. 이처럼 공통으로 사용할 라이브러리를 미리 개발해두면 소스의 재사용을 유도하고 개발 기간을 단축할 수 있다. 또한 개발 전체에 적용되는 변경 사항에 대해 공통 라이브러리를 사용한다면 손쉽게 적용할 수 있다. UI5도 마찬가지로 이와 유사한 기능을 제공한다. 이 기능을 사용하려면 Namespace 개념을 이해해야 한다.

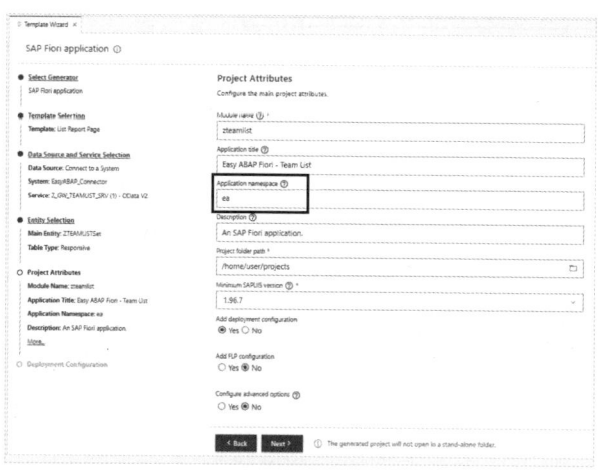

그림 24-3 UI5 프로젝트 생성 화면

UI5 프로젝트는 SAP서버에 배포되면 Package과 Repository를 할당 받는다. 이는 SAP에서 관리하기 위해 지정하는 것이며, 실제 UI5 프로젝트 관리는 Namespace를 통해 이루어진다. Launchpad에 Tile을 등록할 때 Component ID를 입력한 것을 기억하는가? 이 값은 Namespace와 Module Name이 결합된 형태로 구성된다.

UI5에서 다른 프로젝트의 자원을 참조하려면 Component ID값이 필요하다. 이를 활용하는 방법을 배워보자.

01 참조 대상 지정

23장의 zcertemp 프로젝트의 BaseController를 참조해 getRouter( ) 메소드를 호출해보자

> zcertemp는 사전에 SAP에 배포되어 있어야 한다.

02 참조 선언

새 프로젝트를 생성한 후 Compoment.js 파일을 열자. 소스 최상단에 registerModulePath를 추가한다.

- **1번째 파라미터:** [Namespace].[Modulename]
- **2번째 파라미터:** /sap/bc/ui5_ui5/sap/[Repository]

03 참조된 기능 사용

Define 구문에 zcertemp의 BaseController를 선언한다. 이렇게 하면 onNewButtonPress 메소드에서 BaseController의 getRouter( ) 메소드를 호출할 수 있다.

Model Provider Class

ABAP의 데이터 타입과 OData의 데이터 타입은 서로 다르다. SAP에서는 이를 어느 정도 보정해주지만 완벽하게 일치시키려면 개발자의 추가 노력이 필요하다. 예를 들어, ABAP의 데이터 타입 D는

8자리 날짜(20240901)를 표현하나 OData에서는 이와 맞는 데이터 타입이 없어 날짜와 시간을 모두 표현하는 Datetime 타입으로 변환해야 한다. 이는 Model Provider Class에서 처리해야 하는 중요한 부분 중 하나다.

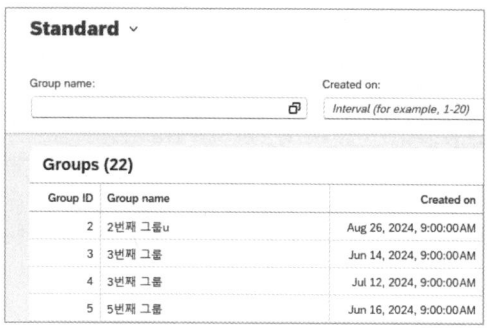

그림 24-4 UI5 날짜형 데이터

그림과 같이 Created on은 ABAP 날짜형 데이터이지만 UI5 날짜와 시간까지 표현된다. 이 차이를 해결하기 위해 Model Provider Class를 구현해보자.

> **TIP**
> 기존 프로젝트의 Entity Type에 날짜형 Property(책에서는 Erdat)를 추가하고 'Filterable'을 선택한다. 그리고 해당 Property와 관련된 메소드를 수정한다.

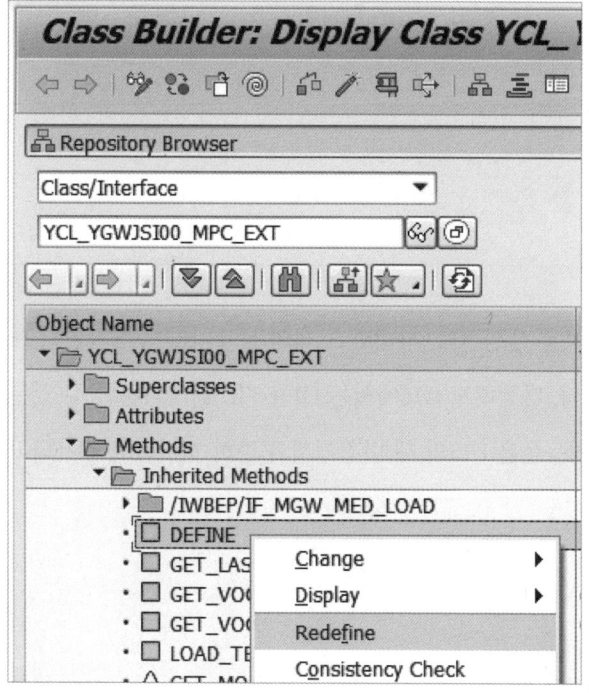

01 Redefine하기
'~MPC_EXT' 클래스를 ABAP Workbench로 연다. [Method]→[Inherited Methods]→[DEFINE]의 컨텍스트 메뉴에서 [Redefine]을 선택한다.

02 메소드 구현

create_annotation 메소드를 통해 날짜형 Property에 'display-format'이 'Date'인 Annotation을 생성한 후 활성화한다.

```
method DEFINE.
    super->define( ). "부모를 상속 받는다.
* Erdat(DATS)는 odata에서 Edm.DateTime으로 매핑되어 시간까지 표시된다.
* 이를 날짜만 표현하기 위해 아래와 같이 Annotation을 추가한다.
    data(lr_entity_type) = model->get_entity_type( iv_entity_name = 'Group' ).
    data(lr_property) = lr_entity_type->get_property( iv_property_name = 'Erdat' ).
    lr_property->/iwbep/if_mgw_odata_annotatabl~create_annotation( 'sap' )->add(
    EXPORTING
        iv_key = 'display-format'
        iv_value = 'Date' ).
endmethod.
```

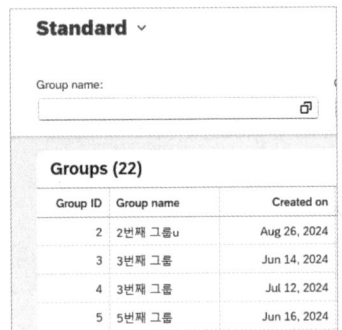

03 테스트

목록의 Created on 필드에서 시간 정보가 사라진 것을 확인할 수 있다.

05 UI5 Custom

Fiori의 UI는 대부분 메타데이터 기반으로 자동 생성된다. 하지만 고객의 눈높이가 높아지면서 새롭고 편리한 UI에 대한 요구사항이 늘고 있다. 다행히도 UI5에서는 UI를 커스터마이징할 수 있는 기능을 제한적으로 제공하고 있다. 이러한 기능들은 UI5의 새 버전에서 꾸준히 갱신되고 추가되고 있다.

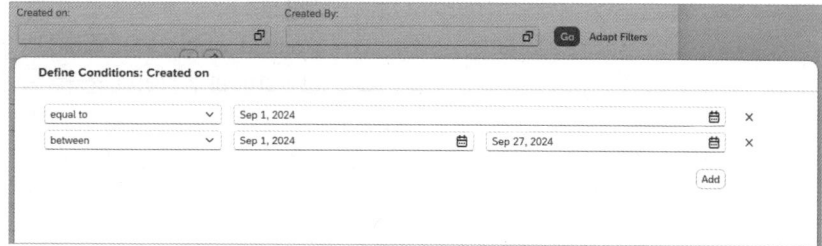

그림 24-5 UI5 Filter Bar의 날짜형 조건

그림과 같이 Created on 필드는 ABAP 날짜형 조건임에도 불구하고 팝업창을 열어 조건을 입력해야 하기 때문에 직관적이지 않다. 이번에는 Filter Bar에서 바로 날짜를 선택하고 Combo Box로 정해진 조건을 선택할 수 있도록 커스터마이징하는 방법을 알아보자.

> **TIP**
> 기존 프로젝트의 Entity Type에 SAP Login ID Property(책에서는 'Ernam')를 추가하고 'Filterable'을 선택한다. 그리고 해당 Property와 관련된 메소드를 수정한다.

5-1 Date Picker 구현

01 Control Configuration 설정
Filter Bar오브젝트에 controlConfiguration오브젝트를 추가한다. 여기에 Custom Property와 Type을 설정한다.

> Type은 범위 검색 등 다양하게 제공되니 필요에 따라 찾아보자.

```
List.view.xml 1 X
yusung2li01 > webapp > view > List.view.xml
  1  <mvc:View controllerName="kr.co.sung2li.yusung2li01.controller.List"
 10    <f:DynamicPage>
 19      <f:header>
 20        <f:DynamicPageHeader>
 21          <f:content>
 22            <!-- smart* 태그는 annotaion에 영향을 받는다. -->
 23            <smartFilterBar:SmartFilterBar id="idSmartFilterBar" useToolbar="false" smartVaria
 24              entitySet="GroupSet" persistencyKey="SmartFilter_Explored">
 25              <!-- filter의 형태를 변경하고 싶을 때 사용 -->
 26              <smartFilterBar:controlConfiguration>
 27                <smartFilterBar:ControlConfiguration key="Erdat" filterType="interval" />
 28              </smartFilterBar:controlConfiguration>
 29            </smartFilterBar:SmartFilterBar>
 30          </f:content>
 31        </f:DynamicPageHeader>
```

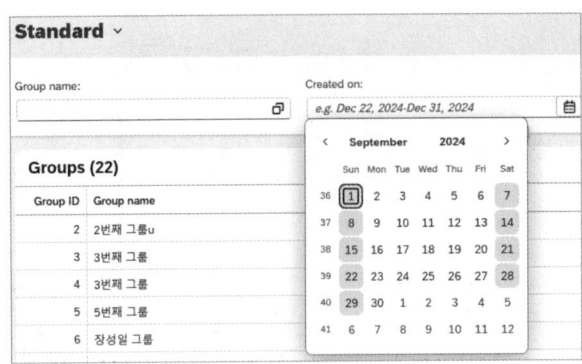

02 테스트
Created on 필드에서 Value Help 아이콘을 클릭하면 바로 달력이 표시되는 것을 확인할 수 있다.

5-2 Combo Box 구현

01 Control Configuration 설정
Filter Bar 오브젝트에 Date Picker와 동일하게 controlConfiguration 오브젝트를 추가한다. Input과 다른 Combo Box와 같은 오브젝트는 customControl 오브젝트를 추가해 감싸야(Wrapping) 한다. 정해진 조건을 Item의 key와 text에 입력한다.
Filter Bar에서 Combo Box의 값에 직접 접근할 수가 없어 id값을 부여해 이벤트로 접근해 처리한다.

> 📖 core:Item은 생성된 데이터의 SAP Login ID와 이름으로 입력한다.

```xml
List.view.xml 1 ●
webapp > view > ⓧ List.view.xml
1   <mvc:View controllerName="kr.co.sung2li.yusung2li01.controller.List"
11      <f:DynamicPage>
20          <f:header>
21              <f:DynamicPageHeader>
22                  <f:content>
27                      <smartFilterBar:controlConfiguration>
28                          <smartFilterBar:ControlConfiguration key="Erdat" f
29                          <smartFilterBar:ControlConfiguration key="Ernam">
30                              <smartFilterBar:customControl>
31                                  <ComboBox
32                                      id="idComboBox">
33                                      <core:Item key="S***" text="장성일"/>
34                                      <core:Item key="T***" text="임세빈"/>
35                                      <core:Item key="TG***" text="박찬혁"/>
36                                  </ComboBox>
37                              </smartFilterBar:customControl>
38                          </smartFilterBar:ControlConfiguration>
39                      </smartFilterBar:controlConfiguration>
```

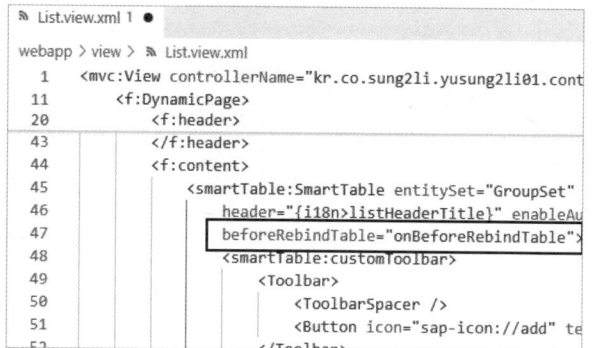

02 Table 이벤트 처리

앞의 설명과 같이 테이블에 데이터가 바인딩되기 전에 이벤트를 발생시킨다.

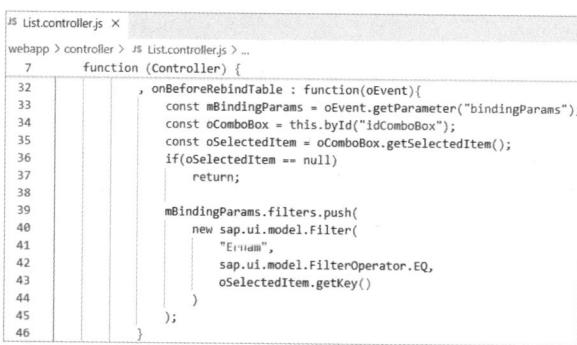

03 이벤트 구현

id 값으로 Combo box의 정보를 가져와 Filter를 생성한다. 생성한 Filter를 Binding Paremeter에 주입하여 결과를 조회한다.

04 테스트

Created By 필드가 Input 형태가 아닌 Combo Box로 표시되고 정해진 조건을 선택할 수 있다. [Go] 버튼을 클릭해 결과를 확인하자.

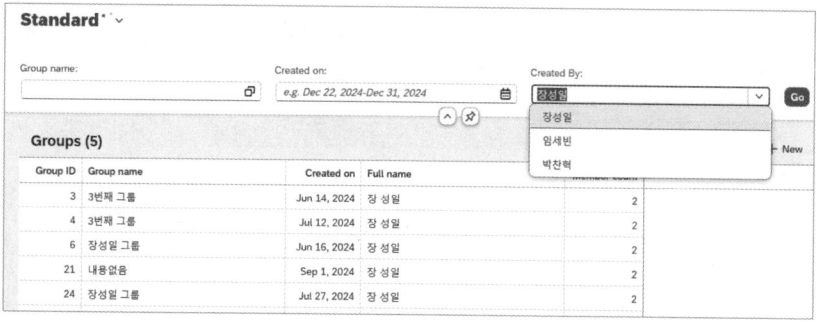

부록

ABAP New Syntax

In this chapter >>>

이번 부록에서는 ABAP 7.40 릴리즈 이후 소개된 새로운 구문에 대해 살펴본다. 이를 7.40 릴리즈 이전과 비교해보고, 어떤 구문이 새롭게 추가되었는지, 어떻게 활용할 수 있는지 학습해보자.

Chapter list >>>

1. Overview
2. 변수 선언
3. 기본 구문
4. 인터널 테이블
5. OPEN SQL
6. FILTER 구문

부록 | ABAP New Syntax

Overview

프로그래밍 기술은 끊임없이 발전하는 생명주기를 가진다. SAP ABAP도 예외가 아니게 새로운 내용과 기술들이 발표되고 있다. 이번 부록에서는 ABAP New Syntax라는 ABAP 7.40 릴리즈 이후에 소개된 구문들을 소개한다. New Syntax가 등장한 지 10년이 지났음에도 불구하고, 국내에서는 아직 널리 사용되지 않는 실정이다. 하지만 개발 중에 참고하는 [F1] 키나 ABAP Keyword Documentation에서는 이미 New Syntax를 기본으로 다루고 있다. 효율적인 개발과 최신 정보 습득을 위해서라도 이제는 New Syntax에 익숙해져야 한다.

조금 더 알아보기 — SAP Demo 데이터 생성

이번 부록에서 ABAP 7.40 릴리즈 이후 추가된 구문들을 소개하기 위해 SAP에서 표준으로 제공하는 SCARR, SPFLI 등의 항공사 Demo 데이터를 활용한다. SAP GUI를 설치하면 기본적으로 포함되어 있는 Demo 테이블이지만 데이터는 없을 수도 있다. 그런 경우 다음 프로그램을 실행해 데이터를 추가하자.

T-CODE:SE38 또는 SA38 → "SAPBC_DATA_GENERATOR"

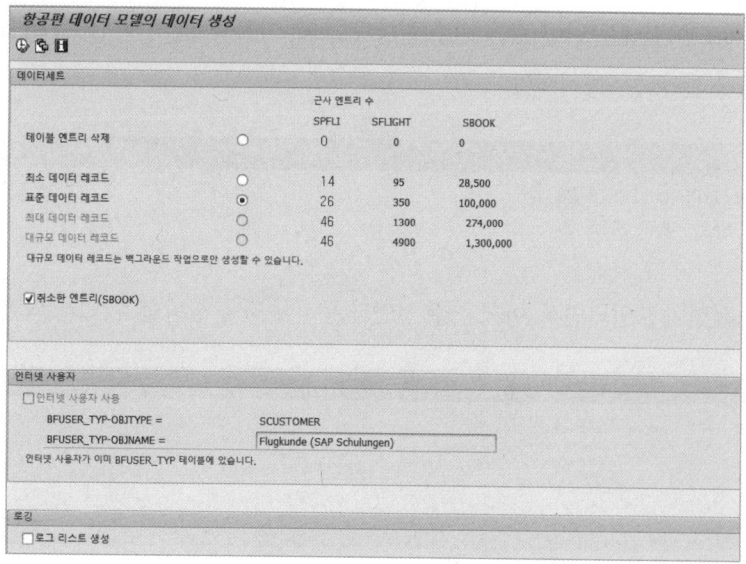

그림 Z99-1 프로그램 실행 화면

변수 선언

2장 데이터 타입에서 기본적인 데이터 변수를 선언하는 방법에 대해 학습했다. 이번 부록에서는 ABAP 7.40 릴리즈 이후 새롭게 소개된 데이터 변수를 선언하는 방법을 위주로 학습해보고, 이를 ABAP 7.40 릴리즈 이전의 데이터 변수 선언과 비교해본다.

2-1 인라인 선언

인라인 선언(Inline Declaration)은 변수에 데이터(값)를 할당하는 시점에 변수 선언과 값 할당을 동시에 처리하는 방식이다. 변수 선언을 위한 별도의 선언부가 필요 없어 프로그램을 보다 간결하고 이해하기 쉽게 작성할 수 있다.

하지만 인라인 선언은 프로그램의 글로벌(Global)에서 사용되는 변수에는 권장하지 않는다. 글로벌 변수는 프로그램 내 여러 부분에서 사용되기 때문에 무분별한 인라인 선언은 소스 코드의 가독성과 유지보수 측면에서 비효율적일 수 있다. SAP 공식 문서에서도 인라인 선언은 주로 로컬(Local) 변수에 사용할 것을 권장한다.

2-1-1 단일 변수 선언

ABAP 7.40 릴리즈 이전에는 단일 값을 변수에 할당할 때, 다음과 같이 데이터를 담을 변수를 먼저 선언한 후에 값을 할당하는 방식이었다.

예제 | Z99-1

```
DATA lv_var TYPE c LENGTH 20.
lv_var = 'Easy ABAP 3.0'.
```

하지만 인라인 선언이 도입되면서, 이제 변수 선언과 동시에 값을 할당할 수 있게 되었다.

예제 | Z99-2

```
DATA(lv_var) = 'Easy ABAP 3.0'.
```

결과 | Z99-1

Variable	Val.	Technical Type
LV_VAR	Easy ABAP 3.0	C(13)

인라인 선언의 장점은 값을 할당할 변수를 미리 선언하지 않아도, 값을 할당할 때 값의 데이터 타입과 길이에 따라 변수의 타입과 길이가 자동으로 결정된다는 것이다. 결과 Z99-1를 보면 데이터 타입을 지정해주지 않아도 문자열 'Easy ABAP 3.0'을 입력하면, 프로그램 실행 시 C 타입의 13자리 변수가 생성되는 것을 확인할 수 있다.

2-1-2 참조 변수 선언

ABAP에서는 데이터 참조 변수, 클래스(오브젝트) 참조 변수를 생성하기 위해 각각 CREATE DATA, CREATE OBJECT 구문을 사용한다. 앞에서 학습했지만, 참조 변수는 TYPE REF TO 구문을 사용하여 참조 변수를 선언한 뒤 프로그램 실행 시점에 CREATE DATA, CREATE OBJECT 구문을 실행해야 참조 변수가 생성된다. 참조 변수에 대한 자세한 내용은 "10장 필드 심볼과 데이터 참조"와 "14장 ABAP Object"를 참고하자.

예제 | Z99-3

```
" 데이터 참조 변수
DATA: lo_dref TYPE REF TO scarr.
CREATE DATA lo_dref.
```

```
" 오브젝트 참조 변수
DATA: lo_cref TYPE REF TO lcl_class.
CREATE OBJECT lo_cref.
```

그러나 ABAP 7.40 릴리즈 이후, NEW 구문이 도입되면서 인라인 선언으로 참조 변수를 선언하고, 이를 통해 프로그램 내에서 즉시 사용할 수 있는 데이터 오브젝트를 생성할 수 있게 되었다.

```
" 데이터 참조 변수
DATA(lo_dref) = NEW scarr( ).
```

```
" 오브젝트 참조 변수
DATA(lo_cref) = NEW lcl_class( ).
```

만약 참조 변수에 넘겨야 할 데이터나 파라미터가 있는 경우 괄호 안에 명시해 값을 전달하는 것 또한 가능하다. NEW 구문에 대한 내용은 뒤에서 더 자세히 설명한다.

2-1-3 메소드 호출

프로그램에서 메소드를 호출할 때 파라미터를 통해 값을 전달하는데, 이제는 인라인 선언을 활용해 별도의 변수를 선언할 필요 없이 파라미터에 바로 값을 할당할 수 있다.

메소드의 파라미터로 값을 주고받을 때는 기본적으로 데이터 타입이 완전히 일치해야 한다. 만약 타입이 맞지 않으면 구문 에러 또는 덤프가 발생한다. 그래서 파라미터로 값을 주고받을 때는 파라미터의 데이터 타입을 하나하나 확인하며 그에 맞춰 값을 준비해야 한다.

예제 | Z99-4

ABAP 7.40 릴리즈 이전	ABAP 7.40 릴리즈 이후

DATA: LT_LIST TYPE TABLE OF SCARR.
CALL METHOD LO_CREF->GET_SCARR
  IMPORTING
    ET_SCARR = LT_LIST.
	DATA(LO_CREF) = NEW LCL_CLASS( ).
	LO_CREF->GET_SCARR(
	  IMPORTING ET_SCARR = DATA(LT_LIST)).

ABAP 7.40 릴리즈 이후 인라인 선언을 사용해 값을 반환받을 때 파라미터와 동일한 타입의 변수를 생성하면서 값을 할당받을 수 있다. 물론 인라인 선언을 사용하는 경우는 값을 반환받는 파라미터인 IMPORTING, RECEIVING에서만 사용할 수 있다.

2-1-4 LOOP 구문

반복문 LOOP를 사용해 인터널 테이블의 데이터를 처리할 때, 기존에는 인터널 테이블과 동일한 구조의 변수(구조체 변수, 필드 심볼, 참조 변수)를 선언해야 한다.

하지만 ABAP 7.40 릴리즈 이후에는 인라인 선언을 통해 LOOP 구문이 실행될 때 동시에 인터널 테이블과 동일한 구조의 변수를 생성하게 된다. 물론 LOOP 구문 이전에 동일한 이름의 변수가 이미 생성되어 있다면 구문 에러가 발생한다.

LOOP AT itab INTO wa

예제 | Z99-5

ABAP 7.40 릴리즈 이전	ABAP 7.40 릴리즈 이후

DATA: ls_list TYPE scarr,
      lt_list LIKE TABLE OF ls_list.
 	
LOOP AT lt_list INTO ls_list.
  " loop 로직..
ENDLOOP.
	DATA lt_list TYPE TABLE OF scarr.
	
	LOOP AT lt_list INTO DATA(ls_list).
	  " loop 로직..
	ENDLOOP.

ABAP 7.40 릴리즈 이후에는 인라인 선언을 사용해 INTO DATA( ) 구문으로 괄호 안에 구조체 변수를 선언하며 LOOP 로직에 따라 순차적으로 인터널 테이블의 값이 할당된다.

이렇게 INTO DATA( )에서 변수가 생성되었기 때문에 LOOP 내부에서만 사용 가능한 것이 아니라 이후 프로그램 로직에서도 (변수의 유효 범위 내에서) 사용할 수 있다.

LOOP AT itab REFERENCE INTO dref

예제 | Z99-6

ABAP 7.40 릴리즈 이전	ABAP 7.40 릴리즈 이후
| ```
DATA: lt_list TYPE TABLE OF scarr,
      lo_dref TYPE REF TO data.

LOOP AT lt_list REFERENCE INTO lo_dref.

ENDLOOP.
``` | ```
DATA lt_list TYPE TABLE OF scarr.

LOOP AT lt_list REFERENCE INTO DATA(lo_dref).

ENDLOOP.
``` |

ABAP 7.40 릴리즈 이후에는 인라인 선언을 통해 인터널 테이블의 데이터를 할당할 때 별도의 데이터 참조 변수를 선언하지 않아도 REFERENCE INTO DATA( ) 괄호 안에 인터널 테이블과 동일한 구조의 데이터 참조 변수를 선언하며 값을 할당한다. 앞의 10장에서도 학습했지만, 데이터 참조 변수는 메모리의 주솟값을 가지고 있는 상태로, 이 데이터에 접근하려면 역참조(->*) 기법을 사용해야 한다.

LOOP AT itab ASSIGNING <fs>

예제 | Z99-7

ABAP 7.40 릴리즈 이전	ABAP 7.40 릴리즈 이후
| ```
DATA lt_list TYPE TABLE OF scarr.
FIELD-SYMBOLS <lfs_list> TYPE any.

LOOP AT lt_list ASSIGNING <lfs_list>.
  " loop 로직..
ENDLOOP.
``` | ```
DATA lt_list TYPE TABLE OF scarr.


LOOP AT lt_list ASSIGNING FIELD-SYMBOL(<lfs_list>).
  " loop 로직..
ENDLOOP.
``` |

ABAP 7.40 릴리즈 이후에는 인라인 선언을 통해 인터널 테이블의 데이터를 할당할 때 별도의 필드 심볼을 선언하지 않아도 ASSIGNING FIELD-SYMBOL( ) 괄호 안에 인터널 테이블과 동일한 구조의 필드 심볼을 선언하며 값을 할당한다.

조금 더 알아보기 — 필드 심볼 ASSIGN 확인하기

앞서 언급한 'LOOP AT itab INTO DATA( )' 구문에서는 변수의 유효 범위 내에서 인라인 선언한 구조체 변수를 사용할 수 있다고 했다. 그러나 'LOOP AT itab ASSIGNING' 구문에서는 인터널 테이블의 데이터가 없거나 LOOP가 정상적으로 수행되지 않는 등의 이유로 필드 심볼에 값이 할당되지 않으면 이후 로직에서 필드 심볼을 사용할 수 없다.

만약 'LOOP AT itab ASSIGNING' 구문 이후에 필드 심볼을 사용하는 로직이 있다면, 다음과 같이 필드 심볼이 할당되었는지 확인하여 덤프를 피할 수 있다.

예제 | Z99-8

```
IF <lfs_list> IS ASSIGNED.
  "  필드 심볼이 ASSIGN 되었을 때 로직 수행
ENDIF.
```

2-1-5 READ TABLE 구문

반복문 LOOP 구문과 마찬가지로 READ TABLE 구문을 사용해 인터널 테이블의 값을 읽어오기 위해서는 인터널 테이블과 동일한 구조의 변수를 먼저 선언해야 한다.

그러나 ABAP 7.40 릴리즈 이후에는 인라인 선언을 통해 READ TABLE 구문에 명시된 인터널 테이블과 동일한 구조의 변수를 선언하며, 조건에 맞는 데이터가 있는 경우 변수에 값을 할당한다.

READ TABLE itab INTO wa

예제 | Z99-9

ABAP 7.40 릴리즈 이전	ABAP 7.40 릴리즈 이후
DATA lt_list TYPE TABLE OF scarr. DATA ls_list TYPE scarr. READ TABLE lt_list INTO ls_list 　WITH KEY carrid = 'AA'.	DATA lt_list TYPE TABLE OF scarr. READ TABLE lt_list INTO DATA(ls_list) 　WITH KEY carrid = 'AA'.

ABAP 7.40 릴리즈 이후 INTO DATA( ) 괄호 안에 동일한 구조의 구조체 변수를 생성한다. 이때 키 값 또는 테이블 인덱스의 값이 있으면 이를 구조체 변수에 할당한다.

READ TABLE itab ASSIGNING

예제 | Z99-10

ABAP 7.40 릴리즈 이전	ABAP 7.40 릴리즈 이후
DATA lt_list TYPE TABLE OF scarr. FIELD-SYMBOLS <lfs_list> TYPE any. READ TABLE lt_list ASSIGNING <lfs_list> 　WITH KEY carrid = 'AA'.	DATA lt_list TYPE TABLE OF scarr. READ TABLE lt_list ASSIGNING FIELD-SYMBOL(<lfs_list>) 　WITH KEY carrid = 'AA'.

LOOP 구문과 마찬가지로 조건에 맞는 데이터가 없는 경우, 필드 심볼에 데이터가 할당되지 않기 때문에 필드 심볼을 사용할 수 없다.

READ TABLE itab REFERENCE INTO

예제	Z99-11	
ABAP 7.40 릴리즈 이전		**ABAP 7.40 릴리즈 이후**

`DATA lt_list TYPE TABLE OF scarr.`
`DATA lo_dref TYPE REF TO SCARR.`
 	
`READ TABLE lt_list REFERENCE INTO lo_dref`
`  WITH KEY carrid = 'AA'.`
		`DATA lt_list TYPE TABLE OF scarr.`
		
		`READ TABLE lt_list REFERENCE INTO DATA(lo_dref)`
		`  WITH KEY carrid = 'AA'.`

데이터 참조 변수도 INTO DATA( ) 괄호 안에 동일한 타입의 데이터 참조 변수를 생성할 수 있다.

2-1-6 SELECT

ABAP에서 데이터베이스의 데이터를 추출할 때는 OPEN SQL을 사용한다. 이때 프로그램으로 데이터를 가져오려면 값을 할당받을 변수를 먼저 선언해야 한다. 하지만 ABAP 7.40 릴리즈 이후 인라인 선언이 도입되면서 결과 값을 할당받을 변수를 생성하며, 값을 할당받을 수 있다.

OPEN SQL에 대한 자세한 내용은 상권의 "3장 OPEN SQL"을 참고하자.

예제	Z99-12	
ABAP 7.40 릴리즈 이전		**ABAP 7.40 릴리즈 이후**

`DATA lt_list TYPE TABLE OF scarr.`
 	
`SELECT *`
`  FROM scarr`
`  INTO CORRESPONDING FIELDS OF TABLE lt_list`
`  WHERE carrid EQ 'AA'.`
		`SELECT *`
		`  FROM scarr`
		`  WHERE carrid EQ 'AA'`
		`INTO TABLE @DATA(lt_list).`

결과 | Z99-12

결과적으로 두 구문 모두 같은 결과를 가져온다. OPEN SQL에서 인라인 선언을 할 때는 'INTO

[TABLE] @DATA( )' 구문을 사용해 괄호 안에 선언할 변수 이름을 지정한다. 여기서 중요한 점은 선언하는 변수 앞에 이스케이프 문자 @를 붙여야 한다는 것이다. 이것은 인라인 선언한 변수를 '호스트 변수'로 지정한다는 의미이다. 이때 변수를 구성하는 필드나 데이터 타입 등은 조회하는 필드에 의해 결정된다.

> **TIP**
> 참고로 인라인 선언을 할 때는 'CORRESPONDING FIELDS OF' 구문을 사용할 수 없다. 이 구문은 SELECT 절에 나열된 필드와 동일한 필드에 값을 넣는다는 것을 의미하는데, 인라인 선언 시에는 아직 변수의 구조가 지정되지 않은 상태이고, SELECT 절에 나열된 컬럼 순서에 따라 변수의 필드가 정의되기 때문이다.

인라인 선언은 특히 여러 테이블을 조인하거나, 여러 개의 컬럼을 조회할 때 유용하다. 별도의 변수 선언 없이도 SELECT 절에 나열된 컬럼 순서로 구조화된 변수가 선언되며, 여기에 바로 값이 할당된다. 또한, AS(Alias) 키워드를 사용하면 결과를 저장하는 변수의 컬럼명을 지정할 수 있다.

결과 Z99-13 화면을 보면, '출발 국가 지역 키', '도착 국가 지역 키' 컬럼은 각각 COUNTRYFR, COUNTRYTO라는 이름을 가지고 있지만, AS(Alias)를 사용하여 각각 DEPART, ARRIVE로 변경했다. 이처럼 인라인 선언 시, SELECT 절에서 붙인 별명(Alias)을 사용해 변수의 필드명을 결정할 수 있다.

예제 | Z99-13

```
SELECT
    a~carrid,            " 항공사 코드
    b~carrname,          " 항공사 이름
    a~connid,            " 항공편 연결번호
    a~countryfr AS depart, " 출발 국가 지역 키
    a~countryto AS arrive  " 도착 국가 지역 키
    FROM spfli AS a INNER JOIN scarr AS b
      ON a~carrid EQ b~carrid
    INTO TABLE @DATA(lt_list).
```

결과 | Z99-13

Debugger Table LT_LIST

Properties: Standard [26x5(66)]

INDEX	CARRID	CARRNAME	CONNID	DEPART	ARRIVE
1	LH	Lufthansa	400	DE	US
2	AA	American Airlines	17	US	US
3	AZ	Alitalia	555	IT	DE
4	LH	Lufthansa	2402	DE	DE
5	UA	United Airlines	941	DE	US
6	AZ	Alitalia	789	JP	IT

인라인 선언은 구조체 변수, 인터널 테이블뿐 아니라 단일 값을 변수에 할당할 때도 활용할 수 있다. ABAP 7.40 릴리즈 이전에는 여러 단일 값을 조회하려면 각각의 변수를 선언하고, INTO 절에 나열해야 했다. 하지만 ABAP 7.40 릴리즈 이후, 인라인 선언을 사용하여 번거로운 변수 선언을 줄이고 프로그램을 보다 직관적으로 작성할 수 있게 되었다.

인라인 선언을 사용하면 조회하는 필드와 동일한 타입의 변수를 미리 선언할 필요 없이, INTO 절에서 바로 필요한 변수를 선언하고 결과 값을 할당할 수 있다. 이는 소스 코드를 간결하게 만들고, 가독성을 향상시킨다. 다만, 앞서 언급했듯이 프로그램 전역에서 사용하는 것은 권장하지 않으며, 로컬에서만 사용하는 것을 권장한다.

여러 건의 단일 변수를 생성하며 값을 할당할 때는 INTO 절의 '@DATA( )'의 괄호 안에 변수 이름을 지정한다.

예제 | Z99-14

ABAP 7.40 릴리즈 이전	ABAP 7.40 릴리즈 이후

`DATA: lv_carrid TYPE spfli-carrid,`
`      lv_connid TYPE spfli-connid.`
 	
`SELECT SINGLE carrid connid`
`  FROM spfli`
`  INTO (lv_carrid, lv_connid)`
`  WHERE carrid EQ 'AA'.`
	`SELECT SINGLE carrid, connid`
	`  FROM spfli`
	`WHERE carrid EQ 'AA'`
	`  INTO ( @DATA(lv_carrid), @DATA(lv_connid) ).`

2-2 VALUE 연산자

ABAP 7.40 릴리즈 이후 VALUE 연산자가 소개되면서 데이터 변수의 선언과 값 할당에 새로운 방법이 제시되었다. 기본적으로 VALUE 연산자를 사용할 때는 괄호 안의 값으로 피연산자(값)를 초기화한다. 만약 괄호 안에 아무런 값을 입력하지 않았다면, 각 데이터 타입의 초기 값(Initial Value)으로 피연산자가 초기화된다.

그렇다면 괄호 안에 어떤 값을 명시할 수 있을까? 이는 괄호 앞에 지정된 데이터 타입에 따라 결정된다. VALUE 연산자를 사용할 때는 크게 피연산자의 데이터 타입이 지정되었는지 여부에 따라 선언 방법이 달라진다. 다음부터 자세한 예제와 함께 VALUE 연산자를 학습해보자.

> **TIP**
> 앞으로 피연산자라는 단어가 자주 등장한다. 피연산자는 연산자에 의해 연산되거나 조작되는 값 또는 변수를 의미한다. VALUE 연산자에서 피연산자는 등호(=) 왼쪽에 있는 변수 또는 값이라고 이해하면 된다.

1) 피연산자의 데이터 타입을 식별할 수 있는 경우

피연산자의 데이터 타입을 식별할 수 있는 경우 즉, 이미 변수가 선언된 경우 '#' 기호를 명시할 수 있다. 여기서 '#' 기호의 의미는 피연산자의 데이터 타입을 의미한다.

앞에서 괄호 앞의 위치는 괄호 안에서 명시할 수 있는 필드의 구조(데이터 타입)를 지정하는 곳이라고 했다. 피연산자의 데이터 타입을 식별할 수 있는 경우 '#' 기호를 사용해 기존 선언된 변수의 데이터 타입과 동일하다는 의미로 이해할 수 있다.

예제 | Z99-15
```
DATA ls_list TYPE spfli.
ls_list = VALUE #( carrid = 'AA' connid = '0017' ).
```

예제에서 LS_LIST 구조체 변수는 SPFLI라는 구조체(Structure)로 지정되었다. '#' 기호는 ls_list의 데이터 타입인 SPFLI를 가리킨다. 즉, 괄호 안에서 SPFLI 구조체의 모든 컴포넌트(Component)를 지정할 수 있다.

2) 피연산자의 데이터 타입을 식별할 수 없는 경우

주로 VALUE 연산자를 사용해 인라인으로 변수를 선언할 때가 이에 해당된다. 이 경우 변수의 타입을 명시적으로 지정해야 한다. 왜냐하면 아직 어디에도 해당 변수의 데이터 타입이 지정되지 않았기 때문이다. 그렇기 때문에 '#' 기호를 사용하면 피연산자의 데이터 타입이 어떤 것인지 인식할 수 없어서 구문 에러가 발생한다.

그래서 이 경우에는 데이터 타입을 직접 지정해주어야 한다. 이때 사용할 수 있는 데이터 타입은 프로그램에서 선언한 Local Type, ABAP Dictionary에 선언된 Structure, Table Type 등이며, 이미 선언된 변수는 이 위치에 지정될 수 없다.

예제 | Z99-16
```
DATA(ls_list) = VALUE spfli( carrid = 'AA' connid = '0017' ).
```

예제에서 VALUE 연산자를 사용해 LS_LIST라는 구조체 변수를 인라인 선언하며 값을 할당하려고 한다. 이때 피연산자의 데이터 타입은 지정되지 않았기 때문에 '#' 기호를 사용할 수 없고, 피연산자가 어떤 데이터 타입을 가질지 지정해줘야 한다. 즉, 예제의 LS_LIST는 SPFLI 구조를 가지는 구조체 변수로 선언된다.

> **TIP**
> 여기서 설명한 내용은 앞으로 학습할 연산자와 표현식에도 동일하게 적용된다. '#' 기호를 명시할 때와 '#' 기호를 사용하지 못하고 데이터 타입을 직접 지정해야 하는 경우를 정확히 이해한다면, 나중에 학습할 연산자에서도 같은 원리를 적용할 수 있다.

2-2-1 VALUE - 구조체 변수

ABAP 7.40 릴리즈 이전 혹은 일반적으로 개발을 할 때 구조체 변수에 값을 할당하기 위해선 구조체 변수(Structure)를 선언한 뒤 '-' 기호를 사용해 구조체의 컴포넌트에 값을 할당한다.

ABAP 7.40 릴리즈 이후 소개된 VALUE 연산자를 사용하면 괄호 안에 구조체 변수의 컴포넌트를 직접 명시해 값을 할당할 수 있다.

예제 | Z99-17

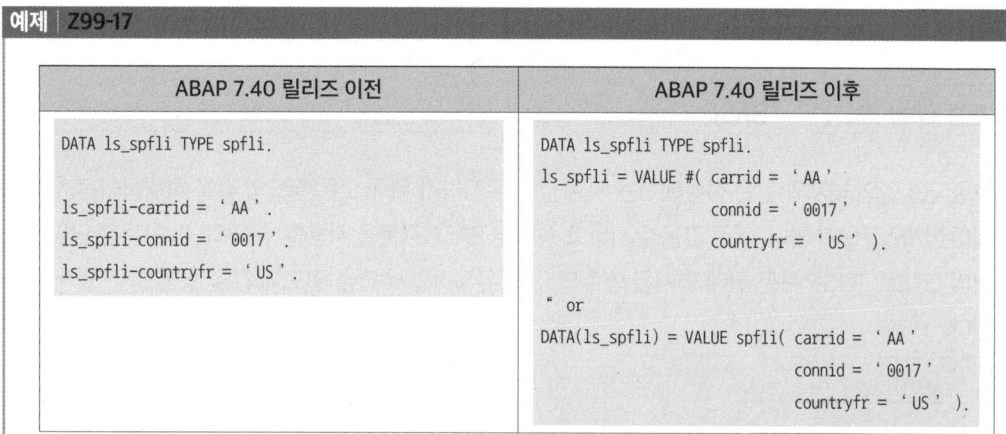

예제처럼 VALUE 구문을 사용하면 구조체가 참조하는 타입의 모든 컴포넌트에 값을 할당할 수 있다. 하지만 주의할 점은 VALUE 구문이 '값을 초기화'한다는 것이다. 괄호 안에 필드 값을 명시한 경우 해당 값으로 초기화(할당)되고, 명시하지 않은 필드는 각 데이터 타입의 초기 값(Initial Value)으로 초기화된다.

다음 예제와 디버깅 화면을 보며 이해해 보자.

예제 | Z99-18

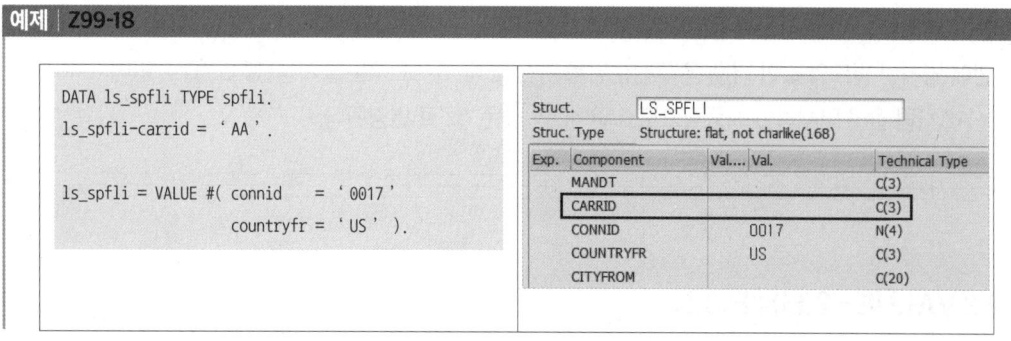

예제와 디버깅 화면을 보면, VALUE 연산자를 실행하기 전에 LS_SPFLI의 CARRID 필드에 'AA' 값이 있었다. 그러나 VALUE 구문의 괄호 안에 CARRID 값을 명시하지 않고, CONNID와

COUNTRYFR 필드의 값만 명시했기 때문에, 디버깅 화면에서는 CARRID 값이 'AA'에서 초기 값으로 초기화된 것을 확인할 수 있다.

> **TIP**
> VALUE 연산자의 괄호 안에 값을 명시하지 않으면 기존에 값이 있었더라도 각 데이터 타입의 초기 값으로 덮어씌워진다. 그렇기 때문에 VALUE 연산자는 괄호 안의 값으로 데이터를 '할당'한다는 개념보다는 '값을 초기화'한다는 개념으로 알고 있는 것이 좋다.

조금 더 알아보기 — BASE

그렇다면 앞의 예제와 같은 상황에서는 기존 값을 유지하기 위해 모든 필드의 값을 하나하나 명시해 줘야 할까? 그렇지 않다. 기존 값을 유지하고 싶다면 BASE 구문을 사용할 수 있다. 이 구문은 단어의 의미 그대로, BASE 구문 뒤에 명시된 변수의 값을 유지하면서 다른 필드에 값을 할당할 수 있게 해 준다.

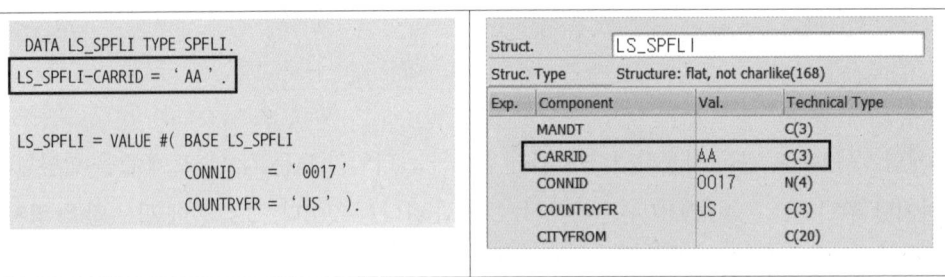

앞에서 봤던 예제와는 달리 이번에는 CARRID 필드에 'AA' 값이 남아 있다. 이는 BASE 구문 뒤에 명시된 LS_SPFLI 구조체의 값이 기본으로 적용되기 때문이다. 이때 피연산자와 BASE 구문 뒤에 명시한 변수의 데이터 타입은 완전히 동일해야 한다. 또한 BASE 구문을 사용했더라도, BASE 구문 이후에 괄호 안에 명시된 필드의 값이 더 높은 우선순위를 가진다. 즉, BASE 구문을 사용했어도 괄호 안에 CARRID = 'AZ'처럼 값을 명시하면 최종적으로 CARRID의 값은 'AZ'로 변경된다.

2-2-2 VALUE - 인터널 테이블

ABAP 7.40 릴리즈 이전 혹은 일반적으로 ABAP에서 인터널 테이블에 값을 추가할 때는 먼저 인터널 테이블과 동일한 구조의 구조체 변수를 선언한 뒤, 그 구조체 변수에 값을 넣고 이를 APPEND 또는 INSERT 구문을 사용해 인터널 테이블에 추가해야 했다.

그러나 ABAP 7.40 릴리즈 이후 VALUE 연산자가 소개되면서 인터널 테이블에 값을 할당하는 방식에 큰 변화가 생겼다. 다음 예제를 살펴보며 VALUE 연산자를 이해해보자.

예제 | Z99-19

ABAP 7.40 릴리즈 이전	ABAP 7.40 릴리즈 이후

``DATA: ls_spfli TYPE spfli,
      lt_spfli TYPE TABLE OF spfli.
 	
ls_spfli-carrid = 'AA'.
ls_spfli-connid = '0017'.
APPEND ls_spfli TO lt_spfli.```
	``DATA: lt_spfli TYPE TABLE OF spfli.
	
	lt_spfli = VALUE #(
	  (carrid = 'AA' connid = '0017')
	  (carrid = 'AA' connid = '0064')).```

예제처럼 VALUE 연산자를 사용하면 별도의 구조체 변수에 값을 담아 APPEND하거나 INSERT하는 작업 없이 인터널 테이블에 값을 추가할 수 있다. 이는 인터널 테이블에 데이터를 추가하는 과정을 좀 더 간단하고 직관적으로 만들어준다. VALUE 연산자에서 인터널 테이블을 구성할 때, 가장 바깥쪽 괄호 안에 있는 각각의 괄호는 인터널 테이블의 하나의 행을 구성한다. 즉, 괄호 하나가 하나의 구조체 변수 역할을 한다고 생각하면 된다. 이때도 괄호 안에 명시하지 않은 필드는 각 필드의 데이터 타입이 가진 초기 값으로 초기화된다.

1) BASE

앞서 "조금 더 알아보기"에서 학습했듯이 인터널 테이블에서도 동일하게 BASE 구문을 사용해 기존 값을 유지할 수 있다.

예제 | Z99-20

```
DATA lt_spfli TYPE TABLE OF spfli.

lt_spfli = VALUE #( ( carrid = 'AA' connid = '0017' )
                    ( carrid = 'AA' connid = '0064' ) ).

lt_spfli = VALUE #( ( carrid = 'LH' connid = '0400' )
                    ( carrid = 'LH' connid = '0401' ) ).
```

예제를 확인해보면 첫 번째 VALUE 연산자 실행 시 인터널 테이블에 CARRID = 'AA' 두 건의 데이터가 들어 있지만, 두 번째 VALUE 연산자를 실행하는 시점에 기존 데이터는 삭제되고 CARRID = 'LH' 두 건만 들어 있게 된다.

결과 | Z99-20

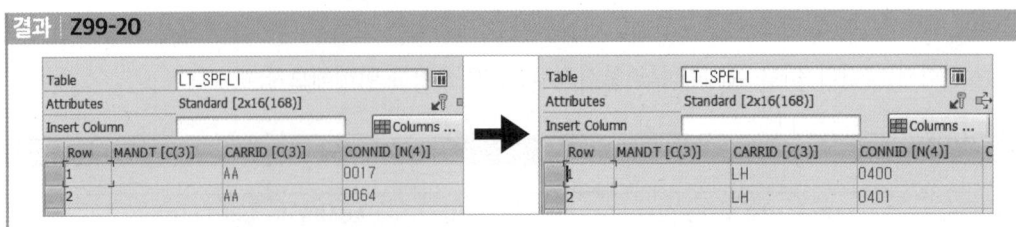

그러나 VALUE 연산자 사용 시 BASE 구문 뒤에 인터널 테이블을 지정하면 기존 값을 유지하면서 새로운 값을 넣을 수 있다. 이는 APPEND처럼 기존 인터널 테이블의 데이터 아래에 새롭게 추가되는 값이 쌓이게 된다. 다음 예제와 결과 화면을 보게 되면 조금 전과 달리 총 4건의 데이터가 들어 있는 것을 확인할 수 있다.

예제 | Z99-21

```
DATA lt_spfli TYPE TABLE OF spfli.
lt_spfli = VALUE #( ( carrid = 'AA' connid = '0017' )
                    ( carrid = 'AA' connid = '0064' ) ).

lt_spfli = VALUE #( BASE lt_spfli
                    ( carrid = 'LH' connid = '0400' )
                    ( carrid = 'LH' connid = '0401' ) ).
```

결과 | Z99-21

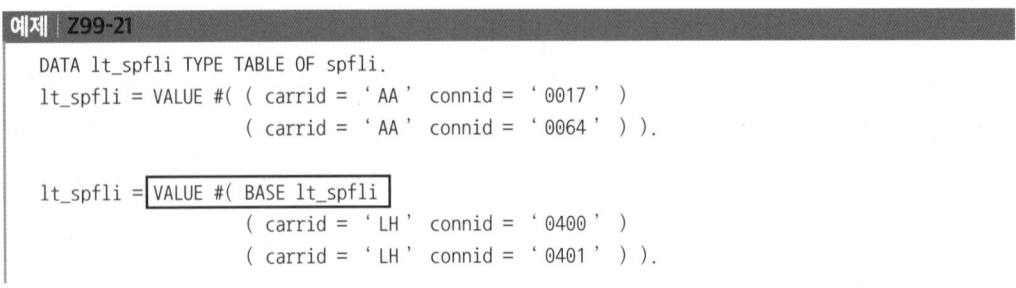

2) LINES OF

BASE 구문이 APPEND와 동일한 기능을 한다면, LINES OF 구문은 'INSERT LINES OF itab1 [FROM idx][TO idx] INTO TABLE itab2'와 동일한 기능을 한다. BASE 구문은 APPEND와 동일한 기능을 하기 때문에 VALUE 연산자에서 새롭게 할당되는 데이터 사이에 입력할 수 없다. 쉽게 말하면 BASE는 VALUE 연산자에 할당하는 행 중 가장 위에만 위치할 수 있다. 그러나 LINES OF 구문은 괄호 중간에도 위치할 수 있다.

예제 | Z99-22

```
DATA: LT_SPFLI1 TYPE TABLE OF SPFLI,
      LT_SPFLI2 TYPE TABLE OF SPFLI.

lt_spfli1 = VALUE #( ( carrid = 'AA' connid = '0017' )
                     ( carrid = 'AA' connid = '0064' )
                     ( carrid = 'AZ' connid = '0555' )
                     ( carrid = 'AZ' connid = '0788' ) ).

lt_spfli2 = VALUE #( ( carrid = 'LH' connid = '0400' )
                     ( LINES OF LT_SPFLI1 FROM 2 TO 3 )
                     ( carrid = 'LH' connid = '0401' ) ).
```

결과 | Z99-22

Row	MANDT [C(3)]	CARRID [C(3)]	CONNID [N(4)]	COUNTR
1		LH	0400	
2		AA	0064	
3		AZ	0555	
4		LH	0401	

Table: LT_SPFLI2
Attributes: Standard [4x16(168)]

예제와 결과를 보면, VALUE 연산자에 명시한 행 사이에 LINES OF 구문을 사용해 중간에 인터널 테이블의 데이터를 삽입할 수 있다. 이때 옵션으로 FROM ~ TO 인덱스를 지정해 특정 행의 데이터만 삽입하는 것도 가능하다.

조금 더 알아보기 — 인라인 선언 시 인터널 테이블 키 관리

ABAP에서 인터널 테이블을 선언할 때 타입과 키를 지정하지 않으면, 기본적으로 Standard 타입으로 생성되며, 문자형 타입의 필드를 기본키로 설정한다.

예제 | Z99-23

```
DATA LT_SCARR TYPE TABLE OF SCARR.
```

예제처럼 선언하면 Standard 타입이면서 문자형 필드를 기본키로 가지는 인터널 테이블이 생성된다. 하지만 VALUE 연산자를 사용해 인라인으로 인터널 테이블을 선언할 때는 주의해야 할 점이 있다. ABAP Dictionary의 Table Type을 사용하는 경우, Dictionary에 키가 지정되어 있기 때문에 키 값과 관련된 별다른 문제가 발생하지 않는다.

그러나 프로그램에서 선언한 Local Table Type의 경우, 선언 시 테이블 키를 지정하지 않았다면 VALUE 연산자로 인터널 테이블을 인라인 선언할 때 시스템이 키 필드를 인식하지 못할 수 있다. 이 상태로 구문 점검을 하면 "A value of generic type "local type name" can not be constructed" 에러가 발생한다. 그렇기 때문에 타입을 선언할 때 인터널 테이블의 키를 지정하거나 'WITH EMPTY KEY'를 명시해 키가 없는 테이블 타입이라고 선언해야 한다.

예제를 보며 확인해보자.

예제 | Z99-24

```
TYPES: BEGIN OF type01,
         carrid TYPE s_carr_id,
         connid TYPE s_conn_id,
         url    TYPE char50,
         price  TYPE sflight-price,
       END OF type01,
       t_type01 TYPE TABLE OF type01.

DATA lt_itab1 TYPE t_type01.

BREAK-POINT.
```

결과 | Z99-24

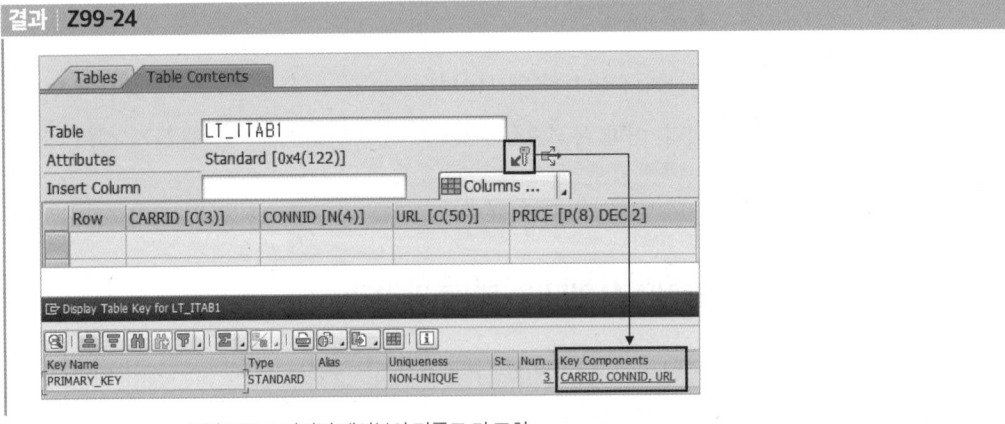

그림 Z99-2 인터널 테이블의 디폴트 키 조회

디버깅 화면으로 들어가서 열쇠 모양 버튼을 누르면 인터널 테이블에 설정된 키 값을 확인할 수 있다. 프로그램 내에 선언한 로컬 타입 'T_TYPE01'에 별도의 키를 정의하지 않았지만 디폴트 키로 문자형 타입의 필드가 지정된 것을 확인할 수 있다.

예제 | Z99-25

```
TYPES: BEGIN OF type01,
         carrid TYPE s_carr_id,
         connid TYPE s_conn_id,
```

```
            url    TYPE char50,
            price  TYPE sflight-price,
         END OF type01,
         t_type01 TYPE TABLE OF type01.

DATA(lt_itab2) = VALUE t_type01(
  ( carrid = 'AA' connid = '0017' url = 'http://www.aa.com' price = 10000 ) ).
```

결과 | Z99-25

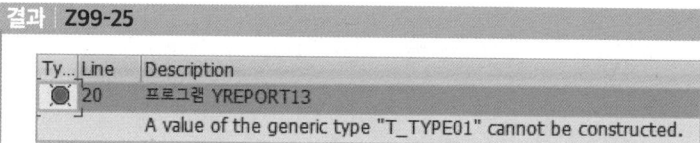

하지만 VALUE 연산자를 사용해 인터널 테이블을 인라인 선언할 때 화면과 같은 구문 에러가 발생한다. 이는 앞서 말했듯이 테이블의 키 값을 지정하지 않았기 때문에 발생한 것이다.

예제 | Z99-26

```
TYPES: BEGIN OF type02,
         carrid TYPE s_carr_id,
         connid TYPE s_conn_id,
         url    TYPE char50,
         price  TYPE sflight-price,
       END OF type02,
       t_type02 TYPE TABLE OF type02 WITH NON-UNIQUE KEY carrid.

DATA(lt_itab2) = VALUE t_type02(
  ( carrid = 'AA' connid = '0017' url = 'http://www.aa.com' price = 10000 ) ).
```

결과 | Z99-26

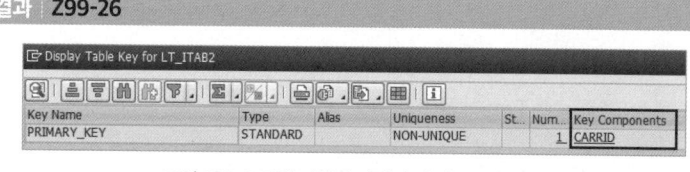

그림 Z99-3 로컬 타입의 인터널 테이블 키 조회

이와 같이 로컬 타입의 테이블 타입을 지정할 때 키를 정의해주면 구문 에러 없이 정상적으로 지정된 키를 가지는 인터널 테이블이 선언된다.

또는 키 지정이 필요 없는 경우 'WITH EMPTY KEY'를 명시해 키 값을 지정하지 않을 수 있다.

예제 | Z99-27

```
TYPES: BEGIN OF type02,
         carrid TYPE s_carr_id,
         connid TYPE s_conn_id,
         url    TYPE char50,
         price  TYPE sflight-price,
       END OF type02,
       t_type02 TYPE TABLE OF type02 WITH EMPTY KEY.

DATA(lt_itab2) = VALUE t_type02(
  ( carrid = 'AA' connid = '0017' url = 'http://www.aa.com' price = 10000 ) ).
```

결과 | Z99-27

그림 Z99-4 WITH EMPTY KEY 조회

2-2-3 VALUE - Nested/Deep Structure

VALUE 연산자를 사용하면 Nested Structure 또는 Deep Structure 에 값을 할당할 때 좀 더 직관적이고 간결한 코드를 작성할 수 있다. 특히 VALUE 연산자는 중첩하여 사용할 수 있기 때문에 Deep Structure 내에 포함된 인터널 테이블에 값을 넣을 때 별도의 구조체 필드를 사용해 APPEND하는 과정이 필요 없다.

> **TIP**
> 다음 내용은 참고로 알아두자.
>
> - **Nested Structure:** Flat 구조체 필드에 Structure가 들어간 구조
> - **Deep Structure:** Flat 구조체 필드에 Table Type이 들어간 구조
>
> 그림 Z99-5에서 FIELD2는 Nested Structure 구조를 보여주고, FIELD3은 Deep Structure 구조를 보여준다.

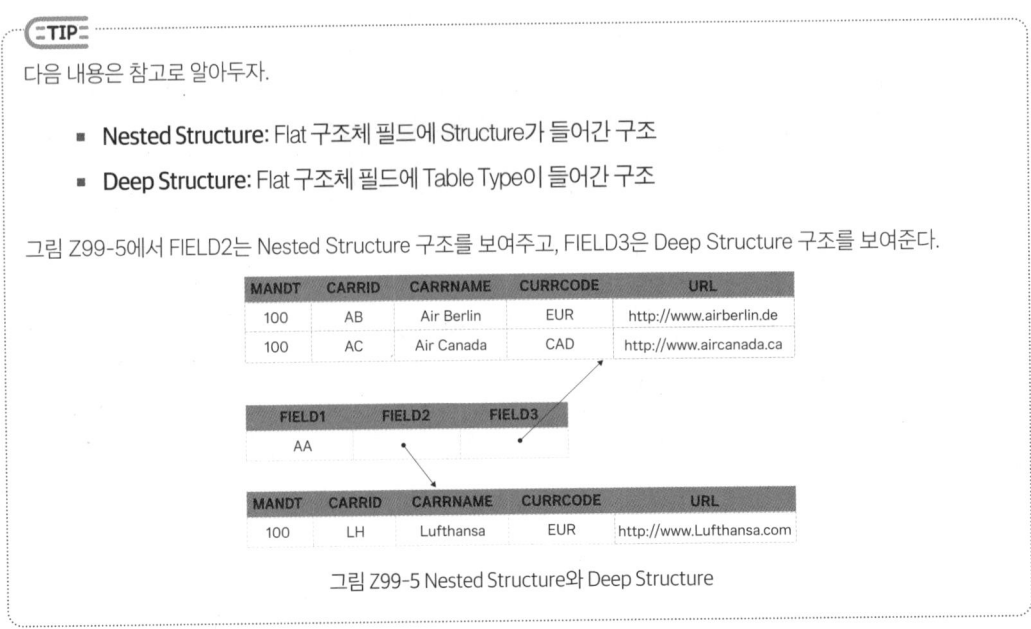

그림 Z99-5 Nested Structure와 Deep Structure

예제 | Z99-28

ABAP 7.40 릴리즈 이전

```abap
DATA: BEGIN OF ls_list,
        field1 TYPE scarr-carrid,
        field2 TYPE scarr,
        field3 TYPE ty_scarr,
      END OF ls_list.
DATA ls_scarr TYPE scarr.

ls_list-field1 = 'AA'.
ls_list-field2-mandt = '100'.
ls_list-field2-carrid = 'LH'.
ls_list-field2-carrname = 'Lufthansa'.
ls_list-field2-currcode = 'EUR'.
ls_list-field2-url = 'http://www.lufthansa.com'.

ls_scarr-mandt = '100'.
ls_scarr-carrid = 'AB'.
ls_scarr-carrname = 'Air Berlin'.
ls_scarr-currcode = 'EUR'.
ls_scarr-url = 'http://www.airberlin.de'.
APPEND ls_scarr TO ls_list-field3.
CLEAR ls_scarr.

ls_scarr-mandt = '100'.
ls_scarr-carrid = 'AC'.
ls_scarr-carrname = 'Air Canada'.
ls_scarr-currcode = 'CAD'.
ls_scarr-url = 'http://www.aircanada.ca'.
APPEND ls_scarr TO ls_list-field3.
```

ABAP 7.40 릴리즈 이후

```abap
DATA: BEGIN OF ls_list,
        field1 TYPE scarr-carrid,
        field2 TYPE scarr,
        field3 TYPE ty_scarr,
      END OF ls_list.

ls_list = VALUE #(
  field1 = 'AA'
  field2 = VALUE #(
           mandt = '100'
           carrid = 'LH'
           carrname = 'Lufthansa'
           currcode = 'EUR'
           url = 'http://www.lufthansa.com' )
  field3 = VALUE #(
           ( mandt = '100'
             carrid = 'AB'
             carrname = 'Air Berlin'
             currcode = 'EUR'
             url = 'http://www.airberlin.de' )
           ( mandt = '100'
             carrid = 'AC'
             carrname = 'Air Canada'
             currcode = 'CAD'
             url = 'http://www.aircanada.ca' ) )
).
```

결과 | Z99-28

Exp.	Component		Val.	Technical Type
	FIELD1		AA	C(3)
📁	FIELD2		100LH Lufthansa	Structure: flat, charlike(572)
		MANDT	100	C(3)
		CARRID	LH	C(3)
		CARRNAME	Lufthansa	C(20)
		CURRCODE	EUR	C(5)
		URL	http://www.lufthansa.com	C(255)
	FIELD3		[2x5(572)]Standard Table	Standard Table[2x5(572)]

Struct.: LS_LIST
Struc. Type: Structure: deep(592)

2-3 NEW 연산자

ABAP 7.40 릴리즈 이전에는 데이터 참조 변수나 클래스 참조 변수를 생성할 때 먼저 참조 변수를 선언한 후, 각각 CREATE DATA와 CREATE OBJECT 구문으로 참조 변수에 참조(포인터)를 지정했다. ABAP 7.40 릴리즈 이후에는 이 과정을 한 번에 처리할 수 있는 NEW 연산자가 도입되었다. 이제 이 연산자에 대해 자세히 학습하자.

2-3-1 NEW 연산자

앞서 학습한 VALUE 연산자는 데이터 오브젝트를 생성하는 데 사용하였다면, NEW 연산자는 데이터나 클래스의 참조(포인터) 값을 가지는 참조 변수를 생성하는 데 사용한다. 그 외 구문적인 내용은 VALUE 연산자와 유사하기 때문에, VALUE 연산자를 제대로 이해했다면 NEW 연산자도 어렵지 않게 활용할 수 있을 것이다.

VALUE 연산자를 설명할 때, 피연산자의 타입이 지정된 경우에는 '#' 기호를 사용해 피연산자의 타입을 참조할 수 있다. 그리고 타입이 명시되지 않은 경우에는 괄호 앞에 타입을 지정하여 피연산자의 타입을 설정하는 두 가지 방법이 있다고 했다.

NEW 연산자도 마찬가지로, 이미 선언된 참조 변수가 있고 해당 타입이 명시되어 있다면 '#' 기호를 사용하여 피연산자 참조 변수에 해당 타입으로 참조(포인터) 값을 할당할 수 있다. 그러나 타입이 명시되지 않았거나 익명의 데이터 오브젝트(Anonymous Data Object) 선언인 'TYPE REF TO data'로 지정한 경우에는 괄호 앞에 참조 변수가 가질 타입을 명시해야 한다. 다음 예제를 보면서 이해해 보자.

예제 | Z99-29

CREATE DATA 사용	NEW 사용
" 타입을 지정한 경우 DATA lo_scarr TYPE REF TO scarr. CREATE DATA lo_scarr.	DATA lo_scarr TYPE REF TO scarr. lo_scarr = NEW #( ).
" 동적 타입 지정 DATA lo_dref TYPE REF TO data. CREATE DATA lo_dref TYPE scarr.	DATA lo_dref TYPE REF TO data. lo_dref = NEW scarr( ).

NEW 연산자는 기본적으로 'CRAETE DATA dref TYPE type' 구문과 동일한 기능을 한다. 이미 참조 변수의 타입이 지정된 경우 CREATE DATA 구문에서도 별도의 타입을 명시할 필요 없이 '#' 기

호를 사용해 기존에 선언된 참조 변수의 피연산자 타입을 참조해 참조(포인터) 값을 지정한다. 하지만 익명의 데이터 오브젝트(TYPE REF TO data로 선언된 참조 변수)의 경우 프로그램 실행 시 타입이 결정되기 때문에 '#' 기호를 사용할 수 없으며, 괄호 앞에 피연산자가 가질 타입을 명시해야 한다.

조금 더 알아보기 — 참조 변수의 동적 생성

참조 변수를 익명의 데이터 오브젝트(Anonymous Data Object) 선언인 'TYPE REF TO data'로 명시한 경우, 프로그램 실행 중에 CREATE DATA 구문을 만나기 전까지 해당 참조 변수의 타입을 알 수 없다. 이처럼 선언된 참조 변수는 어떤 타입의 데이터 오브젝트 참조 값이든 받을 수 있다. 또한, 사용자 입력을 통해 참조 변수의 타입을 동적으로 지정하는 것도 가능하다. 다음 예제를 살펴보자.

예제 | Z99-30

```
PARAMETERS p_tab TYPE tabname.

DATA lo_dref TYPE REF TO data.
CREATE DATA lo_dref TYPE (p_tab).
```

그림 Z99-6 디버깅 화면에서 참조 변수 조회

예제는 사용자가 입력하는 타입을 파라미터 값으로 받아와 동적으로 데이터 오브젝트의 참조 변수 타입을 지정한다. 사용자가 입력한 타입을 'CREATE DATA dref TYPE (type)' 구문으로 동적인 참조 변수를 생성할 수 있다.

그러나 NEW 구문은 이런 동적 선언을 지원하지 않는다. 괄호 앞의 위치에는 이미 지정된 피연산자 참조 변수의 타입을 참조하는 '#' 기호나 사전에 정의된 타입만 사용할 수 있다. 따라서 프로그램 실행 후 사용자의 입력에 따라 타입이 결정되는 경우에는 NEW 구문을 사용할 수 없고 대신 CREATE DATA 구문을 사용해야 한다.

2-3-2 참조 변수에 참조(포인터) 지정

프로그램이 실행될 때 참조 변수에 참조(포인터) 값을 할당하면, 해당 참조 변수에는 실제 데이터 오브젝트의 메모리 주소가 저장된다. 이 주솟값을 사용해 데이터 오브젝트에 값을 할당하기 위해서는 역참조 기법을 사용해야 한다. 역참조는 역참조 연산자 '->*'를 사용한다.

예제 | Z99-31

ABAP 7.40 릴리즈 이전	ABAP 7.40 릴리즈 이후
``` " Single Value Data Object DATA lv_carrid TYPE REF TO s_carr_id. " Structure DATA ls_scarr TYPE REF TO scarr. " Internal Table DATA lt_scarr TYPE REF TO ty_scarr. CREATE DATA lv_carrid. lv_carrid->* = 'AA'. CREATE DATA ls_scarr. ls_scarr->*-carrid = 'AA'. ls_scarr->*-carrname = 'American Airlines'. CREATE DATA lt_scarr. APPEND ls_scarr->* TO lt_scarr->*. ```	``` " Single Value Data Object DATA(lv_carrid) = NEW s_carr_id('AA'). " STRUCTURE DATA(ls_scarr) = NEW scarr(carrid = 'AA' carrname = 'American Airlines'). " INTERNAL TABLE DATA(lt_scarr) = NEW ty_scarr((carrid = 'AA' carrname = 'American Airlines') (carrid = 'AB' carrname = 'Air Berlin')). ```

예제에서는 각각 참조 변수에 할당된 메모리 주솟값을 사용해 단일 변수, 구조체 변수, 인터널 테이블에 값을 할당하고 있다. 기존에 참조 변수를 사용해 값을 할당하려면 먼저 참조 변수에 참조(포인터) 값을 할당한 뒤, 이를 역참조하여 포인터가 가리키는 데이터 오브젝트에 값을 할당했다.

하지만 NEW 연산자를 사용하면 참조(포인터) 값을 할당하는 동시에 포인터가 가리키는 데이터 오브젝트에 값을 할당할 수 있다. 쉽게 말해, NEW 연산자는 참조 변수에 포인터 할당과, 포인터가 가리키는 데이터 오브젝트에 값을 초기화하는 것 두 가지 기능을 동시에 수행할 수 있는 것이다. 하지만 두 구문 모두 참조 변수를 생성한 후 참조 변수가 가리키는 데이터 오브젝트에 접근하려면 역참조 연산자 '->*'를 사용해야 한다는 것은 동일하다.

NEW 연산자 구문 자체는 VALUE 구문과 유사하지만, VALUE 연산자는 데이터 오브젝트에 값을 직접 할당하는 반면, NEW 연산자는 데이터 오브젝트에 직접 값을 할당하지 않고, 참조 변수가 가진 포인터 값을 역참조하여 값을 할당하는 차이가 있다.

앞의 예제 중 인터널 테이블에 대해서 조금 더 자세히 살펴보자.

1) BASE

NEW 연산자에서도 VALUE 연산자와 마찬가지로 괄호 안에 명시한 값으로 참조 변수가 가리키는 데이터 오브젝트의 값을 초기화한다. 이때 데이터 오브젝트가 인터널 테이블인 경우, 기존 값을 유지하면서 새로운 값을 추가적으로 할당하려면 BASE 구문을 사용할 수 있다. BASE 구문 뒤에는 역참조된 참조 변수뿐만 아니라 인터널 테이블도 사용할 수 있다. 이때 주의할 점은 BASE 구문 뒤에 오는 오브젝트가 피연산자와 완전히 동일한 타입을 가져야 한다는 것이다.

예제 | Z99-32

```abap
DATA: lt_scarr1 TYPE ty_scarr,        " 데이터 오브젝트
      lt_scarr2 TYPE REF TO ty_scarr. " 참조 변수

" 데이터오브젝트
lt_scarr1 = VALUE #( ( carrid = 'AA' carrname = 'American Airlines' ) ).

" 참조 변수
lt_scarr2 = NEW #( ( carrid = 'AB' carrname = 'Air Berlin' ) ).

DATA(LT_SCARR3) = NEW #( BASE LT_SCARR1
                         ( CARRID = 'AC' CARRNAME = 'Air Canada' ) ).

DATA(LT_SCARR4) = NEW #( BASE LT_SCARR2->*
                         ( CARRID = 'AF' CARRNAME = 'Air France' ) ).

cl_demo_output=>display( lt_scarr3->* ).
cl_demo_output=>display( lt_scarr4->* ).
```

결과 | Z99-32

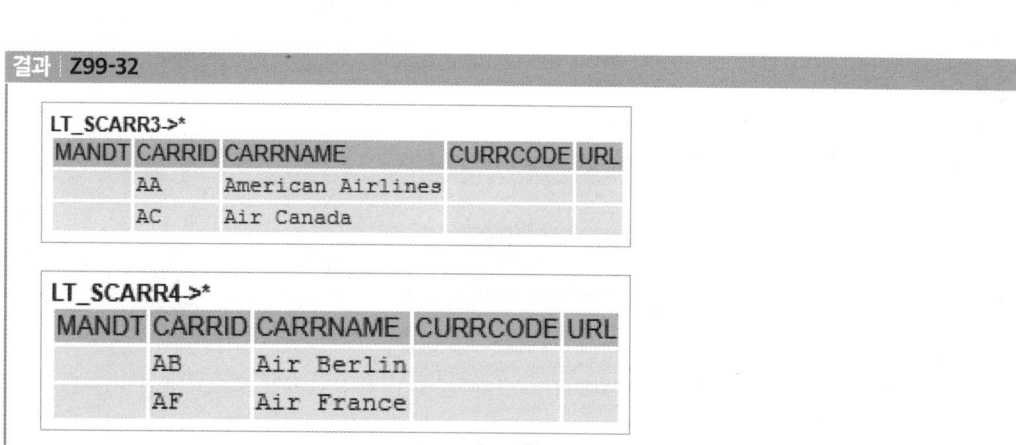

예제에서 참조 변수 LT_SCARR3, LT_SCARR4를 생성한다. 이때 LT_SCARR3은 데이터 오브젝트 LT_SCARR1의 인터널 테이블 값을 그대로 유지하면서 새로운 데이터 1건을 추가한다. 반면에 LT_SCARR4는 참조 변수 LT_SCARR2를 역참조하여 참조 변수가 가리키는 데이터 오브젝트의 기존 값

을 유지하면서 새로운 데이터 1건을 추가한다.

참고로 NEW 연산자를 사용해 인라인 선언으로 참조 변수를 생성하고, 그 참조 값이 가리키는 데이터 오브젝트에 값을 할당할 때는 괄호 앞에 `#` 기호를 사용할 수 없다. 이는 참조 변수의 타입이 명시적으로 지정되지 않은 상태에서는 '#' 기호를 사용할 수 없기 때문이다.

그러나 예외적으로 BASE 구문을 사용할 때는 인라인 선언을 사용하더라도 '#' 기호를 사용할 때 구문 에러가 발생하지 않는다. 이는 BASE 뒤에 명시된 변수의 타입으로 피연산자 위치에 있는 참조 변수의 타입이 결정되기 때문이다.

2) LINES OF

BASE 구문과 유사하게 LINSE OF 구문을 사용해 기존 인터널 테이블에 새로운 값을 추가할 수 있다. 이는 기존의 'INSERT itab1 LINES OF [FROM idx] [TO idx] INTO TABLE itab2' 구문과 유사하다. LINSE OF 구문을 사용하면 기존 인터널 테이블 자체나 참조 변수가 가리키는 인터널 테이블의 특정 인덱스 또는 전체 데이터를 새로운 참조 변수의 데이터 오브젝트에 할당하면서 동시에 새로운 값을 추가할 수 있다.

예제 | Z99-33

```
SELECT *
  FROM SCARR
  ORDER BY CARRID
  INTO TABLE @DATA(LT_SCARR1).

DATA(LT_SCARR2) = NEW TY_SCARR( ( LINES OF LT_SCARR1 )
                                ( CARRID = ' KA ' CARRNAME = ' Korea Air ' ) ).

CL_DEMO_OUTPUT=>DISPLAY( LT_SCARR2->* ).
```

결과 | Z99-33

LT_SCARR2->*

MANDT	CARRID	CARRNAME	CURRCODE	URL
100	AA	American Airlines	USD	http://www.aa.com
100	AB	Air Berlin	EUR	http://www.airberlin.de
100	AC	Air Canada	CAD	http://www.aircanada.ca
100	AF	Air France	EUR	http://www.airfrance.fr
100	AZ	Alitalia	EUR	http://www.alitalia.it
100	BA	British Airways	GBP	http://www.british-airways.com
100	CO	Continental Airlines	USD	http://www.continental.com
100	DL	Delta Airlines	USD	http://www.delta-air.com
100	EA	E-AIR	KRW	WWW.E-AIR.COM
100	FJ	Air Pacific	USD	http://www.airpacific.com
100	JL	Japan Airlines	JPY	http://www.jal.co.jp
100	KK	ABAP-AIR	KRW	WWW.ABAP-AIR.COM
100	LH	Lufthansa	EUR	http://www.lufthansa.com
100	NG	Lauda Air	EUR	http://www.laudaair.com
100	NW	Northwest Airlines	USD	http://www.nwa.com
100	QF	Qantas Airways	AUD	http://www.qantas.com.au
100	SA	South African Air.	ZAR	http://www.saa.co.za
100	SQ	Singapore Airlines	SGD	http://www.singaporeair.com
100	SR	Swiss	CHF	http://www.swiss.com
100	UA	United Airlines	USD	http://www.ual.com
	KA	Korea Air		

LT_SCARR1 인터널 테이블 아래에 신규 'KA' 값이 추가된다. 다시 한번 강조하면, 참조 변수가 가리키는 실제 데이터에 접근하려면 반드시 역참조 기호 '->*'를 사용해야 한다.

> **TIP**
> VALUE 연산자와 마찬가지로 NEW 연산자를 사용해 인터널 테이블의 참조 값을 가지는 참조 변수를 선언할 때 키 값을 지정하지 않으면 구문 에러가 발생한다. 이 내용은 VALUE 연산자를 설명하는 장의 [조금 더 알아보기]를 참고하자.

2-3-3 NEW - 클래스 인스턴스 변수

CREATE DATA 구문이 데이터 오브젝트에 대한 메모리 값을 가지는 참조 변수를 생성하는 데 사용한다면, CREATE OBJECT 구문은 참조 변수에 클래스의 인스턴스(오브젝트)를 생성할 때 사용한다. 클래스에 대한 자세한 설명은 14장의 내용을 참고하자. 이번 절에서는 CREATE OBJECT 구문을 대체하여 ABAP 7.40 릴리즈 이후 새로 추가된 NEW 연산자에 대해 자세히 알아보자.

ABAP 7.40 릴리즈 이전에는 클래스 참조 변수에 클래스의 인스턴스를 생성하기 위해 CREATE OBJECT 구문을 사용해 인스턴스를 할당한 후, 해당 인스턴스를 통해 클래스의 컴포넌트(Components)에 접근했다. 하지만 NEW 연산자가 도입되면서 참조 변수 선언과 동시에 클래스 인스턴스를 할당할 수 있다.

예제 | Z99-34

ABAP 7.40 릴리즈 이전	ABAP 7.40 릴리즈 이후
| ```abap
CLASS lcl_class01 DEFINITION.
  PUBLIC SECTION.
    DATA lv_string TYPE string
VALUE 'EASY ABAP 3.0'.
ENDCLASS.

START-OF-SELECTION.
  DATA lo_cref TYPE REF TO lcl_class01.

  CREATE OBJECT lo_cref.
  cl_demo_output=>display( lo_cref->lv_string ).
``` | ```abap
CLASS lcl_class01 DEFINITION.
  PUBLIC SECTION.
    DATA lv_string TYPE string
       VALUE 'EASY ABAP 3.0'.
ENDCLASS.

START-OF-SELECTION.
  DATA(lo_cref) = NEW lcl_class01( ).

  cl_demo_output=>display( lo_cref->lv_string ).
``` |

결과 | Z99-34

```
EASY ABAP 3.0
```

NEW 연산자는 'CREATE OBJECT cref TYPE type' 구문과 동일한 기능을 한다. 예제에서 LO_CREF 참조 변수는 NEW 연산자를 실행하면서 참조 변수를 선언함과 동시에 LCL_CLASS01 클래스의 인스턴스를 할당받는다. 이제 LO_CREF 인스턴스를 통해 클래스의 컴포넌트에 접근할 수 있다.

예제 | Z99-35

ABAP 7.40 릴리즈 이전	ABAP 7.40 릴리즈 이후

``
CLASS lcl_class01 DEFINITION.
  PUBLIC SECTION.
    DATA lv_string TYPE string
      VALUE 'EASY ABAP 3.0'.
ENDCLASS.
 	
START-OF-SELECTION.
 	
  DATA: lo_cref   TYPE REF TO lcl_class01,
        lv_result TYPE string.
 	
  CREATE OBJECT lo_cref.
  lv_result = lo_cref->lv_string.
``
	``
	CLASS lcl_class01 DEFINITION.
	  PUBLIC SECTION.
	    DATA lv_string TYPE string
	      VALUE 'EASY ABAP 3.0'.
	ENDCLASS.
	
	START-OF-SELECTION.
	
	  DATA(lv_result) =
	    NEW lcl_class01( )->lv_string.
	``

결과 | Z99-35

```
EASY ABAP 3.0
```

또한, NEW 연산자를 사용하면 참조 변수를 별도로 선언하지 않고도 클래스의 컴포넌트에 직접 접근할 수 있다. 예제는 ABAP 7.40 릴리즈 이전과 이후의 클래스 컴포넌트에 접근하는 방법을 보여준다. 예제의 오른쪽을 살펴보면, NEW 연산자를 사용하여 클래스의 속성(Attribute)에 접근하는 방법을 보여준다. 별도의 참조 변수를 선언하고 인스턴스를 할당하는 과정 없이, 'NEW lcl_class01( )'의 결과에 '->' 기호(Object Component Selector)를 사용하여 클래스의 컴포넌트에 접근한다. 이는 'NEW lcl_class01( )' 자체가 하나의 클래스 인스턴스로 사용될 수 있음을 의미한다.

예제 | Z99-36

ABAP 7.40 릴리즈 이전	ABAP 7.40 릴리즈 이후
| ```
CLASS lcl_class01 DEFINITION.
  PUBLIC SECTION.
    METHODS: concat_string
      IMPORTING i_value  TYPE string
      EXPORTING e_result TYPE string.
ENDCLASS.

CLASS lcl_class01 IMPLEMENTATION.
  METHOD concat_string .
    CONCATENATE i_value ' ABAP 3.0 '
      INTO e_result SEPARATED BY SPACE.
  ENDMETHOD.
ENDCLASS.

START-OF-SELECTION.
  DATA: lo_cref   TYPE REF TO lcl_class01,
        lv_result TYPE string.

  CREATE OBJECT lo_cref.

  CALL METHOD lo_cref->concat_string
    EXPORTING
      i_value  = ' EASY '
    IMPORTING
      e_result = lv_result.
``` | ```
CLASS lcl_class01 DEFINITION.
  PUBLIC SECTION.
    METHODS: concat_string
      IMPORTING i_value  TYPE string
      EXPORTING e_result TYPE string.
ENDCLASS.

CLASS lcl_class01 IMPLEMENTATION.
  METHOD concat_string .
    CONCATENATE i_value ' ABAP 3.0 '
      INTO e_result SEPARATED BY space.
  ENDMETHOD.
ENDCLASS.

START-OF-SELECTION.
  NEW lcl_class01( )->concat_string(
    EXPORTING i_value = ' EASY '
    IMPORTING e_result = DATA(lv_result) ).
``` |

앞의 예제에서 봤듯이, NEW 연산자의 결과 값을 하나의 클래스 인스턴스처럼 사용할 수 있기 때문에 인스턴스 메소드를 바로 호출해 값을 반환받는 것도 가능하다. 하지만 이 경우에는 클래스의 인스턴스가 생성되지 않았을 때 덤프가 발생할 수 있으므로, TRY 구문을 사용해 예외 처리를 하는 것이 안전하다.

2-4 REF 연산자

ABAP에서 REF 연산자는 기존에 생성된 데이터 오브젝트나 그 컴포넌트(인터널 테이블의 행, 데이터 오브젝트의 오프셋 등)의 주솟값을 참조 변수에 할당할 때 사용한다. 이는 CREATE DATA 구문으로 참조 변수에 데이터 오브젝트의 주솟값을 할당하는 방식과는 다르다.

앞서 NEW 연산자나 CREATE DATA 구문을 사용해 참조 변수에 새로운 데이터 오브젝트의 메모리 주솟값을 할당하는 방법을 알아봤다. 이번에는 GET REFERENCE 구문이나 REF 연산자를 통해 기존 데이터 오브젝트의 메모리 주솟값을 참조 변수에 할당하는 방법을 알아보자.

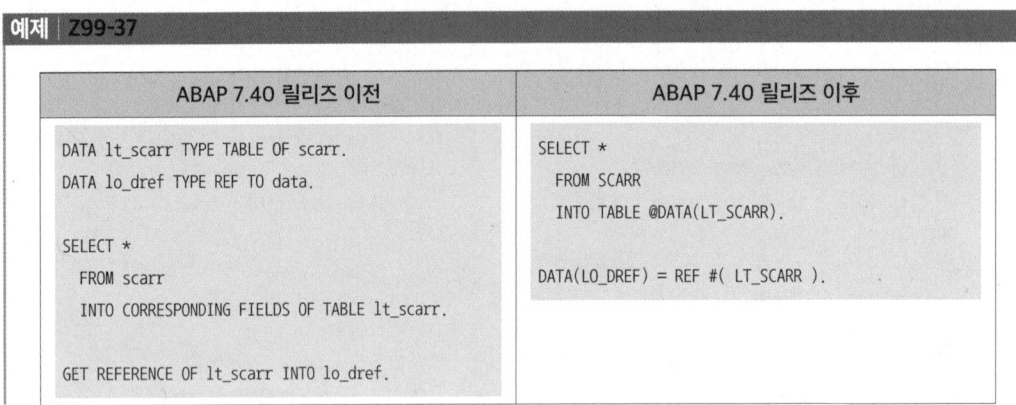

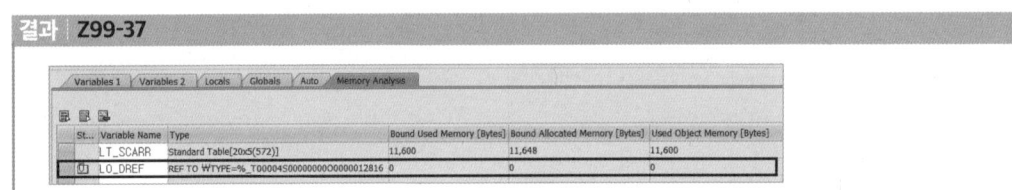

예제에서 GET REFERENCE 구문과 REF 연산자는 모두 LO_DREF 참조 변수에 기존 데이터 오브젝트 LT_SCARR의 메모리 주솟값을 할당하는 방법을 보여준다. 디버깅을 통해 확인해보면, 참조 변수 LO_DREF는 메모리를 차지하지 않고, 주솟값만 가지고 있는 것을 알 수 있다.

이 참조 변수는 데이터 오브젝트의 메모리 주솟값을 가지고 있기 때문에 역참조 기호 '->*'를 사용해 LT_SCARR에 접근할 수 있다. 또한, 이 참조 변수를 역참조해 값을 변경하면 LT_SCARR의 값도 변경된다. 이는 LT_SCARR과 LO_DREF 참조 변수가 같은 메모리 주솟값을 가지고 있기 때문이다. 정리하자면, ABAP 7.40 릴리즈 이전에는 데이터 오브젝트의 메모리 주솟값을 참조 변수에 할당하기 위해 GET REFERENCE INTO 구문을 사용했다면, ABAP 7.40 릴리즈 이후에는 REF 연산자를 사용하여 괄호 안에 입력한 데이터 오브젝트의 메모리 주솟값을 참조 변수에 할당할 수 있다. 다른 New Syntax와 마찬가지로 REF 연산자를 활용하면 프로그램을 더욱 유연하게 작성할 수 있다.

예제 | Z99-38

```
SELECT *
  FROM scarr
  INTO TABLE @DATA(lt_scarr).

" 인터널 테이블의 1번 행의 메모리 주소를 할당
DATA(lo_dref1) = REF #( lt_scarr[ 1 ] ).
```

```abap
" 인터널테이블의 특정 조건을 만족하는 행의 메모리 주소를 할당
DATA(lo_dref2) = REF #( lt_scarr[ carrid = 'AA' ] ).

" 인터널테이블의 특정 행의 컬럼의 메모리 주소 할당
DATA(lo_dref3) = REF #( lt_scarr[ carrid = 'AA' ]-carrname ).

" 특정 변수의 offset 값의 메모리 값을 할당
DATA lv_string TYPE CHAR15 VALUE 'EASY ABAP 3.0'.
DATA(lo_dref4) = REF #( lv_string+5(8) ).
```

결과 | Z99-38

```
REF #( ) DEMO

LO_DREF1->* :   100KK ABAP-AIR            KRW   WWW.ABAP-AIR.COM
LO_DREF2->* :   100AA American Airlines   USD   http://www.aa.com
LO_DREF3->* :   American Airlines
LO_DREF4->* :   ABAP 3.0
```

예제처럼 REF 연산자의 괄호 안에 다양한 데이터 변수, 인터널 테이블 표현식, 오프셋 등을 사용해 원하는 데이터 오브젝트의 메모리 주솟값을 참조 변수에 유연하게 할당할 수 있다.

예제 | Z99-39

```abap
DATA: BEGIN OF ls_list,
        itabname TYPE tabname,
        ref      TYPE REF TO data,
      END OF ls_list,
      lt_list LIKE TABLE OF ls_list.

SELECT *
  FROM scarr
  ORDER BY CARRID
  INTO TABLE @DATA(lt_scarr).

SELECT *
  FROM spfli
  ORDER BY CARRID, CONNID
  INTO TABLE @DATA(lt_spfli).

lt_list = VALUE #(
  ( itabname = 'LT_SCARR' ref = REF #( lt_scarr ) )
  ( itabname = 'LT_SPFLI' ref = REF #( lt_spfli ) ) ).

CL_DEMO_OUTPUT=>DISPLAY( LT_LIST[ 1 ]-REF->* ).
```

결과 | Z99-39

Table				
MANDT	CARRID	CARRNAME	CURRCODE	URL
100	AA	American Airlines	USD	http://www.aa.com
100	AB	Air Berlin	EUR	http://www.airberlin.de
100	AC	Air Canada	CAD	http://www.aircanada.ca
100	AF	Air France	EUR	http://www.airfrance.fr
100	AZ	Alitalia	EUR	http://www.alitalia.it
100	BA	British Airways	GBP	http://www.british-airways.com
100	CO	Continental Airlines	USD	http://www.continental.com
100	DL	Delta Airlines	USD	http://www.delta-air.com
100	EA	E-AIR	KRW	WWW.E-AIR.COM
100	FJ	Air Pacific	USD	http://www.airpacific.com
100	JL	Japan Airlines	JPY	http://www.jal.co.jp
100	KK	ABAP-AIR	KRW	WWW.ABAP-AIR.COM
100	LH	Lufthansa	EUR	http://www.lufthansa.com
100	NG	Lauda Air	EUR	http://www.laudaair.com
100	NW	Northwest Airlines	USD	http://www.nwa.com
100	QF	Qantas Airways	AUD	http://www.qantas.com.au
100	SA	South African Air.	ZAR	http://www.saa.co.za
100	SQ	Singapore Airlines	SGD	http://www.singaporeair.com
100	SR	Swiss	CHF	http://www.swiss.com
100	UA	United Airlines	USD	http://www.ual.com

또한, 예제처럼 VALUE 연산자와 REF 연산자를 함께 사용해 변수를 선언하고 데이터 오브젝트의 참조 값을 즉시 할당할 수 있다. 위 예제의 인터널 테이블의 REF 필드에는 또 다른 인터널 테이블의 메모리 주솟값을 가진 참조 값을 저장한다. 이후 테이블 표현식을 사용해 인터널 테이블의 라인 아이템에 저장된 참조 변수에 접근하고, 역참조 기호를 통해 메모리 주솟값이 가리키는 실제 데이터 오브젝트의 값을 화면에 보여준다.

조금 더 알아보기 — 참조 변수의 메모리 할당 시점

데이터 오브젝트(Data Object)는 프로그램이 실행되는 시점에 메모리에 로드되어 프로그램 내에서 바로 사용할 수 있는 변수를 말한다
DATA 혹은 VALUE 연산자로 선언되는 데이터 오브젝트는 프로그램 실행 시 생성되어 프로그램 내에서 즉시 사용할 수 있다. 하지만 참조 변수는 CREATE DATA 또는 CREATE OBJECT 구문을 만나 참조 변수에 참조 값(포인터)이 지정되기 전까지는 메모리에 할당되지 않는다. 다음 디버깅 화면을 보며 비교해보자.

예제 | Z99-40

```
  DATA ls_scarr TYPE scarr.         " SCARR 타입의 구조체 변수
  DATA lo_scarr TYPE REF TO scarr.  " SCARR 타입의 데이터 참조 변수

START-OF-SELECTION.
  BREAK-POINT.
  CREATE DATA lo_scarr.
```

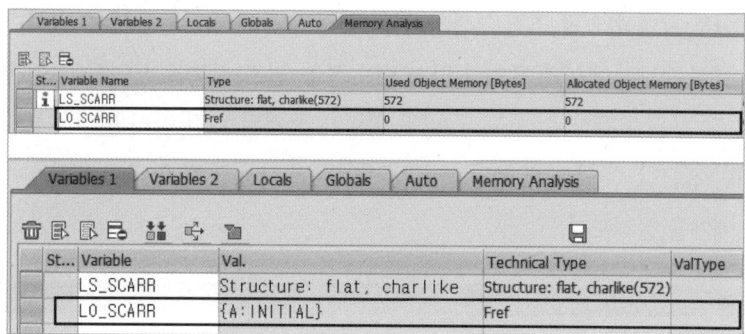

그림 Z99-8 디버깅 메모리 분석1

START-OF_SELECTION 직후 중단점을 설정하고 디버깅을 통해 메모리를 분석해보면, LS_SCARR 변수는 메모리에 로드된 상태이지만, LO_SCARR 참조 변수는 아직 메모리에 로드되지 않은 상태인 것을 알 수 있다. 아직 참조(포인터) 값을 지정하지 않은 Initial 상태인 것이다. 이 상태에서 참조 변수에 접근하는 경우 덤프가 발생한다.

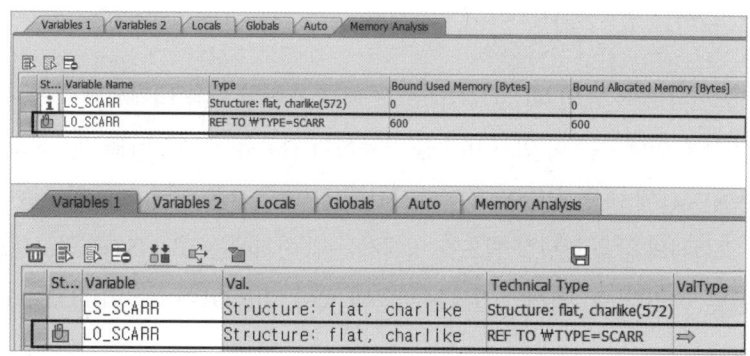

그림 Z99-9 디버깅 메모리 분석2

CREATE DATA 구문을 통해 참조 변수에 참조(포인터) 값을 지정하면 메모리에 할당되고, 이 시점부터 참조 변수에 접근할 수 있는 상태가 된다.

2-5 생성자 표현식 LET

지금까지 VALUE와 NEW 등의 연산자와 함께 변수를 선언하고, 초기화하는 방법을 학습했다. 이번에는 생성자 표현식 LET에 대해 간단히 알아보자. 표현식 LET은 VALUE와 NEW 같은 생성 연산자뿐만 아니라 이후 학습하게 될 조건 연산자, 반복 연산자 등에서도 활용할 수 있다.

LET 표현식은 표현식 내부에서만 유효한 임시 변수 또는 필드 심볼을 선언하고, 이를 통해 중간 계산 결과나 임시 값 등을 저장할 수 있도록 한다. 이렇게 선언된 로컬 임시 변수는 LET 표현식 블록인 괄호 안에서만 접근할 수 있으며, 해당 블록을 벗어나면 사용할 수 없다.

간단하게 다음 예제를 살펴보자.

예제 | Z99-41

```
TYPES: BEGIN OF TY_LIST,
         FIELD1 TYPE I,
         FIELD2 TYPE I,
       END OF TY_LIST.

DATA(LS_LIST) = VALUE TY_LIST( LET NUM1 = 10
                                   NUM2 = NUM1 + 2
                               IN FIELD1 = NUM2
                                  FIELD2 = NUM1 + NUM2 ).

CL_DEMO_OUTPUT=>DISPLAY( LS_LIST ).
```

예제에서 LET 표현식 블록 안의 NUM1, NUM2는 LET 표현식 블록 내에서만 사용 가능한 로컬 임시 변수이다. 이 블록 안에서는 이 임시 변수를 사용하여 자유롭게 데이터를 가공하고 계산할 수 있다. 예제에서는 NUM1에 10을, NUM2에는 NUM1의 값(10)과 2를 더해 12를 할당했다. 이후 IN 절에 최종적으로 표현식의 값을 할당할 필드를 명시하는데, 여기에는 LS_LIST의 컴포넌트인 FIELD1, FIELD2를 사용할 수 있다. 즉, 예제의 결과는 다음과 같이 FIELD1에 12, FIELD2에 10 + 12 = 22의 결과가 들어오게 된다.

결과 | Z99-41

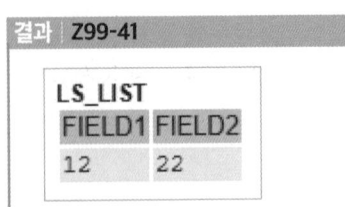

이번엔 좀 더 복잡한 예제를 살펴보자.

예제 | Z99-42

```
TYPES: BEGIN OF ty_name,
         carrid   TYPE scarr-carrid,
         fullname TYPE string,
       END OF ty_name,
       ty_t_name TYPE TABLE OF ty_name WITH EMPTY KEY.
```

1234

```abap
DATA lt_name TYPE ty_t_name.

SELECT *
  FROM scarr
  INTO TABLE @DATA(lt_scarr).

DO lines( lt_scarr ) TIMES.
  DATA(ls_name) = VALUE ty_name(
    LET id   = lt_scarr[ sy-index ]-carrid
        name = lt_scarr[ sy-index ]-carrname
        sep  = |: |
    IN carrid = id
       fullname = id && sep && name ).

  APPEND ls_name TO lt_name.
ENDDO.
cl_demo_output=>display( lt_name ).
```

예제는 SCARR 테이블에서 데이터를 가져와 CARRID와 CARRNAME 필드를 조합하여 새로운 문자열을 생성하고, 이를 LT_NAME이라는 인터널 테이블에 저장하는 방식이다. 여기서 주목해야 할 부분은 DO~ENDDO 구문 내의 LET 표현식이다. VALUE 연산자를 사용하여 LS_NAME이라는 구조체 변수를 선언하며 초기화하는 데 LET 표현식을 사용했다. 여기서 LET 뒤의 ID, NAME, SEP는 LET 표현식 블록에서만 사용할 수 있는 로컬 필드이다.

LT_SCARR[SY-INDEX]는 나중에 자세히 다룰 테이블 표현식이다. 일단 DO 반복문을 실행하면서 인터널 테이블의 값을 읽어와 CARRID와 CARRNAME 필드를 각각 ID와 NAME이라는 로컬 필드에 할당한다고 이해하면 된다. LET 뒤에 로컬 필드를 정의했다면, IN 절 뒤에 데이터를 가공하여 값을 할당할 수 있다. 이때 IN 절에서 사용 가능한 필드는 최종적으로 값이 들어가는 LS_NAME의 컴포넌트이다. 즉, LS_NAME의 CARRID에는 로컬 변수 ID를, FULLNAME에는 ID, 콜론(:), NAME 문자열을 합친 결과가 들어가게 된다. 다음 [결과]를 확인해보자.

결과 | Z99-42

LT_NAME	
CARRID	FULLNAME
AA	AA: American Airlines
AC	AC: Air Canada
AF	AF: Air France
AZ	AZ: Alitalia
BA	BA: British Airways
FJ	FJ: Air Pacific
CO	CO: Continental Airlines

LET 표현식의 로컬 변수는 LET 표현식의 블록 안에서만 유효하다고 설명했다. 이는 우리가 기존에 알고 있던 로컬 변수와는 조금 다른 개념이다. ABAP은 절차적인 언어이다. 그렇기 때문에 이전에 선언한 변수와 동일한 이름은 사용할 수 없다. 하지만 LET 표현식 내부에서 선언한 변수는 LET 표현식 내부에서만 사용하기 때문에 또 다른 LET 표현식 내부에서 동일한 이름으로 선언할 수 있다. 다음 예제와 같이 동일한 이름의 로컬 변수를 LET 표현식 블록 안에 선언할 수 있다. 그러나 LET 표현식 내부에서 사용한 로컬 변수는 LET 표현식 외부에서 동일한 변수명으로 선언할 수 없다.

예제 | Z99-43

```abap
  DO lines( lt_scarr ) TIMES.

    DATA(ls_name) = VALUE ty_name(
      LET id   = lt_scarr[ sy-index ]-carrid
          name = lt_scarr[ sy-index ]-carrname
          sep  = |: |
       IN carrid = id
          fullname = id && sep && name ).

    APPEND ls_name TO lt_name.
  ENDDO.

  DO lines( lt_scarr ) TIMES.

    DATA(ls_name2) = VALUE ty_name(
      LET id   = lt_scarr[ sy-index ]-carrid
          name = lt_scarr[ sy-index ]-carrname
          sep  = |: |
       IN carrid = id
          fullname = id && sep && name ).

    APPEND ls_name2 TO lt_name.
  ENDDO.
```

또한, LET 표현식을 사용해 인터널 테이블의 데이터를 초기화하는 데도 활용할 수 있다.

예제 | Z99-44

```abap
  TYPES: BEGIN OF ty_type,
           year TYPE char4,
           book TYPE string,
         END OF ty_type,
         ty_t_type TYPE TABLE OF ty_type WITH EMPTY KEY.

  DATA(lt_itab) = VALUE ty_t_type(
    LET line1 = VALUE ty_type( year = '2012' book = 'EASY ABAP 2.0' )
```

```
            line2 = VALUE ty_type( year = '2024' book = 'EASY ABAP 3.0' )
   IN ( line1 ) ( line2 ) ).

cl_demo_output=>display( lt_itab ).
```

결과 | Z99-44

```
LT_ITAB
YEAR BOOK
2012 EASY ABAP 2.0
2024 EASY ABAP 3.0
```

생성자 표현식 LET는 이후 학습하게 될 FOR, REDUCE 표현식에서 특히나 유용하다. 이는 뒤에서 자세히 살펴볼 예정이고, 이번 절에서는 LET 표현식에 대한 기본기를 이해하고 넘어가도록 하자.

03 기본 구문

이번 절에서는 ABAP 7.40 릴리즈 이후 새롭게 추가된 조건문, 반복문, 문자열 처리, 데이터 이동에 대해 집중적으로 학습한다.

3-1 조건문

기존에 우리가 흔히 알고 있는 조건문에는 IF와 CASE 구문이 있다. ABAP 7.40 릴리즈 이후 IF와 동일한 기능을 하는 COND 연산자, CASE와 동일한 기능을 하는 SWITCH 연산자가 소개되었다. 예제와 함께 이들 연산자를 학습해보자.

3-1-1 COND 연산자

조건부 연산자 COND는 IF 구문과 동일한 기능을 한다. 먼저 다음 예제를 살펴보자.

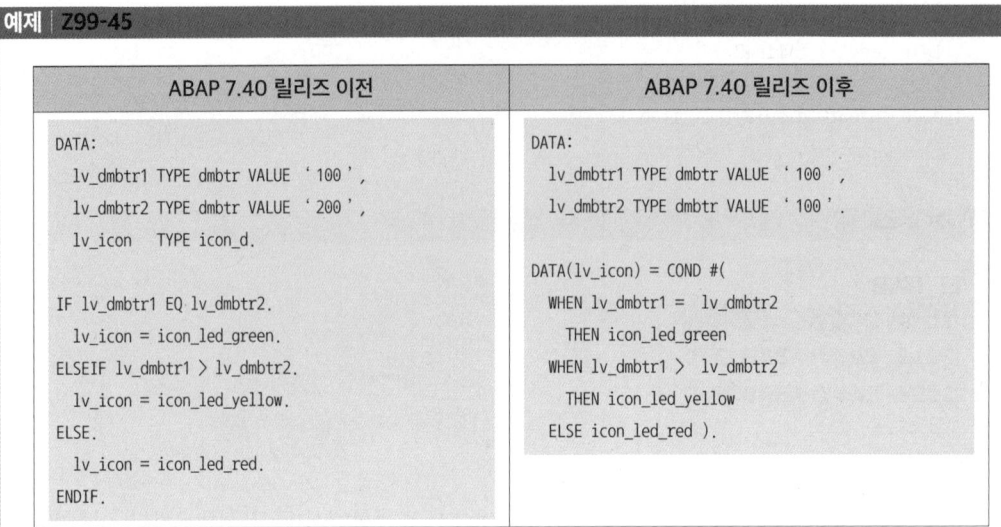

예제는 LV_DMBTR1, LV_DMBTR2 변수의 금액을 비교해 LV_ICON 변수에 신호등 아이콘을 할당하는 과정을 보여준다. 기본적으로 COND 연산자가 동작하는 방식은 IF 구문과 동일하지만, 훨씬 간결한 방식으로 조건에 따라 값 할당을 수행할 수 있다.

COND 연산자를 사용할 때는 최소 하나의 WHEN 절이 필요하며, 첫 번째 WHEN 절부터 순차적으로 조건을 비교하여 만족하는 조건이 있다면 THEN 절의 값을 할당한다. 만약 어떤 WHEN 절도 만족하는 조건이 없다면 ELSE 절의 값을 할당한다. 또한 ELSE 절이 지정되지 않은 경우, WHEN 절에 만족하는 조건이 없을 때 피연산자에는 초기 값(Initial Value)이 할당된다.

피연산자의 데이터 타입을 결정하는 방식은 VALUE 연산자와 유사하다. 그러나 COND 연산자의 경우, 인라인으로 변수를 선언할 때 괄호 앞에 데이터 타입을 지정하지 않고 '#' 기호를 사용한다면 첫 번째 THEN 절의 데이터 타입을 참조하여 변수가 생성된다. 만약 첫 번째 THEN 절의 데이터 타입을 식별할 수 없으면 구문 에러가 발생한다.

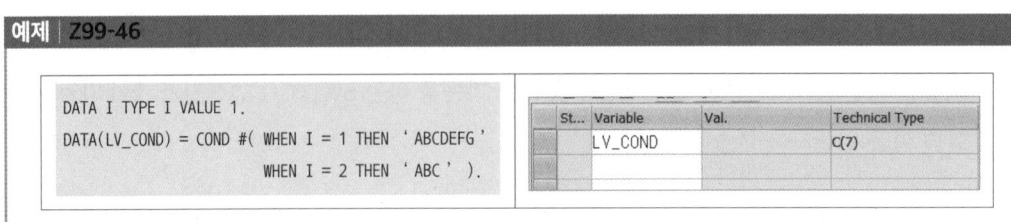

예제에서 LV_COND는 인라인으로 선언되었다. VALUE 연산자를 사용할 때는 인라인 선언 시 괄호 앞에 데이터 타입을 지정해야 한다고 설명했다. 그러나 COND 연산자는 피연산자의 데이터 타입이 결정되지 않은 경우, 첫 번째 THEN 절의 데이터 타입으로 변수가 선언된다. 여기서는 첫 번째

THEN 절에 'ABCDEFG'라는 문자열이 포함되어 있고, 그래서 LV_COND는 C 타입 7자리 변수로 선언되었다.

그렇다면 IF구문과 완전히 동일한 역할을 하는데 COND 연산자를 사용해야 할 이유가 있을까? 물론 IF구문으로 충분히 개발 가능하지만 COND 연산자를 활용하면 코드의 확장성을 높이고 유연하게 개발할 수 있다. 예를 들어, READ TABLE을 수행할 때 특정 조건에 따라 들어가는 키 값이 다르다면 IF문으로 READ TABLE을 각각 나누거나 별도의 변수를 생성해서 값을 바꿔가며 할당해야 한다.

그러나 COND 연산자를 사용하면 다음 예제처럼 좀 더 유연하게 코드를 작성할 수 있다. 'COND #( )'의 결과를 피연산자에 바로 할당하면서 하나의 변수처럼 사용할 수 있기 때문이다. 예제에서는 READ TABLE로만 간단히 소개했지만 직접 실무에 적용해보면 높은 활용도를 체감할 것이다.

예제 | Z99-47

```
READ TABLE lt_list INTO DATA(ls_list)
  WITH KEY carrid = ' AA '
           connid = COND #( WHEN p_ra1 EQ ' X ' THEN ' 0017 '
                            WHEN p_ra2 EQ ' X ' THEN ' 0064 ' ).
```

3-1-2 SWITCH 연산자

SWITCH 연산자도 기본적으로 CASE 구문과 동일한 역할을 하며, 앞에서 학습한 COND 연산자와 상당히 유사하다. 이 연산자는 특정 기준 값에 따라 다양한 결과를 반환할 때 유용하다.

예제 | Z99-48

```
PARAMETERS p_curr TYPE s_currcode.
DATA lv_curr_txt TYPE char10.

CASE p_curr.
  WHEN ' USD '.
    lv_curr_txt = ' 달러 '.
  WHEN ' KRW '.
    lv_curr_txt = ' 원화 '.
  WHEN OTHERS.
    lv_curr_txt = ' 미등록통화 '.
ENDCASE.
```

```
PARAMETERS p_curr TYPE s_currcode.

DATA(lv_curr_txt) = SWITCH #( p_curr
                       WHEN ' USD ' THEN ' 달러 '
                       WHEN ' KRW ' THEN ' 원화 '
                       ELSE ' 미등록통화 ' ).
```

예제는 P_CURR(통화 키) 값에 따라 통화키의 텍스트를 할당한다. SWITCH 연산자는 P_CURR의 값을 기준으로 순차적으로 WHEN 절을 실행하며, 조건을 만족하는 WHEN 절이 있다면 THEN 절의 값을 할당하고, 만족하는 값이 없다면 ELSE 절의 값을 할당한다. COND 연산자와 마찬가지로 ELSE 절을 지정하지 않았다면 조건을 만족하는 값이 없을 때 초기 값(Initial Value)을 할당한다.

또한, SWITCH 연산자에서 피연산자의 데이터 타입이 지정되지 않았다면 첫 번째 THEN 절의 데이터 타입을 참조한다. 첫 번째 THEN 절의 '달러' 값을 참조해 LV_CURR_TXT 변수는 C 타입 2자리의 데이터 타입을 가진다. 이 경우 ELSE 절을 실행하면 C 타입의 2자리로 변수가 선언된다. '미등록통화'와 같은 더 긴 문자열을 할당하려고 하면, 변수 길이가 부족하여 값이 잘려서 들어간다. 이런 경우를 방지하기 위해 '#' 기호를 사용하기보다는 피연산자의 데이터 타입을 정확히 명시하는 것이 좋다.

예제 | Z99-49

```
CALL FUNCTION ' LVC_FIELDCATALOG_MERGE '
  EXPORTING
    I_STRUCTURE_NAME = SWITCH TABNAME( SY-DYNNR
                                       WHEN ' 0100 ' THEN ' SCARR '
                                       WHEN ' 0200 ' THEN ' SPFLI ' )
  CHANGING
    CT_FIELDCAT      = LT_FIELDCAT.
```

SWITCH 구문을 활용한 예제로 ALV의 필드 카탈로그를 구성할 때 스크린에 따라 필드 카탈로그의 구조를 다르게 가져가야 한다면 이 예제처럼 개발이 가능하다.

조금 더 알아보기 — 변환 연산자 CONV

변환 연산자 CONV #( )는 문자열, 조건절, 함수나 클래스의 메소드 호출 등에서 데이터 타입을 일치시켜야 할 때 유용하다. 괄호 앞에 데이터 타입을 지정한 경우, 명시한 데이터 타입으로 변환되고, '#' 기호를 사용하는 경우 피연산자의 데이터 타입과 동일하게 변환된다.

이 연산자는 특히 함수 호출이나 클래스의 메소드 호출 시 파라미터의 타입을 맞춰야 할 때 매우 유용하다. 두 예제를 살펴보자.

예제 | Z99-50

```
DATA: LV_DAY_IN TYPE CHAR8 VALUE '20240101'.
DATA: LV_DAY_OUT TYPE DATUM.

CALL FUNCTION 'RP_LAST_DAY_OF_MONTHS'
  EXPORTING
    DAY_IN            = LV_DAY_IN
  IMPORTING
    LAST_DAY_OF_MONTH = LV_DAY_OUT
  EXCEPTIONS
    DAY_IN_NO_DATE    = 1
    OTHERS            = 2.
```

```
DATA: LV_DAY_IN TYPE CHAR8 VALUE '20240101'.
DATA: LV_DAY_OUT TYPE DATUM.

CALL FUNCTION 'RP_LAST_DAY_OF_MONTHS'
  EXPORTING
    DAY_IN            = CONV DATUM( LV_DAY_IN )
  IMPORTING
    LAST_DAY_OF_MONTH = LV_DAY_OUT
  EXCEPTIONS
    DAY_IN_NO_DATE    = 1
    OTHERS            = 2.
```

먼저, 왼쪽 예제의 경우 "CALL_FUNCTION_CONFLICT_TYPE" 덤프가 발생한다. EXPORTING, IMPORTING 두 파라미터 모두 DATUM 타입을 요구하는데, LV_DAY_IN 변수는 CHAR8 타입으로 파라미터의 타입과 일치하지 않기 때문이다. 반면에, 오른쪽 예제의 경우 LV_DAY_IN이 CHAR8 타입인 것은 동일하지만 파라미터에 CONV 연산자를 사용해 DATUM으로 타입을 변경해줬기 때문에 덤프가 발생하지 않고 정상적으로 함수의 결과를 반환한다.

특히, 이번 절에서 배운 COND, SWITCH 등의 연산자를 활용할 때 '#' 기호를 사용하면 프로그램 구문 점검에서는 문제가 없을 수도 있지만, 프로그램 실행 시 피연산자(파라미터)의 타입을 인식하지 못해 덤프가 발생할 위험이 있다. 이러한 덤프를 방지하기 위해 '#' 기호 대신 파라미터와 동일한 타입을 명시적으로 사용하거나 CONV #( ) 구문을 사용해 동일한 타입으로 지정해야 한다. 물론 파라미터에 사용할 변수 선언 시 데이터 타입을 맞추는 것이 가장 좋은 방법이지만, CONV 연산자를 사용하는 것도 좋은 대안이 될 수 있다.

3-2 반복문

ABAP 7.40 릴리즈 이후 도입된 새로운 반복문 구문들은 코드의 효율성과 가독성을 크게 향상시켰다. 기존 LOOP 구문에 새롭게 추가된 구문들을 통해 다양한 데이터 처리 방법을 학습하고, ABAP 7.40 릴리즈 후 새롭게 도입된 FOR 표현식을 사용해 인터널 테이블과 데이터를 처리하는 방법을 알아보자.

3-2-1 LOOP AT GROUP BY

ABAP 7.40 릴리즈 이후 'LOOP AT itab GROUP BY' 구문이 소개되었다. 이는 SELECT 절에서 사용하는 GROUP BY 절과 유사한 기능으로, 인터널 테이블의 데이터를 특정 조건에 따라 그룹화한다. LOOP GROUP BY 구문이 소개되기 전에는 COLLECT 구문이나 AT NEW, 중첩 LOOP 구문을 사용해 데이터를 그룹화했다. 하지만 이런 기존 방법들은 다양한 조건을 처리하는 데 한계가 있었으며, 특히 AT NEW 구문의 경우 데이터가 조건에 맞게 제대로 정렬되어 있지 않으면 부정확한 결과가 나올 위험이 있었다. 이번 절에서 예제를 통해 LOOP GROUP BY 구문을 학습하고 이를 활용해보자.

예제 | Z99-51

```
LOOP AT lt_list INTO DATA(ls_list)
            GROUP BY ( carrid = ls_list-carrid
                       connid = ls_list-connid
                       size   = GROUP SIZE
                       index  = GROUP INDEX )
            ASCENDING
            INTO DATA(members).

ENDLOOP.
```

기본적으로 GROUP BY 구문을 사용하면 원본 인터널 테이블은 GROUP BY 절에 명시된 조건으로 그룹화된다. 이때 그룹화된 결과 데이터를 '멤버(Member)'라고 한다. LOOP 안에서 필요에 따라 그룹의 각 멤버에 접근해서, 이전에 그룹화했던 원래의 개별 데이터에 다시 접근할 수 있다.
LOOP AT itab GROUP BY 구문의 상세 옵션은 표 Z99-1와 같다.

옵션	설명
GROUP SIZE	원본 인터널 테이블에서 GROUP BY 조건에 따라 그룹화된 데이터의 건 수를 나타낸다.
GROUP INDEX	그룹화된 테이블 내에서 해당 그룹의 인덱스 번호를 의미한다.
WITH OUT MEMBERS	멤버의 원본 데이터에 직접 접근이 필요하지 않음을 나타낸다. 이 옵션을 사용하면 멤버의 원본 데이터에 대한 불필요한 접근을 줄여 성능을 향상시킬 수 있다.
ASCENDING / DECENDING	그룹화 시 오름차순 또는 내림차순으로 정렬하도록 지정한다.
LOOP AT GROUP members	LOOP AT GROUP BY 절 내부에서 멤버(그룹화된 데이터의 원천)에 접근해야 하는 경우 사용한다.

표 Z99-1 LOOP AT GROUP BY 옵션

원본 인터널 테이블			그룹화된 결과 데이터(멤버 테이블)			
CARRID	CONNID	FLDATE	CARRID	CONNID	SIZE	INDEX
AA	0017	2024.01.01	AA	0017	5	1
AA	0017	2024.02.01	LH	0400	3	2
AA	0017	2024.03.01				
AA	0017	2024.04.01				
AA	0017	2024.05.01				
LH	0400	2024.01.01				
LH	0400	2024.02.01				
LH	0400	2024.03.01				

표 Z99-2 LOOP AT GROUP BY 예시

표 Z99-2를 통해 원본 인터널 테이블의 데이터와 LOOP AT GROUP BY 구문을 통해 그룹화된 결과 데이터의 구성을 확인할 수 있다. 원본 인터널 테이블 중 CARRID와 CONNID를 그룹화 조건으로 사용해 [AA/0017], [LH/0400] 두 그룹이 형성되었음을 알 수 있다. 이 그룹화된 데이터를 '멤버'라고 한다.

예를 들어, 멤버 중 [AA/0017] 행을 보면 SIZE 필드에 5가 들어 있다. 이는 원본 테이블에서 [AA/0017]로 그룹화된 데이터가 5건 있다는 것을 의미한다. 또한, INEDX 1은 그룹화된 멤버 테이블에서 [AA/0017] 행의 위치(인덱스 1)에 있음을 의미한다.

3-2-2 LOOP AT GROUP - 멤버의 개별 데이터에 접근

그룹화된 멤버 테이블의 원본 데이터에 접근해야 하는 경우 LOOP AT GROUP 구문을 사용한다. 이때 외부 루프인 LOOP AT itab GROUP 절에 WITHOUT MEMBERS 옵션이 사용된 경우 구문 에러가 발생한다. 이는 WITHOUT MEMBERS 옵션 자체가 멤버의 개별 데이터에 접근할 필요가 없을 때 사용하는 옵션이기 때문이다.

예제 | Z99-52

```
LOOP AT lt_list INTO DATA(ls_list)
            GROUP BY ( carrid = ls_list-carrid
                       connid = ls_list-connid
                       size   = GROUP SIZE
                       index  = GROUP INDEX )
            ASCENDING
            INTO DATA(members).
```

```
    LOOP AT GROUP members INTO DATA(member).

    ENDLOOP.

  ENDLOOP.
```

예제는 멤버의 개별 데이터(원본 데이터)에 접근하는 방법을 보여준다. 다음 표를 보며 어떻게 멤버의 개별 데이터에 접근하는지 확인해보자. 또한, 직접 디버깅으로 하나씩 살펴보는 것도 좋은 방법이다.

members 변수(멤버 테이블)				member 변수(멤버 테이블의 원본 데이터)		
CARRID	CONNID	SIZE	INDEX	CARRID	CONNID	FLDATE
AA	0017	5	1	AA	0017	2024.01.01
				AA	0017	2024.02.01
				AA	0017	2024.03.01
				AA	0017	2024.04.01
				AA	0017	2024.05.01

표 Z99-3 멤버의 개별 데이터에 접근

표 Z99-2의 데이터를 [AA/0017] 기준으로 그룹화한 결과, 표 Z99-3처럼 멤버가 그룹화되었다. LOOP AT GROUP members 구문은 이렇게 그룹화된 멤버의 개별 데이터 즉, 멤버 테이블을 구성하는 원본 데이터를 확인하는 데 사용한다. 내부 LOOP 문은 해당 그룹의 크기(SIZE)만큼 반복하며 원본 데이터에 접근한다.

GROUP BY 절을 통해 데이터를 그룹화하여 멤버를 만들고, LOOP AT GROUP members 구문을 사용하여 해당 그룹 안에 포함된 실제 원본 데이터에 다시 접근하여 필요한 작업을 수행할 수 있다.

3-2-3 멤버 없이 인터널 테이블 그룹화

앞서 학습한 것처럼, LOOP AT GROUP 구문을 사용할 때 멤버를 기록하지 않고, 원본 인터널 테이블을 그룹화하여 새로운 인터널 테이블을 만들 수 있다. 이 경우, 원본 인터널 테이블에서 GROUP BY 키에 일치하는 데이터 중 첫 번째 데이터가 기록된다. 또한, 멤버(그룹화의 결과)를 별도로 저장하지 않기 때문에 SIZE, INDEX 옵션은 사용할 수 없다.

예제 | Z99-53
```
  LOOP AT lt_list INTO DATA(ls_list)
              GROUP BY ( carrid = ls_list-carrid
```

```
                            connid = ls_list-connid  )
                ASCENDING.
  ENDLOOP.
```

이해를 돕기 위해 표 Z99-2의 데이터를 GROUP BY 키로 그룹화하여 새로운 인터널 테이블을 만들면 다음과 같이 구성된다.

예제 | Z99-54

```
  TYPES: BEGIN OF type,
           carrid TYPE s_carr_id,
           connid TYPE s_conn_id,
           fldate TYPE s_date,
         END OF type.
  TYPES   ttype TYPE TABLE OF type.

  DATA lt_list TYPE ttype.
  DATA lt_data TYPE ttype.

  lt_list = VALUE #(
    ( carrid = 'AA' connid = '0017' fldate = '20240101' )
    ( carrid = 'AA' connid = '0017' fldate = '20240201' )
    ( carrid = 'AA' connid = '0017' fldate = '20240301' )
    ( carrid = 'AA' connid = '0017' fldate = '20240401' )
    ( carrid = 'AA' connid = '0017' fldate = '20240501' )
    ( carrid = 'LH' connid = '0400' fldate = '20240101' )
    ( carrid = 'LH' connid = '0400' fldate = '20240201' )
    ( carrid = 'LH' connid = '0400' fldate = '20240301' ) ).

LOOP AT lt_list INTO DATA(ls_list)
             GROUP BY ( carrid = ls_list-carrid
                        connid = ls_list-connid  )
             ASCENDING.
    APPEND ls_list TO lt_data.

ENDLOOP.

cl_demo_output=>display( lt_data ).
```

결과 | Z99-54

LT_DATA		
CARRID	CONNID	FLDATE
AA	0017	2024-01-01
LH	0400	2024-01-01

이 방식은 멤버 구성이 필요하지 않고 GROUP BY 키로 그룹화하여 새로운 인터널 테이블을 구성할 때 유용하다.

3-2-4 반복 표현식 FOR

ABAP 7.40 릴리즈 이후 반복문의 새로운 유형으로 FOR 표현식이 소개되었다. 다른 개발 언어의 FOR 문과 마찬가지로, 이 표현식은 반복적인 처리를 수행할 수 있다. 특히, REDUCE를 사용하는 생성자 표현식과 VALUE, NEW 연산자에서 인터널 테이블을 생성하기 위한 반복 표현식으로 사용할 수 있다. 먼저 간단하게 FOR 구문을 살펴보자.

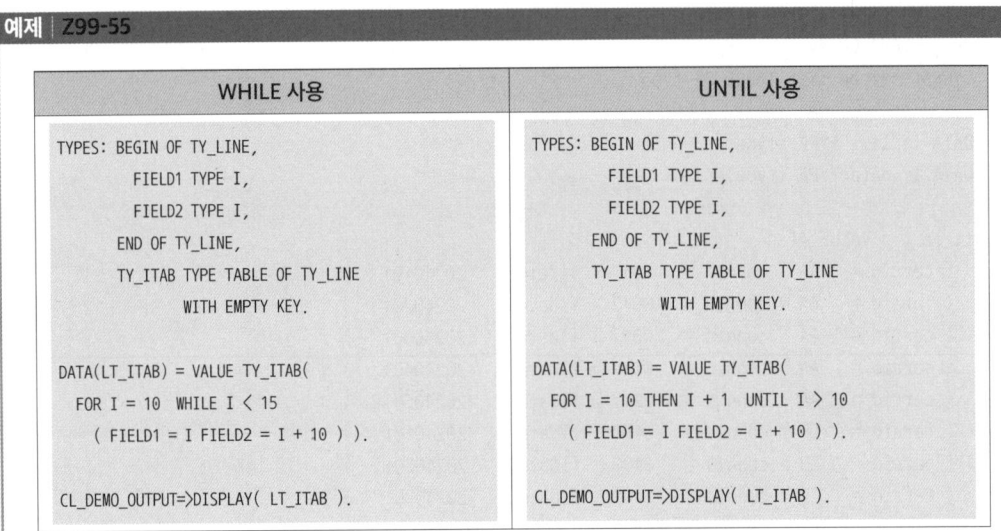

예제는 VALUE 연산자의 하위에 FOR 반복문을 사용하여 인터널 테이블을 초기화하는 방법을 보

여준다. 이때, 인터널 테이블의 데이터는 FOR 반복 표현식에 따라 설정된다.

먼저, 변수 I는 FOR 표현식 블록 내에서만 사용 가능한 로컬 임시 변수로, 이는 앞서 학습한 LET 표현식과 유사하다. 변수 I는 10에서 시작하며, 매 반복 시 THEN 절에 명시된 계산식을 수행하여 값을 1씩 증가시킨다. 참고로, 반복문 조건의 데이터 타입이 숫자, 날짜, 시간인 경우 THEN 절을 생략할 수 있다. 왼쪽의 WHILE 예제에서는 THEN 절이 생략되어 있으며, 이 경우 값이 자동으로 1씩 증가한다.

FOR 반복문에서는 종료 조건을 WHILE 또는 UNTIL을 사용해 제어할 수 있으며, 이 두 가지 조건의 차이는 표 Z99-4와 같다.

WHILE	UNTIL
종료 조건이 FALSE 일 때 반복 종료	종료 조건이 TRUE일 때 반복 종료
조건이 FALSE인 경우 아예 실행하지 않음	조건이 TRUE여도 반복문은 무조건 1번 실행

표 Z99-4 WHILE과 UNTIL 비교

예제에서 WHILE 조건은 'I <15'일 때까지 반복된다. 따라서 변수 I가 10으로 시작하여 14까지 총 5번 반복된다. 이후 변수 I가 15에 도달하면 조건이 FALSE가 되어 반복이 종료된다. 반면, UNTIL 조건은 조건이 TRUE가 되기 전까지 먼저 한 번 반복이 수행된다. 즉, 변수 I가 10으로 시작하면 첫 번째 반복이 수행되고, 그 후에 UNTIL 조건이 TRUE인지 여부에 따라 반복이 종료된다. 즉, UNTIL 조건은 무조건 한 번의 반복을 보장하며, WHILE 조건은 조건이 충족되지 않으면 반복문이 전혀 실행되지 않는다.

3-2-5 반복 표현식 FOR ~ IN

FOR 반복 표현식은 인터널 테이블을 생성하고 가공하기 위한 표현식으로 활용할 수 있다. 이 표현식은 NEW 또는 VALUE 연산자의 하위에서 인터널 테이블을 위한 표현식으로 사용하며, 이를 Table Comprehension(테이블 이해)이라고 한다. 이제 기본적인 'FOR ~ IN itab' 구문에 대해 예제와 함께 살펴보자.

예제 | Z99-56

LOOP 사용

```
TYPES: BEGIN OF TY_NAME,
         INDEX    TYPE I,
         CARRID   TYPE SCARR-CARRID,
         FULLNAME TYPE STRING,
       END OF TY_NAME,
       TY_T_NAME TYPE TABLE OF TY_NAME
                 WITH EMPTY KEY.

DATA:
  LS_SCARR TYPE SCARR,
  LT_SCARR LIKE TABLE OF LS_SCARR,
  LS_NAME  TYPE TY_NAME,
  LT_NAME  TYPE TY_T_NAME.

SELECT *
  FROM SCARR
  INTO CORRESPONDING FIELDS OF TABLE LT_SCARR.

LOOP AT LT_SCARR INTO LS_SCARR.
  LS_NAME-INDEX = SY-TABIX.
  LS_NAME-CARRID = LS_SCARR-CARRID.
  LS_NAME-FULLNAME = LS_SCARR-CARRID &&
                     |: | &&
                     LS_SCARR-CARRNAME.

  APPEND LS_NAME TO LT_NAME.
  CLEAR LS_NAME.
ENDLOOP.

CL_DEMO_OUTPUT=>DISPLAY( LT_NAME ).
```

FOR 사용

```
TYPES: BEGIN OF TY_NAME,
         INDEX    TYPE I,
         CARRID   TYPE SCARR-CARRID,
         FULLNAME TYPE STRING,
       END OF TY_NAME,
       TY_T_NAME TYPE TABLE OF TY_NAME
                 WITH EMPTY KEY.
SELECT *
  FROM SCARR
  INTO TABLE @DATA(LT_SCARR).

DATA(LT_NAME) = VALUE TY_T_NAME(
  FOR WA IN LT_SCARR INDEX INTO IDX (
            INDEX    = IDX
            CARRID   = WA-CARRID
            FULLNAME = WA-CARRID &&
                       |: | &&
                       WA-CARRNAME ) ).

CL_DEMO_OUTPUT=>DISPLAY( LT_NAME ).
```

결과 | Z99-56

LT_NAME

INDEX	CARRID	FULLNAME
1	AA	AA: American Airlines
2	AC	AC: Air Canada
3	AF	AF: Air France
4	AZ	AZ: Alitalia
5	BA	BA: British Airways
6	FJ	FJ: Air Pacific
7	CO	CO: Continental Airlines

이해를 돕기 위해 동일한 결과를 생성하는 소스 코드를 LOOP와 FOR 구문으로 나눠 예제를 작성했다. 오른쪽의 FOR 구문은 이전에 LET 표현식에서 사용한 소스 코드와 동일하며, DO 구문을 FOR 구문으로 변경한 것이다. 오른쪽 FOR 반복문은 인터널 테이블 LT_NAME을 생성하는 과정에서 FOR 반복 표현식을 활용한다. 이 경우, LOOP 반복문과 유사하게 FOR 반복문은 IN절 뒤에 위치한 인터널 테이블 LT_SCARR의 데이터를 한 건씩 순차적으로 로컬 임시 구조체 변수 WA에 복사한다. WA는 FOR 표현식 내부에서만 사용 가능한 로컬 변수이다. LET 표현식과 마찬가지로 FOR 표현식의 괄호 안에 명시된 필드는 최종적으로 값이 저장될 인터널 테이블 LT_NAME의 컴포넌트이다. 참고로, FOR 반복문 내에서는 시스템 변수 SY-INDEX, SY-TABIX 등의 값이 자동으로 할당되지 않는다. 이를 대신하여 INDEX INTO 옵션을 사용하여 TABIX와 같은 인덱스 값을 받을 수 있다.

조금 더 알아보기 — FOR 디버깅 하기(Step Size)

이 기능은 상권의 "6장 디버깅"에서 설명했지만, 다시 한번 소개한다. FOR는 LOOP와 달리 디버깅에서 [F5] 키를 누르면 단계적으로 디버깅을 할 수 없고 전체 결과가 할당된 인터널 테이블만 조회할 수 있다. 이때 디버깅 화면 상단의 [Step Size] 버튼을 누르면 FOR 반복문을 수행할 때도 한 건씩 데이터가 인터널 테이블에 할당되는 것을 확인할 수 있다.

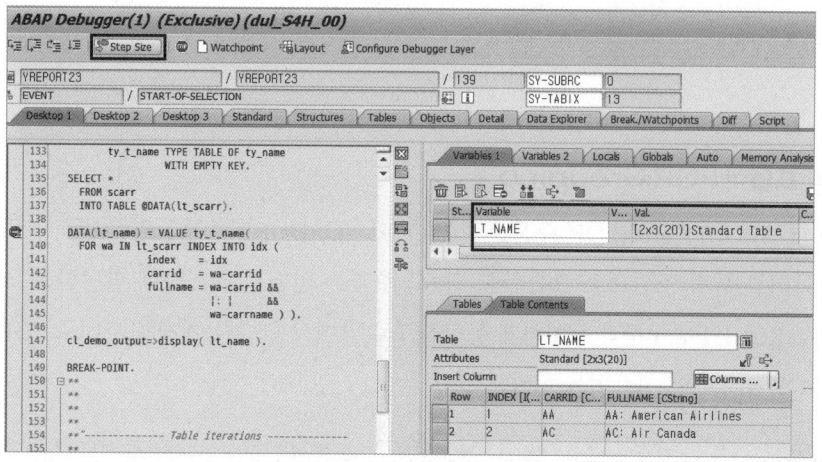

그림 Z99-10 Step Size 디버깅

3-2-6 반복 표현식 FOR(LET 표현식 사용)

또한, FOR 반복문 안에 LET 표현식을 사용하여 데이터를 가공할 수 있다.

예제 | Z99-57

```
  SELECT *
    FROM SCARR
    INTO TABLE @DATA(LT_SCARR).

  DATA(LT_LIST) = VALUE STRING_TABLE(
    FOR <FS> IN LT_SCARR INDEX INTO IDX
    LET SEP  = '_'
        VAR1 = |INDEX: { IDX }|
        VAR2 = <FS>-CARRID && SEP && <FS>-CARRNAME
        VAR3 = |{ VAR1 }, TEXT = { VAR2 }|
    IN ( VAR3 ) ).

  CL_DEMO_OUTPUT=>DISPLAY( LT_LIST ).
```

결과 | Z99-57

```
LT_LIST
INDEX: 1, TEXT = AA_American Airlines
INDEX: 2, TEXT = AC_Air Canada
INDEX: 3, TEXT = AF_Air France
INDEX: 4, TEXT = AZ_Alitalia
INDEX: 5, TEXT = BA_British Airways
INDEX: 6, TEXT = FJ_Air Pacific
INDEX: 7, TEXT = CO_Continental Airlines
```

3-2-7 반복 표현식 FOR Grouping

다음은 'FOR GROUPS group OF' 구문으로, 'LOOP ~ GROUP BY'와 동일한 방식으로 인터널 테이블의 데이터를 특정 조건으로 그룹화한 뒤, 그 결과를 인터널 테이블에 할당하는 표현식이다. LOOP AT GROUP BY 구문과 동일하게 동작하므로 앞에서 학습한 예제를 그대로 FOR 구문으로 바꿔보며 FOR GROUPS 사용법을 이해해보자.

예제 | Z99-58

```
  TYPES: BEGIN OF TY_LIST,
           CARRID TYPE SFLIGHT-CARRID,
           CONNID TYPE SFLIGHT-CONNID,
           SIZE   TYPE I,
           INDEX  TYPE I,
         END OF TY_LIST,
```

```
            TY_T_LIST TYPE TABLE OF TY_LIST WITH EMPTY KEY.

  SELECT *
    FROM SFLIGHT
    WHERE CARRID IN ( 'AA', 'LH' )
    INTO TABLE @DATA(LT_SFLIGHT).

  DATA(LT_LIST) = VALUE TY_T_LIST( FOR GROUPS GROUP OF WA IN LT_SFLIGHT
                                   GROUP BY ( CARRID = WA-CARRID
                                              CONNID = WA-CONNID
                                              SIZE   = GROUP SIZE
                                              INDEX  = GROUP INDEX )
                                   DESCENDING
                                   ( CORRESPONDING #( GROUP ) ) ).

  CL_DEMO_OUTPUT=>DISPLAY( LT_LIST ).
```

결과 | Z99-58

LT_LIST			
CARRID	CONNID	SIZE	INDEX
LH	2407	15	7
LH	2402	15	6
LH	0402	15	5
LH	0401	15	4
LH	0400	15	3
AA	0064	13	2
AA	0017	16	1

예제에서는 IN 절 뒤에 있는 인터널 테이블을 순차적으로 WA 구조체에 복사한다. 이 과정에서 GROUP BY 절에 명시된 조건에 따라 데이터를 그룹화하며, 그룹화된 결과는 GROUP 변수에 할당된다. LOOP AT GROUP BY와 유사하게, SIZE는 그룹화된 데이터의 개수를 나타내며, INDEX는 인터널 테이블 내에서 그룹화된 데이터의 위치를 표시한다.

FOR 구문을 활용하면 인터널 테이블의 데이터를 기준으로 RANGE 변수의 조건 값을 설정할 수 있으며, LOOP 문이나 SQL을 사용하지 않고도 데이터를 효과적으로 이동시킬 수 있다. 다음 예제는 LT_SFLIGHT 인터널 테이블에서 CARRID, CONNID로 그룹화한 후, 그룹화된 결과를 LR_RANGE라는 RANGE 변수에 할당하는 방법을 보여준다.

예제 | Z99-59

```
  TYPES TY_RANGE TYPE RANGE OF SPFLI-CONNID.
```

```
SELECT *
  FROM SFLIGHT
  WHERE CARRID IN ( 'AA', 'LH' )
  INTO TABLE @DATA(LT_SFLIGHT).

DATA(LR_RANGE) = VALUE TY_RANGE( FOR GROUPS GROUP OF WA IN LT_SFLIGHT
                                 GROUP BY ( CARRID = WA-CARRID
                                            CONNID = WA-CONNID )
                                            ASCENDING
                                            WITHOUT MEMBERS
                                 LET SIGN   = 'I'
                                     OPTION = 'EQ'
                                  IN SIGN   = SIGN
                                     OPTION = OPTION
                                     ( LOW = GROUP-CONNID ) ).
CL_DEMO_OUTPUT=>DISPLAY( LR_RANGE ).
```

결과 | Z99-59

LR_RANGE			
SIGN	OPTION	LOW	HIGH
I	EQ	0017	0000
I	EQ	0064	0000
I	EQ	0400	0000
I	EQ	0401	0000
I	EQ	0402	0000
I	EQ	2402	0000
I	EQ	2407	0000

'FOR GROUPS ~ OF' 구문은 그룹화 키를 기준으로 그룹화된 데이터만 제공한다. 예제에서 임시 로컬 변수 group은 CARRID, CONNID, SIZE, INDEX 만을 구성 요소로 가진다. 그룹화된 데이터의 원본 데이터, 즉 각 그룹에 속한 개별 데이터에 접근하려면 'FOR ~ IN GROUP' 구문을 사용해야 한다. 이는 앞서 배운 LOOP AT GROUP 구문에서 멤버에 접근하는 방법과 동일하다. 또한, 개별 데이터에 접근해야 하기 때문에 당연히 WITHOUT MEMBERS 옵션은 사용할 수 없다.

예제 | Z99-60

```
TYPES: BEGIN OF TY_LIST,
         CARRID    TYPE SFLIGHT-CARRID,
         CONNID    TYPE SFLIGHT-CONNID,
         SIZE      TYPE I,
         INDEX     TYPE I,
         GROUP_TAB TYPE TY_FLIGHTS,
       END OF TY_LIST,
```

```
          TY_T_LIST TYPE TABLE OF TY_LIST WITH EMPTY KEY.

SELECT *
  FROM SFLIGHT
  WHERE CARRID IN ( 'AA', 'LH' )
  INTO TABLE @DATA(LT_SFLIGHT).

DATA(LT_LIST) = VALUE TY_T_LIST( FOR GROUPS GROUP OF WA IN LT_SFLIGHT
                         GROUP BY ( CARRID = WA-CARRID
                                    CONNID = WA-CONNID
                                    SIZE   = GROUP SIZE
                                    INDEX  = GROUP INDEX )
                                    DESCENDING
                           LET MEMEMBERS = VALUE TY_FLIGHTS(
                           FOR MEMBER IN GROUP GROUP ( CORRESPONDING #( MEMBER ) ) )
                           IN ( CARRID    = GROUP-CARRID
                                CONNID    = GROUP-CONNID
                                SIZE      = GROUP-SIZE
                                INDEX     = GROUP-INDEX
                                GROUP_TAB = MEMEMBERS       ) ).
```

결과 Z99-60

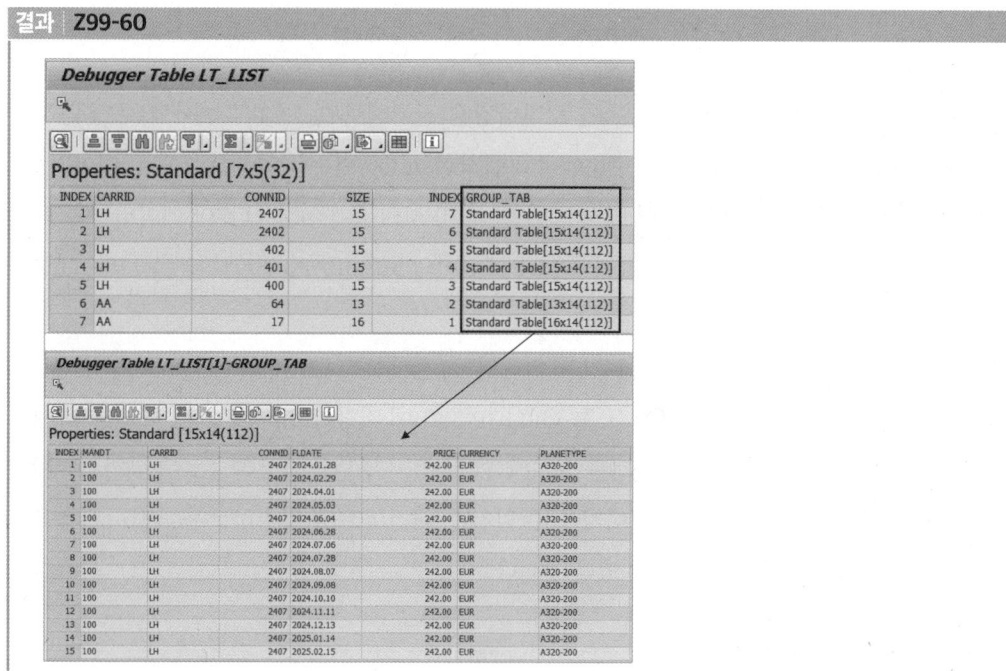

예제에서 CARRID와 CONNID 두 개의 값을 기준으로 인터널 테이블을 그룹화하고, 그룹화된 멤버 데이터를 보기 위해 GROUP_TAB이라는 테이블 타입의 필드를 추가하여 Deep Structure 구조의 인터널 테이블을 생성했다.

예제를 하나씩 살펴보면, 먼저 'FOR GROUP group OF wa IN lt_sflight' 구문에서 CARRID와 CONNID를 키 값으로 인터널 테이블 LT_SFLIGHT의 데이터를 그룹화한다. 그 후, 그룹화된 멤버 데이터를 가져오기 위해 LET 표현식을 사용하여 임시 로컬 변수 MEMBERS에 앞서 그룹화한 기준의 멤버 데이터를 임시 저장한다.

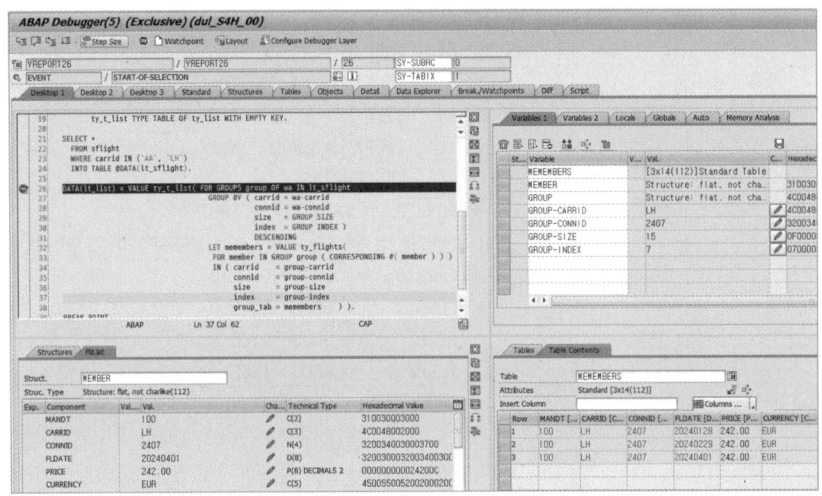

그림 Z99-11 FOR 반복문을 Step Size로 디버깅

이해를 돕기 위해, 앞서 학습한 'Step Size'로 디버깅을 진행해보면, LET 표현식의 로컬 임시 변수 MEMBERS에는 'FOR GROUP ~' 구문에서 그룹화한 group 변수를 기준으로 멤버 데이터들이 'FOR ~ IN GROUP' 구문을 반복하며 임시 로컬 변수 MEMBER에 저장된다. 이 데이터들은 'FOR ~ IN GROUP' 구문의 반복이 종료될 때까지 LET 표현식의 MEMBERS(인터널 테이블) 변수에 저장된다.

'FOR ~ IN GROUP' 반복이 종료되면, LET 표현식의 IN 절에는 CARRID와 CONNID를 기준으로 그룹화된 데이터와 그에 대한 멤버 데이터를 GROUP_TAB에 저장하고, 이를 최종 피연산자인 LT_LIST 인터널 테이블에 저장한다. 이 과정은 'FOR GROUPS ~' 구문의 반복이 종료될 때까지 계속된다. 이 내용을 글로만 봐서는 이해하기 어려울 수 있지만, 직접 코드를 작성하고 Step Size 기능을 활용하여 디버깅해보면 정확히 이해할 수 있을 것이다.

3-2-8 REDUCE 연산자

이번 절에서는 ABAP 7.40 릴리즈 이후 도입된 감소 연산자(Reduction Operator)인 REDUCE에 대해 알아보자. REDUCE는 하나 이상의 FOR 반복문을 사용하여 간단한 집계나 인터널 테이블의 데이터를 집계하는 데 활용한다. 특히, 기존에는 AT NEW, SUM, COLLECT 구문을 사용하여 인터널 테이블의 데이터를 집계했지만, REDUCE 연산자를 사용하면 이러한 복잡한 집계 작업을 더 간결하게 표현할 수 있다.

먼저, REDUCE 연산자의 간단한 형태를 살펴보자. 다음 예제는 FOR 반복문을 수행하며 데이터를 집계하는 방법을 보여준다.

예제 | Z99-61

```abap
DATA(lv_count) = REDUCE i( INIT s = 2
                           FOR i = 1 THEN i + 2 UNTIL i > 15
                           NEXT s = s + i ).

cl_demo_output=>display( lv_count ).
```

결과 | Z99-61

```
LV_COUNT
66
```

REDUCE 연산자는 앞서 학습한 VALUE와 NEW 연산자처럼, 괄호 앞에 데이터 타입 또는 '#'을 입력하여 피연산자의 데이터 타입을 결정한다. REDUCE 블록(괄호) 안에서 INIT는 초기 값을 나타내며, FOR 반복문은 로컬 임시 변수 i가 15 미만일 때까지 반복한다. 그리고 NEXT에는 FOR 반복문과 결과를 업데이트하는 로직을 정의한다.

예제를 간단히 설명하면, REDUCE 연산자의 시작 값은 2이고, 반복문은 1부터 시작하여 매 반복마다 2씩 증가한다. '(THEN i + 2)'에 따라 로컬 임시 변수 i가 15 미만일 때까지 반복하므로, 총 8번 반복한다. 이 반복마다 NEXT 절에 계산 결과 값을 업데이트한다. 이 예제 또한 Step Size 디버깅을 통해 분석해보면 이해하기 어렵지 않을 것이다.

이번에는 인터널 테이블의 데이터를 집계해보자. 다음 예제에서는 인터널 테이블의 데이터 중 항공사 아이디(CARRID)가 'UA'이고, 항공편 넘버(CONNID)가 '3517'인 데이터의 가격을 집계하는 로직이다.

예제 | Z99-62

```abap
SELECT *
  FROM SFLIGHT
  INTO TABLE @DATA(LT_SFLIGHT).

DATA(LV_PRICE_SUM) = REDUCE S_PRICE( INIT S TYPE S_PRICE
                                     FOR <FS> IN LT_SFLIGHT WHERE ( CARRID = ' UA ' AND
```

```
                                                            CONNID = '3517' )
                                 NEXT S += <FS>-PRICE ).
CL_DEMO_OUTPUT=>DISPLAY( LV_PRICE_SUM ).
```

결과 | Z99-62

```
LV_PRICE_SUM
9165.15
```

앞서 학습한 것과 같이, REDUCE 연산자 블록에서 INIT 절에는 초기 값을 지정한다. 이때, 통화나 단위처럼 ABAP Dictionary에 참조 필드(REFERENCE FIELD)가 등록된 필드의 경우, 단순히 's = 0'과 같이 숫자 값만 지정하면 단위가 맞지 않는 문제가 발생할 수 있다. 예를 들어, 초기 값을 's = 0'으로 지정하면, 결과는 '9165.0'이 된다. 정확한 계산을 위해서는 초기 값을 지정할 때 해당 필드의 타입을 명시해주는 것이 좋다. 또한, NEXT 절에서 'S += <FS>-PRICE'은 'S = S + <FS>-PRICE'의 단축 표현이다. 또한, REDUCE 연산자는 단순한 집계뿐만 아니라 조건 연산자를 활용하여 최댓값이나 최솟값을 구할 때도 활용한다.

예제 | Z99-63

```
SELECT *
  FROM SFLIGHT
  INTO TABLE @DATA(LT_SFLIGHT).

DATA(LV_SEATMAX) = REDUCE S_SEATSMAX( INIT MAX TYPE S_SEATSMAX
                                     FOR <FS> IN LT_SFLIGHT WHERE ( CARRID EQ 'UA' )
                                     NEXT MAX = COND #( WHEN <FS>-SEATSMAX > MAX
                                                         THEN <FS>-SEATSMAX
                                                         ELSE MAX ) ).
CL_DEMO_OUTPUT=>DISPLAY( LV_SEATMAX ).
```

결과 | Z99-63

```
LV_SEATMAX
475
```

예제에서는 인터널 테이블에서 특정 조건에 맞는 데이터의 최댓값을 구하는 방법을 보여준다. 간단히 설명하면, 인터널 테이블의 항공사 ID(CARRID)가 'UA'인 데이터의 최대 좌석 수(SEATSMAX)를 구한다. 이후, FOR 반복문을 수행하면서 NEXT 절의 로컬 임시 변수 MAX와 현재 반복 중인

SEATSMAX 값과 비교하여 더 큰 값을 NEXT의 임시 변수에 저장한다. 이는 최종적으로 피연산자 LV_SEATMAX에 할당된다.

3-2-9 REDUCE 연산자(COLLECT와 비교)

REDUCE 연산자는 기존에 LOOP 구문 안에서 COLLECT나 AT NEW 구문을 사용해 인터널 테이블의 데이터를 집계하던 방식을 보다 간결하고 직관적으로 구현할 수 있게 해준다. 다음 예제에서는 COLLECT와 REDUCE를 비교하며 그 차이점을 확인해본다.

예제 | Z99-64

COLLECT 사용(ABAP 7.40 릴리즈 이전)	REDUCE 사용(ABAP 7.40 릴리즈 이후)
| ```abap
TYPES: BEGIN OF TY_LIST,
         CARRID TYPE SFLIGHT-CARRID,
         CONNID TYPE SFLIGHT-CONNID,
         PRICE  TYPE SFLIGHT-PRICE,
       END OF TY_LIST,
       TY_T_LIST TYPE TABLE OF TY_LIST
                 WITH NON-UNIQUE SORTED KEY ID
                 COMPONENTS CARRID CONNID.

DATA:
  LS_LIST    TYPE TY_LIST,
  LT_LIST    TYPE TY_T_LIST,
  LS_SFLIGHT TYPE SFLIGHT,
  LT_SFLIGHT TYPE TABLE OF SFLIGHT.

SELECT *
  FROM SFLIGHT
  INTO CORRESPONDING FIELDS OF TABLE LT_SFLIGHT
  ORDER BY CARRID CONNID.

LOOP AT LT_SFLIGHT INTO LS_SFLIGHT.

  MOVE-CORRESPONDING LS_SFLIGHT TO LS_LIST.
  COLLECT LS_LIST INTO LT_LIST.
  CLEAR LS_LIST.

ENDLOOP.

CL_DEMO_OUTPUT=>DISPLAY( LT_LIST ).
``` | ```abap
TYPES: BEGIN OF TY_LIST,
         CARRID TYPE SFLIGHT-CARRID,
         CONNID TYPE SFLIGHT-CONNID,
         PRICE  TYPE SFLIGHT-PRICE,
       END OF TY_LIST,
       TY_T_LIST TYPE TABLE OF TY_LIST
                 WITH EMPTY KEY.

SELECT *
  FROM SFLIGHT
  ORDER BY CARRID, CONNID
  INTO TABLE @DATA(LT_SFLIGHT).

DATA(LT_LIST) = VALUE TY_T_LIST(
  FOR GROUPS GROUP OF <FS> IN LT_SFLIGHT
    GROUP BY ( CARRID = <FS>-CARRID
               CONNID = <FS>-CONNID )
             ASCENDING

    LET SUM = REDUCE S_PRICE(
       INIT S TYPE S_PRICE
       FOR <MEM> IN GROUP GROUP
       NEXT S = S + <MEM>-PRICE )

    IN ( CARRID = GROUP-CARRID
         CONNID = GROUP-CONNID
         PRICE  = SUM ) ).

CL_DEMO_OUTPUT=>DISPLAY( LT_LIST ).
``` |

결과 | **Z99-64**

LT_LIST		
CARRID	CONNID	PRICE
AA	0017	7374.1
AA	0064	5498.22
AZ	0555	2220.0
AZ	0788	13390.0
AZ	0789	12360.0
AZ	0790	12168.0
DL	0106	7943.13
DL	1699	5498.22
DL	1984	5498.22
JL	0407	13797.68

예제에서는 각각 COLLECT와 REDUCE를 사용하여 인터널 테이블에 데이터를 집계한다. REDUCE 방식은 처음 접할 때는 조금 생소하고 어려울 수 있지만, 전체적인 흐름은 다음과 같다.

1. SFLIGHT 데이터베이스에서 전체 데이터를 조회하여 LT_SFLIGHT 인터널 테이블에 가져온다.

2. 'FOR GROUPS ~' 구문에서, IN 절에 명시된 인터널 테이블 LT_SFLIGHT를 GROUP BY 절에 나열된 값을 기준으로 그룹화한다. 그룹화된 데이터를 FOR 반복문의 로컬 임시 변수 group에 저장한다.

3. LET 표현식을 사용하여 로컬 임시 변수 sum을 선언하고, 여기에 그룹화된 멤버 데이터의 합계를 저장한다.

4. LET 표현식의 sum 변수에 합계 값을 할당하기 위해 REDUCE 연산자를 사용한다.

5. REDUCE 연산자의 초기 값은 S_PRICE 타입의 로컬 임시 변수 s로 설정되며, 2번 단계에서 그룹화한 데이터를 기준으로 멤버 데이터를 'FOR ~ IN GROUP' 구문을 통해 반복한다. 이때, <MEM> 필드 심볼에 각 멤버 데이터가 할당된다.

6. NEXT 절에서 'FOR ~ IN GROUP' 구문이 반복되는 동안 로컬 임시 변수 s에 각 멤버 데이터의 PRICE 값이 계속 누적되어 집계된다.

7. 'FOR ~ IN GROUP' 구문의 반복이 종료되면, LET 표현식의 IN 절에 최종 계산된 결과 값을 넣는다. 여기서 명시된 필드는 최종 결과가 저장될 LT_LIST 인터널 테이블의 컴포넌트로, 첫 번째 반복의 결과가 인터널 테이블의 첫 번째 행에 할당된다.

8. 2번부터 7번까지의 과정을 반복하며, 제일 바깥쪽 FOR 문인 'FOR GROUPS group OF' 절의 반복이 종료될 때까지 모든 그룹에 대해 계속된다.

3-3 문자열 처리

ABAP은 문자열을 쉽게 처리할 수 있도록 문자열 표현식(String Expression)과 문자열 함수(String Function)를 다양하게 제공한다. 이를 통해 더 효율적이고 간결한 소스 코드를 작성할 수 있다. 이번 절에서는 모든 기능을 다루지는 않지만, 자주 사용하는 몇 가지 기능을 살펴보고, 추가적인 기능은 ABAP Keyword Documentation과 [F1] 도움말을 통해 학습해보자.

3-3-1 문자열 표현식

1) 문자열 연결

일반적으로 ABAP 개발 시 문자열을 연결하기 위해서 CONCATENATE 구문을 주로 사용한다. 이 구문은 Character-like Type(C, D, N, T, STRING)만 연결할 수 있는 제약이 존재한다. 그러나 ABAP 7.40 릴리즈 이후 새롭게 도입된 리터럴 연산자 '&'와 연결 연산자 '&&'를 사용하면 데이터 타입의 제약을 거의 받지 않고 문자열을 연결할 수 있다.

또한, 기존에는 문자열에서 공백을 추가하려면 별도의 변수를 선언하거나. 그레이브 기호(`)를 사용하거나, CONCATENATE 구문에 'SEPARATED BY space' 옵션을 넣어 각 문자열을 공백으로 구분했다. 하지만 이제는 파이프 기호(|)를 사용하여 공백을 쉽게 인식할 수 있으며, 문자열 내에서 공백을 포함하는 작업을 쉽게 처리힐 수 있다. 또한, 파이프 기호 안에 중괄호 { }를 사용하여 하나의 변수를 포함시켜 텍스트 사이에 변수의 값을 연결할 수 있다.

문자열 연결에 사용하는 기호는 표 Z99-5와 같다.

연산자	설명
&	리터럴 연산자 &를 사용해 문자와 문자를 연결한다.
&&	연결 연산자 &&를 사용해 문자와 문자, 표현식, 변수를 연결할 수 있다.
| |	| | 기호 사이에 문자열을 입력할 수 있다.
|{ }|	| | 기호 안의 { }(중괄호) 기호 사이에 변수나 표현식을 넣을 수 있다.
₩	| | 기호 사이에 문자열을 입력할 때 특수 문자 {, }, |, ₩를 사용하려면 이스케이프 문자 ₩를 사용해야 한다.

표 Z99-5 문자열 제어 기호

다음 예제를 보며 표 Z99-5의 내용을 확인해보자.

``` DATA(LV_RESULT) = 'EASY' & 'ABAP'. WRITE LV_RESULT. ```	**1. 리터럴 연산자 & 사용** EASY ABAP
``` DATA LV_STRING TYPE STRING VALUE 'ABAP'. DATA(LV_RESULT) = 'EASY' && LV_STRING. WRITE LV_RESULT. ```	**2. 연결 연산자 && 사용** EASY ABAP
``` DATA LV_STRING TYPE STRING VALUE 'ABAP'. DATA(LV_RESULT) = |EASY | && LV_STRING. ```	**3. | | 기호 사용** EASY ABAP * | | 기호 사이에서는 띄어쓰기(공백)를 인식할 수 있다.

| ```
DATA lv_string  TYPE string VALUE 'ABAP'.
DATA lv_string2 TYPE string VALUE 'FIORI'.

DATA(lv_result) = |EASY { lv_string }|.
DATA(lv_result2) =
|EASY { lv_string } & { lv_string2 }|.
``` | 4. \|\| 문자열 안에 변수나 표현식 사용<br>EASY ABAP<br>EASY ABAP & FIORI |
| `DATA(LV_RESULT) = |EASY \{ ABAP \} \| \\|.` | 5. 이스케이프 문자 ₩
EASY { ABAP } \| ₩ |

2) Embedded Expression

Embedded Expression이란 말 그대로 내장된 표현식을 의미한다. 이 표현식을 사용하면 문자열을 표현할 때 날짜, 시간, ALPHA Routine, 통화 등의 값을 형식에 맞게 변환할 수 있다. 자세한 내용은 다음 예제를 통해 학습해보자.

```
... [WIDTH     = len]
    [ALIGN     = LEFT|RIGHT|CENTER|(dobj)|expr]
    [PAD       = c]
    [CASE      = RAW|UPPER|LOWER|(dobj)|expr]
    [SIGN      = LEFT|LEFTPLUS|LEFTSPACE|RIGHT|RIGHTPLUS|RIGHTSPACE|(dobj)|expr]
    [EXPONENT  = exp]
    [DECIMALS  = dec]
    [ZERO      = YES|NO|(dobj)|expr]
    [XSD       = YES|NO|(dobj)|expr]
    [STYLE     = SIMPLE|SIGN AS POSTFIX|SCALE_PRESERVING
                |SCIENTIFIC|SCIENTIFIC_WITH_LEADING_ZERO
                |SCALE_PRESERVING_SCIENTIFIC|ENGINEERING
                |(dobj)|expr]
    [CURRENCY  = cur]
    [NUMBER    = RAW|USER|ENVIRONMENT|(dobj)|expr]
    [ALPHA     = IN|OUT|RAW|(dobj)|expr]
    [DATE      = RAW|ISO|USER|ENVIRONMENT|(dobj)|expr]
    [TIME      = RAW|ISO|USER|ENVIRONMENT|(dobj)|expr]
    [TIMESTAMP = SPACE|ISO|USER|ENVIRONMENT|(dobj)|expr]
    [TIMEZONE  = tz]
    [COUNTRY   = cty] ...
```

그림 Z99-12 Embedded Expression

3) ALPHA Routine

ABAP Dictionary의 Domain 속성 중 'Routine'이 존재한다. 도메인에 대한 자세한 내용은 앞의 "7장 ABAP Dictionary"에서 언급했으므로, 여기서는 Conversion Routine 중 ALPHA에 대해 알아보자. ALPHA Conversion은 C-Like 타입의 자리 수에 맞게 데이터 앞에 0을 채워주는 것을 의미한다.

Function 그룹 기능모듈 이름	Function 그룹단문 Function 모듈의 단문
ALFA	ALPHA 변환
☐ CONVERSION_EXIT_ALPHA_INPUT	Conversion exit ALPHA, 외부->내부
☐ CONVERSION_EXIT_ALPHA_OUTPUT	Conversion exit ALPHA, 내부->외부

그림 Z99-13 ALPHA CONVERSION 함수
```

- **CONVERSION_EXIT_ALPHA_INPUT**: 문자 앞에 자리 수만큼의 0을 채운다.
- **CONVERSION_EXIT_ALPHA_OUTPUT**: 문자 앞의 0을 제거한다.

Embedded Expression ALPHA가 소개되기 이전에는 ALPHA Routine을 적용하기 위해 CONVERSION 함수를 일일이 호출해야 했다. 하지만 Embedded Expression이 도입된 이후에는 별도의 함수 호출 없이 'ALPHA = IN' 또는 'ALPHA = OUT'을 사용하여 문자열에서 바로 데이터를 가공할 수 있게 되었다. 이를 통해 문자열 앞에 0을 추가하거나 제거하는 작업이 간단해졌다.

다음 예제와 결과를 통해 이 구문의 사용법과 기존 함수 호출과의 차이점을 확인해보자.

예제 | Z99-65

함수 사용	Embedded Expression ALPHA

``DATA LV_CLIKE TYPE C LENGTH 10
VALUE '12345'.
 	
CALL FUNCTION 'CONVERSION_EXIT_ALPHA_INPUT'
  EXPORTING
    INPUT = LV_CLIKE
  IMPORTING
    OUTPUT = LV_CLIKE.
 	
WRITE LV_CLIKE.
 	
CALL FUNCTION 'CONVERSION_EXIT_ALPHA_OUTPUT'
  EXPORTING
    INPUT = LV_CLIKE
  IMPORTING
    OUTPUT = LV_CLIKE.
 	
WRITE LV_CLIKE.```
	``DATA LV_CLIKE TYPE C LENGTH 10
	VALUE '12345'.
	
	LV_CLIKE = |{ LV_CLIKE ALPHA = IN }|.
	WRITE LV_CLIKE.
	
	LV_CLIKE = |{ LV_CLIKE ALPHA = OUT }|.
	WRITE LV_CLIKE.```

결과 | Z99-65

```
0000012345 , 123454) 날짜, 시간 표현식
```

4) 날짜, 시간 표현식

날짜와 시간 표현식은 ISO, USER, ENVIRONMENT설정 값에 따라 출력 형태를 변경할 수 있다. ISO는 국제 표준 날짜 및 시간 표현 방식으로, YYYY-MM-DD 형태로 표시된다. USER와 ENVIRONMENT는 각각 사용자 설정과 시스템 설정에 따라 출력 형식이 달라진다. 날짜 표

현식은 'DATE = [ISO | USER | ENVIRONMENT]'로, 시간 표현식은 'TIME = [ISO | USER | ENVIRONMENT]'로 서식(Format)을 지정할 수 있다.

예제 | Z99-66

날짜 표현식	시간 표현식
DATA(LV_DATE01) = |{ SY-DATUM DATE = ISO }|. DATA(LV_DATE02) = |{ SY-DATUM DATE = USER }|. DATA(LV_DATE03) = |{ SY-DATUM DATE = ENVIRONMENT }|.	DATA(LV_TIME01) = |{ SY-UZEIT TIME = ISO }|. DATA(LV_TIME02) = |{ SY-UZEIT TIME = USER }|. DATA(LV_TIME03) = |{ SY-UZEIT TIME = ENVIRONMENT }|.

결과 | Z99-66

날짜 표현식	시간 표현식
2024-01-29	01:30:19
2024.01.29	01:30:19
2024.01.29	01:30:19

5) TIMESTAMP(TIMEZONE)

TIMESTAMP는 날짜와 시간을 기록하는 형태로, UTC(협정 세계시) 기준으로 시간을 계산한다. UTC 설정 방법에 대해서는 [조금 더 알아보기]를 참고하자. 시스템 변수 SY-ZONLO에 설정된 타임존에 따라, 동일한 TIMESTAMP 값이라도 사용자에 따라 다르게 표시될 수 있다.

예제 | Z99-67

```
DATA: lv_timestamp TYPE timestamp.
GET TIME STAMP FIELD lv_timestamp.
DATA(lv_string) = |{ lv_timestamp TIMEZONE = sy-zonlo }|.
```

결과 | Z99-67

```
LV_TIMESTAMP: 20,240,128,233,933
LV_STRING: 2024-01-29 08:39:33
```

예제의 결과는 현재 UTC 표준으로 설정된 상태의 결과 값이다. Embedded Expression의 TIMEZONE을 사용하여, 현재 사용자에게 설정된 UTC 값에 따라 TIMESTAMP를 날짜와 시간 형태로 변환할 수 있다. 이 TIMESTAMP 값이 UTC 값 변경에 따라 제대로 변경되는지 확인하려면, 다음 예제를 작성한 후 SU3에서 UTC 설정을 각각 UTC+5, UTC+9(한국 표준 시간)으로 변경하여 값을 확인해보자(참고로 SU3 설정을 변경한 뒤에는, SAP GUI를 재시작해야 설정이 반영된다.).

예제 | Z99-68

```
DATA: lv_timestamp TYPE timestamp VALUE '20240128233933'.
DATA(lv_string) = |{ lv_timestamp TIMEZONE = sy-zonlo }|.
```

결과 | Z99-68

```
UTC+5 : 20,240,128,233,933  2024-01-29 04:39:33
UTC+9 : 20,240,128,233,933  2024-01-29 08:39:33
```

조금 더 알아보기 — 사용자 프로파일 유지보수

사용자 프로파일 설정은 본인의 경우 T-CODE:SU3에서, 다른 사용자의 경우 SU01에서 변경할 수 있다.

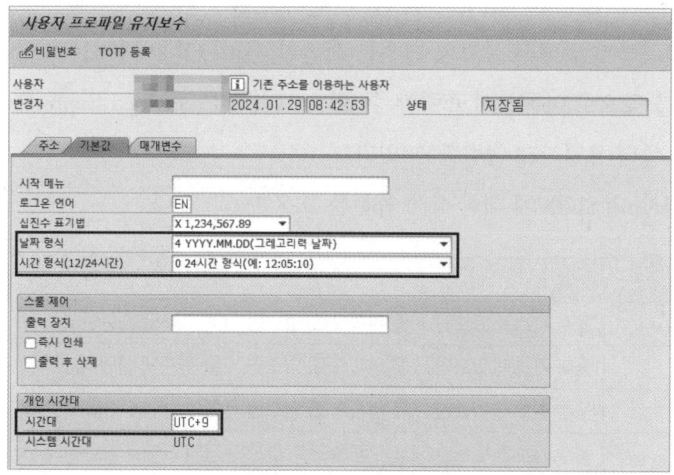

그림 Z99-14 T-CODE SU3 화면

그림 Z99-14는 T-CODE:SU3의 화면으로, [기본값] 탭에서 본인 계정의 날짜, 시간, UTC 시간대 등을 설정할 수 있다.

6) 통화 단위(CURRENCY)

SAP에서는 금액을 표현할 때 기본적으로 소수점 두 자리가 포함되어 저장된다. 예를 들어, 100은 1.00으로 저장된다. 이는 USD나 EUR처럼 소수점을 사용하는 통화에는 문제가 없지만, KRW나 JPY처럼 소수점을 사용하지 않는 통화의 경우에는 소수점을 생략하여 표시해야 한다. 기존에는 금액을 변환하는 함수를 사용하거나 'WRITE a TO b CURRENCY' 구문을 사용했으며, 간단히 *100을 하기도 했다. 여기선 Embedded Expression의 CURRENCY를 사용하여 문자열로 금액을 표시할 때 통화 단위를 자동으로 적용하는 방법을 알아보자.

예제 | Z99-69

WRITE 사용	Embedded Expression CURRENCY
DATA: lv_price TYPE s_price VALUE '1.00'. DATA: lv_text TYPE char10. WRITE lv_price TO lv_text CURRENCY 'KRW'.	DATA: lv_price TYPE s_price VALUE '1.00'. DATA: lv_text TYPE char10. lv_text = |{ lv_price CURRENCY = 'KRW' }|.

7) 금액 부호(SIGN)

SAP에서는 기본적으로 음수 금액을 표시할 때 숫자 뒤에 음수 기호 '-'가 붙는다. 이를 리포트 등에서 보기 편하게 출력하기 위해서 문자형 변수를 선언한 후 CLOI_PUT_SIGN_IN_FRONT 함수를 사용해 음수 기호를 앞으로 이동시켜 출력할 수 있다. 그러나 Embedded Expression의 SIGN을 사용하면, 금액 부호를 좀더 유연하게 출력할 수 있다.

Embedded Expression의 SIGN에 대한 상세 옵션은 표 Z99-6과 같다.

Option	설명
LEFT	음수 기호가 있으면 '-'를 왼쪽으로, 없으면 금액 그대로 표현한다.
LEFTPLUS	음수 기호가 있으면 '-'를 왼쪽으로, 없으면 '+'를 왼쪽에 붙인다.
LEFTSPACE	음수 기호가 있으면 '-'를 왼쪽으로, 없으면 왼쪽에 Space 값을 넣는다.
RIGHT	음수 기호가 있으면 '-'를 오른쪽으로, 없으면 금액 그대로 표현한다.
RIGHTPLUS	음수 기호가 있으면 '-'를 오른쪽으로, 없으면 '+'를 오른쪽에 붙인다.
RIGHTSPACE	음수 기호가 있으면 '-'를 오른쪽으로, 없으면 오른쪽에 Space 값을 넣는다.

표 Z99-6 Embedded Expression SIGN의 옵션

예제 | Z99-70

```
DATA LV_PRICE TYPE S_PRICE VALUE '1.00'.  "OR '1.00-'.
DATA(text1) = |{ LV_PRICE SIGN = LEFT }|.
DATA(text2) = |{ LV_PRICE SIGN = LEFTPLUS }|.
DATA(text3) = |{ LV_PRICE SIGN = LEFTSPACE }|.
DATA(text4) = |{ LV_PRICE SIGN = RIGHT }|.
DATA(text5) = |{ LV_PRICE SIGN = RIGHTPLUS }|.
DATA(text6) = |{ LV_PRICE SIGN = RIGHTSPACE }|.
```

결과 | Z99-70

1.00 입력 시 결과	1.00- 입력 시 결과
text1 : 1.00 text2 : +1.00 text3 : 1.00 text4 : 1.00 text5 : 1.00+ text6 : 1.00	text1 : -1.00 text2 : -1.00 text3 : -1.00 text4 : 1.00- text5 : 1.00- text6 : 1.00-

8) 정렬(ALIGN), 너비(WIDTH)

문자열을 입력할 때 ALIGN 옵션을 사용해 왼쪽, 오른쪽, 또는 중앙으로 정렬할 수 있다. 또한, WITDH 옵션을 사용해 문자열의 너비를 지정할 수 있다.

예제 | Z99-71

```
DATA(LV_STRING1) = |{ 'EASY ABAP' WIDTH = 10 ALIGN = LEFT }|.
DATA(LV_STRING2) = |{ 'EASY ABAP' WIDTH = 15 ALIGN = RIGHT }|.
DATA(LV_STRING3) = |{ 'EASY ABAP' WIDTH = 20 ALIGN = CENTER }|.
```

결과 | Z99-71

```
LV_STRING1 : EASY ABAP
LV_STRING2 :       EASY ABAP
LV_STRING3 :      EASY ABAP
```

결과는 각각 왼쪽, 오른쪽, 중앙으로 정렬된 형태로 나타난다. 데이터의 길이가 정해지지 않은 경우, WIDTH에 지정된 숫자만큼 자리 수가 할당된다. 그러나 데이터의 길이가 이미 정해진 경우, 변수 데이터 타입의 길이가 우선적으로 적용된다. 예를 들어, 예제에서 LV_STRING1은 데이터 길이가 정해져 있지 않고, WIDTH = 10이 명시되었기 때문에 C 타입 10자리의 변수로 생성된다.

9) PADDING

문자열을 가공할 때, 내부에서 PAD 표현식을 사용하여 데이터의 자리 수에 맞게 원하는 문자나 공백을 넣을 수 있다.

예제 | Z99-72

```
DATA(lv_string1) = |{ 'EASY ABAP' WIDTH = 10 ALIGN = LEFT   PAD = 'x' }|.
DATA(lv_string2) = |{ 'EASY ABAP' WIDTH = 15 ALIGN = RIGHT  PAD = 'x' }|.
DATA(lv_string3) = |{ 'EASY ABAP' WIDTH = 20 ALIGN = CENTER PAD = 'x' }|.
```

결과 | Z99-72

```
LV_STRING1 : EASY ABAPx
LV_STRING2 : xxxxxxEASY ABAP
LV_STRING3 : xxxxxEASY ABAPxxxxxx
```

앞에서 설명한 ALIGN과 유사하게, PAD를 사용하면 원하는 문자나 공백을 삽입할 수 있다. 예를 들어, 예제에서 변수 LV_STRING3을 20자리 문자형 변수로 선언하고 'EASY ABAP' 문자열을 중앙 정렬한 뒤, 문자열의 양쪽 빈 공간에 PAD 뒤에 명시한 'x' 값을 채울 수 있다. ALPHA Routine은 문자열 앞에 0을 붙이거나 빼는 작업만 할 수 있지만, PAD는 0뿐만 아니라 어떤 문자든 유연하게 삽입하여 문자열을 처리할 수 있다.

3-3-2 문자열 함수

ABAP은 사전 정의된 문자열 함수들을 사용하여 문자열을 가공할 수 있다. 이들 함수는 파라미터를 통해 입력된 값을 바탕으로 문자열을 원하는 형태로 변형할 수 있다. 이 중 자주 사용하는 몇 가지 문자열 함수를 예제와 함께 살펴보자.

1) CONDENSE 함수

문자열 함수 CONDENSE는 우리가 알고 있는 키워드인 'CONENSE'와 동일한 역할을 한다. 문자열 함수 CONDENSE는 VAL, DEL, FROM, TO 네 가지 파라미터를 가지고 있으며, 각 파라미터의 의미는 표 Z99-7과 같다.

파라미터	설명
VAL	문자열 함수 CONDENSE에서 가공할 문자열을 입력한다. 이 파라미터는 함수 사용 시 필수 입력 값이다.
DEL	'VAL'에 입력한 문자열에서 제거할 값을 입력한다. 만약 값을 입력하지 않으면 아무 문자도 제거되지 않고 앞, 뒤, 문자열 사이의 공백만 제거된다.
FROM	'VAL'에 입력한 문자열에서 대체할 값을 입력한다.
TO	'FROM'에 입력한 문자열을 'TO'에 입력한 첫 번째 문자로 대체한다.

표 Z99-7 문자열 함수 CONDENSE의 옵션

예제 | Z99-73

```
DATA(LV_RESULT) = CONDENSE( VAL = '   EASY    ABAP   ' ).
```

결과 | Z99-73

```
EASY ABAP
```

만약 예제와 같이 'VAL'에만 값을 입력하면, 'CONDENSE' 키워드처럼 앞뒤의 모든 공백을 제거하고 문자열 사이에 있는 공백은 하나만 남긴다.

이번에는 CONDENSE 문자열 함수의 다른 파라미터를 입력하는 예제를 살펴보자.

예제 | Z99-74

```
DATA(LV_RESULT) = CONDENSE( VAL  = ' EASY    ABAP '
                           DEL  = ' E '
                           FROM = ' YP '
                           TO   = ' x ' ).
```

결과 | Z99-74

```
ASx   ABAx
```

예제는 VAL에 입력한 문자열에서 'YP' 값을 찾아서 'x'로 대체한다. FROM의 'YP'는 연속된 문자열이 아니라 각각 'Y', 'P'를 찾아서 TO에 명시한 'x'로 대체한다. FROM과 TO를 지정하지 않으면, 앞뒤 문자열 사이의 공백은 하나만 남기고 모든 공백이 제거된다. 또한, 만약 FROM만 입력하고 TO를 명시하지 않은 경우, 'Y'는 공백으로 대체된다.

예제 | Z99-75

```
DATA(LV_RESULT) = CONDENSE( VAL = '   EASY   ABAP   ' TO = SPACE ).
```

결과 | Z99-75

```
EASYABAP
```

만약, 문자열의 모든 공백을 제거하고자 할 때는 'CONDENSE txt NO-GAPS'처럼 TO에 'space' 값을 지정하면 된다.

2) REPLACE 함수

문자열 함수 REPLACE는 'VAL'에 명시한 문자열을 교체하는 기능을 한다. 기존의 'REPLACE' 키워드와 유사하지만, 이 문자열 함수는 인라인 선언, 연산자 등 다양한 위치에서 직접 사용할 수 있다는 장점이 있다. 먼저 표 Z99-8을 보며 각 파라미터의 의미를 알아보자.

파라미터	설명
VAL	처리할 문자열이다.
SUB	VAL 문자열에서 찾을 문자열이다.
WITH	교체할 문자열이다.
OFF	교체를 시작할 오프셋(시작 위치) 값이다. OFF 사용 시 SUB, OCC는 사용할 수 없다.
LEN	교체할 문자열 길이다. LEN 사용 시 SUB, OCC는 사용할 수 없다.
CASE	대소문자 구분 여부('X': 대소문자 구분, ' ': 구분하지 않음)를 지정한다.
OCC	VAL 문자열에서의 위치로 정수 값으로 지정한다. 양수: 문자열의 왼쪽부터의 위치, 음수: 문자열의 오른쪽부터의 위치 0: 모든 위치의 값 변경
REGEX	정규 표현식을 사용하여 찾을 문자열을 지정한다. 정규 표현식 사용 시 SUB, OFF, LEN 사용 불가

표 Z99-8 문자열 함수 REPLACE의 옵션

파라미터만 보면 다소 복잡하게 느껴지지만, 다음 예제와 함께 디버깅을 통해 값의 변경을 확인해 보면 REPALCE 함수를 이해하기 쉬울 것이다.

예제 | Z99-76

```
DATA(LV_STR) = 'EaSY abap & Fiori'.
DATA LV_RESULT TYPE STRING.

" abap을 찾아서 ABAP으로 교체
LV_RESULT = REPLACE( VAL = LV_STR SUB = 'abap' WITH = 'ABAP' ).

" 대소문자를 구분하여 fiori 문자열을 찾아 FIORI로 변경
LV_RESULT = REPLACE( VAL = LV_STR SUB = 'fiori' WITH = 'FIORI' CASE = 'X' ).

" 문자열 중 3번째 위치부터 4자리수의 문자를 'X'로 교체
LV_RESULT = REPLACE( VAL = LV_STR WITH = 'X' OFF = 3 LEN = 4 ).

" 문자열 맨 앞부터 5자리를 'Z'로 변경
LV_RESULT = REPLACE( VAL = LV_STR WITH = 'A' LEN = 5 ).

" 3번째 'a'를 'A'로 변경
LV_RESULT = REPLACE( VAL = LV_STR SUB = 'a' WITH = 'A' OCC = 3 ).

" 모든 'a'를 'A'로 변경
LV_RESULT = REPLACE( VAL = LV_STR SUB = 'a' WITH = 'A' OCC = 0 ).
```

```abap
" 공백, 알파벳, 숫자가 아닌 모든 문자를 'X'로 변경
LV_RESULT = REPLACE( VAL = LV_STR WITH = 'X' OCC = 0 REGEX = '[^[:alnum:]|.| ]' ).
```

결과 Z99-76

```
원본 문자열:  EaSY abap & Fiori
1.           EaSY ABAP & Fiori
2.           EaSY abap & Fiori
3.           EaSXap & Fiori
4.           Aabap & Fiori
5.           EaSY abAp & Fiori
6.           EASY AbAp & Fiori
7.           EaSY abap X Fiori
```

3) REPEAT 함수

문자열 함수 REPEAT는 단어 의미 그대로 문자열을 반복해서 표현하는 기능을 제공한다. 'VAL'에 입력한 문자열을 'OCC'에 입력한 횟수만큼 반복하여 결과를 생성한다.

예제 | Z99-77

```abap
DATA(LV_RESULT) = REPEAT( VAL = ` ` OCC = 5 ) && 'EASY ABAP'.
WRITE lv_result.
```

결과 | Z99-77

```
     EASY ABAP
```

예제에서는 문자열 'EASY ABAP'의 앞에 5칸의 공백이 추가된다. Embedded Expression과 문자열 함수들의 장점 중 하나는, 여러 표현식과 함수를 연결 연산자 &&를 사용하여 자유롭게 조합하고 확장할 수 있다는 점이다. 이 절에서는 문자열 함수의 모든 기능을 다루지는 못했지만, 직접 다양한 문자열 함수들을 찾아 적용해보는 것도 실력을 향상시키는 좋은 방법이다.

3-4 데이터 이동

ABAP 7.40 릴리즈 이후, MOVE-CORRESPONDING과 유사하지만 좀더 확장된 기능을 가진 CORRESPONDING # 연산자가 소개되었다.

3-4-1 CORRESPONDING

ABAP에서 단일 데이터, 구조체, 인터널 테이블, 인스턴스 변수 등을 다른 변수로 옮기는 여러 방법이 있다. 이 중 MOVE-CORRESPONDING의 새로운 구문인 CORRESPONDING # 연산자에 대

해서 알아본다. 먼저, MOVE와 MOVE-CORRESPONDING의 차이점부터 이해하고 넘어가자.

- **MOVE**: 데이터 구조가 완전히 동일해야 사용할 수 있으며, 필드 이름과 관계없이 필드 순서대로 값을 복사한다.
- **MOVE-CORRESPONDING**: 데이터 구조가 완전히 일치하지 않아도 사용할 수 있으며, 필드 이름이 일치하는 필드 간에 값을 할당한다.

다음 예제를 보며 둘 사이의 차이점을 이해해보자.

예제 | Z99-78

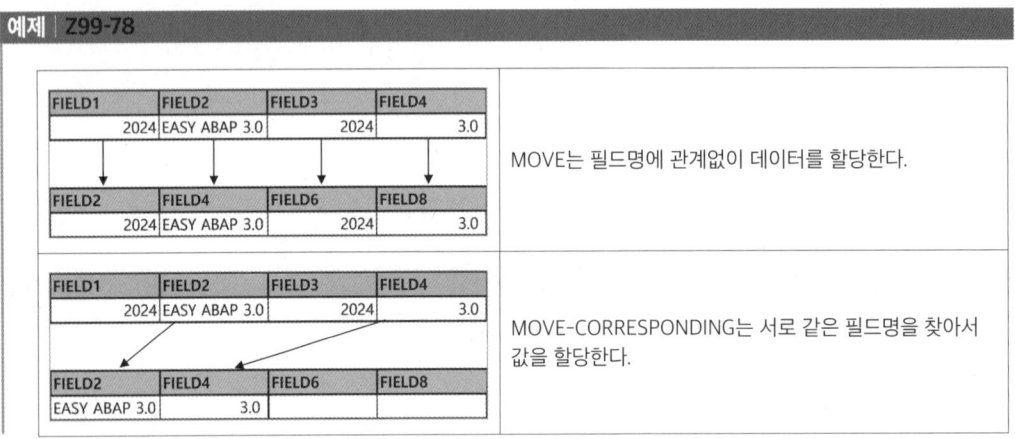

MOVE-CORRESPONDING에 대해 이해했다면, ABAP 7.40 이후 소개된 CORRESPONDING # 을 알아보자. 기본적으로 CORRESPONDING #의 동작 방식은 MOVE-CORRESPONDING과 동일하다.

또한, VALUE 연산자에서 학습했던 것처럼 피연산자의 데이터 타입을 식별할 수 있는 경우 '#' 기호를 사용할 수 있고, 데이터 타입을 식별할 수 없거나 인라인 선언을 하는 경우에는 명시적으로 데이터 타입을 지정해줘야 한다.

다음 예제에서 LS_LIST2는 '#' 기호를 사용해 피연산자의 타입을 식별할 수 있기 때문에 아래의 점선 화살표와 같은 결과 값을 가지게 되고, 반면에 LS_LIST3은 CORRESPONDING 절에 TY_TYPE1 이라는 타입을 명시적으로 지정하여 인라인 선언했기 때문에, 결과적으로 실선 화살표와 같이 LS_LIST1과 동일한 데이터 타입을 가지게 된다. 결과에서 볼 수 있듯이, CORRESPONDING # 구문은 이름이 동일한 필드에만 값을 할당한다.

예제 | Z99-79

```
TYPES: BEGIN OF TY_TYPE1,
         FIELD1 TYPE CHAR10,
         FIELD2 TYPE NUMC4,
```

```
                FIELD3 TYPE CHAR5,
                FIELD4 TYPE I,
            END OF TY_TYPE1.
TYPES: BEGIN OF TY_TYPE2,
            FIELD2 TYPE CHAR2,
            FIELD4 TYPE NUMC5,
            FIELD6 TYPE CHAR10,
            FIELD8 TYPE I,
        END OF TY_TYPE2.
DATA: LS_LIST1 TYPE TY_TYPE1,
      LS_LIST2 TYPE TY_TYPE2.

LS_LIST1 = VALUE #( FIELD1 = 'EASY ABAP'  FIELD2 = '2024'
                    FIELD3 = 'SAP'        FIELD4 = 10 ).

LS_LIST2 = CORRESPONDING #( LS_LIST1 ).
" or
DATA(LS_LIST3) = CORRESPONDING TY_TYPE1( LS_LIST1 ).
```

결과 | Z99-79

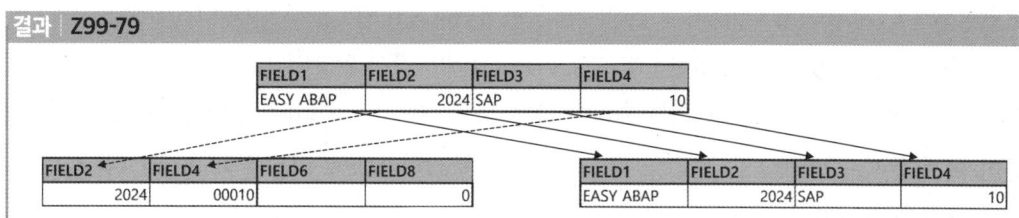

3-4-2 CORRESPONDING # ~ MAPPING

CORRESPONDING # 연산자는 기본적으로 필드 이름이 동일한 필드 간에 값을 할당한다. 그러나 MAPPING 옵션을 사용하면 필드 이름이 다르더라도, 명시적으로 타겟(Target) 변수의 특정 필드를 지정하여 원하는 필드에 값을 할당할 수 있다.

예제 | Z99-80

```
TYPES: BEGIN OF TY_TYPE1,
            FIELD1 TYPE NUMC4,
            FIELD2 TYPE CHAR15,
            FIELD3 TYPE I,
            FIELD4 TYPE P DECIMALS 2,
        END OF TY_TYPE1.

TYPES: BEGIN OF TY_TYPE2,
            FIELD2 TYPE CHAR10,
            FIELD4 TYPE P DECIMALS 2,
```

```
            FIELD6 TYPE CHAR10,
            FIELD8 TYPE I,
       END OF TY_TYPE2.

DATA(LS_LIST1) = VALUE TY_TYPE1( FIELD1 = '2024' FIELD2 = 'EASY ABAP 3.0'
                                 FIELD3 = 1234   FIELD4 = 3 ).

DATA(LS_LIST2) = CORRESPONDING TY_TYPE2( LS_LIST1
                    MAPPING FIELD6 = FIELD1
                            FIELD8 = FIELD3 ).
```

결과 | Z99-80

LS_LIST2			
FIELD2	FIELD4	FIELD6	FIELD8
EASY ABAP 3.0		2024	1234

일반적으로 CORRESPONDING # 연산자를 사용하면, LS_LIST1 구조체에서 LS_LIST2 구조체로 값을 이동시킬 때 필드명이 동일한 FIELD2, FIELD4에만 값이 할당된다. 그러나 MAPPING 옵션을 활용하면 필드 이름이 다르더라도 원하는 타겟(Target) 필드를 지정하여 값을 옮길 수 있다. 예를 들어, 예제에서는 구조체 LS_LIST1의 필드 값을 구조체 LS_LIST2로 이동할 때 FIELD1을 FIELD6으로, FIELD3을 FIELD8로 매핑하여 값을 할당했다.

예제 | Z99-81

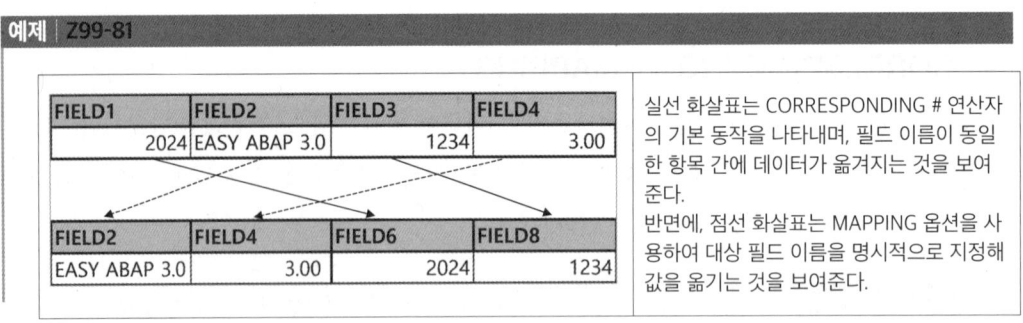

실선 화살표는 CORRESPONDING # 연산자의 기본 동작을 나타내며, 필드 이름이 동일한 항목 간에 데이터가 옮겨지는 것을 보여준다.
반면에, 점선 화살표는 MAPPING 옵션을 사용하여 대상 필드 이름을 명시적으로 지정해 값을 옮기는 것을 보여준다.

3-4-3 CORRESPONDING # ~ EXCEPT

CORRESPONDING # 연산자를 사용할 때, EXCEPT 옵션을 사용하면 특정 필드를 소스(Source) 변수에서 타겟(Target) 변수로 옮기지 않도록 할 수 있다. 즉, CORRESPONDING # 연산자에서 EXCEPT 뒤에 나열된 필드들은 소스 변수에서 타겟 변수로 할당되지 않으며, 해당 필드에는 초기값(Initial Value)이 설정된다.

예제 | Z99-82

```abap
TYPES: BEGIN OF TY_TYPE1,
         FIELD1 TYPE NUMC4,
         FIELD2 TYPE CHAR15,
         FIELD3 TYPE I,
         FIELD4 TYPE P DECIMALS 2,
       END OF TY_TYPE1.

TYPES: BEGIN OF TY_TYPE2,
         FIELD2 TYPE CHAR10,
         FIELD4 TYPE P DECIMALS 2,
         FIELD6 TYPE CHAR10,
         FIELD8 TYPE I,
       END OF TY_TYPE2.

DATA(LS_LIST1) = VALUE TY_TYPE1( FIELD1 = '2024' FIELD2 = 'EASYABAP 3.0'
                                 FIELD3 = 1234   FIELD4 = 3 ).

DATA(LS_LIST2) = CORRESPONDING TY_TYPE1( LS_LIST1
                    EXCEPT FIELD3 ).

CL_DEMO_OUTPUT=>DISPLAY( LS_LIST2 ).
```

결과 | Z99-82

LS_LIST2

FIELD1	FIELD2	FIELD3	FIELD4
2024	EASYABAP 3.0	0	3.0

예제에서 구조체 LS_LIST1에서 LS_LIST2로 CORRESPONDING # 연산자를 사용하면 필드 이름이 동일한 필드에 값이 매핑된다. 그러나 EXCEPT 옵션에 FIELD3이 명시되어 있으면, 소스(Source) 변수인 LS_LIST1의 FIELD3은 타겟(Target) 변수인 LS_LIST2로 할당되지 않으며, 대신 초기 값(Initial Value)이 들어간다. 이때, 타겟 변수인 LS_LIST2의 FIELD3에 값이 있더라도 초기 값으로 대체된다. 또한, EXCEPT 절에 '*'을 지정하면 타겟 변수의 모든 필드에 초기 값(Initial Value)이 할당된다.

예제 | Z99-83

```abap
DATA(ls_list2) = CORRESPONDING ty_type2( ls_list1
                    MAPPING field6 = field1
                            field8 = field3
                    EXCEPT  field2 ).

cl_demo_output=>display( ls_list2 ).
```

결과 | Z99-83

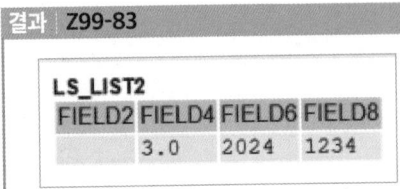

물론, 앞서 학습한 MAPPING 옵션과 EXCEPT 옵션을 함께 사용할 수 있다. 단, MAPPING과 EXCEPT 옵션에 동일한 필드명을 중복해서 지정할 수 없다. 예제에서는 타켓(Target) 구조체의 FIELD6, FIELD8에 각각 FIELD1, FIELD3 값을 할당하도록 명시했고, FIELD2에는 값을 할당하지 않도록 설정했다. FIELD4는 CORRESPONDING 연산자의 기본 옵션으로 동일한 필드명에 값을 할당한다.

3-4-4 CORRESPONDING # ~ BASE

CORRESPONDING # 연산자를 사용하면, 피연산자(타겟 변수)의 기존 데이터는 무시하고, 괄호 안에 명시된 값으로 덮어쓴다. 또한, 앞서 학습한 다른 연산자들처럼 괄호 안에 명시되지 않은 필드는 초기 값(Initial Value)으로 설정된다.

예제 | Z99-84

```
TYPES: BEGIN OF TY_TYPE1,
         FIELD1 TYPE NUMC4,
         FIELD2 TYPE CHAR15,
         FIELD3 TYPE I,
         FIELD4 TYPE I,
       END OF TY_TYPE1.
TYPES: BEGIN OF TY_TYPE2.
         INCLUDE TYPE TY_TYPE1.
TYPES:
         FIELD5 TYPE NUMC4,
         FIELD6 TYPE CHAR15,
         FIELD7 TYPE I,
         FIELD8 TYPE P DECIMALS 2.
TYPES END OF TY_TYPE2.

DATA(LS_LIST1) = VALUE TY_TYPE1(
  FIELD1 = '2023' FIELD2 = 'EASY ABAP 3.0' FIELD3 = 10 FIELD4 = 10 ).
DATA(LS_LIST2) = VALUE TY_TYPE2(
  FIELD5 = '2024' FIELD6 = 'SAP FIORI'    FIELD7 = 20 FIELD8 = 20 ).

LS_LIST2 = CORRESPONDING #( LS_LIST1 ).

CL_DEMO_OUTPUT=>DISPLAY( LS_LIST2 ).
```

결과 | Z99-84

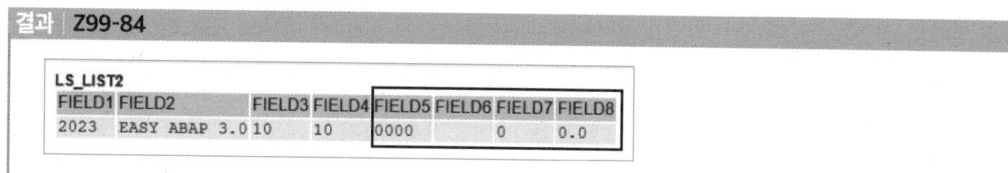

예제는 LS_LIST2 변수에 LS_LIST1 값을 할당한다. CORRESPONDING # 연산자를 사용하면 괄호 안의 변수 값으로 타겟 변수를 덮어쓰기 때문에, 기존에 LS_LIST2 변수가 가지고 있던 데이터는 초기 값(Initial Value)으로 설정된다. 이때, 기존 LS_LIST2 변수의 데이터를 유지하면서 LS_LIST1의 값을 옮기고 싶다면 BASE 구문을 사용한다.

예제 | Z99-85

```
DATA(LS_LIST1) = VALUE TY_TYPE1(
  FIELD1 = '2023' FIELD2 = 'EASY ABAP 3.0' FIELD3 = 10 FIELD4 = 10 ).
DATA(LS_LIST2) = VALUE TY_TYPE2(
  FIELD5 = '2024' FIELD6 = 'SAP FIORI'     FIELD7 = 20 FIELD8 = 20 ).

LS_LIST2 = CORRESPONDING #( BASE ( LS_LIST2 ) LS_LIST1 ).

CL_DEMO_OUTPUT=>DISPLAY( LS_LIST2 ).
```

결과 | Z99-85

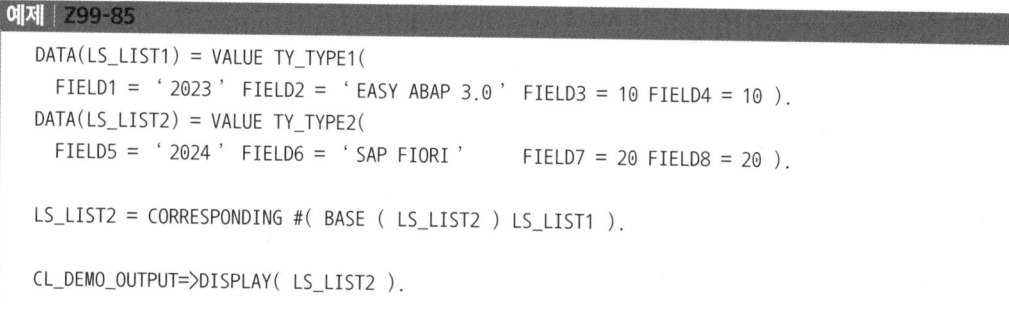

예제는 BASE 구문을 사용해 기존 LS_LIST2의 값을 유지하면서 LS_LIST1의 값을 추가했다.

예제 | Z99-86

```
DATA(LS_LIST1) = VALUE TY_TYPE1(
  FIELD1 = '2023' FIELD2 = 'EASY ABAP 3.0' FIELD3 = 10 FIELD4 = 10 ).
DATA(LS_LIST2) = VALUE TY_TYPE2(
  FIELD4 = '2024' FIELD6 = 'SAP FIORI'     FIELD7 = 20 FIELD8 = 20 ).

LS_LIST2 = CORRESPONDING #( BASE ( LS_LIST2 ) LS_LIST1 ).
```

결과 | Z99-86

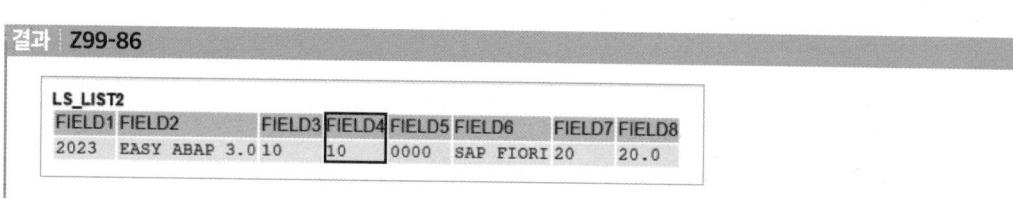

만약 예제처럼 소스 변수(LS_LIST1)와 타겟 변수(LS_LIST2)에 동일한 이름의 필드가 있다면, BASE 구문을 사용하더라도 소스 변수인 LS_LIST1의 값이 우선 적용된다. 예를 들어, LS_LIST2 변수의 FIELD4에는 기존에 가지고 있던 '2024' 대신 LS_LIST1 변수의 FIELD4의 값 '10'이 할당된다. 중복된 필드명이 존재할 때 기존 값을 유지하고 싶다면, 다음 예제와 같이 BASE 구문과 함께 EXCEPT 절에 FIELD4를 명시하면 소스 변수 LS_LIST1의 값을 옮기지 않고 타겟 변수에 기존 값 '2024'이 유지된다.

예제 | Z99-87

```
DATA(LS_LIST1) = VALUE TY_TYPE1(
    FIELD1 = '2023' FIELD2 = 'EASY ABAP 3.0' FIELD3 = 10 FIELD4 = 10 ).
DATA(LS_LIST2) = VALUE TY_TYPE2(
    FIELD4 = '2024' FIELD6 = 'SAP FIORI'     FIELD7 = 20 FIELD8 = 20 ).

LS_LIST2 = CORRESPONDING #( BASE ( LS_LIST2 ) LS_LIST1 EXCEPT FIELD4 ).
CL_DEMO_OUTPUT=>DISPLAY( LS_LIST2 ).
```

결과 | Z99-87

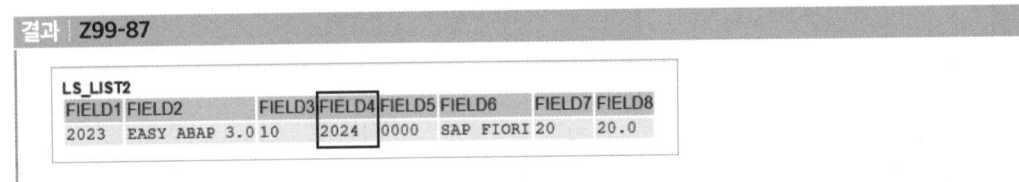

3-4-5 CORRESPONDING # ~ DUPLICATE

인터널 테이블의 데이터를 다른 인터널 테이블로 옮길 때 중복 값을 제거하고 싶다면, DISCARDING DUPLICATES 구문을 사용할 수 있다. 다음 예제를 살펴보자.

| 예제 | Z99-88 |

ABAP 7.40 릴리즈 이전	ABAP 7.40 릴리즈 이후
| ```
TYPES: BEGIN OF TY_TYPE1,
        FIELD1 TYPE NUMC4,
        FIELD2 TYPE CHAR15,
        FIELD3 TYPE I,
        FIELD4 TYPE P DECIMALS 2,
       END OF TY_TYPE1,
       TY_T_TYPE1 TYPE TABLE OF TY_TYPE1.

DATA ITAB1 TYPE TY_T_TYPE1.
DATA ITAB2 TYPE TY_T_TYPE1.

ITAB1 = VALUE #(
  ( FIELD1 = '2023' FIELD2 = 'EASY ABAP 2.0'
    FIELD3 = 10 FIELD4 = 100 )

  ( FIELD1 = '2023' FIELD2 = 'EASY ABAP 3.0'
    FIELD3 = 20 FIELD4 = 200 ) ),

MOVE-CORRESPONDING ITAB1 TO ITAB2.

SORT ITAB2 BY FIELD1.
DELETE ADJACENT DUPLICATES FROM ITAB2
  COMPARING FIELD1.

CL_DEMO_OUTPUT=>DISPLAY( ITAB2 ).
``` | ```
TYPES: BEGIN OF TY_TYPE1,
        FIELD1 TYPE NUMC4,
        FIELD2 TYPE CHAR15,
        FIELD3 TYPE I,
        FIELD4 TYPE P DECIMALS 2,
       END OF TY_TYPE1,
       TY_T_TYPE1 TYPE TABLE OF TY_TYPE1.

DATA: ITAB1 TYPE STANDARD TABLE OF TY_TYPE1
            WITH EMPTY KEY,
      ITAB2 TYPE SORTED TABLE OF TY_TYPE1
            WITH UNIQUE KEY FIELD1.

ITAB1 = VALUE #(
( FIELD1 = '2023' FIELD2 = 'EASY ABAP 2.0'
  FIELD3 = 10 FIELD4 = 100 )

( FIELD1 = '2023' FIELD2 = 'EASY ABAP 3.0'
  FIELD3 = 20 FIELD4 = 200 ) ).

ITAB2 = CORRESPONDING #(
  ITAB1 DISCARDING DUPLICATES ).

CL_DEMO_OUTPUT=>DISPLAY( ITAB2 ).
``` |

ABAP 7.40 릴리즈 이전에는 인터널 테이블의 중복 값을 제거하기 위해 다음과 같은 절차를 사용했을 것이다.

1. 타겟(Target) 인터널 테이블로 데이터를 옮긴 후, 중복 검색 필드를 기준으로 정렬한다.
2. 'DELETE ADJACENT DUPLICATES FROM' 구문을 사용해 중복 값을 삭제한다.

이는 데이터 옮기기와 중복 제거를 두 단계로 나누어 수행하는 방식이었다.

하지만 ABAP 7.40 릴리즈 이후, 'DISCARDING DUPLICATES' 구문을 사용해 타겟(Target) 인터널 테이블로 옮기면서 동시에 중복 값을 제거할 수 있게 되었다. 이때 중요한 점은 중복을 검색할 필드가 인터널 테이블에서 Unique Key로 선언되어 있어야 한다는 것이다. 오른쪽 예제를 보면, FIELD1을 기준으로 중복 값을 제거하기 위해 ITAB2 인터널 테이블을 선언할 때 FIELD1을 Unique Key로 설정한 것을 확인할 수 있다.

따라서, CORESSPONDING # 연산자에서 DISCARDING DUPLICATES 옵션을 사용하려면 인터널 테이블의 Unique Key를 기준으로 중복 값은 상단의 1건만 남고 나머지는 삭제된다. 다음 결과에서는 FIELD1의 중복 값 중 1건만 남기고 제거된 것을 볼 수 있다. 이를 통해 ABAP 7.40의 새로운 기능을 사용해 더 간단하고 효율적으로 중복 데이터를 제거할 수 있다.

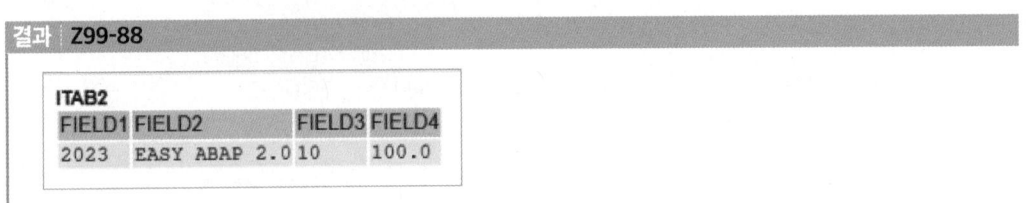

인터널 테이블

ABAP 7.40 릴리즈 이후 VALUE, REF 등의 새로운 연산자와 다양한 테이블 표현식이 도입되었다. 이를 통해 인터널 테이블에 데이터를 추가, 수정, 삭제하는 작업이 이전보다 훨씬 간단하고 직관적으로 수행될 수 있게 되었다. 이러한 테이블 표현식을 사용하면 인터널 테이블의 데이터를 보다 유연하게 다룰 수 있으며, 다양한 부분에 확장하여 사용할 수 있다. 이번 절에서는 인터널 테이블의 데이터를 효과적으로 활용하기 위해 제공되는 다양한 확장 기능을 예제와 함께 학습할 것이다.

4-1 테이블 표현식 itab[ ]

ABAP 7.40 릴리즈 이후, 인터널 테이블을 다루기 위한 새로운 방법으로 테이블 표현식 'itab[ ]'이 소개되었다. 기본적인 기능은 READ TABLE 구문과 유사하게 인터널 테이블에서 특정 조건에 맞는 데이터 행 1줄을 반환한다. 이때, 인터널 테이블에서 데이터를 읽기 위한 조건은 대괄호 [ ] 안에 입력되며, 이때 READ TABLE 구문에서 값을 읽기 위한 조건 WITH KEY나 INDEX를 지정하지 않으면 구문 에러가 발생하는 것처럼, 테이블 표현식에서 대괄호를 빈 값으로 두면 구문 에러가 발생한다.
이 테이블 표현식은 기존의 READ TABLE 구문보다 더 유연하고, 확장된 기능을 사용할 수 있다.

이어지는 다양한 예제들을 통해 테이블 표현식의 활용법을 알아보자.

예제 | Z99-89

ABAP 7.40 릴리즈 이전	ABAP 7.40 릴리즈 이후
READ TABLE LT_SPFLI INTO LS_SPFLI 　BINARY SEARCH 　WITH KEY CARRID = 'AA' 　　　　 CONNID = '0017'.	DATA(LS_SPFLI) = LT_SPFLI[CARRID = 'AA' 　　　　　　　　　　　　 CONNID = '0017'].

결과 | Z99-89

```
LS_SPFLI
MANDT CARRID CONNID COUNTRYFR CITYFROM AIRPFROM COUNTRYTO CITYTO        AIRPTO FLTIME DEPTIME  ARRTIME  DISTANCE DISTID FLTYPE
100   AA     0017   US        NEW YORK JFK      US        SAN FRANCISCO SFO    361    11:00:00 14:01:00 2572.0   MI
```

예제의 두 가지 구문 모두 LT_SPFLI 인터널 테이블에서 CARRID = 'AA', CONNID = '0017' 조건을 만족하는 데이터 1건을 읽어와 LS_SPFLI 구조체에 할당한다. 왼쪽 구문은 전통적인 READ TABLE 구문을 사용하고, 오른쪽 구문은 테이블 표현식 LT_SPFLI[ ]을 사용한다. 이 테이블 표현식에서는 대괄호 [ ] 안에 데이터 검색 조건을 지정한다.

또한, 인터널 테이블의 값을 할당받을 구조체 변수를 사전에 선언하지 않아도 인라인으로 선언할 수 있다. 이 경우, 생성되는 구조체 변수의 데이터 타입은 자동으로 인터널 테이블과 동일한 구조를 가지게 된다.

테이블 표현식 itab[ ]의 세부 기능에 대해 알아보자.

1) 명시적 BINARY SEARCH 사용 불가

기존의 READ TABLE 구문에서는 WITH KEY 절에 사용할 조건 값으로 인터널 테이블을 정렬한 뒤, BINARY SEARCH 옵션을 추가해 검색 속도를 향상시킬 수 있었다. 그러나 테이블 표현식 itab[ ]에서는 명시적으로 BINARY SEARCH 옵션을 사용할 수 없다.

대신, Sorted Table 타입으로 선언된 인터널 테이블의 경우, 선언된 키 값으로 내부적으로 정렬된 상태를 유지하고 있기 때문에 테이블 표현식 itab[ ]에 BINARY SEARCH 옵션을 명시하지 않아도 내부적으로 이진 탐색이 수행된다. 이러한 방식은 기존의 READ TABLE 구문에서도 동일하게 적용된다.

예제 | Z99-90

```
  DATA ls_spfli TYPE spfli.
  DATA lt_spfli TYPE SORTED TABLE OF spfli
```

```
                WITH NON-UNIQUE KEY carrid connid.
  ls_spfli = lt_spfli[ carrid = 'AA' connid = '0017' ].
```

예제에서 LT_SPFLI 인터널 테이블은 CARRID와 CONNID를 키로 선언한 Sorted Type의 인터널 테이블이다. 이는 내부적으로 키 값으로 정렬된 상태를 유지하기 때문에 BINARY SEARCH 옵션을 명시적으로 선언하지 않아도 내부적으로 이진 탐색이 실행된다.

2) 조건의 결과가 없는 경우 "ITAB_LINE_NOT_FOUND" 덤프 발생

기존 READ TABLE 구문에서는 조건에 맞는 데이터가 없을 때 시스템 변수 SY-SUBRC의 값이 4로 설정된다. 그러나 테이블 표현식 itab[ ]을 사용할 경우, 조건에 맞는 데이터가 없으면 "ITAB_LINE_NOT_FOUND" 덤프가 발생한다. 이러한 상황을 방지하고, 예외를 처리하기 위해 다음 예제와 같은 방법을 사용해야 한다.

예제 | Z99-91

예제 1.
TRY ~ CATCH ~ ENDTRY 구문을 사용해 데이터가 없을 경우에 예외 처리를 해준다.

```
TRY.
    DATA(LS_SPFLI) = LT_SPFLI[
                    CARRID = 'AA'
                    CONNID = '0117' ].
  CATCH CX_SY_ITAB_LINE_NOT_FOUND
    INTO DATA(EXCPTION).
    WRITE EXCPTION->GET_TEXT( ).
ENDTRY.
```

결과 1:

The table does not contain a row with the specified values.

예제 2.
OPTIONAL 구문을 사용한다. 이 구문을 사용하면 조건에 맞는 데이터가 없어도 덤프가 발생하지 않는다.

```
DATA(LS_SPFLI) = VALUE #(
  LT_SPFLI[ CARRID = 'AA'
            CONNID = '0117' ]
  OPTIONAL ).
```

결과 2:

LS_SPFLI

MANDT	CARRID	CONNID	COUNTRYFR	CITYFROM	AIRPFROM	COUNTRYTO	CITYTO	AIRPTO
		0000						

예제 3.
DEFAULT VALUE # 구문을 사용해 조건에 맞는 데이터가 없을 경우를 대비해 디폴트 값을 넣는다.

```
DATA(LS_SPFLI) = VALUE #(
  LT_SPFLI[ CARRID = 'AA'
            CONNID = '0117' ]
  DEFAULT VALUE #(
            CARRID = 'LH'
            CONNID = '0400' ) ).
```

결과 3:

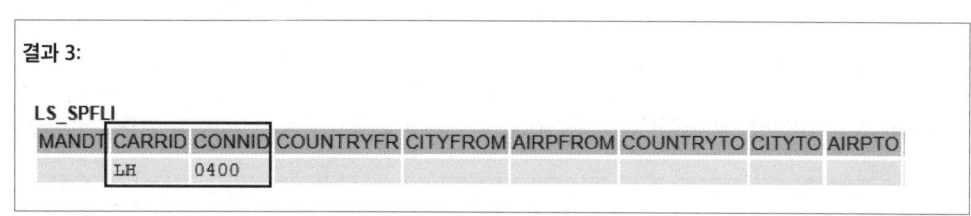

3) 시스템 변수 SY-SUBRC, SY-TABIX 사용 불가

READ TABLE 구문에서는 시스템 변수 SY-SUBRC를 사용해 조건에 맞는 데이터의 존재 여부를 확인하고, 시스템 변수 SY-TABIX를 사용해 조건에 맞는 데이터가 인터널 테이블의 몇 번째 행에 위치하는지 확인할 수 있었다. 그러나 테이블 표현식 itab[ ]에서는 이러한 시스템 변수를 사용할 수 없다.

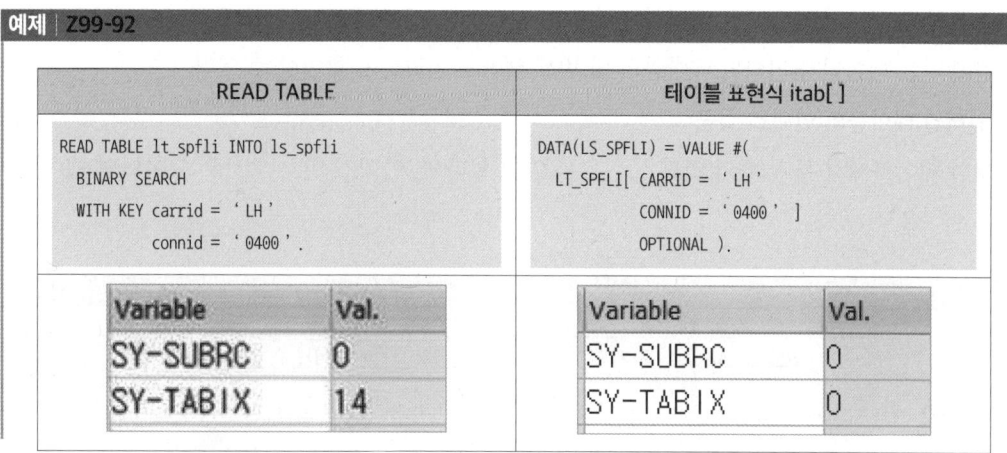

그렇다면 테이블 표현식 itab[ ]에서는 시스템 변수 SY-SUBRC와 SY-TABIX를 대체할 구문은 없을까? 다음 예제에 대안을 소개한다.

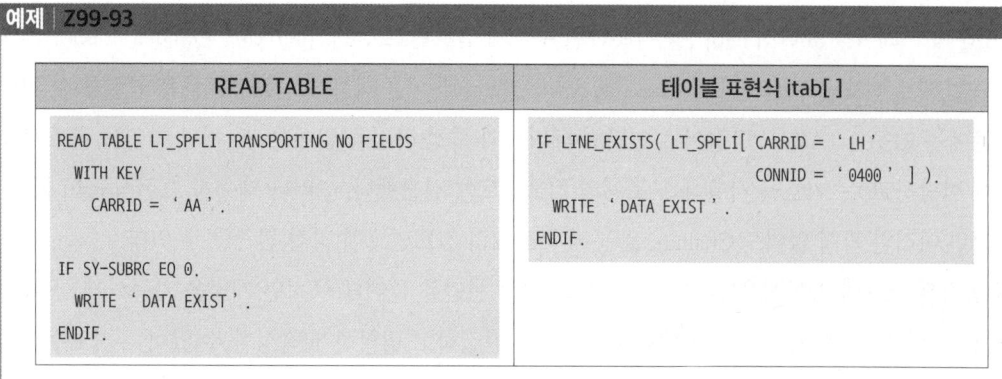

시스템 변수 SY-SUBRC 대신 조건자 함수 LINE_EXISTS를 사용해 인터널 테이블에 특정 조건에 맞는 데이터가 있는지 확인할 수 있다.

예제 Z99-94

READ TABLE	테이블 표현식 itab[ ]
| ```
DATA LV_TABIX TYPE SY-TABIX.
READ TABLE LT_SPFLI TRANSPORTING NO FIELDS
  WITH KEY
    CARRID = 'LH'
    CONNID = '0400'.

LV_TABIX = SY-TABIX.
``` | ```
DATA(LV_TABIX) =
  LINE_INDEX( LT_SPFLI[ CARRID = 'LH'
                        CONNID = '0400' ] ).
``` |

시스템 변수 SY-TABIX 대신 테이블 함수 LINE_INDEX를 사용해 테이블 표현식 itab[ ]에서 특정 조건에 맞는 데이터가 인터널 테이블의 몇 번째 행에 위치하는지 확인할 수 있다.

4) 인터널 테이블의 인덱스 접근

인터널 테이블에서 특정 행의 인덱스 번호를 알고 있다면, 인덱스 번호를 사용해 인터널 테이블의 값을 읽어올 수 있다.

예제 Z99-95

READ TABLE	테이블 표현식 itab[ ]
| ```
DATA LS_SPFLI TYPE SPFLI.
READ TABLE LT_SPFLI INTO LS_SPFLI
  INDEX 5.
``` | ```
DATA(LS_SPFLI) = VALUE #( LT_SPFLI[ 5 ]
                          OPTIONAL ).

CL_DEMO_OUTPUT=>DISPLAY( LS_SPFLI ).
``` |

5) 테이블 표현식의 Chaining

ABAP에서 테이블 표현식 itab[ ]을 사용하면 구조체 컴포넌트 선택기(Structure Component Selector) '-'와 오브젝트 컴포넌트 선택기(Object Component Selector) '->'을 사용해 컴포넌트들을 연결할 수 있다. 기존에는 READ TABLE 명령어로 인터널 테이블의 특정 라인을 읽어온 후, 해당 라인을 구조체 변수에 할당하고, '-' 기호를 사용해 구조체의 컴포넌트에 접근했다. 그러나 테이블 표현식 itab[ ]을 사용하면 이러한 과정 없이도 Chaining을 통해 구조체의 컴포넌트에 직접 접근할 수 있다.

이 방법은 코드의 가독성을 높이고, 불필요한 변수 선언을 줄여 효율적인 개발을 가능하게 한다. 또한, 테이블 표현식의 Chaining을 사용하면 코드를 간결하고 명확하게 작성할 수 있어 유지보수와 디버깅에도 용이하다.

예제 | Z99-96

READ TABLE	테이블 표현식 itab[ ]

DATA LS_SCARR TYPE SCARR.
DATA LV_CARRNAME TYPE SCARR-CARRNAME.
READ TABLE LT_SCARR INTO LS_SCARR
  WITH KEY CARRID = 'AA'.
 	
IF SY-SUBRC EQ 0.
  LV_CARRNAME = LS_SCARR-CARRNAME.
ENDIF.
	DATA(LV_CARRNAME) =
	  VALUE #(LT_SCARR[CARRID = 'AA']-CARRNAME
	        OPTIONAL).

테이블 표현식 itab[ ]에 바로 '-' 기호를 사용해 결과 구조체에서 특정 필드만 할당할 수 있다. 또한, 다음 예제와 같이 오프셋(Offset)을 사용해 일부 문자열만 가져오는 것도 가능하다.

예제 | Z99-97

READ TABLE	테이블 표현식 itab[ ]

DATA LS_SCARR TYPE SCARR.
DATA LV_CARRNAME TYPE SCARR-CARRNAME.
READ TABLE LT_SCARR INTO LS_SCARR
  WITH KEY CARRID = 'AA'.
 	
IF SY-SUBRC EQ 0.
  LV_CARRNAME = LS_SCARR-CARRNAME+0(8).
ENDIF.
	DATA(LV_CARRNAME) =
	  VALUE #(LT_SCARR[CARRID = 'AA']-CARRNAME+0(8)
	        OPTIONAL).

6) 테이블 표현식 itab[ ] 결과를 필드 심볼에 할당

테이블 표현식 itab[ ]을 사용하여 그 결과를 필드 심볼(Field Symbol)에 할당할 수 있다. 여기서도 동일하게 표현식의 특정 필드만 필드 심볼에 할당하는 것 또한 가능하다.

특히, 테이블 표현식 itab[ ]의 결과를 필드 심볼에 할당할 때는 시스템 변수 SY-TABIX에 인터널 테이블의 몇 번째 행이 할당되었는지를 반환한다. 데이터 오브젝트나 참조 변수에 할당할 때는 시스템 변수 SY-TABIX에 값을 설정하지 않지만, 필드 심볼에 할당할 때는 SY-TABIX 값이 설정된다.

예제 | Z99-98

```
FIELD-SYMBOLS <LFS_SPFLI> TYPE ANY.

READ TABLE LT_SPFLI ASSIGNING <LFS_SPFLI>
  WITH KEY CARRID = 'LH'.
```

```
TRY .
    ASSIGN LT_SPFLI[ CARRID = 'LH' ]
      TO FIELD-SYMBOL(<LFS_SPFLI>).

  CATCH CX_SY_ITAB_LINE_NOT_FOUND INTO DATA(EXCP).
    WRITE EXCP->GET_TEXT( ).
ENDTRY.
```

7) 테이블 표현식 itab[ ] 결과를 데이터 참조에 할당

예제 | Z99-99

```
DATA LO_DATA TYPE REF TO DATA.
FIELD-SYMBOLS <LFS_DATA> TYPE ANY.

READ TABLE LT_SPFLI REFERENCE INTO LO_DATA
  WITH KEY CARRID = 'AA'.

CL_DEMO_OUTPUT=>DISPLAY( LO_DATA->* ).
```

```
DATA(LO_DATA) =
  REF #( LT_SPFLI[ CARRID = 'AA' ] OPTIONAL ).

CL_DEMO_OUTPUT=>DISPLAY( LO_DATA->* ).
```

8) 조건절, 반복문 등 구문에 테이블 표현식 itab[ ] 사용

앞서 테이블 표현식 itab[ ]에서 하이픈 기호(-)를 사용해 필드명에 직접 접근하는 방법을 소개했다. 이것을 IF, CASE, LOOP 구문에 활용하는 예제를 확인해보자.

* 조건문 IF 절에 사용

예제 | Z99-100

```
IF VALUE #( lt_spfli[ connid = '0017' ]-carrid OPTIONAL ) EQ 'AA'.

ENDIF.
```

* 조건문 CASE 절에 사용

예제 | Z99-101

```
CASE VALUE #( lt_spfli[ connid = '0017' ]-carrid OPTIONAL ).
  WHEN 'AA'.
  WHEN 'LH'.
ENDCASE.
```

* WHERE 절에 사용

예제 | Z99-102

```
SELECT *
  FROM SPFLI
  INTO TABLE @DATA(LT_SPFLI).

SELECT *
  FROM SCARR
  INTO TABLE @DATA(LT_SCARR).

DATA LT_SCARR2 LIKE LT_SCARR.

LOOP AT LT_SCARR INTO DATA(LS_SCARR)
  WHERE CARRID = VALUE #( LT_SPFLI[ CONNID = '0401' ]-CARRID OPTIONAL ).

  APPEND LS_SCARR TO LT_SCARR2.
  CLEAR LS_SCARR.
ENDLOOP.

CL_DEMO_OUTPUT=>DISPLAY( LT_SCARR2 ).

DELETE LT_SCARR
  WHERE CARRID EQ VALUE #( LT_SPFLI[ CONNID = '0017' ]-CARRID OPTIONAL ).

CL_DEMO_OUTPUT=>DISPLAY( LT_SCARR ).
```

* 테이블 표현식 itab[ ]의 조건절에 사용

앞서 학습한 Chaining을 사용하면 테이블 표현식을 중첩해 사용할 수 있다. 이는 Deep Structure와 같이 인터널 테이블 구조가 복잡한 경우에 보다 직관적으로 결과를 할당받을 수 있다. 여기서 주의할 점은 중첩 테이블 표현식을 사용할 때 인덱스 접근으로만 사용하면, 어느 테이블 표현식에서 데이터를 찾지 못한 것인지 파악하기 어렵다는 것이다.

예제 | Z99-103

```
DATA(ls_scarr) = VALUE #( lt_scarr[ carrid = VALUE #(
                     lt_spfli[ connid = '0017' ]-carrid OPTIONAL ) ] OPTIONAL ).

DATA(ls_scarr) = VALUE #( lt_scarr[ carrid = VALUE #(
                     lt_spfli[ 5 ]-carrid OPTIONAL ) ] OPTIONAL ).
```

* SELECT의 WHERE 절에 사용

예제 | Z99-104

```
DATA LT_SPFLI TYPE TABLE OF SPFLI.
DATA LT_SCARR TYPE TABLE OF SCARR.
```

```
  SELECT *
    FROM SPFLI
    INTO CORRESPONDING FIELDS OF TABLE @LT_SPFLI.

  SELECT *
    FROM SCARR
    WHERE CARRID = @( VALUE SCARR-CARRID( LT_SPFLI[ CONNID = '0400' ]-CARRID OPTIONAL ) )
    INTO CORRESPONDING FIELDS OF TABLE @LT_SCARR.

  CL_DEMO_OUTPUT=>DISPLAY( LT_SCARR ).
```

OPEN SQL의 WHERE 절에서 테이블 표현식 itab[ ]을 활용할 수 있다. 이전에 학습한 것과 같이, 테이블 표현식 itab[ ]의 결과에서 하이픈(-) 기호를 사용해 필드에 직접 접근할 수 있다. 이러한 기능을 통해 WHERE 절에서 테이블 표현식의 결과를 조건으로 사용할 수 있다. 이때, 테이블 표현식 itab[ ]을 이스케이프 문자 @ 뒤의 괄호 안에 위치시켜야 하며, 이러한 표현식을 호스트 표현식(Host Expressions)이라고 한다.

예제에서는 WHERE 절에서 CARRID 필드의 값을 비교한다. 먼저 LT_SPFLI 인터널 테이블에서 CONNID 필드의 값이 '0400'인 행을 찾고, 해당 행의 CARRID 값을 추출하여 WHERE 절의 조건으로 사용했다.

조금 더 알아보기 — 호스트 변수, 호스트 표현식

호스트 변수(Host Variable)와 호스트 표현식(Host Expression)이란 OPEN SQL의 피연산자 위치에 사용되는 변수 및 표현식을 의미한다. 여기서 피연산자란, 연산의 대상이 되는 항목으로, OPEN SQL의 WHERE 절에서 오른쪽에 위치하는 비교 대상을 지칭한다.

호스트 변수와 호스트 표현식을 식별하기 위해 이스케이프 문자 @를 사용한다. '@' 기호 뒤에 사용되는 변수와 표현식은 각각 호스트 변수와 호스트 표현식으로 인식된다. 이스케이프 문자 @는 호스트 변수와 호스트 표현식의 결과 값을 데이터베이스 시스템으로 전달하는 역할을 한다. 또한, '@' 기호를 사용하면 일반 구문보다 더 철저한 구문 점검이 진행된다.

> **TIP**
> 흔히 New OPEN SQL이라고 부르는 ABAP 7.40 릴리즈 이후 추가된 OPEN SQL 기능들은 변수 또는 표현식을 사용할 때 '@' 기호를 필수적으로 사용해야 한다.

조금 더 알아보기 | 고정소수점 연산자

ABAP 프로그램을 생성할 때 프로그램 속성 중 '고정소수점연산(Fixed point arithmetic)' 항목을 선택하는 부분이 있다.

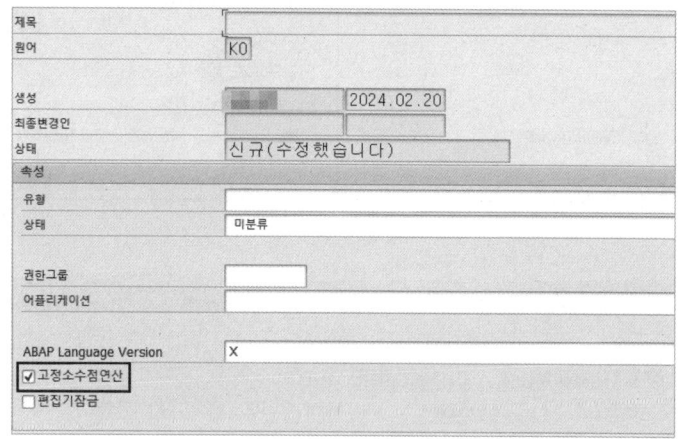

그림 Z99-15 프로그램 Attribute '고정소수점연산' 항목 선택

호스트 변수와 호스트 표현식은 이 '고정소수점연산' 항목이 선택되어 있지 않으면 사용할 수 없다. 또한, OPEN SQL의 CASE와 같은 표현식도 사용할 수 없다.

4-2 APPEND 구문

일반적으로 인터널 테이블에 데이터를 추가하려면 구조체 변수에 값을 할당한 뒤 APPEND 구문을 사용한다. 그러나 ABAP 7.40 릴리즈 이후 VALUE 연산자를 사용하여 구조체 변수 없이도 괄호 안에 명시된 값을 바로 인터널 테이블에 추가(APPEND)할 수 있다.

앞서 학습한 VALUE 연산자로 인터널 테이블을 초기화하는 방법은 VALUE 연산자 뒤의 괄호 하나를 하나의 행으로 인식하여 인터널 테이블에 데이터를 쌓았었다. 반면에 다음 예제의 APPEND VALUE( ) 구문은 괄호 안에 명시된 하나의 행을 인터널 테이블로 바로 추가하는 방법을 보여준다.

예제 | Z99-105

ABAP 7.40 릴리즈 이전	ABAP 7.40 릴리즈 이후
| ```
DATA: LS_LIST TYPE SCARR,
      LT_LIST TYPE TABLE OF SCARR.

LS_LIST-MANDT = SY-MANDT.
LS_LIST-CARRID = 'KA'.
LS_LIST-CARRNAME = 'Korea Airline'.
LS_LIST-CURRCODE = 'KRW'.
LS_LIST-URL = 'WWW.KOREAAIRLINE.COM'.
APPEND LS_LIST TO LT_LIST.
``` | ```
DATA LT_LIST TYPE TABLE OF SCARR.

APPEND VALUE #(
  MANDT    = SY-MANDT
  CARRID   = 'KA'
  CARRNAME = 'Korea Airline'
  CURRCODE = 'KRW'
  URL      = 'WWW.KOREAAIRLINE.COM' )
TO LT_LIST.
``` |

결과 | Z99-105

LT_LIST

MANDT	CARRID	CARRNAME	CURRCODE	URL
100	KA	Korea Airline	KRW	WWW.KOREAAIRLINE.COM

4-3 INSERT 구문

앞서 APPEND 구문과 같이 INSERT 구문을 사용해 인터널 테이블에 데이터를 삽입(INSERT)할 수 있다.

예제 | Z99-106

ABAP 7.40 릴리즈 이전	ABAP 7.40 릴리즈 이후
| ```
DATA: LS_LIST TYPE SCARR,
      LT_LIST TYPE TABLE OF SCARR.

LS_LIST-MANDT = SY-MANDT.
LS_LIST-CARRID = 'KA'.
LS_LIST-CARRNAME = 'Korea Airline'.
LS_LIST-CURRCODE = 'KRW'.
LS_LIST-URL = 'WWW.KOREAAIRLINE.COM'.
INSERT LS_LIST INTO TABLE LT_LIST.
``` | ```
DATA LT_LIST TYPE TABLE OF SCARR.

INSERT VALUE #(
  MANDT = SY-MANDT
  CARRID = 'KA'
  CARRNAME = 'Korea Airline'
  CURRCODE = 'KRW'
  URL = 'WWW.KOREAAIRLINE.COM' )
INTO TABLE LT_LIST.

CL_DEMO_OUTPUT=>DISPLAY( LT_LIST ).
``` |

결과 | Z99-106

4-4 MODIFY 구문

MODIFY 구문도 앞 예제와 동일하게 사용할 수 있다. 인터널 테이블에서 VALUE 연산자의 괄호에 명시된 값을 변경할 때, 키 조건과 인덱스 조건을 사용할 수 있다. MODIFY 구문에 대한 자세한 내용은 상권의 5장을 참고하자

예제 | Z99-107

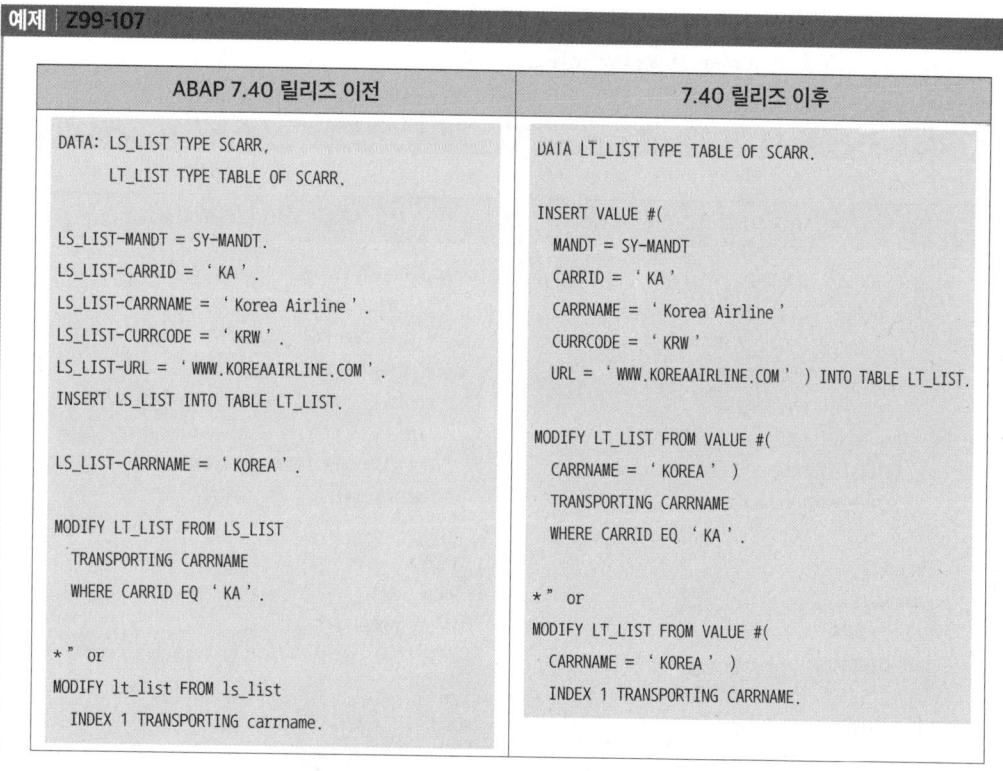

결과 | Z99-107

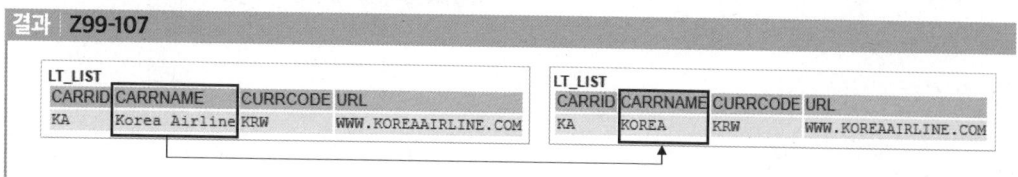

4-5 DELETE 구문

인터널 테이블에서 데이터를 삭제할 때도 키 조건 또는 인덱스 조건을 사용할 수 있다. DELETE 구문에 대한 자세한 내용은 앞의 5장을 참고해보자.

인덱스 값을 기준으로 인터널 테이블의 데이터를 삭제하는 방법은 ABAP 7.40에서 추가된 내용은 없다. 하지만 구조체 변수 값을 기준으로 데이터를 삭제할 때는 VALUE 연산자를 활용해 괄호 안에 명시된 값을 기준으로 인터널 테이블의 데이터를 삭제할 수 있다.

이때 주의할 점은 인터널 테이블에 키를 지정했는지 확인해야 한다는 것이다. 인터널 테이블에 키를 지정하지 않으면 기본적으로 C-LIKE(문자형 타입)가 자동으로 디폴트 키로 설정된다. 따라서 VALUE 연산자 뒤의 괄호 안에 값을 명시하더라도, 정확한 키가 설정되지 않은 경우 인터널 테이블의 데이터가 삭제되지 않을 수 있다. 그러므로 인터널 테이블에서 삭제할 값을 정확히 키로 지정해야만 원하는 데이터를 올바르게 삭제할 수 있다.

예제 | Z99-108

ABAP 7.40 릴리즈 이전	ABAP 7.40 릴리즈 이후
| ```
DATA: BEGIN OF LS_LIST,
        CARRID   TYPE S_CARR_ID,
        CARRNAME TYPE S_CARRNAME,
        CURRCODE TYPE S_CURRCODE,
        URL      TYPE CHAR50,
      END OF LS_LIST,
      LT_LIST LIKE TABLE OF LS_LIST
        WITH NON-UNIQUE KEY CARRID.

SELECT *
  FROM SCARR
  UP TO 5 ROWS
  INTO CORRESPONDING FIELDS OF TABLE @LT_LIST.

LS_LIST-CARRID = 'AC'.

DELETE TABLE LT_LIST FROM LS_LIST.

CL_DEMO_OUTPUT=>DISPLAY( LT_LIST ).
``` | ```
DATA: BEGIN OF LS_LIST,
        CARRID   TYPE S_CARR_ID,
        CARRNAME TYPE S_CARRNAME,
        CURRCODE TYPE S_CURRCODE,
        URL      TYPE CHAR50,
      END OF LS_LIST,
      LT_LIST LIKE TABLE OF LS_LIST
        WITH NON-UNIQUE KEY CARRID.

SELECT *
  FROM SCARR
  UP TO 5 ROWS
  INTO CORRESPONDING FIELDS OF TABLE @LT_LIST.

DELETE TABLE LT_LIST
  FROM VALUE #( CARRID = 'AC' ).

CL_DAEMO_OUTPUT=>DISPLAY( LT_LIST ).
``` |

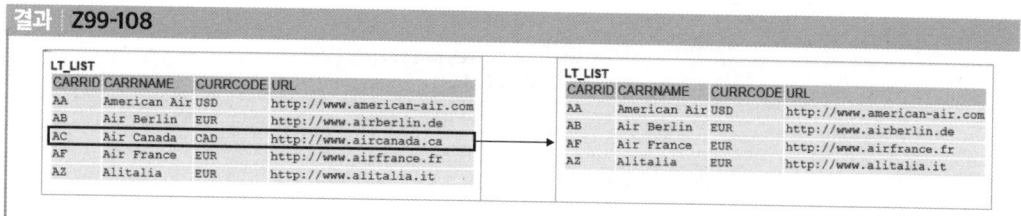

05 OPEN SQL

5-1 인터널 테이블 SELECT

ABAP 7.52 릴리즈 이후, 인터널 테이블을 OPEN SQL의 데이터 소스로 직접 사용할 수 있는 방법이 소개되었다. 이전에는 인터널 테이블의 데이터를 OPEN SQL에서 추가 조건으로 활용하려면 FOR ALL ENTRIES 구문을 사용하거나 SELECT 이후 LOOP 등의 구문을 통해 다시 데이터를 가공했었다. 또한, FOR ALL ENTRIES 구문을 사용한 OPEN SQL에서는 집계 함수(Aggregation Function)와 Group By 절을 사용하지 못하는 등 몇 가지 제약사항이 있었다.

이제 인터널 테이블의 데이터를 OPEN SQL에서 데이터 소스로 사용하려면, FROM 절에 인터널 테이블 이름 앞에 '@' 기호를 붙여 호스트 변수로 지정하면 된다. 호스트 변수는 데이터베이스 시스템으로 값을 전달하는 역할을 한다.

> **조금 더 알아보기 — 현재 데이터베이스가 특정 기능을 지원하는지 확인**
>
> 현재 사용 중인 데이터베이스 시스템이 특정 기능을 지원하는지 확인하려면 CL_ABAP_DBFEATURES 클래스를 활용할 수 있다. 이 클래스의 USE_FEATURES 메소드에 확인하고자 하는 상수 값을 입력하면, 현재 데이터베이스 시스템에서 해당 기능을 지원하는지 여부를 확인할 수 있다.

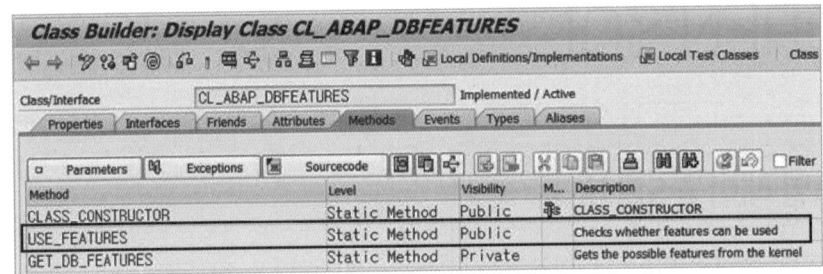

그림 Z99-16 CL_ABAP_DBFEATURES 클래스 상수

예를 들어, USE_FEATURES 메소드에 ITABS_IN_FROM_CLAUSEOPEN 클래스 상수 값을 전달하면, OPEN SQL의 FROM 절에 데이터 소스로 사용된 인터널 테이블에 데이터베이스 시스템이 접근 가능한지 확인할 수 있다.

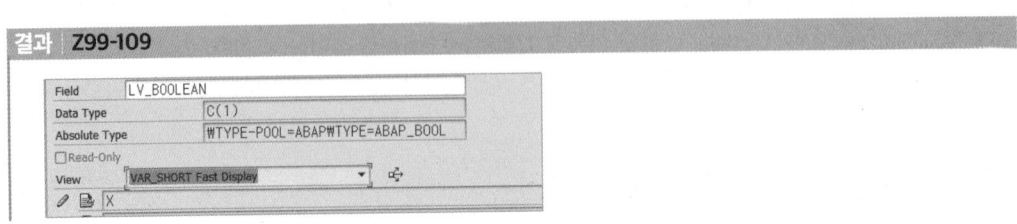

그림 Z99-17 CL_ABAP_DBFEATURES 클래스의 USE_FEATURES 메소드

현재 시스템에서 인터널 테이블을 FROM 절에 데이터 소스로 활용하여 데이터베이스 시스템에 접근할 수 있는 경우, 'CL_ABAP_DBFEATURES=>USE_FEATURES' 메소드를 실행하면 'X' 값을 반환한다.

예제 Z99-109

```
TRY.
    CALL METHOD cl_abap_dbfeatures=>use_features
      EXPORTING
        requested_features = VALUE #( ( cl_abap_dbfeatures=>itabs_in_from_clause ) )
      RECEIVING
        supports_features  = DATA(lv_boolean).
  CATCH cx_abap_invalid_param_value.
ENDTRY.
```

결과 Z99-109

Field	LV_BOOLEAN
Data Type	C(1)
Absolute Type	\TYPE-POOL=ABAP\TYPE=ABAP_BOOL
Read-Only	
View	VAR_SHORT Fast Display

X

LV_BOOLEAN 변수에 'X' 값이 반환된 경우, 이는 현재 시스템에서 데이터 소스로 사용된 인터널 테이블이 데이터베이스 시스템에서 접근 가능함을 의미한다.

또한, 프로그램 DEMO_DBFEATURES에서도 현재 데이터베이스 시스템에서 지원하는 기능을 확인해 볼 수 있다.

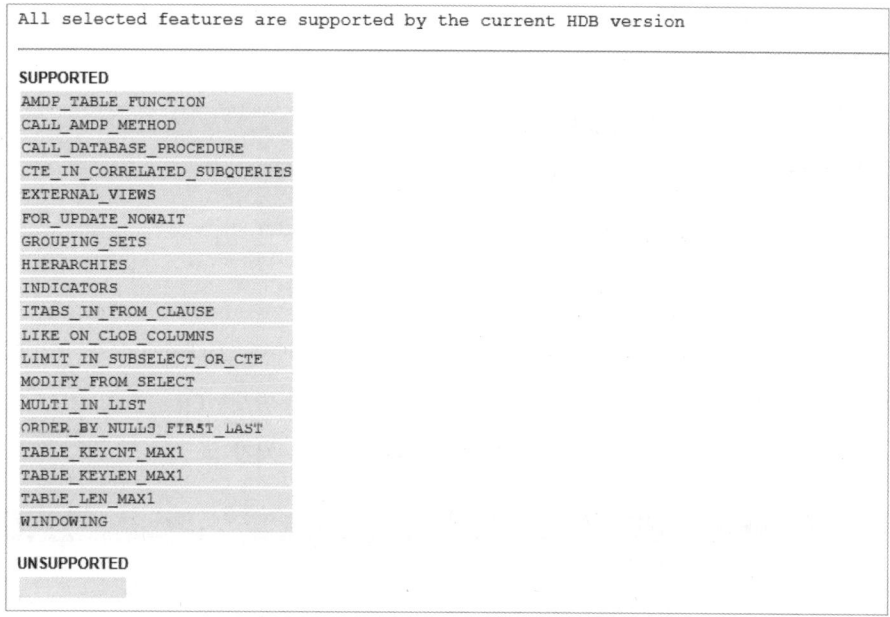

그림 Z99-18 DEMO_DBFEATURES 프로그램 실행 화면

앞에서 설명한 것처럼 ABAP 7.52가 소개되면서 인터널 테이블을 OPEN SQL의 데이터 소스로 활용할 수 있게 되었다. 먼저 몇 가지 확인 사항을 살펴보자.

1) 데이터베이스 시스템으로 접근이 필요한 경우 하나의 인터널 테이블만 사용 가능

예제 | Z99-110

```
SELECT *
  FROM SCARR
  WHERE CARRID EQ 'AA'
  INTO TABLE @DATA(LT_SCARR_AA).

SELECT *
  FROM SCARR
  WHERE CARRID EQ 'LH'
```

```
          INTO TABLE @DATA(LT_SCARR_LH).

SELECT *
  FROM @LT_SCARR_AA AS AA
  UNION ALL
SELECT *
  FROM @LT_SCARR_LH AS LH
INTO CORRESPONDING FIELDS OF TABLE @LT_SCARR.
```

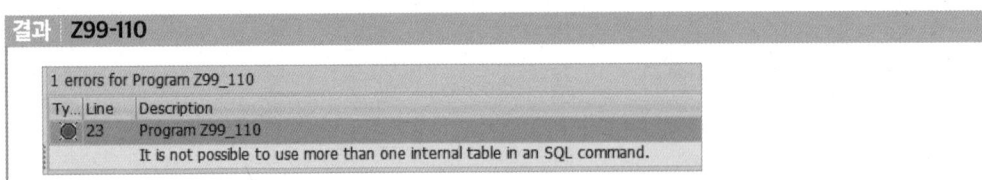

하나의 SQL 구문에서 데이터 소스로 사용할 수 있는 인터널 테이블은 최대 1개로 제한된다. 예제에서는 2개의 인터널 테이블을 데이터 소스로 사용하여 구문 에러가 발생했다.

2) 인터널 테이블 사용 시 AS 구문을 통해 인터널 테이블의 별칭을 지정

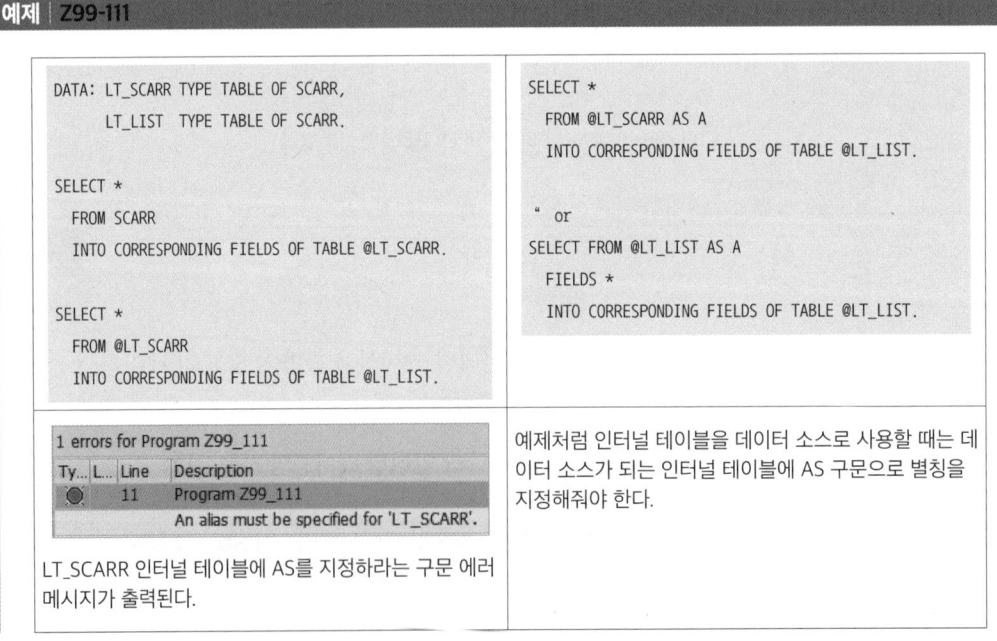

3) 인터널 테이블의 Nested Structure, Deep Structure 구조는 SQL에 사용할 수 없음

예제 | Z99-112

```
DATA BEGIN OF LS_LIST.
INCLUDE STRUCTURE SCARR.
DATA:
      NESTED_STR TYPE SPFLI,       " Nested Structure
      DEEP_STR   TYPE LVC_T_STYL.  " Deep Structure
DATA END OF LS_LIST.
DATA LT_LIST LIKE TABLE OF LS_LIST.

SELECT  A~CARRID      AS CARRID
       ,A~NESTED_STR  AS NESTED
       ,A~DEEP_STR    AS DEEP
  FROM @LT_LIST AS A
  INTO TABLE @DATA(LT_DATA).
```

결과 | Z99-112

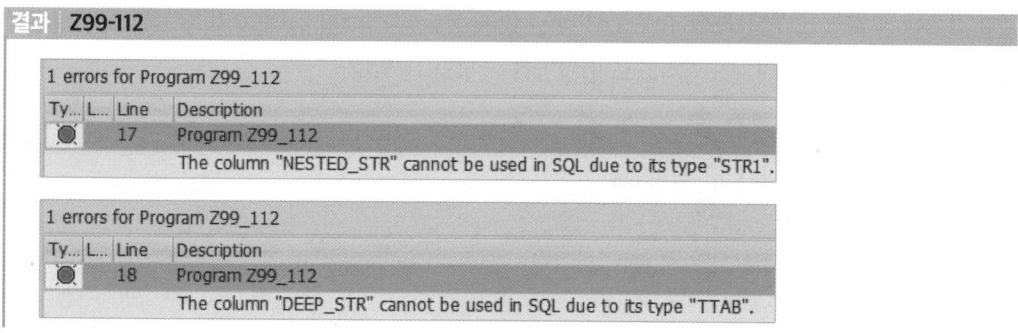

예제의 결과를 보면 각각 Nested Structure, Deep Structure의 필드는 조회(SELECT)할 수 없음을 나타내는 구문 에러다.

4) 헤더 라인 인터널 테이블 사용 불가

예제 | Z99-113

```
DATA LT_LIST LIKE SCARR OCCURS 0 WITH HEADER LINE.

SELECT *
  FROM @LT_LIST AS A
  INTO TABLE @DATA(LT_DATA).
```

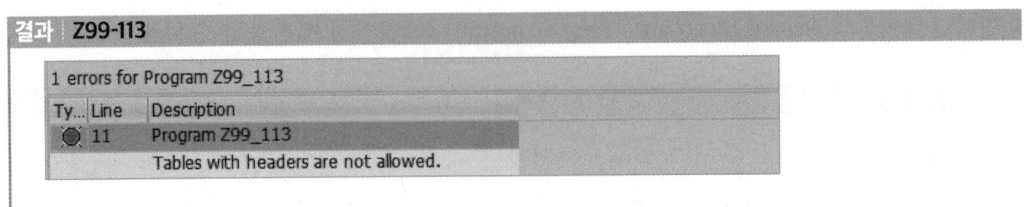

ABAP에 객체 지향 프로그래밍(OOP) 개념이 도입되면서, 헤더 라인이 있는 인터널 테이블은 OOP 개념에서 지원되지 않기 때문에 폐기(Obsolete)되었다(SAP에서도 사용을 권장하지 않는다.).

그러나 아직까지 헤더 라인이 있는 인터널 테이블로 작성된 프로그램이 많기 때문에 헤더 라인이 있는 것과 없는 것을 구분할 줄 알아야 한다. 또한, 인터널 테이블을 SQL의 데이터 소스로 사용할 때는 헤더 라인이 있는 인터널 테이블은 사용할 수 없다.

5) 인라인 선언 시 컬럼명 지정

인터널 테이블을 데이터 소스로 사용하는 SQL에서 결과 데이터를 인라인 선언으로 반환할 때, 컬럼명이 지정되지 않은 경우 기본적으로 'TABLE_LINE'으로 표시된다. 컬럼명이 명시된 경우에는 지정된 컬럼명으로 표시되며, AS 키워드로 컬럼명을 지정할 수 있다.

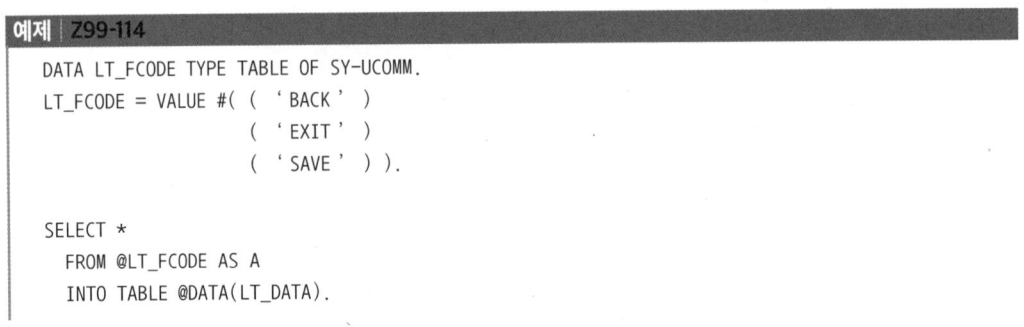

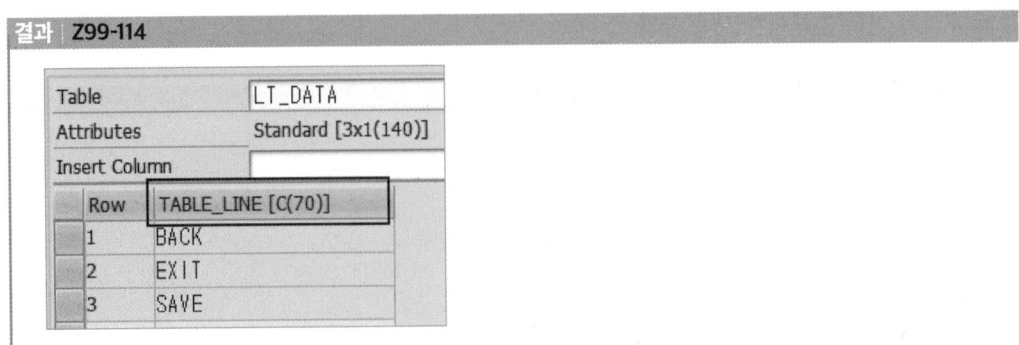

예제에서 컬럼명이 지정되지 않은 경우 'TABLE_LINE'으로 표시된 것을 확인했다. 만약 '*' 기호를 사용하지 않고 'TABLE_LINE'을 명시하는 경우 반드시 AS 키워드로 별칭(컬럼명)을 지정해야 한다.

만약 별칭을 지정하지 않으면 구문 에러가 발생한다.

예제 | Z99-115

```
DATA lt_fcode TYPE TABLE OF sy-ucomm.
lt_fcode = VALUE #( ( 'BACK' )
                    ( 'EXIT' )
                    ( 'SAVE' ) ).

SELECT table_line AS fcode
  FROM @lt_fcode AS a
  INTO TABLE @DATA(lt_data).
```

결과 | Z99-115

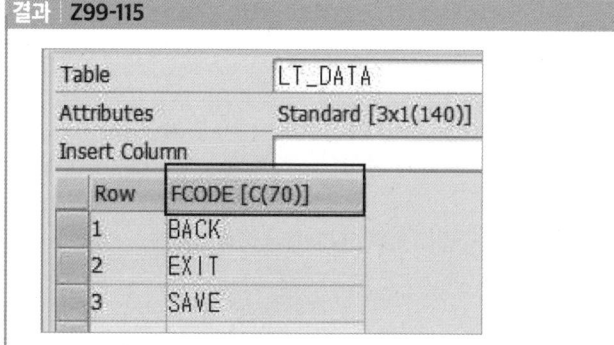

6) ORDER BY PRIMARY KEY 구문 사용 시 인터널 테이블 키 지정

예제 | Z99-116

```
DATA LT_LIST TYPE TABLE OF SCARR.
SELECT *
  FROM SCARR
  INTO CORRESPONDING FIELDS OF TABLE @LT_LIST.

DATA LT_DATA TYPE TABLE OF SCARR.
SELECT *
  FROM @LT_LIST AS A
  ORDER BY PRIMARY KEY
  INTO CORRESPONDING FIELDS OF TABLE @LT_DATA.
```

결과 | Z99-116

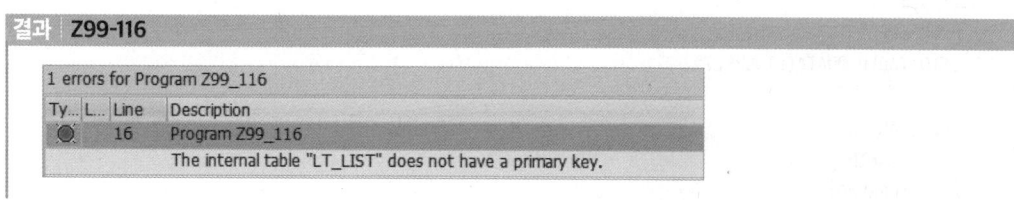

인터널 테이블을 데이터 소스로 사용하는 SQL문에서 'ORDER BY PRIMARY KEY' 구문으로 결과 리스트를 정렬하려면 FROM 절에 명시된 인터널 테이블에 기본키(Primary Key)가 지정되어 있어야 한다. 이때 pirmary_key의 COMPONENTS 필드는 ABAP Dictionary의 해당 테이블에 정의된 키 필드와 동일한 순서로 나열되어야 한다. 다음 예제를 참고하자.

예제 | Z99-117

```
DATA LT_LIST TYPE TABLE OF SCARR WITH NON-UNIQUE KEY PRIMARY_KEY
                                 COMPONENTS MANDT CARRID .

SELECT *
  FROM SCARR
  INTO CORRESPONDING FIELDS OF TABLE @LT_LIST.

DATA LT_DATA TYPE TABLE OF SCARR.

SELECT *
  FROM @LT_LIST AS A
  ORDER BY PRIMARY KEY
  INTO CORRESPONDING FIELDS OF TABLE @LT_DATA.
```

5-2 인터널 테이블 JOIN

ABAP 7.52 릴리즈 이전에는 인터널 테이블의 데이터를 활용하여 SQL에서 데이터베이스 테이블의 데이터를 제어하기 위해 'FOR ALL ENTRIES' 구문을 사용했다. 이 방법에는 몇 가지 제약사항이 있었으나, ABAP 7.52 이후 인터널 테이블의 데이터 소스로 사용하여 JOIN을 수행하는 방법이 도입되면서 OPEN SQL에서 거의 모든 구문을 활용할 수 있게 되었다. 다만, 제약사항으로, 하나의 쿼리당 하나의 인터널 테이블만 조인에 사용할 수 있다.

다음 예제에서는 FOR ALL ENTRIES 구문을 사용할 때 집계 함수나 GROUP BY 절을 적용하면 구문 에러가 발생하는 제약을 보여준다.

예제 | Z99-118

```
DATA LT_SFLIGHT TYPE TABLE OF SFLIGHT.

SELECT *
  FROM SPFLI
  INTO TABLE @DATA(LT_SPFLI).

SELECT CARRID
       CONNID
       CURRENCY
```

```
        SUM( PRICE ) as PRICE
    FROM SFLIGHT
    INTO CORRESPONDING FIELDS OF TABLE LT_SFLIGHT
    FOR ALL ENTRIES IN LT_SPFLI
    WHERE CARRID EQ LT_SPFLI-CARRID
    GROUP BY CARRID CONNID CURRENCY.
```

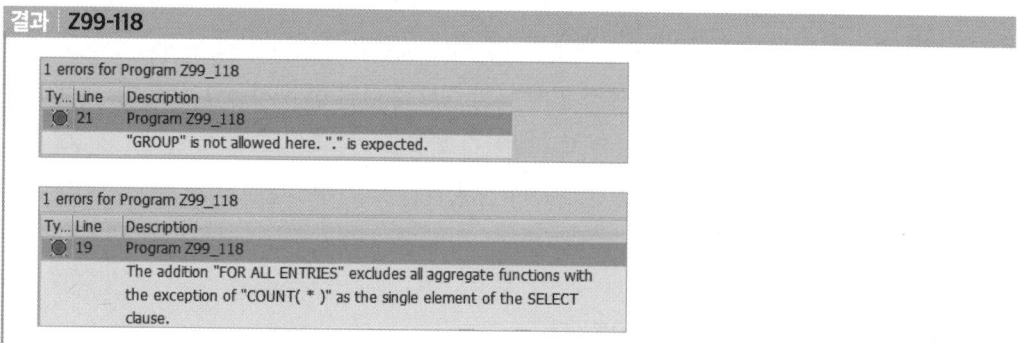

결과 | Z99-118

ABAP 7.52 이후 소개된 인터널 테이블을 데이터 소스로 사용하는 기능을 활용하면, 데이터를 가공한 인터널 테이블과 DB 테이블을 조인하여 OPEN SQL과 동일하게 모든 쿼리문을 작성할 수 있다. 다음 예제를 보면, FOR ALL ENTRIES 구문에서 사용할 수 없었던 집계 함수와 GROUP BY절을 사용해 DB 테이블과 인터널 테이블을 조인하여 데이터를 가져올 수 있다.

예제 | Z99-119

```
DATA LT_SFLIGHT TYPE TABLE OF SFLIGHT.

SELECT *
  FROM SPFLI
  INTO TABLE @DATA(LT_SPFLI).

SELECT  A~CARRID
       ,A~CONNID
       ,A~CURRENCY
       ,SUM( A~PRICE ) AS PRICE
  FROM SFLIGHT AS A
  INNER JOIN @LT_SPFLI AS B
    ON  A~CARRID EQ B~CARRID
    AND A~CONNID EQ B~CONNID

  GROUP BY A~CARRID, A~CONNID, A~CURRENCY
  INTO CORRESPONDING FIELDS OF TABLE @LT_SFLIGHT.

CL_DEMO_OUTPUT=>DISPLAY( LT_SFLIGHT ).
```

5-3 CTE(WITH 절)

ABAP 7.51 릴리즈 이후, ABAP OPEN SQL에서 WITH 명령어를 사용해 공통 테이블 표현식(CTE, Common Table Expression)을 사용할 수 있게 되었다. CTE는 WITH 구문 내에서 접근할 수 있는 임시 테이블 결과 집합을 생성한다. 쉽게 말해, WITH 구문 뒤에 나열된 후속 쿼리를 데이터 소스로 사용할 수 있으며, 이는 데이터베이스 접근 동안에만 존재하는 임시 뷰(View) 개념으로 이해할 수 있다. 이를 통해 SELECT 절에서 여러 번의 소계가 필요하거나 복잡한 데이터 처리 로직을 구현할 때 유용하게 사용할 수 있으며, WITH 구문에서 임시 뷰의 형태로 여러 번 재사용할 수 있다. 또한, 기존 OPEN SQL에서 사용할 수 없었던 옵션을 제공해 보다 확장된 기능을 사용할 수 있다.

간단하게 CTE를 생성하는 방법을 알아보자. CTE는 WITH 구문에 나열되며 각 CTE는 다음과 같은 규칙을 따른다.

1. WITH 절에 나열되는 CTE는 쉼표로 구분된다.
2. 각 CTE의 이름은 '+'로 시작해야 하며, 최대 30자리로 숫자, 문자, 밑줄을 포함할 수 있다.
3. CTE 이름 뒤에 'AS'를 쓰고 괄호 안에 SELECT 문을 작성한다.
4. WITH 절 내에서 일반적으로 사용하는 OPEN SQL 기능을 모두 사용할 수 있으나, FOR ALL ENTRIES 구문은 사용할 수 없다.
5. 반드시 하나의 메인 쿼리가 정의되어야 하며, WITH 절에 명시된 결과 집합은 반드시 메인 쿼리나 다른 CTE에서 최소 한 번 이상 사용되어야 한다.
6. 각 CTE의 쿼리는 UNION, UNION ALL을 사용해 결과 집합을 결합할 수 있다.

예제 | Z99-120

```
WITH
  +CONNID AS (
    SELECT A~CARRID
          ,B~CARRNAME
          ,A~CONNID
          ,A~CITYFROM
          ,A~CITYTO
      FROM SPFLI AS A INNER JOIN
           SCARR AS B
        ON A~CARRID EQ B~CARRID
  ),

  +FLIGHT AS (
    SELECT  CARRID
           ,CONNID
```

```
                    ,COUNT( CONNID ) AS COUNT
                    ,SUM( PRICE )    AS PRICE
                    ,MAX( SEATSMAX ) AS SEATSMAX
                    ,AVG( SEATSOCC ) AS SEATSOCC
              FROM SFLIGHT
              GROUP BY CARRID, CONNID
            )
       SELECT   A~CARRID
               ,A~CARRNAME
               ,A~CONNID
               ,A~CITYFROM
               ,A~CITYTO
               ,B~COUNT
               ,B~PRICE
               ,B~SEATSMAX
               ,B~SEATSOCC
          FROM +CONNID AS A INNER JOIN
               +FLIGHT AS B
            ON   A~CARRID EQ B~CARRID
           AND   A~CONNID EQ B~CONNID
          ORDER BY A~CARRID, A~CONNID
          INTO TABLE @DATA(LT_DATA).

CL_DEMO_OUTPUT=>DISPLAY( LT_DATA ).
```

결과 | Z99-120

CARRID	CARRNAME	CONNID	CITYFROM	CITYTO	COUNT	PRICE	SEATSMAX	SEATSOCC
AA	American Airlines	0017	NEW YORK	SAN FRANCISCO	16	7374.1	385	1.769375E2
AA	American Airlines	0064	SAN FRANCISCO	NEW YORK	16	6767.04	385	2.27E2
AZ	Alitalia	0555	ROME	FRANKFURT	12	2220.0	120	7.2E1
AZ	Alitalia	0788	ROME	TOKYO	13	13390.0	475	2.986923076923076823E2
AZ	Alitalia	0789	TOKYO	ROME	12	12360.0	475	3.048333333333331E2
AZ	Alitalia	0790	ROME	OSAKA	12	12168.0	385	2.491666666666666E2
DL	Delta Airlines	0106	NEW YORK	FRANKFURT	13	7943.13	330	2.02E2
DL	Delta Airlines	1699	NEW YORK	SAN FRANCISCO	13	5498.22	260	1.7392307692307693E2
DL	Delta Airlines	1984	SAN FRANCISCO	NEW YORK	13	5498.22	475	3.166923076923076823E2
JL	Japan Airlines	0407	TOKYO	FRANKFURT	13	13797.68	475	2.623076923076923E2
JL	Japan Airlines	0408	FRANKFURT	TOKYO	13	13797.68	385	2.2807692307692307E2
LH	Lufthansa	0400	FRANKFURT	NEW YORK	15	9990.0	330	2.188000000000001E2
LH	Lufthansa	0401	NEW YORK	FRANKFURT	15	9990.0	260	1.7540000000000001E2
LH	Lufthansa	0402	FRANKFURT	NEW YORK	15	9990.0	475	3.2493333333333334E2
LH	Lufthansa	2402	FRANKFURT	BERLIN	15	3630.0	475	2.87E2
LH	Lufthansa	2407	BERLIN	FRANKFURT	15	3630.0	130	8.5933333333333337E1

예제에서 첫 번째 CTE(+CONNID)에서는 SPFLI와 SCARR 두 테이블의 INNER JOIN결과 집합을 생성하고, 두 번째 CTE(+FLIGHT)에서는 SFLIGHT 테이블의 결과 집합을 생성한다. 이는 맨 마지막 메인 쿼리에서 데이터 소스로 사용할 수 있다. 예제에서는 간단한 예시를 보여줬지만, 실무에서는 쿼리 후 LOOP 등을 사용해 데이터를 가공해야 했던 복잡한 로직을 WITH 절을 사용해 간결하게 작성할 수 있다.

5-4 기타 새로운 기능

5-4-1 OFFSET

데이터 JOIN 또는 WHERE 절에서 필드 길이가 서로 달라 불편함을 겪어본 적이 있을 것이다. New OPEN SQL에서는 OFFSET을 사용해 서로 필드 길이가 다른 경우에도 JOIN, WHERE절에 사용할 수 있다.

다음 예제에서는 LV_BOOKID는 CHAR15 타입의 변수로, SBOOK 테이블의 BOOKID 필드에 조건으로 사용할 경우 에러가 발생하지만, OFFSET을 사용해 0번 위치부터 8번 위치까지만 조건으로 사용할 수 있다.

예제 | Z99-121

```
DATA LV_BOOKID TYPE CHAR15 VALUE '000001250000000'.

SELECT *
  FROM SBOOK
  WHERE LEFT( FLDATE, 4 ) EQ '2024'
    AND BOOKID EQ @LV_BOOKID+0(8)
  ORDER BY CARRID, CONNID
  INTO TABLE @DATA(LT_DATA).

CL_DEMO_OUTPUT=>DISPLAY( LT_DATA ).
```

결과 | Z99-121

LT_DATA								
MANDT	CARRID	CONNID	FLDATE	BOOKID	CUSTOMID	CUSTTYPE	SMOKER	LUGGWEIGHT
100	AA	0017	2024-01-25	00000125	00000067	B		0.0
100	AZ	0555	2024-01-25	00000125	00003896	P		0.0
100	DL	0106	2024-01-23	00000125	00001679	P		21.5
100	JL	0407	2024-01-27	00000125	00002108	P		0.0
100	LH	0400	2024-01-28	00000125	00000833	P		0.0
100	QF	0005	2024-01-27	00000125	00003949	P		15.5
100	SQ	0002	2024-01-26	00000125	00004411	P	X	0.0
100	UA	0941	2024-01-26	00000125	00003394	P		0.0

5-4-2 FIELDS

FIELDS 절 뒤에 컬럼을 나열하여 복잡한 쿼리에서 추출하는 필드를 좀 더 명확하게 표시할 수 있다.

예제 | Z99-122

```
SELECT FROM SCARR AS A INNER JOIN
            SPFLI AS B
```

```abap
        ON A~CARRID EQ B~CARRID
  FIELDS
    A~CARRID
   ,A~CARRNAME
   ,B~CONNID

  WHERE A~CARRID EQ 'AA'
  ORDER BY A~CARRID, B~CONNID
  INTO TABLE @DATA(LT_DATA).

CL_DEMO_OUTPUT=>DISPLAY( LT_DATA ).
```

5-4-3 SQL 내장 함수

ABAP OPEN SQL에서는 다양한 사전 정의된 함수(Built-in Function)를 제공한다. 이 절에서 모든 함수를 다루기는 어렵지만, 그중 자주 사용하는 날짜 및 시간 함수에 대해 알아보자.

예제 | Z99-123

```abap
DATA LV_TIMEZONE TYPE TIMEZONE.
CALL FUNCTION 'GET_SYSTEM_TIMEZONE'
  IMPORTING
    TIMEZONE = LV_TIMEZONE.

SELECT SINGLE
   FLDATE
  ,ORDER_DATE
  ,DATS_IS_VALID( FLDATE ) AS VALID
  ,DATS_DAYS_BETWEEN( FLDATE, ORDER_DATE ) AS DAYS_BETWEEN
  ,DATS_ADD_DAYS( FLDATE, 30 ) AS ADD_DAYS
  ,DATS_ADD_MONTHS( FLDATE,-10 ) AS ADD_MONTH
  ,TSTMP_CURRENT_UTCTIMESTAMP( ) AS UTC

  ,TSTMP_TO_DATS(
               TSTMP    = TSTMP_CURRENT_UTCTIMESTAMP( ),
               TZONE    = @LV_TIMEZONE,
               ON_ERROR = @SQL_TSTMP_TO_DATS=>SET_TO_NULL ) AS DATS

  ,TSTMP_TO_TIMS(
               TSTMP    = TSTMP_CURRENT_UTCTIMESTAMP( ),
               TZONE    = @LV_TIMEZONE,
               ON_ERROR = @SQL_TSTMP_TO_TIMS=>SET_TO_NULL ) AS TIMS

  ,DATS_TIMS_TO_TSTMP(
               DATE     = @SY-DATUM,
               TIME     = @SY-UZEIT,
               TZONE    = @LV_TIMEZONE,
```

```
                      ON_ERROR = @SQL_DATS_TIMS_TO_TSTMP=>SET_TO_NULL ) AS DATS_TIMS

    FROM SBOOK
    INTO @DATA(LT_DATA).

CL_DEMO_OUTPUT=>DISPLAY( LT_DATA ).
```

결과 | Z99-123

```
LT_DATA
FLDATE      ORDER_DATE  VALID  DAYS_BETWEEN  ADD_DAYS    ADD_MONTH   UTC             DATS        TIMS      DATS_TIMS
2024-01-25  2023-10-25  1      -92                        2024-02-24  2023-03-25  20240728033036  2024-07-28  12:30:36  20240728033036
```

예제에 사용된 내장 함수는 표 Z99-9와 같다.

함수	기능
dats_is_valid(dats)	dats 날짜가 유효한지 확인
dats_days_between(dats1, dats2)	dats1과 dats2 날짜 사이의 일수를 계산
dats_add_days(dats , n)	dats 날짜에 n만큼 일수를 더하거나 뺌 n에 양수 입력 시 날짜를 더하고, 음수 입력 시 날짜를 뺌
dats_add_months(dats, n)	dats 날짜에 n만큼 월을 더하거나 뺌
tstmp_current_utctimestamp( )	UTC 시간대의 현재 타임스탬프를 반환함 GET TIMESTAMP FIELD utc 구문과 동일한 결과를 반환
tstmp_to_dats(tstmp, tzone, on_error)	tstmp에 입력한 타임스탬프에서 tzone에 지정된 시간대의 로컬 날짜를 추출함
tstmp_to_tims(tstmp, tzone, on_error)	tstmp에 입력한 타임스탬프에서 tzone에 지정된 시간대의 로컬 시간을 추출함
dats_tims_to_tstmp(date, time, tznoe, on_error)	date와 time에 지정된 날짜와 시간으로 tzone에 지정된 시간대로 타임스탬프를 구성함

표 Z99-9 SQL 내장 함수

5-5 DB 데이터 핸들링

앞서 4절에서 살펴보았던 인터널 테이블의 추가, 삽입, 수정, 삭제와 마찬가지로 데이터베이스 테이블(Transparent Table)에서도 VALUE 연산자를 활용해 별도의 변수 선언 없이 데이터베이스 테이블의 데이터를 다룰 수 있다. 이어지는 간단한 예제로 어떤 기능이 추가되었는지 확인해보자.

> **TIP**
> 들어가기에 앞서, 이어지는 예제들을 보면 VALUE 연산자 앞에 이스케이프 문자 @가 있는 것을 볼 수 있다. 이는 앞의 [조금 더 알아보기]에서 학습했듯이, '@' 기호를 붙여서 VALUE 연산자를 호스트 표현식으로 지정했다는 것을 알 수 있다.

5-5-1 INSERT 구문

INSERT 구문은 데이터베이스 테이블에 새로운 데이터를 삽입하는 데 사용한다.

1) Single Value Insert

단일 값 삽입(Single Value Insert)은 데이터베이스 테이블에 하나의 행(레코드)을 삽입할 때 사용한다.

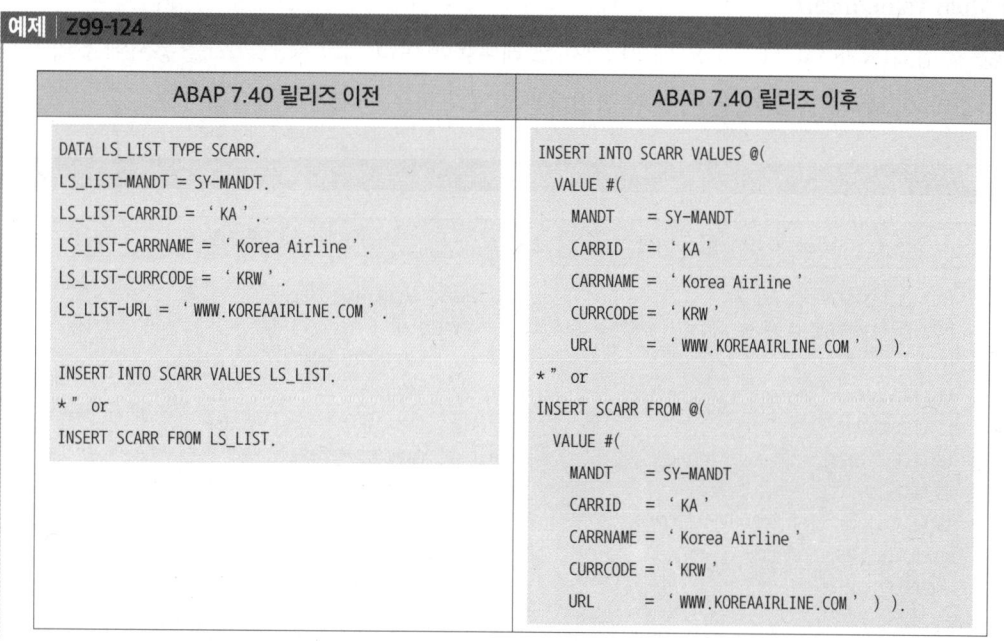

예제는 모두 데이터베이스 테이블에 'KA'를 키 값으로 하는 데이터를 새롭게 삽입한다. INSERT 구문에 대한 자세한 내용은 상권의 "3장 OPEN SQL"을 참고하자.

ABAP 7.40 릴리즈 이후에는 별도의 구조체 변수를 선언하지 않고도 VALUE 연산자를 사용할 수 있으며, 괄호에 지정된 필드를 데이터베이스에 추가할 수 있다. 예제에서 VALUE 연산자 앞에 이스케이프 문자 @를 사용한 것을 볼 수 있다. 이는 호스트 표현식으로 지정한 것으로, 괄호 안에 명시된 값이 데이터베이스로 전달됨을 의미한다. 이 방법은 이후 다루는 예제에서도 동일하게 적용된다.

2) Multi Value Insert

다중 값 삽입(Multi Value Insert)은 데이터베이스 테이블에 여러 개의 행(레코드)을 동시에 삽입할 때 사용한다. 이 방식은 단일 행을 여러 번 삽입하는 것보다 성능 면에서 더 효율적이다.

예제 | Z99-125

ABAP 7.40 릴리즈 이전	ABAP 7.40 릴리즈 이후
| ```
DATA LS_LIST TYPE SCARR.
DATA LT_LIST TYPE TABLE OF SCARR.

LS_LIST-MANDT = SY-MANDT.
LS_LIST-CARRID = 'KA'.
LS_LIST-CARRNAME = 'Korea Airline'.
LS_LIST-CURRCODE = 'KRW'.
LS_LIST-URL = 'WWW.KOREAAIRLINE.COM'.
APPEND LS_LIST TO LT_LIST.
CLEAR LS_LIST.

LS_LIST-MANDT = SY-MANDT.
LS_LIST-CARRID = 'KK'.
LS_LIST-CARRNAME = 'ABAP Airline'.
LS_LIST-CURRCODE = 'KRW'.
LS_LIST-URL = 'WWW.ABAPAIRLINE.COM'.
APPEND LS_LIST TO LT_LIST.
CLEAR LS_LIST.

INSERT SCARR FROM TABLE LT_LIST
  ACCEPTING DUPLICATE KEYS.
``` | ```
INSERT SCARR FROM TABLE @(
  VALUE #(
    ( MANDT = SY-MANDT
      CARRID = 'KA'
      CARRNAME = 'Korea Airline'
      CURRCODE = 'KRW'
      URL = 'WWW.KOREAAIRLINE.COM' )
    ( MANDT = SY-MANDT
      CARRID = 'KK'
      CARRNAME = 'ABAP Airline'
      CURRCODE = 'KRW'
      URL = 'WWW.ABAPAIRLINE.COM' ) ) )
  ACCEPTING DUPLICATE KEYS.
``` |

| 결과 | Z99-125 |

```
데이터브라우저: 테이블 SCARR 선택 엔트리    20

MAN... CARR... CARRNAME            CURRCO... URL
100    AA     American Airlines   USD       http://www.aa.com
100    AB     Air Berlin          EUR       http://www.airberlin.de
100    AC     Air Canada          CAD       http://www.aircanada.ca
100    AF     Air France          EUR       http://www.airfrance.fr
100    AZ     Alitalia            EUR       http://www.alitalia.it
100    BA     British Airways     GBP       http://www.british-airways.com
100    CO     Continental Airlines USD      http://www.continental.com
100    DL     Delta Airlines      USD       http://www.delta-air.com
100    FJ     Air Pacific         USD       http://www.airpacific.com
100    JL     Japan Airlines      JPY       http://www.jal.co.jp
100    KA     Korea Airline       KRW       WWW.KOREAAIRLINE.COM
100    KK     ABAP Airline        KRW       WWW.ABAPAIRLINE.COM
100    LH     Lufthansa           EUR       http://www.lufthansa.com
```

예제는 여러 건의 데이터를 데이터베이스 테이블에 삽입한다. 단일 값 삽입(Single Value Insert)과 동일하게, '@' 기호를 사용해 VALUE 연산자 부분을 호스트 표현식으로 지정해주고, 괄호 안에 지정한 테이블 구조의 데이터를 DB 테이블에 삽입한다.

뒤에서 학습하게 될 UPDATE, MODIFY, DELETE 구문은 기본적으로 INSERT 구문과 동일한 개념을 가지고 있다. 따라서 다음부터는 예제 소스의 비교와 결과 데이터를 중심으로 새로운 구문을 이해해보자.

5-5-2 UPDATE 구문

UPDATE 구문은 데이터베이스 테이블에 저장된 기존 데이터를 수정할 때 사용한다.

1) Single Value Update

단일 값 업데이트(Single Value Update)는 데이터베이스 테이블 내의 하나의 특정 행(레코드)을 수정할 때 사용한다. 일반적으로 WHERE 절을 사용하여 수정할 행을 정확히 지정한다.

| 예제 | Z99-126 |

ABAP 7.40 릴리즈 이전	ABAP 7.40 릴리즈 이후
DATA LS_SCARR TYPE SCARR. LS_SCARR-CARRID = 'KA'. LS_SCARR-CARRNAME = 'K-AIR'. LS_SCARR-CURRCODE = 'KRW'. LS_SCARR-URL = 'WWW.K-AIR.COM'. UPDATE SCARR FROM LS_SCARR.	UPDATE SCARR FROM @(VALUE #(　　　　　　　　CARRID = 'KA' 　　　　　　　　CARRNAME = 'K-AIR' 　　　　　　　　CURRCODE = 'KRW' 　　　　　　　　URL = 'WWW.K-AIR.COM')).

> **TIP**
>
> 주의해야 할 점이 있다면, 앞서 2-2 절에서 학습한 것처럼, VALUE 연산자는 괄호 안에 명시된 값으로 피연산자를 초기화한다. 즉, 괄호 안에 명시하지 않은 필드는 초기 값(Initial Value)으로 초기화된다. 다시 말해 호스트 표현식의 괄호 안에 값을 명시하지 않으면 기존의 데이터베이스에 있었던 값이 초기 값으로 초기화된다.

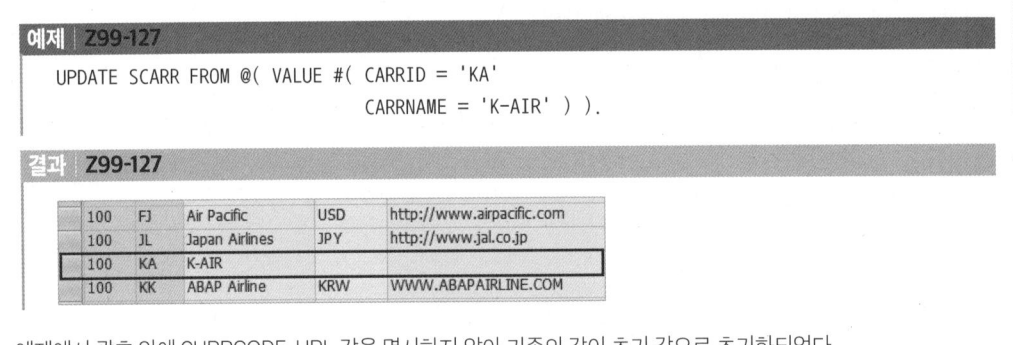

예제에서 괄호 안에 CURRCODE, URL 값을 명시하지 않아 기존의 값이 초기 값으로 초기화되었다.

2) Multi Value Update

다중 값 업데이트(Multi Value Update)는 데이터베이스 테이블 내의 여러 행(레코드)을 동시에 수정할 때 사용한다.

예제 | Z99-128

ABAP 7.40 릴리즈 이전	ABAP 7.40 릴리즈 이후

DATA LS_SCARR TYPE SCARR.
DATA LT_SCARR TYPE TABLE OF SCARR.
 	
LS_SCARR-CARRID = 'KA'.
LS_SCARR-CARRNAME = 'K-AIR'.
LS_SCARR-CURRCODE = 'KRW'.
LS_SCARR-URL = 'WWW.K-AIR.COM'.
APPEND LS_SCARR TO LT_SCARR.
CLEAR LS_SCARR.
 	
LS_SCARR-CARRID = 'KK'.
LS_SCARR-CARRNAME = 'ABAP-AIR'.
LS_SCARR-CURRCODE = 'KRW'.
LS_SCARR-URL = 'WWW.ABAP-AIR.COM'.
APPEND LS_SCARR TO LT_SCARR.
CLEAR LS_SCARR.
 	
UPDATE SCARR FROM TABLE LT_SCARR.
	UPDATE SCARR FROM TABLE @(VALUE #(
	  (CARRID = 'KA'
	    CARRNAME = 'K-AIR'
	    CURRCODE = 'KRW'
	    URL = 'WWW.K-AIR.COM')
	
	  (CARRID = 'KK'
	    CARRNAME = 'ABAP-AIR'
	    CURRCODE = 'KRW'
	    URL = 'WWW.ABAP-AIR.COM'))).

결과 | Z99-128

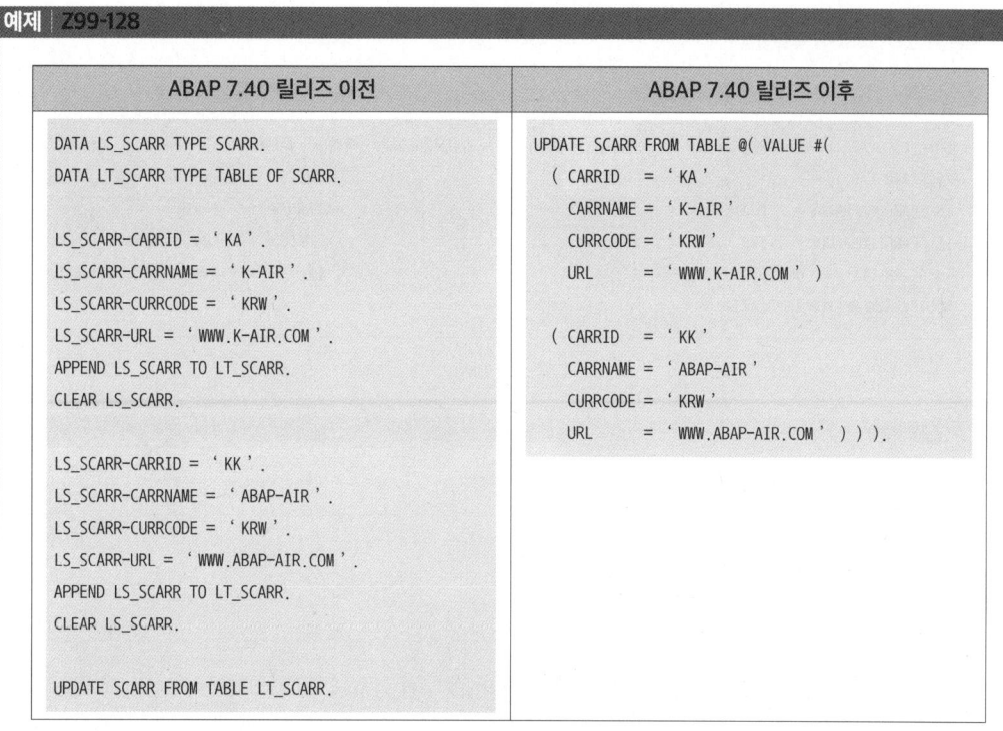

5-5-3 MODIFY 구문

MODIFY 구문은 데이터베이스 테이블에 데이터를 삽입하거나 기존 데이터를 수정할 때 사용한다. MODIFY는 INSERT와 UPDATE의 기능을 결합한 형태이다.

1) Single Value Modify

단일 값 수정(Single Value Modify)은 데이터베이스 테이블에 하나의 행(레코드)을 삽입하거나 수정할 때 사용한다. 키 필드의 값을 기준으로 해당 레코드가 존재하는지 확인하여 동작이 결정된다.

예제 | Z99-129

ABAP 7.40 릴리즈 이전	ABAP 7.40 릴리즈 이후

DATA LS_SCARR TYPE SCARR.
LS_SCARR-CARRID = 'EA'.
LS_SCARR-CARRNAME = 'E-AIR'.
LS_SCARR-CURRCODE = 'KRW'.
LS_SCARR-URL = 'WWW.E-AIR.COM'.
MODIFY SCARR FROM LS_SCARR.
	MODIFY SCARR FROM @(VALUE #(
	    CARRID = 'EA'
	    CARRNAME = 'E-AIR'
	    CURRCODE = 'KRW'
	    URL = 'WWW.E-AIR.COM')).

결과 | Z99-129

데이타브라우저: 테이블 SCARR 선택 엔트리 21

MAN...	CARR.	CARRNAME	CURRCO...	URL
100	AA	American Airlines	USD	http://www.aa.com
100	AB	Air Berlin	EUR	http://www.airberlin.de
100	AC	Air Canada	CAD	http://www.aircanada.ca
100	AF	Air France	EUR	http://www.airfrance.fr
100	AZ	Alitalia	EUR	http://www.alitalia.it
100	BA	British Airways	GBP	http://www.british-airways.com
100	CO	Continental Airlines	USD	http://www.continental.com
100	DL	Delta Airlines	USD	http://www.delta-air.com
100	EA	E-AIR	KRW	WWW.E-AIR.COM
100	FJ	Air Pacific	USD	http://www.airpacific.com
100	JL	Japan Airlines	JPY	http://www.jal.co.jp

MODIFY는 데이터베이스에 동일한 키 값이 있으면 키 값을 기준으로 UPDATE, 동일한 키 값이 없으면 INSERT를 수행한다.

2) Multi Value Update

다중 값 수정(Multi Value Modify)은 데이터베이스 테이블에 여러 행(레코드)을 동시에 삽입하거나 수정할 때 사용한다.

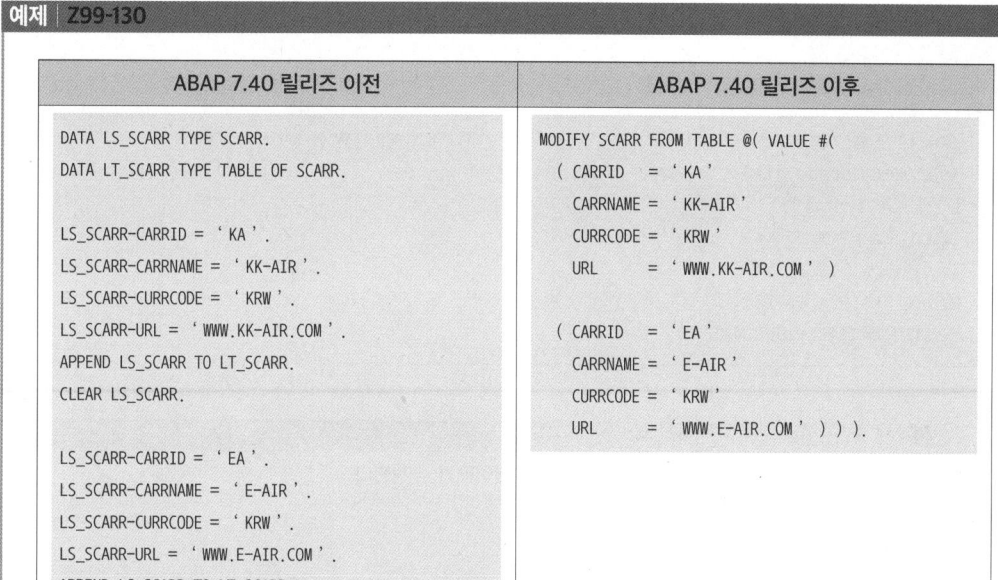

5-5-4 DELETE 구문

DELETE 구문은 데이터베이스 테이블에서 기존 데이터를 삭제할 때 사용한다.

1) 키 값이 일치하는 데이터 삭제

데이터베이스 테이블에서 특정 키 값과 일치하는 행(레코드)을 삭제할 때 사용한다.

| 예제 | Z99-131 |

ABAP 7.40 릴리즈 이전	ABAP 7.40 릴리즈 이후
DATA LS_SCARR TYPE SCARR. LS_SCARR-CARRID = ' KA '. DELETE SCARR FROM LS_SCARR. * " or DELETE FROM SCARR WHERE CARRID EQ ' KA '.	DELETE SCARR FROM @(VALUE #(CARRID = ' KA ')).

| 결과 | Z99-131 |

예제의 결과로 데이터베이스에서 CARRID 값이 'KA'인 데이터가 삭제된다.

2) 여러 키 값이 일치하는 데이터 삭제

데이터베이스 테이블에서 여러 개의 키 값과 일치하는 행(레코드)들을 동시에 삭제할 때 사용한다.

| 예제 | Z99-132 |

ABAP 7.40 릴리즈 이전	ABAP 7.40 릴리즈 이후

DATA LS_SCARR TYPE SCARR.
DATA LT_SCARR TYPE TABLE OF SCARR.
 	
LS_SCARR-CARRID = ' KA '.
APPEND LS_SCARR TO LT_SCARR.
CLEAR LS_SCARR.
 	
LS_SCARR-CARRID = ' EA '.
APPEND LS_SCARR TO LT_SCARR.
 	
DELETE SCARR FROM TABLE LT_SCARR.
	DELETE SCARR FROM TABLE @(VALUE #(
	  (CARRID = ' KA ')
	  (CARRID = ' EA '))).

| 결과 | Z99-132 |

예제의 결과로 데이터베이스에서 CARRID 값이 'KA', 'EA'인 데이터가 삭제된다.

FILTER 구문

FILTER 구문은 인터널 테이블에서 특정 조건에 맞는 데이터만을 추출할 수 있는 기능을 제공한다. ABAP 7.40 릴리즈 이전에는 특정 조건에 맞는 데이터를 필터링하기 위해 원본 인터널 테이블의 데이터를 복사하여 삭제하거나 반복문을 활용하는 등의 방법을 사용했다. 그러나 ABAP 7.40 릴리즈 이후에는 FILTER 구문을 사용해 데이터 삭제나 반복문 없이 직접적으로 원하는 데이터를 추출할 수 있다. FILTER 구문을 사용할 때는 처리 속도가 향상되지만, 필터링 결과가 원본 인터널 테이블의 데이터 수와 거의 동일한 경우에는 FILTER 구문의 처리 속도가 상대적으로 더 느릴 수 있다.

6-1 FILTER

FILTER # 구문은 단일 값을 사용하여 인터널 테이블의 데이터를 필터링하고 원하는 데이터를 추출할 수 있다. 기본적으로 원본 테이블과 필터링 테이블은 동일한 구조를 가져야 하며, 원본 인터널 테이블을 선언할 때 Sorted Key나 Hashed Key로 지정된 키가 하나 이상 있어야 한다.
Standard Table Type을 사용할 경우 Sorted Key나 Hashed Key로 필터링 조건을 걸어줘야 하며, Sorted Table이나 Hashed Table을 사용하는 경우, 기본적으로 Sorted Key와 Hashed Key를 지정하기 때문에 DEFAULT KEY 옵션을 사용할 수 있다. 이 옵션을 사용할 때 FILTER 구문의 조건절에 모든 문자형 타입을 조건으로 입력해야 한다.
이후, FILTER 구문을 사용해 데이터를 추출하려면 다음과 같은 절차를 따른다.

1. FILTER 연산자의 괄호 안에 원본 인터널 테이블을 입력한다.
2. USING KEY 절 뒤에 원본 인터널 테이블에서 선언한 키 이름을 입력한다. 필터링 시 이 키의 컴포넌트를 필터링 조건으로 사용할 수 있다.
3. WHERE 절에 필터링할 조건을 입력하여 원하는 데이터를 추출한다.

예제 | Z99-133

```
DATA LT_FILTER TYPE TABLE OF SCARR.
DATA LT_SCARR TYPE SORTED TABLE OF SCARR
            WITH NON-UNIQUE DEFAULT KEY.

SELECT *
  FROM SCARR
  INTO CORRESPONDING FIELDS OF TABLE @LT_SCARR.
```

```
              LT_FILTER = FILTER #( LT_SCARR
                                USING KEY PRIMARY_KEY
                                WHERE MANDT    EQ SY-MANDT
                                  AND CARRID   EQ CONV #( 'AA' )
                                  AND CARRNAME EQ CONV #( 'CARRNAME' )
                                  AND CURRCODE EQ CONV #( 'KRW' )
                                  AND URL      EQ CONV #( 'URL' ) ).

              CL_DEMO_OUTPUT=>DISPLAY( LT_FILTER ).
```

예제는 DEFAULT KEY를 사용하는 경우를 보여준다. 기본적으로 ABAP에서 예약된 키 이름인 'PRIMARY KEY'를 사용하는 경우, 인터널 테이블의 모든 문자형 타입(C-LIKE타입)을 조건으로 입력해야 한다.

예제를 조금 더 살펴보면, FILTER 연산자를 활용해 LT_SCARR 인터널 테이블의 데이터를 USING KEY 절에 명시한 'PRIMARY KEY'의 컴포넌트를 WHERE 절에 명시해 데이터를 필터링한 후, LT_FILTER 인터널 테이블에 결과를 할당한다. 앞에서 설명했듯이, DEFAULT KEY를 사용하는 경우 모든 문자형 타입을 WHERE 절에 조건으로 입력해야 한다. 각 조건은 CONV # 연산자를 사용하는데, 이는 이어지는 [조금 더 알아보기]를 참고하자.

예제 | Z99-134

ABAP 7.40 릴리즈 이전	ABAP 7.40 릴리즈 이후
| ```
DATA: LT_SBOOK  TYPE TABLE OF SBOOK,
      LT_FILTER LIKE LT_SBOOK.

SELECT *
  FROM SBOOK
  INTO CORRESPONDING FIELDS OF TABLE @LT_SBOOK.

LT_FILTER = LT_SBOOK.
DELETE LT_FILTER WHERE CARRID NE 'LH'.

CL_DEMO_OUTPUT=>DISPLAY( LT_FILTER ).
``` | ```
DATA:
   LT_FILTER TYPE TABLE OF SBOOK,
   LT_SBOOK  TYPE TABLE OF SBOOK
                 WITH NON-UNIQUE SORTED KEY FILTER_KEY
                 COMPONENTS CARRID CONNID.

SELECT *
  FROM SBOOK
  INTO CORRESPONDING FIELDS OF TABLE @LT_SBOOK.

LT_FILTER =
   FILTER #( LT_SBOOK USING KEY FILTER_KEY
              WHERE CARRID EQ CONV #( 'LH' ) ).

CL_DEMO_OUTPUT=>DISPLAY( LT_FILTER ).
``` |

예제의 오른쪽은 FILTER 연산자를 사용하여 인터널 테이블의 특정 조건에 맞는 데이터를 추출하는 방법을 보여준다. 원본 인터널 테이블 LT_SOOK은 'SBOOK' 구조를 가지며 Standard Type으로 선언되었다. 이 테이블은 필터링에 사용할 키로 'FILTER_KEY'를 지정하고, COMPONENT로 CARRID와 CONNID 필드를 포함한다.

FILTER 연산자를 통해 필터링된 결과는 LT_FILTER 인터널 테이블에 할당된다. 이 과정에서 LT_SBOOK 인터널 테이블의 선언 시 지정된 'FILTER_KEY'와 그 컴포넌트인 CARRID가 WHERE 절에서 필터링의 조건으로 사용된다. 결과적으로, LT_FILTER 인터널 테이블에는 CARRID가 'LH'인 데이터만 포함된다

결과 | Z99-134

LT_FILTER													
MANDT	CARRID	CONNID	FLDATE	BOOKID	CUSTOMID	CUSTTYPE	SMOKER	LUGGWEIGHT	WUNIT	INVOICE	CLASS	FORCURAM	FORCUR
100	LH	0400	2024-12-13	00003864	00002204	P		0.0	KG	X	C	1132.2	EUR
100	LH	0400	2024-11-11	00003732	00002629	P		23.5	KG		F	1798.2	EUR
100	LH	0400	2024-11-11	00003722	00004389	P		0.0	KG	X	C	1332.0	EUR
100	LH	0400	2024-09-08	00003398	00002901	P		21.0	KG		F	1898.1	EUR
100	LH	0400	2024-09-08	00003393	00001156	P		34.2	KG		F	1698.3	EUR
100	LH	0400	2024-09-08	00003383	00001201	P		0.0	KG		C	1132.2	EUR
100	LH	0400	2024-08-07	00003049	00002009	P		40.8	KG	X	F	1898.1	EUR
100	LH	0400	2024-08-07	00003043	00000731	P		22.0	KG		F	1698.3	EUR
100	LH	0400	2024-08-07	00003042	00000539	P	X	41.2	KG	X	F	1998.0	EUR
100	LH	0400	2024-08-07	00003029	00004161	P		25.6	KG		C	1265.4	EUR
100	LH	0400	2024-08-07	00003027	00004382	P		0.0	KG	X	C	1265.4	EUR
100	LH	0400	2024-08-07	00003024	00003752	P		13.2	KG	X	C	1265.4	EUR
100	LH	0400	2024-08-07	00003021	00004283	P		0.0	KG	X	C	1198.8	EUR
100	LH	0400	2024-08-07	00003020	00003027	P	X	0.0	KG	X	C	1132.2	EUR
100	LH	0400	2024-07-28	00002665	00002381	P		29.8	KG		F	1698.3	EUR
100	LH	0400	2024-07-28	00002659	00002092	P		46.8	KG		F	1698.3	EUR

조금 더 알아보기 — FILTER 연산자의 WHERE 절

FILTER 연산자의 WHERE 절에 조건을 입력할 때는 인터널 테이블에 키로 지정된 필드와 완전히 동일한 데이터 타입의 값을 넣어야 한다. 동일한 데이터 타입의 변수를 선언해 사용하는 것이 가장 안전하지만, 만약 ' '를 사용한 리터럴 값을 사용할 경우, 공백을 포함하여 정확한 자리 수를 맞춰야 한다. 먼저 예제를 살펴보자.

예제 | Z99-135

```
DATA:
  LT_FILTER TYPE TABLE OF SBOOK,
  LT_SBOOK  TYPE TABLE OF SBOOK
            WITH NON-UNIQUE SORTED KEY FILTER_KEY
            COMPONENTS CARRID CONNID.

SELECT *
  FROM SBOOK
  INTO CORRESPONDING FIELDS OF TABLE @LT_SBOOK.

LT_FILTER = FILTER #( LT_SBOOK
                      USING KEY FILTER_KEY
                      WHERE CARRID EQ 'LH ' ).
```

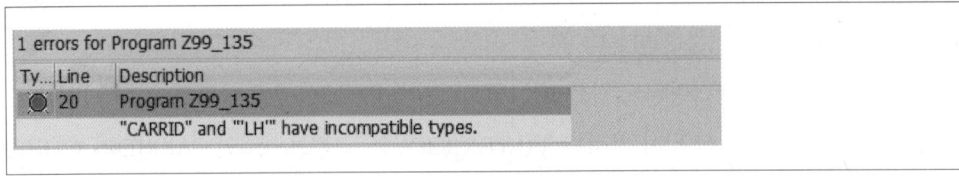

예제는 구문 에러가 발생한다. 데이터베이스에는 동일하게 'LH' 값이 존재하지만, 왜 '타입 불일치' 구문 에러가 발생할까? 그 이유는 CARRID 필드가 C 타입의 3자리 필드이기 때문이다. FILTER 연산자는 보다 엄격한 구문 검사를 수행하기 때문에, 리터럴 값을 사용할 경우 공백을 포함하여 'LH'와 같이 C 타입 3자리로 맞춰야 한다.

따라서 FILTER 연사자를 사용할 때는 조건절에 동일한 데이터 타입의 변수를 사용하는 것이 가장 안전하며, 또는 CONV 연산자를 사용하여 타입을 맞춰주는 것이 좋다.

다음 예제를 참고하자.

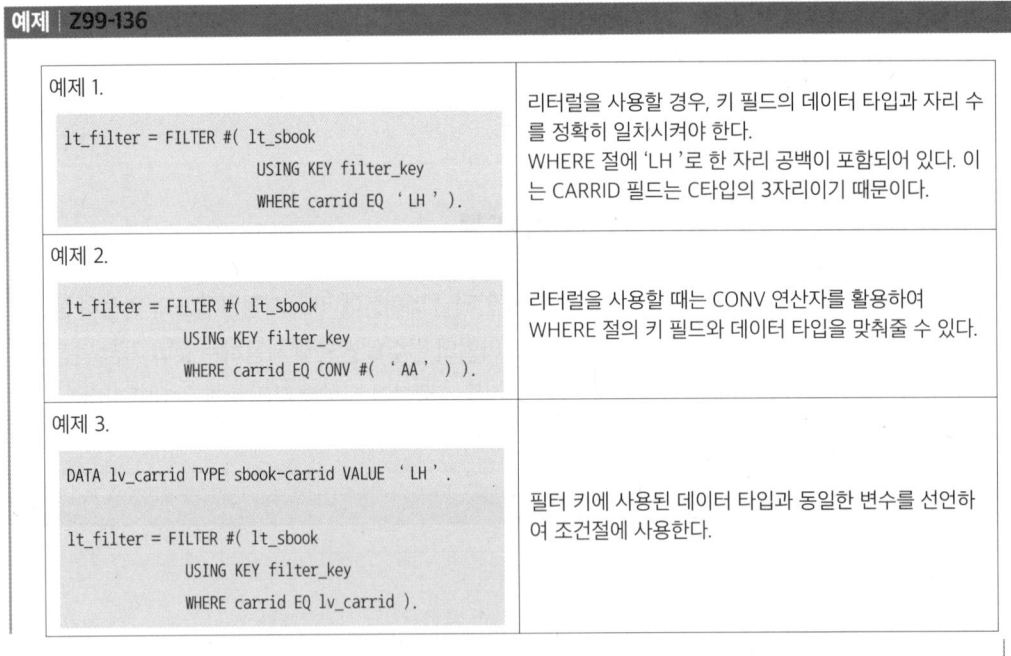

FILTER 연산자를 사용할 때, 단일 조건뿐만 아니라 인터널 테이블의 키 컴포넌트로 지정된 모든 필드를 활용할 수 있다. 다음 예제에서는 컴포넌트로 설정된 CARRID와 CONNID 두 개의 필드를 결합하여 LT_SBOOK에서 원하는 데이터를 추출한다.

예제 | Z99-137

```
DATA: LT_SBOOK TYPE TABLE OF SBOOK
                WITH NON-UNIQUE SORTED KEY FILTER_KEY
                    COMPONENTS CARRID CONNID.
DATA: LT_FILTER TYPE TABLE OF SBOOK.

SELECT *
  FROM SBOOK
  INTO CORRESPONDING FIELDS OF TABLE @LT_SBOOK.

DATA LV_CARRID TYPE SBOOK-CARRID VALUE 'LH'.
DATA LV_CONNID TYPE SBOOK-CONNID VALUE '0400'.

LT_FILTER = FILTER #( LT_SBOOK
                      USING KEY FILTER_KEY
                      WHERE CARRID EQ LV_CARRID
                        AND CONNID EQ LV_CONNID ).

CL_DEMO_OUTPUT=>DISPLAY( LT_FILTER ).
```

결과 | Z99-137

LT_FILTER												
MANDT	CARRID	CONNID	FLDATE	BOOKID	CUSTOMID	CUSTTYPE	SMOKER	LUGGWEIGHT	WUNIT	INVOICE	CLASS	FORCURAM	FORCUR
100	LH	0400	2024-12-13	00003864	00002204	P		0.0	KG	X	C	1132.2	EUR
100	LH	0400	2024-11-11	00003732	00002629	P		23.5	KG		F	1798.2	EUR
100	LH	0400	2024-11-11	00003722	00004389	P		0.0	KG	X	C	1332.0	EUR
100	LH	0400	2024-09-08	00003398	00002901	P		21.0	KG		F	1898.1	EUR
100	LH	0400	2024-09-08	00003393	00001156	P		34.2	KG		F	1698.3	EUR
100	LH	0400	2024-09-08	00003383	00001201	P		0.0	KG		C	1132.2	EUR
100	LH	0400	2024-08-07	00003049	00002009	P		40.8	KG	X	F	1898.1	EUR
100	LH	0400	2024-08-07	00003043	00000731	P		22.0	KG		F	1698.3	EUR
100	LH	0400	2024-08-07	00003042	00000539	P	X	41.2	KG	X	F	1998.0	EUR
100	LH	0400	2024-08-07	00003029	00004161	P		25.6	KG		C	1265.4	EUR
100	LH	0400	2024-08-07	00003027	00004382	P		0.0	KG	X	C	1265.4	EUR
100	LH	0400	2024-08-07	00003024	00003752	P		13.2	KG	X	C	1265.4	EUR
100	LH	0400	2024-08-07	00003021	00004283	P		0.0	KG	X	C	1198.8	EUR
100	LH	0400	2024-08-07	00003020	00003027	P	X	0.0	KG	X	C	1132.2	EUR
100	LH	0400	2024-07-28	00002665	00002381	P		29.8	KG		F	1698.3	EUR
100	LH	0400	2024-07-28	00002659	00002092	P		46.8	KG		F	1698.3	EUR

FILTER 연산자에는 EXCEPT 구문 옵션이 포함되어 있으며, 이를 통해 조건절에 명시된 데이터를 제외한 나머지 값을 필터링할 수 있다. 다음 예제에서는 LT_SBOOK 인터널 테이블의 데이터를 필터링할 때, WHERE 절에 지정된 조건에 부합하는 데이터를 제외(EXCEPT)하고, 필터링된 결과를 LT_FILTER 인터널 테이블에 할당한다. 이는 SELECTION SCREEN 등에서 'NE' 조건을 사용하는 방식과 유사하다. 다음 예제의 결과 값은 CARRID가 LH이고 CONNID가 0400인 데이터를 제외한 모든 SBOOK의 데이터를 LT_FILTER 인터널 테이블에 할당한다.

예제 | Z99-138

```
DATA: lt_sbook TYPE TABLE OF sbook
                WITH NON-UNIQUE SORTED KEY filter_key
```

```abap
                    COMPONENTS carrid connid.
DATA: lt_filter TYPE TABLE OF sbook.

DATA lv_carrid TYPE sbook-carrid VALUE 'LH'.
DATA lv_connid TYPE sbook-connid VALUE '0400'.

SELECT *
  FROM sbook
  INTO CORRESPONDING FIELDS OF TABLE @lt_sbook.

lt_filter = FILTER #( lt_sbook EXCEPT
                      USING KEY filter_key
                      WHERE carrid EQ lv_carrid
                        AND connid EQ lv_connid ).
cl_demo_output=>display( lt_filter ).
```

6-2 FILTER IN

앞서 필터링 조건을 변수, 파라미터, 또는 리터럴 값으로 설정하는 방법을 살펴봤다면, 이번에는 FILTER IN 절을 사용하여 필터링 조건에 필요한 데이터를 인터널 테이블에 저장하고, 이 데이터를 조건으로 사용하는 방법을 알아본다.

예제 | Z99-139

```abap
DATA: BEGIN OF LS_FILTER_TAB,
        CARRID TYPE SBOOK-CARRID,
        CONNID TYPE SBOOK-CONNID,
      END OF LS_FILTER_TAB,
      LT_FILTER_TAB LIKE SORTED TABLE OF LS_FILTER_TAB
                    WITH NON-UNIQUE KEY CARRID CONNID.

DATA:
  LT_FILTER TYPE TABLE OF SBOOK,
  LT_SBOOK  TYPE SORTED TABLE OF SBOOK
            WITH NON-UNIQUE KEY PRIMARY_KEY
            COMPONENTS CARRID CONNID.


SELECT *
  FROM SBOOK
  INTO CORRESPONDING FIELDS OF TABLE @LT_SBOOK.

LT_FILTER_TAB = VALUE #(
  ( CARRID = 'AA' CONNID = '0064' )
  ( CARRID = 'LH' CONNID = '0400' ) ).
```

```abap
LT_FILTER = FILTER #( LT_SBOOK IN LT_FILTER_TAB
                               WHERE CARRID EQ CARRID
                                 AND CONNID EQ CONNID ).

CL_DEMO_OUTPUT=>DISPLAY( LT_FILTER ).
```

예제를 하나씩 살펴보면, 다음과 같다.

1. LT_FILTER_TAB 인터널 테이블은 필터링 조건을 저장하는 용도로 사용한다. 필터링에 필요한 키 값을 설정하고, 필터링에 사용할 데이터를 이 인터널 테이블에 저장한다.
2. LT_SBOOK은 원본 인터널 테이블로, 필터링에 사용할 키 값을 컴포넌트로 포함하고 있어야 한다. 예제에서는 CARRID와 CONNID를 기준으로 필터링을 수행하기 때문에, 이 두 필드를 키 필드로 선언하였다.
3. LT_FILTER 인터널 테이블은 원본 LT_SBOOK 데이터에서, IN 절에 명시된 LT_FILTER_TAB 인터널 테이블에 저장된 키 조건을 기준으로 필터링된 값을 할당받는다.

예제의 결과로, LT_SBOOK 인터널 테이블의 데이터 중 '[AA/0064]'와 '[LH/0400]'을 키 값으로 가지는 데이터만 LT_FILTER 인터널 테이블로 최종 할당된다.

결과 | Z99-139

LT_FILTER												
MANDT	CARRID	CONNID	FLDATE	BOOKID	CUSTOMID	CUSTTYPE	SMOKER	LUGGWEIGHT	WUNIT	INVOICE	CLASS	FORCURAM	FORCUF
100	AA	0064	2024-01-27	00003778	00003767	P		0.0	KG	X	Y	461.0	EUR
100	AA	0064	2024-01-27	00003792	00004277	P		0.0	KG		Y	461.0	EUR
100	AA	0064	2024-01-27	00003797	00003157	P		0.0	KG		Y	461.0	EUR
100	AA	0064	2024-01-27	00003841	00001246	P		0.0	KG		Y	461.0	EUR
100	AA	0064	2024-01-27	00003844	00002181	P		0.0	KG		Y	461.0	EUR
100	AA	0064	2024-01-27	00003855	00001657	P		0.0	KG		Y	414.91	EUR
100	AA	0064	2024-01-27	00003859	00002454	P		0.0	KG		Y	461.0	EUR
100	AA	0064	2024-01-27	00003875	00000735	P		0.0	KG		Y	391.86	EUR
100	AA	0064	2024-01-27	00003914	00004048	P		0.0	KG		Y	461.0	EUR
100	AA	0064	2024-01-27	00003925	00002010	P		0.0	KG	X	Y	414.91	EUR
100	AA	0064	2024-01-27	00003928	00001970	P		0.0	KG		Y	414.91	EUR
100	AA	0064	2024-01-27	00003933	00003786	P		0.0	KG		Y	391.86	EUR
100	AA	0064	2024-01-27	00003954	00000406	P		0.0	KG	X	Y	391.86	EUR
100	AA	0064	2024-01-27	00003956	00001226	P		0.0	KG	X	Y	461.0	EUR
100	AA	0064	2024-01-27	00003960	00001962	P		0.0	KG		Y	414.91	EUR
100	AA	0064	2024-01-27	00003995	00003209	P		0.0	KG	X	Y	461.0	EUR

6-3 FILTER REDUCE

FILTER REDUCE는 ABAP 7.50 릴리즈 이후 도입된 표현식으로, 인터널 테이블의 데이터를 필터링하면서 동시에 필터링된 데이터를 기반으로 새로운 결과 값을 집계(Reduce)하거나 변환할 때 사용한다.

예제 | Z99-140

```abap
DATA: LT_SBOOK TYPE TABLE OF SBOOK
            WITH NON-UNIQUE SORTED KEY FILTER_KEY
```

```abap
                    COMPONENTS CARRID CONNID FORCURKEY.

SELECT *
  FROM SBOOK
  INTO CORRESPONDING FIELDS OF TABLE @LT_SBOOK.

DATA(USD_SUM) = REDUCE S_F_CUR_PR(
                    INIT SUM TYPE S_F_CUR_PR
                    FOR <FS> IN FILTER #( LT_SBOOK
                                          USING KEY FILTER_KEY
                                          WHERE CARRID    EQ CONV #( 'LH' )
                                            AND CONNID    EQ CONV #( '0400' )
                                            AND FORCURKEY EQ CONV #( 'USD' )  )
                    NEXT SUM += <FS>-FORCURAM ).

CL_DEMO_OUTPUT=>DISPLAY( USD_SUM ).
```

결과 | Z99-140

```
USD_SUM
667657.02
```

예제는 앞서 학습한 REDUCE 연산자를 활용하여 LT_SBOOK 인터널 테이블의 데이터를 필터링한 후, CARRID, CONNID, FORCURKEY를 기준으로 합계를 계산하는 방법을 보여준다. FOR 반복문과 REDUCE 연산자를 학습할 때 IN 절에 인터널 테이블을 명시한 것처럼, FILTER 연산자를 사용하여 인터널 테이블에서 필터링된 결과를 REDUCE 연산자에 적용할 수 있다. 합계 금액 SUM을 구하는 과정은 다음과 같다.

1. LT_SBOOK 인터널 테이블의 데이터를 'FILTER_KEY'의 컴포넌트를 기준으로 필터링한다.
2. " CARRID = 'LH' ", " CONNID = '0400' ", " FORCURKEY = 'USD' "를 기준으로 필터링된 데이터를 FOR 반복문에서 사용한다. 이 반복문은 LT_SBOOK 인터널 테이블에서 'FILTER_KEY'를 기준으로 필터링된 결과의 각 라인 수만큼 반복한다.
3. 반복문이 수행되면서 필터링된 각 라인은 '<FS>'에 할당되며, 이 과정에서 항공권 예약 금액을 집계하여 최종 합계를 계산하여 REDUCE 연산자의 피연산자인 USD_SUM에 할당한다.